2023
中国证券期货
统计年鉴

贰零
贰叁

贰 零 贰 叁 贰 零 贰 叁

China Securities and Futures Statistical
YEARBOOK

中国证券监督管理委员会 编
CHINA SECURITIES REGULATORY COMMISSION

中国统计出版社
China Statistics Press

图书在版编目（CIP）数据

中国证券期货统计年鉴. 2023 = China Securities and Futures Statistical Yearbook 2023 : 汉英对照 / 中国证券监督管理委员会编. -- 北京 : 中国统计出版社, 2023.12
ISBN 978-7-5230-0347-3

Ⅰ. ①中… Ⅱ. ①中… Ⅲ. ①证券市场－统计资料－中国－2023－年鉴－汉、英②期货交易－统计资料－中国－2023－年鉴－汉、英 Ⅳ. ①F832.5-66

中国国家版本馆 CIP 数据核字(2023)第 223701 号

中国证券期货统计年鉴-2023

作　　者/中国证券监督管理委员会
责任编辑/郭　栋
执行编辑/吕仁睿
封面设计/张　冰
出版发行/中国统计出版社有限公司
通信地址/北京市丰台区西三环南路甲 6 号　邮政编码/100073
电　　话/邮购（010）63376909　书店（010）68783171
网　　址/ http://www.zgtjcbs.com
印　　刷/河北鑫兆源印刷有限公司
经　　销/新华书店
开　　本/880mm×1230mm　1/16
字　　数/1255 千字
印　　张/46.25
版　　别/2023 年 12 月第 1 版
版　　次/2023 年 12 月第 1 次印刷
定　　价/298.00 元

编委会

Editorial Committee

编 者 说 明

一、《中国证券期货统计年鉴（2023）》（中英文）收录了 2022 年证券期货市场的统计数据以及与证券期货市场相关的部分宏观经济数据，是一部全面反映中华人民共和国证券期货市场发展情况的资料性年刊。

二、年鉴分为概况、股票、债券、基金、期货、上市和挂牌公司、证券期货经营机构 7 个篇章，另附世界主要国家的证券化率，世界主要交易所业务量排名，全球主要经济体资本市场业务量排名，全球期货及期权市场交易所排名，上市公司名录和退市公司名录，证券期货经营机构名录以及上海证券交易所、深圳证券交易所、北京证券交易所、全国股转系统收费标准。

三、年鉴数据主要来自中国证监会各业务部门、交易所和中国证监会下属单位；宏观经济数据主要来自国家统计局、中国人民银行、世界交易所联合会（WFE）。

四、与 2022 年版《中国证券期货统计年鉴》相比，本年鉴补充完善了北京证券交易所相关统计，新增了部分统计维度。为方便读者使用，每章末附有“主要统计指标解释”。

五、年鉴中部分数据合计数由于单位取舍不同而产生的计算误差，均未作机械调整。

六、年鉴各表中，度量单位均在该表上方，对表中部分指标的注释、资料来源、汇率换算标准等内容注释在该表的下方。凡带续表的资料，对部分指标的注释一律在第一张表的下方。

七、年鉴各表中的“--”表示该统计指标数据不详或无该项数据。

八、本年鉴由中证数据有限责任公司负责编制。

编　者

2023 年 9 月

目 录

CONTENTS

一、概 况
Summary

二、股 票
Stocks

三、债 券
Bonds

四、基 金
Funds

五、期 货
Futures

六、上市和挂牌公司
Listed Companies

七、证券期货经营机构
Securities and Futures Institutions

附 录
Appendix

贰零贰叁

一. 概况

Summary

贰零贰叁

2022 年证券期货市场综述

2022 年，中国证监会坚持以习近平新时代中国特色社会主义思想为指导，认真贯彻党的二十大精神，坚持稳中求进工作总基调，深入贯彻新发展理念，坚持市场化法治化，坚持“建制度、不干预、零容忍”，抓改革、防风险、强监管、促稳定，全面提升证监会系统党的建设质量，紧紧围绕服务中国式现代化这个中心，着力推动高质量发展，资本市场保持了总体平稳、稳中有进。

一、市场运行情况

2022 年，受一系列突发性超预期冲击，上证综指下跌 15.13%，深证综指下跌 21.92%。全年上证综指盘中振幅 21.66%。沪深两市日均成交金额为 9277.26 亿元，较 2021 年减少 1338.93 亿元，下降 12.61%；沪市和深市股票换手率分别为 239.84%和 470.35%，较 2021 年分别下降 40.87 个百分点和 35.73 个百分点。

2022 年，交易所债券市场现券成交金额 38.11 万亿元，同比增加 31.73%；回购成交金额 403.56 万亿元，同比增加 15.24%。

2022 年，以单边计算，期货市场合计成交 63.42 亿手，同比减少 12.75%；成交金额 534.30 万亿元，同比减少 7.99%。期权市场合计成交 4.26 亿手，同比增加 73.68%；成交金额 6372.21 亿元，同比增加 24.60%。

二、服务实体经济情况

2022 年，证监会坚持服务实体经济发展的根本方向，科学合理保持 IPO、再融资常态化，有力支持实体经济加快恢复发展。全年沪深交易所市场共实现融资 8.07 万亿元，同比减少 20.88%。其中，341 家企业在沪深交易所首发上市（IPO），融资 5704 亿元，同比增长 6.60%。上市公司再融资约 8471 亿元[1]。交易所债券市场发行各类债券 6.65 万亿元，同比减少 23.21%。资本市场已成为并购重组主渠道，全年并购重组交易金额达 1.74 万亿元。

三、多层次资本市场建设情况

2022 年底，沪深两市上市公司 4917 家，全年净增 302 家。其中主板 3184 家，创业板 1232 家，科创板 501 家。沪深两市总市值 78.80 万亿元，流通市值 66.34 万亿元，流通市值占总市值的 84.91%，其中主板、创业板、科创板总市值分别为 61.71 万亿元、11.27 万亿元和 5.82 万亿元。沪深两市总市值相当于 2022 年国内生产总值的 65.11%，总市值位居全球第二位。

2022 年底，北交所上市公司 162 家，总股本 213.54 亿股，总市值 2110.29 亿元，流通市值 1148.06 亿元。股票发行方面，2022 年北交所 83 家公司公开发行，累计融资 163.84 亿元。股票交易方面，2022 年北交所股票累计成交 158.53 亿股、1980.13 亿元。投资者方面，2022 年末，合格投资者账户合计 509.66 万个，其中个人、机构合格投资者分别为 500.28 万个和 9.38 万个，占比分别为 98%和 2%。

2022 年底，全国中小企业股份转让系统挂牌公司 6580 家，总市值约 2.12 万亿元，其中创新层 1658 家、基础层 4922 家。全年共有 667 家挂牌公司完成 696 次股票发行，融资 231.66 亿元。

2022 年底，区域性股权市场规范发展，全国共设立 35 家区域性股权市场，共有挂牌企业 4.23 万家，展示企业 13.81 万家，全年累计为企业实现融资 2113 亿元。

交易所债券市场规模稳步扩张。2022 年底，交易所债券市场托管面值达 20.33 万亿元，占全市场的 14.04%，其中非金融公司债托管面值为 11.87 万亿元，

1 上市公司再融资不含可转债转股，定增包括股权激励。

占全市场的43.08%。

引导私募基金稳步发展。2022年底，基金业协会备案私募基金14.50万只，管理基金规模20.28万亿元，同比分别增长17%和0.06%。

四、资本市场经营机构情况

2022年底，140家证券公司总资产11.06万亿元，净资产2.79万亿元，全年实现净利润1433.32亿元。150家期货公司总资产16997.90亿元，净资产1841.33亿元，全年实现净利润109.62亿元。142家基金管理公司总资产3476亿元，净资产2473亿元。已登记的私募基金管理人共2.37万家，平均管理基金规模8.56亿元。全国共有80家证券投资咨询机构、102家证券资格会计师事务所、272家证券资格资产评估机构。

五、对外开放情况

支持符合条件的境内企业境外上市融资。2022年，经中国证监会核准，34家境内企业实现境外融资约1096亿元，其中境外首发融资约690亿元，境外再融资约407亿元。扩大资本市场对外开放，中瑞证券市场互联互通存托凭证业务正式开通。2022年全年，互联互通交易金额为29.52万亿元，沪港通、深港通交易金额分别为13.83万亿元、15.69万亿元。2022年，批准70家合格境外投资者资格。2022年底共有740家合格境外投资者。

1-1 证券期货市场概况
Overview of Securities and Futures Market

年份 Year	股票 Stock					
	沪深交易所 SSE and SZSE					
	股票只数（只） Number of Stocks (unit)	上市公司家数（家） Number of Listed Companies (unit)	上市公司股本（亿股） Share Capital of Listed Companies (100 million shares)	流通股本（亿股） Negotiable Shares (100 million shares)	股票市值（亿元） Market Capitalization of Shares (100 million yuan)	流通市值（亿元） Negotiable Market Capitalization (100 million yuan)
1992	71	53	73.22	8.55	1048.15	170.64
1993	218	183	328.68	81.62	3531.01	832.28
1994	345	291	641.01	185.63	3690.62	968.90
1995	381	323	770.08	224.98	3474.28	938.22
1996	599	530	1110.73	345.57	9842.58	2867.03
1997	821	745	1771.43	560.82	17529.24	5204.42
1998	932	852	2346.69	741.70	19514.03	5750.35
1999	1031	949	2911.49	953.65	26485.15	8221.11
2000	1174	1088	3616.26	1234.35	48121.51	16098.00
2001	1248	1160	4851.88	1487.66	43582.90	14488.82
2002	1311	1224	5464.19	1680.26	38338.79	12487.20
2003	1374	1287	6003.34	1899.05	42477.63	13185.13
2004	1463	1377	6714.74	2194.15	37080.95	11701.20
2005	1467	1381	7163.54	2498.89	32446.02	10638.01
2006	1520	1434	12683.99	3444.50	89441.35	25021.11
2007	1636	1550	17000.45	4933.64	327291.31	93140.66
2008	1711	1625	18900.13	6964.97	121541.05	45303.02
2009	1804	1718	20606.26	14200.19	244103.91	151342.07
2010	2149	2063	26984.49	19442.15	265422.59	193110.41
2011	2428	2342	29745.11	22499.86	214758.09	164921.30
2012	2579	2494	31833.62	24778.22	230357.62	181658.26
2013	2574	2489	33822.04	29997.12	239077.19	199579.54
2014	2696	2613	36795.10	32289.25	372546.96	315624.31
2015	2909	2827	43024.14	37043.37	531462.70	417914.95
2016	3134	3052	48750.29	41136.05	507685.88	393401.68
2017	3567	3485	53746.67	45044.87	567086.08	449298.15
2018	3666	3584	57581.03	49047.57	434924.03	353794.20
2019	3857	3777	61719.92	52487.62	592934.57	483461.26
2020	4233	4154	65479.19	56353.50	797238.17	643605.29
2021	4693	4615	70694.39	60755.13	916088.18	751556.13
2022	4991	4917	73311.67	64245.31	788005.91	663428.88

注：1. 表中债券数据为全国债券市场，包括银行间市场和交易所市场，具体债券品种详见3-1；其中兑付金额仅包含本金兑付，成交金额包含现券和回购。
2. 期货账户数和投资者数2012年之前为总账户数和总投资者数，2012年之后为有效账户数和有效投资者数；沪深交易所及全国股转系统股票投资者数历年均为有效投资者数。
3. 2021年北交所成交量、成交金额统计区间为11月15日至12月31日。

数据来源：本书各章相关表

Source: Relative Tables followed

1-1 续表 1 continued

年份 Year	股票 Stock						
	沪深交易所 SSE and SZSE						
	成交量 (亿股) Trading Volume (100 million shares)	成交金额 (亿元) Trading Turnover (100 million yuan)	印花税 (亿元) Stamp Tax (100 million yuan)	印花税在中央财政收入中的比重(%) The Percentage of Stamp Tax from Central Revenue(%)	市盈率 (倍) P/E Ratio (times)	换手率 (%) Turnover Rate (%)	股票投资者个数 (万个) Number of Stock Investors (10 thousand units)
1992	36.90	683.04	--	--	--	--	--
1993	226.56	3627.21	22.00	2.30	--	--	--
1994	1013.34	8127.63	48.77	1.68	--	--	--
1995	705.31	4036.45	24.22	0.74	--	--	--
1996	2533.14	21332.18	127.99	3.50	--	--	--
1997	2560.02	30721.83	250.76	5.93	--	--	--
1998	2154.11	23544.25	225.75	4.62	--	--	--
1999	2932.90	31322.37	248.07	4.28	--	--	--
2000	4759.45	60835.19	485.89	6.41	--	491.19	--
2001	3155.93	38325.39	291.44	3.40	81.92	227.07	--
2002	3017.14	27993.91	111.95	1.02	62.51	195.86	--
2003	4163.08	32115.27	128.35	1.08	45.89	237.04	--
2004	5827.73	42333.95	169.08	1.17	32.16	303.45	--
2005	6623.73	31664.78	66.35	0.40	28.59	295.11	--
2006	16145.23	90468.89	180.94	1.05	29.72	547.40	--
2007	36403.75	460556.23	2062.00	7.43	44.13	817.95	--
2008	24131.39	267112.66	927.68	2.84	19.29	402.29	--
2009	51107.00	535986.77	510.38	1.42	29.78	582.88	--
2010	42151.98	545633.54	545.65	1.28	20.32	344.34	--
2011	33956.57	421644.58	421.66	0.82	14.18	214.16	--
2012	32860.54	314583.27	314.59	0.56	15.04	180.55	--
2013	48372.68	468728.61	468.27	0.78	15.53	245.49	--
2014	73383.09	742385.26	742.38	1.15	20.83	317.71	7294.36
2015	171039.47	2550541.31	2550.55	1.00	18.94	612.50	9910.54
2016	95525.43	1277680.32	1274.40	1.74	25.29	348.43	11811.04
2017	87780.84	1124625.11	1124.63	1.39	24.85	265.86	13398.29
2018	82037.25	901739.40	901.75	1.06	15.38	217.51	14650.44
2019	126624.29	1274158.80	1274.15	1.43	20.63	288.81	15975.24
2020	167451.86	2068252.52	2067.86	2.50	20.65	379.33	17777.49
2021	187426.00	2579734.12	2579.72	1.27	21.83	373.21	19740.85
2022	185725.38	2245094.72	2245.14	1.10	14.74	333.48	21213.62

1-1 续表 2 continued

年份 Year	股票 Stock				
	北交所 BSE				
	上市公司家数 (家) Number of Listed Companies (unit)	上市公司股本 (亿股) Share Capital of Listed Companies (100 million shares)	流通股本 (亿股) Negotiable Shares (100 million shares)	股票市值 (亿元) Market Capitalization of Shares (100 million yuan)	流通市值 (亿元) Negotiable Market Capitalization (100 million yuan)
1992	--	--	--	--	--
1993	--	--	--	--	--
1994	--	--	--	--	--
1995	--	--	--	--	--
1996	--	--	--	--	--
1997	--	--	--	--	--
1998	--	--	--	--	--
1999	--	--	--	--	--
2000	--	--	--	--	--
2001	--	--	--	--	--
2002	--	--	--	--	--
2003	--	--	--	--	--
2004	--	--	--	--	--
2005	--	--	--	--	--
2006	--	--	--	--	--
2007	--	--	--	--	--
2008	--	--	--	--	--
2009	--	--	--	--	--
2010	--	--	--	--	--
2011	--	--	--	--	--
2012	--	--	--	--	--
2013	--	--	--	--	--
2014	--	--	--	--	--
2015	--	--	--	--	--
2016	--	--	--	--	--
2017	--	--	--	--	--
2018	--	--	--	--	--
2019	--	--	--	--	--
2020	--	--	--	--	--
2021	82	122.69	57.27	2722.75	1073.82
2022	162	213.54	110.99	2110.29	1148.06

1-1 续表 3 continued

年份 Year	股票 Stock 北交所 BSE 成交量 (亿股) Trading Volume (100 million shares)	成交金额 (亿元) Trading Turnover (100 million yuan)	市盈率 (倍) P/E Ratio (times)	换手率 (%) Turnover Rate (%)	股票投资者个数 (万个) Number of Stock Investors (10 thousand units)
1992	--	--	--	--	--
1993	--	--	--	--	--
1994	--	--	--	--	--
1995	--	--	--	--	--
1996	--	--	--	--	--
1997	--	--	--	--	--
1998	--	--	--	--	--
1999	--	--	--	--	--
2000	--	--	--	--	--
2001	--	--	--	--	--
2002	--	--	--	--	--
2003	--	--	--	--	--
2004	--	--	--	--	--
2005	--	--	--	--	--
2006	--	--	--	--	--
2007	--	--	--	--	--
2008	--	--	--	--	--
2009	--	--	--	--	--
2010	--	--	--	--	--
2011	--	--	--	--	--
2012	--	--	--	--	--
2013	--	--	--	--	--
2014	--	--	--	--	--
2015	--	--	--	--	--
2016	--	--	--	--	--
2017	--	--	--	--	--
2018	--	--	--	--	--
2019	--	--	--	--	--
2020	--	--	--	--	--
2021	37.45	667.17	46.66	62.55	462.85
2022	158.53	1980.13	18.87	172.95	509.66

1-1 续表 4 continued

年份 Year	股票 Stock			
	全国股转系统 NEEQ			
	股票只数 (只) Number of Stocks (unit)	挂牌公司家数 (家) Number of Listed Companies (unit)	挂牌公司股本 (亿股) Share Capital of Listed Companies (100 million shares)	股票市值 (亿元) Market Capitalization of Shares (100 million yuan)
1992	--	--	--	--
1993	--	--	--	--
1994	--	--	--	--
1995	--	--	--	--
1996	--	--	--	--
1997	--	--	--	--
1998	--	--	--	--
1999	--	--	--	--
2000	--	--	--	--
2001	--	--	--	--
2002	--	--	--	--
2003	--	--	--	--
2004	--	--	--	--
2005	--	--	--	--
2006	--	--	--	--
2007	--	--	--	--
2008	--	--	--	--
2009	--	--	--	--
2010	--	--	--	--
2011	--	--	--	--
2012	200	200	55.27	336.10
2013	356	356	97.17	553.06
2014	1572	1572	658.35	4591.42
2015	5129	5129	2959.51	24584.42
2016	10163	10163	5851.55	40558.11
2017	11630	11630	6756.73	49404.56
2018	10691	10691	6324.53	34487.26
2019	8953	8953	5616.29	29399.60
2020	8187	8187	5335.28	26542.31
2021	6932	6932	4596.60	22845.40
2022	6580	6580	4508.63	21181.44

1-1 续表 5 continued

年份 Year	股票 Stock				
	全国股转系统 NEEQ				
	成交量 (亿股) Trading Volume (100 million shares)	成交金额 (亿元) Trading Turnover (100 million yuan)	市盈率 (倍) P/E Ratio (times)	换手率 (%) Turnover Rate (%)	股票投资者个数 (万个) Number of Stock Investors (10 thousand units)
1992	--	--	--	--	--
1993	--	--	--	--	--
1994	--	--	--	--	--
1995	--	--	--	--	--
1996	--	--	--	--	--
1997	--	--	--	--	--
1998	--	--	--	--	--
1999	--	--	--	--	--
2000	--	--	--	--	--
2001	--	--	--	--	--
2002	--	--	--	--	--
2003	--	--	--	--	--
2004	--	--	--	--	--
2005	--	--	--	--	--
2006	--	--	--	--	--
2007	--	--	--	--	--
2008	--	--	--	--	--
2009	--	--	--	--	--
2010	--	--	--	--	--
2011	--	--	--	--	--
2012	1.15	5.84	20.69	4.47	0.53
2013	2.02	8.14	21.44	4.47	0.85
2014	22.82	130.36	35.27	19.67	4.87
2015	278.91	1910.62	47.23	53.88	22.13
2016	363.63	1912.29	28.71	20.74	33.42
2017	433.22	2271.80	30.18	13.47	40.86
2018	236.29	888.01	20.86	5.31	43.38
2019	220.20	825.69	19.74	6.00	44.62
2020	260.42	1294.64	21.10	9.90	165.82
2021	309.08	2148.16	20.48	17.66	191.18
2022	188.87	798.58	17.20	7.41	196.00

1-1 续表 6 continued

年份 Year	股票 Stock			
	区域性股权市场 Regional Equity Market			
	挂牌公司家数（家） Number of Listed Companies (unit)	成交金额（亿元） Trading Turnover (100 million yuan)	展示企业家数（家） Number of Exhibiting Companies (Unit)	纯托管公司家数（家） Number of Companies Under Custody (Unit)
1992	--	--	--	--
1993	--	--	--	--
1994	--	--	--	--
1995	--	--	--	--
1996	--	--	--	--
1997	--	--	--	--
1998	--	--	--	--
1999	--	--	--	--
2000	--	--	--	--
2001	--	--	--	--
2002	--	--	--	--
2003	--	--	--	--
2004	--	--	--	--
2005	--	--	--	--
2006	--	--	--	--
2007	--	--	--	--
2008	--	--	--	--
2009	--	--	--	--
2010	--	--	--	--
2011	--	--	--	--
2012	--	--	--	--
2013	--	--	--	--
2014	--	--	--	--
2015	--	--	--	--
2016	--	--	--	--
2017	--	--	--	--
2018	24808	84.38	--	--
2019	28831	391.87	--	--
2020	34666	672.42	129292	10305
2021	37970	877.05	137896	10957
2022	42340	1089.56	138137	11434

1-1 续表 7 continued

年份 Year	债券 Bond			
	债券发行额（亿元）Value of Bonds Issued (100 million yuan)	兑付金额（亿元）Amount of Payments (100 million yuan)	债券成交金额（亿元）Bond Trading Turnover (100 million yuan)	年末托管额（亿元）Value of Bonds under Custody at the End of Year (100 million yuan)
1992	--	--	--	--
1993	--	--	--	--
1994	--	--	--	--
1995	--	--	--	--
1996	--	--	--	--
1997	2084.62	--	16481.26	984.59
1998	6203.73	--	21677.39	9199.16
1999	4369.50	410.16	22301.82	12878.71
2000	4414.50	1629.16	35374.40	16077.61
2001	5848.53	1859.97	61043.42	18931.81
2002	9943.90	2841.35	138292.59	24680.66
2003	17647.17	7886.44	208124.89	36524.29
2004	27295.66	12548.65	169718.85	50112.52
2005	42182.07	22531.33	245976.01	71194.88
2006	57096.11	38597.83	384712.67	71744.70
2007	80163.36	49931.98	624720.03	114769.32
2008	71732.16	48265.29	981119.88	143463.06
2009	87286.22	67282.32	1216107.43	164714.14
2010	96408.63	73205.88	1592579.40	195029.82
2011	77275.52	64819.78	1847311.25	214757.10
2012	80261.89	47625.00	2572526.57	253868.31
2013	89127.69	63093.04	2677160.68	288073.12
2014	119380.02	72904.38	3591269.28	355504.40
2015	234604.73	117608.31	6783173.38	479217.27
2016	361548.66	204425.19	9708152.80	642245.80
2017	408256.35	298390.64	9879660.63	750209.90
2018	435968.07	315793.99	11138432.56	864033.11
2019	448538.22	326387.66	12857900.70	981459.24
2020	565951.32	385305.72	15080568.91	1155904.78
2021	614808.08	440886.34	16386839.33	1319258.28
2022	614781.20	490973.29	20930517.02	1438174.83

1-1 续表 8 continued

年份 Year	基金 Fund					
	公募基金 Public Fund				私募基金 Private Fund	
	基金只数 (只) Number of Funds (unit)	基金份额 (亿份) Fund Units (100 million units)	基金资产规模 (亿元) Fund Asset Value (100 million yuan)	基金账户数 (万户) Number of Fund Accounts (10 thousand units)	已备案私募基金数量 (个) Number of Filed Private Fund (unit)	管理基金规模 (亿元) Managed Fund Size (100 million dollar)
1992	--	--	--	--	--	--
1993	--	--	--	--	--	--
1994	--	--	--	--	--	--
1995	--	--	--	--	--	--
1996	--	--	--	--	--	--
1997	--	--	--	--	--	--
1998	5	100.00	107.00	--	--	--
1999	16	505.00	577.00	--	--	--
2000	34	562.00	847.35	--	--	--
2001	51	804.23	809.24	--	--	--
2002	71	1318.85	1185.56	--	--	--
2003	95	1614.67	1699.22	--	--	--
2004	161	3308.79	3246.34	--	--	--
2005	218	4714.18	4691.38	--	--	--
2006	307	6220.67	8565.05	--	--	--
2007	346	22339.84	32762.32	--	--	--
2008	439	25741.78	19403.25	16846.00	--	--
2009	547	23518.55	26024.80	17480.00	--	--
2010	704	23955.33	25040.86	19672.00	--	--
2011	914	26510.37	21918.55	22987.00	--	--
2012	1173	31708.41	28661.81	22948.00	--	--
2013	1551	31167.18	30011.54	28773.46	--	--
2014	1899	42032.72	45374.30	46409.34	--	--
2015	2723	76674.13	83971.83	67917.87	--	--
2016	3873	88428.32	91595.16	94303.67	--	--
2017	4848	110182.12	115989.13	134903.95	66418	114992.53
2018	5580	128961.33	130339.08	212638.47	74629	127064.20
2019	6111	136937.42	147672.51	294432.51	81710	140829.62
2020	7237	169974.29	198519.33	387155.04	96818	169578.29
2021	9152	218244.61	255637.78	468333.13	124098	202705.20
2022	10576	239428.35	260311.89	537041.65	145020	202817.90

1-1 续表 9 continued

年份 Year	期货及衍生品 Futures and Options				
	期货 Futures				
	品种数量（个）Number of Products (unit)	持仓金额（亿元）Value of Positions (100 million yuan)	持仓量（万手）Positions (10 thousand lots)	成交金额（亿元）Trading Turnover (100 million yuan)	成交量（万手）Trading Volume (10 thousand lots)
1992	--	--	--	--	--
1993	8	--	--	2761.00	--
1994	6	--	--	15800.71	--
1995	6	--	--	50282.65	--
1996	2	--	--	42059.58	--
1997	2	--	--	30885.33	--
1998	9	--	--	18483.62	--
1999	8	--	--	11171.51	--
2000	9	145.57	111.67	8041.14	2730.54
2001	9	175.75	134.47	15071.76	6022.54
2002	10	277.43	101.58	19745.30	6971.50
2003	10	423.66	91.88	54194.67	13993.32
2004	12	388.77	106.95	73465.27	15283.27
2005	11	350.71	160.05	67224.19	16142.38
2006	14	564.05	345.31	105023.16	22473.70
2007	18	990.31	355.20	204861.23	36421.34
2008	19	740.90	162.55	359570.98	68194.36
2009	23	2775.49	649.34	652553.80	107871.49
2010	24	3095.90	580.63	1545582.31	156676.46
2011	27	2972.73	603.38	1375134.23	105408.87
2012	32	4122.62	757.68	1711231.31	145046.24
2013	40	6744.94	736.98	2674739.52	206177.33
2014	46	6900.25	909.94	2919882.26	250585.57
2015	51	6200.88	1178.32	5542311.75	357791.06
2016	51	7605.86	1190.48	1956316.08	413776.83
2017	53	8940.47	1194.06	1878925.88	307102.17
2018	57	8375.21	1168.73	2107973.78	301055.65
2019	64	15289.05	1914.23	2905739.14	392135.56
2020	68	21390.93	2287.01	4372770.66	602691.01
2021	69	26819.89	2603.82	5806874.44	726880.86
2022	72	30062.06	3276.47	5342902.63	634228.01

1-1 续表 10 continued

年份 Year	期货及衍生品 Futures and Options				
	期货 Futures			期权 Options	
	交割金额（亿元）Delivery Amount (100 million yuan)	交割量（万手）Delivery Quantity (10 thousand lots)	期货投资者数（万个）Number of Futures Investors (10 thousand units)	品种数量（个）Number of Products (unit)	成交金额（亿元）Trading Turnover (100 million yuan)
1992	--	--	--	--	--
1993	--	--	--	--	--
1994	--	--	--	--	--
1995	--	--	--	--	--
1996	--	--	--	--	--
1997	--	--	--	--	--
1998	--	--	--	--	--
1999	--	--	--	--	--
2000	65.16	8.40	--	--	--
2001	59.63	16.34	--	--	--
2002	100.99	23.32	--	--	--
2003	130.94	32.10	--	--	--
2004	183.21	32.70	--	--	--
2005	213.37	30.71	--	--	--
2006	225.47	30.66	24.46	--	--
2007	283.73	42.76	39.55	--	--
2008	339.26	54.94	61.64	--	--
2009	284.72	50.34	91.63	--	--
2010	586.49	74.04	121.37	--	--
2011	632.50	66.58	141.14	--	--
2012	695.48	61.30	71.73	--	--
2013	749.90	60.68	77.24	--	--
2014	712.29	67.19	82.26	--	--
2015	1426.65	122.14	107.52	--	--
2016	1478.12	136.23	118.64	--	--
2017	1528.47	130.69	127.72	--	38.24
2018	1767.47	144.22	132.26	--	210.16
2019	2641.41	163.82	151.73	--	346.29
2020	3849.49	244.31	186.33	--	3167.43
2021	5369.49	267.06	205.26	--	13936.16
2022	5785.90	239.52	204.89	35	15205.91

1-1 续表 11 continued

年份 Year	期货及衍生品 Futures and Options 期权 Options 成交量（万手）Trading Volume (10 thousand lots)	持仓金额（亿元）Value of Positions (10 thousand lots)	持仓量（万手）Positions (10 thousand lots)	行权金额（亿元）Value of Delivery (100 million yuan)	行权量（万手）Delivery Quantity (10 thousand lots)
1992	--	--	--	--	--
1993	--	--	--	--	--
1994	--	--	--	--	--
1995	--	--	--	--	--
1996	--	--	--	--	--
1997	--	--	--	--	--
1998	--	--	--	--	--
1999	--	--	--	--	--
2000	--	--	--	--	--
2001	--	--	--	--	--
2002	--	--	--	--	--
2003	--	--	--	--	--
2004	--	--	--	--	--
2005	--	--	--	--	--
2006	--	--	--	--	--
2007	--	--	--	--	--
2008	--	--	--	--	--
2009	--	--	--	--	--
2010	--	--	--	--	--
2011	--	--	--	--	--
2012	--	--	--	--	--
2013	--	--	--	--	--
2014	--	--	--	--	--
2015	--	--	--	--	--
2016	--	--	--	--	--
2017	512.81	12.74	23.61	37.89	7.15
2018	1836.35	4.23	31.56	63.24	15.39
2019	4072.21	14.66	130.18	184.21	34.51
2020	20448.83	48.76	231.58	923.68	128.07
2021	141448.39	65.31	929.45	2053.07	311.61
2022	181053.32	411.36	845.52	3664.85	476.67

1-2 证券市场指数运行情况
Securities Market Indexes

年份 Year	上证综指 SSE Composite Index					深证综指 SZSE Composite Index				
	开盘 Opening Price	最高 Highest	最低 Lowest	收盘 Closing Price	涨跌幅(%) Change Rate (%)	开盘 Opening Price	最高 Highest	最低 Lowest	收盘 Closing Price	涨跌幅(%) Change Rate (%)
1992	293.74	1429.01	292.76	780.39	165.67	110.53	312.21	107.08	241.21	118.23
1993	802.14	1558.95	750.46	833.80	6.84	241.21	359.44	203.91	238.28	-1.21
1994	837.70	1052.94	325.89	647.87	-22.30	238.28	242.06	96.56	140.63	-40.98
1995	637.72	926.41	524.43	555.29	-14.29	139.62	169.66	112.63	113.25	-19.47
1996	550.26	1258.69	512.83	917.02	65.14	112.85	473.02	105.34	327.34	189.04
1997	914.06	1510.18	870.18	1194.10	30.22	326.33	517.91	305.81	381.29	16.48
1998	1200.95	1422.98	1043.02	1146.70	-3.97	382.85	441.04	317.10	343.85	-9.82
1999	1144.89	1756.18	1047.83	1366.58	19.18	343.29	525.14	310.65	402.18	16.96
2000	1368.69	2125.72	1361.21	2073.48	51.73	402.71	654.37	414.69	635.73	58.07
2001	2077.08	2245.44	1514.86	1645.97	-20.62	636.62	664.85	439.36	475.94	-25.13
2002	1643.49	1748.89	1339.20	1357.65	-17.52	475.14	512.38	371.79	388.76	-18.32
2003	1347.43	1649.60	1307.40	1497.04	10.27	386.61	449.42	350.74	378.63	-2.61
2004	1492.72	1783.01	1259.43	1266.50	-15.40	377.93	470.55	315.17	315.81	-16.59
2005	1260.78	1328.53	998.23	1161.06	-8.33	313.81	333.28	237.18	278.75	-11.73
2006	1163.88	2698.90	1161.91	2675.47	130.43	278.99	552.93	278.99	550.59	97.52
2007	2728.19	6124.04	2541.53	5261.56	96.66	555.26	1567.74	547.89	1447.02	162.81
2008	5265.00	5522.78	1664.93	1820.81	-65.39	1450.33	1584.40	452.33	553.30	-61.76
2009	1849.02	3478.01	1844.09	3277.13	79.98	560.09	1240.64	557.68	1201.34	117.12
2010	3289.75	3306.75	2319.73	2808.07	-14.31	1207.33	1412.63	890.23	1290.86	7.45
2011	2825.33	3067.46	2134.02	2199.42	-21.68	1298.59	1316.18	828.83	866.65	-32.86
2012	2212.00	2478.38	1949.46	2269.13	3.17	871.93	1020.29	724.97	881.17	1.68
2013	2289.51	2444.80	1849.65	2115.98	-6.75	887.36	1106.27	815.89	1057.67	20.03
2014	2112.13	3239.36	1974.38	3234.68	52.87	1055.88	1504.48	1004.93	1415.19	33.80
2015	3258.63	5178.19	2850.71	3539.18	9.41	1419.44	3156.96	1408.99	2308.91	63.15
2016	3536.59	3538.69	2638.30	3103.64	-12.31	2304.48	2304.49	1618.12	1969.11	-14.72
2017	3105.31	3450.49	3016.53	3307.17	6.56	1972.55	2054.02	1753.53	1899.34	-3.54
2018	3314.03	3587.03	2449.20	2493.90	-24.59	1903.49	1966.15	1212.23	1267.87	-33.25
2019	2497.88	3288.45	2440.91	3050.12	22.30	1270.50	1799.10	1231.83	1722.95	35.89
2020	3066.34	3474.92	2646.80	3473.07	13.87	1734.63	2340.89	1552.96	2329.37	35.20
2021	3474.68	3731.69	3312.72	3639.78	4.80	2335.16	2571.27	2130.09	2530.14	8.62
2022	3649.15	3651.89	2863.65	3089.26	-15.13	2541.46	2542.99	1724.92	1975.61	-21.92

注：指数最高、最低点为盘中最高最低点。
数据来源：上海证券交易所、深圳证券交易所、北京证券交易所、全国中小企业股份转让系统
Source：SSE、SZSE、BSE、NEEQ

1-2 续表 1 continued

年份 Year	沪深300指数 CSI 300 Index					上证50指数 SSE 50 Index				
	开盘 Opening Price	最高 Highest	最低 Lowest	收盘 Closing Price	涨跌幅(%) Change Rate (%)	开盘 Opening Price	最高 Highest	最低 Lowest	收盘 Closing Price	涨跌幅(%) Change Rate (%)
1992	--	--	--	--	--	--	--	--	--	--
1993	--	--	--	--	--	--	--	--	--	--
1994	--	--	--	--	--	--	--	--	--	--
1995	--	--	--	--	--	--	--	--	--	--
1996	--	--	--	--	--	--	--	--	--	--
1997	--	--	--	--	--	--	--	--	--	--
1998	--	--	--	--	--	--	--	--	--	--
1999	--	--	--	--	--	--	--	--	--	--
2000	--	--	--	--	--	--	--	--	--	--
2001	--	--	--	--	--	--	--	--	--	--
2002	--	--	--	--	--	--	--	--	--	--
2003	--	--	--	--	--	--	--	--	--	--
2004	--	--	--	--	--	997.00	1141.99	833.09	842.73	-15.47
2005	984.66	1008.73	807.78	923.45	-7.65	836.99	889.98	693.53	796.40	-5.50
2006	926.56	2052.86	926.41	2041.05	121.02	801.41	1819.04	800.21	1805.31	126.69
2007	2073.25	5891.72	2030.76	5338.28	161.55	1842.63	4772.93	1791.64	4226.76	134.13
2008	5349.76	5756.92	1606.73	1817.72	-65.95	4230.81	4524.29	1269.29	1384.91	-67.24
2009	1848.33	3803.06	1837.84	3575.68	96.71	1411.08	2849.41	1402.05	2553.80	84.40
2010	3592.47	3597.75	2462.20	3128.26	-12.51	2565.11	2584.53	1771.49	1977.37	-22.57
2011	3155.56	3380.53	2267.11	2345.74	-25.01	1994.36	2214.84	1571.51	1617.61	-18.19
2012	2361.50	2717.83	2102.14	2522.95	7.55	1628.17	1877.43	1528.28	1857.68	14.84
2013	2551.81	2791.30	2023.17	2330.03	-7.65	1885.96	2088.45	1422.98	1574.78	-15.23
2014	2323.43	3542.34	2077.76	3533.71	51.66	1570.05	2590.09	1402.18	2581.57	63.93
2015	3566.09	5380.43	2952.01	3731.01	5.58	2612.85	3494.82	1874.22	2420.80	-6.23
2016	3725.86	3726.25	2821.22	3310.08	-11.28	2417.03	2455.43	1891.10	2286.90	-5.53
2017	3313.95	4260.64	3264.21	4030.85	21.78	2285.27	3038.28	2282.24	2860.44	25.08
2018	4045.21	4403.34	2964.88	3010.65	-25.31	2867.53	3202.47	2256.47	2293.10	-19.83
2019	3017.07	4126.09	2935.83	4096.58	36.07	2298.18	3065.93	2249.37	3063.22	33.58
2020	4121.35	5215.62	3503.19	5211.29	27.21	3073.93	3646.75	2517.30	3640.64	18.85
2021	5212.93	5930.91	4663.90	4940.37	-5.20	3632.69	4110.18	3044.88	3274.32	-10.06
2022	4957.98	4961.45	3495.95	3871.63	-21.63	3277.67	3289.16	2288.01	2635.25	-19.52

1-2 续表 2 continued

年份 Year	深证成份指数 SZSE Component Index					科创板50指数 STAR Market 50 Index				
	开盘 Opening Price	最高 Highest	最低 Lowest	收盘 Closing Price	涨跌幅(%) Change Rate (%)	开盘 Opening Price	最高 Highest	最低 Lowest	收盘 Closing Price	涨跌幅(%) Change Rate (%)
1992	966.22	2918.09	917.37	2309.77	139.71	--	--	--	--	--
1993	2424.00	3422.22	1688.18	2225.38	-3.65	--	--	--	--	--
1994	2221.95	2271.39	944.02	1271.05	-42.88	--	--	--	--	--
1995	1257.65	1473.29	980.25	987.75	-22.29	--	--	--	--	--
1996	987.07	4522.39	924.33	3217.54	225.74	--	--	--	--	--
1997	3195.52	6103.62	2985.40	4184.84	30.06	--	--	--	--	--
1998	4199.51	4336.32	2902.44	2949.32	-29.52	--	--	--	--	--
1999	2945.24	4896.04	2521.08	3369.61	14.25	--	--	--	--	--
2000	3374.11	5062.29	3360.21	4752.75	41.05	--	--	--	--	--
2001	4756.18	5091.46	3124.57	3325.66	-30.03	--	--	--	--	--
2002	3319.21	3586.06	2661.91	2759.30	-17.03	--	--	--	--	--
2003	2743.21	3557.89	2673.25	3479.80	26.11	--	--	--	--	--
2004	3473.35	4187.23	2996.08	3067.57	-11.85	--	--	--	--	--
2005	3051.24	3481.44	2590.53	2863.61	-6.65	--	--	--	--	--
2006	2873.54	6687.28	2873.54	6647.14	132.12	--	--	--	--	--
2007	6730.12	19600.03	6585.06	17700.62	166.29	--	--	--	--	--
2008	17731.84	19219.89	5577.23	6485.51	-63.36	--	--	--	--	--
2009	6557.42	14096.87	6514.49	13699.97	111.24	--	--	--	--	--
2010	13766.10	13936.88	8945.20	12458.55	-9.06	--	--	--	--	--
2011	12578.45	13233.02	8555.12	8918.82	-28.41	--	--	--	--	--
2012	8980.76	10616.28	7660.45	9116.48	2.22	--	--	--	--	--
2013	9204.11	10057.97	7045.60	8121.79	-10.91	--	--	--	--	--
2014	8083.77	11050.85	6959.25	11014.62	35.62	--	--	--	--	--
2015	11150.98	18211.76	9259.65	12664.89	14.98	--	--	--	--	--
2016	12650.72	12659.41	8986.52	10177.14	-19.64	--	--	--	--	--
2017	10205.14	11714.98	9482.84	11040.45	8.48	--	--	--	--	--
2018	11079.64	11633.46	7084.44	7239.79	-34.42	--	--	--	--	--
2019	7259.49	10541.19	7011.33	10430.77	44.08	--	--	--	--	--
2020	10509.12	14476.55	9578.87	14470.68	38.73	1005.62	1726.19	1005.62	1393.03	39.30
2021	14516.12	16293.09	13252.24	14857.35	2.67	1398.96	1639.19	1212.34	1398.19	0.37
2022	14935.23	14941.19	10087.53	11015.99	-25.85	1403.39	1405.51	853.21	959.90	-31.35

1-2 续表 3 continued

年份 Year	北证50指数 BSE50 Index					上证国债指数 SSE T-Bond Index				
	开盘 Opening Price	最高 Highest	最低 Lowest	收盘 Closing Price	涨跌幅(%) Change Rate (%)	开盘 Opening Price	最高 Highest	最低 Lowest	收盘 Closing Price	涨跌幅(%) Change Rate (%)
1992	--	--	--	--	--	--	--	--	--	--
1993	--	--	--	--	--	--	--	--	--	--
1994	--	--	--	--	--	--	--	--	--	--
1995	--	--	--	--	--	--	--	--	--	--
1996	--	--	--	--	--	--	--	--	--	--
1997	--	--	--	--	--	--	--	--	--	--
1998	--	--	--	--	--	--	--	--	--	--
1999	--	--	--	--	--	--	--	--	--	--
2000	--	--	--	--	--	--	--	--	--	--
2001	--	--	--	--	--	--	--	--	--	--
2002	--	--	--	--	--	--	--	--	--	--
2003	--	--	--	--	--	100.67	102.08	96.86	99.40	-1.27
2004	--	--	--	--	--	99.39	99.42	91.10	95.61	-3.81
2005	--	--	--	--	--	95.64	109.73	95.61	109.06	14.06
2006	--	--	--	--	--	109.11	111.63	109.07	111.39	2.14
2007	--	--	--	--	--	111.45	111.96	109.33	110.87	-0.46
2008	--	--	--	--	--	110.92	121.53	110.73	121.30	9.40
2009	--	--	--	--	--	121.35	122.99	119.62	122.35	0.87
2010	--	--	--	--	--	122.39	127.10	122.13	126.28	3.21
2011	--	--	--	--	--	126.32	131.39	126.31	131.39	4.05
2012	--	--	--	--	--	131.45	135.82	131.44	135.79	3.35
2013	--	--	--	--	--	135.84	139.91	135.84	139.52	2.75
2014	--	--	--	--	--	139.54	145.78	139.42	145.68	4.42
2015	--	--	--	--	--	145.75	154.67	145.75	154.54	6.09
2016	--	--	--	--	--	154.61	160.86	154.58	159.79	3.39
2017	--	--	--	--	--	159.85	161.07	159.59	160.85	0.67
2018	--	--	--	--	--	160.91	169.88	160.89	169.88	5.61
2019	--	--	--	--	--	169.97	177.28	169.96	177.27	4.35
2020	--	--	--	--	--	177.31	183.79	177.26	183.78	3.67
2021	--	--	--	--	--	183.84	191.63	183.79	191.57	4.24
2022	1000.00	1197.84	919.26	942.09	-5.79	191.63	198.67	191.59	198.51	3.62

1-2 续表 4 continued

年份 Year	上证企业债指数 SSE Corporate Bond Index					中证综合债指数 CSI Universal Bond Index				
	开盘 Opening Price	最高 Highest	最低 Lowest	收盘 Closing Price	涨跌幅(%) Change Rate (%)	开盘 Opening Price	最高 Highest	最低 Lowest	收盘 Closing Price	涨跌幅(%) Change Rate (%)
1992	--	--	--	--	--	--	--	--	--	--
1993	--	--	--	--	--	--	--	--	--	--
1994	--	--	--	--	--	--	--	--	--	--
1995	--	--	--	--	--	--	--	--	--	--
1996	--	--	--	--	--	--	--	--	--	--
1997	--	--	--	--	--	--	--	--	--	--
1998	--	--	--	--	--	--	--	--	--	--
1999	--	--	--	--	--	--	--	--	--	--
2000	--	--	--	--	--		--	--	--	--
2001	--	--	--	--	--	--	--	--	--	--
2002	--	--	--	--	--	--	--	--	--	--
2003	104.38	105.45	98.67	99.93	-4.27	99.91	102.66	99.87	101.34	1.34
2004	99.99	100.04	86.72	95.84	-4.09	100.95	101.34	97.75	100.38	-0.94
2005	95.84	118.98	90.90	118.92	24.08	100.43	108.90	100.43	108.68	8.26
2006	118.91	122.19	115.35	119.84	0.77	108.64	111.36	108.64	111.24	2.36
2007	119.84	121.65	112.68	113.27	-5.49	111.28	111.28	111.28	111.24	0.00
2008	113.27	132.80	112.25	132.64	17.11	111.22	124.65	111.22	124.50	11.92
2009	132.69	134.70	130.91	133.55	0.68	123.68	124.06	123.68	124.02	-0.39
2010	133.61	144.01	133.61	143.45	7.42	124.06	129.22	123.92	127.09	2.48
2011	143.52	148.51	143.24	148.48	3.50	127.23	134.14	126.60	134.14	5.54
2012	148.56	159.65	148.22	159.60	7.49	134.19	138.95	134.16	138.95	3.59
2013	159.70	167.41	159.63	166.56	4.36	138.92	142.58	137.71	138.36	-0.42
2014	166.61	181.54	166.05	181.10	8.73	138.33	152.34	138.18	151.84	9.74
2015	181.25	197.18	181.24	197.12	8.84	151.83	163.98	151.83	163.91	7.95
2016	197.24	209.43	197.23	209.03	6.04	163.85	170.75	163.70	167.39	2.12
2017	209.14	213.54	209.07	213.49	2.13	167.42	168.81	165.55	167.86	0.28
2018	213.61	225.78	213.61	225.75	5.74	168.00	181.49	167.99	181.49	8.12
2019	225.90	238.76	225.90	238.72	5.74	181.90	189.96	181.90	189.96	4.67
2020	238.78	249.46	238.78	249.44	4.49	189.97	197.62	189.96	195.59	2.97
2021	249.56	259.56	249.54	259.55	4.05	195.54	205.82	195.54	205.82	5.23
2022	259.67	269.15	259.66	269.15	3.70	205.90	213.86	205.90	212.65	3.32

1-2 续表 5 continued

年份 Year	三板成指 NEEQ Component Index					三板做市 NEEQ Market Making Component Index				
	开盘 Opening Price	最高 Highest	最低 Lowest	收盘 Closing Price	涨跌幅(%) Change Rate (%)	开盘 Opening Price	最高 Highest	最低 Lowest	收盘 Closing Price	涨跌幅(%) Change Rate (%)
1992	--	--	--	--	--	--	--	--	--	--
1993	--	--	--	--	--	--	--	--	--	--
1994	--	--	--	--	--	--	--	--	--	--
1995	--	--	--	--	--	--	--	--	--	--
1996	--	--	--	--	--	--	--	--	--	--
1997	--	--	--	--	--	--	--	--	--	--
1998	--	--	--	--	--	--	--	--	--	--
1999	--	--	--	--	--	--	--	--	--	--
2000	--	--	--	--	--	--	--	--	--	--
2001	--	--	--	--	--	--	--	--	--	--
2002	--	--	--	--	--	--	--	--	--	--
2003	--	--	--	--	--	--	--	--	--	--
2004	--	--	--	--	--	--	--	--	--	--
2005	--	--	--	--	--	--	--	--	--	--
2006	--	--	--	--	--	--	--	--	--	--
2007	--	--	--	--	--	--	--	--	--	--
2008	--	--	--	--	--	--	--	--	--	--
2009	--	--	--	--	--	--	--	--	--	--
2010	--	--	--	--	--	--	--	--	--	--
2011	--	--	--	--	--	--	--	--	--	--
2012	--	--	--	--	--	--	--	--	--	--
2013	--	--	--	--	--	--	--	--	--	--
2014	--	--	--	--	--	--	--	--	--	--
2015	1019.30	2134.31	1019.30	1484.50	45.64	998.38	2673.17	991.47	1438.00	43.80
2016	1448.29	1448.29	1139.99	1243.61	-16.23	1438.00	1442.45	1073.47	1112.11	-22.66
2017	1237.74	1317.45	1184.61	1275.32	2.55	1112.11	1162.54	983.01	993.65	-10.65
2018	1270.17	1282.71	953.81	954.80	-25.13	993.65	993.65	713.01	718.94	-27.65
2019	955.97	968.73	897.37	928.78	-2.73	718.94	914.75	706.67	914.75	27.24
2020	935.08	1044.93	935.08	1010.77	8.83	914.67	1217.34	914.67	1073.18	17.32
2021	1010.82	1173.99	978.78	1138.22	12.61	1073.18	1596.30	1064.67	1455.68	35.64
2022	1138.22	1142.68	951.70	959.97	-15.66	1455.68	1467.66	1153.34	1222.31	-16.03

1-3 境内外证券市场筹资情况
Proceeds Raised in Domestic and Foreign Capital Markets

年份 Year	境内股票筹资 Proceeds Raised in Domestic Capital Market by Offering of Shares			
	沪深交易所 SSE and SZSE			
	首发发行量(亿股) Number of Initial Public Offerings (100 million shares)	筹资金额(亿元) Proceeds Raised through Offering Shares(100 million yuan)		
		合计 Total	首发筹资金额 Proceeds Raised by IPO	再筹资 Proceeds Raised by Subsequent Offerings of Shares
1992	10.65	68.91	68.91	0.00
1993	51.07	245.02	184.83	60.19
1994	48.64	213.63	154.44	59.19
1995	18.01	99.78	42.37	57.41
1996	66.54	308.04	241.32	66.71
1997	129.64	859.98	651.56	208.42
1998	81.37	787.44	412.22	375.22
1999	86.87	873.63	494.71	378.93
2000	122.17	1515.82	862.56	653.26
2001	84.57	1238.14	614.03	624.11
2002	117.34	720.05	498.75	221.29
2003	89.34	665.51	472.42	193.08
2004	56.13	650.53	361.05	289.47
2005	13.92	339.03	57.63	281.40
2006	377.89	2374.50	1341.70	1032.80
2007	430.63	7814.74	4770.83	3043.91
2008	114.96	3312.39	1034.38	2278.01
2009	244.47	4834.34	1878.98	2955.36
2010	553.95	9799.80	4882.59	4917.21
2011	163.99	7154.43	2824.43	4330.00
2012	78.86	4542.40	1034.32	3508.08
2013	0.00	4131.46	0.00	4131.46
2014	70.10	8498.26	668.89	7829.38
2015	151.52	16361.62	1576.39	14785.23
2016	137.47	20297.39	1496.07	18801.32
2017	224.20	15534.98	2301.08	13233.90
2018	129.20	11377.88	1378.15	9999.73
2019	297.57	12538.82	2489.81	10049.01
2020	300.83	14221.61	4742.30	9479.31
2021	484.61	15400.13	5351.45	10048.67
2022	230.59	14175.45	5704.09	8471.38

注：1.股票筹资包括首发筹资和再筹资，均按股份上市日统计；再筹资包含公开增发、定向增发(含股权激励)、配股、权证和优先股，不含可转债转股，其中权证为2008年之后开展的业务，优先股为2014年之后开展的业务。
2.北交所发行指在北交所上市发行。
3.境外股票筹资指在港交所上市的H股股票、伦交所发行的GDR筹资，不含可转债。
4.全国股转系统股票筹资金额中不含优先股。

数据来源：中国证券监督管理委员会、上海证券交易所、深圳证券交易所、北京证券交易所、全国中小企业股份转让系统、中央国债登记结算有限责任公司、上海清算所

Source:CSRC、SSE、SZSE、BSE、NEEQ、CCDC、SHCH

1-3 续表 1 continued

年份 Year	境内股票筹资 Proceeds Raised in Domestic Capital Market by Offering of Shares			
	北交所 BSE			
	发行量 (亿股) Number of Initial Public Offerings (100 million shares)	筹资金额(亿元) Proceeds Raised through Offering Shares(100 million yuan)		
		合计 Total	发行筹资金额 Proceeds Raised by IPO	再筹资 Proceeds Raised by Subsequent Offerings of Shares
1992	--	--	--	--
1993	--	--	--	--
1994	--	--	--	--
1995	--	--	--	--
1996	--	--	--	--
1997	--	--	--	--
1998	--	--	--	--
1999	--	--	--	--
2000	--	--	--	--
2001	--	--	--	--
2002	--	--	--	--
2003	--	--	--	--
2004	--	--	--	--
2005	--	--	--	--
2006	--	--	--	--
2007	--	--	--	--
2008	--	--	--	--
2009	--	--	--	--
2010	--	--	--	--
2011	--	--	--	--
2012	--	--	--	--
2013	--	--	--	--
2014	--	--	--	--
2015	--	--	--	--
2016	--	--	--	--
2017	--	--	--	--
2018	--	--	--	--
2019	--	--	--	--
2020	--	--	--	--
2021	2.29	21.32	21.32	0.00
2022	17.48	166.99	163.84	3.15

1-3 续表 2 continued

年份 Year	境内股票筹资 Proceeds Raised in Domestic Capital Market by Offering of Shares			
	全国股转系统 NEEQ		区域性股权市场 Regional Equity Market	
	发行量 (亿股) Number of Shares (100 million shares)	筹资金额 (亿元) Proceeds Raised through Offering Shares (100 million yuan)	发行量 (亿股) Number of Shares (100 million shares)	筹资金额 (亿元) Proceeds Raised through Offering Shares (100 million yuan)
1992	--	--	--	--
1993	--	--	--	--
1994	--	--	--	--
1995	--	--	--	--
1996	--	--	--	--
1997	--		--	--
1998	--	--	--	--
1999	--	--	--	--
2000	--	--	--	--
2001	--	--	--	--
2002	--	--	--	--
2003	--	--	--	--
2004	--	--	--	--
2005	--	--	--	--
2006	--	--	--	--
2007	--	--	--	--
2008	--	--	--	--
2009	--	--	--	--
2010	--	--	--	--
2011	--	--	--	--
2012	1.93	8.59	--	--
2013	2.92	10.02	--	--
2014	26.52	132.09	--	--
2015	230.79	1216.17	--	--
2016	294.61	1390.89	--	--
2017	239.26	1336.25	--	--
2018	123.83	604.43	--	--
2019	73.73	264.63	--	2312.53
2020	74.54	338.50	--	2883.64
2021	52.69	259.67	--	2448.13
2022	67.37	231.66	--	745.72

1-3 续表 3 continued

年份 Year	境内债券筹资 Proceeds Raised in Domestic Capital Market by Bond					
	全市场 Whole Market		银行间 Interbank Market		交易所 Stock Exchange	
	发行额（亿元） Value of Bonds Issued (100 million yuan)	兑付金额（亿元） Amount of Payments (100 million yuan)	发行额（亿元） Value of Bonds Issued (100 million yuan)	兑付金额（亿元） Amount of Payments (100 million yuan)	发行额（亿元） Value of Bonds Issued (100 million yuan)	兑付金额（亿元） Amount of Payments (100 million yuan)
1992	--	--	--	--	--	--
1993	--	--	--	--	--	--
1994	--	--	--	--	--	--
1995	--	--	--	--	--	--
1996	--	--	--	--	--	--
1997	2084.62	--	2084.62	--	--	--
1998	6203.73	--	6203.73	--	--	--
1999	4369.50	410.16	4369.50	410.16	--	--
2000	4414.50	1629.16	4414.50	1629.16	--	--
2001	5848.53	1859.97	5848.53	1859.97	--	--
2002	9943.90	2841.35	9943.90	2841.35	--	--
2003	17647.17	7886.44	17647.17	7886.44	--	--
2004	27295.66	12548.65	27295.66	12548.65	--	--
2005	42182.07	22531.33	42182.07	22531.33	--	--
2006	57096.11	38597.83	57096.11	38597.83	--	--
2007	80163.36	49931.98	79756.08	49931.98	407.28	--
2008	71732.16	48265.29	70734.11	48265.29	998.05	--
2009	87286.22	67282.32	86474.71	67282.32	811.51	--
2010	96408.63	73205.88	95088.33	73205.88	1320.30	--
2011	77275.52	64819.78	75501.82	64709.81	1773.70	109.97
2012	80261.89	47625.00	77474.98	47269.27	2786.91	355.73
2013	89127.69	63093.04	85248.00	62332.88	3879.69	760.16
2014	119380.02	72904.38	115112.62	71358.08	4267.40	1546.30
2015	234604.73	117608.31	210936.25	114140.25	23668.48	3468.07
2016	361548.66	204425.19	324880.30	199138.51	36668.36	5286.68
2017	408256.35	296374.85	369109.44	290020.83	39146.91	8369.81
2018	435968.07	310776.99	379090.36	302485.47	56877.70	13308.52
2019	448538.22	326387.66	376551.50	306774.83	71986.71	19612.84
2020	565951.32	385305.72	481173.97	362331.05	84777.35	22974.66
2021	614808.08	440886.34	528254.95	404978.39	86553.13	35907.96
2022	614781.20	490973.29	550287.43	450320.15	66493.77	40653.13

1-3 续表 4 continued

年份 Year	境外股票筹资 Proceeds Raised in Foreign Capital Market by Offering of Shares			
	发行量 (亿股) Number of Shares (100 million shares)	筹资金额(亿元) Proceeds Raised through Offering Shares (100 million yuan)		
		合计 Total	首发筹资金额 Proceeds Raised by IPO	再筹资 Proceeds Raised by Subsequent Offerings of Shares
1992	--	--	--	--
1993	40.41	60.84	60.84	0.00
1994	69.89	188.75	188.75	0.00
1995	15.38	31.53	21.13	10.40
1996	31.77	100.57	72.94	27.63
1997	136.88	387.91	348.66	39.25
1998	12.86	37.83	22.10	15.73
1999	23.05	47.11	47.11	0.00
2000	359.26	562.08	562.08	0.00
2001	48.48	73.00	67.70	5.30
2002	157.54	192.28	191.12	1.16
2003	196.79	537.32	506.53	30.79
2004	171.51	647.72	433.44	214.28
2005	553.25	1666.25	1421.24	245.01
2006	936.66	3072.57	2925.30	147.27
2007	223.97	927.46	701.31	226.15
2008	65.38	311.38	259.92	51.46
2009	155.58	1067.66	999.51	68.15
2010	367.04	2343.11	1061.09	1282.02
2011	108.37	732.41	431.23	301.18
2012	220.95	997.83	515.54	482.29
2013	259.92	1060.24	691.57	368.67
2014	288.40	2253.40	914.51	1338.89
2015	444.15	7090.12	2053.15	5036.97
2016	--	1271.48	1091.46	180.02
2017	178.18	1829.19	487.26	1341.93
2018	652.67	1387.61	938.45	449.16
2019	119.82	781.65	449.40	332.24
2020	116.04	1443.04	774.12	668.92
2021	52.72	1035.33	332.55	702.78
2022	35.04	1096.39	689.84	406.55

1-4 证券期货市场投资者情况
Investor Accounts of Securities and Futures Market

年份 Year	股票 Stock					
	沪深交易所 SSE and SZSE					
	期末投资者个数(万个) Number of Investors at the End of the Year (10 thousand units)			新增投资者个数(万个) Number of New Investors (10 thousand units)		
	个人 Individual	机构 Institution	合计 Total	个人 Individual	机构 Institution	合计 Total
2003	--	--	--	--	--	--
2004	--	--	--	--	--	--
2005	--	--	--	--	--	--
2006	--	--	--	--	--	--
2007	--	--	--	--	--	--
2008	--	--	--	--	--	--
2009	--	--	--	--	--	--
2010	--	--	--	--	--	--
2011	--	--	--	--	--	--
2012	--	--	--	--	--	--
2013	--	--	--	--	--	--
2014	7270.95	23.42	7294.36	--	--	--
2015	9882.15	28.38	9910.54	2611.20	4.96	2616.18
2016	11778.42	32.62	11811.04	1896.27	4.24	1900.50
2017	13362.21	36.08	13398.30	1583.79	3.46	1587.26
2018	14615.11	35.33	14650.44	--	--	1252.14
2019	15937.22	38.02	15975.24	1322.11	2.69	1324.80
2020	17735.77	41.72	17777.49	1798.55	3.70	1802.25
2021	19693.91	46.94	19740.85	1958.14	5.22	1963.36
2022	21162.74	50.88	21213.62	1468.83	3.94	1472.77

注：1. 期末投资者数量指持有未注销、未休眠的A股、B股账户的一码通账户数量。
2. 新增投资者数量=本期期末投资者数量-上期期末投资者数量。
3. 2018年底，按照《关于加强私募投资基金等产品账户管理有关事项的通知》要求，部分历史遗留已到期账户集中完成了注销。
4. 期货账户数和投资者数2012年之前为总账户数和总投资者数，2012年之后为有效账户数和有效投资者数。
5. 豁免投资者是指在企业来区域性股权市场挂牌前已经持有该企业股票或股权的投资者。该类投资者只能卖出所持公司股份或股权，如要参与其他其他公司股份买卖或其他产品买卖，须通过合格投资者适当性认可。

数据来源：中国证券监督管理委员会、中国证券登记结算公司、中国期货市场监控中心、全国中小企业股份转让系统
Source:CSRC、CSDC、CFMMC、NEEQ

1-4 续表 1 continued

年份 Year	股票 Stock					
	北交所 BSE					
	期末投资者个数(万个) Number of Investors at the End of the Year (10 thousand units)			新增投资者个数(万个) Number of New Investors (10 thousand units)		
	个人 Individual	机构 Institution	合计 Total	个人 Individual	机构 Institution	合计 Total
2003	--	--	--	--	--	--
2004	--	--	--	--	--	--
2005	--	--	--	--	--	--
2006	--	--	--	--	--	--
2007	--	--	--	--	--	--
2008	--	--	--	--	--	--
2009	--	--	--	--	--	--
2010	--	--	--	--	--	--
2011	--	--	--	--	--	--
2012	--	--	--	--	--	--
2013	--	--	--	--	--	--
2014	--	--	--	--	--	--
2015	--	--	--	--	--	--
2016	--	--	--	--	--	--
2017	--	--	--	--	--	--
2018	--	--	--	--	--	--
2019	--	--	--	--	--	--
2020	--	--	--	--	--	--
2021	455.41	7.45	462.86	455.41	7.44	462.85
2022	500.28	9.38	509.66	44.88	1.93	46.81

1-4 续表 2 continued

年份 Year	股票 Stock 全国股转系统 NEEQ 期末投资者个数(万个) Number of Investors at the End of the Year (10 thousand units)			新增投资者个数(万个) Number of New Investors (10 thousand units)		
	个人 Individual	机构 Institution	合计 Total	个人 Individual	机构 Institution	合计 Total
2003	--	--	--	--	--	--
2004	--	--	--	--	--	--
2005	--	--	--	--	--	--
2006	--	--	--	--	--	--
2007	--	--	--	--	--	--
2008	--	--	--	--	--	--
2009	--	--	--	--	--	--
2010	--	--	--	--	--	--
2011	--	--	--	--	--	--
2012	0.43	0.09	0.53	--	--	--
2013	0.74	0.11	0.85	0.31	0.02	0.33
2014	4.40	0.47	4.87	3.65	0.36	4.02
2015	19.86	2.27	22.13	15.46	1.80	17.26
2016	29.57	3.85	33.42	9.71	1.58	11.29
2017	35.74	5.12	40.86	6.17	1.27	7.44
2018	37.75	5.63	43.38	2.01	0.51	2.52
2019	38.73	5.89	44.62	0.98	0.26	1.24
2020	156.64	5.38	162.03	137.84	1.27	139.11
2021	185.23	5.94	191.18	28.59	0.56	29.15
2022	189.25	6.75	196.00	4.02	0.81	4.82

1-4 续表 3 continued

年份 Year	股票 Stock				基金 Fund
	区域性股权市场 Regional Equity Market				
	期末投资者数(万个) Number of Investors at the End of the Year (10 thousand units)				基金账户数(万户) Number of Fund Accounts (10 thousand units)
	个人 Individual	机构 Institution	豁免投资者 Exempt	合计 Total	
2003	--	--	--	--	--
2004	--	--	--	--	--
2005	--	--	--	--	--
2006	--	--	--	--	--
2007	--	--	--	--	--
2008	--	--	--	--	16846.00
2009	--	--	--	--	17480.00
2010	--	--	--	--	19672.00
2011	--	--	--	--	22987.00
2012	--	--	--	--	22948.00
2013	--	--	--	--	28773.46
2014	--	--	--	--	46409.34
2015	--	--	--	--	67917.87
2016	--	--	--	--	94303.67
2017	--	--	--	--	134903.95
2018	6.86	0.94	29.12	36.91	212638.47
2019	8.44	1.18	29.29	38.90	294432.51
2020	9.85	1.50	33.36	44.71	387155.04
2021	10.85	1.69	45.97	58.51	468333.13
2022	11.98	1.72	88.66	102.37	537041.65

1-4 续表 4 continued

年份 Year	期货 Futures			
	期货账户数 (万户) Number of Futures Accounts (10 thousand units)	期货投资者数(万个) Number of Futures Investors (10 thousand units)		
		个人 Individual	单位 Institution	合计 Total
2003	--	--	--	--
2004	--	--	--	--
2005	--	--	--	--
2006	27.74	--	--	24.46
2007	44.77	--	--	39.55
2008	71.28	59.54	2.10	61.64
2009	110.61	88.76	2.86	91.63
2010	150.55	117.82	3.55	121.37
2011	179.34	137.06	4.08	141.14
2012	89.69	69.74	1.99	71.73
2013	97.72	75.17	2.07	77.24
2014	99.35	79.52	2.74	82.26
2015	126.88	104.62	2.90	107.52
2016	138.53	115.06	3.58	118.64
2017	151.14	123.81	3.91	127.72
2018	158.70	128.34	3.92	132.26
2019	183.21	147.15	4.57	151.73
2020	227.64	180.45	5.88	186.33
2021	257.90	198.01	7.25	205.26
2022	257.25	196.62	8.27	204.89

1-5 证券期货市场参与主体情况
Participant of Securities and Futures Market

年份 Year	沪深交易所上市公司 SSE and SZSE Listed Company		北交所上市公司 BSE Listed Company	
	家数 (家) Number of Companies (unit)	总资产 (亿元) Total Assets (100 million yuan)	家数 (家) Number of Companies (unit)	总资产 (亿元) Total Assets (100 million yuan)
1993	183	1821.00	--	--
1994	291	3309.00	--	--
1995	323	4301.61	--	--
1996	530	6346.68	--	--
1997	745	9681.16	--	--
1998	851	12404.86	--	--
1999	949	16174.41	--	--
2000	1088	21676.39	--	--
2001	1160	30457.30	--	--
2002	1224	41539.86	--	--
2003	1287	53302.61	--	--
2004	1377	63277.29	--	--
2005	1381	72769.33	--	--
2006	1434	221069.33	--	--
2007	1550	414286.97	--	--
2008	1625	487007.21	--	--
2009	1718	617738.72	--	--
2010	2063	862290.24	--	--
2011	2342	1028873.51	--	--
2012	2494	1193598.71	--	--
2013	2489	1330017.51	--	--
2014	2613	1501082.96	--	--
2015	2827	1724649.05	--	--
2016	3052	2019170.62	--	--
2017	3485	2205062.02	--	--
2018	3584	2412856.04	--	--
2019	3777	2807826.22	--	--
2020	4154	3134275.88	--	--
2021	4615	3461538.93	82	983.56
2022	4917	3853355.07	162	1777.06

注：证券公司、期货公司总资产包含客户资金。

数据来源：中国证券监督管理委员会、上海证券交易所、深圳证券交易所、中国期货业协会、北京证券交易所、全国中小企业股份转让系统、中国证券投资基金业协会

Source:CSRC、SSE、SZSE、BSE、CFA、NEEQ、AMAC

1-5 续表 1 continued

年份 Year	全国股转系统挂牌公司 NEEQ		区域性股权市场服务企业 Regional Equity Trading Platforms Market		
	家数（家）Number of Companies (unit)	总资产（亿元）Total Assets (100 million yuan)	挂牌企业家数(家) Number of Listed Companies (unit)	展示企业家数(家) Number of Exhibiting Companies (Unit)	纯托管企业家数(家) Number of Companies' Equity Under Custody(Unit)
1993	--	--	--	--	--
1994	--	--	--	--	--
1995	--	--	--	--	--
1996	--	--	--	--	--
1997	--	--	--	--	--
1998	--	--	--	--	--
1999	--	--	--	--	--
2000	--	--	--	--	--
2001	--	--	--	--	--
2002	--	--	--	--	--
2003	--	--	--	--	--
2004	--	--	--	--	--
2005	--	--	--	--	--
2006	--	--	--	--	--
2007	--	--	--	--	--
2008	--	--	--	--	--
2009	--	--	--	--	--
2010	--	--	--	--	--
2011	--	--	--	--	--
2012	200	239.65	--	--	--
2013	356	345.13	--	--	--
2014	1572	3232.85	--	--	--
2015	5129	11608.91	--	--	--
2016	10163	28266.63	--	--	--
2017	11630	30805.51	--	--	--
2018	10691	28220.69	--	--	--
2019	8953	26906.24	28831	--	--
2020	8187	22606.06	34666	129292	10305
2021	6932	21817.64	37970	137896	10957
2022	6580	23446.73	42340	138137	11434

1-5 续表 2 continued

年份 Year	证券公司 Securities Company		基金管理公司 Fund Management Company	
	家数 (家) Number of Companies (unit)	总资产 (亿元) Total Assets (100 million yuan)	家数 (家) Number of Companies (unit)	总资产 (亿元) Total Assets (100 million yuan)
1993	--	--	--	--
1994	91	--	--	--
1995	97	--	--	--
1996	94	--	--	--
1997	90	--	--	--
1998	90	--	6	--
1999	90	--	10	--
2000	100	--	10	--
2001	109	--	15	--
2002	127	--	21	--
2003	133	--	33	79.98
2004	133	--	44	79.95
2005	116	--	52	81.16
2006	104	--	57	128.66
2007	106	17313.39	58	366.53
2008	107	11912.23	60	365.96
2009	106	20286.91	60	442.29
2010	106	19686.13	63	486.72
2011	109	15722.53	69	493.73
2012	114	17209.32	77	536.63
2013	115	20803.46	89	655.86
2014	121	40340.65	95	1047.26
2015	125	64170.00	101	1177.39
2016	129	57934.47	109	1332.01
2017	131	61413.53	113	1659.93
2018	131	62648.96	120	1820.44
2019	133	72586.78	128	2095.58
2020	138	89018.09	133	2576.44
2021	140	105981.39	137	3248.34
2022	140	110616.95	142	3476.00

1-5 续表 3 continued

年份 Year	期货公司 Futures Company		已登记私募基金管理人 Registered Private Fund Manager	
	家数 (家) Number of Companies (unit)	总资产 (亿元) Total Assets (100 million yuan)	家数 (家) Number of Companies (unit)	总规模 (亿元) Total Assets (100 million yuan)
1993	--	--	--	--
1994	--	--	--	--
1995	--	--	--	--
1996	329	--	--	--
1997	294	--	--	--
1998	278	--	--	--
1999	213	--	--	--
2000	178	--	--	--
2001	200	--	--	--
2002	179	--	--	--
2003	186	--	--	--
2004	188	--	--	--
2005	183	--	--	--
2006	183	--	--	--
2007	177	--	--	--
2008	171	--	--	--
2009	167	--	--	--
2010	163	--	--	--
2011	163	--	--	--
2012	161	2318.48	--	--
2013	156	2569.82	--	--
2014	152	3431.99	--	--
2015	150	4749.67	--	--
2016	149	5438.31	--	--
2017	149	5247.48	22446	114992.53
2018	149	5142.50	24448	127064.20
2019	149	6452.46	24471	140829.62
2020	149	9845.14	24561	169578.29
2021	150	13815.76	24610	202705.20
2022	150	16997.90	23667	202817.90

主要统计指标解释

Explanatory Notes on Main Statistical Indicators

上市公司家数 指在统计期末其发行的股票在交易所上市的股份有限公司的数量。以股票上市日进行统计，同时发行 A、B 股的上市公司，按一家计算。

上市公司股本 也称上市公司总股本，是指统计期末上市公司在境内发行的全部股份数量合计，包括 A 股股本、B 股股本和其他不流通的境内股本。

流通股本 也即非限售股本，计算公式为：上市公司股本−限售股本。

股票市值 指统计期末根据上市公司股票价格和对应股票数量计算的股权价值合计。具体统计口径和计算方法如下：如当日无交易价格，采用最后交易日的收盘价；暂停上市股票的价格以零计算；未股改公司的非流通股以流通 A 股价格计算市值；仅发行 B 股的上市公司，其非流通股不进行股票市值计算；对当日除权股票进行市值计算时需要包含在途股份（已登记未上市）的市值。

流通市值 指根据股票价格与其非限售股本计算出的股权价值合计，也即 A 股流通市值和 B 股流通市值的合计。

成交量 指统计期内全部股票成交数量的合计，包含竞价交易和协议交易（大宗交易）。

成交金额 指在统计期内全部股票成交金额合计，包含竞价交易和协议交易（大宗交易）。

市盈率（静态） 指上市公司每股股价与每股收益的比率，通常用上市公司股票市值与其对应的归属母公司股东净利润的比率进行计算。需要注意事项如下：每股收益和净利润数据在财务报告公告截止日的次日集中更新，且每股收益根据期末股本计算；如截止日未公布财务报告，在计算个股市盈率时采用向前追溯的净利润数据，在计算市场市盈率时剔除该股票；对单个股票计算市盈率时仅考虑每股收益为正的股票；对多个股票计算平均市盈率时通常采用上市公司股票市值合计与其对应的归属母公司股东的净利润合计的比率进行计算（剔除暂停上市公司股票，含净利润为负的股票）；对于发行多种类型股份的公司，根据各类性质股份股本按比例分配该公司归属母公司股东净利润。首发市盈率为股票首发价格与每股收益的比率，其中每股收益按照最新年度财务报告中对应的归属母公司股东净利润除以发行后总股本计算。

公式：市盈率（静态）= Σ股票市值/ Σ该股份对应的归属母公司股东净利润

换手率（股本） 换手率可采用股票成交量/相应股票股本，通常称为股本换手率。对于某一区间换手率的计算，通常采用统计期内全部交易日的股本换手率合计进行计算。通常对单只股票采用股本换手率，对一组股票采用市值换手率；在计算一组股票换手率时，暂停上市股票不纳入计算。

公式：换手率（股本）=（当日成交股数/流通股本）× 100%

换手率（市值） 换手率可采用股票成交金额/股票市值，通常称为市值换手率。对于某一区间换手率的计算，通常采用统计期内全部交易日的市值换手率合计进行计算。通常对单只股票采用股本换手率，对一组股票采用市值换手率；在计算一组股票换手率时，暂停上市股票不纳入计算。

公式：换手率（市值）=（当日成交金额/流通市值）× 100%

股票投资者数 指统计期末已开立股票账户的投资者数量。统计时按照“投资者全称相同且证件代码相同”合并。

涨跌幅 指统计期内股票期末价格相对期初价格的变化幅度。统计区间如果包含上市首日则统计期内股票期末价格相对首发价格的变化幅度。指数涨跌幅参照股票涨跌幅处理；对股票区间涨跌幅的计算需要对股票价格进行复权处理，复权因素包括分红、送股、配股等，复权价格的公式为：复权价格=当前价格×（1+送股比例+配股比例）+每股红利-配股价格×配股比例，若统计期内存在多次分红、送股、配股事件，复权价格采用递归方式进行计算。在计算复权价时，通常采用区间分段涨跌幅连乘或复权因子连乘进行速算。

公式：涨跌幅=（期末收盘价/期初前收盘价-1）×100%

股票筹资金额 指统计期内通过发行股票筹集的资金总额，以股份上市日作为统计指标的计算日。

首发筹资金额 指统计期内首次公开发行股票（IPO）筹集的资金总额，计算公式：首发筹资金额=Σ（每股发行价格×发行股份数）；

其中，对于发行股份吸收合并已上市公司的筹资金额，计算公式为：首发筹资金额=每股发行价格×（发行股份数-换股股份数）；

对于存在超额配售权的 IPO，根据超额配售权的实际行使情况对统计期内的 IPO 募集资金进行回溯调整。

再筹资金额 指统计期内上市公司通过增发（公开增发和定向增发）、配股、行权、优先股等方式筹集的资金总额。

其中增发筹资金额是指统计期内上市公司增发股份筹集的资金总额。

根据股份认购对象的不同，增发筹资金额指标可分为公开增发筹资金额和定向增发筹资金额。

根据增发时是否以现金认购，增发筹资金额指标可分为增发筹资金额（现金）和增发筹资金额（资产）；增发筹资金额=Σ增发每股价格×发行股份数。

配股筹资金额指统计期内上市公司通过向原股东配售股份筹集的资金总额；配股筹资金额=Σ配股价格×配售股份数=Σ配股价格×股份数量×配售比例。

行权筹资金额包括权证（期权）行权筹资金额和可转债转股金额；行权筹资金额=Σ行权价格×行权认购股份数+Σ转股价格×可转债转股数量。

优先股筹资金额包括统计期内通过发行优先股筹集的资金总额。

公式：再筹资金额=增发筹资金额+配股筹资金额+行权筹资金额+优先股筹资金额。

债券发行额 指统计期内各类债券发行票面金额合计。按发行首日口径计算。

债券兑付金额 指统计期内债券发行人按照约定向债券投资者偿还本金和支付利息的金额合计。

债券成交金额 指统计期内各类债券成交金额合计，包括债券现货成交金额和债券回购成交金额。

公式：现货成交金额=Σ（成交价格×成交量〔现货〕）；回购成交金额=Σ（成交量〔回购〕×1000）

债券托管额 指统计期末托管在债券登记结算机构的各类债券面额合计。

债券筹资金额 也即债券融资金额，是指统计期内债券发行所募集到的资金总额。通常统计范围包括中国证监会审批的公司债券（含证券交易所备案的中小企业私募债）；以发行首日计算。

基金只数 指统计期末基金市场上基金产品的只数。自基金合同生效日（基金成立日）纳入统计，自基金合同终止日从统计中剔除。一般根据证监会主代码（基金主合同）口径统计。

基金份额 指统计期末基金市场基金份额的合计。

基金资产规模 指在统计期末市场上基金产品资产的合计。

基金账户数 基金账户通常称基金 TA 账户，基金账户数是指统计期末注册登记人为投资人建立的用于管理和记录基金持有的账户数量。

私募基金只数 指统计期末已在中国证券投资基金业协会备案的正在运作私募基金产品只数。

私募基金管理人家数 指统计期末在中国证券投资基金业协会登记的未注销从事私募基金管理人数量。

私募基金管理规模 指统计期末正在运作的私募基金净资产规模。

期货持仓金额 指统计期末未平仓期货合约的金额合计。除备注中注明双边口径外，其余均按单边口径统计。

期货成交金额 指统计期内全部期货合约成交金额合计。除备注中注明双边口径外，其余均按单边口径统计。

期货客户数 统计期末已在期货市场开户，按照“客户全称相同且证件代码相同”原则合并的客户数量。

证券公司家数 统计期末已获得中国证监会颁发经营证券期货业务许可证的证券公司数量合计，以获得经营证券期货业务许可证为标准，已办理机构注销的证券公司从统计中剔除。

基金管理公司家数 统计期末经中国证监会批准，并获得经营证券期货业务许可证的基金管理公司的数量合计，以获得经营证券期货业务许可证为标准，已办理取消经营证券期货业务许可证的基金管理公司从统计中剔除。

期货公司家数 统计期末经中国证监会批准，并获得中国证监会颁发经营期货业务许可证的期货公司的数量合计，以获得经营期货业务许可证为标准，已办理机构注销的期货公司从统计中剔除。

总资产 统计期末证券期货机构全部资产总额合计。

贰零贰叁

二. 股票

Stocks

贰零贰叁

2022 年股票市场综述

一、沪深交易所股票市场基本情况

市场规模。截至 2022 年底，沪深两市上市公司共 4917 家。其中，沪市 2174 家，深市 2743 家。全年净增上市公司 302 家，其中沪市净增 137 家，深市净增 165 家。此外，主板上市公司共 3184 家，创业板 1232 家，科创板 501 家。沪深两市总市值 78.80 万亿元，流通市值 66.34 万亿元，流通市值占总市值的 84.19%。沪市总市值、流通市值分别为 46.38 万亿元、39.82 万亿元；深市分别为 32.42 万亿元、26.52 万亿元。沪深两市总市值相当于 2022 年国内生产总值（GDP）的 65.11%。境内总市值位居全球第二位，仅次于美国。2022 年底，世界交易所联合会（WFE）市值、成交金额和筹资额排名中，上交所分列第 3、第 4、第 2 名，深交所分列第 6、第 3、第 4 名。

发行情况。2022 年，沪深两市合计融资金额 14175.45 亿元（其中首发 5704.07 亿元，再筹资 8471.38 亿元），同比下降 7.95%。沪深两市发行 A 股股票 341 只，融资 5704.07 亿元，沪市发行股票 154 只，融资 3588.91 亿元，深市发行股票 187 只，融资 2115.18 亿元，两市首发融资金额同比上升 6.59%。此外，2022 年，沪深两市定向增发融资 7856.11 亿元（含资产认购 1689.70 亿元），配股融资 615.26 亿元，再融资金额同比下降 15.70%。

交易情况。2022 年，上证综指下跌 15.13%，深证成指下跌 25.85%，创业板指下跌 29.37%，科创 50 指数下跌 31.35%，北证 50 指数下跌 5.79%。沪深两市累计成交金额为 224.51 万亿元(日均 9277.26 亿元)，同比下降 12.97%，其中主板 167.44 万亿元（日均 6919.19 亿元），创业板 45.08 万亿元（日均 1862.73 亿元），科创板 11.99 万亿元（日均 495.33 亿元）。沪市、深市换手率分别为 239.84%和 470.35%，分别较 2021 年底下降 40.87 个百分点和 35.73 个百分点。

估值情况。截至 2022 年底，沪市市盈率为 12.78 倍，较 2021 年底下降 29.08%；深市市盈率为 23.44 倍，较 2021 年下降 29.03%。

融资融券及转融通业务情况。2022 年，沪深两市融资买入金额为 151245.09 亿元，同比下降 30.16%；融券卖出金额为 12702.50 亿元，同比上升 4.25%。截至 2022 年底，沪深两市融资余额为 14451.20 亿元，同比下降 15.59%；融券余额为 958.85 亿元，同比下降 20.19%。2022 年，沪深两市转融资交易金额为 2574.13 亿元，同比下降 26.81%；转融券交易金额为 21141.24 亿元，同比下降 5.41%。截至 2022 年底，沪深两市转融资余额为 971.42 亿元，同比上升 5.77%；转融券余额为 1256.96 亿元，同比下降 12.79%。

沪深港通情况。2022 年，沪深股通投资者净买入 900.20 亿元，同比减少 3421.49 亿元；其中沪股通投资者净买入 940.04 亿元，同比减少 997.23 亿元；深股通投资者净卖出 39.85 亿元，而上年同期为净买入 2384.41 亿元。南向港股通投资者净买入 3354.49 亿元，同比减少 428.66 亿元；其中港股通（沪市）投资者净买入 1173.10 亿元，同比增加 246.56 亿元；港股通（深市）投资者净买入 2181.39 亿元，同比减少 675.22 亿元。

注：1.世界交易所联合会（WFE）市值、成交金额和筹资额排名剔除电子交易所 BATS GLOBAL 和 CBOE EUROPE。

2. 北证 50 发布于 2022 年 11 月 21 日，基日为 2022 年 4 月 29 日，涨跌幅统计区间为 2022 年 4 月 29 日至 2022 年 12 月 31 日。

二、北交所股票市场基本情况

截至2022年底，北交所上市公司162家，总股本213.54亿股，总市值2110.29亿元，流通市值1148.06亿元，市盈率18.87倍。股票发行方面，2022年，累计83家公司公开发行，累计融资163.84亿元，发行市盈率均值为21.67倍，平均每家北交所公司公开发行募集资金1.97亿元；3家公司再融资，累计融资3.15亿元。股票交易方面，2022年，北交所股票累计成交158.53亿股，累计成交1980.13亿元，换手率172.95%；北证50指数累计下跌5.79%。投资者方面，2022年底，合格投资者账户合计509.66万个，其中个人和机构合格投资者分别为500.28万个和9.38万个，占比分别为98%和2%。

三、全国股转系统市场基本情况

2022年底，全国股转系统存量挂牌公司6580家，其中创新层1658家、基础层4922家；全市场总市值2.12万亿元，市盈率17.20倍。2022年，10只三板指数均下跌，其中三板做市、创新成指全年分别累计下跌16.03%和17.95%。股票发行方面，2022年，共有667家挂牌公司完成696次普通股定向发行，融资231.66亿元；其中非金融企业融资222.86亿元，占比96.20%。共有3家挂牌公司完成优先股发行，募集资金0.60亿元。股票交易方面，2022年，全国股转系统股票成交188.87亿股，成交金额798.58亿元；其中创新层股票、基础层股票分别成交599.02亿元和199.55亿元，占比分别为75.01%和24.99%。投资者方面，截至2022年底，合格投资者账户合计196.00万个，较上年末增加4.82万个；其中个人和机构合格投资者分别为189.25万个和6.75万个，占比分别为97%和3%。

四、区域性股权市场基本情况

2022年，区域性股权市场立足私募市场实际和中小微企业实际需求，初步建立了孵化、培育、规范企业的分层体系，完善市场基础设施建设。持续深化区域性股权市场制度和业务创新试点、份额转让试点、区块链建设试点，启动认股权综合服务试点，不断优化市场生态体系。中国证监会会同工业和信息化部印发《关于高质量建设区域性股权市场“专精特新”专板的指导意见》，完善制度和政策供给，持续提升多层次资本市场服务“专精特新”中小企业的能力。

截至2022年底，区域性股权市场共有挂牌公司4.23万家，展示企业13.81万家，纯托管公司1.14万家，共服务企业19.19万家。服务企业中，累计转沪深北交易所上市93家，转新三板挂牌842家，被上市公司和新三板挂牌公司收购70家，改制为股份公司5827家。累计实现各类融资1.88万亿元，其中股权融资4458亿元，债券融资4639亿元，股权质押融资6865亿元。

2-1 沪深股票市场概况

Overview of SSE & SZSE Stock Market

年份 Year	股票只数(只) Number of Stocks (unit)		上市公司家数(家) Number of Listed Companies(unit)		上市公司股本(亿股) Share Capital of Listed Companies(100 million shares)	
	上交所 SSE	深交所 SZSE	上交所 SSE	深交所 SZSE	上交所 SSE	深交所 SZSE
1992	38	33	29	24	46.94	26.28
1993	123	95	106	77	206.62	122.06
1994	203	142	171	120	419.06	221.95
1995	220	161	188	135	498.25	271.83
1996	329	270	293	237	671.19	439.54
1997	422	399	383	362	975.57	795.86
1998	477	455	438	414	1280.35	1066.34
1999	525	506	484	465	1580.15	1331.34
2000	614	560	572	516	2032.42	1583.84
2001	690	558	646	514	3164.44	1687.44
2002	759	552	715	509	3727.84	1736.35
2003	824	550	780	507	4170.39	1832.95
2004	881	582	837	540	4700.55	2014.19
2005	878	589	834	547	5023.05	2140.49
2006	886	634	842	592	10279.54	2404.45
2007	904	732	860	690	14173.10	2827.35
2008	908	803	864	761	15410.39	3489.74
2009	914	890	870	848	16659.96	3946.30
2010	938	1211	894	1169	21939.51	5044.98
2011	975	1453	931	1411	23466.65	6278.46
2012	998	1581	954	1540	24617.62	7216.00
2013	997	1577	953	1536	25751.69	8070.35
2014	1039	1657	995	1618	27085.17	9709.93
2015	1125	1784	1081	1746	30244.86	12779.28
2016	1226	1908	1182	1870	32707.76	16042.53
2017	1440	2127	1396	2089	35288.35	18458.32
2018	1494	2172	1450	2134	37708.96	19872.07
2019	1615	2242	1572	2205	40199.42	21520.50
2020	1843	2390	1800	2354	42623.77	22855.42
2021	2079	2614	2037	2578	46237.02	24457.37
2022	2213	2778	2174	2743	47669.61	25642.06

注：存在同一家上市公司在A股、B股同时上市的情况。
数据来源：上海证券交易所、深圳证券交易所
Source:SSE、SZSE

2-1 续表 1 continued

年份 Year	流通股本(亿股) Negotiable Shares (100 million shares)		股票市值(亿元) Market Capitalization of Shares(100 million yuan)		流通市值(亿元) Negotiable Market Capitalization(100 million yuan)	
	上交所 SSE	深交所 SZSE	上交所 SSE	深交所 SZSE	上交所 SSE	深交所 SZSE
1992	--	8.55	558.40	489.75	--	170.64
1993	45.43	36.19	2195.69	1335.32	423.94	408.34
1994	108.06	77.57	2600.13	1090.49	586.96	381.94
1995	119.85	105.13	2525.66	948.62	587.00	351.22
1996	186.81	158.76	5478.01	4364.57	1408.74	1458.29
1997	285.76	275.06	9218.07	8311.17	2513.47	2690.95
1998	379.73	361.97	10625.91	8888.12	2947.45	2802.90
1999	494.41	459.24	14580.47	11904.68	4249.69	3971.42
2000	648.99	585.36	26930.86	21190.65	8481.33	7616.67
2001	837.53	650.13	27590.57	15992.33	8382.11	6106.71
2002	992.53	687.73	25363.72	12975.07	7467.30	5019.90
2003	1157.10	741.95	29804.92	12672.71	8201.14	4983.99
2004	1366.58	827.57	26014.34	11066.61	7350.88	4350.32
2005	1561.21	937.68	23096.13	9349.89	6754.61	3883.40
2006	2254.48	1190.02	71612.38	17828.97	16428.33	8592.78
2007	3399.30	1534.34	269838.87	57452.44	64532.17	28608.49
2008	4916.04	2048.93	97251.91	24289.14	32305.91	12997.11
2009	11578.56	2621.63	184655.23	59448.68	114805.00	36537.07
2010	16031.30	3410.85	179007.24	86415.35	142337.44	50772.97
2011	17993.80	4506.06	148376.22	66381.87	122851.36	42069.94
2012	19521.33	5256.89	158698.44	71659.18	134294.45	47363.81
2013	23731.13	6265.99	151165.27	87911.92	136526.38	63053.16
2014	24914.59	7374.66	243974.02	128572.94	220495.87	95128.44
2015	27417.77	9625.60	295386.90	236110.00	254117.39	163797.56
2016	29372.25	11763.80	284607.63	223078.25	240006.24	153395.44
2017	31119.45	13925.42	331324.82	235761.26	281365.67	167932.47
2018	33497.24	15550.33	269515.01	165409.02	232698.75	121095.45
2019	35170.22	17317.40	355519.70	237414.87	301254.52	182206.74
2020	37501.48	18852.02	455321.59	341916.58	380012.99	263592.30
2021	40422.36	20332.77	519698.34	396389.84	435466.31	316089.82
2022	42243.38	22001.93	463786.76	324219.15	398185.34	265243.54

2-1 续表 2 continued

年份 Year	成交量(亿股) Trading Volume (100 million shares)		日均成交量(亿股) Average Daily Volume (100 million shares)		成交金额(亿元) Trading Turnover (100 million yuan)	
	上交所 SSE	深交所 SZSE	上交所 SSE	深交所 SZSE	上交所 SSE	深交所 SZSE
1992	17.78	19.12	0.07	0.07	248.96	434.08
1993	147.42	79.15	0.57	0.31	2340.54	1286.67
1994	656.76	356.58	2.61	1.41	5735.07	2392.56
1995	513.83	191.48	2.03	0.76	3103.46	932.99
1996	1101.88	1431.26	4.46	5.79	9114.82	12217.36
1997	1215.68	1344.34	5.00	5.53	13763.17	16958.66
1998	1127.95	1026.15	4.59	4.17	12386.11	11158.14
1999	1560.38	1372.52	6.53	5.74	16965.79	14356.58
2000	2437.65	2321.80	10.20	9.71	31373.86	29461.33
2001	1819.95	1335.97	7.58	5.57	22709.38	15616.01
2002	1781.10	1236.05	7.52	5.22	16959.09	11034.82
2003	2692.73	1470.36	11.17	6.10	20824.14	11291.13
2004	3607.74	2219.99	14.85	9.14	26470.60	15863.35
2005	3986.59	2637.14	16.47	10.90	19240.21	12424.57
2006	10283.93	5861.29	42.67	24.32	57816.60	32652.29
2007	24325.38	12078.37	100.52	49.91	305434.29	155121.94
2008	16311.60	7819.79	66.31	31.79	180429.95	86682.71
2009	33679.64	17427.36	138.03	71.42	346511.91	189474.86
2010	25964.43	16187.55	107.29	66.89	304312.01	241321.53
2011	21192.91	12763.66	86.86	52.31	237555.30	184089.28
2012	18928.43	13932.12	77.89	57.33	164460.86	150122.41
2013	26718.86	21653.82	112.26	90.98	230266.02	238462.58
2014	42567.36	30815.73	173.74	125.78	375634.40	366750.86
2015	101701.68	69337.80	413.42	284.17	1325590.45	1224950.01
2016	45718.62	49806.81	187.37	204.13	501700.42	775979.90
2017	43799.31	43981.53	179.51	180.25	507770.10	616855.01
2018	37234.65	44802.60	153.23	184.37	401965.01	499774.39
2019	53792.15	72832.14	220.46	298.49	543844.01	730314.79
2020	68360.89	99090.97	281.32	407.78	839860.86	1228391.66
2021	86295.55	101130.45	355.13	416.17	1140006.46	1439727.66
2022	80457.78	105267.60	332.47	434.99	962556.27	1282538.45

2-1 续表 3 continued

年份 Year	日均成交金额(亿元) Average Daily Turnover (100 million yuan)		市值换手率(%) Turnover Ratio of Market Capitalization(%)		市盈率(倍) P/E Ratio (times)		股息率(%) Dividend Yield Ratio(%)	
	上交所 SSE	深交所 SZSE	上交所 SSE	深交所 SZSE	上交所 SSE	深交所 SZSE	上交所 SSE	深交所 SZSE
1992	0.97	1.69	--	329.78	--	33.81	--	--
1993	9.04	4.97	--	459.54	42.48	33.36	--	--
1994	22.76	9.49	1134.65	579.90	23.45	10.29	--	--
1995	12.27	3.69	528.72	241.55	15.70	9.48	--	--
1996	36.90	49.46	913.43	1173.86	31.32	34.85	--	--
1997	56.64	69.79	701.81	746.40	39.86	39.86	--	--
1998	50.35	45.36	453.63	379.34	34.38	30.62	--	--
1999	70.99	60.07	471.46	386.79	38.13	36.32	--	--
2000	131.27	123.27	498.80	483.10	58.22	56.03	--	0.44
2001	94.62	65.07	243.60	206.30	37.71	39.80	--	0.95
2002	71.56	46.56	202.68	186.14	34.43	36.99	--	1.02
2003	86.41	46.85	252.07	213.29	36.54	36.19	--	0.95
2004	108.93	65.28	304.69	301.36	24.23	24.64	--	1.41
2005	79.51	51.34	283.49	315.18	16.33	16.36	--	2.19
2006	239.90	135.49	544.39	552.01	33.30	32.72	--	1.09
2007	1262.13	641.00	817.72	818.67	59.24	69.75	--	0.46
2008	733.46	352.37	384.11	447.24	17.99	16.73	2.23	1.48
2009	1420.13	776.54	523.12	747.76	27.04	46.01	1.21	0.50
2010	1257.49	997.20	259.25	587.29	16.71	44.69	1.42	0.56
2011	973.59	754.46	163.75	353.48	12.08	23.11	2.18	1.01
2012	676.79	617.79	128.19	325.84	12.59	22.02	2.49	1.14
2013	967.50	1001.94	169.22	423.79	10.99	34.05	2.96	0.89
2014	1533.20	1496.94	242.01	471.99	15.99	41.91	2.04	0.91
2015	5388.58	5020.29	489.63	825.65	17.63	52.75	1.72	0.49
2016	2056.15	3180.25	158.43	541.76	15.94	41.21	1.79	0.72
2017	2081.02	2528.09	180.47	412.88	16.30	36.21	1.86	0.81
2018	1654.18	2056.68	150.91	356.92	12.49	20.00	2.69	1.47
2019	2228.87	2993.09	157.59	456.16	14.55	26.15	2.16	1.07
2020	3456.22	5055.11	258.50	555.88	16.76	34.51	1.89	0.85
2021	4691.38	5924.81	280.71	506.08	18.02	33.03	1.86	0.93
2022	3977.51	5299.75	239.84	470.35	12.78	23.44	2.65	1.23

2-2 沪深股票市场历史记录情况
Historical Records of SSE & SZSE Stock Market

年份 Year	日收市综合指数 Daily Closing Composite Index							
	最高 Highest				最低 Lowest			
	上证综指 SSE Composite Index	日期 Date	深证综指 SZSE Composite Index	日期 Date	上证综指 SSE Composite Index	日期 Date	深证综指 SZSE Composite Index	日期 Date
1992	1421.57	1992-05-25	312.21	1992-05-26	293.75	1992-01-02	107.08	1992-01-16
1993	1536.82	1993-02-15	359.44	1993-02-22	778.33	1993-10-27	203.91	1993-07-21
1994	1033.47	1994-09-13	242.06	1994-01-07	333.92	1994-07-29	96.56	1994-07-29
1995	897.42	1995-05-22	169.66	1995-05-22	532.49	1995-02-07	112.63	1995-12-28
1996	1247.66	1996-12-09	473.02	1996-12-11	516.46	1996-01-22	105.34	1996-01-22
1997	1500.40	1997-05-12	517.91	1997-05-12	876.50	1997-01-06	305.81	1997-01-06
1998	1420.00	1998-06-03	441.04	1998-06-03	1070.41	1998-08-17	317.10	1998-08-18
1999	1739.21	1999-06-29	525.14	1999-06-29	1059.87	1999-05-18	310.65	1999-05-18
2000	2119.44	2000-11-23	654.37	2000-11-23	1406.37	2000-01-04	414.69	2000-01-04
2001	2242.42	2001-06-13	664.85	2001-06-13	1520.67	2001-10-22	439.36	2001-10-22
2002	1732.93	2002-07-08	512.38	2002-06-24	1357.65	2002-12-31	371.79	2002-01-22
2003	1631.47	2003-04-15	449.42	2003-04-15	1316.56	2003-11-18	350.74	2003-11-18
2004	1777.52	2004-04-06	470.55	2004-04-07	1260.32	2004-09-13	315.17	2004-09-13
2005	1317.27	2005-03-08	333.28	2005-03-09	1011.50	2005-07-11	237.18	2005-07-18
2006	2675.47	2006-12-29	552.93	2006-12-29	1180.96	2006-01-04	278.99	2006-01-04
2007	6092.06	2007-10-16	1567.74	2007-10-08	2612.54	2007-02-05	547.89	2007-01-05
2008	5497.90	2008-01-14	1584.40	2008-01-15	1706.70	2008-11-04	452.33	2008-11-04
2009	3471.44	2009-08-04	1240.64	2009-12-04	1863.37	2009-01-13	557.69	2009-01-05
2010	3306.75	2010-01-05	1412.64	2010-11-11	2319.74	2010-07-05	890.24	2010-07-02
2011	3057.33	2011-04-18	1311.34	2011-03-09	2166.21	2011-12-27	849.76	2011-12-28
2012	2460.69	2012-03-02	1010.46	2012-03-13	1959.77	2012-12-03	734.28	2012-12-03
2013	2434.48	2013-02-06	1101.59	2013-10-21	1950.01	2013-06-27	877.76	2013-01-04
2014	3234.68	2014-12-31	1503.58	2014-12-16	1991.25	2014-01-20	1007.27	2014-04-28
2015	5166.35	2015-06-12	3140.66	2015-06-12	2927.29	2015-08-26	1428.37	2015-01-19
2016	3361.84	2016-01-06	2137.88	2016-11-22	2655.66	2016-01-28	1618.12	2016-01-27
2017	3447.84	2017-11-13	2046.74	2017-03-24	3052.79	2017-05-10	1773.61	2017-06-01
2018	3587.03	2018-01-29	1966.15	2018-01-25	2449.20	2018-10-19	1212.23	2018-10-19
2019	3270.80	2019-04-19	1799.10	2019-04-08	2464.36	2019-01-03	1231.83	2019-01-04
2020	3473.07	2020-12-31	2333.46	2020-11-09	2660.17	2020-03-23	1609.00	2020-02-03
2021	3715.37	2021-09-13	2561.91	2021-12-13	3357.74	2021-03-10	2160.91	2021-03-09
2022	3632.33	2022-01-04	2527.70	2022-01-04	2886.43	2022-04-26	1752.27	2022-04-26

注：指数最高、最低价分别为收盘最高、最低价，最大涨幅、最大跌幅按年最高价、最低价计算。
数据来源：上海证券交易所、深圳证券交易所
Source:SSE、SZSE

2-2 续表 1 continued

年份 Year	日收市综合指数 Daily Closing Composite Index							
	最大涨幅(%) Maximum Change of Increment(%)				最大跌幅(%) Maximum Change of Decrement(%)			
	上证综指 SSE Composite Index	日期 Date	深证综指 SZSE Composite Index	日期 Date	上证综指 SSE Composite Index	日期 Date	深证综指 SZSE Composite Index	日期 Date
1992	105.27	1992-05-21	12.02	1992-04-13	-11.18	1992-10-27	-10.04	1992-11-16
1993	16.44	1993-06-02	12.43	1993-08-24	-13.08	1993-12-20	-11.80	1993-08-17
1994	33.46	1994-08-01	31.29	1994-08-01	-12.68	1994-08-09	-12.66	1994-10-05
1995	30.99	1995-05-18	28.28	1995-05-18	-16.39	1995-05-23	-17.21	1995-05-23
1996	9.83	1996-12-02	11.04	1996-04-26	-9.91	1996-12-16	-10.00	1996-12-16
1997	7.58	1997-02-19	6.55	1997-06-20	-8.91	1997-02-18	-9.75	1997-02-18
1998	5.11	1998-08-19	5.87	1998-08-19	-8.36	1998-08-17	-8.32	1998-08-17
1999	6.59	1999-09-09	7.03	1999-07-20	-7.61	1999-07-01	-7.99	1999-07-01
2000	9.05	2000-02-14	9.07	2000-02-14	-4.40	2000-03-16	-4.75	2000-03-16
2001	9.86	2001-10-23	9.68	2001-10-23	-5.27	2001-07-30	-5.50	2001-07-30
2002	9.25	2002-06-24	9.05	2002-06-24	-6.33	2002-01-28	-6.59	2002-01-28
2003	5.81	2003-01-14	4.65	2003-01-14	-3.04	2003-05-13	-2.90	2003-05-13
2004	4.22	2004-09-15	4.68	2004-09-15	-3.88	2004-10-14	-4.99	2004-10-14
2005	8.21	2005-06-08	7.92	2005-06-08	-3.76	2005-08-18	-3.38	2005-08-18
2006	4.26	2006-05-12	4.42	2006-05-15	-5.34	2006-06-07	-5.79	2006-06-07
2007	5.33	2007-08-20	5.26	2007-01-15	-8.84	2007-02-27	-8.54	2007-02-27
2008	9.46	2008-09-19	8.89	2008-09-19	-7.73	2008-06-10	-8.02	2008-06-10
2009	6.12	2009-03-04	6.18	2009-03-04	-6.75	2009-08-31	-7.14	2009-08-31
2010	3.48	2010-05-24	4.28	2010-05-24	-5.16	2010-11-12	-6.12	2010-11-12
2011	3.04	2011-10-12	3.50	2011-10-12	-3.79	2011-08-08	-4.43	2011-08-08
2012	4.33	2012-12-14	5.14	2012-01-17	-2.73	2012-06-04	-4.09	2012-03-14
2013	3.39	2013-09-09	3.63	2013-01-14	-5.30	2013-06-24	-6.10	2013-06-24
2014	4.31	2014-12-04	3.50	2014-12-10	-5.43	2014-12-09	-4.31	2014-12-09
2015	5.76	2015-07-09	6.52	2015-09-16	-8.49	2015-08-24	-7.87	2015-06-26
2016	4.26	2016-03-02	4.70	2016-03-02	-7.04	2016-01-07	-8.24	2016-01-07
2017	1.83	2017-08-25	2.19	2017-06-07	-2.29	2017-11-23	-4.28	2017-07-17
2018	4.09	2018-10-22	4.90	2018-10-22	-5.22	2018-10-11	-6.45	2018-10-11
2019	5.60	2019-02-25	5.42	2019-02-25	-5.58	2019-05-06	-7.38	2019-05-06
2020	5.71	2020-07-06	3.90	2020-07-06	-7.72	2020-02-03	-8.41	2020-02-03
2021	2.40	2021-05-25	3.07	2021-07-29	-2.49	2021-07-27	-3.33	2021-07-27
2022	3.48	2022-03-16	3.94	2022-04-27	-5.13	2022-04-25	-6.48	2022-04-25

2-2 续表 2 continued

年份 Year	日成交金额(亿元) Daily Turnover(100 million yuan)							
	最大 Maximum				最小 Minimum			
	上交所 SSE	日期 Date	深交所 SZSE	日期 Date	上交所 SSE	日期 Date	深交所 SZSE	日期 Date
1992	5.96	1992-12-08	5.06	1992-12-01	0.00	1992-01-15	0.11	1992-02-02
1993	38.24	1993-12-07	22.71	1993-11-18	0.98	1993-07-22	0.02	1993-07-17
1994	157.54	1994-09-06	74.49	1994-09-06	1.60	1994-07-12	0.03	1994-07-07
1995	114.30	1995-05-22	42.15	1995-05-22	1.14	1995-02-15	0.02	1995-06-17
1996	192.74	1996-12-03	189.57	1996-11-20	1.53	1996-02-09	0.51	1996-02-07
1997	159.83	1997-05-12	215.81	1997-05-07	11.51	1997-10-14	11.59	1997-10-07
1998	119.00	1998-04-09	101.37	1998-05-11	16.48	1998-12-21	14.77	1998-12-31
1999	404.43	1999-06-25	353.36	1999-06-25	11.62	1999-01-04	10.51	1999-01-04
2000	472.62	2000-02-17	408.34	2000-02-17	42.92	2000-09-27	46.73	2000-09-25
2001	234.13	2001-10-24	187.97	2001-03-23	27.27	2001-11-15	14.41	2001-11-15
2002	494.80	2002-06-24	325.87	2002-06-24	26.60	2002-10-08	16.15	2002-12-09
2003	330.15	2003-04-16	189.41	2003-04-16	27.24	2003-01-03	17.59	2003-09-22
2004	286.68	2004-09-24	185.24	2004-09-24	31.67	2004-09-07	17.45	2004-09-07
2005	221.57	2005-08-18	137.72	2005-08-18	36.75	2005-07-07	24.74	2005-01-04
2006	626.89	2006-12-06	341.23	2006-05-16	67.63	2006-03-13	37.05	2006-03-14
2007	2712.94	2007-05-30	1358.40	2007-05-30	502.08	2007-11-23	241.00	2007-11-23
2008	1896.84	2008-04-24	921.64	2008-01-08	217.96	2008-09-09	89.79	2008-11-03
2009	2969.29	2009-07-29	1781.92	2009-11-24	461.01	2009-01-05	246.16	2009-01-05
2010	3076.92	2010-11-02	2317.56	2010-11-02	432.14	2010-07-05	403.31	2010-07-05
2011	2080.93	2011-03-07	1459.64	2011-02-22	364.74	2011-12-29	307.93	2011-10-10
2012	1709.83	2012-03-14	1542.85	2012-03-14	331.30	2012-11-26	299.30	2012-11-26
2013	1954.28	2013-09-11	1590.18	2013-10-22	522.23	2013-07-09	525.53	2013-04-15
2014	7933.59	2014-12-09	4418.26	2014-12-09	482.99	2014-01-20	583.55	2014-05-19
2015	13107.85	2015-04-20	11150.06	2015-05-28	1565.69	2015-09-30	1672.18	2015-02-10
2016	3808.23	2016-03-21	5947.67	2016-03-21	799.82	2016-01-07	1577.30	2016-01-07
2017	3287.49	2017-04-11	4324.64	2017-09-12	1080.67	2017-02-03	1323.21	2017-02-03
2018	3190.81	2018-02-06	3608.24	2018-03-12	862.11	2018-12-24	1201.17	2018-09-17
2019	5261.03	2019-03-07	6601.46	2019-03-08	979.19	2019-01-02	1290.81	2019-01-02
2020	7949.18	2020-07-07	9985.79	2020-07-14	1842.26	2020-04-13	2625.04	2020-02-03
2021	8434.74	2021-09-01	8816.37	2021-08-30	2711.62	2021-04-14	3656.70	2021-04-01
2022	6239.48	2022-06-15	7943.24	2022-02-24	2281.54	2022-12-21	3179.35	2022-10-11

2-3 沪深股票市场分板块规模
Dimensions of SSE & SZSE Stock Market by Board

年份 Year	股票只数(只) Number of Stocks (unit)					上市公司家数(家) Number of Listed Companies (unit)				
	主板 Main Board	中小板 SME Board	创业板 ChiNext Board	科创板 STAR Market	总体 Total	主板 Main Board	中小板 SME Board	创业板 ChiNext Board	科创板 STAR Market	总体 Total
1992	71	--	--	--	71	53	--	--	--	53
1993	218	--	--	--	218	183	--	--	--	183
1994	345	--	--	--	345	291	--	--	--	291
1995	381	--	--	--	381	323	--	--	--	323
1996	599	--	--	--	599	530	--	--	--	530
1997	821	--	--	--	821	745	--	--	--	745
1998	932	--	--	--	932	852	--	--	--	852
1999	1031	--	--	--	1031	949	--	--	--	949
2000	1174	--	--	--	1174	1088	--	--	--	1088
2001	1248	--	--	--	1248	1160	--	--	--	1160
2002	1311	--	--	--	1311	1224	--	--	--	1224
2003	1374	--	--	--	1374	1287	--	--	--	1287
2004	1425	38	--	--	1463	1339	38	--	--	1377
2005	1417	50	--	--	1467	1331	50	--	--	1381
2006	1418	102	--	--	1520	1332	102	--	--	1434
2007	1434	202	--	--	1636	1348	202	--	--	1550
2008	1438	273	--	--	1711	1352	273	--	--	1625
2009	1441	327	36	--	1804	1355	327	36	--	1718
2010	1465	531	153	--	2149	1379	531	153	--	2063
2011	1501	646	281	--	2428	1415	646	281	--	2342
2012	1523	701	355	--	2579	1438	701	355	--	2494
2013	1518	701	355	--	2574	1433	701	355	--	2489
2014	1558	732	406	--	2696	1475	732	406	--	2613
2015	1641	776	492	--	2909	1559	776	492	--	2827
2016	1742	822	570	--	3134	1660	822	570	--	3052
2017	1954	903	710	--	3567	1872	903	710	--	3485
2018	2005	922	739	--	3666	1923	922	739	--	3584
2019	2053	943	791	70	3857	1973	943	791	70	3777
2020	2132	994	892	215	4233	2053	994	892	215	4154
2021	3226	--	1090	377	4693	3148	--	1090	377	4615
2022	3258	--	1232	501	4991	3184	--	1232	501	4917

数据来源：上海证券交易所、深圳证券交易所
Source:SSE、SZSE

2-3 续表 1 continued

年份 Year	上市公司股本(亿股) Share Capital of Listed Companies (100 million shares)					流通股本(亿股) Negotiable Shares (100 million shares)				
	主板 Main Board	中小板 SME Board	创业板 ChiNext Board	科创板 STAR Market	总体 Total	主板 Main Board	中小板 SME Board	创业板 ChiNext Board	科创板 STAR Market	总体 Total
1992	--	--	--	--	--	--	--	--	--	--
1993	328.68	--	--	--	328.68	81.62	--	--	--	81.62
1994	641.01	--	--	--	641.01	185.63	--	--	--	185.63
1995	770.08	--	--	--	770.08	224.98	--	--	--	224.98
1996	1110.73	--	--	--	1110.73	345.57	--	--	--	345.57
1997	1771.43	--	--	--	1771.43	560.82	--	--	--	560.82
1998	2346.69	--	--	--	2346.69	741.70	--	--	--	741.70
1999	2911.49	--	--	--	2911.49	953.66	--	--	--	953.66
2000	3616.26	--	--	--	3616.26	1234.35	--	--	--	1234.35
2001	4851.88	--	--	--	4851.88	1487.66	--	--	--	1487.66
2002	5464.19	--	--	--	5464.19	1680.27	--	--	--	1680.27
2003	6003.34	--	--	--	6003.34	1899.05	--	--	--	1899.05
2004	6682.50	32.23	--	--	6714.74	2184.56	9.59	--	--	2194.15
2005	7107.40	56.14	--	--	7163.54	2476.69	22.20	--	--	2498.89
2006	12540.78	143.21	--	--	12683.99	3389.82	54.68	--	--	3444.50
2007	16660.81	339.64	--	--	17000.45	4806.99	126.66	--	--	4933.64
2008	18308.52	591.60	--	--	18900.13	6704.75	260.22	--	--	6964.97
2009	19777.53	794.13	34.60	--	20606.26	13813.22	380.49	6.48	--	14200.19
2010	25442.68	1366.74	175.06	--	26984.48	18686.62	705.15	50.38	--	19442.15
2011	27402.08	1943.50	399.53	--	29745.11	21232.99	1124.65	142.22	--	22499.86
2012	28822.47	2410.25	600.89	--	31833.62	23049.78	1486.39	242.05	--	24778.22
2013	30242.00	2818.48	761.56	--	33822.04	27514.12	2052.99	430.01	--	29997.12
2014	32247.25	3470.59	1077.26	--	36795.10	29049.51	2552.05	687.69	--	32289.25
2015	36329.75	4853.94	1840.45	--	43024.14	32373.83	3500.65	1168.89	--	37043.37
2016	39696.00	6423.69	2630.61	--	48750.30	34969.72	4465.89	1700.44	--	41136.05
2017	42875.95	7612.24	3258.49	--	53746.67	37276.99	5581.40	2186.49	--	45044.87
2018	45492.75	8360.10	3728.17	--	57581.03	40025.09	6375.03	2647.45	--	49047.57
2019	48058.99	9322.12	4097.12	241.69	61719.92	42223.57	7166.28	3061.87	35.91	52487.62
2020	50403.58	9923.58	4510.43	641.59	65479.19	44815.09	7886.08	3482.30	170.02	56353.50
2021	64317.63	--	5165.26	1211.50	70694.39	56405.36	--	3935.86	413.90	60755.13
2022	65884.20	--	5684.71	1742.76	73311.67	59153.98	--	4365.68	725.64	64245.31

2-3 续表 2 continued

年份 Year	股票市值(亿元) Market Capitalization of Shares (100 million yuan)					流通市值(亿元) Negotiable Market Capitalization (100 million yuan)				
	主板 Main Board	中小板 SME Board	创业板 ChiNext Board	科创板 STAR Market	总体 Total	主板 Main Board	中小板 SME Board	创业板 ChiNext Board	科创板 STAR Market	总体 Total
1992	1048.15	--	--	--	1048.15	--	--	--	--	--
1993	3531.01	--	--	--	3531.01	832.28	--	--	--	832.28
1994	3690.62	--	--	--	3690.62	968.90	--	--	--	968.90
1995	3474.28	--	--	--	3474.28	938.23	--	--	--	938.23
1996	9842.58	--	--	--	9842.58	2867.03	--	--	--	2867.03
1997	17529.24	--	--	--	17529.24	5204.42	--	--	--	5204.42
1998	19514.03	--	--	--	19514.03	5750.35	--	--	--	5750.35
1999	26485.15	--	--	--	26485.15	8221.11	--	--	--	8221.11
2000	48121.51	--	--	--	48121.51	16098.00	--	--	--	16098.00
2001	43582.89	--	--	--	43582.89	14488.82	--	--	--	14488.82
2002	38338.80	--	--	--	38338.80	12487.20	--	--	--	12487.20
2003	42477.63	--	--	--	42477.63	13185.13	--	--	--	13185.13
2004	36667.51	413.43	--	--	37080.95	11581.24	119.96	--	--	11701.20
2005	31964.46	481.55	--	--	32446.02	10452.71	185.29	--	--	10638.01
2006	87426.06	2015.30	--	--	89441.35	24297.49	723.63	--	--	25021.11
2007	316644.48	10646.84	--	--	327291.31	89317.00	3823.66	--	--	93140.66
2008	115271.36	6269.68	--	--	121541.05	42630.34	2672.68	--	--	45303.02
2009	225621.27	16872.55	1610.08	--	244103.90	143539.53	7503.57	298.97	--	151342.07
2010	222692.76	35364.61	7365.22	--	265422.59	174954.45	16150.32	2005.64	--	193110.41
2011	179894.98	27429.32	7433.79	--	214758.10	148073.70	14343.52	2504.08	--	164921.30
2012	192822.39	28804.03	8731.21	--	230357.62	162078.83	16244.15	3335.29	--	181658.26
2013	186821.47	37163.74	15091.98	--	239077.19	165817.01	25543.70	8218.83	--	199579.54
2014	299637.81	51058.20	21850.95	--	372546.96	266533.42	36017.99	13072.90	--	315624.31
2015	371595.98	103950.47	55916.25	--	531462.70	316065.04	69737.04	32078.68	--	417880.76
2016	357317.41	98113.98	52254.50	--	507685.89	298776.00	64088.77	30536.90	--	393401.67
2017	411805.24	103992.02	51288.81	--	567086.08	347648.30	71155.07	30494.77	--	449298.14
2018	324342.44	70122.00	40459.59	--	434924.03	278772.38	50478.88	24542.95	--	353794.20
2019	424268.00	98681.32	61347.62	8637.64	592934.58	368280.20	73661.29	40231.74	1288.04	483461.27
2020	519031.32	135377.58	109338.54	33490.72	797238.17	457867.76	106105.00	69630.42	10002.11	643605.29
2021	719542.32	--	140240.30	56305.56	916088.18	630847.23	--	98118.03	22590.87	751556.13
2022	617133.59	--	112721.36	58150.96	788005.91	556478.87	--	79366.67	27583.34	663428.88

2-4 沪深股票市场分股份类型规模
Dimensions of SSE & SZSE Stock Market by Type of Share

年份 Year	股票只数(只) Number of Stocks (unit)		上市公司家数(家) Number of Listed Companies (unit)		
	A股 A-shares	B股 B-shares	发行A股上市公司家数 A-shares	发行B股上市公司家数 B-shares	同时发行A、B股上市公司家数 A-shares and B-shares
1992	53	18	53	18	18
1993	177	41	177	41	35
1994	287	58	287	58	54
1995	311	70	311	70	58
1996	514	85	514	85	69
1997	720	101	720	101	76
1998	826	106	826	106	80
1999	923	108	923	108	82
2000	1060	114	1060	114	86
2001	1136	112	1136	112	88
2002	1200	111	1200	111	87
2003	1263	111	1263	111	87
2004	1353	110	1353	110	86
2005	1358	109	1358	109	86
2006	1411	109	1411	109	86
2007	1527	109	1527	109	86
2008	1602	109	1602	109	86
2009	1696	108	1696	108	86
2010	2041	108	2041	108	86
2011	2320	108	2320	108	86
2012	2472	107	2472	107	85
2013	2468	106	2468	106	85
2014	2592	104	2592	104	83
2015	2808	101	2808	101	82
2016	3034	100	3034	100	82
2017	3467	100	3467	100	82
2018	3567	99	3567	99	82
2019	3760	97	3760	97	80
2020	4140	93	4140	93	79
2021	4603	90	4603	90	78
2022	4905	86	4905	86	74

注：发A股公司包括既发A股又发B股的公司，发B股公司包括既发A股又发B股的公司。
数据来源：上海证券交易所、深圳证券交易所
Source:SSE、SZSE

2-4 续表 continued

年份 Year	上市公司股本(亿股) Share Capital of Listed Companies (100 million shares)		流通股本(亿股) Negotiable Shares (100 million shares)		股票市值(亿元) Market Capitalization of Shares (100 million yuan)		流通市值(亿元) Negotiable Market Capitalization (100 million yuan)	
	A股 A-shares	B股 B-shares	A股 A-shares	B股 B-shares	A股 A-shares	B股 B-shares	A股 A-shares	B股 B-shares
1992	--	--	--	--	--	--	--	--
1993	300.19	28.49	57.14	24.48	3318.67	212.35	653.68	178.60
1994	594.71	46.30	144.41	41.22	3516.04	174.58	813.88	155.02
1995	708.00	62.09	178.98	46.00	3310.58	163.71	790.94	147.28
1996	1025.24	85.49	267.15	78.42	9448.56	394.03	2514.02	353.02
1997	1646.13	125.30	443.25	117.58	17154.19	375.04	4856.09	348.34
1998	2205.30	141.38	607.78	133.92	19307.68	206.35	5554.78	195.58
1999	2760.52	150.97	811.77	141.89	26181.61	303.54	7944.61	276.50
2000	3442.26	174.00	1079.15	155.21	47486.10	635.41	15534.47	563.53
2001	4662.36	189.53	1320.37	167.30	42303.22	1279.68	13367.52	1121.31
2002	5284.85	179.34	1508.76	171.51	37536.23	802.57	11721.40	765.81
2003	5813.72	189.62	1719.66	179.39	41540.40	937.23	12312.53	872.60
2004	6505.83	208.91	1996.65	197.50	36334.72	746.22	11011.02	690.17
2005	6936.08	227.47	2280.84	218.05	31826.28	619.73	10035.93	602.08
2006	12445.65	238.34	3215.54	228.96	88151.42	1289.94	23748.73	1272.38
2007	16746.63	253.84	4682.77	250.87	324738.16	2553.15	90602.83	2537.83
2008	18629.78	270.35	6696.76	268.21	120741.17	799.88	44508.22	794.80
2009	20332.77	273.49	13928.71	271.48	242291.80	1812.11	149539.38	1802.69
2010	26701.52	282.97	19160.47	281.68	263220.54	2202.05	190917.10	2193.31
2011	29448.60	296.52	22204.54	295.32	213309.84	1448.26	163479.07	1442.24
2012	31551.24	282.38	24497.05	281.18	228775.33	1582.29	180082.94	1575.32
2013	33538.25	283.79	29714.53	282.59	237403.27	1673.92	197915.96	1663.57
2014	36517.75	277.35	32013.11	276.14	370823.17	1723.79	313910.42	1713.89
2015	42753.16	270.98	36773.67	269.70	529251.65	2211.05	415680.99	2199.76
2016	48468.16	282.13	40855.20	280.85	505772.76	1913.12	391498.97	1902.70
2017	53461.94	284.74	44761.43	283.45	565254.86	1831.21	447476.33	1821.82
2018	57290.35	291.08	48758.19	289.38	433547.91	1376.13	352428.06	1366.14
2019	61427.79	292.13	52196.79	290.83	591623.19	1311.38	482157.73	1303.53
2020	65173.71	305.47	56072.58	280.92	796024.47	1213.70	642395.81	1209.49
2021	70390.26	304.13	60474.55	280.58	914670.51	1417.67	750255.17	1300.95
2022	73017.91	293.77	63975.17	270.14	786558.11	1447.80	662159.41	1269.47

2-5 沪深股票市场分监管辖区规模

Dimensions of SSE & SZSE Stock Market by Regulatory Jurisdiction

辖区	Jurisdiction	上市公司家数(家) Number of Listed Companies (unit)		上市公司股本(亿股) Share Capital of Listed Companies (100 million shares)		股票市值(亿元) Market Capitalization of Shares (100 million yuan)	
		2021	2022	2021	2022	2021	2022
北京	Beijing	411	440	23026.40	23337.27	162726.54	153650.21
天津	Tianjin	63	68	910.55	952.16	12288.63	10715.41
河北	Hebei	66	69	1133.50	1163.65	13836.25	11513.88
山西	Shanxi	40	38	958.89	943.42	10242.61	9227.51
内蒙古	Inner Mongolia	28	25	1028.01	1007.26	9446.40	7297.86
辽宁	Liaoning	50	54	531.93	543.28	4971.52	4578.41
吉林	Jilin	46	31	525.10	282.74	5199.52	1761.74
黑龙江	Heilongjiang	38	56	572.27	859.46	3639.77	5154.40
上海	Shanghai	385	317	5896.62	5317.58	79323.79	55858.70
江苏	Jiangsu	557	411	4404.19	3337.97	73680.17	49405.94
浙江	Zhejiang	496	553	4193.28	4252.68	70572.97	53852.96
安徽	Anhui	144	357	1392.74	3079.46	21774.83	36874.25
福建	Fujian	99	90	1333.32	1157.24	31694.41	17400.69
江西	Jiangxi	65	113	504.11	1132.50	8448.48	14533.34
山东	Shandong	207	143	2118.95	1617.51	32074.55	27748.12
河南	Henan	95	76	1179.69	810.60	15520.81	7016.08
湖北	Hubei	125	100	1270.63	847.99	18293.42	11088.69
湖南	Hunan	130	178	1277.58	1540.68	19916.24	17573.86
广东	Guangdong	383	131	3683.29	1507.03	63835.40	19669.64
广西	Guangxi	38	80	475.55	854.86	3093.10	10830.16
海南	Hainan	34	88	772.93	1436.84	3867.34	9352.79
重庆	Chongqing	61	123	955.43	1431.64	11342.04	14468.49
四川	Sichuan	152	378	1499.37	3464.15	34271.54	45381.47
贵州	Guizhou	33	352	330.32	3699.31	30615.51	75469.37
云南	Yunnan	40	38	680.74	688.33	10951.06	4858.71
西藏	Tibet	21	27	146.51	257.01	2798.97	2400.63
陕西	Shaanxi	64	69	1032.66	979.11	15844.10	14680.64
甘肃	Gansu	33	115	482.22	1044.20	3143.74	20743.85
青海	Qinghai	11	23	163.03	259.35	3507.59	2855.66
宁夏	Ningxia	15	29	211.53	362.68	2111.09	6587.76
新疆	Xinjiang	58	41	1083.11	442.34	9246.87	5375.49
深圳	Shenzhen	369	98	4430.60	1591.22	90884.79	28285.29
大连	Dalian	29	36	714.99	968.01	4569.55	5383.71
宁波	Ningbo	106	71	832.62	726.49	14681.18	10156.86
厦门	Xiamen	62	32	388.51	311.74	7081.61	3981.77
青岛	Qingdao	56	59	487.41	996.30	7295.70	8860.46
其他	Others	5	8	65.80	107.62	3296.17	3411.11

注：上市公司辖区按公司注册地划分，以沪深交易所股东大会公告为准。
数据来源：上海证券交易所、深圳证券交易所
Source:SSE、SZSE

2-6 沪深股票市场筹资情况
Proceeds Raised in SSE & SZSE Stock Market

年份 Year	首 发 发行数量 (亿股) Number of Initial Public Offerings (100 million shares)	筹资金额(亿元) Proceeds Raised by Offering of Shares (100 million yuan)					
		小计 Subtotal	首发筹资金额 (IPO) Proceeds Raised by IPO	增发筹资金额 Proceeds Raised by Following on Offering	配股筹资金额 Proceeds Raised by Rights Issues	行权筹资金额 Proceeds Raised by Warrant Exercise	优先股 Proceeds Raised by Preference Stock
1992	10.65	68.91	68.91	0.00	0.00	--	--
1993	51.07	245.02	184.83	0.00	60.19	--	--
1994	48.64	213.63	154.44	7.68	51.51	--	--
1995	18.01	99.78	42.37	1.16	56.25	--	--
1996	66.54	308.04	241.32	0.00	66.71	--	--
1997	129.64	859.98	651.56	0.00	208.42	--	--
1998	81.37	787.44	412.22	30.46	344.76	--	--
1999	86.87	873.63	494.71	59.95	318.98	--	--
2000	122.17	1515.82	862.56	143.73	509.53	--	--
2001	84.57	1238.14	614.03	193.48	430.64	--	--
2002	117.34	720.05	498.75	164.68	56.61	--	--
2003	89.34	665.51	472.42	116.56	76.52	--	--
2004	56.13	650.53	361.05	184.71	104.77	--	--
2005	13.92	339.03	57.63	278.78	2.62	--	--
2006	377.89	2374.50	1341.70	1028.48	4.32	--	--
2007	430.63	7814.74	4770.83	2816.24	227.68	--	--
2008	114.96	3312.39	1034.38	2095.68	151.57	30.76	--
2009	244.47	4834.34	1878.98	2818.99	105.97	30.40	--
2010	553.95	9799.80	4882.59	3394.71	1438.22	84.28	--
2011	163.99	7154.43	2824.43	3878.54	421.96	29.49	--
2012	78.86	4542.40	1034.32	3387.07	121.00	0.00	--
2013	0.00	4131.46	0.00	3655.74	475.73	0.00	0.00
2014	70.10	8498.26	668.89	6661.41	137.97	0.00	1030.00
2015	151.52	16361.62	1576.39	12741.29	36.44	0.00	2007.50
2016	137.47	20297.39	1496.07	16879.80	298.51	0.00	1623.00
2017	224.20	15534.98	2301.08	12870.94	162.96	0.00	200.00
2018	129.20	11377.88	1378.15	8421.66	228.32	0.00	1349.76
2019	297.57	12538.83	2489.81	7365.14	133.88	0.00	2550.00
2020	300.83	14221.61	4742.30	8778.99	512.97	0.00	187.35
2021	484.61	15400.13	5351.45	9555.32	493.35	0.00	0.00
2022	230.59	14175.45	5704.07	7856.11	615.26	0.00	0.00

注：本表筹资情况包含首发上市及再筹资。再筹资包含公开增发、定向增发、配股、权证和优先股筹资，其中权证筹资仅指期权行权筹资(不包括可转债转股)，为2008年之后开展的业务，优先股为2014年之后开展的业务。

数据来源：上海证券交易所、深圳证券交易所

Source: SSE、SZSE

2-7 2022年沪深股票市场分行业筹资情况

Summary of SSE & SZSE Stock Market Financing by Industry in 2022

单位：亿元 (100 million yuan)

行业 Industry	A股 A-Shares			
	主板 Main Board	创业板 ChiNext Board	科创板 STAR Market	合计 Total
农、林、牧、渔 Agriculture, Forestry, Animal Husbandry and Fishery	91.45	27.25	0.00	118.69
采矿业 Mining	444.46	1.20	0.00	445.66
制造业 Manufacturing	3463.70	2587.15	2634.98	8685.83
电力、热力、燃气及水生产和供应业 Production and Supply of Electricity, Gas and Water	727.08	0.15	0.00	727.23
建筑业 Construction	166.80	14.26	0.00	181.06
批发和零售业 Wholesale and Retail Trades	338.93	16.76	0.00	355.69
交通运输、仓储和邮政业 Transport, Storage and Post	831.67	3.30	0.00	834.97
住宿和餐饮业 Hotels and Catering Services	3.04	0.00	0.00	3.04
信息传输、软件和信息技术服务业 Information Transmission, Computer Services and Software	677.07	368.85	323.35	1369.27
金融业 Financial Intermediation	893.81	0.41	0.00	894.22
房地产业 Real Estate	1.21	0.00	0.00	1.21
租赁和商务服务业 Leasing and Business Services	18.52	20.56	0.00	39.08
科学研究和技术服务业 Scientific Research, Technical Service	15.32	135.59	100.55	251.46
水利、环境和公共设施管理业 Management of Water Conservancy, Environment and Public Facilities	51.13	58.06	21.03	130.22
居民服务、修理和其他服务业 Resident Services, Repairs and Other Services	0.00	0.00	0.00	0.00
教育 Education	0.00	0.96	0.00	0.96
卫生和社会工作 Health and Social Works	0.42	96.24	0.00	96.66
文化、体育和娱乐业 Culture, Sports and Entertainment	30.15	9.24	0.00	39.39
综合 Others	0.83	0.00	0.00	0.83

注：1.本表筹资情况包含沪深首发上市及再筹资。再筹资包含公开增发、定向增发、配股、权证和优先股筹资，其中权证筹资仅指期权行权筹资(不包括可转债转股)，为2008年之后开展的业务，优先股为2014年之后开展的业务。

2.募集资金以股票上市日口径统计。

数据来源：上海证券交易所、深圳证券交易所

Source:SSE、SZSE

2-8 2022年沪深股票市场分监管辖区筹资情况
Summary of SSE & SZSE Stock Market Financing by Jurisdiction in 2022

单位：亿元 (100 million yuan)

辖区	Jurisdiction	A股 A-Shares			
		主板 Main Board	创业板 ChiNext Board	科创板 STAR Market	合计 Total
北京	Beijing	632.22	308.82	356.87	1297.91
天津	Tianjin	38.87	28.31	182.09	249.28
河北	Hebei	231.15	20.35	0.00	251.50
山西	Shanxi	10.76	1.10	0.00	11.86
内蒙古	Inner Mongolia	26.76	0.00	0.00	26.76
辽宁	Liaoning	31.01	45.40	69.47	145.88
吉林	Jilin	43.54	6.69	0.05	50.28
黑龙江	Heilongjiang	120.35	9.28	16.30	145.93
上海	Shanghai	806.93	215.91	555.55	1578.39
江苏	Jiangsu	873.18	356.13	528.80	1758.11
浙江	Zhejiang	486.78	256.57	158.07	901.43
安徽	Anhui	76.54	64.95	51.36	192.85
福建	Fujian	137.93	497.07	0.06	635.06
江西	Jiangxi	54.01	75.69	150.92	280.62
山东	Shandong	197.81	72.24	79.65	349.69
河南	Henan	161.47	96.42	13.38	271.27
湖北	Hubei	130.00	55.14	123.18	308.32
湖南	Hunan	92.63	121.22	53.07	266.92
广东	Guangdong	582.69	405.23	130.99	1118.91
广西	Guangxi	90.04	7.98	0.00	98.02
海南	Hainan	123.46	0.00	0.00	123.46
重庆	Chongqing	145.65	15.52	11.69	172.86
四川	Sichuan	212.13	88.32	75.46	375.92
贵州	Guizhou	65.49	45.63	34.44	145.57
云南	Yunnan	267.06	10.83	0.00	277.89
西藏	Tibet	0.17	5.23	0.00	5.40
陕西	Shaanxi	56.88	35.23	80.00	172.11
甘肃	Gansu	30.92	3.08	0.00	33.99
青海	Qinghai	0.00	0.00	0.00	0.00
宁夏	Ningxia	0.11	0.32	0.00	0.43
新疆	Xinjiang	116.54	22.83	110.00	249.37
深圳	Shenzhen	632.87	332.34	171.80	1137.00
大连	Dalian	6.36	0.00	20.06	26.42
宁波	Ningbo	272.74	43.34	28.06	344.14
厦门	Xiamen	111.56	92.82	35.00	239.38
青岛	Qingdao	46.20	0.00	10.35	56.55
其他	Others	842.73	0.00	33.25	875.98

注：1.本表筹资情况包含沪深首发上市及再筹资。再筹资包含公开增发、定向增发、配股、权证和优先股筹资，其中权证筹资仅指期权行权筹资(不包括可转债转股)，为2008年之后开展的业务，优先股为 2014年之后开展的业务。
2.募集资金以股票上市日口径统计。
3.上市公司辖区按公司注册地划分，以沪深交易所股东大会公告为准。

数据来源：上海证券交易所、深圳证券交易所
Source:SSE、SZSE

2-9 沪深股票市场分板块首发筹资情况(IPO)
Statistics for SSE & SZSE Stock Market IPO Financing by Board

年份 Year	首发筹资公司家数(家) Number of Listed Companies Financing by IPO(unit)					首发筹资金额(IPO)(亿元) Proceeds Raised by IPO(100 million yuan)				
	主板 Main Board	中小板 SME Board	创业板 ChiNext Board	科创板 STAR Market	合计 Total	主板 Main Board	中小板 SME Board	创业板 ChiNext Board	科创板 STAR Market	合计 Total
1990	8	--	--	--	8	2.11	--	--	--	2.11
1991	5	--	--	--	5	1.03	--	--	--	1.03
1992	41	--	--	--	41	68.91	--	--	--	68.91
1993	134	--	--	--	134	184.83	--	--	--	184.83
1994	117	--	--	--	117	154.44	--	--	--	154.44
1995	36	--	--	--	36	42.37	--	--	--	42.37
1996	212	--	--	--	212	241.32	--	--	--	241.32
1997	222	--	--	--	222	651.56	--	--	--	651.56
1998	111	--	--	--	111	412.22	--	--		412.22
1999	100	--	--	--	100	494.71	--	--	--	494.71
2000	143	--	--	--	143	862.56	--	--	--	862.56
2001	79	--	--	--	79	614.03	--	--	--	614.03
2002	71	--	--	--	71	498.75	--	--	--	498.75
2003	67	--	--	--	67	472.42	--	--	--	472.42
2004	62	38	--	--	100	269.97	91.08	--	--	361.05
2005	3	12	--	--	15	28.55	29.09	--	--	57.63
2006	14	52	--	--	66	1180.23	161.46	--	--	1341.70
2007	26	100	--	--	126	4379.92	390.91	--	--	4770.83
2008	5	71	--	--	76	733.54	300.84	--	--	1034.38
2009	9	54	36	--	99	1251.25	423.64	204.09	--	1878.98
2010	26	204	117	--	347	1891.51	2027.73	963.34	--	4882.59
2011	39	115	128	--	282	1014.01	1018.95	791.47	--	2824.43
2012	25	55	74	--	154	333.57	349.25	351.49	--	1034.32
2013	0	0	0	--	0	0.00	0.00	0.00	--	0.00
2014	43	31	51	--	125	311.77	197.66	159.45	--	668.89
2015	89	44	86	--	219	1086.90	181.86	307.62	--	1576.39
2016	103	46	78	--	227	1017.23	221.21	257.64	--	1496.07
2017	214	81	141	--	436	1376.56	402.68	521.84	--	2301.08
2018	57	19	29	--	105	864.93	226.33	286.89	--	1378.15
2019	53	26	52	70	201	1019.66	344.67	301.21	824.27	2489.81
2020	88	54	107	145	394	1250.85	372.29	892.95	2226.22	4742.30
2021	110	10	199	162	481	1800.22	47.07	1475.11	2029.04	5351.45
2022	70	--	148	123	341	1387.27	--	1796.36	2520.44	5704.07

注：1.股票首发筹资以上市日口径统计。
2.对同一年份发行A股和B股的上市公司在主板算作1家；筹资金额包含A、B股首发筹资金额。
3.对不同年份发行A、B股的公司筹资家数和筹资金额分别计入当年筹资家数和筹资金额。
数据来源：上海证券交易所、深圳证券交易所
Source: SSE、SZSE

2-10 沪深股票市场分股份类型首发筹资情况(IPO)
Statistics for SSE & SZSE Stock Market IPO Financing by Type of Shares

年份 Year	首发筹资公司家数(家) Number of Listed Companies Financing by IPO(unit)		首发筹资金额(IPO)(亿元) Proceeds Raised by IPO(100 million yuan)	
	发行A股的公司 Listed Companies Issued the A-shares	发行B股的公司 Listed Companies Issued the B-shares	A股 A-shares	B股 B-shares
1990	8	0	2.11	0.00
1991	5	0	1.03	0.00
1992	40	18	20.46	48.45
1993	124	23	143.50	41.34
1994	110	17	143.23	11.21
1995	24	12	21.90	20.47
1996	203	15	211.68	29.65
1997	206	16	613.97	37.59
1998	106	5	404.14	8.08
1999	98	2	494.20	0.51
2000	137	6	852.05	10.51
2001	79	0	614.03	0.00
2002	71	0	498.75	0.00
2003	67	0	472.42	0.00
2004	100	0	361.05	0.00
2005	15	0	57.63	0.00
2006	66	0	1341.70	0.00
2007	126	0	4770.83	0.00
2008	76	0	1034.38	0.00
2009	99	0	1878.98	0.00
2010	347	0	4882.59	0.00
2011	282	0	2824.43	0.00
2012	154	0	1034.32	0.00
2013	0	0	0.00	0.00
2014	125	0	668.89	0.00
2015	219	0	1576.39	0.00
2016	227	0	1496.07	0.00
2017	436	0	2301.08	0.00
2018	105	0	1378.15	0.00
2019	201	0	2489.81	0.00
2020	394	0	4742.30	0.00
2021	481	0	5351.45	0.00
2022	341	0	5704.07	0.00

注：1.股票首发筹资以上市日口径统计。
2.对A、B股同年首发的公司分别计入A、B股公司家数和筹资金额。
3.对不同年份发行A、B股的公司筹资家数和筹资金额分别计入当年筹资家数和筹资金额。
数据来源：上海证券交易所、深圳证券交易所
Source: SSE、SZSE

2-11 沪深A股市场新股首发及上市首日情况
Issue-Day Statistics of the SSE & SZSE A-Share Market IPO

年份 Year	平均超募比率(%) Average Oversubscription Rate(%)					上市首日平均换手率(%) Average Turnover Ratio of Issue-day(%)				
	总体 Total	主板 Main Board	中小板 SME Board	创业板 ChiNext Board	科创板 STAR Market	总体 Total	主板 Main Board	中小板 SME Board	创业板 ChiNext Board	科创板 STAR Market
1995	0.00	0.00	0.00	0.00	--	31.57	31.57	0.00	0.00	--
1996	0.00	0.00	0.00	0.00	--	57.67	57.67	0.00	0.00	--
1997	0.00	0.00	0.00	0.00	--	58.53	58.53	0.00	0.00	--
1998	0.00	0.00	0.00	0.00	--	58.96	58.96	0.00	0.00	--
1999	0.00	0.00	0.00	0.00	--	58.84	58.84	0.00	0.00	--
2000	0.00	0.00	0.00	0.00	--	57.99	57.99	0.00	0.00	--
2001	0.00	0.00	0.00	0.00	--	64.31	64.31	0.00	0.00	--
2002	0.00	0.00	0.00	0.00	--	62.57	62.57	0.00	0.00	--
2003	0.00	0.00	0.00	0.00	--	51.99	51.99	0.00	0.00	--
2004	0.00	0.00	0.00	0.00	--	54.80	52.15	59.05	0.00	--
2005	0.00	0.00	0.00	0.00	--	58.03	72.35	55.64	0.00	--
2006	2.20	2.41	1.31	0.00	--	71.12	61.54	73.52	0.00	--
2007	67.70	84.29	9.64	0.00	--	65.59	58.28	66.71	0.00	--
2008	18.96	25.19	6.07	0.00	--	80.74	71.46	81.39	0.00	--
2009	56.42	35.46	96.09	144.88	--	79.31	73.02	76.44	85.18	--
2010	124.36	37.81	150.23	234.59	--	72.14	67.18	72.80	72.11	--
2011	93.88	57.99	96.48	154.23	--	68.42	61.31	68.32	70.62	--
2012	43.46	4.75	65.96	84.59	--	62.72	65.53	60.74	63.24	--
2013	0.00	0.00	0.00	0.00	--	0.00	0.00	0.00	0.00	--
2014	0.00	0.00	0.00	0.00	--	5.25	6.00	4.39	5.14	--
2015	0.00	0.00	0.00	0.00	--	0.07	0.08	0.09	0.05	--
2016	0.00	0.00	0.00	0.00	--	0.05	0.06	0.05	0.04	--
2017	0.00	0.00	0.00	0.00	--	0.04	0.04	0.04	0.03	--
2018	0.00	0.00	0.00	0.00	--	0.14	0.19	0.09	0.10	--
2019	0.00	0.00	0.00	0.00	0.00	27.42	3.09	0.28	0.30	76.06
2020	17.00	-0.12	0.00	8.88	37.86	38.88	5.25	0.60	39.39	73.18
2021	-3.33	-7.58	-0.42	0.48	-2.40	53.78	7.29	0.91	65.94	74.46
2022	25.44	-2.82	--	50.75	30.72	51.88	11.07	--	61.52	63.93

注：1.股票首发以上市日口径统计。
2.以上数据除超募比率使用整体法计算外，其他均为算数平均。
3.首日破发指的是首日收盘破发。
4.首发市盈率指的摊薄后的市盈率。

数据来源：上海证券交易所、深圳证券交易所
Source:SSE、SZSE

2-11 续表 1 continued

年份 Year	首日破发率(%) the Ratio of Breaking Issue Price(%)					平均首发价格(元) Average IPO Price(yuan)				
	总体 Total	主板 Main Board	中小板 SME Board	创业板 ChiNext Board	科创板 STAR Market	总体 Total	主板 Main Board	中小板 SME Board	创业板 ChiNext Board	科创板 STAR Market
1995	11.11	11.11	0.00	0.00	--	4.06	4.06	0.00	0.00	--
1996	1.38	1.38	0.00	0.00	--	5.57	5.57	0.00	0.00	--
1997	1.35	1.35	0.00	0.00	--	5.87	5.87	0.00	0.00	--
1998	2.70	2.70	0.00	0.00	--	5.28	5.28	0.00	0.00	--
1999	0.00	0.00	0.00	0.00	--	6.15	6.15	0.00	0.00	--
2000	0.00	0.00	0.00	0.00	--	7.95	7.95	0.00	0.00	--
2001	0.00	0.00	0.00	0.00	--	9.49	9.49	0.00	0.00	--
2002	0.00	0.00	0.00	0.00	--	7.23	7.23	0.00	0.00	--
2003	0.00	0.00	0.00	0.00	--	7.33	7.33	0.00	0.00	--
2004	3.00	1.61	5.26	0.00	--	8.45	7.61	9.80	0.00	--
2005	0.00	0.00	0.00	0.00	--	6.87	5.03	7.18	0.00	--
2006	0.00	0.00	0.00	0.00	--	8.15	5.77	8.75	0.00	--
2007	0.00	0.00	0.00	0.00	--	11.47	12.17	11.40	0.00	--
2008	0.00	0.00	0.00	0.00	--	12.04	10.36	12.16	0.00	--
2009	0.00	0.00	0.00	0.00	--	23.32	10.77	23.56	26.11	--
2010	7.49	19.23	7.84	4.27	--	29.83	12.52	28.02	36.84	--
2011	27.40	39.47	27.83	23.44	--	26.33	19.87	25.96	28.58	--
2012	26.62	32.00	29.09	22.97	--	18.84	10.88	18.00	22.17	--
2013	0.00	0.00	0.00	0.00	--	0.00	0.00	0.00	0.00	--
2014	0.00	0.00	0.00	0.00	--	17.56	13.08	15.25	22.74	--
2015	0.00	0.00	0.00	0.00	--	14.05	12.53	13.90	15.70	--
2016	0.00	0.00	0.00	0.00	--	13.80	12.66	13.99	15.22	--
2017	0.00	0.00	0.00	0.00	--	14.45	13.49	15.29	15.43	--
2018	0.00	0.00	0.00	0.00	--	17.75	17.06	15.30	20.71	--
2019	0.50	0.00	0.00	0.00	1.43	22.84	14.45	16.40	21.78	32.36
2020	0.00	0.00	0.00	0.00	0.00	27.53	18.34	20.76	25.73	36.96
2021	3.31	0.00	0.00	3.02	6.17	27.55	18.51	10.43	28.25	34.11
2022	26.96	0.00	--	25.33	39.02	41.18	21.25	--	40.99	52.97

2-11 续表 2 continued

年份 Year	首日平均涨跌幅(%) Average Price Change Rate on the First Trading Day of IPO (%)					平均网上发行中签率(%) Average Lot Winning Rate for Online Subscription(%)					平均首发市盈率(倍) Average IPO P/E Ratio(times)				
	总体 Total	主板 Main Board	中小板 SME Board	创业板 ChiNext Board	科创板 STAR Market	总体 Total	主板 Main Board	中小板 SME Board	创业板 ChiNext Board	科创板 STAR Market	总体 Total	主板 Main Board	中小板 SME Board	创业板 ChiNext Board	科创板 STAR Market
1995	102.99	102.99	0.00	0.00	--	0.00	0.00	0.00	0.00	--	0.00	0.00	0.00	0.00	--
1996	111.08	111.08	0.00	0.00	--	0.00	0.00	0.00	0.00	--	0.00	0.00	0.00	0.00	--
1997	151.59	151.59	0.00	0.00	--	2.05	2.05	0.00	0.00	--	0.00	0.00	0.00	0.00	--
1998	142.36	142.36	0.00	0.00	--	0.60	0.60	0.00	0.00	--	0.00	0.00	0.00	0.00	--
1999	110.97	110.97	0.00	0.00	--	0.71	0.71	0.00	0.00	--	0.00	0.00	0.00	0.00	--
2000	147.35	147.35	0.00	0.00	--	0.50	0.50	0.00	0.00	--	28.55	28.55	0.00	0.00	--
2001	137.43	137.43	0.00	0.00	--	0.58	0.58	0.00	0.00	--	30.54	30.54	0.00	0.00	--
2002	135.48	135.48	0.00	0.00	--	0.00	0.00	0.00	0.00	--	19.12	19.12	0.00	0.00	--
2003	72.03	72.03	0.00	0.00	--	0.00	0.00	0.00	0.00	--	17.92	17.92	0.00	0.00	--
2004	70.78	72.50	68.02	0.00	--	0.00	0.00	0.04	0.00	--	17.25	17.32	17.14	0.00	--
2005	47.53	106.42	37.72	0.00	--	0.00	0.00	0.06	0.00	--	20.69	20.83	20.67	0.00	--
2006	84.81	37.90	96.54	0.00	--	0.50	1.52	0.24	0.00	--	23.23	18.61	24.38	0.00	--
2007	191.09	113.40	209.05	0.00	--	0.34	0.87	0.21	0.00	--	30.10	38.36	28.33	0.00	--
2008	115.82	49.94	120.46	0.00	--	0.11	0.47	0.08	0.00	--	26.94	31.43	26.63	0.00	--
2009	74.15	55.95	64.83	92.67	--	0.56	1.05	0.35	0.73	--	51.73	46.45	45.37	62.60	--
2010	41.42	28.52	45.13	37.83	--	0.88	2.33	0.78	0.73	--	58.77	39.09	54.59	70.45	--
2011	20.91	16.10	20.65	22.59	--	2.27	4.52	2.27	1.61	--	47.40	39.35	43.85	52.98	--
2012	26.71	40.05	28.15	21.13	--	1.84	3.08	1.77	1.48	--	30.18	23.35	28.71	33.58	--
2013	0.00	0.00	0.00	0.00	--	0.00	0.00	0.00	0.00	--	0.00	0.00	0.00	0.00	--
2014	43.52	42.72	44.27	43.74	--	1.07	0.94	1.17	1.11	--	23.82	21.32	23.45	26.16	--
2015	44.00	44.00	44.00	44.00	--	0.49	0.57	0.42	0.43	--	21.87	22.13	21.87	21.62	--
2016	44.00	44.00	44.00	44.00	--	0.05	0.06	0.03	0.03	--	21.44	20.64	21.48	22.48	--
2017	44.00	44.00	44.00	44.00	--	0.03	0.04	0.02	0.02	--	27.57	25.22	29.84	29.84	--
2018	44.00	44.01	44.00	44.00	--	0.06	0.07	0.06	0.04	--	24.75	21.12	29.52	28.76	--
2019	65.06	42.07	44.00	44.00	115.06	0.07	0.11	0.08	0.03	0.05	33.73	20.32	19.21	20.18	59.33
2020	125.64	43.44	44.00	157.87	182.15	0.04	0.05	0.03	0.02	0.04	40.47	22.57	20.72	27.25	71.68
2021	164.07	42.62	44.03	218.70	188.24	0.03	0.07	0.04	0.02	0.03	37.77	21.70	22.25	29.64	60.90
2022	35.05	40.62	--	44.44	20.87	0.03	0.04	--	0.02	0.04	59.21	22.05	--	48.25	101.50

2-12　2022年沪深A股市场首发及上市首日表现

序号 Number	股票代码 Stock Code	股票简称 Stock Abbreviation	所属辖区 Jurisdiction	行业分类 Industry Classification	上市日期 Listing Date	首发数量（万股） Number of IPO Shares (10 thousand shares)
1	600941	中国移动	境外	信息传输、软件和信息技术服务业	2022-1-5	90276.79
2	688262	国芯科技	江苏	信息传输、软件和信息技术服务业	2022-1-6	6000.00
3	688176	亚虹医药	江苏	制造业	2022-1-7	11000.00
4	301159	三维天地	北京	信息传输、软件和信息技术服务业	2022-1-7	1935.00
5	001234	泰慕士	江苏	制造业	2022-1-11	2666.67
6	301136	招标股份	福建	科学研究和技术服务业	2022-1-11	6880.12
7	301196	唯科科技	福建	制造业	2022-1-11	3120.00
8	688259	创耀科技	江苏	信息传输、软件和信息技术服务业	2022-1-12	2000.00
9	688234	天岳先进	山东	制造业	2022-1-12	4297.11
10	300834	星辉环材	广东	制造业	2022-1-13	4842.81
11	688220	翱捷科技	上海	制造业	2022-1-14	4183.01
12	001227	兰州银行	甘肃	金融业	2022-1-17	56956.97
13	301117	佳缘科技	四川	信息传输、软件和信息技术服务业	2022-1-17	2307.33
14	301158	德石股份	山东	制造业	2022-1-17	3759.27
15	688062	迈威生物	上海	制造业	2022-1-18	9990.00
16	301116	益客食品	江苏	制造业	2022-1-18	4489.80
17	301201	诚达药业	浙江	制造业	2022-1-20	2417.40
18	688173	希荻微	广东	信息传输、软件和信息技术服务业	2022-1-21	4001.00
19	603150	万朗磁塑	安徽	制造业	2022-1-24	2075.00
20	603102	百合股份	山东	制造业	2022-1-25	1600.00
21	301123	奕东电子	广东	制造业	2022-1-25	5840.00
22	688223	晶科能源	江西	制造业	2022-1-26	200000.00
23	301122	采纳股份	江苏	制造业	2022-1-26	2350.88
24	688171	纬德信息	广东	信息传输、软件和信息技术服务业	2022-1-27	2094.34
25	688270	臻镭科技	浙江	制造业	2022-1-27	2731.00
26	301217	铜冠铜箔	安徽	制造业	2022-1-27	20725.39
27	301106	骏成科技	江苏	制造业	2022-1-28	1814.67
28	301228	实朴检测	上海	科学研究和技术服务业	2022-1-28	3000.00
29	301235	华康医疗	湖北	科学研究和技术服务业	2022-1-28	2640.00
30	688225	亚信安全	江苏	信息传输、软件和信息技术服务业	2022-2-9	4001.00
31	688261	东微半导	江苏	制造业	2022-2-10	1684.41
32	301206	三元生物	山东	制造业	2022-2-10	3372.10
33	688283	坤恒顺维	四川	制造业	2022-2-15	2100.00
34	603122	合富中国	上海	批发和零售业	2022-2-16	9951.32
35	688267	中触媒	大连	制造业	2022-2-16	4405.00
36	001313	粤海饲料	广东	制造业	2022-2-16	10000.00
37	603215	比依股份	宁波	制造业	2022-2-18	4666.50
38	301207	华兰疫苗	河南	制造业	2022-2-18	4001.00
39	301181	标榜股份	江苏	制造业	2022-2-21	2250.00
40	603132	金徽股份	甘肃	采矿业	2022-2-22	9800.00
41	301229	纽泰格	江苏	制造业	2022-2-22	2000.00

数据来源：上海证券交易所、深圳证券交易所
Source:SSE、SZSE

Issue-Day Statistics of IPO in the SSE & SZSE A-Share Stock Market in 2022

发行价格 (元) IPO Price (yuan)	首发筹资金额 (百万元) Proceeds Raised by IPO (million yuan)	上市首日涨跌幅 (%) Price Change Rate on Issue Day of IPO (%)	超募比例 (%) Oversubscription Rate(%)	网上发行中签率(%) Lot Winning Rate for Online Subscription(%)	首发市盈率 (摊薄)(倍) IPO P/E Ratio (times)	上市交易所 Stock Exchange
57.58	51981.37	0.52	-7.18	0.12	12.09	上海证券交易所
41.98	2518.80	11.29	193.25	0.03	418.95	上海证券交易所
22.98	2527.80	-23.41	14.02	0.04	--	上海证券交易所
30.28	585.92	98.48	0.00	0.01	44.59	深圳证券交易所
16.53	440.80	43.98	0.00	0.02	21.50	深圳证券交易所
10.52	723.79	128.14	0.00	0.02	34.83	深圳证券交易所
64.08	1999.30	-6.07	0.00	0.02	49.75	深圳证券交易所
66.60	1332.00	32.36	198.02	0.03	83.65	上海证券交易所
82.79	3557.58	3.27	51.12	0.03	--	上海证券交易所
55.57	2691.15	-9.12	0.00	0.02	48.70	深圳证券交易所
164.54	6882.72	-33.75	153.35	0.03	--	上海证券交易所
3.57	2033.36	43.98	0.00	0.14	13.63	深圳证券交易所
46.80	1079.83	75.19	0.00	0.02	81.96	深圳证券交易所
15.64	587.95	70.01	0.00	0.02	39.10	深圳证券交易所
34.80	3476.52	-29.60	9.85	0.04	--	上海证券交易所
11.40	511.84	212.46	0.00	0.02	35.51	深圳证券交易所
72.69	1757.21	76.85	0.00	0.02	58.01	深圳证券交易所
33.57	1343.14	31.22	109.05	0.03	--	上海证券交易所
34.19	709.44	43.99	0.00	0.02	22.02	上海证券交易所
42.14	674.24	44.00	0.00	0.01	22.99	上海证券交易所
37.23	2174.23	32.50	0.00	0.02	47.19	深圳证券交易所
5.00	10000.00	111.00	59.37	0.15	54.90	上海证券交易所
50.31	1182.73	44.03	0.00	0.02	34.53	深圳证券交易所
28.68	600.66	23.57	20.00	0.03	45.52	上海证券交易所
61.88	1689.94	-9.18	96.91	0.03	92.63	上海证券交易所
17.27	3579.27	25.65	0.00	0.04	198.51	深圳证券交易所
37.75	685.04	15.60	0.00	0.01	42.61	深圳证券交易所
20.08	602.40	81.52	0.00	0.02	50.45	深圳证券交易所
39.30	1037.52	18.63	0.00	0.02	78.92	深圳证券交易所
30.51	1220.71	27.53	-6.51	0.03	87.17	上海证券交易所
130.00	2189.73	0.08	95.19	0.03	429.30	上海证券交易所
109.30	3685.71	17.12	0.00	0.02	63.40	深圳证券交易所
33.80	709.80	11.04	92.12	0.03	64.83	上海证券交易所
4.19	416.96	43.91	0.00	0.04	22.99	上海证券交易所
41.90	1845.70	0.72	96.57	0.03	85.98	上海证券交易所
5.38	538.00	44.05	0.00	0.05	19.56	深圳证券交易所
12.50	583.31	44.00	0.00	0.03	22.98	上海证券交易所
56.88	2275.77	23.59	0.00	0.02	24.60	深圳证券交易所
40.25	905.63	14.71	0.00	0.02	29.19	深圳证券交易所
10.80	1058.40	43.98	0.00	0.05	22.98	上海证券交易所
20.28	405.60	221.60	0.00	0.01	28.25	深圳证券交易所

2-12 续表 1

序号 Number	股票代码 Stock Code	股票简称 Stock Abbreviation	所属辖区 Jurisdiction	行业分类 Industry Classification	上市日期 Listing Date	首发数量（万股） Number of IPO Shares (10 thousand shares)
42	301130	西点药业	吉林	制造业	2022-2-23	2020.10
43	001266	宏英智能	上海	制造业	2022-2-28	1836.00
44	301200	大族数控	广东	制造业	2022-2-28	4200.00
45	688281	华秦科技	陕西	制造业	2022-3-7	1666.67
46	301218	华是科技	浙江	信息传输、软件和信息技术服务业	2022-3-7	1900.67
47	301215	中汽股份	江苏	科学研究和技术服务业	2022-3-8	33060.00
48	301222	浙江恒威	浙江	制造业	2022-3-9	2533.34
49	603070	万控智造	浙江	制造业	2022-3-10	6000.00
50	688163	赛伦生物	上海	制造业	2022-3-11	2706.00
51	301110	青木股份	广东	信息传输、软件和信息技术服务业	2022-3-11	1666.67
52	688115	思林杰	广东	制造业	2022-3-14	1667.00
53	301131	聚赛龙	广东	制造业	2022-3-14	1195.22
54	603261	立航科技	四川	制造业	2022-3-15	1925.00
55	688175	高凌信息	广东	制造业	2022-3-15	2322.66
56	301236	软通动力	北京	信息传输、软件和信息技术服务业	2022-3-15	6352.94
57	688102	斯瑞新材	陕西	制造业	2022-3-16	4001.00
58	688207	格灵深瞳	北京	信息传输、软件和信息技术服务业	2022-3-17	4624.52
59	301219	腾远钴业	江西	制造业	2022-3-17	3148.69
60	688150	莱特光电	陕西	制造业	2022-3-18	4024.38
61	688282	理工导航	北京	制造业	2022-3-18	2200.00
62	001308	康冠科技	广东	制造业	2022-3-18	4248.75
63	688238	和元生物	上海	科学研究和技术服务业	2022-3-22	10000.00
64	688306	均普智能	宁波	制造业	2022-3-22	30707.07
65	301103	何氏眼科	辽宁	卫生和社会工作	2022-3-22	3050.00
66	301137	哈焊华通	江苏	制造业	2022-3-22	4545.34
67	301256	华融化学	四川	制造业	2022-3-22	12000.00
68	688197	首药控股	北京	制造业	2022-3-23	3718.00
69	301237	和顺科技	浙江	制造业	2022-3-23	2000.00
70	603209	兴通股份	福建	交通运输、仓储和邮政业	2022-3-24	5000.00
71	603051	鹿山新材	广东	制造业	2022-3-25	2300.30
72	301226	祥明智能	江苏	制造业	2022-3-25	1700.00
73	301102	兆讯传媒	天津	租赁和商务服务业	2022-3-28	5000.00
74	301216	万凯新材	浙江	制造业	2022-3-29	8585.00
75	301258	富士莱	江苏	制造业	2022-3-29	2292.00
76	301263	泰恩康	广东	批发和零售业	2022-3-29	5910.00
77	688193	仁度生物	上海	制造业	2022-3-30	1000.00
78	688331	荣昌生物	山东	制造业	2022-3-31	5442.63
79	688048	长光华芯	江苏	制造业	2022-4-1	3390.00
80	688295	中复神鹰	江苏	制造业	2022-4-6	10000.00
81	301097	天益医疗	浙江	制造业	2022-4-7	1473.68
82	301268	铭利达	广东	制造业	2022-4-7	4001.00
83	688337	普源精电	江苏	制造业	2022-4-8	3032.74
84	301151	冠龙节能	上海	制造业	2022-4-11	4200.00
85	688153	唯捷创芯	天津	制造业	2022-4-12	4008.00

continued

发行价格(元) IPO Price (yuan)	首发筹资金额(百万元) Proceeds Raised by IPO (million yuan)	上市首日涨跌幅(%) Price Change Rate on Issue Day of IPO (%)	超募比例(%) Oversubscription Rate(%)	网上发行中签率(%) Lot Winning Rate for Online Subscription(%)	首发市盈率(摊薄)(倍) IPO P/E Ratio (times)	上市交易所 Stock Exchange
22.55	455.53	152.82	0.00	0.02	--	深圳证券交易所
38.61	708.88	44.00	0.00	0.02	21.76	深圳证券交易所
76.56	3215.52	-13.58	0.00	0.02	105.89	深圳证券交易所
189.50	3158.33	37.20	113.38	0.03	81.60	上海证券交易所
33.18	630.64	80.23	0.00	0.01	48.16	深圳证券交易所
3.80	1256.28	200.00	0.00	0.05	50.00	深圳证券交易所
33.98	860.83	74.16	0.00	0.02	35.92	深圳证券交易所
9.42	565.20	43.95	0.00	0.04	22.98	上海证券交易所
33.03	893.79	67.42	75.64	0.03	63.28	上海证券交易所
63.10	1051.67	25.20	0.00	0.02	34.02	深圳证券交易所
65.65	1094.39	-23.67	61.85	0.03	75.60	上海证券交易所
30.00	358.56	157.67	0.00	0.01	18.62	深圳证券交易所
19.70	379.23	44.01	0.00	0.01	22.59	上海证券交易所
51.68	1200.35	-10.99	-24.61	0.03	50.55	上海证券交易所
72.88	4630.02	-16.85	0.00	0.02	24.52	深圳证券交易所
10.48	419.30	90.08	-1.22	0.03	101.03	上海证券交易所
39.49	1826.22	-5.14	57.96	0.04	--	上海证券交易所
173.98	5478.09	6.81	0.00	0.02	42.69	深圳证券交易所
22.05	887.37	-13.83	522.97	0.04	133.71	上海证券交易所
65.21	1434.62	-15.04	75.03	0.03	80.87	上海证券交易所
48.84	2075.09	27.74	0.00	0.03	21.30	深圳证券交易所
13.23	1323.00	65.61	-0.19	0.04	244.67	上海证券交易所
5.08	1559.92	35.43	75.08	0.06	--	上海证券交易所
42.50	1296.25	16.47	0.00	0.02	51.52	深圳证券交易所
15.37	698.62	54.00	0.00	0.02	35.25	深圳证券交易所
8.05	966.00	82.73	0.00	0.03	37.44	深圳证券交易所
39.90	1483.48	-19.52	-29.67	0.04	--	上海证券交易所
56.69	1133.80	-5.63	0.00	0.02	61.15	深圳证券交易所
21.52	1076.00	44.01	0.00	0.04	22.99	上海证券交易所
25.79	593.25	44.01	0.00	0.03	22.99	上海证券交易所
29.66	504.22	63.92	0.00	0.01	33.82	深圳证券交易所
39.88	1994.00	-14.67	0.00	0.02	38.31	深圳证券交易所
35.68	3063.13	-10.85	0.00	0.02	60.47	深圳证券交易所
48.30	1107.04	37.72	0.00	0.02	31.38	深圳证券交易所
19.93	1177.86	75.31	0.00	0.02	29.31	深圳证券交易所
72.65	726.50	-10.86	-6.17	0.03	54.54	上海证券交易所
48.00	2612.46	-14.92	-36.38	0.04	--	上海证券交易所
80.80	2739.12	-1.49	76.61	0.04	--	上海证券交易所
29.33	2933.00	24.62	46.58	0.04	385.14	上海证券交易所
52.37	771.77	20.93	0.00	0.02	35.43	深圳证券交易所
28.50	1140.29	6.67	0.00	0.02	66.74	深圳证券交易所
60.88	1846.33	-34.66	98.49	0.04	--	上海证券交易所
30.82	1294.44	-8.14	0.00	0.02	46.49	深圳证券交易所
66.60	2669.33	-36.04	0.58	0.04	--	上海证券交易所

2-12 续表 2

序号 Number	股票代码 Stock Code	股票简称 Stock Abbreviation	所属辖区 Jurisdiction	行业分类 Industry Classification	上市日期 Listing Date	首发数量（万股） Number of IPO Shares (10 thousand shares)
86	688302	海创药业	四川	制造业	2022-4-12	2476.00
87	301135	瑞德智能	广东	制造业	2022-4-12	2548.80
88	301109	军信股份	湖南	水利、环境和公共设施管理业	2022-4-13	6834.00
89	301279	金道科技	浙江	制造业	2022-4-13	2500.00
90	688125	安达智能	广东	制造业	2022-4-15	2020.20
91	688209	英集芯	深圳	制造业	2022-4-19	4200.00
92	688326	经纬恒润	北京	制造业	2022-4-19	3000.00
93	301120	新特电气	北京	制造业	2022-4-19	6192.00
94	301163	宏德股份	江苏	制造业	2022-4-19	2040.00
95	301212	联盛化学	浙江	制造业	2022-4-19	2700.00
96	688072	拓荆科技	辽宁	制造业	2022-4-20	3161.98
97	688279	峰岹科技	深圳	信息传输、软件和信息技术服务业	2022-4-20	2309.09
98	301248	杰创智能	广东	信息传输、软件和信息技术服务业	2022-4-20	2562.00
99	600938	中国海油	境外	采矿业	2022-4-21	299000.00
100	301148	嘉戎技术	福建	水利、环境和公共设施管理业	2022-4-21	2913.00
101	301150	中一科技	湖北	制造业	2022-4-21	1683.70
102	688052	纳芯微	江苏	信息传输、软件和信息技术服务业	2022-4-22	2526.60
103	688325	赛微微电	广东	信息传输、软件和信息技术服务业	2022-4-22	2000.00
104	301187	欧圣电气	江苏	制造业	2022-4-22	4565.20
105	301288	清研环境	广东	制造业	2022-4-22	2701.00
106	688046	药康生物	江苏	科学研究和技术服务业	2022-4-25	5000.00
107	301259	艾布鲁	湖南	水利、环境和公共设施管理业	2022-4-26	3000.00
108	603191	望变电气	重庆	制造业	2022-4-28	8329.19
109	688320	禾川科技	浙江	制造业	2022-4-28	3776.00
110	688170	德龙激光	江苏	制造业	2022-4-29	2584.00
111	688290	景业智能	浙江	制造业	2022-4-29	2060.00
112	001228	永泰运	浙江	租赁和商务服务业	2022-4-29	2597.00
113	301162	国能日新	北京	信息传输、软件和信息技术服务业	2022-4-29	1773.00
114	603206	嘉环科技	江苏	信息传输、软件和信息技术服务业	2022-5-6	7630.00
115	603097	江苏华辰	江苏	制造业	2022-5-12	4000.00
116	001319	铭科精技	广东	制造业	2022-5-12	3535.00
117	301257	普蕊斯	上海	科学研究和技术服务业	2022-5-17	1500.00
118	301153	中科江南	北京	信息传输、软件和信息技术服务业	2022-5-18	2700.00
119	603272	联翔股份	浙江	制造业	2022-5-20	2590.68
120	688213	思特威	上海	制造业	2022-5-20	4001.00
121	001318	阳光乳业	江西	制造业	2022-5-20	7070.00
122	301107	瑜欣电子	重庆	制造业	2022-5-24	1837.00
123	301183	东田微	湖北	制造业	2022-5-24	2000.00
124	688045	必易微	深圳	信息传输、软件和信息技术服务业	2022-5-26	1726.23
125	301191	菲菱科思	广东	制造业	2022-5-26	1334.00
126	688327	云从科技	广东	信息传输、软件和信息技术服务业	2022-5-27	11243.00
127	688119	中钢洛耐	河南	制造业	2022-6-6	22500.00
128	688251	井松智能	安徽	制造业	2022-6-6	1485.71

continued

发行价格(元) IPO Price (yuan)	首发筹资金额(百万元) Proceeds Raised by IPO (million yuan)	上市首日涨跌幅(%) Price Change Rate on Issue Day of IPO (%)	超募比例(%) Oversubscription Rate(%)	网上发行中签率(%) Lot Winning Rate for Online Subscription(%)	首发市盈率(摊薄)(倍) IPO P/E Ratio (times)	上市交易所 Stock Exchange
42.92	1062.70	-29.87	-58.67	0.04	--	上海证券交易所
31.98	815.11	5.00	0.00	0.02	44.60	深圳证券交易所
34.81	2378.92	-10.17	0.00	0.02	22.90	深圳证券交易所
31.20	780.00	18.62	0.00	0.02	43.76	深圳证券交易所
60.55	1223.23	-23.25	-3.98	0.03	39.59	上海证券交易所
24.23	1017.66	-9.70	99.17	0.04	164.30	上海证券交易所
121.00	3630.00	-17.35	-29.40	0.04	244.87	上海证券交易所
13.73	850.16	45.81	0.00	0.02	40.99	深圳证券交易所
26.27	535.91	26.08	0.00	0.02	28.07	深圳证券交易所
29.67	801.09	30.74	0.00	0.02	32.78	深圳证券交易所
71.88	2272.83	28.41	98.41	0.04	--	上海证券交易所
82.00	1893.45	-19.27	162.82	0.04	107.36	上海证券交易所
39.07	1000.97	9.42	0.00	0.02	31.64	深圳证券交易所
10.80	32292.00	27.69	0.00	0.43	24.07	上海证券交易所
38.39	1118.30	-9.09	0.00	0.02	30.49	深圳证券交易所
163.56	2753.86	-24.62	0.00	0.02	88.84	深圳证券交易所
230.00	5811.18	12.86	492.98	0.04	574.05	上海证券交易所
74.55	1491.00	-26.06	57.81	0.05	183.74	上海证券交易所
21.33	973.76	32.21	0.00	0.02	28.40	深圳证券交易所
19.09	515.62	100.05	0.00	0.02	31.45	深圳证券交易所
22.53	1126.50	-17.89	22.39	0.04	138.99	上海证券交易所
18.39	551.70	52.53	0.00	0.02	31.22	深圳证券交易所
11.86	987.84	44.01	0.00	0.05	22.99	上海证券交易所
23.66	893.40	-16.74	0.59	0.04	36.02	上海证券交易所
30.18	779.85	-2.25	51.17	0.04	38.86	上海证券交易所
33.89	698.13	-6.37	2.77	0.04	--	上海证券交易所
30.46	791.05	43.99	0.00	0.03	18.88	深圳证券交易所
45.13	800.15	40.93	0.00	0.02	58.99	深圳证券交易所
14.53	1108.64	43.98	0.00	0.05	22.99	上海证券交易所
8.53	341.20	43.96	0.00	0.04	22.97	上海证券交易所
14.89	526.36	43.99	0.00	0.03	22.29	深圳证券交易所
46.80	702.00	59.49	0.00	0.02	48.60	深圳证券交易所
33.68	909.36	58.34	0.00	0.02	23.31	深圳证券交易所
13.64	353.37	43.99	0.00	0.03	22.99	上海证券交易所
31.51	1260.72	79.82	-56.63	0.04	105.65	上海证券交易所
9.46	668.82	43.97	0.00	0.04	19.71	深圳证券交易所
25.64	471.01	114.86	0.00	0.02	22.91	深圳证券交易所
22.92	458.40	83.07	0.00	0.02	26.53	深圳证券交易所
55.15	952.02	13.51	28.04	0.04	16.24	上海证券交易所
72.00	960.48	25.03	0.00	0.02	22.74	深圳证券交易所
15.37	1728.05	39.23	-55.13	0.05	--	上海证券交易所
5.06	1138.50	150.59	66.35	0.05	32.82	上海证券交易所
35.62	529.21	56.54	31.64	0.03	37.70	上海证券交易所

2-12 续表 3

序号 Number	股票代码 Stock Code	股票简称 Stock Abbreviation	所属辖区 Jurisdiction	行业分类 Industry Classification	上市日期 Listing Date	首发数量（万股） Number of IPO Shares (10 thousand shares)
129	001270	铖昌科技	浙江	制造业	2022-6-6	2795.35
130	301160	翔楼新材	江苏	制造业	2022-6-6	1866.67
131	301298	东利机械	河北	制造业	2022-6-6	3680.00
132	688120	华海清科	天津	制造业	2022-6-8	2666.67
133	688348	昱能科技	浙江	制造业	2022-6-8	2000.00
134	301125	腾亚精工	江苏	制造业	2022-6-8	1810.00
135	301266	宇邦新材	江苏	制造业	2022-6-8	2600.00
136	301286	侨源股份	四川	制造业	2022-6-14	4001.00
137	301156	美农生物	上海	制造业	2022-6-17	2000.00
138	301238	瑞泰新材	江苏	制造业	2022-6-17	18333.33
139	688349	三一重能	北京	制造业	2022-6-22	18828.57
140	001226	拓山重工	安徽	制造业	2022-6-22	1866.67
141	301220	亚香股份	江苏	制造业	2022-6-22	2020.00
142	301289	国缆检测	上海	科学研究和技术服务业	2022-6-22	1500.00
143	001323	慕思股份	广东	制造业	2022-6-23	4001.00
144	301302	华如科技	北京	信息传输、软件和信息技术服务业	2022-6-23	2637.00
145	688047	龙芯中科	北京	制造业	2022-6-24	4100.00
146	001316	润贝航科	广东	批发和零售业	2022-6-24	2000.00
147	688297	中无人机	四川	制造业	2022-6-29	13500.00
148	301112	信邦智能	广东	制造业	2022-6-29	2756.67
149	601089	福元医药	北京	制造业	2022-6-30	12000.00
150	001268	联合精密	广东	制造业	2022-6-30	2698.33
151	688237	超卓航科	湖北	制造业	2022-7-1	2240.08
152	001309	德明利	广东	制造业	2022-7-1	2000.00
153	301234	五洲医疗	安徽	制造业	2022-7-5	1700.00
154	301239	普瑞眼科	四川	卫生和社会工作	2022-7-5	3740.48
155	688400	凌云光	北京	制造业	2022-7-6	10350.00
156	301233	盛帮股份	四川	制造业	2022-7-6	1287.00
157	688322	奥比中光	深圳	制造业	2022-7-7	4000.10
158	301208	中亦科技	北京	信息传输、软件和信息技术服务业	2022-7-7	1666.67
159	688053	思科瑞	四川	科学研究和技术服务业	2022-7-8	2500.00
160	301139	元道通信	新疆	信息传输、软件和信息技术服务业	2022-7-8	3040.00
161	301175	中科环保	北京	水利、环境和公共设施管理业	2022-7-8	36721.99
162	301312	智立方	广东	制造业	2022-7-11	1023.57
163	603235	天新药业	江西	制造业	2022-7-12	4378.00
164	688353	华盛锂电	江苏	制造业	2022-7-13	2800.00
165	688332	中科蓝讯	深圳	制造业	2022-7-15	3000.00
166	603170	宝立食品	上海	制造业	2022-7-15	4001.00
167	001230	劲旅环境	安徽	水利、环境和公共设施管理业	2022-7-15	2784.83
168	688231	隆达股份	江苏	制造业	2022-7-22	6171.43
169	688375	国博电子	江苏	制造业	2022-7-22	4001.00
170	603211	晋拓股份	上海	制造业	2022-7-25	6795.20
171	688382	益方生物	上海	制造业	2022-7-25	11500.00

continued

发行价格(元) IPO Price (yuan)	首发筹资金额(百万元) Proceeds Raised by IPO (million yuan)	上市首日涨跌幅(%) Price Change Rate on Issue Day of IPO (%)	超募比例(%) Oversubscription Rate(%)	网上发行中签率(%) Lot Winning Rate for Online Subscription(%)	首发市盈率(摊薄)(倍) IPO P/E Ratio (times)	上市交易所 Stock Exchange
21.68	606.03	44.00	0.00	0.03	15.15	深圳证券交易所
31.56	589.12	63.24	0.00	0.02	19.54	深圳证券交易所
12.68	466.62	116.56	0.00	0.02	31.70	深圳证券交易所
136.66	3644.27	63.98	215.68	0.04	127.90	上海证券交易所
163.00	3260.00	77.98	318.74	0.05	135.20	上海证券交易所
22.49	407.07	61.45	0.00	0.02	29.91	深圳证券交易所
26.86	698.36	69.47	0.00	0.02	36.15	深圳证券交易所
16.91	676.57	71.38	0.00	0.03	37.49	深圳证券交易所
23.48	469.60	47.06	0.00	0.02	26.62	深圳证券交易所
19.18	3516.33	84.83	0.00	0.04	23.36	深圳证券交易所
29.80	5610.91	37.45	76.89	0.05	22.93	上海证券交易所
24.66	460.32	44.00	0.00	0.01	21.35	深圳证券交易所
35.98	726.80	36.13	0.00	0.02	31.81	深圳证券交易所
33.55	503.25	44.77	0.00	0.01	27.50	深圳证券交易所
38.93	1557.59	44.00	0.00	0.04	22.69	深圳证券交易所
52.03	1372.03	28.85	0.00	0.02	46.50	深圳证券交易所
60.06	2462.46	48.30	-30.72	0.04	141.68	上海证券交易所
29.20	584.00	44.01	0.00	0.01	18.07	深圳证券交易所
32.35	4367.25	76.20	141.26	0.05	75.62	上海证券交易所
27.53	758.91	113.44	0.00	0.02	37.61	深圳证券交易所
14.62	1754.40	43.98	0.00	0.07	22.98	上海证券交易所
19.25	519.43	44.00	0.00	0.02	22.67	深圳证券交易所
41.27	924.48	68.40	134.00	0.03	61.46	上海证券交易所
26.54	530.80	44.01	0.00	0.01	21.63	深圳证券交易所
26.23	445.91	78.96	0.00	0.01	26.07	深圳证券交易所
33.65	1258.67	56.67	0.00	0.02	53.58	深圳证券交易所
21.93	2269.76	55.40	34.37	0.04	66.37	上海证券交易所
41.52	534.36	37.60	0.00	0.02	32.64	深圳证券交易所
30.99	1239.63	38.85	-36.27	0.04	--	上海证券交易所
46.06	767.67	22.45	0.00	0.01	25.09	深圳证券交易所
55.53	1388.25	-3.12	98.69	0.03	60.64	上海证券交易所
38.46	1169.18	-1.53	0.00	0.02	43.80	深圳证券交易所
3.82	1402.78	110.21	0.00	0.06	32.65	深圳证券交易所
72.33	740.35	20.27	0.00	0.01	25.77	深圳证券交易所
36.88	1614.61	44.01	0.00	0.04	22.99	上海证券交易所
98.35	2753.80	14.13	210.53	0.03	25.96	上海证券交易所
91.66	2749.80	-29.85	56.54	0.04	56.41	上海证券交易所
10.05	402.10	43.98	0.00	0.04	22.98	上海证券交易所
34.51	961.05	28.92	0.00	0.03	21.72	深圳证券交易所
39.08	2411.79	-4.38	99.24	0.04	343.50	上海证券交易所
70.88	2835.91	35.43	2.46	0.04	80.78	上海证券交易所
6.55	445.09	43.97	0.00	0.04	22.99	上海证券交易所
18.12	2083.80	-15.62	-17.01	0.05	--	上海证券交易所

2-12 续表 4

序号 Number	股票代码 Stock Code	股票简称 Stock Abbreviation	所属辖区 Jurisdiction	行业分类 Industry Classification	上市日期 Listing Date	首发数量（万股） Number of IPO Shares (10 thousand shares)
172	001336	楚环科技	浙江	制造业	2022-7-25	2009.35
173	301306	西测测试	陕西	科学研究和技术服务业	2022-7-26	2110.00
174	001258	立新能源	新疆	电力、热力、燃气及水生产和供应业	2022-7-27	23333.33
175	688253	英诺特	北京	制造业	2022-7-28	3402.00
176	603201	常润股份	江苏	制造业	2022-7-29	1987.33
177	688130	晶华微	浙江	信息传输、软件和信息技术服务业	2022-7-29	1664.00
178	301269	华大九天	北京	信息传输、软件和信息技术服务业	2022-7-29	10858.84
179	301195	北路智控	江苏	信息传输、软件和信息技术服务业	2022-8-1	2192.03
180	688371	菲沃泰	江苏	制造业	2022-8-2	8386.81
181	301333	诺思格	北京	科学研究和技术服务业	2022-8-2	1500.00
182	301278	快可电子	江苏	制造业	2022-8-4	1600.00
183	688380	中微半导	深圳	制造业	2022-8-5	6300.00
184	688373	盟科药业	上海	制造业	2022-8-5	13000.00
185	001236	弘业期货	江苏	金融业	2022-8-5	10077.78
186	301095	广立微	浙江	信息传输、软件和信息技术服务业	2022-8-5	5000.00
187	301308	江波龙	广东	制造业	2022-8-5	4200.00
188	001229	魅视科技	广东	制造业	2022-8-8	2500.00
189	301121	紫建电子	重庆	制造业	2022-8-8	1770.08
190	301197	工大科雅	河北	信息传输、软件和信息技术服务业	2022-8-8	3013.50
191	688205	德科立	江苏	制造业	2022-8-9	2432.00
192	301132	满坤科技	江西	制造业	2022-8-10	3687.00
193	301318	维海德	广东	制造业	2022-8-10	1736.00
194	688273	麦澜德	江苏	制造业	2022-8-11	2500.00
195	688041	海光信息	天津	制造业	2022-8-12	30000.00
196	301336	趣睡科技	四川	制造业	2022-8-12	1000.00
197	001339	智微智能	广东	制造业	2022-8-15	6175.00
198	688203	海正生材	浙江	制造业	2022-8-16	5066.95
199	301338	凯格精机	广东	制造业	2022-8-16	1900.00
200	688401	路维光电	深圳	制造业	2022-8-17	3333.36
201	301330	熵基科技	广东	制造业	2022-8-17	3712.30
202	688403	汇成股份	安徽	制造业	2022-8-18	16697.07
203	688292	浩瀚深度	北京	信息传输、软件和信息技术服务业	2022-8-18	3928.67
204	603255	鼎际得	辽宁	制造业	2022-8-18	3336.67
205	001222	源飞宠物	浙江	制造业	2022-8-18	3410.00
206	001330	博纳影业	新疆	文化、体育和娱乐业	2022-8-18	27490.38
207	001231	农心科技	陕西	制造业	2022-8-19	2500.00
208	301171	易点天下	陕西	信息传输、软件和信息技术服务业	2022-8-19	7550.17
209	301300	远翔新材	福建	制造业	2022-8-19	1605.00
210	688271	联影医疗	上海	制造业	2022-8-22	10000.00
211	688381	帝奥微	江苏	制造业	2022-8-23	6305.00
212	688247	宣泰医药	上海	制造业	2022-8-25	4534.00
213	688370	丛麟科技	上海	水利、环境和公共设施管理业	2022-8-25	2660.62
214	301209	联合化学	山东	制造业	2022-8-25	2000.00

continued

发行价格(元) IPO Price (yuan)	首发筹资金额(百万元) Proceeds Raised by IPO (million yuan)	上市首日涨跌幅(%) Price Change Rate on Issue Day of IPO (%)	超募比例(%) Oversubscription Rate(%)	网上发行中签率(%) Lot Winning Rate for Online Subscription(%)	首发市盈率(摊薄)(倍) IPO P/E Ratio (times)	上市交易所 Stock Exchange
22.96	461.35	43.99	0.00	0.02	21.91	深圳证券交易所
43.23	912.15	29.56	0.00	0.02	54.45	深圳证券交易所
3.38	788.67	44.08	0.00	0.08	22.09	深圳证券交易所
26.06	886.56	26.63	-31.57	0.03	32.65	上海证券交易所
30.56	607.33	44.01	0.00	0.02	18.71	上海证券交易所
62.98	1047.99	-7.67	19.44	0.04	61.01	上海证券交易所
32.69	3549.75	129.43	0.00	0.03	127.20	深圳证券交易所
71.17	1560.07	-5.54	0.00	0.02	42.34	深圳证券交易所
18.54	1554.91	57.98	-12.77	0.04	174.61	上海证券交易所
78.88	1183.20	14.11	0.00	0.01	47.69	深圳证券交易所
34.84	557.44	267.42	0.00	0.01	34.39	深圳证券交易所
30.86	1944.18	82.11	126.98	0.04	22.95	上海证券交易所
8.16	1060.80	33.33	-22.27	0.04	--	上海证券交易所
1.86	187.45	44.09	0.00	0.05	23.25	深圳证券交易所
58.00	2900.00	155.78	0.00	0.02	181.82	深圳证券交易所
55.67	2338.14	77.83	0.00	0.02	22.69	深圳证券交易所
21.71	542.75	43.99	0.00	0.02	22.43	深圳证券交易所
61.07	1080.99	45.36	0.00	0.02	42.95	深圳证券交易所
25.50	768.44	46.98	0.00	0.02	35.71	深圳证券交易所
48.51	1179.76	25.79	5.77	0.04	44.02	上海证券交易所
26.80	988.12	67.28	0.00	0.02	37.22	深圳证券交易所
64.68	1122.84	14.41	0.00	0.02	29.99	深圳证券交易所
40.29	1007.25	9.38	50.05	0.04	38.51	上海证券交易所
36.00	10800.00	66.94	15.18	0.06	315.18	上海证券交易所
37.53	375.30	171.04	0.00	0.01	21.93	深圳证券交易所
16.86	1041.11	44.01	0.00	0.03	21.13	深圳证券交易所
16.68	845.17	25.00	-40.49	0.04	100.18	上海证券交易所
46.33	880.27	73.11	0.00	0.02	31.41	深圳证券交易所
25.08	836.01	129.23	73.97	0.03	70.31	上海证券交易所
43.32	1608.17	26.73	0.00	0.02	37.64	深圳证券交易所
8.88	1482.70	90.77	-14.11	0.04	78.92	上海证券交易所
16.56	650.59	20.17	35.85	0.03	48.67	上海证券交易所
21.88	730.06	44.01	0.00	0.03	22.99	上海证券交易所
13.71	467.51	43.98	0.00	0.03	13.67	深圳证券交易所
5.03	1382.77	43.94	0.00	0.09	19.05	深圳证券交易所
17.77	444.25	44.01	0.00	0.02	21.54	深圳证券交易所
18.18	1372.62	45.21	0.00	0.03	33.18	深圳证券交易所
36.15	580.21	59.61	0.00	0.02	30.18	深圳证券交易所
109.88	10988.00	64.93	-13.78	0.04	77.69	上海证券交易所
41.68	2627.92	15.81	53.47	0.04	67.10	上海证券交易所
9.37	424.84	45.14	-34.40	0.03	48.56	上海证券交易所
59.76	1589.99	-23.90	-27.17	0.03	36.44	上海证券交易所
14.95	299.00	160.87	0.00	0.01	17.80	深圳证券交易所

2-12 续表 5

序号 Number	股票代码 Stock Code	股票简称 Stock Abbreviation	所属辖区 Jurisdiction	行业分类 Industry Classification	上市日期 Listing Date	首发数量（万股） Number of IPO Shares (10 thousand shares)
215	688439	振华风光	贵州	制造业	2022-8-26	5000.00
216	301282	金禄电子	广东	制造业	2022-8-26	3779.00
217	688416	恒烁股份	安徽	制造业	2022-8-29	2066.00
218	301152	天力锂能	河南	制造业	2022-8-29	3050.00
219	688351	微电生理	上海	制造业	2022-8-31	7060.00
220	603237	五芳斋	浙江	制造业	2022-8-31	2518.58
221	001259	利仁科技	北京	制造业	2022-8-31	1848.44
222	301115	建科股份	江苏	科学研究和技术服务业	2022-8-31	4500.00
223	301270	汉仪股份	北京	信息传输、软件和信息技术服务业	2022-8-31	2500.00
224	688293	奥浦迈	上海	科学研究和技术服务业	2022-9-2	2049.51
225	301283	聚胶股份	广东	制造业	2022-9-2	2000.00
226	301296	新巨丰	山东	制造业	2022-9-2	6300.00
227	001283	豪鹏科技	广东	制造业	2022-9-5	2000.00
228	001331	胜通能源	山东	电力、热力、燃气及水生产和供应业	2022-9-8	3000.00
229	301231	荣信文化	陕西	文化、体育和娱乐业	2022-9-8	2110.00
230	301328	维峰电子	广东	制造业	2022-9-8	1832.00
231	688114	华大智造	深圳	制造业	2022-9-9	4131.95
232	603182	嘉华股份	山东	制造业	2022-9-9	4114.00
233	301276	嘉曼服饰	北京	制造业	2022-9-9	2700.00
234	301339	通行宝	江苏	信息传输、软件和信息技术服务业	2022-9-9	6000.00
235	301349	信德新材	辽宁	制造业	2022-9-9	1700.00
236	688391	钜泉科技	上海	信息传输、软件和信息技术服务业	2022-9-13	1440.00
237	301205	联特科技	湖北	制造业	2022-9-13	1802.00
238	301161	唯万密封	上海	制造业	2022-9-14	3000.00
239	688455	科捷智能	青岛	制造业	2022-9-15	4521.23
240	688035	德邦科技	山东	制造业	2022-9-19	3556.00
241	688184	帕瓦股份	浙江	制造业	2022-9-19	3359.46
242	001238	浙江正特	浙江	制造业	2022-9-19	2750.00
243	301309	万得凯	浙江	制造业	2022-9-19	2500.00
244	301327	华宝新能	广东	制造业	2022-9-19	2454.17
245	001332	锡装股份	江苏	制造业	2022-9-20	2000.00
246	688448	磁谷科技	江苏	制造业	2022-9-21	1781.53
247	688428	诺诚健华	境外	制造业	2022-9-21	26464.82
248	301326	捷邦科技	广东	制造业	2022-9-21	1810.00
249	301331	恩威医药	西藏	制造业	2022-9-21	1754.00
250	301369	联动科技	广东	制造业	2022-9-22	1160.00
251	688132	邦彦技术	深圳	制造业	2022-9-23	3805.63
252	688387	信科移动	湖北	制造业	2022-9-26	68375.00
253	603057	紫燕食品	上海	制造业	2022-9-26	4200.00
254	301227	森鹰窗业	黑龙江	制造业	2022-9-26	2370.00
255	301366	一博科技	广东	制造业	2022-9-26	2083.33
256	688252	天德钰	深圳	信息传输、软件和信息技术服务业	2022-9-27	4055.56
257	688392	骄成超声	上海	制造业	2022-9-27	2050.00

continued

发行价格 (元) IPO Price (yuan)	首发筹资金额 (百万元) Proceeds Raised by IPO (million yuan)	上市首日涨跌幅 (%) Price Change Rate on Issue Day of IPO (%)	超募比例 (%) Oversubscription Rate(%)	网上发行 中签率(%) Lot Winning Rate for Online Subscription(%)	首发市盈率 (摊薄)(倍) IPO P/E Ratio (times)	上市交易所 Stock Exchange
66.99	3349.50	49.54	159.81	0.03	75.73	上海证券交易所
30.38	1148.06	31.01	0.00	0.02	45.75	深圳证券交易所
65.11	1345.17	-24.96	51.24	0.03	40.70	上海证券交易所
57.00	1738.50	20.51	0.00	0.02	81.90	深圳证券交易所
16.51	1165.61	-20.35	5.24	0.04	--	上海证券交易所
34.32	864.37	44.00	0.00	0.03	22.99	上海证券交易所
19.75	365.07	44.00	0.00	0.01	22.04	深圳证券交易所
42.05	1892.25	-19.62	0.00	0.02	46.77	深圳证券交易所
25.68	642.00	53.86	0.00	0.02	37.82	深圳证券交易所
80.20	1643.71	58.65	158.68	0.03	132.72	上海证券交易所
52.69	1053.80	-10.93	0.00	0.02	76.92	深圳证券交易所
18.19	1145.97	7.04	0.00	0.03	48.64	深圳证券交易所
52.19	1043.80	43.99	0.00	0.01	16.44	深圳证券交易所
26.78	803.40	43.99	0.00	0.02	18.47	深圳证券交易所
25.49	537.84	26.40	0.00	0.02	52.99	深圳证券交易所
78.80	1443.62	11.36	0.00	0.02	57.64	深圳证券交易所
87.18	3602.23	14.71	26.59	0.04	74.47	上海证券交易所
10.55	434.03	43.98	0.00	0.03	22.98	上海证券交易所
40.66	1097.82	-16.31	0.00	0.02	22.55	深圳证券交易所
18.78	1126.80	10.49	0.00	0.03	40.74	深圳证券交易所
138.88	2360.96	15.50	0.00	0.02	68.58	深圳证券交易所
115.00	1656.00	20.09	145.44	0.04	66.84	上海证券交易所
40.37	727.47	22.64	0.00	0.01	27.48	深圳证券交易所
18.66	559.80	50.32	0.00	0.02	37.55	深圳证券交易所
21.88	989.24	-3.20	81.10	0.04	57.41	上海证券交易所
46.12	1640.03	64.46	105.95	0.03	103.48	上海证券交易所
51.88	1742.89	-21.76	5.20	0.03	93.68	上海证券交易所
16.05	441.38	43.99	0.00	0.02	16.41	深圳证券交易所
39.00	975.00	-13.62	0.00	0.02	36.52	深圳证券交易所
237.50	5828.65	-11.37	0.00	0.02	81.64	深圳证券交易所
59.90	1198.00	23.09	0.00	0.01	20.90	深圳证券交易所
32.90	586.12	-11.00	15.48	0.03	50.65	上海证券交易所
11.03	2919.07	-15.41	-29.50	0.06	--	上海证券交易所
51.72	936.13	-3.52	0.00	0.02	39.18	深圳证券交易所
29.80	522.69	46.75	0.00	0.01	20.55	深圳证券交易所
96.58	1120.33	39.57	0.00	0.01	35.07	深圳证券交易所
28.88	1099.07	-15.17	18.53	0.04	76.54	上海证券交易所
6.05	4136.69	-3.31	-0.08	0.12	--	上海证券交易所
15.15	636.30	44.03	0.00	0.04	22.99	上海证券交易所
38.25	906.53	-17.36	0.00	0.02	28.23	深圳证券交易所
65.35	1361.46	-8.19	0.00	0.02	36.51	深圳证券交易所
21.68	879.25	-4.47	85.49	0.04	27.14	上海证券交易所
71.18	1459.19	69.46	148.34	0.04	94.98	上海证券交易所

2-12 续表 6

序号 Number	股票代码 Stock Code	股票简称 Stock Abbreviation	所属辖区 Jurisdiction	行业分类 Industry Classification	上市日期 Listing Date	首发数量 (万股) Number of IPO Shares (10 thousand shares)
258	301176	逸豪新材	江西	制造业	2022-9-28	4226.67
259	301285	鸿日达	江苏	制造业	2022-9-28	5167.00
260	688275	万润新能	湖北	制造业	2022-9-29	2130.38
261	688137	近岸蛋白	江苏	科学研究和技术服务业	2022-9-29	1754.39
262	301319	唯特偶	广东	制造业	2022-9-29	1466.00
263	001255	博菲电气	浙江	制造业	2022-9-30	2000.00
264	001269	欧晶科技	内蒙古	制造业	2022-9-30	3435.64
265	301313	凡拓数创	广东	信息传输、软件和信息技术服务业	2022-9-30	2558.34
266	688409	富创精密	辽宁	制造业	2022-10-10	5226.33
267	603052	可川科技	江苏	制造业	2022-10-11	1720.00
268	688073	毕得医药	上海	科学研究和技术服务业	2022-10-11	1622.91
269	688459	哈铁科技	黑龙江	制造业	2022-10-12	12000.00
270	301363	美好医疗	广东	制造业	2022-10-12	4427.00
271	603163	圣晖集成	江苏	建筑业	2022-10-13	2000.00
272	301316	慧博云通	浙江	信息传输、软件和信息技术服务业	2022-10-13	4001.00
273	688031	星环科技	上海	信息传输、软件和信息技术服务业	2022-10-18	3021.06
274	688061	灿瑞科技	上海	制造业	2022-10-18	1927.68
275	688244	永信至诚	北京	信息传输、软件和信息技术服务业	2022-10-19	1170.78
276	603151	邦基科技	山东	制造业	2022-10-19	4200.00
277	001300	三柏硕	山东	制造业	2022-10-19	6094.40
278	301299	卓创资讯	山东	信息传输、软件和信息技术服务业	2022-10-19	1500.00
279	688426	康为世纪	江苏	制造业	2022-10-25	2329.03
280	301273	瑞晨环保	上海	制造业	2022-10-25	1791.04
281	301380	挖金客	北京	信息传输、软件和信息技术服务业	2022-10-25	1700.00
282	688291	金橙子	北京	信息传输、软件和信息技术服务业	2022-10-26	2566.67
283	688372	伟测科技	上海	制造业	2022-10-26	2180.27
284	001322	箭牌家居	广东	制造业	2022-10-26	9660.95
285	301223	中荣股份	广东	制造业	2022-10-26	4830.00
286	688152	麒麟信安	湖南	信息传输、软件和信息技术服务业	2022-10-28	1321.12
287	001298	好上好	广东	批发和零售业	2022-10-31	2400.00
288	001299	美能能源	陕西	电力、热力、燃气及水生产和供应业	2022-10-31	4690.00
289	301389	隆扬电子	江苏	制造业	2022-10-31	7087.50
290	301230	泓博医药	上海	科学研究和技术服务业	2022-11-1	1925.00
291	301367	怡和嘉业	北京	制造业	2022-11-1	1600.00
292	301379	天山电子	广西	制造业	2022-11-1	2534.00
293	688419	耐科装备	安徽	制造业	2022-11-7	2050.00
294	301267	华厦眼科	福建	卫生和社会工作	2022-11-7	6000.00
295	603280	南方路机	福建	制造业	2022-11-8	2710.17
296	301359	东南电子	浙江	制造业	2022-11-9	2146.00
297	301388	欣灵电气	浙江	制造业	2022-11-9	2561.19
298	688432	有研硅	北京	制造业	2022-11-10	18714.32
299	301396	宏景科技	广东	信息传输、软件和信息技术服务业	2022-11-11	2284.49
300	301356	天振股份	浙江	制造业	2022-11-14	3000.00

continued

发行价格(元) IPO Price (yuan)	首发筹资金额(百万元) Proceeds Raised by IPO (million yuan)	上市首日涨跌幅(%) Price Change Rate on Issue Day of IPO (%)	超募比例(%) Oversubscription Rate(%)	网上发行中签率(%) Lot Winning Rate for Online Subscription(%)	首发市盈率(摊薄)(倍) IPO P/E Ratio (times)	上市交易所 Stock Exchange
23.88	1009.33	-7.87	0.00	0.02	24.80	深圳证券交易所
14.60	754.38	48.63	0.00	0.02	48.18	深圳证券交易所
299.88	6388.58	-27.59	324.48	0.04	75.25	上海证券交易所
106.19	1862.98	-28.89	14.94	0.04	50.06	上海证券交易所
47.75	700.02	14.87	0.00	0.02	34.01	深圳证券交易所
19.77	395.40	44.01	0.00	0.01	20.81	深圳证券交易所
15.65	537.68	44.03	0.00	0.03	16.12	深圳证券交易所
25.25	645.98	14.81	0.00	0.02	36.65	深圳证券交易所
69.99	3657.91	51.02	96.33	0.05	195.49	上海证券交易所
34.68	596.50	44.00	0.00	0.02	22.99	上海证券交易所
88.00	1428.16	-23.40	158.02	0.04	63.56	上海证券交易所
13.58	1629.60	-30.34	114.10	0.05	60.63	上海证券交易所
30.66	1357.32	20.74	0.00	0.03	40.18	深圳证券交易所
27.25	545.00	44.00	0.00	0.02	17.64	上海证券交易所
7.60	304.08	254.87	0.00	0.03	39.79	深圳证券交易所
47.34	1430.17	60.54	-30.59	0.05	--	上海证券交易所
112.69	2172.30	-16.65	26.09	0.05	77.97	上海证券交易所
49.19	575.91	22.48	-37.24	0.05	63.00	上海证券交易所
17.95	753.90	39.28	0.00	0.04	22.98	上海证券交易所
11.17	680.74	43.96	0.00	0.04	21.20	深圳证券交易所
29.99	449.85	62.35	0.00	0.02	36.00	深圳证券交易所
48.98	1140.76	-10.94	6.40	0.04	40.80	上海证券交易所
37.89	678.63	5.86	0.00	0.02	32.81	深圳证券交易所
34.78	591.26	29.90	0.00	0.02	36.30	深圳证券交易所
26.77	687.10	27.16	44.11	0.04	53.18	上海证券交易所
61.49	1340.65	81.59	87.39	0.04	42.03	上海证券交易所
12.68	1225.01	34.15	0.00	0.05	21.20	深圳证券交易所
26.28	1269.32	-6.66	0.00	0.03	23.93	深圳证券交易所
68.89	910.12	212.38	23.58	0.04	41.78	上海证券交易所
35.32	847.68	19.96	0.00	0.03	18.18	深圳证券交易所
10.69	501.36	43.97	0.00	0.03	19.76	深圳证券交易所
22.50	1594.69	-6.93	0.00	0.03	32.28	深圳证券交易所
40.00	770.00	28.08	0.00	0.02	41.80	深圳证券交易所
119.88	1918.08	141.91	0.00	0.02	52.67	深圳证券交易所
31.51	798.46	1.87	0.00	0.02	32.86	深圳证券交易所
37.85	775.93	19.13	59.32	0.04	68.87	上海证券交易所
50.88	3052.80	37.78	0.00	0.03	62.66	深圳证券交易所
23.75	643.66	44.00	0.00	0.04	18.37	上海证券交易所
20.84	447.23	45.06	0.00	0.02	29.69	深圳证券交易所
25.88	662.84	30.06	0.00	0.02	32.27	深圳证券交易所
9.91	1854.59	91.73	55.77	0.05	91.53	上海证券交易所
40.13	916.77	24.62	0.00	0.02	41.59	深圳证券交易所
63.00	1890.00	-10.97	0.00	0.02	27.06	深圳证券交易所

2-12 续表 7

序号 Number	股票代码 Stock Code	股票简称 Stock Abbreviation	所属辖区 Jurisdiction	行业分类 Industry Classification	上市日期 Listing Date	首发数量（万股） Number of IPO Shares (10 thousand shares)
301	688362	甬矽电子	宁波	制造业	2022-11-16	6000.00
302	001338	永顺泰	广东	制造业	2022-11-16	12543.27
303	301277	新天地	河南	制造业	2022-11-16	3336.00
304	301361	众智科技	河南	制造业	2022-11-16	2908.40
305	688376	美埃科技	江苏	制造业	2022-11-18	3360.00
306	603130	云中马	浙江	制造业	2022-11-18	3500.00
307	301335	天元宠物	浙江	制造业	2022-11-18	2250.00
308	301165	锐捷网络	福建	制造业	2022-11-21	6818.18
309	301365	矩阵股份	广东	科学研究和技术服务业	2022-11-22	3000.00
310	301377	鼎泰高科	广东	制造业	2022-11-22	5000.00
311	688480	赛恩斯	湖南	水利、环境和公共设施管理业	2022-11-25	2370.67
312	301290	东星医疗	江苏	制造业	2022-11-30	2504.33
313	301311	昆船智能	云南	制造业	2022-11-30	6000.00
314	301391	卡莱特	广东	制造业	2022-12-1	1700.00
315	688489	三未信安	北京	制造业	2022-12-2	1914.00
316	001256	炜冈科技	浙江	制造业	2022-12-5	3565.35
317	688084	晶品特装	北京	制造业	2022-12-8	1900.00
318	601022	宁波远洋	宁波	交通运输、仓储和邮政业	2022-12-8	13086.33
319	001333	光华股份	浙江	制造业	2022-12-8	3200.00
320	688503	聚和材料	江苏	制造业	2022-12-9	2800.00
321	688420	美腾科技	天津	制造业	2022-12-9	2211.00
322	688143	长盈通	湖北	制造业	2022-12-12	2353.35
323	001223	欧克科技	江西	制造业	2022-12-12	1668.00
324	301368	丰立智能	浙江	制造业	2022-12-15	3010.00
325	301398	星源卓镁	浙江	制造业	2022-12-15	2000.00
326	688172	燕东微	北京	制造业	2022-12-16	17986.56
327	301265	华新环保	北京	制造业	2022-12-16	7575.00
328	688498	源杰科技	陕西	制造业	2022-12-21	1500.00
329	601136	首创证券	北京	金融业	2022-12-22	27333.38
330	688147	微导纳米	江苏	制造业	2022-12-23	4544.55
331	688141	杰华特	浙江	制造业	2022-12-23	5808.00
332	688410	山外山	重庆	制造业	2022-12-26	3619.00
333	301280	珠城科技	浙江	制造业	2022-12-26	1628.34
334	301255	通力科技	浙江	制造业	2022-12-27	1700.00
335	301301	川宁生物	新疆	制造业	2022-12-27	22280.00
336	688496	清越科技	江苏	制造业	2022-12-28	9000.00
337	688475	萤石网络	浙江	制造业	2022-12-28	11250.00
338	001301	尚太科技	河北	制造业	2022-12-28	6494.37
339	688525	佰维存储	深圳	制造业	2022-12-30	4303.29
340	301105	鸿铭股份	广东	制造业	2022-12-30	1250.00
341	301297	富乐德	安徽	科学研究和技术服务业	2022-12-30	8460.00

continued

发行价格(元) IPO Price (yuan)	首发筹资金额(百万元) Proceeds Raised by IPO (million yuan)	上市首日涨跌幅(%) Price Change Rate on Issue Day of IPO (%)	超募比例(%) Oversubscription Rate(%)	网上发行中签率(%) Lot Winning Rate for Online Subscription(%)	首发市盈率(摊薄)(倍) IPO P/E Ratio (times)	上市交易所 Stock Exchange
18.54	1112.40	62.03	-30.62	0.04	25.83	上海证券交易所
6.82	855.45	43.99	0.00	0.06	22.96	深圳证券交易所
27.00	900.72	47.41	0.00	0.02	31.32	深圳证券交易所
26.44	768.98	21.82	0.00	0.02	45.12	深圳证券交易所
29.19	980.78	29.15	22.21	0.04	37.06	上海证券交易所
19.72	690.20	44.02	0.00	0.04	22.99	上海证券交易所
49.98	1124.55	-10.20	0.00	0.02	41.86	深圳证券交易所
32.38	2207.73	15.81	0.00	0.03	40.17	深圳证券交易所
34.72	1041.60	-2.10	0.00	0.02	18.95	深圳证券交易所
22.88	1144.00	47.64	0.00	0.03	39.45	深圳证券交易所
19.18	454.69	33.11	48.86	0.04	48.09	上海证券交易所
44.09	1104.16	20.48	0.00	0.02	40.05	深圳证券交易所
13.88	832.80	44.16	0.00	0.03	33.37	深圳证券交易所
96.00	1632.00	-11.67	0.00	0.02	60.68	深圳证券交易所
78.89	1509.95	51.48	178.32	0.04	83.82	上海证券交易所
13.64	486.31	43.99	0.00	0.03	20.21	深圳证券交易所
60.98	1158.62	44.47	60.52	0.04	80.64	上海证券交易所
8.22	1075.70	44.04	0.00	0.08	22.97	上海证券交易所
27.76	888.32	43.98	0.00	0.03	21.84	深圳证券交易所
110.00	3080.00	35.37	159.54	0.04	50.32	上海证券交易所
48.96	1082.51	1.94	75.30	0.04	60.26	上海证券交易所
35.67	839.44	37.40	43.69	0.03	48.61	上海证券交易所
65.58	1093.87	21.56	0.00	0.01	19.13	深圳证券交易所
22.33	672.13	19.93	0.00	0.02	44.13	深圳证券交易所
34.40	688.00	19.59	0.00	0.02	51.27	深圳证券交易所
21.98	3953.45	4.69	-5.80	0.05	68.39	上海证券交易所
13.28	1005.96	21.01	0.00	0.03	25.74	深圳证券交易所
100.66	1509.90	15.66	35.88	0.04	69.26	上海证券交易所
7.07	1932.47	43.99	0.00	0.13	22.98	上海证券交易所
24.21	1100.24	13.38	2.16	0.04	412.24	上海证券交易所
38.26	2222.14	32.62	27.83	0.05	125.60	上海证券交易所
32.30	1168.94	-18.98	-13.32	0.04	297.74	上海证券交易所
67.40	1097.50	-18.53	0.00	0.02	32.00	深圳证券交易所
37.02	629.34	5.89	0.00	0.02	27.79	深圳证券交易所
5.00	1114.00	101.00	0.00	0.05	100.00	深圳证券交易所
9.16	824.40	8.84	68.44	0.05	121.49	上海证券交易所
28.77	3236.63	-12.23	-16.01	0.05	40.80	上海证券交易所
33.88	2200.29	44.01	0.00	0.04	16.20	深圳证券交易所
13.99	602.03	14.80	-31.54	0.05	51.64	上海证券交易所
40.50	506.25	-5.70	0.00	0.02	30.22	深圳证券交易所
8.48	717.41	77.00	0.00	0.03	32.62	深圳证券交易所

2-13 沪深股票市场分板块再筹资情况
Statistics for SSE & SZSE Stock Market Refinancing by Board

年份 Year	再筹资公司家数(家) Number of Listed Companies Financing by Subsequent Offerings of Shares(unit)					再筹资金额(亿元) Proceeds Raised by Subsequent Offerings of Shares (100 million yuan)				
	主板 Main Board	中小板 SME Board	创业板 ChiNext Board	科创板 STAR Market	合计 Total	主板 Main Board	中小板 SME Board	创业板 ChiNext Board	科创板 STAR Market	合计 Total
1992	0	--	--	--	0	0.00	--	--	--	0.00
1993	54	--	--	--	54	60.19	--	--	--	60.19
1994	53	--	--	--	53	59.19	--	--	--	59.19
1995	79	--	--	--	79	57.41	--	--	--	57.41
1996	40	--	--	--	40	66.71	--	--	--	66.71
1997	95	--	--	--	95	208.42	--	--	--	208.42
1998	167	--	--	--	167	375.22	--	--	--	375.22
1999	123	--	--	--	123	378.93	--	--	--	378.93
2000	177	--	--	--	177	653.26	--	--	--	653.26
2001	148	--	--	--	148	624.11	--	--	--	624.11
2002	50	--	--	--	50	221.29	--	--	--	221.29
2003	43	--	--	--	43	193.08	--	--	--	193.08
2004	36	0	--	--	36	289.47	0.00	--	--	289.47
2005	7	0	--	--	7	281.40	0.00	--	--	281.40
2006	55	3	--	--	58	1014.99	17.81	--	--	1032.80
2007	152	12	--	--	164	2986.24	57.67	--	--	3043.91
2008	129	17	--	--	146	2149.87	128.14	--	--	2278.01
2009	126	23	0	--	149	2801.88	153.48	0.00	--	2955.36
2010	140	45	0	--	185	4597.61	319.60	0.00	--	4917.21
2011	139	65	0	--	204	3874.16	455.84	0.00	--	4330.00
2012	119	39	4	--	162	3103.15	394.66	10.26	--	3508.08
2013	199	117	56	--	372	3510.18	536.64	84.64	--	4131.46
2014	252	190	103	--	545	5987.25	1501.52	340.61	--	7829.38
2015	330	245	195	--	770	10433.75	3094.98	1256.50	--	14785.23
2016	345	272	228	--	845	12336.78	4480.96	1983.58	--	18801.32
2017	320	238	210	--	768	9226.97	3033.60	973.33	--	13233.90
2018	285	173	196	--	654	7726.35	1573.87	699.51	--	9999.73
2019	233	121	150	0	504	7851.58	1582.05	615.38	0.00	10049.01
2020	300	158	147	6	611	6455.01	2119.80	893.36	11.14	9479.31
2021	584	58	241	52	935	7680.27	494.62	1687.42	186.37	10048.67
2022	542	--	240	140	922	6368.26	--	1543.61	559.46	8471.33

注：1.再筹资包含公开增发、定向增发、配股、权证和优先股筹资。其中权证筹资仅指期权行权筹资(不包括可转债转股)，为2008年之后开展的业务；优先股为2014年之后开展的业务。再筹资以上市日口径统计。

2.一家公司在当年以多种方式或多次进行再筹资的,相应筹资家数计为1，筹资金额为合计数。

数据来源：上海证券交易所、深圳证券交易所

Source: SSE、SZSE

2-14 沪深股票市场分股份类型再筹资情况
Statistics for SSE & SZSE Stock Market Refinancing by Type of Shares

年份 Year	再筹资公司家数(家) Number of Listed Companies Financing by Subsequent Offerings of Shares(unit)				
	A股 A-shares				B股 B-shares
	增发公司家数 Number of Companies Financing by Following on Offering	配股公司家数 Number of Companies Financing by Rights Issues	行权筹资家数 Number of Companies Financing by Warrant Exercise	优先股家数 Number of Companies Financing by Preference Stock	
1992	0	0	--	--	0
1993	0	53	--	--	1
1994	1	51	--	--	1
1995	0	78	--	--	1
1996	0	40	--	--	1
1997	0	93	--	--	3
1998	7	160	--	--	0
1999	6	116	--	--	1
2000	16	161	--	--	0
2001	22	126	--	--	0
2002	28	22	--	--	0
2003	17	25	--	--	1
2004	11	23	--	--	2
2005	5	2	--	--	0
2006	56	2	--	--	0
2007	157	7	--	--	0
2008	135	9	2	--	0
2009	131	10	8	--	0
2010	160	18	7	--	0
2011	188	15	1	--	0
2012	155	7	0	--	0
2013	360	13	0	0	0
2014	528	13	0	5	0
2015	756	5	0	11	0
2016	827	11	0	8	0
2017	761	7	0	1	0
2018	633	15	0	7	0
2019	489	9	0	6	0
2020	589	18	0	6	0
2021	928	7	0	0	0
2022	913	9	0	0	0

注：1.再筹资包含公开增发、定向增发、配股、权证和优先股筹资。其中权证筹资仅指期权行权筹资(不包括可转债转股)，为2008年之后开展的业务；优先股为2014年之后开展的业务。再筹资以上市日口径统计。
2.同年以多种方式或者多次进行再筹资的，A股公司分别计入当年相应筹资家数和金额；B股公司的筹资家数计为1，筹资金额为合计数。

数据来源：上海证券交易所、深圳证券交易所
Source:SSE、SZSE

2-14 续表 continued

年份 Year	再筹资金额(亿元) Proceeds Raised by Subsequent Offerings of Shares (100 million yuan)				
	A股 A-shares				B股 B-shares
	增发筹资金额 Proceeds Raised by Following on Offering	配股筹资金额 Proceeds Raised by Rights Issues	行权筹资金额 Proceeds Raised by Warrant Exercise	优先股 Proceeds Raised by Overview Preference Stock	
1992	0.00	0.00	--	--	0.00
1993	0.00	60.10	--	--	0.09
1994	7.68	51.36	--	--	0.15
1995	0.00	56.25	--	--	1.16
1996	0.00	64.64	--	--	2.07
1997	0.00	205.68	--	--	2.74
1998	30.46	344.76	--	--	0.00
1999	59.75	318.98	--	--	0.20
2000	143.73	509.53	--	--	0.00
2001	193.48	430.64	--	--	0.00
2002	164.68	56.61	--	--	0.00
2003	116.13	76.52	--	--	0.43
2004	159.73	104.77	--	--	24.98
2005	278.78	2.62	--	--	0.00
2006	1028.48	4.32	--	--	0.00
2007	2816.24	227.68	--	--	0.00
2008	2095.68	151.57	30.76	--	0.00
2009	2818.99	105.97	30.40	--	0.00
2010	3394.71	1438.22	84.28	--	0.00
2011	3878.54	421.96	29.49	--	0.00
2012	3387.07	121.00	0.00	--	0.00
2013	3655.74	475.73	0.00	0.00	0.00
2014	6661.41	137.97	0.00	1030.00	0.00
2015	12741.29	36.44	0.00	2007.50	0.00
2016	16879.80	298.51	0.00	1623.00	0.00
2017	12870.94	162.96	0.00	200.00	0.00
2018	8421.66	228.32	0.00	1349.76	0.00
2019	7365.13	133.88	0.00	2550.00	0.00
2020	8778.99	512.97	0.00	187.35	0.00
2021	9555.32	493.35	0.00	0.00	0.00
2022	7856.06	615.26	0.00	0.00	0.00

2-15 2022年沪深股票市场分辖区再筹资情况
Statistics for SSE & SZSE Stock Market Refinancing by Jurisdiction in 2022

辖区	Jurisdiction	再筹资公司家数(家) Number of Listed Companies Financing by Subsequent Offerings of Shares(unit)			
		增发公司家数 Number of Companies Financing by Following on Offering	配股公司家数 Number of Companies Financing by Rights Issues	行权筹资家数 Number of Companies Financing by Warrant Exercise	优先股家数 Number of Companies Financing by Preference Stock
北京	Beijing	89	3	0	0
天津	Tianjin	9	0	0	0
河北	Hebei	11	0	0	0
山西	Shanxi	6	0	0	0
内蒙古	Inner Mongolia	1	0	0	0
辽宁	Liaoning	10	0	0	0
吉林	Jilin	7	0	0	0
黑龙江	Heilongjiang	5	0	0	0
上海	Shanghai	89	1	0	0
江苏	Jiangsu	119	0	0	0
浙江	Zhejiang	95	2	0	0
安徽	Anhui	26	0	0	0
福建	Fujian	13	1	0	0
江西	Jiangxi	12	0	0	0
山东	Shandong	42	0	0	0
河南	Henan	18	0	0	0
湖北	Hubei	22	0	0	0
湖南	Hunan	31	0	0	0
广东	Guangdong	75	0	0	0
广西	Guangxi	4	0	0	0
海南	Hainan	4	0	0	0
重庆	Chongqing	8	0	0	0
四川	Sichuan	30	0	0	0
贵州	Guizhou	8	0	0	0
云南	Yunnan	7	0	0	0
西藏	Tibet	2	0	0	0
陕西	Shaanxi	13	0	0	0
甘肃	Gansu	1	0	0	0
青海	Qinghai	0	0	0	0
宁夏	Ningxia	2	0	0	0
新疆	Xinjiang	11	0	0	0
深圳	Shenzhen	84	1	0	0
大连	Dalian	3	0	0	0
宁波	Ningbo	24	0	0	0
厦门	Xiamen	23	0	0	0
青岛	Qingdao	7	1	0	0
其他	Others	2	0	0	0

注：1.再筹资包含公开增发、定向增发、配股、权证和优先股筹资。其中权证筹资仅指期权行权筹资(不包括可转债转股)，为2008年之后开展的业务；优先股为2014年之后开展的业务。再筹资以上市日口径统计。

2.同年以多种方式或者多次进行再筹资的，分别计入当年相应筹资家数和金额。

数据来源：上海证券交易所、深圳证券交易所

Source:SSE、SZSE

2-15 续表 continued

辖区	Jurisdiction	再筹资金额(亿元) Proceeds Raised by Subsequent Offerings of Shares (100 million yuan)			
		增发筹资金额 Proceeds Raised by Following on Offering	配股筹资金额 Proceeds Raised by Rights Issues	行权筹资金额 Proceeds Raised by Warrant Exercise	优先股 Proceeds Raised by Overview Preference Stock
北京	Beijing	692.54	51.84	0	0
天津	Tianjin	47.37	0.00	0	0
河北	Hebei	217.14	0.00	0	0
山西	Shanxi	11.86	0.00	0	0
内蒙古	Inner Mongolia	21.38	0.00	0	0
辽宁	Liaoning	42.70	0.00	0	0
吉林	Jilin	45.72	0.00	0	0
黑龙江	Heilongjiang	120.56	0.00	0	0
上海	Shanghai	939.28	127.15	0	0
江苏	Jiangsu	985.20	0.00	0	0
浙江	Zhejiang	399.11	86.46	0	0
安徽	Anhui	82.79	0.00	0	0
福建	Fujian	481.90	100.84	0	0
江西	Jiangxi	72.09	0.00	0	0
山东	Shandong	183.24	0.00	0	0
河南	Henan	203.05	0.00	0	0
湖北	Hubei	135.66	0.00	0	0
湖南	Hunan	223.97	0.00	0	0
广东	Guangdong	741.52	0.00	0	0
广西	Guangxi	90.04	0.00	0	0
海南	Hainan	123.46	0.00	0	0
重庆	Chongqing	135.77	0.00	0	0
四川	Sichuan	247.94	0.00	0	0
贵州	Guizhou	112.07	0.00	0	0
云南	Yunnan	269.56	0.00	0	0
西藏	Tibet	0.17	0.00	0	0
陕西	Shaanxi	74.68	0.00	0	0
甘肃	Gansu	3.08	0.00	0	0
青海	Qinghai	0.00	0.00	0	0
宁夏	Ningxia	0.43	0.00	0	0
新疆	Xinjiang	204.82	0.00	0	0
深圳	Shenzhen	464.12	223.96	0	0
大连	Dalian	7.96	0.00	0	0
宁波	Ningbo	278.32	0.00	0	0
厦门	Xiamen	177.67	0.00	0	0
青岛	Qingdao	14.84	25.02	0	0
其他	Others	4.06	0.00	0	0

2-16 股票市场优先股情况
Overview of Preference Stock in Stock Market

年份 Year	A股 A-Shares				
	证券代码 Stock Code	证券简称 Stock Abbreviation	上市日 Offering Day	优先股股本合计（万股） Share Capital of Preference Stock (10 thousand shares)	优先股筹资金额（亿元） Proceeds Raised (100 million yuan)
2014	360001.SH	农行优1	2014-11-28	40000.00	400.00
	360002.SH	中行优1	2014-12-08	32000.00	320.00
	360003.SH	浦发优1	2014-12-18	15000.00	150.00
	360005.SH	兴业优1	2014-12-19	13000.00	130.00
	360006.SH	康美优1	2014-12-30	3000.00	30.00
2015	360007.SH	中建优1	2015-03-20	15000.00	150.00
	360008.SH	浦发优2	2015-03-26	15000.00	150.00
	360009.SH	农行优2	2015-03-27	40000.00	400.00
	360010.SH	中行优2	2015-03-31	28000.00	280.00
	360012.SH	兴业优2	2015-07-17	13000.00	130.00
	360013.SH	光大优1	2015-07-21	20000.00	200.00
	360014.SH	中原优1	2015-08-10	3400.00	34.00
	360015.SH	中交优1	2015-09-22	9000.00	90.00
	360016.SH	电建优1	2015-10-26	2000.00	20.00
	360017.SH	中交优2	2015-11-06	5500.00	55.00
	360011.SH	工行优1	2015-12-11	45000.00	450.00
	140001.SZ	宁行优01	2015-12-09	4850.00	48.50
2016	360018.SH	北银优1	2016-01-04	4900.00	49.00
	360019.SH	南银优1	2016-01-11	4900.00	49.00
	360020.SH	华夏优1	2016-04-20	20000.00	200.00
	360023.SH	北银优2	2016-08-26	13000.00	130.00
	360022.SH	光大优2	2016-08-26	10000.00	100.00
	360024.SH	南银优2	2016-09-26	5000.00	50.00
	360021.SH	交行优1	2016-09-29	45000.00	450.00
	360025.SH	中信优1	2016-11-21	35000.00	350.00
	140002.SZ	平银优01	2016-03-25	20000.00	200.00
	140003.SZ	晨鸣优01	2016-04-08	2250.00	22.50
	140004.SZ	晨鸣优02	2016-09-12	1000.00	10.00
	140005.SZ	晨鸣优03	2016-10-24	1250.00	12.50
2017	360026.SH	苏银优1	2017-12-21	20000.00	200.00
2018	360027.SH	杭银优1	2018-01-04	10000.00	100.00
	360028.SH	招银优1	2018-01-12	27500.00	275.00
	360029.SH	上银优1	2018-01-12	20000.00	200.00
	360030.SH	建行优1	2018-01-15	60000.00	600.00
	360031.SH	贵银优1	2018-12-12	5000.00	50.00
	140006.SZ	牧原优01	2018-02-06	2475.93	24.76
	140007.SZ	宁行优02	2018-11-28	10000.00	100.00
2019	360032.SH	兴业优3	2019-04-26	30000.00	300.00
	360033.SH	中行优3	2019-07-17	73000.00	730.00
	360034.SH	光大优3	2019-08-05	35000.00	350.00
	360035.SH	中行优4	2019-09-17	27000.00	270.00
	360036.SH	工行优2	2019-10-16	70000.00	700.00
	360037.SH	民生优1	2019-11-08	20000.00	200.00
2020	360038.SH	长银优1	2020-01-21	6000.00	60.00
	360039.SH	九州优1	2020-08-21	1200.00	12.00
	360040.SH	阳煤优1	2020-09-16	1000.00	10.00
	360041.SH	九州优2	2020-11-26	800.00	8.00
	360042.SH	五矿优1	2020-11-30	5000.00	50.00
	360043.SH	五矿优2	2020-12-29	3000.00	30.00
	140008.SZ	铁汉优01	2020-02-26	935.00	9.35
	140009.SZ	蒙草优01	2020-02-26	800.00	8.00

注：2021、2022年未发行优先股。
数据来源：上海证券交易所、深圳证券交易所

2-17 沪深股票市场分板块交易情况

Statistics for SSE & SZSE Stock Market Transaction by Board

年份 Year	交易天数 (天) Number of Trading Days (day)	成交量(亿股) Trading Volume(100 million shares)				
		主板 Main Board	中小板 SME Board	创业板 ChiNext Board	科创板 STAR Market	合计 Total
1992	257	36.90	--	--	--	36.90
1993	259	226.56	--	--	--	226.56
1994	252	1013.34	--	--	--	1013.34
1995	253	705.31	--	--	--	705.31
1996	247	2533.14	--	--	--	2533.14
1997	243	2560.02	--	--	--	2560.02
1998	246	2154.11	--	--	--	2154.11
1999	239	2932.90	--	--	--	2932.90
2000	239	4759.45	--	--	--	4759.45
2001	240	3155.93	--	--	--	3155.93
2002	237	3017.14	--	--	--	3017.14
2003	241	4163.08	--	--	--	4163.08
2004	243	5768.57	59.16	--	--	5827.73
2005	242	6493.43	130.30	--	--	6623.73
2006	241	15848.45	296.78	--	--	16145.23
2007	242	35588.19	815.56	--	--	36403.76
2008	246	22942.14	1189.26	--	--	24131.39
2009	244	47784.81	3283.65	38.55	--	51107.00
2010	242	37696.10	4055.35	400.53	--	42151.98
2011	244	29465.14	3729.74	761.69	--	33956.57
2012	243	26306.55	5075.85	1478.14	--	32860.54
2013	238	37090.93	8245.92	3035.84	--	48372.68
2014	245	58405.71	11313.55	4035.30	--	73754.56
2015	244	135690.64	25409.95	9938.88	--	171039.47
2016	244	64602.50	20578.13	9509.90	--	94690.53
2017	244	61541.52	17409.44	8829.88	--	87780.84
2018	243	52108.58	18286.37	11642.30	--	82037.25
2019	244	75338.20	31971.44	19009.23	305.42	126624.28
2020	243	93785.58	42243.89	30218.85	1203.53	167451.86
2021	243	156415.35	--	29060.09	1950.55	187426.00
2022	242	156772.93	--	26371.03	2581.43	185725.38

数据来源：上海证券交易所、深圳证券交易所
Source:SSE、SZSE

2-17 续表 1 continued

年份 Year	日均成交量(亿股) Average Daily Volume (100 million shares)	成交金额(亿元) Trading Turnover(100 million yuan)				
		主板 Main Board	中小板 SME Board	创业板 ChiNext Board	科创板 STAR Market	合计 Total
1992	0.14	683.04	--	--	--	683.04
1993	0.87	3627.20	--	--	--	3627.21
1994	4.02	8127.63	--	--	--	8127.63
1995	2.79	4036.45	--	--	--	4036.45
1996	10.26	21332.17	--	--	--	21332.18
1997	10.54	30721.83	--	--	--	30721.83
1998	8.76	23527.31	--	--	--	23544.25
1999	12.27	31319.60	--	--	--	31322.37
2000	19.91	60826.65	--	--	--	60835.19
2001	13.15	38305.18	--	--	--	38325.39
2002	12.73	27990.46	--	--	--	27993.91
2003	17.27	32115.27	--	--	--	32115.27
2004	23.98	41511.32	822.63	--	--	42333.95
2005	27.37	30460.85	1203.92	--	--	31664.78
2006	66.99	87397.34	3071.55	--	--	90468.89
2007	150.43	444382.56	16173.66	--	--	460556.22
2008	98.10	250475.38	16637.28	--	--	267112.66
2009	209.45	485885.13	48273.52	1828.11	--	535986.76
2010	174.18	444083.25	85832.43	15717.87	--	545633.54
2011	139.17	333739.00	69026.46	18879.12	--	421644.58
2012	135.23	229387.19	61891.45	23304.63	--	314583.27
2013	203.25	317322.27	100224.40	51181.94	--	468728.61
2014	301.04	513705.37	152166.57	78041.34	--	743912.98
2015	700.98	1767632.33	497556.18	285352.81	--	2550541.31
2016	388.08	712848.18	344164.94	216831.62	--	1273844.74
2017	359.76	699223.72	259879.80	165521.59	--	1124625.11
2018	337.60	539251.39	203625.83	158862.19	--	901739.41
2019	518.95	718584.29	310656.51	231604.19	13313.81	1274158.80
2020	689.10	1033503.65	501795.70	466722.99	66230.17	2068252.52
2021	771.30	1931009.04	--	543303.17	105421.90	2579734.12
2022	767.46	1674444.20	--	450781.28	119869.24	2245094.72

2-17　续表 2　continued

年份 Year	日均成交金额 (亿元) Average Daily Turnover (100 million yuan)	市值换手率(%) Turnover Ratio of Market Capitalization(%)			
		主板 Main Board	中小板 SME Board	创业板 ChiNext Board	科创板 STAR Market
1992	2.66	--	--	--	--
1993	14.00	--	--	--	--
1994	32.25	--	--	--	--
1995	15.95	--	--	--	--
1996	86.37	--	--	--	--
1997	126.43	--	--	--	--
1998	95.71	--	--	--	--
1999	131.06	--	--	--	--
2000	254.54	491.19	--	--	--
2001	159.69	227.07	--	--	--
2002	118.12	195.86	--	--	--
2003	133.26	237.04	--	--	--
2004	174.21	298.15	862.32	--	--
2005	130.85	287.77	811.53	--	--
2006	375.39	540.03	918.62	--	--
2007	1903.12	815.84	875.60	--	--
2008	1085.82	394.80	549.73	--	--
2009	2196.67	558.47	1030.48	723.60	--
2010	2254.68	302.98	789.10	1739.37	--
2011	1728.05	187.22	410.88	750.91	--
2012	1294.58	147.19	394.46	792.21	--
2013	1969.45	191.74	467.71	855.08	--
2014	3036.38	363.19	478.76	685.04	--
2015	10453.04	533.73	813.95	1068.84	--
2016	5220.68	254.45	567.69	760.10	--
2017	4609.12	215.32	417.91	590.07	--
2018	3710.86	167.04	351.20	574.12	--
2019	5221.96	210.69	470.37	690.32	1531.29
2020	8511.33	262.89	556.98	822.03	1741.39
2021	10616.19	320.37	--	655.12	671.60
2022	9277.26	300.90	--	543.15	529.44

2–18 沪深股票市场分股份类型交易情况

Statistics for SSE & SZSE Stock Market Transaction by Type of Shares

年份 Year	成交量(亿股) Trading Volume (100 million shares)		成交金额(亿元) Trading Turnover (100 million yuan)		市值换手率(%) Turnover Ratio of Market Capitalization (%)	
	A股 A-shares	B股 B-shares	A股 A-shares	B股 B-shares	A股 A-shares	B股 B-shares
1992	32.88	4.02	651.81	31.23	--	--
1993	209.17	17.40	3522.55	104.65	--	--
1994	988.02	25.32	8003.08	124.55	--	--
1995	681.07	24.24	3958.58	77.86	--	--
1996	2464.93	68.22	21052.29	279.87	--	--
1997	2471.30	88.72	30295.21	426.62	--	--
1998	2092.50	61.60	23417.72	126.52	--	--
1999	2810.26	122.64	31052.33	270.04	--	--
2000	4559.06	200.40	60287.20	547.97	501.50	133.27
2001	2466.14	689.79	33260.08	5063.13	211.54	438.72
2002	2860.21	156.94	27145.06	848.41	203.38	88.87
2003	3992.28	170.80	31269.96	845.30	131.25	40.94
2004	5672.91	154.83	41576.19	757.76	321.58	139.88
2005	6470.87	152.86	31099.38	565.40	309.87	79.86
2006	15808.62	336.61	89217.11	1251.78	572.37	135.48
2007	35683.93	719.82	454771.30	5784.93	840.22	264.98
2008	23912.78	218.62	265890.43	1222.23	409.26	85.70
2009	50648.91	458.09	533889.40	2097.37	589.30	153.54
2010	41806.42	345.56	543465.92	2167.63	347.12	114.48
2011	33748.72	207.85	420339.19	1305.40	215.62	67.23
2012	32681.93	178.61	313715.14	868.13	181.65	56.37
2013	47953.66	263.89	466632.02	1439.32	244.30	86.88
2014	73188.22	194.87	741378.07	1007.19	315.85	130.72
2015	170541.00	498.48	2546837.74	3703.57	612.68	167.69
2016	94480.50	210.03	1272358.71	1486.02	346.84	77.95
2017	87628.57	152.27	1123647.88	977.23	265.86	56.17
2018	81926.96	110.30	901103.16	636.24	217.50	40.70
2019	126508.50	115.79	1273572.03	586.78	288.90	41.00
2020	167323.96	127.90	2067631.86	620.66	379.33	50.76
2021	187279.61	146.39	2579050.24	683.88	322.94	52.47
2022	185588.28	137.10	2244411.77	682.96	338.95	53.80

数据来源：上海证券交易所、深圳证券交易所
Source:SSE、SZSE

2-19 上海证券交易所股票市场交易情况
Statistics of Stock Market Transaction of Shanghai Stock Exchange

年份 Year	成交量(亿股) Trading Volume(100 million shares)			日均成交量(亿股) Average Daily Volume (100 million shares)
	A股 A-shares	B股 B-shares	合计 Total	
1992	15.21	2.56	17.78	0.07
1993	133.68	13.74	147.42	0.57
1994	634.33	22.43	656.76	2.61
1995	494.50	19.33	513.83	2.05
1996	1074.00	27.88	1101.88	4.46
1997	1166.01	49.67	1215.68	5.00
1998	1085.42	42.54	1127.95	4.59
1999	1488.25	72.13	1560.38	6.53
2000	2310.88	126.78	2437.65	10.20
2001	1429.69	390.26	1819.95	7.58
2002	1693.53	87.56	1781.10	7.52
2003	2632.63	60.09	2692.73	11.17
2004	3550.88	56.86	3607.74	14.85
2005	3926.89	59.70	3986.59	16.47
2006	10124.28	159.66	10283.93	42.67
2007	23931.39	393.99	24325.38	100.52
2008	16207.24	104.36	16311.60	66.31
2009	33476.72	202.92	33679.64	138.03
2010	25812.40	152.03	25964.43	107.29
2011	21078.72	114.19	21192.91	86.86
2012	18850.54	77.89	18928.43	77.90
2013	26432.16	131.57	26563.73	111.61
2014	42471.35	96.01	42567.36	173.74
2015	101396.17	305.51	101701.68	413.42
2016	44751.80	131.92	44883.72	183.95
2017	43719.05	80.26	43799.31	179.51
2018	37173.54	61.12	37234.65	153.23
2019	53726.50	65.65	53792.15	220.46
2020	68289.34	71.55	68360.89	281.32
2021	86216.83	78.72	86295.55	355.13
2022	80374.70	83.09	80457.78	332.47

数据来源：上海证券交易所
Source:SSE

2-19 续表 continued

年份 Year	成交金额(亿元) Trading Turnover (100 million yuan)			日均成交金额(亿元)	市值换手率(%) Turnover Ratio of Market Capitalization(%)		
	A股 A-shares	B股 B-shares	合计 Total	Average Daily Turnover (100 million yuan)	A股 A-shares	B股 B-shares	合计 Total
1992	234.37	14.60	248.96	0.97	--	--	--
1993	2261.68	78.86	2340.54	9.11	--	--	--
1994	5626.73	108.35	5735.07	22.76	--	--	--
1995	3042.63	60.83	3103.46	12.36	--	--	--
1996	9020.24	94.57	9114.82	36.90	--	--	--
1997	13550.24	212.93	13763.17	56.64	--	--	--
1998	12304.23	81.88	12386.11	50.35	--	--	--
1999	16826.20	139.59	16965.79	70.99	--	--	--
2000	31029.69	344.17	31373.86	131.27	509.34	145.34	498.80
2001	19876.84	2832.54	22709.38	94.62	228.79	447.12	243.60
2002	16441.71	517.38	16959.09	71.56	210.38	92.84	202.68
2003	20541.25	282.89	20824.14	86.41	262.82	63.31	252.07
2004	26229.30	241.30	26470.60	108.93	316.44	60.18	304.69
2005	19061.49	178.72	19240.21	79.51	292.40	65.93	283.49
2006	57245.11	571.49	57816.60	239.90	559.07	151.79	544.39
2007	301960.29	3473.99	305434.29	1262.13	830.76	333.62	817.72
2008	179762.44	667.51	180429.95	733.46	388.58	94.58	384.11
2009	345443.26	1068.65	346511.91	1420.13	526.69	165.31	523.12
2010	303215.93	1096.08	304312.01	1257.49	260.25	125.57	259.25
2011	236809.12	746.19	237555.30	973.59	164.28	80.88	163.75
2012	164047.38	413.48	164460.86	676.79	128.60	56.51	128.26
2013	228918.82	689.69	229608.51	964.74	169.72	84.70	169.22
2014	375149.95	480.70	375630.66	1533.19	235.59	63.46	234.76
2015	1323231.16	2359.28	1325590.45	5388.58	490.77	203.38	489.60
2016	496880.34	984.49	497864.83	2040.42	222.73	92.51	222.12
2017	507214.81	555.30	507770.10	2081.03	180.91	55.67	180.47
2018	401575.27	389.75	401965.02	1654.18	151.27	43.93	150.91
2019	543463.81	380.21	543844.01	2228.87	193.90	43.98	193.44
2020	839470.30	390.56	839860.86	3456.22	258.95	54.79	258.50
2021	1139595.19	411.27	1140006.46	4691.38	281.11	56.59	280.71
2022	962081.15	475.12	962556.27	3977.51	240.18	62.42	239.84

2-20 深圳证券交易所股票市场交易情况
Statistics of Stock Market Transaction of Shenzhen Stock Exchange

年份 Year	成交量(亿股) Trading Volume(100 million shares)			日均成交量 (亿股) Average Daily Volume (100 million shares)
	A股 A-shares	B股 B-shares	合计 Total	
1992	17.66	1.46	19.12	0.07
1993	75.49	3.66	79.15	0.32
1994	353.70	2.88	356.58	1.42
1995	186.57	4.91	191.48	0.79
1996	1390.93	40.33	1431.26	5.80
1997	1305.29	39.05	1344.34	5.53
1998	1007.08	19.07	1026.15	4.17
1999	1322.01	50.51	1372.52	5.74
2000	2248.18	73.62	2321.80	9.72
2001	1036.45	299.53	1335.97	5.57
2002	1166.68	69.37	1236.05	5.22
2003	1359.65	110.71	1470.36	6.10
2004	2122.03	97.96	2219.99	9.14
2005	2543.98	93.16	2637.14	10.90
2006	5684.34	176.95	5861.29	24.32
2007	11752.53	325.84	12078.37	49.91
2008	7705.54	114.26	7819.79	31.79
2009	17172.19	255.17	17427.36	71.42
2010	15994.02	193.52	16187.55	66.89
2011	12670.00	93.66	12763.66	52.31
2012	13831.39	100.72	13932.12	57.33
2013	21521.50	132.32	21653.82	90.98
2014	30716.87	98.86	30815.73	125.78
2015	69144.83	192.97	69337.80	281.86
2016	49728.70	78.11	49806.81	204.13
2017	43909.52	72.01	43981.53	180.25
2018	44753.42	49.18	44802.60	184.37
2019	72782.00	50.14	72832.14	298.49
2020	99034.62	56.35	99090.97	407.78
2021	101062.78	67.67	101130.45	416.17
2022	105213.58	54.01	105267.60	434.99

数据来源：深圳证券交易所
Source:SZSE

2-20 续表 continued

年份 Year	成交金额(亿元) Trading Turnover(100 million yuan)			日均成交金额(亿元) Average Daily Turnover (100 million yuan)	市值换手率(%) Turnover Ratio of Market Capitalization(%)		
	A股 A-shares	B股 B-shares	合计 Total		A股 A-shares	B股 B-shares	合计 Total
1992	417.44	16.63	434.08	1.69	351.80	130.91	329.78
1993	1260.87	25.80	1286.67	5.13	494.01	86.80	459.54
1994	2376.35	16.20	2392.56	9.49	650.12	35.08	579.90
1995	915.96	17.04	932.99	3.82	268.10	37.28	241.55
1996	12032.05	185.30	12217.36	49.46	1295.32	139.26	1173.86
1997	16744.97	213.69	16958.66	69.79	813.95	99.88	746.40
1998	11113.50	44.65	11158.14	45.36	395.92	34.10	379.34
1999	14226.13	130.46	14356.58	60.07	398.52	86.63	386.79
2000	29257.50	203.83	29461.33	123.27	493.22	115.23	483.10
2001	13383.24	2232.77	15616.02	65.07	190.00	422.05	206.30
2002	10703.35	331.47	11034.82	46.56	193.41	83.13	186.14
2003	10728.72	562.41	11291.13	46.85	218.75	138.17	213.29
2004	15346.89	516.46	15863.35	65.28	319.76	110.57	301.36
2005	12037.89	386.68	12424.57	51.34	342.37	88.95	315.18
2006	31972.00	680.29	32652.29	135.49	596.64	124.10	552.01
2007	152811.01	2310.94	155121.94	641.00	859.48	203.27	818.67
2008	86127.99	554.72	86682.71	352.37	461.50	77.15	447.24
2009	188446.14	1028.72	189474.86	776.54	764.97	142.56	747.76
2010	240249.99	1071.55	241321.53	997.20	599.48	104.82	587.29
2011	183530.07	559.21	184089.28	754.46	359.38	55.06	353.48
2012	149667.76	454.65	150122.41	617.79	330.67	56.21	325.84
2013	237713.21	749.11	238462.31	1001.94	431.07	84.13	425.62
2014	366228.12	523.69	366751.81	1496.95	480.79	634.60	476.32
2015	1223606.58	1344.29	1224950.86	4979.48	829.30	163.77	852.02
2016	775478.37	501.53	775979.90	3180.25	508.36	59.00	505.87
2017	616433.07	421.94	616855.01	2528.09	414.78	53.82	412.88
2018	499527.90	246.49	499774.39	2056.68	358.41	37.92	356.93
2019	730108.22	206.57	730314.79	2993.09	457.61	37.13	456.16
2020	1228161.56	230.10	1228391.66	5055.11	557.02	47.80	555.88
2021	1439455.05	272.61	1439727.66	5924.81	506.94	50.41	506.08
2022	1282330.62	207.84	1282538.45	5299.75	471.16	40.24	470.35

2-21 沪深股票分行业成交情况
Statistics for SSE & SZSE Stock Transaction by Industry

行业 Industry	成交量(百万股) Trading Volume(million shares)		成交金额(百万元) Trading Turnover(million yuan)	
	2021	2022	2021	2022
农、林、牧、渔业 Agriculture, Forestry, Animal Husbandry and Fishery	213015.69	244965.07	2572560.22	2683094.72
采矿业 Mining	940931.07	825027.39	8418106.06	7973084.33
制造业 Manufacturing	10873851.14	9568820.47	179245892.63	146816751.40
电力、热力、燃气及水的生产和供应业 Production and Supply of Electricity, Gas and Water	1102231.71	886616.57	7485064.32	5658064.64
建筑业 Construction	592734.31	839888.40	3624267.23	5327597.08
批发和零售业 Wholesale and Retail Trades	504681.70	733847.58	4715116.06	6155246.34
交通运输、仓储和邮政业 Transport, Storage and Post	465592.46	589465.32	4145921.81	4371290.36
住宿和餐饮业 Hotels and Catering Services	15819.15	39004.94	222537.04	426021.03
信息传输、软件和信息技术服务业 Information Transmission, Computer Services and Software	1217968.49	1378527.35	15367338.51	15914678.24
金融业 Financial Intermediation	1374137.15	1229674.78	16461628.63	11386517.99
房地产业 Real Estate	538148.09	1071805.55	3909689.83	5912855.85
租赁和商务服务业 Leasing and Business Services	249336.42	333767.44	2603292.07	2801091.27
科学研究和技术服务业 Scientific Research, Technical Service	117259.97	141627.27	3176363.02	3085614.41
水利、环境和公共设施管理业 Management of Water Conservancy, Environment and Public Facilities	190620.99	221378.17	1697943.05	1825249.32
居民服务、修理和其他服务业 Resident Services, Repairs and Other Services	667.09	538.04	6890.30	6859.73
教育 Education	28869.29	56604.71	338248.60	362578.27
卫生和社会工作业 Health and Social Works	65985.61	63063.57	1739598.72	1085079.04
文化、体育和娱乐业 Culture, Sports and Entertainment	187747.93	283604.19	1589133.67	2137166.98
综合 Others	63001.29	64311.19	653819.81	580631.94

数据来源：上海证券交易所、深圳证券交易所
Source:SSE、SZSE

2-22 沪深股票按监管辖区成交情况
Statistics for SSE & SZSE Stock Transaction by Regulatory Jurisdiction

辖区	Jurisdiction	成交量(百万股) Trading Volume(million shares)		成交金额(百万元) Trading Turnover(million yuan)	
		2021	2022	2021	2022
北京	Beijing	2668739.66	2523824.68	28256850.21	24927088.31
天津	Tianjin	254861.22	323530.97	3791586.63	4251651.23
河北	Hebei	362375.48	334587.15	4089843.65	3646257.96
山西	Shanxi	413197.17	348208.42	3933838.98	3184179.82
内蒙古	InnerMongolia	578047.99	322578.16	4498813.22	2748839.51
辽宁	Liaoning	182153.44	194494.58	1765933.32	2002319.19
吉林	Jilin	228422.05	200344.61	2313489.45	1709720.01
黑龙江	Heilongjiang	145044.08	161935.23	1095578.91	1008545.55
上海	Shanghai	1183796.88	1218784.17	17922360.45	15627819.01
江苏	Jiangsu	1665142.68	1752078.85	24504993.05	23345763.99
浙江	Zhejiang	1324356.69	1400019.35	20946059.10	18981619.61
安徽	Anhui	590040.24	585794.63	8374416.85	7085144.01
福建	Fujian	449582.11	519659.20	7232323.62	6429233.26
江西	Jiangxi	258964.29	262828.02	4799930.62	4044438.16
山东	Shandong	835692.76	807763.15	11501020.09	9269419.41
河南	Henan	519374.76	401704.96	6111735.11	4818197.05
湖北	Hubei	424938.83	462768.30	6177320.76	5533986.53
湖南	Hunan	507579.83	506313.97	6927139.23	5840283.12
广东	Guangdong	1343883.87	1332412.73	19036056.13	16279418.38
广西	Guangxi	118596.58	160130.23	801151.78	1026903.83
海南	Hainan	196955.14	189506.80	1410840.47	1345241.54
重庆	Chongqing	309617.99	317227.68	3903276.22	3594965.45
四川	Sichuan	654691.23	645635.98	12542447.36	10078496.79
贵州	Guizhou	90068.08	148242.53	3198727.17	3280876.17
云南	Yunnan	257169.33	232515.59	3783552.69	3149050.75
西藏	Tibet	71224.29	56565.18	1556773.40	1187278.88
陕西	Shaanxi	319242.17	308161.75	5719119.14	4136090.63
甘肃	Gansu	263741.37	242620.10	1868886.99	1544548.89
青海	Qinghai	73311.21	68980.10	1133321.08	1067222.98
宁夏	Ningxia	105211.94	90612.85	691936.11	700425.61
新疆	Xinjiang	375207.66	318378.84	3502803.72	3028680.88
深圳	Shenzhen	1285862.75	1302368.45	24028506.08	19180729.27
大连	Dalian	127340.88	190878.02	929326.69	1171619.90
宁波	Ningbo	250387.67	316505.10	4359046.67	4766194.47
厦门	Xiamen	159334.31	140204.85	2460355.56	1895861.47
青岛	Qingdao	134543.57	156884.13	1950593.14	1815007.85
其他	Others	13899.34	27488.69	853457.96	806353.48

注：上市公司辖区按公司注册地划分，以沪深交易所股东大会公告为准。
数据来源：上海证券交易所、深圳证券交易所
Source:SSE、SZSE

2-23 2022年沪深A股总市值前50只股票交易情况

排名 Ranking	股票代码 Stock Code	股票简称 Stock Abbreviation	股票市值（亿元） Market Capitalization of Shares (100 million yuan)	占比（%） Proportion (%)	流通市值（亿元） Negotiable Market Capitalization (100 million yuan)	成交量（亿股） Trading Volume (100 million shares)	成交金额（亿元） Trading Turnover (100 million yuan)
1	600519	贵州茅台	21694.54	2.76	21694.54	8.24	14475.98
2	601398	工商银行	11701.17	1.49	11701.17	518.05	2341.98
3	300750	宁德时代	9609.34	1.22	7800.38	37.45	17372.38
4	601288	农业银行	9290.01	1.18	8709.18	747.95	2198.41
5	601857	中国石油	8047.53	1.02	8047.53	395.23	2130.01
6	601628	中国人寿	7729.69	0.98	7729.69	31.28	927.48
7	600036	招商银行	7686.34	0.98	7686.34	176.07	6781.62
8	000858	五粮液	7013.68	0.89	7013.53	52.87	9096.30
9	601988	中国银行	6660.19	0.85	6660.19	330.74	1040.22
10	601318	中国平安	5091.35	0.65	5091.35	132.96	6109.56
11	600900	长江电力	4775.79	0.61	4775.79	107.76	2439.31
12	002594	比亚迪	4659.23	0.59	2993.10	42.41	11771.74
13	601088	中国神华	4554.82	0.58	4554.82	82.62	2398.05
14	601888	中国中免	4217.93	0.54	4217.93	29.60	5698.96
15	600028	中国石化	4166.32	0.53	4166.32	349.96	1502.92
16	300760	迈瑞医疗	3830.95	0.49	3830.95	10.69	3333.21
17	603288	海天味业	3688.53	0.47	3688.53	15.82	1292.50
18	601166	兴业银行	3654.19	0.46	3654.19	207.20	4001.99
19	000333	美的集团	3624.57	0.46	3550.18	74.74	4207.02
20	600809	山西汾酒	3477.09	0.44	3470.36	13.59	3731.78
21	601658	邮储银行	3350.78	0.43	520.88	337.82	1693.38
22	000568	泸州老窖	3301.17	0.42	3284.59	20.61	4284.94
23	002415	海康威视	3270.64	0.42	3182.12	113.73	3942.32
24	601728	中国电信	3252.69	0.41	820.84	203.19	824.34

注：1.按年末股票市值进行排名。

2.占比为个股市值占A股股票总市值的比重。

数据来源：上海证券交易所、深圳证券交易所

Source:SSE、SZSE

Statistics of Top 50 SSE & SZSE A-share Stock Transaction Ranked by Stock Market Capitalization in 2022

市盈率 (倍) P/E Ratio (times)	市净率 (倍) P/B Ratio (times)	涨跌幅 (%) Price Change Rate (%)	股本换手率 (%) Turnover Ratio of Share Capital (%)	交易所 Stock Exchange	板块 Board	辖区 Jurisdiction
41.35	11.45	-13.76	65.58	上海证券交易所	主板	贵州
4.44	0.47	-0.22	19.21	上海证券交易所	主板	北京
60.27	6.42	-32.99	185.73	深圳证券交易所	创业板	福建
4.22	0.42	6.57	24.99	上海证券交易所	主板	北京
9.87	0.72	7.14	24.41	上海证券交易所	主板	北京
20.60	2.19	26.15	15.02	上海证券交易所	主板	北京
7.84	1.09	-20.18	85.35	上海证券交易所	主板	深圳
30.00	6.54	-17.60	136.22	深圳证券交易所	主板	四川
4.30	0.42	11.18	15.69	上海证券交易所	主板	北京
8.45	1.06	-1.54	122.74	上海证券交易所	主板	深圳
18.18	2.64	-4.34	47.39	上海证券交易所	主板	北京
245.67	7.30	-4.13	364.15	深圳证券交易所	主板	深圳
10.92	1.46	32.72	50.10	上海证券交易所	主板	北京
46.30	15.09	-0.83	151.59	上海证券交易所	主板	北京
7.37	0.68	14.94	36.62	上海证券交易所	主板	北京
47.88	12.68	-16.05	88.13	深圳证券交易所	创业板	深圳
55.29	15.76	-16.00	35.02	上海证券交易所	主板	广东
4.42	0.53	-2.78	101.75	上海证券交易所	主板	福建
12.68	2.60	-27.59	109.17	深圳证券交易所	主板	广东
65.44	22.84	-9.24	111.66	上海证券交易所	主板	山西
5.60	0.54	-4.92	299.63	上海证券交易所	主板	北京
41.49	10.37	-10.33	140.73	深圳证券交易所	主板	四川
19.47	5.01	-31.82	124.09	深圳证券交易所	主板	浙江
14.77	0.89	4.45	259.69	上海证券交易所	主板	北京

2–23 续表

排名 Ranking	股票代码 Stock Code	股票简称 Stock Abbreviation	股票市值(亿元) Market Capitalization of Shares (100 million yuan)	占比(%) Proportion (%)	流通市值(亿元) Negotiable Market Capitalization (100 million yuan)	成交量(亿股) Trading Volume (100 million shares)	成交金额(亿元) Trading Turnover (100 million yuan)
25	601012	隆基绿能	3204.01	0.41	3202.47	169.63	10241.41
26	600309	万华化学	2908.98	0.37	2908.98	31.36	2752.84
27	002352	顺丰控股	2827.47	0.36	2796.31	48.27	2533.09
28	002714	牧原股份	2667.74	0.34	1755.54	83.14	4572.60
29	300059	东方财富	2563.55	0.33	2151.20	507.22	11556.47
30	000001	平安银行	2553.82	0.32	2553.77	277.82	3863.99
31	600276	恒瑞医药	2457.83	0.31	2457.83	112.64	4171.76
32	600030	中信证券	2429.11	0.31	2263.11	191.96	3985.33
33	002304	洋河股份	2418.72	0.31	2409.58	13.15	2057.72
34	601816	京沪高铁	2416.04	0.31	1344.57	150.84	726.62
35	300999	金龙鱼	2361.65	0.30	236.38	25.14	1229.21
36	601668	中国建筑	2277.04	0.29	2217.36	629.78	3430.87
37	002475	立讯精密	2257.94	0.29	2254.39	158.76	5473.85
38	300015	爱尔眼科	2229.75	0.28	1803.01	103.84	3300.04
39	002142	宁波银行	2142.87	0.27	2116.86	78.20	2545.79
40	600000	浦发银行	2136.84	0.27	2136.84	71.96	558.69
41	603259	药明康德	2077.86	0.26	2072.55	65.09	6068.10
42	601899	紫金矿业	2059.24	0.26	2049.47	567.66	5573.28
43	600887	伊利股份	1983.80	0.25	1955.48	105.84	3718.02
44	601328	交通银行	1860.49	0.24	1860.49	225.81	1087.27
45	601319	中国人保	1852.98	0.24	1852.98	132.13	647.30
46	300124	汇川技术	1848.25	0.23	1604.04	30.09	1890.19
47	601633	长城汽车	1827.13	0.23	1816.37	86.82	2902.39
48	601138	工业富联	1823.11	0.23	1817.23	59.06	581.52
49	000651	格力电器	1820.07	0.23	1807.38	115.11	3886.71
50	600048	保利发展	1811.13	0.23	1811.13	231.28	3783.09

continued

市盈率 (倍) P/E Ratio (times)	市净率 (倍) P/B Ratio (times)	涨跌幅 (%) Price Change Rate (%)	股本换手率 (%) Turnover Ratio of Share Capital (%)	交易所 Stock Exchange	板块 Board	辖区 Jurisdiction
35.26	6.75	-31.14	255.07	上海证券交易所	主板	陕西
11.80	4.25	-5.31	125.73	上海证券交易所	主板	山东
66.38	3.33	-15.90	102.34	深圳证券交易所	主板	深圳
38.64	4.72	-8.18	231.13	深圳证券交易所	主板	河南
29.97	4.04	-37.07	487.24	深圳证券交易所	创业板	上海
7.63	0.60	-18.71	143.16	深圳证券交易所	主板	深圳
54.25	7.02	-23.72	176.58	上海证券交易所	主板	江苏
12.77	1.41	-17.83	171.72	上海证券交易所	主板	深圳
32.22	5.13	-0.86	97.48	深圳证券交易所	主板	江苏
50.17	1.29	2.94	55.20	上海证券交易所	主板	北京
57.16	2.68	-30.66	463.24	深圳证券交易所	创业板	上海
4.43	0.66	13.74	154.27	上海证券交易所	主板	北京
31.81	5.33	-35.25	224.24	深圳证券交易所	主板	深圳
95.98	13.73	-4.26	207.57	深圳证券交易所	创业板	湖南
11.40	1.30	-13.94	119.89	深圳证券交易所	主板	宁波
4.03	0.32	-9.91	24.51	上海证券交易所	主板	上海
47.05	6.23	-31.35	254.90	上海证券交易所	主板	江苏
16.80	3.71	5.14	276.98	上海证券交易所	主板	福建
22.79	4.16	-23.29	172.02	上海证券交易所	主板	内蒙古
4.02	0.36	10.58	57.53	上海证券交易所	主板	上海
10.67	1.05	14.62	39.68	上海证券交易所	主板	北京
51.25	10.07	1.75	131.72	深圳证券交易所	创业板	深圳
38.60	4.18	-38.86	142.07	上海证券交易所	主板	河北
9.11	1.53	-18.89	29.87	上海证券交易所	主板	深圳
8.29	1.90	-4.30	200.36	深圳证券交易所	主板	广东
6.61	0.93	0.22	193.21	上海证券交易所	主板	广东

2-24 2022年沪深A股流通市值前50只股票交易情况

排名 Ranking	股票代码 Stock Code	股票简称 Stock Abbreviation	流通市值(亿元) Negotiable Market Capitalization (100 million yuan)	占比(%) Proportion (%)	股票市值(亿元) Market Capitalization of Shares (100 million yuan)	成交量 (亿股) Trading Volume (100 million shares)	成交金额 (亿元) Trading Turnover (100 million yuan)
1	600519	贵州茅台	21694.54	3.28	21694.54	8.24	14475.98
2	601398	工商银行	11701.17	1.77	11701.17	518.05	2341.98
3	601288	农业银行	8709.18	1.32	9290.01	747.95	2198.41
4	601857	中国石油	8047.53	1.22	8047.53	395.23	2130.01
5	300750	宁德时代	7800.38	1.18	9609.34	37.45	17372.38
6	601628	中国人寿	7729.69	1.17	7729.69	31.28	927.48
7	600036	招商银行	7686.34	1.16	7686.34	176.07	6781.62
8	000858	五粮液	7013.53	1.06	7013.68	52.87	9096.30
9	601988	中国银行	6660.19	1.01	6660.19	330.74	1040.22
10	601318	中国平安	5091.35	0.77	5091.35	132.96	6109.56
11	600900	长江电力	4775.79	0.72	4775.79	107.76	2439.31
12	601088	中国神华	4554.82	0.69	4554.82	82.62	2398.05
13	601888	中国中免	4217.93	0.64	4217.93	29.60	5698.96
14	600028	中国石化	4166.32	0.63	4166.32	349.96	1502.92
15	300760	迈瑞医疗	3830.95	0.58	3830.95	10.69	3333.21
16	603288	海天味业	3688.53	0.56	3688.53	15.82	1292.50
17	601166	兴业银行	3654.19	0.55	3654.19	207.20	4001.99
18	000333	美的集团	3550.18	0.54	3624.57	74.74	4207.02
19	600809	山西汾酒	3470.36	0.52	3477.09	13.59	3731.78
20	000568	泸州老窖	3284.59	0.50	3301.17	20.61	4284.94
21	601012	隆基绿能	3202.47	0.48	3204.01	169.63	10241.41
22	002415	海康威视	3182.12	0.48	3270.64	113.73	3942.32
23	002594	比亚迪	2993.10	0.45	4659.23	42.41	11771.74
24	600309	万华化学	2908.98	0.44	2908.98	31.36	2752.84

注：1.按年末股票流通市值进行排名。
2.占比为个股流通市值占A股股票总流通市值的比重。
数据来源：上海证券交易所、深圳证券交易所
Source:SSE、SZSE

Statistics of Top 50 SSE & SZSE A-share Stock Transaction Ranked by Stock Free Float Market Capitalization in 2022

市盈率 (倍) P/E Ratio (times)	市净率 (倍) P/B Ratio (times)	涨跌幅 (%) Price Change Rate (%)	股本换手率 (%) Turnover Ratio of Share Capital (%)	交易所 Stock Exchange	板块 Board	辖区 Jurisdiction
41.35	11.45	-13.76	65.58	上海证券交易所	主板	贵州
4.44	0.47	-0.22	19.21	上海证券交易所	主板	北京
4.22	0.42	6.57	24.99	上海证券交易所	主板	北京
9.87	0.72	7.14	24.41	上海证券交易所	主板	北京
60.27	6.42	-32.99	185.73	深圳证券交易所	创业板	福建
20.60	2.19	26.15	15.02	上海证券交易所	主板	北京
7.84	1.09	-20.18	85.35	上海证券交易所	主板	深圳
30.00	6.54	-17.60	136.22	深圳证券交易所	主板	四川
4.30	0.42	11.18	15.69	上海证券交易所	主板	北京
8.45	1.06	-1.54	122.74	上海证券交易所	主板	深圳
18.18	2.64	-4.34	47.39	上海证券交易所	主板	北京
10.92	1.46	32.72	50.10	上海证券交易所	主板	北京
46.30	15.09	-0.83	151.59	上海证券交易所	主板	北京
7.37	0.68	14.94	36.62	上海证券交易所	主板	北京
47.88	12.68	-16.05	88.13	深圳证券交易所	创业板	深圳
55.29	15.76	-16.00	35.02	上海证券交易所	主板	广东
4.42	0.53	-2.78	101.75	上海证券交易所	主板	福建
12.68	2.60	-27.59	109.17	深圳证券交易所	主板	广东
65.44	22.84	-9.24	111.66	上海证券交易所	主板	山西
41.49	10.37	-10.33	140.73	深圳证券交易所	主板	四川
35.26	6.75	-31.14	255.07	上海证券交易所	主板	陕西
19.47	5.01	-31.82	124.09	深圳证券交易所	主板	浙江
245.67	7.30	-4.13	364.15	深圳证券交易所	主板	深圳
11.80	4.25	-5.31	125.73	上海证券交易所	主板	山东

2-24 续表

排名 Ranking	股票代码 Stock Code	股票简称 Stock Abbreviation	流通市值(亿元) Negotiable Market Capitalization (100 million yuan)	占比(%) Proportion (%)	股票市值(亿元) Market Capitalization of Shares (100 million yuan)	成交量 (亿股) Trading Volume (100 million shares)	成交金额 (亿元) Trading Turnover (100 million yuan)
25	002352	顺丰控股	2796.31	0.42	2827.47	48.27	2533.09
26	000001	平安银行	2553.77	0.39	2553.82	277.82	3863.99
27	600276	恒瑞医药	2457.83	0.37	2457.83	112.64	4171.76
28	002304	洋河股份	2409.58	0.36	2418.72	13.15	2057.72
29	600030	中信证券	2263.11	0.34	2429.11	191.96	3985.33
30	002475	立讯精密	2254.39	0.34	2257.94	158.76	5473.85
31	601668	中国建筑	2217.36	0.33	2277.04	629.78	3430.87
32	300059	东方财富	2151.20	0.32	2563.55	507.22	11556.47
33	600000	浦发银行	2136.84	0.32	2136.84	71.96	558.69
34	002142	宁波银行	2116.86	0.32	2142.87	78.20	2545.79
35	603259	药明康德	2072.55	0.31	2077.86	65.09	6068.10
36	601899	紫金矿业	2049.47	0.31	2059.24	567.66	5573.28
37	600887	伊利股份	1955.48	0.30	1983.80	105.84	3718.02
38	601328	交通银行	1860.49	0.28	1860.49	225.81	1087.27
39	601319	中国人保	1852.98	0.28	1852.98	132.13	647.30
40	601138	工业富联	1817.23	0.27	1823.11	59.06	581.52
41	601633	长城汽车	1816.37	0.27	1827.13	86.82	2902.39
42	600048	保利发展	1811.13	0.27	1811.13	231.28	3783.09
43	000651	格力电器	1807.38	0.27	1820.07	115.11	3886.71
44	300015	爱尔眼科	1803.01	0.27	2229.75	103.84	3300.04
45	601225	陕西煤业	1801.33	0.27	1801.33	143.67	2638.78
46	000002	万科A	1768.43	0.27	1769.80	261.16	4800.94
47	002714	牧原股份	1755.54	0.27	2667.74	83.14	4572.60
48	600436	片仔癀	1740.33	0.26	1740.33	6.33	1948.51
49	600438	通威股份	1736.85	0.26	1736.85	143.15	6984.35
50	601998	中信银行	1695.82	0.26	1695.82	71.67	340.66

continued

市盈率（倍）P/E Ratio (times)	市净率（倍）P/B Ratio (times)	涨跌幅（%）Price Change Rate (%)	股本换手率（%）Turnover Ratio of Share Capital (%)	交易所 Stock Exchange	板块 Board	辖区 Jurisdiction
66.38	3.33	-15.90	102.34	深圳证券交易所	主板	深圳
7.63	0.60	-18.71	143.16	深圳证券交易所	主板	深圳
54.25	7.02	-23.72	176.58	上海证券交易所	主板	江苏
32.22	5.13	-0.86	97.48	深圳证券交易所	主板	江苏
12.77	1.41	-17.83	171.72	上海证券交易所	主板	深圳
31.81	5.33	-35.25	224.24	深圳证券交易所	主板	深圳
4.43	0.66	13.74	154.27	上海证券交易所	主板	北京
29.97	4.04	-37.07	487.24	深圳证券交易所	创业板	上海
4.03	0.32	-9.91	24.51	上海证券交易所	主板	上海
11.40	1.30	-13.94	119.89	深圳证券交易所	主板	宁波
47.05	6.23	-31.35	254.90	上海证券交易所	主板	江苏
16.80	3.71	5.14	276.98	上海证券交易所	主板	福建
22.79	4.16	-23.29	172.02	上海证券交易所	主板	内蒙古
4.02	0.36	10.58	57.53	上海证券交易所	主板	上海
10.67	1.05	14.62	39.68	上海证券交易所	主板	北京
9.11	1.53	-18.89	29.87	上海证券交易所	主板	深圳
38.60	4.18	-38.86	142.07	上海证券交易所	主板	河北
6.61	0.93	0.22	193.21	上海证券交易所	主板	广东
8.29	1.90	-4.30	200.36	深圳证券交易所	主板	广东
95.98	13.73	-4.26	207.57	深圳证券交易所	创业板	湖南
8.52	2.11	62.29	148.19	上海证券交易所	主板	陕西
9.39	0.88	-2.19	268.76	深圳证券交易所	主板	深圳
38.64	4.72	-8.18	231.13	深圳证券交易所	主板	河南
71.58	17.93	-33.77	104.96	上海证券交易所	主板	福建
21.16	4.63	-12.41	318.00	上海证券交易所	主板	四川
4.38	0.39	15.09	21.05	上海证券交易所	主板	北京

2-25　2022年沪深A股成交金额前50股票交易情况

排名 Ranking	股票代码 Stock Code	股票简称 Stock Abbreviation	成交金额(亿元) Trading Turnover (100 million yuan)	占比(%) Proportion (%)	股票市值(亿元) Market Capitalization of Shares (100 million yuan)	流通市值(亿元) Negotiable Market Capitalization (100 million yuan)	成交量(亿股) Trading Volume (100 million shares)
1	300750	宁德时代	17372.38	0.77	9609.34	7800.38	37.45
2	600519	贵州茅台	14475.98	0.64	21694.54	21694.54	8.24
3	002466	天齐锂业	11904.21	0.53	1166.76	1164.77	119.87
4	002594	比亚迪	11771.74	0.52	4659.23	2993.10	42.41
5	300059	东方财富	11556.47	0.51	2563.55	2151.20	507.22
6	601012	隆基绿能	10241.41	0.46	3204.01	3202.47	169.63
7	000858	五粮液	9096.30	0.41	7013.68	7013.53	52.87
8	300274	阳光电源	7745.92	0.35	1660.44	1262.47	72.53
9	002460	赣锋锂业	7331.61	0.33	1121.47	839.19	69.00
10	002432	九安医疗	7276.50	0.32	247.62	247.46	117.11
11	000625	长安汽车	7064.51	0.31	1019.29	936.10	466.89
12	600438	通威股份	6984.35	0.31	1736.85	1736.85	143.15
13	600036	招商银行	6781.62	0.30	7686.34	7686.34	176.07
14	300014	亿纬锂能	6255.77	0.28	1794.71	1614.35	70.41
15	601318	中国平安	6109.56	0.27	5091.35	5091.35	132.96
16	600111	北方稀土	6107.00	0.27	905.57	905.57	173.32
17	603259	药明康德	6068.10	0.27	2077.86	2072.55	65.09
18	002603	以岭药业	5945.52	0.26	500.54	412.32	189.48
19	601888	中国中免	5698.96	0.25	4217.93	4217.93	29.60
20	000792	盐湖股份	5578.46	0.25	1232.72	1231.81	189.46
21	601899	紫金矿业	5573.28	0.25	2059.24	2049.47	567.66
22	002475	立讯精密	5473.85	0.24	2257.94	2254.39	158.76
23	002241	歌尔股份	5285.26	0.24	575.65	505.94	177.57
24	002371	北方华创	5227.48	0.23	1191.08	1184.89	19.39

注：1.按全年股票成交金额进行排名。
　　2.占比为个股成交金额占A股股票总成交金额的比重。
数据来源：上海证券交易所、深圳证券交易所
Source:SSE、SZSE

Statistics of Top 50 SSE & SZSE A-share Stock Transaction Ranked by Stock Trading Turnover in 2022

市盈率 (倍) P/E Ratio (times)	市净率 (倍) P/B Ratio (times)	涨跌幅 (%) Price Change Rate(%)	股本换手率(%) Turnover Ratio of Share Capital (%)	交易所 Stock Exchange	板块 Board	辖区 Jurisdiction
60.27	6.42	-32.99	185.73	深圳证券交易所	创业板	福建
41.35	11.45	-13.76	65.58	上海证券交易所	主板	贵州
56.12	3.16	-26.18	812.93	深圳证券交易所	主板	四川
245.67	7.30	-4.13	364.15	深圳证券交易所	主板	深圳
29.97	4.04	-37.07	487.24	深圳证券交易所	创业板	上海
35.26	6.75	-31.14	255.07	上海证券交易所	主板	陕西
30.00	6.54	-17.60	136.22	深圳证券交易所	主板	四川
104.92	9.72	-23.23	646.80	深圳证券交易所	创业板	安徽
26.76	3.61	-31.75	675.63	深圳证券交易所	主板	江西
27.08	1.24	4.30	2430.71	深圳证券交易所	主板	天津
34.38	1.98	6.48	676.36	深圳证券交易所	主板	重庆
21.16	4.63	-12.41	318.00	上海证券交易所	主板	四川
7.84	1.09	-20.18	85.35	上海证券交易所	主板	深圳
61.76	8.95	-25.51	382.79	深圳证券交易所	创业板	广东
8.45	1.06	-1.54	122.74	上海证券交易所	主板	深圳
17.65	5.90	-44.63	477.06	上海证券交易所	主板	内蒙古
47.05	6.23	-31.35	254.90	上海证券交易所	主板	江苏
37.25	5.01	54.66	1377.02	深圳证券交易所	主板	河北
46.30	15.09	-0.83	151.59	上海证券交易所	主板	北京
26.68	5.59	-35.89	348.98	深圳证券交易所	主板	青海
16.80	3.71	5.14	276.98	上海证券交易所	主板	福建
31.81	5.33	-35.25	224.24	深圳证券交易所	主板	深圳
13.45	1.82	-68.72	590.77	深圳证券交易所	主板	山东
110.25	6.37	-35.03	398.72	深圳证券交易所	主板	北京

2-25 续表

排名 Ranking	股票代码 Stock Code	股票简称 Stock Abbreviation	成交金额(亿元) Trading Turnover (100 million yuan)	占比(%) Proportion (%)	股票市值(亿元) Market Capitalization of Shares (100 million yuan)	流通市值(亿元) Negotiable Market Capitalization (100 million yuan)	成交量(亿股) Trading Volume (100 million shares)
25	600096	云天化	4949.10	0.22	386.27	360.74	192.27
26	002129	TCL中环	4913.61	0.22	1217.85	1216.92	106.43
27	603799	华友钴业	4848.96	0.22	888.92	878.91	57.54
28	000002	万科A	4800.94	0.21	1769.80	1768.43	261.16
29	002714	牧原股份	4572.60	0.20	2667.74	1755.54	83.14
30	002709	天赐材料	4524.58	0.20	845.03	605.88	77.58
31	002176	江特电机	4413.68	0.20	297.75	297.63	198.84
32	601919	中远海控	4386.93	0.20	1310.95	1310.95	299.28
33	000568	泸州老窖	4284.94	0.19	3301.17	3284.59	20.61
34	600196	复星医药	4218.14	0.19	747.16	708.66	98.46
35	000333	美的集团	4207.02	0.19	3624.57	3550.18	74.74
36	600276	恒瑞医药	4171.76	0.19	2457.83	2457.83	112.64
37	600089	特变电工	4107.37	0.18	780.10	780.10	176.72
38	601166	兴业银行	4001.99	0.18	3654.19	3654.19	207.20
39	600030	中信证券	3985.33	0.18	2429.11	2263.11	191.96
40	002738	中矿资源	3974.42	0.18	307.71	285.09	45.34
41	600056	中国医药	3956.63	0.18	257.74	257.65	192.90
42	002415	海康威视	3942.32	0.18	3270.64	3182.12	113.73
43	000651	格力电器	3886.71	0.17	1820.07	1807.38	115.11
44	000001	平安银行	3863.99	0.17	2553.82	2553.77	277.82
45	600418	江淮汽车	3861.71	0.17	286.76	248.59	260.92
46	600031	三一重工	3835.09	0.17	1341.94	1338.40	214.28
47	603501	韦尔股份	3829.08	0.17	913.80	909.45	28.35
48	600048	保利发展	3783.09	0.17	1811.13	1811.13	231.28
49	600809	山西汾酒	3731.78	0.17	3477.09	3470.36	13.59
50	600887	伊利股份	3718.02	0.17	1983.80	1955.48	105.84

continued

市盈率（倍）P/E Ratio (times)	市净率（倍）P/B Ratio (times)	涨跌幅(%) Price Change Rate(%)	股本换手率(%) Turnover Ratio of Share Capital (%)	交易所 Stock Exchange	板块 Board	辖区 Jurisdiction
10.61	3.78	7.24	1122.04	上海证券交易所	主板	云南
30.20	3.36	-9.58	335.77	深圳证券交易所	主板	天津
22.81	4.59	-34.25	408.58	上海证券交易所	主板	浙江
9.39	0.88	-2.19	268.76	深圳证券交易所	主板	深圳
38.64	4.72	-8.18	231.13	深圳证券交易所	主板	河南
38.13	7.62	-23.00	657.74	深圳证券交易所	主板	广东
77.18	7.68	-15.94	1165.87	深圳证券交易所	主板	江西
1.85	1.24	-30.83	237.96	上海证券交易所	主板	天津
41.49	10.37	-10.33	140.73	深圳证券交易所	主板	四川
19.89	2.40	-27.04	489.63	上海证券交易所	主板	上海
12.68	2.60	-27.59	109.17	深圳证券交易所	主板	广东
54.25	7.02	-23.72	176.58	上海证券交易所	主板	江苏
10.75	1.77	-2.99	464.27	上海证券交易所	主板	新疆
4.42	0.53	-2.78	101.75	上海证券交易所	主板	福建
12.77	1.41	-17.83	171.72	上海证券交易所	主板	深圳
54.44	4.97	32.77	1243.23	深圳证券交易所	主板	北京
39.83	2.51	106.04	1530.52	上海证券交易所	主板	北京
19.47	5.01	-31.82	124.09	深圳证券交易所	主板	浙江
8.29	1.90	-4.30	200.36	深圳证券交易所	主板	广东
7.63	0.60	-18.71	143.16	深圳证券交易所	主板	深圳
143.38	1.88	-24.35	1378.13	上海证券交易所	主板	安徽
11.15	2.11	-28.86	252.44	上海证券交易所	主板	北京
20.41	5.64	-66.39	301.69	上海证券交易所	主板	上海
6.61	0.93	0.22	193.21	上海证券交易所	主板	广东
65.44	22.84	-9.24	111.66	上海证券交易所	主板	山西
22.79	4.16	-23.29	172.02	上海证券交易所	主板	内蒙古

2-26 2022年沪深A股涨幅前50股票交易情况

排名 Ranking	股票代码 Stock Code	股票简称 Stock Abbreviation	涨幅(%) Price Increase Rate (%)	股票市值(亿元) Market Capitalization of Shares (100 million yuan)	流通市值(亿元) Negotiable Market Capitalization (100 million yuan)	成交量(亿股) Trading Volume (100 million shares)
1	001236	弘业期货	628.49	102.72	13.66	24.96
2	001269	欧晶科技	534.12	136.38	34.10	3.62
3	001270	铖昌科技	462.73	136.41	34.10	4.86
4	002868	绿康生化	381.32	82.51	80.66	9.49
5	000721	西安饮食	329.28	99.29	75.42	115.27
6	002992	宝明科技	313.56	102.66	43.50	14.09
7	002336	人人乐	274.45	82.54	70.01	30.89
8	002866	传艺科技	266.63	132.51	82.66	42.96
9	688348	昱能科技	248.77	454.80	111.25	1.52
10	002150	通润装备	233.81	73.19	72.91	32.54
11	600766	*ST园城	222.29	34.04	33.99	13.34
12	301153	中科江南	221.62	114.96	26.08	5.06
13	301278	快可电子	216.16	70.50	17.62	2.40
14	600818	中路股份	214.41	64.77	64.77	15.41
15	000670	盈方微	212.00	57.33	42.81	69.38
16	001338	永顺泰	209.68	105.97	26.49	12.24
17	001258	立新能源	209.47	97.63	24.41	39.97
18	301073	君亭酒店	208.44	84.69	33.61	4.69
19	002528	英飞拓	201.61	134.49	117.41	124.10
20	688072	拓荆科技	201.54	274.14	61.59	3.05
21	688223	晶科能源	193.39	1465.00	209.23	142.83
22	002875	安奈儿	186.33	56.18	32.38	20.84
23	603176	汇通集团	183.72	32.34	8.08	41.16
24	600734	ST实达	183.34	80.16	76.94	23.92
25	000736	中交地产	182.73	124.55	124.55	115.25

数据来源：上海证券交易所、深圳证券交易所
Source:SSE、SZSE

Statistics of Top 50 SSE & SZSE A-share Stock Transaction Ranked by Stock Price Increase Rate in 2022

成交金额（亿元） Trading Turnover (100 million yuan)	市盈率（倍） P/E Ratio (times)	市净率（倍） P/B Ratio (times)	股本换手率(%) Turnover Ratio of Share Capital (%)	交易所 Stock Exchange	板块 Board	辖区 Jurisdiction
374.56	169.38	7.24	2476.54	深圳证券交易所	主板	江苏
289.40	102.20	12.89	1053.56	深圳证券交易所	主板	内蒙古
525.86	85.26	10.77	1738.93	深圳证券交易所	主板	浙江
230.46	0.00	12.70	624.02	深圳证券交易所	主板	福建
915.48	0.00	16.07	2644.03	深圳证券交易所	主板	陕西
460.84	0.00	9.98	1800.11	深圳证券交易所	主板	深圳
280.10	0.00	40.99	827.68	深圳证券交易所	主板	深圳
1463.93	80.07	6.52	2391.16	深圳证券交易所	主板	江苏
756.31	441.89	155.82	811.21	上海证券交易所	科创板	浙江
392.21	50.87	4.74	916.37	深圳证券交易所	主板	江苏
134.17	1144.19	58.34	595.89	上海证券交易所	主板	山东
303.47	73.66	8.14	2074.66	深圳证券交易所	创业板	北京
252.91	108.74	7.23	1502.72	深圳证券交易所	创业板	江苏
338.16	235.71	12.82	647.41	上海证券交易所	主板	上海
624.22	1755.00	82.33	1143.27	深圳证券交易所	主板	湖北
270.49	71.11	4.42	975.72	深圳证券交易所	主板	广东
582.75	68.37	3.42	1713.04	深圳证券交易所	主板	新疆
296.72	229.38	17.95	1727.64	深圳证券交易所	创业板	浙江
674.06	0.00	6.39	1185.96	深圳证券交易所	主板	深圳
566.63	400.29	22.99	1110.61	上海证券交易所	科创板	辽宁
1925.08	128.35	10.81	1034.91	上海证券交易所	科创板	江西
309.01	0.00	5.59	1985.64	深圳证券交易所	主板	深圳
432.51	38.61	3.39	3528.25	上海证券交易所	主板	河北
111.25	11.62	17.61	168.71	上海证券交易所	主板	福建
1934.51	52.86	4.07	1657.23	深圳证券交易所	主板	重庆

2-26 续表

排名 Ranking	股票代码 Stock Code	股票简称 Stock Abbreviation	涨幅(%) Price Increase Rate (%)	股票市值(亿元) Market Capitalization of Shares (100 million yuan)	流通市值(亿元) Negotiable Market Capitalization (100 million yuan)	成交量(亿股) Trading Volume (100 million shares)
26	002761	浙江建投	182.63	227.95	103.84	91.13
27	603170	宝立食品	181.89	113.32	11.33	5.14
28	301266	宇邦新材	181.46	78.62	19.66	4.47
29	301269	华大九天	175.53	489.03	66.86	10.53
30	603122	合富中国	171.13	44.58	11.15	35.77
31	000756	新华制药	171.08	142.86	131.32	96.25
32	603029	天鹅股份	168.84	35.61	35.61	13.63
33	600996	贵广网络	167.32	179.53	179.53	136.93
34	002865	钧达股份	164.43	261.96	255.71	9.49
35	300700	岱勒新材	153.05	43.89	33.27	14.95
36	301316	慧博云通	152.50	76.76	7.08	4.64
37	000610	西安旅游	148.73	48.70	48.43	45.61
38	688152	麒麟信安	148.08	90.31	19.68	0.81
39	688248	南网科技	147.98	322.44	46.59	13.57
40	601136	首创证券	146.39	476.15	47.61	4.72
41	002077	大港股份	142.11	107.77	107.77	128.30
42	001330	博纳影业	138.17	164.67	32.93	37.55
43	600992	贵绳股份	137.76	57.52	57.52	51.25
44	688377	迪威尔	136.32	85.61	48.34	3.63
45	002186	全聚德	135.60	70.42	70.33	18.05
46	000716	黑芝麻	133.92	59.52	55.11	155.36
47	603051	鹿山新材	133.59	55.91	13.78	8.45
48	002518	科士达	132.03	335.49	325.65	36.12
49	002965	祥鑫科技	131.73	103.78	67.26	14.30
50	002317	众生药业	126.02	219.81	189.85	123.53

continued

成交金额（亿元）Trading Turnover (100 million yuan)	市盈率（倍）P/E Ratio (times)	市净率（倍）P/B Ratio (times)	股本换手率(%) Turnover Ratio of Share Capital (%)	交易所 Stock Exchange	板块 Board	辖区 Jurisdiction
2517.31	22.95	2.72	2556.72	深圳证券交易所	主板	浙江
141.70	61.12	17.37	1285.19	上海证券交易所	主板	上海
262.36	101.75	5.80	1807.36	深圳证券交易所	创业板	江苏
1094.35	350.47	10.68	1392.48	深圳证券交易所	创业板	北京
556.53	55.57	5.60	3594.02	上海证券交易所	主板	上海
2388.69	57.83	5.07	2206.43	深圳证券交易所	主板	山东
280.79	98.56	4.76	1243.75	上海证券交易所	主板	山东
1319.23	--	4.37	1231.92	上海证券交易所	主板	贵州
1276.49	0.00	36.89	688.34	深圳证券交易所	主板	海南
402.08	0.00	6.18	1741.18	深圳证券交易所	创业板	湖南
110.72	100.47	11.05	1323.12	深圳证券交易所	创业板	浙江
493.56	0.00	6.60	1937.24	深圳证券交易所	主板	陕西
167.84	80.96	25.08	689.32	上海证券交易所	科创板	湖南
522.17	225.43	13.26	1763.93	上海证券交易所	科创板	广东
73.83	55.46	4.90	172.63	上海证券交易所	主板	北京
1946.26	79.16	3.40	2212.36	深圳证券交易所	主板	江苏
425.71	45.38	2.40	1365.83	深圳证券交易所	主板	新疆
932.85	185.37	3.93	2091.20	上海证券交易所	主板	贵州
113.43	265.97	5.74	332.68	上海证券交易所	科创板	江苏
224.22	0.00	8.32	585.92	深圳证券交易所	主板	北京
741.68	0.00	2.27	2249.49	深圳证券交易所	主板	广西
514.89	49.49	7.40	3671.66	上海证券交易所	主板	广东
1330.38	89.90	9.98	638.87	深圳证券交易所	主板	深圳
719.58	139.39	3.97	1534.25	深圳证券交易所	主板	广东
2699.17	79.17	6.05	1744.01	深圳证券交易所	主板	广东

2-27　2022年沪深A股跌幅前50股票交易情况

排名 Ranking	股票代码 Stock Code	股票简称 Stock Abbreviation	跌幅(%) Price Decrease Rate (%)	股票市值(亿元) Market Capitalization of Shares (100 million yuan)	流通市值(亿元) Negotiable Market Capitalization (100 million yuan)	成交量(亿股) Trading Volume (100 million shares)
1	688555	*ST泽达	-89.39	3.20	1.61	4.70
2	688086	*ST紫晶	-89.00	4.61	3.21	10.35
3	600136	*ST明诚	-73.28	10.44	8.69	41.73
4	600260	*ST凯乐	-70.32	9.15	9.15	77.61
5	002241	歌尔股份	-68.72	575.65	505.94	177.57
6	000150	*ST宜康	-67.87	11.67	10.72	62.50
7	603501	韦尔股份	-66.39	913.80	909.45	28.35
8	300273	*ST和佳	-64.93	15.95	13.76	56.49
9	300225	金力泰	-64.33	25.44	24.65	21.66
10	688368	晶丰明源	-64.23	70.26	70.26	1.70
11	688388	嘉元科技	-63.89	136.55	105.04	9.87
12	300081	恒信东方	-63.73	40.34	32.81	83.27
13	300336	*ST新文	-63.57	11.37	10.41	55.59
14	002751	*ST易尚	-63.48	12.92	10.87	13.55
15	002810	山东赫达	-63.48	76.78	70.93	11.51
16	688220	翱捷科技	-63.12	253.87	21.89	1.95
17	688087	英科再生	-63.09	46.78	24.04	1.44
18	688699	明微电子	-62.83	50.51	24.04	3.53
19	688608	恒玄科技	-62.52	136.80	90.47	2.14
20	688788	科思科技	-62.49	38.16	23.69	1.82
21	300297	*ST蓝盾	-62.46	15.62	15.60	77.89
22	000626	远大控股	-62.35	47.64	46.81	16.88
23	688339	亿华通	-61.75	73.92	60.18	3.24
24	688026	洁特生物	-61.43	33.77	18.00	2.01
25	688772	珠海冠宇	-61.42	209.11	143.92	15.17

数据来源：上海证券交易所、深圳证券交易所
Source:SSE、SZSE

Statistics of Top 50 SSE & SZSE A-share Stock Transaction Ranked by Stock Price Decrease Rate in 2022

成交金额 (亿元) Trading Turnover (100 million yuan)	市盈率 (倍) P/E Ratio (times)	市净率 (倍) P/B Ratio (times)	股本换手率(%) Turnover Ratio of Share Capital (%)	交易所 Stock Exchange	板块 Board	辖区 Jurisdiction
62.49	6.94	0.38	1129.03	上海证券交易所	科创板	天津
87.22	--	0.29	780.25	上海证券交易所	科创板	广东
121.24	--	1.60	857.24	上海证券交易所	主板	湖北
183.90	--	--	780.12	上海证券交易所	主板	湖北
5285.26	13.45	1.82	590.77	深圳证券交易所	主板	山东
137.41	0.00	0.00	775.43	深圳证券交易所	主板	--
3829.08	20.41	5.64	301.69	上海证券交易所	主板	上海
165.32	0.00	0.87	855.46	深圳证券交易所	--	--
166.41	0.00	3.20	457.13	深圳证券交易所	创业板	上海
267.27	10.37	3.68	736.90	上海证券交易所	科创板	上海
771.89	24.83	3.80	510.27	上海证券交易所	科创板	广东
855.42	0.00	1.87	1859.38	深圳证券交易所	创业板	北京
119.88	0.00	0.00	753.62	深圳证券交易所	--	--
160.23	0.00	1.74	1044.15	深圳证券交易所	主板	深圳
411.48	23.31	4.20	364.04	深圳证券交易所	主板	山东
158.09	--	22.44	563.48	上海证券交易所	科创板	上海
78.95	19.51	2.53	325.97	上海证券交易所	科创板	山东
331.39	7.80	2.99	890.80	上海证券交易所	科创板	深圳
313.93	33.55	2.32	270.30	上海证券交易所	科创板	上海
106.07	21.71	1.29	318.02	上海证券交易所	科创板	深圳
171.26	0.00	4.76	638.94	深圳证券交易所	--	--
220.63	21.44	1.58	337.78	深圳证券交易所	主板	江苏
387.67	--	2.95	470.83	上海证券交易所	科创板	北京
88.88	19.73	3.48	303.81	上海证券交易所	科创板	广东
414.32	22.11	3.32	803.98	上海证券交易所	科创板	广东

2-27 续表

排名 Ranking	股票代码 Stock Code	股票简称 Stock Abbreviation	跌幅(%) Price Decrease Rate (%)	股票市值(亿元) Market Capitalization of Shares (100 million yuan)	流通市值(亿元) Negotiable Market Capitalization (100 million yuan)	成交量(亿股) Trading Volume (100 million shares)
26	688319	欧林生物	-61.27	56.21	39.71	3.79
27	300943	春晖智控	-60.68	24.60	11.91	13.05
28	300538	同益股份	-60.48	18.90	11.61	4.11
29	688208	道通科技	-60.15	142.56	86.69	15.87
30	301051	信濠光电	-59.83	37.94	19.94	1.20
31	603131	上海沪工	-59.65	34.91	34.91	10.51
32	300800	力合科技	-59.45	27.75	19.58	3.81
33	688739	成大生物	-59.23	126.68	53.36	2.66
34	600745	闻泰科技	-59.21	655.33	653.47	47.49
35	688006	杭可科技	-59.18	177.33	177.33	5.04
36	301111	粤万年青	-59.09	31.39	13.76	13.26
37	600071	凤凰光学	-59.04	59.36	59.36	21.89
38	301221	光庭信息	-58.90	36.04	16.85	4.15
39	301138	华研精机	-58.81	28.52	7.13	4.75
40	688272	*ST富吉	-58.76	14.74	4.72	1.65
41	688062	迈威生物	-58.48	57.74	13.71	7.86
42	300412	迦南科技	-58.24	30.06	28.54	53.61
43	688148	芳源股份	-58.11	74.66	56.20	12.39
44	600242	*ST中昌	-57.88	5.25	5.19	21.04
45	688519	南亚新材	-57.84	49.46	19.37	3.17
46	300219	鸿利智汇	-57.75	47.29	47.20	26.32
47	688288	鸿泉物联	-57.70	17.04	17.04	2.54
48	300994	久祺股份	-57.61	38.30	12.79	7.30
49	603666	亿嘉和	-57.58	66.10	65.51	5.82
50	688696	极米科技	-57.53	116.34	75.22	1.61

continued

成交金额（亿元）Trading Turnover (100 million yuan)	市盈率（倍）P/E Ratio (times)	市净率（倍）P/B Ratio (times)	股本换手率(%) Turnover Ratio of Share Capital (%)	交易所 Stock Exchange	板块 Board	辖区 Jurisdiction
73.49	52.06	6.65	424.58	上海证券交易所	科创板	四川
291.79	34.08	2.80	1891.89	深圳证券交易所	创业板	浙江
57.71	0.00	1.80	416.24	深圳证券交易所	创业板	深圳
581.86	32.49	4.99	579.42	上海证券交易所	科创板	深圳
82.80	24.35	1.44	480.69	深圳证券交易所	创业板	深圳
154.48	24.20	2.50	330.67	上海证券交易所	主板	上海
67.66	10.90	1.34	258.83	深圳证券交易所	创业板	湖南
110.85	14.19	1.35	335.22	上海证券交易所	科创板	辽宁
3327.13	25.09	1.94	477.43	上海证券交易所	主板	湖北
318.43	75.42	6.28	301.52	上海证券交易所	科创板	浙江
420.26	54.90	4.15	3394.60	深圳证券交易所	创业板	广东
523.74	559.98	11.40	817.32	上海证券交易所	主板	江西
264.76	49.20	1.80	1881.12	深圳证券交易所	创业板	湖北
179.08	28.94	2.63	1630.40	深圳证券交易所	创业板	广东
51.54	19.29	2.17	971.63	上海证券交易所	科创板	北京
163.56	--	5.71	856.46	上海证券交易所	科创板	上海
618.57	40.78	2.61	1651.57	深圳证券交易所	创业板	浙江
246.42	111.90	5.62	904.75	上海证券交易所	科创板	广东
40.03	--	11.47	466.32	上海证券交易所	主板	广东
91.81	12.39	1.71	353.35	上海证券交易所	科创板	上海
243.35	17.78	2.02	390.91	深圳证券交易所	创业板	广东
61.16	57.62	1.87	455.11	上海证券交易所	科创板	浙江
206.58	18.67	3.43	1396.91	深圳证券交易所	创业板	浙江
305.17	13.68	2.49	282.45	上海证券交易所	主板	江苏
460.77	24.06	4.21	445.01	上海证券交易所	科创板	四川

2-28　2022年沪深B股总市值前50股票交易情况

排名 Ranking	股票代码 Stock Code	股票简称 Stock Abbreviation	股票市值(亿元) Market Capitalization of Shares (100 million yuan)	占比 (%) Proportion (%)	流通市值(亿元) Negotiable Market Capitalization (100 million yuan)	成交量 (亿股) Trading Volume (100 million shares)	成交金额 (亿元) Trading Turnover (100 million yuan)
1	900948	伊泰B股	270.02	18.65	122.47	15.43	145.23
2	200596	古井贡B	134.32	9.28	134.32	0.31	30.15
3	900926	宝信B	108.61	7.50	108.61	2.98	72.18
4	900936	鄂资B股	66.87	4.62	66.87	2.26	31.86
5	900932	陆家B股	62.09	4.29	62.09	2.75	16.12
6	200625	长安B	54.10	3.74	54.10	14.46	52.44
7	900905	老凤祥B	42.07	2.91	42.07	0.59	12.45
8	900947	振华B股	33.70	2.33	33.70	2.50	4.33
9	200771	杭汽轮B	30.96	2.14	28.75	0.75	7.86
10	200012	南玻B	29.70	2.05	29.70	4.86	12.66
11	200869	张裕B	24.02	1.66	24.00	0.58	6.06
12	900934	锦江B股	21.82	1.51	21.82	0.70	9.11
13	200725	京东方B	21.34	1.47	21.34	7.78	25.69
14	200550	江铃B	20.61	1.42	20.61	0.30	1.78
15	200581	苏威孚B	20.33	1.40	20.33	0.52	6.52
16	900953	凯马B	18.18	1.26	6.82	3.37	11.28
17	900908	氯碱B股	17.43	1.20	17.43	3.52	16.36
18	900911	金桥B股	17.27	1.19	17.27	1.08	6.89
19	200429	粤高速B	17.18	1.19	17.17	1.11	5.43
20	900925	机电B股	15.41	1.06	15.41	0.61	4.72
21	200488	晨鸣B	15.05	1.04	15.05	3.59	8.66
22	200539	粤电力B	15.01	1.04	15.01	1.64	3.04
23	200016	深康佳B	14.02	0.97	14.02	1.01	1.80
24	900903	大众B股	13.92	0.96	13.92	1.14	2.02

注：1.按年末股票市值进行排名。
　　2.占比为个股市值占B股股票总市值的比重。
数据来源：上海证券交易所、深圳证券交易所
Source:SSE、SZSE

Statistics of Top 50 SSE & SZSE B-share Stock Transaction Ranked by Stock Market Capitalization in 2022

市盈率 (倍) P/E Ratio (times)	市净率 (倍) P/B Ratio (times)	涨跌幅(%) Price Change Rate (%)	股本换手率(%) Turnover Ratio of Share Capital (%)	交易所 Stock Exchange	板块 Board	辖区 Jurisdiction
3.17075	0.67	65.75	116.16	上海证券交易所	主板	内蒙古
23.51	3.29	15.15	25.83	深圳证券交易所	主板	安徽
21.44	4.32	-13.62	69.06	上海证券交易所	主板	上海
3.41	1.12	23.11	44.65	上海证券交易所	主板	内蒙古
4.82	0.92	-3.12	24.94	上海证券交易所	主板	上海
8.40	0.53	15.42	96.77	深圳证券交易所	主板	重庆
5.20	1.06	-8.27	28.54	上海证券交易所	主板	上海
18.94	0.56	-11.16	12.84	上海证券交易所	主板	上海
11.96	1.01	-19.32	25.08	深圳证券交易所	主板	浙江
4.91	0.66	-2.99	43.82	深圳证券交易所	主板	深圳
12.95	0.67	-13.13	25.13	深圳证券交易所	主板	山东
135.87	0.82	2.81	44.59	上海证券交易所	主板	上海
4.27	0.88	5.59	85.03	深圳证券交易所	主板	北京
8.22	0.57	-8.67	8.61	深圳证券交易所	主板	江西
4.22	0.62	-1.80	30.07	深圳证券交易所	主板	江苏
--	2.73	20.80	140.61	上海证券交易所	主板	上海
2.56	0.66	-2.67	86.51	上海证券交易所	主板	上海
4.01	0.53	7.34	39.69	上海证券交易所	主板	上海
5.53	1.15	2.75	31.87	深圳证券交易所	主板	广东
8.21	0.54	-21.86	28.23	上海证券交易所	主板	上海
3.51	0.33	-32.00	50.83	深圳证券交易所	主板	山东
0.00	0.46	-17.97	20.57	深圳证券交易所	主板	广东
4.20	0.45	-15.72	12.39	深圳证券交易所	主板	深圳
11.43	0.39	-12.55	14.18	上海证券交易所	主板	上海

2-28 续表

排名 Ranking	股票代码 Stock Code	股票简称 Stock Abbreviation	股票市值(亿元) Market Capitalization of Shares (100 million yuan)	占比(%) Proportion (%)	流通市值(亿元) Negotiable Market Capitalization (100 million yuan)	成交量(亿股) Trading Volume (100 million shares)	成交金额(亿元) Trading Turnover (100 million yuan)
25	900957	凌云B股	13.74	0.95	7.24	1.04	4.31
26	900906	中毅达B	13.66	0.94	13.66	3.52	12.33
27	900929	锦旅B股	13.51	0.93	6.73	0.17	1.66
28	200726	鲁泰B	13.40	0.93	13.39	1.28	4.85
29	201872	招港B	13.16	0.91	13.16	0.55	3.84
30	900942	黄山B股	12.60	0.87	12.60	1.21	6.14
31	900912	外高B股	12.45	0.86	12.45	0.69	4.28
32	900917	海欣B股	10.90	0.75	10.90	1.80	4.06
33	900901	云赛B股	10.08	0.70	10.08	3.08	10.05
34	900909	华谊B股	9.72	0.67	9.72	0.98	4.52
35	900920	动力B股	9.60	0.66	9.60	1.53	5.04
36	900923	百联B股	9.18	0.63	9.18	0.61	3.13
37	900910	海立B股	9.01	0.62	9.01	0.56	1.85
38	200028	一致B	8.99	0.62	8.99	0.17	2.65
39	900941	东信B股	8.48	0.59	8.48	1.18	3.39
40	900902	市北B股	8.42	0.58	8.42	1.70	3.15
41	900928	临港B股	8.20	0.57	8.20	0.32	2.17
42	900914	锦在线B	7.89	0.55	7.89	1.08	4.93
43	200055	方大B	7.59	0.52	7.59	0.74	1.45
44	900945	海控B股	7.45	0.51	7.45	1.17	1.89
45	900939	汇丽B	7.12	0.49	3.45	0.37	1.50
46	200541	粤照明B	6.61	0.46	6.41	0.39	0.88
47	200152	*ST山航B	6.22	0.43	6.22	0.91	3.18
48	200037	深南电B	6.12	0.42	6.12	0.41	0.98
49	900924	上工B股	6.08	0.42	6.08	0.90	2.28
50	200512	闽灿坤B	5.99	0.41	5.99	0.22	0.69

continued

市盈率（倍）P/E Ratio (times)	市净率（倍）P/B Ratio (times)	涨跌幅(%) Price Change Rate (%)	股本换手率(%) Turnover Ratio of Share Capital (%)	交易所 Stock Exchange	板块 Board	辖区 Jurisdiction
45.37	2.39	-10.33	56.73	上海证券交易所	主板	上海
88.54	28.14	6.03	97.64	上海证券交易所	主板	贵州
876.79	1.63	2.43	26.16	上海证券交易所	主板	上海
10.55	0.46	35.63	43.28	深圳证券交易所	主板	山东
6.77	0.35	4.48	30.33	深圳证券交易所	主板	深圳
89.32	0.90	19.11	55.98	上海证券交易所	主板	安徽
6.87	0.55	12.15	34.24	上海证券交易所	主板	上海
19.40	0.62	-6.03	38.47	上海证券交易所	主板	上海
16.71	0.96	10.22	104.86	上海证券交易所	主板	上海
2.62	0.36	-15.16	40.11	上海证券交易所	主板	上海
5.99	0.42	-31.31	44.29	上海证券交易所	主板	上海
11.07	0.47	-14.72	33.67	上海证券交易所	主板	上海
9.72	0.50	-9.06	19.67	上海证券交易所	主板	上海
4.79	0.45	-5.30	31.05	深圳证券交易所	主板	深圳
27.92	0.99	-13.17	39.22	上海证券交易所	主板	浙江
26.90	0.47	-11.00	36.52	上海证券交易所	主板	上海
9.57	0.96	-16.04	24.91	上海证券交易所	主板	上海
18.92	0.69	18.89	67.16	上海证券交易所	主板	上海
8.49	0.36	-15.80	18.77	深圳证券交易所	主板	深圳
16.87	9.38	15.10	31.73	上海证券交易所	主板	海南
55.28	5.95	-10.08	42.05	上海证券交易所	主板	上海
10.82	0.57	-11.62	13.17	深圳证券交易所	主板	广东
0.00	0.00	20.98	64.85	深圳证券交易所	主板	山东
0.00	0.95	-10.07	15.36	深圳证券交易所	主板	深圳
26.32	0.52	-15.43	36.97	上海证券交易所	主板	上海
4.48	0.59	-13.99	12.03	深圳证券交易所	主板	厦门

2-29 2022年沪深B股成交金额前50股票交易情况

排名 Ranking	股票代码 Stock Code	股票简称 Stock Abbreviation	成交金额(亿元) Trading Turnover (100 million yuan)	占比(%) Proportion (%)	股票市值(亿元) Market Capitalization of Shares (100 million yuan)	流通市值(亿元) Negotiable Market Capitalization (100 million yuan)	成交量(亿股) Trading Volume (100 million shares)
1	900948	伊泰B股	145.23	21.27	270.02	122.47	15.43
2	900926	宝信B	72.18	10.57	108.61	108.61	2.98
3	200625	长安B	52.44	7.68	54.10	54.10	14.46
4	900936	鄂资B股	31.86	4.67	66.87	66.87	2.26
5	200596	古井贡B	30.15	4.42	134.32	134.32	0.31
6	200725	京东方B	25.69	3.76	21.34	21.34	7.78
7	900908	氯碱B股	16.36	2.40	17.43	17.43	3.52
8	900932	陆家B股	16.12	2.36	62.09	62.09	2.75
9	900915	中路B股	13.57	1.99	4.65	4.65	2.30
10	200012	南玻B	12.66	1.85	29.70	29.70	4.86
11	900905	老凤祥B	12.45	1.82	42.07	42.07	0.59
12	900906	中毅达B	12.33	1.81	13.66	13.66	3.52
13	900953	凯马B	11.28	1.65	18.18	6.82	3.37
14	900901	云赛B股	10.05	1.47	10.08	10.08	3.08
15	900934	锦江B股	9.11	1.33	21.82	21.82	0.70
16	200488	晨鸣B	8.66	1.27	15.05	15.05	3.59
17	900913	国新B股	8.54	1.25	2.88	2.88	2.75
18	900943	开开B股	8.37	1.23	3.26	3.26	2.02
19	200771	杭汽轮B	7.86	1.15	30.96	28.75	0.75
20	900904	神奇B股	7.51	1.10	2.79	2.79	1.45
21	900911	金桥B股	6.89	1.01	17.27	17.27	1.08
22	200581	苏威孚B	6.52	0.96	20.33	20.33	0.52
23	900942	黄山B股	6.14	0.90	12.60	12.60	1.21
24	200869	张裕B	6.06	0.89	24.02	24.00	0.58

注：1.按2019全年股票成交金额进行排名。

2.占比为个股成交金额占B股股票总成交金额的比重。

数据来源：上海证券交易所、深圳证券交易所

Source:SSE、SZSE

Statistics of Top 50 SSE & SZSE B-share Stock Transaction Ranked by Stock Trading Turnover in 2022

市盈率（倍） P/E Ratio (times)	市净率（倍） P/B Ratio (times)	涨跌幅(%) Price Change Rate (%)	股本换手率(%) Turnover Ratio of Share Capital (%)	交易所 Stock Exchange	板块 Board	辖区 Jurisdiction
3.17	0.67	65.75	116.16	上海证券交易所	主板	内蒙古
21.44	4.32	-13.62	69.06	上海证券交易所	主板	上海
8.40	0.53	15.42	96.77	深圳证券交易所	主板	重庆
3.41	1.12	23.11	44.65	上海证券交易所	主板	内蒙古
23.51	3.29	15.15	25.83	深圳证券交易所	主板	安徽
4.27	0.88	5.59	85.03	深圳证券交易所	主板	北京
2.56	0.66	-2.67	86.51	上海证券交易所	主板	上海
4.82	0.92	-3.12	24.94	上海证券交易所	主板	上海
44.00	2.39	76.59	275.55	上海证券交易所	主板	上海
4.91	0.66	-2.99	43.82	深圳证券交易所	主板	深圳
5.20	1.06	-8.27	28.54	上海证券交易所	主板	上海
88.54	28.14	6.03	97.64	上海证券交易所	主板	贵州
--	2.73	20.80	140.61	上海证券交易所	主板	上海
16.71	0.96	10.22	104.86	上海证券交易所	主板	上海
135.87	0.82	2.81	44.59	上海证券交易所	主板	上海
3.51	0.33	-32.00	50.83	深圳证券交易所	主板	山东
72.82	0.92	12.10	250.99	上海证券交易所	主板	山西
41.59	1.69	18.94	252.10	上海证券交易所	主板	上海
11.96	1.01	-19.32	25.08	深圳证券交易所	主板	浙江
35.70	1.06	20.12	265.24	上海证券交易所	主板	上海
4.01	0.53	7.34	39.69	上海证券交易所	主板	上海
4.22	0.62	-1.80	30.07	深圳证券交易所	主板	江苏
89.32	0.90	19.11	55.98	上海证券交易所	主板	安徽
12.95	0.67	-13.13	25.13	深圳证券交易所	主板	山东

2-29 续表

排名 Ranking	股票代码 Stock Code	股票简称 Stock Abbreviation	成交金额(亿元) Trading Turnover (100 million yuan)	占比(%) Proportion (%)	股票市值(亿元) Market Capitalization of Shares (100 million yuan)	流通市值(亿元) Negotiable Market Capitalization (100 million yuan)	成交量(亿股) Trading Volume (100 million shares)
25	200761	本钢板B	6.05	0.89	5.52	5.52	3.11
26	200429	粤高速B	5.43	0.80	17.18	17.17	1.11
27	900920	动力B股	5.04	0.74	9.60	9.60	1.53
28	900914	锦在线B	4.93	0.72	7.89	7.89	1.08
29	200726	鲁泰B	4.85	0.71	13.40	13.39	1.28
30	900925	机电B股	4.72	0.69	15.41	15.41	0.61
31	900909	华谊B股	4.52	0.66	9.72	9.72	0.98
32	900947	振华B股	4.33	0.63	33.70	33.70	2.50
33	900957	凌云B股	4.31	0.63	13.74	7.24	1.04
34	900912	外高B股	4.28	0.63	12.45	12.45	0.69
35	900933	华新B股	4.27	0.63	0.00	0.00	0.36
36	900917	海欣B股	4.06	0.60	10.90	10.90	1.80
37	201872	招港B	3.84	0.56	13.16	13.16	0.55
38	900946	天雁B股	3.65	0.53	3.61	3.61	2.30
39	900937	华电B股	3.63	0.53	5.31	5.31	3.29
40	900941	东信B股	3.39	0.50	8.48	8.48	1.18
41	900952	锦港B股	3.22	0.47	4.28	4.28	1.80
42	200152	*ST山航B	3.18	0.46	6.22	6.22	0.91
43	900902	市北B股	3.15	0.46	8.42	8.42	1.70
44	900923	百联B股	3.13	0.46	9.18	9.18	0.61
45	200539	粤电力B	3.04	0.44	15.01	15.01	1.64
46	200028	一致B	2.65	0.39	8.99	8.99	0.17
47	200011	深物业B	2.46	0.36	3.56	3.56	0.46
48	900924	上工B股	2.28	0.33	6.08	6.08	0.90
49	900928	临港B股	2.17	0.32	8.20	8.20	0.32
50	900927	物贸B股	2.11	0.31	3.02	3.02	0.65

continued

市盈率 (倍) P/E Ratio (times)	市净率 (倍) P/B Ratio (times)	涨跌幅(%) Price Change Rate (%)	股本换手率(%) Turnover Ratio of Share Capital (%)	交易所 Stock Exchange	板块 Board	辖区 Jurisdiction
2.07	0.29	-21.18	77.73	深圳证券交易所	主板	辽宁
5.53	1.15	2.75	31.87	深圳证券交易所	主板	广东
5.99	0.42	-31.31	44.29	上海证券交易所	主板	上海
18.92	0.69	18.89	67.16	上海证券交易所	主板	上海
10.55	0.46	35.63	43.28	深圳证券交易所	主板	山东
8.21	0.54	-21.86	28.23	上海证券交易所	主板	上海
2.62	0.36	-15.16	40.11	上海证券交易所	主板	上海
18.94	0.56	-11.16	12.84	上海证券交易所	主板	上海
45.37	2.39	-10.33	56.73	上海证券交易所	主板	上海
6.87	0.55	12.15	34.24	上海证券交易所	主板	上海
--	--	2.23	4.96	上海证券交易所	主板	湖北
19.40	0.62	-6.03	38.47	上海证券交易所	主板	上海
6.77	0.35	4.48	30.33	深圳证券交易所	主板	深圳
174.21	1.94	-10.74	100.11	上海证券交易所	主板	湖南
--	--	-14.29	76.17	上海证券交易所	主板	黑龙江
27.92	0.99	-13.17	39.22	上海证券交易所	主板	浙江
27.82	0.54	9.46	80.64	上海证券交易所	主板	辽宁
0.00	0.00	20.98	64.85	深圳证券交易所	主板	山东
26.90	0.47	-11.00	36.52	上海证券交易所	主板	上海
11.07	0.47	-14.72	33.67	上海证券交易所	主板	上海
0.00	0.46	-17.97	20.57	深圳证券交易所	主板	广东
4.79	0.45	-5.30	31.05	深圳证券交易所	主板	深圳
2.85	0.73	8.38	67.53	深圳证券交易所	主板	深圳
26.32	0.52	-15.43	36.97	上海证券交易所	主板	上海
9.57	0.96	-16.04	24.91	上海证券交易所	主板	上海
9.29	1.48	-20.13	64.66	上海证券交易所	主板	上海

2-30 沪深股票市场估值水平概况
Level of SSE & SZSE Stock Market Valuation

单位：倍 (times)

	市盈率 P/E Ratio		市净率 P/B Ratio	
	2021	2022	2021	2022
主板 Main Board	17.36	12.83	1.75	1.42
创业板 ChiNext Board	59.99	37.49	5.58	3.57
科创板 STAR Market	71.64	44.24	8.61	5.44
A股 A-Shares	20.31	14.78	2.07	1.67
B股 B-Shares	11.69	5.92	0.83	0.74
沪深300指数 CSI 300 Index	17.68	14.78	1.89	1.64
上证综指 SSE Composite Index	18.02	12.78	1.76	1.40
深证综指 SZSE Composite Index	33.03	23.44	3.32	2.44
深证成指 SZSE Component Index	31.52	21.94	3.50	2.51
创业板指 ChiNext Price Index	65.45	40.36	7.93	4.73
上证50指数 SSE 50 Index	14.35	10.34	1.51	1.28
上证180指数 SSE 180 Index	14.57	10.20	1.47	1.16

数据来源：上海证券交易所、深圳证券交易所
Source:SSE、SZSE、CSINDEX

2-31 沪深股票市场行业估值水平情况
Level of SSE & SZSE Stock Market Valuation by Industry

单位：倍 (times)

行业 Industry	A 股 A-Shares			
	市盈率 P/E Ratio		市净率 P/B Ratio	
	2021	2022	2021	2022
农、林、牧、渔业 Agriculture, Forestry, Animal Husbandry and Fishery	51.32	26.85	4.00	3.23
采矿业 Mining	10.30	7.68	1.11	1.08
制造业 Manufacturing	30.52	24.09	3.90	2.78
电力、热力、燃气及水的生产和供应业 Production and Supply of Electricity, Gas and Water	22.95	19.48	1.82	1.52
建筑业 Construction	8.43	7.34	0.88	0.74
批发和零售业 Wholesale and Retail Trades	17.88	17.18	1.82	1.62
交通运输、仓储和邮政业 Transport, Storage and Post	11.97	8.95	1.60	1.51
住宿和餐饮业 Hotels and Catering Services	220.35	281.79	3.09	3.75
信息传输、软件和信息技术服务业 Information Transmission, Computer Services and Software	42.23	35.81	3.07	2.41
金融业 Financial Intermediation	7.45	6.57	0.74	0.62
房地产业 Real Estate	11.05	14.58	1.03	0.97
租赁和商务服务业 Leasing and Business Services	27.31	37.81	3.19	2.74
科学研究和技术服务业 Scientific Research, Technical Service	49.13	35.12	5.31	3.49
水利、环境和公共设施管理业 Management of Water Conservancy, Environment and Public Facilities	24.85	19.06	1.99	1.57
居民服务、修理和其他服务业 Residential Services, Repairs and Other Services	232.74	--	9.44	--
教育 Education	54.51	34.87	6.85	5.52
卫生和社会工作业 Health and Social Works	61.68	46.70	9.54	7.30
文化、体育和娱乐业 Culture, Sports and Entertainment	26.30	19.48	2.35	1.88
综合 Others	30.81	24.65	2.73	2.62

注：1.行业分类使用2021年第四季度证监会行业分类结果。
　　2.市盈率和市净率计算剔除净利润为负的公司。

数据来源：中证指数有限公司
Source:CSINDEX

2-32 沪深股票市场股息率情况
Dividend Yield Ratio of SSE & SZSE Stock Market

单位：% (%)

年份 Year	主板 Main Board	中小板 SME Board	创业板 ChiNext Board	科创板 STAR Market	上证综指 SSE Composite Index	深证综指 SZSE Composite Index	上证50指数 SSE 50 Index	上证180指数 SSE 180 Index	深证成份指数 SZSE Component Index
2008	2.14	0.85	--	--	2.23	1.49	2.70	2.52	2.07
2009	1.08	0.48	--	--	1.21	0.50	1.59	1.43	0.67
2010	1.29	0.39	0.19	--	1.43	0.56	2.10	1.79	0.91
2011	1.99	0.99	0.73	--	2.18	1.02	2.73	2.58	1.39
2012	2.25	1.20	1.00	--	2.49	1.14	3.17	2.91	1.38
2013	2.62	0.92	0.54	--	2.96	0.89	4.06	3.66	1.68
2014	2.56	0.69	0.40	--	2.03	0.91	2.86	2.50	1.40
2015	1.53	0.41	0.19	--	1.73	0.48	2.93	2.41	0.68
2016	1.66	0.57	0.37	--	1.79	0.72	2.96	2.50	1.09
2017	2.05	1.98	0.47	--	1.86	0.81	2.58	2.25	0.99
2018	1.58	1.26	0.71	--	2.69	1.39	3.50	3.20	1.64
2019	2.08	1.04	0.55	0.00	2.16	1.07	2.79	2.62	1.23
2020	1.91	0.82	0.39	0.23	1.89	0.85	2.46	2.34	0.93
2021	2.07	--	0.37	0.30	1.86	0.93	2.59	2.38	1.05
2022	2.85	--	0.46	0.48	2.65	1.13	3.95	3.55	1.30

数据来源：上海证券交易所、深圳证券交易所
Source:SSE、SZSE、CSINDEX

2-33 融资融券业务情况
Statistics of Margin Transactions

年份 Year	标的证券数量(只) Number of Designated Securities for Margin Transactions(unit)			融资融券交易金额(亿元) Turnover of Margin Transactions (100 million yuan)		
	股票 Stock	ETF	合计 Total	股票 Stock	其中：融资买入额 Margin Purchase	其中：融券卖出额 Short Selling
2014	899	15	914	101824.43	92962.43	8862.01
2015	891	22	913	345664.31	319749.23	25915.08
2016	950	22	972	114825.92	114206.26	619.66
2017	949	21	970	103603.57	102066.28	1537.29
2018	949	45	994	74277.92	72782.17	1495.75
2019	1669	69	1738	111619.08	109269.26	2349.82
2020	1878	114	1992	194004.84	186796.43	7208.41
2021	2239	168	2407	219854.88	208608.51	11246.37
2022	3110	206	3316	154534.78	143206.84	11327.93

注：1.融资融券交易额=融资买入额+融券卖出额。
2.融券余额=融券余量*统计日收盘价格。
3.平均维持担保比例=全市场有融资融券负债的客户资产总额/全市场客户负债总额。
4.ETF自2011年12月开始被纳入融资融券标的证券。

数据来源：中国证券金融公司

Source:CSF

2-33 续表 1 continued

年份 Year	融资融券交易金额(亿元) Turnover of Margin Transactions (100 million yuan)					
	ETF	其中：融资买入额 Margin Purchase	其中：融券卖出额 Short Selling	合计 Total	其中：融资买入额 Margin Purchase	其中：融券卖出额 Short Selling
2014	4700.82	2295.28	2405.53	106525.25	95257.71	11267.54
2015	7316.31	4003.14	3313.17	352980.62	323752.37	29228.25
2016	822.10	605.56	216.53	115648.01	114811.82	836.19
2017	2182.36	1843.28	339.08	105785.93	103909.56	1876.37
2018	3365.20	2953.30	411.91	77643.12	75735.47	1907.66
2019	4843.41	4279.77	563.64	116462.49	113549.03	2913.46
2020	9981.50	9046.50	935.00	203986.34	195842.93	8143.41
2021	8889.56	7951.71	937.85	228744.44	216560.22	12184.22
2022	9412.81	8038.24	1374.56	163947.59	151245.09	12702.50

2-33 续表 2 continued

年份 Year	融资融券余额(亿元) Outstanding Balance of Margin Transactions (100 million yuan)					
	股票 Stock	其中：融资余额 Margin Purchase	其中：融券余额 Short Selling	ETF	其中：融资余额 Margin Purchase	其中：融券余额 Short Selling
2014	9419.54	9369.43	50.11	854.02	822.41	31.61
2015	11220.55	11205.07	15.48	531.16	517.03	14.13
2016	9003.04	8980.41	22.62	395.15	382.92	12.23
2017	9431.11	9405.18	25.93	836.59	817.44	19.15
2018	6719.94	6693.17	26.77	842.56	801.47	41.09
2019	9020.03	8926.75	93.29	1177.63	1133.54	44.09
2020	14340.20	13179.01	1161.19	1849.48	1640.94	208.54
2021	16585.42	15624.13	961.29	1736.11	1495.93	240.18
2022	14130.81	13351.31	779.50	1279.25	1099.90	179.35

2-33 续表 3 continued

年份 Year	融资融券余额(亿元) Outstanding Balance of Margin Transactions (100 million yuan)			开展融资融券业务证券公司及营业部(家) Security Companies Operating Margin Transactions(unit)	
	合计 Total	其中: 融资余额 Margin Purchase	其中: 融券余额 Short Selling	证券公司数量 Number of Security Companies	营业部数量 Number of Branches
2014	10273.56	10191.84	81.72	91	5805
2015	11751.71	11722.11	29.60	93	7529
2016	9398.19	9363.33	34.85	93	8635
2017	10267.70	10222.62	45.08	93	10024
2018	7562.51	7494.64	67.86	94	10768
2019	10197.66	10060.28	137.38	93	11287
2020	16189.68	14819.95	1369.73	93	11404
2021	18321.52	17120.06	1201.47	93	11582
2022	15410.05	14451.20	958.85	95	11745

2-33 续表 4 continued

年份 Year	担保物(亿元) Margin(100 million yuan)					客户平均维持担保比例(%) Average Maintenance Ratio(%)
	证券市值 Market Value of Securities Used as Margin			现金 Cash	合计 Total	
	小计 Subtotal	股票 Stock	债券、基金及其它 Bond、Fund and Others			
2014	25974.51	25763.16	211.35	1339.27	27313.79	240.44
2015	35941.93	35798.53	143.40	2442.97	38384.90	277.30
2016	28712.68	28617.32	95.36	1394.26	30106.94	269.81
2017	30176.28	30013.99	162.29	1110.09	31286.37	261.84
2018	19855.74	19556.67	299.06	1060.33	20916.07	230.53
2019	31450.15	31056.44	393.71	1441.09	32891.25	276.56
2020	48938.31	46999.31	1939.00	1986.89	50925.20	277.30
2021	58458.65	56461.96	1996.69	2217.58	60677.75	289.07
2022	45110.31	43012.88	2097.43	2169.46	47279.77	262.67

2-34 转融通业务情况
Statistics of Refinancing Securities

项目 Items	指标 Index		2021	2022
借入人数量（家） Number of Borrowers(unit)	证券公司 Security Company		93	94
转融券标的证券数量（只）Number of Margin Securities（unit）			2239	3110
交易金额（亿元） Turnover(100 million yuan)	转融资 Margin Funds	转融资交易金额 Margin Funds Loans	3517.00	2574.13
		其中：新合约融出 New Loans	3517.00	2574.13
		展期融出 Rollover	0.00	0.00
	转融券 Magin Securities	转融券交易金额 Margin Securities Loans	22351.11	21141.24
		其中：新合约融出 New Loans	7207.79	6173.27
		展期融出 Rollover	15143.30	14967.96
	合计 Total		25868.10	23715.37
归还金额（亿元） Redemption Value (100 million yuan)	转融资归还金额 Repaid Margin Funds Loans		3260.69	2521.14
	转融券归还金额 Returned Margin Securities Loans		7238.77	5996.33
	合计 Total		10499.46	8517.47
余额（亿元） Outstanding Loans (100 million yuan)	转融资余额 Outstanding Margin Funds Loans		918.43	971.42
	转融券余额 Outstanding Margin Securities Loans		1441.37	1256.96
	合计 Total		2359.80	2228.38
负债（亿元） Liability(100 million yuan)	转融资总负债 Total Liabilities of Margin Funds		924.85	981.93
	转融券总负债 Total Liabilities of Margin Securities		1449.96	1263.89
	合计 Total		2374.81	2245.82
保证金（亿元） Collateral Value (100 million yuan)	货币资金金额 Cash		248.63	229.80
	可充抵保证金证券价值 Securities		276.16	243.76
	合计 Total		524.79	473.56
保证金比例（%） Collateral Ratio（%）	市场平均 Average		24.44	23.49
	市场最低 Lowest		20.29	20.05
保证金比例分布（家） Distribution of Collateral Ratio(unit)	>=50%		11	10
	[24%，50%）		42	37
	[20%，24%）		23	33
	<20%		0	0

注：1.转融通交易额=转融资交易额+转融券交易额=转融资新融出额+转融资展期融出额+转融券新融出额+转融券展期融出额。
2.归还额指归还转融通本金金额以及证券出借期间因发生证券权益分派而产生的权益补偿金额，不包含息费。
3.证券公司数量、转融资余额、保证金、保证金比例及分布为截至当年12月31日数据。
4.可充抵保证金证券价值是指折算后的可充抵保证金证券市值。
5.市场平均保证金比例=有转融通余额的证券公司保证金总额/证券公司总负债。
6.转融资业务开始于2012年8月30日，转融券业务开始于2013年2月28日。

数据来源：中国证券金融公司
Source:CSF

2-35 开立信用证券账户的投资者情况

Investors with Credit Security Accounts

单位：万 (10,000)

项 目 Items	个人 Individual		机构 Institution	
	2021	2022	2021	2022
一、期初开立的信用证券账户的投资者数 Number of Investors with Credit Security Accounts, Beginning of Year	554.93	603.03	3.14	4.00
二、本年新开信用证券账户的投资者数 Number of Investors with New Credit Security Accounts, Opening this Year	51.15	35.61	1.23	1.06
三、本年新销信用证券账户的投资者数 Number of Investors with Credit Security Accounts, Closed this Year	3.05	2.91	0.37	0.41
四、期末开立的信用证券账户的投资者数 Number of Investors with Credit Security Accounts, End of Year	603.03	635.72	4.00	4.65

注：1.开立信用证券账户的投资者数以信用证券账户对应的一码通账户数统计。
2.信用证券账户不同于普通证券账户，是投资者为参与融资融券交易而向证券公司申请开立的证券账户。该账户是证券公司在我公司开立的“客户信用交易担保证券账户”的二级账户，用于记录投资者委托证券公司持有的担保证券的明细数据。

数据来源：中国证券登记结算公司

Source:CSDC

2-36 证券及股票期权投资者的资金余额及变动情况
Outstanding Fund and Its Change of Securities and Stock Options

年份 Year	资金类别 Type of Fund	资金余额(亿元) Outstanding Fund Value (100 million yuan)		投资者银证转账/银衍转账引起的资金变动金额(亿元) Change of Fund Caused by Bank-stock Transaction/ Bank-derivative Transaction (100 million yuan)		
		期末金额 Ending Value	日平均金额 Daily Turnover	转入额 Input	转出额 Output	净转入额 Net Input
2014	证券交易结算资金 Securities Transaction Settlement Fund	10977.14	7387.01	138105.05	129501.48	8603.57
	股票期权保证金 Stock Option Margin	--	--	--	--	--
	融资融券担保资金 Collateral Value of Margin Transaction	--	--	--	--	--
2015	证券交易结算资金 Securities Transaction Settlement Fund	17648.83	22148.81	429831.51	402942.06	26889.45
	股票期权保证金 Stock Option Margin	--	--	--	--	--
	融资融券担保资金 Collateral Value of Margin Transaction	--	--	--	--	--

注：1.“证券交易结算资金”是指“证券市场交易结算资金监控系统”获取的有经纪业务的证券公司全部经纪业务客户(含部分采取证券公司结算模式的资产管理计划)从事证券交易等的人民币交易结算资金，不包括投资者从事B股交易、融资融券业务等的资金，也不包括证券公司自营、QFII以及采用托管人结算模式的证券公司资产管理计划和公开募集证券投资基金等从事证券交易的资金。

2.“股票期权保证金”是指“证券市场交易结算资金监控系统”获取的证券公司的客户用于证券交易所股票期权交易、行权结算和履约保证的资金(包括权利金、保证金及行权资金)，不包括证券公司自营及做市业务、QFII及采用托管人结算模式的证券公司资产管理计划和公开募集证券投资基金等从事股票期权交易、行权结算和履约保证的资金。

3.“银证转账”是指在客户交易结算资金第三方存管制度下投资者在银行结算账户和证券资金账户之间的资金划转方式，是引起“证券交易结算资金”变动的重要方式之一。“投资者银证转账引起的资金变动金额”项下的“转入额”是指投资者从银行结算账户转入资金账户的金额；“转出额”是指投资者从资金账户转出到银行结算账户的金额；“净转入(转出)额”=“转入额”-“转出额”，其中，正数为净转入，负数为净转出。

4.“银衍转账”是指投资者在银行结算账户和衍生品资金账户之间的资金划转方式，是引起“股票期权保证金”变动的重要方式之一。“投资者银衍转账引起的资金变动金额”项下的“转入额”是指投资者从银行结算账户转入衍生品资金账户的金额(入金)；“转出额”是指投资者从衍生品资金账户转出到银行结算账户的金额(出金)；“净转入(转出)额”(即出入金净额)=“转入额”-“转出额”,其中，正数为净转入，负数为净转出。

5.证券市场交易结算资金监控系统自2015年2月9日对股票期权保证金实施监控，自2015年9月11日对融资融券担保资金实施监控。

数据来源：中国证券投资者保护基金有限责任公司
Source:SIPF

2-36 续表 continued

年份 Year	资金类别 Type of Fund	资金余额(亿元) Outstanding Fund Value (100 million yuan)		投资者银证转账/银衍转账引起的资金变动金额(亿元) Change of Fund Caused by Bank-stock Transaction/ Bank-derivative Transaction (100 million yuan)		
		期末金额 Ending Value	日平均金额 Daily Turnover	转入额 Input	转出额 Output	净转入额 Net Input
2016	证券交易结算资金 Securities Transaction Settlement Fund	12678.46	15680.03	248810.27	248937.20	-126.93
	股票期权保证金 Stock Option Margin	47.56	38.45	248.94	214.92	34.02
	融资融券担保资金 Collateral Value of Margin Transaction	1392.32	2047.98	30346.46	33091.00	73.70
2017	证券交易结算资金 Securities Transaction Settlement Fund	9217.16	12347.80	226998.03	227630.27	-632.24
	股票期权保证金 Stock Option Margin	50.82	57.36	291.03	277.75	13.28
	融资融券担保资金 Collateral Value of Margin Transaction	1107.46	1459.59	22276.43	23876.18	73.70
2018	证券交易结算资金 Securities Transaction Settlement Fund	8048.41	10287.32	205626.82	210187.31	-4560.49
	股票期权保证金 Stock Option Margin	71.40	57.06	425.39	378.62	46.78
	融资融券担保资金 Collateral Value of Margin Transaction	1057.00	1333.57	18943.25	19433.90	73.70
2019	证券交易结算资金 Security Transaction Settlement Fund	11201.26	11811.63	232217.38	240598.30	-8380.92
	股票期权保证金 Stock Option Margin	166.45	130.68	1179.36	1055.41	123.95
	融资融券担保资金 Collateral Value of Margin Transaction	1438.41	1657.98	25420.91	26125.38	73.70
2020	证券交易结算资金 Security Transaction Settlement Fund	14209.06	15394.79	322743.82	315107.51	7636.31
	股票期权保证金 Stock Option Margin	191.15	183.78	1572.59	1495.96	76.63
	融资融券担保资金 Collateral Value of Margin Transaction	1977.46	2308.60	34783.62	36285.03	73.70
2021	证券交易结算资金 Security Transaction Settlement Fund	16432.42	17231.25	376320.14	374787.92	1532.22
	股票期权保证金 Stock Option Margin	190.18	218.90	1652.33	1578.63	73.70
	融资融券担保资金 Collateral Value of Margin Transaction	2197.44	2403.77	31650.31	35419.82	73.70
2022	证券交易结算资金 Security Transaction Settlement Fund	16298.59	18110.64	371327.31	388798.05	73.70
	股票期权保证金 Stock Option Margin	164.39	190.92	1502.08	1420.47	81.61
	融资融券担保资金 Collateral Value of Margin Transaction	2160.90	2442.13	26996.04	29213.22	-2217.18

2-37 沪深港通情况

Statistics of Shanghai and Shenzhen-Hong Kong Stock Connect

年份 Year	标的股票数量(只) Number of Underlying Stocks (unit)			
	沪股通标的股 Underlying Stocks of Shanghai Stock Connect	港股通(沪市)标的股 Underlying Stocks of Hong Kong Stock Connect (Shanghai)	深股通标的股 Underlying Stocks of Shenzhen Stock Connect	港股通(深市)标的股 Underlying Stocks of Hong Kong Stock Connect (Shenzhen)
2014	569	273	--	--
2015	569	296	--	--
2016	574	316	881	418
2017	576	311	944	445
2018	577	323	859	479
2019	916	328	708	476
2020	574	325	886	498
2021	591	376	894	526
2022	593	387	930	554

注：1.标的股依据年末时点划分，仅包含股票标的。

2.买卖净额为全年净买卖金额，包含投资者交易的股票标的和ETF标的的金额。

3.市盈率和市净率计算剔除净利润、净资产为负的数据。

数据来源：上海证券交易所、深圳证券交易所

Source:SSE、SZSE

2-37 续表 1 continued

年份 Year	总市值(亿元) Market Capitalization of Shares (100 million yuan)			
	沪股通标的股 Underlying Stocks of Shanghai Stock Connect	港股通(沪市)标的股 Underlying Stocks of Hong Kong Stock Connect (Shanghai)	深股通标的股 Underlying Stocks of Shenzhen Stock Connect	港股通(深市)标的股 Underlying Stocks of Hong Kong Stock Connect (Shenzhen)
2014	220286.28	162323.13	--	--
2015	247931.89	164209.39	--	--
2016	229989.62	182001.69	161650.98	146.27
2017	275797.96	238803.66	175824.12	1983.83
2018	229521.23	212627.94	121840.23	213503.46
2019	322529.02	256990.22	177247.23	269025.42
2020	360598.75	279170.87	278110.86	358538.11
2021	394520.88	250279.20	313752.96	257319.61
2022	340547.99	235666.72	251835.57	284729.45

2-37 续表 2 continued

年份 Year	流通市值(亿元) Negotiable Market Capitalization (100 million yuan)		市盈率(倍) P/E Ratio (times)	
	沪股通标的股 Underlying Stocks of Shanghai Stock Connect	深股通标的股 Underlying Stocks of Shenzhen Stock Connect	沪股通标的股 Underlying Stocks of Shanghai Stock Connect	深股通标的股 Underlying Stocks of Shenzhen Stock Connect
2014	202746.98	--	13.21	--
2015	221572.57	--	14.55	--
2016	206064.03	128133.03	13.25	34.64
2017	244770.84	132881.85	13.51	32.94
2018	202207.78	93986.54	11.63	17.98
2019	282579.56	138879.37	13.79	24.40
2020	319480.39	218473.55	14.86	33.97
2021	349189.52	257319.61	15.72	32.28
2022	311176.11	214253.01	10.93	19.41

2-37 续表 3 continued

年份 Year	市净率(倍) P/B Ratio (times)		买卖净额(亿元) Net Amount of Buy and Sell Trade (100 million yuan)			
	沪股通标的股 Underlying Stocks of Shanghai Stock Connect	深股通标的股 Underlying Stocks of Shenzhen Stock Connect	沪股通投资者买卖净额(亿元) Shanghai Stock Connect	港股通(沪市)投资者买卖净额(亿元) Hong Kong Stock Connect (Shanghai)	深股通投资者买卖净额(亿元) Shenzhen Stock Connect	港股通(深市)投资者买卖净额(亿元) Hong Kong Stock Connect (Shenzhen)
2014	1.75	--	685.70	103.97	--	--
2015	1.65	--	185.29	1016.21	--	--
2016	1.39	2.81	455.11	2051.88	151.68	59.95
2017	1.50	2.68	629.73	1968.06	1367.64	978.78
2018	1.31	1.67	1810.94	103.42	1131.24	567.07
2019	1.50	2.49	1566.33	1331.81	1951.10	886.39
2020	1.61	3.51	855.13	2970.21	1234.19	2994.37
2021	1.58	3.78	1937.27	926.54	2384.42	2856.61
2022	1.24	2.94	940.04	1173.10	-39.85	2181.39

2-38 北交所市场概况
Overview of BSE Market

年份 Year	上市公司家数（家） Number of Listed Companies (unit)	上市公司股本（亿股） Share Capital of Listed Companies (100 million shares)	流通股本（亿股） Negotiable Shares (100 million shares)	股票市值（亿元） Market Capitalization of Shares (100 million yuan)	流通市值（亿元） Negotiable Market Capitalization (100 million yuan)	成交量（亿股） Trading Volume (100 million shares)
2021	82	122.69	57.27	2722.75	1073.82	37.45
2022	162	213.54	110.99	2110.29	1148.06	158.53

注：2021年成交量、成交金额统计区间为11月15日至12月31日。
数据来源：北京证券交易所
Source:BSE

2-38 续表 continued

年份 Year	日均成交量（亿股） Average Daily Volume (100 million shares)	成交金额（亿元） Trading Turnover (100 million yuan)	日均成交金额（亿元） Average Daily Turnover (100 million yuan)	市值换手率（%） Turnover Ratio of Market Capitalization (%)	市盈率（倍） P/E Ratio (times)	股息率（%） Dividend Yield Ratio (%)
2021	1.07	667.17	19.06	62.55	46.66	0.76
2022	0.66	1980.13	8.18	172.95	18.87	1.13

2-39 北交所市场历史记录情况
Historical Records of BSE Market

年份 Year	日收市综合指数 Daily Closing Composite Index			
	最高 Highest		最低 Lowest	
	北证50指数 BSE 50 Index	日期 Date	北证50指数 BSE 50 Index	日期 Date
2022	1195.94	2022-06-28	932.36	2022-12-29

注：指数最高、最低价分别为收盘最高、最低价，最大涨幅、最大跌幅按年最高价、最低价计算。
数据来源：北京证券交易所
Source:BSE

2-39 续表 1 continued

年份 Year	日收市综合指数 Daily Closing Composite Index			
	最大涨幅(%) Maximum Change of Increment(%)		最大跌幅(%) Maximum Change of Decrement(%)	
	北证50指数 BSE 50 Index	日期 Date	北证50指数 BSE 50 Index	日期 Date
2022	19.78	2022-06-28	8.07	2022-10-12

2-39 续表 2 continued

年份 Year	日成交金额(亿元) Daily Turnover(100 million yuan)			
	最大 Maximum		最小 Minimum	
	北交所 BSE	日期 Date	北交所 BSE	日期 Date
2022	40.46	2022-01-20	2.78	2022-09-09

2-40 北交所市场分监管辖区规模

Dimensions of BSE Market by Regulatory Jurisdiction

辖区	Jurisdiction	上市公司家数(家) Number of Listed Companies (unit)		上市公司股本(亿股) Share Capital of Listed Companies (100 million shares)		股票市值(亿元) Market Capitalization of Shares (100 million yuan)	
		2021	2022	2021	2022	2021	2022
北京	Beijing	11	15	28.49	31.71	302.09	226.15
天津	Tianjin	0	2	0.00	1.61	0.00	9.30
河北	Hebei	3	5	4.54	8.90	35.04	51.02
山西	Shanxi	1	2	0.73	1.33	14.37	13.08
内蒙古	Inner Mongolia	1	1	1.45	2.61	16.55	8.93
辽宁	Liaoning	0	1	0.00	0.69	0.00	5.71
吉林	Jilin	2	2	4.21	4.21	200.42	160.67
黑龙江	Heilongjiang	0	0	0.00	0.00	0.00	0.00
上海	Shanghai	3	7	3.21	9.58	70.42	82.19
江苏	Jiangsu	13	27	15.85	28.31	281.91	245.69
浙江	Zhejiang	2	12	1.86	11.18	22.05	72.82
安徽	Anhui	5	7	4.35	6.35	93.99	49.53
福建	Fujian	1	2	1.15	7.03	22.17	33.02
江西	Jiangxi	1	1	0.82	1.03	9.16	5.21
山东	Shandong	5	9	4.79	8.97	72.63	74.02
河南	Henan	3	9	3.24	11.67	29.79	105.91
湖北	Hubei	3	5	3.59	4.70	41.49	34.02
湖南	Hunan	2	4	2.69	4.22	31.54	22.54
广东	Guangdong	7	14	9.01	18.02	127.94	127.38
广西	Guangxi	1	1	0.85	0.86	18.27	9.21
海南	Hainan	0	0	0.00	0.00	0.00	0.00
重庆	Chongqing	2	4	4.60	6.23	25.85	39.52
四川	Sichuan	4	8	3.77	8.72	146.61	87.24
贵州	Guizhou	0	0	0.00	0.00	0.00	0.00
云南	Yunnan	1	2	1.28	2.37	18.76	24.65
西藏	Tibet	0	0	0.00	0.00	0.00	0.00
陕西	Shaanxi	2	3	6.40	7.14	85.60	66.96
甘肃	Gansu	0	0	0.00	0.00	0.00	0.00
青海	Qinghai	0	0	0.00	0.00	0.00	0.00
宁夏	Ningxia	1	1	2.35	2.35	14.98	8.86
新疆	Xinjiang	0	0	0.00	0.00	0.00	0.00
深圳	Shenzhen	3	9	6.22	12.47	739.56	351.22
大连	Dalian	2	2	3.21	3.31	250.82	129.97
宁波	Ningbo	1	2	2.08	3.00	14.68	24.24
厦门	Xiamen	0	0	0.00	0.00	0.00	0.00
青岛	Qingdao	2	5	1.94	4.97	36.06	41.24

注：所属辖区按上市公司注册地划分，注册地为境外的上市公司，以其实际办公地为口径统计上市公司家数，以注册地(境外)为口径统计IPO家数。

数据来源：北京证券交易所

Source:BSE

2-41 北交所市场筹资情况
Proceeds Raised in BSE Market

年份 Year	发行数量(亿股) Number of Offerings (100 million shares)	筹资金额(亿元) Proceeds Raised by Offering of Shares (100 million yuan)					
		小计 Subtotal	发行筹资金额 Proceeds Raised	增发筹资金额 Proceeds Raised by Following on Offering	配股筹资金额 Proceeds Raised by Rights Issues	行权筹资金额 Proceeds Raised by Warrant Exercise	优先股 Proceeds Raised by Preference Stock
2021	2.29	21.32	21.32	0.00	0.00	0.00	0.00
2022	17.48	166.99	163.84	3.15	0.00	0.00	0.00

注：本表发行指在北交所上市发行融资。再筹资包含公开增发、定向增发、配股、权证和优先股筹资。
数据来源：北京证券交易所
Source: BSE

2-42 北交所市场发行及上市首日情况
Issue-Day Statistics of the BSE Market

年份 Year	平均超募比率(%) Average Oversubscription Rate (%)	上市首日平均换手率(%) Average Turnover Ratio of Issue-day (%)	首日破发率(%) the Ratio of Breaking Issue Price (%)	平均首发价格(元) Average IPO Price (yuan)	首日平均涨跌幅(%) Average Price Change Rate on the First Trading Day of IPO (%)	平均网上发行中签率(%) Average Lot Winning Rate for Online Subscription (%)	平均首发市盈率(倍) Average IPO P/E Ratio (times)
2021	-1.51	60.70	0.00	10.50	199.52	0.64	21.25
2022	-11.13	33.67	50.60	11.27	10.03	3.29	21.67

注：1.发行指在北交所上市发行，以上市日口径统计。
2.以上数据除超募比率使用整体法计算外，其他均为算数平均。
3.首日破发指的是首日收盘破发。
4.首发市盈率指的摊薄后的市盈率。
数据来源：北京证券交易所
Source:BSE

2-43 2022年北交所市场首发及上市首日表现

序号 Number	股票代码 Stock Code	股票简称 Stock Abbreviation	所属辖区 Jurisdiction	行业分类 Industry Classification	上市日期 Listing Date	首发数量（万股） Number of IPO Shares (10 thousand shares)
1	871245	威博液压	江苏	制造业	2022-1-6	975.00
2	870204	沪江材料	江苏	制造业	2022-1-18	946.94
3	833346	威贸电子	上海	制造业	2022-2-23	2335.16
4	871857	泓禧科技	重庆	制造业	2022-2-28	1600.00
5	835179	凯德石英	北京	制造业	2022-3-4	1500.00
6	832419	路斯股份	山东	制造业	2022-3-11	1304.34
7	831689	克莱特	山东	制造业	2022-3-21	1000.00
8	873169	七丰精工	浙江	制造业	2022-4-15	2227.41
9	833580	科创新材	河南	制造业	2022-5-13	2300.00
10	871970	大禹生物	山西	制造业	2022-5-18	1500.00
11	833533	骏创科技	江苏	制造业	2022-5-24	860.00
12	831167	鑫汇科	深圳	制造业	2022-5-27	700.00
13	838171	邦德股份	山东	制造业	2022-6-2	2025.00
14	873223	荣亿精密	浙江	制造业	2022-6-9	4358.50
15	870299	灿能电力	江苏	制造业	2022-6-10	2024.93
16	832491	奥迪威	广东	制造业	2022-6-14	3130.43
17	430564	天润科技	陕西	信息传输、软件和信息技术服务业	2022-6-17	1836.13
18	831278	泰德股份	青岛	制造业	2022-6-20	2500.00
19	833943	优机股份	四川	制造业	2022-6-24	1295.34
20	838670	恒进感应	湖北	制造业	2022-7-5	1700.00
21	837821	则成电子	深圳	制造业	2022-7-6	1619.28
22	834639	晨光电缆	浙江	制造业	2022-7-12	4666.67
23	834062	科润智控	浙江	制造业	2022-7-13	3772.43
24	839725	惠丰钻石	河南	制造业	2022-7-18	1265.00
25	836871	派特尔	广东	制造业	2022-7-22	2041.24
26	835985	海泰新能	河北	制造业	2022-8-8	6189.52
27	831834	三维股份	江苏	制造业	2022-8-22	3000.00
28	831152	昆工科技	云南	制造业	2022-9-1	3009.17
29	836395	朗鸿科技	浙江	制造业	2022-9-1	710.00
30	836270	天铭科技	浙江	制造业	2022-9-2	1000.00
31	839790	联迪信息	江苏	信息传输、软件和信息技术服务业	2022-9-2	1566.00
32	835207	众诚科技	河南	信息传输、软件和信息技术服务业	2022-9-23	1839.50
33	838971	天马新材	河南	制造业	2022-9-27	1440.67
34	873122	中纺标	北京	科学研究和技术服务业	2022-9-27	1063.75
35	838402	硅烷科技	河南	制造业	2022-9-28	8996.65
36	430685	新芝生物	宁波	制造业	2022-10-10	2492.59
37	837046	亿能电力	江苏	制造业	2022-10-13	1725.00
38	430476	海能技术	山东	制造业	2022-10-14	1000.00
39	835892	中科美菱	安徽	制造业	2022-10-18	2418.27
40	873527	夜光明	浙江	制造业	2022-10-27	1349.27
41	430139	华岭股份	上海	制造业	2022-10-28	4000.00
42	871753	天纺标	天津	科学研究和技术服务业	2022-10-31	1300.00

Issue-Day Statistics of IPO in the BSE Market in 2022

发行价格（元）IPO Price (yuan)	首发筹资金额（百万元）Proceeds Raised by IPO (million yuan)	上市首日涨跌幅(%) Price Change Rate on Issue Day of IPO (%)	超募比例(%) Oversubscription Rate(%)	网上发行中签率(%) Lot Winning Rate for Online Subscription(%)	首发市盈率（摊薄）(倍) IPO P/E Ratio (times)	上市交易所 Stock Exchange
9.68	94.38	168.60	-32.59	0.04	18.59	北京证券交易所
18.68	176.89	63.76	66.39	0.11	18.45	北京证券交易所
9.00	210.16	37.56	16.65	0.13	27.17	北京证券交易所
12.00	192.00	2.17	25.15	0.13	24.18	北京证券交易所
20.00	300.00	1.90	10.07	0.17	43.90	北京证券交易所
7.20	93.91	1.25	-21.62	0.09	21.00	北京证券交易所
10.80	108.00	0.00	-12.03	0.15	30.85	北京证券交易所
6.00	133.64	22.00	21.18	0.34	15.16	北京证券交易所
4.60	105.80	141.96	-11.83	0.38	15.26	北京证券交易所
10.00	150.00	16.70	-1.33	0.50	19.59	北京证券交易所
12.50	107.50	3.20	-28.97	0.48	24.87	北京证券交易所
15.21	106.47	-11.18	-11.28	0.59	25.28	北京证券交易所
7.00	141.75	27.86	-14.33	0.39	24.14	北京证券交易所
3.21	139.91	40.19	-30.05	0.24	23.89	北京证券交易所
5.80	117.45	-0.17	-22.08	0.29	20.72	北京证券交易所
11.00	344.35	-7.45	2.14	1.28	28.53	北京证券交易所
8.05	147.81	0.00	40.69	0.43	19.05	北京证券交易所
4.06	101.50	0.00	-13.79	0.16	18.89	北京证券交易所
7.00	90.67	6.29	-4.74	0.15	16.48	北京证券交易所
20.00	340.00	0.00	1.97	1.79	25.22	北京证券交易所
10.80	174.88	-7.13	-51.90	1.08	23.82	北京证券交易所
4.30	200.67	0.00	-25.70	1.05	14.34	北京证券交易所
4.30	162.21	-1.16	6.05	0.87	21.02	北京证券交易所
28.18	356.48	3.62	14.99	1.59	26.01	北京证券交易所
5.60	114.31	1.96	20.89	0.24	13.63	北京证券交易所
9.05	560.15	27.40	-15.77	1.28	24.58	北京证券交易所
5.20	156.00	4.42	-0.98	0.63	16.21	北京证券交易所
5.80	174.53	51.21	15.00	0.42	21.35	北京证券交易所
17.00	120.70	-0.18	-0.44	0.73	16.31	北京证券交易所
18.96	189.60	-8.23	-1.05	1.41	24.24	北京证券交易所
8.00	125.28	-2.62	-39.73	1.12	24.26	北京证券交易所
7.00	128.77	39.57	-0.95	0.60	19.97	北京证券交易所
21.38	308.01	0.00	-0.98	1.98	24.99	北京证券交易所
8.00	85.10	86.25	15.00	0.59	23.48	北京证券交易所
5.66	509.21	148.94	-16.15	0.34	26.79	北京证券交易所
15.00	373.89	-11.33	-15.31	4.97	30.12	北京证券交易所
5.00	86.25	69.80	5.45	0.24	13.13	北京证券交易所
10.88	108.80	0.00	-2.16	1.02	24.98	北京证券交易所
16.00	386.92	2.38	-23.50	6.79	24.79	北京证券交易所
10.99	148.28	0.00	-16.76	1.50	21.56	北京证券交易所
13.50	540.00	0.00	-32.50	1.90	54.36	北京证券交易所
10.00	130.00	-10.00	-1.08	0.74	23.84	北京证券交易所

2-43 续表

序号 Number	股票代码 Stock Code	股票简称 Stock Abbreviation	所属辖区 Jurisdiction	行业分类 Industry Classification	上市日期 Listing Date	首发数量（万股） Number of IPO Shares (10 thousand shares)
43	832876	慧为智能	深圳	制造业	2022-11-9	1630.07
44	833914	远航精密	江苏	制造业	2022-11-11	2500.00
45	873339	恒太照明	江苏	制造业	2022-11-17	2220.00
46	870357	雅葆轩	安徽	制造业	2022-11-18	1360.00
47	872808	曙光数创	北京	制造业	2022-11-18	902.00
48	871634	新威凌	湖南	制造业	2022-11-24	1128.00
49	835237	力佳科技	深圳	制造业	2022-11-25	1000.00
50	832662	方盛股份	江苏	制造业	2022-11-28	2100.00
51	872374	云里物里	深圳	制造业	2022-11-29	1150.00
52	870199	倍益康	四川	制造业	2022-12-1	1130.00
53	831641	格利尔	江苏	制造业	2022-12-2	1050.00
54	832110	雷特科技	广东	制造业	2022-12-6	600.00
55	430300	辰光医疗	上海	制造业	2022-12-7	1500.00
56	831087	秋乐种业	河南	农、林、牧、渔业	2022-12-7	3304.00
57	836942	恒立钻具	湖北	制造业	2022-12-8	1400.00
58	833230	欧康医药	四川	制造业	2022-12-9	1808.60
59	870866	绿亨科技	广东	制造业	2022-12-9	4049.57
60	836414	欧普泰	上海	制造业	2022-12-12	600.00
61	834014	特瑞斯	江苏	制造业	2022-12-13	2100.00
62	833075	柏星龙	深圳	制造业	2022-12-14	1296.30
63	836957	汉维科技	广东	制造业	2022-12-14	1557.21
64	833171	国航远洋	福建	交通运输、仓储和邮政业	2022-12-15	11100.00
65	833429	康比特	北京	制造业	2022-12-15	2049.00
66	838810	春光药装	辽宁	制造业	2022-12-16	1600.00
67	870508	丰安股份	浙江	制造业	2022-12-16	1556.00
68	830879	基康仪器	北京	制造业	2022-12-20	1300.00
69	836807	奔朗新材	广东	制造业	2022-12-20	4547.00
70	834033	康普化学	重庆	制造业	2022-12-21	1500.00
71	873305	九菱科技	湖北	制造业	2022-12-21	1120.00
72	430718	合肥高科	安徽	制造业	2022-12-22	2266.67
73	831526	凯华材料	天津	制造业	2022-12-22	1800.00
74	836247	华密新材	河北	制造业	2022-12-23	2330.54
75	872190	雷神科技	青岛	制造业	2022-12-23	1250.00
76	833781	瑞奇智造	四川	制造业	2022-12-26	2928.00
77	873001	纬达光电	广东	制造业	2022-12-27	3841.41
78	838227	美登科技	浙江	信息传输、软件和信息技术服务业	2022-12-28	800.00
79	831855	浙江大农	浙江	制造业	2022-12-29	1868.33
80	872351	华光源海	湖南	交通运输、仓储和邮政业	2022-12-29	2278.39
81	831195	三祥科技	青岛	制造业	2022-12-30	1423.00
82	838262	太湖雪	江苏	制造业	2022-12-30	800.00
83	872392	佳合科技	江苏	制造业	2022-12-30	1500.00

continued

发行价格 (元) IPO Price (yuan)	首发筹资金额 (百万元) Proceeds Raised by IPO (million yuan)	上市首日涨跌幅 (%) Price Change Rate on Issue Day of IPO (%)	超募比例 (%) Oversubscription Rate(%)	网上发行 中签率(%) Lot Winning Rate for Online Subscription(%)	首发市盈率 (摊薄)(倍) IPO P/E Ratio (times)	上市交易所 Stock Exchange
8.00	130.41	22.12	-9.13	0.63	18.63	北京证券交易所
16.20	405.00	-7.78	-1.04	3.34	19.99	北京证券交易所
6.28	139.42	0.16	-30.49	0.57	15.01	北京证券交易所
14.00	190.40	-4.00	-7.35	0.97	19.24	北京证券交易所
28.80	259.78	9.31	14.12	0.82	25.63	北京证券交易所
9.60	108.29	0.00	-13.05	1.55	21.48	北京证券交易所
18.18	181.80	-1.54	-22.92	1.25	21.70	北京证券交易所
6.50	136.50	52.00	-39.02	0.25	16.07	北京证券交易所
10.00	115.00	-1.50	-39.33	0.89	19.00	北京证券交易所
31.80	359.34	-3.14	-0.98	2.97	19.83	北京证券交易所
9.60	100.80	31.77	-2.08	0.43	23.32	北京证券交易所
20.00	120.00	-7.50	-13.21	1.56	19.68	北京证券交易所
6.00	90.00	33.50	0.00	0.38	24.29	北京证券交易所
6.00	198.24	-2.50	-14.78	2.02	29.38	北京证券交易所
14.20	198.80	-12.82	-0.80	7.41	18.93	北京证券交易所
12.80	231.50	-5.31	-0.74	3.03	24.22	北京证券交易所
8.00	323.97	-10.62	-13.88	7.69	25.50	北京证券交易所
24.98	149.88	-8.97	-10.41	0.53	28.01	北京证券交易所
16.18	339.78	-6.67	-13.72	9.49	24.13	北京证券交易所
11.80	152.96	-6.78	-31.19	3.77	20.92	北京证券交易所
6.50	101.22	-7.54	-16.60	1.09	23.67	北京证券交易所
5.20	577.20	-7.12	-0.02	9.59	7.99	北京证券交易所
8.00	163.92	-2.00	-8.14	1.84	20.71	北京证券交易所
10.00	160.00	-5.00	-1.05	2.36	20.59	北京证券交易所
10.00	155.60	-11.30	0.87	6.29	20.26	北京证券交易所
6.50	84.50	-5.54	-1.46	0.63	19.07	北京证券交易所
7.00	318.29	-13.57	-10.41	9.57	14.81	北京证券交易所
14.77	221.55	10.90	-3.67	0.59	27.11	北京证券交易所
11.72	131.26	-3.41	-12.49	3.82	17.35	北京证券交易所
6.50	147.33	-12.46	-33.66	3.67	15.96	北京证券交易所
4.00	72.00	44.00	-40.00	0.23	16.65	北京证券交易所
8.00	186.44	-6.25	-25.70	7.01	15.23	北京证券交易所
25.00	312.50	-12.00	-1.41	14.53	21.54	北京证券交易所
7.93	232.19	-11.73	23.13	8.72	23.06	北京证券交易所
8.52	327.29	-8.33	-13.04	10.38	19.87	北京证券交易所
25.00	200.00	-14.00	-24.77	11.67	21.59	北京证券交易所
7.50	140.12	-21.60	-45.68	12.57	14.48	北京证券交易所
8.00	182.27	-21.88	-1.48	23.41	19.41	北京证券交易所
11.00	156.53	-29.00	-13.04	22.66	18.71	北京证券交易所
15.00	120.00	-6.67	-20.32	19.49	17.36	北京证券交易所
8.00	120.00	-2.50	2.95	14.07	13.12	北京证券交易所

2-44 2022年北交所市场分行业筹资情况
Summary of BSE Market Financing by Industry in 2022

单位：亿元 (100 million yuan)

行业 Industry	合计 Total
农、林、牧、渔 Agriculture, Forestry, Animal Husbandry and Fishery	1.98
采矿业 Mining	0.00
制造业 Manufacturing	149.25
电力、热力、燃气及水生产和供应业 Production and Supply of Electricity, Gas and Water	0.00
建筑业 Construction	0.00
批发和零售业 Wholesale and Retail Trades	0.00
交通运输、仓储和邮政业 Transport, Storage and Post	7.59
住宿和餐饮业 Hotels and Catering Services	0.00
信息传输、软件和信息技术服务业 Information Transmission, Computer Services and Software	6.02
金融业 Financial Intermediation	0.00
房地产业 Real Estate	0.00
租赁和商务服务业 Leasing and Business Services	0.00
科学研究和技术服务业 Scientific Research, Technical Service	2.15
水利、环境和公共设施管理业 Management of Water Conservancy, Environment and Public Facilities	0.00
居民服务、修理和其他服务业 Resident Services, Repairs and Other Services	0.00
教育 Education	0.00
卫生和社会工作 Health and Social Works	0.00
文化、体育和娱乐业 Culture, Sports and Entertainment	0.00
综合 Others	0.00

注：1.本表筹资情况包含境内首发上市及再筹资。再筹资包含公开增发、定向增发、配股、权证和优先股筹资。
2.募集资金以股票上市日口径统计。

数据来源：北京证券交易所

Source:BSE

2-45 2022年北交所市场分监管辖区筹资情况

Summary of BSE Market Financing by Jurisdiction in 2022

单位：亿元

辖区	Jurisdiction	合计 Total
北京	Beijing	8.93
天津	Tianjin	2.02
河北	Hebei	7.47
山西	Shanxi	1.50
内蒙古	Inner Mongolia	0.00
辽宁	Liaoning	1.60
吉林	Jilin	0.00
黑龙江	Heilongjiang	0.00
上海	Shanghai	9.90
江苏	Jiangsu	23.04
浙江	Zhejiang	15.91
安徽	Anhui	7.25
福建	Fujian	5.77
江西	Jiangxi	0.00
山东	Shandong	4.52
河南	Henan	16.07
湖北	Hubei	8.29
湖南	Hunan	2.91
广东	Guangdong	16.49
广西	Guangxi	0.00
海南	Hainan	0.00
重庆	Chongqing	4.14
四川	Sichuan	9.14
贵州	Guizhou	0.00
云南	Yunnan	1.75
西藏	Tibet	0.00
陕西	Shaanxi	1.48
甘肃	Gansu	0.00
青海	Qinghai	0.00
宁夏	Ningxia	0.00
新疆	Xinjiang	0.00
深圳	Shenzhen	8.62
大连	Dalian	0.77
宁波	Ningbo	3.74
厦门	Xiamen	0.00
青岛	Qingdao	5.71
其他	Others	0.00

注：1.本表筹资情况包含境内首发上市及再筹资。再筹资包含公开增发、定向增发、配股、权证和优先股筹资。
2.募集资金以股票上市日口径统计。
3.上市公司辖区按公司注册地划分。

数据来源：北京证券交易所

Source:BSE

2-46 北交所市场分行业成交情况
Statistics for BSE Transaction by Industry

行业 Industry	成交量(百万股) Trading Volume(million shares)		成交金额(百万元) Trading Turnover(million yuan)	
	2021	2022	2021	2022
农、林、牧、渔业 Agriculture, Forestry, Animal Husbandry and Fishery	0.00	42.51	0.00	245.54
采矿业 Mining	0.00	0.00	0.00	0.00
制造业 Manufacturing	2327.31	11662.35	50914.22	163500.13
电力、热力、燃气及水的生产和供应业 Production and Supply of Electricity, Gas and Water	188.13	336.04	1291.02	1645.35
建筑业 Construction	0.00	0.00	0.00	0.00
批发和零售业 Wholesale and Retail Trades	59.07	148.66	394.28	611.50
交通运输、仓储和邮政业 Transport, Storage and Post	0.00	56.56	0.00	281.58
住宿和餐饮业 Hotels and Catering Services	0.00	0.00	0.00	0.00
信息传输、软件和信息技术服务业 Information Transmission, Computer Services and Software	826.64	2628.47	10820.81	24702.56
金融业 Financial Intermediation	0.00	0.00	0.00	0.00
房地产业 Real Estate	0.00	0.00	0.00	0.00
租赁和商务服务业 Leasing and Business Services	9.97	16.40	136.59	159.37
科学研究和技术服务业 Scientific Research, Technical Service	182.77	554.99	1631.37	4268.71
水利、环境和公共设施管理业 Management of Water Conservancy, Environment and Public Facilities	151.19	407.50	1529.01	2598.56
居民服务、修理和其他服务业 Resident Services, Repairs and Other Services	0.00	0.00	0.00	0.00
教育 Education	0.00	0.00	0.00	0.00
卫生和社会工作业 Health and Social Works	0.00	0.00	0.00	0.00
文化、体育和娱乐业 Culture, Sports and Entertainment	0.00	0.00	0.00	0.00
综合 Others	0.00	0.00	0.00	0.00

数据来源：北京证券交易所
Source:BSE

2-47 北交所市场按监管辖区成交情况
Statistics for Stock Transaction by Regulatory Jurisdiction

辖区	Jurisdiction	成交量(百万股) Trading Volume(million shares)		成交金额(百万元) Trading Turnover(million yuan)	
		2021	2022	2021	2022
北京	Beijing	913.69	2688.23	9517.69	20925.59
天津	Tianjin	0.00	62.66	0.00	406.61
河北	Hebei	158.32	707.90	1955.92	7982.78
山西	Shanxi	62.47	114.49	1467.86	1460.23
内蒙古	InnerMongolia	57.47	263.01	604.87	1845.14
辽宁	Liaoning	0.00	8.46	0.00	74.99
吉林	Jilin	94.92	186.58	4350.36	8513.66
黑龙江	Heilongjiang	0.00	0.00	0.00	0.00
上海	Shanghai	50.14	379.32	1230.94	4365.34
江苏	Jiangsu	617.37	3303.09	10172.51	49657.59
浙江	Zhejiang	58.34	1108.27	675.49	6445.06
安徽	Anhui	125.20	339.53	3176.25	4338.65
福建	Fujian	20.96	110.93	468.98	858.38
江西	Jiangxi	9.77	19.91	111.24	171.86
山东	Shandong	162.69	903.11	3169.69	11712.88
河南	Henan	169.94	1274.08	2410.80	17152.76
湖北	Hubei	66.30	169.61	533.30	1688.61
湖南	Hunan	83.00	239.10	945.49	1684.83
广东	Guangdong	188.53	642.64	3905.36	6256.91
广西	Guangxi	14.58	24.36	340.59	354.80
海南	Hainan	0.00	0.00	0.00	0.00
重庆	Chongqing	214.69	579.09	1590.73	3864.81
四川	Sichuan	102.83	425.85	4077.66	7231.39
贵州	Guizhou	0.00	0.00	0.00	0.00
云南	Yunnan	30.63	583.68	412.01	7978.22
西藏	Tibet	0.00	0.00	0.00	0.00
陕西	Shaanxi	86.78	224.54	1297.44	2126.35
甘肃	Gansu	0.00	0.00	0.00	0.00
青海	Qinghai	0.00	0.00	0.00	0.00
宁夏	Ningxia	188.13	336.04	1291.02	1645.35
新疆	Xinjiang	0.00	0.00	0.00	0.00
深圳	Shenzhen	113.31	500.23	8672.61	16849.41
大连	Dalian	80.95	293.81	3475.60	9123.46
宁波	Ningbo	44.51	167.98	327.79	1938.87
厦门	Xiamen	0.00	0.00	0.00	0.00
青岛	Qingdao	29.55	196.96	535.10	1358.74
其他	OThers	0.00	0.00	0.00	0.00

注：上市公司辖区按公司注册地划分。
数据来源：北京证券交易所
Source:BSE

2-48 2022年北交所总市值前50只股票交易情况

排名 Ranking	股票代码 Stock Code	股票简称 Stock Abbreviation	股票市值（百万元） Market Capitalization of Shares (million yuan)	占比（%） Proportion (%)	流通市值（百万元） Negotiable Market Capitalization (million yuan)	成交量（百万股） Trading Volume (million shares)
1	835185	贝特瑞	30309.94	14.36	29798.74	179.22
2	836077	吉林碳谷	15033.26	7.12	4779.50	144.57
3	835368	连城数控	12090.61	5.73	6281.75	94.46
4	833819	颖泰生物	6484.48	3.07	6390.69	469.51
5	838402	硅烷科技	4428.38	2.10	923.38	499.46
6	830946	森萱医药	3833.73	1.82	3831.71	1923.85
7	430047	诺思兰德	3749.80	1.78	2171.72	247.27
8	834599	同力股份	3203.88	1.52	1414.48	114.87
9	835640	富士达	3026.18	1.43	2803.72	52.46
10	836239	长虹能源	2974.31	1.41	1130.05	86.15
11	835985	海泰新能	2553.18	1.21	976.21	405.81
12	430139	华岭股份	2550.61	1.21	1191.01	72.96
13	833171	国航远洋	2338.27	1.11	785.84	44.69
14	872808	曙光数创	2211.05	1.05	715.47	15.60
15	839729	永顺生物	2205.93	1.05	647.57	32.16
16	837344	三元基因	2073.21	0.98	1932.80	53.28
17	834033	康普化学	1916.58	0.91	623.99	31.91
18	839725	惠丰钻石	1609.71	0.76	383.75	82.82
19	831152	昆工科技	1594.13	0.76	737.23	365.42
20	831961	创远信科	1531.25	0.73	885.83	41.42
21	833509	同惠电子	1476.80	0.70	730.52	23.75
22	839167	同享科技	1427.72	0.68	771.94	74.77
23	835179	凯德石英	1402.50	0.66	821.11	59.16
24	832491	奥迪威	1363.60	0.65	863.60	120.64

注：1.按年末股票市值进行排名。
2.占比为个股市值占北交所总市值的比重。

数据来源：北京证券交易所

Source:BSE

Statistics of Top 50 BSE Stock Transaction Ranked by Stock Market Capitalization in 2022

成交金额 （百万元） Trading Turnover (million yuan)	市盈率 （倍） P/E Ratio (times)	市净率 （倍） P/B Ratio (times)	涨跌幅 (%) Price Change Rate (%)	股本换手率 (%) Turnover Ratio of Share Capital (%)	辖区 Jurisdiction
13108.52	21.03	3.96	-57.64	35.89	深圳
7956.95	47.75	17.60	-17.73	154.06	吉林
6387.62	34.93	4.85	-49.28	78.52	大连
2433.95	13.48	1.34	-9.12	38.86	北京
8707.45	58.42	6.50	140.99	737.79	河南
33392.65	29.20	3.83	-48.21	880.75	江苏
3721.53	--	15.48	-45.16	166.62	北京
859.38	8.67	1.82	-24.67	54.77	陕西
840.63	29.68	4.72	-25.45	31.08	陕西
4067.24	11.76	3.04	-71.86	209.61	四川
5223.83	17.39	4.15	-8.84	342.95	河北
910.90	28.30	5.58	-29.19	56.55	上海
209.67	6.36	3.34	-19.04	22.45	福建
485.37	23.59	9.75	-3.58	60.40	北京
306.82	24.15	3.13	-44.95	40.08	广东
1060.55	51.30	3.82	-37.84	92.69	北京
593.04	37.62	8.75	45.16	109.63	重庆
3456.73	28.74	8.11	24.63	716.21	河南
5801.31	51.51	6.19	153.10	727.64	云南
624.62	29.68	2.16	-46.20	57.26	上海
371.90	35.15	4.95	-32.55	54.85	江苏
1058.34	26.45	4.21	-37.56	126.51	江苏
1178.96	35.22	3.79	-6.50	157.60	北京
1402.00	22.82	2.45	-11.44	147.26	广东

2-48 续表

排名 Ranking	股票代码 Stock Code	股票简称 Stock Abbreviation	股票市值（百万元） Market Capitalization of Shares (million yuan)	占比(%) Proportion (%)	流通市值（百万元） Negotiable Market Capitalization (million yuan)	成交量（百万股） Trading Volume (million shares)
25	430685	新芝生物	1359.01	0.64	556.23	90.71
26	835305	云创数据	1356.86	0.64	656.09	114.97
27	430476	海能技术	1290.75	0.61	930.59	95.90
28	830799	艾融软件	1285.20	0.61	716.32	85.21
29	870199	倍益康	1206.52	0.57	245.62	7.80
30	430510	丰光精密	1190.81	0.56	569.48	44.16
31	834014	特瑞斯	1186.30	0.56	368.05	11.76
32	872190	雷神科技	1183.13	0.56	394.21	4.23
33	832735	德源药业	1173.68	0.56	807.68	21.14
34	838670	恒进感应	1135.65	0.54	258.72	47.81
35	835892	中科美菱	1127.88	0.53	236.05	95.99
36	870866	绿亨科技	1120.88	0.53	312.11	18.25
37	836720	吉冈精密	1116.40	0.53	297.29	52.15
38	873339	恒太照明	1103.22	0.52	284.53	37.11
39	873001	纬达光电	1100.18	0.52	220.11	11.41
40	834682	球冠电缆	1064.96	0.50	409.26	77.27
41	833914	远航精密	1060.00	0.50	585.12	31.98
42	831305	海希通讯	1058.96	0.50	436.41	47.03
43	873122	中纺标	1045.48	0.50	99.36	94.08
44	836807	奔朗新材	1040.35	0.49	407.16	20.96
45	831726	朱老六	1033.76	0.49	258.90	42.02
46	832089	禾昌聚合	1006.25	0.48	593.16	28.57
47	832278	鹿得医疗	999.68	0.47	414.57	111.23
48	832566	梓橦宫	990.75	0.47	776.25	95.45
49	831445	龙竹科技	963.68	0.46	590.64	66.24
50	838171	邦德股份	962.14	0.46	240.01	248.69

continued

成交金额（百万元）Trading Turnover (million yuan)	市盈率（倍）P/E Ratio (times)	市净率（倍）P/B Ratio (times)	涨跌幅(%) Price Change Rate (%)	股本换手率(%) Turnover Ratio of Share Capital (%)	辖区 Jurisdiction
1486.43	28.07	8.31	-1.00	239.16	宁波
1811.81	20.63	1.54	-44.56	245.21	江苏
1235.95	24.18	3.64	45.68	160.91	山东
854.49	25.51	3.78	-40.01	111.13	上海
220.39	15.12	9.25	-22.01	68.09	四川
554.67	24.34	3.72	-57.51	72.07	青岛
158.60	17.46	3.23	-24.35	35.85	江苏
86.52	15.22	2.67	-24.28	18.68	青岛
420.39	15.07	1.70	-27.95	71.70	江苏
967.68	20.90	9.10	-12.63	304.33	湖北
1476.54	16.71	4.67	-27.13	436.75	安徽
125.81	17.96	2.88	-22.25	33.59	广东
880.52	19.75	2.81	-55.75	232.48	江苏
228.16	13.82	3.89	-20.22	62.17	江苏
86.06	15.91	3.02	-15.96	31.45	广东
452.44	12.99	1.11	-23.49	96.67	宁波
445.28	12.57	2.37	-34.57	55.94	江苏
714.23	11.56	1.40	-44.40	184.52	上海
1229.09	30.56	4.19	45.01	1070.01	北京
126.92	11.99	1.68	-18.29	27.18	广东
556.72	17.96	2.38	-39.28	166.09	吉林
314.84	12.35	1.19	-32.30	60.97	江苏
861.38	26.21	2.76	-53.29	172.36	江苏
1016.51	12.37	1.54	-24.40	146.74	四川
648.72	13.85	2.46	-55.05	79.73	福建
2461.25	26.43	3.99	15.57	1144.41	山东

2-49　2022年北交所流通市值前50只股票交易情况

排名 Ranking	股票代码 Stock Code	股票简称 Stock Abbreviation	流通市值(百万元) Negotiable Market Capitalization (million yuan)	占比(%) Proportion (%)	股票市值(百万元) Market Capitalization of Shares (million yuan)	成交量 (百万股) Trading Volume (million shares)
1	835185	贝特瑞	29798.74	25.96	30309.94	179.22
2	833819	颖泰生物	6390.69	5.57	6484.48	469.51
3	835368	连城数控	6281.75	5.47	12090.61	94.46
4	836077	吉林碳谷	4779.50	4.16	15033.26	144.57
5	830946	森萱医药	3831.71	3.34	3833.73	1923.85
6	835640	富士达	2803.72	2.44	3026.18	52.46
7	430047	诺思兰德	2171.72	1.89	3749.80	247.27
8	837344	三元基因	1932.80	1.68	2073.21	53.28
9	834599	同力股份	1414.48	1.23	3203.88	114.87
10	430139	华岭股份	1191.01	1.04	2550.61	72.96
11	836239	长虹能源	1130.05	0.98	2974.31	86.15
12	835985	海泰新能	976.21	0.85	2553.18	405.81
13	430476	海能技术	930.59	0.81	1290.75	95.90
14	838402	硅烷科技	923.38	0.80	4428.38	499.46
15	831961	创远信科	885.83	0.77	1531.25	41.42
16	832491	奥迪威	863.60	0.75	1363.60	120.64
17	835179	凯德石英	821.11	0.72	1402.50	59.16
18	832735	德源药业	807.68	0.70	1173.68	21.14
19	830832	齐鲁华信	789.07	0.69	876.99	52.59
20	833171	国航远洋	785.84	0.68	2338.27	44.69
21	831370	新安洁	778.35	0.68	891.27	129.41
22	832566	梓橦宫	776.25	0.68	990.75	95.45
23	839167	同享科技	771.94	0.67	1427.72	74.77
24	831152	昆工科技	737.23	0.64	1594.13	365.42

注：1.按年末股票流通市值进行排名。
　　2.占比为个股流通市值占北交所总流通市值的比重。
数据来源：北京证券交易所
Source:BSE

Statistics of Top 50 BSE Stock Transaction Ranked by Stock Free Float Market Capitalization in 2022

成交金额 (百万元) Trading Turnover (million yuan)	市盈率 (倍) P/E Ratio (times)	市净率 (倍) P/B Ratio (times)	涨跌幅 (%) Price Change Rate (%)	股本换手率 (%) Turnover Ratio of Share Capital (%)	辖区 Jurisdiction
13108.52	21.03	3.96	-57.64	35.89	深圳
2433.95	13.48	1.34	-9.12	38.86	北京
6387.62	34.93	4.85	-49.28	78.52	大连
7956.95	47.75	17.60	-17.73	154.06	吉林
33392.65	29.20	3.83	-48.21	880.75	江苏
840.63	29.68	4.72	-25.45	31.08	陕西
3721.53	--	15.48	-45.16	166.62	北京
1060.55	51.30	3.82	-37.84	92.69	北京
859.38	8.67	1.82	-24.67	54.77	陕西
910.90	28.30	5.58	-29.19	56.55	上海
4067.24	11.76	3.04	-71.86	209.61	四川
5223.83	17.39	4.15	-8.84	342.95	河北
1235.95	24.18	3.64	45.68	160.91	山东
8707.45	58.42	6.50	140.99	737.79	河南
624.62	29.68	2.16	-46.20	57.26	上海
1402.00	22.82	2.45	-11.44	147.26	广东
1178.96	35.22	3.79	-6.50	157.60	北京
420.39	15.07	1.70	-27.95	71.70	江苏
335.52	14.46	1.20	-23.08	46.78	山东
209.67	6.36	3.34	-19.04	22.45	福建
491.56	21.59	1.06	-42.22	64.41	重庆
1016.51	12.37	1.54	-24.40	146.74	四川
1058.34	26.45	4.21	-37.56	126.51	江苏
5801.31	51.51	6.19	153.10	727.64	云南

2-49 续表

排名 Ranking	股票代码 Stock Code	股票简称 Stock Abbreviation	流通市值(百万元) Negotiable Market Capitalization (million yuan)	占比(%) Proportion (%)	股票市值(百万元) Market Capitalization of Shares (million yuan)	成交量 (百万股) Trading Volume (million shares)
25	833509	同惠电子	730.52	0.64	1476.80	23.75
26	831039	国义招标	729.11	0.64	729.11	34.63
27	830799	艾融软件	716.32	0.62	1285.20	85.21
28	872808	曙光数创	715.47	0.62	2211.05	15.60
29	834021	流金岁月	701.22	0.61	932.40	802.04
30	835305	云创数据	656.09	0.57	1356.86	114.97
31	833266	生物谷	655.05	0.57	870.40	218.26
32	839729	永顺生物	647.57	0.56	2205.93	32.16
33	834033	康普化学	623.99	0.54	1916.58	31.91
34	831010	凯添燃气	608.81	0.53	886.41	336.04
35	832089	禾昌聚合	593.16	0.52	1006.25	28.57
36	831445	龙竹科技	590.64	0.51	963.68	66.24
37	833914	远航精密	585.12	0.51	1060.00	31.98
38	836433	大唐药业	578.43	0.50	892.68	263.01
39	830964	润农节水	571.45	0.50	848.93	123.47
40	430510	丰光精密	569.48	0.50	1190.81	44.16
41	430685	新芝生物	556.23	0.48	1359.01	90.71
42	833523	德瑞锂电	536.68	0.47	927.30	94.84
43	835670	数字人	530.84	0.46	868.57	276.50
44	834062	科润智控	515.39	0.45	927.67	235.84
45	836263	中航泰达	515.24	0.45	708.20	215.78
46	430489	佳先股份	512.68	0.45	831.04	99.09
47	833781	瑞奇智造	511.38	0.45	843.09	14.96
48	430418	苏轴股份	489.12	0.43	923.68	26.69
49	871981	晶赛科技	476.18	0.41	933.67	47.93
50	839680	广道数字	469.30	0.41	826.11	103.43

continued

成交金额 （百万元） Trading Turnover (million yuan)	市盈率 （倍） P/E Ratio (times)	市净率 （倍） P/B Ratio (times)	涨跌幅 (%) Price Change Rate (%)	股本换手率 (%) Turnover Ratio of Share Capital (%)	辖区 Jurisdiction
371.90	35.15	4.95	-32.55	54.85	江苏
235.72	9.58	1.29	-43.54	63.73	广东
854.49	25.51	3.78	-40.01	111.13	上海
485.37	23.59	9.75	-3.58	60.40	北京
4298.84	12.28	1.40	-50.10	388.53	北京
1811.81	20.63	1.54	-44.56	245.21	江苏
2176.91	10.43	0.82	-53.62	231.20	云南
306.82	24.15	3.13	-44.95	40.08	广东
593.04	37.62	8.75	45.16	109.63	重庆
1645.35	12.26	1.52	-40.11	240.47	宁夏
314.84	12.35	1.19	-32.30	60.97	江苏
648.72	13.85	2.46	-55.05	79.73	福建
445.28	12.57	2.37	-34.57	55.94	江苏
1845.14	14.41	1.66	-42.37	269.44	内蒙古
521.74	14.59	1.01	-35.90	70.67	河北
554.67	24.34	3.72	-57.51	72.07	青岛
1486.43	28.07	8.31	-1.00	239.16	宁波
1647.86	20.09	2.34	-57.85	236.89	广东
5325.62	54.49	3.41	-51.44	677.60	山东
1343.24	21.47	2.23	22.17	234.15	浙江
1567.03	42.44	1.52	-8.83	322.22	北京
970.68	13.36	1.74	-36.61	146.20	安徽
102.20	20.36	5.76	-9.21	20.10	四川
295.72	14.62	1.65	-26.41	58.56	江苏
1179.53	14.26	1.90	-60.02	287.06	安徽
1566.01	15.34	1.44	-40.65	282.34	深圳

2-50 2022年北交所成交金额前50股票交易情况

排名 Ranking	股票代码 Stock Code	股票简称 Stock Abbreviation	成交金额（百万元） Trading Turnover (million yuan)	占比(%) Proportion (%)	股票市值(百万元) Market Capitalization of Shares (million yuan)	流通市值(百万元) Negotiable Market Capitalization (million yuan)
1	830946	森萱医药	33392.65	16.86	3833.73	3831.71
2	835185	贝特瑞	13108.52	6.62	30309.94	29798.74
3	838402	硅烷科技	8707.45	4.40	4428.38	923.38
4	836077	吉林碳谷	7956.95	4.02	15033.26	4779.50
5	835368	连城数控	6387.62	3.23	12090.61	6281.75
6	831152	昆工科技	5801.31	2.93	1594.13	737.23
7	835670	数字人	5325.62	2.69	868.57	530.84
8	835985	海泰新能	5223.83	2.64	2553.18	976.21
9	834021	流金岁月	4298.84	2.17	932.40	701.22
10	836239	长虹能源	4067.24	2.05	2974.31	1130.05
11	430047	诺思兰德	3721.53	1.88	3749.80	2171.72
12	430090	同辉信息	3602.28	1.82	542.19	381.93
13	839725	惠丰钻石	3456.73	1.75	1609.71	383.75
14	836826	盖世食品	2735.84	1.38	905.95	306.70
15	838171	邦德股份	2461.25	1.24	962.14	240.01
16	833819	颖泰生物	2433.95	1.23	6484.48	6390.69
17	833873	中设咨询	2290.38	1.16	500.04	378.68
18	833266	生物谷	2176.91	1.10	870.40	655.05
19	832171	志晟信息	2006.15	1.01	426.99	286.12
20	836433	大唐药业	1845.14	0.93	892.68	578.43
21	835305	云创数据	1811.81	0.91	1356.86	656.09
22	870204	沪江材料	1796.15	0.91	413.42	139.07
23	833523	德瑞锂电	1647.86	0.83	927.30	536.68
24	831010	凯添燃气	1645.35	0.83	886.41	608.81

注：1.按全年股票成交金额进行排名。
2.占比为个股成交金额占北交所总成交金额的比重。
数据来源：北京证券交易所
Source:BSE

Statistics of Top BSE Stock Transaction Ranked by Stock Trading Turnover in 2022

成交量(百万股) Trading Volume (million shares)	市盈率 (倍) P/E Ratio (times)	市净率 (倍) P/B Ratio (times)	涨跌幅 (%) Price Change Rate(%)	股本换手率(%) Turnover Ratio of Share Capital (%)	辖区 Jurisdiction
1923.85	29.20	3.83	-48.21	880.75	江苏
179.22	21.03	3.96	-57.64	35.89	深圳
499.46	58.42	6.50	140.99	737.79	河南
144.57	47.75	17.60	-17.73	154.06	吉林
94.46	34.93	4.85	-49.28	78.52	大连
365.42	51.51	6.19	153.10	727.64	云南
276.50	54.49	3.41	-51.44	677.60	山东
405.81	17.39	4.15	-8.84	342.95	河北
802.04	12.28	1.40	-50.10	388.53	北京
86.15	11.76	3.04	-71.86	209.61	四川
247.27	--	15.48	-45.16	166.62	北京
547.17	20.72	1.60	-56.23	547.23	北京
82.82	28.74	8.11	24.63	716.21	河南
199.36	21.15	4.23	-36.11	615.83	大连
248.69	26.43	3.99	15.57	1144.41	山东
469.51	13.48	1.34	-9.12	38.86	北京
373.39	18.25	1.08	-51.12	482.85	重庆
218.26	10.43	0.82	-53.62	231.20	云南
143.24	10.71	1.10	-61.95	604.70	河北
263.01	14.41	1.66	-42.37	269.44	内蒙古
114.97	20.63	1.54	-44.56	245.21	江苏
68.62	9.69	1.65	-30.60	680.71	江苏
94.84	20.09	2.34	-57.85	236.89	广东
336.04	12.26	1.52	-40.11	240.47	宁夏

2-51 续表

排名 Ranking	股票代码 Stock Code	股票简称 Stock Abbreviation	成交金额（百万元）Trading Turnover (million yuan)	占比(%) Proportion (%)	股票市值(百万元) Market Capitalization of Shares (million yuan)	流通市值(百万元) Negotiable Market Capitalization (million yuan)
25	836263	中航泰达	1567.03	0.79	708.20	515.24
26	839680	广道数字	1566.01	0.79	826.11	469.30
27	873223	荣亿精密	1533.77	0.77	504.88	155.32
28	430685	新芝生物	1486.43	0.75	1359.01	556.23
29	835892	中科美菱	1476.54	0.75	1127.88	236.05
30	832491	奥迪威	1402.00	0.71	1363.60	863.60
31	834062	科润智控	1343.24	0.68	927.67	515.39
32	833454	同心传动	1303.46	0.66	615.89	348.96
33	833533	骏创科技	1298.16	0.66	908.59	307.10
34	870436	大地电气	1271.31	0.64	644.33	304.72
35	430476	海能技术	1235.95	0.62	1290.75	930.59
36	873122	中纺标	1229.09	0.62	1045.48	99.36
37	871981	晶赛科技	1179.53	0.60	933.67	476.18
38	835179	凯德石英	1178.96	0.60	1402.50	821.11
39	873169	七丰精工	1111.24	0.56	499.81	162.67
40	833580	科创新材	1079.37	0.55	365.50	101.18
41	837344	三元基因	1060.55	0.54	2073.21	1932.80
42	839167	同享科技	1058.34	0.53	1427.72	771.94
43	832566	梓橦宫	1016.51	0.51	990.75	776.25
44	835207	众诚科技	1010.96	0.51	545.79	189.51
45	871245	威博液压	972.82	0.49	526.50	129.13
46	430489	佳先股份	970.68	0.49	831.04	512.68
47	838670	恒进感应	967.68	0.49	1135.65	258.72
48	831832	科达自控	966.41	0.49	851.62	464.28
49	836871	派特尔	927.20	0.47	360.58	88.58
50	835174	五新隧装	925.45	0.47	687.67	403.90

continued

成交量(百万股) Trading Volume (million shares)	市盈率 (倍) P/E Ratio (times)	市净率 (倍) P/B Ratio (times)	涨跌幅 (%) Price Change Rate(%)	股本换手率(%) Turnover Ratio of Share Capital (%)	辖区 Jurisdiction
215.78	42.44	1.52	-8.83	322.22	北京
103.43	15.34	1.44	-40.65	282.34	深圳
371.96	21.96	2.60	0.00	911.10	浙江
90.71	28.07	8.31	-1.00	239.16	宁波
95.99	16.71	4.67	-27.13	436.75	安徽
120.64	22.82	2.45	-11.44	147.26	广东
235.84	21.47	2.23	22.17	234.15	浙江
151.33	25.87	2.11	-56.15	477.55	河南
95.04	32.38	7.63	33.53	544.04	江苏
97.56	12.38	1.33	-65.91	376.72	江苏
95.90	24.18	3.64	45.68	160.91	山东
94.08	30.56	4.19	45.01	1070.01	北京
47.93	14.26	1.90	-60.02	287.06	安徽
59.16	35.22	3.79	-6.50	157.60	北京
164.08	13.80	3.24	0.93	690.01	浙江
173.24	13.79	1.70	-7.61	867.08	河南
53.28	51.30	3.82	-37.84	92.69	北京
74.77	26.45	4.21	-37.56	126.51	江苏
95.45	12.37	1.54	-24.40	146.74	四川
122.82	12.74	2.42	-15.43	383.64	河南
48.85	12.47	1.94	12.37	466.32	江苏
99.09	13.36	1.74	-36.61	146.20	安徽
47.81	20.90	9.10	-12.63	304.33	湖北
67.57	21.48	1.49	-43.17	170.72	山西
144.04	12.26	2.97	-12.68	794.51	广东
70.30	6.96	1.28	-64.76	219.68	湖南

2-51 2022年北交所涨幅前50股票交易情况

排名 Ranking	股票代码 Stock Code	股票简称 Stock Abbreviation	涨幅(%) Price Increase Rate (%)	股票市值(百万元) Market Capitalization of Shares (million yuan)	流通市值(百万元) Negotiable Market Capitalization (million yuan)
1	831152	昆工科技	153.10	1594.13	737.23
2	838402	硅烷科技	140.99	4428.38	923.38
3	430476	海能技术	45.68	1290.75	930.59
4	834033	康普化学	45.16	1916.58	623.99
5	873122	中纺标	45.01	1045.48	99.36
6	833533	骏创科技	33.53	908.59	307.10
7	839725	惠丰钻石	24.63	1609.71	383.75
8	834062	科润智控	22.17	927.67	515.39
9	838171	邦德股份	15.57	962.14	240.01
10	871245	威博液压	12.37	526.50	129.13
11	831641	格利尔	9.48	772.49	248.19
12	430300	辰光医疗	8.33	543.38	319.98
13	833943	优机股份	6.48	569.30	109.24
14	832662	方盛股份	4.00	570.54	135.16
15	831526	凯华材料	3.00	329.60	86.85
16	837046	亿能电力	1.20	365.59	88.86
17	873169	七丰精工	0.93	499.81	162.67
18	873223	荣亿精密	0.00	504.88	155.32
19	430685	新芝生物	-1.00	1359.01	556.23
20	872392	佳合科技	-2.50	457.86	112.18
21	872808	曙光数创	-3.58	2211.05	715.47
22	834639	晨光电缆	-4.88	763.47	288.00
23	831087	秋乐种业	-6.50	926.77	362.08
24	835179	凯德石英	-6.50	1402.50	821.11
25	838262	太湖雪	-6.67	496.20	139.04

数据来源：北京证券交易所
Source:BSE

Statistics of Top 50 BSE Stock Transaction Ranked by Stock Price Increase Rate in 2022

成交量（百万股） Trading Volume (million shares)	成交金额（百万元） Trading Turnover (million yuan)	市盈率（倍） P/E Ratio (times)	市净率（倍） P/B Ratio (times)	股本换手率(%) Turnover Ratio of Share Capital (%)	辖区 Jurisdiction
365.42	5801.31	51.51	6.19	727.64	云南
499.46	8707.45	58.42	6.50	737.79	河南
95.90	1235.95	24.18	3.64	160.91	山东
31.91	593.04	37.62	8.75	109.63	重庆
94.08	1229.09	30.56	4.19	1070.01	北京
95.04	1298.16	32.38	7.63	544.04	江苏
82.82	3456.73	28.74	8.11	716.21	河南
235.84	1343.24	21.47	2.23	234.15	浙江
248.69	2461.25	26.43	3.99	1144.41	山东
48.85	972.82	12.47	1.94	466.32	江苏
41.98	496.17	21.20	3.53	177.79	江苏
42.25	310.18	22.41	2.72	89.76	上海
100.33	817.67	13.83	1.50	666.18	四川
62.85	549.64	15.63	2.56	314.36	江苏
38.68	184.67	16.37	3.08	183.49	天津
85.41	612.20	13.89	2.74	486.34	江苏
164.08	1111.24	13.80	3.24	690.01	浙江
371.96	1533.77	21.96	2.60	911.10	浙江
90.71	1486.43	28.07	8.31	239.16	宁波
3.17	22.21	12.92	2.60	22.05	江苏
15.60	485.37	23.59	9.75	60.40	北京
176.26	779.92	12.61	1.27	243.63	浙江
42.51	245.54	23.13	3.54	62.75	河南
59.16	1178.96	35.22	3.79	157.60	北京
1.56	19.49	13.65	2.80	15.74	江苏

2-51 续表

排名 Ranking	股票代码 Stock Code	股票简称 Stock Abbreviation	涨幅(%) Price Increase Rate (%)	股票市值(百万元) Market Capitalization of Shares (million yuan)	流通市值(百万元) Negotiable Market Capitalization (million yuan)
26	833580	科创新材	-7.61	365.50	101.18
27	836263	中航泰达	-8.83	708.20	515.24
28	835985	海泰新能	-8.84	2553.18	976.21
29	833819	颖泰生物	-9.12	6484.48	6390.69
30	833781	瑞奇智造	-9.21	843.09	511.38
31	833429	康比特	-11.25	883.95	332.47
32	832491	奥迪威	-11.44	1363.60	863.60
33	872374	云里物里	-11.50	721.43	247.75
34	830879	基康仪器	-12.62	805.89	309.44
35	838670	恒进感应	-12.63	1135.65	258.72
36	836871	派特尔	-12.68	360.58	88.58
37	870508	丰安股份	-12.70	543.36	200.83
38	873305	九菱科技	-13.65	453.57	90.83
39	836395	朗鸿科技	-14.45	636.34	172.63
40	831855	浙江大农	-14.80	477.55	129.47
41	835207	众诚科技	-15.43	545.79	189.51
42	873001	纬达光电	-15.96	1100.18	220.11
43	836957	汉维科技	-16.62	581.57	128.51
44	838810	春光药装	-16.70	570.61	189.53
45	870357	雅葆轩	-16.79	717.64	177.79
46	832419	路斯股份	-17.20	612.73	277.87
47	832876	慧为智能	-17.37	424.23	121.80
48	836077	吉林碳谷	-17.73	15033.26	4779.50
49	835237	力佳科技	-17.82	768.21	164.44
50	832225	利通科技	-18.21	622.96	339.50

continued

成交量（百万股）Trading Volume (million shares)	成交金额（百万元）Trading Turnover (million yuan)	市盈率（倍）P/E Ratio (times)	市净率（倍）P/B Ratio (times)	股本换手率(%) Turnover Ratio of Share Capital (%)	辖区 Jurisdiction
173.24	1079.37	13.79	1.70	867.08	河南
215.78	1567.03	42.44	1.52	322.22	北京
405.81	5223.83	17.39	4.15	342.95	河北
469.51	2433.95	13.48	1.34	38.86	北京
14.96	102.20	20.36	5.76	20.10	四川
14.68	111.77	19.47	1.60	29.80	北京
120.64	1402.00	22.82	2.45	147.26	广东
8.56	82.77	16.06	5.77	29.41	深圳
15.67	94.97	15.99	1.80	28.06	北京
47.81	967.68	20.90	9.10	304.33	湖北
144.04	927.20	12.26	2.97	794.51	广东
5.92	53.16	11.97	2.06	23.50	浙江
4.27	46.22	14.55	2.79	41.47	湖北
17.19	275.97	12.97	6.30	135.94	浙江
6.08	37.59	10.82	1.38	30.03	浙江
122.82	1010.96	12.74	2.42	383.64	河南
11.41	86.06	15.91	3.02	31.45	广东
8.51	50.72	17.65	2.13	32.88	广东
8.46	74.99	16.32	5.88	34.25	辽宁
13.75	184.45	15.34	6.83	82.72	安徽
82.66	519.09	20.16	2.04	181.14	山东
57.80	492.14	14.72	3.52	283.74	深圳
144.57	7956.95	47.75	17.60	154.06	吉林
8.43	144.59	17.20	3.30	70.11	深圳
93.94	578.12	20.67	1.56	173.47	河南

2-52 2022年北交所跌幅前50股票交易情况

排名 Ranking	股票代码 Stock Code	股票简称 Stock Abbreviation	跌幅(%) Price Decrease Rate (%)	股票市值(百万元) Market Capitalization of Shares (million yuan)	流通市值(百万元) Negotiable Market Capitalization (million yuan)
1	836239	长虹能源	-71.86	2974.31	1130.05
2	870436	大地电气	-65.91	644.33	304.72
3	835174	五新隧装	-64.76	687.67	403.90
4	832171	志晟信息	-61.95	426.99	286.12
5	832145	恒合股份	-61.76	344.28	138.31
6	871981	晶赛科技	-60.02	933.67	476.18
7	837212	智新电子	-58.81	729.97	358.29
8	836149	旭杰科技	-58.78	287.66	186.71
9	833523	德瑞锂电	-57.85	927.30	536.68
10	835185	贝特瑞	-57.64	30309.94	29798.74
11	430510	丰光精密	-57.51	1190.81	569.48
12	430090	同辉信息	-56.23	542.19	381.93
13	833454	同心传动	-56.15	615.89	348.96
14	836720	吉冈精密	-55.75	1116.40	297.29
15	831768	拾比佰	-55.70	594.80	411.63
16	831445	龙竹科技	-55.05	963.68	590.64
17	833266	生物谷	-53.62	870.40	655.05
18	832278	鹿得医疗	-53.29	999.68	414.57
19	838924	广脉科技	-53.07	473.93	280.14
20	839946	华阳变速	-52.65	406.32	239.84
21	838275	驱动力	-51.89	522.50	289.94
22	835670	数字人	-51.44	868.57	530.84
23	833873	中设咨询	-51.12	500.04	378.68
24	835508	殷图网联	-50.43	309.50	161.17
25	430198	微创光电	-50.23	756.80	304.43

数据来源：北京证券交易所
Source:BSE

Statistics of Top 50 BSE Stock Transaction Ranked by Stock Price Decrease Rate in 2022

成交量 （百万股） Trading Volume (million shares)	成交金额 （百万元） Trading Turnover (million yuan)	市盈率 （倍） P/E Ratio (times)	市净率 （倍） P/B Ratio (times)	股本换手率(%) Turnover Ratio of Share Capital (%)	辖区 Jurisdiction
86.15	4067.24	11.76	3.04	209.61	四川
97.56	1271.31	12.38	1.33	376.72	江苏
70.30	925.45	6.96	1.28	219.68	湖南
143.24	2006.15	10.71	1.10	604.70	河北
62.31	539.97	21.05	1.20	245.38	北京
47.93	1179.53	14.26	1.90	287.06	安徽
51.16	556.87	12.81	1.95	145.56	山东
40.22	274.42	14.30	1.45	97.05	江苏
94.84	1647.86	20.09	2.34	236.89	广东
179.22	13108.52	21.03	3.96	35.89	深圳
44.16	554.67	24.34	3.72	72.07	青岛
547.17	3602.28	20.72	1.60	547.23	北京
151.33	1303.46	25.87	2.11	477.55	河南
52.15	880.52	19.75	2.81	232.48	江苏
76.23	602.28	9.14	0.85	122.62	广东
66.24	648.72	13.85	2.46	79.73	福建
218.26	2176.91	10.43	0.82	231.20	云南
111.23	861.38	26.21	2.76	172.36	江苏
55.86	545.30	15.40	1.88	158.95	浙江
76.20	345.76	18.39	1.27	130.29	湖北
50.46	244.72	13.06	1.98	73.80	广东
276.50	5325.62	54.49	3.41	677.60	山东
373.39	2290.38	18.25	1.08	482.85	重庆
23.43	221.60	38.62	1.40	102.62	北京
32.85	226.54	18.00	1.40	50.81	湖北

2-52 续表

排名 Ranking	股票代码 Stock Code	股票简称 Stock Abbreviation	跌幅(%) Price Decrease Rate (%)	股票市值(百万元) Market Capitalization of Shares (million yuan)	流通市值(百万元) Negotiable Market Capitalization (million yuan)
26	837092	汉鑫科技	-50.18	656.18	175.65
27	834021	流金岁月	-50.10	932.40	701.22
28	838030	德众汽车	-49.82	557.98	222.75
29	835368	连城数控	-49.28	12090.61	6281.75
30	832885	星辰科技	-49.11	921.37	467.13
31	830946	森萱医药	-48.21	3833.73	3831.71
32	832000	安徽凤凰	-47.74	461.42	160.10
33	836675	秉扬科技	-46.94	812.77	368.45
34	871396	常辅股份	-46.25	394.31	266.94
35	831961	创远信科	-46.20	1531.25	885.83
36	430047	诺思兰德	-45.16	3749.80	2171.72
37	835184	国源科技	-45.10	642.19	423.26
38	839729	永顺生物	-44.95	2205.93	647.57
39	835305	云创数据	-44.56	1356.86	656.09
40	831305	海希通讯	-44.40	1058.96	436.41
41	831039	国义招标	-43.54	729.11	729.11
42	831856	浩淼科技	-43.30	418.10	266.74
43	831832	科达自控	-43.17	851.62	464.28
44	871642	通易航天	-42.57	776.49	410.57
45	871553	凯腾精工	-42.51	479.93	309.35
46	836433	大唐药业	-42.37	892.68	578.43
47	831370	新安洁	-42.22	891.27	778.35
48	872925	锦好医疗	-41.99	714.49	401.19
49	836260	中寰股份	-41.96	561.24	192.47
50	834475	三友科技	-41.39	676.45	226.93

continued

成交量 （百万股） Trading Volume (million shares)	成交金额 （百万元） Trading Turnover (million yuan)	市盈率 （倍） P/E Ratio (times)	市净率 （倍） P/B Ratio (times)	股本换手率(%) Turnover Ratio of Share Capital (%)	辖区 Jurisdiction
33.47	762.01	13.55	1.67	291.24	山东
802.04	4298.84	12.28	1.40	388.53	北京
148.66	611.50	9.66	1.21	180.24	湖南
94.46	6387.62	34.93	4.85	78.52	大连
24.36	354.80	21.25	2.53	80.13	广西
1923.85	33392.65	29.20	3.83	880.75	江苏
49.89	319.09	11.32	0.95	144.43	安徽
70.73	428.04	13.41	1.57	94.57	四川
7.55	67.79	12.92	1.56	21.73	江苏
41.42	624.62	29.68	2.16	57.26	上海
247.27	3721.53	--	15.48	166.62	北京
30.28	212.85	119.26	0.91	40.46	北京
32.16	306.82	24.15	3.13	40.08	广东
114.97	1811.81	20.63	1.54	245.21	江苏
47.03	714.23	11.56	1.40	184.52	上海
34.63	235.72	9.58	1.29	63.73	广东
22.29	147.21	18.02	1.01	53.85	安徽
67.57	966.41	21.48	1.49	170.72	山西
61.71	624.62	35.30	3.18	139.96	江苏
37.97	166.82	17.47	1.46	54.85	北京
263.01	1845.14	14.41	1.66	269.44	内蒙古
129.41	491.56	21.59	1.06	64.41	重庆
16.86	297.87	31.23	2.14	99.28	广东
39.80	455.02	12.12	1.47	188.50	四川
38.52	286.02	23.37	2.10	123.90	浙江

2-53 北交所市场估值水平概况
Level of BSE Market Valuation

单位：倍 (times)

名称 Item	市盈率 P/E Ratio		市净率 P/B Ratio	
	2021	2022	2021	2022
北交所 BSE	46.66	18.87	--	2.79
北证50指数 BSE 50 Index	--	20.57	--	2.89

数据来源：北京证券交易所
Source:BSE

2-54 北交所市场行业估值水平情况
Level of BSE Stock Market Valuation by Industry

单位：倍 (times)

行业 Industry	市盈率 P/E Ratio		市净率 P/B Ratio	
	2021	2022	2021	2022
农、林、牧、渔业 Agriculture, Forestry, Animal Husbandry and Fishery	--	23.13	--	3.54
采矿业 Mining	--	--	--	--
制造业 Manufacturing	49.84	19.61	6.65	3.00
电力、热力、燃气及水的生产和供应业 Production and Supply of Electricity, Gas and Water	23.98	12.26	2.64	1.52
建筑业 Construction	--	--	--	--
批发和零售业 Wholesale and Retail Trades	23.58	9.66	2.58	1.21
交通运输、仓储和邮政业 Transport, Storage and Post	--	6.99	--	3.02
住宿和餐饮业 Hotels and Catering Services	--	--	--	--
信息传输、软件和信息技术服务业 Information Transmission, Computer Services and Software	36.66	18.65	4.01	1.73
金融业 Financial Intermediation	--	--	--	--
房地产业 Real Estate	--	--	--	--
租赁和商务服务业 Leasing and Business Services	21.44	12.75	2.05	1.26
科学研究和技术服务业 Scientific Research, Technical Service	37.73	14.16	4.91	1.91
水利、环境和公共设施管理业 Management of Water Conservancy, Environment and Public Facilities	21.43	26.15	2.28	1.22
居民服务、修理和其他服务业 Residential Services, Repairs and Other Services	--	--	--	--
教育 Education	--	--	--	--
卫生和社会工作业 Health and Social Works	--	--	--	--
文化、体育和娱乐业 Culture, Sports and Entertainment	--	--	--	--
综合 Others	--	--	--	--

注：市盈率计算剔除净利润为负的公司。
数据来源：北京证券交易所
Source:BSE

2-55 全国股转系统市场概况
Overview of NEEQ Market

年份 Year	挂牌公司家数 (家) Number of Listed NEEQ Companies (unit)	挂牌公司股本 (亿股) Share Capital of Listed NEEQ Companies (100 million shares)	挂牌公司流通股本 (亿股) Negotiable Shares (100 million shares)	挂牌公司股票市值 (亿元) Market Capitalization of Shares (100 million yuan)	成交量 (亿股) Trading Volume (100 million shares)
2014	1572	658.35	236.88	4591.42	22.82
2015	5129	2959.51	1023.63	24584.42	278.91
2016	10163	5851.55	2386.81	40558.11	363.63
2017	11630	6756.73	3416.92	49404.56	433.22
2018	10691	6324.53	3564.27	34487.26	236.29
2019	8953	5616.29	3365.26	29399.60	220.20
2020	8187	5335.28	3208.11	26542.31	260.42
2021	6932	4596.60	2832.83	22845.40	309.08
2022	6580	4508.63	2742.05	21181.44	188.87

注：挂牌公司数量以挂牌日口径统计。
数据来源：全国中小企业股份转让系统
Source:NEEQ

2-55 续表 continued

年份 Year	日均成交量 (亿股) Average Daily Volume (100 million shares)	成交金额 (亿元) Trading Turnover (100 million yuan)	日均成交金额 (亿元) Average Daily Turnover (100 million yuan)	市值换手率 (%) Turnover Ratio of Market Capitalization (%)	市盈率 (倍) P/E Ratio (times)
2014	0.09	130.36	0.53	19.67	35.27
2015	1.14	1910.62	7.83	53.88	47.23
2016	1.49	1912.29	7.84	20.74	28.71
2017	1.78	2271.80	9.31	13.47	30.18
2018	0.97	888.01	3.65	5.31	20.86
2019	0.90	825.69	3.38	6.00	19.74
2020	1.07	1294.64	5.33	9.90	21.10
2021	1.27	2148.16	8.84	17.66	20.48
2022	0.78	798.58	3.30	7.41	17.20

2-56　2022年全国股转系统分行业规模情况
Dimensions of Listed Companies in NEEQ by Industry in 2022

行业 Industry	挂牌公司家数(家) Number of Listed NEEQ Companies (unit)	挂牌公司股本(亿股) Share Capital of Listed NEEQ Companies (100 million shares)	挂牌公司流通股本(亿股) Negotiable Shares (100 million shares)
农、林、牧、渔业 Agriculture, Forestry, Animal Husbandry and Fishery	129	113.38	76.63
采矿业 Mining	24	34.97	29.03
制造业 Manufacturing	3268	1980.37	1030.29
电力、热力、燃气及水生产和供应业 Production and Supply of Electricity, Gas and Water	80	165.97	107.05
建筑业 Construction	221	177.71	92.27
批发和零售业 Wholesale and Retail Trades	267	130.35	75.23
交通运输、仓储和邮政业 Transport, Storage and Post	128	94.09	61.05
住宿和餐饮业 Hotels and Catering Services	22	9.31	6.48
信息传输、软件和信息技术服务业 Information Transmission, Computer Services and Software	1275	572.57	342.64
金融业 Financial Intermediation	81	625.70	552.30
房地产业 Real Estate	45	22.20	12.39
租赁和商务服务业 Leasing and Business Services	341	221.72	152.22
科学研究和技术服务业 Scientific Research, Technical Service	323	144.69	77.35
水利、环境和公共设施管理业 Management of Water Conservancy, Environment and Public Facilities	142	101.34	55.57
居民服务、修理和其他服务业 Residential Services, Repairing and Other Services	13	3.44	1.32
教育 Education	57	16.96	8.91
卫生和社会工作 Health and Social Works	31	15.48	8.85
文化、体育和娱乐业 Culture, Sports and Entertainment	133	78.37	52.46

注：挂牌公司数量以挂牌日口径统计。
数据来源：全国中小企业股份转让系统
Source:NEEQ

2-57 2022年全国股转系统分辖区规模情况
Dimensions of Listed Companies in NEEQ by Jurisdiction in 2022

辖区	Jurisdiction	挂牌公司家数(家) Number of Listed NEEQ Companies (unit)	挂牌公司股本(亿股) Share Capital of Listed NEEQ Companies (100 million shares)	挂牌公司流通股本(亿股) Negotiable Shares (100 million shares)
北京	Beijing	844	842.07	601.99
天津	Tianjin	125	56.94	32.42
河北	Hebei	174	108.88	59.77
山西	Shanxi	83	53.89	25.77
内蒙古	Inner Mongolia	46	39.79	26.98
辽宁	Liaoning	83	58.08	31.38
吉林	Jilin	49	25.84	15.62
黑龙江	Heilongjiang	58	40.01	26.51
上海	Shanghai	477	300.25	201.55
江苏	Jiangsu	819	515.45	270.33
浙江	Zhejiang	523	301.18	162.98
安徽	Anhui	236	166.72	85.38
福建	Fujian	131	117.83	74.02
江西	Jiangxi	93	62.34	30.58
山东	Shandong	344	210.94	123.77
河南	Henan	230	144.39	75.73
湖北	Hubei	241	139.30	84.49
湖南	Hunan	125	84.06	53.02
广东	Guangdong	596	361.51	203.97
广西	Guangxi	47	32.95	23.19
海南	Hainan	29	38.40	26.97
重庆	Chongqing	79	47.62	30.62
四川	Sichuan	182	109.15	65.47
贵州	Guizhou	35	75.70	63.81
云南	Yunnan	58	50.94	36.24
西藏	Tibet	10	12.01	8.92
陕西	Shaanxi	124	66.45	33.96
甘肃	Gansu	27	23.10	15.40
青海	Qinghai	2	2.01	0.86
宁夏	Ningxia	40	30.32	19.33
新疆	Xinjiang	50	36.29	24.96
深圳	Shenzhen	329	190.33	119.50
大连	Dalian	53	24.07	13.63
宁波	Ningbo	85	78.06	39.21
厦门	Xiamen	89	35.63	21.14
青岛	Qingdao	64	26.12	12.57

注：1.挂牌公司数量以挂牌日口径统计。
2.辖区按挂牌公司注册地统计。
数据来源：全国中小企业股份转让系统
Source:NEEQ

2-58 全国股转系统挂牌公司股票发行情况
Directional Issuance of Listed Companies in NEEQ

年份 Year	发行次数(次) Number of Issuance (times)	发行股数(亿股) Number of Shares Issued (100 million shares)	筹资金额(亿元) Proceeds Raised (100 million yuan)	均价(元) Average Price (yuan)
2012	24	1.93	8.59	4.45
2013	60	2.92	10.02	3.43
2014	329	26.52	132.09	4.98
2015	2565	230.79	1216.17	5.27
2016	2940	294.61	1390.89	4.72
2017	2725	239.26	1336.25	5.58
2018	1402	123.83	604.43	4.88
2019	637	73.73	264.63	3.59
2020	716	74.54	338.50	4.54
2021	587	52.69	259.67	4.93
2022	696	67.37	231.66	3.44

注：发行统计中不包含优先股。
数据来源：全国中小企业股份转让系统
Source:NEEQ

2-59 2022年全国股转系统挂牌公司分行业股票发行情况
Directional Issuance of Listed Companies in NEEQ by Industry in 2022

行业 Industry	发行次数(次) Number of Issuance (times)	发行股数(亿股) Number of Shares Issued (100 million shares)	筹资金额(亿元) Proceeds Raised (100 million yuan)	均价(元) Average Price (yuan)
农、林、牧、渔业 Agriculture, Forestry, Animal Husbandry and Fishery	9	0.66	2.86	4.36
采矿业 Mining	1	0.11	0.70	6.10
制造业 Manufacturing	430	29.92	133.10	4.45
电力、热力、燃气及水生产和供应业 Production and Supply of Electricity, Gas and Water	11	17.98	28.56	1.59
建筑业 Construction	18	2.31	6.16	2.67
批发和零售业 Wholesale and Retail Trades	29	1.70	7.02	4.14
交通运输、仓储和邮政业 Transport, Storage and Post	7	0.19	0.71	3.85
住宿和餐饮业 Hotels and Catering Services	1.00	0.01	0.06	10.00
信息传输、软件和信息技术服务业 Information Transmission, Computer Services and Software	101	5.09	22.33	4.38
金融业 Financial Intermediation	1	4.00	8.80	2.20
房地产业 Real Estate	7	1.24	5.04	4.05
租赁和商务服务业 Leasing and Business Services	24	1.86	4.19	2.26
科学研究和技术服务业 Scientific Research, Technical Service	35	1.20	9.02	7.52
水利、环境和公共设施管理业 Management of Water Conservancy, Environment and Public Facilities	14	0.75	2.08	2.78
居民服务、修理和其他服务业 Residential Services, Repairing and Other Services	1	0.02	0.10	5.60
教育 Education	2	0.10	0.29	2.96
卫生和社会工作 Health and Social Works	2	0.02	0.23	12.00
文化、体育和娱乐业 Culture, Sports and Entertainment	3	0.23	0.41	1.79

注：发行统计中不包含优先股。
数据来源：全国中小企业股份转让系统
Source:NEEQ

2-60　2022年全国股转系统挂牌公司分辖区股票发行情况

Directional Issuance of Listed Companies in NEEQ by Jurisdiction in 2022

辖区	Jurisdiction	发行次数(次) Number of Issuance (times)	发行股数(亿股) Number of Shares Issued (100 million shares)	筹资金额(亿元) Proceeds Raised (100 million yuan)	均价(元) Average Price (yuan)
北京	Beijing	69	3.64	16.19	4.45
天津	Tianjin	13	0.57	3.18	5.55
河北	Hebei	14	0.65	2.04	3.11
山西	Shanxi	10	0.52	2.13	4.09
内蒙古	Inner Mongolia	6	0.48	2.05	4.30
辽宁	Liaoning	7	0.41	1.62	3.95
吉林	Jilin	3	0.09	0.45	5.14
黑龙江	Heilongjiang	3	0.52	1.18	2.25
上海	Shanghai	39	1.58	11.40	7.21
江苏	Jiangsu	109	11.04	39.10	3.54
浙江	Zhejiang	64	3.82	19.79	5.17
安徽	Anhui	26	2.25	8.36	3.71
福建	Fujian	9	1.02	5.38	5.26
江西	Jiangxi	11	0.98	4.08	4.16
山东	Shandong	50	2.79	11.91	4.27
河南	Henan	20	1.33	6.91	5.20
湖北	Hubei	25	1.03	5.78	5.62
湖南	Hunan	15	0.76	2.77	3.63
广东	Guangdong	65	5.48	17.64	3.22
广西	Guangxi	1	0.02	0.16	10.51
海南	Hainan	5	0.53	2.20	4.16
重庆	Chongqing	12	0.88	3.94	4.46
四川	Sichuan	21	1.77	10.03	5.67
贵州	Guizhou	3	18.79	29.30	1.56
云南	Yunnan	4	0.70	0.94	1.34
西藏	Tibet	0	0.00	0.00	--
陕西	Shaanxi	18	1.05	5.92	5.65
甘肃	Gansu	0	0.00	0.00	--
青海	Qinghai	0	0.00	0.00	--
宁夏	Ningxia	4	1.57	1.93	1.23
新疆	Xinjiang	4	0.35	0.99	2.80
深圳	Shenzhen	31	1.18	8.02	6.80
大连	Dalian	2	0.01	0.17	12.58
宁波	Ningbo	14	0.48	2.87	5.92
厦门	Xiamen	14	0.88	2.49	2.84
青岛	Qingdao	5	0.18	0.74	4.14

注：1.发行统计中不包含优先股。
　　2.挂牌公司辖区按挂牌公司注册地划分。
数据来源：全国中小企业股份转让系统
Source：NEEQ

2-61 全国股转系统优先股情况
Overview of Preference Stock in NEEQ

年份 Year	证券代码 Stock Code	证券简称 Stock Abbreviation	挂牌日 Offering Day	优先股股本合计(万股) Share Capital of Preference Stock (10 thousand shares)	优先股筹资金额(亿元) Proceeds Raised (100 million yuan)
2016	820002	中视优1	2016-08-08	10.00	0.10
	820003	高峰优1	2016-08-16	10.45	0.10
	820004	齐鲁优1	2016-11-14	2000.00	20.00
2017	820005	贝融优1	2017-01-23	15.00	0.15
	820006	中视优2	2017-03-21	10.00	0.10
	820007	钢泓优1	2017-03-23	20.00	0.20
	820008	时代优1	2017-05-22	7.50	0.08
	820009	晖速优1	2017-07-04	15.00	0.15
	820010	肇庆优1	2017-08-02	47.00	0.47
	820011	裕丰优1	2017-10-09	24.00	0.24
	820012	通力优1	2017-10-17	10.00	0.10
	820014	海帝优1	2017-12-25	9.70	0.10
	820013	中导优1	2017-12-29	22.00	0.22
2018	820015	荣昌优1	2018-01-29	18.00	0.18
	820016	云叶优1	2018-02-08	20.00	0.20
	820017	通海优1	2018-06-22	30.00	0.30
	820018	肇庆优2	2018-08-07	61.00	0.61
	820020	丁香优1	2018-09-12	10.00	0.10
	820019	鑫辉优1	2018-09-13	10.22	0.10
	820022	纬视优1	2018-12-03	15.00	0.15
	820023	远东优1	2018-12-17	80.00	0.80
	820021	美味优1	2018-12-24	15.00	0.15
2019	820026	顺兴优1	2019-01-09	37.00	0.37
	820024	绿湖优1	2019-01-11	30.00	0.30
	820027	晓鸣优1	2019-01-17	29.00	0.29
	820025	润生优1	2019-02-01	30.00	0.30
	820028	信友优1	2019-04-09	16.00	0.16
	820029	宝石优1	2019-06-25	26.00	0.26
	820032	安瑞优1	2019-07-16	80.00	0.80
	820031	航饮优1	2019-07-29	11.50	0.12
	820030	南海优1	2019-08-05	10.00	0.10
	820033	肇庆优3	2019-12-09	74.78	0.75
	820034	恒鑫优1	2019-12-31	16.00	0.16
2020	820035	新剑优1	2020-01-22	10.00	0.10
	820036	天鸿优1	2020-01-22	14.00	0.14
2021	820037	新剑优2	2021-06-25	5.00	0.05
	820038	骏驰优1	2021-02-23	11.00	0.11
	820039	凯旋优1	2021-01-26	84.00	0.84
	820040	鸿泰优1	2021-02-03	17.50	0.18
	820041	天石优1	2021-02-10	30.00	0.30
	820042	恒嘉优1	2021-02-18	10.00	0.10
	820043	群智优1	2021-05-28	10.00	0.10
	820044	康威优1	2021-07-12	20.00	0.20
	820045	南海优2	2021-11-30	20.00	0.20
2022	820046	艾瑞优1	2022-03-03	30.00	0.30
	820047	海纳优1	2022-08-09	10.00	0.10
	820048	美陵优1	2022-12-30	20.00	0.20

注：优先股以挂牌日口径统计。

数据来源：全国中小企业股份转让系统

Source:NEEQ

2-62 全国股转系统分行业股票成交情况

Stock Transaction of Listed Companies in NEEQ by Industry

行业 Industry	成交量(百万股) Trading Volume(million shares)		成交金额(百万元) Trading Turnover(million yuan)	
	2021	2022	2021	2022
农、林、牧、渔业 Agriculture, Forestry, Animal Husbandry and Fishery	473.55	468.80	1152.76	1132.82
采矿业 Mining	44.01	27.18	75.79	55.87
制造业 Manufacturing	15777.45	8641.71	147476.94	50697.46
电力、热力、燃气及水生产和供应业 Production and Supply of Electricity, Gas and Water	796.26	321.48	2913.93	904.87
建筑业 Construction	443.44	350.07	719.41	621.83
批发和零售业 Wholesale and Retail Trades	864.34	482.89	4430.28	1628.89
交通运输、仓储和邮政业 Transport, Storage and Post	587.50	440.78	1482.52	1105.12
住宿和餐饮业 Hotels and Catering Services	10.78	42.89	14.77	91.89
信息传输、软件和信息技术服务业 Information Transmission, Computer Services and Software	4808.40	3168.01	26531.37	11190.36
金融业 Financial Intermediation	3944.12	2272.38	7730.37	3692.02
房地产业 Real Estate	36.29	35.94	127.68	128.93
租赁和商务服务业 Leasing and Business Services	743.01	1405.30	1989.72	2327.52
科学研究和技术服务业 Scientific Research, Technical Service	879.76	413.20	6377.88	1569.15
水利、环境和公共设施管理业 Management of Water Conservancy, Environment and Public Facilities	537.76	339.98	2724.00	1540.61
居民服务、修理和其他服务业 Residential Services, Repair and Other Services	37.10	18.51	63.51	14.87
教育 Education	50.15	33.16	115.96	92.26
卫生和社会工作 Health and Social Works	248.61	129.19	8312.81	2161.03
文化、体育和娱乐业 Culture, Sports and Entertainment	625.30	296.02	2576.50	902.12
综合 Others	0.00	0.00	0.00	0.00

数据来源：全国中小企业股份转让系统
Source:NEEQ

2-63 全国股转系统分辖区股票成交情况

Stock Transaction of Listed Companies in NEEQ by Jurisdiction

辖区	Jurisdiction	成交量(百万股) Trading Volume(million shares)		成交金额(百万元) Trading Turnover(million yuan)	
		2021	2022	2021	2022
北京	Beijing	6998.28	4504.61	35325.21	12406.13
天津	Tianjin	105.34	97.15	569.81	561.52
河北	Hebei	885.51	477.67	3884.90	1809.65
山西	Shanxi	167.47	168.34	1311.22	782.75
内蒙古	Inner Mongolia	312.88	188.65	1974.04	873.89
辽宁	Liaoning	470.38	328.07	1592.82	1406.88
吉林	Jilin	228.55	57.65	3535.92	244.70
黑龙江	Heilongjiang	121.98	98.52	380.16	389.17
上海	Shanghai	2226.47	1472.91	14476.50	6932.84
江苏	Jiangsu	3368.67	1747.31	27400.93	9131.15
浙江	Zhejiang	1612.34	1328.71	11248.56	7656.95
安徽	Anhui	606.42	439.74	4806.40	1300.04
福建	Fujian	620.94	453.14	2553.94	982.93
江西	Jiangxi	287.34	343.18	1328.85	1413.52
山东	Shandong	1579.23	987.17	9440.46	4129.97
河南	Henan	1105.88	519.74	4922.94	2961.08
湖北	Hubei	848.57	634.64	5108.61	2181.39
湖南	Hunan	493.53	262.61	3451.92	936.29
广东	Guangdong	2912.99	1659.28	15174.37	5430.55
广西	Guangxi	319.32	171.33	1526.56	180.97
海南	Hainan	146.13	95.98	361.13	191.39
重庆	Chongqing	265.92	42.04	1320.07	106.14
四川	Sichuan	559.78	278.09	9640.52	1208.61
贵州	Guizhou	654.41	642.09	6715.84	9550.10
云南	Yunnan	173.33	74.72	952.50	139.35
西藏	Tibet	47.39	31.24	146.11	86.71
陕西	Shaannxi	456.71	127.47	4344.66	840.25
甘肃	Gansu	123.03	73.93	357.98	202.56
青海	Qinghai	1.46	3.39	6.14	8.64
宁夏	Ningxia	348.60	106.60	1169.93	164.86
新疆	Xinjiang	171.59	56.74	349.10	111.96
深圳	Shenzhen	1207.72	626.03	22291.38	3467.47
大连	Dalian	261.26	72.75	12558.64	109.91
宁波	Ningbo	896.20	414.39	2524.52	799.80
厦门	Xiamen	158.21	236.33	690.68	789.77
青岛	Qingdao	163.99	65.29	1372.89	367.77

注：挂牌公司辖区按挂牌公司注册地划分。
数据来源：全国中小企业股份转让系统
Source:NEEQ

2-64 全国股转系统估值水平概况
Level of NEEQ Market Valuation

单位：倍 (times)

项目 Item	市盈率 P/E Ratio		市净率 P/B Ratio	
	2021	2022	2021	2022
三板成指	22.46	18.20	2.69	2.20
三板做市	18.77	16.31	2.13	1.46
全国股转系统市场	20.48	17.20	2.42	2.16
创新成指	21.47	17.81	2.60	2.13

数据来源：全国中小企业股份转让系统
Source:NEEQ

2-65 区域性股权市场概况
Overview of Regional Equity Trading Platforms Market

年份 Year	挂牌企业 公司家数(家) Number of Listed Companies (unit)	展示企业 公司家数(家) Number of Exhibiting Companies (unit)	纯托管企业 公司家数(家) Number of Companies' Equity under Custody (unit)	筹资金额 (亿元) Proceeds Raised (100 million yuan)	成交金额 (亿元) Trading Turnover (100 million yuan)	日均成交金额 (亿元) Average Daily Turnover (100 million yuan)	期末投资者账户数 (万个) Number of Investors at the End of the Year (10 thousand units)
2018	24808	--	--	1783.88	133.044	0.55	36.91
2019	28831	--	--	2312.53	391.87	1.61	38.90
2020	34666	129292	10305	2883.64	672.42	2.76	44.71
2021	37970	137896	10957	2448.13	877.05	3.61	58.51
2022	42340	138137	11434	2113.27	1089.56	4.47	102.37

注：1.本表中的纯托管企业指仅在区域性股权市场进行股份或股权登记存管，不挂牌、不展示、不发布融资或转让信息，区域性股权市场为其提供股权过户服务。
2.本表中筹资及成交统计的是各区域股权市场中挂牌企业、展示企业及纯托管企业的筹资及成交总额。

数据来源：中国证券监督管理委员会
Source:CSRC

2-66 2022年区域性股权市场分辖区股票情况
Statistics of Regional Equity Trading Platforms Market by Jurisdiction in 2022

辖区	Jurisdiction	挂牌企业 公司家数（家）Number of Listed Companies (unit)	展示企业 公司家数（家）Number of Exhibiting Companies (unit)	纯托管企业 公司家数（家）Number of Companies' Equity under Custody (unit)	筹资金额（亿元）Trading Turnover (100 million yuan)	成交金额（亿元）Trading Turnover (100 million yuan)
北京	Beijing	524	5168	1384	50.87	0.42
天津	Tianjin	1005	3888	31	18.06	29.89
河北	Hebei	2286	106	762	222.65	93.37
山西	Shanxi	1170	2317	246	42.54	38.01
内蒙古	Inner Mongolia	322	1788	278	11.59	13.03
辽宁	Liaoning	1251	1180	182	28.06	7.44
吉林	Jilin	118	631	87	2.45	0.76
黑龙江	Heilongjiang	15	594	438	99.84	0.72
上海	Shanghai	809	9820	281	51.41	93.75
江苏	Jiangsu	176	14849	145	115.89	36.05
浙江	Zhejiang	1510	8324	430	24.86	17.92
安徽	Anhui	9053	--	329	112.89	42.03
福建	Fujian	493	7545	132	37.80	14.51
江西	Jiangxi	220	7150	261	89.12	38.65
山东	Shandong	5204	6274	826	233.40	34.74
河南	Henan	303	9874	175	33.94	20.22
湖北	Hubei	5566	--	745	65.52	40.58
湖南	Hunan	1298	2638	472	139.00	151.93
广东	Guangdong	3219	16380	135	177.71	254.92
广西	Guangxi	205	2341	338	58.12	39.44
海南	Hainan	110	1685	48	6.12	1.98
重庆	Chongqing	1963	--	814	47.38	2.77
四川	Sichuan	--	10885	85	31.17	2.91
贵州	Guizhou	437	2262	162	229.96	22.03
云南	Yunnan	80	118	26	0.10	0.20
陕西	Shaanxi	1569	999	215	2.53	4.41
甘肃	Gansu	256	2241	1856	47.14	11.41
青海	Qinghai	60	388	36	--	0.00
宁夏	Ningxia	377	1037	40	0.28	5.36
新疆	Xinjiang	62	869	74	3.87	3.60
深圳	Shenzhen	13	7318	101	3.05	32.05
大连	Dalian	19	640	8	--	0.94
宁波	Ningbo	167	3143	16	32.38	0.00
厦门	Xiamen	347	4591	134	6.29	6.39
青岛	Qingdao	2133	1094	142	87.25	27.13

注：1.本表中的挂牌公司辖区按挂牌公司注册地划分。
2.本表中的纯托管企业指仅在区域性股权市场进行股份或股权登记存管，不挂牌、不展示、不发布融资或转让信息，区域性股权市场为其提供股权过户服务。
3.本表中筹资及成交统计的是各区域股权市场中挂牌企业、展示企业及纯托管企业的筹资及成交总额。

数据来源：中国证券监督管理委员会

Source:CSRC

2-67 2022年区域性股权市场分辖区投资者情况
Investors in Regional Equity Trading Platforms Market by Jurisdiction in 2022

辖区	Jurisdiction	合格投资者账户数（个）Number of Accredited Investor Accounts (unit)	豁免投资者账户数（个）Number of Exempt Investor Accounts (unit)	合计投资者账户数（个）Number of Total Investor Accounts (unit)
北京	Beijing	379	251	630
天津	Tianjin	2372	14076	16448
河北	Hebei	1019	62	1081
山西	Shanxi	453	2684	3137
内蒙古	Inner Mongolia	399	74126	74525
辽宁	Liaoning	214	34484	34698
吉林	Jilin	56	1354	1410
黑龙江	Heilongjiang	0	30532	30532
上海	Shanghai	9462	5849	15311
江苏	Jiangsu	2486	76986	79472
浙江	Zhejiang	4413	43962	48375
安徽	Anhui	5922	0	5922
福建	Fujian	159	108671	108830
江西	Jiangxi	86	48	134
山东	Shandong	2633	15975	18608
河南	Henan	87	17	104
湖北	Hubei	3783	86752	90535
湖南	Hunan	43	6224	6267
广东	Guangdong	1129	11511	12640
广西	Guangxi	1215	716	1931
海南	Hainan	24323	3892	28215
重庆	Chongqing	12639	38195	50834
四川	Sichuan	5459	2517	7976
贵州	Guizhou	54851	202728	257579
云南	Yunnan	3	391	394
陕西	Shaanxi	572	65374	65946
甘肃	Gansu	381	0	381
青海	Qinghai	589	7487	8076
宁夏	Ningxia	49	14	63
新疆	Xinjiang	553	27228	27781
深圳	Shenzhen	126	6034	6160
大连	Dalian	0	5656	5656
宁波	Ningbo	6	6464	6470
厦门	Xiamen	10	0	10
青岛	Qingdao	1181	6377	7558

注：豁免投资者是指满足《区域性股权市场监督管理试行办法》第十八条规定，且在区域性股权市场运营机构开立账户的投资者。该类投资者只能卖出所持公司股份或股权，如要参与其他其他公司股份买卖或其他产品买卖，须通过合格投资者适当性认可。

数据来源：中国证券监督管理委员会

Source：CSRC

主要统计指标解释

Explanatory Notes on Main Statistical Indicators

上市公司家数 指在统计期末其发行的股票在交易所上市的股份有限公司的数量。以股票上市日进行统计，同时发行 A、B 股的上市公司，按一家计算。

上市公司股本 也称上市公司总股本，是指统计期末上市公司在境内发行的全部股份数量合计，包括 A 股股本、B 股股本和其他不流通的境内股本。

流通股本 也即非限售股本，计算公式为：流通股本=上市公司股本-限售股本。

首发筹资公司家数 指在统计期内首次公开发行股份（IPO）进行筹资的公司数量。以吸收合并、分拆等方式且未公开发行新股筹资的公司，不计入首发筹资公司家数。

再筹资公司家数 指通过增发（公开增发和定向增发），配股，行权，优先股筹资等方式进行筹资的上市公司家数。以股份上市日期或发行日期作为统计指标的计算日；同一家公司在统计期内多次筹资时，筹资公司家数计为 1 家。

其中，增发公司家数是指统计期内通过增发股份进行筹资的上市公司数量。根据增发对象不同，增发公司家数可分为公开增发公司家数和定向增发公司家数两个指标。配股公司家数是指统计期内通过向原股东配售股份进行筹资的上市公司数量。行权筹资公司是指统计期内权证（期权）行权筹资的上市公司数量，这里的权证（期权）行权筹资是指权证（期权）持有人根据约定向上市公司认购股份从而增加上市公司股份的行为。优先股公司家数是指统计期末发行优先股筹资的上市公司数量。

股票筹资金额 指统计期内通过发行股票筹集的资金总额，以股份上市日作为统计指标的计算日。

首发筹资金额 指统计期内首次公开发行股票（IPO）筹集的资金总额，计算公式为：首发筹资金额=Σ（每股发行价格×发行股份数）。

其中，对于发行股份吸收合并已上市公司的筹资金额，计算公式为：首发筹资金额=每股发行价格×（发行股份数-换股股份数）。

对于存在超额配售权的 IPO，根据超额配售权的实际行使情况对统计期内的 IPO 募集资金进行回溯调整。

再筹资金额 指统计期内上市公司通过增发（公开增发和定向增发）、配股、行权、优先股等方式筹集的资金总额。以优先股方式筹集资金以股份发行日为统计指标的计算日，以其他方式筹集资金以股份上市日为统计指标的计算日。

其中，增发筹资金额是指统计期内上市公司增发股份筹集的资金总额，增发筹资金额=Σ（增发每股价格×发行股份数）。

根据股份认购对象的不同，增发筹资金额指标可分为公开增发筹资金额和定向增发筹资金额。

根据增发时是否以现金认购，增发筹资金额指标可分为增发筹资金额（现金）和增发筹资金额（资产）。

配股筹资金额指统计期内上市公司通过向原股东配售股份筹集的资金总额，配股筹资金额=Σ（配股价格×配售股份数）=Σ（配股价格×股份数量×配售比例）。

行权筹资金额指统计期内权证（期权）行权筹集的资金总额，行权筹资金额=Σ（行权价格×行权认购股份数）。

优先股筹资金额包括统计期内通过发行优先股筹集的资金总额。

公式：再筹资金额=增发筹资金额+配股筹资金额+行权筹资金额+优先股筹资金额。

股票市值 指统计期末根据上市公司股票价格和

对应股票数量计算的股权价值合计。具体统计口径和计算方法如下：如当日无交易价格，采用最后交易日的收盘价；暂停上市股票的价格以零计算；未股改公司的非流通股以流通A股价格计算市值；仅发行B股的上市公司，其非流通股不进行股票市值计算；对当日除权股票进行市值计算时需要包含在途股份（已登记未上市）的市值。

流通市值 指根据股票价格与其流通股本计算出的股权价值合计，也即A股流通市值和B股流通市值的合计。

涨跌幅 指统计期内股票期末价格相对期初价格的变化幅度。统计区间如果包含上市首日则统计期内股票期末价格相对首发价格的变化幅度。指数涨跌幅参照股票涨跌幅处理。对股票区间涨跌幅的计算需要对股票价格进行复权处理，复权因素包括分红、送股、配股等，复权价格的公式为：复权价格=当前价格×（1+送股比例+配股比例）+每股红利-配股价格×配股比。若统计期内存在多次分红、送股、配股事件，复权价格采用递归方式进行计算。在计算复权价时，通常采用区间分段涨跌幅连乘或复权因子连乘进行速算。

公式：涨跌幅=（期末收盘价/期初前收盘价-1）×100%

振幅 指股票价格在统计期内的波动程度，采用区间内最大差价与最低价格的比率来进行计算 。

成交量 指统计期内全部股票成交数量的合计，包含竞价交易和协议交易（大宗交易）。

成交金额 指在统计期内全部股票成交金额合计，包含竞价交易和协议交易（大宗交易）。

换手率（股本） 指当日股票成交量与其流通股本的比率。对于某一区间换手率的计算，通常采用统计期内全部交易日的股本换手率合计进行计算。

公式：换手率（股本）=（当日成交股数/流通股本）×100%

换手率（市值） 指当日股票成交金额与其流通市值的比率。对于某一区间换手率的计算，通常采用统计期内全部交易日的市值换手率合计进行计算。通常对单只股票采用股本换手率，对一组股票采用市值换手率；在计算一组股票换手率时，暂停上市股票不纳入计算。

公式：换手率（市值）=（当日成交金额/流通市值）×100%

市盈率（静态） 指上市公司每股股价与每股收益的比率，通常用上市公司股票市值与其对应的归属母公司股东净利润的比率进行计算。需要注意事项如下：每股收益和净利润数据在财务报告公告截止日的次日集中更新，且每股收益根据期末股本计算；如截止日未公布财务报告，在计算个股市盈率时采用向前追溯的净利润数据，在计算市场市盈率时剔除该股票；对单个股票计算市盈率时仅考虑每股收益为正的股票；对多个股票计算平均市盈率时通常采用上市公司股票市值合计与其对应的归属母公司股东的净利润合计的比率进行计算（剔除暂停上市公司股票，含净利润为负的股票）；对于发行多种类型股份的公司，根据各类性质股份股本按比例分配该公司归属母公司股东净利润。首发市盈率为股票首发价格与每股收益的比率，其中每股收益按照最新年度财务报告中对应的归属母公司股东净利润除以发行后总股本计算。

公式：市盈率（静态）=Σ股票市值/Σ该股份对应的归属母公司股东净利润

市净率 指上市公司每股股价与每股净资产的比率，通常用股票市值与对应的归属母公司股东权益的比率进行计算。需要注意事项如下：每股净资产数据在财务报告公告截止日的次日集中更新；通常用最新财务报告中的每股净资产数据进行市净率计算；对单个股票计算市净率时仅考虑每股净资产为正的股票；对多个股票计算平均市净率时通常采用上市公司股票市值合计与其对应的归属母公司股东的权益合计的比率进行计算（剔除暂停上市公司股票，含权宜为负的股票）。

公式：市净率=Σ股票市值/Σ该股份对应的归属母公司股东权益

股息率 指每股现金分红与股票价格之间的比率，通常用对应的实际分红总额与期末股票市值的比率来计算。统计时剔出暂停上市公司；对一组股票的平均股息率通常用总体法计算。

公式：股息率=（Σ统计期内的对应现金分红合计/Σ样本股票期末市值）×100%

融资融券交易金额 指统计期内通过融资融券方式在市场上进行证券交易的金额。

公式：融资融券交易金额=融资买入金额+融券卖出金额

融资融券余额 指统计期末投资者未了结的融资交易和融券交易的金额。

公式：融资融券余额=融资余额+融券余额=Σ(融资买入额-融资偿还额)+Σ(融券卖出量-融券偿还量)×标的的证券统计日收盘价格

融资买入金额 指统计期内投资者从证券公司借入资金买入标的证券的金额。融资买入以交易系统中申报指令的标签为计算基准。

融券卖出金额 指统计期内投资者从证券公司借入证券并卖出的金额。融券卖出以交易系统中申报指令的标签为计算基准。

维持担保比例 指统计期末客户担保物价值与融资融券债务之间的比例。

计算公式为：

维持担保比例=担保物价值/融资融券业务负债*100%=（现金+Σ信用账户证券价值+其他担保物）/（融资余额+融券余额+利息和费用）*100%

转融通交易金额 指统计期内中国证券金融公司将自有或者依法筹集的资金和证券出借给证券公司的金额。

公式：转融通交易金额=转融资交易额+转融券交易额=转融资新融出额+转融资展期融出额+转融券新融出额+转融券展期融出额

转融通归还金额 指统计期内证券公司到期需归还给中国证券金融公司的转融通本金金额以及证券出借期间发生证券权益分派而产生的权益补偿金额，不包含息费。

公式：转融通归还金额=转融资归还金额+转融券归还金额=转融资归还金额+Σ(转融券融出归还量×标的证券到期日收盘价）+转融券权益补偿资金归还金额

转融通期末余额 指统计期末证券公司未了结的转融资合约和转融券合约的金额。

公式：转融通期末余额=转融资期末余额+转融券期末余额=Σ（业务开展以来转融资借入总额-业务开展以来转融资归还总额）+Σ[（转融券融出量-转融券融出归还量+未了结转融券合约的权益补偿量）×标的证券统计日收盘价+未了结转融券合约的权益补偿资金金额]

转融通保证金余额 指统计期末证券公司在中国证券金融公司交存的转融通担保物的余额。担保物包括资金和中国证券金融公司认可的证券。

公式：转融通保证金余额=现金+未到账现金权益+Σ可充抵保证金证券市值×证券转融通折算率+Σ未到账证券权益市值×证券转融通折算率

其中：

现金=转融通担保资金账户余额-被异常冻结的保证金+被临时使用的保证金等

可充抵保证金证券市值=(转融通担保证券账户余额-被异常冻结的证券+被临时使用的证券等）×证券最近成交价格或公允价格

平均超募比率 指统计期内全部 IPO 公司的超募资金与预计募集资金的比率。

平均首发价格 指统计期内 IPO 股票的平均发行价格。

平均网上发行中签率 指统计期内 IPO 股票的网上发行中签率的平均值。

新股破发率 指统计期内破发的 IPO 股票占全部 IPO 股票的比例。

证券交易结算资金 指有经纪业务的证券公司全部经纪业务客户（含部分采取证券公司结算模式的资产管理计划）从事证券交易等的人民币交易结算资金。

股票期权保证金 指统计期末，股票期权交易者按照规定标准缴纳的资金或者证券，用于结算和担保期权合约履行。

银证转账 指投资者在银行结算账户和证券资金账户之间的资金划转方式。“转入额”是指投资者从银行结算账户转入资金账户的金额；“转出额”是指投资者从资金账户转出到银行结算账户的金额；“转入（转出）额”=“转入额”-“转出额”，其中，正数为净转入，负数为净转出。

银行转账 指投资者在银行结算账户和衍生品资金账户之间的资金划转方式。“转入额”是指投资者从银行结算账户转入衍生品资金账户的金额(入金)；“转出额”是指投资者从衍生品资金账户转出到银行结算账户的金额（出金）；“净转入（转出）额”（即出入金净额）=“转入额”-“转出额”,其中，正数为净转入，负数为净转出。

挂牌公司家数 指统计期末其股票在全国股转公司挂牌的股份有限公司的数量。

挂牌公司股本 也称挂牌公司总股本，是指统计期末挂牌公司全部股份数量合计。

挂牌公司股票市值 指统计期末根据挂牌公司股票价格和总股本计算的股权价值合计。

挂牌公司股票发行次数 指统计期内挂牌公司在境内发行股票筹集资金的次数。

挂牌公司股票筹资金额 指统计期内挂牌公司通过在境内发行股票筹集的资金总额。

区域性股权市场 指为其所在省级行政区域内中小微企业证券非公开发行、转让及相关活动提供设施与服务的场所。

贰零贰叁

三. 债 券

Bonds

贰零贰叁

2022 年债券市场综述

一、交易所债券市场总体情况

面对经济下行压力加大、疫情反弹反复等不利局面，制定实施交易所债券市场“稳融资十二条”，充分发挥债券市场促进直接融资的重要功能。截至2022 年底，交易所债券市场托管面值 20.33 万亿元（含北交所托管在中央结算的政府债券）。其中，非金融企业（包含可转债、可交换债，不含资产证券化产品）托管面值 11.87 万亿元、市场占比 43.08%。

融资情况。2022 年，交易所债券市场累计发行各类债券（含公司债券、资产支持证券、国债、地方政府债券和政策性银行债券）6.45 万亿元，净融资 2.38 万亿元。分品种看，交易所债券市场发行公司债券 4.08 万亿元；发行资产支持证券 1.12 万亿元；发行地方政府债券 4041 亿元；发行政策性金融债券 95 亿元；发行绿色债券（含 ABS）1482 亿元。

成交情况。2022 年，交易所债券市场累计成交额为 38.11 万亿元；累计回购金额 418.44 万亿元。

二、交易所债券市场发展情况

（一）推动基础设施 REITs 常态化发行

贯彻国务院《关于进一步盘活存量资产扩大有效投资的意见》要求，印发《加快推进基础设施 REITs 常态化发行的十条措施》，从市场培育、项目遴选推荐、审核注册、监管资源配置和配套政策完善等全链条、全流程提出了 REITs 常态化发行机制安排，推动尽快形成规模效应、示范效应。

2022 年，新上市 13 只公募 REITs 产品，推动试点范围扩大至清洁能源、新能源、保障性租赁住房等新领域。截至 2022 年底，共有 24 只公募 REITs 产品上市，资产范围覆盖收费公路、产业园区、污水处理、仓储物流、清洁能源和保障性租赁住房等多种类型，募集资金 784 亿元，回收资金带动新项目投额超 4223 亿元，市场认可度较高，运行总体平稳。

（二）完善民企债券融资支持机制。联合国家发展改革委、全国工商联出台《关于推动债券市场更好支持民营企业改革发展的通知》。以央地合作新模式落地首批民营企业债券融资支持工具，增信支持民营房企融资。推出指数型信用保护工具，首批“民营企业 CDX”产品上线交易。通过优化债券回购融资门槛、减免民企债券交易结算费用等方式，引导市场机构加大民企有关业务投入。

（三）发挥债券市场服务科技自立自强等国家战略作用。在支持科技创新方面，推动科技创新公司债券试点转常规，引导要素资源加速向科技创新领域集聚。联合国务院国资委发布《关于支持中央企业发行科技创新公司债券的通知》，发挥中央企业科技创新的引领示范作用，促进科技、资本和产业高水平循环。在支持绿色发展方面，推动发布碳金融产品标准、《中国绿色债券原则》，促进绿色债券标准与国际接轨。推出低碳转型债券、低碳转型挂钩债券，与绿色债券形成有效互补，为企业提供更多 ESG 融资工具选择。

（四）有序推动评级机构业务转型

落实五部委《关于促进债券市场信用评级行业健康发展的通知》要求，指导证券业协会研究制定《证券市场资信评级机构执业规范》《证券市场资信评级机构尽职调查工作底稿目录细则》《证券市场资信评级机构信息披露指引》，做好相关自律规则的衔接落地。

（五）推进债券交易结算制度完善。组织交易所实施债券交易规则，上线新债券交易系统，在丰富交易方式、优化交易机制的同时，同步实现业务规则与交易系统层面的“股债分离”，完善债市监测监控机制，为债券二级市场建设筑牢基础。推动债券市场互联互通，研究推动债券市场前后台自主连接模式试点。优化交易所债券回购体系，制定发布协议回购风控指引。

三、依法从严全面监管

（一）强化日常监管

以风险防控为导向，部署债券条线 2022 年公司债券发行人现场检查，提高对风险发行人现场检查比例。2022 年开展公司债券发行人现场检查近 202 家次，走访调研 175 余家次，对 69 家次责任主体出具行政监管措施。规范公司债券年报披露工作，分类施策，支持受疫情影响严重地区企业延期披露年报，对无故未按期披露年报的发行人采取自律处分和行政监管措施。

（二）加强执法追责

坚决贯彻落实“零容忍”要求，持续加强对债券市场违法违规行为执法追责，强化监管震慑，切实维护债券市场秩序和信用环境。强化监管执法效能，推进在办案件调查审理进度。加强债券市场统一执法，严厉打击欺诈发行、虚假信息披露以及逃废债等违法违规行为。2022 年推动对发行人和中介机构新增立案调查 6 家次、处罚 5 家次，对胜通集团和永煤控股案件中的中介机构作出行政处罚。

（三）压实中介机构责任

强化中介机构债券业务执业规范和质量提升，开展公司债券承销业务现场检查。2022 年，共对公司债券承销机构、受托管理人采取行政监管措施 16 单、对相关责任人员采取行政监管措施 6 人次。常态化做好证券评级机构备案管理，严肃评级市场纪律，2022 年共对证券评级机构采取行政监管措施 3 单。

（四）防范化解债券违约风险

全力维护党的二十大期间债券市场稳定运行，未发生重大风险事件、涉众风险和重大舆情。强化风险防控制度机制建设，防范城投、房地产债券等重点领域违约风险。坚持一司一策，创新方式方法，丰富市场化法治化多元化的债券违约风险处置机制，稳妥推动公司债券整体展期试点。推动地方政府落实属地责任，提升风险防控合力。

四、深化对外开放

联合人民银行、外汇局发布《关于进一步便利境外机构投资者投资中国债券市场有关事宜》，允许已获准进入银行间市场的境外机构投资者直接投资交易所债券市场。指导深交所建设粤港澳大湾区债券平台，吸引境内外多元化投资者，进一步推动深港深度融合发展。

3-1　全国债券市场概况
Overview of Bond Market

年份 Year	发行金额(亿元) Value of Bonds Issued(100 million yuan)			兑付金额(亿元) Amount of Payments(100 million yuan)		
	全市场 Whole Market	银行间 Interbank Market	交易所 Stock Exchange	全市场 Whole Market	银行间 Interbank Market	交易所 Stock Exchange
1998	6203.73	6203.73	--	--	--	--
1999	4369.50	4369.50	--	410.16	410.16	--
2000	4414.50	4414.50	--	1629.16	1629.16	--
2001	5848.53	5848.53	--	1859.97	1859.97	--
2002	9943.90	9943.90	--	2841.35	2841.35	--
2003	17647.17	17647.17	--	7886.44	7886.44	--
2004	27295.66	27295.66	--	12548.65	12548.65	--
2005	42182.07	42182.07	--	22531.33	22531.33	--
2006	57096.11	57096.11	--	38597.83	38597.83	--
2007	80163.36	79756.08	407.28	49931.98	49931.98	--
2008	71732.16	70734.11	998.05	48265.29	48265.29	--
2009	87286.22	86474.71	811.51	67282.32	67282.32	--
2010	96408.63	95088.33	1320.30	73205.88	73205.88	--
2011	77275.52	75501.82	1773.70	64819.78	64709.81	109.97
2012	80261.89	77474.98	2786.91	47625.00	47269.27	355.73
2013	89127.69	85248.00	3879.69	63093.04	62332.88	760.16
2014	119380.02	115112.62	4267.40	72904.38	71358.08	1546.30
2015	234604.73	210936.25	23668.48	117608.31	114140.25	3468.07
2016	361548.66	324880.30	36668.36	204425.19	199138.51	5286.68
2017	408256.35	369109.44	39146.91	298390.64	290020.83	8369.81
2018	435968.07	379090.36	56877.71	315793.99	302485.47	13308.52
2019	448538.22	376551.50	71986.72	326387.66	306774.83	19612.84
2020	565951.32	481173.97	84777.35	385305.72	362331.05	22974.66
2021	614808.08	528254.95	86553.13	440886.34	404978.39	35907.96
2022	614781.20	550287.43	64493.77	490973.29	450320.15	40653.13

注：1.“发行金额”“兑付金额”中的“交易所”统计数据包括由中国证监会审批或备案的公司债、可转债、可交换债、可分离债、企业资产支持证券，以及交易所招标发行的地方政府债、政策性金融债；“发行金额”“兑付金额”中的“银行间”统计数据是包括国债、央行票据、金融债券、企业债、短期融资券、超短期融资券、中期票据、中小企业集合票据、非公开定向债务融资工具和资产支持票据等；本章所有“发行额”均按照发行首日口径统计。

2.“兑付金额”仅包含本金兑付。

3.“成交金额”中的“交易所”统计数据包括在沪深交易所交易的债券的成交金额，“银行间”统计数据包括在银行间市场交易的债券的成交金额。

4.“托管金额”中的“银行间”统计数据包括柜台和其他市场，“发行金额”“兑付金额”“成交金额”均不包括柜台和其他市场。

5.自2019年起，将初步测算的企业资产支持证券兑付数据纳入统计，并对历史数据做追溯调整。

数据来源：上海证券交易所、深圳证券交易所、中国证券投资基金业协会、中国证券业协会、中央国债登记结算有限责任公司、上海清算所

Source:SSE、SZSE、AMAC、SAC、CCDC、SCH

3-1 续表 continued

年份 Year	成交金额(亿元) Trading Turnover (100 million yuan)				托管金额(亿元) Value of Bonds under Custody (100 million yuan)		
	银行间现券 Interbank Market Spot Transaction	银行间回购 Interbank Market Repo Transaction	交易所现券 Stock Exchange Spot Transaction	交易所回购 Stock Exchange Repo Transaction	全市场 Whole Market	银行间 Interbank Market	交易所 Stock Exchange
1998	15.62	--	6120.94	15540.84	9199.16	9199.16	--
1999	60.77	3956.93	5393.59	12890.53	12878.71	12878.71	--
2000	541.03	15714.21	4385.48	14733.68	16077.61	16077.61	--
2001	416.67	40208.99	4930.13	15487.64	18931.81	18931.81	--
2002	4098.47	100918.61	8852.71	24422.80	24680.66	24680.66	--
2003	29866.33	116122.20	6783.11	55353.25	36524.29	32436.51	4087.78
2004	22451.93	96943.42	3717.09	46606.41	50112.52	45326.44	4786.08
2005	58310.02	159297.65	3449.30	24919.05	71194.88	66483.70	4711.18
2006	100461.68	265914.42	2035.09	16301.48	71744.70	68277.56	3467.14
2007	156043.39	447951.18	2109.99	18615.47	114769.32	111355.62	3413.70
2008	371157.70	581331.15	4324.26	24306.77	143463.06	138972.54	4490.52
2009	472655.00	702779.16	4698.08	35975.19	164714.14	159766.72	4947.42
2010	640422.10	875936.00	5847.54	70373.76	195029.82	188751.50	6278.32
2011	636422.90	994534.80	6843.93	209509.62	214757.10	206328.71	8428.39
2012	751952.80	1417140.30	9882.53	393550.94	253868.31	241412.03	12456.28
2013	416106.00	1581639.00	17411.83	662003.84	288073.12	268618.45	19454.67
2014	403565.00	2244226.00	28191.38	915286.90	355504.40	329783.92	25720.48
2015	867370.20	4577637.50	34464.32	1303701.36	479217.27	439214.81	40002.46
2016	1270918.30	6013024.72	53294.20	2370915.58	642245.80	563329.21	78916.59
2017	1028351.73	6163673.24	55441.79	2632193.87	750209.90	654265.95	95943.95
2018	1507367.33	7226761.42	63821.94	2340481.87	864033.11	756752.74	107280.38
2019	2137448.26	8196298.22	83530.20	2440624.02	981459.24	854495.09	126964.15
2020	2327679.15	9597515.72	201785.82	2953588.22	1155904.78	992630.35	163274.43
2021	2143702.30	10451935.24	289275.35	3501926.44	1319258.28	1132502.01	186756.27
2022	2712233.56	13801545.70	381135.91	4184448.58	1438174.83	1244274.73	193900.10

3-2　交易所市场债券发行、兑付、余额情况

Statistics of Bond Issuance, Payment, Balance in Exchange Market

单位：亿元　　(100 million yuan)

年份 Year	金融机构发行的债券 Financial Bonds								
	公司债(金融) Corporate Bonds(Financial)			可转债(金融) Convertible Bonds(Financial)			可交换债(金融) Exchangeable Corporate Bonds(Financial)		
	发行额 Value of Bonds Issued	兑付金额 Amount of Payments	期末余额 Ending Balance	发行额 Value of Bonds Issued	兑付金额 Amount of Payments	期末余额 Ending Balance	发行额 Value of Bonds Issued	兑付金额 Amount of Payments	期末余额 Ending Balance
2009	--	--	--	--	--	--	--	--	--
2010	--	--	--	650.00	--	--	--	--	--
2011	44.00	--	--	--	--	--	--	--	--
2012	—	--	--	--	--	--	--	--	--
2013	1663.96	376.86	1794.60	460.00	0.00	1018.04	--	--	--
2014	2184.25	428.67	3063.25	25.00	0.00	537.02	--	--	--
2015	12525.50	2288.23	8180.28	0.00	35.10	0.00	30.00	0.00	30.00
2016	5435.30	3053.70	12939.18	0.00	0.00	0.00	0.00	0.00	30.00
2017	6735.80	3966.58	15781.15	370.00	0.00	470.00	15.00	3.20	45.00
2018	5530.36	4147.44	15908.06	180.00	0.00	622.67	1.50	16.97	19.81
2019	5353.35	4367.47	16495.28	1395.00	3.87	1640.43	5.00	0.00	18.57
2020	10446.26	5177.27	21226.67	326.50	0.64	1794.79	60.00	8.83	10.00
2021	12168.34	6763.16	26338.72	1308.00	0.00	2928.35	0.00	0.00	0.00
2022	8710.46	8582.96	25791.24	498.00	0.14	3390.88	52.42	0.00	52.42

3-2 续表 1 continued

单位：亿元 (100 million yuan)

年份 Year	金融机构发行的债券 Financial Bonds			非金融企业发行的债券 Non-financial Bonds					
	可分离债(金融) Warrant Bonds(Financial)			公司债(非金融) Corporate Bonds(Non-financial)			可转债(非金融) Convertible Bonds(Non-financial)		
	发行额 Value of Bonds Issued	兑付金额 Amount of Payments	期末余额 Ending Balance	发行额 Value of Bonds Issued	兑付金额 Amount of Payments	期末余额 Ending Balance	发行额 Value of Bonds Issued	兑付金额 Amount of Payments	期末余额 Ending Balance
2009	--	--	--	734.90	--	1134.90	46.61	--	0.00
2010	--	--	--	603.00	--	1641.40	67.30	--	1942.11
2011	--	--	--	1252.50	51.05	2842.85	445.20	58.92	2328.39
2012	--	--	--	2623.31	186.99	5532.71	163.60	42.05	636.62
2013	--	--	--	1670.92	191.40	6981.58	84.81	38.10	568.01
2014	--	--	--	1302.09	562.13	7543.04	295.99	1.29	586.73
2015	--	--	--	8890.24	889.55	15242.84	98.00	20.15	132.74
2016	--	--	--	25485.12	1194.61	41196.31	212.52	0.00	344.10
2017	--	--	--	10067.16	2363.35	48324.71	422.20	0.37	651.61
2018	--	--	--	15472.98	4053.99	55352.62	607.49	0.40	1254.37
2019	--	--	--	23936.50	8974.96	66217.26	1024.83	6.39	2083.69
2020	--	--	--	31783.22	8967.10	86453.02	2407.71	19.14	3510.51
2021	--	--	--	33204.80	19195.67	96717.72	1505.77	62.40	3895.70
2022	--	--	--	29510.89	15836.82	102615.92	1686.72	64.49	4976.21

3-2 续表 2 continued

单位：亿元 (100 million yuan)

年份 Year	非金融企业发行的债券 Non-financial Bonds						上市公司发行的债券 Financial Bonds		
	可交换债(非金融) Exchangeable Corporate Bonds (Non-financial)			可分离债(非金融) Warrant Bonds (Non-financial)			公司债(上市公司) Corporate Bonds (Listed company)		
	发行额 Value of Bonds Issued	兑付金额 Amount of Payments	期末余额 Ending Balance	发行额 Value of Bonds Issued	兑付金额 Amount of Payments	期末余额 Ending Balance	发行额 Value of Bonds Issued	兑付金额 Amount of Payments	期末余额 Ending Balance
2009	--	--	--	30.00	0.00	0.00	669.40	24.98	--
2010	--	--	--	0.00	0.00	0.00	498.00	64.63	--
2011	--	--	--	32.00	0.00	0.00	1295.40	97.88	--
2012	--	--	--	0.00	126.69	752.15	2398.27	206.98	--
2013	--	--	--	0.00	153.80	598.35	2413.41	482.86	--
2014	40.00	0.00	40.00	0.00	500.35	98.00	2952.78	968.33	--
2015	78.00	0.00	108.00	0.00	30.00	68.00	9168.51	2602.65	--
2016	579.81	16.42	771.06	0.00	68.00	0.00	10439.51	3779.74	46386.20
2017	1033.84	20.52	1675.97	0.00	0.00	0.00	7293.54	5998.07	25084.58
2018	408.20	72.72	1829.88	0.00	0.00	0.00	7772.59	6587.62	24904.52
2019	813.64	150.59	2267.43	0.00	0.00	0.00	6825.15	6405.02	24871.55
2020	289.36	565.62	1786.82	0.00	0.00	0.00	11059.70	5953.10	28612.66
2021	411.60	259.53	1563.45	0.00	0.00	0.00	11936.51	9258.13	30645.36
2022	370.52	358.57	1435.68	0.00	0.00	0.00	8705.92	9520.25	29117.39

3-2 续表 3 continued

单位：亿元 (100 million yuan)

年份 Year	上市公司发行的债券 Financial Bonds								
	可转债(上市公司) Convertible Bonds (Listed company)			可交换债(上市公司) Exchangeable Corporate Bonds (Listed company)			可分离债(上市公司) Warrant Bonds (Listed company)		
	发行额 Value of Bonds Issued	兑付金额 Amount of Payments	期末余额 Ending Balance	发行额 Value of Bonds Issued	兑付金额 Amount of Payments	期末余额 Ending Balance	发行额 Value of Bonds Issued	兑付金额 Amount of Payments	期末余额 Ending Balance
2009	46.61	1.70	--	--	--	--	30.00	7.08	--
2010	717.30	1.22	--	--	--	--	--	7.32	--
2011	413.20	4.31	--	--	--	--	--	86.82	--
2012	163.55	41.93	--	--	--	--	--	18.40	--
2013	544.81	40.30	--	--	--	--	--	142.99	--
2014	320.99	16.35	--	--	--	--	--	505.32	--
2015	98.00	12.34	--	--	--	--	--	30.92	--
2016	212.52	0.49	688.97	--	--	--	--	68.68	--
2017	946.21	1.32	1120.70	11.39	--	11.39	--	--	--
2018	787.49	4.12	1796.47	1.76	0.01	13.15	--	--	--
2019	2419.83	10.25	3494.22	1.50	0.01	13.14	--	--	--
2020	2728.21	19.78	5305.30	--	--	13.04	--	--	--
2021	2813.77	62.40	6824.05	4.00	4.25	5.40	--	--	--
2022	2184.72	64.64	8358.11	8.00	0.86	12.00	--	--	--

3-2 续表 4 continued

单位：亿元 (100 million yuan)

年份 Year	非上市公司发行的债券 Non-financial Bonds								
	公司债(非上市公司) Corporate Bonds (Non-listed)			可转债(非上市公司) Convertible Bonds (Non-listed)			可交换债(非上市公司) Exchangeable Corporate Bonds (Non-listed)		
	发行额 Value of Bonds Issued	兑付金额 Amount of Payments	期末余额 Ending Balance	发行额 Value of Bonds Issued	兑付金额 Amount of Payments	期末余额 Ending Balance	发行额 Value of Bonds Issued	兑付金额 Amount of Payments	期末余额 Ending Balance
2009	59.50	--	--	--	--	--	--	--	--
2010	19.50	3.95	--	--	--	--	--	--	--
2011	39.80	5.18	--	--	--	--	--	--	--
2012	223.71	7.94	--	--	--	--	--	--	--
2013	1058.40	99.37	--	--	--	--	--	--	--
2014	1449.78	132.21	--	--	--	--	--	--	--
2015	9009.61	658.06	--	--	--	--	269.37	27.14	--
2016	22036.87	1269.89	58997.74	--	--	--	671.29	53.75	1507.51
2017	10198.26	3286.94	38353.27	--	--	0.91	1152.45	72.19	1699.08
2018	13236.25	5458.29	44813.01	--	--	--	402.44	125.58	1840.35
2019	22464.70	6580.75	55601.69	--	--	0.11	817.144	150.59	2253.52
2020	31169.78	8113.62	78505.32	--	8.42	--	349.357	574.45	1783.78
2021	33436.63	16700.70	92411.07	--	--	--	407.60	255.28	1558.05
2022	29515.43	14899.53	99284.77	--	--	8.98	414.94	357.71	1476.10

3-2　续表 5　continued

单位：亿元　(100 million yuan)

年份 Year	非上市公司发行的债券 Non-financial Bonds 可分离债(非上市公司) Warrant Bonds(Non-listed)			企业资产支持证券 Asset-based Securities			REITs Real Estate Investment Trusts		
	发行额 Value of Bonds Issued	兑付金额 Amount of Payments	期末余额 Ending Balance	发行额 Value of Bonds Issued	兑付金额 Amount of Payments	期末余额 Ending Balance	发行额 Value of Bonds Issued	兑付金额 Amount of Payments	期末余额 Ending Balance
2009	--	0.90	--	--	--	--	--	--	--
2010	--	0.90	--	--	--	--	--	--	--
2011	--	0.90	--	--	--	--	--	--	--
2012	--	75.90	--	--	--	--	--	--	--
2013	--	--	--	--	--	--	--	--	--
2014	--	--	--	120.07	53.86	337.09	--	--	--
2015	--	--	--	2046.74	205.04	1597.66	--	--	--
2016	--	--	--	4955.61	748.95	5419.11	--	--	--
2017	--	--	--	9460.93	2015.79	9482.87	--	--	--
2018	--	--	--	8869.18	5016.99	13708.68	--	--	--
2019	--	--	--	9646.41	5765.77	18014.78	388.52	--	--
2020	--	--	--	14274.21	7886.07	23111.22	360.14	--	--
2021	--	--	--	14965.02	9510.03	25039.87	526.95	--	--
2022	--	--	--	10297.80	15446.27	22329.86	912.32	--	--

3-2　续表 6　continued

单位：亿元　(100 million yuan)

年份 Year	国债 T-Bond			地方政府债 Local Treasury Bonds			政策性金融债 Policy Bank Bond		
	发行额 Value of Bonds Issued	兑付金额 Amount of Payments	期末余额 Ending Balance	发行额 Value of Bonds Issued	兑付金额 Amount of Payments	期末余额 Ending Balance	发行额 Value of Bonds Issued	兑付金额 Amount of Payments	期末余额 Ending Balance
2009	--	--	--	--	--	--	--	--	--
2010	--	--	--	--	--	--	--	--	--
2011	--	--	--	--	--	--	--	--	--
2012	--	--	--	--	--	--	--	--	--
2013	--	--	--	--	--	--	--	--	--
2014	--	--	--	0.00	--	17.10	300.00	0.00	300.00
2015	--	--	--	0.00	--	367.16	0.00	0.00	95.00
2016	--	--	--	0.00	--	2283.08	0.00	205.00	95.00
2017	--	--	--	10241.98	--	2482.69	800.00	0.00	895.00
2018	--	--	--	25567.99	--	3753.27	240.00	0.00	858.30
2019	--	--	--	28338.46	--	4603.67	1085.00	343.80	1479.50
2020	--	--	--	24154.95	--	7044.42	675.00	350.00	1395.00
2021	--	--	--	21876.55	--	9907.88	586.10	40.00	1731.10
2022	9319.10	--	--	4040.54	--	12078.47	95.00	330.00	1311.10

3-3 交易所市场债券发行额按监管辖区分布

单位：亿元

辖区	Jurisdiction	合计 Total	公司债 Corporate Bonds	可转债 Convertible Bonds	可分离债 Warrant Bonds
安徽	Anhui	1263.47	1017.01	100.92	0.00
北京	Beijing	7932.96	5142.83	104.43	0.00
大连	Dalian	82.75	82.75	0.00	0.00
福建	Fujian	1442.44	1020.68	0.00	0.00
甘肃	Gansu	86.71	42.71	0.00	0.00
广东	Guangdong	2983.78	1989.95	138.12	0.00
广西	Guangxi	440.15	386.96	30.00	0.00
贵州	Guizhou	755.73	284.45	19.46	0.00
海南	Hainan	50.77	39.00	9.77	0.00
河北	Hebei	1062.92	453.31	10.60	0.00
河南	Henan	1218.50	1168.93	12.10	0.00
黑龙江	Heilongjiang	228.58	125.10	4.50	0.00
湖北	Hubei	1721.19	1399.60	90.30	0.00
湖南	Hunan	1002.48	883.71	42.90	0.00
吉林	Jilin	214.80	214.80	0.00	0.00
江苏	Jiangsu	7382.36	5473.76	238.03	0.00
江西	Jiangxi	1416.52	939.72	0.00	0.00
辽宁	Liaoning	25.00	10.00	15.00	0.00
内蒙古	Inner Mongolia	70.20	5.00	15.20	0.00
宁波	Ningbo	620.10	472.21	56.56	0.00
宁夏	Ningxia	25.60	25.60	0.00	0.00
青岛	Qingdao	594.93	490.60	24.92	0.00
青海	Qinghai	68.35	7.75	0.00	0.00
厦门	Xiamen	426.82	319.90	10.06	0.00
山东	Shandong	2422.37	2070.60	150.19	0.00
山西	Shanxi	734.24	586.39	45.40	0.00
陕西	Shaanxi	1281.23	1099.82	77.71	0.00
上海	Shanghai	6056.48	3397.30	55.27	0.00
深圳	Shenzhen	4817.62	2881.40	126.66	0.00
四川	Sichuan	1649.34	1136.99	259.00	0.00
天津	Tianjin	1574.85	804.00	20.00	0.00
西藏	Tibet	158.00	158.00	0.00	0.00
新疆	Xinjiang	337.82	307.82	30.00	0.00
云南	Yunnan	247.35	175.54	0.00	0.00
浙江	Zhejiang	4050.29	2790.23	354.22	0.00
重庆	Chongqing	1679.75	791.23	143.40	0.00
其他	Others	48.22	25.70	0.00	0.00

注：“其他”包含熊猫债以及无法判断辖区的债券。
数据来源：上海证券交易所、深圳证券交易所、中国证券投资基金业协会
Source:SSE、SZSE、AMAC

Regulatory Jurisdiction Distribution of Stock Exchange Market Bond Issuance

(100 million yuan)

可交换债 Exchangeable Corporate Bonds	政策性金融债 Policy Bank Bonds	地方政府债 Local Treasury Bonds	企业资产支持证券 Asset-based Securities	REITs Real Estate Investment Trusts
0.00	0.00	0.00	21.42	124.13
19.00	95.00	249.70	2101.32	220.69
0.00	0.00	0.00	0.00	0.00
0.00	0.00	336.76	85.00	0.00
0.00	0.00	0.00	44.00	0.00
0.00	0.00	0.00	790.15	65.56
0.00	0.00	0.00	23.19	0.00
0.00	0.00	0.00	451.82	0.00
0.00	0.00	0.00	2.00	0.00
0.00	0.00	569.57	29.44	0.00
21.00	0.00	0.00	16.47	0.00
8.00	0.00	51.98	39.00	0.00
109.97	0.00	0.00	61.19	60.13
0.00	0.00	0.00	55.87	20.00
0.00	0.00	0.00	0.00	0.00
15.00	0.00	1216.57	403.46	35.54
0.00	0.00	0.00	476.80	0.00
0.00	0.00	0.00	0.00	0.00
0.00	0.00	0.00	50.00	0.00
46.55	0.00	0.00	44.77	0.00
0.00	0.00	0.00	0.00	0.00
0.00	0.00	0.00	79.41	0.00
10.00	0.00	0.00	50.60	0.00
0.00	0.00	0.00	83.86	13.00
30.00	0.00	0.00	170.38	1.20
20.00	0.00	0.00	82.45	0.00
0.00	0.00	0.00	103.70	0.00
20.00	0.00	532.90	1996.21	54.80
8.00	0.00	313.00	1394.73	93.83
0.00	0.00	116.91	128.55	7.89
0.00	0.00	195.12	506.32	49.41
0.00	0.00	0.00	0.00	0.00
0.00	0.00	0.00	0.00	0.00
60.00	0.00	0.00	11.81	0.00
5.00	0.00	458.03	352.91	89.91
50.42	0.00	0.00	640.98	53.72
0.00	0.00	0.00	0.00	22.52

3-4 交易所市场债券现券交易情况

成交量(亿张)

年份 Year	合计 Total	国债 T-Bonds	地方政府债 Local Treasury Bonds	公司债 Corporate Bonds	企业债 Enterprise Bonds
1997	32.77	32.61	--	--	0.15
1998	46.30	45.97	--	--	0.15
1999	38.84	38.21	--	--	0.22
2000	39.99	38.02	--	--	0.35
2001	46.46	45.47	--	--	0.50
2002	85.28	83.96	--	--	0.64
2003	66.66	57.39	--	--	3.44
2004	38.15	31.36	--	--	1.16
2005	34.53	28.21	--	--	1.49
2006	20.03	15.35	--	--	0.90
2007	20.25	12.73	--	--	0.58
2008	46.18	21.26	--	3.91	1.12
2009	46.32	20.56	--	6.03	6.28
2010	56.50	16.42	0.00	8.58	11.30
2011	67.75	12.57	0.00	13.07	15.54
2012	97.98	9.04	0.00	31.91	29.47
2013	169.32	8.03	0.01	44.28	64.88
2014	269.71	12.64	0.00	58.68	123.78
2015	313.28	41.00	2.13	101.22	101.67
2016	525.85	56.67	20.02	346.84	73.65
2017	562.47	17.66	7.48	422.26	66.81
2018	646.42	12.46	13.80	481.80	48.31
2019	812.05	16.15	8.29	561.56	42.29
2020	1623.22	57.84	730.77	294.41	15.01
2021	2257.80	67.89	9.72	1089.53	85.36
2022	2946.00	88.65	18.44	1399.04	104.47

数据来源：上海证券交易所、深圳证券交易所
Source: SSE、SZSE

Bond Trading in Stock Exchange

Trading Volume(100 million units)

可转债 Convertible Bonds	可交换债 Exchange Corporate Bonds	可分离债 Warrant Bonds	政策性银行债 Policy Bank Bonds	企业资产支持证券 Asset-based Securities
--	--	--	--	--
--	--	--	--	--
0.41	--	--	--	--
1.62	--	--	--	--
0.48	--	--	--	--
0.69	--	--	--	--
5.83	--	--	--	--
5.63	--	--	--	--
4.82	--	--	--	--
2.37	--	--	--	0.59
2.42	--	3.88	--	0.61
3.83	--	15.72	--	0.34
4.79	--	8.26	--	0.40
13.44	--	6.60	--	0.16
20.67	--	5.85	--	0.04
22.14	--	5.34	--	0.07
45.65	--	6.22	--	0.24
67.68	0.23	2.75	--	1.56
53.84	2.73	1.23	4.55	4.92
11.10	4.63	0.58	0.31	12.06
19.79	9.79	0.00	2.72	15.96
41.02	13.39	0.00	11.05	24.59
116.28	13.06	0.00	22.48	31.94
406.66	37.28	9.20	6.08	65.98
909.87	14.09	0.82	8.83	71.68
1238.31	10.28	0.00	3.49	83.32

3-4 续表

成交金额(亿元)

年份 Year	合计 Total	国债 T-Bonds	地方政府债 Local Treasury Bonds	公司债 Corporate Bonds	企业债 Enterprise Bonds
1997	3600.82	3582.75	--	--	18.08
1998	6120.94	6059.95	--	--	18.40
1999	5393.59	5300.87	--	--	26.58
2000	4385.48	4157.49	--	--	40.49
2001	4930.13	4815.60	--	--	57.25
2002	8852.71	8708.68	--	--	70.33
2003	6783.11	5756.11	--	--	363.61
2004	3717.09	2966.46	--	--	113.36
2005	3449.30	2780.63	--	--	154.71
2006	2035.09	1540.71	--	--	94.44
2007	2109.99	1267.28	--	3.74	58.12
2008	4324.26	2122.52	--	404.41	113.60
2009	4698.08	2085.11	0.60	631.31	639.55
2010	5847.54	1661.64	0.01	877.51	1164.67
2011	6843.93	1252.93	0.21	1301.81	1538.71
2012	9882.53	914.18	0.01	3217.86	2970.10
2013	17411.83	803.75	0.50	4422.74	6602.34
2014	28191.38	1260.27	0.00	5751.53	12511.63
2015	34464.32	4134.49	213.19	10239.97	10339.95
2016	53294.20	5794.89	2015.36	35053.72	7335.84
2017	55441.79	1747.87	731.25	41858.83	5986.00
2018	63821.55	1225.39	1369.90	47874.95	4076.64
2019	83530.18	1606.99	837.06	56339.84	3497.14
2020	201143.24	4776.45	73085.43	38451.01	1579.85
2021	289275.34	6771.78	979.44	108279.14	7049.52
2022	381135.91	8892.63	1904.05	139328.06	8986.19

continued

Trading Turnover(100 million yuan)

可转债 Convertible Bonds	可交换债 Exchange Corporate Bonds	可分离债 Warrant Bonds	政策性银行债 Policy Bank Bonds	企业资产支持证券 Asset-based Securities
--	--	--	--	--
42.59	--	--	--	--
66.14	--	--	--	--
187.50	--	--	--	--
57.28	--	--	--	--
73.70	--	--	--	--
663.39	--	--	--	--
637.26	--	--	--	--
513.46	--	--	--	0.50
274.50	--	68.19	--	57.25
409.24	--	313.37	--	58.25
442.13	--	1212.06	--	29.54
636.41	--	666.90	--	38.21
1560.61	--	567.83	--	15.27
2217.95	--	528.29	--	4.03
2275.32	--	498.11	--	6.96
4960.13	1.11	597.05	--	24.22
7972.97	28.11	265.88	243.88	157.11
8093.92	365.21	120.09	467.84	489.65
1317.03	500.88	57.82	34.20	1184.46
2261.29	1037.62	0.00	272.23	1546.69
4473.82	1374.38	0.00	1107.97	2318.50
14510.18	1373.26	0.00	2271.77	3093.95
71454.00	3876.48	934.62	611.62	6373.79
156936.86	1599.19	0.00	890.37	6769.04
212862.40	1180.84	0.00	356.19	7625.57

3-5 上海证券交易所债券现券交易情况

成交量(亿张)

年份 Year	合计 Total	国债 T-Bonds	地方政府债 Local Treasury Bonds	公司债 Corporate Bonds	企业债 Enterprise Bonds
1997	31.65	31.52	--	--	0.13
1998	46.03	45.86	--	--	0.07
1999	38.29	37.99	--	--	0.21
2000	33.86	33.07	--	--	0.34
2001	41.85	41.23	--	--	0.50
2002	61.51	60.83	--	--	0.45
2003	61.72	54.84	--	--	2.99
2004	35.26	31.31	--	--	0.98
2005	32.37	28.13	--	--	1.20
2006	18.08	15.32	--	--	0.72
2007	17.76	12.68	--	0.04	0.45
2008	40.71	20.79	--	2.36	0.68
2009	38.68	20.25	0.01	4.16	3.65
2010	47.88	15.70	0.00	5.78	8.85
2011	60.65	12.47	0.00	9.67	13.71
2012	83.78	8.95	0.00	21.27	27.50
2013	148.58	7.70	0.01	27.95	62.70
2014	242.42	12.51	0.00	37.10	121.79
2015	279.18	40.84	2.13	74.05	100.52
2016	433.89	56.54	19.79	262.44	73.05
2017	453.99	17.58	7.31	324.32	66.32
2018	523.04	12.41	13.42	389.14	47.93
2019	637.35	16.11	7.74	468.43	41.80
2020	1067.23	57.71	730.46	171.70	13.37
2021	1492.52	67.35	9.54	930.90	82.98
2022	1944.73	87.68	18.10	1213.87	101.84

数据来源：上海证券交易所
Source: SSE

Bond Trading in Shanghai Stock Exchange

Trading Volume(100 million units)

可转债 Convertible Bonds	可交换债 Exchange Corporate Bonds	可分离债 Warrant Bonds	政策性银行债 Policy Bank Bonds	企业资产支持证券 Asset-based Securities
--	--	--	--	--
0.10	--	--	--	--
0.09	--	--	--	--
0.45	--	--	--	--
0.11	--	--	--	--
0.23	--	--	--	--
3.89	--	--	--	--
2.97	--	--	--	--
3.04	--	--	--	--
1.46	--	0.58	--	--
1.33	--	3.26	--	--
2.64	--	14.24	--	--
3.11	--	7.51	--	--
11.57	--	5.99	--	--
19.30	--	5.51	--	--
21.23	--	4.83	--	--
44.21	--	5.96	--	0.05
65.08	0.18	2.75	2.38	0.63
50.32	2.60	1.23	4.55	2.93
8.80	3.80	0.58	0.31	8.58
16.27	7.47	0.00	1.60	13.13
21.22	11.50	0.00	8.76	18.67
59.23	11.03	0.00	13.56	19.45
0.00	35.03	9.20	6.08	43.68
336.88	11.09	0.00	5.04	48.75
452.21	8.21	0.00	2.59	60.24

3-5 续表

年份 Year	合计 Total	国债 T-Bonds	地方政府债 Local Treasury Bonds	公司债 Corporate Bonds	企业债 Enterprise Bonds
	成交金额(亿元)				
1997	3483.90	3468.40	--	--	15.50
1998	6078.02	6046.70	--	--	9.03
1999	5322.62	5276.77	--	--	24.43
2000	3748.61	3657.06	--	--	39.13
2001	4451.06	4383.06	--	--	56.40
2002	6454.69	6380.83	--	--	51.04
2003	6261.71	5500.36	--	--	316.04
2004	3395.92	2961.50	--	--	95.88
2005	3219.36	2772.79	--	--	124.88
2006	1831.03	1537.40	--	--	76.69
2007	1790.45	1262.20	--	3.74	44.90
2008	3783.86	2075.90	--	243.81	67.65
2009	3877.09	2054.90	0.60	435.57	365.56
2010	4896.84	1590.03	0.01	585.43	909.13
2011	6093.58	1242.90	0.21	960.61	1352.62
2012	8442.99	905.56	0.01	2141.16	2770.67
2013	15312.48	771.10	0.50	2792.32	6378.26
2014	25446.42	1247.47	0.00	3632.44	12309.55
2015	30681.10	4117.52	213.19	7473.93	10223.31
2016	43823.28	5780.50	1992.51	26399.60	7275.06
2017	44431.20	1740.33	713.48	31959.14	5937.67
2018	51252.14	1220.33	1331.83	38552.95	4038.10
2019	64086.85	1602.53	781.04	46928.42	3447.82
2020	114502.25	4764.24	73054.59	26072.20	1415.27
2021	169107.13	6718.35	960.93	92405.95	6810.00
2022	218268.79	8790.08	1869.42	120834.79	8717.45

continued

Trading Turnover(100 million yuan)

可转债 Convertible Bonds	可交换债 Exchange Corporate Bonds	可分离债 Warrant Bonds	政策性银行债 Policy Bank Bonds	企业资产支持证券 Asset-based Securities
--	--	--	--	--
--	--	--	--	--
21.41	--	--	--	--
52.43	--	--	--	--
11.60	--	--	--	--
22.82	--	--	--	--
445.31	--	--	--	--
338.55	--	--	--	--
321.68	--	--	--	--
169.03	--	--	--	--
211.83	--	267.77	--	--
301.59	--	1094.92	--	--
418.32	--	602.13	--	--
1300.20	--	512.04	--	--
2041.14	--	496.10	--	--
2177.36	--	448.24	--	--
4793.97	--	571.53	--	4.80
7661.18	22.78	265.88	243.88	63.25
7426.80	351.94	120.09	467.84	286.47
1034.95	415.02	57.82	34.20	833.64
1858.70	795.55	0.00	160.06	1266.27
2314.82	1180.23	0.00	878.58	1735.29
6967.13	1129.34	0.00	1374.06	1856.52
0.00	3493.25	934.62	611.62	4156.45
55865.14	1247.47	0.00	510.71	4588.59
71295.67	968.09	0.00	266.24	5527.07

3-6 深圳证券交易所债券现券交易情况

成交量(亿张)

年份 Year	合计 Total	国债 T-Bonds	地方政府债 Local Treasury Bonds	公司债 Corporate Bonds	企业债 Enterprise Bonds
1997	1.12	1.10	--	--	--
1998	0.28	0.12	--	--	0.08
1999	0.55	0.22	--	--	0.02
2000	6.13	4.94	--	--	0.01
2001	4.61	4.24	--	--	0.01
2002	23.77	23.12	--	--	0.18
2003	4.94	2.55	--	--	0.45
2004	2.89	0.05	--	--	0.18
2005	2.16	0.08	--	--	0.29
2006	1.95	0.03	--	--	0.17
2007	2.49	0.05	--	--	0.13
2008	5.47	0.47	--	--	0.44
2009	7.64	0.30	--	1.87	2.63
2010	8.62	0.72	--	2.81	2.45
2011	7.10	0.10	--	3.40	1.84
2012	14.20	0.09	--	10.64	1.98
2013	20.74	0.33	--	16.32	2.18
2014	27.29	0.13	--	21.59	1.99
2015	34.10	0.17	--	27.16	1.14
2016	91.96	0.14	0.23	84.40	0.60
2017	108.48	0.08	0.18	97.95	0.49
2018	123.37	0.05	0.38	92.67	0.38
2019	174.70	0.04	0.55	93.13	0.49
2020	562.38	0.13	0.31	122.71	1.64
2021	764.45	0.54	0.18	158.63	2.38
2022	1001.27	0.97	0.34	185.17	2.63

数据来源：深圳证券交易所
Source: SZSE

Bond Trading in Shenzhen Stock Exchange

Trading Volume(100 million units)

可转债 Convertible Bonds	可交换债 Exchange Corporate Bonds	可分离债 Warrant Bonds	政策性银行债 Policy Bank Bonds	企业资产支持证券 Asset-based Securities
--	--	--	--	--
--	--	--	--	--
0.31	--	--	--	--
1.17	--	--	--	--
0.37	--	--	--	--
0.46	--	--	--	--
1.94	--	--	--	--
2.66	--	--	--	--
1.79	--	--	--	--
0.91	--	--	--	0.59
1.08	--	0.62	--	0.61
1.19	--	1.48	--	0.34
1.69	--	0.75	--	0.40
1.87	--	0.61	--	0.16
1.37	--	0.35	--	0.04
0.92	--	0.51	--	0.07
1.44	0.01	0.26	--	0.19
2.60	0.05	0.00	--	0.93
3.51	0.13	0.00	--	1.99
2.30	0.82	0.00	--	3.48
3.52	2.32	0.00	1.12	2.82
19.80	1.89	0.00	2.29	5.92
57.05	2.03	0.00	8.92	12.49
406.66	2.24	0.00	6.39	22.30
572.99	3.00	0.00	3.79	22.93
786.10	2.07	0.00	0.90	23.08

3-6 续表

年份 Year	成交金额(亿元)				
	合计 Total	国债 T-Bonds	地方政府债 Local Treasury Bonds	公司债 Corporate Bonds	企业债 Enterprise Bonds
1997	116.92	114.35	--	--	2.58
1998	42.92	13.25	--	--	9.37
1999	70.98	24.09	--	--	2.15
2000	636.87	500.43	--	--	1.37
2001	479.07	432.55	--	--	0.84
2002	2398.02	2327.85	--	--	19.29
2003	521.40	255.75	--	--	47.57
2004	321.16	4.96	--	--	17.49
2005	229.94	7.84	--	--	29.83
2006	204.05	3.31	--	--	17.74
2007	319.54	5.08	--	--	13.22
2008	540.39	46.63	--	160.61	45.95
2009	820.99	30.20	--	195.74	273.98
2010	950.70	71.61	--	292.09	255.54
2011	750.35	10.02	--	341.20	186.09
2012	1439.54	8.62	--	1076.69	199.44
2013	2099.35	32.65	--	1630.42	224.08
2014	2744.96	12.80	--	2119.10	202.08
2015	3783.22	16.96	--	2766.04	116.65
2016	9470.92	14.39	22.86	8654.11	60.78
2017	11010.59	7.55	17.77	9899.69	48.33
2018	12569.41	5.06	38.07	9321.99	38.54
2019	18776.02	4.46	56.02	9411.42	49.32
2020	87283.60	12.21	30.84	12378.81	164.57
2021	120168.20	53.43	18.51	15873.19	239.52
2022	162867.12	102.55	34.63	18493.27	268.74

continued

Trading Turnover(100 million yuan)

可转债 Convertible Bonds	可交换债 Exchange Corporate Bonds	可分离债 Warrant Bonds	政策性银行债 Policy Bank Bonds	企业资产支持证券 Asset-based Securities
0.00	--	--	--	--
20.30	--	--	--	--
44.73	--	--	--	--
135.07	--	--	--	--
45.68	--	--	--	--
50.88	--	--	--	--
218.08	--	--	--	--
298.72	--	--	--	--
191.78	--	--	--	--
105.47	--	--	--	57.25
197.40	--	45.60	--	58.25
140.54	--	117.13	--	29.54
218.08	--	64.77	--	38.21
260.41	--	55.79	--	15.27
176.81	--	32.19	--	4.03
97.96	--	49.87	--	6.96
166.16	1.11	25.51	--	19.42
311.79	5.34	0.00	--	93.85
667.12	13.27	0.00	--	203.18
282.08	85.87	0.00	--	350.82
402.59	242.08	0.00	112.17	280.43
2159.00	194.15	0.00	229.39	583.21
7543.05	243.92	0.00	230.39	1237.43
71454.00	383.22	0.00	642.61	2217.34
101071.72	351.72	0.00	379.66	2180.45
141566.73	212.75	0.00	89.95	2098.50

3-7 交易所市场债券回购交易情况
Repo Trading in Stock Exchange

年份 Year	成交金额(亿元) Trading Turnover(100 million yuan)					
	合计 Total	质押式回购 Pledge-style Repo	报价回购 Quotation-based Repo	约定式购回 Pre-arranged Repo	质押式协议回购 Pledge agreement Repo	三方回购 Tri-party Repo
1997	12876.06	12876.06	--	--	--	--
1998	15540.84	15540.84	--	--	--	--
1999	12890.53	12890.53	--	--	--	--
2000	14733.68	14733.68	--	--	--	--
2001	15487.64	15487.64	--	--	--	--
2002	24422.80	24422.80	--	--	--	--
2003	55353.25	55353.25	--	--	--	--
2004	46606.41	46606.41	--	--	--	--
2005	24919.05	24919.05	--	--	--	--
2006	16301.48	16301.48	--	--	--	--
2007	18615.47	18615.47	--	--	--	--
2008	24306.77	24306.77	--	--	--	--
2009	35975.19	35521.81	453.39	--	--	--

数据来源：上海证券交易所、深圳证券交易所
Source: SSE、SZSE

3-7 续表 continued

年份 Year	成交金额(亿元) Trading Turnover(100 million yuan)					
	合计 Total	质押式回购 Pledge-style Repo	报价回购 Quotation-based Repo	约定式购回 Pre-arranged Repo	质押式协议回购 Pledge agreement Repo	三方回购 Tri-party Repo
2010	70373.76	66233.95	4139.81	--	--	--
2011	209509.62	204469.83	5039.77	0.02	--	--
2012	393550.94	368535.82	25012.26	2.87	--	--
2013	661798.27	630720.85	31069.18	8.23	--	--
2014	915193.76	878705.94	36484.69	3.13	--	--
2015	1303633.46	1250959.55	52512.09	0.93	160.90	--
2016	2370878.87	2297358.03	60832.98	0.00	12687.86	--
2017	2632157.65	2551470.62	48986.37	0.00	31700.66	--
2018	2340461.79	2259882.18	44161.52	0.00	34197.93	2220.16
2019	2440608.78	2331849.26	76365.60	0.41	24296.54	8096.98
2020	2953578.79	2805313.36	120401.68	0.07	22373.38	5490.30
2021	3622751.85	3415053.52	177025.55	54.31	29347.92	1270.54
2022	4184448.58	3932628.88	212593.62	59.31	38707.48	459.29

3-8 上海证券交易所债券回购交易情况
Repo Trading in Shanghai Stock Exchange

年份 Year	成交金额(亿元) Trading Turnover(100 million yuan)					
	合计 Total	质押式回购 Pledge-style Repo	报价回购 Quotation-based Repo	约定式购回 Pre-arranged Repo	质押式协议回购 Pledge agreement Repo	三方回购 Tri-party Repo
1997	11912.16	11912.16	--	--	--	--
1998	15188.54	15188.54	--	--	--	--
1999	12124.12	12124.12	--	--	--	--
2000	13147.21	13147.21	--	--	--	--
2001	15342.98	15342.98	--	--	--	--
2002	24422.35	24422.35	--	--	--	--
2003	55334.68	55334.68	--	--	--	--
2004	46601.81	46601.81	--	--	--	--
2005	24919.05	24919.05	--	--	--	--
2006	16299.25	16299.25	--	--	--	--
2007	18608.92	18608.92	--	--	--	--
2008	24306.77	24306.77	--	--	--	--
2009	35929.25	35475.87	453.39	--	--	--
2010	70017.59	65877.79	4139.81	--	--	--
2011	204621.29	199581.50	5039.77	0.02	--	--
2012	371375.86	346360.74	25012.26	2.87	--	--
2013	610526.93	580224.78	30294.00	8.15	--	--
2014	841402.16	812941.84	28457.36	2.96	--	--
2015	1197852.61	1166704.67	30986.49	0.56	160.90	--
2016	2203351.93	2164883.84	26214.35	0.00	12253.74	--
2017	2428986.63	2378286.19	20535.74	0.00	30164.70	--
2018	2118206.00	2067540.25	17120.28	0.00	31325.44	2220.04
2019	2153748.51	2096845.92	25950.65	0.35	22854.61	8096.98
2020	2595999.34	2528235.02	41011.34	0.07	21262.62	5490.30
2021	3137598.18	3051748.63	56254.43	54.31	28270.26	1270.54
2022	3584500.81	3482382.24	63805.82	59.31	37794.15	459.29

数据来源：上海证券交易所
Source: SSE

3-9 深圳证券交易所债券回购交易情况

Repo Trading in Shenzhen Stock Exchange

年份 Year	成交金额(亿元) Trading Turnover(100 million yuan)					
	合计 Total	质押式回购 Pledge-style Repo	报价回购 Quotation-based Repo	约定式购回 Pre-arranged Repo	质押式协议回购 Pledge agreement Repo	三方回购 Tri-party Repo
1997	963.91	963.91	--	--	--	--
1998	352.30	352.30	--	--	--	--
1999	766.41	766.41	--	--	--	--
2000	1586.47	1586.47	--	--	--	--
2001	144.66	144.66	--	--	--	--
2002	0.45	0.45	--	--	--	--
2003	18.58	18.58	--	--	--	--
2004	4.60	4.60	--	--	--	--
2005	0.00	0.00	--	--	--	--
2006	2.23	2.23	--	--	--	--
2007	6.54	6.54	--	--	--	--
2008	0.00	0.00	--	--	--	--
2009	45.94	45.94	--	--	--	--
2010	356.16	356.16	--	--	--	--
2011	4888.34	4888.34	--	--	--	--
2012	22175.08	22175.08	--	--	--	--
2013	51476.91	50496.07	775.18	0.08	--	--
2014	73884.74	65764.09	8027.32	0.18	--	--
2015	105848.75	84254.88	21525.60	0.37	--	--
2016	167563.66	132474.19	34618.63	0.00	434.12	--
2017	203207.24	173184.43	28450.62	0.00	1535.96	--
2018	222275.87	192341.93	27041.24	0.00	2872.49	0.12
2019	286875.51	235003.34	50414.95	0.06	1441.93	0.00
2020	357588.88	277078.34	79390.34	0.00	1110.76	0.00
2021	485153.68	363304.89	120771.12	0.00	1077.66	0.00
2022	599947.77	450246.64	148787.80	0.00	913.33	0.00

数据来源：深圳证券交易所
Source: SZSE

3-10 交易所市场债券发行额按行业分布

单位：亿元

行业 Industry	合计 Total	公司债 Corporate Bonds	可转债 Convertible Bonds
农、林、牧、渔 Agriculture, Forestry, Animal Husbandry and Fishery	83.90	53.00	16.40
采矿业 Mining	1006.20	901.00	45.20
制造业 Manufacturing	2900.93	1176.18	1495.62
电力、热力、燃气及水生产和供应业 Production and Supply of Electricity, Gas and Water	1817.38	1584.36	0.00
建筑业 Construction	10698.62	10045.69	9.37
批发和零售业 Wholesale and Retail Trades	1128.36	705.24	11.97
交通运输、仓储和邮政业 Transport, Storage and Post	2153.88	1848.03	16.72
住宿和餐饮业 Hotels and Catering Services	12.50	10.50	0.00
信息传输、软件和信息技术服务业 Information Transmission, Computer Services and Software	140.46	22.50	30.96
金融业 Financial Intermediation	12903.23	8690.46	498.00
房地产业 Real Estate	2481.18	1967.96	0.00
租赁和商务服务业 Leasing and Business Services	7445.63	2272.41	0.00
科学研究和技术服务业 Scientific Research, Technical Service	105.02	10.70	8.47
水利、环境和公共设施管理业 Management of Water Conservancy, Environment and Public Facilities	320.98	270.40	47.01
居民服务、修理和其他服务业 Resident Services, Repairs and Other Services	0.00	0.00	0.00
教育 Education	0.00	0.00	0.00
卫生和社会工作 Health and Social Works	0.00	0.00	0.00
文化、体育和娱乐业 Culture, Sports and Entertainment	30.00	20.00	5.00
综合 Synthesis	8874.87	8611.92	0.00
其他 Other	4071.54	31.00	0.00

数据来源：上海证券交易所、深圳证券交易所、中国证券投资基金业协会
Source:SSE、SZSE、AMAC

Industry Distribution of Exchange Market Bond Issuance

(100 million yuan)

可分离债 Warrant Bonds	可交换债 Exchangeable Corporate Bonds	政策性金融债 Policy Bank Bonds	地方政府债 Local Treasury Bonds	企业资产支持证券 Asset-based Securities
--	0.00	--	--	14.50
--	60.00	--	--	0.00
--	104.55	--	--	124.58
--	100.00	--	--	133.02
--	0.00	--	--	643.56
--	9.97	--	--	401.18
--	0.00	--	--	289.13
--	2.00	--	--	0.00
--	0.00	--	--	87.00
--	52.42	95.00	--	3567.35
--	0.00	--	--	513.22
--	9.00	--	--	5164.22
--	0.00	--	--	85.85
--	0.00	--	--	3.57
--	0.00	--	--	0.00
--	0.00	--	--	0.00
--	0.00	--	--	0.00
--	0.00	--	--	5.00
--	85.00	--	--	177.95
--	0.00	--	4040.54	0.00

主要统计指标解释

Explanatory Notes on Main Statistical Indicators

债券发行额 指统计期内各类债券发行票面金额合计。按发行首日口径计算。

债券兑付金额 指统计期内债券发行人按照约定向债券投资者偿还本金和支付利息的金额合计。

债券成交金额 指统计期内各类债券成交金额合计，包括债券现货成交金额和债券回购成交金额。

公式: 现券成交金额=∑[成交价格×成交量(现货)]; 回购成交金额=∑[成交量(回购) ×1000]。

债券回购交易 是指债券交易的双方在进行债券交易的同时，约定在将来某一日期以约定的价格，由债券的卖方向买方再次购回该笔债券的交易行为。

债券托管额 指统计期末托管在债券登记结算机构的各类债券面额合计。

债券成交量 指统计期内各类债券成交数量合计，包括债券现货成交数量和债券回购成交数量。

国债 指国家为筹集财政资金，以其信用为基础，通过向社会筹集资金所形成的债权债务关系。

国债 指在北京证券交易所发行的记账式国债（含特别国债）。

地方政府债 指地方政府、地方公共机构发行的债券，一般以当地政府的税收能力和其他收入作为还本付息的担保。

政策性银行金融债 指政策性银行（国家开发银行、中国农业发展银行和中国进出口银行）为筹集信贷资金，经国务院批准向银行金融机构及其他机构发行的金融债券。

公司债券 指公司依照法定程序发行，约定在一定期限内还本付息的有价证券。2015 年证监会发布《公司债券发行与交易管理办法》，规定公司债发行按照大公募债、小公募债和私募债进行分类审核。

企业债 指根据《公司债券发行与交易管理办法》的规定，企业依照法定程序发行、约定在一定期限内还本付息的有价证券，由中国证券监督管理委员会作为主管机关负责发行核准工作。

可转债 指在一定时间内可以按照既定的转股价格转换为指定股票的债券。

可交换债 指上市公司的股东依法发行、在一定期限内依据约定的条件可以交换成该股东所持有的上市公司股份的债券品种。

企业资产支持证券 指以基础资产所产生的现金流作为偿付支持，通过结构化等方式进行信用增级，在此基础上发行的证券。

Reits（基础设施领域不动产投资信托基金）指在证券交易所公开交易，通过证券化方式将具有持续、稳定收益的不动产资产或权益转化为流动性较强的上市证券的标准化金融产品。

短期融资券 指具有法人资格的非金融企业在银行间债券市场发行的，约定在 1 年内还本付息的债务融资工具。

超短期融资券 指具有法人资格、信用评级较高的非金融企业在银行间债券市场发行的，期限在 270 天以内的短期融资券。

中期票据 指具有法人资格的非金融企业在银行间市场按照计划分期发行的，约定在一定期限内还本付息的债务融资工具。

非公开定向债务融资工具 指具有法人资格的非

金融企业在银行间债券市场发行的、约定在一定期限内还本付息的、向银行间市场特定机构投资人发行的有价证券。

中小企业集合票据 指国家相关法律法规及政策界定为中小企业的非金融企业在银行间债券市场以统一产品设计、统一券种冠名、统一信用增进、统一发行注册方式共同发行的，约定在一定期限内还本付息的债务融资工具。

资产支持票据 指非金融企业在银行间债券市场发行的，由基础资产所产生的现金流作为还款支持的，约定在一定期限内还本付息的债务融资工具。

国债预发行 指以即将发行的记账式国债为标的进行的债券买卖行为

贰零贰叁

四. 基金

Funds

贰零贰叁

2022 年基金情况综述

一、公募基金发展概况

截至 2022 年底，公募基金资产规模合计 26.03 万亿元，其中封闭式基金、开放式基金规模分别为 3.5 万亿元和 22.53 万亿元。开放式基金中，股票型基金、混合型基金、债券型基金、货币基金、QDII 基金规模分别为 2.48 万亿元、5.00 万亿元、4.27 万亿元、10.46 万亿元和 0.33 万亿元。截至 2022 年底，比照公募基金规范的证券公司大集合规模为 3103 亿元。

2022 年，公募基金产品稳健创新发展。公募基金产品供给持续丰富，产品数量突破一万只。专业机构投资者作用进一步发挥，2022 年底公募基金持股市值 5.43 万亿元，占 A 股总市值比例约为 7.92%，近 5 年增长 3.68 万亿元，提高 4.14 个百分点。公募 REITs 进入常态化发行，试点领域拓展至保障性租赁住房，已注册 25 只公募 REITs，共募集资金 801.18 亿元。权益类基金发展迅速，全年新增注册权益类基金占比 45.4%。大力支持资本市场改革发展，全年共注册 3 只北交所主题基金、8 只北证 50 指数基金、24 只科创主题基金，推动增强策略股票 ETF 试点转常规，推出首批混合估值产品，推出跨市场政金债 ETF，推出境内首只中韩合编指数产品 ETF。ETF 纳入内地与香港股票市场交易互联互通机制正式开通。第二批基金投顾业务试点平稳上线，已有试点机构 60 家，合计服务客户 509.84 万个，服务资产规模 1450.67 亿元。

二、私募基金发展概况

私募基金行业结构不断优化，行业生态稳步向好，为发展直接融资、促进创新资本形成发挥了重要作用。2022 年，新备案私募证券投资基金 25636 只，备案规模 2585.58 亿元。截至 2022 年底，外资私募证券基金管理人 38 家，管理规模 672.84 亿元。截至 2022 年底，在中国证券投资基金业协会登记的私募基金管理人 2.37 万家，已备案私募基金 14.5 万只，管理基金规模 20.28 万亿元。私募基金累计投资于境内未上市未挂牌企业股权、新三板企业股权和再融资项目数量达 19.49 万个，为实体经济形成股权资本金 11.39 万亿元。互联网等计算机运用、机械制造等工业资本品、原材料、医药生物、医疗器械与服务、半导体等产业升级及新经济代表领域成为私募股权与创业投资基金布局重点，在投项目 9.36 万个，在投本金 4.38 万亿元。

行业政策环境不断完善，促进行业更好发挥积极作用。开展不动产私募投资基金试点，允许符合条件的私募股权基金管理人设立不动产私募投资基金，投资存量住宅地产、商业地产、基础设施，促进房地产企业盘活经营性不动产并探索新的发展模式。开展私募股权创投基金向投资者实物分配股票试点，拓宽私募基金退出渠道，形成“募资-投资-退出”的良性循环。

基金业协会修订《私募基金登记备案办法》，发布《私募基金管理人登记申请材料清单》，持续完善登记备案规则。

4-1 公募基金概况
Overview of Public Funds

年份 Year	基金只数(只) Number of Funds(unit)			基金份额(亿份) Fund Units (100 million units)		
	合计 Total	封闭式 Close-ended Funds	开放式 Open-ended Funds	合计 Total	封闭式 Close-ended Funds	开放式 Open-ended Funds
1998	5	5	--	100.00	100.00	--
1999	16	16	--	505.00	505.00	--
2000	34	34	--	562.00	562.00	--
2001	51	48	3	804.23	686.73	117.50
2002	71	54	17	1318.85	817.00	501.85
2003	95	54	41	1614.67	817.00	797.67
2004	161	54	107	3308.79	817.00	2491.79
2005	218	54	164	4714.18	817.00	3897.18
2006	307	53	254	6220.67	812.00	5408.67
2007	346	36	310	22339.84	844.14	21495.70
2008	439	33	406	25741.78	890.32	24851.46
2009	547	31	516	23518.55	945.02	22573.53
2010	704	39	665	23955.33	1119.80	22835.53
2011	914	57	857	26510.37	1371.32	25139.05
2012	1173	68	1105	31708.41	1424.85	30283.56
2013	1551	130	1421	31167.18	1953.94	29213.24
2014	1899	135	1764	42032.72	1256.71	40776.00
2015	2723	164	2559	76674.13	1669.54	75004.59
2016	3873	304	3569	88428.32	6181.24	82247.08
2017	4848	479	4369	110182.12	5862.57	104319.55
2018	5580	662	4918	128961.33	8707.02	120254.31
2019	6111	779	5332	136937.42	15214.30	121723.12
2020	7237	1024	6213	169974.29	23961.85	146012.44
2021	9152	1175	7977	218244.61	29005.26	189239.35
2022	10576	1300	9276	239428.35	33265.68	206162.67

注：1.本章公募基金是指公开募集证券投资基金，不包括社保基金、基金专户等。
　　2.本表中封闭式基金分类以截至统计时点的基金运作模式划分，开放式基金以设立时点的基金运作模式划分。
数据来源：中国证券监督管理委员会、上海证券交易所、深圳证券交易所
Source: CSRC、SSE、SZSE

4-1 续表 continued

年份 Year	基金资产规模(亿元) Fund Asset Value (100 million yuan)			上市基金成交份额(亿份) Trading Volume of Listed Funds (100 million units)			上市基金成交金额(亿元) Trading Turnover of Listed Funds(100 million yuan)		
	合计 Total	封闭式 Close-ended Funds	开放式 Open-ended Funds	合计 Total	上交所 SSE	深交所 SZSE	合计 Total	上交所 SSE	深交所 SZSE
1998	107.00	107.00	--	555.33	329.58	225.75	1016.89	605.28	411.61
1999	577.00	577.00	--	1623.12	827.95	795.17	2485.48	1365.82	1119.66
2000	847.35	847.35	--	2180.62	995.32	1185.30	2801.84	1334.18	1467.66
2001	809.24	691.15	118.09	2208.62	1148.35	1060.27	2561.88	1348.92	1212.96
2002	1185.56	717.06	468.50	1218.60	573.69	644.91	1166.62	556.77	609.85
2003	1699.22	862.00	837.22	849.18	441.62	407.56	682.65	362.16	320.49
2004	3246.34	809.71	2436.63	589.72	297.78	291.94	479.47	249.10	230.37
2005	4691.38	822.17	3869.21	1098.41	778.73	319.68	773.15	576.78	196.37
2006	8565.05	1623.64	6941.41	2058.16	1042.85	1015.31	2002.65	1024.35	978.30
2007	32762.32	2442.17	30320.15	4330.52	1981.36	2349.16	8620.09	4298.24	4321.85
2008	19403.25	758.95	18644.30	3742.28	2001.43	1740.85	5831.05	3700.23	2130.82
2009	26024.80	1238.78	24786.02	6531.40	3690.94	2840.46	10340.02	6549.06	3790.96
2010	25040.86	1299.00	23741.86	6582.01	3580.37	3001.64	8996.44	4771.71	4224.73
2011	21918.55	1234.15	20684.40	6125.90	2370.84	3755.06	6365.81	2901.41	3464.40
2012	28661.81	1413.01	27248.80	9374.61	2540.73	6833.88	8123.61	3171.12	4952.49
2013	30011.54	1987.56	28023.98	11280.60	3743.85	7536.75	14785.47	8988.79	5796.68
2014	45374.30	1366.81	44007.49	13742.58	4547.41	9195.17	47230.89	37477.49	9753.40
2015	83971.83	1947.72	82024.11	50423.73	12103.62	38320.11	152684.59	103799.88	48884.71
2016	91595.16	6342.22	85252.94	24609.83	4577.78	20032.05	111444.32	89359.23	22085.09
2017	115989.13	6097.29	109891.84	13626.64	5773.00	7853.64	98051.89	78169.57	19882.32
2018	130339.08	8986.26	121352.82	17941.63	8897.92	9043.70	102704.59	71651.46	31053.13
2019	147672.51	16024.48	131648.03	25140.94	14364.59	10776.35	91679.38	68589.58	23089.80
2020	198519.33	25606.39	172912.94	51089.10	31560.17	19528.93	136238.63	107526.85	28711.79
2021	255637.78	31249.55	224388.23	67386.92	47173.90	20213.02	183234.05	153405.83	29828.22
2022	260311.89	35000.29	225311.60	135551.50	96083.06	39468.44	231615.02	187763.37	43851.65

4-2 公募基金规模
Dimensions of Public Funds

基金类型	Type of Funds	基金只数(只) Number of Funds (unit)		基金份额(亿份) Fund Units (100 million units)		基金资产规模(亿元) Fund Asset Value (100 million yuan)	
		2021	2022	2021	2022	2021	2022
封闭式基金合计	Close-ended Funds	1175	1300	29005.26	33265.68	31249.55	35000.29
开放式基金合计	Open-ended Funds	7977	9276	189239.35	206162.67	224388.23	225311.60
其中：股票型	Thereinto:Equity Funds	1756	1992	15995.96	20131.94	25816.74	24782.42
混合型	Blend Funds	3879	4595	40872.30	40755.25	60513.68	49972.86
其中：FOF	Thereinto:Fund of Funds	238	370	1985.89	1858.90	2222.31	1893.95
债券型	Bond Funds	1810	2095	35604.09	38209.47	40996.01	42730.86
货币市场型	Money Market Funds	333	372	94976.72	103354.25	94677.67	104557.63
QDII	Qualified Domestic Institutional Investor	199	222	1790.27	3711.76	2384.13	3267.81
合计	Total	9152	10576	218244.61	239428.35	255637.78	260311.89

注：本表中封闭式基金分类以截至统计时点的基金运作模式划分，开放式基金以设立时点的基金运作模式划分。
数据来源：中国证券监督管理委员会
Source: CSRC

4-3 合格境外投资者及QDII情况
Statistics of QFII、RQFII and QDII

年份 Year	QFII Qualified Foreign Institutional Investor 资产规模(亿美元) Asset Value(100 million USD)				
	合计 Total	股票 Stock	债券 Bond	现金 Cash	其他 Other
2003	--	--	--	--	--
2004	37.00	11.30	11.20	11.00	3.50
2005	47.80	28.90	7.80	3.70	7.40
2006	62.75	48.76	0.69	7.88	5.42
2007	296.22	157.34	5.63	113.30	19.96
2008	261.58	118.36	28.54	108.27	6.41
2009	424.57	311.22	24.88	77.40	11.07
2010	448.66	357.66	33.81	47.36	9.83
2011	401.56	282.13	57.60	49.98	11.84
2012	525.81	393.11	67.15	46.74	18.82
2013	693.64	496.39	100.05	70.55	26.65
2014	1027.89	723.63	95.32	134.10	74.84
2015	1049.07	626.52	124.99	154.90	142.66
2016	785.54	571.03	84.28	78.33	51.91
2017	997.12	794.90	82.52	63.05	56.64
2018	787.26	567.19	75.00	70.41	74.66
2019	1014.75	774.02	84.88	57.94	97.90
2020	13177.12	10577.39	1435.06	937.52	227.15
2021	15385.92	11742.29	1862.96	919.39	861.28
2022	--	--	--	--	--

注：1.2019年9月，国家外汇管理局发布通知取消QFII、RQFII投资额度限制。
2.2020年QFII和RQFII资格制度规则合二为一，统一为“合格境外投资者”。
数据来源：中国证券监督管理委员会、国家外汇管理局
Source: CSRC、SAFE

4-3 续表 1 continued

年份 Year	RQFII RMB Qualified Foreign Institutional Investor 资产规模(亿元) Asset Value (100 million yuan)				
	合计 Total	股票 Stock	债券 Bond	现金 Cash	其他 Other
2003	--	--	--	--	--
2004	--	--	--	--	--
2005	--	--	--	--	--
2006	--	--	--	--	--
2007	--	--	--	--	--
2008	--	--	--	--	--
2009	--	--	--	--	--
2010	--	--	--	--	--
2011	0.00	0.00	0.00	0.00	0.00
2012	506.996	443.52	109.85	21.43	3.62
2013	532.26	430.53	74.01	8.96	18.76
2014	2195.4	1058.06	785.57	181.73	170.04
2015	1735.44	715.27	649.63	218.86	151.68
2016	1489.43	864.17	460.27	119.48	45.50
2017	1673.07	1204.24	312.93	74.61	81.30
2018	1340.52	932.63	298.55	74.79	34.55
2019	1920.06	1257.21	501.48	105.68	55.69
2020	--	--	--	--	--
2021	--	--	--	--	--
2022	--	--	--	--	--

4-3 续表 2 continued

年份 Year	QDII Qualified Domestic Institutional Investor					
	成立的产品数量(只) Number of Products (unit)	累计批准额度(亿美元) Cumulative Approved Quota (100 million USD)	资产规模(亿元) Asset Value (100 million yuan)			
			合计 Total	股票 Stock	债券 Bond	其他 Other
2003	--	--	--	--	--	--
2004	--	98.90	--	--	--	--
2005	--	98.90	--	--	--	--
2006	1	206.65	--	--	--	--
2007	4	523.66	1081.73	799.56	0.00	282.17
2008	9	551.21	522.41	319.86	71.35	131.20
2009	10	668.00	742.24	542.07	4.93	195.24
2010	27	759.17	735.50	546.84	11.68	176.98
2011	51	783.97	576.02	358.83	9.51	207.68
2012	67	828.77	632.02	422.87	33.61	175.54
2013	83	842.32	597.60	390.70	28.73	178.17
2014	90	833.23	495.54	342.61	41.13	111.80
2015	101	899.93	662.53	412.46	38.98	211.09
2016	120	899.93	947.70	550.05	195.54	202.11
2017	142	899.93	913.59	499.21	144.63	269.75
2018	152	1032.33	705.73	549.00	75.55	81.18
2019	154	1039.83	930.83	708.37	135.71	86.75
2020	166	--	1288.94	991.84	122.12	174.98
2021	199	--	2384.13	1814.23	83.14	486.76
2022	222	--	3344.32	2516.17	85.19	742.95

4-3　续表 3　continued

年份	合格境外投资者 QFII、RQFII 资产规模(亿元人民币) Asset Value (100 million yuan)				
	合计 Total	股票 Stock	债券 Bond	现金 Cash	其他 Other
2022	13166	9545.00	1436.00	1177.00	1008.00

年份	QDII Qualified Domestic Institutional Investor					
	成立的产品数量(只) Number of Products (unit)	累计批准额度(亿美元) Cumulative Approved Quota (100 million USD)	资产规模(亿元) Asset Value (100 million yuan)			
			合计 Total	股票 Stock	债券 Bond	其他 Other
2022	222	--	3344.32	2516.17	85.19	742.95

4-4　交易所基金市场指数情况
Fund Indexes

年份 Year	上交所 SSE 上证基金指数 SSE Fund Index					
	开市 Open	最高 Highest	最低 Lowest	收市 Close	涨跌幅(%) Change Rate(%)	振幅(%) Amplitude(%)
2000	996.69	1121.71	968.70	1121.71	12.17	15.80
2001	1133.17	1367.37	1077.73	1183.13	5.48	26.88
2002	1168.82	1237.98	934.54	942.33	-20.35	32.47
2003	933.96	1057.46	889.81	1016.96	7.92	18.84
2004	1012.37	1101.88	836.81	872.01	-14.25	31.68
2005	866.93	866.93	706.53	840.19	-3.65	22.70
2006	837.92	2091.30	837.82	2090.52	148.82	149.61
2007	2132.24	5112.83	2041.89	5070.79	142.56	150.40
2008	5088.47	5525.57	2214.27	2512.49	-50.45	149.54
2009	2541.64	4813.13	2528.83	4765.75	89.68	90.33
2010	4785.96	5038.23	3752.78	4557.66	-4.37	34.25
2011	4580.40	4854.30	3516.42	3592.26	-21.18	38.05
2012	3603.59	4014.86	3347.34	3921.09	9.15	19.94
2013	3956.37	4319.18	3398.71	3880.27	-1.04	27.08
2014	3874.76	5557.49	3624.31	5550.63	43.05	53.34
2015	5578.87	7670.68	5114.16	5904.92	6.38	49.99
2016	5901.84	5927.80	5443.92	5733.60	-2.90	8.89
2017	5732.11	6389.99	5704.18	6220.06	8.48	12.02
2018	6222.93	6502.37	5465.12	5499.31	-11.59	18.98
2019	5503.54	6482.18	5454.86	6425.03	16.83	18.83
2020	6446.91	7470.84	5860.29	7467.43	16.22	27.48
2021	7489.93	7832.23	7065.51	7572.49	1.41	10.85
2022	7578.94	7581.15	6107.93	6466.25	-14.61	19.45

数据来源：上海证券交易所、深圳证券交易所
Source:SSE、SZSE

4-4 续表 1 continued

年份 Year	深交所 SZSE 乐富基金指数 SZSE Lefu Fund Index					
	开市 Open	最高 Highest	最低 Lowest	收市 Close	涨跌幅(%) Change Rate(%)	振幅(%) Amplitude(%)
2000	--	--	--	--	--	--
2001	--	--	--	--	--	--
2002	--	--	--	--	--	--
2003	--	--	--	--	--	--
2004	--	--	--	--	--	--
2005	978.19	1011.17	834.20	1001.46	2.38	21.21
2006	1010.88	2536.73	990.67	2536.73	154.38	156.06
2007	2570.95	6251.41	2452.55	6251.41	146.44	154.89
2008	6364.67	6734.29	2817.53	3144.08	-49.71	139.01
2009	3198.83	5396.12	3198.83	5329.45	69.51	68.69
2010	5280.03	6023.94	4385.37	5597.02	5.02	37.36
2011	5651.64	5831.13	4223.39	4333.89	-22.57	38.07
2012	4349.06	4807.29	3988.10	4574.63	5.55	20.54
2013	4604.92	4948.94	4052.24	4470.05	-2.29	22.13
2014	4460.73	6154.83	4054.64	6152.11	37.63	51.80
2015	6174.36	9178.71	5353.76	6678.31	8.55	71.44
2016	6684.64	6685.60	5143.23	5856.94	-12.30	29.99
2017	5858.10	6405.68	5513.37	6032.25	2.99	16.18
2018	6035.82	6365.74	4547.49	4632.10	-23.21	39.98
2019	4639.35	6337.57	4530.98	6335.13	36.77	39.87
2020	6368.48	8312.98	5852.27	8312.10	31.21	42.05
2021	8323.25	9262.90	7749.02	8866.88	6.67	19.54
2022	8878.67	8886.09	6539.74	7086.65	-20.08	26.46

4-4 续表 2 continued

年份 Year	深交所 SZSE 深证ETF指数 SZSE ETF Index					
	开市 Open	最高 Highest	最低 Lowest	收市 Close	涨跌幅(%) Change Rate(%)	振幅(%) Amplitude(%)
2000	--	--	--	--	--	--
2001	--	--	--	--	--	--
2002	--	--	--	--	--	--
2003	--	--	--	--	--	--
2004	--	--	--	--	--	--
2005	--	--	--	--	--	--
2006	--	--	--	--	--	--
2007	--	--	--	--	--	--
2008	--	--	--	--	--	--
2009	--	--	--	--	--	--
2010	--	--	--	--	--	--
2011	1015.92	1045.28	663.34	690.36	-32.05	57.58
2012	694.108	814.51	612.29	729.70	5.70	33.03
2013	735.936	808.34	609.10	712.86	-2.31	32.71
2014	711.104	1045.12	640.67	1044.36	46.50	63.13
2015	1049.497	1646.03	919.03	1191.12	14.05	79.10
2016	1188.688	1189.60	897.41	1038.69	-12.80	32.56
2017	1038.9152	1264.01	1006.60	1202.39	15.76	25.57
2018	1203.9186	1288.05	898.75	908.97	-24.40	43.32
2019	911.05	1253.97	884.88	1253.54	37.91	41.71
2020	1259.2359	1686.62	1159.19	1679.80	34.00	45.50
2021	1681.77	1868.88	1540.65	1788.94	6.50	21.30
2022	1791.37	1793.01	1301.28	1409.62	-21.20	27.49

4-5 上市基金成交情况
Transaction Data of Listed Fund

年份 Year	交易天数（天） Trading Days (day)	封闭式基金 Close-ended Funds		
		成交份额（亿份） Trading Volume (100 million units)	成交金额（亿元） Trading Turnover (100 million yuan)	日均成交金额（亿元） Daily Average Turnover (100 million yuan)
2005	242	562.07	341.10	1.41
2006	241	1723.59	1626.36	6.75
2007	242	3100.51	6027.21	24.91
2008	246	1624.12	1986.23	8.07
2009	244	1803.58	1613.68	6.61
2010	242	1095.05	1136.12	4.69
2011	244	447.46	451.15	1.85
2012	243	363.60	284.34	1.17
2013	238	489.02	433.16	1.82
2014	245	403.47	383.45	1.57
2015	244	815.73	981.84	4.02
2016	244	303.67	327.15	1.34
2017	244	134.64	144.59	0.59
2018	243	87.60	89.06	0.37
2019	244	72.64	75.17	0.61
2020	243	0.03	3.23	0.01
2021	243	0.11	10.79	0.04
2022	242	0.17	16.63	0.07

注：ETF中包含交易型货币基金；LOF中包含分级基金。
数据来源：上海证券交易所、深圳证券交易所
Source: SSE、SZSE

4-5 续表 1 continued

年份 Year	ETF			LOF		
	成交份额(亿份) Trading Volume (100 million units)	成交金额(亿元) Trading Turnover (100 million yuan)	日均成交金额(亿元) Daily Average Turnover (100 million yuan)	成交份额(亿份) Trading Volume (100 million units)	成交金额(亿元) Trading Turnover (100 million yuan)	日均成交金额(亿元) Daily Average Turnover (100 million yuan)
2005	525.01	420.92	1.98	11.33	11.14	0.05
2006	306.21	339.97	1.41	28.36	36.32	0.15
2007	475.87	1544.61	6.38	701.87	989.68	4.09
2008	1411.49	3178.58	12.92	608.24	600.59	2.44
2009	3452.19	7652.13	31.36	1146.95	992.94	4.07
2010	4020.85	6450.80	26.66	1383.12	1338.94	5.53
2011	3933.13	4213.25	17.27	1682.48	1643.30	6.73
2012	4766.86	4781.75	19.68	4212.16	3032.54	12.48
2013	5976.80	11012.74	46.89	4811.85	3336.90	14.02
2014	6148.76	40388.83	164.85	7190.35	6458.60	26.36
2015	12705.32	113160.86	463.77	36902.67	38541.90	160.40
2016	5017.87	96495.94	395.48	19288.29	14621.23	59.92
2017	6460.75	92890.39	380.70	7031.25	5016.90	20.56
2018	13485.83	99448.25	409.25	4368.20	3167.28	13.03
2019	20102.74	87147.57	357.16	4965.55	4456.65	18.26
2020	45055.63	130472.10	536.92	6033.44	5763.30	23.72
2021	65103.93	180039.10	740.90	2234.06	2949.18	12.14
2022	133969.93	229356.73	947.76	1454.97	1551.76	6.41

4-5 续表 2 continued

年份 Year	公募 Reits			合计 Total		
	成交份额(亿份) Trading Volume (100 million units)	成交金额(亿元) Trading Turnover (100 million yuan)	日均成交金额(亿元) Daily Average Turnover (100 million yuan)	成交份额(亿份) Trading Volume (100 million units)	成交金额(亿元) Trading Turnover (100 million yuan)	日均成交金额(亿元) Daily Average Turnover (100 million yuan)
2005	--	--	--	1098.40	773.15	3.43
2006	--	--	--	2058.17	2002.65	8.31
2007	--	--	--	4278.26	8561.50	35.38
2008	--	--	--	3643.84	5765.40	23.44
2009	--	--	--	6402.72	10258.75	42.04
2010	--	--	--	6499.03	8925.86	36.88
2011	--	--	--	6063.07	6307.70	25.85
2012	--	--	--	9342.62	8098.63	33.33
2013	--	--	--	11277.67	14782.80	62.73
2014	--	--	--	13742.58	47230.89	192.78
2015	--	--	--	50423.73	152684.60	628.20
2016	--	--	--	24609.83	111444.31	456.74
2017	--	--	--	13626.65	98051.88	401.85
2018	--	--	--	17941.63	102704.59	422.65
2019	--	--	--	25140.94	91679.38	375.73
2020	--	--	--	51089.10	136238.63	560.66
2021	48.82	234.99	1.42	67386.92	183234.05	754.05
2022	81.98	453.68	1.87	135551.50	231615.02	957.09

4-6 私募基金概况
Overview of Private Funds

年份 Year	已登记私募基金管理人家数(个) Number of Registered Private Fund Managers(unit)				
	合计 Total	私募证券投资基金管理人 Private Security Investment Fund Managers	私募股权、创业投资基金管理人 Private Equity Investment and Venture Capital Fund Managers	其他私募投资基金管理人 Other Private Investment Fund Managers	私募资产配置类管理人 Private Asset Allocation Fund Managers
2017	22446	8467	13200	779	--
2018	24448	8989	14683	776	--
2019	24471	8857	14882	727	5
2020	24561	8908	14986	658	9
2021	24610	9069	15012	520	9
2022	23667	9023	14303	332	9

注：私募基金是指在中国证券投资基金业协会备案的以非公开方式向投资者募集资金设立的投资基金。
数据来源：中国证券投资基金业协会
Source:AMAC

4-6 续表 1 continued

年份 Year	已备案私募基金数量(个) Number of Filed Private Funds(unit)					
	合计 Total	私募证券投资基金 Private Security Investment Funds	私募股权投资基金 Private Equity Investment Funds	创业投资基金 Venture Capital Funds	其他私募投资基金 Other Private Investment Funds	私募资产配置基金 Private Asset Allocation Funds
2017	66417	34097	21827	4372	6121	--
2018	74629	35675	27175	6508	5271	--
2019	81710	41392	28477	7978	3858	5
2020	96818	54324	29402	10398	2684	10
2021	124098	76818	30800	14511	1945	24
2022	145020	92578	31523	19353	1538	28

4-6 续表 2 continued

年份 Year	管理基金规模(亿元) Managed Fund Size(100 million dollar)					
	合计 Total	私募证券投资基金 Private Security Investment Funds	私募股权投资基金 Private Equity Investment Funds	创业投资基金 Venture Capital Funds	其他私募投资基金 Other Private Investment Funds	私募资产配置基金 Private Asset Allocation Funds
2017	114992.53	25671.95	62910.99	6076.68	20332.91	--
2018	127064.20	21385.06	78014.08	9094.61	18570.44	--
2019	140829.62	25610.41	88713.18	12088.26	14412.29	5.48
2020	169578.29	42979.27	98716.38	16904.05	10968.82	9.77
2021	202705.20	63090.38	107719.83	23706.71	8140.12	48.15
2022	202817.90	56128.56	111115.35	29023.13	6497.30	53.55

4-7 2022年私募基金按监管辖区分布概况
Regulatory Jurisdiction Distribution of Private Fund

辖区	Jurisdiction	管理人数量（家）Number of Private Fund Managers(unit)	管理人数量全国占比(%) Number of Private Fund National Proportion(%)	管理基金数量（只）Number of Private Investment Funds(unit)
上海	Shanghai	4410	18.63	41488
深圳	Shenzhen	3970	16.77	22908
北京	Beijing	3871	16.36	21542
浙江	Zhejiang	1921	8.12	11614
广东	Guangdong	1774	7.50	11673
江苏	Jiangsu	1276	5.39	5293
宁波	Ningbo	755	3.19	5274
天津	Tianjin	589	2.49	3226
四川	Sichuan	429	1.81	1521
青岛	Qingdao	426	1.80	1481
湖北	Hubei	411	1.74	1195
山东	Shandong	400	1.69	2229
厦门	Xiamen	398	1.68	2143
海南	Hainan	339	1.43	2188
湖南	Hunan	283	1.20	1160
江西	Jiangxi	270	1.14	1104
陕西	Shaanxi	267	1.13	1024
福建	Fujian	245	1.04	1852
安徽	Anhui	235	0.99	1034
重庆	Chongqing	181	0.76	629
西藏	Tibet	169	0.71	466
河南	Henan	168	0.71	1419
河北	Hebei	102	0.43	223
新疆	Xinjiang	96	0.41	351
广西	Guangxi	88	0.37	339
贵州	Guizhou	73	0.31	266
云南	Yunnan	72	0.30	175
大连	Dalian	68	0.29	277
辽宁	Liaoning	68	0.29	150
山西	Shanxi	60	0.25	175
吉林	Jilin	58	0.25	131
黑龙江	Heilongjiang	52	0.22	156
内蒙古	Inner Mongolia	51	0.22	97
宁夏	Ningxia	42	0.18	114
甘肃	Gansu	38	0.16	63
青海	Qinghai	12	0.05	40

注：私募基金管理人按照公司注册地所在辖区统计。
数据来源：中国证券投资基金业协会
Source:AMAC

4-7 续表 continued

辖区	Jurisdiction	管理人数量全国占比 Number of Private Investment Funds National Proportion	管理基金规模(亿元) Managed Fund Size (100 million yuan)	管理基金规模全国占比(%) Managed Fund Size National Proportion(%)
上海	Shanghai	28.61%	51109.44	25.20
深圳	Shenzhen	15.80%	45106.23	22.24
北京	Beijing	14.85%	22099.14	10.90
浙江	Zhejiang	8.01%	10595.40	5.22
广东	Guangdong	8.05%	12233.47	6.03
江苏	Jiangsu	3.65%	10630.46	5.24
宁波	Ningbo	3.64%	7405.44	3.65
天津	Tianjin	2.22%	2273.60	1.12
四川	Sichuan	1.05%	2519.31	1.24
青岛	Qingdao	1.02%	1770.92	0.87
湖北	Hubei	0.82%	2426.57	1.20
山东	Shandong	1.54%	1845.16	0.91
厦门	Xiamen	1.48%	7188.63	3.54
海南	Hainan	1.51%	1611.68	0.79
湖南	Hunan	0.80%	1320.16	0.65
江西	Jiangxi	0.76%	1517.76	0.75
陕西	Shaanxi	0.71%	1239.15	0.61
福建	Fujian	1.28%	1725.87	0.85
安徽	Anhui	0.71%	3107.72	1.53
重庆	Chongqing	0.43%	1819.16	0.90
西藏	Tibet	0.32%	929.34	0.46
河南	Henan	0.98%	3306.74	1.63
河北	Hebei	0.15%	838.78	0.41
新疆	Xinjiang	0.24%	1273.28	0.63
广西	Guangxi	0.23%	1156.79	0.57
贵州	Guizhou	0.18%	1689.19	0.83
云南	Yunnan	0.12%	1104.72	0.54
大连	Dalian	0.19%	116.44	0.06
辽宁	Liaoning	0.10%	93.50	0.05
山西	Shanxi	0.12%	1449.97	0.71
吉林	Jilin	0.09%	328.52	0.16
黑龙江	Heilongjiang	0.11%	341.50	0.17
内蒙古	Inner Mongolia	0.07%	124.22	0.06
宁夏	Ningxia	0.08%	221.74	0.11
甘肃	Gansu	0.04%	181.65	0.09
青海	Qinghai	0.03%	116.23	0.06

主要统计指标解释

Explanatory Notes on Main Statistical Indicators

基金只数　指统计期内基金市场上基金产品的只数。自基金合同生效日（基金成立日）纳入统计，自基金合同终止日从统计中剔除。一般根据中国证监会代码（基金主合同）口径统计。

基金份额　指统计期末基金市场基金份额的合计。

基金资产规模　指在统计期末市场上基金产品资产的合计。

上市基金成交金额　指统计期内在交易所上市的各类基金成交金额合计。

QDII 额度　指统计期末国家外汇管理局批准合格境内机构投资者进行境外证券投资的投资额度。

封闭式基金　采用封闭式运作方式的基金，是指经核准的基金份额总额在基金合同期限内固定不变，基金份额可以在依法设立的证券交易所交易，但基金份额持有人不得申请赎回的基金。

开放式基金　采用开放式运作方式的基金，是指基金份额总额不固定，基金份额可以在基金合同约定的时间和场所申购或者赎回的基金。

交易型货币市场基金　指符合上交所上市条件并在上交所交易系统以竞价方式进行交易，以基金净值申购或者赎回的货币市场基金，基金份额总额不固定且永久存续。

私募基金只数　指统计期末已在中国证券投资基金业协会备案的正在运作私募基金产品只数。

私募基金管理人家数　指统计期末在中国证券投资基金业协会登记的未注销从事私募基金管理人数量。

私募基金管理规模　指统计期末正在运作的私募基金净资产规模。

贰零贰叁

五. 期货

Futures

贰零贰叁

2022 年期货市场综述

2022 年，期货市场运行平稳，法治建设有序推进，市场功能有效发挥，期货期权品种不断丰富，价格发现、风险管理、资源配置功能不断增强，在服务实体经济和“保供稳价”方面成效明显。

一、市场规模略有下降

2022 年，期货市场成交 63.42 亿手，成交金额 534.30 万亿元，同比分别减少 12.75%和 7.99%。其中商品期货成交 62.29 亿手，占全市场的 98.21%，成交金额 401.53 万亿元，占全市场的 75.15%；金融期货成交 1.13 亿手，同比增加 23.44%，成交金额 132.77 万亿元，同比增加 12.60%。期权市场[1]合计成交 4.26 亿手（张），成交金额 6372.21 亿元，同比分别增加 73.68%和 24.60%。

二、积极推进法规制度建设

2022 年，《期货和衍生品法》颁布实施，有效填补了期货市场法治建设的空白。稳步推进配套法规“立、改、废”工作，打包废止、修订 14 件法规制度。制定实施《期货期权品种注册管理暂行规定》，保障交易品种有序供给。

三、稳步推进品种创新

积极丰富油脂油料期权品种体系，集中推出豆一、豆二、豆油、菜油、花生等 5 个油脂油料期权品种。稳妥推动中证 1000、上证 50 等股指期货期权新品种上市。其中，中证 1000 股指期货作用显现，初步形成了覆盖大、中、小盘股的股指期货体系，效果明显。全力推动广期所首个品种工业硅期货及期权获批上市，广期所正式进入开业运营阶段。

四、加强市场监管，维护市场稳定

统筹各期货交易所在玉米、尿素、铁矿石、镍等 48 个主要大宗商品品种上采取各类风控措施共计 164 次。3 月初，伦敦金属交易所（LME）镍期货价格非理性暴涨，拉动沪镍期货多个合约连续涨停。指导上海期货交易所及时依规暂停相关合约交易 1 个交易日，引导市场风险迅速出清，推动沪镍期货价格回归理性，保障期货市场稳定运行。全面摸排行业机构风险，建立“8+8+4”重点公司风险防控机制，“点对点”指导相关单位做好风险研判和处置预案。圆满结束对国盛期货的接管，推动嘉陵、新纪元、东方、前海、天鸿、华融等个别期货公司历史遗留问题处置工作取得实质性进展。加强风险管理子公司监管，建立场内场外联动风险监测机制。

五、大力培育产业客户和机构投资者

统筹开展产业客户参与度评估与期货品种功能评估工作，将评估范围从 6 个试点品种扩大至 34 个重点品种。实施套保交易、交割、仓单转让等手续费减收政策，降低产业客户参与成本。经评估，27 个重点品种整体表现较好，龙头企业开户率近九成。持续推动“银保入市”扩点拓面，新增渣打银行（中国）和 3 家保险机构入市交易。

六、优化完善“保险+期货”模式

指导各商品期货交易所稳步推进“保险+期货”工作。截至 2022 年底，累计投入资金约 22 亿元，有力巩固脱贫攻坚成果，支持乡村振兴发展。2022 年，各商品期货交易所在云南、新疆、湖南等 24 个省（区、市）共开展 458 个“保险+期货”项目，涉

[1] 期权市场数据不含沪深交易所期权数据。

及天然橡胶、白糖、棉花、苹果、红枣、花生、大豆、玉米、鸡蛋、豆粕、生猪等11个品种，保障现货规模290.10万吨、承保土地面积640.46万亩、服务农户49.19万户。

七、持续扩大对外开放水平

推动完成豆一、豆二、豆油、菜油、花生等14个油脂油料期货期权品种一体化开放，特定品种数量增至17个。落地QFII、RQFII参与商品期货、期权及股指期权交易。支持4家期货公司香港子公司完成增资5.39亿元港币，资本实力进一步增强。

5-1 期货期权交易品种名录
List of Futures & Options Products

项 目 Item	交易品种 Futures & Options Products
农产品 Agricultural Products	天然橡胶、强麦、普麦、早籼稻、晚籼稻、粳稻、棉花、油菜籽、菜籽油、菜籽粕、花生、白糖、苹果、红枣、棉纱、黄大豆1号、黄大豆2号、胶合板、玉米、玉米淀粉、纤维板、鸡蛋、生猪、豆粕、棕榈油、粳米、豆油
能源、化工及其他 Energy & Chemical Products & Others	原油、燃料油、低硫燃料油、石油沥青、20号胶、纸浆、动力煤、甲醇、PTA、尿素、纯碱、玻璃、短纤、苯乙烯、乙二醇、焦炭、焦煤、聚乙烯、液化石油汽、聚丙烯、聚氯乙烯、工业硅
金属 Metal Products	铜、铜(BC)、铝、锌、铅、镍、锡、黄金、白银、螺纹钢、线材、热轧卷板、不锈钢、硅铁、锰硅、铁矿石
金融 Financial Futures	沪深300股指期货(IF)、中证500股指期货(IC)、上证50股指期货(IH)、中证1000股指期货(IM)、沪深300股指期权(IO)、上证50股指期权(HO)、中证1000股指期权(MO)、2年期国债期货(TS)、5年期国债期货(TF)、10年期国债期货(T)、沪深300ETF期权、中证500股指期权、深证100ETF股指期权、创业板ETF期权

数据来源：上海期货交易所、郑州商品交易所、大连商品交易所、广州期货交易所、上海证券交易所、深圳证券交易所、中国金融期货交易所

Source：SHFE、ZCE、DCE、GFEX、SSE、SZSE、CFFEX

5-2 期货市场规模概况
Dimensions of Futures Market

年份 Year	市场资金 (亿元) Market Funds (100 million yuan)	期货账户数 (户) Number of Futures Accounts (unit)	客户数(个) Number of Futures Investors (unit)		
			个人 Individual Customers	单位 Corporate	合计 Total
2006	214.42	277390	--	--	244590
2007	395.40	447720	--	--	395533
2008	457.22	712773	595434	21001	616435
2009	1113.73	1106099	887627	28634	916261
2010	1696.31	1505530	1178225	35483	1213708
2011	1594.24	1793448	1370577	40804	1411381
2012	1904.68	896934	697442	19868	717310
2013	2069.06	977185	751665	20743	772408
2014	2923.84	993527	795210	27409	822619
2015	4138.50	1268765	1046190	29017	1075207
2016	4787.89	1385277	1150649	35771	1186420
2017	4441.88	1511380	1238117	39111	1277228
2018	4338.73	1587012	1283397	39161	1322558
2019	5561.49	1832128	1471541	45743	1517284
2020	8820.24	2276367	1804441	58833	1863274
2021	12607.04	2578973	1980147	72465	2052612
2022	15617.31	2572494	1966185	82696	2048881

注：期货账户数和投资者个数2012年之前为总账户数和总投资者个数，2012年之后为有效账户数和有效投资者个数。

数据来源：中国期货市场监控中心有限责任公司

Source：CFMMC

5-3 期货会员机构数情况
Number of Futures Exchange Members

单位：家 (unit)

年份 Year	上海期货交易所 SHFE			上海国际能源交易中心 INE		
	合计 Total	期货公司会员 Members of Futures Companies	非期货公司会员 Non-Members of Futures Companies	合计 Total	期货公司会员 Members of Futures Companies	非期货公司会员 Non-Members of Futures Companies
1999	206	153	53	--	--	--
2000	216	165	51	--	--	--
2001	225	171	54	--	--	--
2002	215	178	37	--	--	--
2003	219	185	34	--	--	--
2004	224	184	40	--	--	--
2005	215	175	40	--	--	--
2006	209	172	37	--	--	--
2007	213	172	41	--	--	--
2008	207	167	40	--	--	--
2009	210	167	43	--	--	--
2010	209	164	45	--	--	--
2011	208	163	45	--	--	--
2012	208	161	47	--	--	--
2013	206	157	49	--	--	--
2014	203	151	52	--	--	--
2015	201	150	51	--	--	--
2016	199	149	50	--	--	--
2017	196	149	47	--	--	--
2018	197	149	48	155	149	6
2019	198	149	49	157	149	8
2020	196	149	47	158	149	9
2021	201	150	51	161	150	11
2022	202	150	52	161	150	11

注：交易所合计会员数量中存在冻结会员账户。
数据来源：上海期货交易所、郑州商品交易所、大连商品交易所、中国金融期货交易所、上海国际能源交易中心
Source: SHFE、ZCE、DCE、CFFEX、INE

5-3 续表 1 continued

单位：家 (unit)

年份 Year	郑州商品交易所 ZCE			大连商品交易所 DCE		
	合计 Total	期货公司会员 Members of Futures Companies	非期货公司会员 Non-Members of Futures Companies	合计 Total	期货公司会员 Members of Futures Companies	非期货公司会员 Non-Members of Futures Companies
1999	--	--	--	--	--	--
2000	--	--	--	164	150	14
2001	208	159	49	185	170	15
2002	212	166	46	195	180	15
2003	218	176	42	199	186	13
2004	219	185	44	199	186	13
2005	222	179	43	196	181	15
2006	226	180	46	196	180	16
2007	226	183	43	193	177	16
2008	215	172	43	193	175	18
2009	215	173	42	189	173	16
2010	215	173	42	189	173	16
2011	213	171	42	187	172	15
2012	209	167	42	178	163	15
2013	205	163	42	175	160	15
2014	198	157	41	170	155	15
2015	196	155	41	168	152	16
2016	196	149	47	166	151	15
2017	164	149	15	165	150	15
2018	164	149	15	165	150	15
2019	164	149	15	163	149	14
2020	164	149	15	160	149	11
2021	164	150	14	161	150	11
2022	164	150	14	160	150	10

5-3 续表 2 continued

单位：家 (unit)

年份 Year	中国金融期货交易所 CFFEX					
	合计 Total	期货公司会员 Members of Futures Companies				非期货公司会员 Non-Members of Futures Companies
		合计 Total	全面结算会员 Full Clearing Members	交易结算会员 Limited Clearing Members	交易会员 Trading Members	
1999	--	--	--	--	--	--
2000	--	--	--	--	--	--
2001	--	--	--	--	--	--
2002	--	--	--	--	--	--
2003	--	--	--	--	--	--
2004	--	--	--	--	--	--
2005	--	--	--	--	--	--
2006	--	--	--	--	--	--
2007	--	--	--	--	--	--
2008	--	--	--	--	--	--
2009	--	--	--	--	--	--
2010	133	133	15	61	57	0
2011	146	146	15	61	70	0
2012	146	146	15	61	70	0
2013	150	150	15	68	67	0
2014	146	146	24	76	46	0
2015	146	146	25	78	43	0
2016	147	147	26	83	38	0
2017	147	147	26	88	33	0
2018	147	147	26	88	33	0
2019	147	147	27	89	31	0
2020	152	147	27	92	28	5
2021	153	148	27	95	26	5
2022	153	148	27	95	26	5

5-4 期货交易概况
Overview of Futures Transaction

年份 Year	成交金额(亿元) Trading Turnover (100 million yuan)			成交量(万手) Trading Volume (10 thousand lots)			持仓金额(亿元) Value of Positions (100 million yuan)		
	合计 Total	商品期货 Commodity Futures	金融期货 Financial Futures	合计 Total	商品期货 Commodity Futures	金融期货 Financial Futures	合计 Total	商品期货 Commodity Futures	金融期货 Financial Futures
2000	8041.14	8041.14	--	2730.54	2730.54	--	145.57	145.57	--
2001	15071.76	15071.76	--	6022.54	6022.54	--	175.75	175.75	--
2002	19745.30	19745.30	--	6971.50	6971.50	--	277.43	277.43	--
2003	54194.67	54194.67	--	13993.32	13993.32	--	423.66	423.66	--
2004	73465.27	73465.27	--	15283.27	15283.27	--	388.77	388.77	--
2005	67224.19	67224.19	--	16142.38	16142.38	--	350.71	350.71	--
2006	105023.16	105023.16	--	22473.70	22473.70	--	564.05	564.05	--
2007	204861.23	204861.23	--	36421.34	36421.34	--	990.31	990.31	--
2008	359570.98	359570.98	--	68194.36	68194.36	--	740.90	740.90	--
2009	652553.80	652553.80	--	107871.49	107871.49	--	2775.49	2775.49	--
2010	1545582.31	1134883.54	410698.77	156676.46	152089.14	4587.33	3095.90	2812.04	283.86
2011	1375134.23	937475.68	437658.55	105408.87	100367.68	5041.19	2972.73	2629.90	342.83
2012	1711231.31	952824.54	758406.78	145046.24	134540.06	10506.18	4122.62	3279.94	842.68
2013	2674739.52	1264673.31	1410066.21	206177.33	186822.39	19354.93	6744.94	5867.87	877.07
2014	2919882.26	1279712.53	1640169.73	250585.57	228827.45	21758.11	6900.25	4356.81	2543.44
2015	5542311.75	1364707.05	4177604.71	357791.06	323704.12	34086.93	6200.88	4828.81	1372.07
2016	1956316.08	1774124.99	182191.10	413776.83	411943.25	1833.59	7605.86	5845.66	1760.20
2017	1878925.88	1633003.86	245922.02	307102.17	304642.57	2459.59	8940.47	6922.67	2017.79
2018	2107973.78	1846750.81	261222.97	301055.65	298334.65	2721.01	8375.21	6096.13	2279.08
2019	2905739.14	2209542.00	696197.14	392135.56	385507.22	6628.34	15289.05	10008.54	5280.52
2020	4372770.66	3219785.23	1152985.43	602691.01	592837.15	9853.86	21390.93	12280.39	9110.55
2021	5806874.44	4627708.97	1179165.47	726880.86	717701.69	9179.16	26819.89	15126.27	11693.62
2022	5342902.63	4015184.45	1327718.18	634228.01	622896.99	11331.02	30062.06	18096.74	11965.32

注：1.表中数据均按单边口径统计。
2.交割金额、交割量中包含期转现。
3.上海期货交易所数据包含上海国际能源交易中心。
4.上海期货交易所铜期货数据不含自对冲。

数据来源：上海期货交易所、郑州商品交易所、大连商品交易所、中国金融期货交易所、广州期货交易所
Source：SHFE、ZCE、DCE、CFFEX、GFEX

5-4 续表 continued

年份 Year	持仓量(万手) Positions (10 thousand lots)			交割金额(亿元) Delivery Amount (100 million yuan)			交割量(万手) Delivery Quantity (10 thousand lots)		
	合计 Total	商品期货 Commodity Futures	金融期货 Financial Futures	合计 Total	商品期货 Commodity Futures	金融期货 Financial Futures	合计 Total	商品期货 Commodity Futures	金融期货 Financial Futures
2000	111.67	111.67	--	65.16	65.16	--	8.40	8.40	--
2001	134.47	134.47	--	59.63	59.63	--	16.34	16.34	--
2002	101.58	101.58	--	100.99	100.99	--	23.32	23.32	--
2003	91.88	91.88	--	130.94	130.94	--	32.10	32.10	--
2004	106.95	106.95	--	183.21	183.21	--	32.70	32.70	--
2005	160.05	160.05	--	213.37	213.37	--	30.71	30.71	--
2006	345.31	345.31	--	225.47	225.47	--	30.66	30.66	--
2007	355.20	355.20	--	283.73	283.73	--	42.76	42.76	--
2008	162.55	162.55	--	339.26	339.26	--	54.94	54.94	--
2009	649.34	649.34	--	284.72	284.72	--	50.34	50.34	--
2010	580.63	577.65	2.98	586.49	516.89	69.60	74.04	73.25	0.80
2011	603.38	598.54	4.84	632.50	490.15	142.35	66.58	64.93	1.65
2012	757.68	746.64	11.04	695.48	528.04	167.44	61.30	58.96	2.34
2013	736.98	724.66	12.32	749.90	465.25	284.65	60.68	56.79	3.89
2014	909.94	886.24	23.70	712.29	451.58	260.70	67.19	63.50	3.69
2015	1178.32	1165.36	12.96	1426.65	641.76	784.89	122.14	115.36	6.78
2016	1190.48	1172.54	17.94	1478.12	783.34	694.78	136.23	129.19	7.04
2017	1194.06	1174.54	19.51	1528.47	881.94	646.53	130.69	124.51	6.18
2018	1168.73	1142.87	25.87	1767.47	1018.52	748.95	144.22	136.52	7.70
2019	1914.23	1866.18	48.04	2641.41	1055.55	1585.86	163.82	148.44	15.39
2020	2287.01	2215.85	71.16	3849.49	1515.04	2334.44	244.31	224.90	19.41
2021	2603.82	2513.90	89.92	5369.49	1646.19	3723.30	267.06	239.35	27.71
2022	3276.47	3170.82	105.64	5785.90	1589.14	4196.76	239.52	204.00	35.53

5-5 期货品种交易情况

交易所 Exchange	交易品种	Product	成交金额(亿元) Trading Turnover (100 million yuan)		成交量(万手) Trading Volume (10 thousand lots)	
			2021	2022	2021	2022
上海期货交易所 SHFE	铜	Copper	219721.75	152554.84	6410.72	4649.66
	铝	Aluminum	127851.33	100325.45	13145.79	9997.51
	锌	Zinc	78249.36	84663.96	6934.13	6833.04
	铅	Lead	19397.73	15359.54	2526.98	2005.78
	黄金	Gold	170839.82	153481.54	4541.22	3901.68
	白银	Silver	184827.68	135170.70	23145.76	18877.15
	螺纹钢	Steel Rebar	322461.80	220800.22	65598.67	52517.82
	线材	Steel Wire Rod	10.45	7.88	1.95	1.62
	热轧卷板	Hot Rolled Coils	115119.06	61811.81	22071.59	14206.11
	燃料油	Fuel Oil	70455.63	68633.99	27699.38	21045.51
	石油沥青	Bitumen	43351.81	63751.71	14046.32	16257.83
	天然橡胶	Natural Rubber	174205.47	104382.94	12160.09	7963.94
	锡	Tin	59180.88	66911.28	2701.24	2970.83
	镍	Nickel	234346.91	96996.98	17216.56	5208.89
	纸浆	Woodpulp	76297.55	55101.05	11922.26	8115.84
	原油	Crude Oil	184959.00	349099.89	4264.52	5358.08
	20号胶	TSR 20	8588.35	14365.44	759.74	1359.17
	不锈钢	Stainless Steel	33994.74	31848.11	4046.81	3609.98
	低硫燃料油	Low Sulfur Fuel Oil	6270.03	19973.45	1859.48	4084.16
	铜(BC)	Copper (BC)	14779.02	16370.11	483.33	555.13
	合计	Total	2144908.39	1811610.89	241536.51	189519.73
郑州商品交易所 ZCE	PTA	PTA	133422.00	155333.39	55286.67	53582.55
	硅铁	Ferrosilicon	43708.51	30053.10	9523.51	6889.93
	锰硅	Manganese Silicon	32735.41	17192.64	8048.43	4414.11
	棉纱	Cotton Yarn	3739.00	976.92	293.90	84.01
	苹果	Apple	68074.57	41556.47	10549.18	4753.86
	尿素	Urea	19064.72	13607.23	4123.11	2711.36
	纯碱	Soda Ash	99440.00	173977.81	20825.83	33071.28
	红枣	Chinese Jujube	15649.47	2730.18	2432.75	458.10
	短纤	Polyester Staple Fiber	19322.55	24822.07	5341.53	6650.02
	棉花	Cotton	98978.56	101559.65	11343.61	12830.43
	玻璃	Glass	93863.96	75599.75	20743.52	22450.41
	粳稻	Japonica Rice	1.45	0.58	0.26	0.10
	晚籼稻	Late Indica Rice	0.00	0.34	0.00	0.06
	甲醇	Methanol	113592.15	105637.92	41530.20	39554.85
	菜籽油	Rapeseed Oil	123814.10	110103.82	11274.08	9444.73
	花生	Peanut Kernel	7666.73	15418.17	1684.70	3161.61

注：1.表中数据均按单边口径统计。
2.交割金额、交割量中包含期转现。
3.上海期货交易所数据包含上海国际能源交易中心。
4.上海期货交易所铜期货数据不含自对冲。

数据来源：上海期货交易所、郑州商品交易所、大连商品交易所、中国金融期货交易所、广州期货交易所
Source: SHFE、ZCE、DCE、CFFEX、GFEX

Statistics for Futures Transaction by Futures Products

持仓金额(亿元) Value of Positions (100 million yuan)		持仓量(万手) Positions (10 thousand lots)		交割金额(亿元) Delivery Amount (100 million yuan)		交割量(万手) Delivery Quantity (10 thousand lots)	
2021	2022	2021	2022	2021	2022	2021	2022
1165.05	1311.96	33.22	39.71	229.69	184.70	6.69	5.38
508.73	321.67	49.81	34.45	80.36	113.45	8.46	11.22
255.00	196.32	21.03	16.57	28.50	86.67	2.58	6.86
59.17	116.55	7.69	14.63	68.42	50.43	9.02	6.65
664.58	1079.17	17.75	26.31	19.22	20.37	0.52	0.51
483.53	775.18	66.64	96.26	118.07	97.89	15.07	13.32
1089.57	1125.95	255.33	275.92	19.23	8.99	3.85	2.16
0.04	0.01	0.01	0.00	0.00	0.00	0.00	0.00
447.65	439.94	101.58	106.45	35.32	28.83	6.76	6.42
140.73	119.85	49.35	43.95	9.45	2.49	4.09	0.83
223.15	280.52	67.88	73.28	25.30	17.62	8.68	4.20
464.66	391.09	31.28	30.80	14.95	18.23	1.14	1.46
224.40	193.27	7.72	9.23	43.15	45.69	2.05	1.81
447.73	319.60	29.63	14.02	43.52	37.56	3.19	1.89
230.05	155.37	38.35	22.92	46.39	44.01	7.23	6.21
333.84	314.84	6.75	5.65	101.42	157.91	2.61	2.41
65.05	83.57	5.57	8.71	10.49	16.85	0.95	1.58
95.95	95.29	11.34	11.37	46.09	41.24	5.96	4.44
27.75	39.00	7.57	9.68	13.40	13.00	4.11	2.78
35.03	68.03	1.12	2.31	70.20	63.43	2.27	2.09
6961.65	7427.16	809.62	842.22	1023.18	1049.35	95.22	82.22
487.29	857.84	195.38	311.60	139.82	59.63	57.78	19.83
53.75	166.21	12.84	39.59	12.68	13.01	2.89	3.00
66.73	132.98	16.19	34.58	20.55	25.37	5.14	6.44
4.04	3.58	0.29	0.33	2.51	2.53	0.22	0.20
189.52	211.20	23.27	26.49	1.54	1.31	0.20	0.15
52.19	129.08	10.85	25.24	4.30	4.11	0.96	0.77
226.21	574.91	50.92	106.66	19.77	19.46	4.33	3.55
60.65	25.64	8.57	5.03	2.24	8.91	0.36	1.57
61.60	247.01	17.47	68.51	9.93	6.24	2.84	1.67
592.24	818.80	57.36	115.12	116.08	46.21	13.50	4.86
141.52	361.77	40.95	109.85	2.33	2.07	0.52	0.59
0.00	0.00	0.00	0.00	0.00	0.00	0.00	0.00
0.00	0.00	0.00	0.00	0.00	0.00	0.00	0.00
338.08	495.96	134.92	190.57	5.65	5.35	2.05	2.01
316.35	347.34	25.81	32.17	36.32	30.31	3.11	2.51
72.18	62.03	17.58	12.36	0.54	3.45	0.13	0.79

5-5 续表

交易所 Exchange	交易品种	Product	成交金额(亿元) Trading Turnover (100 million yuan)		成交量(万手) Trading Volume (10 thousand lots)	
			2021	2022	2021	2022
郑州商品交易所 ZCE	普麦	Wheat PM	0.49	0.70	0.04	0.05
	早籼稻	Early Rice	0.17	0.24	0.03	0.04
	菜籽粕	Rapeseed Meal	77267.48	46214.60	26892.67	14487.87
	油菜籽	Rapeseed	4.90	4.44	0.82	0.69
	白糖	White Sugar	65800.27	52544.45	11643.15	9135.92
	强麦	Wheat WH	7.51	32.75	1.34	4.70
	动力煤	Thermal Coal	63161.29	373.58	8423.01	47.95
	合计	Total	1079315.30	967740.80	249962.33	223734.63
大连商品交易所 DCE	豆一	No.1 Soybean	29263.78	20616.62	4955.84	3485.83
	豆二	No.2 Soybean	7539.24	8366.13	1764.44	1648.22
	胶合板	Blockboard	0.43	0.08	0.03	0.00
	玉米	Corn	50439.36	38054.83	18928.71	13435.75
	玉米淀粉	Corn Starch	17615.77	14576.05	5662.51	4619.76
	苯乙烯	Ethenylbenzene	37388.86	35466.00	8617.99	7940.71
	乙二醇	Ethylene Glycol	64293.72	53794.01	12212.69	11739.82
	纤维板	Fiberboard	210.96	63.99	155.45	48.13
	铁矿石	Iron Ore	147872.51	167114.33	17441.20	22112.08
	焦炭	Coke	161252.08	28159.24	5913.30	925.75
	鸡蛋	Egg	26734.20	10960.96	5939.80	2507.03
	焦煤	Coking Coal	71189.63	20803.14	5830.59	1507.75
	聚乙烯	LLDPE	58816.10	57393.83	13885.89	13647.41
	生猪	Live Hog	17146.45	24529.57	605.78	827.93
	豆粕	Soybean Meal	124013.84	127865.57	36038.82	32509.45
	棕榈油	RBD Palm Oil	182921.87	225174.21	22661.40	24158.28
	液化石油气	Liquefied Petroleum Gas	33307.22	48317.86	3506.03	4449.14
	聚丙烯	PP	90094.60	70691.06	20870.64	17114.66
	粳米	Polished Round-grained Rice	1918.75	833.58	538.37	244.28
	聚氯乙烯	PVC	80326.90	102432.92	17735.02	28366.13
	豆油	Soybean Oil	201139.00	180583.83	22938.35	18350.64
	合计	Total	1403485.28	1235797.80	226202.85	209638.75
广州期货交易所 GFEX	工业硅	Silicon Metal	--	34.96	--	3.87
	合计	Total	--	34.96	--	3.87
中国金融期货交易所 CFFEX	2年期国债期货	2-Year Treasury Bond Futures	52367.59	144760.83	260.39	716.15
	5年期国债期货	5-Year Treasury Bond Futures	60925.11	118397.77	606.99	1166.56
	10年期国债期货	10-Year Treasury Bond Futures	161837.56	201006.65	1637.85	1998.94
	沪深300股指期货	CSI 300 Index Futures	452669.08	331438.21	2968.05	2674.94
	上证50股指期货	SSE 50 Index Futures	146580.12	128870.18	1433.59	1540.77
	中证500股指期货	CSI 500 Index Futures	304786.00	322888.74	2272.28	2622.11
	中证1000股指期货	CSI 1000 Index Futures	--	80355.80	--	611.55
	合计	Total	1179165.47	1327718.18	9179.16	11331.02
全国期货市场 Forward Market	合计	Total	5806874.44	5342902.64	726880.86	634228.01

continued

持仓金额(亿元) Value of Positions (100 million yuan)		持仓量(万手) Positions (10 thousand lots)		交割金额(亿元) Delivery Amount (100 million yuan)		交割量(万手) Delivery Quantity (10 thousand lots)	
2021	2022	2021	2022	2021	2022	2021	2022
0.00	0.00	0.00	0.00	0.00	0.00	0.00	0.00
0.00	0.00	0.00	0.00	0.00	0.00	0.00	0.00
172.89	229.29	59.69	72.50	4.85	3.23	1.71	0.90
0.01	0.00	0.00	0.00	0.00	0.00	0.00	0.00
310.33	518.12	53.88	89.51	29.73	23.50	5.33	4.11
0.06	0.03	0.01	0.00	0.12	0.00	0.02	0.00
22.51	0.00	3.35	0.00	14.68	0.22	1.92	0.02
3168.14	5181.79	792.35	1240.11	423.63	254.91	103.02	52.97
145.63	136.23	24.77	25.80	15.61	18.01	2.62	3.01
16.15	24.60	3.86	4.96	2.67	1.40	0.62	0.27
0.00	--	0.00	--	0.00	0.00	0.00	0.00
390.35	428.54	146.42	151.74	39.05	95.43	14.42	34.36
73.46	76.13	24.44	25.56	3.90	21.08	1.22	6.75
92.12	113.65	21.62	27.61	8.67	7.65	1.92	1.62
201.04	209.62	40.85	51.06	6.11	19.78	1.16	4.39
0.13	0.24	0.10	0.19	0.17	0.13	0.13	0.10
721.17	1041.12	107.41	131.33	11.87	22.84	1.07	2.96
94.17	84.70	3.25	3.12	9.92	4.60	0.34	0.16
97.47	80.54	23.88	18.97	0.99	0.60	0.22	0.13
63.71	86.46	4.84	7.74	12.29	6.79	0.96	0.46
241.43	271.65	56.48	67.27	5.48	5.15	1.29	1.22
243.28	199.14	10.07	7.18	0.14	1.49	0.01	0.06
713.29	770.61	221.45	201.76	14.72	9.87	4.18	2.19
523.97	553.05	60.82	68.78	10.47	16.37	1.22	1.53
137.65	122.77	14.90	14.06	15.75	15.02	1.81	1.41
250.04	306.29	61.45	79.19	6.92	5.86	1.56	1.41
11.99	8.42	3.56	2.48	1.41	0.31	0.40	0.09
270.46	419.59	64.56	135.14	19.36	22.26	4.46	5.69
708.96	554.42	80.22	63.55	13.90	10.23	1.50	1.00
4996.48	5487.77	974.93	1087.52	199.38	284.87	41.11	68.81
--	--	--	0.96	--	--	--	--
--	--	--	0.96	--	--	--	--
1014.02	888.15	5.02	4.40	105.38	127.64	0.52	0.63
892.92	943.84	8.78	9.35	87.51	63.10	0.85	0.61
1824.73	1632.52	18.11	16.29	39.87	92.07	0.40	0.93
2870.51	2304.22	19.36	19.72	1623.42	1564.25	10.74	12.54
1135.94	946.33	11.51	11.88	591.01	559.95	5.86	6.66
3955.50	3610.22	27.15	30.83	1276.10	1445.09	9.34	11.57
--	1640.04	--	13.17	--	344.66	--	2.58
11693.62	11965.32	89.92	105.64	3723.30	4196.76	27.71	35.53
26819.90	30062.05	2666.82	3276.45	5369.49	5785.90	267.06	239.52

5-6 按监管辖区划分的商品期货交易情况

Statistics for Futures Transaction by Regulatory Jurisdiction

辖区	Jurisdiction	成交金额(亿元) Trading Turnover (100 million yuan)		成交量(万手) Trading Volume (10 thousand lots)		持仓金额(亿元) Value of Positions (100 million yuan)	
		2021	2022	2021	2022	2021	2022
北京	Beijing	960148.24	775510.51	154809.11	124258.86	4462.67	4722.73
天津	Tianjin	108610.44	87803.77	17827.33	14833.44	615.32	642.64
河北	Hebei	15486.17	5406.14	3005.83	948.41	27.30	8.32
山西	Shanxi	36912.91	23555.90	6115.04	3885.68	53.85	71.01
内蒙古	Inner Mongolia	0.00	0.00	0.00	0.00	0.00	0.00
辽宁	Liaoning	3345.94	0.20	582.13	0.02	10.00	0.00
吉林	Jilin	15958.81	12020.44	2372.90	2043.51	37.69	27.75
黑龙江	Heilongjiang	2466.28	3252.36	436.36	564.49	1.34	2.73
上海	Shanghai	4100579.24	3523864.06	647224.15	560741.58	9923.05	12201.28
江苏	Jiangsu	271652.83	221721.25	43510.03	36075.58	741.63	930.14
浙江	Zhejiang	561389.62	512996.56	87905.02	80458.23	3665.88	4417.40
安徽	Anhui	327331.00	280224.77	54093.46	47296.97	514.52	647.00
福建	Fujian	164418.25	96320.06	23684.67	14682.07	502.30	493.15
江西	Jiangxi	16331.82	12322.51	2522.96	1977.30	68.39	80.46
山东	Shandong	188170.92	198169.46	25880.41	24488.31	830.03	938.00
河南	Henan	46182.78	36615.76	7556.69	6165.37	221.43	200.74
湖北	Hubei	97962.50	68644.19	15733.57	11093.87	288.15	287.14
湖南	Hunan	61049.14	45400.69	8826.93	6851.80	169.63	177.38
广东	Guangdong	748824.38	616629.21	96469.27	73532.20	1591.51	2327.82
广西	Guangxi	0.00	0.00	0.00	0.00	0.00	0.00
海南	Hainan	17906.21	17906.95	2807.86	2871.68	70.14	115.90
重庆	Chongqing	145217.07	138620.04	23815.71	22654.03	585.47	674.17
四川	Sichuan	132621.05	144165.52	25045.98	25889.79	164.01	271.59
贵州	Guizhou	0.00	0.00	0.00	0.00	0.00	0.00
云南	Yunnan	11345.23	9636.70	1586.07	1331.67	111.41	62.65
西藏	Tibet	0.00	0.00	0.00	0.00	0.00	0.00
陕西	Shaanxi	60655.58	53035.73	9227.45	8590.92	249.56	203.82
甘肃	Gansu	4740.89	5111.75	584.05	580.70	65.82	52.92
青海	Qinghai	1079.82	2395.76	158.16	368.42	69.46	128.22
宁夏	Ningxia	0.00	0.00	0.00	0.00	0.00	0.00
新疆	Xinjiang	10659.52	8340.68	1462.71	1210.26	51.58	52.22
深圳	Shenzhen	990508.59	1005124.43	149306.21	153028.68	4222.59	5465.22
大连	Dalian	2179.01	0.00	458.34	0.00	18.58	0.00
宁波	Ningbo	23089.32	18475.26	2927.31	2345.11	178.04	196.51
厦门	Xiamen	128826.57	105749.55	19545.89	16837.81	738.13	785.24
青岛	Qingdao	24.77	991.31	4.25	174.28	0.90	8.67
香港	Hong Kong	136.38	283.50	3.14	4.97	2.12	0.53
其他	Others	--	3.91	--	0.25	--	0.13
合计	Total	9255811.29	8030298.93	1435488.99	1245786.28	30252.51	36193.48

注：1.成交金额、成交量、持仓金额、持仓量按双边口径统计。交割金额、交割量为买交割与卖交割之和。交割金额、交割量中包含期转现。

2.上海期货交易所数据包含上海国际能源交易中心。

3.期货公司按总部注册地所属的监管辖区划分。

数据来源：上海期货交易所、郑州商品交易所、大连商品交易所、中国金融期货交易所、广州期货交易所

Source: SHFE、ZCE、DCE、CFFEX、GFEX

5-6 续表 continued

辖区	Jurisdiction	持仓量(万手) Positions (10 thousand lots)		交割金额(亿元) Delivery Amount (100 million yuan)		交割量(万手) Delivery Quantity (10 thousand lots)	
		2021	2022	2021	2022	2021	2022
北京	Beijing	738.88	818.57	541.61	488.97	89.07	64.18
天津	Tianjin	106.42	103.97	148.84	107.64	21.04	12.88
河北	Hebei	5.98	1.62	0.79	0.03	0.17	0.01
山西	Shanxi	10.47	14.54	1.94	0.76	0.07	0.04
内蒙古	Inner Mongolia	0.00	0.00	0.00	0.00	0.00	0.00
辽宁	Liaoning	1.83	0.00	0.76	0.00	0.15	0.00
吉林	Jilin	7.64	5.20	0.00	0.13	0.00	0.01
黑龙江	Heilongjiang	0.20	0.48	0.00	0.00	0.00	0.00
上海	Shanghai	1667.35	2108.49	959.55	991.88	144.96	125.29
江苏	Jiangsu	142.29	174.73	94.45	68.99	19.74	12.38
浙江	Zhejiang	630.78	800.42	322.62	384.36	54.68	58.88
安徽	Anhui	97.91	134.01	16.17	28.65	4.26	7.19
福建	Fujian	84.73	95.45	26.50	14.38	6.55	3.10
江西	Jiangxi	12.86	15.95	0.00	0.07	0.00	0.00
山东	Shandong	143.10	163.35	48.00	55.77	7.42	8.24
河南	Henan	38.61	35.99	25.01	18.67	4.16	3.52
湖北	Hubei	48.21	48.69	11.05	10.80	1.45	1.29
湖南	Hunan	28.56	30.95	37.78	45.87	5.11	6.14
广东	Guangdong	261.02	410.66	130.12	109.10	19.08	16.88
广西	Guangxi	0.00	0.00	0.00	0.00	0.00	0.00
海南	Hainan	12.15	22.71	0.81	0.87	0.08	0.11
重庆	Chongqing	109.75	124.96	40.06	34.48	4.07	3.78
四川	Sichuan	31.72	60.97	2.78	2.40	0.24	0.47
贵州	Guizhou	0.00	0.00	0.00	0.00	0.00	0.00
云南	Yunnan	9.98	7.96	17.87	55.79	1.63	5.44
西藏	Tibet	0.00	0.00	0.00	0.00	0.00	0.00
陕西	Shaanxi	38.03	32.93	8.46	12.82	0.68	1.29
甘肃	Gansu	3.10	3.21	42.85	62.26	2.69	4.32
青海	Qinghai	8.53	20.98	0.00	0.00	0.00	0.00
宁夏	Ningxia	0.00	0.00	0.00	0.00	0.00	0.00
新疆	Xinjiang	7.67	7.65	0.46	1.07	0.06	0.11
深圳	Shenzhen	630.38	929.76	542.65	487.93	53.54	42.84
大连	Dalian	3.88	0.00	0.81	0.00	0.26	0.00
宁波	Ningbo	20.29	22.49	73.26	61.83	7.48	7.46
厦门	Xiamen	125.23	141.18	196.16	131.74	29.91	22.01
青岛	Qingdao	0.22	1.83	0.00	0.53	0.00	0.16
香港	Hong Kong	0.04	0.01	0.21	0.51	0.01	0.02
其他	Others	--	0.01	--	--	--	--
合计	Total	5027.80	6339.73	3291.60	3178.29	478.55	408.03

5-7 2022年农产品期货交易情况

Futures Transaction of Agricultural Products in 2022

交易品种 Product	上市交易所 Listed Exchange	合约 Contract	年开盘价(元/吨) Opening Price of the Year (yuan/ton)	年最高价(元/吨) Highest Price of the Year (yuan/ton)	最高价日 Highest Day	年最低价(元/吨) Lowest Price of the Year (yuan/ton)	最低价日 Lowest Day	成交金额(万元) Trading Turnover (10 thousand yuan)	交易天数(天) Trading Days (day)	日均成交金额(万元) Daily Trading Turnover (10 thousand yuan)
天然橡胶 Natural Rubber	SHFE	ru2201	14530.00	15040.00	20220113	13600.00	20220113	114321.205	10	11432.1205
		ru2203	14735.00	15090.00	20220113	13030.00	20220301	690566.80	46	15012.32
		ru2204	14890.00	15165.00	20220113	13000.00	20220413	392897.66	66	5952.99
		ru2205	14910.00	15240.00	20220113	12115.00	20220510	192512640.13	85	2264854.59
		ru2206	15015.00	15285.00	20220113	12180.00	20220510	13542830.22	106	127762.55
		ru2207	15100.00	15290.00	20220113	11675.00	20220715	8159694.61	128	63747.61
		ru2208	15120.00	15330.00	20220113	11460.00	20220722	6875865.01	149	46146.75
		ru2209	15100.00	15400.00	20220113	11355.00	20220909	375127229.30	171	2193726.49
		ru2210	14945.00	15430.00	20220117	11335.00	20221012	27064046.43	179	151195.79
		ru2211	15100.00	15480.00	20220113	10670.00	20221031	18292525.09	208	87944.83
		ru2301	16050.00	16230.00	20220120	11585.00	20221031	285638446.23	232	1231200.20
		ru2303	14745.00	15115.00	20220406	11625.00	20221031	9326676.09	191	48830.76
		ru2304	14520.00	14820.00	20220609	11630.00	20221031	6614259.80	168	39370.59
		ru2305	14475.00	14930.00	20220609	11605.00	20221031	93041664.82	157	592622.07
		ru2306	14320.00	14410.00	20220705	11680.00	20221031	1041498.23	133	7830.81
		ru2307	13325.00	13445.00	20220729	11655.00	20221031	115912.85	100	1159.13
		ru2308	13090.00	13350.00	20220930	11740.00	20221031	57167.37	75	762.23
		ru2309	12800.00	13355.00	20221010	11705.00	20221031	5213899.18	71	73435.20
		ru2310	12645.00	13220.00	20221216	11775.00	20221031	5053.82	42	120.33
		ru2311	12465.00	13260.00	20221216	12305.00	20221121	2241.60	30	74.72
黄大豆1号 No.1 Soybean	DCE	a2201	5950.00	6000.00	20220104	5830.00	20220117	17939.38	233	1793.94
		a2203	5865.00	6428.00	20220211	5652.00	20220104	25139033.13	198	558645.18
		a2205	5900.00	6450.00	20220225	5733.00	20220114	10561421.66	154	121395.65
		a2207	5850.00	6443.00	20220225	5463.00	20220104	49192348.89	115	387341.33
		a2209	5788.00	6358.00	20220225	5653.00	20220713	38040014.36	71	222456.22
		a2211	5620.00	6243.00	20220207	5480.00	20220722	30277194.49	35	145563.44
		a2301	5805.00	6140.00	20220207	5244.00	20221230	33234430.07	242	143251.85
		a2303	5851.00	6035.00	20220530	5205.00	20221226	7307355.18	242	37093.17
		a2305	5836.00	6205.00	20220602	5120.00	20221226	10341042.50	242	66716.40
		a2307	5611.00	5799.00	20220929	5123.00	20221223	919382.34	242	7994.63
		a2309	5650.00	5749.00	20220923	5125.00	20221223	682917.00	242	9618.55
		a2311	5405.00	5535.00	20221118	5135.00	20221223	453133.17	242	13327.45
黄大豆2号 No.2 Soybean	DCE	b2201	4067.00	4346.00	20220105	4064.00	20220104	766.31	233	76.63
		b2202	4266.00	5050.00	20220207	4266.00	20220104	2090261.44	213	72077.98
		b2203	4180.00	6199.00	20220302	4161.00	20220117	5141200.79	198	114248.91
		b2204	4100.00	5550.00	20220309	4046.00	20220117	5909343.63	175	86902.11
		b2205	4040.00	5867.00	20220505	4006.00	20220117	6845258.62	154	78681.13
		b2206	4037.00	5800.00	20220531	3980.00	20220117	5137431.63	136	48466.34
		b2207	4045.00	5667.00	20220609	4000.00	20220117	6552569.14	115	51595.03

注：年开盘价和年最高价以自然年为统计周期。

数据来源：上海期货交易所、郑州商品交易所、大连商品交易所

Source: SHFE、ZCE、DCE

5-7 续表 1 continued

交易品种 Product	上市交易所 Listed Exchange	合约 Contract	年开盘价(元/吨) Opening Price of the Year (yuan/ton)	年最高价(元/吨) Highest Price of the Year (yuan/ton)	最高价日 Highest Day	年最低价(元/吨) Lowest Price of the Year (yuan/ton)	最低价日 Lowest Day	成交金额(万元) Trading Turnover (10 thousand yuan)	交易天数(天) Trading Days (day)	日均成交金额(万元) Daily Trading Turnover (10 thousand yuan)
黄大豆2号 No.2 Soybean	DCE	b2208	4062.00	5650.00	20220609	3960.00	20220117	1176449.97	93	7948.99
		b2209	4075.00	5555.00	20220609	4000.00	20220119	13546476.97	71	79219.16
		b2210	4228.00	6150.00	20221010	4084.00	20220110	6762253.55	51	35220.07
		b2211	3963.00	5858.00	20221101	3963.00	20220111	10531725.91	35	50633.30
		b2212	4120.00	5789.00	20221201	3791.00	20220117	9155299.64	230	39805.65
		b2301	4161.00	5235.00	20220608	4134.00	20220706	7935610.81	242	34205.22
		b2302	4514.00	5190.00	20221230	4134.00	20220706	2143078.05	242	10061.40
		b2303	4764.00	5200.00	20220609	4246.00	20220722	357378.26	242	1814.10
		b2304	5023.00	5128.00	20220610	4163.00	20220725	169568.71	242	974.53
		b2305	5005.00	5020.00	20220519	4102.00	20220706	192772.51	242	1243.69
		b2306	4849.00	4873.00	20220617	4111.00	20220706	2296.48	242	16.89
		b2307	--	4698.00	20221108	--	20220715	1318.26	242	11.46
		b2308	4467.00	4708.00	20221031	4233.00	20221031	1114.92	242	11.86
		b2309	4440.00	4586.00	20221230	4273.00	20221031	5163.59	242	72.73
		b2310	4390.00	4544.00	20221110	4311.00	20221128	398.24	242	7.96
		b2311	4221.00	4532.00	20221230	4221.00	20221118	3426.10	242	100.77
		b2312	4229.00	4520.00	20221230	4229.00	20221216	133.23	242	11.10
胶合板 Blockboard	DCE	bb2201	--	--	20220104	--	20220104	0.00	0	0.00
		bb2202	--	--	20220104	--	20220104	0.00	0	0.00
		bb2203	--	--	20220104	--	20220104	0.00	0	0.00
		bb2204	--	410.60	20220309	--	20220104	160.14	43	2.36
		bb2205	--	451.65	20220310	--	20220104	123.18	43	1.42
		bb2206	--	--	20220104	--	20220104	0.00	0	0.00
		bb2207	--	451.65	20220622	--	20220104	491.36	114	3.87
		bb2208	--	--	20220104	--	20220104	0.00	0	0.00
		bb2209	--	--	20220104	--	20220104	0.00	0	0.00
		bb2210	--	--	20220104	--	20220104	0.00	0	0.00
		bb2211	--	--	20220104	--	20220104	0.00	0	0.00
		bb2212	--	--	20220104	--	20220104	0.00	0	0.00
		bb2301	--	--	20220118	--	20220118	0.00	0	0.00
		bb2302	--	--	20220221	--	20220221	0.00	0	0.00
		bb2303	--	--	20220315	--	20220315	0.00	0	0.00
		bb2304	--	--	20220419	--	20220419	0.00	0	0.00
		bb2305	--	--	20220519	--	20220519	0.00	0	0.00
		bb2306	--	--	20220616	--	20220616	0.00	0	0.00
		bb2307	--	--	20220715	--	20220715	0.00	0	0.00
		bb2308	--	--	20220815	--	20220815	0.00	0	0.00
		bb2309	--	--	20220916	--	20220916	0.00	0	0.00
		bb2310	--	--	20221024	--	20221024	0.00	0	0.00
		bb2311	--	--	20221115	--	20221115	0.00	0	0.00
		bb2312	--	--	20221215	--	20221215	0.00	0	0.00
玉米 Corn	DCE	c2201	2650.00	2652.00	20220113	2595.00	20220104	29841.54	233	2984.15
		c2203	2646.00	2800.00	20220307	2632.00	20220106	4340606.11	198	96457.91

5-7 续表 2 continued

交易品种 Product	上市交易所 Listed Exchange	合约 Contract	年开盘价(元/吨) Opening Price of the Year (yuan/ton)	年最高价(元/吨) Highest Price of the Year (yuan/ton)	最高价日 Highest Day	年最低价(元/吨) Lowest Price of the Year (yuan/ton)	最低价日 Lowest Day	成交金额(万元) Trading Turnover (10 thousand yuan)	交易天数(天) Trading Days (day)	日均成交金额(万元) Daily Trading Turnover (10 thousand yuan)
玉米 Corn	DCE	c2205	2675.00	3120.00	20220506	2670.00	20220107	80396803.29	154	924101.19
		c2207	2693.00	2994.00	20220429	2630.00	20220706	19398027.01	115	152740.37
		c2209	2672.00	3046.00	20220429	2548.00	20220725	114087214.18	71	667176.69
		c2211	2667.00	3016.00	20220429	2570.00	20220725	18206619.66	35	87531.83
		c2301	2670.00	3158.00	20220329	2591.00	20220725	85955009.87	242	370495.73
		c2303	2843.00	3040.00	20220421	2602.00	20220725	34704164.91	242	176163.27
		c2305	3004.00	3036.00	20220519	2660.00	20220725	11402974.24	242	73567.58
		c2307	2752.00	2966.00	20221024	2675.00	20220722	8661493.09	242	75317.33
		c2309	2900.00	2964.00	20221024	2749.00	20221221	744214.93	242	10481.90
		c2311	2888.00	2918.00	20221115	2736.00	20221221	2621302.12	242	77097.12
玉米淀粉 Corn Starch	DCE	cs2201	2960.00	3040.00	20220112	2960.00	20220104	12946.24	233	1294.62
		cs2203	2970.00	3273.00	20220301	2963.00	20220111	11896187.80	198	264359.73
		cs2205	3055.00	3488.00	20220302	3051.00	20220107	19173832.83	154	220388.88
		cs2207	3082.00	3543.00	20220429	2905.00	20220706	31870412.42	115	250948.13
		cs2209	3088.00	3583.00	20220429	2901.00	20220711	24811869.38	71	145098.65
		cs2211	3056.00	3677.00	20220419	2760.00	20221102	19366611.68	35	93108.71
		cs2301	3165.00	3537.00	20220429	2798.00	20221221	26631182.20	242	114789.58
		cs2303	3395.00	3519.00	20220425	2824.00	20221221	8066593.92	242	40947.18
		cs2305	3478.00	3478.00	20220519	2883.00	20221226	3010960.72	242	19425.55
		cs2307	3073.00	3374.00	20220914	2956.00	20221221	621096.71	242	5400.84
		cs2309	3328.00	3375.00	20220919	3036.00	20221221	297772.95	242	4193.99
		cs2311	3200.00	3276.00	20221115	3042.00	20221221	993.85	242	29.23
纤维板 Fiberboard	DCE	fb2201	1270.00	1335.00	20220106	1240.00	20220104	284.38	233	28.44
		fb2202	1289.50	1362.00	20220214	1259.00	20220119	57133.28	213	1970.11
		fb2203	1295.00	1327.00	20220207	1220.00	20220225	37587.72	198	835.28
		fb2204	1266.50	1445.00	20220331	1264.00	20220221	4500.87	175	66.19
		fb2205	1385.50	1445.00	20220307	1282.00	20220505	164422.96	154	1889.92
		fb2206	1377.50	1440.00	20220601	1285.00	20220422	32186.63	136	303.65
		fb2207	1442.00	1465.00	20220627	--	20220701	554.72	115	4.37
		fb2208	1360.00	1443.00	20220725	1295.00	20220729	155.94	93	1.05
		fb2209	1408.50	1452.00	20220112	1303.00	20220613	217342.96	71	1271.01
		fb2210	1406.00	1420.00	20220610	--	20220401	36126.63	38	188.16
		fb2211	--	1388.50	20220817	--	20220104	1572.13	208	7.56
		fb2212	--	1421.00	20220617	--	20220104	319.88	13	1.39
		fb2301	1446.00	1461.00	20220215	1175.00	20221230	79894.05	242	344.37
		fb2302	1290.00	1460.50	20220307	--	20220401	767.03	242	3.60
		fb2303	1429.50	1429.50	20220316	--	20220505	6194.86	242	31.45
		fb2304	--	1400.00	20220505	--	20220419	28.95	242	0.17
		fb2305	--	1469.50	20220615	--	20220519	569.24	242	3.67
		fb2306	--	1382.50	20220906	--	20220616	10.42	242	0.08
		fb2307	1439.50	1439.50	20220718	--	20220801	15.68	217	0.14
		fb2308	--	1350.00	20220913	--	20220815	110.74	242	1.18
		fb2309	--	1345.50	20221227	--	20220916	65.92	242	0.93

5-7 续表 3 continued

交易品种 Product	上市交易所 Listed Exchange	合约 Contract	年开盘价(元/吨) Opening Price of the Year (yuan/ton)	年最高价(元/吨) Highest Price of the Year (yuan/ton)	最高价日 Highest Day	年最低价(元/吨) Lowest Price of the Year (yuan/ton)	最低价日 Lowest Day	成交金额(万元) Trading Turnover (10 thousand yuan)	交易天数(天) Trading Days (day)	日均成交金额(万元) Daily Trading Turnover (10 thousand yuan)
纤维板 Fiberboard	DCE	fb2310	--	--	20221024	--	20221024	0.00	0	0.00
		fb2311	--	1345.00	20221216	--	20221115	60.12	242	1.77
		fb2312	1339.50	1339.50	20221230	1272.00	20221230	3.95	242	0.33
鸡蛋 Egg	DCE	jd2201	4105.00	4121.00	20220113	3990.00	20220125	4284.29	226	267.77
		jd2202	3726.00	3994.00	20220209	3636.00	20220117	198505.13	211	6203.29
		jd2203	3818.00	4180.00	20220310	3709.00	20220118	817356.68	188	14861.03
		jd2204	3965.00	4850.00	20220425	3853.00	20220118	209046.42	167	2824.95
		jd2205	4121.00	4765.00	20220426	4006.00	20220118	23163325.62	149	249068.02
		jd2206	4019.00	4371.00	20220426	3917.00	20220117	1365470.94	128	11977.82
		jd2207	4252.00	4769.00	20220712	4071.00	20220704	503667.41	106	3730.87
		jd2208	4873.00	5170.00	20220406	3978.00	20220810	824410.91	84	5217.79
		jd2209	4580.00	4976.00	20220406	3957.00	20220809	33292305.08	64	185990.53
		jd2210	4337.00	5500.00	20221026	3999.00	20220809	948855.07	48	4865.92
		jd2211	4378.00	5610.00	20221123	4253.00	20220809	762309.35	26	3512.95
		jd2212	4601.00	5376.00	20221207	4002.00	20221226	2060878.76	3	8622.92
		jd2301	4400.00	4679.00	20220324	3828.00	20221230	33815325.90	242	149625.34
		jd2302	4050.00	4345.00	20221205	3780.00	20220811	3250050.81	242	15476.43
		jd2303	4247.00	4377.00	20221205	3827.00	20220811	1420929.29	242	7598.55
		jd2304	4360.00	4438.00	20221205	4000.00	20220811	753685.74	242	4486.22
		jd2305	4455.00	4489.00	20221206	4101.00	20220811	5966715.18	242	40045.07
		jd2306	4250.00	4340.00	20221201	4012.00	20220811	28248.93	242	220.69
		jd2307	4270.00	4455.00	20221014	4229.00	20220803	11352.87	242	106.10
		jd2308	4800.00	4985.00	20221010	4680.00	20220829	43156.48	242	513.77
		jd2309	4725.00	4799.00	20221010	4500.00	20221123	165110.77	242	2620.81
		jd2310	4449.00	4535.00	20221125	4350.00	20221103	2264.61	242	48.18
		jd2311	4559.00	4650.00	20221129	4502.00	20221216	1471.86	242	58.87
		jd2312	4688.00	4720.00	20221230	4688.00	20221228	906.78	242	302.26
生猪 Live Hog	DCE	lh2201	13725.00	14165.00	20220106	13200.00	20220124	7290.22	239	455.64
		lh2203	14320.00	14425.00	20220104	11070.00	20220301	10007438.59	188	181953.43
		lh2205	15400.00	16500.00	20220525	12360.00	20220411	32283319.16	149	347132.46
		lh2207	16185.00	22500.00	20220706	14295.00	20220317	5106327.35	106	37824.65
		lh2209	17000.00	23500.00	20220921	16080.00	20220317	77502255.05	64	432973.49
		lh2211	16920.00	26985.00	20221019	16385.00	20220124	12474975.07	26	57488.36
		lh2301	17710.00	24300.00	20221014	14535.00	20221221	75870754.25	242	335711.30
		lh2303	18100.00	21180.00	20221019	15355.00	20221220	22966857.81	242	122817.42
		lh2305	19050.00	20355.00	20220829	16200.00	20221219	7167314.08	242	48102.78
		lh2307	18810.00	20000.00	20220829	16450.00	20221216	1474037.19	242	13776.05
		lh2309	18410.00	18950.00	20221010	16800.00	20221219	370446.74	242	5880.11
		lh2311	17700.00	17815.00	20221129	17135.00	20221219	64682.21	242	2587.29
豆粕 Soybean Meal	DCE	m2201	3251.00	3635.00	20220104	3250.00	20220104	9322.15	233	932.21
		m2203	3353.00	5082.00	20220314	3288.00	20220119	5507618.26	198	122391.52
		m2205	3220.00	4495.00	20220324	3121.00	20220119	298858561.00	154	3435155.87
		m2207	3212.00	4473.00	20220324	3119.00	20220119	31959000.41	115	251645.67

5-7 续表 4 continued

交易品种 Product	上市交易所 Listed Exchange	合约 Contract	年开盘价(元/吨) Opening Price of the Year (yuan/ton)	年最高价(元/吨) Highest Price of the Year (yuan/ton)	最高价日 Highest Day	年最低价(元/吨) Lowest Price of the Year (yuan/ton)	最低价日 Lowest Day	成交金额(万元) Trading Turnover (10 thousand yuan)	交易天数(天) Trading Days (day)	日均成交金额(万元) Daily Trading Turnover (10 thousand yuan)
豆粕 Soybean Meal	DCE	m2208	3269.00	4437.00	20220324	3181.00	20220119	17440078.07	93	117838.37
		m2209	3262.00	5030.00	20220914	3180.00	20220119	383508050.99	71	2242737.14
		m2211	3262.00	5150.00	20221114	3152.00	20220119	33059169.89	35	158938.32
		m2212	3247.00	4866.00	20221201	3155.00	20220119	19677651.16	13	85555.01
		m2301	3227.00	4707.00	20221230	3131.00	20220119	364014915.51	242	1569029.81
		m2303	3668.00	4290.00	20221230	3324.00	20220706	18864779.92	242	95760.30
		m2305	3680.00	3940.00	20221230	3226.00	20220706	88174052.45	242	568864.85
		m2307	3358.00	3918.00	20221230	3245.00	20220722	7531415.77	242	65490.57
		m2308	3418.00	3949.00	20221230	3327.00	20220816	4530208.81	242	48193.71
		m2309	3660.00	3910.00	20221230	3420.00	20221031	4174588.12	242	58797.02
		m2311	3624.00	3853.00	20221230	3543.00	20221205	1215732.74	242	35756.85
		m2312	3622.00	3842.00	20221230	3529.00	20221221	130542.39	242	10878.53
棕榈油 RBD Palm Oil	DCE	p2201	9512.00	10566.00	20220107	9186.00	20220111	17999.11	233	1799.91
		p2202	9470.00	12182.00	20220215	9462.00	20220104	1404649.14	213	48436.18
		p2203	9306.00	14420.00	20220308	9224.00	20220104	7352037.15	198	163378.60
		p2204	8902.00	13824.00	20220415	8900.00	20220104	9525309.30	175	140078.08
		p2205	8610.00	16440.00	20220505	8552.00	20220104	508642644.91	154	5846467.18
		p2206	8394.00	16200.00	20220601	8328.00	20220104	22299689.16	136	210374.43
		p2207	8324.00	14234.00	20220608	8192.00	20220104	22344890.09	115	175944.02
		p2208	8200.00	13088.00	20220608	7740.00	20220714	15792611.12	93	106706.83
		p2209	7896.00	12392.00	20220429	7384.00	20220714	843982491.72	71	4935570.13
		p2210	7904.00	12188.00	20220428	7034.00	20221010	14975503.06	51	77997.41
		p2211	7750.00	12098.00	20220428	7118.00	20220929	10730540.41	35	51589.14
		p2212	7876.00	11684.00	20220608	--	20221201	7790487.94	13	33871.69
		p2301	8050.00	11728.00	20220428	6882.00	20220929	618943057.13	242	2667858.00
		p2302	8986.00	11356.00	20220429	6910.00	20220929	10289067.97	242	48305.48
		p2303	9402.00	11682.00	20220523	6930.00	20220929	6340988.77	242	32187.76
		p2304	10464.00	11496.00	20220428	6946.00	20220929	3873049.76	242	22258.91
		p2305	10654.00	10920.00	20220608	6948.00	20220930	141430687.46	242	912456.05
		p2306	10236.00	10236.00	20220616	7084.00	20220929	2977026.51	242	21889.90
		p2307	7844.00	8710.00	20220825	6942.00	20220929	2114879.32	242	18390.25
		p2308	8576.00	8576.00	20220831	6980.00	20220929	576644.39	242	6134.51
		p2309	7818.00	8428.00	20221201	6958.00	20220929	328687.96	242	4629.41
		p2310	7826.00	8372.00	20221201	7574.00	20221223	3601.22	242	72.02
		p2311	7982.00	8182.00	20221201	7558.00	20221223	5134.36	242	151.01
		p2312	7790.00	8162.00	20221230	7590.00	20221223	469.23	242	39.10
粳米 Polished Round-grained Rice	DCE	rr2201	3300.00	3340.00	20220104	3210.00	20220104	360.04	233	36.00
		rr2202	3311.00	3400.00	20220208	3261.00	20220128	66308.36	213	2286.50
		rr2203	3377.00	3454.00	20220217	3135.00	20220301	550990.87	198	12244.24
		rr2204	3402.00	3554.00	20220225	3193.00	20220331	318031.89	175	4676.94
		rr2205	3442.00	3622.00	20220225	3301.00	20220429	1561637.55	154	17949.86
		rr2206	3469.00	3600.00	20220208	3201.00	20220601	734087.74	136	6925.36
		rr2207	3500.00	3590.00	20220304	3222.00	20220701	898877.72	115	7077.78

5-7 续表 5 continued

交易品种 Product	上市交易所 Listed Exchange	合约 Contract	年开盘价(元/吨) Opening Price of the Year (yuan/ton)	年最高价(元/吨) Highest Price of the Year (yuan/ton)	最高价日 Highest Day	年最低价(元/吨) Lowest Price of the Year (yuan/ton)	最低价日 Lowest Day	成交金额(万元) Trading Turnover (10 thousand yuan)	交易天数(天) Trading Days (day)	日均成交金额(万元) Daily Trading Turnover (10 thousand yuan)
粳米 Polished Round-grained Rice	DCE	rr2208	3486.00	3606.00	20220303	3260.00	20220801	688549.73	93	4652.36
		rr2209	3505.00	3610.00	20220307	3200.00	20220901	770161.40	71	4503.87
		rr2210	3501.00	3668.00	20220303	3201.00	20220811	749258.18	51	3902.39
		rr2211	3484.00	3660.00	20220303	3248.00	20220811	462259.75	35	2222.40
		rr2212	3511.00	3669.00	20220214	3226.00	20221013	384154.72	13	1670.24
		rr2301	3545.00	3696.00	20220307	3362.00	20221230	556187.76	242	2397.36
		rr2302	3640.00	3750.00	20220321	3350.00	20221221	302651.44	242	1420.90
		rr2303	3400.00	3667.00	20220418	3346.00	20221230	126138.57	242	640.30
		rr2304	3665.00	3713.00	20220421	3352.00	20221230	90984.20	242	522.90
		rr2305	3670.00	3677.00	20220519	3362.00	20221228	48389.73	242	312.19
		rr2306	3590.00	3654.00	20220705	3378.00	20221230	7866.06	242	57.84
		rr2307	3536.00	3631.00	20220823	3392.00	20221229	10371.26	242	90.18
		rr2308	3513.00	3604.00	20220819	3407.00	20221230	4013.64	242	42.70
		rr2309	3550.00	3557.00	20220920	3414.00	20221017	2307.17	242	32.50
		rr2310	3482.00	3501.00	20221026	3415.00	20221230	1174.44	242	23.49
		rr2311	3460.00	3480.00	20221130	3416.00	20221230	611.80	242	17.99
		rr2312	3441.00	3454.00	20221223	3423.00	20221230	426.51	242	35.54
豆油 Soybean Oil	DCE	y2201	9138.00	9798.00	20220107	9026.00	20220106	12409.83	233	1240.98
		y2203	9158.00	11428.00	20220301	9122.00	20220104	6868015.29	198	152622.56
		y2205	8906.00	11760.00	20220428	8852.00	20220104	366319733.84	154	4210571.65
		y2207	8726.00	12660.00	20220608	--	20220701	30963673.25	115	243808.45
		y2208	8678.00	12514.00	20220608	--	20220801	16738186.95	93	113095.86
		y2209	8584.00	12280.00	20220608	8496.00	20220104	667250870.13	71	3902051.87
		y2211	8450.00	12034.00	20220608	8406.00	20220104	31279295.79	35	150381.23
		y2212	8460.00	11930.00	20220608	8348.00	20220104	18399417.46	13	79997.47
		y2301	8716.00	11806.00	20220608	8384.00	20220714	537910150.96	242	2318578.24
		y2303	9804.00	11506.00	20220608	8254.00	20220929	14412339.60	242	73159.08
		y2305	10788.00	11052.00	20220608	8086.00	20220714	105771454.68	242	682396.48
		y2307	8116.00	9576.00	20220824	8048.00	20220930	3752141.88	242	32627.32
		y2308	9184.00	9512.00	20220824	8018.00	20220930	2981319.65	242	31716.17
		y2309	8700.00	8850.00	20221201	7996.00	20220930	1051528.68	242	14810.26
		y2311	8488.00	8772.00	20221201	8154.00	20221223	1977868.37	242	58172.60
		y2312	8504.00	8688.00	20221230	8154.00	20221223	149852.52	242	12487.71
苹果 Apple	ZCE	AP2201	8508.00	8997.00	20220114	8420.00	20220105	4453.22	10	445.32
		AP2203	8260.00	9079.00	20220207	8000.00	20220308	553757.89	45	12305.73
		AP2204	8264.00	10599.00	20220414	7970.00	20220105	263925.79	68	3881.26
		AP2205	8394.00	11773.00	20220429	7952.00	20220105	82413750.89	87	947284.49
		AP2210	7604.00	9637.00	20220505	7340.00	20220105	190856318.56	192	994043.33
		AP2211	7454.00	9450.00	20220505	7268.00	20220105	2776971.24	208	13350.82
		AP2212	7551.00	9545.00	20220506	7333.00	20220105	1986930.42	230	8638.83
		AP2301	7700.00	9745.00	20220506	7557.00	20220224	106414071.87	232	458681.34
		AP2303	7738.00	9928.00	20220505	7486.00	20221130	2234982.72	197	11345.09
		AP2304	8644.00	10000.00	20220506	7430.00	20221128	798555.28	174	4589.40

5-7 续表 6 continued

交易品种 Product	上市交易所 Listed Exchange	合约 Contract	年开盘价(元/吨) Opening Price of the Year (yuan/ton)	年最高价(元/吨) Highest Price of the Year (yuan/ton)	最高价日 Highest Day	年最低价(元/吨) Lowest Price of the Year (yuan/ton)	最低价日 Lowest Day	成交金额(万元) Trading Turnover (10 thousand yuan)	交易天数(天) Trading Days (day)	日均成交金额(万元) Daily Trading Turnover (10 thousand yuan)
苹果 Apple	ZCE	AP2305	9550.00	9917.00	20220520	7435.00	20221128	26652023.64	155	171948.54
		AP2310	8590.00	8610.00	20221216	7746.00	20221128	464828.59	50	9296.57
		AP2311	7946.00	8420.00	20221216	7625.00	20221128	110068.92	34	3237.32
		AP2312	7870.00	8268.00	20221216	7870.00	20221215	34077.44	12	2839.79
棉花 Cotton	ZCE	CF2201	21860.00	22500.00	20220117	20310.00	20220117	354741.32	10	35474.13
		CF2203	21215.00	22510.00	20220207	21215.00	20220301	7842327.81	45	174273.95
		CF2205	20690.00	22210.00	20220207	20590.00	20220104	147774838.09	87	1698561.36
		CF2207	20115.00	22050.00	20220505	14715.00	20220714	26545771.88	127	209021.83
		CF2209	19670.00	22035.00	20220505	13560.00	20220715	232111412.32	171	1357376.68
		CF2211	19220.00	21700.00	20220505	13340.00	20221101	26653270.54	208	128140.72
		CF2301	19480.00	21455.00	20220418	12270.00	20221031	387085725.91	232	1668472.96
		CF2303	18310.00	21195.00	20220418	12225.00	20221031	32830580.20	197	166652.69
		CF2305	20425.00	20965.00	20220519	12215.00	20221101	141475986.27	155	912748.30
		CF2307	14005.00	15900.00	20220817	12240.00	20221031	4895162.55	115	42566.63
		CF2309	14955.00	15060.00	20220916	12315.00	20221031	7903664.69	71	111319.22
		CF2311	13315.00	14575.00	20221230	13170.00	20221128	122991.16	34	3617.39
红枣 Chinese Jujube	ZCE	CJ2201	12060.00	12800.00	20220117	11405.00	20220105	4190.65	10	419.06
		CJ2203	13505.00	13705.00	20220216	11085.00	20220310	117503.14	45	2611.18
		CJ2205	14195.00	14430.00	20220216	10545.00	20220412	6349877.69	87	72987.10
		CJ2207	14465.00	14800.00	20220216	9995.00	20220620	474085.81	127	3732.96
		CJ2209	14490.00	14775.00	20220216	10000.00	20220715	7955068.87	171	46520.87
		CJ2212	12800.00	13820.00	20220517	10620.00	20221201	178058.78	230	774.17
		CJ2301	11955.00	14005.00	20220517	9560.00	20221230	9515465.29	232	41014.94
		CJ2303	12630.00	14015.00	20220517	9800.00	20221226	80749.86	197	409.90
		CJ2305	13750.00	13780.00	20220520	9925.00	20221226	2544795.95	155	16418.04
		CJ2307	12460.00	12825.00	20220805	10140.00	20221226	16956.65	115	147.45
		CJ2309	12290.00	13200.00	20220916	10170.00	20221220	63760.50	71	898.04
		CJ2312	10525.00	11270.00	20221216	10515.00	20221215	1255.04	12	104.59
棉纱 Cotton Yarn	ZCE	CY2201	26980.00	28205.00	20220117	26970.00	20220104	1669.38	10	166.94
		CY2202	27260.00	27950.00	20220207	26925.00	20220218	0.00	29	0.00
		CY2203	26980.00	29760.00	20220106	26980.00	20220104	85.10	45	1.89
		CY2204	27110.00	29125.00	20220217	27165.00	20220412	0.00	68	0.00
		CY2205	27930.00	29570.00	20220207	26500.00	20220426	2392492.60	87	27499.91
		CY2206	27595.00	28300.00	20220215	25055.00	20220615	853.26	106	8.05
		CY2207	27595.00	29600.00	20220119	22045.00	20220714	55.58	127	0.44
		CY2208	26980.00	27905.00	20220411	20810.00	20220715	27.19	148	0.18
		CY2209	27165.00	29300.00	20220329	19935.00	20220715	3500512.03	171	20470.83
		CY2210	26780.00	28980.00	20220330	20035.00	20220718	876.65	192	4.57
		CY2211	27240.00	28045.00	20220214	19815.00	20221031	572.45	208	2.75
		CY2212	26980.00	27625.00	20220506	19740.00	20221028	92.31	230	0.40
		CY2301	27185.00	28080.00	20220419	19000.00	20221031	3682796.75	232	15874.12
		CY2302	27060.00	28160.00	20220519	19575.00	20220930	448.33	213	2.10
		CY2303	27060.00	27500.00	20220516	19540.00	20221130	410.83	197	2.09

5-7 续表 7 continued

交易品种 Product	上市交易所 Listed Exchange	合约 Contract	年开盘价(元/吨) Opening Price of the Year (yuan/ton)	年最高价(元/吨) Highest Price of the Year (yuan/ton)	最高价日 Highest Day	年最低价(元/吨) Lowest Price of the Year (yuan/ton)	最低价日 Lowest Day	成交金额(万元) Trading Turnover (10 thousand yuan)	交易天数(天) Trading Days (day)	日均成交金额(万元) Daily Trading Turnover (10 thousand yuan)
棉纱 Cotton Yarn	ZCE	CY2304	27060.00	28765.00	20220505	20010.00	20221102	1024.48	174	5.89
		CY2305	26585.00	26920.00	20220523	19200.00	20221031	181922.56	155	1173.69
		CY2306	25140.00	25140.00	20220622	19760.00	20221202	1449.99	136	10.66
		CY2307	21435.00	22320.00	20220916	20005.00	20220927	576.79	115	5.02
		CY2308	20935.00	21520.00	20220920	20225.00	20221117	10.76	94	0.11
		CY2309	21255.00	22460.00	20220916	19800.00	20221031	3098.41	71	43.64
		CY2310	20760.00	21255.00	20221230	19340.00	20221103	40.67	50	0.81
		CY2311	20530.00	22165.00	20221216	20330.00	20221205	161.08	34	4.74
		CY2312	21855.00	21855.00	20221216	21760.00	20221230	0.00	12	0.00
粳稻 Japonica Rice	ZCE	JR2201	2702.00	2766.00	20220104	2702.00	20220104	27.40	10	2.74
		JR2203	2671.00	3039.00	20220314	2709.00	20220308	0.00	45	0.00
		JR2205	2652.00	3049.00	20220329	2539.00	20220329	16.77	87	0.19
		JR2207	2821.00	3212.00	20220314	2861.00	20220308	0.00	127	0.00
		JR2209	2863.00	3259.00	20220314	2903.00	20220308	0.00	171	0.00
		JR2211	2656.00	3022.00	20220314	2693.00	20221114	0.00	208	0.00
		JR2301	2693.00	3139.00	20220314	2400.00	20220309	5774.38	232	24.89
		JR2303	3022.00	2996.00	20220316	2662.00	20221230	0.00	197	0.00
		JR2305	2775.00	2775.00	20220519	2662.00	20221230	0.00	155	0.00
		JR2307	2759.00	2759.00	20221229	2662.00	20221230	0.00	115	0.00
		JR2309	2759.00	2759.00	20221229	2662.00	20221230	0.00	71	0.00
		JR2311	2759.00	2759.00	20221229	2662.00	20221230	0.00	34	0.00
晚籼稻 Late Indica Rice	ZCE	LR2201	2973.00	2973.00	20220117	2973.00	20220117	0.00	10	0.00
		LR2203	2973.00	2973.00	20220314	2973.00	20220314	0.00	45	0.00
		LR2205	2973.00	3214.00	20220505	2696.00	20220518	545.27	87	6.27
		LR2207	2973.00	3422.00	20220505	2535.00	20220714	2769.57	127	21.81
		LR2209	2973.00	3435.00	20220318	2360.00	20220915	37.60	171	0.22
		LR2211	2973.00	3268.00	20220318	2360.00	20221114	0.00	208	0.00
		LR2301	2973.00	3268.00	20220318	2525.00	20221230	0.00	232	0.00
		LR2303	2973.00	3268.00	20220318	2360.00	20221230	0.00	197	0.00
		LR2305	2507.00	2421.00	20220615	2360.00	20221230	0.00	155	0.00
		LR2307	2360.00	2360.00	20221230	2360.00	20221230	0.00	115	0.00
		LR2309	2360.00	2360.00	20221230	2360.00	20221230	0.00	71	0.00
		LR2311	2360.00	2360.00	20221230	2360.00	20221230	0.00	34	0.00
菜籽油 Rapeseed Oil	ZCE	OI2201	12611.00	12800.00	20220104	11942.00	20220106	14132.86	10	1413.29
		OI2203	12665.00	14400.00	20220314	11833.00	20220106	7052527.55	45	156722.83
		OI2205	12310.00	14610.00	20220429	11550.00	20220117	238825527.92	87	2745121.01
		OI2207	11979.00	14832.00	20220608	10700.00	20220708	20196246.52	127	159025.56
		OI2209	11559.00	14538.00	20220608	10221.00	20220707	291134144.57	171	1702538.86
		OI2211	11012.00	14383.00	20220608	10063.00	20220713	28015490.35	208	134689.86
		OI2301	10795.00	14074.00	20220608	9735.00	20220713	411542219.85	232	1773888.88
		OI2303	11743.00	13869.00	20220608	9628.00	20220713	19879247.71	197	100909.89
		OI2305	12770.00	13696.00	20220608	9533.00	20220713	81882051.79	155	528271.30
		OI2307	9959.00	10993.00	20220812	9509.00	20220926	1608172.75	115	13984.11

5-7 续表 8 continued

交易品种 Product	上市交易所 Listed Exchange	合约 Contract	年开盘价(元/吨) Opening Price of the Year (yuan/ton)	年最高价(元/吨) Highest Price of the Year (yuan/ton)	最高价日 Highest Day	年最低价(元/吨) Lowest Price of the Year (yuan/ton)	最低价日 Lowest Day	成交金额(万元) Trading Turnover (10 thousand yuan)	交易天数(天) Trading Days (day)	日均成交金额(万元) Daily Trading Turnover (10 thousand yuan)
菜籽油 Rapeseed Oil	ZCE	OI2309	9868.00	10563.00	20221230	9412.00	20220926	850437.42	71	11977.99
		OI2311	10100.00	10346.00	20221230	9488.00	20221124	37955.83	34	1116.35
花生 Peanut Kernel	ZCE	PK2201	7730.00	8198.00	20220106	7150.00	20220112	2526.59	10	252.66
		PK2203	8120.00	8136.00	20220104	7144.00	20220228	39864.51	45	885.88
		PK2204	8252.00	8900.00	20220304	7794.00	20220110	28104736.47	68	413304.95
		PK2210	8596.00	10864.00	20220527	8386.00	20220110	64385065.77	192	335338.88
		PK2211	8756.00	10908.00	20220524	8550.00	20220111	123308.52	208	592.83
		PK2212	8916.00	10960.00	20220926	8700.00	20220112	95175.50	230	413.81
		PK2301	8796.00	11256.00	20221012	8796.00	20220118	47120684.67	232	203106.40
		PK2303	9556.00	11464.00	20221013	8572.00	20220316	186890.94	197	948.68
		PK2304	10026.00	11542.00	20221012	9590.00	20220425	13799168.06	174	79305.56
		PK2310	10012.00	11098.00	20221114	9666.00	20221226	302698.14	50	6053.96
		PK2311	10302.00	10822.00	20221116	9538.00	20221223	16968.41	34	499.07
		PK2312	9800.00	10146.00	20221228	9504.00	20221220	4639.40	12	386.62
普麦 Wheat PM	ZCE	PM2201	2422.00	2422.00	20220117	2422.00	20220117	0.00	10	0.00
		PM2203	2421.00	2421.00	20220314	2421.00	20220314	0.00	45	0.00
		PM2205	2363.00	2975.00	20220518	2363.00	20220425	0.00	87	0.00
		PM2207	2522.00	3381.00	20220527	2359.00	20220426	6835.07	127	53.82
		PM2209	2645.00	3200.00	20220602	2500.00	20220427	115.88	171	0.68
		PM2211	2512.00	3038.00	20220610	2512.00	20220425	0.00	208	0.00
		PM2301	2512.00	3145.00	20220610	2512.00	20220425	0.00	232	0.00
		PM2303	2512.00	3226.00	20220610	2512.00	20220425	0.00	197	0.00
		PM2305	3044.00	3226.00	20220610	3029.00	20220708	0.00	155	0.00
		PM2307	3122.00	3122.00	20221230	3122.00	20221230	0.00	115	0.00
		PM2309	3122.00	3122.00	20221230	3122.00	20221230	0.00	71	0.00
		PM2311	3122.00	3122.00	20221230	3122.00	20221230	0.00	34	0.00
早籼稻 Early Rice	ZCE	RI2201	2718.00	2754.00	20220112	2718.00	20220111	0.00	10	0.00
		RI2203	2751.00	3020.00	20220314	2751.00	20220111	0.00	45	0.00
		RI2205	2751.00	3056.00	20220321	2751.00	20220111	0.00	87	0.00
		RI2207	2699.00	3161.00	20220401	2500.00	20220714	2365.83	127	18.63
		RI2209	2619.00	2873.00	20220408	2619.00	20220104	0.00	171	0.00
		RI2211	2455.00	2728.00	20220321	2455.00	20220111	0.00	208	0.00
		RI2301	2484.00	2728.00	20220321	2479.00	20221230	0.00	232	0.00
		RI2303	2695.00	2728.00	20220321	2479.00	20221230	0.00	197	0.00
		RI2305	2689.00	2689.00	20220628	2479.00	20221230	0.00	155	0.00
		RI2307	2479.00	2479.00	20221230	2479.00	20221230	0.00	115	0.00
		RI2309	2479.00	2479.00	20221230	2479.00	20221230	0.00	71	0.00
		RI2311	2479.00	2479.00	20221230	2479.00	20221230	0.00	34	0.00
菜籽粕 Rapeseed Meal	ZCE	RM2201	3200.00	3239.00	20220104	2895.00	20220112	5208.72	10	520.87
		RM2203	2954.00	4072.00	20220314	2843.00	20220119	3089501.33	45	68655.59
		RM2205	2930.00	4364.00	20220324	2832.00	20220119	108281166.32	87	1244611.11
		RM2207	2876.00	4180.00	20220324	2754.00	20220119	9690518.01	127	76303.29
		RM2208	2888.00	4192.00	20220324	2766.00	20220119	2437981.41	148	16472.85

5-7 续表 9 continued

交易品种 Product	上市交易所 Listed Exchange	合约 Contract	年开盘价(元/吨) Opening Price of the Year (yuan/ton)	年最高价(元/吨) Highest Price of the Year (yuan/ton)	最高价日 Highest Day	年最低价(元/吨) Lowest Price of the Year (yuan/ton)	最低价日 Lowest Day	成交金额(万元) Trading Turnover (10 thousand yuan)	交易天数(天) Trading Days (day)	日均成交金额(万元) Daily Trading Turnover (10 thousand yuan)
菜籽粕 Rapeseed Meal	ZCE	RM2209	2820.00	4745.00	20220913	2723.00	20220119	73683663.06	171	430898.61
		RM2211	2575.00	3981.00	20221013	2490.00	20220119	1605821.35	208	7720.29
		RM2301	2550.00	3408.00	20221230	2452.00	20220119	210434337.88	232	907044.56
		RM2303	2763.00	3198.00	20221230	2600.00	20220706	10641516.64	197	54017.85
		RM2305	3138.00	3225.00	20221230	2651.00	20220706	39404509.99	155	254222.65
		RM2307	2844.00	3178.00	20221230	2666.00	20220722	1048576.18	115	9118.05
		RM2308	2918.00	3228.00	20221230	2830.00	20220818	329394.87	94	3504.20
		RM2309	3088.00	3185.00	20221230	2822.00	20221031	1433818.59	71	20194.63
		RM2311	2891.00	3015.00	20221230	2743.00	20221128	60030.76	34	1765.61
油菜籽 Rapeseed	ZCE	RS2207	5969.00	6931.00	20220429	5824.00	20220429	56.97	127	0.45
		RS2208	5945.00	7040.00	20220715	5695.00	20220422	2240.50	148	15.14
		RS2209	5979.00	6975.00	20220610	5403.00	20220207	35655.24	171	208.51
		RS2211	5998.00	7015.00	20220401	5641.00	20220930	818.54	208	3.94
		RS2307	6498.00	6499.00	20220815	5565.00	20221018	3408.29	115	29.64
		RS2308	6401.00	6401.00	20220915	5202.00	20221013	1049.82	94	11.17
		RS2309	6401.00	6398.00	20220916	5683.00	20221123	712.68	71	10.04
		RS2311	5816.00	6089.00	20221230	5686.00	20221220	470.56	34	13.84
白糖 White Sugar	ZCE	SR2201	6039.00	6039.00	20220104	5623.00	20220107	66884.53	10	6688.45
		SR2203	5738.00	5850.00	20220309	5631.00	20220128	10102297.49	45	224495.50
		SR2205	5770.00	5980.00	20220419	5655.00	20220128	108127048.18	87	1242839.63
		SR2207	5794.00	6074.00	20220607	5683.00	20220128	32027160.16	127	252182.36
		SR2209	5830.00	6129.00	20220607	5450.00	20220831	144806583.41	171	846822.13
		SR2211	5892.00	6165.00	20220610	5286.00	20221031	34902402.73	208	167800.01
		SR2301	5937.00	6266.00	20220610	5440.00	20220930	105793889.80	232	456008.15
		SR2303	6047.00	6236.00	20220607	5440.00	20220930	64815828.02	197	329014.36
		SR2305	6078.00	6228.00	20220607	5443.00	20220930	19259551.25	155	124255.17
		SR2307	5865.00	5956.00	20220718	5456.00	20220930	4928278.74	115	42854.60
		SR2309	5657.00	5864.00	20221227	5479.00	20220930	595866.93	71	8392.49
		SR2311	5684.00	5851.00	20221227	5568.00	20221128	18735.67	34	551.05
强麦 Wheat WH	ZCE	WH2201	2825.00	2841.00	20220104	2825.00	20220111	0.00	10	0.00
		WH2203	2916.00	3615.00	20220307	2897.00	20220207	0.00	45	0.00
		WH2205	2951.00	3761.00	20220309	2907.00	20220207	314735.37	87	3617.65
		WH2207	2789.00	3567.00	20220307	2318.00	20220714	12.40	127	0.10
		WH2209	2996.00	3567.00	20220307	2720.00	20220704	408.44	171	2.39
		WH2211	3037.00	3750.00	20220304	2675.00	20220714	268.93	208	1.29
		WH2301	3022.00	3684.00	20221109	2765.00	20220505	1248.17	232	5.38
		WH2303	3159.00	3700.00	20220506	3066.00	20221229	10835.42	197	55.00
		WH2305	3474.00	3649.00	20221109	2922.00	20220815	0.00	155	0.00
		WH2307	2953.00	3649.00	20221109	2922.00	20220815	0.00	115	0.00
		WH2309	3142.00	3649.00	20221109	3142.00	20221010	0.00	71	0.00
		WH2311	3626.00	3626.00	20221226	3373.00	20221227	0.00	34	0.00

5-8 2022年金属期货交易情况

Futures Transaction of Metal Products in 2022

交易品种 Product	上市交易所 Listed Exchange	合约 Contract	年开盘价(元/吨) Opening Price of the Year (yuan/ton)	年最高价(元/吨) Highest Price of the Year (yuan/ton)	最高价日 Highest Day	年最低价(元/吨) Lowest Price of the Year (yuan/ton)	最低价日 Lowest Day	成交金额(万元) Trading Turnover (10 thousand yuan)	交易天数(天) Trading Days (day)	日均成交金额(万元) Daily Trading Turnover (10 thousand yuan)
铜 Copper	SHFE	cu2201	70440.00	72480.00	20220113	69000.00	20220107	5057809.75	10	505780.98
		cu2202	70510.00	73450.00	20220211	69000.00	20220107	43396718.83	26	1669104.57
		cu2203	70600.00	77120.00	20220308	69070.00	20220107	96609193.59	46	2100199.86
		cu2204	70560.00	77270.00	20220308	69120.00	20220107	112369778.28	67	1677160.87
		cu2205	70520.00	76890.00	20220308	69130.00	20220107	115510013.83	85	1358941.34
		cu2206	70450.00	76700.00	20220308	69150.00	20220111	106930514.73	106	1008778.44
		cu2207	70520.00	76630.00	20220308	53090.00	20220715	102604559.28	128	801598.12
		cu2208	70220.00	76580.00	20220308	53400.00	20220715	159390664.96	149	1069736.01
		cu2209	70320.00	76540.00	20220308	53310.00	20220715	174390233.12	171	1019825.92
		cu2210	70350.00	76560.00	20220308	53180.00	20220715	151564057.38	188	806191.79
		cu2211	69700.00	76340.00	20220308	53130.00	20220715	110172381.32	209	527140.58
		cu2212	69930.00	76320.00	20220308	53110.00	20220715	140660421.69	230	611567.05
		cu2301	70030.00	76080.00	20220308	53090.00	20220715	115822386.69	232	499234.43
		cu2302	71280.00	75880.00	20220308	53140.00	20220715	46519675.16	213	218402.23
		cu2303	71260.00	74640.00	20220419	53300.00	20220715	29662013.09	195	152112.89
		cu2304	74140.00	74720.00	20220422	53330.00	20220715	7239950.22	175	41371.14
		cu2305	70770.00	72220.00	20220609	53250.00	20220715	4003091.98	156	25660.85
		cu2306	70600.00	70620.00	20220616	53440.00	20220715	1737107.51	136	12772.85
		cu2307	56230.00	67090.00	20221111	55110.00	20220720	614133.35	112	5483.33
		cu2308	60040.00	67000.00	20221114	57990.00	20220928	704646.84	93	7576.85
		cu2309	60170.00	67270.00	20221228	57840.00	20221010	250370.27	71	3526.34
		cu2310	59320.00	66880.00	20221114	58900.00	20221020	191836.24	54	3552.52
		cu2311	64980.00	66560.00	20221209	63140.00	20221128	121185.81	33	3672.30
		cu2312	65360.00	66000.00	20221228	63950.00	20221220	25606.48	11	2327.86
铝 Aluminum	SHFE	al2201	20400.00	21900.00	20220113	20080.00	20220104	1708566.80	10	170856.68
		al2202	20500.00	23400.00	20220210	20075.00	20220104	39889357.91	26	1534206.07
		al2203	20460.00	24190.00	20220307	20100.00	20220104	83920241.87	46	1824353.08
		al2204	20445.00	24255.00	20220307	20110.00	20220104	108206701.02	67	1615025.39
		al2205	20480.00	24280.00	20220307	19555.00	20220510	104919614.72	85	1234348.41
		al2206	20550.00	24240.00	20220307	18880.00	20220615	96404821.60	106	909479.45
		al2207	20370.00	24195.00	20220307	17070.00	20220714	86243149.65	128	673774.61
		al2208	20555.00	24185.00	20220307	17025.00	20220714	91147555.23	149	611728.56
		al2209	20630.00	24125.00	20220307	17000.00	20220714	89165447.63	171	521435.37
		al2210	20260.00	24040.00	20220307	16990.00	20220714	75223962.53	188	400127.46
		al2211	20420.00	24120.00	20220307	16990.00	20220714	60184792.76	209	287965.52
		al2212	20255.00	24060.00	20220307	17020.00	20220714	66848135.74	231	289385.87
		al2301	20965.00	24005.00	20220307	17020.00	20220714	62841030.67	232	270866.51
		al2302	22115.00	23995.00	20220307	17100.00	20220714	25450651.27	214	118928.28
		al2303	21385.00	23140.00	20220324	17010.00	20220715	7950188.94	196	40562.19
		al2304	21995.00	22080.00	20220420	17065.00	20220714	1681883.00	172	9778.39
		al2305	20300.00	21115.00	20220606	17080.00	20220714	879323.89	157	5600.79
		al2306	20170.00	20170.00	20220616	17050.00	20220714	453105.12	136	3331.66
		al2307	18215.00	19670.00	20221205	17385.00	20221101	45206.23	111	407.26

注：1.年开盘价和年最高价以自然年为统计周期。
2.上海期货交易所铜期货数据不含自对冲。

数据来源：上海期货交易所、郑州商品交易所、大连商品交易所

Source：SHFE、ZCE、DCE

5-8 续表 1 continued

交易品种 Product	上市交易所 Listed Exchange	合约 Contract	年开盘价(元/吨) Opening Price of the Year (yuan/ton)	年最高价(元/吨) Highest Price of the Year (yuan/ton)	最高价日 Highest Day	年最低价(元/吨) Lowest Price of the Year (yuan/ton)	最低价日 Lowest Day	成交金额(万元) Trading Turnover (10 thousand yuan)	交易天数(天) Trading Days (day)	日均成交金额(万元) Daily Trading Turnover (10 thousand yuan)
铝 Aluminum	SHFE	al2308	17985.00	19255.00	20221205	17365.00	20221101	31743.39	93	341.33
		al2309	18615.00	19240.00	20221205	17385.00	20221101	33126.39	71	466.57
		al2310	18005.00	19285.00	20221205	17380.00	20221101	13641.29	53	257.38
		al2311	18855.00	19215.00	20221205	18370.00	20221220	7112.33	33	215.53
		al2312	18650.00	19075.00	20221227	18385.00	20221220	5146.45	10	514.65
锌 Zinc	SHFE	zn2201	24020.00	25010.00	20220114	23945.00	20220104	431726.34	10	43172.63
		zn2202	24200.00	26100.00	20220211	23970.00	20220104	25747543.73	26	990290.14
		zn2203	24265.00	28600.00	20220308	24030.00	20220104	50853242.34	46	1105505.27
		zn2204	24315.00	29170.00	20220413	24055.00	20220104	67211815.32	67	1003161.42
		zn2205	24040.00	28995.00	20220413	24040.00	20220104	74271276.95	85	873779.73
		zn2206	24100.00	29000.00	20220419	24045.00	20220111	79468208.70	106	749700.08
		zn2207	24385.00	28980.00	20220419	22000.00	20220715	69215192.80	126	549326.93
		zn2208	24495.00	28840.00	20220419	21625.00	20220715	86048491.74	145	593437.87
		zn2209	24500.00	28745.00	20220308	21285.00	20220715	85995465.50	170	505855.68
		zn2210	24465.00	28530.00	20220419	20980.00	20220715	76995354.56	176	437473.61
		zn2211	24010.00	28765.00	20220308	20770.00	20220715	60662092.71	199	304834.64
		zn2212	24100.00	28420.00	20220419	20575.00	20220715	75245940.00	209	360028.42
		zn2301	24730.00	28470.00	20220308	20495.00	20220715	63713360.64	226	281917.52
		zn2302	24950.00	28315.00	20220308	20480.00	20220715	24537682.47	189	129829.01
		zn2303	24980.00	28195.00	20220419	20305.00	20220715	5105644.68	179	28523.15
		zn2304	27320.00	28075.00	20220419	20265.00	20220715	641877.35	165	3890.17
		zn2305	25790.00	26300.00	20220606	20195.00	20220715	296154.52	156	1898.43
		zn2306	25665.00	25665.00	20220616	20275.00	20220715	159811.35	132	1210.69
		zn2307	20875.00	24280.00	20221214	20875.00	20220718	11783.79	102	115.53
		zn2308	22685.00	24170.00	20221213	21045.00	20221101	7018.11	83	84.56
		zn2309	22480.00	24160.00	20221205	21150.00	20221101	13311.86	68	195.76
		zn2310	22525.00	24045.00	20221205	20260.00	20221104	3213.44	49	65.58
		zn2311	23225.00	24090.00	20221122	22490.00	20221122	2618.53	27	96.98
		zn2312	23600.00	23600.00	20221216	22650.00	20221223	809.86	9	89.98
铅 Lead	SHFE	pb2201	15165.00	15620.00	20220117	15000.00	20220110	60939.95	10	6094.00
		pb2202	15360.00	15840.00	20220124	14720.00	20220208	6335357.56	26	243667.60
		pb2203	15375.00	16360.00	20220308	14690.00	20220208	11969297.64	46	260202.12
		pb2204	15410.00	16465.00	20220308	14730.00	20220208	14127594.69	67	210859.62
		pb2205	15520.00	16470.00	20220308	14780.00	20220208	13910461.48	85	163652.49
		pb2206	15500.00	16485.00	20220308	14680.00	20220518	13475014.56	106	127122.78
		pb2207	15480.00	16465.00	20220308	14480.00	20220715	14163490.04	125	113307.92
		pb2208	15800.00	16160.00	20220308	14345.00	20220715	15218127.58	138	110276.29
		pb2209	15500.00	16315.00	20220308	14360.00	20220715	13153053.53	168	78291.99
		pb2210	15330.00	16250.00	20220308	14365.00	20220715	10081120.83	177	56955.48
		pb2211	15595.00	17445.00	20221114	14385.00	20220715	8435119.78	194	43480.00
		pb2212	15485.00	16215.00	20220308	13255.00	20220713	11447939.40	213	53746.19
		pb2301	15555.00	16185.00	20220308	14410.00	20220715	12708550.86	231	55015.37
		pb2302	15455.00	16220.00	20220308	14645.00	20220715	6616380.15	171	38692.28
		pb2303	15220.00	16205.00	20221228	14535.00	20220715	1618445.57	158	10243.33
		pb2304	15730.00	17080.00	20220812	14455.00	20220715	205144.90	138	1486.56
		pb2305	15025.00	16195.00	20221228	14525.00	20220715	48463.26	140	346.17
		pb2306	15405.00	16165.00	20221228	14555.00	20220715	7129.93	96	74.27
		pb2307	14960.00	16185.00	20221228	14815.00	20220901	2742.70	69	39.75

5-8 续表 2 continued

交易品种 Product	上市交易所 Listed Exchange	合约 Contract	年开盘价(元/吨) Opening Price of the Year (yuan/ton)	年最高价(元/吨) Highest Price of the Year (yuan/ton)	最高价日 Highest Day	年最低价(元/吨) Lowest Price of the Year (yuan/ton)	最低价日 Lowest Day	成交金额(万元) Trading Turnover (10 thousand yuan)	交易天数(天) Trading Days (day)	日均成交金额(万元) Daily Trading Turnover (10 thousand yuan)
铅 Lead	SHFE	pb2308	15100.00	16180.00	20221228	14780.00	20220928	3179.88	65	48.92
		pb2309	14810.00	16180.00	20221228	14645.00	20220928	2921.54	57	51.26
		pb2310	15180.00	16185.00	20221228	14915.00	20221103	4170.12	45	92.67
		pb2311	15755.00	16145.00	20221228	15495.00	20221219	715.13	16	44.70
		pb2312	16025.00	16025.00	20221229	15940.00	20221229	31.93	1	31.93
黄金(元/克) Gold (yuan/g)	SHFE	au2202	372	381.1	20220214	366.88	20220209	33549106.44	26	1290350.25
		au2203	371.70	418.28	20220309	368.42	20220107	48997.04	38	1289.40
		au2204	372.98	419.74	20220309	367.90	20220110	45408600.55	64	709509.38
		au2205	378.96	421.38	20220309	378.96	20220216	70080.12	53	1322.27
		au2206	374.02	420.74	20220309	368.48	20220110	443201702.63	104	4261554.83
		au2207	407.58	415.88	20220422	370.00	20220712	73174.67	55	1330.45
		au2208	374.48	421.24	20220309	368.80	20220721	196475618.34	148	1327537.96
		au2209	396.62	399.84	20220620	369.76	20220721	55419.52	58	955.51
		au2210	375.18	421.92	20220309	369.32	20220721	109879382.03	185	593942.61
		au2211	389.58	403.42	20221108	354.92	20220916	62340.98	49	1272.26
		au2212	376.16	435.28	20221111	369.82	20220721	352976830.75	231	1528038.23
		au2301	392.88	411.80	20221230	385.60	20221020	243040.18	54	4500.74
		au2302	378.32	421.30	20220309	370.60	20220721	230454701.52	226	1019711.07
		au2303	403.46	412.20	20221228	401.90	20221216	13150.68	11	1195.52
		au2304	399.3	413.18	20221228	371.78	20220721	96662132.47	192	503448.61
		au2306	400.64	413.80	20221228	372.40	20220721	24637955.53	156	157935.61
		au2308	377.44	414.16	20221228	377.00	20220721	710061.21	109	6514.32
		au2310	386.60	414.52	20221228	386.60	20220919	153005.21	67	2283.66
		au2312	406.50	414.82	20221228	402.88	20221207	140111.88	33	4245.81
白银(元/千克) Silver (yuan/kg)	SHFE	ag2201	4765.00	4792.00	20220104	4289.00	20220117	117791.63	10	11779.16
		ag2202	4793.00	5072.00	20220121	4550.00	20220110	1291120.90	26	49658.50
		ag2203	4801.00	5377.00	20220309	4566.00	20220107	4397119.88	46	95589.56
		ag2204	4828.00	5403.00	20220309	4435.00	20220106	3564804.14	66	54012.18
		ag2205	4845.00	5415.00	20220309	4587.00	20220107	10782067.19	84	128357.94
		ag2206	4836.00	5424.00	20220309	4512.00	20220614	363110361.29	106	3425569.45
		ag2207	4862.00	5429.00	20220309	4026.00	20220715	22911275.63	128	178994.34
		ag2208	4874.00	5435.00	20220309	4002.00	20220715	19646968.12	149	131858.85
		ag2209	4869.00	5436.00	20220309	4004.00	20220715	20545099.63	171	120146.78
		ag2210	4813.00	5449.00	20220309	4008.00	20220715	14797718.97	188	78711.27
		ag2211	4862.00	5440.00	20220309	4015.00	20220715	13685877.90	209	65482.67
		ag2212	4911.00	5495.00	20221215	4018.00	20220715	517395204.44	231	2239806.08
		ag2301	4888.00	5464.00	20220309	4028.00	20220715	51431421.11	231	222646.84
		ag2302	4909.00	5466.00	20220309	4041.00	20220715	197071717.24	216	912369.06
		ag2303	5086.00	5445.00	20221214	4050.00	20220715	34176927.78	192	178004.83
		ag2304	5358.00	5450.00	20221214	4055.00	20220715	8981627.37	175	51323.58
		ag2305	4887.00	5457.00	20221214	4067.00	20220715	4377257.92	157	27880.62
		ag2306	4777.00	5465.00	20221214	3780.00	20220720	61517544.10	136	452334.88
		ag2307	4163.00	5470.00	20221214	4113.00	20220812	562746.12	114	4936.37
		ag2308	4498.00	5475.00	20221221	4156.00	20220901	423794.57	93	4556.93
		ag2309	4437.00	5480.00	20221214	4324.00	20220928	576968.91	71	8126.32
		ag2310	4447.00	5480.00	20221214	4405.00	20221020	250530.51	54	4639.45
		ag2311	5020.00	5480.00	20221214	4858.00	20221121	73236.99	33	2219.30
		ag2312	5313.00	5486.00	20221221	5231.00	20221216	17775.20	11	1615.93

5-8 续表 3 continued

交易品种 Product	上市交易所 Listed Exchange	合约 Contract	年开盘价(元/吨) Opening Price of the Year (yuan/ton)	年最高价(元/吨) Highest Price of the Year (yuan/ton)	最高价日 Highest Day	年最低价(元/吨) Lowest Price of the Year (yuan/ton)	最低价日 Lowest Day	成交金额(万元) Trading Turnover (10 thousand yuan)	交易天数(天) Trading Days (day)	日均成交金额(万元) Daily Trading Turnover (10 thousand yuan)
螺纹钢 Steel Rebar	SHFE	rb2201	4600.00	4710.00	20220113	4495.00	20220110	166844.38	10	16684.44
		rb2202	4422.00	5051.00	20220207	4410.00	20220104	118337.16	24	4930.71
		rb2203	4488.00	5100.00	20220307	4386.00	20220104	421712.42	43	9807.27
		rb2204	4398.00	5200.00	20220331	4353.00	20220104	1353973.32	61	22196.28
		rb2205	4302.00	5223.00	20220506	4291.00	20220104	393658502.98	85	4631276.51
		rb2206	4258.00	5182.00	20220406	4224.00	20220104	706358.56	97	7282.05
		rb2207	4237.00	5241.00	20220406	3910.00	20220713	468629.68	122	3841.23
		rb2208	4202.00	5175.00	20220406	3570.00	20220718	566909.04	145	3909.72
		rb2209	4166.00	5192.00	20220406	3614.00	20220718	13066819.06	166	78715.78
		rb2210	4128.00	5190.00	20220406	3588.00	20220715	978888110.40	188	5206851.65
		rb2211	4147.00	5155.00	20220406	3337.00	20221031	14218618.48	208	68358.74
		rb2212	4066.00	5119.00	20220420	3468.00	20221031	13702588.13	229	59836.63
		rb2301	4249.00	5079.00	20220420	3389.00	20221031	465234918.51	232	2005322.92
		rb2302	4377.00	5048.00	20220420	3354.00	20221031	49086935.65	216	227254.33
		rb2303	4642.00	5039.00	20220420	3351.00	20221101	58100582.86	195	297951.71
		rb2304	4920.00	5030.00	20220420	3344.00	20221101	21987583.45	175	125643.33
		rb2305	4410.00	4659.00	20220610	3325.00	20221101	184383885.50	157	1174419.65
		rb2306	4480.00	4480.00	20220616	3318.00	20221031	3065166.34	136	22537.99
		rb2307	3596.00	4127.00	20221216	3314.00	20221031	1894398.25	114	16617.53
		rb2308	3824.00	4123.00	20221230	3292.00	20221101	446710.98	93	4803.34
		rb2309	3622.00	4123.00	20221216	3297.00	20221101	315174.24	71	4439.07
		rb2310	3520.00	4124.00	20221216	3253.00	20221101	6054223.05	54	112115.24
		rb2311	3603.00	4123.00	20221216	3530.00	20221123	65508.15	33	1985.10
		rb2312	4047.00	4079.00	20221230	3880.00	20221220	29689.95	11	2699.09
不锈钢 Stainless Steel	SHFE	ss2201	17285.00	18150.00	20220112	16690.00	20220107	14504.23	8	1813.03
		ss2202	17170.00	19065.00	20220120	16640.00	20220110	10093672.98	26	388218.19
		ss2203	16810.00	24960.00	20220309	16455.00	20220107	20725263.85	45	460561.42
		ss2204	16660.00	24785.00	20220309	16320.00	20220107	46050065.50	67	687314.41
		ss2205	16400.00	24670.00	20220309	16105.00	20220104	30031680.55	85	353313.89
		ss2206	16390.00	24305.00	20220309	16080.00	20220110	20345106.17	106	191934.96
		ss2207	16345.00	23780.00	20220309	15940.00	20220118	15800532.65	128	123441.66
		ss2208	16115.00	23065.00	20220309	15470.00	20220810	25970815.48	147	176672.21
		ss2209	16200.00	22600.00	20220309	15105.00	20220819	23894691.86	168	142230.31
		ss2210	15945.00	23095.00	20220309	14780.00	20220819	27968712.50	188	148769.75
		ss2211	15955.00	22850.00	20220309	14560.00	20220728	23626616.26	206	114692.31
		ss2212	15950.00	22505.00	20220309	14425.00	20220728	30719286.68	221	139001.30
		ss2301	16405.00	23040.00	20220309	14250.00	20220808	28006367.59	226	123921.98
		ss2302	17650.00	23900.00	20220309	13320.00	20220812	12359489.49	198	62421.66
		ss2303	19595.00	21500.00	20220325	14320.00	20220728	2598934.54	193	13465.98
		ss2304	19215.00	19995.00	20220419	14370.00	20220819	118017.41	155	761.40
		ss2305	17485.00	17540.00	20220608	14245.00	20220728	86407.85	151	572.24
		ss2306	16510.00	17300.00	20221216	14225.00	20220728	12503.55	127	98.45
		ss2307	14770.00	17135.00	20221216	14130.00	20220728	8602.63	104	82.72
		ss2308	14610.00	17060.00	20221216	14215.00	20220822	7710.11	85	90.71
		ss2309	14960.00	16990.00	20221214	14635.00	20221010	23801.54	71	335.23
		ss2310	15210.00	17080.00	20221216	14795.00	20221108	11982.66	54	221.90
		ss2311	15595.00	16950.00	20221216	15090.00	20221118	5507.61	33	166.90
		ss2312	16600.00	16670.00	20221219	15895.00	20221223	848.27	11	77.12

5-8 续表 4 continued

交易品种 Product	上市交易所 Listed Exchange	合约 Contract	年开盘价(元/吨) Opening Price of the Year (yuan/ton)	年最高价(元/吨) Highest Price of the Year (yuan/ton)	最高价日 Highest Day	年最低价(元/吨) Lowest Price of the Year (yuan/ton)	最低价日 Lowest Day	成交金额(万元) Trading Turnover (10 thousand yuan)	交易天数(天) Trading Days (day)	日均成交金额(万元) Daily Trading Turnover (10 thousand yuan)
线材 Steel Wire Rod	SHFE	wr2202	4405.00	5468.00	20220124	4373.00	20220104	17929.74	19	943.67
		wr2203	4400.00	4851.00	20220119	4400.00	20220104	55.50	3	18.50
		wr2204	4780.00	5064.00	20220225	4620.00	20220118	38.85	4	9.71
		wr2205	4677.00	5988.00	20220429	4677.00	20220113	17050.51	62	275.01
		wr2206	5182.00	5939.00	20220505	4972.00	20220505	349.79	17	20.58
		wr2208	4277.00	5799.00	20220620	4277.00	20220620	28.76	1	28.76
		wr2209	4844.00	5400.00	20220608	4844.00	20220517	527.51	8	65.94
		wr2210	4724.00	5521.00	20220420	4086.00	20220715	29163.71	132	220.94
		wr2211	4453.00	4543.00	20220926	4230.00	20221031	43.77	3	14.59
		wr2212	4560.00	5219.00	20220616	4151.00	20220824	96.07	7	13.72
		wr2301	5100.00	5449.00	20220407	4094.00	20221031	11746.51	74	158.74
		wr2302	3995.00	4655.00	20221230	3912.00	20220902	165.47	6	27.58
		wr2303	5049.00	5400.00	20220408	4246.00	20221202	130.33	14	9.31
		wr2304	5002.00	5200.00	20220419	4082.00	20221102	80.49	11	7.32
		wr2305	5100.00	5100.00	20220713	4025.00	20221207	930.16	40	23.25
		wr2306	4549.00	4850.00	20220630	4049.00	20220901	81.54	5	16.31
		wr2307	3999.00	4508.00	20221219	3888.00	20220902	281.27	6	46.88
		wr2308	4060.00	5049.00	20221230	4054.00	20221114	54.10	4	13.53
		wr2309	4700.00	4700.00	20221216	4600.00	20221216	9.30	1	9.30
		wr2310	4065.00	4401.00	20221128	4065.00	20221114	25.38	2	12.69
		wr2311	4777.00	4777.00	20221216	4622.00	20221216	9.40	1	9.40
		wr2312	4788.00	4788.00	20221216	4588.00	20221216	9.38	1	9.38
热轧卷板 Hot Rolled Coils	SHFE	hc2201	4778.00	4899.00	20220117	4705.00	20220104	69142.87	10	6914.29
		hc2202	4628.00	5163.00	20220128	4619.00	20220104	70283.69	23	3055.81
		hc2203	4570.00	5400.00	20220307	4564.00	20220104	601018.01	45	13355.96
		hc2204	4476.00	5429.00	20220307	4473.00	20220104	1963830.92	63	31171.92
		hc2205	4400.00	5418.00	20220413	4400.00	20220104	137188778.29	85	1613985.63
		hc2206	4376.00	5355.00	20220307	4367.00	20220104	1249902.55	103	12134.98
		hc2207	4338.00	5349.00	20220401	3880.00	20220712	579009.87	121	4785.21
		hc2208	4354.00	5367.00	20220406	3591.00	20220718	811541.32	140	5796.72
		hc2209	4307.00	5391.00	20220406	3612.00	20220715	14055728.32	169	83169.99
		hc2210	4278.00	5346.00	20220406	3565.00	20220715	255371978.28	188	1358361.59
		hc2211	4261.00	5312.00	20220406	3558.00	20220715	12662938.59	207	61173.62
		hc2212	4330.00	5265.00	20220406	3511.00	20221031	8088868.16	225	35950.53
		hc2301	4410.00	5225.00	20220406	3450.00	20221031	123611443.92	232	532807.95
		hc2302	4576.00	5180.00	20220406	3431.00	20221031	5975409.49	200	29877.05
		hc2303	4945.00	5118.00	20220407	3425.00	20221031	5987415.50	186	32190.41
		hc2304	4990.00	4990.00	20220422	3424.00	20221031	2337700.51	146	16011.65
		hc2305	4590.00	4745.00	20220610	3386.00	20221031	44899849.81	157	285986.30
		hc2306	4584.00	4584.00	20220616	3390.00	20221101	517191.23	134	3859.64
		hc2307	3740.00	4476.00	20221226	3378.00	20221101	571391.84	106	5390.49
		hc2308	3722.00	4162.00	20221216	3354.00	20221031	48844.94	88	555.06
		hc2309	3658.00	4157.00	20221216	3340.00	20221031	130602.47	70	1865.75
		hc2310	3570.00	4168.00	20221216	3321.00	20221031	1314693.36	54	24346.17
		hc2311	3660.00	4121.00	20221216	3587.00	20221121	10524.87	33	318.94
		hc2312	4061.00	4061.00	20221216	4000.00	20221222	60.54	3	20.18
锡 Tin	SHFE	sn2201	304760.00	328010.00	20220112	299700.00	20220104	250577.47	10	25057.75
		sn2202	294600.00	343500.00	20220211	288040.00	20220104	36146688.12	26	1390257.24

5-8 续表 5 continued

交易品种 Product	上市交易所 Listed Exchange	合约 Contract	年开盘价(元/吨) Opening Price of the Year (yuan/ton)	年最高价(元/吨) Highest Price of the Year (yuan/ton)	最高价日 Highest Day	年最低价(元/吨) Lowest Price of the Year (yuan/ton)	最低价日 Lowest Day	成交金额(万元) Trading Turnover (10 thousand yuan)	交易天数(天) Trading Days (day)	日均成交金额(万元) Daily Trading Turnover (10 thousand yuan)
锡 Tin	SHFE	sn2203	290430.00	396660.00	20220309	283440.00	20220104	55862616.59	46	1214404.71
		sn2204	283660.00	395000.00	20220309	277800.00	20220104	16040897.55	67	239416.38
		sn2205	278000.00	395000.00	20220309	272270.00	20220104	90405264.48	85	1063591.35
		sn2206	267010.00	392630.00	20220309	230540.00	20220615	39447763.88	106	372148.72
		sn2207	266000.00	394430.00	20220308	180600.00	20220706	50665121.48	128	395821.26
		sn2208	264370.00	394130.00	20220308	180150.00	20220715	64971393.91	147	441982.27
		sn2209	263620.00	386050.00	20220308	176000.00	20220902	51675699.60	171	302197.07
		sn2210	253320.00	383230.00	20220309	169380.00	20220902	70529285.41	182	387523.55
		sn2211	254660.00	376020.00	20220309	159050.00	20221101	26813478.02	187	143387.58
		sn2212	260080.00	382470.00	20220309	154160.00	20221101	72434101.11	216	335343.06
		sn2301	259290.00	369330.00	20220308	151370.00	20221101	52819873.72	228	231666.11
		sn2302	305130.00	367050.00	20220308	149600.00	20221101	26147564.11	189	138346.90
		sn2303	310000.00	333610.00	20220324	148710.00	20221101	11435792.64	168	68070.19
		sn2304	296990.00	296990.00	20220425	148180.00	20221101	372208.31	135	2757.10
		sn2305	252040.00	252450.00	20220517	147650.00	20221101	2799589.74	157	17831.78
		sn2306	241320.00	243950.00	20220616	148870.00	20221104	56401.36	118	477.98
		sn2307	174390	211960	20221230	148370	20221101	88177.54	91	968.98
		sn2308	191500.00	211620.00	20221230	148050.00	20221031	15043.70	77	195.37
		sn2309	170360.00	211930.00	20221230	146160.00	20221101	81535.80	64	1274.00
		sn2310	160800.00	211710.00	20221230	146000.00	20221101	39963.00	53	754.02
		sn2311	178500.00	212160.00	20221230	173500.00	20221122	11489.35	30	382.98
		sn2312	196100.00	209260.00	20221228	194480.00	20221222	2303.87	5	460.77
镍 Nickel	SHFE	ni2201	153620.00	167000.00	20220114	150070.00	20220113	89781.61	10	8978.16
		ni2202	152690.00	182180.00	20220124	149200.00	20220107	86227977.72	26	3316460.68
		ni2203	151500.00	292510.00	20220310	148910.00	20220107	105176493.90	45	2337255.42
		ni2204	150750.00	281250.00	20220325	148550.00	20220107	127987886.74	66	1939210.41
		ni2205	150090.00	276910.00	20220325	148170.00	20220107	96479048.94	84	1148560.11
		ni2206	150360.00	271580.00	20220325	147800.00	20220107	62345414.75	105	593765.85
		ni2207	149670.00	269730.00	20220325	147570.00	20220107	50927619.03	127	401004.87
		ni2208	148440.00	269940.00	20220325	142500.00	20220715	61724181.32	149	414256.25
		ni2209	149660.00	267740.00	20220325	136010.00	20220715	57457443.44	170	337984.96
		ni2210	150000.00	263850.00	20220325	131660.00	20220715	82194853.23	187	439544.67
		ni2211	148880.00	257010.00	20220325	130430.00	20220715	51555719.79	208	247864.04
		ni2212	149420.00	267610.00	20220325	128880.00	20220715	65072825.66	228	285407.13
		ni2301	157300.00	263580.00	20220325	128020.00	20220715	57218891.86	230	248777.79
		ni2302	159880.00	259160.00	20220325	127990.00	20220715	50485897.22	216	233731.01
		ni2303	200740.00	261090.00	20220325	127860.00	20220715	12673826.32	193	65667.49
		ni2304	217740.00	228080.00	20220419	128230.00	20220715	938625.45	166	5654.37
		ni2305	178920.00	222770.00	20221230	127270.00	20220715	1133602.87	157	7220.40
		ni2306	177790.00	219820.00	20221230	128000.00	20220715	88870.45	127	699.77
		ni2307	134700.00	217600.00	20221230	134670.00	20220718	86278.60	92	937.81
		ni2308	149030.00	214700.00	20221230	144000.00	20220902	75158.32	87	863.89
		ni2309	169970.00	211260.00	20221229	156110.00	20220928	15037.05	69	217.93
		ni2310	159550.00	209070.00	20221228	155560.00	20221018	11731.75	53	221.35
		ni2311	184090.00	206880.00	20221209	180000.00	20221128	2256.48	26	86.79
		ni2312	199910.00	205760.00	20221228	195000.00	20221219	357.27	6	59.54

5-8 续表 6 continued

交易品种 Product	上市交易所 Listed Exchange	合约 Contract	年开盘价(元/吨) Opening Price of the Year (yuan/ton)	年最高价(元/吨) Highest Price of the Year (yuan/ton)	最高价日 Highest Day	年最低价(元/吨) Lowest Price of the Year (yuan/ton)	最低价日 Lowest Day	成交金额(万元) Trading Turnover (10 thousand yuan)	交易天数(天) Trading Days (day)	日均成交金额(万元) Daily Trading Turnover (10 thousand yuan)
铜(BC) Copper (BC)	INE	bc2201	61800.00	62340.00	20220106	61220.00	20220107	17711.48	7	2530.21
		bc2202	62740.00	67770.00	20220211	61310.00	20220107	207375.64	22	9426.17
		bc2203	63110.00	67750.00	20220307	61320.00	20220228	8640642.76	43	200945.18
		bc2204	62880.00	71000.00	20220331	61480.00	20220107	12171045.68	63	193191.20
		bc2205	62430.00	69060.00	20220308	61520.00	20220107	12075242.96	81	149077.07
		bc2206	62380.00	68970.00	20220308	60160.00	20220318	13653335.93	96	142222.25
		bc2207	63000.00	68200.00	20220308	51500.00	20220707	14264499.37	103	138490.29
		bc2208	63550.00	68090.00	20220307	47290.00	20220715	15130187.65	114	132720.94
		bc2209	64970.00	67420.00	20220419	47430.00	20220715	21432374.37	114	188003.28
		bc2210	66490.00	67030.00	20220419	47380.00	20220715	17804604.62	114	156180.74
		bc2211	63790.00	65280.00	20220608	47630.00	20220715	11429266.34	109	104855.65
		bc2212	56720.00	62220.00	20221107	47490.00	20220715	9111427.66	108	84365.07
		bc2301	51570.00	61510.00	20221111	48780.00	20220720	13250669.89	108	122691.39
		bc2302	54300.00	60870.00	20221114	52180.00	20220928	11083744.21	71	156109.07
		bc2303	54020.00	60590.00	20221114	53650.00	20221020	3315923.95	54	61406.00
		bc2304	53180.00	61940.00	20221228	52500.00	20220928	78965.37	23	3433.28
		bc2305	53250.00	59980.00	20221228	51800.00	20220928	32740.50	7	4677.21
		bc2306	56850.00	59700.00	20221226	56850.00	20221216	467.86	5	93.57
		bc2307	53600.00	53600.00	20220928	51800.00	20220928	105.40	1	105.40
		bc2308	53600.00	53600.00	20220928	51800.00	20220928	473.25	1	473.25
		bc2309	53600.00	56700.00	20221130	51280.00	20220928	264.94	2	132.47
铁矿石 Iron Ore	DCE	i2201	678.00	748.00	20220113	656.50	20220104	29986.33	233	2998.63
		i2202	690.00	844.00	20220211	668.00	20220104	815054.95	213	28105.34
		i2203	688.00	855.00	20220211	671.00	20220104	2175401.87	198	48342.26
		i2204	693.50	969.50	20220408	674.00	20220218	2547077.85	175	37457.03
		i2205	680.00	1070.00	20220512	655.00	20220225	306308802.09	154	3520790.83
		i2206	665.00	1020.00	20220614	652.50	20220225	7440943.31	136	70197.58
		i2207	663.50	1011.50	20220608	646.00	20220104	10625565.78	115	83665.87
		i2208	650.50	984.50	20220606	640.00	20220104	9103589.49	93	61510.74
		i2209	647.00	948.00	20220606	631.00	20220104	493005796.97	71	2883074.84
		i2210	643.00	948.00	20220331	619.00	20220720	13134217.86	51	68407.38
		i2211	641.00	929.00	20220406	610.50	20220718	8971903.45	35	43134.15
		i2212	630.00	922.00	20220406	604.50	20220715	8386037.90	13	36461.03
		i2301	662.50	915.00	20220406	598.00	20220715	577557397.41	242	2489471.54
		i2302	636.50	912.00	20220406	593.50	20221101	10972262.09	242	51512.97
		i2303	715.00	911.00	20220406	588.50	20221101	5696565.14	242	28916.57
		i2304	893.50	904.50	20220419	583.00	20221101	4549149.42	242	26144.54
		i2305	739.00	867.50	20221230	577.00	20221101	196596551.68	242	1268364.85
		i2306	768.00	862.00	20221230	572.00	20221101	2253986.09	242	16573.43
		i2307	608.00	855.50	20221230	560.00	20221101	778160.32	242	6766.61
		i2308	685.00	848.00	20221230	552.00	20221101	567387.79	242	6036.04
		i2309	650.00	842.00	20221230	554.00	20221101	8847856.86	242	124617.70
		i2310	610.50	834.00	20221230	551.50	20221031	653460.95	242	13069.22
		i2311	650.50	827.50	20221230	643.00	20221123	110440.87	242	3248.26
		i2312	770.00	824.00	20221230	744.50	20221220	15689.97	242	1307.50
硅铁 Ferrosilicon	ZCE	SF2201	8400.00	9182.00	20220114	8102.00	20220105	15911.37	10	1591.14
		SF2202	8270.00	9520.00	20220208	7970.00	20220207	90330.39	29	3114.84
		SF2203	8400.00	10290.00	20220308	8256.00	20220104	2684308.80	45	59651.31

5-8 续表 7 continued

交易品种 Product	上市交易所 Listed Exchange	合约 Contract	年开盘价(元/吨) Opening Price of the Year (yuan/ton)	年最高价(元/吨) Highest Price of the Year (yuan/ton)	最高价日 Highest Day	年最低价(元/吨) Lowest Price of the Year (yuan/ton)	最低价日 Lowest Day	成交金额(万元) Trading Turnover (10 thousand yuan)	交易天数(天) Trading Days (day)	日均成交金额(万元) Daily Trading Turnover (10 thousand yuan)
硅铁 Ferrosilicon	ZCE	SF2204	8380.00	11642.00	20220411	8238.00	20220104	3939675.75	68	57936.41
		SF2205	8386.00	11062.00	20220418	8230.00	20220104	69759934.87	87	801838.33
		SF2206	8310.00	11080.00	20220418	8184.00	20220105	8135341.96	106	76748.51
		SF2207	8282.00	11340.00	20220418	7350.00	20220714	7665101.90	127	60355.13
		SF2208	8344.00	11336.00	20220418	7130.00	20220715	6869189.53	148	46413.44
		SF2209	8218.00	11340.00	20220418	7070.00	20220715	75207778.17	171	439811.57
		SF2210	8236.00	11234.00	20220418	7006.00	20220715	20059907.35	192	104478.68
		SF2211	8188.00	11264.00	20220418	7102.00	20220715	24068230.86	208	115712.65
		SF2212	8248.00	11150.00	20220418	7086.00	20220715	7460334.29	230	32436.24
		SF2301	8916.00	11236.00	20220418	7050.00	20220715	47705419.42	232	205626.81
		SF2302	9350.00	11140.00	20220419	7090.00	20220715	8652815.85	213	40623.55
		SF2303	9798.00	11138.00	20220418	7156.00	20220719	11779446.95	197	59794.15
		SF2304	10922.00	10928.00	20220421	7200.00	20220715	1318963.72	174	7580.25
		SF2305	9452.00	9840.00	20220609	7050.00	20220715	4994204.16	155	32220.67
		SF2306	8942.00	8842.00	20220616	7116.00	20220719	60269.93	136	443.16
		SF2307	7512.00	8546.00	20221116	7208.00	20220726	9748.75	115	84.77
		SF2308	7744.00	8466.00	20221116	7338.00	20220819	8865.16	94	94.31
		SF2309	8074.00	8538.00	20221216	7400.00	20221031	42150.35	71	593.67
		SF2310	7864.00	8510.00	20221216	7328.00	20221031	2181.83	50	43.64
		SF2311	8018.00	8510.00	20221212	7848.00	20221123	617.91	34	18.17
		SF2312	8468.00	8468.00	20221215	7844.00	20221223	289.22	12	24.10
锰硅 Manganese Silicon	ZCE	SM2201	8258.00	8740.00	20220113	7974.00	20220104	35725.74	10	3572.57
		SM2202	8234.00	8758.00	20220113	7300.00	20220218	92338.17	29	3184.07
		SM2203	8290.00	8924.00	20220314	7908.00	20220121	1008341.98	45	22407.60
		SM2204	8220.00	8968.00	20220314	7862.00	20220121	1231199.65	68	18105.88
		SM2205	8284.00	9012.00	20220419	7864.00	20220121	28647752.33	87	329284.51
		SM2206	8126.00	9082.00	20220418	7914.00	20220121	6568617.91	106	61968.09
		SM2207	8068.00	9114.00	20220418	7400.00	20220713	4348677.81	127	34241.56
		SM2208	8194.00	9150.00	20220110	7000.00	20220727	4692526.25	148	31706.26
		SM2209	8250.00	9170.00	20220418	6894.00	20220822	49397086.74	171	288871.85
		SM2210	8116.00	9076.00	20220418	6898.00	20220715	5394684.85	192	28097.32
		SM2211	8156.00	9188.00	20220420	6942.00	20220902	5024802.06	208	24157.70
		SM2212	8126.00	9214.00	20220420	6874.00	20220908	4329902.10	230	18825.66
		SM2301	8178.00	9118.00	20220418	6750.00	20221101	43008740.60	232	185382.50
		SM2302	8292.00	9064.00	20220420	6650.00	20221101	5503157.07	213	25836.42
		SM2303	8766.00	9034.00	20220418	6638.00	20221101	4322153.33	197	21939.86
		SM2304	8988.00	8988.00	20220421	6640.00	20221101	1040079.34	174	5977.47
		SM2305	8156.00	8616.00	20220609	6628.00	20221101	7219845.12	155	46579.65
		SM2306	8196.00	8196.00	20220616	6632.00	20221101	19297.75	136	141.90
		SM2307	7292.00	7620.00	20221230	6644.00	20221102	4258.11	115	37.03
		SM2308	7264.00	7568.00	20221229	6632.00	20221102	5784.72	94	61.54
		SM2309	7072.00	7622.00	20221230	6600.00	20221101	28389.08	71	399.85
		SM2310	6900.00	7616.00	20221230	6618.00	20221031	2855.90	50	57.12
		SM2311	7116.00	7652.00	20221230	6930.00	20221123	199.99	34	5.88
		SM2312	7462.00	7504.00	20221230	7190.00	20221220	11.01	12	0.92

5-9 2022年能源、化工及其他期货交易情况

Futures Transaction of Energy & Chemical Products & Others in 2022

交易品种 Product	上市交易所 Listed Exchange	合约 Contract	年开盘价(元/吨) Opening Price of the Year (yuan/ton)	年最高价(元/吨) Highest Price of the Year (yuan/ton)	最高价日 Highest Day	年最低价(元/吨) Lowest Price of the Year (yuan/ton)	最低价日 Lowest Day	成交金额(万元) Trading Turnover (10 thousand yuan)	交易天数(天) Trading Days (day)	日均成交金额(万元) Daily Trading Turnover (10 thousand yuan)
聚乙烯 LLDPE	DCE	l2201	8598.00	9150.00	20220104	8577.00	20220111	24343.74	233	2434.37
		l2202	8579.00	9400.00	20220207	8493.00	20220104	550667.27	213	18988.53
		l2203	8625.00	9480.00	20220207	8515.00	20220111	5186213.10	198	115249.18
		l2204	8614.00	9815.00	20220309	8521.00	20220111	5793931.35	175	85204.87
		l2205	8528.00	9886.00	20220309	8500.00	20220111	135019962.35	154	1551953.59
		l2206	8499.00	9837.00	20220309	8446.00	20220525	16475638.60	136	155430.55
		l2207	8580.00	9793.00	20220309	7810.00	20220714	12907811.34	115	101636.31
		l2208	8583.00	9722.00	20220309	7540.00	20220718	16927457.31	93	114374.71
		l2209	8458.00	9671.00	20220309	7543.00	20220718	153096907.09	71	895303.55
		l2210	8555.00	9632.00	20220309	7473.00	20220819	19548481.77	51	101815.01
		l2211	8537.00	9504.00	20220309	7436.00	20220819	13565869.80	35	65220.53
		l2212	8710.00	9249.00	20220208	7423.00	20220819	10477137.73	230	45552.77
		l2301	8750.00	9569.00	20220309	7411.00	20220819	127654564.11	242	550235.19
		l2302	8550.00	9315.00	20220311	7359.00	20221031	14979943.15	242	70328.37
		l2303	--	8871.00	20220420	--	20220315	8933766.79	242	45349.07
		l2304	--	9019.00	20220609	--	20220419	5394365.95	242	31002.10
		l2305	8556.00	9134.00	20220613	7182.00	20220721	24313988.56	242	156864.44
		l2306	--	8267.00	20221219	--	20220616	1669589.72	242	12276.40
		l2307	7688.00	8253.00	20221219	7328.00	20221031	773643.97	242	6727.34
		l2308	7568.00	8240.00	20221219	7316.00	20221031	544805.75	242	5795.81
		l2309	7960.00	8255.00	20221219	7305.00	20221031	97625.86	242	1375.01
		l2310	7611.00	8200.00	20221216	7338.00	20221031	1187.65	242	23.75
		l2311	7857.00	8149.00	20221212	7688.00	20221122	250.12	242	7.36
		l2312	8148.00	8195.00	20221222	7942.00	20221227	177.65	242	14.80
聚氯乙烯 PVC	DCE	v2201	8293.00	8680.00	20220114	8182.00	20220111	26524.29	233	2652.43
		v2202	8256.00	9510.00	20220211	8170.00	20220111	513234.36	213	17697.74
		v2203	8345.00	9510.00	20220211	8190.00	20220111	4694991.80	198	104333.15
		v2204	8397.00	9582.00	20220330	8194.00	20220111	6487204.03	175	95400.06
		v2205	8345.00	9529.00	20220406	8180.00	20220111	271873464.86	154	3124982.35
		v2206	8356.00	9521.00	20220406	8183.00	20220111	18508433.76	136	174607.87
		v2207	8388.00	9483.00	20220406	6241.00	20220714	15304459.37	115	120507.55
		v2208	8394.00	9448.00	20220406	6086.00	20220715	16645250.07	93	112467.91
		v2209	8292.00	9406.00	20220211	6005.00	20220715	285117755.73	71	1667355.30
		v2210	8361.00	9351.00	20220406	5991.00	20220715	21778172.98	51	113427.98
		v2211	8493.00	9257.00	20220207	5596.00	20221031	13792792.07	35	66311.50
		v2212	8400.00	9212.00	20220211	5542.00	20221031	10525670.92	13	45763.79
		v2301	8366.00	9254.00	20220211	5484.00	20221031	250885311.39	242	1081402.20
		v2302	--	9153.00	20220328	--	20220221	15035628.15	242	70589.80
		v2303	8942.00	9079.00	20220412	5493.00	20221031	7735807.98	242	39268.06
		v2304	9066.00	9066.00	20220421	5555.00	20221031	4365627.72	242	25089.81

注：年开盘价和年最高价以自然年为统计周期。

数据来源：上海期货交易所、郑州商品交易所、大连商品交易所、广州期货交易所

Source：SHFE、ZCE、DCE、GFEX

5-9 续表 1 continued

交易品种 Product	上市交易所 Listed Exchange	合约 Contract	年开盘价(元/吨) Opening Price of the Year (yuan/ton)	年最高价(元/吨) Highest Price of the Year (yuan/ton)	最高价日 Highest Day	年最低价(元/吨) Lowest Price of the Year (yuan/ton)	最低价日 Lowest Day	成交金额(万元) Trading Turnover (10 thousand yuan)	交易天数(天) Trading Days (day)	日均成交金额(万元) Daily Trading Turnover (10 thousand yuan)
聚氯乙烯 PVC	DCE	v2305	8088.00	8494.00	20220520	5550.00	20221031	76773297.15	242	495311.59
		v2306	7939.00	7939.00	20220616	5554.00	20221031	1432531.26	242	10533.32
		v2307	6250.00	6690.00	20220801	5546.00	20221031	605418.44	242	5264.51
		v2308	6318.00	6489.00	20221216	5579.00	20221031	233011.59	242	2478.85
		v2309	6220.00	6494.00	20221216	5577.00	20221028	1963100.62	242	27649.30
		v2310	5823.00	6480.00	20221216	5564.00	20221031	17192.71	242	343.85
		v2311	5942.00	6475.00	20221216	5730.00	20221123	13349.59	242	392.64
		v2312	6379.00	6549.00	20221219	6041.00	20221226	942.02	242	78.50
聚丙烯 PP	DCE	pp2201	8164.00	8380.00	20220104	8094.00	20220110	58649.42	233	5864.94
		pp2202	8112.00	8889.00	20220208	8089.00	20220111	394476.03	213	13602.62
		pp2203	8175.00	9200.00	20220307	8094.00	20220111	4118715.25	198	91527.01
		pp2204	8188.00	9810.00	20220309	8133.00	20220111	6903218.96	175	101517.93
		pp2205	8175.00	9861.00	20220309	8111.00	20220111	180377437.42	154	2073303.88
		pp2206	8119.00	9843.00	20220309	8109.00	20220111	16974370.43	136	160135.57
		pp2207	8243.00	9815.00	20220309	--	20220701	14255434.10	115	112247.51
		pp2208	8215.00	9758.00	20220309	7475.00	20220722	17018006.57	93	114986.53
		pp2209	8128.00	9700.00	20220309	7608.00	20220722	192359824.66	71	1124911.26
		pp2210	8124.00	10092.00	20220310	7555.00	20220819	20179903.53	51	105103.66
		pp2211	8207.00	9543.00	20220309	7498.00	20220819	15575085.28	35	74880.22
		pp2212	8416.00	9364.00	20220307	7481.00	20220818	12096421.02	13	52593.13
		pp2301	8300.00	9559.00	20220309	7327.00	20221031	159479655.84	242	687412.31
		pp2302	--	9155.00	20220311	--	20220221	15782459.64	242	74096.05
		pp2303	8776.00	8931.00	20220322	6893.00	20221028	10051476.88	242	51022.73
		pp2304	8550.00	8700.00	20220531	7243.00	20221031	7264040.80	242	41747.36
		pp2305	8530.00	8948.00	20220609	7220.00	20221031	30160031.12	242	194580.85
		pp2306	8467.00	8540.00	20220617	7206.00	20221031	2273972.78	242	16720.39
		pp2307	7750.00	7980.00	20221011	7194.00	20221031	965811.00	242	8398.36
		pp2308	7569.00	7979.00	20220909	7206.00	20221031	396546.69	242	4218.58
		pp2309	8216.00	8216.00	20220916	7102.00	20220916	223759.26	242	3151.54
		pp2310	7386.00	7924.00	20221219	7202.00	20221031	851.34	242	17.03
		pp2311	7572.00	7925.00	20221219	7505.00	20221124	250.55	242	7.37
		pp2312	7931.00	7931.00	20221216	7651.00	20221230	151.47	242	12.62
焦炭 Coke	DCE	j2201	2999.00	3376.50	20220106	2684.00	20220106	14804.34	233	1480.43
		j2202	3083.50	3275.00	20220125	--	20220207	2510.45	213	86.57
		j2203	2983.50	3530.00	20220302	2911.00	20220120	7599.61	198	168.88
		j2204	3142.00	4450.00	20220401	2910.00	20220121	9985.91	175	146.85
		j2205	2957.00	4284.00	20220415	2871.00	20220124	75609807.48	154	869078.25
		j2206	2970.50	4411.00	20220413	2880.00	20220125	10033.86	136	94.66
		j2207	3113.00	3953.00	20220420	--	20220701	6392.82	115	50.34
		j2208	3052.50	4072.50	20220419	--	20220801	8738.80	93	59.05
		j2209	2778.00	4164.50	20220419	2300.00	20220914	115799871.41	71	677192.23
		j2210	2818.50	4052.50	20220419	2468.00	20220907	22721.02	51	118.34
		j2211	2718.50	3899.00	20220420	2167.50	20220721	9299.71	35	44.71
		j2212	2751.50	3925.50	20220421	--	20220601	8640.73	13	37.57

5-9 续表 2 continued

交易品种 Product	上市交易所 Listed Exchange	合约 Contract	年开盘价(元/吨) Opening Price of the Year (yuan/ton)	年最高价(元/吨) Highest Price of the Year (yuan/ton)	最高价日 Highest Day	年最低价(元/吨) Lowest Price of the Year (yuan/ton)	最低价日 Lowest Day	成交金额(万元) Trading Turnover (10 thousand yuan)	交易天数(天) Trading Days (day)	日均成交金额(万元) Daily Trading Turnover (10 thousand yuan)
焦炭 Coke	DCE	j2301	2501.00	3992.00	20220419	2367.50	20221101	72467145.98	242	312358.39
		j2302	--	3928.50	20220419	--	20220221	3753.37	242	17.62
		j2303	--	3077.50	20221212	--	20220315	1769.96	242	8.98
		j2304	--	3224.00	20220616	--	20220419	591.43	242	3.40
		j2305	3165.00	3417.00	20220609	2234.00	20221101	17405909.47	242	112296.19
		j2306	--	2925.00	20221215	--	20220616	2560.15	242	18.82
		j2307	--	2595.00	20220809	--	20220715	250.94	242	2.18
		j2308	2586.00	2731.00	20221227	--	20221010	282.42	242	3.00
		j2309	2446.50	2858.00	20221216	2156.00	20221101	197199.45	242	2777.46
		j2310	--	2707.00	20221215	--	20221024	2529.86	242	50.60
		j2311	--	--	20221115	--	20221115	0.00	0	0.00
		j2312	--	--	20221215	--	20221215	0.00	0	0.00
焦煤 Coking Coal	DCE	jm2201	2040.00	2670.00	20220114	2029.00	20220104	14348.64	233	1434.86
		jm2202	2536.00	2851.00	20220128	--	20220207	1071.10	213	36.93
		jm2203	2399.00	2766.00	20220221	2223.00	20220125	4626.08	198	102.80
		jm2204	2314.50	3792.00	20220331	--	20220401	5374.40	175	79.04
		jm2205	2296.00	3386.50	20220429	2152.00	20220125	50874012.49	154	584758.76
		jm2206	2230.50	3340.00	20220531	2115.00	20220125	10118.57	136	95.46
		jm2207	2210.50	3184.00	20220630	--	20220701	10248.41	115	80.70
		jm2208	2190.00	3199.00	20220616	2030.50	20220117	11125.33	93	75.17
		jm2209	2163.50	3236.00	20220419	1843.00	20220722	84699250.58	71	495317.25
		jm2210	2128.00	3101.00	20220419	--	20221010	15594.74	51	81.22
		jm2211	2068.50	3720.50	20221031	1774.50	20220720	1918.48	35	9.22
		jm2212	2176.50	3332.00	20221130	1874.00	20220719	4942.33	13	21.49
		jm2301	1997.00	3021.50	20220419	1687.00	20220722	54054689.84	242	232994.35
		jm2302	2341.50	2820.50	20220406	--	20220601	5021.65	242	23.58
		jm2303	--	3010.00	20220419	--	20220315	987.43	242	5.01
		jm2304	2750.50	2924.00	20220419	1508.50	20220719	1827.41	242	10.50
		jm2305	2250.00	2475.00	20220610	1503.00	20221101	17962016.18	242	115883.98
		jm2306	1621.50	1991.50	20221215	1501.00	20220726	3257.44	242	23.95
		jm2307	--	1808.50	20221201	--	20220715	232.61	242	2.02
		jm2308	--	1838.50	20221010	--	20220815	178.76	221	1.90
		jm2309	1576.00	1919.50	20221216	1442.50	20221101	348926.68	242	4914.46
		jm2310	1481.50	1873.50	20221213	1460.00	20221104	770.13	242	15.40
		jm2311	1652.50	1879.50	20221214	1527.50	20221122	225.95	242	6.65
		jm2312	1973.00	2000.00	20221230	1774.50	20221228	663.18	242	55.27
乙二醇 Ethylene Glycol	DCE	eg2201	5269.00	5370.00	20220119	4945.00	20220104	12585.32	226	786.58
		eg2202	4946.00	5501.00	20220128	4859.00	20220217	560262.28	211	17508.20
		eg2203	4920.00	5597.00	20220207	4770.00	20220301	2884605.88	188	52447.38
		eg2204	4961.00	5835.00	20220309	4755.00	20220418	2890773.27	167	39064.50
		eg2205	4985.00	5903.00	20220309	4513.00	20220428	134425548.17	149	1445436.00
		eg2206	4979.00	5921.00	20220309	4541.00	20220428	12566247.71	128	110230.24
		eg2207	5020.00	5920.00	20220309	4150.00	20220722	8565265.95	106	63446.41
		eg2208	4968.00	5912.00	20220309	4062.00	20220805	9400961.98	84	59499.76

5-9 续表 3 continued

交易品种 Product	上市交易所 Listed Exchange	合约 Contract	年开盘价(元/吨) Opening Price of the Year (yuan/ton)	年最高价(元/吨) Highest Price of the Year (yuan/ton)	最高价日 Highest Day	年最低价(元/吨) Lowest Price of the Year (yuan/ton)	最低价日 Lowest Day	成交金额(万元) Trading Turnover (10 thousand yuan)	交易天数(天) Trading Days (day)	日均成交金额(万元) Daily Trading Turnover (10 thousand yuan)
乙二醇 Ethylene Glycol	DCE	eg2209	4988.00	5912.00	20220309	3855.00	20220818	168316221.56	64	940314.09
		eg2210	5038.00	5908.00	20220309	3895.00	20220819	11295649.61	48	57926.41
		eg2211	5104.00	5776.00	20220308	3698.00	20221101	7102230.68	26	32729.17
		eg2212	5141.00	5772.00	20220307	3706.00	20221122	5505297.29	237	23034.72
		eg2301	5566.00	5800.00	20220309	3715.00	20221101	135177519.42	242	598130.62
		eg2302	5149.00	5564.00	20220314	3731.00	20221101	8490880.92	242	40432.77
		eg2303	--	5385.00	20220614	--	20220329	3284377.50	242	17563.52
		eg2304	--	5325.00	20220617	--	20220427	2151884.09	242	12808.83
		eg2305	5106.00	5470.00	20220615	3788.00	20221101	23599975.23	242	158389.10
		eg2306	--	4803.00	20220708	--	20220628	799633.11	242	6247.13
		eg2307	--	4522.00	20220811	--	20220727	591350.86	242	5526.64
		eg2308	--	4350.00	20221011		20220829	250114.41	242	2977.55
		eg2309	--	4502.00	20221010	--	20220928	67313.67	242	1068.47
		eg2310	4040.00	4364.00	20221216	3953.00	20221103	1017.22	242	21.64
		eg2311	4189.00	4378.00	20221216	4015.00	20221128	382.50	242	15.30
		eg2312	--	--	20221228	--	20221228	0.00	0	0.00
苯乙烯 Ethenylbenzene	DCE	eb2201	8580.00	9300.00	20220110	8153.00	20220110	4026.15	226	251.63
		eb2202	8550.00	9547.00	20220207	7980.00	20220217	12563385.65	211	392605.80
		eb2203	8557.00	10752.00	20220308	8343.00	20220110	20247363.27	188	368133.88
		eb2204	8530.00	10608.00	20220309	8372.00	20220110	19786980.49	167	267391.63
		eb2205	8570.00	10689.00	20220505	8407.00	20220110	25844737.50	149	277900.40
		eb2206	8602.00	12277.00	20220610	8410.00	20220110	24852027.15	128	218000.24
		eb2207	8947.00	11515.00	20220609	8450.00	20220106	33806196.47	106	250416.27
		eb2208	8639.00	11423.00	20220609	8344.00	20220111	32585578.97	84	206237.84
		eb2209	8578.00	11336.00	20220609	7663.00	20220818	35382175.12	64	197665.78
		eb2210	8500.00	11213.00	20220609	7490.00	20220818	43055176.75	48	220795.78
		eb2211	9030.00	11127.00	20220609	7453.00	20220818	30112838.37	15	138768.84
		eb2212	8787.00	11096.00	20220610	--	20220401	29817733.56	239	124760.39
		eb2301	--	10837.00	20220609	--	20220126	29798818.92	242	131853.18
		eb2302	9590.00	10361.00	20220614	--	20220401	13599700.28	242	64760.48
		eb2303	--	10402.00	20220615	--	20220329	2348817.33	242	12560.52
		eb2304	--	10050.00	20220617	--	20220427	306302.99	242	1823.23
		eb2305	9543.00	10696.00	20220614	7481.00	20221031	533368.10	242	3579.65
		eb2306	--	9236.00	20220706	--	20220628	11885.99	242	92.86
		eb2307	--	8719.00	20220801	--	20220727	506.50	242	4.73
		eb2308	8278.00	8546.00	20220913	7662.00	20221108	532.39	242	6.34
		eb2309	8100.00	8420.00	20221230	7498.00	20221102	1417.03	242	22.49
		eb2310	7818.00	8360.00	20221114	7688.00	20221031	369.37	242	7.86
		eb2311	7835.00	8433.00	20221228	7835.00	20221128	44.64	242	1.79
		eb2312	9273.00	9273.00	20221228	8019.00	20221228	17.02	242	5.67
液化石油气 Liquefied Petroleum Gas	DCE	pg2201	4820.00	5181.00	20220114	4685.00	20220117	13091.01	226	818.19
		pg2202	4750.00	5309.00	20220209	4470.00	20220125	25208770.51	211	787774.08
		pg2203	4581.00	6200.00	20220318	4356.00	20220125	41965737.10	188	763013.40
		pg2204	4944.00	7017.00	20220307	4929.00	20220117	49881153.84	167	674069.65

5-9 续表 4 continued

交易品种 Product	上市交易所 Listed Exchange	合约 Contract	年开盘价(元/吨) Opening Price of the Year (yuan/ton)	年最高价(元/吨) Highest Price of the Year (yuan/ton)	最高价日 Highest Day	年最低价(元/吨) Lowest Price of the Year (yuan/ton)	最低价日 Lowest Day	成交金额(万元) Trading Turnover (10 thousand yuan)	交易天数(天) Trading Days (day)	日均成交金额(万元) Daily Trading Turnover (10 thousand yuan)
液化石油气 Liquefied Petroleum Gas	DCE	pg2205	4833.00	6743.00	20220307	4760.00	20220117	43295951.70	149	465547.87
		pg2206	4740.00	6764.00	20220602	4686.00	20220117	44770234.17	128	392721.35
		pg2207	4559.00	6336.00	20220307	4559.00	20220104	42556679.33	106	315234.66
		pg2208	4669.00	6253.00	20220518	4669.00	20220104	46765941.23	84	295986.97
		pg2209	4638.00	6198.00	20220309	4601.00	20220125	38886459.05	64	217242.79
		pg2210	4499.00	6143.00	20220518	4485.00	20220104	41382015.84	48	212215.47
		pg2211	4484.00	6100.00	20220517	4436.00	20220104	30342602.86	26	139827.66
		pg2212	4356.00	6057.00	20220308	4356.00	20220104	29722056.22	3	124360.07
		pg2301	4759.00	6066.00	20220308	4233.00	20221230	32592814.24	242	144215.99
		pg2302	5400.00	6018.00	20220309	4191.00	20221230	11658053.00	242	55514.54
		pg2303	5500.00	5869.00	20220531	4051.00	20221230	2653835.00	242	14191.63
		pg2304	5626.00	6322.00	20220513	4459.00	20221223	693998.30	242	4130.94
		pg2305	--	5599.00	20220614	--	20220527	737169.75	242	4947.45
		pg2306	--	5299.00	20220706	--	20220628	11945.99	242	93.33
		pg2307	--	5302.00	20220831	--	20220727	840.04	242	7.85
		pg2308	--	5165.00	20220915	--	20220829	7111.46	242	84.66
		pg2309	4479.00	4848.00	20221102	4200.00	20221102	21865.35	242	347.07
		pg2310	4774.00	5160.00	20221102	4605.00	20221221	10126.39	242	215.46
		pg2311	--	4736.00	20221230	--	20221128	157.14	242	6.29
		pg2312	4681.00	4681.00	20221230	4681.00	20221230	9.36	242	3.12
甲醇 Methanol	ZCE	MA2201	2518.00	2586.00	20220117	2448.00	20220111	10572.69	10	1057.27
		MA2202	2498.00	2884.00	20220207	2498.00	20220104	750288.54	29	25872.02
		MA2203	2507.00	3154.00	20220308	2507.00	20220104	4541639.57	45	100925.32
		MA2204	2514.00	3333.00	20220309	2511.00	20220104	4562653.73	68	67097.85
		MA2205	2515.00	3370.00	20220309	2513.00	20220104	193240480.34	87	2221154.95
		MA2206	2412.00	3331.00	20220309	2343.00	20220104	13494422.45	106	127305.87
		MA2207	2565.00	3302.00	20220309	2280.00	20220714	7124502.36	127	56098.44
		MA2208	2575.00	3294.00	20220309	2283.00	20220715	13098394.36	148	88502.66
		MA2209	2505.00	3295.00	20220309	2276.00	20220715	344588967.69	171	2015140.16
		MA2210	2524.00	3282.00	20220309	2287.00	20220715	17619583.49	192	91768.66
		MA2211	2561.00	3280.00	20220309	2292.00	20220715	17527675.39	208	84267.67
		MA2212	2572.00	3320.00	20220309	2345.00	20220715	11935090.98	230	51891.70
		MA2301	2781.00	3360.00	20220309	2367.00	20220715	346790308.97	232	1494785.81
		MA2302	2809.00	3336.00	20220309	2352.00	20220715	15130852.98	213	71036.87
		MA2303	3139.00	3166.00	20220328	2303.00	20220715	7424107.37	197	37685.82
		MA2304	3011.00	3022.00	20220420	2220.00	20220819	2053500.18	174	11801.73
		MA2305	2721.00	2992.00	20220609	2281.00	20221101	55535144.63	155	358291.26
		MA2306	2940.00	2886.00	20220616	2295.00	20221101	137052.73	136	1007.74
		MA2307	2373.00	2685.00	20221010	2283.00	20221031	154064.16	115	1339.69
		MA2308	2422.00	2690.00	20221010	2295.00	20221031	115679.55	94	1230.63
		MA2309	2496.00	2707.00	20221010	2310.00	20221031	471554.69	71	6641.62
		MA2310	2490.00	2664.00	20221230	2327.00	20221031	16317.03	50	326.34
		MA2311	2523.00	2772.00	20221206	2412.00	20221124	22112.17	34	650.36
		MA2312	2606.00	2698.00	20221216	2551.00	20221226	34200.68	12	2850.06

5-9 续表 5 continued

交易品种 Product	上市交易所 Listed Exchange	合约 Contract	年开盘价(元/吨) Opening Price of the Year (yuan/ton)	年最高价(元/吨) Highest Price of the Year (yuan/ton)	最高价日 Highest Day	年最低价(元/吨) Lowest Price of the Year (yuan/ton)	最低价日 Lowest Day	成交金额(万元) Trading Turnover (10 thousand yuan)	交易天数(天) Trading Days (day)	日均成交金额(万元) Daily Trading Turnover (10 thousand yuan)
PTATA	ZCE	TA2201	4940.00	5338.00	20220114	4934.00	20220104	174065.48	10	17406.55
		TA2202	4958.00	5818.00	20220207	4938.00	20220104	1026624.91	29	35400.86
		TA2203	4962.00	6594.00	20220309	4950.00	20220104	12444201.86	45	276537.82
		TA2204	4984.00	6628.00	20220309	4970.00	20220104	16387183.69	68	240988.00
		TA2205	5018.00	7046.00	20220516	4984.00	20220104	265381381.43	87	3050360.71
		TA2206	5020.00	7814.00	20220610	4994.00	20220104	25316979.65	106	238839.43
		TA2207	5046.00	7876.00	20220610	5010.00	20220104	25081796.84	127	197494.46
		TA2208	5062.00	7858.00	20220610	5030.00	20220105	18713569.63	148	126443.04
		TA2209	5062.00	7728.00	20220610	5028.00	20220104	492791004.19	171	2881818.74
		TA2210	5094.00	7550.00	20220610	5094.00	20220104	33414389.49	192	174033.28
		TA2211	5116.00	7444.00	20220610	5116.00	20220104	30464803.18	208	146465.40
		TA2212	5094.00	7348.00	20220610	4976.00	20221207	17842511.87	230	77576.14
		TA2301	5394.00	7274.00	20220610	4904.00	20221207	463654960.22	232	1998512.76
		TA2302	5300.00	7266.00	20220610	4896.00	20221208	22447082.40	213	105385.36
		TA2303	5550.00	7216.00	20220610	4890.00	20221207	16411438.71	197	83306.80
		TA2304	6078.00	7102.00	20220610	4884.00	20221207	5092930.41	174	29269.72
		TA2305	6342.00	7070.00	20220610	4872.00	20221207	103742927.04	155	669309.21
		TA2306	6652.00	6654.00	20220616	4858.00	20221208	274564.90	136	2018.86
		TA2307	5074.00	5588.00	20220804	4868.00	20221208	418817.62	115	3641.89
		TA2308	5482.00	5562.00	20221230	4896.00	20221101	445521.01	94	4739.59
		TA2309	5482.00	5582.00	20221230	4900.00	20221031	1715452.60	71	24161.30
		TA2310	5258.00	5566.00	20221227	4910.00	20221031	55865.22	50	1117.30
		TA2311	5372.00	5590.00	20221230	4918.00	20221208	21391.58	34	629.16
		TA2312	5238.00	5580.00	20221230	5238.00	20221215	14432.66	12	1202.72
动力煤 Thermal Coal	ZCE	ZC2201	655.20	722.00	20220110	567.20	20220105	4344.13	5	868.83
		ZC2202	704.00	899.60	20220209	680.60	20220104	8421.31	24	350.89
		ZC2203	685.00	1026.40	20220307	665.00	20220111	19257.86	40	481.45
		ZC2204	723.00	902.20	20220331	672.60	20220114	2141.35	63	33.99
		ZC2205	718.00	939.20	20220308	680.00	20220111	3531738.72	82	43069.98
		ZC2206	719.60	915.00	20220309	685.20	20220111	3083.48	101	30.53
		ZC2207	726.80	888.00	20220610	703.80	20220111	5830.83	122	47.79
		ZC2208	732.80	900.00	20220307	690.00	20220111	699.73	143	4.89
		ZC2209	705.00	975.00	20220831	683.20	20220112	150100.46	166	904.22
		ZC2210	720.00	900.00	20220929	700.00	20220107	3692.01	187	19.74
		ZC2211	719.80	955.60	20220913	688.00	20220112	870.87	203	4.29
		ZC2212	742.20	1023.20	20220913	719.20	20220106	547.14	225	2.43
		ZC2301	710.00	1150.00	20220914	705.00	20220117	5003.28	237	21.11
		ZC2302	816.20	922.00	20220913	669.40	20220616	0.00	218	0.00
		ZC2303	798.40	927.80	20220913	673.40	20220616	0.00	202	0.00
		ZC2304	733.00	928.20	20220913	673.40	20220616	0.00	179	0.00
		ZC2305	749.80	928.20	20220913	673.40	20220616	0.00	160	0.00
		ZC2306	713.60	928.20	20220913	673.40	20220616	0.00	141	0.00
		ZC2307	693.20	928.20	20220913	680.60	20220714	0.00	120	0.00
		ZC2308	746.80	928.20	20220913	690.80	20221028	0.00	99	0.00

5-9 续表 6 continued

交易品种 Product	上市交易所 Listed Exchange	合约 Contract	年开盘价(元/吨) Opening Price of the Year (yuan/ton)	年最高价(元/吨) Highest Price of the Year (yuan/ton)	最高价日 Highest Day	年最低价(元/吨) Lowest Price of the Year (yuan/ton)	最低价日 Lowest Day	成交金额(万元) Trading Turnover (10 thousand yuan)	交易天数(天) Trading Days (day)	日均成交金额(万元) Daily Trading Turnover (10 thousand yuan)
动力煤 Thermal Coal	ZCE	ZC2309	918.60	928.20	20220913	690.80	20221028	0.00	76	0.00
		ZC2310	779.00	890.00	20221229	553.00	20221026	55.26	55	1.00
		ZC2311	738.80	890.00	20221229	738.80	20221125	0.00	39	0.00
		ZC2312	860.20	890.00	20221229	801.40	20221230	0.00	17	0.00
玻璃 Glass	ZCE	FG2201	1624.00	1891.00	20220114	1570.00	20220111	12254.98	10	1225.50
		FG2202	1687.00	2388.00	20220210	1678.00	20220104	25911.16	29	893.49
		FG2203	1686.00	2390.00	20220210	1684.00	20220104	59345.76	45	1318.79
		FG2204	1696.00	2461.00	20220210	1696.00	20220104	38436.62	68	565.24
		FG2205	1700.00	2430.00	20220210	1692.00	20220104	115086909.97	87	1322838.05
		FG2206	1734.00	2436.00	20220210	1656.00	20220614	203189.83	106	1916.89
		FG2207	1705.00	2410.00	20220211	1390.00	20220714	254121.91	127	2000.96
		FG2208	1747.00	2436.00	20220210	1430.00	20220722	701435.98	148	4739.43
		FG2209	1745.00	2416.00	20220210	1397.00	20220722	344004131.00	171	2011720.06
		FG2210	1761.00	2416.00	20220211	1455.00	20220722	336766.49	192	1753.99
		FG2211	1743.00	2372.00	20220211	1345.00	20221031	634263.42	208	3049.34
		FG2212	1766.00	2343.00	20220210	1364.00	20221122	405193.90	230	1761.71
		FG2301	2060.00	2295.00	20220211	1332.00	20221102	219862694.41	232	947684.03
		FG2302	1942.00	2086.00	20220420	1364.00	20221102	3894319.32	213	18283.19
		FG2303	1900.00	2074.00	20220420	1352.00	20221101	1639555.50	197	8322.62
		FG2304	2035.00	2078.00	20220420	1374.00	20221101	721276.43	174	4145.27
		FG2305	1755.00	1899.00	20220606	1351.00	20221101	65594433.78	155	423189.90
		FG2306	1780.00	1828.00	20220621	1388.00	20221101	116162.72	136	854.14
		FG2307	1630.00	1691.00	20221230	1368.00	20221031	66128.95	115	575.03
		FG2308	1609.00	1737.00	20221229	1388.00	20221031	54260.77	94	577.24
		FG2309	1546.00	1726.00	20221229	1368.00	20221101	2216610.91	71	31219.87
		FG2310	1496.00	1746.00	20221228	1398.00	20221101	18959.71	50	379.19
		FG2311	1528.00	1738.00	20221229	1468.00	20221123	17482.86	34	514.20
		FG2312	1638.00	1759.00	20221229	1638.00	20221215	33631.75	12	2802.65
尿素 Urea	ZCE	UR2201	2487.00	2700.00	20220112	2460.00	20220105	16381.81	10	1638.18
		UR2202	2509.00	2760.00	20220210	2400.00	20220207	8356.11	29	288.14
		UR2203	2549.00	2910.00	20220311	2462.00	20220106	33472.74	45	743.84
		UR2204	2518.00	3056.00	20220324	2433.00	20220223	9313.58	68	136.96
		UR2205	2475.00	3191.00	20220513	2300.00	20220225	23492356.88	87	270027.09
		UR2206	2465.00	3259.00	20220609	2265.00	20220225	54180.18	106	511.13
		UR2207	2440.00	3186.00	20220606	2250.00	20220225	116261.04	127	915.44
		UR2208	2440.00	3088.00	20220608	2210.00	20220728	119981.87	148	810.69
		UR2209	2350.00	3064.00	20220608	2044.00	20220713	36591373.17	171	213984.64
		UR2210	2395.00	2990.00	20220608	2032.00	20220713	94119.68	192	490.21
		UR2211	2285.00	2970.00	20220608	2026.00	20220726	99529.80	208	478.51
		UR2212	2358.00	2944.00	20220608	2042.00	20220713	322934.14	230	1404.06
		UR2301	2336.00	2915.00	20220609	2010.00	20220726	59299232.29	232	255600.14
		UR2302	2351.00	2924.00	20220608	2011.00	20220726	1997331.18	213	9377.14
		UR2303	2465.00	2905.00	20220608	2027.00	20220726	1425332.76	197	7235.19
		UR2304	2736.00	2849.00	20220609	2036.00	20220725	702713.92	174	4038.59

5-9 续表 7 continued

交易品种 Product	上市交易所 Listed Exchange	合约 Contract	年开盘价(元/吨) Opening Price of the Year (yuan/ton)	年最高价(元/吨) Highest Price of the Year (yuan/ton)	最高价日 Highest Day	年最低价(元/吨) Lowest Price of the Year (yuan/ton)	最低价日 Lowest Day	成交金额(万元) Trading Turnover (10 thousand yuan)	交易天数(天) Trading Days (day)	日均成交金额(万元) Daily Trading Turnover (10 thousand yuan)
尿素 Urea	ZCE	UR2305	2672.00	2820.00	20220609	2017.00	20220726	11381655.23	155	73430.03
		UR2306	2608.00	2608.00	20220616	2018.00	20220726	26525.92	136	195.04
		UR2307	2113.00	2578.00	20221215	2038.00	20220727	15760.07	115	137.04
		UR2308	2142.00	2541.00	20221216	2128.00	20220819	10898.40	94	115.94
		UR2309	2306.00	2505.00	20221216	2092.00	20221025	238901.78	71	3364.81
		UR2310	2120.00	2478.00	20221216	2088.00	20221025	3770.72	50	75.41
		UR2311	2314.00	2450.00	20221216	2260.00	20221116	9590.20	34	282.06
		UR2312	2387.00	2437.00	20221216	2288.00	20221226	2338.93	12	194.91
纯碱 Soda Ash	ZCE	SA2201	2180.00	2409.00	20220113	2176.00	20220104	21470.35	10	2147.04
		SA2202	2208.00	2998.00	20220211	2182.00	20220104	127381.14	29	4392.45
		SA2203	2177.00	3043.00	20220210	2147.00	20220104	1410094.76	45	31335.44
		SA2204	2203.00	3167.00	20220210	2184.00	20220104	4618233.81	68	67915.20
		SA2205	2192.00	3177.00	20220210	2160.00	20220104	278396938.93	87	3199964.82
		SA2206	2225.00	3213.00	20220211	2209.00	20220104	7233858.39	106	68243.95
		SA2207	2261.00	3206.00	20220211	2215.00	20220104	4075884.36	127	32093.58
		SA2208	2297.00	3265.00	20220419	2266.00	20220104	3018180.85	148	20393.11
		SA2209	2273.00	3269.00	20220419	2260.00	20220104	593547651.99	171	3471038.90
		SA2210	2322.00	3263.00	20220419	2299.00	20220104	15788734.58	192	82232.99
		SA2211	2309.00	3231.00	20220419	2286.00	20220104	6619715.81	208	31825.56
		SA2212	2317.00	3233.00	20220419	2244.00	20220722	5298939.67	230	23038.87
		SA2301	2547.00	3209.00	20220419	2153.00	20220722	566170129.08	232	2440388.49
		SA2302	2792.00	3178.00	20220419	2127.00	20220722	7623526.19	213	35791.20
		SA2303	2610.00	3148.00	20220419	2043.00	20220722	7912196.32	197	40163.43
		SA2304	3119.00	3122.00	20220420	2042.00	20220722	1638445.99	174	9416.36
		SA2305	2511.00	2863.00	20220609	1959.00	20220722	209255903.61	155	1350038.09
		SA2306	2552.00	2718.00	20221216	1944.00	20221031	475529.48	136	3496.54
		SA2307	2009.00	2611.00	20221216	1870.00	20221031	458768.15	115	3989.29
		SA2308	2067.00	2522.00	20221216	1842.00	20221101	199505.63	94	2122.40
		SA2309	1948.00	2433.00	20221216	1776.00	20221101	24588561.16	71	346317.76
		SA2310	1988.00	2364.00	20221216	1770.00	20221101	152105.11	50	3042.10
		SA2311	1905.00	2285.00	20221216	1825.00	20221121	1030253.46	34	30301.57
		SA2312	2130.00	2258.00	20221216	2130.00	20221215	116088.08	12	9674.01
短纤 Polyester Staple Fiber	ZCE	PF2201	6962.00	7420.00	20220114	6472.00	20220104	6426.50	10	642.65
		PF2202	7004.00	7888.00	20220208	6974.00	20220104	60829.47	29	2097.57
		PF2203	7036.00	8414.00	20220309	6992.00	20220104	2073683.20	45	46081.85
		PF2204	7010.00	8520.00	20220309	7010.00	20220104	2752760.05	68	40481.77
		PF2205	7062.00	8600.00	20220517	7032.00	20220104	36807777.18	87	423077.90
		PF2206	7068.00	9362.00	20220608	7034.00	20220104	13706955.64	106	129310.90
		PF2207	7190.00	9176.00	20220610	7190.00	20220106	15301113.88	127	120481.21
		PF2208	7108.00	9176.00	20220610	7058.00	20220715	6548138.92	148	44244.18
		PF2209	7166.00	9168.00	20220610	6740.00	20220715	40965808.24	171	239566.13
		PF2210	7154.00	9150.00	20220610	6650.00	20220715	27932511.77	192	145481.83
		PF2211	7170.00	9114.00	20220610	6632.00	20220715	29907433.32	208	143785.74
		PF2212	7142.00	9048.00	20220610	6506.00	20221207	22819478.22	230	99215.12

5-9 续表 8 continued

交易品种 Product	上市交易所 Listed Exchange	合约 Contract	年开盘价(元/吨) Opening Price of the Year (yuan/ton)	年最高价(元/吨) Highest Price of the Year (yuan/ton)	最高价日 Highest Day	年最低价(元/吨) Lowest Price of the Year (yuan/ton)	最低价日 Lowest Day	成交金额(万元) Trading Turnover (10 thousand yuan)	交易天数(天) Trading Days (day)	日均成交金额(万元) Daily Trading Turnover (10 thousand yuan)
短纤 Polyester Staple Fiber	ZCE	PF2301	7532.00	8964.00	20220610	6448.00	20221031	15309149.52	232	65987.71
		PF2302	7454.00	8922.00	20220610	6390.00	20221031	21139383.29	213	99245.93
		PF2303	7960.00	8830.00	20220610	6360.00	20221031	7781688.01	197	39500.95
		PF2304	7966.00	8702.00	20220610	6352.00	20221031	2396958.09	174	13775.62
		PF2305	8244.00	8814.00	20220610	6348.00	20221031	2567861.15	155	16566.85
		PF2306	8570.00	8570.00	20220616	6184.00	20221031	98232.13	136	722.30
		PF2307	6930.00	7272.00	20220804	6236.00	20221031	11204.13	115	97.43
		PF2308	7072.00	7248.00	20221230	6232.00	20221031	4518.38	94	48.07
		PF2309	7090.00	7254.00	20221230	6246.00	20221031	26046.88	71	366.86
		PF2310	6916.00	7204.00	20221228	6460.00	20221031	2105.48	50	42.11
		PF2311	6970.00	7220.00	20221220	6588.00	20221128	593.03	34	17.44
		PF2312	6928.00	7256.00	20221219	6972.00	20221215	42.56	12	3.55
燃料油 Fuel Oil	SHFE	fu2202	2790.00	3404.00	20220119	2637.00	20220105	3618.01	13	278.31
		fu2203	2785.00	3536.00	20220223	2740.00	20220106	6658.57	32	208.08
		fu2204	2825.00	4748.00	20220310	2800.00	20220106	22933.36	54	424.69
		fu2205	2892.00	5443.00	20220429	2817.00	20220106	92421162.34	77	1200274.84
		fu2206	2860.00	5369.00	20220526	2824.00	20220106	279189.32	94	2970.10
		fu2207	2883.00	4614.00	20220505	2839.00	20220106	121192.16	114	1063.09
		fu2208	2848.00	4563.00	20220506	2840.00	20220105	182450.83	134	1361.57
		fu2209	2869.00	4478.00	20220506	2704.00	20220715	266648711.28	161	1656203.18
		fu2210	2859.00	4385.00	20220506	2719.00	20220715	718924.74	176	4084.80
		fu2211	2842.00	4250.00	20220506	2462.00	20221027	491509.55	196	2507.70
		fu2212	2843.00	4222.00	20220506	2466.00	20221125	495865.24	218	2274.61
		fu2301	2840.00	4188.00	20220506	2230.00	20221220	242811397.19	236	1028861.85
		fu2302	2994.00	4078.00	20220615	2320.00	20221219	531464.59	222	2393.98
		fu2303	3333.00	4020.00	20220606	2316.00	20221219	1441621.28	206	6998.16
		fu2304	3522.00	3998.00	20220516	2431.00	20221219	479288.98	183	2619.07
		fu2305	3808.00	3987.00	20220606	2417.00	20221219	77477820.69	165	469562.55
		fu2306	3860.00	3997.00	20220615	2440.00	20221219	584677.44	146	4004.64
		fu2307	3388.00	3388.00	20220705	2467.00	20221219	506480.18	123	4117.73
		fu2308	3105.00	3250.00	20220825	2474.00	20221219	329787.85	103	3201.82
		fu2309	3087.00	3088.00	20220901	2491.00	20221219	720619.29	81	8896.53
		fu2310	2619.00	3025.00	20221010	2280.00	20220926	44121.15	64	689.39
		fu2311	2950.00	3003.00	20221108	2550.00	20221219	11616.25	40	290.41
		fu2312	2687.00	2811.00	20221227	2571.00	20221219	7563.06	22	343.78
		fu2401	2667.00	2807.00	20221227	2667.00	20221223	1199.97	6	199.99
纸浆 Woodpulp	SHFE	sp2201	6030.00	6430.00	20220113	5940.00	20220104	92585.33	10	9258.53
		sp2202	6022.00	6696.00	20220214	5868.00	20220128	330962.44	26	12729.32
		sp2203	6066.00	7350.00	20220311	5854.00	20220127	2434013.58	46	52913.34
		sp2204	6056.00	7438.00	20220309	5920.00	20220128	2865568.96	67	42769.69
		sp2205	6032.00	7462.00	20220309	5906.00	20220127	98168137.45	85	1154919.26
		sp2206	6060.00	7508.00	20220523	5882.00	20220127	15789546.95	104	151822.57
		sp2207	6096.00	7500.00	20220621	5898.00	20220127	10350649.94	128	80864.45

5-9 续表 9 continued

交易品种 Product	上市交易所 Listed Exchange	合约 Contract	年开盘价(元/吨) Opening Price of the Year (yuan/ton)	年最高价(元/吨) Highest Price of the Year (yuan/ton)	最高价日 Highest Day	年最低价(元/吨) Lowest Price of the Year (yuan/ton)	最低价日 Lowest Day	成交金额(万元) Trading Turnover (10 thousand yuan)	交易天数(天) Trading Days (day)	日均成交金额(万元) Daily Trading Turnover (10 thousand yuan)
纸浆 Woodpulp	SHFE	sp2208	6094.00	7488.00	20220505	5778.00	20220128	6416239.48	147	43647.89
		sp2209	6032.00	8660.00	20220909	5866.00	20220127	200177241.44	171	1170627.14
		sp2210	6186.00	7682.00	20220913	5856.00	20220127	21254307.20	188	113054.83
		sp2211	5824.00	7476.00	20220509	5824.00	20220104	12822748.33	207	61945.64
		sp2212	5992.00	7454.00	20220509	5824.00	20220127	8535778.02	230	37112.08
		sp2301	5926.00	7498.00	20221230	5914.00	20220118	128129750.27	232	552283.41
		sp2302	6474.00	7276.00	20220509	6052.00	20220713	11824167.21	204	57961.60
		sp2303	6806.00	7290.00	20220509	6036.00	20220714	8158467.17	181	45074.40
		sp2304	7000.00	7304.00	20220505	6038.00	20220714	1198857.99	171	7010.87
		sp2305	6986.00	7246.00	20220530	6006.00	20220714	21658756.78	157	137953.86
		sp2306	6900.00	6942.00	20220616	5850.00	20221027	526043.44	134	3925.70
		sp2307	6344.00	6830.00	20221209	6020.00	20221108	198696.07	114	1742.95
		sp2308	6300.00	6756.00	20221212	6010.00	20221111	6670.27	79	84.43
		sp2309	6528.00	6700.00	20221212	5942.00	20221108	59781.86	71	842.00
		sp2310	6038.00	6664.00	20221212	5920.00	20221108	5266.21	54	97.52
		sp2311	6028.00	6624.00	20221212	6028.00	20221116	5504.50	33	166.80
		sp2312	6338.00	6434.00	20221226	6192.00	20221223	744.94	10	74.49
石油沥青 Bitumen	SHFE	bu2201	3206.00	3410.00	20220111	3052.00	20220110	7051.64	8	881.45
		bu2202	3234.00	3794.00	20220207	3196.00	20220106	129887.40	25	5195.50
		bu2203	3248.00	4418.00	20220310	3220.00	20220106	1133825.62	46	24648.38
		bu2204	3264.00	4394.00	20220309	3244.00	20220106	959159.48	66	14532.72
		bu2205	3310.00	4445.00	20220511	3258.00	20220106	3788345.94	85	44568.78
		bu2206	3340.00	4989.00	20220613	3278.00	20220106	180492057.50	106	1702755.26
		bu2207	3388.00	5045.00	20220713	3382.00	20220301	9837127.59	116	84802.82
		bu2208	3484.00	4892.00	20220609	3126.00	20220218	5460198.41	117	46668.36
		bu2209	3338.00	4912.00	20220609	3294.00	20220106	173983954.02	171	1017450.02
		bu2210	3827.00	4861.00	20220609	3533.00	20220330	6357488.42	135	47092.51
		bu2211	3871.00	4825.00	20220615	3488.00	20220715	7362667.59	153	48122.01
		bu2212	3350.00	4759.00	20220615	3257.00	20221208	116580571.24	229	509085.46
		bu2301	3510.00	4694.00	20220615	3300.00	20221208	60512468.60	181	334323.03
		bu2302	3965.00	4557.00	20220610	3285.00	20221208	33858731.43	151	224230.01
		bu2303	3366.00	4550.00	20220615	3262.00	20220715	9812060.01	241	40713.94
		bu2304	3900.00	4473.00	20220610	3263.00	20220718	552746.97	130	4251.90
		bu2305	3913.00	4476.00	20220613	3228.00	20220715	657592.45	138	4765.16
		bu2306	3360.00	4480.00	20220613	3245.00	20220715	24110635.50	242	99630.73
		bu2307	3395.00	3976.00	20221108	3302.00	20221130	230401.21	60	3840.02
		bu2308	3710.00	3852.00	20221230	3348.00	20221208	46479.51	37	1256.20
		bu2309	3334.00	4475.00	20220613	3261.00	20220715	912638.75	242	3771.23
		bu2310	3491.00	3803.00	20221230	3281.00	20221130	12385.02	22	562.96
		bu2311	3420.00	3775.00	20221230	3370.00	20221212	4343.76	17	255.52
		bu2312	3390.00	4221.00	20220613	3161.00	20220715	449478.28	242	1857.35
		bu2403	3508.00	4186.00	20220613	3153.00	20220715	141152.82	172	820.66
		bu2406	4032.00	4032.00	20220616	3180.00	20220715	100449.35	134	749.62

5-9 续表 10 continued

交易品种 Product	上市交易所 Listed Exchange	合约 Contract	年开盘价(元/吨) Opening Price of the Year (yuan/ton)	年最高价(元/吨) Highest Price of the Year (yuan/ton)	最高价日 Highest Day	年最低价(元/吨) Lowest Price of the Year (yuan/ton)	最低价日 Lowest Day	成交金额(万元) Trading Turnover (10 thousand yuan)	交易天数(天) Trading Days (day)	日均成交金额(万元) Daily Trading Turnover (10 thousand yuan)
石油沥青 Bitumen	SHFE	bu2409	3338.00	3700.00	20221010	3254.00	20221128	23127.66	63	367.11
		bu2412	3579.00	3667.00	20221230	3546.00	20221227	25.16	3	8.39
原油 Crude Oil	INE	sc2202	494.80	561.70	20220119	491.00	20220104	28878898.64	14	2062778.47
		sc2203	492.90	629.80	20220225	489.00	20220104	149133283.11	35	4260950.95
		sc2204	489.80	823.60	20220309	486.30	20220104	365149096.48	58	6295674.08
		sc2205	487.70	805.00	20220309	483.80	20220104	351236344.43	77	4561510.97
		sc2206	486.20	815.50	20220531	481.70	20220104	316675370.64	96	3298701.78
		sc2207	483.80	787.20	20220615	480.50	20220104	358580009.88	117	3064786.41
		sc2208	497.10	779.80	20220609	497.10	20220107	423548566.16	125	3388388.53
		sc2209	483.10	801.20	20220825	483.10	20220105	389254137.64	155	2511317.02
		sc2210	493.10	771.00	20220920	493.10	20220107	273609517.31	145	1886962.19
		sc2211	538.60	755.10	20220609	538.60	20220208	209025715.93	146	1431682.99
		sc2212	477.30	745.30	20220609	474.10	20220104	218900818.60	214	1022901.02
		sc2301	525.30	727.40	20220609	493.80	20221213	210340766.63	152	1383820.83
		sc2302	541.80	729.80	20220615	501.40	20221213	157957842.93	126	1253633.67
		sc2303	470.10	712.60	20220609	462.80	20220111	31314904.94	177	176920.37
		sc2304	575.80	663.90	20221108	511.20	20221213	5835828.91	75	77811.05
		sc2305	467.40	695.00	20220510	467.40	20220510	891786.72	79	11288.44
		sc2306	467.10	714.40	20220609	467.00	20220104	392059.01	150	2613.73
		sc2307	524.20	612.00	20221114	515.70	20221209	100980.44	42	2404.30
		sc2308	613.90	613.90	20220812	536.00	20221214	1253.05	10	125.31
		sc2309	468.40	641.30	20220607	468.40	20220105	8011.48	45	178.03
		sc2310	546.90	618.00	20221102	530.00	20220927	576.00	8	72.00
		sc2311	627.60	627.60	20221102	537.70	20221219	4874.56	14	348.18
		sc2312	461.10	650.00	20220610	461.10	20220104	53260.18	129	412.87
		sc2403	478.10	585.00	20221012	478.10	20220119	3769.28	31	121.59
		sc2406	465.10	627.00	20220531	465.10	20220107	24631.26	80	307.89
		sc2409	461.60	603.00	20220615	441.50	20220315	4287.44	40	107.19
		sc2412	445.90	600.00	20220609	445.90	20220121	50329.20	89	565.50
		sc2503	482.50	577.00	20220610	445.00	20220311	8256.45	69	119.66
		sc2506	562.00	564.50	20220607	419.50	20220712	4408.48	37	119.15
		sc2509	498.00	533.30	20221012	466.00	20220922	8626.42	31	278.27
		sc2512	500.00	526.70	20221222	490.70	20221212	715.57	6	119.26
低硫燃料油 Low Sulfur Fuel Oil	INE	lu2202	3685.00	4650.00	20220120	3637.00	20220104	11769.55	12	980.80
		lu2203	3678.00	4795.00	20220217	3626.00	20220104	498469.99	29	17188.62
		lu2204	3670.00	6053.00	20220309	3622.00	20220104	4321994.83	52	83115.29
		lu2205	3644.00	6032.00	20220309	3595.00	20220104	10895337.28	75	145271.16
		lu2206	3609.00	7945.00	20220520	3564.00	20220104	11514600.44	93	123812.91
		lu2207	3823.00	7534.00	20220629	3808.00	20220126	13505029.39	99	136414.44
		lu2208	4100.00	6815.00	20220609	4000.00	20220216	19437561.07	109	178326.25
		lu2209	3818.00	6528.00	20220609	3803.00	20220126	39978251.74	140	285558.94
		lu2210	3944.00	6243.00	20220609	3838.00	20220118	24758818.82	125	198070.55
		lu2211	4088.00	5993.00	20220609	3880.00	20220216	14156912.44	124	114168.65

5-9 续表 11 continued

交易品种 Product	上市交易所 Listed Exchange	合约 Contract	年开盘价(元/吨) Opening Price of the Year (yuan/ton)	年最高价(元/吨) Highest Price of the Year (yuan/ton)	最高价日 Highest Day	年最低价(元/吨) Lowest Price of the Year (yuan/ton)	最低价日 Lowest Day	成交金额(万元) Trading Turnover (10 thousand yuan)	交易天数(天) Trading Days (day)	日均成交金额(万元) Daily Trading Turnover (10 thousand yuan)
低硫燃料油 Low Sulfur Fuel Oil	INE	lu2212	4099.00	5520.00	20220630	3635.00	20220316	9228556.74	122	75643.91
		lu2301	4155.00	5708.00	20220610	3433.00	20221213	18199311.12	159	114461.08
		lu2302	4155.00	5671.00	20220609	3500.00	20220316	16364732.36	136	120328.91
		lu2303	4640.00	5056.00	20220630	3577.00	20220317	13973009.33	94	148649.04
		lu2304	4101.00	5339.00	20220609	3551.00	20221213	2528819.67	68	37188.52
		lu2305	4800.00	5089.00	20220517	3495.00	20221202	345998.83	88	3931.80
		lu2306	4958.00	4958.00	20220704	3525.00	20221213	14197.45	49	289.74
		lu2307	4650.00	4650.00	20220704	3581.00	20221213	464.19	28	16.58
		lu2308	4150.00	4831.00	20220825	3746.00	20221215	286.15	29	9.87
		lu2309	4255.00	4537.00	20221109	3589.00	20221209	219.31	25	8.77
		lu2310	3751.00	4509.00	20221101	3560.00	20221213	87.47	8	10.93
		lu2311	3793.00	3980.00	20221228	3666.00	20221208	93.89	6	15.65
		lu2312	3868.00	3868.00	20221216	3646.00	20221216	15.03	1	15.03
20号胶 TSR 20	INE	nr2201	11515.00	11800.00	20220107	11255.00	20220110	2310.90	7	330.13
		nr2202	11690.00	12575.00	20220207	10765.00	20220210	199845.56	25	7993.82
		nr2203	11755.00	12290.00	20220119	10950.00	20220315	3409735.30	45	75771.90
		nr2204	11835.00	12380.00	20220119	10800.00	20220316	7368258.20	65	113357.82
		nr2205	11935.00	12435.00	20220119	10560.00	20220428	15749035.72	83	189747.42
		nr2206	12000.00	12470.00	20220119	10470.00	20220509	11487161.47	101	113734.27
		nr2207	12200.00	12250.00	20220218	10500.00	20220509	9702797.52	109	89016.49
		nr2208	11990.00	12200.00	20220225	10210.00	20220815	10461068.52	116	90181.63
		nr2209	11855.00	12145.00	20220309	9000.00	20220909	17731285.32	125	141850.28
		nr2210	12290.00	12445.00	20220112	9140.00	20220907	13198704.60	115	114771.34
		nr2211	12185.00	12185.00	20220117	8890.00	20221031	11315557.06	126	89806.01
		nr2212	12000.00	12005.00	20220210	8820.00	20221031	8733143.31	127	68764.91
		nr2301	9725.00	12680.00	20220401	8695.00	20221031	13025157.87	155	84033.28
		nr2302	11630.00	11845.00	20220602	8670.00	20221031	11642402.62	88	132300.03
		nr2303	10740.00	10785.00	20220808	8680.00	20221031	7702427.49	69	111629.38
		nr2304	9195.00	10215.00	20221216	8855.00	20221031	1810961.68	40	45274.04
		nr2305	10655.00	10655.00	20220822	8985.00	20221028	108648.10	49	2217.31
		nr2306	11600.00	11935.00	20220708	9400.00	20221103	5514.87	22	250.68
		nr2308	10360.00	10360.00	20220916	9295.00	20221101	288.00	8	36.00
		nr2309	10370.00	10370.00	20221208	10370.00	20221208	10.37	1	10.37
		nr2310	10555.00	10555.00	20221216	9905.00	20221216	30.66	1	30.66
		nr2311	9270.00	10140.00	20221230	9270.00	20221128	29.30	3	9.77
		nr2312	10075.00	10075.00	20221223	9430.00	20221227	19.51	2	9.75
工业硅 Silicon Metal	GFEX	si2308	17535.00	18520.00	--	17535.00	--	343036.69	--	--
		si2309	17370.00	18270.00	--	17370.00	--	4386.11	--	--
		si2310	17580.00	18180.00	--	17515.00	--	400.91	--	--
		si2311	17205.00	18135.00	--	17205.00	--	1208.55	--	--
		si2312	17530.00	18480.00	--	17530.00	--	608.75	--	--

5-10 2022年金融期货交易情况
Futures Transaction of Financial Futures in 2022

交易品种 Product	上市交易所 Listed Exchange	合约 Contract	年开盘价(元) Opening Price of the Year (yuan)	年最高价(元) Highest Price of the Year (yuan)	最高价日 Highest Day	年最低价(元) Lowest Price of the Year (yuan)	最低价日 Lowest Day	成交金额(亿元) Trading Turnover (100 million yuan)	交易天数(天) Trading Days (day)	日均成交金额(亿元) Daily Trading Turnover (100 million yuan)
2年期国债期货 2-Year Treasury Bond Futures	CFFEX	TS2203	101.06	101.50	20220124	100.96	20220107	8735.34	44	198.53
		TS2206	100.99	101.47	20220124	100.90	20220107	20734.69	103	201.31
		TS2209	100.90	101.61	20220815	100.73	20220705	31266.81	168	186.11
		TS2212	100.99	101.42	20221031	100.55	20220705	51805.49	183	283.09
		TS2303	100.81	101.16	20221031	100.34	20221116	31794.24	139	228.74
		TS2306	100.90	100.92	20221103	100.18	20221116	378.57	74	5.12
		TS2309	100.26	100.45	20221223	100.09	20221213	45.70	15	3.05
5年期国债期货 5-Year Treasury Bond Futures	CFFEX	TF2203	101.66	102.70	20220124	101.43	20220107	9353.05	44	212.57
		TF2206	101.46	102.48	20220124	101.03	20220303	25206.92	103	244.73
		TF2209	101.23	102.58	20220815	100.73	20220705	25838.87	168	153.80
		TF2212	101.28	102.28	20221031	100.39	20220705	34834.81	183	190.35
		TF2303	100.82	101.89	20221031	100.12	20221116	22513.82	139	161.97
		TF2306	101.26	101.52	20221031	99.78	20221116	602.21	74	8.14
		TF2309	99.70	100.29	20221223	99.56	20221213	48.09	15	3.21
10年期国债期货 10-Year Treasury Bond Futures	CFFEX	T2203	100.63	101.58	20220124	100.20	20220222	17582.09	44	399.59
		T2206	100.46	101.50	20220526	99.53	20220311	47206.84	103	458.32
		T2209	100.24	102.38	20220905	99.24	20220311	46856.63	168	278.91
		T2212	99.96	101.92	20220902	99.14	20220705	52183.75	183	285.16
		T2303	99.74	101.41	20221031	98.79	20220705	35362.67	139	254.41
		T2306	100.60	100.92	20221031	98.50	20221207	1774.25	74	23.98
		T2309	98.69	99.29	20221223	98.36	20221213	40.43	15	2.70
沪深300股指期货 CSI 300 Index Futures	CFFEX	IF2201	4960.00	4966.00	20220104	4720.60	20220114	11543.27	14	824.52
		IF2202	4966.00	4967.20	20220104	4518.00	20220208	13885.06	29	478.80
		IF2203	4960.00	4964.80	20220104	3935.40	20220315	32567.11	49	664.63
		IF2204	4638.80	4643.60	20220221	3911.60	20220315	22720.92	38	597.92
		IF2205	4219.80	4279.80	20220401	3771.40	20220426	23943.18	40	598.58
		IF2206	4934.80	4935.00	20220104	3761.60	20220426	43432.38	108	402.15
		IF2207	4052.40	4519.60	20220705	3870.00	20220526	24803.10	39	635.98
		IF2208	4283.40	4505.00	20220705	4048.80	20220803	21817.27	45	484.83
		IF2209	4750.00	4764.20	20220124	3713.20	20220426	42093.11	158	266.41
		IF2210	4125.40	4179.80	20220823	3656.00	20221012	15888.60	39	407.40
		IF2211	3934.00	3960.00	20220920	3492.20	20221031	17943.13	40	448.58
		IF2212	4030.00	4466.60	20220705	3488.00	20221031	38637.41	165	234.17
		IF2301	3770.00	4019.80	20221209	3677.40	20221128	9527.76	30	317.59
		IF2302	3978.40	3997.40	20221219	3836.20	20221223	186.58	10	18.66
		IF2303	4180.80	4238.40	20220718	3486.00	20221031	9965.73	114	87.42
		IF2306	3713.40	4016.00	20221207	3464.80	20221031	2483.59	50	49.67

注：年开盘价和年最高价以自然年为统计周期；出现相同最值，提供最值出现的第一个交易日；若自然年首个交易日无交易则使用第一个交易日的开盘价作为年开盘价。

数据来源：中国金融期货交易所

Source: CFFEX

5-10 续表 continued

交易品种 Product	上市交易所 Listed Exchange	合约 Contract	年开盘价(元) Opening Price of the Year (yuan)	年最高价(元) Highest Price of the Year (yuan)	最高价日 Highest Day	年最低价(元) Lowest Price of the Year (yuan)	最低价日 Lowest Day	成交金额(亿元) Trading Turnover (100 million yuan)	交易天数(天) Trading Days (day)	日均成交金额(亿元) Daily Trading Turnover (100 million yuan)
上证50股指期货 SSE 50 Index Futures	CFFEX	IH2201	3285.00	3299.60	20220105	3134.00	20220117	4599.84	14	328.56
		IH2202	3299.80	3302.00	20220105	3008.00	20220128	5313.58	29	183.23
		IH2203	3310.00	3310.00	20220104	2660.00	20220315	11874.35	49	242.33
		IH2204	3164.20	3166.00	20220221	2635.00	20220315	7085.09	38	186.45
		IH2205	2905.20	2957.60	20220401	2636.80	20220510	7592.62	40	189.82
		IH2206	3289.40	3296.00	20220105	2630.40	20220510	15546.13	108	143.95
		IH2207	2797.40	3072.00	20220630	2666.00	20220526	8237.48	39	211.22
		IH2208	2895.60	3064.60	20220630	2703.60	20220802	7412.93	45	164.73
		IH2209	3227.80	3227.80	20220124	2593.00	20220510	17437.85	158	110.37
		IH2210	2753.60	2787.40	20220831	2477.40	20221012	6778.43	39	173.81
		IH2211	2690.00	2702.60	20220919	2282.60	20221031	7511.09	40	187.78
		IH2212	2848.20	3057.80	20220705	2283.20	20221031	18707.04	165	113.38
		IH2301	2523.40	2719.40	20221209	2466.60	20221128	4695.41	30	156.51
		IH2302	2704.80	2723.40	20221219	2591.00	20221220	95.75	10	9.58
		IH2303	2836.40	2881.40	20220718	2295.20	20221031	4862.19	114	42.65
		IH2306	2488.20	2726.80	20221209	2288.80	20221031	1120.40	50	22.41
中证500股指期货 CSI 500 Index Futures	CFFEX	IC2201	7397.00	7399.60	20220104	6969.40	20220121	8354.63	14	596.76
		IC2202	7368.80	7372.40	20220104	6498.00	20220128	11335.22	29	390.87
		IC2203	7311.60	7326.40	20220104	5792.00	20220316	26486.27	49	540.54
		IC2204	6815.00	6902.20	20220225	5765.00	20220316	17722.32	38	466.38
		IC2205	6258.20	6353.20	20220323	5117.40	20220427	22187.71	40	554.69
		IC2206	7166.60	7166.60	20220104	5063.60	20220427	44318.20	108	410.35
		IC2207	5850.60	6532.40	20220705	5612.20	20220524	23666.53	39	606.83
		IC2208	6265.60	6511.80	20220817	6045.00	20220804	20478.41	45	455.08
		IC2209	6829.60	6844.20	20220124	4948.40	20220427	48798.66	158	308.85
		IC2210	6312.80	6414.20	20220822	5586.80	20221012	17326.98	39	444.28
		IC2211	5887.60	6281.00	20221111	5567.00	20221012	16823.88	40	420.60
		IC2212	5747.00	6380.00	20220817	4875.80	20220427	40950.92	165	248.19
		IC2301	6169.80	6266.60	20221206	5752.60	20221223	7720.53	30	257.35
		IC2302	6088.00	6104.20	20221219	5755.60	20221223	330.44	10	33.04
		IC2303	5974.60	6291.40	20220817	5480.80	20221012	12357.76	114	108.40
		IC2306	5799.20	6164.40	20221111	5587.20	20221031	4030.28	50	80.61
中证1000股指期货 CSI 1000 Index Futures	CFFEX	IM2208	7050.00	7377.80	20220819	6778.20	20220804	6766.61	21	322.22
		IM2209	6987.00	7337.00	20220819	6521.20	20220916	11692.47	40	292.31
		IM2210	7128.60	7217.80	20220824	5895.20	20221012	11551.50	39	296.19
		IM2211	6326.40	6811.60	20221111	5843.40	20221012	11992.32	40	299.81
		IM2212	6895.80	7186.40	20220819	5795.00	20221012	21674.17	100	216.74
		IM2301	6600.20	6726.00	20221202	6130.40	20221223	5411.58	30	180.39
		IM2302	6506.80	6526.00	20221219	6115.40	20221223	200.49	10	20.05
		IM2303	6800.00	7033.80	20220819	5667.00	20221012	8600.80	110	78.19
		IM2306	6085.80	6595.60	20221111	5901.80	20221031	2465.85	50	49.32

5-11　2022年期货市场主力合约情况
Statistics of Dominate Contract in 2022

交易所 Exchange	交易品种	Product	持仓量(手) Positions (lot)	上年末最后交易日结算价(元/吨) Last Trading Day Clearing Price of Last Year (yuan/ton)	本年末最后交易日结算价(元/吨) Last Trading Day Clearing Price of This Year (yuan/ton)	涨跌幅(%) Range of Fluctuation (%)
上海期货交易所 SHFE	铜	Copper	134341	70120.00	66110.00	-5.72
	铝	Aluminum	136749	20420.00	18685.00	-8.50
	锌	Zinc	88026	24235.00	23705.00	-2.19
	铅	Lead	71594	15370.00	15930.00	3.64
	黄金(元/克)	Gold(yuan/g)	128439	375.16	410.20	9.34
	白银（元/千克)	Silver(yuan/kg)	392686	4845.00	5383.00	11.10
	螺纹钢	Steel Rebar	1931845	4301.00	4087.00	-4.98
	线材	Steel Wire Rod	11	4403.00	4810.00	9.24
	热轧卷板	Hot Rolled Coils	814945	4418.00	4136.00	-6.38
	燃料油	Fuel Oil	343612	2854.00	2726.00	-4.48
	石油沥青	Bitumen	407594	3298.00	3846.00	16.62
	天然橡胶	Natural Rubber	192615	14830.00	12670.00	-14.57
	锡	Tin	47904	293770.00	209050.00	-28.84
	镍	Nickel	77678	151580.00	229180.00	51.19
	不锈钢	Stainless Steel	65660	17125.00	16760.00	-2.13
	原油(元/桶)	Crude Oil	24285	496.70	552.80	11.29
	20号胶	TSR 20	37056	11660	9565.00	-17.97
	纸浆	Woodpulp	130427	6002	6712.00	11.83
	低硫燃料油	Low Sulfur Fuel Oil	38614	3666	4077.00	11.21
	铜(BC)	copper (BC)	14422	62660	59040.00	-5.78
郑州商品交易所 ZCE	强麦	Wheat WH	48	2939.00	3284.00	11.74
	普麦	Wheat PM	0	2422.00	3043.00	25.64
	棉花	Cotton No.1	750623	20570.00	14210.00	-30.92
	白糖	White Sugar	453102	5759.00	5781.00	0.38
	菜籽油	Rapeseed Oil	220393	12254.00	10746.00	-12.31
	早籼稻	Early Rice	0	2699.00	2479.00	-8.15
	甲醇	Menthanol	1053011	2506.00	2605.00	3.95
	玻璃	Glass	737429	1713.00	1647.00	-3.85
	油菜籽	Rapeseed	5	5945.00	6004.00	0.99
	菜籽粕	Rapeseed Meal	484609	2903.00	3173.00	9.30
	动力煤	Thermal Coal	0	671.00	921.00	37.26
	粳稻	Japonica Rice	0	2702.00	2758.00	2.07

注：1.主力合约选用统计期末各期限合约中持仓量最大的合约，如持仓量相同则选取成交量最大合约为主力合约。
2.持仓量为2022年年末数据。
3.上海期货交易所数据包含上海国际能源交易中心。
4.上海期货交易所铜期货数据不含自对冲。
5.上年末最后交易日结算价指的是上年末最后交易日按持仓量最大来选取的主力合约结算价，本年末最后交易日结算价指的是本年末最后交易日按持仓量最大来选取的主力合约的结算价。
6.郑商所PM、RI、LR、RS品种在20221231出现多合约持仓量和成交量均相同的情况，取最近月份合约为主力合约。年末结算价取该合约结算价。

数据来源：上海期货交易所、郑州商品交易所、大连商品交易所、中国金融期货交易所、广州期货交易所
Source: SHFE、ZCE、DCE、CFFEX、GFEX

5-11 续表 continued

交易所 Exchange	交易品种	Product	持仓量(手) Positions (lot)	上年末最后交易日结算价(元/吨) Last Trading Day Clearing Price of Last Year (yuan/ton)	本年末最后交易日结算价(元/吨) Last Trading Day Clearing Price of This Year (yuan/ton)	涨跌幅(%) Range of Fluctuation (%)
郑州商品交易所 ZCE	晚籼稻	Late Indica Rice	0	2973.00	2525.00	-15.07
	PTA	PTA	1410278	5002.00	5504.00	10.04
	硅铁	Ferrosilicon	180048	8388.00	8450.00	0.74
	锰硅	Manganese Silicon	179316	8254.00	7682.00	-6.93
	棉纱	Cotton Yarn	2737	27730.00	21555.00	-22.27
	苹果	Apple	172044	8370.00	7872.00	-5.95
	尿素	Urea	118507	2413.00	2526.00	4.68
	纯碱	Soda Ash	679233	2216.00	2714.00	22.47
	红枣	Chinese Jujube	43779	14175.00	10195.00	-28.08
	花生	Peanut Kernel	102815	8210.00	10030.00	22.17
	短纤	Polyester Staple Fiber	266681	7066.00	7236.00	2.41
大连商品交易所 DCE	黄大豆1号	No.1 Soybean	163939	5870.00	5171.00	-11.91
	黄大豆2号	No.2 Soybean	31905	4273.00	5155.00	20.64
	胶合板(元/张)	Blockboard	0	340.25	399.95	17.55
	玉米	Corn	709736	2673.00	2821.00	5.54
	玉米淀粉	Corn Starch	154857	2975.00	2941.00	-1.14
	苯乙烯	Ethenylbenzene	206174	8534.00	8361.00	-2.03
	乙二醇	Ethylene Glycol	296325	4931.00	4136.00	-16.12
	纤维板(元/立方米)	Fiberboard	1542	1288.00	1240.00	-3.73
	铁矿石	Iron Ore	881643	674.00	855.00	26.85
	焦炭	Coke	28757	2907.00	2705.00	-6.95
	鸡蛋(元/500千克)	Egg	112138	4132.00	4322.00	4.60
	焦煤	Coking Coal	73520	2211.50	1874.50	-15.24
	聚乙烯	LLDPE	338777	8537.00	8078.00	-5.38
	生猪	Live Hog	41980	14460.00	16170.00	11.83
	豆粕	Soybean Meal	1348032	3192.00	3898.00	22.12
	棕榈油	RBD Palm Oil	432720	8470.00	8204.00	-3.14
	液化石油气	Liquefied Petroleum Gas	82364	4637.00	4229.00	-8.80
	聚丙烯	PP	386888	8136.00	7733.00	-4.95
	粳米	Polished Round-grained Rice	8130	3363.00	3369.00	0.18
	聚氯乙烯	PVC	640380	8384.00	6241.00	-25.56
	豆油	Soybean Oil	460772	8840	8844.00	0.05
广州期货交易所 GFEX	工业硅	Silicon Metal	7708	--	17895.00	--
中国金融期货交易所 CFFEX	2年期国债期货	2-Year Treasury Bond Futures	40771	101.08	100.89	-0.19
	5年期国债期货	5-Year Treasury Bond Futures	88255	101.72	100.97	-0.73
	10年期国债期货	10-Year Treasury Bond Futures	150029	100.76	100.24	-0.52
	沪深300股指期货	CSI 300 Index Futures	83679	4950.60	3886.00	-21.50
	上证50股指期货	SSE 50 Index Futures	59224	3284.60	2650.80	-19.30
	中证500股指期货	CSI 500 Index Futures	114121	7377.80	5874.40	-20.38
	中证1000股指期货	CSI 1000 Index Futures	44071	--	6282.80	--

5-12 2022年农产品期货持仓情况
Positions of Agricultural Products Futures in 2022

交易品种 Product	上市交易所 Listed Exchange	合约 Contract	最高持仓量(手) Highest Positions (lot)	最高持仓日期 Highest Positions Day	最后持仓量(手) Last Positions (lot)	最后持仓日期 Last Positions Day	年末持仓量(手) Positions at the End of the Year (lot)
玉米 Corn	DCE	c2201	9445	20220104	94	20220114	0
		c2203	253466	20220104	7608	20220311	0
		c2205	1305127	20220302	73	20220517	0
		c2207	372795	20220428	8	20220713	0
		c2209	1372476	20220610	4499	20220914	0
		c2211	280338	20220908	4720	20221111	0
		c2301	887301	20220906	23914	20221230	23914
		c2303	800415	20221215	709736	20221230	709736
		c2305	410983	20221221	383510	20221230	383510
		c2307	294384	20221229	291861	20221230	291861
		c2309	44703	20221229	44130	20221230	44130
		c2311	64916	20221223	64287	20221230	64287
玉米淀粉 Corn Starch	DCE	cs2201	3314	20220104	3030	20220114	0
		cs2203	141886	20220126	1458	20220311	0
		cs2205	198795	20220301	0	20220517	0
		cs2207	237877	20220525	19	20220713	0
		cs2209	197667	20220630	5401	20220914	0
		cs2211	239378	20220929	27	20221111	0
		cs2301	314088	20221103	9440	20221230	9440
		cs2303	189153	20221227	154857	20221230	154857
		cs2305	81335	20221226	73984	20221230	73984
		cs2307	11298	20221226	10318	20221230	10318
		cs2309	6924	20221230	6924	20221230	6924
		cs2311	52	20221221	46	20221230	46
黄大豆1号 No.1 Soybean	DCE	a2201	2241	20220104	0	20220114	0
		a2203	197792	20220113	0	20220311	0
		a2205	44253	20220113	47	20220517	0
		a2207	155205	20220524	0	20220713	0
		a2209	149914	20220624	21	20220914	0
		a2211	113217	20220923	0	20221111	0
		a2301	183913	20221026	291	20221230	291
		a2303	47718	20221108	42409	20221230	42409
		a2305	178260	20221223	163939	20221230	163939
		a2307	20731	20221230	20731	20221230	20731
		a2309	18209	20221227	17187	20221230	17187
		a2311	14217	20221220	13405	20221230	13405

注：1.若合约最后到期日在2022年内，则最后持仓日期为合约最后交易日的前一交易日。
2.若合约最后到期日在2022年12月31日之后，则最后持仓日期为2022年12月31日。
3.最后持仓量为最后持仓日期的持仓量。
4.数据为单边。

数据来源：上海期货交易所、郑州商品交易所、大连商品交易所
Source：SHFE、ZCE、DCE

5-12　续表 1　continued

交易品种 Product	上市交易所 Listed Exchange	合约 Contract	最高持仓量(手) Highest Positions (lot)	最高持仓日期 Highest Positions Day	最后持仓量(手) Last Positions (lot)	最后持仓日期 Last Positions Day	年末持仓量(手) Positions at the End of the Year (lot)
黄大豆2号 No.2 Soybean	DCE	b2201	503	20220110	500	20220114	0
		b2202	21821	20220105	0	20220217	0
		b2203	27954	20220218	0	20220311	0
		b2204	26354	20220301	700	20220415	0
		b2205	31535	20220324	0	20220517	0
		b2206	21266	20220506	0	20220614	0
		b2207	31611	20220530	2	20220713	0
		b2208	8796	20220610	3	20220811	0
		b2209	30773	20220728	0	20220914	0
		b2210	37986	20220829	1023	20221020	0
		b2211	44361	20221012	3	20221111	0
		b2212	35652	20221101	6	20221213	0
		b2301	39416	20221209	1308	20221230	1308
		b2302	31905	20221230	31905	20221230	31905
		b2303	10428	20221230	10428	20221230	10428
		b2304	2513	20221205	2229	20221230	2229
		b2305	3335	20221230	3335	20221230	3335
		b2306	78	20221227	73	20221230	73
		b2307	77	20221221	74	20221230	74
		b2308	51	20221123	41	20221230	41
		b2309	163	20221221	146	20221230	146
		b2310	15	20221219	5	20221230	5
		b2311	194	20221219	94	20221230	94
		b2312	10	20221230	10	20221230	10
豆粕 Soybean Meal	DCE	m2201	3101	20220104	60	20220114	0
		m2203	335541	20220104	927	20220311	0
		m2205	1472010	20220210	0	20220517	0
		m2207	300736	20220324	2025	20220713	0
		m2208	208769	20220608	0	20220811	0
		m2209	1404653	20220421	2099	20220914	0
		m2211	244746	20220909	5004	20221111	0
		m2212	204105	20221014	6504	20221213	0
		m2301	1771110	20221014	14946	20221230	14946
		m2303	293108	20221229	288822	20221230	288822
		m2305	1348032	20221230	1348032	20221230	1348032
		m2307	131819	20221228	129331	20221230	129331
		m2308	87003	20221229	84030	20221230	84030
		m2309	109923	20221230	109923	20221230	109923
		m2311	32036	20221229	30321	20221230	30321
		m2312	12342	20221229	12227	20221230	12227
豆油 Soybean Oil	DCE	y2201	1172	20220104	894	20220114	0
		y2203	124212	20220104	374	20220311	0
		y2205	572427	20220121	1911	20220517	0
		y2207	140553	20220223	781	20220713	0
		y2208	74708	20220608	0	20220811	0

5-12 续表 2 continued

交易品种 Product	上市交易所 Listed Exchange	合约 Contract	最高持仓量(手) Highest Positions (lot)	最高持仓日期 Highest Positions Day	最后持仓量(手) Last Positions (lot)	最后持仓日期 Last Positions Day	年末持仓量(手) Positions at the End of the Year (lot)
豆油 Soybean Oil	DCE	y2209	486878	20220608	2425	20220914	0
		y2211	79852	20220706	1806	20221111	0
		y2212	80014	20221013	806	20221213	0
		y2301	494333	20221014	3246	20221230	3246
		y2303	85649	20221202	66646	20221230	66646
		y2305	486707	20221223	460772	20221230	460772
		y2307	53169	20221223	50571	20221230	50571
		y2308	31845	20221201	27433	20221230	27433
		y2309	15786	20221223	12957	20221230	12957
		y2311	10935	20221228	10857	20221230	10857
		y2312	3119	20221229	3043	20221230	3043
棕榈油 RBD Palm Oil	DCE	p2201	3899	20220104	3008	20220114	0
		p2202	55113	20220104	2814	20220217	0
		p2203	77299	20220118	1484	20220311	0
		p2204	76593	20220221	1062	20220415	0
		p2205	550898	20220218	1409	20220517	0
		p2206	83921	20220216	190	20220614	0
		p2207	63034	20220512	1429	20220713	0
		p2208	57077	20220609	627	20220811	0
		p2209	399831	20220608	804	20220914	0
		p2210	67532	20220728	516	20221020	0
		p2211	77684	20220909	3005	20221111	0
		p2212	66595	20221018	348	20221213	0
		p2301	504841	20220928	4551	20221230	4551
		p2302	84891	20221125	64360	20221230	64360
		p2303	80339	20221227	78799	20221230	78799
		p2304	50339	20221222	48513	20221230	48513
		p2305	475242	20221223	432720	20221230	432720
		p2306	28313	20221110	26949	20221230	26949
		p2307	21605	20221129	17570	20221230	17570
		p2308	13866	20221216	10252	20221230	10252
		p2309	3819	20221230	3819	20221230	3819
		p2310	57	20221221	40	20221230	40
		p2311	194	20221228	188	20221230	188
		p2312	19	20221230	19	20221230	19
鸡蛋 Egg	DCE	jd2201	486	20220104	296	20220124	0
		jd2202	14896	20220107	4	20220222	0
		jd2203	46664	20220107	0	20220325	0
		jd2204	17763	20220110	0	20220425	0
		jd2205	143640	20220118	65	20220525	0
		jd2206	24849	20220225	24	20220624	0
		jd2207	8623	20220224	0	20220725	0
		jd2208	13872	20220224	15	20220825	0
		jd2209	167637	20220705	199	20220926	0

5-12　续表 3　continued

交易品种 Product	上市交易所 Listed Exchange	合约 Contract	最高持仓量(手) Highest Positions (lot)	最高持仓日期 Highest Positions Day	最后持仓量(手) Last Positions (lot)	最后持仓日期 Last Positions Day	年末持仓量(手) Positions at the End of the Year (lot)
鸡蛋 Egg	DCE	jd2210	11786	20220902	108	20221025	0
		jd2211	12242	20220927	68	20221124	0
		jd2212	27337	20221025	44	20221226	0
		jd2301	167655	20220913	572	20221230	572
		jd2302	33165	20221216	19604	20221230	19604
		jd2303	31586	20221230	31586	20221230	31586
		jd2304	15786	20221227	15654	20221230	15654
		jd2305	127203	20221226	112138	20221230	112138
		jd2306	1061	20221230	1061	20221230	1061
		jd2307	571	20221228	453	20221230	453
		jd2308	1537	20221229	1503	20221230	1503
		jd2309	7765	20221208	6842	20221230	6842
		jd2310	82	20221205	67	20221230	67
		jd2311	67	20221216	55	20221230	55
		jd2312	141	20221230	141	20221230	141
胶合板 Blockboard	DCE	bb2201	0	20220104	0	20220114	0
		bb2202	0	20220104	0	20220217	0
		bb2203	0	20220104	0	20220311	0
		bb2204	4	20220309	0	20220415	0
		bb2205	0	20220104	0	20220517	0
		bb2206	0	20220104	0	20220614	0
		bb2207	4	20220622	0	20220713	0
		bb2208	0	20220104	0	20220811	0
		bb2209	0	20220104	0	20220914	0
		bb2210	0	20220104	0	20221020	0
		bb2211	0	20220104	0	20221111	0
		bb2212	0	20220104	0	20221213	0
		bb2301	0	20220118	0	20221230	0
		bb2302	0	20220221	0	20221230	0
		bb2303	0	20220315	0	20221230	0
		bb2304	0	20220419	0	20221230	0
		bb2305	0	20220519	0	20221230	0
		bb2306	0	20220616	0	20221230	0
		bb2307	0	20220715	0	20221230	0
		bb2308	0	20220815	0	20221230	0
		bb2309	0	20220916	0	20221230	0
		bb2310	0	20221024	0	20221230	0
		bb2311	0	20221115	0	20221230	0
		bb2312	0	20221215	0	20221230	0
纤维板 Fiberboard	DCE	fb2201	272	20220104	189	20220114	0
		fb2202	1203	20220119	86	20220217	0
		fb2203	1026	20220207	204	20220311	0
		fb2204	465	20220307	151	20220415	0

5-12 续表 4 continued

交易品种 Product	上市交易所 Listed Exchange	合约 Contract	最高持仓量(手) Highest Positions (lot)	最高持仓日期 Highest Positions Day	最后持仓量(手) Last Positions (lot)	最后持仓日期 Last Positions Day	年末持仓量(手) Positions at the End of the Year (lot)
纤维板 Fiberboard	DCE	fb2205	2770	20220420	100	20220517	0
		fb2206	1436	20220519	56	20220614	0
		fb2207	88	20220608	6	20220713	0
		fb2208	23	20220725	11	20220811	0
		fb2209	3019	20220803	41	20220914	0
		fb2210	2159	20220914	209	20221020	0
		fb2211	281	20221010	43	20221111	0
		fb2212	55	20221114	0	20221213	0
		fb2301	2466	20221214	185	20221230	185
		fb2302	161	20221216	117	20221230	117
		fb2303	1542	20221230	1542	20221230	1542
		fb2304	4	20221117	4	20221230	4
		fb2305	74	20221230	74	20221230	74
		fb2306	1	20221228	1	20221230	1
		fb2307	1	20220718	0	20221230	0
		fb2308	1	20221025	1	20221230	1
		fb2309	13	20221206	10	20221230	10
		fb2310	0	20221024	0	20221230	0
		fb2311	5	20221216	3	20221230	3
		fb2312	1	20221230	1	20221230	1
粳米 Polished Round-grained Rice	DCE	rr2201	21	20220104	0	20220114	0
		rr2202	8692	20220104	60	20220217	0
		rr2203	12825	20220104	0	20220311	0
		rr2204	7568	20220104	0	20220415	0
		rr2205	16465	20220322	0	20220517	0
		rr2206	10122	20220425	0	20220614	0
		rr2207	15437	20220524	20	20220713	0
		rr2208	14326	20220621	0	20220811	0
		rr2209	10921	20220706	0	20220914	0
		rr2210	12651	20220823	0	20221020	0
		rr2211	10599	20220923	0	20221111	0
		rr2212	12513	20221021	0	20221213	0
		rr2301	15656	20221110	1113	20221230	1113
		rr2302	12845	20221222	8130	20221230	8130
		rr2303	7152	20221229	7115	20221230	7115
		rr2304	4174	20221230	4174	20221230	4174
		rr2305	2683	20221230	2683	20221230	2683
		rr2306	420	20220817	349	20221230	349
		rr2307	720	20221114	679	20221230	679
		rr2308	228	20221205	216	20221230	216
		rr2309	156	20221226	147	20221230	147
		rr2310	82	20221202	77	20221230	77
		rr2311	57	20221219	50	20221230	50
		rr2312	78	20221230	78	20221230	78

5-12 续表 5 continued

交易品种 Product	上市交易所 Listed Exchange	合约 Contract	最高持仓量(手) Highest Positions (lot)	最高持仓日期 Highest Positions Day	最后持仓量(手) Last Positions (lot)	最后持仓日期 Last Positions Day	年末持仓量(手) Positions at the End of the Year (lot)
生猪 Live Hog	DCE	lh2201	251	20220104	32	20220124	0
		lh2203	64502	20220110	33	20220325	0
		lh2205	70963	20220221	17	20220525	0
		lh2207	11713	20220429	2	20220725	0
		lh2209	57985	20220513	0	20220926	0
		lh2211	19350	20220822	10	20221124	0
		lh2301	50547	20221109	144	20221230	144
		lh2303	42977	20221219	41980	20221230	41980
		lh2305	20458	20221230	20458	20221230	20458
		lh2307	4775	20221222	4732	20221230	4732
		lh2309	3221	20221230	3221	20221230	3221
		lh2311	1281	20221230	1281	20221230	1281
粳稻 Japonica Rice	ZCE	JR2201	0	20220117	0	20220114	0
		JR2203	0	20220314	0	20220311	0
		JR2205	0	20220518	0	20220517	0
		JR2207	0	20220714	0	20220713	0
		JR2209	0	20220915	0	20220914	0
		JR2211	0	20221114	0	20221111	0
		JR2301	49	20220316	0	20221230	0
		JR2303	0	20221230	0	20221230	0
		JR2305	0	20221230	0	20221230	0
		JR2307	0	20221230	0	20221230	0
		JR2309	0	20221230	0	20221230	0
		JR2311	0	20221230	0	20221230	0
棉花 Cotton No.1	ZCE	CF2201	29183	20220104	14881	20220114	0
		CF2203	81614	20220110	4759	20220311	0
		CF2205	460212	20220117	4003	20220517	0
		CF2207	60753	20220523	2159	20220713	0
		CF2209	363461	20220530	13603	20220914	0
		CF2211	169905	20220909	959	20221111	0
		CF2301	601168	20220928	57180	20221230	57180
		CF2303	180747	20221206	156337	20221230	156337
		CF2305	758774	20221216	750623	20221230	750623
		CF2307	80298	20221214	75483	20221230	75483
		CF2309	107630	20221230	107630	20221230	107630
		CF2311	4351	20221228	3940	20221230	3940
晚籼稻 Late Indica Rice	ZCE	LR2201	0	20220117	0	20220114	0
		LR2203	0	20220314	0	20220311	0
		LR2205	8	20220318	0	20220517	0
		LR2207	107	20220509	0	20220713	0
		LR2209	0	20220915	0	20220914	0
		LR2211	0	20221114	0	20221111	0

5-12 续表 6 continued

交易品种 Product	上市交易所 Listed Exchange	合约 Contract	最高持仓量（手） Highest Positions (lot)	最高持仓日期 Highest Positions Day	最后持仓量（手） Last Positions (lot)	最后持仓日期 Last Positions Day	年末持仓量（手） Positions at the End of the Year (lot)
晚籼稻 Late Indica Rice	ZCE	LR2301	0	20221230	0	20221230	0
		LR2303	0	20221230	0	20221230	0
		LR2305	0	20221230	0	20221230	0
		LR2307	0	20221230	0	20221230	0
		LR2309	0	20221230	0	20221230	0
		LR2311	0	20221230	0	20221230	0
菜籽油 Rapeseed Oil	ZCE	OI2201	1113	20220104	1016	20220114	0
		OI2203	29733	20220113	561	20220311	0
		OI2205	216497	20220106	942	20220517	0
		OI2207	52526	20220415	168	20220713	0
		OI2209	186128	20220610	2450	20220914	0
		OI2211	70018	20220908	1839	20221111	0
		OI2301	265885	20221117	4062	20221230	4062
		OI2303	69174	20221214	63003	20221230	63003
		OI2305	220393	20221230	220393	20221230	220393
		OI2307	23498	20221228	21477	20221230	21477
		OI2309	13209	20221220	11357	20221230	11357
		OI2311	1376	20221230	1376	20221230	1376
普麦 Wheat PM	ZCE	PM2201	0	20220117	0	20220114	0
		PM2203	0	20220314	0	20220311	0
		PM2205	0	20220518	0	20220517	0
		PM2207	63	20220429	0	20220713	0
		PM2209	4	20220427	0	20220914	0
		PM2211	0	20221114	0	20221111	0
		PM2301	0	20221230	0	20221230	0
		PM2303	0	20221230	0	20221230	0
		PM2305	0	20221230	0	20221230	0
		PM2307	0	20221230	0	20221230	0
		PM2309	0	20221230	0	20221230	0
		PM2311	0	20221230	0	20221230	0
早籼稻 Early Rice	ZCE	RI2201	0	20220117	0	20220114	0
		RI2203	0	20220314	0	20220311	0
		RI2205	0	20220518	0	20220517	0
		RI2207	8	20220406	0	20220713	0
		RI2209	0	20220915	0	20220914	0
		RI2211	0	20221114	0	20221111	0
		RI2301	0	20221230	0	20221230	0
		RI2303	0	20221230	0	20221230	0
		RI2305	0	20221230	0	20221230	0
		RI2307	0	20221230	0	20221230	0
		RI2309	0	20221230	0	20221230	0
		RI2311	0	20221230	0	20221230	0

5-12 续表 7 continued

交易品种 Product	上市 交易所 Listed Exchange	合约 Contract	最高持仓量 (手) Highest Positions (lot)	最高持仓 日期 Highest Positions Day	最后持仓量 (手) Last Positions (lot)	最后持仓 日期 Last Positions Day	年末持仓量 (手) Positions at the End of the Year (lot)
菜籽粕 Rapeseed Meal	ZCE	RM2201	2955	20220104	2498	20220114	0
		RM2203	142491	20220125	1006	20220311	0
		RM2205	556977	20220217	3303	20220517	0
		RM2207	175815	20220224	570	20220713	0
		RM2208	56014	20220309	955	20220811	0
		RM2209	334072	20220420	800	20220914	0
		RM2211	49424	20220307	150	20221111	0
		RM2301	504514	20221014	1501	20221230	1501
		RM2303	147475	20221214	140417	20221230	140417
		RM2305	484609	20221230	484609	20221230	484609
		RM2307	36372	20221123	30714	20221230	30714
		RM2308	22777	20221216	22044	20221230	22044
		RM2309	44745	20221209	41520	20221230	41520
		RM2311	4216	20221230	4216	20221230	4216
油菜籽 Rapeseed	ZCE	RS2207	1	20220315	0	44755	0
		RS2208	17	44641	0	44784	0
		RS2209	188	20220624	0	20220914	0
		RS2211	2	20221017	0	44876	0
		RS2307	28	20221011	1	20221230	1
		RS2308	5	20221028	0	20221230	0
		RS2309	3	20221130	1	20221230	1
		RS2311	10	20221219	5	20221230	5
白糖 White Sugar	ZCE	SR2201	12181	20220104	7723	20220114	0
		SR2203	83449	20220114	4770	20220311	0
		SR2205	485358	20220209	12857	20220517	0
		SR2207	140688	20220513	2657	20220713	0
		SR2209	498523	20220512	7074	20220914	0
		SR2211	230199	20220726	1008	20221111	0
		SR2301	485987	20220825	32377	20221230	32377
		SR2303	483965	20221227	453102	20221230	453102
		SR2305	265885	20221229	264096	20221230	264096
		SR2307	109404	20221229	108667	20221230	108667
		SR2309	34759	20221228	34709	20221230	34709
		SR2311	2176	20221230	2176	20221230	2176
强麦 Wheat WH	ZCE	WH2201	0	20220117	0	20220114	0
		WH2203	0	20220314	0	44631	0
		WH2205	2494	20220307	0	44698	0
		WH2207	1	20220429	0	20220713	0
		WH2209	19	20220308	0	44818	0
		WH2211	8	20220310	0	44876	0
		WH2301	21	20220308	0	44925	0
		WH2303	118	44722	48	44925	48
		WH2305	0	20221230	0	20221230	0
		WH2307	0	20221230	0	20221230	0

5-12 续表 8 continued

交易品种 Product	上市交易所 Listed Exchange	合约 Contract	最高持仓量(手) Highest Positions (lot)	最高持仓日期 Highest Positions Day	最后持仓量(手) Last Positions (lot)	最后持仓日期 Last Positions Day	年末持仓量(手) Positions at the End of the Year (lot)
强麦 Wheat WH	ZCE	WH2309	0	20221230	0	20221230	0
		WH2311	0	44925	0	44925	0
苹果 Apple	ZCE	AP2201	222	20220104	54	20220114	0
		AP2203	18006	20220104	52	20220311	0
		AP2204	14216	20220104	47	20220415	0
		AP2205	181013	20220105	76	20220517	0
		AP2210	169469	20220427	246	20221020	0
		AP2211	25994	20220519	138	20221111	0
		AP2212	27097	20220411	336	20221213	0
		AP2301	211237	20221011	214	20221230	214
		AP2303	34450	20221229	31623	20221230	31623
		AP2304	23117	20221221	22040	20221230	22040
		AP2305	191351	20221220	172044	20221230	172044
		AP2310	24674	20221230	24674	20221230	24674
		AP2311	10933	20221220	10081	20221230	10081
		AP2312	4213	20221230	4213	20221230	4213
棉纱 Cotton Yarn	ZCE	CY2201	460	20220107	340	20220114	0
		CY2202	0	20220218	0	20220217	0
		CY2203	1	20220105	0	20220311	0
		CY2204	0	20220418	0	20220415	0
		CY2205	4682	20220126	244	20220517	0
		CY2206	11	20220429	0	20220614	0
		CY2207	1	20220428	0	20220713	0
		CY2208	0	20220812	0	20220811	0
		CY2209	4523	20220718	1016	20220914	0
		CY2210	6	20220901	0	20221020	0
		CY2211	9	20221010	0	20221111	0
		CY2212	0	20221214	0	20221213	0
		CY2301	4267	20221101	564	20221230	564
		CY2302	2	20221209	1	20221230	1
		CY2303	3	20221205	1	20221230	1
		CY2304	14	20220721	3	20221230	3
		CY2305	2737	20221230	2737	20221230	2737
		CY2306	26	20221103	2	20221230	2
		CY2307	0	20221230	0	20221230	0
		CY2308	1	20221230	1	20221230	1
		CY2309	32	20221227	24	20221230	24
		CY2310	0	20221230	0	20221230	0
		CY2311	5	20221230	5	20221230	5
		CY2312	0	20221230	0	20221230	0
红枣 Chinese Jujube	ZCE	CJ2201	147	20220105	77	20220114	0
		CJ2203	4834	20220104	50	20220311	0
		CJ2205	53795	20220104	147	20220517	0

5-12 续表 9 continued

交易品种 Product	上市交易所 Listed Exchange	合约 Contract	最高持仓量(手) Highest Positions (lot)	最高持仓日期 Highest Positions Day	最后持仓量(手) Last Positions (lot)	最后持仓日期 Last Positions Day	年末持仓量(手) Positions at the End of the Year (lot)
红枣 Chinese Jujube	ZCE	CJ2207	7630	20220421	42	20220713	0
		CJ2209	37708	20220615	119	20220914	0
		CJ2212	1882	20220120	4	20221213	0
		CJ2301	35039	20220914	886	20221230	886
		CJ2303	2106	20221230	2106	20221230	2106
		CJ2305	43779	20221230	43779	20221230	43779
		CJ2307	536	20221227	474	20221230	474
		CJ2309	2999	20221230	2999	20221230	2999
		CJ2312	100	20221230	100	20221230	100
花生 Peanut Kernel	ZCE	PK2201	2427	20220104	50	20220114	0
		PK2203	2179	20220104	9	20220311	0
		PK2204	249489	20220110	577	20220415	0
		PK2210	129611	20220524	449	20221020	0
		PK2211	1254	20220614	24	20221111	0
		PK2212	1264	20220331	0	20221213	0
		PK2301	169182	20220923	737	20221230	737
		PK2303	5470	20221123	3917	20221230	3917
		PK2304	136378	20221214	102815	20221230	102815
		PK2310	14368	20221230	14368	20221230	14368
		PK2311	1375	20221221	1092	20221230	1092
		PK2312	691	20221221	652	20221230	652
天然橡胶 Natural Rubber	SHFE	ru2201	4940	20220104	2036	20220117	--
		ru2203	6223	20220104	1103	20220315	--
		ru2204	4836	20220104	227	20220415	--
		ru2205	267837	20220124	2799	20220516	--
		ru2206	15534	20220121	851	20220615	--
		ru2207	13647	20220407	687	20220715	--
		ru2208	14836	20220401	507	20220815	--
		ru2209	251378	20220422	4027	20220915	--
		ru2210	19079	20220815	730	20221017	--
		ru2211	29809	20220822	1647	20221115	--
		ru2301	206057	20220907	25453	20221230	25453
		ru2303	23063	20221230	23063	20221230	23063
		ru2304	15079	20221110	13478	20221230	13478
		ru2305	192615	20221230	192615	20221230	192615
		ru2306	13588	20221216	13544	20221230	13544
		ru2307	3147	20221026	1385	20221230	1385
		ru2308	1786	20221026	237	20221230	237
		ru2309	38007	20221230	38007	20221230	38007
		ru2310	135	20221229	132	20221230	132
		ru2311	72	20221230	72	20221230	72

5-13 2022年金属期货持仓情况
Positions of Metal Products Futures in 2022

交易品种 Product	上市交易所 Listed Exchange	合约 Contract	最高持仓量（手） Highest Positions (lot)	最高持仓日期 Highest Positions Day	最后持仓量（手） Last Positions (lot)	最后持仓日期 Last Positions Day	年末持仓量（手） Positions at the End of the Year (lot)
国际铜 Copper (BC)	INE	bc2201	755	20220104	380	20220117	--
		bc2202	1321	20220117	1035	20220215	--
		bc2203	8629	20220114	2245	20220315	--
		bc2204	11110	20220210	4245	20220415	--
		bc2205	13763	20220307	2545	20220516	--
		bc2206	13384	20220330	785	20220615	--
		bc2207	13544	20220517	615	20220715	--
		bc2208	12324	20220620	1255	20220815	--
		bc2209	17876	20220629	2060	20220915	--
		bc2210	12238	20220729	1465	20221017	--
		bc2211	10306	20220908	625	20221115	--
		bc2212	10085	20221014	1095	20221215	--
		bc2301	16798	20221111	2090	20221230	2090
		bc2302	14672	20221214	5207	20221230	5207
		bc2303	15054	20221229	14422	20221230	14422
		bc2304	848	20221230	848	20221230	848
		bc2305	508	20221230	508	20221230	508
		bc2306	4	20221223	3	20221230	3
		bc2307	0	20221026	0	20221230	0
		bc2308	0	20220928	0	20221230	0
		bc2309	1	20221117	0	20221230	0
		bc2310	0	20221230	0	20221230	0
		bc2311	0	20221230	0	20221230	0
		bc2312	0	20221230	0	20221230	0
铝 Aluminum	SHFE	al2201	57450	20220104	14945	20220117	--
		al2202	213019	20220106	16875	20220215	--
		al2203	221867	20220119	10410	20220315	--
		al2204	245472	20220303	9750	20220415	--
		al2205	242986	20220325	4045	20220516	--
		al2206	211159	20220426	6195	20220615	--
		al2207	186703	20220601	5375	20220715	--
		al2208	199162	20220627	13535	20220815	--
		al2209	180533	20220729	7990	20220915	--
		al2210	176104	20220915	15200	20221017	--
		al2211	181874	20220928	3715	20221115	--
		al2212	192403	20221031	3820	20221215	--
		al2301	227521	20221205	28309	20221230	28309

注：1.若合约最后到期日在2022年内，则最后持仓日期为合约最后交易日的前一交易日。
2.若合约最后到期日在2022年12月31日之后，则最后持仓日期为2022年12月31日。
3.最后持仓量为最后持仓日期的持仓量。
4.数据为单边。

数据来源：上海期货交易所、郑州商品交易所、大连商品交易所

Source：SHFE、ZCE、DCE

5-13　续表 1　continued

交易品种 Product	上市交易所 Listed Exchange	合约 Contract	最高持仓量（手） Highest Positions (lot)	最高持仓日期 Highest Positions Day	最后持仓量（手） Last Positions (lot)	最后持仓日期 Last Positions Day	年末持仓量（手） Positions at the End of the Year (lot)
铝 Aluminum	SHFE	al2302	168558	20221227	136749	20221230	136749
		al2303	101485	20221230	101485	20221230	101485
		al2304	37111	20221230	37111	20221230	37111
		al2305	23886	20221230	23886	20221230	23886
		al2306	12767	20221226	11891	20221230	11891
		al2307	1726	20221230	1726	20221230	1726
		al2308	946	20221228	939	20221230	939
		al2309	1555	20221227	1544	20221230	1544
		al2310	236	20221222	231	20221230	231
		al2311	288	20221227	278	20221230	278
		al2312	322	20221230	322	20221230	322
锌 Zinc	SHFE	zn2201	16335	20220104	4790	20220117	--
		zn2202	91640	20220105	7660	20220215	--
		zn2203	127914	20220121	9990	20220315	--
		zn2204	134759	20220225	7595	20220415	--
		zn2205	127416	20220413	4455	20220516	--
		zn2206	137931	20220422	8705	20220615	--
		zn2207	114540	20220607	9355	20220715	--
		zn2208	118485	20220705	5145	20220815	--
		zn2209	137240	20220811	2860	20220915	--
		zn2210	134491	20220831	7060	20221017	--
		zn2211	124500	20221014	360	20221115	--
		zn2212	124875	20221031	640	20221215	--
		zn2301	124644	20221202	10525	20221230	10525
		zn2302	92097	20221227	88026	20221230	88026
		zn2303	46054	20221230	46054	20221230	46054
		zn2304	10571	20221230	10571	20221230	10571
		zn2305	7867	20221228	7778	20221230	7778
		zn2306	3943	20221121	2105	20221230	2105
		zn2307	158	20221227	142	20221230	142
		zn2308	118	20221228	117	20221230	117
		zn2309	295	20221230	295	20221230	295
		zn2310	50	20221230	50	20221230	50
		zn2311	43	20221222	38	20221230	38
		zn2312	30	20221229	30	20221230	30
铅 Lead	SHFE	pb2201	5870	20220104	3420	20220117	--
		pb2202	49777	20220106	4800	20220215	--
		pb2203	59114	20220208	7020	20220315	--
		pb2204	58799	20220303	4435	20220415	--
		pb2205	59568	20220322	4245	20220516	--
		pb2206	60201	20220425	5005	20220615	--
		pb2207	67113	20220520	7045	20220715	--
		pb2208	59671	20220630	5560	20220815	--
		pb2209	64482	20220809	4295	20220915	--

5-13 续表 2 continued

交易品种 Product	上市交易所 Listed Exchange	合约 Contract	最高持仓量（手） Highest Positions (lot)	最高持仓日期 Highest Positions Day	最后持仓量（手） Last Positions (lot)	最后持仓日期 Last Positions Day	年末持仓量（手） Positions at the End of the Year (lot)
铅 Lead	SHFE	pb2210	65959	20220901	4885	20221017	--
		pb2211	61152	20221014	4275	20221115	--
		pb2212	65225	20221027	5660	20221215	--
		pb2301	93577	20221122	8855	20221230	8855
		pb2302	76967	20221228	71594	20221230	71594
		pb2303	52718	20221230	52718	20221230	52718
		pb2304	11013	20221230	11013	20221230	11013
		pb2305	1632	20221230	1632	20221230	1632
		pb2306	254	20221228	254	20221230	254
		pb2307	66	20220923	21	20221230	21
		pb2308	80	20220927	26	20221230	26
		pb2309	74	20221018	26	20221230	26
		pb2310	204	20221121	126	20221230	126
		pb2311	21	20221123	15	20221230	15
		pb2312	4	20221230	4	20221230	4
黄金（元/克） Gold (yuan/g)	SHFE	au2201	63	20220117	63	20220117	--
		au2202	50227	20220104	261	20220215	--
		au2203	161	20220120	36	20220315	--
		au2204	44172	20220214	36	20220415	--
		au2205	46	20220315	3	20220516	--
		au2206	161169	20220415	1053	20220615	--
		au2207	78	20220607	0	20220715	--
		au2208	78049	20220613	777	20220815	--
		au2209	49	20220823	0	20220915	--
		au2210	82654	20220721	399	20221017	--
		au2211	90	20220831	6	20221115	--
		au2212	154056	20220823	2499	20221215	--
		au2301	249	20221201	33	20221230	33
		au2302	169115	20221202	63537	20221230	63537
		au2303	36	20221222	32	20221230	32
		au2304	128439	20221230	128439	20221230	128439
		au2306	68187	20221230	68187	20221230	68187
		au2308	1207	20221230	1207	20221230	1207
		au2310	577	20221124	477	20221230	477
		au2312	1178	20221230	1178	20221230	1178
白银（元/千克） Silver (yuan/kg)	SHFE	ag2201	13564	20220104	7822	20220117	--
		ag2202	56375	20220104	12516	20220215	--
		ag2203	49808	20220104	4962	20220315	--
		ag2204	28134	20220105	7270	20220415	--
		ag2205	29555	20220107	3042	20220516	--
		ag2206	554928	20220110	18688	20220615	--
		ag2207	91394	20220513	3916	20220715	--
		ag2208	100063	20220624	6512	20220815	--

5-13 续表 3 continued

交易品种 Product	上市交易所 Listed Exchange	合约 Contract	最高持仓量(手) Highest Positions (lot)	最高持仓日期 Highest Positions Day	最后持仓量(手) Last Positions (lot)	最后持仓日期 Last Positions Day	年末持仓量(手) Positions at the End of the Year (lot)
白银(元/千克) Silver (yuan/kg)	SHFE	ag2209	142280	20220713	6514	20220915	--
		ag2210	92065	20220721	7014	20221017	--
		ag2211	58907	20220922	10816	20221115	--
		ag2212	575737	20220701	43476	20221215	--
		ag2301	187701	20221109	11290	20221230	11290
		ag2302	396093	20221214	199895	20221230	199895
		ag2303	205936	20221227	204335	20221230	204335
		ag2304	98366	20221230	98366	20221230	98366
		ag2305	20425	20221125	19481	20221230	19481
		ag2306	392686	20221230	392686	20221230	392686
		ag2307	13977	20221123	4804	20221230	4804
		ag2308	19547	20221230	19547	20221230	19547
		ag2309	17351	20221122	6983	20221230	6983
		ag2310	3027	20221123	2513	20221230	2513
		ag2311	2403	20221228	2365	20221230	2365
		ag2312	341	20221230	341	20221230	341
螺纹钢 Steel Rebar	SHFE	rb2201	19860	20220104	3240	20220117	--
		rb2202	11015	20220104	2610	20220215	--
		rb2203	16241	20220105	690	20220315	--
		rb2204	51970	20220107	840	20220415	--
		rb2205	2108560	20220225	900	20220516	--
		rb2206	20468	20220107	120	20220615	--
		rb2207	30594	20220105	870	20220715	--
		rb2208	35724	20220105	180	20220815	--
		rb2209	92264	20220301	1500	20220915	--
		rb2210	2114881	20220518	9780	20221017	--
		rb2211	107931	20220822	390	20221115	--
		rb2212	147672	20220825	510	20221215	--
		rb2301	1861216	20221031	42386	20221230	42386
		rb2302	165647	20221122	15251	20221230	15251
		rb2303	230456	20221209	93578	20221230	93578
		rb2304	171912	20221222	74933	20221230	74933
		rb2305	2002134	20221215	1931845	20221230	1931845
		rb2306	145058	20221230	145058	20221230	145058
		rb2307	110309	20221230	110309	20221230	110309
		rb2308	60928	20221124	22429	20221230	22429
		rb2309	35186	20221124	21006	20221230	21006
		rb2310	282227	20221230	282227	20221230	282227
		rb2311	12678	20221226	12665	20221230	12665
		rb2312	7557	20221229	7554	20221230	7554
不锈钢 Stainless Steel	SHFE	ss2201	4584	20220104	4428	20220117	--
		ss2202	67620	20220111	9912	20220215	--
		ss2203	78557	20220121	4908	20220315	--

5-13 续表 4 continued

交易品种 Product	上市交易所 Listed Exchange	合约 Contract	最高持仓量(手) Highest Positions (lot)	最高持仓日期 Highest Positions Day	最后持仓量(手) Last Positions (lot)	最后持仓日期 Last Positions Day	年末持仓量(手) Positions at the End of the Year (lot)
不锈钢 Stainless Steel	SHFE	ss2204	63682	20220222	8580	20220415	--
		ss2205	63076	20220331	4416	20220516	--
		ss2206	66429	20220506	1320	20220615	--
		ss2207	60079	20220608	684	20220715	--
		ss2208	52813	20220628	504	20220815	--
		ss2209	67426	20220805	1320	20220915	--
		ss2210	79034	20220909	636	20221017	--
		ss2211	75816	20220927	2616	20221115	--
		ss2212	87370	20221027	5064	20221215	--
		ss2301	84193	20221209	10935	20221230	10935
		ss2302	73509	20221223	65660	20221230	65660
		ss2303	30775	20221230	30775	20221230	30775
		ss2304	3191	20221230	3191	20221230	3191
		ss2305	1977	20221216	1189	20221230	1189
		ss2306	184	20221206	86	20221230	86
		ss2307	194	20221219	172	20221230	172
		ss2308	337	20221202	286	20221230	286
		ss2309	1438	20221228	943	20221230	943
		ss2310	202	20221202	140	20221230	140
		ss2311	270	20221230	270	20221230	270
		ss2312	54	20221230	54	20221230	54
线材 Steel Wire Rod	SHFE	wr2201	0	20220117	0	20220117	--
		wr2202	120	20220124	0	20220215	--
		wr2203	1	20220118	0	20220315	--
		wr2204	2	20220225	0	20220415	--
		wr2205	64	20220317	0	20220516	--
		wr2206	3	20220411	0	20220615	--
		wr2207	0	20220715	0	20220715	--
		wr2208	0	20220812	0	20220815	--
		wr2209	2	20220518	0	20220915	--
		wr2210	68	20220712	0	20221017	--
		wr2211	2	20220914	0	20221115	--
		wr2212	2	20220824	0	20221215	--
		wr2301	50	20221128	0	20221230	0
		wr2302	9	20221121	1	20221230	1
		wr2303	5	20220822	0	20221230	0
		wr2304	2	20220907	0	20221230	0
		wr2305	23	20220808	11	20221230	11
		wr2306	1	20220901	0	20221230	0
		wr2307	2	20221122	0	20221230	0
		wr2308	2	20221227	0	20221230	0
		wr2309	0	20221216	0	20221230	0
		wr2310	0	20221228	0	20221230	0
		wr2311	0	20221216	0	20221230	0
		wr2312	0	20221230	0	20221230	0

5-13 续表 5 continued

交易品种 Product	上市交易所 Listed Exchange	合约 Contract	最高持仓量(手) Highest Positions (lot)	最高持仓日期 Highest Positions Day	最后持仓量(手) Last Positions (lot)	最后持仓日期 Last Positions Day	年末持仓量(手) Positions at the End of the Year (lot)
热轧卷板 Hot Rolled Coils	SHFE	hc2201	11310	20220104	6300	20220117	--
		hc2202	5220	20220211	5220	20220215	--
		hc2203	9870	20220302	9810	20220315	--
		hc2204	41965	20220105	6690	20220415	--
		hc2205	930459	20220303	7470	20220516	--
		hc2206	11894	20220225	870	20220615	--
		hc2207	18756	20220225	990	20220715	--
		hc2208	33056	20220308	1290	20220815	--
		hc2209	48077	20220322	8100	20220915	--
		hc2210	912370	20220715	16170	20221017	--
		hc2211	50607	20220720	1110	20221115	--
		hc2212	57027	20220915	210	20221215	--
		hc2301	921116	20221028	25908	20221230	25908
		hc2302	60859	20221116	4030	20221230	4030
		hc2303	74044	20221025	19872	20221230	19872
		hc2304	40282	20221222	13061	20221230	13061
		hc2305	814945	20221230	814945	20221230	814945
		hc2306	43716	20221230	43716	20221230	43716
		hc2307	48496	20221230	48496	20221230	48496
		hc2308	6163	20221216	4334	20221230	4334
		hc2309	16824	20221114	5532	20221230	5532
		hc2310	83508	20221228	82586	20221230	82586
		hc2311	2055	20221219	1999	20221230	1999
		hc2312	2	20221226	2	20221230	2
锡 Tin	SHFE	sn2201	5398	20220104	2100	20220117	--
		sn2202	44449	20220105	1200	20220215	--
		sn2203	41993	20220127	1458	20220315	--
		sn2204	14642	20220224	1458	20220415	--
		sn2205	40275	20220307	1778	20220516	--
		sn2206	35437	20220513	1546	20220615	--
		sn2207	39712	20220608	1602	20220715	--
		sn2208	56271	20220629	1174	20220815	--
		sn2209	63136	20220729	1096	20220915	--
		sn2210	44196	20220902	854	20221017	--
		sn2211	44950	20220928	1302	20221115	--
		sn2212	52681	20221021	2510	20221215	--
		sn2301	60331	20221205	4092	20221230	4092
		sn2302	53440	20221228	47904	20221230	47904
		sn2303	24072	20221229	23991	20221230	23991
		sn2304	3440	20221230	3440	20221230	3440
		sn2305	7942	20221229	7825	20221230	7825

5-13 续表 6 continued

交易品种 Product	上市交易所 Listed Exchange	合约 Contract	最高持仓量(手) Highest Positions (lot)	最高持仓日期 Highest Positions Day	最后持仓量(手) Last Positions (lot)	最后持仓日期 Last Positions Day	年末持仓量(手) Positions at the End of the Year (lot)
锡 Tin	SHFE	sn2306	555	20221017	65	20221230	65
		sn2307	3314	20221230	3314	20221230	3314
		sn2308	166	20221110	86	20221230	86
		sn2309	814	20221223	793	20221230	793
		sn2310	458	20221230	458	20221230	458
		sn2311	276	20221230	276	20221230	276
		sn2312	79	20221230	79	20221230	79
镍 Nickel	SHFE	ni2201	4548	20220104	1218	20220117	--
		ni2202	181438	20220111	2214	20220215	--
		ni2203	153379	20220126	3174	20220315	--
		ni2204	157981	20220225	1410	20220415	--
		ni2205	84923	20220307	1158	20220516	--
		ni2206	63220	20220513	1434	20220615	--
		ni2207	64202	20220608	618	20220715	--
		ni2208	91187	20220715	1872	20220815	--
		ni2209	96944	20220801	1152	20220915	--
		ni2210	92242	20220909	1842	20221017	--
		ni2211	69224	20220929	1386	20221115	--
		ni2212	93742	20221110	1380	20221215	--
		ni2301	92162	20221208	7784	20221230	7784
		ni2302	84087	20221227	77678	20221230	77678
		ni2303	40456	20221230	40456	20221230	40456
		ni2304	6832	20221230	6832	20221230	6832
		ni2305	6401	20221230	6401	20221230	6401
		ni2306	1553	20220801	635	20221230	635
		ni2307	2125	20220921	66	20221230	66
		ni2308	1570	20221111	102	20221230	102
		ni2309	88	20221208	77	20221230	77
		ni2310	129	20221128	118	20221230	118
		ni2311	19	20221230	19	20221230	19
		ni2312	16	20221230	16	20221230	16
铜 Copper	SHFE	cu2201	32450	20220104	1970	20220117	--
		cu2202	128210	20220105	9090	20220215	--
		cu2203	157385	20220210	4960	20220315	--
		cu2204	156329	20220307	6400	20220415	--
		cu2205	166961	20220330	3650	20220516	--
		cu2206	156541	20220512	2160	20220615	--
		cu2207	154944	20220609	1265	20220715	--
		cu2208	164552	20220706	795	20220815	--
		cu2209	164183	20220805	950	20220915	--
		cu2210	167757	20220902	9550	20221017	--
		cu2211	172003	20221014	8240	20221115	--
		cu2212	204380	20221109	4740	20221215	--

5-13 续表 7 continued

交易品种 Product	上市交易所 Listed Exchange	合约 Contract	最高持仓量（手） Highest Positions (lot)	最高持仓日期 Highest Positions Day	最后持仓量（手） Last Positions (lot)	最后持仓日期 Last Positions Day	年末持仓量（手） Positions at the End of the Year (lot)
铜 Copper	SHFE	cu2301	151706	20221201	45261	20221230	45261
		cu2302	104321	20221229	99641	20221230	99641
		cu2303	134341	20221230	134341	20221230	134341
		cu2304	48888	20221230	48888	20221230	48888
		cu2305	29173	20221230	29173	20221230	29173
		cu2306	19147	20221230	19147	20221230	19147
		cu2307	7478	20221230	7478	20221230	7478
		cu2308	10006	20221208	6302	20221230	6302
		cu2309	3123	20221230	3123	20221230	3123
		cu2310	1921	20221228	1917	20221230	1917
		cu2311	1480	20221226	1455	20221230	1455
		cu2312	401	20221230	401	20221230	401
铁矿石 Iron Ore	DCE	i2201	14961	20220104	13182	20220114	0
		i2202	58937	20220104	1400	20220217	0
		i2203	105161	20220106	746	20220311	0
		i2204	88124	20220125	900	20220415	0
		i2205	664805	20220112	238	20220517	0
		i2206	96778	20220218	155	20220614	0
		i2207	89564	20220428	0	20220713	0
		i2208	90624	20220512	1272	20220811	0
		i2209	732944	20220602	3421	20220914	0
		i2210	84194	20220721	1502	20221020	0
		i2211	78617	20220720	1	20221111	0
		i2212	87587	20221020	403	20221213	0
		i2301	793167	20221020	8491	20221230	8491
		i2302	116443	20221222	102305	20221230	102305
		i2303	90209	20221230	90209	20221230	90209
		i2304	66181	20221227	66030	20221230	66030
		i2305	885333	20221229	881643	20221230	881643
		i2306	39927	20221227	39926	20221230	39926
		i2307	20147	20221226	19055	20221230	19055
		i2308	14530	20221227	13731	20221230	13731
		i2309	80663	20221230	80663	20221230	80663
		i2310	9125	20221227	8975	20221230	8975
		i2311	1883	20221226	1771	20221230	1771
		i2312	500	20221230	500	20221230	500
硅铁 Ferrosilicon	ZCE	SF2201	3653	20220104	1432	20220114	0
		SF2202	10879	20220104	574	20220217	0
		SF2203	31107	20220107	4270	20220311	0
		SF2204	36131	20220128	1072	20220415	0
		SF2205	139194	20220321	1898	20220517	0
		SF2206	52997	20220225	2156	20220614	0
		SF2207	51580	20220429	2242	20220713	0

5-13 续表 8 continued

交易品种 Product	上市交易所 Listed Exchange	合约 Contract	最高持仓量（手） Highest Positions (lot)	最高持仓日期 Highest Positions Day	最后持仓量（手） Last Positions (lot)	最后持仓日期 Last Positions Day	年末持仓量（手） Positions at the End of the Year (lot)
硅铁 Ferrosilicon	ZCE	SF2208	75647	20220531	2102	20220811	0
		SF2209	182567	20220704	5074	20220914	0
		SF2210	153082	20220826	2384	20221020	0
		SF2211	186058	20220922	2951	20221111	0
		SF2212	130759	20221014	2756	20221213	0
		SF2301	210215	20221118	10480	20221230	10480
		SF2302	120358	20221102	41303	20221230	41303
		SF2303	180048	20221230	180048	20221230	180048
		SF2304	64832	20221230	64832	20221230	64832
		SF2305	98427	20221215	80328	20221230	80328
		SF2306	11776	20221230	11776	20221230	11776
		SF2307	1869	20221229	1776	20221230	1776
		SF2308	1508	20221221	988	20221230	988
		SF2309	4241	20221229	4146	20221230	4146
		SF2310	216	20221123	200	20221230	200
		SF2311	36	20221209	11	20221230	11
		SF2312	61	20221229	60	20221230	60
锰硅 Manganese Silicon	ZCE	SM2201	7500	20220104	5043	20220114	0
		SM2202	14220	20220104	1392	20220217	0
		SM2203	39108	20220114	6248	20220311	0
		SM2204	45842	20220126	2456	20220415	0
		SM2205	174891	20220121	7570	20220517	0
		SM2206	67254	20220303	4800	20220614	0
		SM2207	46843	20220429	3409	20220713	0
		SM2208	70794	20220531	6085	20220811	0
		SM2209	190889	20220624	10541	20220914	0
		SM2210	62258	20220706	3716	20221020	0
		SM2211	88783	20220913	556	20221111	0
		SM2212	89719	20221011	2939	20221213	0
		SM2301	223298	20221101	2503	20221230	2503
		SM2302	111815	20221101	23648	20221230	23648
		SM2303	91431	20221230	91431	20221230	91431
		SM2304	41526	20221230	41526	20221230	41526
		SM2305	179316	20221230	179316	20221230	179316
		SM2306	2792	20221230	2792	20221230	2792
		SM2307	316	20221230	316	20221230	316
		SM2308	1269	20221230	1269	20221230	1269
		SM2309	2297	20221230	2297	20221230	2297
		SM2310	706	20221223	700	20221230	700
		SM2311	31	20221230	31	20221230	31
		SM2312	2	20221223	1	20221230	1

5-14 2022年能源、化工及其他期货持仓情况
Positions of Energy & Chemical Products & Others in 2022

交易品种 Product	上市交易所 Listed Exchange	合约 Contract	最高持仓量(手) Highest Positions (lot)	最高持仓日期 Highest Positions Day	最后持仓量(手) Last Positions (lot)	最后持仓日期 Last Positions Day	年末持仓量(手) Positions at the End of the Year (lot)
苯乙烯 Ethenyl Benzene	DCE	eb2201	698	20220104	0	20220124	0
		eb2202	134719	20220104	220	20220222	0
		eb2203	161271	20220126	295	20220325	0
		eb2204	120986	20220225	74	20220425	0
		eb2205	148015	20220324	0	20220525	0
		eb2206	152981	20220506	300	20220624	0
		eb2207	247171	20220606	1030	20220725	0
		eb2208	150839	20220624	811	20220825	0
		eb2209	172946	20220725	580	20220926	0
		eb2210	220319	20220907	1150	20221025	0
		eb2211	174452	20220923	962	20221124	0
		eb2212	186432	20221031	205	20221226	0
		eb2301	158343	20221125	2598	20221230	2598
		eb2302	216242	20221227	206174	20221230	206174
		eb2303	49526	20221230	49526	20221230	49526
		eb2304	10382	20221227	9654	20221230	9654
		eb2305	8248	20221228	7813	20221230	7813
		eb2306	1007	20220708	250	20221230	250
		eb2307	58	20221209	58	20221230	58
		eb2308	37	20221208	29	20221230	29
		eb2309	40	20221207	26	20221230	26
		eb2310	24	20221207	14	20221230	14
		eb2311	4	20221209	2	20221230	2
		eb2312	1	20221228	1	20221230	1
乙二醇 Ethylene Glycol	DCE	eg2201	6245	20220104	700	20220124	0
		eg2202	44931	20220104	0	20220222	0
		eg2203	74975	20220121	71	20220325	0
		eg2204	72902	20220216	4	20220425	0
		eg2205	329881	20220228	2	20220525	0
		eg2206	98632	20220418	0	20220624	0
		eg2207	78384	20220513	1	20220725	0
		eg2208	75867	20220610	1	20220825	0
		eg2209	429771	20220629	8	20220926	0
		eg2210	77070	20220728	0	20221025	0
		eg2211	67102	20220921	0	20221124	0
		eg2212	58660	20221021	0	20221226	0
		eg2301	494435	20221101	9341	20221230	9341

注：1.若合约最后到期日在2022年内，则最后持仓日期为合约最后交易日的前一交易日。
2.若合约最后到期日在2022年12月31日之后，则最后持仓日期为2022年12月31日。
3.最后持仓量为最后持仓日期的持仓量。
4.数据为单边。

数据来源：上海期货交易所、郑州商品交易所、大连商品交易所

Source: SHFE、ZCE、DCE

5-14 续表 1 continued

交易品种 Product	上市 交易所 Listed Exchange	合约 Contract	最高持仓量 (手) Highest Positions (lot)	最高持仓 日期 Highest Positions Day	最后持仓量 (手) Last Positions (lot)	最后持仓 日期 Last Positions Day	年末持仓量 (手) Positions at the End of the Year (lot)
乙二醇 Ethylene Glycol	DCE	eg2302	72742	20221220	62372	20221230	62372
		eg2303	55751	20221230	55751	20221230	55751
		eg2304	37555	20221230	37555	20221230	37555
		eg2305	319570	20221223	296325	20221230	296325
		eg2306	22312	20221230	22312	20221230	22312
		eg2307	16894	20221207	16049	20221230	16049
		eg2308	7841	20221230	7841	20221230	7841
		eg2309	3032	20221229	3022	20221230	3022
		eg2310	40	20221122	32	20221230	32
		eg2311	18	20221229	17	20221230	17
		eg2312	0	20221228	0	20221230	0
焦炭 Coke	DCE	j2201	503	20220104	136	20220114	0
		j2202	19	20220120	0	20220217	0
		j2203	55	20220120	20	20220311	0
		j2204	59	20220104	0	20220415	0
		j2205	43103	20220223	54	20220517	0
		j2206	57	20220125	0	20220614	0
		j2207	74	20220106	0	20220713	0
		j2208	47	20220104	0	20220811	0
		j2209	35662	20220622	20	20220914	0
		j2210	34	20220111	0	20221020	0
		j2211	38	20220831	0	20221111	0
		j2212	25	20221013	0	20221213	0
		j2301	41737	20221020	1102	20221230	1102
		j2302	7	20220928	1	20221230	1
		j2303	9	20221221	9	20221230	9
		j2304	7	20220817	6	20221230	6
		j2305	29560	20221223	28757	20221230	28757
		j2306	22	20220825	18	20221230	18
		j2307	1	20220804	1	20221230	1
		j2308	2	20221226	1	20221230	1
		j2309	1322	20221223	1300	20221230	1300
		j2310	22	20221202	22	20221230	22
		j2311	0	20221115	0	20221230	0
		j2312	0	20221215	0	20221230	0
焦煤 Coking Coal	DCE	jm2201	3441	20220104	2209	20220114	0
		jm2202	35	20220104	0	20220217	0
		jm2203	57	20220104	1	20220311	0
		jm2204	61	20220104	0	20220415	0
		jm2205	55136	20220223	101	20220517	0
		jm2206	76	20220119	0	20220614	0
		jm2207	90	20220104	0	20220713	0
		jm2208	64	20220107	0	20220811	0
		jm2209	55679	20220721	101	20220914	0

5-14 续表 2 continued

交易品种 Product	上市交易所 Listed Exchange	合约 Contract	最高持仓量(手) Highest Positions (lot)	最高持仓日期 Highest Positions Day	最后持仓量(手) Last Positions (lot)	最后持仓日期 Last Positions Day	年末持仓量(手) Positions at the End of the Year (lot)
焦煤 Coking Coal	DCE	jm2210	39	20220104	0	20221020	0
		jm2211	10	20220104	0	20221111	0
		jm2212	10	20221018	4	20221213	0
		jm2301	68568	20220927	527	20221230	527
		jm2302	21	20221228	21	20221230	21
		jm2303	6	20220801	5	20221230	5
		jm2304	17	20221230	17	20221230	17
		jm2305	75022	20221219	73520	20221230	73520
		jm2306	37	20220901	13	20221230	13
		jm2307	4	20221018	1	20221230	1
		jm2308	2	20221117	0	20221230	0
		jm2309	3286	20221230	3286	20221230	3286
		jm2310	9	20221118	4	20221230	4
		jm2311	4	20221122	2	20221230	2
		jm2312	53	20221230	53	20221230	53
聚乙烯 LLDPE	DCE	l2201	3755	20220104	2291	20220114	0
		l2202	68436	20220104	1847	20220217	0
		l2203	115319	20220113	1024	20220311	0
		l2204	107086	20220215	673	20220415	0
		l2205	339561	20220223	1714	20220517	0
		l2206	127146	20220322	619	20220614	0
		l2207	109993	20220512	1826	20220713	0
		l2208	114438	20220613	494	20220811	0
		l2209	395965	20220614	2271	20220914	0
		l2210	121505	20220719	1470	20221020	0
		l2211	100794	20220902	1388	20221111	0
		l2212	84670	20221020	467	20221213	0
		l2301	456464	20221021	3132	20221230	3132
		l2302	110549	20221219	72267	20221230	72267
		l2303	101027	20221228	97571	20221230	97571
		l2304	75597	20221228	73549	20221230	73549
		l2305	358031	20221222	338777	20221230	338777
		l2306	45073	20221230	45073	20221230	45073
		l2307	23377	20221229	23199	20221230	23199
		l2308	14354	20221230	14354	20221230	14354
		l2309	4753	20221230	4753	20221230	4753
		l2310	51	20221230	51	20221230	51
		l2311	14	20221228	14	20221230	14
		l2312	7	20221223	4	20221230	4
液化石油气 Liquefied Petroleum Gas	DCE	pg2201	2121	20220104	595	20220124	0
		pg2202	69926	20220104	717	20220222	0
		pg2203	88325	20220125	10	20220325	0
		pg2204	61930	20220224	1229	20220425	0
		pg2205	74772	20220324	0	20220525	0

5-14 续表 3 continued

交易品种 Product	上市 交易所 Listed Exchange	合约 Contract	最高持仓量 (手) Highest Positions (lot)	最高持仓 日期 Highest Positions Day	最后持仓量 (手) Last Positions (lot)	最后持仓 日期 Last Positions Day	年末持仓量 (手) Positions at the End of the Year (lot)
液化石油气 Liquefied Petroleum Gas	DCE	pg2206	63699	20220427	0	20220624	0
		pg2207	72560	20220527	8	20220725	0
		pg2208	68194	20220629	0	20220825	0
		pg2209	72965	20220726	0	20220926	0
		pg2210	94627	20220830	956	20221025	0
		pg2211	83882	20220927	26	20221124	0
		pg2212	74838	20221103	0	20221226	0
		pg2301	77929	20221207	1216	20221230	1216
		pg2302	82364	20221230	82364	20221230	82364
		pg2303	33163	20221230	33163	20221230	33163
		pg2304	14088	20221230	14088	20221230	14088
		pg2305	7957	20221230	7957	20221230	7957
		pg2306	501	20220707	101	20221230	101
		pg2307	26	20221229	26	20221230	26
		pg2308	368	20221230	368	20221230	368
		pg2309	875	20221230	875	20221230	875
		pg2310	413	20221230	413	20221230	413
		pg2311	11	20221230	11	20221230	11
		pg2312	1	20221230	1	20221230	1
聚丙烯 PP	DCE	pp2201	9570	20220104	6266	20220114	0
		pp2202	52473	20220104	1243	20220217	0
		pp2203	110930	20220112	1541	20220311	0
		pp2204	120077	20220218	222	20220415	0
		pp2205	384839	20220303	3740	20220517	0
		pp2206	137820	20220323	979	20220614	0
		pp2207	113162	20220516	323	20220713	0
		pp2208	121453	20220615	825	20220811	0
		pp2209	439548	20220608	1989	20220914	0
		pp2210	116564	20220707	1751	20221020	0
		pp2211	103051	20220906	1166	20221111	0
		pp2212	88581	20221020	1168	20221213	0
		pp2301	595558	20221031	13256	20221230	13256
		pp2302	108764	20221226	94224	20221230	94224
		pp2303	106933	20221230	106933	20221230	106933
		pp2304	83953	20221230	83953	20221230	83953
		pp2305	401460	20221223	386888	20221230	386888
		pp2306	54856	20221230	54856	20221230	54856
		pp2307	25974	20221230	25974	20221230	25974
		pp2308	14699	20221230	14699	20221230	14699
		pp2309	11032	20221230	11032	20221230	11032
		pp2310	70	20221216	51	20221230	51
		pp2311	34	20221227	33	20221230	33
		pp2312	13	20221226	13	20221230	13

5-14 续表 4 continued

交易品种 Product	上市交易所 Listed Exchange	合约 Contract	最高持仓量(手) Highest Positions (lot)	最高持仓日期 Highest Positions Day	最后持仓量(手) Last Positions (lot)	最后持仓日期 Last Positions Day	年末持仓量(手) Positions at the End of the Year (lot)
聚氯乙烯 PVC	DCE	v2201	13182	20220104	12969	20220114	0
		v2202	68254	20220104	8165	20220217	0
		v2203	116371	20220111	5406	20220311	0
		v2204	115837	20220215	3500	20220415	0
		v2205	457581	20220210	4651	20220517	0
		v2206	141943	20220324	981	20220614	0
		v2207	130907	20220513	1448	20220713	0
		v2208	128713	20220602	2431	20220811	0
		v2209	636149	20220712	17585	20220914	0
		v2210	140780	20220708	3862	20221020	0
		v2211	121582	20220906	1152	20221111	0
		v2212	136092	20221018	1380	20221213	0
		v2301	932929	20221017	11474	20221230	11474
		v2302	237426	20221214	189714	20221230	189714
		v2303	206579	20221230	206579	20221230	206579
		v2304	146123	20221230	146123	20221230	146123
		v2305	640380	20221230	640380	20221230	640380
		v2306	66937	20221230	66937	20221230	66937
		v2307	29258	20221230	29258	20221230	29258
		v2308	12514	20221230	12514	20221230	12514
		v2309	46625	20221230	46625	20221230	46625
		v2310	811	20221230	811	20221230	811
		v2311	868	20221223	860	20221230	860
		v2312	146	20221229	143	20221230	143
玻璃 Glass	ZCE	FG2201	1521	20220104	45	20220114	0
		FG2202	4068	20220104	1038	20220217	0
		FG2203	6860	20220107	338	20220311	0
		FG2204	2668	20220207	808	20220415	0
		FG2205	285230	20220121	733	20220517	0
		FG2206	8053	20220113	659	20220614	0
		FG2207	19925	20220111	100	20220713	0
		FG2208	57095	20220104	471	20220811	0
		FG2209	1127307	20220614	881	20220914	0
		FG2210	8801	20220616	781	20221020	0
		FG2211	28276	20220223	262	20221111	0
		FG2212	21133	20220414	1028	20221213	0
		FG2301	1050074	20220830	3214	20221230	3214
		FG2302	116444	20220907	43797	20221230	43797
		FG2303	107383	20221230	107383	20221230	107383
		FG2304	63367	20221230	63367	20221230	63367
		FG2305	756372	20221229	737429	20221230	737429
		FG2306	16307	20221220	14613	20221230	14613
		FG2307	8037	20221230	8037	20221230	8037
		FG2308	6204	20221021	5626	20221230	5626
		FG2309	100563	20221230	100563	20221230	100563

5-14 续表 5 continued

交易品种 Product	上市交易所 Listed Exchange	合约 Contract	最高持仓量(手) Highest Positions (lot)	最高持仓日期 Highest Positions Day	最后持仓量(手) Last Positions (lot)	最后持仓日期 Last Positions Day	年末持仓量(手) Positions at the End of the Year (lot)
玻璃 Glass	ZCE	FG2310	3473	20221230	3473	20221230	3473
		FG2311	2027	20221230	2027	20221230	2027
		FG2312	9017	20221230	9017	20221230	9017
甲醇 Methanol	ZCE	MA2201	3423	20220104	1905	20220114	0
		MA2202	112878	20220104	3891	20220217	0
		MA2203	224762	20220113	1794	20220311	0
		MA2204	311472	20220126	512	20220415	0
		MA2205	1038485	20220121	1375	20220517	0
		MA2206	331453	20220224	838	20220614	0
		MA2207	193295	20220427	1638	20220713	0
		MA2208	391044	20220531	2773	20220811	0
		MA2209	1245856	20220711	4633	20220914	0
		MA2210	373168	20220718	725	20221020	0
		MA2211	526875	20220831	1962	20221111	0
		MA2212	364191	20220920	1353	20221213	0
		MA2301	1354472	20220916	2798	20221230	2798
		MA2302	522346	20221031	276028	20221230	276028
		MA2303	373783	20221201	355305	20221230	355305
		MA2304	146156	20221129	39512	20221230	39512
		MA2305	1102314	20221223	1053011	20221230	1053011
		MA2306	38431	20221223	37778	20221230	37778
		MA2307	29342	20221228	26255	20221230	26255
		MA2308	29227	20221228	26676	20221230	26676
		MA2309	63181	20221230	63181	20221230	63181
		MA2310	4307	20221226	4286	20221230	4286
		MA2311	7890	20221230	7890	20221230	7890
		MA2312	12958	20221230	12958	20221230	12958
短纤 Polyester Staple Fiber	ZCE	PF2201	5680	20220104	5086	20220114	0
		PF2202	11426	20220104	2581	20220217	0
		PF2203	51857	20220110	314	20220311	0
		PF2204	61818	20220128	434	20220415	0
		PF2205	126013	20220309	2257	20220517	0
		PF2206	100697	20220421	405	20220614	0
		PF2207	120056	20220517	46	44755	0
		PF2208	117669	20220608	363	20220811	0
		PF2209	177566	20220610	156	20220914	0
		PF2210	366504	20220826	222	20221020	0
		PF2211	386687	20220907	4744	20221111	0
		PF2212	306499	20221019	1000	20221213	0
		PF2301	96736	20221118	999	20221230	999
		PF2302	262190	20221222	219551	20221230	219551
		PF2303	266681	20221230	266681	20221230	266681
		PF2304	114196	20221230	114196	20221230	114196
		PF2305	72231	20221228	67120	20221230	67120

5-14 续表 6 continued

交易品种 Product	上市交易所 Listed Exchange	合约 Contract	最高持仓量（手）Highest Positions (lot)	最高持仓日期 Highest Positions Day	最后持仓量（手）Last Positions (lot)	最后持仓日期 Last Positions Day	年末持仓量（手）Positions at the End of the Year (lot)
短纤 Polyester Staple Fiber	ZCE	PF2306	10504	20221230	10504	20221230	10504
		PF2307	1402	20220830	654	20221230	654
		PF2308	651	20221229	649	20221230	649
		PF2309	4616	20221229	4611	20221230	4611
		PF2310	207	20221207	140	20221230	140
		PF2311	36	20221208	22	20221230	22
		PF2312	6	20221219	4	20221230	4
纯碱 Soda Ash	ZCE	SA2201	3228	20220104	974	20220114	0
		SA2202	3165	20220126	1025	20220217	0
		SA2203	29666	20220121	693	20220311	0
		SA2204	83533	20220127	1745	20220415	0
		SA2205	566788	20220210	1847	20220517	0
		SA2206	67952	20220329	5220	20220614	0
		SA2207	60562	20220428	2452	20220713	0
		SA2208	30625	20220609	1936	20220811	0
		SA2209	710699	20220412	1533	20220914	0
		SA2210	93417	20220627	3110	20221020	0
		SA2211	96175	20220921	595	20221111	0
		SA2212	97065	20221013	693	20221213	0
		SA2301	677442	20221124	7330	20221230	7330
		SA2302	91782	20221108	50828	20221230	50828
		SA2303	135987	20221229	129893	20221230	129893
		SA2304	42318	20221230	42318	20221230	42318
		SA2305	791194	20221216	679233	20221230	679233
		SA2306	8260	20220915	5610	20221230	5610
		SA2307	11336	20221230	11336	20221230	11336
		SA2308	8053	20221227	7146	20221230	7146
		SA2309	112359	20221214	108466	20221230	108466
		SA2310	5737	20221221	5557	20221230	5557
		SA2311	16926	20221219	14914	20221230	14914
		SA2312	3971	20221230	3971	20221230	3971
PTA	ZCE	TA2201	54868	20220104	18946	20220114	0
		TA2202	171386	20220104	5525	20220217	0
		TA2203	443133	20220106	22017	20220311	0
		TA2204	406979	20220126	8557	44666	0
		TA2205	1283909	20220114	17171	20220517	0
		TA2206	456939	20220301	8833	20220614	0
		TA2207	330865	20220427	21275	20220713	0
		TA2208	506526	20220531	6478	20220811	0
		TA2209	1598958	20220610	64006	20220914	0
		TA2210	500404	20220706	12846	20221020	0
		TA2211	638564	20220831	16969	20221111	0
		TA2212	487893	20220927	10105	20221213	0
		TA2301	1326514	20220905	47726	20221230	47726

5-14 续表 7 continued

交易品种 Product	上市 交易所 Listed Exchange	合约 Contract	最高持仓量 (手) Highest Positions (lot)	最高持仓 日期 Highest Positions Day	最后持仓量 (手) Last Positions (lot)	最后持仓 日期 Last Positions Day	年末持仓量 (手) Positions at the End of the Year (lot)
PTA	ZCE	TA2302	711952	20221031	245861	20221230	245861
		TA2303	694547	20221230	694547	20221230	694547
		TA2304	298381	20221230	298381	20221230	298381
		TA2305	1441734	20221229	1410278	20221230	1410278
		TA2306	50308	20221230	50308	20221230	50308
		TA2307	92008	20221230	92008	20221230	92008
		TA2308	81881	20221221	71140	20221230	71140
		TA2309	173978	20221230	173978	20221230	173978
		TA2310	19946	20221226	19801	20221230	19801
		TA2311	6804	20221230	6804	20221230	6804
		TA2312	5141	20221230	5141	20221230	5141
尿素 Urea	ZCE	UR2201	4185	20220104	2727	20220114	0
		UR2202	697	20220111	348	20220217	0
		UR2203	2523	20220112	625	20220311	0
		UR2204	452	20220211	26	20220415	0
		UR2205	101776	20220222	1201	20220517	0
		UR2206	2517	20220418	141	20220614	0
		UR2207	5679	20220127	443	20220713	0
		UR2208	8643	20220301	210	20220811	0
		UR2209	130515	20220428	1232	20220914	0
		UR2210	2937	20220513	321	20221020	0
		UR2211	4199	20220706	96	20221111	0
		UR2212	14220	20220608	544	20221213	0
		UR2301	149440	20221124	4427	20221230	4427
		UR2302	45876	20221108	21196	20221230	21196
		UR2303	52033	20221230	52033	20221230	52033
		UR2304	44338	20221230	44338	20221230	44338
		UR2305	118523	20221229	118507	20221230	118507
		UR2306	2618	20221228	2428	20221230	2428
		UR2307	1321	20221220	1069	20221230	1069
		UR2308	1522	20221228	1521	20221230	1521
		UR2309	6824	20221125	4917	20221230	4917
		UR2310	263	20221222	229	20221230	229
		UR2311	1470	20221228	1456	20221230	1456
		UR2312	301	20221230	301	20221230	301
动力煤 Thermal Coal	ZCE	ZC2201	205	20220105	201	20220107	0
		ZC2202	334	20220104	72	20220210	0
		ZC2203	700	20220104	0	20220304	0
		ZC2204	96	20220106	0	20220408	0
		ZC2205	30034	20220120	45	20220510	0
		ZC2206	106	20220104	0	20220607	0
		ZC2207	119	20220111	22	20220706	0
		ZC2208	34	20220104	0	20220804	0
		ZC2209	2898	20220112	0	20220906	0

5-14 续表 8 continued

交易品种 Product	上市交易所 Listed Exchange	合约 Contract	最高持仓量（手）Highest Positions (lot)	最高持仓日期 Highest Positions Day	最后持仓量（手）Last Positions (lot)	最后持仓日期 Last Positions Day	年末持仓量（手）Positions at the End of the Year (lot)
动力煤 Thermal Coal	ZCE	ZC2210	296	20220105	0	20221013	0
		ZC2211	25	20220117	0	20221104	0
		ZC2212	13	20220217	0	20221206	0
		ZC2301	65	20220308	0	20221230	0
		ZC2302	0	20221230	0	20221230	0
		ZC2303	0	20221230	0	20221230	0
		ZC2304	0	20221230	0	20221230	0
		ZC2305	0	20221230	0	20221230	0
		ZC2306	0	20221230	0	20221230	0
		ZC2307	0	20221230	0	20221230	0
		ZC2308	0	20221230	0	20221230	0
		ZC2309	0	20221230	0	20221230	0
		ZC2310	0	20221230	0	20221230	0
		ZC2311	0	20221230	0	20221230	0
		ZC2312	0	20221230	0	20221230	0
石油沥青 Bitumen	SHFE	bu2201	3020	20220110	2834	20220117	--
		bu2202	15793	20220104	3750	20220215	--
		bu2203	68483	20220107	8414	20220315	--
		bu2204	43221	20220113	2457	20220415	--
		bu2205	66665	20220121	3163	20220516	--
		bu2206	568372	20220120	12992	20220615	--
		bu2207	70863	20220412	1573	20220715	--
		bu2208	51091	20220511	1449	20220815	--
		bu2209	621038	20220530	2260	20220915	--
		bu2210	57805	20220718	1276	20221017	--
		bu2211	93258	20220819	927	20221115	--
		bu2212	493108	20220818	439	20221215	--
		bu2301	342084	20221111	7518	20221230	7518
		bu2302	174122	20221208	48075	20221230	48075
		bu2303	143244	20221228	138682	20221230	138682
		bu2304	56207	20221230	56207	20221230	56207
		bu2305	5442	20221229	5359	20221230	5359
		bu2306	408386	20221229	407594	20221230	407594
		bu2307	8558	20221230	8558	20221230	8558
		bu2308	9950	20221220	6941	20221230	6941
		bu2309	44435	20221129	33214	20221230	33214
		bu2310	3417	20221230	3417	20221230	3417
		bu2311	1212	20221221	1207	20221230	1207
		bu2312	21427	20220708	7505	20221230	7505
		bu2403	10673	20220801	3217	20221230	3217
		bu2406	7141	20221109	1522	20221230	1522
		bu2409	5096	20221214	3803	20221230	3803
		bu2412	5	20221230	5	20221230	5

5-14 续表 9 continued

交易品种 Product	上市交易所 Listed Exchange	合约 Contract	最高持仓量（手） Highest Positions (lot)	最高持仓日期 Highest Positions Day	最后持仓量（手） Last Positions (lot)	最后持仓日期 Last Positions Day	年末持仓量（手） Positions at the End of the Year (lot)
燃料油 Fuel Oil	SHFE	fu2202	813	20220105	196	20220121	--
		fu2203	1116	20220107	20	20220228	--
		fu2204	6043	20220106	35	20220331	--
		fu2205	413098	20220119	197	20220429	--
		fu2206	12065	20220105	1	20220531	--
		fu2207	14534	20220105	1	20220630	--
		fu2208	13253	20220105	3	20220729	--
		fu2209	465491	20220609	2876	20220831	--
		fu2210	21727	20220110	209	20220923	--
		fu2211	21147	20220111	249	20221031	--
		fu2212	20978	20220407	8	20221130	--
		fu2301	574936	20221019	11979	20221222	--
		fu2302	19613	20220726	3986	20221230	3986
		fu2303	50751	20220817	6643	20221230	6643
		fu2304	27852	20220727	1564	20221230	1564
		fu2305	557242	20221219	343612	20221230	343612
		fu2306	36163	20221026	19435	20221230	19435
		fu2307	51765	20221110	14874	20221230	14874
		fu2308	36595	20221109	26477	20221230	26477
		fu2309	15804	20221230	15804	20221230	15804
		fu2310	5930	20221213	5682	20221230	5682
		fu2311	1262	20221219	466	20221230	466
		fu2312	1075	20221220	827	20221230	827
		fu2401	177	20221230	177	20221230	177
纸浆 Woodpulp	SHFE	sp2201	10110	20220104	5244	20220117	--
		sp2202	18374	20220104	2758	20220215	--
		sp2203	41364	20220110	5048	20220315	--
		sp2204	27146	20220221	3314	20220415	--
		sp2205	260901	20220121	6360	20220516	--
		sp2206	41994	20220302	5462	20220615	--
		sp2207	28070	20220304	7510	20220715	--
		sp2208	24342	20220411	5640	20220815	--
		sp2209	220651	20220519	7616	20220915	--
		sp2210	54334	20220728	4652	20221017	--
		sp2211	44061	20220715	5002	20221115	--
		sp2212	33045	20220701	3472	20221215	--
		sp2301	257519	20220919	13128	20221230	13128
		sp2302	31550	20221128	11693	20221230	11693
		sp2303	46419	20221130	41517	20221230	41517
		sp2304	15949	20221230	15949	20221230	15949
		sp2305	132068	20221226	130427	20221230	130427
		sp2306	12562	20221206	9255	20221230	9255
		sp2307	9339	20221122	5223	20221230	5223
		sp2308	241	20221206	230	20221230	230

5-14 续表 10 continued

交易品种 Product	上市交易所 Listed Exchange	合约 Contract	最高持仓量(手) Highest Positions (lot)	最高持仓日期 Highest Positions Day	最后持仓量(手) Last Positions (lot)	最后持仓日期 Last Positions Day	年末持仓量(手) Positions at the End of the Year (lot)
纸浆 Woodpulp	SHFE	sp2309	1346	20221223	1321	20221230	1321
		sp2310	84	20221223	71	20221230	71
		sp2311	353	20221223	294	20221230	294
		sp2312	53	20221229	45	20221230	45
20号胶 TSR 20	INE	nr2201	1588	20220104	1474	20220117	--
		nr2202	6060	20220104	1185	20220215	--
		nr2203	25694	20220106	824	20220315	--
		nr2204	34171	20220120	590	20220415	--
		nr2205	45640	20220301	1413	20220516	--
		nr2206	44432	20220413	1770	20220615	--
		nr2207	49871	20220509	1386	20220715	--
		nr2208	37104	20220602	1571	20220815	--
		nr2209	54102	20220714	660	20220915	--
		nr2210	55253	20220815	1924	20221017	--
		nr2211	67215	20220907	2066	20221115	--
		nr2212	50064	20221017	896	20221215	--
		nr2301	61996	20221101	1640	20221230	1640
		nr2302	48934	20221125	8148	20221230	8148
		nr2303	55998	20221223	37056	20221230	37056
		nr2304	32567	20221230	32567	20221230	32567
		nr2305	7526	20221230	7526	20221230	7526
		nr2306	162	20220913	124	20221230	124
		nr2307	0	20221230	0	20221230	0
		nr2308	14	20221109	1	20221230	1
		nr2309	1	20221226	1	20221230	1
		nr2310	0	20221230	0	20221230	0
		nr2311	2	20221230	2	20221230	2
		nr2312	1	20221230	1	20221230	1
原油 Crude Oil	INE	sc2202	30763	20220105	0	20220121	--
		sc2203	56034	20220118	1730	20220228	--
		sc2204	54840	20220222	1956	20220331	--
		sc2205	31434	20220322	4498	20220429	--
		sc2206	35010	20220419	2774	20220531	--
		sc2207	38352	20220527	52	20220630	--
		sc2208	41656	20220624	32	20220729	--
		sc2209	54265	20220726	39	20220831	--
		sc2210	51209	20220824	4149	20220923	--
		sc2211	39617	20220915	4162	20221031	--
		sc2212	33675	20221020	4566	20221130	--
		sc2301	49334	20221124	3601	20221222	--
		sc2302	44871	20221213	24285	20221230	24285
		sc2303	21633	20221229	21121	20221230	21121
		sc2304	6433	20221230	6433	20221230	6433

5-14 续表 11 continued

交易品种 Product	上市交易所 Listed Exchange	合约 Contract	最高持仓量(手) Highest Positions (lot)	最高持仓日期 Highest Positions Day	最后持仓量(手) Last Positions (lot)	最后持仓日期 Last Positions Day	年末持仓量(手) Positions at the End of the Year (lot)
原油 Crude Oil	INE	sc2305	2408	20221230	2408	20221230	2408
		sc2306	1194	20220920	1144	20221230	1144
		sc2307	965	20221128	558	20221230	558
		sc2308	5	20221230	5	20221230	5
		sc2309	16	20221229	16	20221230	16
		sc2310	1	20221220	1	20221230	1
		sc2311	68	20221229	68	20221230	68
		sc2312	105	20221123	65	20221230	65
		sc2401	0	20221230	0	20221230	0
		sc2403	26	20221212	26	20221230	26
		sc2406	288	20221213	282	20221230	282
		sc2409	20	20220301	5	20221230	5
		sc2412	391	20220222	32	20221230	32
		sc2503	19	20220601	16	20221230	16
		sc2506	11	20220831	5	20221230	5
		sc2509	36	20220921	23	20221230	23
		sc2512	10	20221230	10	20221230	10
低硫燃料油 Low Sulfur Fuel Oil	INE	lu2202	4533	20220104	3440	20220121	--
		lu2203	14038	20220104	2280	20220228	--
		lu2204	64572	20220119	1800	20220331	--
		lu2205	63506	20220214	1858	20220429	--
		lu2206	43582	20220307	42	20220531	--
		lu2207	35882	20220422	37	20220630	--
		lu2208	49067	20220527	1700	20220729	--
		lu2209	75379	20220715	7333	20220831	--
		lu2210	68507	20220715	1271	20220923	--
		lu2211	55675	20220824	1635	20221031	--
		lu2212	62934	20220916	807	20221130	--
		lu2301	78347	20221020	131	20221222	--
		lu2302	74691	20221121	1416	20221230	1416
		lu2303	79052	20221212	38614	20221230	38614
		lu2304	38509	20221230	38509	20221230	38509
		lu2305	17707	20221230	17707	20221230	17707
		lu2306	477	20221227	464	20221230	464
		lu2307	18	20221227	16	20221230	16
		lu2308	14	20221229	14	20221230	14
		lu2309	18	20221212	16	20221230	16
		lu2310	5	20221213	3	20221230	3
		lu2311	20	20221230	20	20221230	20
		lu2312	0	20221216	0	20221230	0
		lu2401	0	20221230	0	20221230	0

5-15　2022年金融期货持仓情况
Positions of Financial Futures in 2022

交易品种 Product	上市交易所 Futures Exchange	合约 Contract	最高持仓量(手) Highest Positions (lot)	最高持仓日期 Highest Positions Day	最后持仓量(手) Last Positions (lot)	最后持仓日期 Last Positions Day	年末持仓量(手) Positions at the End of the Year (lot)
2年期国债期货 2-Year Treasury Bond Futures	CFFEX	TS2203	51767	20220121	1635	20220310	--
		TS2206	48907	20220419	549	20220609	--
		TS2209	53962	20220729	1169	20220908	--
		TS2212	71416	20221028	440	20221208	--
		TS2303	42444	20221226	40771	20221230	40771
		TS2306	2805	20221227	2744	20221230	2744
		TS2309	558	20221227	512	20221230	512
5年期国债期货 5-Year Treasury Bond Futures	CFFEX	TF2203	91809	20220124	1761	20220310	--
		TF2206	107756	20220415	970	20220609	--
		TF2209	110413	20220802	330	20220908	--
		TF2212	128198	20220909	1595	20221208	--
		TF2303	102453	20221213	88255	20221230	88255
		TF2306	4877	20221201	4636	20221230	4636
		TF2309	616	20221227	611	20221230	611
10年期国债期货 10-Year Treasury Bond Futures	CFFEX	T2203	169685	20220104	1550	20220310	--
		T2206	178895	20220310	75	20220609	--
		T2209	186633	20220729	364	20220908	--
		T2212	184990	20221019	6500	20221208	--
		T2303	163031	20221129	150029	20221230	150029
		T2306	12372	20221230	12372	20221230	12372
		T2309	539	20221230	539	20221230	539
沪深300股指期货 CSI 300 Index Futures	CFFEX	IF2201	83642	20220105	24238	20220120	--
		IF2202	65464	20220125	20766	20220217	--
		IF2203	139308	20220224	32138	20220317	--

注：最后持仓量为交割日前一天的持仓量。
数据来源：中国金融期货交易所
Source：CFFEX

5-15 续表 1 continued

交易品种 Product	上市 交易所 Futures Exchange	合约 Contract	最高持仓 量(手) Highest Positions (lot)	最高持仓 日期 Highest Positions Day	最后持仓量 (手) Last Positions (lot)	最后持仓 日期 Last Positions Day	年末持仓量 (手) Positions at the End of the Year (lot)
沪深300股指期货 CSI 300 Index Futures	CFFEX	IF2204	110467	20220328	27714	20220414	--
		IF2205	101633	20220425	25587	20220519	--
		IF2206	141423	20220526	37224	20220616	--
		IF2207	96698	20220617	32548	20220714	--
		IF2208	77590	20220715	19948	20220818	--
		IF2209	123814	20220819	33911	20220915	--
		IF2210	86875	20220923	25632	20221020	--
		IF2211	76664	20221024	23670	20221117	--
		IF2212	136534	20221122	35322	20221215	--
		IF2301	96060	20221222	83679	20221230	83679
		IF2302	3426	20221230	3426	20221230	3426
		IF2303	74510	20221216	72506	20221230	72506
		IF2306	37603	20221230	37603	20221230	37603
上证50股指期货 SSE 50 Index Futures	CFFEX	IH2201	54802	20220104	15780	20220120	--
		IH2202	42371	20220128	12253	20220217	--
		IH2203	72533	20220224	17057	20220317	--
		IH2204	41873	20220401	15471	20220414	--
		IH2205	45979	20220425	13626	20220519	--
		IH2206	66524	20220524	19832	20220616	--
		IH2207	57915	20220630	21433	20220714	--
		IH2208	41095	20220728	12282	20220818	--
		IH2209	73891	20220823	23820	20220915	--
		IH2210	61305	20220916	19232	20221020	--
		IH2211	54479	20221024	12405	20221117	--
		IH2212	95451	20221128	22292	20221215	--
		IH2301	69201	20221220	59224	20221230	59224
		IH2302	2040	20221229	1955	20221230	1955
		IH2303	44312	20221220	42538	20221230	42538
		IH2306	15275	20221229	15079	20221230	15079

5-15 续表 2 continued

交易品种 Product	上市交易所 Futures Exchange	合约 Contract	最高持仓量(手) Highest Positions (lot)	最高持仓日期 Highest Positions Day	最后持仓量(手) Last Positions (lot)	最后持仓日期 Last Positions Day	年末持仓量(手) Positions at the End of the Year (lot)
中证500股指期货 CSI 500 Index Futures	CFFEX	IC2201	94931	20220105	23075	20220120	--
		IC2202	84398	20220127	20019	20220217	--
		IC2203	147682	20220218	26120	20220317	--
		IC2204	108904	20220328	25655	20220414	--
		IC2205	114732	20220425	27589	20220519	--
		IC2206	180863	20220524	39943	20220616	--
		IC2207	129198	20220617	31234	20220714	--
		IC2208	100444	20220715	22070	20220818	--
		IC2209	172419	20220824	36957	20220915	--
		IC2210	112885	20220923	30530	20221020	--
		IC2211	99185	20221025	22491	20221117	--
		IC2212	176138	20221121	33706	20221215	--
		IC2301	105826	20221222	94133	20221230	94133
		IC2302	8526	20221230	8526	20221230	8526
		IC2303	116698	20221219	114121	20221230	114121
		IC2306	91506	20221230	91506	20221230	91506
中证1000股指期货 CSI 1000 Index Futures	CFFEX	IM2208	31769	20220802	10606	20220818	--
		IM2209	48827	20220831	17024	20220915	--
		IM2210	47752	20220923	16423	20221020	--
		IM2211	49201	20221028	13082	20221117	--
		IM2212	65843	20221118	15696	20221215	--
		IM2301	50546	20221222	44071	20221230	44071
		IM2302	4304	20221230	4304	20221230	4304
		IM2303	45066	20221226	43617	20221230	43617
		IM2306	39672	20221230	39672	20221230	39672

5-16 主要品种月度结算价

单位：元/吨

品种 Product	1月 Jan.	2月 Feb.	3月 Mar.	4月 Apr.	5月 May	6月 June
铜 Copper	70368	71202	72735	73896	71646	69179
铝 Aluminum	21205	22700	22690	21551	20425	19939
锌 Zinc	24710	25148	25879	27871	25859	25465
铅 Lead	15445	15320	15413	15553	15127	15068
镍 Nickel	162156	174614	218446	224955	207095	199581
锡 Tin	311313	334669	342140	335834	285573	241421
黄金(元/克) Gold(yuan/g)	375	383	398	402	401	398
白银(元/千克) Silver(yuan/kg)	4813	4883	5109	5091	4770	4686
螺纹钢 Steel Rebar	4605	4795	4912	4988	4630	4498
线材 Steel Wire Rod	4877	5119	5497	5444	5124	4999
热轧卷板 Hot Rolled Coils	4724	4930	5153	5118	4746	4576
不锈钢 Stainless Steel	17564	18413	19947	19806	18751	17868
原油 Crude Oil	525	574	690	660	701	733
燃料油 Fuel Oil	3026	3268	3914	3983	4212	3990
低硫燃料油 Low Sulfur Fuel Oil	3893	4282	4985	4995	5659	5996
石油沥青 Bitumen	3463	3608	3826	3917	4405	4635

注：1.表中空缺，表示该品种个别月份无成交、无持仓，无法计算结算价。
2.表中结算价为主力合约结算价月度均值。
数据来源：中国期货市场监控中心有限责任公司

Clearing Price of Futures Products

(yuan/ton)

7月 July	8月 Aug.	9月 Sept.	10月 Oct.	11月 Nov.	12月 Dec.
57938	61727	61459	62481	65274	65952
18101	18505	18451	18438	18639	18870
22846	24742	24288	24425	23654	24144
15031	15115	14957	15276	15522	15751
164921	173010	183076	183375	196898	216529
191576	197508	178187	168931	175315	196004
379	389	386	392	402	406
4222	4390	4338	4484	4842	5272
3974	4018	3733	3659	3628	3939
4476	4537	4479	4354	4350	4687
3968	3986	3792	3683	3721	4013
16234	15609	16579	16983	16640	16980
665	686	654	677	642	544
3181	3220	2822	2719	2761	2602
5321	4792	4501	4764	4510	3974
4102	4040	3746	3913	3579	3591

5-16 续表 1

单位：元/吨

品种 Product	1月 Jan.	2月 Feb.	3月 Mar.	4月 Apr.	5月 May	6月 June
天然橡胶 Natural Rubber	14744	14313	13619	13296	12975	12981
20号胶 TSR 20	11814	11838	11346	11144	11077	11292
纸浆 Woodpulp	6135	6476	6939	7037	7269	6941
铜(BC) Copper(BC)	62745	63481	65290	66156	63569	61487
强麦 Wheat WH	2944	2969	3454	3229	3454	3446
普麦 Wheat PM	--	--	--	2839	3106	3041
棉花 Cotton NO.1	21354	21464	21412	21433	21077	19315
白糖 White Sugar	5776	5722	5812	5976	5929	5969
菜籽油 Rapeseed Oil	12037	12281	12853	13219	13583	13443
油菜籽 Rapeseed	5954	5971	6248	6306	6546	6743
菜籽粕 Rapeseed Meal	2970	3495	3969	3748	3697	3508
粳稻 Japonica Rice	2740	--	2928	2942	2841	2829
早籼稻 Early Rice	2754	2845	2938	3002	2977	2915
晚籼稻 Late Indica Rice	--	--	2999	--	2718	2579
棉纱 Cotton Yarn	28709	28658	28399	27579	27312	25555
短纤 Polyester Staple Fiber	7398	7600	7820	7798	8266	8489
苹果 Apple	8593	9240	9520	8882	9202	8871
花生 Peanut Kernel	7997	8082	8915	9333	10201	10080
红枣 Chinese Jujube	13190	13756	12180	11852	12310	11183
PTA	5288	5612	6048	6104	6603	6983

continued

(yuan/ton)

7月 July	8月 Aug.	9月 Sept.	10月 Oct.	11月 Nov.	12月 Dec.
12301	12795	12816	12528	12560	12873
10834	10277	9646	9548	9509	9795
6702	6706	6772	6784	6844	6855
51337	54795	54405	55378	58298	58984
3343	3242	3155	3253	3480	3463
2924	--	--	--	--	--
15505	14699	14190	13385	13182	13854
5768	5579	5551	5590	5628	5674
11078	11431	10529	11130	11396	10577
6417	6522	6157	5763	5928	5922
2764	2842	3049	3075	3067	3064
2818	2818	2818	2846	2858	2853
--	--	--	--	--	--
--	--	--	--	--	--
22206	22830	21071	20320	20430	21095
7259	7238	7336	7060	6773	6936
8788	8893	8576	8277	8195	7962
9464	9628	10490	10833	10691	10201
11359	12007	12106	11478	11055	10560
5849	5589	5546	5389	5234	5255

5-16 续表 2

单位：元/吨

品种 Product	1月 Jan.	2月 Feb.	3月 Mar.	4月 Apr.	5月 May	6月 June
甲醇 Methanol	2700	2804	3060	2865	2745	2779
玻璃 Glass	2006	2142	1977	2000	1795	1718
动力煤 Thermal Coal	733	811	841	812	847	857
硅铁 Ferrosilicon	8805	9209	9600	10509	8960	8942
锰硅 Manganese Silicon	8267	8293	8707	8738	8330	8182
尿素 Urea	2542	2527	2746	2778	2884	2792
纯碱 Soda Ash	2530	2878	2653	3042	2924	2917
玉米 Corn	2724	2786	2874	2962	2978	2863
玉米淀粉 Corn Starch	3078	3216	3396	3375	3315	3187
黄大豆1号 No.1 Soybean	5918	6180	6222	6188	6268	6139
黄大豆2号 No.2 Soybean	4377	4996	5214	5145	5320	5267
豆粕 Soybean Meal	3239	3785	4135	3962	4078	4065
豆油 Soybean Oil	9220	10079	10507	10834	11337	11209
棕榈油 RBD Palm Oil	9153	10422	11672	11042	11683	10778
纤维板(元/立方米) Fiberboard(yuan/cubic metres)	1300	1289	1393	1321	1382	1364
胶合板(元/张) Blockboard(yuan/piece)	--	--	411	--	--	392
鸡蛋(元/500千克) Egg(yuan/500kg)	4108	4255	4363	4835	4764	4662
生猪 Live Hog	13835	14355	13174	15793	19024	19504
粳米 Polished Round-grained Rice	3351	3452	3442	3395	3429	3353

continued

(yuan/ton)

7月 July	8月 Aug.	9月 Sept.	10月 Oct.	11月 Nov.	12月 Dec.
2451	2512	2693	2670	2567	2548
1521	1511	1491	1469	1384	1532
850	850	1022	863	903	1001
7752	7845	8139	8160	8331	8349
7411	7247	7190	7137	7243	7496
2253	2232	2414	2327	2457	2554
2572	2373	2352	2445	2535	2659
2672	2723	2812	2851	2868	2806
3056	3036	3010	2958	3018	2935
5826	6087	5904	5705	5601	5344
4687	5019	5252	5477	5151	5029
3883	3788	3967	4062	4209	3982
9286	9751	9192	9418	9273	8801
8105	8413	7733	7932	8258	8007
1388	1364	1277	1255	1237	1212
--	--	--	--	--	--
4352	4126	4282	4444	4334	4318
21597	22578	22884	23235	21288	17638
3346	3383	3403	3391	3397	3373

5-16 续表 3

单位：元/吨

品种 Product	1月 Jan.	2月 Feb.	3月 Mar.	4月 Apr.	5月 May	6月 June
聚乙烯 LLDPE	8820	8938	9134	8894	8694	8793
聚氯乙烯 PVC	8608	8828	9048	9004	8491	8033
聚丙烯 PP	8406	8541	9008	8728	8639	8692
焦炭 Coke	3046	3207	3632	3922	3390	3359
焦煤 Coking Coal	2276	2477	2982	3082	2623	2620
铁矿石 Iron Ore	730	740	816	885	834	845
乙二醇 Ethylene Glycol	5251	5186	5288	4919	5028	4967
苯乙烯 Ethenylbenzene	8633	9108	9794	9726	10079	10594
液化石油气 Liquefied Petroleum Gas	4715	5471	6211	6008	6087	5797
工业硅 Silicon Metal	--	--	--	--	--	--
沪深300股指期货 CSI 300 Index Futures	4785	4598	4264	4075	3962	4254
中证500股指期货 CSI 500 Index Futures	7025	6775	6337	5829	5733	6167
上证50股指期货 SSE 50 Index Futures	3202	3121	2919	2846	2740	2891
中证1000股指期货 CSI 1000 Index Futures	--	--	--	--	--	--
2年期国债期货 2-Year Treasury Bond Futures	101.2	101.2	101.2	101.2	101.1	101.0
5年期国债期货 5-Year Treasury Bond Futures	102.0	101.7	101.5	101.6	101.6	101.3
10年期国债期货 10-Year Treasury Bond Futures	100.9	100.4	100.2	100.4	100.5	100.2

continued

(yuan/ton)

7月 July	8月 Aug.	9月 Sept.	10月 Oct.	11月 Nov.	12月 Dec.
8028	7760	8026	7859	7851	8116
6559	6480	6259	5933	5860	6236
8046	7816	7933	7693	7652	7792
2780	2786	2620	2661	2675	2783
2096	2061	1983	2054	2105	1911
718	721	707	683	705	807
4322	4105	4336	4040	3877	4066
9117	8305	8769	8259	7914	8179
5425	5358	5365	5048	5032	4519
--	--	--	--	--	17624
4291	4131	3960	3709	3772	3917
6261	6294	5986	5856	6128	6028
2896	2755	2687	2476	2510	2654
7008	7089	6543	6303	6611	6462
101.0	101.2	101.2	101.2	101.0	100.8
101.4	101.9	101.8	101.8	101.3	100.8
100.4	101.4	101.3	101.3	100.5	99.9

5-17 2022年农产品期货实物交割情况
Physical Delivery of Agricultural Products Futures in 2022

交易品种 Product	上市交易所 Listed Exchange	合约 Contract	交割量(手) Delivery Quantity (lot)	交割金额(万元) Delivery Amount (10 thousand yuan)	成交量(手) Trading Volume (lot)	成交金额(万元) Trading Turnover(10 thousand yuan)	结算价(元/吨) Clearing Price (yuan/ton)	交割率(%) Delivery Rate (%)
玉米 Corn	DCE	c2201	34987	91097.603	99108822	255080011.8	2629.00	1.70
		c2203	32633	89225.00	22197206	58258966.76	2752.00	6.26
		c2205	121146	350048.05	85609102	236939851.91	2914.00	4.64
		c2207	48219	129516.10	18470076	52097236.43	2694.00	6.47
		c2209	75680	206745.41	80171316	229283699.82	2733.00	2.76
		c2211	30950	87626.04	13791462	38307775.42	2834.00	5.52
玉米淀粉 Corn Starch	DCE	cs2201	3107	9246.94	14426058	44841133.62	2983.00	1.17
		cs2203	7088	22764.85	19589382	60286193.22	3235.00	2.20
		cs2205	21799	72976.54	12993072	42814635.52	3367.00	5.48
		cs2207	8593	25650.52	21076168	69574855.48	2978.00	1.81
		cs2209	19650	60000.60	15586236	49685047.49	3051.00	4.97
		cs2211	7307	20115.71	12867244	38737196.69	2782.00	1.53
黄大豆1号 No.1 Soybean	DCE	a2201	2520	14928.12	16370214	100372063.67	5938.00	0.72
		a2203	7294	44441.84	18510784	111325590.71	6129.00	1.84
		a2205	6718	40924.26	4976538	30248195.26	6214.00	7.59
		a2207	7427	43817.46	17599968	108806981.36	5917.00	2.39
		a2209	4378	25761.56	12689956	76152193.06	5889.00	1.46
		a2211	1778	10231.27	10299138	60575477.69	5745.00	0.79
黄大豆2号 No.2 Soybean	DCE	b2201	500	2128.50	3118508	13068855.41	4257.00	0.80
		b2204	700	3476.20	2562100	12772936.34	4966.00	1.33
		b2206	200	1136.40	2038308	10401916.90	5553.00	0.47
		b2207	300	1435.00	2469604	13121647.76	4799.00	0.47
		b2210	1000	5793.00	2609480	13524678.39	5793.00	1.32
豆粕 Soybean Meal	DCE	m2201	1062	3677.55	180645702	617515789.81	3479.00	0.04
		m2203	905	4103.27	22271286	74052484.89	4534.00	0.12
		m2205	2534	10555.81	221448824	805194805.16	4140.00	0.09
		m2207	3292	13281.08	22368742	83877173.93	4036.00	0.55
		m2208	719	2955.32	13044622	48683094.76	4162.00	0.17
		m2209	2000	9066.00	195490710	774451017.91	4533.00	0.07
		m2211	4895	24470.11	17121162	69619812.62	4999.00	1.00
		m2212	6502	30611.42	9486108	39358390.28	4708.00	1.59
豆油 Soybean Oil	DCE	y2201	896	8266.31	136807678	1268161531.44	9226.00	0.09
		y2203	404	4526.42	7212342	65130551.16	11204.00	0.15
		y2205	1905	21698.60	109861714	1048797478.35	11438.00	0.17
		y2207	808	7565.69	9142302	89592309.01	9364.00	0.29
		y2208	910	9023.56	4629572	46046010.17	9916.00	0.61
		y2209	2336	24077.83	129501722	1336873661.84	10294.00	0.24
		y2211	1926	19269.96	6506848	65737351.13	10022.00	1.21
		y2212	806	7860.84	3660180	36804340.68	9792.00	0.50
棕榈油 RBD Palm Oil	DCE	p2201	2348	23046.58	150701756	1337399712.81	9808.00	0.25
		p2202	2200	24384.80	6314578	55457410.02	11084.00	1.21
		p2203	1484	20373.95	4169116	37702153.55	13728.00	0.96
		p2204	1062	14204.95	3706652	35371352.25	13354.00	0.69
		p2205	1296	19829.72	128137834	1287903344.52	15270.00	0.12

注：1.结算价为最后交易日交割结算价。
2.交割量、交割金额包含期转现部分。
3.交割率=交割量/合约存续期内(截至2022年12月31日)的最大日持仓量*100%。

数据来源：上海期货交易所、郑州商品交易所、大连商品交易所

Source：SHFE、ZCE、DCE

5-17 续表 1 continued

交易品种 Product	上市交易所 Listed Exchange	合约 Contract	交割量(手) Delivery Quantity (lot)	交割金额(万元) Delivery Amount (10 thousand yuan)	成交量(手) Trading Volume (lot)	成交金额(万元) Trading Turnover(10 thousand yuan)	结算价(元/吨) Clearing Price (yuan/ton)	交割率(%) Delivery Rate (%)
棕榈油 RBD Palm Oil	DCE	p2206	190	3047.14	4483842	47989243.33	16036.00	0.11
		p2207	1429	13687.66	3864138	44755567.62	9516.00	1.13
		p2208	612	5818.14	3011262	31947799.86	9420.00	0.54
		p2209	801	6883.79	171884860	1689123440.09	8594.00	0.10
		p2210	516	4209.32	3192198	29975412.89	8142.00	0.38
		p2211	3000	25278.00	2441448	21547024.04	8326.00	1.93
		p2212	348	2955.91	1863966	15589078.06	8394.00	0.26
鸡蛋 (元/500千克) Egg (yuan/500kg)	DCE	jd2201	134	583.83	21662866	96544704.32	4057.00	0.04
		jd2202	95	394.82	1038346	4033579.87	3888.00	0.13
		jd2203	105	442.77	1307238	5072026.31	4056.00	0.11
		jd2204	1	5.07	278054	1126891.14	4594.00	0.00
		jd2205	46	219.85	15029336	63421260.45	4475.00	0.02
		jd2206	143	634.25	753804	3134019.82	4094.00	0.29
		jd2207	119	531.64	278494	1217735.61	4500.00	0.69
		jd2208	100	472.64	387570	1910607.53	4761.00	0.36
		jd2209	150	746.55	14670880	67127870.23	4727.00	0.04
		jd2210	87	477.90	444474	1921121.09	5173.00	0.37
		jd2211	148	846.45	331258	1537750.54	5341.00	0.60
		jd2212	122	621.55	830902	4125055.13	4680.00	0.22
生猪 Live Hog	DCE	lh2201	47	1073.90	5654022	145755256.06	13805.00	0.04
		lh2203	225	4330.62	2380574	54239565.42	11580.00	0.17
		lh2205	204	5006.94	3673884	82557278.96	15430.00	0.14
		lh2207	23	797.08	465316	11967804.54	20645.00	0.10
		lh2209	16	622.88	4990588	156972413.22	23165.00	0.01
		lh2211	78	3050.83	740778	25153481.07	23220.00	0.20
纤维板 (元/立方米) Fiberboard (yuan/cubic metres)	DCE	fb2201	133	167.31	459336	623892.81	1258.00	1.83
		fb2202	86	111.03	93380	121228.39	1291.00	3.57
		fb2203	200	257.90	59150	75417.52	1289.50	9.75
		fb2204	150	200.03	6748	9179.57	1333.50	16.13
		fb2205	100	135.35	252528	341786.46	1353.50	1.81
		fb2206	50	70.10	46470	64426.88	1402.00	1.74
		fb2208	11	14.94	234	322.42	1358.00	23.91
		fb2209	41	56.97	317344	435614.93	1389.50	0.68
		fb2210	209	256.97	56662	72263.86	1229.50	4.84
		fb2211	43	52.31	2516	3144.26	1216.50	7.65
粳米 Polished Round-grained Rice	DCE	rr2201	30	100.11	969830	3374893.64	3333.00	0.09
		rr2202	109	363.25	937286	3202869.86	3354.00	0.38
		rr2203	20	65.54	745086	2535905.63	3277.00	0.08
		rr2204	39	127.97	381826	1309416.87	3296.00	0.25
		rr2205	159	539.02	951900	3279824.21	3364.00	0.48
		rr2206	151	495.45	426916	1469946.29	3310.00	0.75
		rr2207	24	78.24	524870	1799981.57	3274.00	0.08
		rr2209	30	99.24	456612	1546355.39	3308.00	0.14
		rr2210	4	13.48	440124	1500561.81	3389.00	0.02
		rr2211	343	1153.72	270804	925289.95	3390.00	1.62
		rr2212	18	60.30	225470	768521.47	3330.00	0.07
白糖 White Sugar	ZCE	SR2201	9210	52562.70	11740	66884.53	5702.00	2.06
		SR2203	4568	26344.41	1758156	10102297.49	5774.00	5.47
		SR2205	14591	84638.30	18694679	108127048.18	5796.00	3.01
		SR2207	3864	22565.59	5465320	32027160.16	5770.00	2.75

5-17 续表 2 continued

交易品种 Product	上市交易所 Listed Exchange	合约 Contract	交割量（手） Delivery Quantity (lot)	交割金额（万元） Delivery Amount (10 thousand yuan)	成交量（手） Trading Volume (lot)	成交金额（万元） Trading Turnover(10 thousand yuan)	结算价（元/吨） Clearing Price (yuan/ton)	交割率（%） Delivery Rate (%)
白糖 White Sugar	ZCE	SR2209	7953	43798.25	24623788	144806583.41	5498.00	1.60
		SR2211	919	5048.03	6094720	34902402.73	5502.00	0.40
棉花 Cotton No.1	ZCE	CF2201	16016	177519.06	32133	354741.32	22185.00	3.27
		CF2203	4872	52907.34	715397	7842327.81	21695.00	5.97
		CF2205	7128	76449.96	13804855	147774838.09	21405.00	1.55
		CF2207	2552	21049.98	2528158	26545771.88	16430.00	4.20
		CF2209	15088	114844.70	25999806	232111412.32	15220.00	4.15
		CF2211	640	4440.70	3382188	26653270.54	13880.00	0.38
普麦 Wheat PM	ZCE	PM2201	0	0.00	0	0.00	2422.00	0.00
		PM2203	0	0.00	0	0.00	2421.00	0.00
		PM2205	0	0.00	0	0.00	2885.00	0.00
		PM2207	0	0.00	463	6835.07	2909.00	0.00
		PM2209	0	0.00	8	115.88	3000.00	0.00
		PM2211	0	0.00	0	0.00	2940.00	0.00
强麦 Wheat WH	ZCE	WH2201	0	0.00	0	0.00	2831.00	0.00
		WH2203	0	0.00	0	0.00	3425.00	0.00
		WH2205	0	0.00	45132	314735.37	3048.00	0.00
		WH2207	0	0.00	2	12.40	2487.00	0.00
		WH2209	0	0.00	64	408.44	3450.00	0.00
		WH2211	0	0.00	39	268.93	3491.00	0.00
早籼稻 Early Rice	ZCE	RI2201	0	0.00	0	0.00	2728.00	0.00
		RI2203	0	0.00	0	0.00	2920.00	0.00
		RI2205	0	0.00	0	0.00	3016.00	0.00
		RI2207	0	0.00	403	2365.83	2500.00	0.00
		RI2209	0	0.00	0	0.00	2630.00	0.00
		RI2211	0	0.00	0	0.00	2479.00	0.00
晚籼稻 Late Indica Rice	ZCE	LR2201	0	0.00	0	0.00	2973.00	0.00
		LR2203	0	0.00	0	0.00	2973.00	0.00
		LR2205	0	0.00	91	545.27	2826.00	0.00
		LR2207	0	0.00	469	2769.57	2535.00	0.00
		LR2209	0	0.00	6	37.60	2360.00	0.00
		LR2211	0	0.00	0	0.00	2360.00	0.00
粳稻 Japonica Rice	ZCE	JR2201	0	0.00	5	27.40	2740.00	0.00
		JR2203	0	0.00	0	0.00	2795.00	0.00
		JR2205	0	0.00	3	16.77	2735.00	0.00
		JR2207	0	0.00	0	0.00	2878.00	0.00
		JR2209	0	0.00	0	0.00	2918.00	0.00
		JR2211	0	0.00	0	0.00	2693.00	0.00
菜籽粕 Rapeseed Meal	ZCE	RM2201	2495	7744.48	1655	5208.72	3104.00	0.49
		RM2203	1136	4331.20	1016033	3089501.33	3866.00	0.80
		RM2205	3303	12657.10	31439551	108281166.32	3832.00	0.59
		RM2207	369	1256.81	2719734	9690518.01	3406.00	0.21
		RM2208	955	3333.91	680516	2437981.41	3491.00	1.70
		RM2209	775	3014.75	20350012	73683663.06	3890.00	0.23
		RM2211	0	0.00	526702	1605821.35	3625.00	0.00
油菜籽 Rapeseed	ZCE	RS2207	0	0.00	9	56.97	6087.00	0.00
		RS2208	0	0.00	354	2240.50	6850.00	0.00
		RS2209	0	0.00	5475	35655.24	6450.00	0.00
		RS2211	0	0.00	134	818.54	6613.00	0.00

5-17 续表 3 continued

交易品种 Product	上市交易所 Listed Exchange	合约 Contract	交割量(手) Delivery Quantity (lot)	交割金额(万元) Delivery Amount (10 thousand yuan)	成交量(手) Trading Volume (lot)	成交金额(万元) Trading Turnover(10 thousand yuan)	结算价(元/吨) Clearing Price (yuan/ton)	交割率(%) Delivery Rate (%)
菜籽油 Rapeseed Oil	ZCE	OI2201	885	10763.37	1157	14132.86	12162.00	0.38
		OI2203	620	8379.73	572267	7052527.55	13598.00	2.09
		OI2205	1141	15745.06	19218307	238825527.92	13755.00	0.52
		OI2207	168	1967.78	1545393	20196246.52	11713.00	0.32
		OI2209	2629	32416.41	23624987	291134144.57	12318.00	1.41
		OI2211	1633	21531.11	2374339	28015490.35	13185.00	2.33
棉纱 Cotton Yarn	ZCE	CY2201	444	6129.78	122	1669.38	27750.00	3.58
		CY2202	0	0.00	0	0.00	27485.00	0.00
		CY2203	0	0.00	6	85.10	28425.00	0.00
		CY2204	0	0.00	0	0.00	27645.00	0.00
		CY2205	520	6963.32	168623	2392492.60	26880.00	11.11
		CY2206	0	0.00	65	853.26	25470.00	0.00
		CY2207	0	0.00	4	55.58	23950.00	0.00
		CY2208	0	0.00	2	27.19	21365.00	0.00
		CY2209	1016	12237.72	298476	3500512.03	24090.00	22.46
		CY2210	0	0.00	73	876.65	22680.00	0.00
		CY2211	0	0.00	52	572.45	21045.00	0.00
		CY2212	0	0.00	9	92.31	22115.00	0.00
苹果 Apple	ZCE	AP2201	194	1673.15	517	4453.22	8710.00	0.06
		AP2203	64	555.95	65235	553757.89	8725.00	0.25
		AP2204	161	1591.81	30189	263925.79	10207.00	0.90
		AP2205	106	1050.04	8973260	82413750.89	9731.00	0.06
		AP2210	249	2137.07	21510998	190856318.56	8604.00	0.15
		AP2211	143	1282.68	331538	2776971.24	8977.00	0.55
		AP2212	554	4811.08	234983	1986930.42	8775.00	2.04
红枣 Chinese Jujube	ZCE	CJ2201	1705	10941.07	701	4190.65	12010.00	1.52
		CJ2203	1553	10198.88	18353	117503.14	12330.00	13.80
		CJ2205	3206	18842.28	987545	6349877.69	11700.00	4.22
		CJ2207	2956	15931.67	75847	474085.81	10440.00	31.85
		CJ2209	5904	31161.40	1348355	7955068.87	10440.00	15.66
		CJ2212	202	1091.36	29438	178058.78	10800.00	10.73
花生 Peanut Kernel	ZCE	PK2201	2463	9662.58	655	2526.59	7698.00	1.51
		PK2203	147	568.70	10065	39864.51	7594.00	5.78
		PK2204	3300	14201.20	6857190	28104736.47	8700.00	1.32
		PK2210	1651	8196.84	13079942	64385065.77	10118.00	1.27
		PK2211	74	373.95	25119	123308.52	10190.00	5.90
		PK2212	85	441.18	18936	95175.50	10362.00	6.72
天然橡胶 Natural Rubber	SHFE	ru2201	2036	29919.02	29072615	421101348.32	14540.00	0.90
		ru2203	1103	15028.38	1330254	19454000.13	13215.00	6.69
		ru2204	227	2991.86	747554	10983778.88	13050.00	1.55
		ru2205	2799	34735.59	24340475	352023552.99	12605.00	1.05
		ru2206	851	11109.81	1192042	16942004.85	12630.00	5.48
		ru2207	687	8429.49	621390	8687234.80	11760.00	5.03
		ru2208	507	6142.31	522141	7278449.96	11850.00	3.42
		ru2209	4027	46250.10	29418412	381902710.05	11845.00	1.60
		ru2210	730	8566.55	2117968	27210075.06	11780.00	3.83
		ru2211	1647	19080.50	1468893	18377389.01	11195.00	5.53

5-18　2022年金属期货实物交割情况
Physical Delivery of Metal Products Futures in 2022

交易品种 Product	上市交易所 Listed Exchange	合约 Contract	交割量（手） Delivery Quantity (lot)	交割金额（万元） Delivery Amount (10 thousand yuan)	成交量（手） Trading Volume (lot)	成交金额（万元） Trading Turnover (10 thousand yuan)	结算价（元/吨） Clearing Price (yuan/ton)	交割率(%) Delivery Rate (%)
铜 Copper	SHFE	cu2201	1970	69521.30	4514269	158024315.13	70580.00	0.01
		cu2202	9090	321422.40	3384630	118360488.71	70720.00	0.06
		cu2203	4960	177667.20	3411003	120672113.15	71640.00	0.03
		cu2204	6400	240288.00	3261737	117420329.90	75090.00	0.04
		cu2205	3650	130122.50	3260844	118858890.78	71300.00	0.02
		cu2206	2160	76798.80	2976118	107862675.48	71110.00	0.01
		cu2207	1265	34509.20	2948260	102929926.75	54560.00	0.01
		cu2208	795	24772.20	5207368	159638111.22	62320.00	0.00
		cu2209	950	30077.00	5763047	174670287.94	63320.00	0.01
		cu2210	9550	307701.00	4950972	152153724.94	64440.00	0.06
		cu2211	8240	277070.00	3552021	110190659.79	67250.00	0.05
		cu2212	4740	157036.20	4401554	140667751.13	66260.00	0.02
铝 Aluminum	SHFE	al2201	14945	158192.83	16110844	158493411.54	21170.00	0.06
		al2202	16875	191025.00	10527173	106651127.86	22640.00	0.07
		al2203	10410	113469.00	9416507	101603138.28	21800.00	0.05
		al2204	9750	105933.75	9963019	111950726.71	21730.00	0.04
		al2205	4045	41653.39	9673011	107514077.02	20595.00	0.02
		al2206	6195	61237.58	9189815	96869156.83	19770.00	0.03
		al2207	5375	46493.75	8492850	86481335.11	17300.00	0.03
		al2208	13535	124691.19	9696781	91389709.80	18425.00	0.07
		al2209	7990	74566.68	9645330	89352640.01	18665.00	0.04
		al2210	15200	141512.00	8135545	75251825.36	18620.00	0.09
		al2211	3715	35004.59	6537980	60190326.70	18845.00	0.02
		al2212	3820	36700.65	7231147	66850889.49	19215.00	0.02
锌 Zinc	SHFE	zn2201	4790	58677.50	6853954	80396034.31	24500.00	0.05
		zn2202	7660	95960.65	5224721	62917593.34	25055.00	0.07
		zn2203	9990	125898.98	4759637	59136640.34	25205.00	0.08
		zn2204	7595	106899.63	5353007	68270616.51	28150.00	0.06
		zn2205	4455	56689.88	5593439	74854057.36	25450.00	0.03
		zn2206	8705	112555.65	5946831	79571837.44	25860.00	0.06
		zn2207	9355	104167.93	5349202	69253144.96	22270.00	0.08
		zn2208	5145	64106.70	7263961	86080172.06	24920.00	0.04
		zn2209	2860	35935.90	7167135	86032041.78	25130.00	0.02
		zn2210	7060	93386.15	6330523	77001741.88	26455.00	0.05
		zn2211	360	4437.90	4988749	60664085.79	24655.00	0.00
		zn2212	640	7972.80	6355208	75247230.88	24915.00	0.01
铅 Lead	SHFE	pb2201	3420	26658.90	1938293	14913845.47	15590.00	0.07
		pb2202	4800	36780.00	1807919	13934818.38	15325.00	0.10
		pb2203	7020	52421.85	1715449	13195759.01	14935.00	0.12
		pb2204	4435	34304.73	1855735	14336246.67	15470.00	0.08
		pb2205	4245	31561.58	1804917	13975986.75	14870.00	0.07
		pb2206	5005	37274.74	1756954	13487819.77	14895.00	0.08
		pb2207	7045	51358.05	1883041	14210074.99	14580.00	0.10
		pb2208	5560	42005.80	2024488	15225528.05	15110.00	0.09

注：1.结算价为最后交易日交割结算价。
2.交割金额、交割量包含期转现部分。
3.交割率=交割量/合约存续期内(截至2022年12月31日)的最大日持仓量*100%。

数据来源：上海期货交易所、郑州商品交易所、大连商品交易所

Source：SHFE、ZCE、DCE

5-18 续表 1 continued

交易品种 Product	上市交易所 Listed Exchange	合约 Contract	交割量(手) Delivery Quantity (lot)	交割金额(万元) Delivery Amount (10 thousand yuan)	成交量(手) Trading Volume (lot)	成交金额(万元) Trading Turnover (10 thousand yuan)	结算价(元/吨) Clearing Price (yuan/ton)	交割率(%) Delivery Rate (%)
铅 Lead	SHFE	pb2209	4295	32287.66	1742481	13162619.08	15035.00	0.07
		pb2210	4885	37382.46	1344531	10086220.59	15305.00	0.07
		pb2211	4275	33879.38	1114977	8439751.03	15850.00	0.07
		pb2212	5660	43921.60	1486701	11449097.76	15520.00	0.09
黄金(元/克) Gold (yuan/g)	SHFE	au2201	63	2339.32	5100	189881.47	370.00	0.28
		au2202	261	9776.54	6771724	251800549.14	380.50	0.00
		au2203	36	1450.80	1382	52644.20	404.66	0.22
		au2204	36	1429.63	3098241	116696912.21	400.60	0.00
		au2205	3	120.71	1765	70080.12	404.04	0.07
		au2206	1053	41717.75	12148487	477261550.46	400.06	0.01
		au2207	--	--	1834	73174.67	375.00	--
		au2208	777	30155.37	5016473	197612605.33	387.90	0.01
		au2209	--	--	1439	55419.52	389.00	--
		au2210	399	15597.71	2811877	109897202.30	392.50	0.00
		au2211	6	235.10	1604	62340.98	403.42	0.07
		au2212	2499	100829.65	9063716	353038572.08	404.20	0.02
白银(元/千克) Silver (yuan/kg)	SHFE	ag2201	7822	54675.78	4938784	37125501.33	4660.00	0.14
		ag2202	12516	91955.05	3455077	25277325.54	4898.00	0.15
		ag2203	4962	36984.27	2040945	14822374.00	4969.00	0.09
		ag2204	7270	56651.48	1137994	8362804.31	5195.00	0.23
		ag2205	3042	21259.02	2154944	15961902.50	4659.00	0.09
		ag2206	18688	129395.71	65621930	484884559.74	4616.00	0.03
		ag2207	3916	23748.58	3109826	23274584.48	4043.00	0.04
		ag2208	6512	44463.94	2737897	19842209.74	4552.00	0.07
		ag2209	6514	42953.32	3000943	20807313.19	4396.00	0.05
		ag2210	7014	45640.10	2233570	14836385.36	4338.00	0.08
		ag2211	10816	80617.06	2074317	13710400.96	4969.00	0.18
		ag2212	43476	345568.99	76497958	517404470.36	5299.00	0.08
螺纹钢 Steel Rebar	SHFE	rb2201	3240	14774.40	215270262	1079676706.73	4560.00	0.00
		rb2202	2610	12353.13	1721282	8056844.40	4733.00	0.04
		rb2203	690	3373.41	1294118	5915502.03	4889.00	0.01
		rb2204	840	4170.60	744483	3405180.12	4965.00	0.02
		rb2205	900	4545.00	166317994	758808652.99	5050.00	0.00
		rb2206	120	559.20	301683	1374027.72	4660.00	0.00
		rb2207	870	3419.10	220339	990176.16	3930.00	0.02
		rb2208	180	745.56	262799	1174820.35	4142.00	0.00
		rb2209	1500	5880.00	3067139	14081649.93	3920.00	0.02
		rb2210	9780	36733.68	227071024	996926348.05	3756.00	0.00
		rb2211	390	1425.84	3420330	14673148.49	3656.00	0.00
		rb2212	510	1886.49	3357125	13727961.35	3699.00	0.00
线材 Steel Wire Rod	SHFE	wr2201	--	--	203	1099.47	4835.00	--
		wr2202	--	--	8651	41708.56	5240.00	--
		wr2203	--	--	26	119.43	5151.00	--
		wr2204	--	--	25	127.51	5060.00	--
		wr2205	--	--	3357	18195.54	5556.00	--
		wr2206	--	--	66	349.79	5475.00	--
		wr2207	--	--	5	23.42	5363.00	--
		wr2208	--	--	6	28.76	4797.00	--
		wr2209	--	--	100	527.51	4747.00	--
		wr2210	--	--	6187	29186.91	4780.00	--

5-18 续表 2 continued

交易品种 Product	上市交易所 Listed Exchange	合约 Contract	交割量(手) Delivery Quantity (lot)	交割金额(万元) Delivery Amount (10 thousand yuan)	成交量(手) Trading Volume (lot)	成交金额(万元) Trading Turnover (10 thousand yuan)	结算价(元/吨) Clearing Price (yuan/ton)	交割率(%) Delivery Rate (%)
线材 Steel Wire Rod	SHFE	wr2211	--	--	10	43.77	4240.00	--
		wr2212	--	--	21	96.07	4453.00	--
热轧卷板 Hot Rolled Coils	SHFE	hc2201	6300	30466.80	64409813	336425909.34	4836.00	0.01
		hc2202	5220	25953.84	2342310	11722151.83	4972.00	0.13
		hc2203	9810	49236.39	1729412	8479575.25	5019.00	0.22
		hc2204	6690	35028.84	999944	4778278.92	5236.00	0.16
		hc2205	7470	36020.34	47961257	229865493.02	4822.00	0.01
		hc2206	870	4142.07	332933	1626851.34	4761.00	0.04
		hc2207	990	3623.40	156672	761495.33	3660.00	0.05
		hc2208	1290	5211.60	220188	1064588.45	4040.00	0.04
		hc2209	8100	31889.70	3042541	14399510.08	3937.00	0.17
		hc2210	16170	61607.70	57772791	257757378.53	3810.00	0.02
		hc2211	1110	4246.86	2912676	12806425.85	3826.00	0.02
		hc2212	210	858.90	1948796	8088907.69	4090.00	0.00
锡 Tin	SHFE	sn2201	2100	66727.50	1786707	49933691.75	317750.00	0.05
		sn2202	1200	39879.60	2054199	61338910.27	332330.00	0.02
		sn2203	1458	48745.31	1780830	57477895.52	334330.00	0.03
		sn2204	1458	50023.98	498167	16439570.79	343100.00	0.10
		sn2205	1778	52790.60	2784630	93145209.88	296910.00	0.04
		sn2206	1546	37685.30	1327884	39598715.38	243760.00	0.04
		sn2207	1602	29632.19	2039854	50893475.46	184970.00	0.04
		sn2208	1174	23341.47	3172330	65079436.16	198820.00	0.02
		sn2209	1096	20261.75	2582837	51846888.93	184870.00	0.02
		sn2210	854	15436.90	3800808	70583431.11	180760.00	0.02
		sn2211	1302	23864.36	1513056	26877835.76	183290.00	0.03
		sn2212	2510	48553.44	4224888	72434101.11	193440.00	0.05
镍 Nickel	SHFE	ni2201	1218	19939.88	2749455	40068746.35	163710.00	0.01
		ni2202	2214	38497.03	15025407	229701025.18	173880.00	0.01
		ni2203	3174	70275.53	7527429	124554931.61	221410.00	0.02
		ni2204	1410	32324.25	6960546	131603087.25	229250.00	0.01
		ni2205	1158	24491.70	4908076	100197898.58	211500.00	0.01
		ni2206	1434	29335.34	3060738	62770470.69	204570.00	0.02
		ni2207	618	10305.15	2536541	51094920.68	166750.00	0.01
		ni2208	1872	33688.51	3638164	62008738.92	179960.00	0.02
		ni2209	1152	22534.27	3346881	57600882.26	195610.00	0.01
		ni2210	1842	34360.67	4645873	82272945.05	186540.00	0.02
		ni2211	1386	28961.86	2842931	51611685.15	208960.00	0.02
		ni2212	1380	30896.82	3389550	65073421.96	223890.00	0.01
不锈钢 Stainless Steel	SHFE	ss2201	4428	38490.39	3003726	26236573.54	17680.00	0.07
		ss2202	9912	91239.96	2753951	23442178.99	18630.00	0.15
		ss2203	4908	51411.30	2738580	24219851.29	19760.00	0.06
		ss2204	8580	84062.55	4694124	46383003.10	19960.00	0.13
		ss2205	4416	42040.32	3029583	30287670.94	19225.00	0.07
		ss2206	1320	12091.20	2131074	20459603.20	17710.00	0.02
		ss2207	684	5754.15	1734588	15893218.93	16555.00	0.01
		ss2208	504	4025.70	3091179	26016686.00	15760.00	0.01
		ss2209	1320	10893.30	3009800	23902875.34	17165.00	0.02
		ss2210	636	5391.69	3450385	28002045.22	17450.00	0.01
		ss2211	2616	22981.56	2808220	23629994.37	16955.00	0.03
		ss2212	5064	44044.14	3665863	30720605.11	17690.00	0.06

5-18　续表 3　continued

交易品种 Product	上市交易所 Listed Exchange	合约 Contract	交割量（手）Delivery Quantity (lot)	交割金额（万元）Delivery Amount (10 thousand yuan)	成交量（手）Trading Volume (lot)	成交金额（万元）Trading Turnover (10 thousand yuan)	结算价（元/吨）Clearing Price (yuan/ton)	交割率（%）Delivery Rate (%)
国际铜 Copper (BC)	INE	bc2201	380	11827.50	443155	13907666.18	62250.00	0.05
		bc2202	1035	32706.00	315602	9756846.57	63200.00	0.18
		bc2203	2245	69595.00	384193	12058283.53	62000.00	0.26
		bc2204	4245	142971.60	398781	12735064.60	67360.00	0.38
		bc2205	2545	80969.18	373527	12149392.24	63630.00	0.18
		bc2206	785	25473.25	419070	13667510.45	64900.00	0.06
		bc2207	615	16297.50	443986	14264499.37	53000.00	0.05
		bc2208	1255	34826.25	488805	15130250.60	55500.00	0.10
		bc2209	2060	56238.00	793821	21432374.37	54600.00	0.12
		bc2210	1465	41203.13	662766	17804604.62	56250.00	0.12
		bc2211	625	18281.25	419207	11429266.34	58500.00	0.06
		bc2212	1095	32247.75	331688	9111427.66	58900.00	0.11
铁矿石 Iron Ore	DCE	i2201	11200	77872.00	135522302	975754954.90	696.00	0.01
		i2202	900	7272.00	5329906	45095203.73	808.00	0.00
		i2203	600	5085.00	5835730	46712326.18	847.50	0.00
		i2204	200	1883.00	3431764	27800875.16	941.50	0.00
		i2205	2200	21143.00	146091068	1043857737.29	982.50	0.00
		i2206	1000	9686.50	2882606	22340524.69	955.00	0.01
		i2207	1200	10230.00	3560022	28235219.46	852.50	0.01
		i2208	2100	16608.00	2850026	22392052.79	789.50	0.01
		i2209	4200	32456.50	126361912	1008733136.91	768.00	0.00
		i2210	2000	15187.50	3682780	27876799.97	762.50	0.01
		i2211	500	3347.50	2496752	18660045.78	650.00	0.00
		i2212	3500	27583.50	2326078	16775569.08	801.00	0.02
硅铁 Ferrosilicon	ZCE	SF2201	2320	10050.35	3708	15911.37	8540.00	0.74
		SF2202	524	2352.24	21045	90330.39	8978.00	2.76
		SF2203	4270	20538.70	603749	2684308.80	9620.00	13.73
		SF2204	1144	5975.02	866975	3939675.75	10462.00	3.17
		SF2205	2995	13187.73	14830569	69759934.87	8844.00	2.15
		SF2206	2756	12685.59	1666523	8135341.96	9224.00	5.20
		SF2207	2126	8378.57	1576555	7665101.90	7882.00	4.12
		SF2208	2045	8125.42	1505111	6869189.53	7950.00	2.70
		SF2209	4582	18263.58	16906617	75207778.17	7918.00	2.51
		SF2210	2111	8761.59	5055081	20059907.35	8300.00	1.38
		SF2211	1690	7124.51	5845430	24068230.86	8446.00	0.91
		SF2212	3389	14526.82	1840487	7460334.29	8600.00	2.59
锰硅 Manganese Silicon	ZCE	SM2201	7520	31091.38	8703	35725.74	8290.00	2.86
		SM2202	1936	7893.93	22454	92338.17	8188.00	7.05
		SM2203	6493	27954.30	243694	1008341.98	8630.00	16.60
		SM2204	2535	11017.11	297094	1231199.65	8692.00	5.53
		SM2205	8428	34708.16	6747308	28647752.33	8244.00	4.82
		SM2206	5000	21035.80	1527680	6568617.91	8412.00	7.43
		SM2207	4724	18313.06	1021007	4348677.81	7714.00	10.08
		SM2208	6984	25467.86	1133218	4692526.25	7292.00	9.87
		SM2209	12385	44985.29	12344988	49397086.74	7172.00	6.49
		SM2210	4928	18215.10	1429875	5394684.85	7370.00	7.92
		SM2211	481	1757.57	1365688	5024802.06	7308.00	0.54
		SM2212	2767	10608.81	1191255	4329902.10	7672.00	3.08

5-19 2022年能源、化工及其他期货实物交割情况

Physical Delivery of Energy & Chemical Products & Others Futures in 2022

交易品种 Product	上市交易所 Listed Exchange	合约 Contract	交割量(手) Delivery Quantity (lot)	交割金额(万元) Delivery Amount (10 thousand yuan)	成交量(手) Trading Volume (lot)	成交金额(万元) Trading Turnover(10 thousand yuan)	结算价(元/吨) Clearing Price (yuan/ton)	交割率(%) Delivery Rate (%)
苯乙烯 Ethenylbenzene	DCE	eb2201	516	2196.10	12911716	52826190.33	8565	0.00
		eb2202	2140	9471.19	14080668	58709435.34	8894	0.01
		eb2203	3120	15529.55	10219020	45141211.36	9377	0.01
		eb2204	1204	5867.55	8474456	40404112.14	9591	0.00
		eb2205	2433	12279.51	10748262	51969112.88	10085	0.01
		eb2206	925	5002.05	10118082	49709008.26	10672	0.00
		eb2207	1421	6909.39	12868296	67729031.73	9732	0.00
		eb2208	861	3687.66	13430866	65444051.66	8556	0.00
		eb2209	738	3478.32	16298334	70773178.11	9330	0.00
		eb2210	1566	6680.75	19941568	86112830.84	8556	0.00
		eb2211	962	4019.72	14254456	60225806.48	8357	0.00
		eb2212	345	1394.23	14914172	59635467.13	8142	0.00
乙二醇 Ethylene Glycol	DCE	eg2201	7385	37972.47	74467386	423227483.45	5271	0.01
		eg2202	2168	11070.70	4610384	25637563.85	5137	0.01
		eg2203	1093	5308.38	2581164	13857927.39	5100	0.01
		eg2204	2273	11456.66	2356750	12318197.99	4853	0.02
		eg2205	3358	16456.62	62814180	323637855.19	4977	0.01
		eg2206	4106	20199.38	5325814	27295468.71	5149	0.02
		eg2207	3942	17037.75	3360888	17136319.21	4150	0.03
		eg2208	965	4112.89	3900992	19224566.49	3996	0.01
		eg2209	7919	31858.19	72343944	336664266.04	4276	0.01
		eg2210	3846	16024.71	5022354	22592207.34	4004	0.02
		eg2211	4846	18334.43	3234762	14206158.25	3943	0.04
		eg2212	2037	7989.83	2600330	11010594.57	3931	0.02
焦炭 Coke	DCE	j2201	320	9852.30	18544174	589434482.38	3090.5	0.00
		j2202	10	325.00	132380	3600177.95	3250	0.00
		j2203	30	1051.40	121390	3271876.84	3507	0.00
		j2205	450	16465.10	7532960	239892709.88	3893	0.01
		j2209	750	18335.00	7352988	232774638.11	2547.5	0.01
焦煤 Coking Coal	DCE	jm2201	3000	40339.20	26632178	400519597.58	2216	0.01
		jm2205	1300	23711.40	10836832	160133223.49	3075	0.01
		jm2209	300	3833.40	11654152	169855930.94	2132	0.00
聚乙烯 LLDPE	DCE	l2201	368	1610.37	90398206	397920323.00	8752	0.00
		l2202	1747	7856.26	7262594	31342030.62	8994	0.00
		l2203	711	3244.65	5321462	23221213.64	9127	0.00
		l2204	673	2981.05	5254712	22905890.24	8859	0.00
		l2205	1061	4640.28	75152116	334461699.31	8747	0.00
		l2206	547	2437.98	8333040	37170703.43	8914	0.00
		l2207	1828	7413.45	5830246	25816411.52	8111	0.01
		l2208	494	2000.21	7747036	33976914.79	8098	0.00
		l2209	1542	6127.91	72571880	306314792.58	7948	0.00
		l2210	1380	5756.67	9419362	39117019.07	8343	0.01
		l2211	1388	5489.54	6593906	27133755.49	7910	0.01
		l2212	467	1907.46	5180478	20954275.45	8169	0.00

注：1.结算价为最后交易日交割结算价。
2.交割金额、交割量包含期转现部分。
3.交割率=交割量/合约存续期内(截至2022年12月31日)的最大日持仓量*100%。

数据来源：上海期货交易所、郑州商品交易所、大连商品交易所、广州期货交易所

Source: SHFE、ZCE、DCE、GFEX

5-19　续表 1　continued

交易品种 Product	上市交易所 Listed Exchange	合约 Contract	交割量（手） Delivery Quantity (lot)	交割金额（万元） Delivery Amount (10 thousand yuan)	成交量（手） Trading Volume (lot)	成交金额（万元） Trading Turnover(10 thousand yuan)	结算价（元/吨） Clearing Price (yuan/ton)	交割率(%) Delivery Rate (%)
液化石油气 Liquefied Petroleum Gas	DCE	pg2201	1225	11512.61	8781136	84714918.98	4916	0.01
		pg2202	1352	13034.04	10953390	101977058.55	5050	0.01
		pg2203	1029	11721.95	9740890	92807240.79	6068	0.01
		pg2204	1183	14217.92	8195258	101168806.47	6167	0.01
		pg2205	684	8247.78	7316358	87669696.82	6250	0.00
		pg2206	680	8018.39	7407626	89545810.41	5980	0.01
		pg2207	550	6319.86	7240490	85493352.85	5721	0.00
		pg2208	17	186.32	8359688	93543090.58	5580	0.00
		pg2209	2005	22347.54	7257004	77779696.33	5614	0.01
		pg2210	2924	29702.15	7562722	82767655.29	5172	0.02
		pg2211	1412	14848.73	5867230	60692797.28	5330	0.01
		pg2212	1050	10038.51	5798098	59444375.98	4825	0.01
聚丙烯 PP	DCE	pp2201	1027	4246.71	145078520	636803792.58	8275	0.00
		pp2202	1083	4581.17	9536812	40925037.01	8462	0.00
		pp2203	1527	6573.46	5785264	24547385.31	8612	0.01
		pp2204	222	970.47	6759912	28674269.76	8743	0.00
		pp2205	3039	13228.74	106391464	457019169.51	8724	0.00
		pp2206	879	3897.36	8359516	36703357.51	8897	0.00
		pp2207	323	1297.19	6570944	28605113.20	8049	0.00
		pp2208	825	3328.33	7942874	34426041.92	8082	0.00
		pp2209	1666	6702.43	91710686	385163780.84	8072	0.00
		pp2210	1510	6044.35	9777850	40371342.42	8020	0.01
		pp2211	901	3503.19	7658620	31173983.69	7777	0.00
		pp2212	1095	4274.70	6079450	24192850.12	7810	0.01
聚氯乙烯 PVC	DCE	v2201	9825	41569.58	138404806	673003984.56	8462	0.01
		v2202	7642	35088.24	7536480	34426977.21	9183	0.02
		v2203	5406	24343.22	5464084	24180482.68	9006	0.02
		v2204	3500	16149.00	5801970	25675495.86	9228	0.02
		v2205	3311	14697.53	168186046	736568476.43	8878	0.00
		v2206	729	3124.49	9344400	41565043.03	8572	0.00
		v2207	1339	4704.58	6971032	30676349.89	7027	0.01
		v2208	2431	8440.43	8064258	33514606.59	6944	0.01
		v2209	16544	55885.63	154419788	570572488.52	6756	0.01
		v2210	3840	11708.16	12013266	43563030.19	6098	0.01
		v2211	930	2730.95	8000554	27586539.09	5873	0.00
		v2212	1379	4117.00	6468148	21051506.61	5971	0.01
玻璃 FG	ZCE	FG2201	43	150.16	3709	12254.98	1746	0.01
		FG2202	1038	4683.46	6722	25911.16	2256	3.51
		FG2203	312	1298.54	14538	59345.76	2081	1.07
		FG2204	808	3067.17	9584	38436.62	1898	6.51
		FG2205	563	1989.64	28466597	115086909.97	1767	0.20
		FG2206	453	1577.20	50352	203189.83	1723	3.09
		FG2207	95	279.59	65086	254121.91	1473	0.48
		FG2208	471	1460.10	175363	701435.98	1550	0.73
		FG2209	616	1795.29	97040603	344004131.00	1453	0.05
		FG2210	506	1581.76	93151	336766.49	1563	5.75
		FG2211	62	176.70	173876	634263.42	1425	0.22
		FG2212	928	2683.78	112917	405193.90	1446.00	4.39
甲醇 MA	ZCE	MA2201	665	1680.46	4158	10572.69	2527	0.05
		MA2202	3691	9932.48	288965	750288.54	2691	1.53

5-19 续表 2 continued

交易品种 Product	上市交易所 Listed Exchange	合约 Contract	交割量（手） Delivery Quantity (lot)	交割金额（万元） Delivery Amount (10 thousand yuan)	成交量（手） Trading Volume (lot)	成交金额（万元） Trading Turnover(10 thousand yuan)	结算价（元/吨） Clearing Price (yuan/ton)	交割率(%) Delivery Rate (%)
甲醇 MA	ZCE	MA2203	1789	5295.44	1684479	4541639.57	2960	0.80
		MA2204	512	1459.20	1650190	4562653.73	2850	0.16
		MA2205	971	2645.98	67174146	193240480.34	2725	0.09
		MA2206	313	875.77	4670571	13494422.45	2798	0.09
		MA2207	585	1411.61	2527651	7124502.36	2413	0.30
		MA2208	3605	9034.97	4791712	13098394.36	2530	0.92
		MA2209	3286	8556.18	129602395	344588967.69	2605	0.26
		MA2210	725	2039.43	6869041	17619583.49	2813	0.19
		MA2211	2607	6981.70	6723645	17527675.39	2714	0.49
		MA2212	1369	3547.08	4486649	11935090.98	2591.00	0.38
短纤 PF	ZCE	PF2201	5181	18443.38	1829	6426.50	7116	2.93
		PF2202	2621	9951.94	16978	60829.47	7594	9.35
		PF2203	314	1264.48	562073	2073683.20	8054	0.61
		PF2204	434	1667.43	733897	2752760.05	7684	0.70
		PF2205	2257	9402.66	9606640	36807777.18	8332	1.79
		PF2206	181	793.69	3449498	13706955.64	8770	0.18
		PF2207	9	35.55	3745149	15301113.88	7900	0.01
		PF2208	234	890.60	1564612	6548138.92	7612	0.20
		PF2209	0	0.00	10282724	40965808.24	7602.00	0.00
		PF2210	0	0.00	7570283	27932511.77	7684.00	0.00
		PF2211	4471	16600.82	8184973	29907433.32	7426.00	1.16
		PF2212	1000	3329.00	6465366	22819478.22	6658.00	0.33
纯碱 SA	ZCE	SA2201	2091	9381.58	4790	21470.35	2279	0.46
		SA2202	1445	8081.78	26260	127381.14	2822	24.33
		SA2203	1681	8864.63	283875	1410094.76	2637	5.67
		SA2204	3908	22190.51	844077	4618233.81	2902	4.68
		SA2205	2812	16059.89	51749876	278396938.93	2863	0.50
		SA2206	6955	41846.06	1269289	7233858.39	3017	10.24
		SA2207	3323	18051.33	711302	4075884.36	2693	5.49
		SA2208	3472	18289.87	518043	3018180.85	2634	11.34
		SA2209	4386	23188.91	103958951	593547651.99	2629	0.62
		SA2210	3303	17293.94	2922376	15788734.58	2619	3.54
		SA2211	648	3425.93	1300048	6619715.81	2652	0.67
		SA2212	1285	7096.12	1052428	5298939.67	2770.00	1.32
PTA TA	ZCE	TA2201	23833	61169.63	68421	174065.48	5144	1.46
		TA2202	7425	20750.63	399662	1026624.91	5586	1.97
		TA2203	25655	77483.80	4678808	12444201.86	6128	5.79
		TA2204	10413	31951.72	5941138	16387183.69	6110	2.56
		TA2205	17090	56325.44	92369417	265381381.43	6614	1.33
		TA2206	8171	30003.91	8429372	25316979.65	7344	1.79
		TA2207	22010	70467.18	7771840	25081796.84	6396	6.65
		TA2208	3910	11671.35	5519547	18713569.63	5970	0.77
		TA2209	34894	112664.41	155178456	492791004.19	6484	2.18
		TA2210	12097	36278.90	10996965	33414389.49	5998	2.42
		TA2211	16119	44778.58	10577881	30464803.18	5556	2.52
		TA2212	9962	25781.66	6437302	17842511.87	5176	2.04
尿素 UR	ZCE	UR2201	2846	14628.49	3193	16381.81	2570	2.88
		UR2202	348	1836.74	1613	8356.11	2639	29.37
		UR2203	730	4064.97	6390	33472.74	2793	19.57
		UR2204	26	150.80	1770	9313.58	2900	0.74

5-19 续表 3 continued

交易品种 Product	上市交易所 Listed Exchange	合约 Contract	交割量(手) Delivery Quantity (lot)	交割金额(万元) Delivery Amount (10 thousand yuan)	成交量(手) Trading Volume (lot)	成交金额(万元) Trading Turnover(10 thousand yuan)	结算价(元/吨) Clearing Price (yuan/ton)	交割率(%) Delivery Rate (%)
尿素 UR	ZCE	UR2205	1361	8473.27	4490077	23492356.88	3117	1.34
		UR2206	39	249.05	9820	54180.18	3193	1.55
		UR2207	443	2382.45	21209	116261.04	2689	7.80
		UR2208	135	632.88	23120	119981.87	2344	1.56
		UR2209	1183	5826.42	6931957	36591373.17	2469	0.91
		UR2210	87	418.47	18537	94119.68	2405	2.96
		UR2211	96	489.79	20011	99529.80	2551	2.29
		UR2212	364	1978.70	63929	322934.14	2718	2.56
动力煤 ZC	ZCE	ZC2201	0	0.00	660	4344.13	719.6	0.00
		ZC2202	0	0.00	1169	8421.31	759.4	0.00
		ZC2203	200	2030.00	2432	19257.86	959	2.66
		ZC2204	0	0.00	289	2141.35	872.8	0.00
		ZC2205	25	207.15	453341	3531738.72	828.6	0.08
		ZC2206	0	0.00	391	3083.48	862.8	0.00
		ZC2207	0	0.00	733	5830.83	839	0.00
		ZC2208	0	0.00	90	699.73	809.4	0.00
		ZC2209	0	0.00	19107	150100.46	856.2	0.00
		ZC2210	0	0.00	468	3692.01	835.8	0.00
		ZC2211	0	0.00	111	870.87	806.8	0.00
		ZC2212	0	0.00	67	547.14	923	0.00
燃料油 Fuel Oil	SHFE	fu2201	4345	11383.90	73376884	204756933.03	2706	0.01
		fu2202	196	612.70	18602	53793.48	3287	0.16
		fu2203	20	64.80	33595	90356.83	3463	0.00
		fu2204	35	139.65	36100	98871.44	4383	0.00
		fu2205	197	939.49	40813355	132677419.79	5109	0.00
		fu2206	1	4.36	108910	380502.80	3376	0.00
		fu2207	1	3.77	101443	302704.36	3349	0.00
		fu2208	3	10.08	111746	350058.32	3600	0.00
		fu2209	2876	9985.47	72783066	270830445.42	3444	0.01
		fu2210	209	613.21	281187	929055.80	2867	0.01
		fu2211	249	709.15	177692	584913.84	2522	0.01
		fu2212	8	21.40	175199	571623.48	2921	0.00
石油沥青 Bitumen	SHFE	bu2201	2834	9182.16	3974548	12338848.08	3246	0.02
		bu2202	3750	13552.50	1229768	3835212.92	3656	0.06
		bu2203	8414	33252.13	1227442	3857468.64	3430	0.12
		bu2204	2457	9088.44	444413	1484280.34	3757	0.06
		bu2205	3163	13319.39	1132594	4044742.17	4200	0.05
		bu2206	12992	61815.94	59908732	217794238.78	4703	0.02
		bu2207	1573	6768.62	2389371	9837127.59	4459	0.02
		bu2208	1449	6410.38	1264367	5460198.41	4517	0.03
		bu2209	2260	9645.68	40203345	174232156.40	4208	0.00
		bu2210	1276	5364.30	1514278	6357488.42	4209	0.02
		bu2211	927	4061.19	1777900	7362667.59	4059	0.01
		bu2212	439	1480.31	29831809	116813912.63	3488	0.00
纸浆 Woodpulp	SHFE	sp2201	5244	33047.69	9246698	51522146.52	6128	0.04
		sp2202	2758	17480.20	1221326	6750196.56	6296	0.05
		sp2203	5048	35790.32	992681	5801237.60	6678	0.12
		sp2204	3314	22753.92	658772	4071155.24	6980	0.12
		sp2205	6360	46148.16	21649053	135301000.59	7116	0.02
		sp2206	5462	39042.38	2399202	16136086.31	7098	0.13

5-19 续表 4 continued

交易品种 Product	上市交易所 Listed Exchange	合约 Contract	交割量（手） Delivery Quantity (lot)	交割金额（万元） Delivery Amount (10 thousand yuan)	成交量（手） Trading Volume (lot)	成交金额（万元） Trading Turnover(10 thousand yuan)	结算价（元/吨） Clearing Price (yuan/ton)	交割率（%） Delivery Rate (%)
纸浆 Woodpulp	SHFE	sp2207	7510	51443.50	1486912	10453823.58	6846	0.27
		sp2208	5640	40055.28	919998	6463847.50	7004	0.23
		sp2209	7616	60288.26	28852077	200710996.85	7660	0.03
		sp2210	4652	33540.92	3113671	21320544.02	7212	0.09
		sp2211	5002	35014.00	1898884	12855410.50	7004	0.11
		sp2212	3472	25540.03	1264906	8547521.85	7402	0.11
20号胶 TSR 20	INE	nr2201	1474	17149.99	797177	9258313.96	11630	0.05
		nr2202	1185	13680.83	711800	8290118.36	11705	0.04
		nr2203	824	9282.36	713852	8296489.09	10950	0.03
		nr2204	590	6637.50	735869	8661613.45	11220	0.02
		nr2205	1413	15232.14	1372149	15891109.10	11050	0.03
		nr2206	1770	20213.40	1018344	11497168.76	11600	0.04
		nr2207	1386	15585.57	872564	9702797.52	11245	0.03
		nr2208	1571	16786.14	928477	10461068.52	10410	0.04
		nr2209	660	6121.50	1612664	17731285.32	9400	0.01
		nr2210	1924	19653.66	1258637	13198704.60	9850	0.03
		nr2211	2066	19389.41	1150164	11315557.06	9845	0.03
		nr2212	896	8727.04	901087	8733143.31	9805	0.02
低硫燃料油 Low Sulphur Fuel Oil	INE	lu2201	5562	18777.31	2332536	8897027.86	3289	0.08
		lu2202	3440	14654.40	1815104	6538730.40	4422	0.07
		lu2203	2280	10198.44	1076385	3836671.66	4174	0.05
		lu2204	1800	9185.40	1514546	5836789.18	5251	0.03
		lu2205	1858	9221.25	2457393	11157111.40	5300	0.03
		lu2206	42	298.96	2365611	11561931.76	6400	0.00
		lu2207	37	243.05	2526903	13505052.30	7534	0.00
		lu2208	1700	9062.70	3279251	19437589.58	4501	0.03
		lu2209	7333	41174.80	7344694	39978301.56	5994	0.10
		lu2210	1271	5891.09	4922829	24758834.33	4655	0.02
		lu2211	1635	7689.41	2986212	14156926.21	4650	0.03
		lu2212	807	3594.38	1998286	9228556.74	4500	0.01
原油 Crude Oil	INE	sc2201	--	--	4021635	193466939.25	458.3	--
		sc2202	--	--	3836413	183180239.54	533.7	--
		sc2203	1730	102658.20	3207812	168839053.79	600.5	0.03
		sc2204	1956	136548.36	5879890	370633627.00	591	0.04
		sc2205	4498	295338.68	5313092	352912475.58	676.7	0.14
		sc2206	2774	200920.82	4718969	317127539.19	735.1	0.08
		sc2207	52	3663.92	4983717	358611623.72	728.2	0.00
		sc2208	32	2209.28	6089295	423563055.92	695.1	0.00
		sc2209	39	2971.02	5812603	389285840.36	720.9	0.00
		sc2210	4149	283127.76	3969494	273611831.90	650.7	0.08
		sc2211	4162	281226.34	3210851	209025810.65	680	0.11
		sc2212	4566	262545.00	3259368	218968167.36	567.5	0.14
工业硅 Silicon Metal	GFEX	si2308	--	--	37967	343036.69	18070	--
		si2309	--	--	491	4386.11	17865	--
		si2310	--	--	45	400.91	17815	--
		si2311	--	--	136	1208.55	17770	--
		si2312	--	--	68	608.75	17900	--

5-20 2022年金融期货交割情况
Cash Delivery of Financial Futures in 2022

交易品种 Product	上市交易所 Listed Exchange	合约 Contract	交割量(手) Delivery Quantity (lot)	交割金额(亿元) Delivery Amount (100 million yuan)	成交量(手) Trading Volume (lot)	成交金额(亿元) Trading Turnover (100 million yuan)	结算价(元) Clearing Price (yuan)	交割率(%) Delivery Rate (%)
2年期国债期货 2-Year Treasury Bond Futures	CFFEX	TS2203	2620	53.30	431507	8735.34	101.26	0.05
		TS2206	1855	37.30	1024515	20734.69	101.25	0.04
		TS2209	1169	23.74	1546638	31266.81	101.49	0.02
		TS2212	660	13.30	2559968	51805.49	100.87	0.01
		TS2303	--	--	1577804	31794.24	100.89	--
		TS2306	--	--	18819	378.57	100.65	--
		TS2309	--	--	2278	45.70	100.43	--
5年期国债期货 5-Year Treasury Bond Futures	CFFEX	TF2203	2761	28.94	916666	9353.05	101.94	0.03
		TF2206	1170	12.04	2482166	25206.92	101.87	0.01
		TF2209	330	3.34	2544514	25838.87	102.39	0.00
		TF2212	1865	18.78	3423619	34834.81	101.07	0.01
		TF2303	--	--	2233824	22513.82	100.97	--
		TF2306	--	--	59963	602.21	100.53	--
		TF2309	--	--	4809	48.09	100.16	--
10年期国债期货 10-Year Treasury Bond Futures	CFFEX	T2203	2300	22.92	1742878	17582.09	100.65	0.01
		T2206	75	0.76	4705756	47206.84	100.99	0.00
		T2209	364	3.68	4658250	46856.63	102.09	0.00
		T2212	6520	64.70	5157842	52183.75	100.66	0.04
		T2303	--	--	3541878	35362.67	100.24	--
		T2306	--	--	178734	1774.25	99.66	--
		T2309	--	--	4088	40.43	99.07	--
沪深300股指期货 CSI 300 Index Futures	CFFEX	IF2201	8005	114.69	797409	11543.27	4775.93	0.10
		IF2202	7410	103.06	990064	13885.06	4636.21	0.11
		IF2203	12804	163.31	2426336	32567.11	4251.47	0.09
		IF2204	8515	107.15	1805651	22720.92	4194.46	0.08

数据来源：中国金融期货交易所
Source：CFFEX

5-20 续表 1 continued

交易品种 Product	上市交易所 Listed Exchange	合约 Contract	交割量(手) Delivery Quantity (lot)	交割金额(亿元) Delivery Amount (100 million yuan)	成交量(手) Trading Volume (lot)	成交金额(亿元) Trading Turnover (100 million yuan)	结算价(元) Clearing Price (yuan)	交割率(%) Delivery Rate (%)
沪深300股指期货 CSI 300 Index Futures	CFFEX	IF2205	8750	106.81	2003735	23943.18	4069.01	0.09
		IF2206	15391	198.49	3504132	43432.38	4298.74	0.11
		IF2207	10281	132.22	1904247	24803.10	4286.75	0.11
		IF2208	7998	99.88	1730825	21817.27	4162.85	0.10
		IF2209	15604	185.23	3389383	42093.11	3956.97	0.13
		IF2210	9732	109.32	1372284	15888.60	3744.36	0.11
		IF2211	8737	100.06	1611625	17943.13	3817.58	0.11
		IF2212	12187	144.03	3310798	38637.41	3939.38	0.09
		IF2301	--	--	814567	9527.76	3886.00	--
		IF2302	--	--	16016	186.58	3895.80	--
		IF2303	--	--	856975	9965.73	3904.20	--
		IF2306	--	--	215395	2483.59	3895.20	--
上证50股指期货 SSE 50 Index Futures	CFFEX	IH2201	4577	44.14	476553	4599.84	3214.41	0.08
		IH2202	3388	32.05	561580	5313.58	3153.71	0.08
		IH2203	4561	39.69	1298436	11874.35	2900.70	0.06
		IH2204	4253	37.45	817939	7085.09	2935.36	0.10
		IH2205	4551	38.24	910269	7592.62	2800.61	0.10
		IH2206	6855	60.28	1817189	15546.13	2930.98	0.10
		IH2207	7973	68.55	936303	8237.48	2865.82	0.14
		IH2208	3585	29.65	878894	7412.93	2756.63	0.09
		IH2209	8595	69.46	2075402	17437.85	2693.79	0.12
		IH2210	8189	61.13	862026	6778.43	2488.12	0.13
		IH2211	3704	28.40	1020369	7511.09	2556.04	0.07
		IH2212	6340	50.92	2385734	18707.04	2677.20	0.07
		IH2301	--	--	591625	4695.41	2650.80	--
		IH2302	--	--	12096	95.75	2656.20	--
		IH2303	--	--	619152	4862.19	2660.00	--
		IH2306	--	--	144122	1120.40	2659.80	--

5-20 续表 2 continued

交易品种 Product	上市交易所 Listed Exchange	合约 Contract	交割量(手) Delivery Quantity (lot)	交割金额(亿元) Delivery Amount (100 million yuan)	成交量(手) Trading Volume (lot)	成交金额(亿元) Trading Turnover (100 million yuan)	结算价(元) Clearing Price (yuan)	交割率(%) Delivery Rate (%)
中证500股指期货 CSI 500 Index Futures	CFFEX	IC2201	8488	118.53	581602	8354.63	6982.43	0.09
		IC2202	6105	83.25	829103	11335.22	6818.56	0.07
		IC2203	10216	128.83	1988657	26486.27	6305.27	0.07
		IC2204	6940	84.50	1420118	17722.32	6087.71	0.06
		IC2205	9647	114.06	1947440	22187.71	5911.89	0.08
		IC2206	14792	186.15	3671378	44318.20	6292.28	0.08
		IC2207	10068	125.91	1878108	23666.53	6252.81	0.08
		IC2208	7233	92.94	1629899	20478.41	6424.44	0.07
		IC2209	14635	175.83	3972472	48798.66	6007.26	0.08
		IC2210	8210	97.96	1465056	17326.98	5965.73	0.07
		IC2211	6673	82.93	1401646	16823.88	6213.89	0.07
		IC2212	12737	154.20	3393453	40950.92	6053.20	0.07
		IC2301	--	--	646365	7720.53	5874.60	--
		IC2302	--	--	28116	330.44	5879.60	--
		IC2303	--	--	1029598	12357.76	5874.40	--
		IC2306	--	--	338061	4030.28	5809.40	--
中证1000股指期货 CSI 1000 Index Futures	CFFEX	IM2208	4642	67.56	477497	6766.61	7277.46	0.15
		IM2209	5210	68.05	841774	11692.47	6530.27	0.11
		IM2210	5629	72.50	909132	11551.50	6440.08	0.12
		IM2211	4205	56.34	923124	11992.32	6699.69	0.09
		IM2212	6155	80.20	1657151	21674.17	6515.43	0.09
		IM2301	--	--	423727	5411.58	6282.80	--
		IM2302	--	--	15975	200.49	6265.60	--
		IM2303	--	--	672267	8600.80	6243.20	--
		IM2306	--	--	194856	2465.85	6146.80	--

5-21 2022年农产品期货合约汇总

交易品种 Product	交易单位 Contract Size	报价单位 Quotation Unit	最小变动价位 Minimum Tick Size	涨跌停板幅度 Daily Price Limit	最低交易保证金 Minimum Trading Margin	合约月份 Contract Months	交易时间 Trading Hours
玉米 Corn	10吨/手	元(人民币)/吨	1元/吨	上一交易日结算价的4%	合约价值的5%	1、3、5、7、9、11月	每周一至周五上午9:00-11:30，下午13:30-15:00，以及交易所规定的其他时间
玉米淀粉 Corn Starch	10吨/手	元(人民币)/吨	1元/吨	上一交易日结算价的4%	合约价值的5%	1、3、5、7、9、11月	每周一至周五上午9:00-11:30，下午13:30-15:00，以及交易所规定的其他时间
黄大豆1号 No.1 Soybean	10吨/手	元(人民币)/吨	1元/吨	上一交易日结算价的4%	合约价值的5%	1、3、5、7、9、11月	每周一至周五上午9:00-11:30，下午13:30-15:00，以及交易所规定的其他时间
黄大豆2号 No.2 Soybean	10吨/手	元(人民币)/吨	1元/吨	上一交易日结算价的4%	合约价值的5%	1-12月	每周一至周五上午9:00-11:30，下午13:30-15:00，以及交易所规定的其他时间
豆粕 Soybean Meal	10吨/手	元(人民币)/吨	1元/吨	上一交易日结算价的4%	合约价值的5%	1、3、5、7、8、9、11、12月	每周一至周五上午9:00-11:30，下午13:30-15:00，以及交易所规定的其他时间
豆油 Soybean Oil	10吨/手	元(人民币)/吨	2元/吨	上一交易日结算价的4%	合约价值的5%	1、3、5、7、8、9、11、12月	每周一至周五上午9:00-11:30，下午13:30-15:00，以及交易所规定的其他时间
棕榈油 RBD Palm Oil	10吨/手	元(人民币)/吨	2元/吨	上一交易日结算价的4%	合约价值的5%	1-12月	每周一至周五上午9:00-11:30,下午13:30-15:00，以及交易所规定的其他时间
纤维板 Fiberboard	500张/手	元(人民币)/张	0.05元/张	上一交易日结算价的4%	合约价值的5%	1-12月	每周一至周五上午9:00-11:30，下午13:30-15:00，以及交易所规定的其他时间
胶合板 Blockboard	500张/手	元(人民币)/张	0.05元/张	上一交易日结算价的4%	合约价值的5%	1-12月	每周一至周五上午9:00-11:30，下午13:30-15:00，以及交易所规定的其他时间
鸡蛋 Egg	5吨/手	元（人民币）/500千克	1元/500千克	上一交易日结算价的4%	合约价值的5%	1-12月	每周一至周五上午9:00-11:30，下午13:30-15:00，以及交易所规定的其他时间
粳米 Polished Round-grained Rice	10吨/手	元（人民币）/吨	1元/吨	上一交易日结算价的4%	合约价值的5%	1-12月	每周一至周五上午9:00-11:30，下午13:30-15:00，以及交易所规定的其他时间
生猪 Live Hog	16吨/手	元（人民币）/吨	5元/吨	上一交易日结算价的4%	合约价值的5%	1、3、5、7、9、11月	每周一至周五上午9:00~11:30，下午13:30~15:00，以及交易所规定的其他时间

数据来源：上海期货交易所、郑州商品交易所、大连商品交易所

Source：SHFE、ZCE、DCE

Collection of Agricultural Products Futures Contracts in 2022

最后交易日 Last Trading Day	最后交割日 Last Delivery Day	交割品级 Delivery Grade	交割地点 Delivery Venue	交割方式 Delivery Form	交易代码 Trading Code	上市交易所 Listed Exchange
合约月份第10个交易日	最后交易日后第3个交易日	大连商品交易所玉米交割质量标准(FC/DCE D001-2015)	大连商品交易所玉米指定交割仓库	实物交割	C	大连商品交易所
合约月份第10个交易日	最后交易日后第3个交易日	大连商品交易所玉米淀粉交割质量标准（F/DCE CS002-2018）	大连商品交易所玉米淀粉指定交割仓库	实物交割	CS	大连商品交易所
合约月份第10个交易日	最后交易日后第3个交易日	大连商品交易所黄大豆1号交割质量标准（F/DCE A001-2018）	大连商品交易所黄大豆1号指定交割仓库	实物交割	A	大连商品交易所
合约月份第10个交易日	最后交易日后第3个交易日	大连商品交易所黄大豆2号交割质量标准（F/DCE B003-2017）	大连商品交易所黄大豆2号指定交割仓库	实物交割	B	大连商品交易所
合约月份第10个交易日	最后交易日后第3个交易日	大连商品交易所豆粕交割质量标准（F/DCE M004-2020）	大连商品交易所豆粕指定交割仓库	实物交割	M	大连商品交易所
合约月份第10个交易日	最后交易日后第3个交易日	大连商品交易所豆油交割质量标准（F/DCE Y002-2020）	大连商品交易所豆油指定交割仓库	实物交割	Y	大连商品交易所
合约月份第10个交易日	最后交易日后第3个交易日	大连商品交易所棕榈油交割质量标准（F/DCE P002-2011）	大连商品交易所棕榈油指定交割仓库	实物交割	P	大连商品交易所
合约月份第10个交易日	最后交易日后第3个交易日	大连商品交易所纤维板交割质量标准（F/DCE FB001-2019）	大连商品交易所纤维板指定交割仓库	实物交割	FB	大连商品交易所
合约月份第10个交易日	最后交易日后第3个交易日	大连商品交易所胶合板交割质量标准（F/DCE BB002-2018）	大连商品交易所胶合板指定交割仓库	实物交割	BB	大连商品交易所
合约月份倒数第4个交易日	最后交易日后第3个交易日	大连商品交易所鸡蛋交割质量标准（F/DCE JD003-2020）	大连商品交易所鸡蛋指定交割仓库、指定车板交割场所	实物交割	JD	大连商品交易所
合约月份第10个交易日	最后交易日后第3个交易日	大连商品交易所粳米交割质量标准（F/DCE RR001-2019）	大连商品交易所粳米指定交割仓库	实物交割	RR	大连商品交易所
合约月份倒数第4个交易日	最后交易日后第3个交易日	大连商品交易所生猪交割质量标准（F/DCE LH001-2021）	大连商品交易所生猪指定交割仓库、指定车板交割场所	实物交割	LH	大连商品交易所

5-21 续表 1

交易品种 Product	交易单位 Contract Size	报价单位 Quotation Unit	最小变动价位 Minimum Tick Size	涨跌停板幅度 Daily Price Limit	最低交易保证金 Minimum Trading Margin	合约月份 Contract Months	交易时间 Trading Hours
强麦 Strong Gluten Wheat	20吨/手	元(人民币)/吨	1元/吨	上一交易日结算价± 4%及《郑州商品交易所期货交易风险控制管理办法》相关规定	合约价值的5%	1、3、5、7、9、11月	每周一至周五(北京时间 法定节假日除外)上午9:00-11:30 下午1:30-3:00
普麦 Wheat	50吨/手	元(人民币)/吨	1元/吨	上一交易日结算价±4%及《郑州商品交易所期货交易风险控制管理办法》相关规定	合约价值的5%	1、3、5、7、9、11月	每周一至周五(北京时间 法定节假日除外)上午9:00-11:30 下午1:30-3:00
菜籽油 Rapeseed Oil	10吨/手	元(人民币)/吨	1元/吨	上一交易日结算价±4%及《郑州商品交易所期货交易风险控制管理办法》相关规定	合约价值的5%	1、3、5、7、9、11月	每周一至周五(北京时间 法定节假日除外)上午9:00-11:30 下午1:30-3:00及交易所规定的其他交易时间
早籼稻 Early Indica Rice	20吨/手	元(人民币)/吨	1元/吨	上一交易日结算价±4%及《郑州商品交易所期货交易风险控制管理办法》相关规定	合约价值的5%	1、3、5、7、9、11月	每周一至周五(北京时间 法定节假日除外)上午9:00-11:30 下午1:30-3:00
油菜籽 Rapeseed	10吨/手	元(人民币)/吨	1元/吨	上一交易日结算价±4%及《郑州商品交易所期货交易风险控制管理办法》相关规定	合约价值的5%	7、8、9、11月	每周一至周五(北京时间 法定节假日除外)上午9:00-11:30 下午1:30-3:00
菜籽粕 Rapeseed Meal	10吨/手	元(人民币)/吨	1元/吨	上一交易日结算价±4%及《郑州商品交易所期货交易风险控制管理办法》相关规定	合约价值的5%	1、3、5、7、8、9、11月	每周一至周五(北京时间 法定节假日除外)上午9:00-11:30 下午1:30-3:00及交易所规定的其他交易时间
粳稻 Japonica Rice	20吨/手	元(人民币)/吨	1元/吨	上一交易日结算价±4%及《郑州商品交易所风险控制管理办法》相关规定	合约价值的5%	1、3、5、7、9、11月	每周一至周五(北京时间 法定节假日除外)上午9:00-11:30 下午1:30-3:00

continued

最后交易日 Last Trading Day	最后交割日 Last Delivery Day	交割品级 Delivery Grade	交割地点 Delivery Venue	交割方式 Delivery Form	交易代码 Trading Code	上市交易所 Listed Exchange
合约交割月份的第10个交易日	合约交割月份的的次月20日	符合《中华人民共和国国家标准 小麦》(GB1351-2008)的三等及以上小麦，且容重、稳定时间、湿面筋等指标符合《郑州商品交易所优质强筋小麦期货业务细则》规定要求	交易所指定交割地点	实物交割	WH	郑州商品交易所
合约交割月份的第10个交易日	仓单交割：合约交割月份的第13个交易日 车船板交割：合约交割月份的次月20日	符合《中华人民共和国国家标准 小麦》(GB1351-2008)的三等及以上小麦，且物理指标等符合《郑州商品交易所普通小麦期货业务细则》规定要求	交易所指定交割仓库及指定交割计价点	实物交割	PM	郑州商品交易所
合约交割月份的第10个交易日	合约交割月份的第13个交易日	基准交割品：符合《中华人民共和国国家标准 菜籽油》(GB1536-2004)四级质量指标的菜油。替代品及升贴水见《郑州商品交易所菜籽油期货业务细则》	交易所指定交割地点	实物交割	OI	郑州商品交易所
合约交割月份的第10个交易日	合约交割月份的第13个交易日	基准交割品：符合《中华人民共和国国家标准 稻谷》(GB1350-2009)三等及以上等级质量指标及《郑州商品交易所早籼稻期货交割细则》规定的早籼稻谷。 替代品及升贴水见《郑州商品交易所早籼稻期货业务细则》	交易所指定交割仓库	实物交割	RI	郑州商品交易所
合约交割月份的第10个交易日	仓单交割：合约交割月份的第13个交易日 车（船）板交割：合约交割月份的次月20日	见《郑州商品交易所油菜籽期货业务细则》	交易所指定交割地点	实物交割	RS	郑州商品交易所
合约交割月份的第10个交易日	合约交割月份的第13个交易日	见《郑州商品交易所菜籽粕期货业务细则》	交易所指定交割地点	实物交割	RM	郑州商品交易所
合约交割月份的第10个交易日	合约交割月份的第13个交易日	见《郑州商品交易所粳稻谷期货业务细则》	交易所指定交割地点	实物交割	JR	郑州商品交易所

5-21 续表 2

交易品种 Product	交易单位 Contract Size	报价单位 Quotation Unit	最小变动价位 Minimum Tick Size	涨跌停板幅度 Daily Price Limit	最低交易保证金 Minimum Trading Margin	合约月份 Contract Months	交易时间 Trading Hours
晚籼稻 Late Indica Rice	20吨/手	元(人民币)/吨	1元/吨	上一交易日结算价±4%及《郑州商品交易所风险控制管理办法》相关规定	合约价值的5%	1、3、5、7、9、11月	每周一至周五(北京时间 法定节假日除外)上午9:00-11:30 下午1:30-3:00
棉花 Cotton	5吨/手(公定重量)	元(人民币)/吨	5元/吨	上一交易日结算价±4%及《郑州商品交易所期货交易风险控制管理办法》相关规定	合约价值的5%	1、3、5、7、9、11月	每周一至周五(北京时间 法定节假日除外)上午9:00-11:30 下午1:30-3:00及交易所规定的其他交易时间
白糖 Sugar	10吨/手	元(人民币)/吨	1元/吨	上一交易日结算价±4%及《郑州商品交易所期货交易风险控制管理办法》相关规定	合约价值的5%	1、3、5、7、9、11月	每周一至周五(北京时间 法定节假日除外)上午9:00-11:30 下午1:30-3:00及交易所规定的其他交易时间
棉纱 Cotton Yarn	5吨/手(公定重量)	元(人民币)/吨	5元/吨	上一交易日结算价±4%及《郑州商品交易所期货交易风险控制管理办法》相关规定	合约价值的5%	1-12月	每周一至周五(北京时间 法定节假日除外)上午9:00-11:30 下午1:30-3:00及交易所规定的其他交易时间
苹果 Apple	10吨/手	元(人民币)/吨	1元/吨	上一交易日结算价±5%及《郑州商品交易所期货交易风险控制管理办法》相关规定	合约价值的7%	1、3、4、5、10、11、12月	每周一至周五(北京时间 法定节假日除外)上午9:00-11:30 下午1:30-3:00及交易所规定的其他交易时间
红枣 Chinese Jujube	5吨/手	元(人民币)/吨	5元/吨	上一交易日结算价±5%及《郑州商品交易所期货交易风险控制管理办法》相关规定	合约价值的7%	1、3、5、7、9、12月	每周一至周五(北京时间 法定节假日除外)上午9:00-11:30 下午1:30-3:00及交易所规定的其他交易时间
花生 Peanut Kernel	5吨/手	元(人民币)/吨	2元/吨	上一交易日结算价±4%及《郑州商品交易所期货交易风险控制管理办法》相关规定	合约价值的5%	1、3、4、10、11、12月	每周一至周五(北京时间 法定节假日除外)上午9:00-11:30 下午1:30-3:00及交易所规定的其他交易时间
天然橡胶 Natural Rubber	10吨/手	元(人民币)/吨	5元/吨	上一交易日结算价±3%	合约价值的5%	1、3、4、5、6、7、8、9、10、11月	上午9:00－11:30，下午1:30－3:00和交易所规定的其他交易时间

continued

最后交易日 Last Trading Day	最后交割日 Last Delivery Day	交割品级 Delivery Grade	交割地点 Delivery Venue	交割方式 Delivery Form	交易代码 Trading Code	上市交易所 Listed Exchange
合约交割月份的第10个交易日	合约交割月份的第13个交易日	见《郑州商品交易所晚籼稻期货业务细则》	交易所指定交割地点	实物交割	LR	郑州商品交易所
合约交割月份的第10个交易日	合约交割月份的第13个交易日	基准交割品：符合GB1103.1-2012《棉花 第1部分：锯齿加工细绒棉》规定的3128B级，且长度整齐度为U3档，断裂比强度为S3档，轧工质量为P2档的国产棉花。替代品详见交易所棉花期货业务细则。替代品升贴水由交易所另行制定并公告	交易所指定棉花交割仓库	实物交割	CF	郑州商品交易所
合约交割月份的第10个交易日	合约交割月份的第13个交易日	见《郑州商品交易所白砂糖期货业务细则》	交易所指定交割地点	实物交割	SR	郑州商品交易所
合约交割月份的第10个交易日	合约交割月份的第13个交易日	见《郑州商品交易所棉纱期货业务细则》	交易所指定交割地点	实物交割	CY	郑州商品交易所
合约交割月份的第10个交易日	仓单交割：合约交割月份的第13个交易日 车（船）板交割：合约交割月份的次月10日	见《郑州商品交易所鲜苹果期货业务细则》	交易所指定交割地点	实物交割	AP	郑州商品交易所
合约交割月份的第10个交易日	合约交割月份的第13个交易日	见《郑州商品交易所干制红枣期货业务细则》	交易所指定交割仓库	实物交割	CJ	郑州商品交易所
合约交割月份的第10个交易日	仓单交割：合约交割月份的第13个交易日 车（船）板交割：合约交割月份的次月10日	见《郑州商品交易所花生仁期货业务细则》	交易所指定交割地点	实物交割	PK	郑州商品交易所
合约月份的15日（遇国家法定节假日顺延，春节月份等最后交易日交易所可另行调整并通知）	最后交易日后连续二个工作日	标准品：1、国产天然橡胶（SCR WF），质量符合国标GB/T8081-2018。 2、进口3号烟胶片（RSS3），质量符合《天然橡胶等级的品质与包装国际标准（绿皮书）》（1979年版）。	交易所指定交割仓库	实物交割	RU	上海期货交易所

5-22　2022年金属期货合约汇总

交易品种 Product	交易单位 Contract Size	报价单位 Quotation Unit	最小变动价位 Minimum Tick Size	涨跌停板幅度 Daily Price Limit	最低交易保证金 Minimum Trading Margin	合约月份 Contract Months	交易时间 Trading Hours	最后交易日 Last Trading Day
铜 Copper	5吨/手	元（人民币）/吨	10元/吨	上一交易日结算价±3%	合约价值的5%	1-12月	上午9:00-11:30，下午1:30-3:00和交易所规定的其他交易时间	合约月份的15日（遇国家法定节假日顺延，春节月份等最后交易日交易所可另行调整并通知）
铜 (BC) Copper (BC)	5吨/手	元（人民币）/吨（交易报价为不含税价格）	10元（人民币）/吨	上一交易日结算价±3%	合约价值的5%	1月、2月、3月、4月、5月、6月、7月、8月、9月、10月、11月、12	上午9:00－11:30，下午1:30－3:00以及上海国际能源交易中心规定的其他交易时间	交割月份的15日（遇国家法定节假日、休息日顺延；上海国际能源交易中心可以根据国家法定节假日、休息日调整最后交易日）
铝 Aluminum	5吨/手	元（人民币）/吨	5元/吨	上一交易日结算价±3%	合约价值的5%	1-12月	上午9:00-11:30，下午1:30-3:00和交易所规定的其他交易时间	合约月份的15日（遇国家法定节假日顺延，春节月份等最后交易日交易所可另行调整并通知）
锌 Zinc	5吨/手	元（人民币）/吨	5元/吨	上一交易日结算价±4%	合约价值的5%	1-12月	上午9:00-11:30，下午1:30-3:00和交易所规定的其他交易时间	合约月份的15日（遇国家法定节假日顺延，春节月份等最后交易日交易所可另行调整并通知）
铅 Lead	5吨/手	元（人民币）/吨	5元/吨	上一交易日结算价±4%	合约价值的5%	1-12月	上午9:00-11:30，下午1:30-3:00和交易所规定的其他交易时间	合约月份的15日（遇国家法定节假日顺延，春节月份等最后交易日交易所可另行调整并通知）
镍 Nickel	1吨/手	元（人民币）/吨	10元/吨	上一交易日结算价±4%	合约价值的5%	1-12月	上午9:00-11:30，下午1:30-3:00和交易所规定的其他交易时间	合约月份的15日（遇国家法定节假日顺延，春节月份等最后交易日交易所可另行调整并通知）
锡 Tin	1吨/手	元（人民币）/吨	10元/吨	上一交易日结算价±4%	合约价值的5%	1-12月	上午9:00-11:30，下午1:30-3:00和交易所规定的其他交易时间	合约月份的15日（遇国家法定节假日顺延，春节月份等最后交易日交易所可另行调整并通知）
黄金 Gold	1000克/手	元(人民币)/克	0.02元/克	上一交易日结算价±3%	合约价值的4%	最近三个连续月份的合约以及最近13个月以内的双月合约	上午9:00-11:30，下午1:30-3:00和交易所规定的其他交易时间	合约月份的15日（遇国家法定节假日顺延，春节月份等最后交易日交易所可另行调整并通知）

数据来源：上海期货交易所、郑州商品交易所、大连商品交易所

Source：SHFE、ZCE、DCE

Collection of Metal Products Futures Contracts in 2022

最后交割日 Last Delivery Date	交割品级 Delivery Grade	交割地点 Delivery Venue	最小交割单 位 Minimum Delivery Unit	交割方式 Delivery Form	交 易 代 码 Trading Code	上 市 交易所 Listed Exchange
最后交易日后连续二个工作日	阴极铜，符合国标GB/T467-2010中A级铜(Cu-CATH-1)规定，或符合BS EN 1978:1998中A级铜(Cu-CATH-1)规定。	交易所指定交割仓库	25吨	实物交割	CU	上海期货交易所
最后交易日后连续五个交易日	阴极铜，符合国标GB/T467-2010中A级铜(Cu-CATH-1)规定；或者符合BS EN 1978:1998中A级铜(Cu-CATH-1)规定。	上海国际能源交易中心指定交割仓库	25吨	实物交割	BC	上海国际能源交易中心
最后交易日后连续二个工作日	标准品：铝锭，符合国标GB/T1196-2017 AL99.70规定，其中铝含量不低于99.70%。 替代品：1.铝锭，符合国标GB/T1196-2017 AL99.80，AL99.85规定。2.铝锭，符合P1020A标准。	交易所指定交割仓库	25吨	实物交割	AL	上海期货交易所
最后交易日后连续二个工作日	标准品：锌锭，符合国标GB/T470-2008 ZN99.995规定，其中锌含量不小于99.995%。 替代品：锌锭，符合BS EN 1179:2003 Z1规定，其中锌含量不小于99.995%。	交易所指定交割仓库	25吨	实物交割	ZN	上海期货交易所
最后交易日后连续二个工作日	标准品：铅锭，符合国标GB/T 469-2013 Pb99.994规定，其中铅含量不小于99.994%。	交易所指定交割仓库	25吨	实物交割	PB	上海期货交易所
最后交易日后连续二个工作日	标准品：电解镍，符合国标GB/T 6516-2010Ni9996规定，其中镍和钴的总含量不小于99.96%。 替代品：电解镍，符合国标GB/T 6516-2010 Ni9999规定，其中镍和钴的总含量不小于99.99%；或符合ASTM B39-79(2013)规定，其中镍的含量不小于99.8%。	交易所指定交割仓库	6吨	实物交割	NI	上海期货交易所
最后交易日后连续二个工作日	标准品：锡锭，符合国标GB/T 728-2010 Sn99.90A牌号规定，其中锡含量不小于99.90%。 替代品：锡锭，符合国标GB/T 728-2010 Sn99.90AA牌号规定，其中锡含量不小于99.90%；Sn99.95A、Sn99.95AA牌号规定，其中锡含量不小99.95%；Sn99.99A牌号规定，其中锡含量不小于99.99%。	交易所指定交割仓库	2吨	实物交割	SN	上海期货交易所
最后交易日后第一个工作日	金含量不小于99.95%的国产金锭及经交易所认可的伦敦金银市场协会（LBMA）认定的合格供货商或精炼厂生产的标准金锭（具体质量规定见附件）。	交易所指定交割金库	3000克	实物交割	AU	上海期货交易所

5-22 续表

交易品种 Product	交易单位 Contract Size	报价单位 Quotation Unit	最小变动价位 Minimum Tick Size	涨跌停板幅度 Daily Price Limit	最低交易保证金 Minimum Trading Margin	合约月份 Contract Months	交易时间 Trading Hours	最后交易日 Last Trading Day
白银 Silver	15千克/手	元（人民币）/千克	1元/千克	上一交易日结算价±3%	合约价值的4%	1-12月	上午9:00-11:30，下午1:30-3:00和交易所规定的其他交易时间	合约月份的15日（遇国家法定节假日顺延，春节月份等最后交易日交易所可另行调整并通知）
螺纹钢 Steel Rebar	10吨/手	元（人民币）/吨	1元/吨	上一交易日结算价±3%	合约价值的5%	1-12月	上午9:00-11:30，下午1:30-3:00和交易所规定的其他交易时间	合约月份的15日（遇国家法定节假日顺延，春节月份等最后交易日交易所可另行调整并通知）
线材 Steel Wire Rod	10吨/手	元（人民币）/吨	1元/吨	上一交易日结算价±5%	合约价值的7%	1-12月	上午9:00-11:30，下午1:30-3:00和交易所规定的其他交易时间	合约月份的15日（遇国家法定节假日顺延，春节月份等最后交易日交易所可另行调整并通知）
热轧卷板 Hot Rolled Coils	10吨/手	元（人民币）/吨	1元/吨	上一交易日结算价±3%	合约价值的4%	1-12月	上午9:00-11:30，下午1:30-3:00和交易所规定的其他交易时间	合约月份的15日（遇国家法定节假日顺延，春节月份等最后交易日交易所可另行调整并通知）
不锈钢 Stainless Steel	5吨/手	元（人民币）/吨	5元/吨	上一交易日结算价±4%	合约价值的5%	1-12月	上午9:00-11:30,下午1:30-3:00和交易所规定的其他交易时间	合约月份的15日（遇国家法定节假日顺延，春节月份等最后交易日交易所可另行调整并通知）
硅铁 Ferrosilicon	5吨/手	元(人民币)/吨	2元/吨	上一交易日结算价±4%及《郑州商品交易所期货交易风险控制管理办法》相关规定	合约价值的5%	1-12月	每周一至周五（北京时间 法定节假日除外）上午9：00-11：30，下午1：30-3：00及交易所规定的其他交易时间	合约交割月份的第10个交易日
锰硅 Manganese Silicon	5吨/手	元(人民币)/吨	2元/吨	上一交易日结算价±4%及《郑州商品交易所期货交易风险控制管理办法》相关规定	合约价值的5%	1-12月	每周一至周五（北京时间 法定节假日除外）上午9：00-11：30，下午1：30-3：00及交易所规定的其他交易时间	合约交割月份的第10个交易日
铁矿石 Iron Ore	100吨/手	元（人民币）/吨	0.5元/吨	上一交易日结算价的4%	合约价值的5%	1-12月	每周一至周五上午9:00-11:30,下午13:30-15:00，以及交易所规定的其他时间	合约月份的第10个交易日

continued

最后交割日 Last Delivery Date	交割品级 Delivery Grade	交割地点 Delivery Venue	最小交割单　位 Minimum Delivery Unit	交割方式 Delivery Form	交　易代　码 Trading Code	上　市交易所 Listed Exchange
最后交易日后连续二个工作日	标准品：符合国标GB/T 4135-2016 IC-Ag99.99规定，其中银含量不低于99.99%。	交易所指定交割仓库	30千克	实物交割	AG	上海期货交易所
最后交易日后连续二个工作日	标准品：符合国标GB/T 1499.2-2018《钢筋混凝土用钢 第2部分：热轧带肋钢筋》HRB400牌号的Φ16mm、Φ18mm、Φ20mm、Φ22mm、Φ25mm螺纹钢。 替代品：符合国标GB/T 1499.2-2018《钢筋混凝土用钢 第2部分:热轧带肋钢筋》的HRB400E牌号的Φ16mm、Φ18mm、Φ20mm、Φ22mm、Φ25mm螺纹钢。	交易所指定交割仓库	300吨	实物交割	RB	上海期货交易所
最后交易日后连续二个工作日	标准品：符合国标GB/T 1499.1-2017《钢筋混凝土用钢 第1部分：热轧光圆钢筋》HPB300牌号的φ8mm 线材。 替代品：符合国标GB/T 1499.1-2017《钢筋混凝土用钢 第1部分：热轧光圆钢筋》HPB300牌号的φ10mm线材，	交易所指定交割仓库	300吨	实物交割	WR	上海期货交易所
最后交易日后连续二个工作日	标准品：符合GB/T 3274-2017《碳素结构钢和低合金结构钢热轧厚钢板和钢带》的Q235B或符合JIS G 3101-2015《一般结构用轧制钢材》的SS400，厚度5.75mm、宽度1500mm热轧卷板。 替代品：符合GB/T 3274-2017《碳素结构钢和低合金结构钢热轧厚钢板和钢带》的Q235B或符合JIS G 3101-2015《一般结构用轧制钢材》的SS400，厚度9.75mm、9.5mm、7.75mm、7.5mm、5.80mm、5.70mm、5.60mm、5.50mm、5.25mm、4.75mm、4.50mm、4.25mm、3.75mm、3.50mm，宽度1500mm热轧卷板。	交易所指定交割仓库	300吨	实物交割	HC	上海期货交易所
最后交易日后连续二个工作日	标准品为厚度2.0mm、宽度1219mm、表面加工类型为2B、边部状态为切边的304奥氏体不锈钢冷轧卷板。 替代交割品厚度可选0.5 mm、0.6 mm、0.7 mm、0.8 mm、0.9 mm、1.0 mm、1.2 mm、1.5 mm、3.0mm，宽度可选1000mm、1500mm，边部状态可选毛边（厚度升贴水、边部状态升贴水由交易所另行规定并公告）。 质量符合GB/T3280-2015《不锈钢冷轧钢板和钢带》要求的06Cr19Ni10，或者符合JIS G 4305：2012《冷轧不锈钢钢板及钢带》的SUS304。	交易所指定交割地点	60吨	实物交割	SS	上海期货交易所
合约交割月份的第13个交易日	见《郑州商品交易所硅铁期货业务细则》	交易所指定交割地点	—	实物交割	SF	郑州商品交易所
合约交割月份的第13个交易日	见《郑州商品交易所锰硅期货业务细则》	交易所指定交割地点	—	实物交割	SM	郑州商品交易所
最后交易日后第3个交易日	铁矿石I2201-I2204合约执行《大连商品交易所铁矿石交割质量标准（F/DCE I001-2017）》，自铁矿石I2205合约开始施行《大连商品交易所铁矿石交割质量标准（F/DCE I004-2021）》。	大连商品交易所铁矿石指定交割仓库及指定交割地点	10000吨	实物交割	I	大连商品交易所

5-23 2022年能源、化工及其他期货合约汇总

交易品种 Product	交易单位 Contract Size	报价单位 Quotation Unit	最小变动价位 Minimum Tick Size	涨跌停板幅度 Daily Price Limit	最低交易保证金 Minimum Trading Margin	合约月份 Contract Months	交易时间 Trading Hours
聚乙烯 LLDPE	5吨/手	元(人民币)/吨	1元/吨	上一交易日结算价的4%	合约价值的5%	1-12月	每周一至周五上午9:00-11:30,下午13:30-15:00，以及交易所规定的其他时间
聚氯乙烯 PVC	5吨/手	元(人民币)/吨	1元/吨	上一交易日结算价的4%	合约价值的5%	1-12月	每周一至周五上午9:00-11:30,下午13:30-15:00，以及交易所规定的其他时间
聚丙烯 PP	5吨/手	元(人民币)/吨	1元/吨	上一交易日结算价的4%	合约价值的5%	1-12月	每周一至周五上午9:00-11:30,下午13:30-15:00，以及交易所规定的其他时间
焦炭 Coke	100吨/手	元(人民币)/吨	0.5元/吨	上一交易日结算价的4%	合约价值的5%	1-12月	每周一至周五上午9:00-11:30,下午13:30-15:00，以及交易所规定的其他时间
焦煤 Coking Coal	60吨/手	元(人民币)/吨	0.5元/吨	上一交易日结算价的4%	合约价值的5%	1-12月	每周一至周五上午9:00-11:30,下午13:30-15:00，以及交易所规定的其他时间
乙二醇 Ethylene Glycol	10吨/手	元(人民币)/吨	1元/吨	上一交易日结算价的4%	合约价值的5%	1-12月	每周一至周五上午9:00-11:30,下午13:30-15:00，以及交易所规定的其他时间
苯乙烯 Ethenyl Benzene	5吨/手	元(人民币)/吨	1元/吨	上一交易日结算价的4%	合约价值的5%	1-12月	每周一至周五上午9:00-11:30,下午13:30-15:00，以及交易所规定的其他时间
液化石油气 Liquefied Petroleum Gas	20吨/手	元(人民币)/吨	1元/吨	上一交易日结算价的4%	合约价值的5%	1-12月	每周一至周五上午9:00-11:30,下午13:30-15:00，以及交易所规定的其他时间
燃料油 Fuel Oil	10吨/手	元(人民币)/吨(交易报价为不含税价格）	1元/吨	上一交易日结算价±5%	合约价值的8%	1-12月	上午9:00-11:30，下午1:30-3:00和交易所规定的其他交易时间

数据来源：上海期货交易所、郑州商品交易所、大连商品交易所
Source：SHFE、ZCE、DCE

Collection of Energy & Chemical Products & Others Futures Contracts in 2022

最后交易日 Last Trading Day	最后交割日 Last Delivery Day	交割品级 Delivery Grade	交割地点 Delivery Venue	交割方式 Trading Form	交易代码 Trading Code	上市交易所 Listed Exchange
合约月份第10个交易日	最后交易日后第3个交易日	大连商品交易所线型低密度聚乙烯交割质量标准（F/DCE L003-2014）	大连商品交易所线型低密度聚乙烯指定交割仓库	实物交割	L	大连商品交易所
合约月份第10个交易日	最后交易日后第3个交易日	质量标准符合《悬浮法通用型聚氯乙烯树脂（GB/T 5761-2018）》规定的SG5型一等品和优等品	大连商品交易所聚氯乙烯指定交割仓库	实物交割	V	大连商品交易所
合约月份第10个交易日	最后交易日后第3个交易口	大连商品交易所聚丙烯交割质量标准（F/DCE PP001-2014）	大连商品交易所聚丙烯指定交割仓库	实物交割	PP	大连商品交易所
合约月份第10个交易日	最后交易日后第3个交易日	大连商品交易所焦炭交割质量标准 （F/DCE J001-2021）	大连商品交易所焦炭指定交割仓库	实物交割	J	大连商品交易所
合约月份第10个交易日	最后交易日后第3个交易日	JM2304前合约执行大连商品交易所焦煤交割质量标准（F/DCE JM001-2018）,JM23O4及以后合约执行大连商品交易所焦煤交割质量标准（F/DCE JM003-2022）	大连商品交易所焦煤指定交割仓库	实物交割	JM	大连商品交易所
合约月份倒数第4个交易日	最后交易日后第3个交易日	大连商品交易所乙二醇交割质量标准（F/DCE EG001-2018）	大连商品交易所乙二醇指定交割仓库	实物交割	EG	大连商品交易所
合约月份倒数第4个交易日	最后交易日后第3个交易日	大连商品交易所苯乙烯交割质量标准（F/DCE EB001-2019）	大连商品交易所苯乙烯指定交割仓库	实物交割	EB	大连商品交易所
合约月份倒数第4个交易日	最后交易日后第3个交易日	大连商品交易所液化石油气交割质量标准（F/DCE PG001-2020）	大连商品交易所液化石油气指定交割仓库	实物交割	PG	大连商品交易所
合约月份前一月份的最后一个交易日；交易所可以根据国家法定节假日调整最后交易日	最后交易日后连续二个工作日	RMG 380船用燃料油（硫含量为I级、II级）或者质量优于该标准的船用燃料油	交易所指定交割地点	实物交割	FU	上海期货交易所

5-23 续表 1

交易品种 Product	交易单位 Contract Size	报价单位 Quotation Unit	最小变动价位 Minimum Tick Size	涨跌停板幅度 Daily Price Limit	最低交易保证金 Minimum Trading Margin	合约月份 Contracts Months	交易时间 Trading Hours
低硫燃料油 Low Sulfur Fuel Oil	10吨/手	元(人民币)/吨(交易报价为不含税价格)	1元/吨	不超过上一交易日结算价±5%	合约价值的8%	1-12月	上午9:00-11:30，下午1:30-3:00以及上海国际能源交易中心规定的其他交易时间
石油沥青 Bitumen	10吨/手	元(人民币)/吨	1元/吨	上一交易日结算价±3%	合约价值的4%	最近1~12个月为连续月份以及随后四个季月	上午9:00-11:30，下午1:30-3:00和交易所规定的其他交易时间
纸浆 Woodpulp	10吨/手	元(人民币)/吨	2元/吨	上一交易日结算价±3%	合约价值的4%	1-12月	上午9:00-11:30，下午1:30-3:00和交易所规定的其他交易时间
20号胶 TSR20	10吨/手	元(人民币)/吨（交易报价为不含税价格）	5元/吨	不超过上一交易日结算价±5%	合约价值的7%	1-12月	上午9:00-11:30，下午1:30-3:00和上海国际能源交易中心规定的其他交易时间
原油 Crude Oil	1000桶/手	元(人民币)/桶（交易报价为不含税价格）	0.1元（人民币）/桶	不超过上一交易日结算价±4%	合约价值的5%	最近1-12个月为连续月份以及随后八个季月	上午9:00-11:30，下午1:30-3:00和上海国际能源交易中心规定的其他交易时间
甲醇 Menthanol	10吨/手	元(人民币)/吨	1元/吨	上一交易日结算价±4%及《郑州商品交易所期货交易风险控制管理办法》相关规定	合约价值的5%	1-12月	每周一至周五（北京时间 法定节假日除外） 上午9：00-11：30，下午1：30-3：00及交易所规定的其他交易时间

continued

最后交易日 Last Trading Day	最后交割日 Last Delivery Day	交割品级 Delivery Grade	交割地点 Delivery Venue	交割方式 Trading Form	交易代码 Trading Code	上市交易所 Listed Exchange
交割月份前第一月的最后一个交易日（遇国家法定节假日、休息日顺延；上海国际能源交易中心可以根据国家法定节假日、休息日调整最后交易日）	最后交易日后连续五个交易日	低硫船用燃料油（具体质量规定见《上海国际能源交易中心低硫燃料油期货标准合约附件》）	上海国际能源交易中心指定交割仓库	实物交割	LU	上海国际能源交易中心
合约月份的15日（遇国家法定节假日顺延，春节月份等最后交易日交易所可另行调整并通知）	最后交易日后连续二个工作日	70号A级道路石油沥青，具体内容见《上海期货交易所石油沥青期货交割实施细则（试行）》	交易所指定交割地点	实物交割	BU	上海期货交易所
合约月份的15日（遇国家法定节假日顺延，春节月份等最后交易日交易所可另行调整并通知）	最后交易日后连续二个工作日	漂白硫酸盐针叶木浆，具体质量规定见《上海期货交易所漂白硫酸盐针叶木浆期货合约附件》	交易所指定交割仓库	实物交割	SP	上海期货交易所
交割月份的15日（遇国家法定节假日、休息日顺延；上海国际能源交易中心可以根据国家法定节假日、休息日调整最后交易日）	最后交易日后连续五个交易日	具体规定见《上海国际能源交易中心20号胶期货标准合约附件》	上海国际能源交易中心指定交割仓库	实物交割	NR	上海国际能源交易中心
交割月份前第一月的最后一个交易日；上海国际能源交易中心有权根据国家法定节假日调整最后交易日	最后交易日后连续五个交易日	中质含硫原油，基准品质为API度32.0，硫含量1.5%，具体可交割油种及升贴水由上海国际能源交易中心另行规定	上海国际能源交易中心指定交割仓库	实物交割	SC	上海国际能源交易中心
合约交割月份的第10个交易日	合约交割月份的第13个交易日	见《郑州商品交易所甲醇期货业务细则》	交易所指定交割地点	实物交割	MA	郑州商品交易所

5-23 续表 2

交易品种 Product	交易单位 Contract Size	报价单位 Quotation Unit	最小变动价位 Minimum Tick Size	涨跌停板幅度 Daily Price Limit	最低交易保证金 Minimum Trading Margin	合约月份 Contracts Months	交易时间 Trading Hours
玻璃 Glass	20吨/手	元(人民币)/吨	1元/吨	上一交易日结算价±4%及《郑州商品交易所期货交易风险控制管理办法》相关规定	合约价值的5%	1-12月	每周一至周五（北京时间 法定节假日除外）上午9：00-11：30，下午1：30-3：00及交易所规定的其他交易时间
动力煤 Thermal Coal	100吨/手	元(人民币)/吨	0.2元/吨	上一交易日结算价±4%及《郑州商品交易所期货交易风险控制管理办法》相关规定	合约价值的5%	1-12月	每周一至周五（北京时间 法定节假日除外）上午9：00-11：30，下午1：30-3：00及交易所规定的其他交易时间
尿素 Urea	20吨/手	元(人民币)/吨	1元/吨	上一交易日结算价±4%及《郑州商品交易所期货交易风险控制管理办法》相关规定	合约价值的5%	1-12月	每周一至周五（北京时间法定节假日除外）上午 9：00-11：30 下午 1：30-3：00 及交易所规定的其他交易时间
纯碱 Soda Ash	20吨/手	元(人民币)/吨	1元/吨	上一交易日结算价±4%及《郑州商品交易所期货交易风险控制管理办法》相关规定	合约价值的5%	1-12月	每周一至周五（北京时间法定节假日除外）上午 9:00-11:30，下午1:30-3:00及交易所规定的其他交易时间
PTA	5吨/手	元(人民币)/吨	2元/吨	上一交易日结算价±4%及《郑州商品交易所期货交易风险控制管理办法》相关规定	合约价值的5%	1-12月	每周一至周五（北京时间 法定节假日除外）上午9：00-11：30，下午1：30-3：00及交易所规定的其他交易时间
短纤 Polyester Staple Fiber	5吨/手	元（人民币）/吨	2元/吨	上一交易日结算价±4%及《郑州商品交易所期货交易风险控制管理办法》相关规定	合约价值的5%	1-12月	每周一至周五（北京时间，法定节假日除外）上午9：00-11：30 下午1:30-3:00 以及交易所规定的其他交易时间

continued

最后交易日 Last Trading Day	最后交割日 Last Delivery Day	交割品级 Delivery Grade	交割地点 Delivery Venue	交割方式 Trading Form	交易代码 Trading Code	上市交易所 Listed Exchange
合约交割月份的第10个交易日	合约交割月份的第13个交易日	见《郑州商品交易所平板玻璃期货业务细则》	交易所指定交割地点	实物交割	FG	郑州商品交易所
合约交割月份的第5个交易日	车（船）板交割：合约交割月份的最后1个日历日 仓单交割：合约交割月份的第8个交易日	见《郑州商品交易所动力煤期货业务细则》	交易所指定交割地点	实物交割	ZC	郑州商品交易所
合约交割月份的第10个交易日	合约交割月份的第13个交易日	见《郑州商品交易所尿素期货业务细则》	交易所指定交割地点	实物交割	UR	郑州商品交易所
合约交割月份的第10个交易日	合约交割月份的第13个交易日	见《郑州商品交易所纯碱期货业务细则》	交易所指定交割地点	实物交割	SA	郑州商品交易所
合约交割月份的第10个交易日	合约交割月份的第13个交易日	见《郑州商品交易所精对苯二甲酸（PTA）期货业务细则》	交易所指定交割地点	实物交割	TA	郑州商品交易所
合约交割月份的第10个交易日	合约交割月份的第13个交易日	见《郑州商品交易所涤纶短纤期货业务细则》	交易所指定交割地点	实物交割	PF	郑州商品交易所

5-24　2022年金融期货合约汇总

合约标的 Underlying Bond	合约乘数 Contract Multiplier	报价单位 Quotation Unit	最小变动价位 Minimum Tick Size	合约月份 Contract Months	交易时间 Trading Hours
中证500指数 CSI 500 Index	每点200元	指数点	0.2点	当月、下月及随后两个季月	上午：9:30-11:30 下午：13:00-15:00
沪深300指数 CSI 300 Index	每点300元	指数点	0.2点	当月、下月及随后两个季月	上午：9:30-11:30 下午：13:00-15:00
上证50指数 SSE 50 Index	每点300元	指数点	0.2点	当月、下月及随后两个季月	上午：9:30-11:30 下午：13:00-15:00
中证1000指数	每点200元	指数点	0.2点	当月、下月及随后两个季月	上午：9:30-11:30 下午：13:00-15:00

合约标的 Underlying Bond	可交割国债 Deliverable Treasury Bond	报价方式 Quotation Method	最小变动价位 Minimum Tick Size	合约月份 Contract Months	交易时间 Trading Hours
面值为200万元人民币、票面利率为3%的名义中短期国债	发行期不高于5年，合约到期月份首日剩余期限为1.5-2.25年的记账式付息国债	百元净价报价	0.005元	最近三个季月	上午：9:30-11:30 下午：13:00-15:15
面值为100万元人民币、票面利率为3%的名义中期国债	发行期不高于7年，合约到期月份首日剩余期限为4-5.25年的记账式付息国债	百元净价报价	0.005元	最近三个季月	上午：9:30-11:30 下午：13:00-15:15
面值为100万元人民币、票面利率为3%的名义长期国债	发行期不高于10年，合约到期月份首日剩余期限不低于6.5年的记账式付息国债	百元净价报价	0.005元	最近三个季月	上午：9:30-11:30 下午：13:00-15:15

数据来源：中国金融期货交易所
Source：CFFEX

Collection of Financial Futures Contracts in 2022

最后交易日交易时间 Trading Hours on Last Trading Day	每日价格最大波动限制 Daily Price Limit	最低交易保证金 Minimum Trading Margin	最后交易日 Last Trading Day	交割日期 Delivery Date	交割方式 Delivery Method	交易代码 Trading Code	上市交易所 Listed Exchange
上午：9:30−11:30 下午：13:00−15:00	上一个交易日结算价的±10%	合约价值的8%	合约到期月份的第三个周五，遇国家法定假日顺延	同最后交易日	现金交割	IC	中国金融期货交易所
上午：9:30−11:30 下午：13:00−15:00	上一个交易日结算价的±10%	合约价值的8%	合约到期月份的第三个周五，遇国家法定假日顺延	同最后交易日	现金交割	IF	中国金融期货交易所
上午：9:30−11:30 下午：13:00−15:00	上一个交易日结算价的±10%	合约价值的8%	合约到期月份的第三个周五，遇国家法定假日顺延	同最后交易日	现金交割	IH	中国金融期货交易所
上午：9:30−11:30 下午：13:00−15:00	上一个交易日结算价的±10%	合约价值的8%	合约到期月份的第三个周五，遇国家法定假日顺延	同最后交易日	现金交割	IM	中国金融期货交易所

最后交易日交易时间 Trading Hours on Last Trading Day	每日价格最大波动限制 Daily Price Limit	最低交易保证金 Minimum Trading Margin	最后交易日 Last Trading Day	交割日期 Delivery Date	交割方式 Delivery Method	交易代码 Trading Code	上市交易所 Futures Exchange
上午：9:30−11:30	上一个交易日结算价的±0.5%	合约价值的0.5%	合约到期月份的第二个星期五	最后交易日后的第三个交易日	实物交割	TS	中国金融期货交易所
上午：9:30−11:30	上一个交易日结算价的±1.2%	合约价值的1%	合约到期月份的第二个星期五	最后交易日后的第三个交易日	实物交割	TF	中国金融期货交易所
上午：9:30−11:30	上一个交易日结算价的±2%	合约价值的2%	合约到期月份的第二个星期五	最后交易日后的第三个交易日	实物交割	T	中国金融期货交易所

5-25 商品期权交易概况

年份 Year	成交金额(亿元) Trading Turnover (100 million yuan)	成交量(万手) Trading Volume (10 thousand lots)	持仓金额(亿元) Value of Positions (10 thousand lots)
2018	210.16	1836.35	4.23
2019	333.27	4059.51	11.12
2020	1122.33	10897.31	29.26
2021	2627.76	21497.53	48.03
2022	5286.36	56617.51	42.59

注：上海期货交易所数据包含上海国际能源交易中心。
数据来源：上海期货交易所、郑州商品交易所、大连商品交易所、广州期货交易所
Source：SHFE、ZCE、DCE、GFEX

Overview of Commodity Options Transaction

持仓量(万手) Positions (10 thousand lots)	行权金额(亿元) Value of Delivery (100 million yuan)	行权量(万手) Delivery Quantity (10 thousand lots)
31.56	63.24	15.39
127.46	184.21	34.51
186.43	552.07	105.60
393.60	775.34	184.87
408.74	1652.74	220.89

5-26 商品期权品种交易情况

交易品种 Product	交易所 Exchange	成交金额 （亿元） Trading Turnover (100 million yuan)		成交量 （万手） Trading Volume (10 thousand lots)	
		2021	2022	2021	2022
豆粕期权 Soybean Meal Options	DCE	551.08	695.59	7598.56	10681.59
玉米期权 Corn Options	DCE	140.60	170.53	4120.06	6085.90
棕榈油期权 Palm Oil Options	DCE	273.39	688.61	1892.19	5341.75
铁矿石期权 Iron Ore Options	DCE	904.06	1165.04	3615.79	8342.40
聚乙烯期权 LLDPE Options	DCE	71.32	45.78	823.62	969.85
聚氯乙烯期权 PVC Options	DCE	93.37	59.78	881.11	1217.66
聚丙烯期权 PP Options	DCE	80.22	33.20	1020.94	709.13
液化石油气期权 LPG Options	DCE	68.78	93.17	525.69	1096.48
豆一期权 No.1 Soybean Options	DCE	0.00	12.30	0.00	365.28
豆二期权 No.2 Soybean Options	DCE	0.00	8.13	0.00	271.08
豆油期权 Soybean Oil Options	DCE	0.00	60.18	0.00	681.53
铜期权 Copper Options	SHFE	295.67	327.38	893.62	1211.45
黄金期权 Gold Options	SHFE	128.46	142.86	313.62	414.71
天胶期权 Natural Rubber Options	SHFE	188.63	111.31	477.02	535.04

数据来源：上海期货交易所、郑州商品交易所、大连商品交易所、广州期货交易所

Source：SHFE、ZCE、DCE、GFEX

Statistics for Commodity Options by Options Products

持仓金额（亿元）Value of Positions (100 million yuan)		持仓量（万手）Positions (10 thousand lots)		行权金额（亿元）Value of Delivery (100 million yuan)		行权量（万手）Delivery Quantity (10 thousand lots)	
2021	2022	2021	2022	2021	2022	2021	2022
7.90	4.93	90.54	61.85	90.75	124.65	26.82	31.65
2.94	2.06	102.03	64.55	39.43	100.74	14.91	35.78
6.15	3.54	38.91	19.00	46.33	140.42	5.30	14.54
13.15	13.01	48.92	81.60	112.57	122.88	11.50	15.92
0.46	0.18	3.03	2.26	23.48	8.88	5.62	2.09
1.11	0.63	7.04	6.97	29.04	15.21	6.51	4.12
0.49	0.28	4.14	2.64	21.52	7.54	4.97	1.80
0.68	0.73	3.54	8.21	50.11	41.53	5.51	3.86
0.00	0.53	0.00	10.24	0.00	4.58	0.00	0.80
0.00	0.20	0.00	3.91	0.00	2.71	0.00	0.52
0.00	1.95	0.00	11.68	0.00	15.86	0.00	1.66
1.32	1.93	3.14	3.93	9.44	228.73	5.01	6.91
1.11	1.91	2.69	4.01	3.18	59.88	1.55	1.53
2.00	0.96	3.56	3.57	3.78	37.35	2.29	2.69

5-26 续表

交易品种 Product	交易所 Exchange	成交金额 (亿元) Trading Turnover (100 million yuan)		成交量 (万手) Trading Volume (10 thousand lots)	
		2021	2022	2021	2022
铝期权 Aluminum Options	SHFE	95.03	108.04	760.93	1139.65
锌期权 Zinc Options	SHFE	57.81	99.87	439.52	831.44
原油 Crude Oil Options	INE	105.21	635.91	156.25	660.08
白银期权 Silver Options	SHFE	--	1.24	--	7.79
螺纹钢期权 Steel Rebar Options	SHFE	--	2.07	--	24.57
棉花期权 Cotton No.1 Options	ZCE	148.55	218.37	818.23	1766.83
甲醇期权 Methanol Options	ZCE	115.09	136.32	1992.33	4023.32
菜籽油期权 Rapeseed Oil Options	ZCE	0.00	21.81	0.00	259.42
花生期权 Peanut Kernel Options	ZCE	0.00	12.16	0.00	223.94
菜籽粕期权 Rapeseed Meal Options	ZCE	22.45	47.94	479.46	798.99
白糖期权 White Sugar Options	ZCE	75.51	106.80	1088.76	2050.87
PTA期权 PTA Options	ZCE	135.16	236.01	3052.38	6889.74
动力煤期权 Thermal Coal	ZCE	168.79	3.86	786.43	12.35
工业硅期权 Silicon Metal Options	GFEX	--	34.96	--	3.87

continued

持仓金额（亿元）Value of Positions (100 million yuan)		持仓量（万手）Positions (10 thousand lots)		行权金额（亿元）Value of Delivery (100 million yuan)		行权量（万手）Delivery Quantity (10 thousand lots)	
2021	2022	2021	2022	2021	2022	2021	2022
0.61	0.62	3.04	3.91	7.43	117.44	11.36	11.82
0.45	0.55	2.05	1.82	2.11	61.77	4.00	4.95
1.16	1.02	2.02	1.08	4.28	204.82	1.01	3.24
--	0.37	--	1.93	--	--	--	--
--	0.69	--	6.52	--	--	--	--
3.08	2.68	13.13	21.03	123.78	150.39	14.59	16.37
1.43	0.56	20.04	16.99	46.20	48.35	16.96	17.37
0.00	0.42	0.00	2.38	0.00	7.26	0.00	0.62
0.00	0.26	0.00	3.82	0.00	2.79	0.00	0.53
0.37	0.46	5.11	5.79	10.23	16.14	3.66	4.85
0.99	1.00	14.19	18.45	23.31	47.79	4.22	8.24
1.15	1.13	25.30	38.42	77.05	83.72	32.87	28.87
0.63	0.00	1.18	0.00	51.32	1.30	6.22	0.14
--	--	--	0.96	--	--	--	--

5-27 2022年商品期权合约汇总

合约标的物 Underlying Instrument	合约类型 Contracts Type	交易单位 Contract Size	报价单位 Quotation Unit	最小变动价位 Minimum Tick Size	涨跌停板幅度 Daily Price Limit	合约月份 Contracts Months	交易时间 Trading Hours
豆粕期货合约 Soybean Meal Futures Contract	看涨期权、看跌期权	1手（10吨）豆粕期货合约	元（人民币）/吨	0.5元/吨	与豆粕期货合约涨跌停板幅度相同	1、3、5、7、8、9、11、12月	每周一至周五上午9:00-11:30，下午13:30-15:00，以及交易所规定的其他时间
玉米期货合约 Corn Futures Contract	看涨期权、看跌期权	1手（10吨）玉米期货合约	元（人民币）/吨	0.5元/吨	与玉米期货合约涨跌停板幅度相同	1、3、5、7、9、11月	每周一至周五上午9:00-11:30，下午13:30-15:00，以及交易所规定的其他时间
铁矿石期货合约 Iron Ore Futures Contract	看涨期权、看跌期权	1手（100吨）铁矿石期货合约	元（人民币）/吨	0.1元/吨	与铁矿石期货合约涨跌停板幅度相同	1、2、3、4、5、6、7、8、9、10、11、12月	每周一至周五上午9:00-11:30，下午13:30-15:00，以及交易所规定的其他时间
聚乙烯期货合约 Linear Low Density Polyethylene Futures Contract	看涨期权、看跌期权	1手(5吨)聚乙烯期货合约	元（人民币）/吨	0.5元/吨	与聚乙烯期货合约涨跌停板幅度相同	1、2、3、4、5、6、7、8、9、10、11、12月	每周一至周五上午9:00-11:30,下午13:30-15:00,以及交易所规定的其他时间
聚氯乙烯期货合约 Polyvinyl Chloride Futures Contract	看涨期权、看跌期权	1手（5吨）聚氯乙烯期货合约	元（人民币）/吨	0.5元/吨	与聚氯乙烯期货合约涨跌停板幅度相同	1、2、3、4、5、6、7、8、9、10、11、12月	每周一至周五上午9:00-11:30，下午13:30-15:00，以及交易所规定的其他时间
聚丙烯期货合约 Polypropylene Futures Contract	看涨期权、看跌期权	1手（5吨）聚丙烯期货合约	元（人民币）/吨	0.5元/吨	与聚丙烯期货合约涨跌停板幅度相同	1、2、3、4、5、6、7、8、9、10、11、12月	每周一至周五上午9:00-11:30，下午13:30-15:00，以及交易所规定的其他时间

数据来源：上海期货交易所、郑州商品交易所、大连商品交易所

Source：SHFE、ZCE、DCE

Collection of Commodity Options Contracts in 2022

最后交易日 Last Trading Day	到期日 Expiration Day	行权价格 Strike Price	行权方式 Exercise Style	交易代码 Trading Code	上市交易所 Listed Exchange
标的期货合约交割月份前一个月的第5个交易日	同最后交易日	行权价格覆盖豆粕期货合约上一交易日结算价上下浮动1.5倍当日涨跌停板幅度对应的价格范围。行权价格≤2000元/吨，行权价格间距为25元/吨；2000元/吨＜行权价格≤5000元/吨，行权价格间距为50元/吨；行权价格＞5000元/吨，行权价格间距为100元/吨	美式。买方可以在到期日之前任一交易日的交易时间，以及到期日15:30之前提出行权申请	看涨期权：M-合约月份-C-行权价格 看跌期权：M-合约月份-P-行权价格	大连商品交易所
标的期货合约交割月份前一个月的第5个交易日	同最后交易日	行权价格覆盖玉米期货合约上一交易日结算价上下浮动1.5倍当日涨跌停板幅度对应的价格范围。行权价格≤1000元/吨，行权价格间距为10元/吨；1000元/吨＜行权价格≤3000元/吨，行权价格间距为20元/吨；行权价格＞3000元/吨，行权价格间距为40元/吨	美式。买方可以在到期日之前任一交易日的交易时间，以及到期日15:30之前提出行权申请	看涨期权：C-合约月份-C-行权价格 看跌期权：C-合约月份-P-行权价格	大连商品交易所
标的期货合约交割月份前一个月的第5个交易日	同最后交易日	行权价格覆盖铁矿石期货合约上一交易日结算价上下浮动1.5倍当日涨跌停板幅度对应的价格范围。行权价格≤300元/吨，行权价格间距为5元/吨；300元/吨＜行权价格≤1000元/吨，行权价格间距为10元/吨；行权价格＞1000元/吨，行权价格间距为20元/吨	美式。买方可以在到期日之前任一交易日的交易时间，以及到期日15:30之前提出行权申请	看涨期权：I-合约月份-C-行权价格 看跌期权：I-合约月份-P-行权价格	大连商品交易所
标的期货合约交割月份前一个月的第5个交易日	同最后交易日	行权价格覆盖线型低密度聚乙烯期货合约上一交易日结算价上下浮动1.5倍当日涨跌停板幅度对应的价格范围.行权价格≤5000元/吨,行权价格间距为50元/吨;5000元/吨＜行权价格≤10000元/吨,行权价格间距为100元/吨;行权价格＞10000元/吨,行权价格间距为200元/吨	美式.买方可以在到期日之前任一交易日的交易时间,以及到期日15:30之前提出行权申请	看涨期权:L-合约月份-C-行权价格 看跌期权:L-合约月份-P-行权价格	大连商品交易所
标的期货合约交割月份前一个月的第5个交易日	同最后交易日	行权价格覆盖聚氯乙烯期货合约上一交易日结算价上下浮动1.5倍当日涨跌停板幅度对应的价格范围。行权价格≤5000元/吨，行权价格间距为50元/吨；5000元/吨＜行权价格≤10000元/吨，行权价格间距为100元/吨；行权价格＞10000元/吨，行权价格间距为200元/吨	美式。买方可以在到期日之前任一交易日的交易时间，以及到期日15:30之前提出行权申请	看涨期权：V-合约月份-C-行权价格 看跌期权：V-合约月份-P-行权价格	大连商品交易所
标的期货合约交割月份前一个月的第5个交易日	同最后交易日	行权价格覆盖聚丙烯期货合约上一交易日结算价上下浮动1.5倍当日涨跌停板幅度对应的价格范围。行权价格≤5000元/吨，行权价格间距为50元/吨；5000元/吨＜行权价格≤10000元/吨，行权价格间距为100元/吨；行权价格＞10000元/吨，行权价格间距为200元/吨	美式。买方可以在到期日之前任一交易日的交易时间，以及到期日15:30之前提出行权申请	看涨期权：PP-合约月份-C-行权价格 看跌期权：PP-合约月份-P-行权价格	大连商品交易所

5-27 续表 1

合约标的物 Underlying Instrument	合约类型 Contracts Type	交易单位 Contract Size	报价单位 Quotation Unit	最小变动价位 Minimum Tick Size	涨跌停板幅度 Daily Price Limit	合约月份 Contracts Months	交易时间 Trading Hours
液化石油气期货合约 Liquefied Petroleum gas Futures Contract	看涨期权、看跌期权	1手（20吨）液化石油气期货合约	元（人民币）/吨	0.2元/吨	与液化石油气期货合约涨跌停板幅度相同	1、2、3、4、5、6、7、8、9、10、11、12月	每周一至周五上午9:00 ~ 11:30，下午13:30 ~ 15:00，以及交易所规定的其他时间
棕榈油期货合约 RBD Palm Oil Futures Contract	看涨期权、看跌期权	1手(10吨)棕榈油期货合约	元（人民币）/吨	0.5元/吨	与棕榈油期货合约涨跌停板幅度相同	1、2、3、4、5、6、7、8、9、10、11、12月	每周一至周五上午9:00 ~ 11:30，下午13:30 ~ 15:00，以及交易所规定的其他时间
黄大豆1号期货合约	看涨期权、看跌期权	1手（10吨）黄大豆1号期货合约	元（人民币）/吨	0.5元/吨	与黄大豆1号期货合约涨跌停板幅度相同	1、3、5、7、9、11月	每周一至周五上午9:00 ~ 11:30，下午13:30 ~ 15:00，以及交易所规定的其他时间
黄大豆2号期货合约	看涨期权、看跌期权	1手（10吨）黄大豆2号期货合约	元（人民币）/吨	0.5元/吨	与黄大豆2号期货合约涨跌停板幅度相同	1、2、3、4、5、6、7、8、9、10、11、12月	每周一至周五上午9:00 ~ 11:30，下午13:30 ~ 15:00，以及交易所规定的其他时间
豆油期货合约	看涨期权、看跌期权	1手（10吨）豆油期货合约	元（人民币）/吨	0.5元/吨	与豆油期货合约涨跌停板幅度相同	1、3、5、7、8、9、11、12月	每周一至周五上午9:00 ~ 11:30，下午13:30 ~ 15:00，以及交易所规定的其他时间
阴极铜期货合约(5吨) Copper Cathode Futures Contract(five metric tons(MT))	看涨期权，看跌期权	1手阴极铜期货合约	元（人民币）/吨	2 元/吨	与阴极铜期货合约涨跌停板幅度相同	最近两个连续月份合约，其后月份在标的期货合约结算后持仓量达到一定数值之后的第二个交易日挂牌。具体数值交易所另行发布	上午9:00-11:30 下午13:30-15:00 及交易所规定的其他时间
铝期货合约（5吨）Aluminum Futures Contract(5 tons)	看涨期权，看跌期权	1手铝期货合约	元（人民币）/吨	1 元/吨	与标的期货合约涨跌停板幅度相同	最近两个连续月份合约，其后月份在标的期货合约结算后持仓量达到一定数值之后的第二个交易日挂牌。具体数值交易所另行发布	上午9:00-11:30 下午13:30-15:00 及交易所规定的其他时间
锌期货合约（5吨）Zinc Futures Contract(5 tons)	看涨期权，看跌期权	1手锌期货合约	元（人民币）/吨	1 元/吨	与标的期货合约涨跌停板幅度相同	最近两个连续月份合约，其后月份在标的期货合约结算后持仓量达到一定数值之后的第二个交易日挂牌。具体数值交易所另行发布	上午9:00-11:30 下午13:30-15:00 及交易所规定的其他时间

continued

最后交易日 Last Trading Day	到期日 Expiration Day	行权价格 Strike Price	行权方式 Exercise Style	交易代码 Trading Code	上市交易所 Listed Exchange
标的期货合约交割月份前一个月的第5个交易日	同最后交易日	行权价格覆盖液化石油气期货合约上一交易日结算价上下浮动1.5倍当日涨跌停板幅度对应的价格范围。行权价格≤2000元/吨，行权价格间距为25元/吨；2000元/吨行权价格≤6000元/吨，行权价格间距为50元/吨；行权价格>6000元/吨，行权价格间距为100元/吨	美式。买方可以在到期日之前任一交易日的交易时间，以及到期日15:30之前提出行权申请	看涨期权：PG-合约月份-C-行权价格 看跌期权：PG-合约月份-P-行权价格	大连商品交易所
标的期货合约交割月份前一个月的第5个交易日	同最后交易日	行权价格覆盖棕榈油期货合约上一交易日结算价上下浮动1.5倍当日涨跌停板幅度对应的价格范围。行权价格≤5000元/吨，行权价格间距为50元/吨；5000元/吨<行权价格≤10000元/吨，行权价格间距为100元/吨；行权价格>10000元/吨，行权价格间距为200元/吨	美式。买方可以在到期日之前任一交易日的交易时间，以及到期日15:30之前提出行权申请	看涨期权：P-合约月份-C-行权价格 看跌期权：P-合约月份-P-行权价格	大连商品交易所
标的期货合约交割月份前一个月的第5个交易日	同最后交易日	行权价格覆盖黄大豆1号期货合约上一交易日结算价上下浮动1.5倍当日涨跌停板幅度对应的价格范围。行权价格≤2500元/吨，行权价格间距为25元/吨；2500元/吨<行权价格≤5000元/吨，行权价格间距为50元/吨；行权价格>5000元/吨，行权价格间距为100元/吨	美式。买方可以在到期日之前任一交易日的交易时间，以及到期日15:30之前提出行权申请	看涨期权：A-合约月份-C-行权价格 看跌期权：A-合约月份-P-行权价格	大连商品交易所
标的期货合约交割月份前一个月的第5个交易日	同最后交易日	行权价格覆盖黄大豆2号期货合约上一交易日结算价上下浮动1.5倍当日涨跌停板幅度对应的价格范围。行权价格≤2500元/吨，行权价格间距为25元/吨；2500元/吨<行权价格≤5000元/吨，行权价格间距为50元/吨；行权价格>5000元/吨，行权价格间距为100元/吨	美式。买方可以在到期日之前任一交易日的交易时间，以及到期日15:30之前提出行权申请	看涨期权：B-合约月份-C-行权价格 看跌期权：B-合约月份-P-行权价格	大连商品交易所
标的期货合约交割月份前一个月的第5个交易日	同最后交易日	行权价格覆盖豆油期货合约上一交易日结算价上下浮动1.5倍当日涨跌停板幅度对应的价格范围。行权价格≤5000元/吨，行权价格间距为50元/吨；5000元/吨<行权价格≤10000元/吨，行权价格间距为100元/吨；行权价格>10000元/吨，行权价格间距为200元/吨	美式。买方可以在到期日之前任一交易日的交易时间，以及到期日15:30之前提出行权申请	看涨期权：Y-合约月份-C-行权价格 看跌期权：Y-合约月份-P-行权价格	大连商品交易所
标的期货合约交割月前第一月的倒数第五个交易日，交易所可以根据国家法定节假日调整最后交易日	同最后交易日	行权价格覆盖阴极铜期货合约上一交易日结算价上下1倍当日涨跌停板幅度对应的价格范围。行权价格≤40000元/吨，行权价格间距为500元/吨；40000元/吨<行权价格≤80000元/吨，行权价格间距为1000元/吨；行权价格>80000元/吨，行权价格间距为2000元/吨	美式。买方可以在到期日前任一交易日的交易时间提交行权申请；买方可以在到期日15:30之前提出行权申请、放弃申请	看涨期权：CU-合约月份-C-行权价格 看跌期权：CU-合约月份-P-行权价格	上海期货交易所
标的期货合约交割月前第一月的倒数第五个交易日，交易所可以根据国家法定节假日调整最后交易日	同最后交易日	行权价格覆盖标的期货合约上一交易日结算价上下浮动1.5倍当日涨跌停板幅度对应的价格范围。行权价格≤10000元/吨，行权价格间距为50元/吨；10000元/吨<行权价格≤20000元/吨，行权价格间距为100元/吨；行权价格>20000元/吨，行权价格间距为200元/吨	美式。买方可以在到期日前任一交易日的交易时间提交行权申请；买方可以在到期日15:30之前提出行权申请、放弃申请	看涨期权：AL-合约月份-C-行权价格 看跌期权：AL-合约月份-P-行权价格	上海期货交易所
标的期货合约交割月前第一月的倒数第五个交易日，交易所可以根据国家法定节假日调整最后交易日	同最后交易日	行权价格覆盖标的期货合约上一交易日结算价上下浮动1.5倍当日涨跌停板幅度对应的价格范围。行权价格≤10000元/吨，行权价格间距为100元/吨；10000元/吨<行权价格≤25000元/吨，行权价格间距为200元/吨；行权价格>25000元/吨，行权价格间距为500元/吨	美式。买方可以在到期日前任一交易日的交易时间提交行权申请；买方可以在到期日15:30之前提出行权申请、放弃申请	看涨期权：ZN-合约月份-C-行权价格 看跌期权：ZN-合约月份-P-行权价格	上海期货交易所

5-27 续表 2

合约标的物 Underlying Instrument	合约类型 Contracts Type	交易单位 Contract Size	报价单位 Quotation Unit	最小变动价位 Minimum Tick Size	涨跌停板幅度 Daily Price Limit	合约月份 Contracts Months	交易时间 Trading Hours
黄金期货合约(1000克) Gold Futures Contract(1 kilogram)	看涨期权，看跌期权	1手黄金期货合约	元（人民币）/克	0.02 元/克	与黄金期货合约涨跌停板幅度相同	最近两个连续月份合约，其后月份在标的期货合约结算后持仓量达到一定数值之后的第二个交易日挂牌。具体数值交易所另行发布	上午9:00-11:30下午13:30-15:00及交易所规定的其他时间
白银期货合约（15千克） Silver Futures Contract	看涨期权，看跌期权	1手白银期货合约	元（人民币）/千克	0.5元/千克	与标的期货合约涨跌停板幅度相同	最近两个连续月份合约，其后月份在标的期货合约结算后持仓量达到一定数值之后的第二个交易日挂牌，具体数值交易所另行发布	上午9:00-11:30下午13:30-15:00及交易所规定的其他时间
螺纹钢期货合约（10吨） Steel Rebar Futures Contract	看涨期权，看跌期权	1手螺纹钢期货合约	元（人民币）/吨	0.5元/吨	与标的期货合约涨跌停板幅度相同	最近两个连续月份合约，其后月份在标的期货合约结算后持仓量达到一定数值之后的第二个交易日挂牌，具体数值交易所另行发布	上午9:00-11:30下午13:30-15:00及交易所规定的其他时间
天然橡胶期货合约(10吨) Natural Rubber futures contract(10 metric tons(MT))	看涨期权，看跌期权	1手天然橡胶期货合约	元（人民币）/吨	1 元/吨	与天然橡胶期货合约涨跌停板幅度相同	最近两个连续月份合约，其后月份在标的期货合约结算后持仓量达到一定数值之后的第二个交易日挂牌。具体数值交易所另行发布	上午9:00-11:30下午13:30-15:00及交易所规定的其他时间
原油期货合约（1000桶） Crude OilFutures Contract(1000 BBL)	看涨期权，看跌期权	1手原油期货合约	元（人民币）/桶	0.05元/桶	与标的期货合约涨跌停板幅度相同	最近两个连续月份合约，其后月份在标的期货合约结算后持仓量达到一定数值之后的第二个交易日挂盘，具体数值上海国际能源交易中心另行发布	上午9:00-11:30下午13:30-15:00及上海国际能源交易中心规定的其他时间
棉花期货合约 Cotton Futures Contract	看涨期权、看跌期权	1手棉花期货合约	元（人民币）/吨	1元/吨	与棉花期货合约涨跌停板幅度相同	标的期货合约中的连续两个近月，其后月份在标的期货合约结算后持仓量达到5000手（单边）之后的第二个交易日挂牌	每周一至周五上午9:00-11:30，下午13:30-15:00，以及交易所规定的其他交易时间

continued

最后交易日 Last Trading Day	到期日 Expiration Day	行权价格 Strike Price	行权方式 Exercise Style	交易代码 Trading Code	上市交易所 Listed Exchange
标的期货合约交割月前第一月的倒数第五个交易日，交易所可以根据国家法定节假日调整最后交易日	同最后交易日	行权价格覆盖黄金期货合约上一交易日结算价上下浮动1.5倍当日涨跌停板幅度对应的价格范围。行权价格≤200元/克，行权价格间距为2元/克；200元/克<行权价格≤400元/克，行权价格间距为4元/克；行权价格>400元/克，行权价格间距为8元/克	美式。买方可以在到期日前任一交易日的交易时间提交行权申请；买方可以在到期日15:30之前提出行权申请、放弃申请	看涨期权：AU-合约月份-C-行权价格 看跌期权：AU-合约月份-P-行权价格	上海期货交易所
标的期货合约交割月前第一月的倒数第五个交易日，交易所可以根据国家法定节假日等调整最后交易日	同最后交易日	行权价格覆盖标的期货合约上一交易日结算价上下浮动1.5倍当日涨跌停板幅度对应的价格范围。行权价格≤2500元/千克，行权价格间距为20元/千克；2500元/千克<行权价格≤5000元/千克，行权价格间距为50元/千克；行权价格>5000元/千克，行权价格间距为100元/千克	美式。买方可在到期日前任一交易日的交易时间提交行权申请；买方可在到期日15:30之前提交行权申请、放弃申请	看涨期权：AG-合约月份-C-行权价格 看跌期权：AG-合约月份-P-行权价格	上海期货交易所
标的期货合约交割月前第一月的倒数第五个交易日，交易所可以根据国家法定节假日等调整最后交易日	同最后交易日	行权价格覆盖标的期货合约上一交易日结算价上下浮动1.5倍当日涨跌停板幅度对应的价格范围。行权价格≤2500元/吨，行权价格间距为20元/吨；2500元/吨<行权价格≤5000元/吨，行权价格间距为50元/吨；行权价格>5000元/吨，行权价格间距为100元/吨	美式。买方可以在到期日前任一交易日的交易时间提交行权申请；买方可以在到期日15:30之前提交行权申请、放弃申请	看涨期权：RB-合约月份-C-行权价格 看跌期权：RB-合约月份-P-行权价格	上海期货交易所
标的期货合约交割月前第一月的倒数第五个交易日，交易所可以根据国家法定节假日调整最后交易日	同最后交易日	行权价格覆盖天然橡胶期货合约上一交易日结算价上下浮动1.5倍当日涨跌停板幅度对应的价格范围。行权价格≤10000元/吨，行权价格间距为100元/吨；10000元/吨<行权价格≤25000元/吨，行权价格间距为250元/吨；行权价格>25000元/吨，行权价格间距为500元/吨	美式。买方可在到期日前任一交易日的交易时间提交行权申请；买方可在到期日15:30之前提交行权申请、放弃申请	看涨期权：RU-合约月份-C-行权价格 看跌期权：RU-合约月份-P-行权价格	上海期货交易所
标的期货合约交割月前第一月的倒数第13个交易日，上海国际能源交易中心可以根据国家法定节假日等调整最后交易日	同最后交易日	行权价格覆盖标的期货合约上一交易日结算价上下浮动1.5倍当日涨跌停板幅度对应的价格范围。行权价格≤250元/桶，行权价格间距为2元/桶；250元/桶<行权价格≤500元/桶，行权价格间距为5元/桶；行权价格>500元/桶，行权价格间距为10元/桶	美式。买方可在到期日前任一交易日的交易时间提交行权申请；买方可在到期日15:30之前提交行权申请、放弃申请	看涨期权：SC-合约月份-C-行权价格 看跌期权：SC-合约月份-P-行权价格	上海国际能源交易中心
标的期货合约交割月份前一个月的第3个交易日，以及交易所规定的其他日期	同最后交易日	以棉花期货前一交易日结算价为基准，按行权价格间距挂出6个实值期权、1个平值期权和6个虚值期权。行权价格≤10000元/吨，行权价格间距为100元/吨；10000元/吨<行权价格≤20000元/吨，行权价格间距为200元/吨；行权价格>20000元/吨，行权价格间距为400元/吨	美式。买方可在到期日前任一交易日的交易时间提交行权申请；买方可在到期日15:30之前提交行权申请、放弃申请	看涨期权：CF-合约月份-C-行权价格 看跌期权：CF-合约月份-P-行权价格	郑州商品交易所

5-27 续表 3

合约标的物 Underlying Instrument	合约类型 Contracts Type	交易单位 Contract Size	报价单位 Quotation Unit	最小变动价位 Minimum Tick Size	涨跌停板幅度 Daily Price Limit	合约月份 Contracts Months	交易时间 Trading Hours
白糖期货合约 White Sugar Futures Contract	看涨期权、看跌期权	1手（10吨）白糖期货合约	元（人民币）/吨	0.5元/吨	与白糖期货合约涨跌停板幅度相同	标的期货合约中的连续两个近月，其后月份在标的期货合约结算后持仓量达到5000手（单边）之后的第二个交易日挂牌	每周一至周五上午9:00-11:30，下午13:30-15:00，以及交易所规定的其他交易时间
菜籽油期货合约 Rapeseed Oil Futures Contract	看涨期权、看跌期权	1手菜籽油期货合约	元（人民币）/吨	0.5元/吨	与菜籽油期货合约涨跌停板幅度相同	标的期货合约中的连续两个近月，其后月份在标的期货合约结算后持仓量达到5000手（单边）之后的第二个交易日挂牌	每周一至周五上午9:00-11:30，下午13:30-15:00，以及交易所规定的其他交易时间
菜籽粕期货合约 Rapeseed Meal Futures Contract	看涨期权、看跌期权	1手菜籽粕期货合约	元（人民币）/吨	0.5元/吨	与菜籽粕期货合约涨跌停板幅度相同	标的期货合约中的连续两个近月，其后月份在标的期货合约结算后持仓量达到5000手（单边）之后的第二个交易日挂牌	每周一至周五上午9:00—11:30，下午13:30—15:00，以及交易所规定的其他交易时间
花生期货合约 Peanut Kernel Futures Contract	看涨期权、看跌期权	1手花生期货合约	元（人民币）/吨	0.5元/吨	与花生期货合约涨跌停板幅度相同	标的期货合约中的连续两个近月，其后月份在标的期货合约结算后持仓量达到5000手（单边）之后的第二个交易日挂牌	每周一至周五上午9:00-11:30，下午13:30-15:00，以及交易所规定的其他交易时间
精对苯二甲酸(PTA)期货合约 Purified Terephthalic Acid(PTA) Futures Contract	看涨期权、看跌期权	1手PTA期货合约	元（人民币）/吨	0.5元/吨	与PTA期货合约涨跌停板幅度相同	标的期货合约中的连续两个近月，其后月份在标的期货合约结算后持仓量达到10000手（单边）之后的第二个交易日挂牌	每周一至周五上午9:00—11:30，下午13:30—15:00，以及交易所规定的其他交易时间
甲醇期货合约 Methanol Futures Contract	看涨期权、看跌期权	1手甲醇期货合约	元（人民币）/吨	0.5元/吨	与甲醇期货合约涨跌停板幅度相同	标的期货合约中的连续两个近月，其后月份在标的期货合约结算后持仓量达到10000手（单边）之后的第二个交易日挂牌	每周一至周五上午9:00-11:30，以下午13:30-15:00，以及交易所规定的其他交易时间
动力煤期货合约 Thermal Coal Futures Contract	看涨期权、看跌期权	1手动力煤期货合约	元(人民币)/吨	0.1元/吨	与动力煤期货合约涨跌停板幅度相同	标的期货合约中的连续两个近月，其后月份在标的期货合约结算后持仓量达到10000手（单边）之后的第二个交易日挂牌	每周一至周五上午9:00-11:30，下午13:30-15:00及交易所规定的其他交易时间

continued

最后交易日 Last Trading Day	到期日 Expiration Day	行权价格 Strike Price	行权方式 Exercise Style	交易代码 Trading Code	上市交易所 Listed Exchange
标的期货合约交割月份前一个月的第3个交易日，以及交易所规定的其他日期	同最后交易日	以白糖期货前一交易日结算价为基准，按行权价格间距挂出5个实值期权、1个平值期权和5个虚值期权。行权价格≤3000元/吨，行权价格间距为50元/吨；3000元/吨＜行权价格≤10000元/吨，行权价格间距为100元/吨；行权价格＞10000元/吨，行权价格间距为200元/吨	美式。买方可在到期日前任一交易日的交易时间提交行权申请；买方可在到期日15:30之前提交行权申请、放弃申请	看涨期权：SR—合约月份—C—行权价格 看跌期权：SR—合约月份—P—行权价格	郑州商品交易所
标的期货合约交割月份前一个月的第3个交易日，以及交易所规定的其他日期	同最后交易日	以菜籽油期货前一交易日结算价为基准，按行权价格间距挂出9个实值期权、1个平值期权和9个虚值期权。行权价格≤5000元/吨，行权价格间距为50元/吨；5000元/吨＜行权价格≤10000元/吨，行权价格间距为100元/吨；行权价格＞10000元/吨，行权价格间距为200元/吨	美式。买方可在到期日前任一交易日的交易时间提交行权申请；买方可在到期日15:30之前提交行权申请、放弃申请	看涨期权：OI-合约月份-C-行权价格 看跌期权：OI-合约月份-P-行权价格	郑州商品交易所
标的期货合约交割月份前一个月的第3个交易日，以及交易所规定的其他日期	同最后交易日	以菜籽粕期货前一交易日结算价为基准，按行权价格间距挂出6个实值期权、1个平值期权和6个虚值期权。行权价格≤2500元/吨，行权价格间距为25元/吨；2500元/吨＜行权价格≤5000元/吨，行权价格间距为50元/吨；行权价格＞5000元/吨，行权价格间距为100元/吨	美式。买方可在到期日前任一交易日的交易时间提交行权申请；买方可在到期日15:30之前提交行权申请、放弃申请	看涨期权：RM—合约月份-C-行权价格 看跌期权：RM—合约月份-P-行权价格	郑州商品交易所
标的期货合约交割月份前一个月的第3个交易日，以及交易所规定的其他日期	同最后交易日	以花生期货前一交易日结算价为基准，按行权价格间距挂出9个实值期权、1个平值期权和9个虚值期权。行权价格≤5000元/吨，行权价格间距为50元/吨；5000元/吨＜行权价格≤10000元/吨，行权价格间距为100元/吨；行权价格＞10000元/吨，行权价格间距为200元/吨	美式。买方可在到期日前任一交易日的交易时间提交行权申请；买方可在到期日15:30之前提交行权申请、放弃申请	看涨期权：PK-合约月份-C-行权价格 看跌期权：PK-合约月份-P-行权价格	郑州商品交易所
标的期货合约交割月份前一个月的第3个交易日，以及交易所规定的其他日期	同最后交易日	以PTA期货前一交易日结算价为基准，按行权价格间距挂出6个实值期权、1个平值期权和6个虚值期权。行权价格≤5000元/吨，行权价格间距为50元/吨；5000元/吨＜行权价格≤10000元/吨，行权价格间距为100元/吨；行权价格＞10000元/吨，行权价格间距为200元/吨	美式。买方可在到期日前任一交易日的交易时间提交行权申请；买方可在到期日15:30之前提交行权申请、放弃申请	看涨期权：TA-合约月份-C-行权价格 看跌期权：TA-合约月份-P-行权价格	郑州商品交易所
标的期货合约交割月份前一个月的第3个交易日，以及交易所规定的其他日期	同最后交易日	以甲醇期货前一交易日结算价为基准，按行权价格间距挂出6个实值期权、1个平值期权和6个虚值期权。行权价格≤2500元/吨，行权价格间距为25元/吨；2500元/吨＜行权价格≤5000元/吨，行权价格间距为50元/吨；行权价格＞5000元/吨，行权价格间距为100元/吨	美式。买方可在到期日前任一交易日的交易时间提交行权申请；买方可在到期日15:30之前提交行权申请、放弃申请	看涨期权：MA-合约月份-C-行权价格 看跌期权：MA-合约月份-P-行权价格	郑州商品交易所
标的期货合约交割月份前一个月的第3个交易日，以及交易所规定的其他日期	同最后交易日	以动力煤期货前一交易日结算价为基准，按行权价格间距挂出6个实值期权、1个平值期权和6个虚值期权。行权价格≤500元/吨，行权价格间距为5元/吨；行权价格＞500元/吨，行权价格间距为10元/吨	美式。买方可在到期日前任一交易日的交易时间提交行权申请；买方可在到期日15:30之前提交行权申请、放弃申请	看涨期权：ZC-合约月份-C-行权价格 看跌期权：ZC-合约月份-P-行权价格	郑州商品交易所

5-28 金融期权品种交易情况
Statistics for Financial Options

交易品种 Product	交易所 Exchange	成交金额(亿元) Trading Turnover (100 million yuan)		成交量(万手) Trading Volume (10 thousand lots)	
		2021	2022	2021	2022
沪深300股指期权 CSI300 Index Options	CFFEX	2486.16	2055.06	3024.15	3155.35
上证50ETF期权 SSE50 ETF Options	CFFEX	86.37	7.91	86.37	20.06
中证1000股指期权 CSI 1000 Index Options	CFFEX	86.37	580.34	86.37	679.75
上证50ETF期权 SSE50 ETF Options	SSE	3875.64	2790.85	62934.23	56581.33
沪深300ETF期权 CSI300 ETF Options	SSE	4357.64	3332.31	46804.92	46703.99
中证500股指期权 CSI 500 Index Options	SSE	86.37	352.06	86.37	4220.03
沪深300ETF期权 CSI300 ETF Options	SZSE	588.95	466.97	7187.56	7236.45
深证100ETF股指期权 SZSE100 ETF Options	SZSE	86.37	4.27	86.37	86.37
中证500股指期权 CSI 500 Index Options	SZSE	86.37	86.10	86.37	942.91
创业板ETF期权 ChiNext ETF Options	SZSE	86.37	243.68	86.37	4809.58

注：金融期权的行权金额采用执行盈亏值汇总统计。
数据来源：上海证券交易所、深圳证券交易所、中国金融期货交易所
Source：SSE、SZSE、CFFEX

5-28 续表 1 continued

交易品种 Product	交易所 Exchange	持仓金额(亿元) Value of Positions (100 million yuan)		持仓量(万手) Positions (10 thousand lots)	
		2021	2022	2021	2022
沪深300股指期权 CSI300 Index Options	CFFEX	17.28	13.04	19.60	14.45
上证50ETF期权 SSE50 ETF Options	CFFEX	86.37	0.93	86.37	2.63
中证1000股指期权 CSI 1000 Index Options	CFFEX	86.37	9.32	86.37	6.63
上证50ETF期权 SSE50 ETF Options	SSE	0.00	0.00	302.07	165.86
沪深300ETF期权 CSI300 ETF Options	SSE	0.00	0.00	182.44	115.71
中证500股指期权 CSI 500 Index Options	SSE	86.37	86.37	86.37	49.34
沪深300ETF期权 CSI300 ETF Options	SZSE	0.00	0.00	31.74	13.99
深证100ETF股指期权 SZSE100 ETF Options	SZSE	86.37	86.37	86.37	9.03
中证500股指期权 CSI 500 Index Options	SZSE	86.37	86.37	86.37	12.68
创业板ETF期权 ChiNext ETF Options	SZSE	86.37	86.37	86.37	46.47

5-28　续表 2　continued

交易品种 Product	交易所 Exchange	行权金额(亿元) Value of Delivery (100 million yuan)		行权量(万手) Delivery Quantity (10 thousand lots)	
		2021	2022	2021	2022
沪深300股指期权 CSI300 Index Options	CFFEX	799.52	985.70	15.69	23.01
上证50ETF期权 SSE50 ETF Options	CFFEX	86.37	86.37	86.37	86.37
中证1000股指期权 CSI 1000 Index Options	CFFEX	86.37	202.41	86.37	3.03
上证50ETF期权 SSE50 ETF Options	SSE	204.44	210.84	58.76	68.47
沪深300ETF期权 CSI300 ETF Options	SSE	201.16	244.86	38.36	53.28
中证500股指期权 CSI 500 Index Options	SSE	86.37	22.82	86.37	3.81
沪深300ETF期权 CSI300 ETF Options	SZSE	72.61	0.00	13.94	11.08
深证100ETF股指期权 SZSE100 ETF Options	SZSE	86.37	86.37	86.37	86.37
中证500股指期权 CSI 500 Index Options	SZSE	86.37	86.37	86.37	1.98
创业板ETF期权 ChiNext ETF Options	SZSE	86.37	86.37	86.37	4.75

5-29-1 金融期权合约汇总
Collection of Financial Options Contracts

合约标的物 Underlying Instrument	合约类型 Contracts Type	交易单位 Contract Size	报价单位 Quotation Unit	最小变动价位 Minimum Tick Size	涨跌停板幅度 Limit Up/Limit Down	合约月份 Contracts Months
沪深300指数	看涨期权、看跌期权	手	指数点	0.2点	上一交易日沪深300指数收盘价的±10%	当月、下2个月及随后3个季月
中证1000指数	看涨期权、看跌期权	手	指数点	0.2点	上一交易日中证1000指数收盘价的±10%	当月、下2个月及随后3个季月
上证50指数	看涨期权、看跌期权	手	指数点	0.2点	上一交易日上证50指数收盘价的±10%	当月、下2个月及随后3个季月
上证50ETF	认购期权	10129	1	0.0001		03月
上证50ETF	认购期权	10129	1	0.0001		03月
上证50ETF	认购期权	10129	1	0.0001		03月
上证50ETF	认购期权	10129	1	0.0001		03月
上证50ETF	认购期权	10129	1	0.0001		03月
上证50ETF	认购期权	10129	1	0.0001		03月
上证50ETF	认购期权	10129	1	0.0001		03月
上证50ETF	认购期权	10129	1	0.0001		03月
上证50ETF	认购期权	10129	1	0.0001		03月
上证50ETF	认沽期权	10129	1	0.0001		03月
上证50ETF	认沽期权	10129	1	0.0001		03月
上证50ETF	认沽期权	10129	1	0.0001		03月
上证50ETF	认沽期权	10129	1	0.0001		03月
上证50ETF	认沽期权	10129	1	0.0001		03月
上证50ETF	认沽期权	10129	1	0.0001		03月
上证50ETF	认沽期权	10129	1	0.0001		03月
上证50ETF	认沽期权	10129	1	0.0001		03月
上证50ETF	认沽期权	10129	1	0.0001		03月
沪深300ETF	认购期权	10156	1	0.0001		03月
沪深300ETF	认购期权	10156	1	0.0001		03月
沪深300ETF	认购期权	10156	1	0.0001		03月
沪深300ETF	认购期权	10156	1	0.0001		03月
沪深300ETF	认购期权	10156	1	0.0001		03月
沪深300ETF	认购期权	10156	1	0.0001		03月
沪深300ETF	认购期权	10156	1	0.0001		03月
沪深300ETF	认购期权	10156	1	0.0001		03月
沪深300ETF	认购期权	10156	1	0.0001		03月
沪深300ETF	认沽期权	10156	1	0.0001		03月
沪深300ETF	认沽期权	10156	1	0.0001		03月
沪深300ETF	认沽期权	10156	1	0.0001		03月
沪深300ETF	认沽期权	10156	1	0.0001		03月
沪深300ETF	认沽期权	10156	1	0.0001		03月
沪深300ETF	认沽期权	10156	1	0.0001		03月
沪深300ETF	认沽期权	10156	1	0.0001		03月
沪深300ETF	认沽期权	10156	1	0.0001		03月
沪深300ETF	认沽期权	10156	1	0.0001		03月
沪深300ETF	认购期权	10156	1	0.0001		03月
沪深300ETF	认沽期权	10156	1	0.0001		03月
沪深300ETF	认购期权	10156	1	0.0001		03月

数据来源：上海证券交易所、深圳证券交易所、中国金融期货交易所
Source: SSE、SZSE、CFFEX

5-29-1 续表 1 continued

合约标的物 Underlying Instrument	合约类型 Contracts Type	交易单位 Contract Size	报价单位 Quotation Unit	最小变动价位 Minimum Tick Size	涨跌停板幅度 Limit Up/Limit Down	合约月份 Contracts Months
沪深300ETF	认沽期权	10156	1	0.0001		03月
上证50ETF	认购期权	10129	1	0.0001		03月
上证50ETF	认沽期权	10129	1	0.0001		03月
上证50ETF	认购期权	10129	1	0.0001		03月
上证50ETF	认沽期权	10129	1	0.0001		03月
上证50ETF	认购期权	10129	1	0.0001		03月
上证50ETF	认沽期权	10129	1	0.0001		03月
上证50ETF	认购期权	10129	1	0.0001		06月
上证50ETF	认购期权	10129	1	0.0001		06月
上证50ETF	认购期权	10129	1	0.0001		06月
上证50ETF	认购期权	10129	1	0.0001		06月
上证50ETF	认购期权	10129	1	0.0001		06月
上证50ETF	认购期权	10129	1	0.0001		06月
上证50ETF	认购期权	10129	1	0.0001		06月
上证50ETF	认购期权	10129	1	0.0001		06月
上证50ETF	认购期权	10129	1	0.0001		06月
上证50ETF	认沽期权	10129	1	0.0001		06月
上证50ETF	认沽期权	10129	1	0.0001		06月
上证50ETF	认沽期权	10129	1	0.0001		06月
上证50ETF	认沽期权	10129	1	0.0001		06月
上证50ETF	认沽期权	10129	1	0.0001		06月
上证50ETF	认沽期权	10129	1	0.0001		06月
上证50ETF	认沽期权	10129	1	0.0001		06月
上证50ETF	认沽期权	10129	1	0.0001		06月
上证50ETF	认沽期权	10129	1	0.0001		06月
沪深300ETF	认购期权	10156	1	0.0001		06月
沪深300ETF	认购期权	10156	1	0.0001		06月
沪深300ETF	认购期权	10156	1	0.0001		06月
沪深300ETF	认购期权	10156	1	0.0001		06月
沪深300ETF	认购期权	10156	1	0.0001		06月
沪深300ETF	认购期权	10156	1	0.0001		06月
沪深300ETF	认购期权	10156	1	0.0001		06月
沪深300ETF	认购期权	10156	1	0.0001		06月
沪深300ETF	认购期权	10156	1	0.0001		06月
沪深300ETF	认沽期权	10156	1	0.0001		06月
沪深300ETF	认沽期权	10156	1	0.0001		06月
沪深300ETF	认沽期权	10156	1	0.0001		06月
沪深300ETF	认沽期权	10156	1	0.0001		06月
沪深300ETF	认沽期权	10156	1	0.0001		06月
沪深300ETF	认沽期权	10156	1	0.0001		06月
沪深300ETF	认沽期权	10156	1	0.0001		06月
沪深300ETF	认沽期权	10156	1	0.0001		06月
沪深300ETF	认沽期权	10156	1	0.0001		06月
沪深300ETF	认购期权	10156	1	0.0001		06月
沪深300ETF	认沽期权	10156	1	0.0001		06月

5-29-1 续表 2 continued

合约标的物 Underlying Instrument	合约类型 Contracts Type	交易单位 Contract Size	报价单位 Quotation Unit	最小变动价位 Minimum Tick Size	涨跌停板幅度 Limit Up/Limit Down	合约月份 Contracts Months
上证50ETF	认购期权	10129	1	0.0001		06月
上证50ETF	认沽期权	10129	1	0.0001		06月
上证50ETF	认购期权	10129	1	0.0001		01月
上证50ETF	认购期权	10129	1	0.0001		01月
上证50ETF	认购期权	10129	1	0.0001		01月
上证50ETF	认购期权	10129	1	0.0001		01月
上证50ETF	认购期权	10129	1	0.0001		01月
上证50ETF	认购期权	10129	1	0.0001		01月
上证50ETF	认购期权	10129	1	0.0001		01月
上证50ETF	认购期权	10129	1	0.0001		01月
上证50ETF	认购期权	10129	1	0.0001		01月
上证50ETF	认沽期权	10129	1	0.0001		01月
上证50ETF	认沽期权	10129	1	0.0001		01月
上证50ETF	认沽期权	10129	1	0.0001		01月
上证50ETF	认沽期权	10129	1	0.0001		01月
上证50ETF	认沽期权	10129	1	0.0001		01月
上证50ETF	认沽期权	10129	1	0.0001		01月
上证50ETF	认沽期权	10129	1	0.0001		01月
上证50ETF	认沽期权	10129	1	0.0001		01月
上证50ETF	认沽期权	10129	1	0.0001		01月
沪深300ETF	认购期权	10156	1	0.0001		01月
沪深300ETF	认购期权	10156	1	0.0001		01月
沪深300ETF	认购期权	10156	1	0.0001		01月
沪深300ETF	认购期权	10156	1	0.0001		01月
沪深300ETF	认购期权	10156	1	0.0001		01月
沪深300ETF	认购期权	10156	1	0.0001		01月
沪深300ETF	认购期权	10156	1	0.0001		01月
沪深300ETF	认购期权	10156	1	0.0001		01月
沪深300ETF	认购期权	10156	1	0.0001		01月
沪深300ETF	认沽期权	10156	1	0.0001		01月
沪深300ETF	认沽期权	10156	1	0.0001		01月
沪深300ETF	认沽期权	10156	1	0.0001		01月
沪深300ETF	认沽期权	10156	1	0.0001		01月
沪深300ETF	认沽期权	10156	1	0.0001		01月
沪深300ETF	认沽期权	10156	1	0.0001		01月
沪深300ETF	认沽期权	10156	1	0.0001		01月
沪深300ETF	认沽期权	10156	1	0.0001		01月
沪深300ETF	认沽期权	10156	1	0.0001		01月
沪深300ETF	认购期权	10156	1	0.0001		01月
沪深300ETF	认沽期权	10156	1	0.0001		01月
上证50ETF	认购期权	10000	1	0.0001		01月
上证50ETF	认购期权	10000	1	0.0001		01月
上证50ETF	认购期权	10000	1	0.0001		01月
上证50ETF	认购期权	10000	1	0.0001		01月
上证50ETF	认购期权	10000	1	0.0001		01月

5-29-1 续表 3 continued

合约标的物 Underlying Instrument	合约类型 Contracts Type	交易单位 Contract Size	报价单位 Quotation Unit	最小变动价位 Minimum Tick Size	涨跌停板幅度 Limit Up/Limit Down	合约月份 Contracts Months
上证50ETF	认购期权	10000	1	0.0001		01月
上证50ETF	认购期权	10000	1	0.0001		01月
上证50ETF	认购期权	10000	1	0.0001		01月
上证50ETF	认购期权	10000	1	0.0001		01月
上证50ETF	认沽期权	10000	1	0.0001		01月
上证50ETF	认沽期权	10000	1	0.0001		01月
上证50ETF	认沽期权	10000	1	0.0001		01月
上证50ETF	认沽期权	10000	1	0.0001		01月
上证50ETF	认沽期权	10000	1	0.0001		01月
上证50ETF	认沽期权	10000	1	0.0001		01月
上证50ETF	认沽期权	10000	1	0.0001		01月
上证50ETF	认沽期权	10000	1	0.0001		01月
上证50ETF	认沽期权	10000	1	0.0001		01月
上证50ETF	认购期权	10000	1	0.0001		03月
上证50ETF	认购期权	10000	1	0.0001		03月
上证50ETF	认购期权	10000	1	0.0001		03月
上证50ETF	认购期权	10000	1	0.0001		03月
上证50ETF	认购期权	10000	1	0.0001		03月
上证50ETF	认购期权	10000	1	0.0001		03月
上证50ETF	认购期权	10000	1	0.0001		03月
上证50ETF	认购期权	10000	1	0.0001		03月
上证50ETF	认购期权	10000	1	0.0001		03月
上证50ETF	认沽期权	10000	1	0.0001		03月
上证50ETF	认沽期权	10000	1	0.0001		03月
上证50ETF	认沽期权	10000	1	0.0001		03月
上证50ETF	认沽期权	10000	1	0.0001		03月
上证50ETF	认沽期权	10000	1	0.0001		03月
上证50ETF	认沽期权	10000	1	0.0001		03月
上证50ETF	认沽期权	10000	1	0.0001		03月
上证50ETF	认沽期权	10000	1	0.0001		03月
上证50ETF	认沽期权	10000	1	0.0001		03月
上证50ETF	认购期权	10000	1	0.0001		06月
上证50ETF	认购期权	10000	1	0.0001		06月
上证50ETF	认购期权	10000	1	0.0001		06月
上证50ETF	认购期权	10000	1	0.0001		06月
上证50ETF	认购期权	10000	1	0.0001		06月
上证50ETF	认购期权	10000	1	0.0001		06月
上证50ETF	认购期权	10000	1	0.0001		06月
上证50ETF	认购期权	10000	1	0.0001		06月
上证50ETF	认购期权	10000	1	0.0001		06月
上证50ETF	认沽期权	10000	1	0.0001		06月
上证50ETF	认沽期权	10000	1	0.0001		06月
上证50ETF	认沽期权	10000	1	0.0001		06月
上证50ETF	认沽期权	10000	1	0.0001		06月
上证50ETF	认沽期权	10000	1	0.0001		06月

5-29-1 续表 4 continued

合约标的物 Underlying Instrument	合约类型 Contracts Type	交易单位 Contract Size	报价单位 Quotation Unit	最小变动价位 Minimum Tick Size	涨跌停板幅度 Limit Up/Limit Down	合约月份 Contracts Months
上证50ETF	认沽期权	10000	1	0.0001		06月
上证50ETF	认沽期权	10000	1	0.0001		06月
上证50ETF	认沽期权	10000	1	0.0001		06月
上证50ETF	认沽期权	10000	1	0.0001		06月
上证50ETF	认购期权	10000	1	0.0001		01月
上证50ETF	认沽期权	10000	1	0.0001		01月
上证50ETF	认购期权	10000	1	0.0001		03月
上证50ETF	认沽期权	10000	1	0.0001		03月
上证50ETF	认购期权	10000	1	0.0001		06月
上证50ETF	认沽期权	10000	1	0.0001		06月
上证50ETF	认购期权	10000	1	0.0001		01月
上证50ETF	认沽期权	10000	1	0.0001		01月
上证50ETF	认购期权	10000	1	0.0001		03月
上证50ETF	认沽期权	10000	1	0.0001		03月
上证50ETF	认购期权	10000	1	0.0001		06月
上证50ETF	认沽期权	10000	1	0.0001		06月
沪深300ETF	认购期权	10156	1	0.0001		01月
沪深300ETF	认沽期权	10156	1	0.0001		01月
沪深300ETF	认购期权	10156	1	0.0001		03月
沪深300ETF	认沽期权	10156	1	0.0001		03月
沪深300ETF	认购期权	10156	1	0.0001		06月
沪深300ETF	认沽期权	10156	1	0.0001		06月
上证50ETF	认购期权	10000	1	0.0001		02月
上证50ETF	认购期权	10000	1	0.0001		02月
上证50ETF	认购期权	10000	1	0.0001		02月
上证50ETF	认购期权	10000	1	0.0001		02月
上证50ETF	认购期权	10000	1	0.0001		02月
上证50ETF	认购期权	10000	1	0.0001		02月
上证50ETF	认购期权	10000	1	0.0001		02月
上证50ETF	认购期权	10000	1	0.0001		02月
上证50ETF	认购期权	10000	1	0.0001		02月
上证50ETF	认沽期权	10000	1	0.0001		02月
上证50ETF	认沽期权	10000	1	0.0001		02月
上证50ETF	认沽期权	10000	1	0.0001		02月
上证50ETF	认沽期权	10000	1	0.0001		02月
上证50ETF	认沽期权	10000	1	0.0001		02月
上证50ETF	认沽期权	10000	1	0.0001		02月
上证50ETF	认沽期权	10000	1	0.0001		02月
上证50ETF	认沽期权	10000	1	0.0001		02月
上证50ETF	认沽期权	10000	1	0.0001		02月
沪深300ETF	认购期权	10156	1	0.0001		02月
沪深300ETF	认购期权	10156	1	0.0001		02月
沪深300ETF	认购期权	10156	1	0.0001		02月
沪深300ETF	认购期权	10156	1	0.0001		02月
沪深300ETF	认购期权	10156	1	0.0001		02月

5-29-1 续表 5 continued

合约标的物 Underlying Instrument	合约类型 Contracts Type	交易单位 Contract Size	报价单位 Quotation Unit	最小变动价位 Minimum Tick Size	涨跌停板幅度 Limit Up/Limit Down	合约月份 Contracts Months
沪深300ETF	认购期权	10156	1	0.0001		02月
沪深300ETF	认购期权	10156	1	0.0001		02月
沪深300ETF	认购期权	10156	1	0.0001		02月
沪深300ETF	认购期权	10156	1	0.0001		02月
沪深300ETF	认沽期权	10156	1	0.0001		02月
沪深300ETF	认沽期权	10156	1	0.0001		02月
沪深300ETF	认沽期权	10156	1	0.0001		02月
沪深300ETF	认沽期权	10156	1	0.0001		02月
沪深300ETF	认沽期权	10156	1	0.0001		02月
沪深300ETF	认沽期权	10156	1	0.0001		02月
沪深300ETF	认沽期权	10156	1	0.0001		02月
沪深300ETF	认沽期权	10156	1	0.0001		02月
沪深300ETF	认沽期权	10156	1	0.0001		02月
上证50ETF	认购期权	10000	1	0.0001		02月
上证50ETF	认沽期权	10000	1	0.0001		02月
沪深300ETF	认购期权	10156	1	0.0001		02月
沪深300ETF	认沽期权	10156	1	0.0001		02月
沪深300ETF	认购期权	10156	1	0.0001		01月
沪深300ETF	认沽期权	10156	1	0.0001		01月
沪深300ETF	认购期权	10156	1	0.0001		02月
沪深300ETF	认沽期权	10156	1	0.0001		02月
沪深300ETF	认购期权	10156	1	0.0001		06月
沪深300ETF	认沽期权	10156	1	0.0001		06月
上证50ETF	认购期权	10000	1	0.0001		01月
上证50ETF	认沽期权	10000	1	0.0001		01月
上证50ETF	认购期权	10000	1	0.0001		02月
上证50ETF	认沽期权	10000	1	0.0001		02月
上证50ETF	认购期权	10000	1	0.0001		03月
上证50ETF	认沽期权	10000	1	0.0001		03月
上证50ETF	认购期权	10000	1	0.0001		06月
上证50ETF	认沽期权	10000	1	0.0001		06月
沪深300ETF	认购期权	10000	1	0.0001		01月
沪深300ETF	认购期权	10000	1	0.0001		01月
沪深300ETF	认购期权	10000	1	0.0001		01月
沪深300ETF	认购期权	10000	1	0.0001		01月
沪深300ETF	认购期权	10000	1	0.0001		01月
沪深300ETF	认购期权	10000	1	0.0001		01月
沪深300ETF	认购期权	10000	1	0.0001		01月
沪深300ETF	认购期权	10000	1	0.0001		01月
沪深300ETF	认购期权	10000	1	0.0001		01月
沪深300ETF	认沽期权	10000	1	0.0001		01月
沪深300ETF	认沽期权	10000	1	0.0001		01月
沪深300ETF	认沽期权	10000	1	0.0001		01月
沪深300ETF	认沽期权	10000	1	0.0001		01月
沪深300ETF	认沽期权	10000	1	0.0001		01月

5-29-1 续表 6 continued

合约标的物 Underlying Instrument	合约类型 Contracts Type	交易单位 Contract Size	报价单位 Quotation Unit	最小变动价位 Minimum Tick Size	涨跌停板幅度 Limit Up/Limit Down	合约月份 Contracts Months
沪深300ETF	认沽期权	10000	1	0.0001		01月
沪深300ETF	认沽期权	10000	1	0.0001		01月
沪深300ETF	认沽期权	10000	1	0.0001		01月
沪深300ETF	认沽期权	10000	1	0.0001		01月
沪深300ETF	认购期权	10000	1	0.0001		02月
沪深300ETF	认购期权	10000	1	0.0001		02月
沪深300ETF	认购期权	10000	1	0.0001		02月
沪深300ETF	认购期权	10000	1	0.0001		02月
沪深300ETF	认购期权	10000	1	0.0001		02月
沪深300ETF	认购期权	10000	1	0.0001		02月
沪深300ETF	认购期权	10000	1	0.0001		02月
沪深300ETF	认购期权	10000	1	0.0001		02月
沪深300ETF	认购期权	10000	1	0.0001		02月
沪深300ETF	认沽期权	10000	1	0.0001		02月
沪深300ETF	认沽期权	10000	1	0.0001		02月
沪深300ETF	认沽期权	10000	1	0.0001		02月
沪深300ETF	认沽期权	10000	1	0.0001		02月
沪深300ETF	认沽期权	10000	1	0.0001		02月
沪深300ETF	认沽期权	10000	1	0.0001		02月
沪深300ETF	认沽期权	10000	1	0.0001		02月
沪深300ETF	认沽期权	10000	1	0.0001		02月
沪深300ETF	认沽期权	10000	1	0.0001		02月
沪深300ETF	认购期权	10000	1	0.0001		03月
沪深300ETF	认购期权	10000	1	0.0001		03月
沪深300ETF	认购期权	10000	1	0.0001		03月
沪深300ETF	认购期权	10000	1	0.0001		03月
沪深300ETF	认购期权	10000	1	0.0001		03月
沪深300ETF	认购期权	10000	1	0.0001		03月
沪深300ETF	认购期权	10000	1	0.0001		03月
沪深300ETF	认购期权	10000	1	0.0001		03月
沪深300ETF	认购期权	10000	1	0.0001		03月
沪深300ETF	认沽期权	10000	1	0.0001		03月
沪深300ETF	认沽期权	10000	1	0.0001		03月
沪深300ETF	认沽期权	10000	1	0.0001		03月
沪深300ETF	认沽期权	10000	1	0.0001		03月
沪深300ETF	认沽期权	10000	1	0.0001		03月
沪深300ETF	认沽期权	10000	1	0.0001		03月
沪深300ETF	认沽期权	10000	1	0.0001		03月
沪深300ETF	认沽期权	10000	1	0.0001		03月
沪深300ETF	认沽期权	10000	1	0.0001		03月
沪深300ETF	认购期权	10000	1	0.0001		06月
沪深300ETF	认购期权	10000	1	0.0001		06月
沪深300ETF	认购期权	10000	1	0.0001		06月
沪深300ETF	认购期权	10000	1	0.0001		06月
沪深300ETF	认购期权	10000	1	0.0001		06月

5-29-1 续表 7 continued

合约标的物 Underlying Instrument	合约类型 Contracts Type	交易单位 Contract Size	报价单位 Quotation Unit	最小变动价位 Minimum Tick Size	涨跌停板幅度 Limit Up/Limit Down	合约月份 Contracts Months
沪深300ETF	认购期权	10000	1	0.0001		06月
沪深300ETF	认购期权	10000	1	0.0001		06月
沪深300ETF	认购期权	10000	1	0.0001		06月
沪深300ETF	认购期权	10000	1	0.0001		06月
沪深300ETF	认沽期权	10000	1	0.0001		06月
沪深300ETF	认沽期权	10000	1	0.0001		06月
沪深300ETF	认沽期权	10000	1	0.0001		06月
沪深300ETF	认沽期权	10000	1	0.0001		06月
沪深300ETF	认沽期权	10000	1	0.0001		06月
沪深300ETF	认沽期权	10000	1	0.0001		06月
沪深300ETF	认沽期权	10000	1	0.0001		06月
沪深300ETF	认沽期权	10000	1	0.0001		06月
沪深300ETF	认沽期权	10000	1	0.0001		06月
沪深300ETF	认购期权	10000	1	0.0001		01月
沪深300ETF	认沽期权	10000	1	0.0001		01月
沪深300ETF	认购期权	10000	1	0.0001		02月
沪深300ETF	认沽期权	10000	1	0.0001		02月
沪深300ETF	认购期权	10000	1	0.0001		03月
沪深300ETF	认沽期权	10000	1	0.0001		03月
沪深300ETF	认购期权	10000	1	0.0001		06月
沪深300ETF	认沽期权	10000	1	0.0001		06月
上证50ETF	认购期权	10000	1	0.0001		09月
上证50ETF	认购期权	10000	1	0.0001		09月
上证50ETF	认购期权	10000	1	0.0001		09月
上证50ETF	认购期权	10000	1	0.0001		09月
上证50ETF	认购期权	10000	1	0.0001		09月
上证50ETF	认购期权	10000	1	0.0001		09月
上证50ETF	认购期权	10000	1	0.0001		09月
上证50ETF	认购期权	10000	1	0.0001		09月
上证50ETF	认购期权	10000	1	0.0001		09月
上证50ETF	认沽期权	10000	1	0.0001		09月
上证50ETF	认沽期权	10000	1	0.0001		09月
上证50ETF	认沽期权	10000	1	0.0001		09月
上证50ETF	认沽期权	10000	1	0.0001		09月
上证50ETF	认沽期权	10000	1	0.0001		09月
上证50ETF	认沽期权	10000	1	0.0001		09月
上证50ETF	认沽期权	10000	1	0.0001		09月
上证50ETF	认沽期权	10000	1	0.0001		09月
上证50ETF	认沽期权	10000	1	0.0001		09月
沪深300ETF	认购期权	10000	1	0.0001		09月
沪深300ETF	认购期权	10000	1	0.0001		09月
沪深300ETF	认购期权	10000	1	0.0001		09月
沪深300ETF	认购期权	10000	1	0.0001		09月
沪深300ETF	认购期权	10000	1	0.0001		09月
沪深300ETF	认购期权	10000	1	0.0001		09月

5-29-1 续表 8 continued

合约标的物 Underlying Instrument	合约类型 Contracts Type	交易单位 Contract Size	报价单位 Quotation Unit	最小变动价位 Minimum Tick Size	涨跌停板幅度 Limit Up/Limit Down	合约月份 Contracts Months
沪深300ETF	认购期权	10000	1	0.0001		09月
沪深300ETF	认购期权	10000	1	0.0001		09月
沪深300ETF	认购期权	10000	1	0.0001		09月
沪深300ETF	认沽期权	10000	1	0.0001		09月
沪深300ETF	认沽期权	10000	1	0.0001		09月
沪深300ETF	认沽期权	10000	1	0.0001		09月
沪深300ETF	认沽期权	10000	1	0.0001		09月
沪深300ETF	认沽期权	10000	1	0.0001		09月
沪深300ETF	认沽期权	10000	1	0.0001		09月
沪深300ETF	认沽期权	10000	1	0.0001		09月
沪深300ETF	认沽期权	10000	1	0.0001		09月
沪深300ETF	认沽期权	10000	1	0.0001		09月
沪深300ETF	认购期权	10000	1	0.0001		02月
沪深300ETF	认沽期权	10000	1	0.0001		02月
沪深300ETF	认购期权	10000	1	0.0001		03月
沪深300ETF	认沽期权	10000	1	0.0001		03月
沪深300ETF	认购期权	10000	1	0.0001		06月
沪深300ETF	认沽期权	10000	1	0.0001		06月
沪深300ETF	认购期权	10000	1	0.0001		09月
沪深300ETF	认沽期权	10000	1	0.0001		09月
上证50ETF	认购期权	10000	1	0.0001		02月
上证50ETF	认沽期权	10000	1	0.0001		02月
上证50ETF	认购期权	10000	1	0.0001		03月
上证50ETF	认沽期权	10000	1	0.0001		03月
上证50ETF	认购期权	10000	1	0.0001		06月
上证50ETF	认沽期权	10000	1	0.0001		06月
上证50ETF	认购期权	10000	1	0.0001		09月
上证50ETF	认沽期权	10000	1	0.0001		09月
沪深300ETF	认购期权	10000	1	0.0001		02月
沪深300ETF	认沽期权	10000	1	0.0001		02月
沪深300ETF	认购期权	10000	1	0.0001		03月
沪深300ETF	认沽期权	10000	1	0.0001		03月
沪深300ETF	认购期权	10000	1	0.0001		06月
沪深300ETF	认沽期权	10000	1	0.0001		06月
沪深300ETF	认购期权	10000	1	0.0001		09月
沪深300ETF	认沽期权	10000	1	0.0001		09月
上证50ETF	认购期权	10000	1	0.0001		04月
上证50ETF	认购期权	10000	1	0.0001		04月
上证50ETF	认购期权	10000	1	0.0001		04月
上证50ETF	认购期权	10000	1	0.0001		04月
上证50ETF	认购期权	10000	1	0.0001		04月
上证50ETF	认购期权	10000	1	0.0001		04月
上证50ETF	认购期权	10000	1	0.0001		04月
上证50ETF	认购期权	10000	1	0.0001		04月

5-29-1 续表 9 continued

合约标的物 Underlying Instrument	合约类型 Contracts Type	交易单位 Contract Size	报价单位 Quotation Unit	最小变动价位 Minimum Tick Size	涨跌停板幅度 Limit Up/Limit Down	合约月份 Contracts Months
上证50ETF	认购期权	10000	1	0.0001		04月
上证50ETF	认沽期权	10000	1	0.0001		04月
上证50ETF	认沽期权	10000	1	0.0001		04月
上证50ETF	认沽期权	10000	1	0.0001		04月
上证50ETF	认沽期权	10000	1	0.0001		04月
上证50ETF	认沽期权	10000	1	0.0001		04月
上证50ETF	认沽期权	10000	1	0.0001		04月
上证50ETF	认沽期权	10000	1	0.0001		04月
上证50ETF	认沽期权	10000	1	0.0001		04月
上证50ETF	认沽期权	10000	1	0.0001		04月
沪深300ETF	认购期权	10000	1	0.0001		04月
沪深300ETF	认购期权	10000	1	0.0001		04月
沪深300ETF	认购期权	10000	1	0.0001		04月
沪深300ETF	认购期权	10000	1	0.0001		04月
沪深300ETF	认购期权	10000	1	0.0001		04月
沪深300ETF	认购期权	10000	1	0.0001		04月
沪深300ETF	认购期权	10000	1	0.0001		04月
沪深300ETF	认购期权	10000	1	0.0001		04月
沪深300ETF	认购期权	10000	1	0.0001		04月
沪深300ETF	认沽期权	10000	1	0.0001		04月
沪深300ETF	认沽期权	10000	1	0.0001		04月
沪深300ETF	认沽期权	10000	1	0.0001		04月
沪深300ETF	认沽期权	10000	1	0.0001		04月
沪深300ETF	认沽期权	10000	1	0.0001		04月
沪深300ETF	认沽期权	10000	1	0.0001		04月
沪深300ETF	认沽期权	10000	1	0.0001		04月
沪深300ETF	认沽期权	10000	1	0.0001		04月
沪深300ETF	认沽期权	10000	1	0.0001		04月
上证50ETF	认购期权	10000	1	0.0001		04月
上证50ETF	认沽期权	10000	1	0.0001		04月
沪深300ETF	认购期权	10000	1	0.0001		04月
沪深300ETF	认沽期权	10000	1	0.0001		04月
上证50ETF	认购期权	10000	1	0.0001		03月
上证50ETF	认沽期权	10000	1	0.0001		03月
上证50ETF	认购期权	10000	1	0.0001		04月
上证50ETF	认沽期权	10000	1	0.0001		04月
上证50ETF	认购期权	10000	1	0.0001		06月
上证50ETF	认沽期权	10000	1	0.0001		06月
上证50ETF	认购期权	10000	1	0.0001		09月
上证50ETF	认沽期权	10000	1	0.0001		09月
沪深300ETF	认购期权	10000	1	0.0001		03月
沪深300ETF	认购期权	10000	1	0.0001		03月
沪深300ETF	认沽期权	10000	1	0.0001		03月
沪深300ETF	认沽期权	10000	1	0.0001		03月

5-29-1 续表 10 continued

合约标的物 Underlying Instrument	合约类型 Contracts Type	交易单位 Contract Size	报价单位 Quotation Unit	最小变动价位 Minimum Tick Size	涨跌停板幅度 Limit Up/Limit Down	合约月份 Contracts Months
沪深300ETF	认购期权	10000	1	0.0001		04月
沪深300ETF	认购期权	10000	1	0.0001		04月
沪深300ETF	认沽期权	10000	1	0.0001		04月
沪深300ETF	认沽期权	10000	1	0.0001		04月
沪深300ETF	认购期权	10000	1	0.0001		06月
沪深300ETF	认购期权	10000	1	0.0001		06月
沪深300ETF	认沽期权	10000	1	0.0001		06月
沪深300ETF	认沽期权	10000	1	0.0001		06月
沪深300ETF	认购期权	10000	1	0.0001		09月
沪深300ETF	认购期权	10000	1	0.0001		09月
沪深300ETF	认沽期权	10000	1	0.0001		09月
沪深300ETF	认沽期权	10000	1	0.0001		09月
上证50ETF	认购期权	10000	1	0.0001		03月
上证50ETF	认沽期权	10000	1	0.0001		03月
上证50ETF	认购期权	10000	1	0.0001		04月
上证50ETF	认沽期权	10000	1	0.0001		04月
上证50ETF	认购期权	10000	1	0.0001		06月
上证50ETF	认沽期权	10000	1	0.0001		06月
上证50ETF	认购期权	10000	1	0.0001		09月
上证50ETF	认沽期权	10000	1	0.0001		09月
沪深300ETF	认购期权	10000	1	0.0001		03月
沪深300ETF	认沽期权	10000	1	0.0001		03月
沪深300ETF	认购期权	10000	1	0.0001		04月
沪深300ETF	认沽期权	10000	1	0.0001		04月
沪深300ETF	认购期权	10000	1	0.0001		06月
沪深300ETF	认沽期权	10000	1	0.0001		06月
沪深300ETF	认购期权	10000	1	0.0001		09月
沪深300ETF	认沽期权	10000	1	0.0001		09月
上证50ETF	认购期权	10000	1	0.0001		03月
上证50ETF	认沽期权	10000	1	0.0001		03月
上证50ETF	认购期权	10000	1	0.0001		04月
上证50ETF	认沽期权	10000	1	0.0001		04月
上证50ETF	认购期权	10000	1	0.0001		06月
上证50ETF	认沽期权	10000	1	0.0001		06月
上证50ETF	认购期权	10000	1	0.0001		09月
上证50ETF	认沽期权	10000	1	0.0001		09月
上证50ETF	认购期权	10000	1	0.0001		03月
上证50ETF	认购期权	10000	1	0.0001		03月
上证50ETF	认购期权	10000	1	0.0001		03月
上证50ETF	认沽期权	10000	1	0.0001		03月
上证50ETF	认沽期权	10000	1	0.0001		03月
上证50ETF	认沽期权	10000	1	0.0001		03月
上证50ETF	认购期权	10000	1	0.0001		04月
上证50ETF	认购期权	10000	1	0.0001		04月

5-29-1 续表 11 continued

合约标的物 Underlying Instrument	合约类型 Contracts Type	交易单位 Contract Size	报价单位 Quotation Unit	最小变动价位 Minimum Tick Size	涨跌停板幅度 Limit Up/Limit Down	合约月份 Contracts Months
上证50ETF	认购期权	10000	1	0.0001		04月
上证50ETF	认沽期权	10000	1	0.0001		04月
上证50ETF	认沽期权	10000	1	0.0001		04月
上证50ETF	认沽期权	10000	1	0.0001		04月
上证50ETF	认购期权	10000	1	0.0001		06月
上证50ETF	认购期权	10000	1	0.0001		06月
上证50ETF	认购期权	10000	1	0.0001		06月
上证50ETF	认沽期权	10000	1	0.0001		06月
上证50ETF	认沽期权	10000	1	0.0001		06月
上证50ETF	认沽期权	10000	1	0.0001		06月
上证50ETF	认购期权	10000	1	0.0001		09月
上证50ETF	认购期权	10000	1	0.0001		09月
上证50ETF	认购期权	10000	1	0.0001		09月
上证50ETF	认沽期权	10000	1	0.0001		09月
上证50ETF	认沽期权	10000	1	0.0001		09月
上证50ETF	认沽期权	10000	1	0.0001		09月
沪深300ETF	认购期权	10000	1	0.0001		03月
沪深300ETF	认购期权	10000	1	0.0001		03月
沪深300ETF	认沽期权	10000	1	0.0001		03月
沪深300ETF	认沽期权	10000	1	0.0001		03月
沪深300ETF	认购期权	10000	1	0.0001		04月
沪深300ETF	认购期权	10000	1	0.0001		04月
沪深300ETF	认沽期权	10000	1	0.0001		04月
沪深300ETF	认沽期权	10000	1	0.0001		04月
沪深300ETF	认购期权	10000	1	0.0001		06月
沪深300ETF	认购期权	10000	1	0.0001		06月
沪深300ETF	认沽期权	10000	1	0.0001		06月
沪深300ETF	认沽期权	10000	1	0.0001		06月
沪深300ETF	认购期权	10000	1	0.0001		09月
沪深300ETF	认购期权	10000	1	0.0001		09月
沪深300ETF	认沽期权	10000	1	0.0001		09月
沪深300ETF	认沽期权	10000	1	0.0001		09月
上证50ETF	认购期权	10000	1	0.0001		05月
上证50ETF	认购期权	10000	1	0.0001		05月
上证50ETF	认购期权	10000	1	0.0001		05月
上证50ETF	认购期权	10000	1	0.0001		05月
上证50ETF	认购期权	10000	1	0.0001		05月
上证50ETF	认购期权	10000	1	0.0001		05月
上证50ETF	认购期权	10000	1	0.0001		05月
上证50ETF	认购期权	10000	1	0.0001		05月
上证50ETF	认购期权	10000	1	0.0001		05月
上证50ETF	认沽期权	10000	1	0.0001		05月
上证50ETF	认沽期权	10000	1	0.0001		05月
上证50ETF	认沽期权	10000	1	0.0001		05月

5-29-1 续表 12 continued

合约标的物 Underlying Instrument	合约类型 Contracts Type	交易单位 Contract Size	报价单位 Quotation Unit	最小变动价位 Minimum Tick Size	涨跌停板幅度 Limit Up/Limit Down	合约月份 Contracts Months
上证50ETF	认沽期权	10000	1	0.0001		05月
上证50ETF	认沽期权	10000	1	0.0001		05月
上证50ETF	认沽期权	10000	1	0.0001		05月
上证50ETF	认沽期权	10000	1	0.0001		05月
上证50ETF	认沽期权	10000	1	0.0001		05月
上证50ETF	认沽期权	10000	1	0.0001		05月
沪深300ETF	认购期权	10000	1	0.0001		05月
沪深300ETF	认购期权	10000	1	0.0001		05月
沪深300ETF	认购期权	10000	1	0.0001		05月
沪深300ETF	认购期权	10000	1	0.0001		05月
沪深300ETF	认购期权	10000	1	0.0001		05月
沪深300ETF	认购期权	10000	1	0.0001		05月
沪深300ETF	认购期权	10000	1	0.0001		05月
沪深300ETF	认购期权	10000	1	0.0001		05月
沪深300ETF	认购期权	10000	1	0.0001		05月
沪深300ETF	认沽期权	10000	1	0.0001		05月
沪深300ETF	认沽期权	10000	1	0.0001		05月
沪深300ETF	认沽期权	10000	1	0.0001		05月
沪深300ETF	认沽期权	10000	1	0.0001		05月
沪深300ETF	认沽期权	10000	1	0.0001		05月
沪深300ETF	认沽期权	10000	1	0.0001		05月
沪深300ETF	认沽期权	10000	1	0.0001		05月
沪深300ETF	认沽期权	10000	1	0.0001		05月
沪深300ETF	认沽期权	10000	1	0.0001		05月
沪深300ETF	认购期权	10000	1	0.0001		05月
沪深300ETF	认沽期权	10000	1	0.0001		05月
上证50ETF	认购期权	10000	1	0.0001		05月
上证50ETF	认沽期权	10000	1	0.0001		05月
沪深300ETF	认购期权	10000	1	0.0001		05月
沪深300ETF	认沽期权	10000	1	0.0001		05月
上证50ETF	认购期权	10000	1	0.0001		05月
上证50ETF	认沽期权	10000	1	0.0001		05月
沪深300ETF	认购期权	10000	1	0.0001		05月
沪深300ETF	认沽期权	10000	1	0.0001		05月
上证50ETF	认购期权	10000	1	0.0001		04月
上证50ETF	认沽期权	10000	1	0.0001		04月
上证50ETF	认购期权	10000	1	0.0001		05月
上证50ETF	认购期权	10000	1	0.0001		05月
上证50ETF	认购期权	10000	1	0.0001		05月
上证50ETF	认沽期权	10000	1	0.0001		05月
上证50ETF	认沽期权	10000	1	0.0001		05月
上证50ETF	认沽期权	10000	1	0.0001		05月
上证50ETF	认购期权	10000	1	0.0001		06月
上证50ETF	认沽期权	10000	1	0.0001		06月

5-29-1　续表 13　continued

合约标的物 Underlying Instrument	合约类型 Contracts Type	交易单位 Contract Size	报价单位 Quotation Unit	最小变动价位 Minimum Tick Size	涨跌停板幅度 Limit Up/Limit Down	合约月份 Contracts Months
上证50ETF	认购期权	10000	1	0.0001		09月
上证50ETF	认沽期权	10000	1	0.0001		09月
沪深300ETF	认购期权	10000	1	0.0001		04月
沪深300ETF	认购期权	10000	1	0.0001		04月
沪深300ETF	认沽期权	10000	1	0.0001		04月
沪深300ETF	认沽期权	10000	1	0.0001		04月
沪深300ETF	认购期权	10000	1	0.0001		05月
沪深300ETF	认购期权	10000	1	0.0001		05月
沪深300ETF	认沽期权	10000	1	0.0001		05月
沪深300ETF	认沽期权	10000	1	0.0001		05月
沪深300ETF	认购期权	10000	1	0.0001		06月
沪深300ETF	认购期权	10000	1	0.0001		06月
沪深300ETF	认沽期权	10000	1	0.0001		06月
沪深300ETF	认沽期权	10000	1	0.0001		06月
沪深300ETF	认购期权	10000	1	0.0001		09月
沪深300ETF	认购期权	10000	1	0.0001		09月
沪深300ETF	认沽期权	10000	1	0.0001		09月
沪深300ETF	认沽期权	10000	1	0.0001		09月
上证50ETF	认购期权	10142	1	0.0001		12月
上证50ETF	认购期权	10142	1	0.0001		12月
上证50ETF	认购期权	10142	1	0.0001		12月
上证50ETF	认购期权	10142	1	0.0001		12月
上证50ETF	认购期权	10142	1	0.0001		12月
上证50ETF	认购期权	10142	1	0.0001		12月
上证50ETF	认购期权	10142	1	0.0001		12月
上证50ETF	认购期权	10142	1	0.0001		12月
上证50ETF	认购期权	10142	1	0.0001		12月
上证50ETF	认沽期权	10142	1	0.0001		12月
上证50ETF	认沽期权	10142	1	0.0001		12月
上证50ETF	认沽期权	10142	1	0.0001		12月
上证50ETF	认沽期权	10142	1	0.0001		12月
上证50ETF	认沽期权	10142	1	0.0001		12月
上证50ETF	认沽期权	10142	1	0.0001		12月
上证50ETF	认沽期权	10142	1	0.0001		12月
上证50ETF	认沽期权	10142	1	0.0001		12月
上证50ETF	认沽期权	10142	1	0.0001		12月
沪深300ETF	认购期权	10000	1	0.0001		12月
沪深300ETF	认购期权	10000	1	0.0001		12月
沪深300ETF	认购期权	10000	1	0.0001		12月
沪深300ETF	认购期权	10000	1	0.0001		12月
沪深300ETF	认购期权	10000	1	0.0001		12月
沪深300ETF	认购期权	10000	1	0.0001		12月
沪深300ETF	认购期权	10000	1	0.0001		12月
沪深300ETF	认购期权	10000	1	0.0001		12月

5-29-1 续表 14 continued

合约标的物 Underlying Instrument	合约类型 Contracts Type	交易单位 Contract Size	报价单位 Quotation Unit	最小变动价位 Minimum Tick Size	涨跌停板幅度 Limit Up/Limit Down	合约月份 Contracts Months
沪深300ETF	认购期权	10000	1	0.0001		12月
沪深300ETF	认沽期权	10000	1	0.0001		12月
沪深300ETF	认沽期权	10000	1	0.0001		12月
沪深300ETF	认沽期权	10000	1	0.0001		12月
沪深300ETF	认沽期权	10000	1	0.0001		12月
沪深300ETF	认沽期权	10000	1	0.0001		12月
沪深300ETF	认沽期权	10000	1	0.0001		12月
沪深300ETF	认沽期权	10000	1	0.0001		12月
沪深300ETF	认沽期权	10000	1	0.0001		12月
沪深300ETF	认沽期权	10000	1	0.0001		12月
上证50ETF	认购期权	10142	1	0.0001		12月
上证50ETF	认沽期权	10142	1	0.0001		12月
上证50ETF	认购期权	10142	1	0.0001		12月
上证50ETF	认沽期权	10142	1	0.0001		12月
沪深300ETF	认购期权	10000	1	0.0001		12月
沪深300ETF	认沽期权	10000	1	0.0001		12月
沪深300ETF	认购期权	10000	1	0.0001		12月
沪深300ETF	认沽期权	10000	1	0.0001		12月
上证50ETF	认购期权	10000	1	0.0001		07月
上证50ETF	认购期权	10000	1	0.0001		07月
上证50ETF	认购期权	10000	1	0.0001		07月
上证50ETF	认购期权	10000	1	0.0001		07月
上证50ETF	认购期权	10000	1	0.0001		07月
上证50ETF	认购期权	10000	1	0.0001		07月
上证50ETF	认购期权	10000	1	0.0001		07月
上证50ETF	认购期权	10000	1	0.0001		07月
上证50ETF	认购期权	10000	1	0.0001		07月
上证50ETF	认沽期权	10000	1	0.0001		07月
上证50ETF	认沽期权	10000	1	0.0001		07月
上证50ETF	认沽期权	10000	1	0.0001		07月
上证50ETF	认沽期权	10000	1	0.0001		07月
上证50ETF	认沽期权	10000	1	0.0001		07月
上证50ETF	认沽期权	10000	1	0.0001		07月
上证50ETF	认沽期权	10000	1	0.0001		07月
上证50ETF	认沽期权	10000	1	0.0001		07月
上证50ETF	认沽期权	10000	1	0.0001		07月
沪深300ETF	认购期权	10000	1	0.0001		07月
沪深300ETF	认购期权	10000	1	0.0001		07月
沪深300ETF	认购期权	10000	1	0.0001		07月
沪深300ETF	认购期权	10000	1	0.0001		07月
沪深300ETF	认购期权	10000	1	0.0001		07月
沪深300ETF	认购期权	10000	1	0.0001		07月
沪深300ETF	认购期权	10000	1	0.0001		07月
沪深300ETF	认购期权	10000	1	0.0001		07月

5-29-1 续表 15 continued

合约标的物 Underlying Instrument	合约类型 Contracts Type	交易单位 Contract Size	报价单位 Quotation Unit	最小变动价位 Minimum Tick Size	涨跌停板幅度 Limit Up/Limit Down	合约月份 Contracts Months
沪深300ETF	认购期权	10000	1	0.0001		07月
沪深300ETF	认沽期权	10000	1	0.0001		07月
沪深300ETF	认沽期权	10000	1	0.0001		07月
沪深300ETF	认沽期权	10000	1	0.0001		07月
沪深300ETF	认沽期权	10000	1	0.0001		07月
沪深300ETF	认沽期权	10000	1	0.0001		07月
沪深300ETF	认沽期权	10000	1	0.0001		07月
沪深300ETF	认沽期权	10000	1	0.0001		07月
沪深300ETF	认沽期权	10000	1	0.0001		07月
沪深300ETF	认沽期权	10000	1	0.0001		07月
上证50ETF	认购期权	10000	1	0.0001		07月
上证50ETF	认沽期权	10000	1	0.0001		07月
沪深300ETF	认购期权	10000	1	0.0001		07月
沪深300ETF	认沽期权	10000	1	0.0001		07月
沪深300ETF	认购期权	10000	1	0.0001		07月
沪深300ETF	认沽期权	10000	1	0.0001		07月
沪深300ETF	认购期权	10000	1	0.0001		12月
沪深300ETF	认沽期权	10000	1	0.0001		12月
上证50ETF	认购期权	10000	1	0.0001		07月
上证50ETF	认沽期权	10000	1	0.0001		07月
上证50ETF	认购期权	10142	1	0.0001		12月
上证50ETF	认沽期权	10142	1	0.0001		12月
上证50ETF	认购期权	10000	1	0.0001		07月
上证50ETF	认沽期权	10000	1	0.0001		07月
上证50ETF	认购期权	10142	1	0.0001		12月
上证50ETF	认沽期权	10142	1	0.0001		12月
沪深300ETF	认购期权	10000	1	0.0001		07月
沪深300ETF	认沽期权	10000	1	0.0001		07月
沪深300ETF	认购期权	10000	1	0.0001		12月
沪深300ETF	认沽期权	10000	1	0.0001		12月
上证50ETF	认购期权	10000	1	0.0001		07月
上证50ETF	认沽期权	10000	1	0.0001		07月
上证50ETF	认购期权	10142	1	0.0001		12月
上证50ETF	认沽期权	10142	1	0.0001		12月
上证50ETF	认购期权	10000	1	0.0001		08月
上证50ETF	认购期权	10000	1	0.0001		08月
上证50ETF	认购期权	10000	1	0.0001		08月
上证50ETF	认购期权	10000	1	0.0001		08月
上证50ETF	认购期权	10000	1	0.0001		08月
上证50ETF	认购期权	10000	1	0.0001		08月
上证50ETF	认购期权	10000	1	0.0001		08月
上证50ETF	认购期权	10000	1	0.0001		08月
上证50ETF	认购期权	10000	1	0.0001		08月
上证50ETF	认沽期权	10000	1	0.0001		08月

5-29-1 续表 16 continued

合约标的物 Underlying Instrument	合约类型 Contracts Type	交易单位 Contract Size	报价单位 Quotation Unit	最小变动价位 Minimum Tick Size	涨跌停板幅度 Limit Up/Limit Down	合约月份 Contracts Months
上证50ETF	认沽期权	10000	1	0.0001		08月
上证50ETF	认沽期权	10000	1	0.0001		08月
上证50ETF	认沽期权	10000	1	0.0001		08月
上证50ETF	认沽期权	10000	1	0.0001		08月
上证50ETF	认沽期权	10000	1	0.0001		08月
上证50ETF	认沽期权	10000	1	0.0001		08月
上证50ETF	认沽期权	10000	1	0.0001		08月
上证50ETF	认沽期权	10000	1	0.0001		08月
沪深300ETF	认购期权	10000	1	0.0001		08月
沪深300ETF	认购期权	10000	1	0.0001		08月
沪深300ETF	认购期权	10000	1	0.0001		08月
沪深300ETF	认购期权	10000	1	0.0001		08月
沪深300ETF	认购期权	10000	1	0.0001		08月
沪深300ETF	认购期权	10000	1	0.0001		08月
沪深300ETF	认购期权	10000	1	0.0001		08月
沪深300ETF	认购期权	10000	1	0.0001		08月
沪深300ETF	认购期权	10000	1	0.0001		08月
沪深300ETF	认沽期权	10000	1	0.0001		08月
沪深300ETF	认沽期权	10000	1	0.0001		08月
沪深300ETF	认沽期权	10000	1	0.0001		08月
沪深300ETF	认沽期权	10000	1	0.0001		08月
沪深300ETF	认沽期权	10000	1	0.0001		08月
沪深300ETF	认沽期权	10000	1	0.0001		08月
沪深300ETF	认沽期权	10000	1	0.0001		08月
沪深300ETF	认沽期权	10000	1	0.0001		08月
沪深300ETF	认沽期权	10000	1	0.0001		08月
上证50ETF	认购期权	10000	1	0.0001		08月
上证50ETF	认沽期权	10000	1	0.0001		08月
沪深300ETF	认购期权	10000	1	0.0001		07月
沪深300ETF	认沽期权	10000	1	0.0001		07月
沪深300ETF	认购期权	10000	1	0.0001		08月
沪深300ETF	认沽期权	10000	1	0.0001		08月
沪深300ETF	认购期权	10000	1	0.0001		12月
沪深300ETF	认沽期权	10000	1	0.0001		12月
上证50ETF	认购期权	10000	1	0.0001		07月
上证50ETF	认沽期权	10000	1	0.0001		07月
上证50ETF	认购期权	10000	1	0.0001		08月
上证50ETF	认沽期权	10000	1	0.0001		08月
上证50ETF	认购期权	10142	1	0.0001		12月
上证50ETF	认沽期权	10142	1	0.0001		12月
沪深300ETF	认购期权	10000	1	0.0001		07月
沪深300ETF	认沽期权	10000	1	0.0001		07月
沪深300ETF	认购期权	10000	1	0.0001		08月
沪深300ETF	认沽期权	10000	1	0.0001		08月

5-29-1 续表 17 continued

合约标的物 Underlying Instrument	合约类型 Contracts Type	交易单位 Contract Size	报价单位 Quotation Unit	最小变动价位 Minimum Tick Size	涨跌停板幅度 Limit Up/Limit Down	合约月份 Contracts Months
沪深300ETF	认购期权	10000	1	0.0001		12月
沪深300ETF	认沽期权	10000	1	0.0001		12月
上证50ETF	认购期权	10000	1	0.0001		07月
上证50ETF	认沽期权	10000	1	0.0001		07月
上证50ETF	认购期权	10000	1	0.0001		08月
上证50ETF	认沽期权	10000	1	0.0001		08月
上证50ETF	认购期权	10142	1	0.0001		12月
上证50ETF	认沽期权	10142	1	0.0001		12月
上证50ETF	认购期权	10000	1	0.0001		08月
上证50ETF	认沽期权	10000	1	0.0001		08月
上证50ETF	认购期权	10142	1	0.0001		03月
上证50ETF	认购期权	10142	1	0.0001		03月
上证50ETF	认购期权	10142	1	0.0001		03月
上证50ETF	认购期权	10142	1	0.0001		03月
上证50ETF	认购期权	10142	1	0.0001		03月
上证50ETF	认购期权	10142	1	0.0001		03月
上证50ETF	认购期权	10142	1	0.0001		03月
上证50ETF	认购期权	10142	1	0.0001		03月
上证50ETF	认购期权	10142	1	0.0001		03月
上证50ETF	认沽期权	10142	1	0.0001		03月
上证50ETF	认沽期权	10142	1	0.0001		03月
上证50ETF	认沽期权	10142	1	0.0001		03月
上证50ETF	认沽期权	10142	1	0.0001		03月
上证50ETF	认沽期权	10142	1	0.0001		03月
上证50ETF	认沽期权	10142	1	0.0001		03月
上证50ETF	认沽期权	10142	1	0.0001		03月
上证50ETF	认沽期权	10142	1	0.0001		03月
上证50ETF	认沽期权	10142	1	0.0001		03月
沪深300ETF	认购期权	10157	1	0.0001		03月
沪深300ETF	认购期权	10157	1	0.0001		03月
沪深300ETF	认购期权	10157	1	0.0001		03月
沪深300ETF	认购期权	10157	1	0.0001		03月
沪深300ETF	认购期权	10157	1	0.0001		03月
沪深300ETF	认购期权	10157	1	0.0001		03月
沪深300ETF	认购期权	10157	1	0.0001		03月
沪深300ETF	认购期权	10157	1	0.0001		03月
沪深300ETF	认购期权	10157	1	0.0001		03月
沪深300ETF	认沽期权	10157	1	0.0001		03月
沪深300ETF	认沽期权	10157	1	0.0001		03月
沪深300ETF	认沽期权	10157	1	0.0001		03月
沪深300ETF	认沽期权	10157	1	0.0001		03月
沪深300ETF	认沽期权	10157	1	0.0001		03月
沪深300ETF	认沽期权	10157	1	0.0001		03月
沪深300ETF	认沽期权	10157	1	0.0001		03月

5-29-1 续表 18 continued

合约标的物 Underlying Instrument	合约类型 Contracts Type	交易单位 Contract Size	报价单位 Quotation Unit	最小变动价位 Minimum Tick Size	涨跌停板幅度 Limit Up/Limit Down	合约月份 Contracts Months
沪深300ETF	认沽期权	10157	1	0.0001		03月
沪深300ETF	认沽期权	10157	1	0.0001		03月
沪深300ETF	认购期权	10000	1	0.0001		08月
沪深300ETF	认沽期权	10000	1	0.0001		08月
沪深300ETF	认购期权	10157	1	0.0001		03月
沪深300ETF	认沽期权	10157	1	0.0001		03月
上证50ETF	认购期权	10000	1	0.0001		08月
上证50ETF	认沽期权	10000	1	0.0001		08月
上证50ETF	认购期权	10142	1	0.0001		03月
上证50ETF	认沽期权	10142	1	0.0001		03月
上证50ETF	认购期权	10000	1	0.0001		08月
上证50ETF	认沽期权	10000	1	0.0001		08月
上证50ETF	认购期权	10142	1	0.0001		03月
上证50ETF	认沽期权	10142	1	0.0001		03月
沪深300ETF	认购期权	10000	1	0.0001		08月
沪深300ETF	认沽期权	10000	1	0.0001		08月
沪深300ETF	认购期权	10157	1	0.0001		03月
沪深300ETF	认沽期权	10157	1	0.0001		03月
上证50ETF	认购期权	10000	1	0.0001		10月
上证50ETF	认购期权	10000	1	0.0001		10月
上证50ETF	认购期权	10000	1	0.0001		10月
上证50ETF	认购期权	10000	1	0.0001		10月
上证50ETF	认购期权	10000	1	0.0001		10月
上证50ETF	认购期权	10000	1	0.0001		10月
上证50ETF	认购期权	10000	1	0.0001		10月
上证50ETF	认购期权	10000	1	0.0001		10月
上证50ETF	认购期权	10000	1	0.0001		10月
上证50ETF	认沽期权	10000	1	0.0001		10月
上证50ETF	认沽期权	10000	1	0.0001		10月
上证50ETF	认沽期权	10000	1	0.0001		10月
上证50ETF	认沽期权	10000	1	0.0001		10月
上证50ETF	认沽期权	10000	1	0.0001		10月
上证50ETF	认沽期权	10000	1	0.0001		10月
上证50ETF	认沽期权	10000	1	0.0001		10月
上证50ETF	认沽期权	10000	1	0.0001		10月
上证50ETF	认沽期权	10000	1	0.0001		10月
沪深300ETF	认购期权	10000	1	0.0001		10月
沪深300ETF	认购期权	10000	1	0.0001		10月
沪深300ETF	认购期权	10000	1	0.0001		10月
沪深300ETF	认购期权	10000	1	0.0001		10月
沪深300ETF	认购期权	10000	1	0.0001		10月
沪深300ETF	认购期权	10000	1	0.0001		10月
沪深300ETF	认购期权	10000	1	0.0001		10月
沪深300ETF	认购期权	10000	1	0.0001		10月

5-29-1 续表 19 continued

合约标的物 Underlying Instrument	合约类型 Contracts Type	交易单位 Contract Size	报价单位 Quotation Unit	最小变动价位 Minimum Tick Size	涨跌停板幅度 Limit Up/Limit Down	合约月份 Contracts Months
沪深300ETF	认购期权	10000	1	0.0001		10月
沪深300ETF	认沽期权	10000	1	0.0001		10月
沪深300ETF	认沽期权	10000	1	0.0001		10月
沪深300ETF	认沽期权	10000	1	0.0001		10月
沪深300ETF	认沽期权	10000	1	0.0001		10月
沪深300ETF	认沽期权	10000	1	0.0001		10月
沪深300ETF	认沽期权	10000	1	0.0001		10月
沪深300ETF	认沽期权	10000	1	0.0001		10月
沪深300ETF	认沽期权	10000	1	0.0001		10月
沪深300ETF	认沽期权	10000	1	0.0001		10月
上证50ETF	认购期权	10000	1	0.0001		10月
上证50ETF	认沽期权	10000	1	0.0001		10月
沪深300ETF	认购期权	10000	1	0.0001		10月
沪深300ETF	认沽期权	10000	1	0.0001		10月
中证500ETF	认购期权	10000	1	0.0001		10月
中证500ETF	认购期权	10000	1	0.0001		10月
中证500ETF	认购期权	10000	1	0.0001		10月
中证500ETF	认购期权	10000	1	0.0001		10月
中证500ETF	认购期权	10000	1	0.0001		10月
中证500ETF	认购期权	10000	1	0.0001		10月
中证500ETF	认购期权	10000	1	0.0001		10月
中证500ETF	认购期权	10000	1	0.0001		10月
中证500ETF	认购期权	10000	1	0.0001		10月
中证500ETF	认沽期权	10000	1	0.0001		10月
中证500ETF	认沽期权	10000	1	0.0001		10月
中证500ETF	认沽期权	10000	1	0.0001		10月
中证500ETF	认沽期权	10000	1	0.0001		10月
中证500ETF	认沽期权	10000	1	0.0001		10月
中证500ETF	认沽期权	10000	1	0.0001		10月
中证500ETF	认沽期权	10000	1	0.0001		10月
中证500ETF	认沽期权	10000	1	0.0001		10月
中证500ETF	认沽期权	10000	1	0.0001		10月
中证500ETF	认购期权	10000	1	0.0001		11月
中证500ETF	认购期权	10000	1	0.0001		11月
中证500ETF	认购期权	10000	1	0.0001		11月
中证500ETF	认购期权	10000	1	0.0001		11月
中证500ETF	认购期权	10000	1	0.0001		11月
中证500ETF	认购期权	10000	1	0.0001		11月
中证500ETF	认购期权	10000	1	0.0001		11月
中证500ETF	认购期权	10000	1	0.0001		11月
中证500ETF	认购期权	10000	1	0.0001		11月
中证500ETF	认沽期权	10000	1	0.0001		11月
中证500ETF	认沽期权	10000	1	0.0001		11月
中证500ETF	认沽期权	10000	1	0.0001		11月

5-29-1 续表 20 continued

合约标的物 Underlying Instrument	合约类型 Contracts Type	交易单位 Contract Size	报价单位 Quotation Unit	最小变动价位 Minimum Tick Size	涨跌停板幅度 Limit Up/Limit Down	合约月份 Contracts Months
中证500ETF	认沽期权	10000	1	0.0001		11月
中证500ETF	认沽期权	10000	1	0.0001		11月
中证500ETF	认沽期权	10000	1	0.0001		11月
中证500ETF	认沽期权	10000	1	0.0001		11月
中证500ETF	认沽期权	10000	1	0.0001		11月
中证500ETF	认沽期权	10000	1	0.0001		11月
中证500ETF	认购期权	10000	1	0.0001		12月
中证500ETF	认购期权	10000	1	0.0001		12月
中证500ETF	认购期权	10000	1	0.0001		12月
中证500ETF	认购期权	10000	1	0.0001		12月
中证500ETF	认购期权	10000	1	0.0001		12月
中证500ETF	认购期权	10000	1	0.0001		12月
中证500ETF	认购期权	10000	1	0.0001		12月
中证500ETF	认购期权	10000	1	0.0001		12月
中证500ETF	认购期权	10000	1	0.0001		12月
中证500ETF	认沽期权	10000	1	0.0001		12月
中证500ETF	认沽期权	10000	1	0.0001		12月
中证500ETF	认沽期权	10000	1	0.0001		12月
中证500ETF	认沽期权	10000	1	0.0001		12月
中证500ETF	认沽期权	10000	1	0.0001		12月
中证500ETF	认沽期权	10000	1	0.0001		12月
中证500ETF	认沽期权	10000	1	0.0001		12月
中证500ETF	认沽期权	10000	1	0.0001		12月
中证500ETF	认沽期权	10000	1	0.0001		12月
中证500ETF	认购期权	10000	1	0.0001		03月
中证500ETF	认购期权	10000	1	0.0001		03月
中证500ETF	认购期权	10000	1	0.0001		03月
中证500ETF	认购期权	10000	1	0.0001		03月
中证500ETF	认购期权	10000	1	0.0001		03月
中证500ETF	认购期权	10000	1	0.0001		03月
中证500ETF	认购期权	10000	1	0.0001		03月
中证500ETF	认购期权	10000	1	0.0001		03月
中证500ETF	认购期权	10000	1	0.0001		03月
中证500ETF	认沽期权	10000	1	0.0001		03月
中证500ETF	认沽期权	10000	1	0.0001		03月
中证500ETF	认沽期权	10000	1	0.0001		03月
中证500ETF	认沽期权	10000	1	0.0001		03月
中证500ETF	认沽期权	10000	1	0.0001		03月
中证500ETF	认沽期权	10000	1	0.0001		03月
中证500ETF	认沽期权	10000	1	0.0001		03月
中证500ETF	认沽期权	10000	1	0.0001		03月
中证500ETF	认沽期权	10000	1	0.0001		03月
上证50ETF	认购期权	10000	1	0.0001		10月
上证50ETF	认沽期权	10000	1	0.0001		10月

5-29-1　续表 21　continued

合约标的物 Underlying Instrument	合约类型 Contracts Type	交易单位 Contract Size	报价单位 Quotation Unit	最小变动价位 Minimum Tick Size	涨跌停板幅度 Limit Up/Limit Down	合约月份 Contracts Months
上证50ETF	认购期权	10142	1	0.0001		03月
上证50ETF	认沽期权	10142	1	0.0001		03月
沪深300ETF	认购期权	10000	1	0.0001		10月
沪深300ETF	认沽期权	10000	1	0.0001		10月
沪深300ETF	认购期权	10157	1	0.0001		03月
沪深300ETF	认沽期权	10157	1	0.0001		03月
上证50ETF	认购期权	10000	1	0.0001		10月
上证50ETF	认沽期权	10000	1	0.0001		10月
上证50ETF	认购期权	10142	1	0.0001		12月
上证50ETF	认沽期权	10142	1	0.0001		12月
上证50ETF	认购期权	10142	1	0.0001		03月
上证50ETF	认沽期权	10142	1	0.0001		03月
沪深300ETF	认购期权	10000	1	0.0001		10月
沪深300ETF	认沽期权	10000	1	0.0001		10月
沪深300ETF	认购期权	10157	1	0.0001		03月
沪深300ETF	认沽期权	10157	1	0.0001		03月
中证500ETF	认购期权	10000	1	0.0001		10月
中证500ETF	认沽期权	10000	1	0.0001		10月
中证500ETF	认购期权	10000	1	0.0001		11月
中证500ETF	认沽期权	10000	1	0.0001		11月
中证500ETF	认购期权	10000	1	0.0001		12月
中证500ETF	认沽期权	10000	1	0.0001		12月
中证500ETF	认购期权	10000	1	0.0001		03月
中证500ETF	认沽期权	10000	1	0.0001		03月
上证50ETF	认购期权	10000	1	0.0001		11月
上证50ETF	认购期权	10000	1	0.0001		11月
上证50ETF	认购期权	10000	1	0.0001		11月
上证50ETF	认购期权	10000	1	0.0001		11月
上证50ETF	认购期权	10000	1	0.0001		11月
上证50ETF	认购期权	10000	1	0.0001		11月
上证50ETF	认购期权	10000	1	0.0001		11月
上证50ETF	认购期权	10000	1	0.0001		11月
上证50ETF	认购期权	10000	1	0.0001		11月
上证50ETF	认沽期权	10000	1	0.0001		11月
上证50ETF	认沽期权	10000	1	0.0001		11月
上证50ETF	认沽期权	10000	1	0.0001		11月
上证50ETF	认沽期权	10000	1	0.0001		11月
上证50ETF	认沽期权	10000	1	0.0001		11月
上证50ETF	认沽期权	10000	1	0.0001		11月
上证50ETF	认沽期权	10000	1	0.0001		11月
上证50ETF	认沽期权	10000	1	0.0001		11月
上证50ETF	认沽期权	10000	1	0.0001		11月
沪深300ETF	认购期权	10000	1	0.0001		11月
沪深300ETF	认购期权	10000	1	0.0001		11月

5-29-1 续表 22 continued

合约标的物 Underlying Instrument	合约类型 Contracts Type	交易单位 Contract Size	报价单位 Quotation Unit	最小变动价位 Minimum Tick Size	涨跌停板幅度 Limit Up/Limit Down	合约月份 Contracts Months
沪深300ETF	认购期权	10000	1	0.0001		11月
沪深300ETF	认购期权	10000	1	0.0001		11月
沪深300ETF	认购期权	10000	1	0.0001		11月
沪深300ETF	认购期权	10000	1	0.0001		11月
沪深300ETF	认购期权	10000	1	0.0001		11月
沪深300ETF	认购期权	10000	1	0.0001		11月
沪深300ETF	认购期权	10000	1	0.0001		11月
沪深300ETF	认沽期权	10000	1	0.0001		11月
沪深300ETF	认沽期权	10000	1	0.0001		11月
沪深300ETF	认沽期权	10000	1	0.0001		11月
沪深300ETF	认沽期权	10000	1	0.0001		11月
沪深300ETF	认沽期权	10000	1	0.0001		11月
沪深300ETF	认沽期权	10000	1	0.0001		11月
沪深300ETF	认沽期权	10000	1	0.0001		11月
沪深300ETF	认沽期权	10000	1	0.0001		11月
沪深300ETF	认沽期权	10000	1	0.0001		11月
上证50ETF	认购期权	10000	1	0.0001		10月
上证50ETF	认沽期权	10000	1	0.0001		10月
上证50ETF	认购期权	10000	1	0.0001		11月
上证50ETF	认沽期权	10000	1	0.0001		11月
上证50ETF	认购期权	10142	1	0.0001		12月
上证50ETF	认沽期权	10142	1	0.0001		12月
上证50ETF	认购期权	10142	1	0.0001		03月
上证50ETF	认沽期权	10142	1	0.0001		03月
沪深300ETF	认购期权	10000	1	0.0001		10月
沪深300ETF	认沽期权	10000	1	0.0001		10月
沪深300ETF	认购期权	10000	1	0.0001		11月
沪深300ETF	认沽期权	10000	1	0.0001		11月
沪深300ETF	认购期权	10000	1	0.0001		12月
沪深300ETF	认沽期权	10000	1	0.0001		12月
沪深300ETF	认购期权	10157	1	0.0001		03月
沪深300ETF	认沽期权	10157	1	0.0001		03月
上证50ETF	认购期权	10000	1	0.0001		10月
上证50ETF	认沽期权	10000	1	0.0001		10月
上证50ETF	认购期权	10000	1	0.0001		11月
上证50ETF	认沽期权	10000	1	0.0001		11月
上证50ETF	认购期权	10142	1	0.0001		12月
上证50ETF	认沽期权	10142	1	0.0001		12月
上证50ETF	认购期权	10142	1	0.0001		03月
上证50ETF	认沽期权	10142	1	0.0001		03月
上证50ETF	认购期权	10000	1	0.0001		10月
上证50ETF	认购期权	10000	1	0.0001		10月
上证50ETF	认沽期权	10000	1	0.0001		10月
上证50ETF	认沽期权	10000	1	0.0001		10月

5-29-1 续表 23 continued

合约标的物 Underlying Instrument	合约类型 Contracts Type	交易单位 Contract Size	报价单位 Quotation Unit	最小变动价位 Minimum Tick Size	涨跌停板幅度 Limit Up/Limit Down	合约月份 Contracts Months
上证50ETF	认购期权	10000	1	0.0001		11月
上证50ETF	认购期权	10000	1	0.0001		11月
上证50ETF	认沽期权	10000	1	0.0001		11月
上证50ETF	认沽期权	10000	1	0.0001		11月
上证50ETF	认购期权	10142	1	0.0001		12月
上证50ETF	认购期权	10142	1	0.0001		12月
上证50ETF	认沽期权	10142	1	0.0001		12月
上证50ETF	认沽期权	10142	1	0.0001		12月
上证50ETF	认购期权	10142	1	0.0001		03月
上证50ETF	认购期权	10142	1	0.0001		03月
上证50ETF	认沽期权	10142	1	0.0001		03月
上证50ETF	认沽期权	10142	1	0.0001		03月
沪深300ETF	认购期权	10000	1	0.0001		10月
沪深300ETF	认沽期权	10000	1	0.0001		10月
沪深300ETF	认购期权	10000	1	0.0001		11月
沪深300ETF	认沽期权	10000	1	0.0001		11月
沪深300ETF	认购期权	10000	1	0.0001		12月
沪深300ETF	认沽期权	10000	1	0.0001		12月
沪深300ETF	认购期权	10157	1	0.0001		03月
沪深300ETF	认沽期权	10157	1	0.0001		03月
上证50ETF	认购期权	10142	1	0.0001		06月
上证50ETF	认购期权	10142	1	0.0001		06月
上证50ETF	认购期权	10142	1	0.0001		06月
上证50ETF	认购期权	10142	1	0.0001		06月
上证50ETF	认购期权	10142	1	0.0001		06月
上证50ETF	认购期权	10142	1	0.0001		06月
上证50ETF	认购期权	10142	1	0.0001		06月
上证50ETF	认购期权	10142	1	0.0001		06月
上证50ETF	认购期权	10142	1	0.0001		06月
上证50ETF	认沽期权	10142	1	0.0001		06月
上证50ETF	认沽期权	10142	1	0.0001		06月
上证50ETF	认沽期权	10142	1	0.0001		06月
上证50ETF	认沽期权	10142	1	0.0001		06月
上证50ETF	认沽期权	10142	1	0.0001		06月
上证50ETF	认沽期权	10142	1	0.0001		06月
上证50ETF	认沽期权	10142	1	0.0001		06月
上证50ETF	认沽期权	10142	1	0.0001		06月
上证50ETF	认沽期权	10142	1	0.0001		06月
沪深300ETF	认购期权	10157	1	0.0001		06月
沪深300ETF	认购期权	10157	1	0.0001		06月
沪深300ETF	认购期权	10157	1	0.0001		06月
沪深300ETF	认购期权	10157	1	0.0001		06月
沪深300ETF	认购期权	10157	1	0.0001		06月
沪深300ETF	认购期权	10157	1	0.0001		06月

5-29-1 续表 24 continued

合约标的物 Underlying Instrument	合约类型 Contracts Type	交易单位 Contract Size	报价单位 Quotation Unit	最小变动价位 Minimum Tick Size	涨跌停板幅度 Limit Up/Limit Down	合约月份 Contracts Months
沪深300ETF	认购期权	10157	1	0.0001		06月
沪深300ETF	认购期权	10157	1	0.0001		06月
沪深300ETF	认购期权	10157	1	0.0001		06月
沪深300ETF	认沽期权	10157	1	0.0001		06月
沪深300ETF	认沽期权	10157	1	0.0001		06月
沪深300ETF	认沽期权	10157	1	0.0001		06月
沪深300ETF	认沽期权	10157	1	0.0001		06月
沪深300ETF	认沽期权	10157	1	0.0001		06月
沪深300ETF	认沽期权	10157	1	0.0001		06月
沪深300ETF	认沽期权	10157	1	0.0001		06月
沪深300ETF	认沽期权	10157	1	0.0001		06月
沪深300ETF	认沽期权	10157	1	0.0001		06月
中证500ETF	认购期权	10000	1	0.0001		06月
中证500ETF	认购期权	10000	1	0.0001		06月
中证500ETF	认购期权	10000	1	0.0001		06月
中证500ETF	认购期权	10000	1	0.0001		06月
中证500ETF	认购期权	10000	1	0.0001		06月
中证500ETF	认购期权	10000	1	0.0001		06月
中证500ETF	认购期权	10000	1	0.0001		06月
中证500ETF	认购期权	10000	1	0.0001		06月
中证500ETF	认购期权	10000	1	0.0001		06月
中证500ETF	认沽期权	10000	1	0.0001		06月
中证500ETF	认沽期权	10000	1	0.0001		06月
中证500ETF	认沽期权	10000	1	0.0001		06月
中证500ETF	认沽期权	10000	1	0.0001		06月
中证500ETF	认沽期权	10000	1	0.0001		06月
中证500ETF	认沽期权	10000	1	0.0001		06月
中证500ETF	认沽期权	10000	1	0.0001		06月
中证500ETF	认沽期权	10000	1	0.0001		06月
中证500ETF	认沽期权	10000	1	0.0001		06月
上证50ETF	认购期权	10000	1	0.0001		11月
上证50ETF	认沽期权	10000	1	0.0001		11月
上证50ETF	认购期权	10142	1	0.0001		12月
上证50ETF	认沽期权	10142	1	0.0001		12月
上证50ETF	认购期权	10142	1	0.0001		03月
上证50ETF	认沽期权	10142	1	0.0001		03月
上证50ETF	认购期权	10142	1	0.0001		06月
上证50ETF	认沽期权	10142	1	0.0001		06月
上证50ETF	认购期权	10000	1	0.0001		11月
上证50ETF	认沽期权	10000	1	0.0001		11月
上证50ETF	认购期权	10142	1	0.0001		12月
上证50ETF	认沽期权	10142	1	0.0001		12月
上证50ETF	认购期权	10142	1	0.0001		03月
上证50ETF	认沽期权	10142	1	0.0001		03月

5-29-1 续表 25 continued

合约标的物 Underlying Instrument	合约类型 Contracts Type	交易单位 Contract Size	报价单位 Quotation Unit	最小变动价位 Minimum Tick Size	涨跌停板幅度 Limit Up/Limit Down	合约月份 Contracts Months
上证50ETF	认购期权	10142	1	0.0001		06月
上证50ETF	认沽期权	10142	1	0.0001		06月
沪深300ETF	认购期权	10000	1	0.0001		11月
沪深300ETF	认沽期权	10000	1	0.0001		11月
沪深300ETF	认购期权	10000	1	0.0001		12月
沪深300ETF	认沽期权	10000	1	0.0001		12月
沪深300ETF	认购期权	10157	1	0.0001		03月
沪深300ETF	认沽期权	10157	1	0.0001		03月
沪深300ETF	认购期权	10157	1	0.0001		06月
沪深300ETF	认沽期权	10157	1	0.0001		06月
中证500ETF	认购期权	10000	1	0.0001		06月
中证500ETF	认沽期权	10000	1	0.0001		06月
上证50ETF	认购期权	10142	1	0.0001		06月
上证50ETF	认沽期权	10142	1	0.0001		06月
沪深300ETF	认购期权	10157	1	0.0001		06月
沪深300ETF	认沽期权	10157	1	0.0001		06月
中证500ETF	认购期权	10000	1	0.0001		11月
中证500ETF	认沽期权	10000	1	0.0001		11月
中证500ETF	认购期权	10000	1	0.0001		12月
中证500ETF	认沽期权	10000	1	0.0001		12月
中证500ETF	认购期权	10000	1	0.0001		03月
中证500ETF	认沽期权	10000	1	0.0001		03月
中证500ETF	认购期权	10000	1	0.0001		06月
中证500ETF	认沽期权	10000	1	0.0001		06月
上证50ETF	认购期权	10142	1	0.0001		06月
上证50ETF	认沽期权	10142	1	0.0001		06月
上证50ETF	认购期权	10142	1	0.0001		06月
上证50ETF	认沽期权	10142	1	0.0001		06月
沪深300ETF	认购期权	10157	1	0.0001		06月
沪深300ETF	认沽期权	10157	1	0.0001		06月
上证50ETF	认购期权	10142	1	0.0001		06月
上证50ETF	认沽期权	10142	1	0.0001		06月
上证50ETF	认购期权	10142	1	0.0001		01月
上证50ETF	认购期权	10142	1	0.0001		01月
上证50ETF	认购期权	10142	1	0.0001		01月
上证50ETF	认购期权	10142	1	0.0001		01月
上证50ETF	认购期权	10142	1	0.0001		01月
上证50ETF	认购期权	10142	1	0.0001		01月
上证50ETF	认购期权	10142	1	0.0001		01月
上证50ETF	认购期权	10142	1	0.0001		01月
上证50ETF	认购期权	10142	1	0.0001		01月
上证50ETF	认沽期权	10142	1	0.0001		01月
上证50ETF	认沽期权	10142	1	0.0001		01月
上证50ETF	认沽期权	10142	1	0.0001		01月

5-29-1 续表 26 continued

合约标的物 Underlying Instrument	合约类型 Contracts Type	交易单位 Contract Size	报价单位 Quotation Unit	最小变动价位 Minimum Tick Size	涨跌停板幅度 Limit Up/Limit Down	合约月份 Contracts Months
上证50ETF	认沽期权	10142	1	0.0001		01月
上证50ETF	认沽期权	10142	1	0.0001		01月
上证50ETF	认沽期权	10142	1	0.0001		01月
上证50ETF	认沽期权	10142	1	0.0001		01月
上证50ETF	认沽期权	10142	1	0.0001		01月
上证50ETF	认沽期权	10142	1	0.0001		01月
沪深300ETF	认购期权	10157	1	0.0001		01月
沪深300ETF	认购期权	10157	1	0.0001		01月
沪深300ETF	认购期权	10157	1	0.0001		01月
沪深300ETF	认购期权	10157	1	0.0001		01月
沪深300ETF	认购期权	10157	1	0.0001		01月
沪深300ETF	认购期权	10157	1	0.0001		01月
沪深300ETF	认购期权	10157	1	0.0001		01月
沪深300ETF	认购期权	10157	1	0.0001		01月
沪深300ETF	认购期权	10157	1	0.0001		01月
沪深300ETF	认沽期权	10157	1	0.0001		01月
沪深300ETF	认沽期权	10157	1	0.0001		01月
沪深300ETF	认沽期权	10157	1	0.0001		01月
沪深300ETF	认沽期权	10157	1	0.0001		01月
沪深300ETF	认沽期权	10157	1	0.0001		01月
沪深300ETF	认沽期权	10157	1	0.0001		01月
沪深300ETF	认沽期权	10157	1	0.0001		01月
沪深300ETF	认沽期权	10157	1	0.0001		01月
沪深300ETF	认沽期权	10157	1	0.0001		01月
中证500ETF	认购期权	10000	1	0.0001		01月
中证500ETF	认购期权	10000	1	0.0001		01月
中证500ETF	认购期权	10000	1	0.0001		01月
中证500ETF	认购期权	10000	1	0.0001		01月
中证500ETF	认购期权	10000	1	0.0001		01月
中证500ETF	认购期权	10000	1	0.0001		01月
中证500ETF	认购期权	10000	1	0.0001		01月
中证500ETF	认购期权	10000	1	0.0001		01月
中证500ETF	认购期权	10000	1	0.0001		01月
中证500ETF	认沽期权	10000	1	0.0001		01月
中证500ETF	认沽期权	10000	1	0.0001		01月
中证500ETF	认沽期权	10000	1	0.0001		01月
中证500ETF	认沽期权	10000	1	0.0001		01月
中证500ETF	认沽期权	10000	1	0.0001		01月
中证500ETF	认沽期权	10000	1	0.0001		01月
中证500ETF	认沽期权	10000	1	0.0001		01月
中证500ETF	认沽期权	10000	1	0.0001		01月
中证500ETF	认沽期权	10000	1	0.0001		01月
上证50ETF	认购期权	10142	1	0.0001		01月
上证50ETF	认沽期权	10142	1	0.0001		01月

5-29-1 续表 27 continued

合约标的物 Underlying Instrument	合约类型 Contracts Type	交易单位 Contract Size	报价单位 Quotation Unit	最小变动价位 Minimum Tick Size	涨跌停板幅度 Limit Up/Limit Down	合约月份 Contracts Months
中证500ETF	认购期权	10000	1	0.0001		01月
中证500ETF	认沽期权	10000	1	0.0001		01月
上证50ETF	认购期权	10142	1	0.0001		01月
上证50ETF	认沽期权	10142	1	0.0001		01月
沪深300ETF	认购期权	10157	1	0.0001		01月
沪深300ETF	认沽期权	10157	1	0.0001		01月
上证50ETF	认购期权	10000	1	0.0001		12月
上证50ETF	认购期权	10000	1	0.0001		12月
上证50ETF	认购期权	10000	1	0.0001		12月
上证50ETF	认购期权	10000	1	0.0001		12月
上证50ETF	认购期权	10000	1	0.0001		12月
上证50ETF	认购期权	10000	1	0.0001		12月
上证50ETF	认购期权	10000	1	0.0001		12月
上证50ETF	认购期权	10000	1	0.0001		12月
上证50ETF	认购期权	10000	1	0.0001		12月
上证50ETF	认沽期权	10000	1	0.0001		12月
上证50ETF	认沽期权	10000	1	0.0001		12月
上证50ETF	认沽期权	10000	1	0.0001		12月
上证50ETF	认沽期权	10000	1	0.0001		12月
上证50ETF	认沽期权	10000	1	0.0001		12月
上证50ETF	认沽期权	10000	1	0.0001		12月
上证50ETF	认沽期权	10000	1	0.0001		12月
上证50ETF	认沽期权	10000	1	0.0001		12月
上证50ETF	认沽期权	10000	1	0.0001		12月
上证50ETF	认购期权	10000	1	0.0001		01月
上证50ETF	认购期权	10000	1	0.0001		01月
上证50ETF	认购期权	10000	1	0.0001		01月
上证50ETF	认购期权	10000	1	0.0001		01月
上证50ETF	认购期权	10000	1	0.0001		01月
上证50ETF	认购期权	10000	1	0.0001		01月
上证50ETF	认购期权	10000	1	0.0001		01月
上证50ETF	认购期权	10000	1	0.0001		01月
上证50ETF	认购期权	10000	1	0.0001		01月
上证50ETF	认沽期权	10000	1	0.0001		01月
上证50ETF	认沽期权	10000	1	0.0001		01月
上证50ETF	认沽期权	10000	1	0.0001		01月
上证50ETF	认沽期权	10000	1	0.0001		01月
上证50ETF	认沽期权	10000	1	0.0001		01月
上证50ETF	认沽期权	10000	1	0.0001		01月
上证50ETF	认沽期权	10000	1	0.0001		01月
上证50ETF	认沽期权	10000	1	0.0001		01月
上证50ETF	认沽期权	10000	1	0.0001		01月
上证50ETF	认购期权	10000	1	0.0001		03月
上证50ETF	认购期权	10000	1	0.0001		03月

5-29-1 续表 28 continued

合约标的物 Underlying Instrument	合约类型 Contracts Type	交易单位 Contract Size	报价单位 Quotation Unit	最小变动价位 Minimum Tick Size	涨跌停板幅度 Limit Up/Limit Down	合约月份 Contracts Months
上证50ETF	认购期权	10000	1	0.0001		03月
上证50ETF	认购期权	10000	1	0.0001		03月
上证50ETF	认购期权	10000	1	0.0001		03月
上证50ETF	认购期权	10000	1	0.0001		03月
上证50ETF	认购期权	10000	1	0.0001		03月
上证50ETF	认购期权	10000	1	0.0001		03月
上证50ETF	认购期权	10000	1	0.0001		03月
上证50ETF	认沽期权	10000	1	0.0001		03月
上证50ETF	认沽期权	10000	1	0.0001		03月
上证50ETF	认沽期权	10000	1	0.0001		03月
上证50ETF	认沽期权	10000	1	0.0001		03月
上证50ETF	认沽期权	10000	1	0.0001		03月
上证50ETF	认沽期权	10000	1	0.0001		03月
上证50ETF	认沽期权	10000	1	0.0001		03月
上证50ETF	认沽期权	10000	1	0.0001		03月
上证50ETF	认沽期权	10000	1	0.0001		03月
上证50ETF	认购期权	10000	1	0.0001		06月
上证50ETF	认购期权	10000	1	0.0001		06月
上证50ETF	认购期权	10000	1	0.0001		06月
上证50ETF	认购期权	10000	1	0.0001		06月
上证50ETF	认购期权	10000	1	0.0001		06月
上证50ETF	认购期权	10000	1	0.0001		06月
上证50ETF	认购期权	10000	1	0.0001		06月
上证50ETF	认购期权	10000	1	0.0001		06月
上证50ETF	认购期权	10000	1	0.0001		06月
上证50ETF	认沽期权	10000	1	0.0001		06月
上证50ETF	认沽期权	10000	1	0.0001		06月
上证50ETF	认沽期权	10000	1	0.0001		06月
上证50ETF	认沽期权	10000	1	0.0001		06月
上证50ETF	认沽期权	10000	1	0.0001		06月
上证50ETF	认沽期权	10000	1	0.0001		06月
上证50ETF	认沽期权	10000	1	0.0001		06月
上证50ETF	认沽期权	10000	1	0.0001		06月
上证50ETF	认沽期权	10000	1	0.0001		06月
上证50ETF	认购期权	10000	1	0.0001		12月
上证50ETF	认沽期权	10000	1	0.0001		12月
上证50ETF	认购期权	10000	1	0.0001		01月
上证50ETF	认沽期权	10000	1	0.0001		01月
上证50ETF	认购期权	10000	1	0.0001		03月
上证50ETF	认沽期权	10000	1	0.0001		03月
上证50ETF	认购期权	10000	1	0.0001		06月
上证50ETF	认沽期权	10000	1	0.0001		06月
沪深300ETF	认购期权	10157	1	0.0001		01月
沪深300ETF	认沽期权	10157	1	0.0001		01月

5-29-1 续表 29 continued

合约标的物 Underlying Instrument	合约类型 Contracts Type	交易单位 Contract Size	报价单位 Quotation Unit	最小变动价位 Minimum Tick Size	涨跌停板幅度 Limit Up/Limit Down	合约月份 Contracts Months
沪深300ETF	认购期权	10157	1	0.0001		06月
沪深300ETF	认沽期权	10157	1	0.0001		06月
上证50ETF	认购期权	10000	1	0.0001		12月
上证50ETF	认沽期权	10000	1	0.0001		12月
上证50ETF	认购期权	10000	1	0.0001		01月
上证50ETF	认沽期权	10000	1	0.0001		01月
上证50ETF	认购期权	10000	1	0.0001		03月
上证50ETF	认沽期权	10000	1	0.0001		03月
上证50ETF	认购期权	10000	1	0.0001		06月
上证50ETF	认沽期权	10000	1	0.0001		06月
沪深300ETF	认购期权	10157	1	0.0001		01月
沪深300ETF	认沽期权	10157	1	0.0001		01月
沪深300ETF	认购期权	10157	1	0.0001		06月
沪深300ETF	认沽期权	10157	1	0.0001		06月
中证500ETF	认购期权	10000	1	0.0001		01月
中证500ETF	认沽期权	10000	1	0.0001		01月
上证50ETF	认购期权	10000	1	0.0001		02月
上证50ETF	认购期权	10000	1	0.0001		02月
上证50ETF	认购期权	10000	1	0.0001		02月
上证50ETF	认购期权	10000	1	0.0001		02月
上证50ETF	认购期权	10000	1	0.0001		02月
上证50ETF	认购期权	10000	1	0.0001		02月
上证50ETF	认购期权	10000	1	0.0001		02月
上证50ETF	认购期权	10000	1	0.0001		02月
上证50ETF	认购期权	10000	1	0.0001		02月
上证50ETF	认沽期权	10000	1	0.0001		02月
上证50ETF	认沽期权	10000	1	0.0001		02月
上证50ETF	认沽期权	10000	1	0.0001		02月
上证50ETF	认沽期权	10000	1	0.0001		02月
上证50ETF	认沽期权	10000	1	0.0001		02月
上证50ETF	认沽期权	10000	1	0.0001		02月
上证50ETF	认沽期权	10000	1	0.0001		02月
上证50ETF	认沽期权	10000	1	0.0001		02月
上证50ETF	认沽期权	10000	1	0.0001		02月
沪深300ETF	认购期权	10157	1	0.0001		02月
沪深300ETF	认购期权	10157	1	0.0001		02月
沪深300ETF	认购期权	10157	1	0.0001		02月
沪深300ETF	认购期权	10157	1	0.0001		02月
沪深300ETF	认购期权	10157	1	0.0001		02月
沪深300ETF	认购期权	10157	1	0.0001		02月
沪深300ETF	认购期权	10157	1	0.0001		02月
沪深300ETF	认购期权	10157	1	0.0001		02月
沪深300ETF	认购期权	10157	1	0.0001		02月
沪深300ETF	认沽期权	10157	1	0.0001		02月

5-29-1 续表 30 continued

合约标的物 Underlying Instrument	合约类型 Contracts Type	交易单位 Contract Size	报价单位 Quotation Unit	最小变动价位 Minimum Tick Size	涨跌停板幅度 Limit Up/Limit Down	合约月份 Contracts Months
沪深300ETF	认沽期权	10157	1	0.0001		02月
沪深300ETF	认沽期权	10157	1	0.0001		02月
沪深300ETF	认沽期权	10157	1	0.0001		02月
沪深300ETF	认沽期权	10157	1	0.0001		02月
沪深300ETF	认沽期权	10157	1	0.0001		02月
沪深300ETF	认沽期权	10157	1	0.0001		02月
沪深300ETF	认沽期权	10157	1	0.0001		02月
沪深300ETF	认沽期权	10157	1	0.0001		02月
中证500ETF	认购期权	10000	1	0.0001		02月
中证500ETF	认购期权	10000	1	0.0001		02月
中证500ETF	认购期权	10000	1	0.0001		02月
中证500ETF	认购期权	10000	1	0.0001		02月
中证500ETF	认购期权	10000	1	0.0001		02月
中证500ETF	认购期权	10000	1	0.0001		02月
中证500ETF	认购期权	10000	1	0.0001		02月
中证500ETF	认购期权	10000	1	0.0001		02月
中证500ETF	认购期权	10000	1	0.0001		02月
中证500ETF	认沽期权	10000	1	0.0001		02月
中证500ETF	认沽期权	10000	1	0.0001		02月
中证500ETF	认沽期权	10000	1	0.0001		02月
中证500ETF	认沽期权	10000	1	0.0001		02月
中证500ETF	认沽期权	10000	1	0.0001		02月
中证500ETF	认沽期权	10000	1	0.0001		02月
中证500ETF	认沽期权	10000	1	0.0001		02月
中证500ETF	认沽期权	10000	1	0.0001		02月
中证500ETF	认沽期权	10000	1	0.0001		02月
沪深300ETF	认购期权	10000				202303
沪深300ETF	认购期权	10000				202303
沪深300ETF	认购期权	10000				202303
沪深300ETF	认购期权	10000				202303
沪深300ETF	认购期权	10000				202303
沪深300ETF	认购期权	10000				202303
沪深300ETF	认购期权	10000				202303
沪深300ETF	认购期权	10000				202303
沪深300ETF	认购期权	10000				202303
沪深300ETF	认沽期权	10000				202303
沪深300ETF	认沽期权	10000				202303
沪深300ETF	认沽期权	10000				202303
沪深300ETF	认沽期权	10000				202303
沪深300ETF	认沽期权	10000				202303
沪深300ETF	认沽期权	10000				202303
沪深300ETF	认沽期权	10000				202303
沪深300ETF	认沽期权	10000				202303
沪深300ETF	认沽期权	10000				202303

5-29-1 续表 31 continued

合约标的物 Underlying Instrument	合约类型 Contracts Type	交易单位 Contract Size	报价单位 Quotation Unit	最小变动价位 Minimum Tick Size	涨跌停板幅度 Limit Up/Limit Down	合约月份 Contracts Months
沪深300ETF	认购期权	10000				202303
沪深300ETF	认沽期权	10000				202303
沪深300ETF	认购期权	10000				202303
沪深300ETF	认沽期权	10000				202303
创业板ETF	认购期权	10000				202303
创业板ETF	认购期权	10000				202303
创业板ETF	认购期权	10000				202303
创业板ETF	认购期权	10000				202303
创业板ETF	认购期权	10000				202303
创业板ETF	认购期权	10000				202303
创业板ETF	认购期权	10000				202303
创业板ETF	认购期权	10000				202303
创业板ETF	认购期权	10000				202303
创业板ETF	认沽期权	10000				202303
创业板ETF	认沽期权	10000				202303
创业板ETF	认沽期权	10000				202303
创业板ETF	认沽期权	10000				202303
创业板ETF	认沽期权	10000				202303
创业板ETF	认沽期权	10000				202303
创业板ETF	认沽期权	10000				202303
创业板ETF	认沽期权	10000				202303
创业板ETF	认沽期权	10000				202303
中证500ETF	认购期权	10000				202303
中证500ETF	认购期权	10000				202303
中证500ETF	认购期权	10000				202303
中证500ETF	认购期权	10000				202303
中证500ETF	认购期权	10000				202303
中证500ETF	认购期权	10000				202303
中证500ETF	认购期权	10000				202303
中证500ETF	认购期权	10000				202303
中证500ETF	认购期权	10000				202303
中证500ETF	认沽期权	10000				202303
中证500ETF	认沽期权	10000				202303
中证500ETF	认沽期权	10000				202303
中证500ETF	认沽期权	10000				202303
中证500ETF	认沽期权	10000				202303
中证500ETF	认沽期权	10000				202303
中证500ETF	认沽期权	10000				202303
中证500ETF	认沽期权	10000				202303
中证500ETF	认沽期权	10000				202303
沪深300ETF	认购期权	10000				202303
沪深300ETF	认沽期权	10000				202303
创业板ETF	认购期权	10000				202303
创业板ETF	认沽期权	10000				202303

5-29-1 续表 32 continued

合约标的物 Underlying Instrument	合约类型 Contracts Type	交易单位 Contract Size	报价单位 Quotation Unit	最小变动价位 Minimum Tick Size	涨跌停板幅度 Limit Up/Limit Down	合约月份 Contracts Months
沪深300ETF	认购期权	10000				202303
沪深300ETF	认沽期权	10000				202303
创业板ETF	认购期权	10000				202303
创业板ETF	认沽期权	10000				202303
中证500ETF	认购期权	10000				202303
中证500ETF	认沽期权	10000				202303
创业板ETF	认购期权	10000				202303
创业板ETF	认沽期权	10000				202303
沪深300ETF	认购期权	10000				202303
沪深300ETF	认沽期权	10000				202303
创业板ETF	认购期权	10000				202303
创业板ETF	认沽期权	10000				202303
中证500ETF	认购期权	10000				202303
中证500ETF	认沽期权	10000				202303
沪深300ETF	认购期权	10000				202303
沪深300ETF	认沽期权	10000				202303
创业板ETF	认购期权	10000				202306
创业板ETF	认购期权	10000				202306
创业板ETF	认购期权	10000				202306
创业板ETF	认购期权	10000				202306
创业板ETF	认购期权	10000				202306
创业板ETF	认购期权	10000				202306
创业板ETF	认购期权	10000				202306
创业板ETF	认购期权	10000				202306
创业板ETF	认购期权	10000				202306
创业板ETF	认沽期权	10000				202306
创业板ETF	认沽期权	10000				202306
创业板ETF	认沽期权	10000				202306
创业板ETF	认沽期权	10000				202306
创业板ETF	认沽期权	10000				202306
创业板ETF	认沽期权	10000				202306
创业板ETF	认沽期权	10000				202306
创业板ETF	认沽期权	10000				202306
创业板ETF	认沽期权	10000				202306
沪深300ETF	认购期权	10000				202306
沪深300ETF	认购期权	10000				202306
沪深300ETF	认购期权	10000				202306
沪深300ETF	认购期权	10000				202306
沪深300ETF	认购期权	10000				202306
沪深300ETF	认购期权	10000				202306
沪深300ETF	认购期权	10000				202306
沪深300ETF	认购期权	10000				202306
沪深300ETF	认购期权	10000				202306
沪深300ETF	认沽期权	10000				202306

5-29-1 续表 33 continued

合约标的物 Underlying Instrument	合约类型 Contracts Type	交易单位 Contract Size	报价单位 Quotation Unit	最小变动价位 Minimum Tick Size	涨跌停板幅度 Limit Up/Limit Down	合约月份 Contracts Months
沪深300ETF	认沽期权	10000				202306
沪深300ETF	认沽期权	10000				202306
沪深300ETF	认沽期权	10000				202306
沪深300ETF	认沽期权	10000				202306
沪深300ETF	认沽期权	10000				202306
沪深300ETF	认沽期权	10000				202306
沪深300ETF	认沽期权	10000				202306
沪深300ETF	认沽期权	10000				202306
中证500ETF	认购期权	10000				202306
中证500ETF	认购期权	10000				202306
中证500ETF	认购期权	10000				202306
中证500ETF	认购期权	10000				202306
中证500ETF	认购期权	10000				202306
中证500ETF	认购期权	10000				202306
中证500ETF	认购期权	10000				202306
中证500ETF	认购期权	10000				202306
中证500ETF	认购期权	10000				202306
中证500ETF	认沽期权	10000				202306
中证500ETF	认沽期权	10000				202306
中证500ETF	认沽期权	10000				202306
中证500ETF	认沽期权	10000				202306
中证500ETF	认沽期权	10000				202306
中证500ETF	认沽期权	10000				202306
中证500ETF	认沽期权	10000				202306
中证500ETF	认沽期权	10000				202306
中证500ETF	认沽期权	10000				202306
创业板ETF	认购期权	10000				202306
创业板ETF	认沽期权	10000				202306
创业板ETF	认购期权	10000				202306
创业板ETF	认沽期权	10000				202306
沪深300ETF	认购期权	10000				202303
沪深300ETF	认沽期权	10000				202303
沪深300ETF	认购期权	10000				202306
沪深300ETF	认沽期权	10000				202306
创业板ETF	认购期权	10000				202303
创业板ETF	认沽期权	10000				202303
创业板ETF	认购期权	10000				202306
创业板ETF	认购期权	10000				202306
创业板ETF	认沽期权	10000				202306
创业板ETF	认沽期权	10000				202306
沪深300ETF	认购期权	10000				202306
沪深300ETF	认沽期权	10000				202306
中证500ETF	认购期权	10000				202306
中证500ETF	认沽期权	10000				202306

5-29-1 续表 34 continued

合约标的物 Underlying Instrument	合约类型 Contracts Type	交易单位 Contract Size	报价单位 Quotation Unit	最小变动价位 Minimum Tick Size	涨跌停板幅度 Limit Up/Limit Down	合约月份 Contracts Months
沪深300ETF	认购期权	10000				202306
沪深300ETF	认沽期权	10000				202306
创业板ETF	认购期权	10000				202301
创业板ETF	认购期权	10000				202301
创业板ETF	认购期权	10000				202301
创业板ETF	认购期权	10000				202301
创业板ETF	认购期权	10000				202301
创业板ETF	认购期权	10000				202301
创业板ETF	认购期权	10000				202301
创业板ETF	认购期权	10000				202301
创业板ETF	认购期权	10000				202301
创业板ETF	认沽期权	10000				202301
创业板ETF	认沽期权	10000				202301
创业板ETF	认沽期权	10000				202301
创业板ETF	认沽期权	10000				202301
创业板ETF	认沽期权	10000				202301
创业板ETF	认沽期权	10000				202301
创业板ETF	认沽期权	10000				202301
创业板ETF	认沽期权	10000				202301
创业板ETF	认沽期权	10000				202301
沪深300ETF	认购期权	10000				202301
沪深300ETF	认购期权	10000				202301
沪深300ETF	认购期权	10000				202301
沪深300ETF	认购期权	10000				202301
沪深300ETF	认购期权	10000				202301
沪深300ETF	认购期权	10000				202301
沪深300ETF	认购期权	10000				202301
沪深300ETF	认购期权	10000				202301
沪深300ETF	认购期权	10000				202301
沪深300ETF	认沽期权	10000				202301
沪深300ETF	认沽期权	10000				202301
沪深300ETF	认沽期权	10000				202301
沪深300ETF	认沽期权	10000				202301
沪深300ETF	认沽期权	10000				202301
沪深300ETF	认沽期权	10000				202301
沪深300ETF	认沽期权	10000				202301
沪深300ETF	认沽期权	10000				202301
沪深300ETF	认沽期权	10000				202301
中证500ETF	认购期权	10000				202301
中证500ETF	认购期权	10000				202301
中证500ETF	认购期权	10000				202301
中证500ETF	认购期权	10000				202301
中证500ETF	认购期权	10000				202301
中证500ETF	认购期权	10000				202301

5-29-1　续表 35　continued

合约标的物 Underlying Instrument	合约类型 Contracts Type	交易单位 Contract Size	报价单位 Quotation Unit	最小变动价位 Minimum Tick Size	涨跌停板幅度 Limit Up/Limit Down	合约月份 Contracts Months
中证500ETF	认购期权	10000				202301
中证500ETF	认购期权	10000				202301
中证500ETF	认购期权	10000				202301
中证500ETF	认沽期权	10000				202301
中证500ETF	认沽期权	10000				202301
中证500ETF	认沽期权	10000				202301
中证500ETF	认沽期权	10000				202301
中证500ETF	认沽期权	10000				202301
中证500ETF	认沽期权	10000				202301
中证500ETF	认沽期权	10000				202301
中证500ETF	认沽期权	10000				202301
中证500ETF	认沽期权	10000				202301
沪深300ETF	认购期权	10000				202301
沪深300ETF	认沽期权	10000				202301
创业板ETF	认购期权	10000				202301
创业板ETF	认沽期权	10000				202301
沪深300ETF	认购期权	10000				202301
沪深300ETF	认沽期权	10000				202301
沪深300ETF	认购期权	10000				202306
沪深300ETF	认沽期权	10000				202306
创业板ETF	认购期权	10000				202301
创业板ETF	认沽期权	10000				202301
深证100ETF	认购期权	10000				202301
深证100ETF	认购期权	10000				202301
深证100ETF	认购期权	10000				202301
深证100ETF	认购期权	10000				202301
深证100ETF	认购期权	10000				202301
深证100ETF	认购期权	10000				202301
深证100ETF	认购期权	10000				202301
深证100ETF	认购期权	10000				202301
深证100ETF	认购期权	10000				202301
深证100ETF	认沽期权	10000				202301
深证100ETF	认沽期权	10000				202301
深证100ETF	认沽期权	10000				202301
深证100ETF	认沽期权	10000				202301
深证100ETF	认沽期权	10000				202301
深证100ETF	认沽期权	10000				202301
深证100ETF	认沽期权	10000				202301
深证100ETF	认沽期权	10000				202301
深证100ETF	认沽期权	10000				202301
深证100ETF	认购期权	10000				202302
深证100ETF	认购期权	10000				202302
深证100ETF	认购期权	10000				202302
深证100ETF	认购期权	10000				202302

5-29-1 续表 36 continued

合约标的物 Underlying Instrument	合约类型 Contracts Type	交易单位 Contract Size	报价单位 Quotation Unit	最小变动价位 Minimum Tick Size	涨跌停板幅度 Limit Up/Limit Down	合约月份 Contracts Months
深证100ETF	认购期权	10000				202302
深证100ETF	认购期权	10000				202302
深证100ETF	认购期权	10000				202302
深证100ETF	认购期权	10000				202302
深证100ETF	认购期权	10000				202302
深证100ETF	认沽期权	10000				202302
深证100ETF	认沽期权	10000				202302
深证100ETF	认沽期权	10000				202302
深证100ETF	认沽期权	10000				202302
深证100ETF	认沽期权	10000				202302
深证100ETF	认沽期权	10000				202302
深证100ETF	认沽期权	10000				202302
深证100ETF	认沽期权	10000				202302
深证100ETF	认沽期权	10000				202302
深证100ETF	认购期权	10000				202303
深证100ETF	认购期权	10000				202303
深证100ETF	认购期权	10000				202303
深证100ETF	认购期权	10000				202303
深证100ETF	认购期权	10000				202303
深证100ETF	认购期权	10000				202303
深证100ETF	认购期权	10000				202303
深证100ETF	认购期权	10000				202303
深证100ETF	认购期权	10000				202303
深证100ETF	认沽期权	10000				202303
深证100ETF	认沽期权	10000				202303
深证100ETF	认沽期权	10000				202303
深证100ETF	认沽期权	10000				202303
深证100ETF	认沽期权	10000				202303
深证100ETF	认沽期权	10000				202303
深证100ETF	认沽期权	10000				202303
深证100ETF	认沽期权	10000				202303
深证100ETF	认沽期权	10000				202303
深证100ETF	认购期权	10000				202306
深证100ETF	认购期权	10000				202306
深证100ETF	认购期权	10000				202306
深证100ETF	认购期权	10000				202306
深证100ETF	认购期权	10000				202306
深证100ETF	认购期权	10000				202306
深证100ETF	认购期权	10000				202306
深证100ETF	认购期权	10000				202306
深证100ETF	认购期权	10000				202306
深证100ETF	认沽期权	10000				202306
深证100ETF	认沽期权	10000				202306
深证100ETF	认沽期权	10000				202306

5-29-1 续表 37 continued

合约标的物 Underlying Instrument	合约类型 Contracts Type	交易单位 Contract Size	报价单位 Quotation Unit	最小变动价位 Minimum Tick Size	涨跌停板幅度 Limit Up/Limit Down	合约月份 Contracts Months
深证100ETF	认沽期权	10000				202306
深证100ETF	认沽期权	10000				202306
深证100ETF	认沽期权	10000				202306
深证100ETF	认沽期权	10000				202306
深证100ETF	认沽期权	10000				202306
深证100ETF	认沽期权	10000				202306
沪深300ETF	认购期权	10000				202301
沪深300ETF	认沽期权	10000				202301
沪深300ETF	认购期权	10000				202306
沪深300ETF	认沽期权	10000				202306
深证100ETF	认购期权	10000				202301
深证100ETF	认沽期权	10000				202301
深证100ETF	认购期权	10000				202302
深证100ETF	认沽期权	10000				202302
深证100ETF	认购期权	10000				202303
深证100ETF	认沽期权	10000				202303
深证100ETF	认购期权	10000				202306
深证100ETF	认沽期权	10000				202306
中证500ETF	认购期权	10000				202301
中证500ETF	认沽期权	10000				202301
深证100ETF	认购期权	10000				202301
深证100ETF	认沽期权	10000				202301
深证100ETF	认购期权	10000				202302
深证100ETF	认沽期权	10000				202302
深证100ETF	认购期权	10000				202303
深证100ETF	认沽期权	10000				202303
深证100ETF	认购期权	10000				202306
深证100ETF	认沽期权	10000				202306
创业板ETF	认购期权	10000				202301
创业板ETF	认沽期权	10000				202301
创业板ETF	认购期权	10000				202302
创业板ETF	认购期权	10000				202302
创业板ETF	认购期权	10000				202302
创业板ETF	认购期权	10000				202302
创业板ETF	认购期权	10000				202302
创业板ETF	认购期权	10000				202302
创业板ETF	认购期权	10000				202302
创业板ETF	认购期权	10000				202302
创业板ETF	认购期权	10000				202302
创业板ETF	认沽期权	10000				202302
创业板ETF	认沽期权	10000				202302
创业板ETF	认沽期权	10000				202302
创业板ETF	认沽期权	10000				202302
创业板ETF	认沽期权	10000				202302

5-29-1 续表 38 continued

合约标的物 Underlying Instrument	合约类型 Contracts Type	交易单位 Contract Size	报价单位 Quotation Unit	最小变动价位 Minimum Tick Size	涨跌停板幅度 Limit Up/Limit Down	合约月份 Contracts Months
创业板ETF	认沽期权	10000				202302
创业板ETF	认沽期权	10000				202302
创业板ETF	认沽期权	10000				202302
创业板ETF	认沽期权	10000				202302
沪深300ETF	认购期权	10000				202302
沪深300ETF	认购期权	10000				202302
沪深300ETF	认购期权	10000				202302
沪深300ETF	认购期权	10000				202302
沪深300ETF	认购期权	10000				202302
沪深300ETF	认购期权	10000				202302
沪深300ETF	认购期权	10000				202302
沪深300ETF	认购期权	10000				202302
沪深300ETF	认购期权	10000				202302
沪深300ETF	认沽期权	10000				202302
沪深300ETF	认沽期权	10000				202302
沪深300ETF	认沽期权	10000				202302
沪深300ETF	认沽期权	10000				202302
沪深300ETF	认沽期权	10000				202302
沪深300ETF	认沽期权	10000				202302
沪深300ETF	认沽期权	10000				202302
沪深300ETF	认沽期权	10000				202302
沪深300ETF	认沽期权	10000				202302
中证500ETF	认购期权	10000				202302
中证500ETF	认购期权	10000				202302
中证500ETF	认购期权	10000				202302
中证500ETF	认购期权	10000				202302
中证500ETF	认购期权	10000				202302
中证500ETF	认购期权	10000				202302
中证500ETF	认购期权	10000				202302
中证500ETF	认购期权	10000				202302
中证500ETF	认购期权	10000				202302
中证500ETF	认沽期权	10000				202302
中证500ETF	认沽期权	10000				202302
中证500ETF	认沽期权	10000				202302
中证500ETF	认沽期权	10000				202302
中证500ETF	认沽期权	10000				202302
中证500ETF	认沽期权	10000				202302
中证500ETF	认沽期权	10000				202302
中证500ETF	认沽期权	10000				202302
中证500ETF	认沽期权	10000				202302
创业板ETF	认购期权	10000				202302
创业板ETF	认沽期权	10000				202302

5-29-2 金融期权合约汇总

Collection of Financial Options Contracts

交易时间 Trading Hours	最后交易日 Last Trading Day	到期日 Expiration Day	行权价格 Strike Price	行权方式 Exercise Style	交易代码 Trading Code	上市交易所 Listed Exchange
9:30–11:30，13:00–15:00	合约到期月份的第三个星期五，遇国家法定假日顺延	同最后交易日	行权价格覆盖沪深300指数上一交易日收盘价上下浮动10%对应的价格范围 对当月与下2个月合约：行权价格≤2500点时，行权价格间距为25点；2500点<行权价格≤5000点时，行权价格间距为50点；5000点<行权价格≤10000点时，行权价格间距为100点；行权价格>10000点时，行权价格间距为200点 对随后3个季月合约：行权价格≤2500点时，行权价格间距为50点；2500点<行权价格≤5000点时，行权价格间距为100点；5000点<行权价格≤10000点时，行权价格间距为200点；行权价格>10000点时，行权价格间距为400点	欧式	看涨期权：IO合约月份-C-行权价格 看跌期权：IO合约月份-P-行权价格	中国金融期货交易所
9:30–11:30，13:00–15:00	合约到期月份的第三个星期五，遇国家法定假日顺延	同最后交易日	行权价格覆盖中证1000指数上一交易日收盘价上下浮动10%对应的价格范围 对当月与下2个月合约：行权价格≤2500点时，行权价格间距为25点；2500点<行权价格≤5000点时，行权价格间距为50点；5000点<行权价格≤10000点时，行权价格间距为100点；行权价格>10000点时，行权价格间距为200点 对随后3个季月合约：行权价格≤2500点时，行权价格间距为50点；2500点<行权价格≤5000点时，行权价格间距为100点；5000点<行权价格≤10000点时，行权价格间距为200点；行权价格>10000点时，行权价格间距为400点	欧式	看涨期权：MO合约月份-C-行权价格 看跌期权：MO合约月份-P-行权价格	中国金融期货交易所
9:30–11:30，13:00–15:00	合约到期月份的第三个星期五，遇国家法定假日顺延	同最后交易日	行权价格覆盖上证50指数上一交易日收盘价上下浮动10%对应的价格范围 对当月与下2个月合约：行权价格≤2500点时，行权价格间距为25点；2500点<行权价格≤5000点时，行权价格间距为50点；5000点<行权价格≤10000点时，行权价格间距为100点；行权价格>10000点时，行权价格间距为200点 对随后3个季月合约：行权价格≤2500点时，行权价格间距为50点；2500点<行权价格≤5000点时，行权价格间距为100点；5000点<行权价格≤10000点时，行权价格间距为200点；行权价格>10000点时，行权价格间距为400点	欧式	看涨期权：HO合约月份-C-行权价格 看跌期权：HO合约月份-P-行权价格	中国金融期货交易所

5-29-2 续表 1 continued

交易时间 Trading Hours	最后交易日 Last Trading Day	到期日 Expiration Day	行权价格 Strike Price	行权方式 Exercise Style	交易代码 Trading Code	上市交易所 Listed Exchange
2021-07-29	2022-03-23	2022-3-23	2.86	欧式	510050C2203A02900	上海证券交易所
2021-07-29	2022-03-23	2022-3-23	2.91	欧式	510050C2203A02950	上海证券交易所
2021-07-29	2022-03-23	2022-3-23	2.96	欧式	510050C2203A03000	上海证券交易所
2021-07-29	2022-03-23	2022-3-23	3.06	欧式	510050C2203A03100	上海证券交易所
2021-07-29	2022-03-23	2022-3-23	3.16	欧式	510050C2203A03200	上海证券交易所
2021-07-29	2022-03-23	2022-3-23	3.26	欧式	510050C2203A03300	上海证券交易所
2021-07-29	2022-03-23	2022-3-23	3.36	欧式	510050C2203A03400	上海证券交易所
2021-07-29	2022-03-23	2022-3-23	3.46	欧式	510050C2203A03500	上海证券交易所
2021-07-29	2022-03-23	2022-3-23	3.55	欧式	510050C2203A03600	上海证券交易所
2021-07-29	2022-03-23	2022-3-23	2.86	欧式	510050P2203A02900	上海证券交易所
2021-07-29	2022-03-23	2022-3-23	2.91	欧式	510050P2203A02950	上海证券交易所
2021-07-29	2022-03-23	2022-3-23	2.96	欧式	510050P2203A03000	上海证券交易所
2021-07-29	2022-03-23	2022-3-23	3.06	欧式	510050P2203A03100	上海证券交易所
2021-07-29	2022-03-23	2022-3-23	3.16	欧式	510050P2203A03200	上海证券交易所
2021-07-29	2022-03-23	2022-3-23	3.26	欧式	510050P2203A03300	上海证券交易所
2021-07-29	2022-03-23	2022-3-23	3.36	欧式	510050P2203A03400	上海证券交易所
2021-07-29	2022-03-23	2022-3-23	3.46	欧式	510050P2203A03500	上海证券交易所
2021-07-29	2022-03-23	2022-3-23	3.55	欧式	510050P2203A03600	上海证券交易所
2021-07-29	2022-03-23	2022-3-23	4.33	欧式	510300C2203A04400	上海证券交易所
2021-07-29	2022-03-23	2022-3-23	4.43	欧式	510300C2203A04500	上海证券交易所
2021-07-29	2022-03-23	2022-3-23	4.53	欧式	510300C2203A04600	上海证券交易所
2021-07-29	2022-03-23	2022-3-23	4.63	欧式	510300C2203A04700	上海证券交易所
2021-07-29	2022-03-23	2022-3-23	4.73	欧式	510300C2203A04800	上海证券交易所
2021-07-29	2022-03-23	2022-3-23	4.83	欧式	510300C2203A04900	上海证券交易所
2021-07-29	2022-03-23	2022-3-23	4.92	欧式	510300C2203A05000	上海证券交易所
2021-07-29	2022-03-23	2022-3-23	5.17	欧式	510300C2203A05250	上海证券交易所
2021-07-29	2022-03-23	2022-3-23	5.42	欧式	510300C2203A05500	上海证券交易所
2021-07-29	2022-03-23	2022-3-23	4.33	欧式	510300P2203A04400	上海证券交易所
2021-07-29	2022-03-23	2022-3-23	4.43	欧式	510300P2203A04500	上海证券交易所
2021-07-29	2022-03-23	2022-3-23	4.53	欧式	510300P2203A04600	上海证券交易所
2021-07-29	2022-03-23	2022-3-23	4.63	欧式	510300P2203A04700	上海证券交易所
2021-07-29	2022-03-23	2022-3-23	4.73	欧式	510300P2203A04800	上海证券交易所
2021-07-29	2022-03-23	2022-3-23	4.83	欧式	510300P2203A04900	上海证券交易所
2021-07-29	2022-03-23	2022-3-23	4.92	欧式	510300P2203A05000	上海证券交易所
2021-07-29	2022-03-23	2022-3-23	5.17	欧式	510300P2203A05250	上海证券交易所
2021-07-29	2022-03-23	2022-3-23	5.42	欧式	510300P2203A05500	上海证券交易所
2021-07-30	2022-03-23	2022-3-23	5.66	欧式	510300C2203A05750	上海证券交易所
2021-07-30	2022-03-23	2022-3-23	5.66	欧式	510300P2203A05750	上海证券交易所
2021-08-03	2022-03-23	2022-3-23	5.91	欧式	510300C2203A06000	上海证券交易所
2021-08-03	2022-03-23	2022-3-23	5.91	欧式	510300P2203A06000	上海证券交易所
2021-08-04	2022-03-23	2022-3-23	3.65	欧式	510050C2203A03700	上海证券交易所
2021-08-04	2022-03-23	2022-3-23	3.65	欧式	510050P2203A03700	上海证券交易所
2021-08-23	2022-03-23	2022-3-23	2.81	欧式	510050C2203A02850	上海证券交易所
2021-08-23	2022-03-23	2022-3-23	2.81	欧式	510050P2203A02850	上海证券交易所
2021-10-25	2022-03-23	2022-3-23	3.75	欧式	510050C2203A03800	上海证券交易所
2021-10-25	2022-03-23	2022-3-23	3.75	欧式	510050P2203A03800	上海证券交易所
2021-10-28	2022-06-22	2022-6-22	2.91	欧式	510050C2206A02950	上海证券交易所

5-29-2 续表 2 continued

交易时间 Trading Hours	最后交易日 Last Trading Day	到期日 Expiration Day	行权价格 Strike Price	行权方式 Exercise Style	交易代码 Trading Code	上市交易所 Listed Exchange
2021-10-28	2022-06-22	2022-6-22	2.96	欧式	510050C2206A03000	上海证券交易所
2021-10-28	2022-06-22	2022-6-22	3.06	欧式	510050C2206A03100	上海证券交易所
2021-10-28	2022-06-22	2022-6-22	3.16	欧式	510050C2206A03200	上海证券交易所
2021-10-28	2022-06-22	2022-6-22	3.26	欧式	510050C2206A03300	上海证券交易所
2021-10-28	2022-06-22	2022-6-22	3.36	欧式	510050C2206A03400	上海证券交易所
2021-10-28	2022-06-22	2022-6-22	3.46	欧式	510050C2206A03500	上海证券交易所
2021-10-28	2022-06-22	2022-6-22	3.55	欧式	510050C2206A03600	上海证券交易所
2021-10-28	2022-06-22	2022-6-22	3.65	欧式	510050C2206A03700	上海证券交易所
2021-10-28	2022-06-22	2022-6-22	2.91	欧式	510050P2206A02950	上海证券交易所
2021-10-28	2022-06-22	2022-6-22	2.96	欧式	510050P2206A03000	上海证券交易所
2021-10-28	2022-06-22	2022-6-22	3.06	欧式	510050P2206A03100	上海证券交易所
2021-10-28	2022-06-22	2022-6-22	3.16	欧式	510050P2206A03200	上海证券交易所
2021-10-28	2022-06-22	2022-6-22	3.26	欧式	510050P2206A03300	上海证券交易所
2021-10-28	2022-06-22	2022-6-22	3.36	欧式	510050P2206A03400	上海证券交易所
2021-10-28	2022-06-22	2022-6-22	3.46	欧式	510050P2206A03500	上海证券交易所
2021-10-28	2022-06-22	2022-6-22	3.55	欧式	510050P2206A03600	上海证券交易所
2021-10-28	2022-06-22	2022-6-22	3.65	欧式	510050P2206A03700	上海证券交易所
2021-10-28	2022-06-22	2022-6-22	4.53	欧式	510300C2206A04600	上海证券交易所
2021-10-28	2022-06-22	2022-6-22	4.63	欧式	510300C2206A04700	上海证券交易所
2021-10-28	2022-06-22	2022-6-22	4.73	欧式	510300C2206A04800	上海证券交易所
2021-10-28	2022-06-22	2022-6-22	4.83	欧式	510300C2206A04900	上海证券交易所
2021-10-28	2022-06-22	2022-6-22	4.92	欧式	510300C2206A05000	上海证券交易所
2021-10-28	2022-06-22	2022-6-22	5.17	欧式	510300C2206A05250	上海证券交易所
2021-10-28	2022-06-22	2022-6-22	5.42	欧式	510300C2206A05500	上海证券交易所
2021-10-28	2022-06-22	2022-6-22	5.66	欧式	510300C2206A05750	上海证券交易所
2021-10-28	2022-06-22	2022-6-22	5.91	欧式	510300C2206A06000	上海证券交易所
2021-10-28	2022-06-22	2022-6-22	4.53	欧式	510300P2206A04600	上海证券交易所
2021-10-28	2022-06-22	2022-6-22	4.63	欧式	510300P2206A04700	上海证券交易所
2021-10-28	2022-06-22	2022-6-22	4.73	欧式	510300P2206A04800	上海证券交易所
2021-10-28	2022-06-22	2022-6-22	4.83	欧式	510300P2206A04900	上海证券交易所
2021-10-28	2022-06-22	2022-6-22	4.92	欧式	510300P2206A05000	上海证券交易所
2021-10-28	2022-06-22	2022-6-22	5.17	欧式	510300P2206A05250	上海证券交易所
2021-10-28	2022-06-22	2022-6-22	5.42	欧式	510300P2206A05500	上海证券交易所
2021-10-28	2022-06-22	2022-6-22	5.66	欧式	510300P2206A05750	上海证券交易所
2021-10-28	2022-06-22	2022-6-22	5.91	欧式	510300P2206A06000	上海证券交易所
2021-10-29	2022-06-22	2022-6-22	4.43	欧式	510300C2206A04500	上海证券交易所
2021-10-29	2022-06-22	2022-6-22	4.43	欧式	510300P2206A04500	上海证券交易所
2021-11-04	2022-06-22	2022-6-22	2.86	欧式	510050C2206A02900	上海证券交易所
2021-11-04	2022-06-22	2022-6-22	2.86	欧式	510050P2206A02900	上海证券交易所
2021-11-25	2022-01-26	2022-1-26	2.91	欧式	510050C2201A02950	上海证券交易所
2021-11-25	2022-01-26	2022-1-26	2.96	欧式	510050C2201A03000	上海证券交易所
2021-11-25	2022-01-26	2022-1-26	3.06	欧式	510050C2201A03100	上海证券交易所
2021-11-25	2022-01-26	2022-1-26	3.16	欧式	510050C2201A03200	上海证券交易所
2021-11-25	2022-01-26	2022-1-26	3.26	欧式	510050C2201A03300	上海证券交易所
2021-11-25	2022-01-26	2022-1-26	3.36	欧式	510050C2201A03400	上海证券交易所
2021-11-25	2022-01-26	2022-1-26	3.46	欧式	510050C2201A03500	上海证券交易所
2021-11-25	2022-01-26	2022-1-26	3.55	欧式	510050C2201A03600	上海证券交易所
2021-11-25	2022-01-26	2022-1-26	3.65	欧式	510050C2201A03700	上海证券交易所

5-29-2 续表 3 continued

交易时间 Trading Hours	最后交易日 Last Trading Day	到期日 Expiration Day	行权价格 Strike Price	行权方式 Exercise Style	交易代码 Trading Code	上市交易所 Listed Exchange
2021-11-25	2022-01-26	2022-1-26	2.91	欧式	510050P2201A02950	上海证券交易所
2021-11-25	2022-01-26	2022-1-26	2.96	欧式	510050P2201A03000	上海证券交易所
2021-11-25	2022-01-26	2022-1-26	3.06	欧式	510050P2201A03100	上海证券交易所
2021-11-25	2022-01-26	2022-1-26	3.16	欧式	510050P2201A03200	上海证券交易所
2021-11-25	2022-01-26	2022-1-26	3.26	欧式	510050P2201A03300	上海证券交易所
2021-11-25	2022-01-26	2022-1-26	3.36	欧式	510050P2201A03400	上海证券交易所
2021-11-25	2022-01-26	2022-1-26	3.46	欧式	510050P2201A03500	上海证券交易所
2021-11-25	2022-01-26	2022-1-26	3.55	欧式	510050P2201A03600	上海证券交易所
2021-11-25	2022-01-26	2022-1-26	3.65	欧式	510050P2201A03700	上海证券交易所
2021-11-25	2022-01-26	2022-1-26	4.53	欧式	510300C2201A04600	上海证券交易所
2021-11-25	2022-01-26	2022-1-26	4.63	欧式	510300C2201A04700	上海证券交易所
2021-11-25	2022-01-26	2022-1-26	4.73	欧式	510300C2201A04800	上海证券交易所
2021-11-25	2022-01-26	2022-1-26	4.83	欧式	510300C2201A04900	上海证券交易所
2021-11-25	2022-01-26	2022-1-26	4.92	欧式	510300C2201A05000	上海证券交易所
2021-11-25	2022-01-26	2022-1-26	5.17	欧式	510300C2201A05250	上海证券交易所
2021-11-25	2022-01-26	2022-1-26	5.42	欧式	510300C2201A05500	上海证券交易所
2021-11-25	2022-01-26	2022-1-26	5.66	欧式	510300C2201A05750	上海证券交易所
2021-11-25	2022-01-26	2022-1-26	5.91	欧式	510300C2201A06000	上海证券交易所
2021-11-25	2022-01-26	2022-1-26	4.53	欧式	510300P2201A04600	上海证券交易所
2021-11-25	2022-01-26	2022-1-26	4.63	欧式	510300P2201A04700	上海证券交易所
2021-11-25	2022-01-26	2022-1-26	4.73	欧式	510300P2201A04800	上海证券交易所
2021-11-25	2022-01-26	2022-1-26	4.83	欧式	510300P2201A04900	上海证券交易所
2021-11-25	2022-01-26	2022-1-26	4.92	欧式	510300P2201A05000	上海证券交易所
2021-11-25	2022-01-26	2022-1-26	5.17	欧式	510300P2201A05250	上海证券交易所
2021-11-25	2022-01-26	2022-1-26	5.42	欧式	510300P2201A05500	上海证券交易所
2021-11-25	2022-01-26	2022-1-26	5.66	欧式	510300P2201A05750	上海证券交易所
2021-11-25	2022-01-26	2022-1-26	5.91	欧式	510300P2201A06000	上海证券交易所
2021-11-29	2022-01-26	2022-1-26	4.43	欧式	510300C2201A04500	上海证券交易所
2021-11-29	2022-01-26	2022-1-26	4.43	欧式	510300P2201A04500	上海证券交易所
2021-11-29	2022-01-26	2022-1-26	2.90	欧式	510050C2201M02900	上海证券交易所
2021-11-29	2022-01-26	2022-1-26	2.95	欧式	510050C2201M02950	上海证券交易所
2021-11-29	2022-01-26	2022-1-26	3.00	欧式	510050C2201M03000	上海证券交易所
2021-11-29	2022-01-26	2022-1-26	3.10	欧式	510050C2201M03100	上海证券交易所
2021-11-29	2022-01-26	2022-1-26	3.20	欧式	510050C2201M03200	上海证券交易所
2021-11-29	2022-01-26	2022-1-26	3.30	欧式	510050C2201M03300	上海证券交易所
2021-11-29	2022-01-26	2022-1-26	3.40	欧式	510050C2201M03400	上海证券交易所
2021-11-29	2022-01-26	2022-1-26	3.50	欧式	510050C2201M03500	上海证券交易所
2021-11-29	2022-01-26	2022-1-26	3.60	欧式	510050C2201M03600	上海证券交易所
2021-11-29	2022-01-26	2022-1-26	2.90	欧式	510050P2201M02900	上海证券交易所
2021-11-29	2022-01-26	2022-1-26	2.95	欧式	510050P2201M02950	上海证券交易所
2021-11-29	2022-01-26	2022-1-26	3.00	欧式	510050P2201M03000	上海证券交易所
2021-11-29	2022-01-26	2022-1-26	3.10	欧式	510050P2201M03100	上海证券交易所
2021-11-29	2022-01-26	2022-1-26	3.20	欧式	510050P2201M03200	上海证券交易所
2021-11-29	2022-01-26	2022-1-26	3.30	欧式	510050P2201M03300	上海证券交易所
2021-11-29	2022-01-26	2022-1-26	3.40	欧式	510050P2201M03400	上海证券交易所
2021-11-29	2022-01-26	2022-1-26	3.50	欧式	510050P2201M03500	上海证券交易所
2021-11-29	2022-01-26	2022-1-26	3.60	欧式	510050P2201M03600	上海证券交易所
2021-11-29	2022-03-23	2022-3-23	2.90	欧式	510050C2203M02900	上海证券交易所

5-29-2 续表 4 continued

交易时间 Trading Hours	最后交易日 Last Trading Day	到期日 Expiration Day	行权价格 Strike Price	行权方式 Exercise Style	交易代码 Trading Code	上市交易所 Listed Exchange
2021-11-29	2022-03-23	2022-3-23	2.95	欧式	510050C2203M02950	上海证券交易所
2021-11-29	2022-03-23	2022-3-23	3.00	欧式	510050C2203M03000	上海证券交易所
2021-11-29	2022-03-23	2022-3-23	3.10	欧式	510050C2203M03100	上海证券交易所
2021-11-29	2022-03-23	2022-3-23	3.20	欧式	510050C2203M03200	上海证券交易所
2021-11-29	2022-03-23	2022-3-23	3.30	欧式	510050C2203M03300	上海证券交易所
2021-11-29	2022-03-23	2022-3-23	3.40	欧式	510050C2203M03400	上海证券交易所
2021-11-29	2022-03-23	2022-3-23	3.50	欧式	510050C2203M03500	上海证券交易所
2021-11-29	2022-03-23	2022-3-23	3.60	欧式	510050C2203M03600	上海证券交易所
2021-11-29	2022-03-23	2022-3-23	2.90	欧式	510050P2203M02900	上海证券交易所
2021-11-29	2022-03-23	2022-3-23	2.95	欧式	510050P2203M02950	上海证券交易所
2021-11-29	2022-03-23	2022-3-23	3.00	欧式	510050P2203M03000	上海证券交易所
2021-11-29	2022-03-23	2022-3-23	3.10	欧式	510050P2203M03100	上海证券交易所
2021-11-29	2022-03-23	2022-3-23	3.20	欧式	510050P2203M03200	上海证券交易所
2021-11-29	2022-03-23	2022-3-23	3.30	欧式	510050P2203M03300	上海证券交易所
2021-11-29	2022-03-23	2022-3-23	3.40	欧式	510050P2203M03400	上海证券交易所
2021-11-29	2022-03-23	2022-3-23	3.50	欧式	510050P2203M03500	上海证券交易所
2021-11-29	2022-03-23	2022-3-23	3.60	欧式	510050P2203M03600	上海证券交易所
2021-11-29	2022-06-22	2022-6-22	2.90	欧式	510050C2206M02900	上海证券交易所
2021-11-29	2022-06-22	2022-6-22	2.95	欧式	510050C2206M02950	上海证券交易所
2021-11-29	2022-06-22	2022-6-22	3.00	欧式	510050C2206M03000	上海证券交易所
2021-11-29	2022-06-22	2022-6-22	3.10	欧式	510050C2206M03100	上海证券交易所
2021-11-29	2022-06-22	2022-6-22	3.20	欧式	510050C2206M03200	上海证券交易所
2021-11-29	2022-06-22	2022-6-22	3.30	欧式	510050C2206M03300	上海证券交易所
2021-11-29	2022-06-22	2022-6-22	3.40	欧式	510050C2206M03400	上海证券交易所
2021-11-29	2022-06-22	2022-6-22	3.50	欧式	510050C2206M03500	上海证券交易所
2021-11-29	2022-06-22	2022-6-22	3.60	欧式	510050C2206M03600	上海证券交易所
2021-11-29	2022-06-22	2022-6-22	2.90	欧式	510050P2206M02900	上海证券交易所
2021-11-29	2022-06-22	2022-6-22	2.95	欧式	510050P2206M02950	上海证券交易所
2021-11-29	2022-06-22	2022-6-22	3.00	欧式	510050P2206M03000	上海证券交易所
2021-11-29	2022-06-22	2022-6-22	3.10	欧式	510050P2206M03100	上海证券交易所
2021-11-29	2022-06-22	2022-6-22	3.20	欧式	510050P2206M03200	上海证券交易所
2021-11-29	2022-06-22	2022-6-22	3.30	欧式	510050P2206M03300	上海证券交易所
2021-11-29	2022-06-22	2022-6-22	3.40	欧式	510050P2206M03400	上海证券交易所
2021-11-29	2022-06-22	2022-6-22	3.50	欧式	510050P2206M03500	上海证券交易所
2021-11-29	2022-06-22	2022-6-22	3.60	欧式	510050P2206M03600	上海证券交易所
2021-12-08	2022-01-26	2022-1-26	3.70	欧式	510050C2201M03700	上海证券交易所
2021-12-08	2022-01-26	2022-1-26	3.70	欧式	510050P2201M03700	上海证券交易所
2021-12-08	2022-03-23	2022-3-23	3.70	欧式	510050C2203M03700	上海证券交易所
2021-12-08	2022-03-23	2022-3-23	3.70	欧式	510050P2203M03700	上海证券交易所
2021-12-08	2022-06-22	2022-6-22	3.70	欧式	510050C2206M03700	上海证券交易所
2021-12-08	2022-06-22	2022-6-22	3.70	欧式	510050P2206M03700	上海证券交易所
2021-12-10	2022-01-26	2022-1-26	3.80	欧式	510050C2201M03800	上海证券交易所
2021-12-10	2022-01-26	2022-1-26	3.80	欧式	510050P2201M03800	上海证券交易所
2021-12-10	2022-03-23	2022-3-23	3.80	欧式	510050C2203M03800	上海证券交易所
2021-12-10	2022-03-23	2022-3-23	3.80	欧式	510050P2203M03800	上海证券交易所
2021-12-10	2022-06-22	2022-6-22	3.80	欧式	510050C2206M03800	上海证券交易所
2021-12-10	2022-06-22	2022-6-22	3.80	欧式	510050P2206M03800	上海证券交易所
2021-12-10	2022-01-26	2022-1-26	6.15	欧式	510300C2201A06250	上海证券交易所

5-29-2 续表 5 continued

交易时间 Trading Hours	最后交易日 Last Trading Day	到期日 Expiration Day	行权价格 Strike Price	行权方式 Exercise Style	交易代码 Trading Code	上市交易所 Listed Exchange
2021-12-10	2022-01-26	2022-1-26	6.15	欧式	510300P2201A06250	上海证券交易所
2021-12-10	2022-03-23	2022-3-23	6.15	欧式	510300C2203A06250	上海证券交易所
2021-12-10	2022-03-23	2022-3-23	6.15	欧式	510300P2203A06250	上海证券交易所
2021-12-10	2022-06-22	2022-6-22	6.15	欧式	510300C2206A06250	上海证券交易所
2021-12-10	2022-06-22	2022-6-22	6.15	欧式	510300P2206A06250	上海证券交易所
2021-12-23	2022-02-23	2022-2-23	2.90	欧式	510050C2202M02900	上海证券交易所
2021-12-23	2022-02-23	2022-2-23	2.95	欧式	510050C2202M02950	上海证券交易所
2021-12-23	2022-02-23	2022-2-23	3.00	欧式	510050C2202M03000	上海证券交易所
2021-12-23	2022-02-23	2022-2-23	3.10	欧式	510050C2202M03100	上海证券交易所
2021-12-23	2022-02-23	2022-2-23	3.20	欧式	510050C2202M03200	上海证券交易所
2021-12-23	2022-02-23	2022-2-23	3.30	欧式	510050C2202M03300	上海证券交易所
2021-12-23	2022-02-23	2022-2-23	3.40	欧式	510050C2202M03400	上海证券交易所
2021-12-23	2022-02-23	2022-2-23	3.50	欧式	510050C2202M03500	上海证券交易所
2021-12-23	2022-02-23	2022-2-23	3.60	欧式	510050C2202M03600	上海证券交易所
2021-12-23	2022-02-23	2022-2-23	2.90	欧式	510050P2202M02900	上海证券交易所
2021-12-23	2022-02-23	2022-2-23	2.95	欧式	510050P2202M02950	上海证券交易所
2021-12-23	2022-02-23	2022-2-23	3.00	欧式	510050P2202M03000	上海证券交易所
2021-12-23	2022-02-23	2022-2-23	3.10	欧式	510050P2202M03100	上海证券交易所
2021-12-23	2022-02-23	2022-2-23	3.20	欧式	510050P2202M03200	上海证券交易所
2021-12-23	2022-02-23	2022-2-23	3.30	欧式	510050P2202M03300	上海证券交易所
2021-12-23	2022-02-23	2022-2-23	3.40	欧式	510050P2202M03400	上海证券交易所
2021-12-23	2022-02-23	2022-2-23	3.50	欧式	510050P2202M03500	上海证券交易所
2021-12-23	2022-02-23	2022-2-23	3.60	欧式	510050P2202M03600	上海证券交易所
2021-12-23	2022-02-23	2022-2-23	4.53	欧式	510300C2202A04600	上海证券交易所
2021-12-23	2022-02-23	2022-2-23	4.63	欧式	510300C2202A04700	上海证券交易所
2021-12-23	2022-02-23	2022-2-23	4.73	欧式	510300C2202A04800	上海证券交易所
2021-12-23	2022-02-23	2022-2-23	4.83	欧式	510300C2202A04900	上海证券交易所
2021-12-23	2022-02-23	2022-2-23	4.92	欧式	510300C2202A05000	上海证券交易所
2021-12-23	2022-02-23	2022-2-23	5.17	欧式	510300C2202A05250	上海证券交易所
2021-12-23	2022-02-23	2022-2-23	5.42	欧式	510300C2202A05500	上海证券交易所
2021-12-23	2022-02-23	2022-2-23	5.66	欧式	510300C2202A05750	上海证券交易所
2021-12-23	2022-02-23	2022-2-23	5.91	欧式	510300C2202A06000	上海证券交易所
2021-12-23	2022-02-23	2022-2-23	4.53	欧式	510300P2202A04600	上海证券交易所
2021-12-23	2022-02-23	2022-2-23	4.63	欧式	510300P2202A04700	上海证券交易所
2021-12-23	2022-02-23	2022-2-23	4.73	欧式	510300P2202A04800	上海证券交易所
2021-12-23	2022-02-23	2022-2-23	4.83	欧式	510300P2202A04900	上海证券交易所
2021-12-23	2022-02-23	2022-2-23	4.92	欧式	510300P2202A05000	上海证券交易所
2021-12-23	2022-02-23	2022-2-23	5.17	欧式	510300P2202A05250	上海证券交易所
2021-12-23	2022-02-23	2022-2-23	5.42	欧式	510300P2202A05500	上海证券交易所
2021-12-23	2022-02-23	2022-2-23	5.66	欧式	510300P2202A05750	上海证券交易所
2021-12-23	2022-02-23	2022-2-23	5.91	欧式	510300P2202A06000	上海证券交易所
2021-12-24	2022-02-23	2022-2-23	3.70	欧式	510050C2202M03700	上海证券交易所
2021-12-24	2022-02-23	2022-2-23	3.70	欧式	510050P2202M03700	上海证券交易所
2022-01-06	2022-02-23	2022-2-23	4.43	欧式	510300C2202A04500	上海证券交易所
2022-01-06	2022-02-23	2022-2-23	4.43	欧式	510300P2202A04500	上海证券交易所
2022-01-14	2022-01-26	2022-1-26	4.33	欧式	510300C2201A04400	上海证券交易所
2022-01-14	2022-01-26	2022-1-26	4.33	欧式	510300P2201A04400	上海证券交易所
2022-01-14	2022-02-23	2022-2-23	4.33	欧式	510300C2202A04400	上海证券交易所

5-29-2　续表 6　continued

交易时间 Trading Hours	最后交易日 Last Trading Day	到期日 Expiration Day	行权价格 Strike Price	行权方式 Exercise Style	交易代码 Trading Code	上市交易所 Listed Exchange
2022-01-14	2022-02-23	2022-2-23	4.33	欧式	510300P2202A04400	上海证券交易所
2022-01-14	2022-06-22	2022-6-22	4.33	欧式	510300C2206A04400	上海证券交易所
2022-01-14	2022-06-22	2022-6-22	4.33	欧式	510300P2206A04400	上海证券交易所
2022-01-17	2022-01-26	2022-1-26	2.85	欧式	510050C2201M02850	上海证券交易所
2022-01-17	2022-01-26	2022-1-26	2.85	欧式	510050P2201M02850	上海证券交易所
2022-01-17	2022-02-23	2022-2-23	2.85	欧式	510050C2202M02850	上海证券交易所
2022-01-17	2022-02-23	2022-2-23	2.85	欧式	510050P2202M02850	上海证券交易所
2022-01-17	2022-03-23	2022-3-23	2.85	欧式	510050C2203M02850	上海证券交易所
2022-01-17	2022-03-23	2022-3-23	2.85	欧式	510050P2203M02850	上海证券交易所
2022-01-17	2022-06-22	2022-6-22	2.85	欧式	510050C2206M02850	上海证券交易所
2022-01-17	2022-06-22	2022-6-22	2.85	欧式	510050P2206M02850	上海证券交易所
2022-01-19	2022-01-26	2022-1-26	4.40	欧式	510300C2201M04400	上海证券交易所
2022-01-19	2022-01-26	2022-1-26	4.50	欧式	510300C2201M04500	上海证券交易所
2022-01-19	2022-01-26	2022-1-26	4.60	欧式	510300C2201M04600	上海证券交易所
2022-01-19	2022-01-26	2022-1-26	4.70	欧式	510300C2201M04700	上海证券交易所
2022-01-19	2022-01-26	2022-1-26	4.80	欧式	510300C2201M04800	上海证券交易所
2022-01-19	2022-01-26	2022-1-26	4.90	欧式	510300C2201M04900	上海证券交易所
2022-01-19	2022-01-26	2022-1-26	5.00	欧式	510300C2201M05000	上海证券交易所
2022-01-19	2022-01-26	2022-1-26	5.25	欧式	510300C2201M05250	上海证券交易所
2022-01-19	2022-01-26	2022-1-26	5.50	欧式	510300C2201M05500	上海证券交易所
2022-01-19	2022-01-26	2022-1-26	4.40	欧式	510300P2201M04400	上海证券交易所
2022-01-19	2022-01-26	2022-1-26	4.50	欧式	510300P2201M04500	上海证券交易所
2022-01-19	2022-01-26	2022-1-26	4.60	欧式	510300P2201M04600	上海证券交易所
2022-01-19	2022-01-26	2022-1-26	4.70	欧式	510300P2201M04700	上海证券交易所
2022-01-19	2022-01-26	2022-1-26	4.80	欧式	510300P2201M04800	上海证券交易所
2022-01-19	2022-01-26	2022-1-26	4.90	欧式	510300P2201M04900	上海证券交易所
2022-01-19	2022-01-26	2022-1-26	5.00	欧式	510300P2201M05000	上海证券交易所
2022-01-19	2022-01-26	2022-1-26	5.25	欧式	510300P2201M05250	上海证券交易所
2022-01-19	2022-01-26	2022-1-26	5.50	欧式	510300P2201M05500	上海证券交易所
2022-01-19	2022-02-23	2022-2-23	4.40	欧式	510300C2202M04400	上海证券交易所
2022-01-19	2022-02-23	2022-2-23	4.50	欧式	510300C2202M04500	上海证券交易所
2022-01-19	2022-02-23	2022-2-23	4.60	欧式	510300C2202M04600	上海证券交易所
2022-01-19	2022-02-23	2022-2-23	4.70	欧式	510300C2202M04700	上海证券交易所
2022-01-19	2022-02-23	2022-2-23	4.80	欧式	510300C2202M04800	上海证券交易所
2022-01-19	2022-02-23	2022-2-23	4.90	欧式	510300C2202M04900	上海证券交易所
2022-01-19	2022-02-23	2022-2-23	5.00	欧式	510300C2202M05000	上海证券交易所
2022-01-19	2022-02-23	2022-2-23	5.25	欧式	510300C2202M05250	上海证券交易所
2022-01-19	2022-02-23	2022-2-23	5.50	欧式	510300C2202M05500	上海证券交易所
2022-01-19	2022-02-23	2022-2-23	4.40	欧式	510300P2202M04400	上海证券交易所
2022-01-19	2022-02-23	2022-2-23	4.50	欧式	510300P2202M04500	上海证券交易所
2022-01-19	2022-02-23	2022-2-23	4.60	欧式	510300P2202M04600	上海证券交易所
2022-01-19	2022-02-23	2022-2-23	4.70	欧式	510300P2202M04700	上海证券交易所
2022-01-19	2022-02-23	2022-2-23	4.80	欧式	510300P2202M04800	上海证券交易所
2022-01-19	2022-02-23	2022-2-23	4.90	欧式	510300P2202M04900	上海证券交易所
2022-01-19	2022-02-23	2022-2-23	5.00	欧式	510300P2202M05000	上海证券交易所
2022-01-19	2022-02-23	2022-2-23	5.25	欧式	510300P2202M05250	上海证券交易所
2022-01-19	2022-02-23	2022-2-23	5.50	欧式	510300P2202M05500	上海证券交易所
2022-01-19	2022-03-23	2022-3-23	4.40	欧式	510300C2203M04400	上海证券交易所

5-29-2 续表 7 continued

交易时间 Trading Hours	最后交易日 Last Trading Day	到期日 Expiration Day	行权价格 Strike Price	行权方式 Exercise Style	交易代码 Trading Code	上市交易所 Listed Exchange
2022-01-19	2022-03-23	2022-3-23	4.50	欧式	510300C2203M04500	上海证券交易所
2022-01-19	2022-03-23	2022-3-23	4.60	欧式	510300C2203M04600	上海证券交易所
2022-01-19	2022-03-23	2022-3-23	4.70	欧式	510300C2203M04700	上海证券交易所
2022-01-19	2022-03-23	2022-3-23	4.80	欧式	510300C2203M04800	上海证券交易所
2022-01-19	2022-03-23	2022-3-23	4.90	欧式	510300C2203M04900	上海证券交易所
2022-01-19	2022-03-23	2022-3-23	5.00	欧式	510300C2203M05000	上海证券交易所
2022-01-19	2022-03-23	2022-3-23	5.25	欧式	510300C2203M05250	上海证券交易所
2022-01-19	2022-03-23	2022-3-23	5.50	欧式	510300C2203M05500	上海证券交易所
2022-01-19	2022-03-23	2022-3-23	4.40	欧式	510300P2203M04400	上海证券交易所
2022-01-19	2022-03-23	2022-3-23	4.50	欧式	510300P2203M04500	上海证券交易所
2022-01-19	2022-03-23	2022-3-23	4.60	欧式	510300P2203M04600	上海证券交易所
2022-01-19	2022-03-23	2022-3-23	4.70	欧式	510300P2203M04700	上海证券交易所
2022-01-19	2022-03-23	2022-3-23	4.80	欧式	510300P2203M04800	上海证券交易所
2022-01-19	2022-03-23	2022-3-23	4.90	欧式	510300P2203M04900	上海证券交易所
2022-01-19	2022-03-23	2022-3-23	5.00	欧式	510300P2203M05000	上海证券交易所
2022-01-19	2022-03-23	2022-3-23	5.25	欧式	510300P2203M05250	上海证券交易所
2022-01-19	2022-03-23	2022-3-23	5.50	欧式	510300P2203M05500	上海证券交易所
2022-01-19	2022-06-22	2022-6-22	4.40	欧式	510300C2206M04400	上海证券交易所
2022-01-19	2022-06-22	2022-6-22	4.50	欧式	510300C2206M04500	上海证券交易所
2022-01-19	2022-06-22	2022-6-22	4.60	欧式	510300C2206M04600	上海证券交易所
2022-01-19	2022-06-22	2022-6-22	4.70	欧式	510300C2206M04700	上海证券交易所
2022-01-19	2022-06-22	2022-6-22	4.80	欧式	510300C2206M04800	上海证券交易所
2022-01-19	2022-06-22	2022-6-22	4.90	欧式	510300C2206M04900	上海证券交易所
2022-01-19	2022-06-22	2022-6-22	5.00	欧式	510300C2206M05000	上海证券交易所
2022-01-19	2022-06-22	2022-6-22	5.25	欧式	510300C2206M05250	上海证券交易所
2022-01-19	2022-06-22	2022-6-22	5.50	欧式	510300C2206M05500	上海证券交易所
2022-01-19	2022-06-22	2022-6-22	4.40	欧式	510300P2206M04400	上海证券交易所
2022-01-19	2022-06-22	2022-6-22	4.50	欧式	510300P2206M04500	上海证券交易所
2022-01-19	2022-06-22	2022-6-22	4.60	欧式	510300P2206M04600	上海证券交易所
2022-01-19	2022-06-22	2022-6-22	4.70	欧式	510300P2206M04700	上海证券交易所
2022-01-19	2022-06-22	2022-6-22	4.80	欧式	510300P2206M04800	上海证券交易所
2022-01-19	2022-06-22	2022-6-22	4.90	欧式	510300P2206M04900	上海证券交易所
2022-01-19	2022-06-22	2022-6-22	5.00	欧式	510300P2206M05000	上海证券交易所
2022-01-19	2022-06-22	2022-6-22	5.25	欧式	510300P2206M05250	上海证券交易所
2022-01-19	2022-06-22	2022-6-22	5.50	欧式	510300P2206M05500	上海证券交易所
2022-01-26	2022-01-26	2022-1-26	4.30	欧式	510300C2201M04300	上海证券交易所
2022-01-26	2022-01-26	2022-1-26	4.30	欧式	510300P2201M04300	上海证券交易所
2022-01-26	2022-02-23	2022-2-23	4.30	欧式	510300C2202M04300	上海证券交易所
2022-01-26	2022-02-23	2022-2-23	4.30	欧式	510300P2202M04300	上海证券交易所
2022-01-26	2022-03-23	2022-3-23	4.30	欧式	510300C2203M04300	上海证券交易所
2022-01-26	2022-03-23	2022-3-23	4.30	欧式	510300P2203M04300	上海证券交易所
2022-01-26	2022-06-22	2022-6-22	4.30	欧式	510300C2206M04300	上海证券交易所
2022-01-26	2022-06-22	2022-6-22	4.30	欧式	510300P2206M04300	上海证券交易所
2022-01-27	2022-09-28	2022-9-28	2.85	欧式	510050C2209M02850	上海证券交易所
2022-01-27	2022-09-28	2022-9-28	2.90	欧式	510050C2209M02900	上海证券交易所
2022-01-27	2022-09-28	2022-9-28	2.95	欧式	510050C2209M02950	上海证券交易所
2022-01-27	2022-09-28	2022-9-28	3.00	欧式	510050C2209M03000	上海证券交易所
2022-01-27	2022-09-28	2022-9-28	3.10	欧式	510050C2209M03100	上海证券交易所

5-29-2 续表 8 continued

交易时间 Trading Hours	最后交易日 Last Trading Day	到期日 Expiration Day	行权价格 Strike Price	行权方式 Exercise Style	交易代码 Trading Code	上市交易所 Listed Exchange
2022-01-27	2022-09-28	2022-9-28	3.20	欧式	510050C2209M03200	上海证券交易所
2022-01-27	2022-09-28	2022-9-28	3.30	欧式	510050C2209M03300	上海证券交易所
2022-01-27	2022-09-28	2022-9-28	3.40	欧式	510050C2209M03400	上海证券交易所
2022-01-27	2022-09-28	2022-9-28	3.50	欧式	510050C2209M03500	上海证券交易所
2022-01-27	2022-09-28	2022-9-28	2.85	欧式	510050P2209M02850	上海证券交易所
2022-01-27	2022-09-28	2022-9-28	2.90	欧式	510050P2209M02900	上海证券交易所
2022-01-27	2022-09-28	2022-9-28	2.95	欧式	510050P2209M02950	上海证券交易所
2022-01-27	2022-09-28	2022-9-28	3.00	欧式	510050P2209M03000	上海证券交易所
2022-01-27	2022-09-28	2022-9-28	3.10	欧式	510050P2209M03100	上海证券交易所
2022-01-27	2022-09-28	2022-9-28	3.20	欧式	510050P2209M03200	上海证券交易所
2022-01-27	2022-09-28	2022-9-28	3.30	欧式	510050P2209M03300	上海证券交易所
2022-01-27	2022-09-28	2022-9-28	3.40	欧式	510050P2209M03400	上海证券交易所
2022-01-27	2022-09-28	2022-9-28	3.50	欧式	510050P2209M03500	上海证券交易所
2022-01-27	2022-09-28	2022-9-28	4.30	欧式	510300C2209M04300	上海证券交易所
2022-01-27	2022-09-28	2022-9-28	4.40	欧式	510300C2209M04400	上海证券交易所
2022-01-27	2022-09-28	2022-9-28	4.50	欧式	510300C2209M04500	上海证券交易所
2022-01-27	2022-09-28	2022-9-28	4.60	欧式	510300C2209M04600	上海证券交易所
2022-01-27	2022-09-28	2022-9-28	4.70	欧式	510300C2209M04700	上海证券交易所
2022-01-27	2022-09-28	2022-9-28	4.80	欧式	510300C2209M04800	上海证券交易所
2022-01-27	2022-09-28	2022-9-28	4.90	欧式	510300C2209M04900	上海证券交易所
2022-01-27	2022-09-28	2022-9-28	5.00	欧式	510300C2209M05000	上海证券交易所
2022-01-27	2022-09-28	2022-9-28	5.25	欧式	510300C2209M05250	上海证券交易所
2022-01-27	2022-09-28	2022-9-28	4.30	欧式	510300P2209M04300	上海证券交易所
2022-01-27	2022-09-28	2022-9-28	4.40	欧式	510300P2209M04400	上海证券交易所
2022-01-27	2022-09-28	2022-9-28	4.50	欧式	510300P2209M04500	上海证券交易所
2022-01-27	2022-09-28	2022-9-28	4.60	欧式	510300P2209M04600	上海证券交易所
2022-01-27	2022-09-28	2022-9-28	4.70	欧式	510300P2209M04700	上海证券交易所
2022-01-27	2022-09-28	2022-9-28	4.80	欧式	510300P2209M04800	上海证券交易所
2022-01-27	2022-09-28	2022-9-28	4.90	欧式	510300P2209M04900	上海证券交易所
2022-01-27	2022-09-28	2022-9-28	5.00	欧式	510300P2209M05000	上海证券交易所
2022-01-27	2022-09-28	2022-9-28	5.25	欧式	510300P2209M05250	上海证券交易所
2022-01-28	2022-02-23	2022-2-23	4.20	欧式	510300C2202M04200	上海证券交易所
2022-01-28	2022-02-23	2022-2-23	4.20	欧式	510300P2202M04200	上海证券交易所
2022-01-28	2022-03-23	2022-3-23	4.20	欧式	510300C2203M04200	上海证券交易所
2022-01-28	2022-03-23	2022-3-23	4.20	欧式	510300P2203M04200	上海证券交易所
2022-01-28	2022-06-22	2022-6-22	4.20	欧式	510300C2206M04200	上海证券交易所
2022-01-28	2022-06-22	2022-6-22	4.20	欧式	510300P2206M04200	上海证券交易所
2022-01-28	2022-09-28	2022-9-28	4.20	欧式	510300C2209M04200	上海证券交易所
2022-01-28	2022-09-28	2022-9-28	4.20	欧式	510300P2209M04200	上海证券交易所
2022-02-07	2022-02-23	2022-2-23	2.80	欧式	510050C2202M02800	上海证券交易所
2022-02-07	2022-02-23	2022-2-23	2.80	欧式	510050P2202M02800	上海证券交易所
2022-02-07	2022-03-23	2022-3-23	2.80	欧式	510050C2203M02800	上海证券交易所
2022-02-07	2022-03-23	2022-3-23	2.80	欧式	510050P2203M02800	上海证券交易所
2022-02-07	2022-06-22	2022-6-22	2.80	欧式	510050C2206M02800	上海证券交易所
2022-02-07	2022-06-22	2022-6-22	2.80	欧式	510050P2206M02800	上海证券交易所
2022-02-07	2022-09-28	2022-9-28	2.80	欧式	510050C2209M02800	上海证券交易所
2022-02-07	2022-09-28	2022-9-28	2.80	欧式	510050P2209M02800	上海证券交易所
2022-02-15	2022-02-23	2022-2-23	4.10	欧式	510300C2202M04100	上海证券交易所

5-29-2 续表 9 continued

交易时间 Trading Hours	最后交易日 Last Trading Day	到期日 Expiration Day	行权价格 Strike Price	行权方式 Exercise Style	交易代码 Trading Code	上市交易所 Listed Exchange
2022-02-15	2022-02-23	2022-2-23	4.10	欧式	510300P2202M04100	上海证券交易所
2022-02-15	2022-03-23	2022-3-23	4.10	欧式	510300C2203M04100	上海证券交易所
2022-02-15	2022-03-23	2022-3-23	4.10	欧式	510300P2203M04100	上海证券交易所
2022-02-15	2022-06-22	2022-6-22	4.10	欧式	510300C2206M04100	上海证券交易所
2022-02-15	2022-06-22	2022-6-22	4.10	欧式	510300P2206M04100	上海证券交易所
2022-02-15	2022-09-28	2022-9-28	4.10	欧式	510300C2209M04100	上海证券交易所
2022-02-15	2022-09-28	2022-9-28	4.10	欧式	510300P2209M04100	上海证券交易所
2022-02-24	2022-04-27	2022-4-27	2.85	欧式	510050C2204M02850	上海证券交易所
2022-02-24	2022-04-27	2022-4-27	2.90	欧式	510050C2204M02900	上海证券交易所
2022-02-24	2022-04-27	2022-4-27	2.95	欧式	510050C2204M02950	上海证券交易所
2022-02-24	2022-04-27	2022-4-27	3.00	欧式	510050C2204M03000	上海证券交易所
2022-02-24	2022-04-27	2022-4-27	3.10	欧式	510050C2204M03100	上海证券交易所
2022-02-24	2022-04-27	2022-4-27	3.20	欧式	510050C2204M03200	上海证券交易所
2022-02-24	2022-04-27	2022-4-27	3.30	欧式	510050C2204M03300	上海证券交易所
2022-02-24	2022-04-27	2022-4-27	3.40	欧式	510050C2204M03400	上海证券交易所
2022-02-24	2022-04-27	2022-4-27	3.50	欧式	510050C2204M03500	上海证券交易所
2022-02-24	2022-04-27	2022-4-27	2.85	欧式	510050P2204M02850	上海证券交易所
2022-02-24	2022-04-27	2022-4-27	2.90	欧式	510050P2204M02900	上海证券交易所
2022-02-24	2022-04-27	2022-4-27	2.95	欧式	510050P2204M02950	上海证券交易所
2022-02-24	2022-04-27	2022-4-27	3.00	欧式	510050P2204M03000	上海证券交易所
2022-02-24	2022-04-27	2022-4-27	3.10	欧式	510050P2204M03100	上海证券交易所
2022-02-24	2022-04-27	2022-4-27	3.20	欧式	510050P2204M03200	上海证券交易所
2022-02-24	2022-04-27	2022-4-27	3.30	欧式	510050P2204M03300	上海证券交易所
2022-02-24	2022-04-27	2022-4-27	3.40	欧式	510050P2204M03400	上海证券交易所
2022-02-24	2022-04-27	2022-4-27	3.50	欧式	510050P2204M03500	上海证券交易所
2022-02-24	2022-04-27	2022-4-27	4.20	欧式	510300C2204M04200	上海证券交易所
2022-02-24	2022-04-27	2022-4-27	4.30	欧式	510300C2204M04300	上海证券交易所
2022-02-24	2022-04-27	2022-4-27	4.40	欧式	510300C2204M04400	上海证券交易所
2022-02-24	2022-04-27	2022-4-27	4.50	欧式	510300C2204M04500	上海证券交易所
2022-02-24	2022-04-27	2022-4-27	4.60	欧式	510300C2204M04600	上海证券交易所
2022-02-24	2022-04-27	2022-4-27	4.70	欧式	510300C2204M04700	上海证券交易所
2022-02-24	2022-04-27	2022-4-27	4.80	欧式	510300C2204M04800	上海证券交易所
2022-02-24	2022-04-27	2022-4-27	4.90	欧式	510300C2204M04900	上海证券交易所
2022-02-24	2022-04-27	2022-4-27	5.00	欧式	510300C2204M05000	上海证券交易所
2022-02-24	2022-04-27	2022-4-27	4.20	欧式	510300P2204M04200	上海证券交易所
2022-02-24	2022-04-27	2022-4-27	4.30	欧式	510300P2204M04300	上海证券交易所
2022-02-24	2022-04-27	2022-4-27	4.40	欧式	510300P2204M04400	上海证券交易所
2022-02-24	2022-04-27	2022-4-27	4.50	欧式	510300P2204M04500	上海证券交易所
2022-02-24	2022-04-27	2022-4-27	4.60	欧式	510300P2204M04600	上海证券交易所
2022-02-24	2022-04-27	2022-4-27	4.70	欧式	510300P2204M04700	上海证券交易所
2022-02-24	2022-04-27	2022-4-27	4.80	欧式	510300P2204M04800	上海证券交易所
2022-02-24	2022-04-27	2022-4-27	4.90	欧式	510300P2204M04900	上海证券交易所
2022-02-24	2022-04-27	2022-4-27	5.00	欧式	510300P2204M05000	上海证券交易所
2022-02-25	2022-04-27	2022-4-27	2.80	欧式	510050C2204M02800	上海证券交易所
2022-02-25	2022-04-27	2022-4-27	2.80	欧式	510050P2204M02800	上海证券交易所
2022-02-25	2022-04-27	2022-4-27	4.10	欧式	510300C2204M04100	上海证券交易所
2022-02-25	2022-04-27	2022-4-27	4.10	欧式	510300P2204M04100	上海证券交易所
2022-03-08	2022-03-23	2022-3-23	2.75	欧式	510050C2203M02750	上海证券交易所

5-29-2 续表 10 continued

交易时间 Trading Hours	最后交易日 Last Trading Day	到期日 Expiration Day	行权价格 Strike Price	行权方式 Exercise Style	交易代码 Trading Code	上市交易所 Listed Exchange
2022-03-08	2022-03-23	2022-3-23	2.75	欧式	510050P2203M02750	上海证券交易所
2022-03-08	2022-04-27	2022-4-27	2.75	欧式	510050C2204M02750	上海证券交易所
2022-03-08	2022-04-27	2022-4-27	2.75	欧式	510050P2204M02750	上海证券交易所
2022-03-08	2022-06-22	2022-6-22	2.75	欧式	510050C2206M02750	上海证券交易所
2022-03-08	2022-06-22	2022-6-22	2.75	欧式	510050P2206M02750	上海证券交易所
2022-03-08	2022-09-28	2022-9-28	2.75	欧式	510050C2209M02750	上海证券交易所
2022-03-08	2022-09-28	2022-9-28	2.75	欧式	510050P2209M02750	上海证券交易所
2022-03-08	2022-03-23	2022-3-23	3.90	欧式	510300C2203M03900	上海证券交易所
2022-03-08	2022-03-23	2022-3-23	4.00	欧式	510300C2203M04000	上海证券交易所
2022-03-08	2022-03-23	2022-3-23	3.90	欧式	510300P2203M03900	上海证券交易所
2022-03-08	2022-03-23	2022-3-23	4.00	欧式	510300P2203M04000	上海证券交易所
2022-03-08	2022-04-27	2022-4-27	3.90	欧式	510300C2204M03900	上海证券交易所
2022-03-08	2022-04-27	2022-4-27	4.00	欧式	510300C2204M04000	上海证券交易所
2022-03-08	2022-04-27	2022-4-27	3.90	欧式	510300P2204M03900	上海证券交易所
2022-03-08	2022-04-27	2022-4-27	4.00	欧式	510300P2204M04000	上海证券交易所
2022-03-08	2022-06-22	2022-6-22	3.90	欧式	510300C2206M03900	上海证券交易所
2022-03-08	2022-06-22	2022-6-22	4.00	欧式	510300C2206M04000	上海证券交易所
2022-03-08	2022-06-22	2022-6-22	3.90	欧式	510300P2206M03900	上海证券交易所
2022-03-08	2022-06-22	2022-6-22	4.00	欧式	510300P2206M04000	上海证券交易所
2022-03-08	2022-09-28	2022-9-28	3.90	欧式	510300C2209M03900	上海证券交易所
2022-03-08	2022-09-28	2022-9-28	4.00	欧式	510300C2209M04000	上海证券交易所
2022-03-08	2022-09-28	2022-9-28	3.90	欧式	510300P2209M03900	上海证券交易所
2022-03-08	2022-09-28	2022-9-28	4.00	欧式	510300P2209M04000	上海证券交易所
2022-03-09	2022-03-23	2022-3-23	2.70	欧式	510050C2203M02700	上海证券交易所
2022-03-09	2022-03-23	2022-3-23	2.70	欧式	510050P2203M02700	上海证券交易所
2022-03-09	2022-04-27	2022-4-27	2.70	欧式	510050C2204M02700	上海证券交易所
2022-03-09	2022-04-27	2022-4-27	2.70	欧式	510050P2204M02700	上海证券交易所
2022-03-09	2022-06-22	2022-6-22	2.70	欧式	510050C2206M02700	上海证券交易所
2022-03-09	2022-06-22	2022-6-22	2.70	欧式	510050P2206M02700	上海证券交易所
2022-03-09	2022-09-28	2022-9-28	2.70	欧式	510050C2209M02700	上海证券交易所
2022-03-09	2022-09-28	2022-9-28	2.70	欧式	510050P2209M02700	上海证券交易所
2022-03-10	2022-03-23	2022-3-23	3.80	欧式	510300C2203M03800	上海证券交易所
2022-03-10	2022-03-23	2022-3-23	3.80	欧式	510300P2203M03800	上海证券交易所
2022-03-10	2022-04-27	2022-4-27	3.80	欧式	510300C2204M03800	上海证券交易所
2022-03-10	2022-04-27	2022-4-27	3.80	欧式	510300P2204M03800	上海证券交易所
2022-03-10	2022-06-22	2022-6-22	3.80	欧式	510300C2206M03800	上海证券交易所
2022-03-10	2022-06-22	2022-6-22	3.80	欧式	510300P2206M03800	上海证券交易所
2022-03-10	2022-09-28	2022-9-28	3.80	欧式	510300C2209M03800	上海证券交易所
2022-03-10	2022-09-28	2022-9-28	3.80	欧式	510300P2209M03800	上海证券交易所
2022-03-15	2022-03-23	2022-3-23	2.65	欧式	510050C2203M02650	上海证券交易所
2022-03-15	2022-03-23	2022-3-23	2.65	欧式	510050P2203M02650	上海证券交易所
2022-03-15	2022-04-27	2022-4-27	2.65	欧式	510050C2204M02650	上海证券交易所
2022-03-15	2022-04-27	2022-4-27	2.65	欧式	510050P2204M02650	上海证券交易所
2022-03-15	2022-06-22	2022-6-22	2.65	欧式	510050C2206M02650	上海证券交易所
2022-03-15	2022-06-22	2022-6-22	2.65	欧式	510050P2206M02650	上海证券交易所
2022-03-15	2022-09-28	2022-9-28	2.65	欧式	510050C2209M02650	上海证券交易所
2022-03-15	2022-09-28	2022-9-28	2.65	欧式	510050P2209M02650	上海证券交易所
2022-03-16	2022-03-23	2022-3-23	2.50	欧式	510050C2203M02500	上海证券交易所

5-29-2 续表 11 continued

交易时间 Trading Hours	最后交易日 Last Trading Day	到期日 Expiration Day	行权价格 Strike Price	行权方式 Exercise Style	交易代码 Trading Code	上市交易所 Listed Exchange
2022-03-16	2022-03-23	2022-3-23	2.55	欧式	510050C2203M02550	上海证券交易所
2022-03-16	2022-03-23	2022-3-23	2.60	欧式	510050C2203M02600	上海证券交易所
2022-03-16	2022-03-23	2022-3-23	2.50	欧式	510050P2203M02500	上海证券交易所
2022-03-16	2022-03-23	2022-3-23	2.55	欧式	510050P2203M02550	上海证券交易所
2022-03-16	2022-03-23	2022-3-23	2.60	欧式	510050P2203M02600	上海证券交易所
2022-03-16	2022-04-27	2022-4-27	2.50	欧式	510050C2204M02500	上海证券交易所
2022-03-16	2022-04-27	2022-4-27	2.55	欧式	510050C2204M02550	上海证券交易所
2022-03-16	2022-04-27	2022-4-27	2.60	欧式	510050C2204M02600	上海证券交易所
2022-03-16	2022-04-27	2022-4-27	2.50	欧式	510050P2204M02500	上海证券交易所
2022-03-16	2022-04-27	2022-4-27	2.55	欧式	510050P2204M02550	上海证券交易所
2022-03-16	2022-04-27	2022-4-27	2.60	欧式	510050P2204M02600	上海证券交易所
2022-03-16	2022-06-22	2022-6-22	2.50	欧式	510050C2206M02500	上海证券交易所
2022-03-16	2022-06-22	2022-6-22	2.55	欧式	510050C2206M02550	上海证券交易所
2022-03-16	2022-06-22	2022-6-22	2.60	欧式	510050C2206M02600	上海证券交易所
2022-03-16	2022-06-22	2022-6-22	2.50	欧式	510050P2206M02500	上海证券交易所
2022-03-16	2022-06-22	2022-6-22	2.55	欧式	510050P2206M02550	上海证券交易所
2022-03-16	2022-06-22	2022-6-22	2.60	欧式	510050P2206M02600	上海证券交易所
2022-03-16	2022-09-28	2022-9-28	2.50	欧式	510050C2209M02500	上海证券交易所
2022-03-16	2022-09-28	2022-9-28	2.55	欧式	510050C2209M02550	上海证券交易所
2022-03-16	2022-09-28	2022-9-28	2.60	欧式	510050C2209M02600	上海证券交易所
2022-03-16	2022-09-28	2022-9-28	2.50	欧式	510050P2209M02500	上海证券交易所
2022-03-16	2022-09-28	2022-9-28	2.55	欧式	510050P2209M02550	上海证券交易所
2022-03-16	2022-09-28	2022-9-28	2.60	欧式	510050P2209M02600	上海证券交易所
2022-03-16	2022-03-23	2022-3-23	3.60	欧式	510300C2203M03600	上海证券交易所
2022-03-16	2022-03-23	2022-3-23	3.70	欧式	510300C2203M03700	上海证券交易所
2022-03-16	2022-03-23	2022-3-23	3.60	欧式	510300P2203M03600	上海证券交易所
2022-03-16	2022-03-23	2022-3-23	3.70	欧式	510300P2203M03700	上海证券交易所
2022-03-16	2022-04-27	2022-4-27	3.60	欧式	510300C2204M03600	上海证券交易所
2022-03-16	2022-04-27	2022-4-27	3.70	欧式	510300C2204M03700	上海证券交易所
2022-03-16	2022-04-27	2022-4-27	3.60	欧式	510300P2204M03600	上海证券交易所
2022-03-16	2022-04-27	2022-4-27	3.70	欧式	510300P2204M03700	上海证券交易所
2022-03-16	2022-06-22	2022-6-22	3.60	欧式	510300C2206M03600	上海证券交易所
2022-03-16	2022-06-22	2022-6-22	3.70	欧式	510300C2206M03700	上海证券交易所
2022-03-16	2022-06-22	2022-6-22	3.60	欧式	510300P2206M03600	上海证券交易所
2022-03-16	2022-06-22	2022-6-22	3.70	欧式	510300P2206M03700	上海证券交易所
2022-03-16	2022-09-28	2022-9-28	3.60	欧式	510300C2209M03600	上海证券交易所
2022-03-16	2022-09-28	2022-9-28	3.70	欧式	510300C2209M03700	上海证券交易所
2022-03-16	2022-09-28	2022-9-28	3.60	欧式	510300P2209M03600	上海证券交易所
2022-03-16	2022-09-28	2022-9-28	3.70	欧式	510300P2209M03700	上海证券交易所
2022-03-24	2022-05-25	2022-5-25	2.70	欧式	510050C2205M02700	上海证券交易所
2022-03-24	2022-05-25	2022-5-25	2.75	欧式	510050C2205M02750	上海证券交易所
2022-03-24	2022-05-25	2022-5-25	2.80	欧式	510050C2205M02800	上海证券交易所
2022-03-24	2022-05-25	2022-5-25	2.85	欧式	510050C2205M02850	上海证券交易所
2022-03-24	2022-05-25	2022-5-25	2.90	欧式	510050C2205M02900	上海证券交易所
2022-03-24	2022-05-25	2022-5-25	2.95	欧式	510050C2205M02950	上海证券交易所
2022-03-24	2022-05-25	2022-5-25	3.00	欧式	510050C2205M03000	上海证券交易所
2022-03-24	2022-05-25	2022-5-25	3.10	欧式	510050C2205M03100	上海证券交易所
2022-03-24	2022-05-25	2022-5-25	3.20	欧式	510050C2205M03200	上海证券交易所

5-29-2 续表 12 continued

交易时间 Trading Hours	最后交易日 Last Trading Day	到期日 Expiration Day	行权价格 Strike Price	行权方式 Exercise Style	交易代码 Trading Code	上市交易所 Listed Exchange
2022-03-24	2022-05-25	2022-5-25	2.70	欧式	510050P2205M02700	上海证券交易所
2022-03-24	2022-05-25	2022-5-25	2.75	欧式	510050P2205M02750	上海证券交易所
2022-03-24	2022-05-25	2022-5-25	2.80	欧式	510050P2205M02800	上海证券交易所
2022-03-24	2022-05-25	2022-5-25	2.85	欧式	510050P2205M02850	上海证券交易所
2022-03-24	2022-05-25	2022-5-25	2.90	欧式	510050P2205M02900	上海证券交易所
2022-03-24	2022-05-25	2022-5-25	2.95	欧式	510050P2205M02950	上海证券交易所
2022-03-24	2022-05-25	2022-5-25	3.00	欧式	510050P2205M03000	上海证券交易所
2022-03-24	2022-05-25	2022-5-25	3.10	欧式	510050P2205M03100	上海证券交易所
2022-03-24	2022-05-25	2022-5-25	3.20	欧式	510050P2205M03200	上海证券交易所
2022-03-24	2022-05-25	2022-5-25	3.90	欧式	510300C2205M03900	上海证券交易所
2022-03-24	2022-05-25	2022-5-25	4.00	欧式	510300C2205M04000	上海证券交易所
2022-03-24	2022-05-25	2022-5-25	4.10	欧式	510300C2205M04100	上海证券交易所
2022-03-24	2022-05-25	2022-5-25	4.20	欧式	510300C2205M04200	上海证券交易所
2022-03-24	2022-05-25	2022-5-25	4.30	欧式	510300C2205M04300	上海证券交易所
2022-03-24	2022-05-25	2022-5-25	4.40	欧式	510300C2205M04400	上海证券交易所
2022-03-24	2022-05-25	2022-5-25	4.50	欧式	510300C2205M04500	上海证券交易所
2022-03-24	2022-05-25	2022-5-25	4.60	欧式	510300C2205M04600	上海证券交易所
2022-03-24	2022-05-25	2022-5-25	4.70	欧式	510300C2205M04700	上海证券交易所
2022-03-24	2022-05-25	2022-5-25	3.90	欧式	510300P2205M03900	上海证券交易所
2022-03-24	2022-05-25	2022-5-25	4.00	欧式	510300P2205M04000	上海证券交易所
2022-03-24	2022-05-25	2022-5-25	4.10	欧式	510300P2205M04100	上海证券交易所
2022-03-24	2022-05-25	2022-5-25	4.20	欧式	510300P2205M04200	上海证券交易所
2022-03-24	2022-05-25	2022-5-25	4.30	欧式	510300P2205M04300	上海证券交易所
2022-03-24	2022-05-25	2022-5-25	4.40	欧式	510300P2205M04400	上海证券交易所
2022-03-24	2022-05-25	2022-5-25	4.50	欧式	510300P2205M04500	上海证券交易所
2022-03-24	2022-05-25	2022-5-25	4.60	欧式	510300P2205M04600	上海证券交易所
2022-03-24	2022-05-25	2022-5-25	4.70	欧式	510300P2205M04700	上海证券交易所
2022-03-25	2022-05-25	2022-5-25	3.80	欧式	510300C2205M03800	上海证券交易所
2022-03-25	2022-05-25	2022-5-25	3.80	欧式	510300P2205M03800	上海证券交易所
2022-03-28	2022-05-25	2022-5-25	2.65	欧式	510050C2205M02650	上海证券交易所
2022-03-28	2022-05-25	2022-5-25	2.65	欧式	510050P2205M02650	上海证券交易所
2022-03-29	2022-05-25	2022-5-25	3.70	欧式	510300C2205M03700	上海证券交易所
2022-03-29	2022-05-25	2022-5-25	3.70	欧式	510300P2205M03700	上海证券交易所
2022-03-30	2022-05-25	2022-5-25	2.60	欧式	510050C2205M02600	上海证券交易所
2022-03-30	2022-05-25	2022-5-25	2.60	欧式	510050P2205M02600	上海证券交易所
2022-04-22	2022-05-25	2022-5-25	3.60	欧式	510300C2205M03600	上海证券交易所
2022-04-22	2022-05-25	2022-5-25	3.60	欧式	510300P2205M03600	上海证券交易所
2022-04-26	2022-04-27	2022-4-27	2.45	欧式	510050C2204M02450	上海证券交易所
2022-04-26	2022-04-27	2022-4-27	2.45	欧式	510050P2204M02450	上海证券交易所
2022-04-26	2022-05-25	2022-5-25	2.45	欧式	510050C2205M02450	上海证券交易所
2022-04-26	2022-05-25	2022-5-25	2.50	欧式	510050C2205M02500	上海证券交易所
2022-04-26	2022-05-25	2022-5-25	2.55	欧式	510050C2205M02550	上海证券交易所
2022-04-26	2022-05-25	2022-5-25	2.45	欧式	510050P2205M02450	上海证券交易所
2022-04-26	2022-05-25	2022-5-25	2.50	欧式	510050P2205M02500	上海证券交易所
2022-04-26	2022-05-25	2022-5-25	2.55	欧式	510050P2205M02550	上海证券交易所
2022-04-26	2022-06-22	2022-6-22	2.45	欧式	510050C2206M02450	上海证券交易所
2022-04-26	2022-06-22	2022-6-22	2.45	欧式	510050P2206M02450	上海证券交易所
2022-04-26	2022-09-28	2022-9-28	2.45	欧式	510050C2209M02450	上海证券交易所

5-29-2 续表 13 continued

交易时间 Trading Hours	最后交易日 Last Trading Day	到期日 Expiration Day	行权价格 Strike Price	行权方式 Exercise Style	交易代码 Trading Code	上市交易所 Listed Exchange
2022-04-26	2022-09-28	2022-9-28	2.45	欧式	510050P2209M02450	上海证券交易所
2022-04-26	2022-04-27	2022-4-27	3.40	欧式	510300C2204M03400	上海证券交易所
2022-04-26	2022-04-27	2022-4-27	3.50	欧式	510300C2204M03500	上海证券交易所
2022-04-26	2022-04-27	2022-4-27	3.40	欧式	510300P2204M03400	上海证券交易所
2022-04-26	2022-04-27	2022-4-27	3.50	欧式	510300P2204M03500	上海证券交易所
2022-04-26	2022-05-25	2022-5-25	3.40	欧式	510300C2205M03400	上海证券交易所
2022-04-26	2022-05-25	2022-5-25	3.50	欧式	510300C2205M03500	上海证券交易所
2022-04-26	2022-05-25	2022-5-25	3.40	欧式	510300P2205M03400	上海证券交易所
2022-04-26	2022-05-25	2022-5-25	3.50	欧式	510300P2205M03500	上海证券交易所
2022-04-26	2022-06-22	2022-6-22	3.40	欧式	510300C2206M03400	上海证券交易所
2022-04-26	2022-06-22	2022-6-22	3.50	欧式	510300C2206M03500	上海证券交易所
2022-04-26	2022-06-22	2022-6-22	3.40	欧式	510300P2206M03400	上海证券交易所
2022-04-26	2022-06-22	2022-6-22	3.50	欧式	510300P2206M03500	上海证券交易所
2022-04-26	2022-09-28	2022-9-28	3.40	欧式	510300C2209M03400	上海证券交易所
2022-04-26	2022-09-28	2022-9-28	3.50	欧式	510300C2209M03500	上海证券交易所
2022-04-26	2022-09-28	2022-9-28	3.40	欧式	510300P2209M03400	上海证券交易所
2022-04-26	2022-09-28	2022-9-28	3.50	欧式	510300P2209M03500	上海证券交易所
2022-04-28	2022-12-28	2022-12-28	2.47	欧式	510050C2212A02500	上海证券交易所
2022-04-28	2022-12-28	2022-12-28	2.51	欧式	510050C2212A02550	上海证券交易所
2022-04-28	2022-12-28	2022-12-28	2.56	欧式	510050C2212A02600	上海证券交易所
2022-04-28	2022-12-28	2022-12-28	2.61	欧式	510050C2212A02650	上海证券交易所
2022-04-28	2022-12-28	2022-12-28	2.66	欧式	510050C2212A02700	上海证券交易所
2022-04-28	2022-12-28	2022-12-28	2.71	欧式	510050C2212A02750	上海证券交易所
2022-04-28	2022-12-28	2022-12-28	2.76	欧式	510050C2212A02800	上海证券交易所
2022-04-28	2022-12-28	2022-12-28	2.81	欧式	510050C2212A02850	上海证券交易所
2022-04-28	2022-12-28	2022-12-28	2.86	欧式	510050C2212A02900	上海证券交易所
2022-04-28	2022-12-28	2022-12-28	2.47	欧式	510050P2212A02500	上海证券交易所
2022-04-28	2022-12-28	2022-12-28	2.51	欧式	510050P2212A02550	上海证券交易所
2022-04-28	2022-12-28	2022-12-28	2.56	欧式	510050P2212A02600	上海证券交易所
2022-04-28	2022-12-28	2022-12-28	2.61	欧式	510050P2212A02650	上海证券交易所
2022-04-28	2022-12-28	2022-12-28	2.66	欧式	510050P2212A02700	上海证券交易所
2022-04-28	2022-12-28	2022-12-28	2.71	欧式	510050P2212A02750	上海证券交易所
2022-04-28	2022-12-28	2022-12-28	2.76	欧式	510050P2212A02800	上海证券交易所
2022-04-28	2022-12-28	2022-12-28	2.81	欧式	510050P2212A02850	上海证券交易所
2022-04-28	2022-12-28	2022-12-28	2.86	欧式	510050P2212A02900	上海证券交易所
2022-04-28	2022-12-28	2022-12-28	3.50	欧式	510300C2212M03500	上海证券交易所
2022-04-28	2022-12-28	2022-12-28	3.60	欧式	510300C2212M03600	上海证券交易所
2022-04-28	2022-12-28	2022-12-28	3.70	欧式	510300C2212M03700	上海证券交易所
2022-04-28	2022-12-28	2022-12-28	3.80	欧式	510300C2212M03800	上海证券交易所
2022-04-28	2022-12-28	2022-12-28	3.90	欧式	510300C2212M03900	上海证券交易所
2022-04-28	2022-12-28	2022-12-28	4.00	欧式	510300C2212M04000	上海证券交易所
2022-04-28	2022-12-28	2022-12-28	4.10	欧式	510300C2212M04100	上海证券交易所
2022-04-28	2022-12-28	2022-12-28	4.20	欧式	510300C2212M04200	上海证券交易所
2022-04-28	2022-12-28	2022-12-28	4.30	欧式	510300C2212M04300	上海证券交易所
2022-04-28	2022-12-28	2022-12-28	3.50	欧式	510300P2212M03500	上海证券交易所
2022-04-28	2022-12-28	2022-12-28	3.60	欧式	510300P2212M03600	上海证券交易所
2022-04-28	2022-12-28	2022-12-28	3.70	欧式	510300P2212M03700	上海证券交易所
2022-04-28	2022-12-28	2022-12-28	3.80	欧式	510300P2212M03800	上海证券交易所

5-29-2 续表 14 continued

交易时间 Trading Hours	最后交易日 Last Trading Day	到期日 Expiration Day	行权价格 Strike Price	行权方式 Exercise Style	交易代码 Trading Code	上市交易所 Listed Exchange
2022-04-28	2022-12-28	2022-12-28	3.90	欧式	510300P2212M03900	上海证券交易所
2022-04-28	2022-12-28	2022-12-28	4.00	欧式	510300P2212M04000	上海证券交易所
2022-04-28	2022-12-28	2022-12-28	4.10	欧式	510300P2212M04100	上海证券交易所
2022-04-28	2022-12-28	2022-12-28	4.20	欧式	510300P2212M04200	上海证券交易所
2022-04-28	2022-12-28	2022-12-28	4.30	欧式	510300P2212M04300	上海证券交易所
2022-04-29	2022-12-28	2022-12-28	2.91	欧式	510050C2212A02950	上海证券交易所
2022-04-29	2022-12-28	2022-12-28	2.91	欧式	510050P2212A02950	上海证券交易所
2022-05-05	2022-12-28	2022-12-28	2.96	欧式	510050C2212A03000	上海证券交易所
2022-05-05	2022-12-28	2022-12-28	2.96	欧式	510050P2212A03000	上海证券交易所
2022-05-05	2022-12-28	2022-12-28	4.40	欧式	510300C2212M04400	上海证券交易所
2022-05-05	2022-12-28	2022-12-28	4.40	欧式	510300P2212M04400	上海证券交易所
2022-05-23	2022-12-28	2022-12-28	4.50	欧式	510300C2212M04500	上海证券交易所
2022-05-23	2022-12-28	2022-12-28	4.50	欧式	510300P2212M04500	上海证券交易所
2022-05-26	2022-07-27	2022-7-27	2.55	欧式	510050C2207M02550	上海证券交易所
2022-05-26	2022-07-27	2022-7-27	2.60	欧式	510050C2207M02600	上海证券交易所
2022-05-26	2022-07-27	2022-7-27	2.65	欧式	510050C2207M02650	上海证券交易所
2022-05-26	2022-07-27	2022-7-27	2.70	欧式	510050C2207M02700	上海证券交易所
2022-05-26	2022-07-27	2022-7-27	2.75	欧式	510050C2207M02750	上海证券交易所
2022-05-26	2022-07-27	2022-7-27	2.80	欧式	510050C2207M02800	上海证券交易所
2022-05-26	2022-07-27	2022-7-27	2.85	欧式	510050C2207M02850	上海证券交易所
2022-05-26	2022-07-27	2022-7-27	2.90	欧式	510050C2207M02900	上海证券交易所
2022-05-26	2022-07-27	2022-7-27	2.95	欧式	510050C2207M02950	上海证券交易所
2022-05-26	2022-07-27	2022-7-27	2.55	欧式	510050P2207M02550	上海证券交易所
2022-05-26	2022-07-27	2022-7-27	2.60	欧式	510050P2207M02600	上海证券交易所
2022-05-26	2022-07-27	2022-7-27	2.65	欧式	510050P2207M02650	上海证券交易所
2022-05-26	2022-07-27	2022-7-27	2.70	欧式	510050P2207M02700	上海证券交易所
2022-05-26	2022-07-27	2022-7-27	2.75	欧式	510050P2207M02750	上海证券交易所
2022-05-26	2022-07-27	2022-7-27	2.80	欧式	510050P2207M02800	上海证券交易所
2022-05-26	2022-07-27	2022-7-27	2.85	欧式	510050P2207M02850	上海证券交易所
2022-05-26	2022-07-27	2022-7-27	2.90	欧式	510050P2207M02900	上海证券交易所
2022-05-26	2022-07-27	2022-7-27	2.95	欧式	510050P2207M02950	上海证券交易所
2022-05-26	2022-07-27	2022-7-27	3.60	欧式	510300C2207M03600	上海证券交易所
2022-05-26	2022-07-27	2022-7-27	3.70	欧式	510300C2207M03700	上海证券交易所
2022-05-26	2022-07-27	2022-7-27	3.80	欧式	510300C2207M03800	上海证券交易所
2022-05-26	2022-07-27	2022-7-27	3.90	欧式	510300C2207M03900	上海证券交易所
2022-05-26	2022-07-27	2022-7-27	4.00	欧式	510300C2207M04000	上海证券交易所
2022-05-26	2022-07-27	2022-7-27	4.10	欧式	510300C2207M04100	上海证券交易所
2022-05-26	2022-07-27	2022-7-27	4.20	欧式	510300C2207M04200	上海证券交易所
2022-05-26	2022-07-27	2022-7-27	4.30	欧式	510300C2207M04300	上海证券交易所
2022-05-26	2022-07-27	2022-7-27	4.40	欧式	510300C2207M04400	上海证券交易所
2022-05-26	2022-07-27	2022-7-27	3.60	欧式	510300P2207M03600	上海证券交易所
2022-05-26	2022-07-27	2022-7-27	3.70	欧式	510300P2207M03700	上海证券交易所
2022-05-26	2022-07-27	2022-7-27	3.80	欧式	510300P2207M03800	上海证券交易所
2022-05-26	2022-07-27	2022-7-27	3.90	欧式	510300P2207M03900	上海证券交易所
2022-05-26	2022-07-27	2022-7-27	4.00	欧式	510300P2207M04000	上海证券交易所
2022-05-26	2022-07-27	2022-7-27	4.10	欧式	510300P2207M04100	上海证券交易所
2022-05-26	2022-07-27	2022-7-27	4.20	欧式	510300P2207M04200	上海证券交易所
2022-05-26	2022-07-27	2022-7-27	4.30	欧式	510300P2207M04300	上海证券交易所

5-29-2 续表 15 continued

交易时间 Trading Hours	最后交易日 Last Trading Day	到期日 Expiration Day	行权价格 Strike Price	行权方式 Exercise Style	交易代码 Trading Code	上市交易所 Listed Exchange
2022-05-26	2022-07-27	2022-7-27	4.40	欧式	510300P2207M04400	上海证券交易所
2022-06-01	2022-07-27	2022-7-27	3.00	欧式	510050C2207M03000	上海证券交易所
2022-06-01	2022-07-27	2022-7-27	3.00	欧式	510050P2207M03000	上海证券交易所
2022-06-01	2022-07-27	2022-7-27	4.50	欧式	510300C2207M04500	上海证券交易所
2022-06-01	2022-07-27	2022-7-27	4.50	欧式	510300P2207M04500	上海证券交易所
2022-06-07	2022-07-27	2022-7-27	4.60	欧式	510300C2207M04600	上海证券交易所
2022-06-07	2022-07-27	2022-7-27	4.60	欧式	510300P2207M04600	上海证券交易所
2022-06-07	2022-12-28	2022-12-28	4.60	欧式	510300C2212M04600	上海证券交易所
2022-06-07	2022-12-28	2022-12-28	4.60	欧式	510300P2212M04600	上海证券交易所
2022-06-08	2022-07-27	2022-7-27	3.10	欧式	510050C2207M03100	上海证券交易所
2022-06-08	2022-07-27	2022-7-27	3.10	欧式	510050P2207M03100	上海证券交易所
2022-06-08	2022-12-28	2022-12-28	3.06	欧式	510050C2212A03100	上海证券交易所
2022-06-08	2022-12-28	2022-12-28	3.06	欧式	510050P2212A03100	上海证券交易所
2022-06-13	2022-07-27	2022-7-27	3.20	欧式	510050C2207M03200	上海证券交易所
2022-06-13	2022-07-27	2022-7-27	3.20	欧式	510050P2207M03200	上海证券交易所
2022-06-13	2022-12-28	2022-12-28	3.16	欧式	510050C2212A03200	上海证券交易所
2022-06-13	2022-12-28	2022-12-28	3.16	欧式	510050P2212A03200	上海证券交易所
2022-06-16	2022-07-27	2022-7-27	4.70	欧式	510300C2207M04700	上海证券交易所
2022-06-16	2022-07-27	2022-7-27	4.70	欧式	510300P2207M04700	上海证券交易所
2022-06-16	2022-12-28	2022-12-28	4.70	欧式	510300C2212M04700	上海证券交易所
2022-06-16	2022-12-28	2022-12-28	4.70	欧式	510300P2212M04700	上海证券交易所
2022-06-20	2022-07-27	2022-7-27	3.30	欧式	510050C2207M03300	上海证券交易所
2022-06-20	2022-07-27	2022-7-27	3.30	欧式	510050P2207M03300	上海证券交易所
2022-06-20	2022-12-28	2022-12-28	3.25	欧式	510050C2212A03300	上海证券交易所
2022-06-20	2022-12-28	2022-12-28	3.25	欧式	510050P2212A03300	上海证券交易所
2022-06-23	2022-08-24	2022-8-24	2.70	欧式	510050C2208M02700	上海证券交易所
2022-06-23	2022-08-24	2022-8-24	2.75	欧式	510050C2208M02750	上海证券交易所
2022-06-23	2022-08-24	2022-8-24	2.80	欧式	510050C2208M02800	上海证券交易所
2022-06-23	2022-08-24	2022-8-24	2.85	欧式	510050C2208M02850	上海证券交易所
2022-06-23	2022-08-24	2022-8-24	2.90	欧式	510050C2208M02900	上海证券交易所
2022-06-23	2022-08-24	2022-8-24	2.95	欧式	510050C2208M02950	上海证券交易所
2022-06-23	2022-08-24	2022-8-24	3.00	欧式	510050C2208M03000	上海证券交易所
2022-06-23	2022-08-24	2022-8-24	3.10	欧式	510050C2208M03100	上海证券交易所
2022-06-23	2022-08-24	2022-8-24	3.20	欧式	510050C2208M03200	上海证券交易所
2022-06-23	2022-08-24	2022-8-24	2.70	欧式	510050P2208M02700	上海证券交易所
2022-06-23	2022-08-24	2022-8-24	2.75	欧式	510050P2208M02750	上海证券交易所
2022-06-23	2022-08-24	2022-8-24	2.80	欧式	510050P2208M02800	上海证券交易所
2022-06-23	2022-08-24	2022-8-24	2.85	欧式	510050P2208M02850	上海证券交易所
2022-06-23	2022-08-24	2022-8-24	2.90	欧式	510050P2208M02900	上海证券交易所
2022-06-23	2022-08-24	2022-8-24	2.95	欧式	510050P2208M02950	上海证券交易所
2022-06-23	2022-08-24	2022-8-24	3.00	欧式	510050P2208M03000	上海证券交易所
2022-06-23	2022-08-24	2022-8-24	3.10	欧式	510050P2208M03100	上海证券交易所
2022-06-23	2022-08-24	2022-8-24	3.20	欧式	510050P2208M03200	上海证券交易所
2022-06-23	2022-08-24	2022-8-24	3.90	欧式	510300C2208M03900	上海证券交易所
2022-06-23	2022-08-24	2022-8-24	4.00	欧式	510300C2208M04000	上海证券交易所
2022-06-23	2022-08-24	2022-8-24	4.10	欧式	510300C2208M04100	上海证券交易所
2022-06-23	2022-08-24	2022-8-24	4.20	欧式	510300C2208M04200	上海证券交易所
2022-06-23	2022-08-24	2022-8-24	4.30	欧式	510300C2208M04300	上海证券交易所

5-29-2 续表 16 continued

交易时间 Trading Hours	最后交易日 Last Trading Day	到期日 Expiration Day	行权价格 Strike Price	行权方式 Exercise Style	交易代码 Trading Code	上市交易所 Listed Exchange
2022-06-23	2022-08-24	2022-8-24	4.40	欧式	510300C2208M04400	上海证券交易所
2022-06-23	2022-08-24	2022-8-24	4.50	欧式	510300C2208M04500	上海证券交易所
2022-06-23	2022-08-24	2022-8-24	4.60	欧式	510300C2208M04600	上海证券交易所
2022-06-23	2022-08-24	2022-8-24	4.70	欧式	510300C2208M04700	上海证券交易所
2022-06-23	2022-08-24	2022-8-24	3.90	欧式	510300P2208M03900	上海证券交易所
2022-06-23	2022-08-24	2022-8-24	4.00	欧式	510300P2208M04000	上海证券交易所
2022-06-23	2022-08-24	2022-8-24	4.10	欧式	510300P2208M04100	上海证券交易所
2022-06-23	2022-08-24	2022-8-24	4.20	欧式	510300P2208M04200	上海证券交易所
2022-06-23	2022-08-24	2022-8-24	4.30	欧式	510300P2208M04300	上海证券交易所
2022-06-23	2022-08-24	2022-8-24	4.40	欧式	510300P2208M04400	上海证券交易所
2022-06-23	2022-08-24	2022-8-24	4.50	欧式	510300P2208M04500	上海证券交易所
2022-06-23	2022-08-24	2022-8-24	4.60	欧式	510300P2208M04600	上海证券交易所
2022-06-23	2022-08-24	2022-8-24	4.70	欧式	510300P2208M04700	上海证券交易所
2022-06-24	2022-08-24	2022-8-24	3.30	欧式	510050C2208M03300	上海证券交易所
2022-06-24	2022-08-24	2022-8-24	3.30	欧式	510050P2208M03300	上海证券交易所
2022-06-24	2022-07-27	2022-7-27	4.80	欧式	510300C2207M04800	上海证券交易所
2022-06-24	2022-07-27	2022-7-27	4.80	欧式	510300P2207M04800	上海证券交易所
2022-06-24	2022-08-24	2022-8-24	4.80	欧式	510300C2208M04800	上海证券交易所
2022-06-24	2022-08-24	2022-8-24	4.80	欧式	510300P2208M04800	上海证券交易所
2022-06-24	2022-12-28	2022-12-28	4.80	欧式	510300C2212M04800	上海证券交易所
2022-06-24	2022-12-28	2022-12-28	4.80	欧式	510300P2212M04800	上海证券交易所
2022-06-27	2022-07-27	2022-7-27	3.40	欧式	510050C2207M03400	上海证券交易所
2022-06-27	2022-07-27	2022-7-27	3.40	欧式	510050P2207M03400	上海证券交易所
2022-06-27	2022-08-24	2022-8-24	3.40	欧式	510050C2208M03400	上海证券交易所
2022-06-27	2022-08-24	2022-8-24	3.40	欧式	510050P2208M03400	上海证券交易所
2022-06-27	2022-12-28	2022-12-28	3.35	欧式	510050C2212A03400	上海证券交易所
2022-06-27	2022-12-28	2022-12-28	3.35	欧式	510050P2212A03400	上海证券交易所
2022-06-28	2022-07-27	2022-7-27	4.90	欧式	510300C2207M04900	上海证券交易所
2022-06-28	2022-07-27	2022-7-27	4.90	欧式	510300P2207M04900	上海证券交易所
2022-06-28	2022-08-24	2022-8-24	4.90	欧式	510300C2208M04900	上海证券交易所
2022-06-28	2022-08-24	2022-8-24	4.90	欧式	510300P2208M04900	上海证券交易所
2022-06-28	2022-12-28	2022-12-28	4.90	欧式	510300C2212M04900	上海证券交易所
2022-06-28	2022-12-28	2022-12-28	4.90	欧式	510300P2212M04900	上海证券交易所
2022-07-01	2022-07-27	2022-7-27	3.50	欧式	510050C2207M03500	上海证券交易所
2022-07-01	2022-07-27	2022-7-27	3.50	欧式	510050P2207M03500	上海证券交易所
2022-07-01	2022-08-24	2022-8-24	3.50	欧式	510050C2208M03500	上海证券交易所
2022-07-01	2022-08-24	2022-8-24	3.50	欧式	510050P2208M03500	上海证券交易所
2022-07-01	2022-12-28	2022-12-28	3.45	欧式	510050C2212A03500	上海证券交易所
2022-07-01	2022-12-28	2022-12-28	3.45	欧式	510050P2212A03500	上海证券交易所
2022-07-18	2022-08-24	2022-8-24	2.65	欧式	510050C2208M02650	上海证券交易所
2022-07-18	2022-08-24	2022-8-24	2.65	欧式	510050P2208M02650	上海证券交易所
2022-07-28	2023-03-22	2023-3-22	2.61	欧式	510050C2303A02650	上海证券交易所
2022-07-28	2023-03-22	2023-3-22	2.66	欧式	510050C2303A02700	上海证券交易所
2022-07-28	2023-03-22	2023-3-22	2.71	欧式	510050C2303A02750	上海证券交易所
2022-07-28	2023-03-22	2023-3-22	2.76	欧式	510050C2303A02800	上海证券交易所
2022-07-28	2023-03-22	2023-3-22	2.81	欧式	510050C2303A02850	上海证券交易所
2022-07-28	2023-03-22	2023-3-22	2.86	欧式	510050C2303A02900	上海证券交易所
2022-07-28	2023-03-22	2023-3-22	2.91	欧式	510050C2303A02950	上海证券交易所

5-29-2 续表 17 continued

交易时间 Trading Hours	最后交易日 Last Trading Day	到期日 Expiration Day	行权价格 Strike Price	行权方式 Exercise Style	交易代码 Trading Code	上市交易所 Listed Exchange
2022-07-28	2023-03-22	2023-3-22	2.96	欧式	510050C2303A03000	上海证券交易所
2022-07-28	2023-03-22	2023-3-22	3.06	欧式	510050C2303A03100	上海证券交易所
2022-07-28	2023-03-22	2023-3-22	2.61	欧式	510050P2303A02650	上海证券交易所
2022-07-28	2023-03-22	2023-3-22	2.66	欧式	510050P2303A02700	上海证券交易所
2022-07-28	2023-03-22	2023-3-22	2.71	欧式	510050P2303A02750	上海证券交易所
2022-07-28	2023-03-22	2023-3-22	2.76	欧式	510050P2303A02800	上海证券交易所
2022-07-28	2023-03-22	2023-3-22	2.81	欧式	510050P2303A02850	上海证券交易所
2022-07-28	2023-03-22	2023-3-22	2.86	欧式	510050P2303A02900	上海证券交易所
2022-07-28	2023-03-22	2023-3-22	2.91	欧式	510050P2303A02950	上海证券交易所
2022-07-28	2023-03-22	2023-3-22	2.96	欧式	510050P2303A03000	上海证券交易所
2022-07-28	2023-03-22	2023-3-22	3.06	欧式	510050P2303A03100	上海证券交易所
2022-07-28	2023-03-22	2023-3-22	3.84	欧式	510300C2303A03900	上海证券交易所
2022-07-28	2023-03-22	2023-3-22	3.94	欧式	510300C2303A04000	上海证券交易所
2022-07-28	2023-03-22	2023-3-22	4.04	欧式	510300C2303A04100	上海证券交易所
2022-07-28	2023-03-22	2023-3-22	4.14	欧式	510300C2303A04200	上海证券交易所
2022-07-28	2023-03-22	2023-3-22	4.23	欧式	510300C2303A04300	上海证券交易所
2022-07-28	2023-03-22	2023-3-22	4.33	欧式	510300C2303A04400	上海证券交易所
2022-07-28	2023-03-22	2023-3-22	4.43	欧式	510300C2303A04500	上海证券交易所
2022-07-28	2023-03-22	2023-3-22	4.53	欧式	510300C2303A04600	上海证券交易所
2022-07-28	2023-03-22	2023-3-22	4.63	欧式	510300C2303A04700	上海证券交易所
2022-07-28	2023-03-22	2023-3-22	3.84	欧式	510300P2303A03900	上海证券交易所
2022-07-28	2023-03-22	2023-3-22	3.94	欧式	510300P2303A04000	上海证券交易所
2022-07-28	2023-03-22	2023-3-22	4.04	欧式	510300P2303A04100	上海证券交易所
2022-07-28	2023-03-22	2023-3-22	4.14	欧式	510300P2303A04200	上海证券交易所
2022-07-28	2023-03-22	2023-3-22	4.23	欧式	510300P2303A04300	上海证券交易所
2022-07-28	2023-03-22	2023-3-22	4.33	欧式	510300P2303A04400	上海证券交易所
2022-07-28	2023-03-22	2023-3-22	4.43	欧式	510300P2303A04500	上海证券交易所
2022-07-28	2023-03-22	2023-3-22	4.53	欧式	510300P2303A04600	上海证券交易所
2022-07-28	2023-03-22	2023-3-22	4.63	欧式	510300P2303A04700	上海证券交易所
2022-08-01	2022-08-24	2022-8-24	3.80	欧式	510300C2208M03800	上海证券交易所
2022-08-01	2022-08-24	2022-8-24	3.80	欧式	510300P2208M03800	上海证券交易所
2022-08-01	2023-03-22	2023-3-22	3.74	欧式	510300C2303A03800	上海证券交易所
2022-08-01	2023-03-22	2023-3-22	3.74	欧式	510300P2303A03800	上海证券交易所
2022-08-02	2022-08-24	2022-8-24	2.60	欧式	510050C2208M02600	上海证券交易所
2022-08-02	2022-08-24	2022-8-24	2.60	欧式	510050P2208M02600	上海证券交易所
2022-08-02	2023-03-22	2023-3-22	2.56	欧式	510050C2303A02600	上海证券交易所
2022-08-02	2023-03-22	2023-3-22	2.56	欧式	510050P2303A02600	上海证券交易所
2022-08-03	2022-08-24	2022-8-24	2.55	欧式	510050C2208M02550	上海证券交易所
2022-08-03	2022-08-24	2022-8-24	2.55	欧式	510050P2208M02550	上海证券交易所
2022-08-03	2023-03-22	2023-3-22	2.51	欧式	510050C2303A02550	上海证券交易所
2022-08-03	2023-03-22	2023-3-22	2.51	欧式	510050P2303A02550	上海证券交易所
2022-08-04	2022-08-24	2022-8-24	3.70	欧式	510300C2208M03700	上海证券交易所
2022-08-04	2022-08-24	2022-8-24	3.70	欧式	510300P2208M03700	上海证券交易所
2022-08-04	2023-03-22	2023-3-22	3.64	欧式	510300C2303A03700	上海证券交易所
2022-08-04	2023-03-22	2023-3-22	3.64	欧式	510300P2303A03700	上海证券交易所
2022-08-25	2022-10-26	2022-10-26	2.55	欧式	510050C2210M02550	上海证券交易所
2022-08-25	2022-10-26	2022-10-26	2.60	欧式	510050C2210M02600	上海证券交易所
2022-08-25	2022-10-26	2022-10-26	2.65	欧式	510050C2210M02650	上海证券交易所

5-29-2 续表 18 continued

交易时间 Trading Hours	最后交易日 Last Trading Day	到期日 Expiration Day	行权价格 Strike Price	行权方式 Exercise Style	交易代码 Trading Code	上市交易所 Listed Exchange
2022-08-25	2022-10-26	2022-10-26	2.70	欧式	510050C2210M02700	上海证券交易所
2022-08-25	2022-10-26	2022-10-26	2.75	欧式	510050C2210M02750	上海证券交易所
2022-08-25	2022-10-26	2022-10-26	2.80	欧式	510050C2210M02800	上海证券交易所
2022-08-25	2022-10-26	2022-10-26	2.85	欧式	510050C2210M02850	上海证券交易所
2022-08-25	2022-10-26	2022-10-26	2.90	欧式	510050C2210M02900	上海证券交易所
2022-08-25	2022-10-26	2022-10-26	2.95	欧式	510050C2210M02950	上海证券交易所
2022-08-25	2022-10-26	2022-10-26	2.55	欧式	510050P2210M02550	上海证券交易所
2022-08-25	2022-10-26	2022-10-26	2.60	欧式	510050P2210M02600	上海证券交易所
2022-08-25	2022-10-26	2022-10-26	2.65	欧式	510050P2210M02650	上海证券交易所
2022-08-25	2022-10-26	2022-10-26	2.70	欧式	510050P2210M02700	上海证券交易所
2022-08-25	2022-10-26	2022-10-26	2.75	欧式	510050P2210M02750	上海证券交易所
2022-08-25	2022-10-26	2022-10-26	2.80	欧式	510050P2210M02800	上海证券交易所
2022-08-25	2022-10-26	2022-10-26	2.85	欧式	510050P2210M02850	上海证券交易所
2022-08-25	2022-10-26	2022-10-26	2.90	欧式	510050P2210M02900	上海证券交易所
2022-08-25	2022-10-26	2022-10-26	2.95	欧式	510050P2210M02950	上海证券交易所
2022-08-25	2022-10-26	2022-10-26	3.70	欧式	510300C2210M03700	上海证券交易所
2022-08-25	2022-10-26	2022-10-26	3.80	欧式	510300C2210M03800	上海证券交易所
2022-08-25	2022-10-26	2022-10-26	3.90	欧式	510300C2210M03900	上海证券交易所
2022-08-25	2022-10-26	2022-10-26	4.00	欧式	510300C2210M04000	上海证券交易所
2022-08-25	2022-10-26	2022-10-26	4.10	欧式	510300C2210M04100	上海证券交易所
2022-08-25	2022-10-26	2022-10-26	4.20	欧式	510300C2210M04200	上海证券交易所
2022-08-25	2022-10-26	2022-10-26	4.30	欧式	510300C2210M04300	上海证券交易所
2022-08-25	2022-10-26	2022-10-26	4.40	欧式	510300C2210M04400	上海证券交易所
2022-08-25	2022-10-26	2022-10-26	4.50	欧式	510300C2210M04500	上海证券交易所
2022-08-25	2022-10-26	2022-10-26	3.70	欧式	510300P2210M03700	上海证券交易所
2022-08-25	2022-10-26	2022-10-26	3.80	欧式	510300P2210M03800	上海证券交易所
2022-08-25	2022-10-26	2022-10-26	3.90	欧式	510300P2210M03900	上海证券交易所
2022-08-25	2022-10-26	2022-10-26	4.00	欧式	510300P2210M04000	上海证券交易所
2022-08-25	2022-10-26	2022-10-26	4.10	欧式	510300P2210M04100	上海证券交易所
2022-08-25	2022-10-26	2022-10-26	4.20	欧式	510300P2210M04200	上海证券交易所
2022-08-25	2022-10-26	2022-10-26	4.30	欧式	510300P2210M04300	上海证券交易所
2022-08-25	2022-10-26	2022-10-26	4.40	欧式	510300P2210M04400	上海证券交易所
2022-08-25	2022-10-26	2022-10-26	4.50	欧式	510300P2210M04500	上海证券交易所
2022-08-26	2022-10-26	2022-10-26	3.00	欧式	510050C2210M03000	上海证券交易所
2022-08-26	2022-10-26	2022-10-26	3.00	欧式	510050P2210M03000	上海证券交易所
2022-08-26	2022-10-26	2022-10-26	4.60	欧式	510300C2210M04600	上海证券交易所
2022-08-26	2022-10-26	2022-10-26	4.60	欧式	510300P2210M04600	上海证券交易所
2022-09-19	2022-10-26	2022-10-26	5.00	欧式	510500C2210M05000	上海证券交易所
2022-09-19	2022-10-26	2022-10-26	5.25	欧式	510500C2210M05250	上海证券交易所
2022-09-19	2022-10-26	2022-10-26	5.50	欧式	510500C2210M05500	上海证券交易所
2022-09-19	2022-10-26	2022-10-26	5.75	欧式	510500C2210M05750	上海证券交易所
2022-09-19	2022-10-26	2022-10-26	6.00	欧式	510500C2210M06000	上海证券交易所
2022-09-19	2022-10-26	2022-10-26	6.25	欧式	510500C2210M06250	上海证券交易所
2022-09-19	2022-10-26	2022-10-26	6.50	欧式	510500C2210M06500	上海证券交易所
2022-09-19	2022-10-26	2022-10-26	6.75	欧式	510500C2210M06750	上海证券交易所
2022-09-19	2022-10-26	2022-10-26	7.00	欧式	510500C2210M07000	上海证券交易所
2022-09-19	2022-10-26	2022-10-26	5.00	欧式	510500P2210M05000	上海证券交易所
2022-09-19	2022-10-26	2022-10-26	5.25	欧式	510500P2210M05250	上海证券交易所

5-29-2 续表 19 continued

交易时间 Trading Hours	最后交易日 Last Trading Day	到期日 Expiration Day	行权价格 Strike Price	行权方式 Exercise Style	交易代码 Trading Code	上市交易所 Listed Exchange
2022-09-19	2022-10-26	2022-10-26	5.50	欧式	510500P2210M05500	上海证券交易所
2022-09-19	2022-10-26	2022-10-26	5.75	欧式	510500P2210M05750	上海证券交易所
2022-09-19	2022-10-26	2022-10-26	6.00	欧式	510500P2210M06000	上海证券交易所
2022-09-19	2022-10-26	2022-10-26	6.25	欧式	510500P2210M06250	上海证券交易所
2022-09-19	2022-10-26	2022-10-26	6.50	欧式	510500P2210M06500	上海证券交易所
2022-09-19	2022-10-26	2022-10-26	6.75	欧式	510500P2210M06750	上海证券交易所
2022-09-19	2022-10-26	2022-10-26	7.00	欧式	510500P2210M07000	上海证券交易所
2022-09-19	2022-11-23	2022-11-23	5.00	欧式	510500C2211M05000	上海证券交易所
2022-09-19	2022-11-23	2022-11-23	5.25	欧式	510500C2211M05250	上海证券交易所
2022-09-19	2022-11-23	2022-11-23	5.50	欧式	510500C2211M05500	上海证券交易所
2022-09-19	2022-11-23	2022-11-23	5.75	欧式	510500C2211M05750	上海证券交易所
2022-09-19	2022-11-23	2022-11-23	6.00	欧式	510500C2211M06000	上海证券交易所
2022-09-19	2022-11-23	2022-11-23	6.25	欧式	510500C2211M06250	上海证券交易所
2022-09-19	2022-11-23	2022-11-23	6.50	欧式	510500C2211M06500	上海证券交易所
2022-09-19	2022-11-23	2022-11-23	6.75	欧式	510500C2211M06750	上海证券交易所
2022-09-19	2022-11-23	2022-11-23	7.00	欧式	510500C2211M07000	上海证券交易所
2022-09-19	2022-11-23	2022-11-23	5.00	欧式	510500P2211M05000	上海证券交易所
2022-09-19	2022-11-23	2022-11-23	5.25	欧式	510500P2211M05250	上海证券交易所
2022-09-19	2022-11-23	2022-11-23	5.50	欧式	510500P2211M05500	上海证券交易所
2022-09-19	2022-11-23	2022-11-23	5.75	欧式	510500P2211M05750	上海证券交易所
2022-09-19	2022-11-23	2022-11-23	6.00	欧式	510500P2211M06000	上海证券交易所
2022-09-19	2022-11-23	2022-11-23	6.25	欧式	510500P2211M06250	上海证券交易所
2022-09-19	2022-11-23	2022-11-23	6.50	欧式	510500P2211M06500	上海证券交易所
2022-09-19	2022-11-23	2022-11-23	6.75	欧式	510500P2211M06750	上海证券交易所
2022-09-19	2022-11-23	2022-11-23	7.00	欧式	510500P2211M07000	上海证券交易所
2022-09-19	2022-12-28	2022-12-28	5.00	欧式	510500C2212M05000	上海证券交易所
2022-09-19	2022-12-28	2022-12-28	5.25	欧式	510500C2212M05250	上海证券交易所
2022-09-19	2022-12-28	2022-12-28	5.50	欧式	510500C2212M05500	上海证券交易所
2022-09-19	2022-12-28	2022-12-28	5.75	欧式	510500C2212M05750	上海证券交易所
2022-09-19	2022-12-28	2022-12-28	6.00	欧式	510500C2212M06000	上海证券交易所
2022-09-19	2022-12-28	2022-12-28	6.25	欧式	510500C2212M06250	上海证券交易所
2022-09-19	2022-12-28	2022-12-28	6.50	欧式	510500C2212M06500	上海证券交易所
2022-09-19	2022-12-28	2022-12-28	6.75	欧式	510500C2212M06750	上海证券交易所
2022-09-19	2022-12-28	2022-12-28	7.00	欧式	510500C2212M07000	上海证券交易所
2022-09-19	2022-12-28	2022-12-28	5.00	欧式	510500P2212M05000	上海证券交易所
2022-09-19	2022-12-28	2022-12-28	5.25	欧式	510500P2212M05250	上海证券交易所
2022-09-19	2022-12-28	2022-12-28	5.50	欧式	510500P2212M05500	上海证券交易所
2022-09-19	2022-12-28	2022-12-28	5.75	欧式	510500P2212M05750	上海证券交易所
2022-09-19	2022-12-28	2022-12-28	6.00	欧式	510500P2212M06000	上海证券交易所
2022-09-19	2022-12-28	2022-12-28	6.25	欧式	510500P2212M06250	上海证券交易所
2022-09-19	2022-12-28	2022-12-28	6.50	欧式	510500P2212M06500	上海证券交易所
2022-09-19	2022-12-28	2022-12-28	6.75	欧式	510500P2212M06750	上海证券交易所
2022-09-19	2022-12-28	2022-12-28	7.00	欧式	510500P2212M07000	上海证券交易所
2022-09-19	2023-03-22	2023-3-22	5.00	欧式	510500C2303M05000	上海证券交易所
2022-09-19	2023-03-22	2023-3-22	5.25	欧式	510500C2303M05250	上海证券交易所
2022-09-19	2023-03-22	2023-3-22	5.50	欧式	510500C2303M05500	上海证券交易所
2022-09-19	2023-03-22	2023-3-22	5.75	欧式	510500C2303M05750	上海证券交易所
2022-09-19	2023-03-22	2023-3-22	6.00	欧式	510500C2303M06000	上海证券交易所

5-29-2 续表 20 continued

交易时间 Trading Hours	最后交易日 Last Trading Day	到期日 Expiration Day	行权价格 Strike Price	行权方式 Exercise Style	交易代码 Trading Code	上市交易所 Listed Exchange
2022-09-19	2023-03-22	2023-3-22	6.25	欧式	510500C2303M06250	上海证券交易所
2022-09-19	2023-03-22	2023-3-22	6.50	欧式	510500C2303M06500	上海证券交易所
2022-09-19	2023-03-22	2023-3-22	6.75	欧式	510500C2303M06750	上海证券交易所
2022-09-19	2023-03-22	2023-3-22	7.00	欧式	510500C2303M07000	上海证券交易所
2022-09-19	2023-03-22	2023-3-22	5.00	欧式	510500P2303M05000	上海证券交易所
2022-09-19	2023-03-22	2023-3-22	5.25	欧式	510500P2303M05250	上海证券交易所
2022-09-19	2023-03-22	2023-3-22	5.50	欧式	510500P2303M05500	上海证券交易所
2022-09-19	2023-03-22	2023-3-22	5.75	欧式	510500P2303M05750	上海证券交易所
2022-09-19	2023-03-22	2023-3-22	6.00	欧式	510500P2303M06000	上海证券交易所
2022-09-19	2023-03-22	2023-3-22	6.25	欧式	510500P2303M06250	上海证券交易所
2022-09-19	2023-03-22	2023-3-22	6.50	欧式	510500P2303M06500	上海证券交易所
2022-09-19	2023-03-22	2023-3-22	6.75	欧式	510500P2303M06750	上海证券交易所
2022-09-19	2023-03-22	2023-3-22	7.00	欧式	510500P2303M07000	上海证券交易所
2022-09-19	2022-10-26	2022-10-26	2.50	欧式	510050C2210M02500	上海证券交易所
2022-09-19	2022-10-26	2022-10-26	2.50	欧式	510050P2210M02500	上海证券交易所
2022-09-19	2023-03-22	2023-3-22	2.47	欧式	510050C2303A02500	上海证券交易所
2022-09-19	2023-03-22	2023-3-22	2.47	欧式	510050P2303A02500	上海证券交易所
2022-09-19	2022-10-26	2022-10-26	3.60	欧式	510300C2210M03600	上海证券交易所
2022-09-19	2022-10-26	2022-10-26	3.60	欧式	510300P2210M03600	上海证券交易所
2022-09-19	2023-03-22	2023-3-22	3.54	欧式	510300C2303A03600	上海证券交易所
2022-09-19	2023-03-22	2023-3-22	3.54	欧式	510300P2303A03600	上海证券交易所
2022-09-23	2022-10-26	2022-10-26	2.45	欧式	510050C2210M02450	上海证券交易所
2022-09-23	2022-10-26	2022-10-26	2.45	欧式	510050P2210M02450	上海证券交易所
2022-09-23	2022-12-28	2022-12-28	2.42	欧式	510050C2212A02450	上海证券交易所
2022-09-23	2022-12-28	2022-12-28	2.42	欧式	510050P2212A02450	上海证券交易所
2022-09-23	2023-03-22	2023-3-22	2.42	欧式	510050C2303A02450	上海证券交易所
2022-09-23	2023-03-22	2023-3-22	2.42	欧式	510050P2303A02450	上海证券交易所
2022-09-23	2022-10-26	2022-10-26	3.50	欧式	510300C2210M03500	上海证券交易所
2022-09-23	2022-10-26	2022-10-26	3.50	欧式	510300P2210M03500	上海证券交易所
2022-09-23	2023-03-22	2023-3-22	3.45	欧式	510300C2303A03500	上海证券交易所
2022-09-23	2023-03-22	2023-3-22	3.45	欧式	510300P2303A03500	上海证券交易所
2022-09-27	2022-10-26	2022-10-26	4.90	欧式	510500C2210M04900	上海证券交易所
2022-09-27	2022-10-26	2022-10-26	4.90	欧式	510500P2210M04900	上海证券交易所
2022-09-27	2022-11-23	2022-11-23	4.90	欧式	510500C2211M04900	上海证券交易所
2022-09-27	2022-11-23	2022-11-23	4.90	欧式	510500P2211M04900	上海证券交易所
2022-09-27	2022-12-28	2022-12-28	4.90	欧式	510500C2212M04900	上海证券交易所
2022-09-27	2022-12-28	2022-12-28	4.90	欧式	510500P2212M04900	上海证券交易所
2022-09-27	2023-03-22	2023-3-22	4.90	欧式	510500C2303M04900	上海证券交易所
2022-09-27	2023-03-22	2023-3-22	4.90	欧式	510500P2303M04900	上海证券交易所
2022-09-29	2022-11-23	2022-11-23	2.45	欧式	510050C2211M02450	上海证券交易所
2022-09-29	2022-11-23	2022-11-23	2.50	欧式	510050C2211M02500	上海证券交易所
2022-09-29	2022-11-23	2022-11-23	2.55	欧式	510050C2211M02550	上海证券交易所
2022-09-29	2022-11-23	2022-11-23	2.60	欧式	510050C2211M02600	上海证券交易所
2022-09-29	2022-11-23	2022-11-23	2.65	欧式	510050C2211M02650	上海证券交易所
2022-09-29	2022-11-23	2022-11-23	2.70	欧式	510050C2211M02700	上海证券交易所
2022-09-29	2022-11-23	2022-11-23	2.75	欧式	510050C2211M02750	上海证券交易所
2022-09-29	2022-11-23	2022-11-23	2.80	欧式	510050C2211M02800	上海证券交易所
2022-09-29	2022-11-23	2022-11-23	2.85	欧式	510050C2211M02850	上海证券交易所

5-29-2 续表 21 continued

交易时间 Trading Hours	最后交易日 Last Trading Day	到期日 Expiration Day	行权价格 Strike Price	行权方式 Exercise Style	交易代码 Trading Code	上市交易所 Listed Exchange
2022-09-29	2022-11-23	2022-11-23	2.45	欧式	510050P2211M02450	上海证券交易所
2022-09-29	2022-11-23	2022-11-23	2.50	欧式	510050P2211M02500	上海证券交易所
2022-09-29	2022-11-23	2022-11-23	2.55	欧式	510050P2211M02550	上海证券交易所
2022-09-29	2022-11-23	2022-11-23	2.60	欧式	510050P2211M02600	上海证券交易所
2022-09-29	2022-11-23	2022-11-23	2.65	欧式	510050P2211M02650	上海证券交易所
2022-09-29	2022-11-23	2022-11-23	2.70	欧式	510050P2211M02700	上海证券交易所
2022-09-29	2022-11-23	2022-11-23	2.75	欧式	510050P2211M02750	上海证券交易所
2022-09-29	2022-11-23	2022-11-23	2.80	欧式	510050P2211M02800	上海证券交易所
2022-09-29	2022-11-23	2022-11-23	2.85	欧式	510050P2211M02850	上海证券交易所
2022-09-29	2022-11-23	2022-11-23	3.50	欧式	510300C2211M03500	上海证券交易所
2022-09-29	2022-11-23	2022-11-23	3.60	欧式	510300C2211M03600	上海证券交易所
2022-09-29	2022-11-23	2022-11-23	3.70	欧式	510300C2211M03700	上海证券交易所
2022-09-29	2022-11-23	2022-11-23	3.80	欧式	510300C2211M03800	上海证券交易所
2022-09-29	2022-11-23	2022-11-23	3.90	欧式	510300C2211M03900	上海证券交易所
2022-09-29	2022-11-23	2022-11-23	4.00	欧式	510300C2211M04000	上海证券交易所
2022-09-29	2022-11-23	2022-11-23	4.10	欧式	510300C2211M04100	上海证券交易所
2022-09-29	2022-11-23	2022-11-23	4.20	欧式	510300C2211M04200	上海证券交易所
2022-09-29	2022-11-23	2022-11-23	4.30	欧式	510300C2211M04300	上海证券交易所
2022-09-29	2022-11-23	2022-11-23	3.50	欧式	510300P2211M03500	上海证券交易所
2022-09-29	2022-11-23	2022-11-23	3.60	欧式	510300P2211M03600	上海证券交易所
2022-09-29	2022-11-23	2022-11-23	3.70	欧式	510300P2211M03700	上海证券交易所
2022-09-29	2022-11-23	2022-11-23	3.80	欧式	510300P2211M03800	上海证券交易所
2022-09-29	2022-11-23	2022-11-23	3.90	欧式	510300P2211M03900	上海证券交易所
2022-09-29	2022-11-23	2022-11-23	4.00	欧式	510300P2211M04000	上海证券交易所
2022-09-29	2022-11-23	2022-11-23	4.10	欧式	510300P2211M04100	上海证券交易所
2022-09-29	2022-11-23	2022-11-23	4.20	欧式	510300P2211M04200	上海证券交易所
2022-09-29	2022-11-23	2022-11-23	4.30	欧式	510300P2211M04300	上海证券交易所
2022-10-11	2022-10-26	2022-10-26	2.40	欧式	510050C2210M02400	上海证券交易所
2022-10-11	2022-10-26	2022-10-26	2.40	欧式	510050P2210M02400	上海证券交易所
2022-10-11	2022-11-23	2022-11-23	2.40	欧式	510050C2211M02400	上海证券交易所
2022-10-11	2022-11-23	2022-11-23	2.40	欧式	510050P2211M02400	上海证券交易所
2022-10-11	2022-12-28	2022-12-28	2.37	欧式	510050C2212A02400	上海证券交易所
2022-10-11	2022-12-28	2022-12-28	2.37	欧式	510050P2212A02400	上海证券交易所
2022-10-11	2023-03-22	2023-3-22	2.37	欧式	510050C2303A02400	上海证券交易所
2022-10-11	2023-03-22	2023-3-22	2.37	欧式	510050P2303A02400	上海证券交易所
2022-10-11	2022-10-26	2022-10-26	3.40	欧式	510300C2210M03400	上海证券交易所
2022-10-11	2022-10-26	2022-10-26	3.40	欧式	510300P2210M03400	上海证券交易所
2022-10-11	2022-11-23	2022-11-23	3.40	欧式	510300C2211M03400	上海证券交易所
2022-10-11	2022-11-23	2022-11-23	3.40	欧式	510300P2211M03400	上海证券交易所
2022-10-11	2022-12-28	2022-12-28	3.40	欧式	510300C2212M03400	上海证券交易所
2022-10-11	2022-12-28	2022-12-28	3.40	欧式	510300P2212M03400	上海证券交易所
2022-10-11	2023-03-22	2023-3-22	3.35	欧式	510300C2303A03400	上海证券交易所
2022-10-11	2023-03-22	2023-3-22	3.35	欧式	510300P2303A03400	上海证券交易所
2022-10-14	2022-10-26	2022-10-26	2.35	欧式	510050C2210M02350	上海证券交易所
2022-10-14	2022-10-26	2022-10-26	2.35	欧式	510050P2210M02350	上海证券交易所
2022-10-14	2022-11-23	2022-11-23	2.35	欧式	510050C2211M02350	上海证券交易所
2022-10-14	2022-11-23	2022-11-23	2.35	欧式	510050P2211M02350	上海证券交易所
2022-10-14	2022-12-28	2022-12-28	2.32	欧式	510050C2212A02350	上海证券交易所

5-29-2 续表 22 continued

交易时间 Trading Hours	最后交易日 Last Trading Day	到期日 Expiration Day	行权价格 Strike Price	行权方式 Exercise Style	交易代码 Trading Code	上市交易所 Listed Exchange
2022-10-14	2022-12-28	2022-12-28	2.32	欧式	510050P2212A02350	上海证券交易所
2022-10-14	2023-03-22	2023-3-22	2.32	欧式	510050C2303A02350	上海证券交易所
2022-10-14	2023-03-22	2023-3-22	2.32	欧式	510050P2303A02350	上海证券交易所
2022-10-25	2022-10-26	2022-10-26	2.25	欧式	510050C2210M02250	上海证券交易所
2022-10-25	2022-10-26	2022-10-26	2.30	欧式	510050C2210M02300	上海证券交易所
2022-10-25	2022-10-26	2022-10-26	2.25	欧式	510050P2210M02250	上海证券交易所
2022-10-25	2022-10-26	2022-10-26	2.30	欧式	510050P2210M02300	上海证券交易所
2022-10-25	2022-11-23	2022-11-23	2.25	欧式	510050C2211M02250	上海证券交易所
2022-10-25	2022-11-23	2022-11-23	2.30	欧式	510050C2211M02300	上海证券交易所
2022-10-25	2022-11-23	2022-11-23	2.25	欧式	510050P2211M02250	上海证券交易所
2022-10-25	2022-11-23	2022-11-23	2.30	欧式	510050P2211M02300	上海证券交易所
2022-10-25	2022-12-28	2022-12-28	2.22	欧式	510050C2212A02250	上海证券交易所
2022-10-25	2022-12-28	2022-12-28	2.27	欧式	510050C2212A02300	上海证券交易所
2022-10-25	2022-12-28	2022-12-28	2.22	欧式	510050P2212A02250	上海证券交易所
2022-10-25	2022-12-28	2022-12-28	2.27	欧式	510050P2212A02300	上海证券交易所
2022-10-25	2023-03-22	2023-3-22	2.22	欧式	510050C2303A02250	上海证券交易所
2022-10-25	2023-03-22	2023-3-22	2.27	欧式	510050C2303A02300	上海证券交易所
2022-10-25	2023-03-22	2023-3-22	2.22	欧式	510050P2303A02250	上海证券交易所
2022-10-25	2023-03-22	2023-3-22	2.27	欧式	510050P2303A02300	上海证券交易所
2022-10-25	2022-10-26	2022-10-26	3.30	欧式	510300C2210M03300	上海证券交易所
2022-10-25	2022-10-26	2022-10-26	3.30	欧式	510300P2210M03300	上海证券交易所
2022-10-25	2022-11-23	2022-11-23	3.30	欧式	510300C2211M03300	上海证券交易所
2022-10-25	2022-11-23	2022-11-23	3.30	欧式	510300P2211M03300	上海证券交易所
2022-10-25	2022-12-28	2022-12-28	3.30	欧式	510300C2212M03300	上海证券交易所
2022-10-25	2022-12-28	2022-12-28	3.30	欧式	510300P2212M03300	上海证券交易所
2022-10-25	2023-03-22	2023-3-22	3.25	欧式	510300C2303A03300	上海证券交易所
2022-10-25	2023-03-22	2023-3-22	3.25	欧式	510300P2303A03300	上海证券交易所
2022-10-27	2023-06-28	2023-6-28	2.22	欧式	510050C2306A02250	上海证券交易所
2022-10-27	2023-06-28	2023-6-28	2.27	欧式	510050C2306A02300	上海证券交易所
2022-10-27	2023-06-28	2023-6-28	2.32	欧式	510050C2306A02350	上海证券交易所
2022-10-27	2023-06-28	2023-6-28	2.37	欧式	510050C2306A02400	上海证券交易所
2022-10-27	2023-06-28	2023-6-28	2.42	欧式	510050C2306A02450	上海证券交易所
2022-10-27	2023-06-28	2023-6-28	2.47	欧式	510050C2306A02500	上海证券交易所
2022-10-27	2023-06-28	2023-6-28	2.51	欧式	510050C2306A02550	上海证券交易所
2022-10-27	2023-06-28	2023-6-28	2.56	欧式	510050C2306A02600	上海证券交易所
2022-10-27	2023-06-28	2023-6-28	2.61	欧式	510050C2306A02650	上海证券交易所
2022-10-27	2023-06-28	2023-6-28	2.22	欧式	510050P2306A02250	上海证券交易所
2022-10-27	2023-06-28	2023-6-28	2.27	欧式	510050P2306A02300	上海证券交易所
2022-10-27	2023-06-28	2023-6-28	2.32	欧式	510050P2306A02350	上海证券交易所
2022-10-27	2023-06-28	2023-6-28	2.37	欧式	510050P2306A02400	上海证券交易所
2022-10-27	2023-06-28	2023-6-28	2.42	欧式	510050P2306A02450	上海证券交易所
2022-10-27	2023-06-28	2023-6-28	2.47	欧式	510050P2306A02500	上海证券交易所
2022-10-27	2023-06-28	2023-6-28	2.51	欧式	510050P2306A02550	上海证券交易所
2022-10-27	2023-06-28	2023-6-28	2.56	欧式	510050P2306A02600	上海证券交易所
2022-10-27	2023-06-28	2023-6-28	2.61	欧式	510050P2306A02650	上海证券交易所
2022-10-27	2023-06-28	2023-6-28	3.25	欧式	510300C2306A03300	上海证券交易所
2022-10-27	2023-06-28	2023-6-28	3.35	欧式	510300C2306A03400	上海证券交易所
2022-10-27	2023-06-28	2023-6-28	3.45	欧式	510300C2306A03500	上海证券交易所

5-29-2 续表 23 continued

交易时间 Trading Hours	最后交易日 Last Trading Day	到期日 Expiration Day	行权价格 Strike Price	行权方式 Exercise Style	交易代码 Trading Code	上市交易所 Listed Exchange
2022-10-27	2023-06-28	2023-6-28	3.54	欧式	510300C2306A03600	上海证券交易所
2022-10-27	2023-06-28	2023-6-28	3.64	欧式	510300C2306A03700	上海证券交易所
2022-10-27	2023-06-28	2023-6-28	3.74	欧式	510300C2306A03800	上海证券交易所
2022-10-27	2023-06-28	2023-6-28	3.84	欧式	510300C2306A03900	上海证券交易所
2022-10-27	2023-06-28	2023-6-28	3.94	欧式	510300C2306A04000	上海证券交易所
2022-10-27	2023-06-28	2023-6-28	4.04	欧式	510300C2306A04100	上海证券交易所
2022-10-27	2023-06-28	2023-6-28	3.25	欧式	510300P2306A03300	上海证券交易所
2022-10-27	2023-06-28	2023-6-28	3.35	欧式	510300P2306A03400	上海证券交易所
2022-10-27	2023-06-28	2023-6-28	3.45	欧式	510300P2306A03500	上海证券交易所
2022-10-27	2023-06-28	2023-6-28	3.54	欧式	510300P2306A03600	上海证券交易所
2022-10-27	2023-06-28	2023-6-28	3.64	欧式	510300P2306A03700	上海证券交易所
2022-10-27	2023-06-28	2023-6-28	3.74	欧式	510300P2306A03800	上海证券交易所
2022-10-27	2023-06-28	2023-6-28	3.84	欧式	510300P2306A03900	上海证券交易所
2022-10-27	2023-06-28	2023-6-28	3.94	欧式	510300P2306A04000	上海证券交易所
2022-10-27	2023-06-28	2023-6-28	4.04	欧式	510300P2306A04100	上海证券交易所
2022-10-27	2023-06-28	2023-6-28	5.00	欧式	510500C2306M05000	上海证券交易所
2022-10-27	2023-06-28	2023-6-28	5.25	欧式	510500C2306M05250	上海证券交易所
2022-10-27	2023-06-28	2023-6-28	5.50	欧式	510500C2306M05500	上海证券交易所
2022-10-27	2023-06-28	2023-6-28	5.75	欧式	510500C2306M05750	上海证券交易所
2022-10-27	2023-06-28	2023-6-28	6.00	欧式	510500C2306M06000	上海证券交易所
2022-10-27	2023-06-28	2023-6-28	6.25	欧式	510500C2306M06250	上海证券交易所
2022-10-27	2023-06-28	2023-6-28	6.50	欧式	510500C2306M06500	上海证券交易所
2022-10-27	2023-06-28	2023-6-28	6.75	欧式	510500C2306M06750	上海证券交易所
2022-10-27	2023-06-28	2023-6-28	7.00	欧式	510500C2306M07000	上海证券交易所
2022-10-27	2023-06-28	2023-6-28	5.00	欧式	510500P2306M05000	上海证券交易所
2022-10-27	2023-06-28	2023-6-28	5.25	欧式	510500P2306M05250	上海证券交易所
2022-10-27	2023-06-28	2023-6-28	5.50	欧式	510500P2306M05500	上海证券交易所
2022-10-27	2023-06-28	2023-6-28	5.75	欧式	510500P2306M05750	上海证券交易所
2022-10-27	2023-06-28	2023-6-28	6.00	欧式	510500P2306M06000	上海证券交易所
2022-10-27	2023-06-28	2023-6-28	6.25	欧式	510500P2306M06250	上海证券交易所
2022-10-27	2023-06-28	2023-6-28	6.50	欧式	510500P2306M06500	上海证券交易所
2022-10-27	2023-06-28	2023-6-28	6.75	欧式	510500P2306M06750	上海证券交易所
2022-10-27	2023-06-28	2023-6-28	7.00	欧式	510500P2306M07000	上海证券交易所
2022-10-28	2022-11-23	2022-11-23	2.20	欧式	510050C2211M02200	上海证券交易所
2022-10-28	2022-11-23	2022-11-23	2.20	欧式	510050P2211M02200	上海证券交易所
2022-10-28	2022-12-28	2022-12-28	2.17	欧式	510050C2212A02200	上海证券交易所
2022-10-28	2022-12-28	2022-12-28	2.17	欧式	510050P2212A02200	上海证券交易所
2022-10-28	2023-03-22	2023-3-22	2.17	欧式	510050C2303A02200	上海证券交易所
2022-10-28	2023-03-22	2023-3-22	2.17	欧式	510050P2303A02200	上海证券交易所
2022-10-28	2023-06-28	2023-6-28	2.17	欧式	510050C2306A02200	上海证券交易所
2022-10-28	2023-06-28	2023-6-28	2.17	欧式	510050P2306A02200	上海证券交易所
2022-10-31	2022-11-23	2022-11-23	2.15	欧式	510050C2211M02150	上海证券交易所
2022-10-31	2022-11-23	2022-11-23	2.15	欧式	510050P2211M02150	上海证券交易所
2022-10-31	2022-12-28	2022-12-28	2.12	欧式	510050C2212A02150	上海证券交易所
2022-10-31	2022-12-28	2022-12-28	2.12	欧式	510050P2212A02150	上海证券交易所
2022-10-31	2023-03-22	2023-3-22	2.12	欧式	510050C2303A02150	上海证券交易所
2022-10-31	2023-03-22	2023-3-22	2.12	欧式	510050P2303A02150	上海证券交易所
2022-10-31	2023-06-28	2023-6-28	2.12	欧式	510050C2306A02150	上海证券交易所

5-29-2 续表 24 continued

交易时间 Trading Hours	最后交易日 Last Trading Day	到期日 Expiration Day	行权价格 Strike Price	行权方式 Exercise Style	交易代码 Trading Code	上市交易所 Listed Exchange
2022-10-31	2023-06-28	2023-6-28	2.12	欧式	510050P2306A02150	上海证券交易所
2022-10-31	2022-11-23	2022-11-23	3.20	欧式	510300C2211M03200	上海证券交易所
2022-10-31	2022-11-23	2022-11-23	3.20	欧式	510300P2211M03200	上海证券交易所
2022-10-31	2022-12-28	2022-12-28	3.20	欧式	510300C2212M03200	上海证券交易所
2022-10-31	2022-12-28	2022-12-28	3.20	欧式	510300P2212M03200	上海证券交易所
2022-10-31	2023-03-22	2023-3-22	3.15	欧式	510300C2303A03200	上海证券交易所
2022-10-31	2023-03-22	2023-3-22	3.15	欧式	510300P2303A03200	上海证券交易所
2022-10-31	2023-06-28	2023-6-28	3.15	欧式	510300C2306A03200	上海证券交易所
2022-10-31	2023-06-28	2023-6-28	3.15	欧式	510300P2306A03200	上海证券交易所
2022-10-31	2023-06-28	2023-6-28	4.90	欧式	510500C2306M04900	上海证券交易所
2022-10-31	2023-06-28	2023-6-28	4.90	欧式	510500P2306M04900	上海证券交易所
2022-11-07	2023-06-28	2023-6-28	2.66	欧式	510050C2306A02700	上海证券交易所
2022-11-07	2023-06-28	2023-6-28	2.66	欧式	510050P2306A02700	上海证券交易所
2022-11-07	2023-06-28	2023-6-28	4.14	欧式	510300C2306A04200	上海证券交易所
2022-11-07	2023-06-28	2023-6-28	4.14	欧式	510300P2306A04200	上海证券交易所
2022-11-07	2022-11-23	2022-11-23	7.25	欧式	510500C2211M07250	上海证券交易所
2022-11-07	2022-11-23	2022-11-23	7.25	欧式	510500P2211M07250	上海证券交易所
2022-11-07	2022-12-28	2022-12-28	7.25	欧式	510500C2212M07250	上海证券交易所
2022-11-07	2022-12-28	2022-12-28	7.25	欧式	510500P2212M07250	上海证券交易所
2022-11-07	2023-03-22	2023-3-22	7.25	欧式	510500C2303M07250	上海证券交易所
2022-11-07	2023-03-22	2023-3-22	7.25	欧式	510500P2303M07250	上海证券交易所
2022-11-07	2023-06-28	2023-6-28	7.25	欧式	510500C2306M07250	上海证券交易所
2022-11-07	2023-06-28	2023-6-28	7.25	欧式	510500P2306M07250	上海证券交易所
2022-11-14	2023-06-28	2023-6-28	2.71	欧式	510050C2306A02750	上海证券交易所
2022-11-14	2023-06-28	2023-6-28	2.71	欧式	510050P2306A02750	上海证券交易所
2022-11-15	2023-06-28	2023-6-28	2.76	欧式	510050C2306A02800	上海证券交易所
2022-11-15	2023-06-28	2023-6-28	2.76	欧式	510050P2306A02800	上海证券交易所
2022-11-15	2023-06-28	2023-6-28	4.23	欧式	510300C2306A04300	上海证券交易所
2022-11-15	2023-06-28	2023-6-28	4.23	欧式	510300P2306A04300	上海证券交易所
2022-11-16	2023-06-28	2023-6-28	2.81	欧式	510050C2306A02850	上海证券交易所
2022-11-16	2023-06-28	2023-6-28	2.81	欧式	510050P2306A02850	上海证券交易所
2022-11-24	2023-01-30	2023-1-30	2.37	欧式	510050C2301A02400	上海证券交易所
2022-11-24	2023-01-30	2023-1-30	2.42	欧式	510050C2301A02450	上海证券交易所
2022-11-24	2023-01-30	2023-1-30	2.47	欧式	510050C2301A02500	上海证券交易所
2022-11-24	2023-01-30	2023-1-30	2.51	欧式	510050C2301A02550	上海证券交易所
2022-11-24	2023-01-30	2023-1-30	2.56	欧式	510050C2301A02600	上海证券交易所
2022-11-24	2023-01-30	2023-1-30	2.61	欧式	510050C2301A02650	上海证券交易所
2022-11-24	2023-01-30	2023-1-30	2.66	欧式	510050C2301A02700	上海证券交易所
2022-11-24	2023-01-30	2023-1-30	2.71	欧式	510050C2301A02750	上海证券交易所
2022-11-24	2023-01-30	2023-1-30	2.76	欧式	510050C2301A02800	上海证券交易所
2022-11-24	2023-01-30	2023-1-30	2.37	欧式	510050P2301A02400	上海证券交易所
2022-11-24	2023-01-30	2023-1-30	2.42	欧式	510050P2301A02450	上海证券交易所
2022-11-24	2023-01-30	2023-1-30	2.47	欧式	510050P2301A02500	上海证券交易所
2022-11-24	2023-01-30	2023-1-30	2.51	欧式	510050P2301A02550	上海证券交易所
2022-11-24	2023-01-30	2023-1-30	2.56	欧式	510050P2301A02600	上海证券交易所
2022-11-24	2023-01-30	2023-1-30	2.61	欧式	510050P2301A02650	上海证券交易所
2022-11-24	2023-01-30	2023-1-30	2.66	欧式	510050P2301A02700	上海证券交易所
2022-11-24	2023-01-30	2023-1-30	2.71	欧式	510050P2301A02750	上海证券交易所

5-29-2 续表 25 continued

交易时间 Trading Hours	最后交易日 Last Trading Day	到期日 Expiration Day	行权价格 Strike Price	行权方式 Exercise Style	交易代码 Trading Code	上市交易所 Listed Exchange
2022-11-24	2023-01-30	2023-1-30	2.76	欧式	510050P2301A02800	上海证券交易所
2022-11-24	2023-01-30	2023-1-30	3.35	欧式	510300C2301A03400	上海证券交易所
2022-11-24	2023-01-30	2023-1-30	3.45	欧式	510300C2301A03500	上海证券交易所
2022-11-24	2023-01-30	2023-1-30	3.54	欧式	510300C2301A03600	上海证券交易所
2022-11-24	2023-01-30	2023-1-30	3.64	欧式	510300C2301A03700	上海证券交易所
2022-11-24	2023-01-30	2023-1-30	3.74	欧式	510300C2301A03800	上海证券交易所
2022-11-24	2023-01-30	2023-1-30	3.84	欧式	510300C2301A03900	上海证券交易所
2022-11-24	2023-01-30	2023-1-30	3.94	欧式	510300C2301A04000	上海证券交易所
2022-11-24	2023-01-30	2023-1-30	4.04	欧式	510300C2301A04100	上海证券交易所
2022-11-24	2023-01-30	2023-1-30	4.14	欧式	510300C2301A04200	上海证券交易所
2022-11-24	2023-01-30	2023-1-30	3.35	欧式	510300P2301A03400	上海证券交易所
2022-11-24	2023-01-30	2023-1-30	3.45	欧式	510300P2301A03500	上海证券交易所
2022-11-24	2023-01-30	2023-1-30	3.54	欧式	510300P2301A03600	上海证券交易所
2022-11-24	2023-01-30	2023-1-30	3.64	欧式	510300P2301A03700	上海证券交易所
2022-11-24	2023-01-30	2023-1-30	3.74	欧式	510300P2301A03800	上海证券交易所
2022-11-24	2023-01-30	2023-1-30	3.84	欧式	510300P2301A03900	上海证券交易所
2022-11-24	2023-01-30	2023-1-30	3.94	欧式	510300P2301A04000	上海证券交易所
2022-11-24	2023-01-30	2023-1-30	4.04	欧式	510300P2301A04100	上海证券交易所
2022-11-24	2023-01-30	2023-1-30	4.14	欧式	510300P2301A04200	上海证券交易所
2022-11-24	2023-01-30	2023-1-30	5.25	欧式	510500C2301M05250	上海证券交易所
2022-11-24	2023-01-30	2023-1-30	5.50	欧式	510500C2301M05500	上海证券交易所
2022-11-24	2023-01-30	2023-1-30	5.75	欧式	510500C2301M05750	上海证券交易所
2022-11-24	2023-01-30	2023-1-30	6.00	欧式	510500C2301M06000	上海证券交易所
2022-11-24	2023-01-30	2023-1-30	6.25	欧式	510500C2301M06250	上海证券交易所
2022-11-24	2023-01-30	2023-1-30	6.50	欧式	510500C2301M06500	上海证券交易所
2022-11-24	2023-01-30	2023-1-30	6.75	欧式	510500C2301M06750	上海证券交易所
2022-11-24	2023-01-30	2023-1-30	7.00	欧式	510500C2301M07000	上海证券交易所
2022-11-24	2023-01-30	2023-1-30	7.25	欧式	510500C2301M07250	上海证券交易所
2022-11-24	2023-01-30	2023-1-30	5.25	欧式	510500P2301M05250	上海证券交易所
2022-11-24	2023-01-30	2023-1-30	5.50	欧式	510500P2301M05500	上海证券交易所
2022-11-24	2023-01-30	2023-1-30	5.75	欧式	510500P2301M05750	上海证券交易所
2022-11-24	2023-01-30	2023-1-30	6.00	欧式	510500P2301M06000	上海证券交易所
2022-11-24	2023-01-30	2023-1-30	6.25	欧式	510500P2301M06250	上海证券交易所
2022-11-24	2023-01-30	2023-1-30	6.50	欧式	510500P2301M06500	上海证券交易所
2022-11-24	2023-01-30	2023-1-30	6.75	欧式	510500P2301M06750	上海证券交易所
2022-11-24	2023-01-30	2023-1-30	7.00	欧式	510500P2301M07000	上海证券交易所
2022-11-24	2023-01-30	2023-1-30	7.25	欧式	510500P2301M07250	上海证券交易所
2022-11-25	2023-01-30	2023-1-30	2.32	欧式	510050C2301A02350	上海证券交易所
2022-11-25	2023-01-30	2023-1-30	2.32	欧式	510050P2301A02350	上海证券交易所
2022-11-28	2023-01-30	2023-1-30	5.00	欧式	510500C2301M05000	上海证券交易所
2022-11-28	2023-01-30	2023-1-30	5.00	欧式	510500P2301M05000	上海证券交易所
2022-11-30	2023-01-30	2023-1-30	2.81	欧式	510050C2301A02850	上海证券交易所
2022-11-30	2023-01-30	2023-1-30	2.81	欧式	510050P2301A02850	上海证券交易所
2022-11-30	2023-01-30	2023-1-30	4.23	欧式	510300C2301A04300	上海证券交易所
2022-11-30	2023-01-30	2023-1-30	4.23	欧式	510300P2301A04300	上海证券交易所
2022-12-01	2022-12-28	2022-12-28	2.40	欧式	510050C2212M02400	上海证券交易所
2022-12-01	2022-12-28	2022-12-28	2.45	欧式	510050C2212M02450	上海证券交易所
2022-12-01	2022-12-28	2022-12-28	2.50	欧式	510050C2212M02500	上海证券交易所

5-29-2 续表 26 continued

交易时间 Trading Hours	最后交易日 Last Trading Day	到期日 Expiration Day	行权价格 Strike Price	行权方式 Exercise Style	交易代码 Trading Code	上市交易所 Listed Exchange
2022-12-01	2022-12-28	2022-12-28	2.55	欧式	510050C2212M02550	上海证券交易所
2022-12-01	2022-12-28	2022-12-28	2.60	欧式	510050C2212M02600	上海证券交易所
2022-12-01	2022-12-28	2022-12-28	2.65	欧式	510050C2212M02650	上海证券交易所
2022-12-01	2022-12-28	2022-12-28	2.70	欧式	510050C2212M02700	上海证券交易所
2022-12-01	2022-12-28	2022-12-28	2.75	欧式	510050C2212M02750	上海证券交易所
2022-12-01	2022-12-28	2022-12-28	2.80	欧式	510050C2212M02800	上海证券交易所
2022-12-01	2022-12-28	2022-12-28	2.40	欧式	510050P2212M02400	上海证券交易所
2022-12-01	2022-12-28	2022-12-28	2.45	欧式	510050P2212M02450	上海证券交易所
2022-12-01	2022-12-28	2022-12-28	2.50	欧式	510050P2212M02500	上海证券交易所
2022-12-01	2022-12-28	2022-12-28	2.55	欧式	510050P2212M02550	上海证券交易所
2022-12-01	2022-12-28	2022-12-28	2.60	欧式	510050P2212M02600	上海证券交易所
2022-12-01	2022-12-28	2022-12-28	2.65	欧式	510050P2212M02650	上海证券交易所
2022-12-01	2022-12-28	2022-12-28	2.70	欧式	510050P2212M02700	上海证券交易所
2022-12-01	2022-12-28	2022-12-28	2.75	欧式	510050P2212M02750	上海证券交易所
2022-12-01	2022-12-28	2022-12-28	2.80	欧式	510050P2212M02800	上海证券交易所
2022-12-01	2023-01-30	2023-1-30	2.40	欧式	510050C2301M02400	上海证券交易所
2022-12-01	2023-01-30	2023-1-30	2.45	欧式	510050C2301M02450	上海证券交易所
2022-12-01	2023-01-30	2023-1-30	2.50	欧式	510050C2301M02500	上海证券交易所
2022-12-01	2023-01-30	2023-1-30	2.55	欧式	510050C2301M02550	上海证券交易所
2022-12-01	2023-01-30	2023-1-30	2.60	欧式	510050C2301M02600	上海证券交易所
2022-12-01	2023-01-30	2023-1-30	2.65	欧式	510050C2301M02650	上海证券交易所
2022-12-01	2023-01-30	2023-1-30	2.70	欧式	510050C2301M02700	上海证券交易所
2022-12-01	2023-01-30	2023-1-30	2.75	欧式	510050C2301M02750	上海证券交易所
2022-12-01	2023-01-30	2023-1-30	2.80	欧式	510050C2301M02800	上海证券交易所
2022-12-01	2023-01-30	2023-1-30	2.40	欧式	510050P2301M02400	上海证券交易所
2022-12-01	2023-01-30	2023-1-30	2.45	欧式	510050P2301M02450	上海证券交易所
2022-12-01	2023-01-30	2023-1-30	2.50	欧式	510050P2301M02500	上海证券交易所
2022-12-01	2023-01-30	2023-1-30	2.55	欧式	510050P2301M02550	上海证券交易所
2022-12-01	2023-01-30	2023-1-30	2.60	欧式	510050P2301M02600	上海证券交易所
2022-12-01	2023-01-30	2023-1-30	2.65	欧式	510050P2301M02650	上海证券交易所
2022-12-01	2023-01-30	2023-1-30	2.70	欧式	510050P2301M02700	上海证券交易所
2022-12-01	2023-01-30	2023-1-30	2.75	欧式	510050P2301M02750	上海证券交易所
2022-12-01	2023-01-30	2023-1-30	2.80	欧式	510050P2301M02800	上海证券交易所
2022-12-01	2023-03-22	2023-3-22	2.40	欧式	510050C2303M02400	上海证券交易所
2022-12-01	2023-03-22	2023-3-22	2.45	欧式	510050C2303M02450	上海证券交易所
2022-12-01	2023-03-22	2023-3-22	2.50	欧式	510050C2303M02500	上海证券交易所
2022-12-01	2023-03-22	2023-3-22	2.55	欧式	510050C2303M02550	上海证券交易所
2022-12-01	2023-03-22	2023-3-22	2.60	欧式	510050C2303M02600	上海证券交易所
2022-12-01	2023-03-22	2023-3-22	2.65	欧式	510050C2303M02650	上海证券交易所
2022-12-01	2023-03-22	2023-3-22	2.70	欧式	510050C2303M02700	上海证券交易所
2022-12-01	2023-03-22	2023-3-22	2.75	欧式	510050C2303M02750	上海证券交易所
2022-12-01	2023-03-22	2023-3-22	2.80	欧式	510050C2303M02800	上海证券交易所
2022-12-01	2023-03-22	2023-3-22	2.40	欧式	510050P2303M02400	上海证券交易所
2022-12-01	2023-03-22	2023-3-22	2.45	欧式	510050P2303M02450	上海证券交易所
2022-12-01	2023-03-22	2023-3-22	2.50	欧式	510050P2303M02500	上海证券交易所
2022-12-01	2023-03-22	2023-3-22	2.55	欧式	510050P2303M02550	上海证券交易所
2022-12-01	2023-03-22	2023-3-22	2.60	欧式	510050P2303M02600	上海证券交易所
2022-12-01	2023-03-22	2023-3-22	2.65	欧式	510050P2303M02650	上海证券交易所

5-29-2 续表 27 continued

交易时间 Trading Hours	最后交易日 Last Trading Day	到期日 Expiration Day	行权价格 Strike Price	行权方式 Exercise Style	交易代码 Trading Code	上市交易所 Listed Exchange
2022-12-01	2023-03-22	2023-3-22	2.70	欧式	510050P2303M02700	上海证券交易所
2022-12-01	2023-03-22	2023-3-22	2.75	欧式	510050P2303M02750	上海证券交易所
2022-12-01	2023-03-22	2023-3-22	2.80	欧式	510050P2303M02800	上海证券交易所
2022-12-01	2023-06-28	2023-6-28	2.40	欧式	510050C2306M02400	上海证券交易所
2022-12-01	2023-06-28	2023-6-28	2.45	欧式	510050C2306M02450	上海证券交易所
2022-12-01	2023-06-28	2023-6-28	2.50	欧式	510050C2306M02500	上海证券交易所
2022-12-01	2023-06-28	2023-6-28	2.55	欧式	510050C2306M02550	上海证券交易所
2022-12-01	2023-06-28	2023-6-28	2.60	欧式	510050C2306M02600	上海证券交易所
2022-12-01	2023-06-28	2023-6-28	2.65	欧式	510050C2306M02650	上海证券交易所
2022-12-01	2023-06-28	2023-6-28	2.70	欧式	510050C2306M02700	上海证券交易所
2022-12-01	2023-06-28	2023-6-28	2.75	欧式	510050C2306M02750	上海证券交易所
2022-12-01	2023-06-28	2023-6-28	2.80	欧式	510050C2306M02800	上海证券交易所
2022-12-01	2023-06-28	2023-6-28	2.40	欧式	510050P2306M02400	上海证券交易所
2022-12-01	2023-06-28	2023-6-28	2.45	欧式	510050P2306M02450	上海证券交易所
2022-12-01	2023-06-28	2023-6-28	2.50	欧式	510050P2306M02500	上海证券交易所
2022-12-01	2023-06-28	2023-6-28	2.55	欧式	510050P2306M02550	上海证券交易所
2022-12-01	2023-06-28	2023-6-28	2.60	欧式	510050P2306M02600	上海证券交易所
2022-12-01	2023-06-28	2023-6-28	2.65	欧式	510050P2306M02650	上海证券交易所
2022-12-01	2023-06-28	2023-6-28	2.70	欧式	510050P2306M02700	上海证券交易所
2022-12-01	2023-06-28	2023-6-28	2.75	欧式	510050P2306M02750	上海证券交易所
2022-12-01	2023-06-28	2023-6-28	2.80	欧式	510050P2306M02800	上海证券交易所
2022-12-02	2022-12-28	2022-12-28	2.85	欧式	510050C2212M02850	上海证券交易所
2022-12-02	2022-12-28	2022-12-28	2.85	欧式	510050P2212M02850	上海证券交易所
2022-12-02	2023-01-30	2023-1-30	2.85	欧式	510050C2301M02850	上海证券交易所
2022-12-02	2023-01-30	2023-1-30	2.85	欧式	510050P2301M02850	上海证券交易所
2022-12-02	2023-03-22	2023-3-22	2.85	欧式	510050C2303M02850	上海证券交易所
2022-12-02	2023-03-22	2023-3-22	2.85	欧式	510050P2303M02850	上海证券交易所
2022-12-02	2023-06-28	2023-6-28	2.85	欧式	510050C2306M02850	上海证券交易所
2022-12-02	2023-06-28	2023-6-28	2.85	欧式	510050P2306M02850	上海证券交易所
2022-12-02	2023-01-30	2023-1-30	4.33	欧式	510300C2301A04400	上海证券交易所
2022-12-02	2023-01-30	2023-1-30	4.33	欧式	510300P2301A04400	上海证券交易所
2022-12-02	2023-06-28	2023-6-28	4.33	欧式	510300C2306A04400	上海证券交易所
2022-12-02	2023-06-28	2023-6-28	4.33	欧式	510300P2306A04400	上海证券交易所
2022-12-06	2022-12-28	2022-12-28	2.90	欧式	510050C2212M02900	上海证券交易所
2022-12-06	2022-12-28	2022-12-28	2.90	欧式	510050P2212M02900	上海证券交易所
2022-12-06	2023-01-30	2023-1-30	2.90	欧式	510050C2301M02900	上海证券交易所
2022-12-06	2023-01-30	2023-1-30	2.90	欧式	510050P2301M02900	上海证券交易所
2022-12-06	2023-03-22	2023-3-22	2.90	欧式	510050C2303M02900	上海证券交易所
2022-12-06	2023-03-22	2023-3-22	2.90	欧式	510050P2303M02900	上海证券交易所
2022-12-06	2023-06-28	2023-6-28	2.90	欧式	510050C2306M02900	上海证券交易所
2022-12-06	2023-06-28	2023-6-28	2.90	欧式	510050P2306M02900	上海证券交易所
2022-12-12	2023-01-30	2023-1-30	4.43	欧式	510300C2301A04500	上海证券交易所
2022-12-12	2023-01-30	2023-1-30	4.43	欧式	510300P2301A04500	上海证券交易所
2022-12-12	2023-06-28	2023-6-28	4.43	欧式	510300C2306A04500	上海证券交易所
2022-12-12	2023-06-28	2023-6-28	4.43	欧式	510300P2306A04500	上海证券交易所
2022-12-23	2023-01-30	2023-1-30	4.90	欧式	510500C2301M04900	上海证券交易所
2022-12-23	2023-01-30	2023-1-30	4.90	欧式	510500P2301M04900	上海证券交易所

5-29-2 续表 28 continued

交易时间 Trading Hours	最后交易日 Last Trading Day	到期日 Expiration Day	行权价格 Strike Price	行权方式 Exercise Style	交易代码 Trading Code	上市交易所 Listed Exchange
2022-12-29	2023-02-22	2023-2-22	2.45	欧式	510050C2302M02450	上海证券交易所
2022-12-29	2023-02-22	2023-2-22	2.50	欧式	510050C2302M02500	上海证券交易所
2022-12-29	2023-02-22	2023-2-22	2.55	欧式	510050C2302M02550	上海证券交易所
2022-12-29	2023-02-22	2023-2-22	2.60	欧式	510050C2302M02600	上海证券交易所
2022-12-29	2023-02-22	2023-2-22	2.65	欧式	510050C2302M02650	上海证券交易所
2022-12-29	2023-02-22	2023-2-22	2.70	欧式	510050C2302M02700	上海证券交易所
2022-12-29	2023-02-22	2023-2-22	2.75	欧式	510050C2302M02750	上海证券交易所
2022-12-29	2023-02-22	2023-2-22	2.80	欧式	510050C2302M02800	上海证券交易所
2022-12-29	2023-02-22	2023-2-22	2.85	欧式	510050C2302M02850	上海证券交易所
2022-12-29	2023-02-22	2023-2-22	2.45	欧式	510050P2302M02450	上海证券交易所
2022-12-29	2023-02-22	2023-2-22	2.50	欧式	510050P2302M02500	上海证券交易所
2022-12-29	2023-02-22	2023-2-22	2.55	欧式	510050P2302M02550	上海证券交易所
2022-12-29	2023-02-22	2023-2-22	2.60	欧式	510050P2302M02600	上海证券交易所
2022-12-29	2023-02-22	2023-2-22	2.65	欧式	510050P2302M02650	上海证券交易所
2022-12-29	2023-02-22	2023-2-22	2.70	欧式	510050P2302M02700	上海证券交易所
2022-12-29	2023-02-22	2023-2-22	2.75	欧式	510050P2302M02750	上海证券交易所
2022-12-29	2023-02-22	2023-2-22	2.80	欧式	510050P2302M02800	上海证券交易所
2022-12-29	2023-02-22	2023-2-22	2.85	欧式	510050P2302M02850	上海证券交易所
2022-12-29	2023-02-22	2023-2-22	3.45	欧式	510300C2302A03500	上海证券交易所
2022-12-29	2023-02-22	2023-2-22	3.54	欧式	510300C2302A03600	上海证券交易所
2022-12-29	2023-02-22	2023-2-22	3.64	欧式	510300C2302A03700	上海证券交易所
2022-12-29	2023-02-22	2023-2-22	3.74	欧式	510300C2302A03800	上海证券交易所
2022-12-29	2023-02-22	2023-2-22	3.84	欧式	510300C2302A03900	上海证券交易所
2022-12-29	2023-02-22	2023-2-22	3.94	欧式	510300C2302A04000	上海证券交易所
2022-12-29	2023-02-22	2023-2-22	4.04	欧式	510300C2302A04100	上海证券交易所
2022-12-29	2023-02-22	2023-2-22	4.14	欧式	510300C2302A04200	上海证券交易所
2022-12-29	2023-02-22	2023-2-22	4.23	欧式	510300C2302A04300	上海证券交易所
2022-12-29	2023-02-22	2023-2-22	3.45	欧式	510300P2302A03500	上海证券交易所
2022-12-29	2023-02-22	2023-2-22	3.54	欧式	510300P2302A03600	上海证券交易所
2022-12-29	2023-02-22	2023-2-22	3.64	欧式	510300P2302A03700	上海证券交易所
2022-12-29	2023-02-22	2023-2-22	3.74	欧式	510300P2302A03800	上海证券交易所
2022-12-29	2023-02-22	2023-2-22	3.84	欧式	510300P2302A03900	上海证券交易所
2022-12-29	2023-02-22	2023-2-22	3.94	欧式	510300P2302A04000	上海证券交易所
2022-12-29	2023-02-22	2023-2-22	4.04	欧式	510300P2302A04100	上海证券交易所
2022-12-29	2023-02-22	2023-2-22	4.14	欧式	510300P2302A04200	上海证券交易所
2022-12-29	2023-02-22	2023-2-22	4.23	欧式	510300P2302A04300	上海证券交易所
2022-12-29	2023-02-22	2023-2-22	5.00	欧式	510500C2302M05000	上海证券交易所
2022-12-29	2023-02-22	2023-2-22	5.25	欧式	510500C2302M05250	上海证券交易所
2022-12-29	2023-02-22	2023-2-22	5.50	欧式	510500C2302M05500	上海证券交易所
2022-12-29	2023-02-22	2023-2-22	5.75	欧式	510500C2302M05750	上海证券交易所
2022-12-29	2023-02-22	2023-2-22	6.00	欧式	510500C2302M06000	上海证券交易所
2022-12-29	2023-02-22	2023-2-22	6.25	欧式	510500C2302M06250	上海证券交易所
2022-12-29	2023-02-22	2023-2-22	6.50	欧式	510500C2302M06500	上海证券交易所
2022-12-29	2023-02-22	2023-2-22	6.75	欧式	510500C2302M06750	上海证券交易所
2022-12-29	2023-02-22	2023-2-22	7.00	欧式	510500C2302M07000	上海证券交易所
2022-12-29	2023-02-22	2023-2-22	5.00	欧式	510500P2302M05000	上海证券交易所
2022-12-29	2023-02-22	2023-2-22	5.25	欧式	510500P2302M05250	上海证券交易所

5-29-2 续表 29 continued

交易时间 Trading Hours	最后交易日 Last Trading Day	到期日 Expiration Day	行权价格 Strike Price	行权方式 Exercise Style	交易代码 Trading Code	上市交易所 Listed Exchange
2022-12-29	2023-02-22	2023-2-22	5.50	欧式	510500P2302M05500	上海证券交易所
2022-12-29	2023-02-22	2023-2-22	5.75	欧式	510500P2302M05750	上海证券交易所
2022-12-29	2023-02-22	2023-2-22	6.00	欧式	510500P2302M06000	上海证券交易所
2022-12-29	2023-02-22	2023-2-22	6.25	欧式	510500P2302M06250	上海证券交易所
2022-12-29	2023-02-22	2023-2-22	6.50	欧式	510500P2302M06500	上海证券交易所
2022-12-29	2023-02-22	2023-2-22	6.75	欧式	510500P2302M06750	上海证券交易所
2022-12-29	2023-02-22	2023-2-22	7.00	欧式	510500P2302M07000	上海证券交易所
	2023-03-22	2023-3-22	3.90	欧式(到期行权)	159919C2303M003900	深圳证券交易所
	2023-03-22	2023-3-22	4.00	欧式(到期行权)	159919C2303M004000	深圳证券交易所
	2023-03-22	2023-3-22	4.10	欧式(到期行权)	159919C2303M004100	深圳证券交易所
	2023-03-22	2023-3-22	4.20	欧式(到期行权)	159919C2303M004200	深圳证券交易所
	2023-03-22	2023-3-22	4.30	欧式(到期行权)	159919C2303M004300	深圳证券交易所
	2023-03-22	2023-3-22	4.40	欧式(到期行权)	159919C2303M004400	深圳证券交易所
	2023-03-22	2023-3-22	4.50	欧式(到期行权)	159919C2303M004500	深圳证券交易所
	2023-03-22	2023-3-22	4.60	欧式(到期行权)	159919C2303M004600	深圳证券交易所
	2023-03-22	2023-3-22	4.70	欧式(到期行权)	159919C2303M004700	深圳证券交易所
	2023-03-22	2023-3-22	3.90	欧式(到期行权)	159919P2303M003900	深圳证券交易所
	2023-03-22	2023-3-22	4.00	欧式(到期行权)	159919P2303M004000	深圳证券交易所
	2023-03-22	2023-3-22	4.10	欧式(到期行权)	159919P2303M004100	深圳证券交易所
	2023-03-22	2023-3-22	4.20	欧式(到期行权)	159919P2303M004200	深圳证券交易所
	2023-03-22	2023-3-22	4.30	欧式(到期行权)	159919P2303M004300	深圳证券交易所
	2023-03-22	2023-3-22	4.40	欧式(到期行权)	159919P2303M004400	深圳证券交易所
	2023-03-22	2023-3-22	4.50	欧式(到期行权)	159919P2303M004500	深圳证券交易所
	2023-03-22	2023-3-22	4.60	欧式(到期行权)	159919P2303M004600	深圳证券交易所
	2023-03-22	2023-3-22	4.70	欧式(到期行权)	159919P2303M004700	深圳证券交易所
	2023-03-22	2023-3-22	3.80	欧式(到期行权)	159919C2303M003800	深圳证券交易所
	2023-03-22	2023-3-22	3.80	欧式(到期行权)	159919P2303M003800	深圳证券交易所
	2023-03-22	2023-3-22	3.70	欧式(到期行权)	159919C2303M003700	深圳证券交易所
	2023-03-22	2023-3-22	3.70	欧式(到期行权)	159919P2303M003700	深圳证券交易所
	2023-03-22	2023-3-22	2.10	欧式(到期行权)	159915C2303M002100	深圳证券交易所
	2023-03-22	2023-3-22	2.15	欧式(到期行权)	159915C2303M002150	深圳证券交易所
	2023-03-22	2023-3-22	2.20	欧式(到期行权)	159915C2303M002200	深圳证券交易所
	2023-03-22	2023-3-22	2.25	欧式(到期行权)	159915C2303M002250	深圳证券交易所
	2023-03-22	2023-3-22	2.30	欧式(到期行权)	159915C2303M002300	深圳证券交易所
	2023-03-22	2023-3-22	2.35	欧式(到期行权)	159915C2303M002350	深圳证券交易所
	2023-03-22	2023-3-22	2.40	欧式(到期行权)	159915C2303M002400	深圳证券交易所
	2023-03-22	2023-3-22	2.45	欧式(到期行权)	159915C2303M002450	深圳证券交易所
	2023-03-22	2023-3-22	2.50	欧式(到期行权)	159915C2303M002500	深圳证券交易所
	2023-03-22	2023-3-22	2.10	欧式(到期行权)	159915P2303M002100	深圳证券交易所
	2023-03-22	2023-3-22	2.15	欧式(到期行权)	159915P2303M002150	深圳证券交易所
	2023-03-22	2023-3-22	2.20	欧式(到期行权)	159915P2303M002200	深圳证券交易所
	2023-03-22	2023-3-22	2.25	欧式(到期行权)	159915P2303M002250	深圳证券交易所
	2023-03-22	2023-3-22	2.30	欧式(到期行权)	159915P2303M002300	深圳证券交易所
	2023-03-22	2023-3-22	2.35	欧式(到期行权)	159915P2303M002350	深圳证券交易所
	2023-03-22	2023-3-22	2.40	欧式(到期行权)	159915P2303M002400	深圳证券交易所
	2023-03-22	2023-3-22	2.45	欧式(到期行权)	159915P2303M002450	深圳证券交易所
	2023-03-22	2023-3-22	2.50	欧式(到期行权)	159915P2303M002500	深圳证券交易所

5-29-2 续表 30 continued

交易时间 Trading Hours	最后交易日 Last Trading Day	到期日 Expiration Day	行权价格 Strike Price	行权方式 Exercise Style	交易代码 Trading Code	上市交易所 Listed Exchange
	2023-03-22	2023-3-22	5.00	欧式(到期行权)	159922C2303M005000	深圳证券交易所
	2023-03-22	2023-3-22	5.25	欧式(到期行权)	159922C2303M005250	深圳证券交易所
	2023-03-22	2023-3-22	5.50	欧式(到期行权)	159922C2303M005500	深圳证券交易所
	2023-03-22	2023-3-22	5.75	欧式(到期行权)	159922C2303M005750	深圳证券交易所
	2023-03-22	2023-3-22	6.00	欧式(到期行权)	159922C2303M006000	深圳证券交易所
	2023-03-22	2023-3-22	6.25	欧式(到期行权)	159922C2303M006250	深圳证券交易所
	2023-03-22	2023-3-22	6.50	欧式(到期行权)	159922C2303M006500	深圳证券交易所
	2023-03-22	2023-3-22	6.75	欧式(到期行权)	159922C2303M006750	深圳证券交易所
	2023-03-22	2023-3-22	7.00	欧式(到期行权)	159922C2303M007000	深圳证券交易所
	2023-03-22	2023-3-22	5.00	欧式(到期行权)	159922P2303M005000	深圳证券交易所
	2023-03-22	2023-3-22	5.25	欧式(到期行权)	159922P2303M005250	深圳证券交易所
	2023-03-22	2023-3-22	5.50	欧式(到期行权)	159922P2303M005500	深圳证券交易所
	2023-03-22	2023-3-22	5.75	欧式(到期行权)	159922P2303M005750	深圳证券交易所
	2023-03-22	2023-3-22	6.00	欧式(到期行权)	159922P2303M006000	深圳证券交易所
	2023-03-22	2023-3-22	6.25	欧式(到期行权)	159922P2303M006250	深圳证券交易所
	2023-03-22	2023-3-22	6.50	欧式(到期行权)	159922P2303M006500	深圳证券交易所
	2023-03-22	2023-3-22	6.75	欧式(到期行权)	159922P2303M006750	深圳证券交易所
	2023-03-22	2023-3-22	7.00	欧式(到期行权)	159922P2303M007000	深圳证券交易所
	2023-03-22	2023-3-22	3.60	欧式(到期行权)	159919C2303M003600	深圳证券交易所
	2023-03-22	2023-3-22	3.60	欧式(到期行权)	159919P2303M003600	深圳证券交易所
	2023-03-22	2023-3-22	2.05	欧式(到期行权)	159915C2303M002050	深圳证券交易所
	2023-03-22	2023-3-22	2.05	欧式(到期行权)	159915P2303M002050	深圳证券交易所
	2023-03-22	2023-3-22	3.50	欧式(到期行权)	159919C2303M003500	深圳证券交易所
	2023-03-22	2023-3-22	3.50	欧式(到期行权)	159919P2303M003500	深圳证券交易所
	2023-03-22	2023-3-22	2.00	欧式(到期行权)	159915C2303M002000	深圳证券交易所
	2023-03-22	2023-3-22	2.00	欧式(到期行权)	159915P2303M002000	深圳证券交易所
	2023-03-22	2023-3-22	4.90	欧式(到期行权)	159922C2303M004900	深圳证券交易所
	2023-03-22	2023-3-22	4.90	欧式(到期行权)	159922P2303M004900	深圳证券交易所
	2023-03-22	2023-3-22	1.95	欧式(到期行权)	159915C2303M001950	深圳证券交易所
	2023-03-22	2023-3-22	1.95	欧式(到期行权)	159915P2303M001950	深圳证券交易所
	2023-03-22	2023-3-22	3.40	欧式(到期行权)	159919C2303M003400	深圳证券交易所
	2023-03-22	2023-3-22	3.40	欧式(到期行权)	159919P2303M003400	深圳证券交易所
	2023-03-22	2023-3-22	2.55	欧式(到期行权)	159915C2303M002550	深圳证券交易所
	2023-03-22	2023-3-22	2.55	欧式(到期行权)	159915P2303M002550	深圳证券交易所
	2023-03-22	2023-3-22	7.25	欧式(到期行权)	159922C2303M007250	深圳证券交易所
	2023-03-22	2023-3-22	7.25	欧式(到期行权)	159922P2303M007250	深圳证券交易所
	2023-03-22	2023-3-22	3.30	欧式(到期行权)	159919C2303M003300	深圳证券交易所
	2023-03-22	2023-3-22	3.30	欧式(到期行权)	159919P2303M003300	深圳证券交易所
	2023-06-28	2023-6-28	2.10	欧式(到期行权)	159915C2306M002100	深圳证券交易所
	2023-06-28	2023-6-28	2.15	欧式(到期行权)	159915C2306M002150	深圳证券交易所
	2023-06-28	2023-6-28	2.20	欧式(到期行权)	159915C2306M002200	深圳证券交易所
	2023-06-28	2023-6-28	2.25	欧式(到期行权)	159915C2306M002250	深圳证券交易所
	2023-06-28	2023-6-28	2.30	欧式(到期行权)	159915C2306M002300	深圳证券交易所
	2023-06-28	2023-6-28	2.35	欧式(到期行权)	159915C2306M002350	深圳证券交易所
	2023-06-28	2023-6-28	2.40	欧式(到期行权)	159915C2306M002400	深圳证券交易所
	2023-06-28	2023-6-28	2.45	欧式(到期行权)	159915C2306M002450	深圳证券交易所
	2023-06-28	2023-6-28	2.50	欧式(到期行权)	159915C2306M002500	深圳证券交易所

5-29-2 续表 31 continued

交易时间 Trading Hours	最后交易日 Last Trading Day	到期日 Expiration Day	行权价格 Strike Price	行权方式 Exercise Style	交易代码 Trading Code	上市交易所 Listed Exchange
	2023-06-28	2023-6-28	2.10	欧式(到期行权)	159915P2306M002100	深圳证券交易所
	2023-06-28	2023-6-28	2.15	欧式(到期行权)	159915P2306M002150	深圳证券交易所
	2023-06-28	2023-6-28	2.20	欧式(到期行权)	159915P2306M002200	深圳证券交易所
	2023-06-28	2023-6-28	2.25	欧式(到期行权)	159915P2306M002250	深圳证券交易所
	2023-06-28	2023-6-28	2.30	欧式(到期行权)	159915P2306M002300	深圳证券交易所
	2023-06-28	2023-6-28	2.35	欧式(到期行权)	159915P2306M002350	深圳证券交易所
	2023-06-28	2023-6-28	2.40	欧式(到期行权)	159915P2306M002400	深圳证券交易所
	2023-06-28	2023-6-28	2.45	欧式(到期行权)	159915P2306M002450	深圳证券交易所
	2023-06-28	2023-6-28	2.50	欧式(到期行权)	159915P2306M002500	深圳证券交易所
	2023-06-28	2023-6-28	3.30	欧式(到期行权)	159919C2306M003300	深圳证券交易所
	2023-06-28	2023-6-28	3.40	欧式(到期行权)	159919C2306M003400	深圳证券交易所
	2023-06-28	2023-6-28	3.50	欧式(到期行权)	159919C2306M003500	深圳证券交易所
	2023-06-28	2023-6-28	3.60	欧式(到期行权)	159919C2306M003600	深圳证券交易所
	2023-06-28	2023-6-28	3.70	欧式(到期行权)	159919C2306M003700	深圳证券交易所
	2023-06-28	2023-6-28	3.80	欧式(到期行权)	159919C2306M003800	深圳证券交易所
	2023-06-28	2023-6-28	3.90	欧式(到期行权)	159919C2306M003900	深圳证券交易所
	2023-06-28	2023-6-28	4.00	欧式(到期行权)	159919C2306M004000	深圳证券交易所
	2023-06-28	2023-6-28	4.10	欧式(到期行权)	159919C2306M004100	深圳证券交易所
	2023-06-28	2023-6-28	3.30	欧式(到期行权)	159919P2306M003300	深圳证券交易所
	2023-06-28	2023-6-28	3.40	欧式(到期行权)	159919P2306M003400	深圳证券交易所
	2023-06-28	2023-6-28	3.50	欧式(到期行权)	159919P2306M003500	深圳证券交易所
	2023-06-28	2023-6-28	3.60	欧式(到期行权)	159919P2306M003600	深圳证券交易所
	2023-06-28	2023-6-28	3.70	欧式(到期行权)	159919P2306M003700	深圳证券交易所
	2023-06-28	2023-6-28	3.80	欧式(到期行权)	159919P2306M003800	深圳证券交易所
	2023-06-28	2023-6-28	3.90	欧式(到期行权)	159919P2306M003900	深圳证券交易所
	2023-06-28	2023-6-28	4.00	欧式(到期行权)	159919P2306M004000	深圳证券交易所
	2023-06-28	2023-6-28	4.10	欧式(到期行权)	159919P2306M004100	深圳证券交易所
	2023-06-28	2023-6-28	5.00	欧式(到期行权)	159922C2306M005000	深圳证券交易所
	2023-06-28	2023-6-28	5.25	欧式(到期行权)	159922C2306M005250	深圳证券交易所
	2023-06-28	2023-6-28	5.50	欧式(到期行权)	159922C2306M005500	深圳证券交易所
	2023-06-28	2023-6-28	5.75	欧式(到期行权)	159922C2306M005750	深圳证券交易所
	2023-06-28	2023-6-28	6.00	欧式(到期行权)	159922C2306M006000	深圳证券交易所
	2023-06-28	2023-6-28	6.25	欧式(到期行权)	159922C2306M006250	深圳证券交易所
	2023-06-28	2023-6-28	6.50	欧式(到期行权)	159922C2306M006500	深圳证券交易所
	2023-06-28	2023-6-28	6.75	欧式(到期行权)	159922C2306M006750	深圳证券交易所
	2023-06-28	2023-6-28	7.00	欧式(到期行权)	159922C2306M007000	深圳证券交易所
	2023-06-28	2023-6-28	5.00	欧式(到期行权)	159922P2306M005000	深圳证券交易所
	2023-06-28	2023-6-28	5.25	欧式(到期行权)	159922P2306M005250	深圳证券交易所
	2023-06-28	2023-6-28	5.50	欧式(到期行权)	159922P2306M005500	深圳证券交易所
	2023-06-28	2023-6-28	5.75	欧式(到期行权)	159922P2306M005750	深圳证券交易所
	2023-06-28	2023-6-28	6.00	欧式(到期行权)	159922P2306M006000	深圳证券交易所
	2023-06-28	2023-6-28	6.25	欧式(到期行权)	159922P2306M006250	深圳证券交易所
	2023-06-28	2023-6-28	6.50	欧式(到期行权)	159922P2306M006500	深圳证券交易所
	2023-06-28	2023-6-28	6.75	欧式(到期行权)	159922P2306M006750	深圳证券交易所
	2023-06-28	2023-6-28	7.00	欧式(到期行权)	159922P2306M007000	深圳证券交易所
	2023-06-28	2023-6-28	2.05	欧式(到期行权)	159915C2306M002050	深圳证券交易所
	2023-06-28	2023-6-28	2.05	欧式(到期行权)	159915P2306M002050	深圳证券交易所

5-29-2　续表 32　continued

交易时间 Trading Hours	最后交易日 Last Trading Day	到期日 Expiration Day	行权价格 Strike Price	行权方式 Exercise Style	交易代码 Trading Code	上市交易所 Listed Exchange
	2023-06-28	2023-6-28	2.00	欧式(到期行权)	159915C2306M002000	深圳证券交易所
	2023-06-28	2023-6-28	2.00	欧式(到期行权)	159915P2306M002000	深圳证券交易所
	2023-03-22	2023-3-22	3.20	欧式(到期行权)	159919C2303M003200	深圳证券交易所
	2023-03-22	2023-3-22	3.20	欧式(到期行权)	159919P2303M003200	深圳证券交易所
	2023-06-28	2023-6-28	3.20	欧式(到期行权)	159919C2306M003200	深圳证券交易所
	2023-06-28	2023-6-28	3.20	欧式(到期行权)	159919P2306M003200	深圳证券交易所
	2023-03-22	2023-3-22	2.60	欧式(到期行权)	159915C2303M002600	深圳证券交易所
	2023-03-22	2023-3-22	2.60	欧式(到期行权)	159915P2303M002600	深圳证券交易所
	2023-06-28	2023-6-28	2.55	欧式(到期行权)	159915C2306M002550	深圳证券交易所
	2023-06-28	2023-6-28	2.60	欧式(到期行权)	159915C2306M002600	深圳证券交易所
	2023-06-28	2023-6-28	2.55	欧式(到期行权)	159915P2306M002550	深圳证券交易所
	2023-06-28	2023-6-28	2.60	欧式(到期行权)	159915P2306M002600	深圳证券交易所
	2023-06-28	2023-6-28	4.20	欧式(到期行权)	159919C2306M004200	深圳证券交易所
	2023-06-28	2023-6-28	4.20	欧式(到期行权)	159919P2306M004200	深圳证券交易所
	2023-06-28	2023-6-28	7.25	欧式(到期行权)	159922C2306M007250	深圳证券交易所
	2023-06-28	2023-6-28	7.25	欧式(到期行权)	159922P2306M007250	深圳证券交易所
	2023-06-28	2023-6-28	4.30	欧式(到期行权)	159919C2306M004300	深圳证券交易所
	2023-06-28	2023-6-28	4.30	欧式(到期行权)	159919P2306M004300	深圳证券交易所
	2023-01-30	2023-1-30	2.05	欧式(到期行权)	159915C2301M002050	深圳证券交易所
	2023-01-30	2023-1-30	2.10	欧式(到期行权)	159915C2301M002100	深圳证券交易所
	2023-01-30	2023-1-30	2.15	欧式(到期行权)	159915C2301M002150	深圳证券交易所
	2023-01-30	2023-1-30	2.20	欧式(到期行权)	159915C2301M002200	深圳证券交易所
	2023-01-30	2023-1-30	2.25	欧式(到期行权)	159915C2301M002250	深圳证券交易所
	2023-01-30	2023-1-30	2.30	欧式(到期行权)	159915C2301M002300	深圳证券交易所
	2023-01-30	2023-1-30	2.35	欧式(到期行权)	159915C2301M002350	深圳证券交易所
	2023-01-30	2023-1-30	2.40	欧式(到期行权)	159915C2301M002400	深圳证券交易所
	2023-01-30	2023-1-30	2.45	欧式(到期行权)	159915C2301M002450	深圳证券交易所
	2023-01-30	2023-1-30	2.05	欧式(到期行权)	159915P2301M002050	深圳证券交易所
	2023-01-30	2023-1-30	2.10	欧式(到期行权)	159915P2301M002100	深圳证券交易所
	2023-01-30	2023-1-30	2.15	欧式(到期行权)	159915P2301M002150	深圳证券交易所
	2023-01-30	2023-1-30	2.20	欧式(到期行权)	159915P2301M002200	深圳证券交易所
	2023-01-30	2023-1-30	2.25	欧式(到期行权)	159915P2301M002250	深圳证券交易所
	2023-01-30	2023-1-30	2.30	欧式(到期行权)	159915P2301M002300	深圳证券交易所
	2023-01-30	2023-1-30	2.35	欧式(到期行权)	159915P2301M002350	深圳证券交易所
	2023-01-30	2023-1-30	2.40	欧式(到期行权)	159915P2301M002400	深圳证券交易所
	2023-01-30	2023-1-30	2.45	欧式(到期行权)	159915P2301M002450	深圳证券交易所
	2023-01-30	2023-1-30	3.40	欧式(到期行权)	159919C2301M003400	深圳证券交易所
	2023-01-30	2023-1-30	3.50	欧式(到期行权)	159919C2301M003500	深圳证券交易所
	2023-01-30	2023-1-30	3.60	欧式(到期行权)	159919C2301M003600	深圳证券交易所
	2023-01-30	2023-1-30	3.70	欧式(到期行权)	159919C2301M003700	深圳证券交易所
	2023-01-30	2023-1-30	3.80	欧式(到期行权)	159919C2301M003800	深圳证券交易所
	2023-01-30	2023-1-30	3.90	欧式(到期行权)	159919C2301M003900	深圳证券交易所
	2023-01-30	2023-1-30	4.00	欧式(到期行权)	159919C2301M004000	深圳证券交易所
	2023-01-30	2023-1-30	4.10	欧式(到期行权)	159919C2301M004100	深圳证券交易所
	2023-01-30	2023-1-30	4.20	欧式(到期行权)	159919C2301M004200	深圳证券交易所
	2023-01-30	2023-1-30	3.40	欧式(到期行权)	159919P2301M003400	深圳证券交易所
	2023-01-30	2023-1-30	3.50	欧式(到期行权)	159919P2301M003500	深圳证券交易所

5-29-2 续表 33 continued

交易时间 Trading Hours	最后交易日 Last Trading Day	到期日 Expiration Day	行权价格 Strike Price	行权方式 Exercise Style	交易代码 Trading Code	上市交易所 Listed Exchange
	2023-01-30	2023-1-30	3.60	欧式(到期行权)	159919P2301M003600	深圳证券交易所
	2023-01-30	2023-1-30	3.70	欧式(到期行权)	159919P2301M003700	深圳证券交易所
	2023-01-30	2023-1-30	3.80	欧式(到期行权)	159919P2301M003800	深圳证券交易所
	2023-01-30	2023-1-30	3.90	欧式(到期行权)	159919P2301M003900	深圳证券交易所
	2023-01-30	2023-1-30	4.00	欧式(到期行权)	159919P2301M004000	深圳证券交易所
	2023-01-30	2023-1-30	4.10	欧式(到期行权)	159919P2301M004100	深圳证券交易所
	2023-01-30	2023-1-30	4.20	欧式(到期行权)	159919P2301M004200	深圳证券交易所
	2023-01-30	2023-1-30	5.25	欧式(到期行权)	159922C2301M005250	深圳证券交易所
	2023-01-30	2023-1-30	5.50	欧式(到期行权)	159922C2301M005500	深圳证券交易所
	2023-01-30	2023-1-30	5.75	欧式(到期行权)	159922C2301M005750	深圳证券交易所
	2023-01-30	2023-1-30	6.00	欧式(到期行权)	159922C2301M006000	深圳证券交易所
	2023-01-30	2023-1-30	6.25	欧式(到期行权)	159922C2301M006250	深圳证券交易所
	2023-01-30	2023-1-30	6.50	欧式(到期行权)	159922C2301M006500	深圳证券交易所
	2023-01-30	2023-1-30	6.75	欧式(到期行权)	159922C2301M006750	深圳证券交易所
	2023-01-30	2023-1-30	7.00	欧式(到期行权)	159922C2301M007000	深圳证券交易所
	2023-01-30	2023-1-30	7.25	欧式(到期行权)	159922C2301M007250	深圳证券交易所
	2023-01-30	2023-1-30	5.25	欧式(到期行权)	159922P2301M005250	深圳证券交易所
	2023-01-30	2023-1-30	5.50	欧式(到期行权)	159922P2301M005500	深圳证券交易所
	2023-01-30	2023-1-30	5.75	欧式(到期行权)	159922P2301M005750	深圳证券交易所
	2023-01-30	2023-1-30	6.00	欧式(到期行权)	159922P2301M006000	深圳证券交易所
	2023-01-30	2023-1-30	6.25	欧式(到期行权)	159922P2301M006250	深圳证券交易所
	2023-01-30	2023-1-30	6.50	欧式(到期行权)	159922P2301M006500	深圳证券交易所
	2023-01-30	2023-1-30	6.75	欧式(到期行权)	159922P2301M006750	深圳证券交易所
	2023-01-30	2023-1-30	7.00	欧式(到期行权)	159922P2301M007000	深圳证券交易所
	2023-01-30	2023-1-30	7.25	欧式(到期行权)	159922P2301M007250	深圳证券交易所
	2023-01-30	2023-1-30	4.30	欧式(到期行权)	159919C2301M004300	深圳证券交易所
	2023-01-30	2023-1-30	4.30	欧式(到期行权)	159919P2301M004300	深圳证券交易所
	2023-01-30	2023-1-30	2.50	欧式(到期行权)	159915C2301M002500	深圳证券交易所
	2023-01-30	2023-1-30	2.50	欧式(到期行权)	159915P2301M002500	深圳证券交易所
	2023-01-30	2023-1-30	4.40	欧式(到期行权)	159919C2301M004400	深圳证券交易所
	2023-01-30	2023-1-30	4.40	欧式(到期行权)	159919P2301M004400	深圳证券交易所
	2023-06-28	2023-6-28	4.40	欧式(到期行权)	159919C2306M004400	深圳证券交易所
	2023-06-28	2023-6-28	4.40	欧式(到期行权)	159919P2306M004400	深圳证券交易所
	2023-01-30	2023-1-30	2.55	欧式(到期行权)	159915C2301M002550	深圳证券交易所
	2023-01-30	2023-1-30	2.55	欧式(到期行权)	159915P2301M002550	深圳证券交易所
	2023-01-30	2023-1-30	2.80	欧式(到期行权)	159901C2301M002800	深圳证券交易所
	2023-01-30	2023-1-30	2.85	欧式(到期行权)	159901C2301M002850	深圳证券交易所
	2023-01-30	2023-1-30	2.90	欧式(到期行权)	159901C2301M002900	深圳证券交易所
	2023-01-30	2023-1-30	2.95	欧式(到期行权)	159901C2301M002950	深圳证券交易所
	2023-01-30	2023-1-30	3.00	欧式(到期行权)	159901C2301M003000	深圳证券交易所
	2023-01-30	2023-1-30	3.10	欧式(到期行权)	159901C2301M003100	深圳证券交易所
	2023-01-30	2023-1-30	3.20	欧式(到期行权)	159901C2301M003200	深圳证券交易所
	2023-01-30	2023-1-30	3.30	欧式(到期行权)	159901C2301M003300	深圳证券交易所
	2023-01-30	2023-1-30	3.40	欧式(到期行权)	159901C2301M003400	深圳证券交易所
	2023-01-30	2023-1-30	2.80	欧式(到期行权)	159901P2301M002800	深圳证券交易所
	2023-01-30	2023-1-30	2.85	欧式(到期行权)	159901P2301M002850	深圳证券交易所
	2023-01-30	2023-1-30	2.90	欧式(到期行权)	159901P2301M002900	深圳证券交易所

5-29-2 续表 34 continued

交易时间 Trading Hours	最后交易日 Last Trading Day	到期日 Expiration Day	行权价格 Strike Price	行权方式 Exercise Style	交易代码 Trading Code	上市交易所 Listed Exchange
	2023-01-30	2023-1-30	2.95	欧式(到期行权)	159901P2301M002950	深圳证券交易所
	2023-01-30	2023-1-30	3.00	欧式(到期行权)	159901P2301M003000	深圳证券交易所
	2023-01-30	2023-1-30	3.10	欧式(到期行权)	159901P2301M003100	深圳证券交易所
	2023-01-30	2023-1-30	3.20	欧式(到期行权)	159901P2301M003200	深圳证券交易所
	2023-01-30	2023-1-30	3.30	欧式(到期行权)	159901P2301M003300	深圳证券交易所
	2023-01-30	2023-1-30	3.40	欧式(到期行权)	159901P2301M003400	深圳证券交易所
	2023-02-22	2023-2-22	2.80	欧式(到期行权)	159901C2302M002800	深圳证券交易所
	2023-02-22	2023-2-22	2.85	欧式(到期行权)	159901C2302M002850	深圳证券交易所
	2023-02-22	2023-2-22	2.90	欧式(到期行权)	159901C2302M002900	深圳证券交易所
	2023-02-22	2023-2-22	2.95	欧式(到期行权)	159901C2302M002950	深圳证券交易所
	2023-02-22	2023-2-22	3.00	欧式(到期行权)	159901C2302M003000	深圳证券交易所
	2023-02-22	2023-2-22	3.10	欧式(到期行权)	159901C2302M003100	深圳证券交易所
	2023-02-22	2023-2-22	3.20	欧式(到期行权)	159901C2302M003200	深圳证券交易所
	2023-02-22	2023-2-22	3.30	欧式(到期行权)	159901C2302M003300	深圳证券交易所
	2023-02-22	2023-2-22	3.40	欧式(到期行权)	159901C2302M003400	深圳证券交易所
	2023-02-22	2023-2-22	2.80	欧式(到期行权)	159901P2302M002800	深圳证券交易所
	2023-02-22	2023-2-22	2.85	欧式(到期行权)	159901P2302M002850	深圳证券交易所
	2023-02-22	2023-2-22	2.90	欧式(到期行权)	159901P2302M002900	深圳证券交易所
	2023-02-22	2023-2-22	2.95	欧式(到期行权)	159901P2302M002950	深圳证券交易所
	2023-02-22	2023-2-22	3.00	欧式(到期行权)	159901P2302M003000	深圳证券交易所
	2023-02-22	2023-2-22	3.10	欧式(到期行权)	159901P2302M003100	深圳证券交易所
	2023-02-22	2023-2-22	3.20	欧式(到期行权)	159901P2302M003200	深圳证券交易所
	2023-02-22	2023-2-22	3.30	欧式(到期行权)	159901P2302M003300	深圳证券交易所
	2023-02-22	2023-2-22	3.40	欧式(到期行权)	159901P2302M003400	深圳证券交易所
	2023-03-22	2023-3-22	2.80	欧式(到期行权)	159901C2303M002800	深圳证券交易所
	2023-03-22	2023-3-22	2.85	欧式(到期行权)	159901C2303M002850	深圳证券交易所
	2023-03-22	2023-3-22	2.90	欧式(到期行权)	159901C2303M002900	深圳证券交易所
	2023-03-22	2023-3-22	2.95	欧式(到期行权)	159901C2303M002950	深圳证券交易所
	2023-03-22	2023-3-22	3.00	欧式(到期行权)	159901C2303M003000	深圳证券交易所
	2023-03-22	2023-3-22	3.10	欧式(到期行权)	159901C2303M003100	深圳证券交易所
	2023-03-22	2023-3-22	3.20	欧式(到期行权)	159901C2303M003200	深圳证券交易所
	2023-03-22	2023-3-22	3.30	欧式(到期行权)	159901C2303M003300	深圳证券交易所
	2023-03-22	2023-3-22	3.40	欧式(到期行权)	159901C2303M003400	深圳证券交易所
	2023-03-22	2023-3-22	2.80	欧式(到期行权)	159901P2303M002800	深圳证券交易所
	2023-03-22	2023-3-22	2.85	欧式(到期行权)	159901P2303M002850	深圳证券交易所
	2023-03-22	2023-3-22	2.90	欧式(到期行权)	159901P2303M002900	深圳证券交易所
	2023-03-22	2023-3-22	2.95	欧式(到期行权)	159901P2303M002950	深圳证券交易所
	2023-03-22	2023-3-22	3.00	欧式(到期行权)	159901P2303M003000	深圳证券交易所
	2023-03-22	2023-3-22	3.10	欧式(到期行权)	159901P2303M003100	深圳证券交易所
	2023-03-22	2023-3-22	3.20	欧式(到期行权)	159901P2303M003200	深圳证券交易所
	2023-03-22	2023-3-22	3.30	欧式(到期行权)	159901P2303M003300	深圳证券交易所
	2023-03-22	2023-3-22	3.40	欧式(到期行权)	159901P2303M003400	深圳证券交易所
	2023-06-28	2023-6-28	2.80	欧式(到期行权)	159901C2306M002800	深圳证券交易所
	2023-06-28	2023-6-28	2.85	欧式(到期行权)	159901C2306M002850	深圳证券交易所
	2023-06-28	2023-6-28	2.90	欧式(到期行权)	159901C2306M002900	深圳证券交易所
	2023-06-28	2023-6-28	2.95	欧式(到期行权)	159901C2306M002950	深圳证券交易所
	2023-06-28	2023-6-28	3.00	欧式(到期行权)	159901C2306M003000	深圳证券交易所

5-29-2 续表 35 continued

交易时间 Trading Hours	最后交易日 Last Trading Day	到期日 Expiration Day	行权价格 Strike Price	行权方式 Exercise Style	交易代码 Trading Code	上市交易所 Listed Exchange
	2023-06-28	2023-6-28	3.10	欧式(到期行权)	159901C2306M003100	深圳证券交易所
	2023-06-28	2023-6-28	3.20	欧式(到期行权)	159901C2306M003200	深圳证券交易所
	2023-06-28	2023-6-28	3.30	欧式(到期行权)	159901C2306M003300	深圳证券交易所
	2023-06-28	2023-6-28	3.40	欧式(到期行权)	159901C2306M003400	深圳证券交易所
	2023-06-28	2023-6-28	2.80	欧式(到期行权)	159901P2306M002800	深圳证券交易所
	2023-06-28	2023-6-28	2.85	欧式(到期行权)	159901P2306M002850	深圳证券交易所
	2023-06-28	2023-6-28	2.90	欧式(到期行权)	159901P2306M002900	深圳证券交易所
	2023-06-28	2023-6-28	2.95	欧式(到期行权)	159901P2306M002950	深圳证券交易所
	2023-06-28	2023-6-28	3.00	欧式(到期行权)	159901P2306M003000	深圳证券交易所
	2023-06-28	2023-6-28	3.10	欧式(到期行权)	159901P2306M003100	深圳证券交易所
	2023-06-28	2023-6-28	3.20	欧式(到期行权)	159901P2306M003200	深圳证券交易所
	2023-06-28	2023-6-28	3.30	欧式(到期行权)	159901P2306M003300	深圳证券交易所
	2023-06-28	2023-6-28	3.40	欧式(到期行权)	159901P2306M003400	深圳证券交易所
	2023-01-30	2023-1-30	4.50	欧式(到期行权)	159919C2301M004500	深圳证券交易所
	2023-01-30	2023-1-30	4.50	欧式(到期行权)	159919P2301M004500	深圳证券交易所
	2023-06-28	2023-6-28	4.50	欧式(到期行权)	159919C2306M004500	深圳证券交易所
	2023-06-28	2023-6-28	4.50	欧式(到期行权)	159919P2306M004500	深圳证券交易所
	2023-01-30	2023-1-30	2.75	欧式(到期行权)	159901C2301M002750	深圳证券交易所
	2023-01-30	2023-1-30	2.75	欧式(到期行权)	159901P2301M002750	深圳证券交易所
	2023-02-22	2023-2-22	2.75	欧式(到期行权)	159901C2302M002750	深圳证券交易所
	2023-02-22	2023-2-22	2.75	欧式(到期行权)	159901P2302M002750	深圳证券交易所
	2023-03-22	2023-3-22	2.75	欧式(到期行权)	159901C2303M002750	深圳证券交易所
	2023-03-22	2023-3-22	2.75	欧式(到期行权)	159901P2303M002750	深圳证券交易所
	2023-06-28	2023-6-28	2.75	欧式(到期行权)	159901C2306M002750	深圳证券交易所
	2023-06-28	2023-6-28	2.75	欧式(到期行权)	159901P2306M002750	深圳证券交易所
	2023-01-30	2023-1-30	5.00	欧式(到期行权)	159922C2301M005000	深圳证券交易所
	2023-01-30	2023-1-30	5.00	欧式(到期行权)	159922P2301M005000	深圳证券交易所
	2023-01-30	2023-1-30	2.70	欧式(到期行权)	159901C2301M002700	深圳证券交易所
	2023-01-30	2023-1-30	2.70	欧式(到期行权)	159901P2301M002700	深圳证券交易所
	2023-02-22	2023-2-22	2.70	欧式(到期行权)	159901C2302M002700	深圳证券交易所
	2023-02-22	2023-2-22	2.70	欧式(到期行权)	159901P2302M002700	深圳证券交易所
	2023-03-22	2023-3-22	2.70	欧式(到期行权)	159901C2303M002700	深圳证券交易所
	2023-03-22	2023-3-22	2.70	欧式(到期行权)	159901P2303M002700	深圳证券交易所
	2023-06-28	2023-6-28	2.70	欧式(到期行权)	159901C2306M002700	深圳证券交易所
	2023-06-28	2023-6-28	2.70	欧式(到期行权)	159901P2306M002700	深圳证券交易所
	2023-01-30	2023-1-30	2.00	欧式(到期行权)	159915C2301M002000	深圳证券交易所
	2023-01-30	2023-1-30	2.00	欧式(到期行权)	159915P2301M002000	深圳证券交易所
	2023-02-22	2023-2-22	2.05	欧式(到期行权)	159915C2302M002050	深圳证券交易所
	2023-02-22	2023-2-22	2.10	欧式(到期行权)	159915C2302M002100	深圳证券交易所
	2023-02-22	2023-2-22	2.15	欧式(到期行权)	159915C2302M002150	深圳证券交易所
	2023-02-22	2023-2-22	2.20	欧式(到期行权)	159915C2302M002200	深圳证券交易所
	2023-02-22	2023-2-22	2.25	欧式(到期行权)	159915C2302M002250	深圳证券交易所
	2023-02-22	2023-2-22	2.30	欧式(到期行权)	159915C2302M002300	深圳证券交易所
	2023-02-22	2023-2-22	2.35	欧式(到期行权)	159915C2302M002350	深圳证券交易所
	2023-02-22	2023-2-22	2.40	欧式(到期行权)	159915C2302M002400	深圳证券交易所
	2023-02-22	2023-2-22	2.45	欧式(到期行权)	159915C2302M002450	深圳证券交易所
	2023-02-22	2023-2-22	2.05	欧式(到期行权)	159915P2302M002050	深圳证券交易所

5-29-2 续表 36 continued

交易时间 Trading Hours	最后交易日 Last Trading Day	到期日 Expiration Day	行权价格 Strike Price	行权方式 Exercise Style	交易代码 Trading Code	上市交易所 Listed Exchange
	2023-02-22	2023-2-22	2.10	欧式(到期行权)	159915P2302M002100	深圳证券交易所
	2023-02-22	2023-2-22	2.15	欧式(到期行权)	159915P2302M002150	深圳证券交易所
	2023-02-22	2023-2-22	2.20	欧式(到期行权)	159915P2302M002200	深圳证券交易所
	2023-02-22	2023-2-22	2.25	欧式(到期行权)	159915P2302M002250	深圳证券交易所
	2023-02-22	2023-2-22	2.30	欧式(到期行权)	159915P2302M002300	深圳证券交易所
	2023-02-22	2023-2-22	2.35	欧式(到期行权)	159915P2302M002350	深圳证券交易所
	2023-02-22	2023-2-22	2.40	欧式(到期行权)	159915P2302M002400	深圳证券交易所
	2023-02-22	2023-2-22	2.45	欧式(到期行权)	159915P2302M002450	深圳证券交易所
	2023-02-22	2023-2-22	3.50	欧式(到期行权)	159919C2302M003500	深圳证券交易所
	2023-02-22	2023-2-22	3.60	欧式(到期行权)	159919C2302M003600	深圳证券交易所
	2023-02-22	2023-2-22	3.70	欧式(到期行权)	159919C2302M003700	深圳证券交易所
	2023-02-22	2023-2-22	3.80	欧式(到期行权)	159919C2302M003800	深圳证券交易所
	2023-02-22	2023-2-22	3.90	欧式(到期行权)	159919C2302M003900	深圳证券交易所
	2023-02-22	2023-2-22	4.00	欧式(到期行权)	159919C2302M004000	深圳证券交易所
	2023-02-22	2023-2-22	4.10	欧式(到期行权)	159919C2302M004100	深圳证券交易所
	2023-02-22	2023-2-22	4.20	欧式(到期行权)	159919C2302M004200	深圳证券交易所
	2023-02-22	2023-2-22	4.30	欧式(到期行权)	159919C2302M004300	深圳证券交易所
	2023-02-22	2023-2-22	3.50	欧式(到期行权)	159919P2302M003500	深圳证券交易所
	2023-02-22	2023-2-22	3.60	欧式(到期行权)	159919P2302M003600	深圳证券交易所
	2023-02-22	2023-2-22	3.70	欧式(到期行权)	159919P2302M003700	深圳证券交易所
	2023-02-22	2023-2-22	3.80	欧式(到期行权)	159919P2302M003800	深圳证券交易所
	2023-02-22	2023-2-22	3.90	欧式(到期行权)	159919P2302M003900	深圳证券交易所
	2023-02-22	2023-2-22	4.00	欧式(到期行权)	159919P2302M004000	深圳证券交易所
	2023-02-22	2023-2-22	4.10	欧式(到期行权)	159919P2302M004100	深圳证券交易所
	2023-02-22	2023-2-22	4.20	欧式(到期行权)	159919P2302M004200	深圳证券交易所
	2023-02-22	2023-2-22	4.30	欧式(到期行权)	159919P2302M004300	深圳证券交易所
	2023-02-22	2023-2-22	5.00	欧式(到期行权)	159922C2302M005000	深圳证券交易所
	2023-02-22	2023-2-22	5.25	欧式(到期行权)	159922C2302M005250	深圳证券交易所
	2023-02-22	2023-2-22	5.50	欧式(到期行权)	159922C2302M005500	深圳证券交易所
	2023-02-22	2023-2-22	5.75	欧式(到期行权)	159922C2302M005750	深圳证券交易所
	2023-02-22	2023-2-22	6.00	欧式(到期行权)	159922C2302M006000	深圳证券交易所
	2023-02-22	2023-2-22	6.25	欧式(到期行权)	159922C2302M006250	深圳证券交易所
	2023-02-22	2023-2-22	6.50	欧式(到期行权)	159922C2302M006500	深圳证券交易所
	2023-02-22	2023-2-22	6.75	欧式(到期行权)	159922C2302M006750	深圳证券交易所
	2023-02-22	2023-2-22	7.00	欧式(到期行权)	159922C2302M007000	深圳证券交易所
	2023-02-22	2023-2-22	5.00	欧式(到期行权)	159922P2302M005000	深圳证券交易所
	2023-02-22	2023-2-22	5.25	欧式(到期行权)	159922P2302M005250	深圳证券交易所
	2023-02-22	2023-2-22	5.50	欧式(到期行权)	159922P2302M005500	深圳证券交易所
	2023-02-22	2023-2-22	5.75	欧式(到期行权)	159922P2302M005750	深圳证券交易所
	2023-02-22	2023-2-22	6.00	欧式(到期行权)	159922P2302M006000	深圳证券交易所
	2023-02-22	2023-2-22	6.25	欧式(到期行权)	159922P2302M006250	深圳证券交易所
	2023-02-22	2023-2-22	6.50	欧式(到期行权)	159922P2302M006500	深圳证券交易所
	2023-02-22	2023-2-22	6.75	欧式(到期行权)	159922P2302M006750	深圳证券交易所
	2023-02-22	2023-2-22	7.00	欧式(到期行权)	159922P2302M007000	深圳证券交易所
	2023-02-22	2023-2-22	2.50	欧式(到期行权)	159915C2302M002500	深圳证券交易所
	2023-02-22	2023-2-22	2.50	欧式(到期行权)	159915P2302M002500	深圳证券交易所

主要统计指标解释

Explanatory Notes on Main Statistical Indicators

交易保证金　指统计期末已被合约占用的保证金。

公式: 交易保证金=合约价值 × 期货交易所规定的交易保证金比率

期货账户数　指统计期末在中国期货市场监控中心有限责任公司办理登记的期货账户数量合计。

期货客户数　指统计期末已在期货市场开户，按照“客户全称相同且证件代码相同”原则合并的客户数量。

涨跌幅　指统计期内期货合约的结算价与前结算价变动幅度。

公式: 涨跌幅=（区间最后交易日结算价-区间前一交易日结算价）/区间前一交易日结算价 × 100%

指标说明: 1.期货交易品种的涨跌幅以其对应的主力合约进行计算，即通过主力合约的涨跌幅反映期货品种的价格变动幅度。

2.主力合约通常选用统计期末各期货合约中持仓量最大的合约，如持仓量相同则选取成交量最大合约为主力合约。如统计期末该品种的所有合约均无成交和持仓，则选用与统计期末最近且持仓量最大的合约为主力合约。

3.若统计期包括主力合约挂牌日，则区间前一交易日结算价取合约挂牌价。

成交量　指统计期内全部期货（期权）合约成交数量合计。除备注中注明双边口径外，其余均按单边口径统计。

成交金额　指统计期内全部期货（期权）合约成交金额合计。除备注中注明双边口径外，其余均按单边口径统计。

持仓量　指统计期末未平仓期货（期权）合约数量的合计。除备注中注明双边口径外，其余均按单边口径统计。

持仓金额　指统计期末未平仓期货（期权）合约的金额合计。除备注中注明双边口径外，其余均按单边口径统计。

交割量　交割是指期货投资者了结到期未平仓合约的过程，交割量即进行交割的期货合约数量。除备注中注明双边口径外，其余均按单边口径统计。

公式: 交割量＝交割合约数量 × 合约单位

交割率　指统计期内期货品种的交割量与合约最大日持仓量的比率。

公式:交割率=交割量/统计期内合约最大日持仓量*100%

指标说明: 定义中合约最大日持仓量指的是合约存续周期内的最大持仓量。

贰零贰叁

六. 上市和挂牌公司

Listed Companies

贰零贰叁

2022 年上市公司及挂牌公司综述

一、公司规模

（一）沪深上市公司规模概况

截至 2022 年底，沪深两市共有上市公司 4917 家。其中，沪市 2174 家，深市 2743 家；主板、创业板、科创板上市公司数量分别为 3184、1232、501 家，总市值分别为 61.71、11.27、5.82 万亿元，流通市值分别为 55.65、7.94、2.76 万亿元。公司家数前三的行业是制造业，信息传输、软件和信息技术服务业，批发零售业，合计占比 77.69%；公司家数前三的辖区是江苏、浙江（不含宁波）、北京，合计占比 32.13%。

（二）北交所上市公司规模概况

截至 2022 年底，北交所共有上市公司 162 家。总市值为 2110.29 亿元，流通市值为 1148.06 亿元。公司家数前三的行业是制造业，信息传输、软件和信息技术服务业，科学研究和技术服务业，合计占比 94.44%；公司家数前三的辖区是江苏、北京、广东，合计占比 34.57%。

（三）挂牌公司规模概况

截至 2022 年底，全国股转系统共有挂牌公司 6580 家。其中，制造业，信息传输、软件和信息技术服务业，租赁和商务服务业公司数量最多，分别为 3268、1275、341 家，合计占比 74.22%；广东（含深圳）、北京、江苏是公司数量前三的地区，分别为 925、844、819 家，合计占比 39.33%。

2022 年，新挂牌公司 270 家，总股本 173.57 亿股。其中，制造业，信息传输、软件和信息技术服务业新挂牌公司最多，分别为 182 家和 34 家。

二、沪深上市公司现金分红情况

沪深上市公司现金分红规模稳定。2022 年共有 3295 家公司实施了现金分红，占公司总数的 67.01%。现金分红总额 20658.93 亿元，同比上升 24.46%。2022 年，分红公司家数前三的行业为制造业，信息传输、软件和信息技术服务业，批发零售业，分别为 2221、244、121 家，合计占比 78.48%；分红金额前三的行业则是金融业、制造业和采矿业，分别为 7031.73、6228.12、3050.99 亿元，合计占比 78.95%。

三、公司财务状况

（一）沪深上市公司财务概况

2022 年沪深上市公司实现营业收入 71.41 万亿元，同比增长 8.98%；归属于母公司股东净利润 6.83 万亿元，同比增长 4.52%。截至 2022 年底，上市公司总资产为 385.34 万亿元，同比增长 10.17%；归属于母公司股东净资产 59.57 万亿元，同比增长 11.26%。2022 年底上市公司整体资产负债率 84.54%，同比上升 1.53 个百分点，其中非金融上市公司整体资产负债率 64.40%，同比上升 4.45 个百分点；总资产收益率为 1.41%，同比下降 0.19 个百分点；平均净资产收益率 9.05%，同比上下降 0.60 个百分点。每股净资产为 7.30 元，每股收益为 0.63 元，每股经营活动现金流量净额为 1.75 元。

（二）北交所上市公司财务概况

2022 年北交所上市公司实现营业收入 1226.66 亿元，归属于母公司股东净利润 116.26 亿元。截至 2022 年底，北交所上市公司总资产 1777.06 亿元，归属于母公司股东净资产 1000.76 亿元。2022 年底北交所上市公司整体资产负债率 42.23%，总资产收益率 7.46%，平均净资产收益率 13.23%。每股净资产为 4.69 元，每股收益为 0.54 元，每股经营活动现金流量净额为 0.32 元。

（三）挂牌公司财务概况

2022 年全国股转系统挂牌公司实现营业收入 14866.78 亿元，同比上升 1.98%；利润总额 632.41 亿元，同比下降 15.48%；净利润 523.16 亿元，同比下降 12.93%；经营活动产生的现金流量净额 916.05 亿元，同比下降 19.96%。截至 2022 年底，挂牌公司总资产 23446.73 亿元，同比上升 6.95%；净资产 9339.80 亿元，同比上升 1.95%。2022 年底挂牌公司整体资产负债率 58.93%，同比上升 0.90 个百分点；平均净资产收益率 5.60%，同比下降 0.85 个百分点。

6-1　沪深交易所上市公司数量
Number of Listed Companies in SSE and SZSE

单位：家　　(unit)

年份 Year	上交所 SSE			深交所 SZSE				合计 Total
	小计 Total	主板 Main Board	科创板 STAR Market	小计 Total	主板 Main Board	中小板 SME Board	创业板 ChiNext Board	
1991	7	7	--	6	6	--	--	13
1992	29	29	--	24	24	--	--	53
1993	106	106	--	77	77	--	--	183
1994	171	171	--	120	120	--	--	291
1995	188	188	--	135	135	--	--	323
1996	293	293	--	237	237	--	--	530
1997	383	383	--	362	362	--	--	745
1998	438	438	--	414	414	--	--	852
1999	484	484	--	465	465	--	--	949
2000	572	572	--	516	516	--	--	1088
2001	646	646	--	514	514	--	--	1160
2002	715	715	--	509	509	--	--	1224
2003	780	780	--	507	507	--	--	1287
2004	837	837	--	540	502	38	--	1377
2005	834	834	--	547	497	50	--	1381
2006	842	842	--	592	490	102	--	1434
2007	860	860	--	690	488	202	--	1550
2008	864	864	--	761	488	273	--	1625
2009	870	870	--	848	485	327	36	1718
2010	894	894	--	1169	485	531	153	2063
2011	931	931	--	1411	484	646	281	2342
2012	954	954	--	1540	484	701	355	2494
2013	953	953	--	1536	480	701	355	2489
2014	995	995	--	1618	480	732	406	2613
2015	1081	1081	--	1746	478	776	492	2827
2016	1182	1182	--	1870	478	822	570	3052
2017	1396	1396	--	2089	476	903	710	3485
2018	1450	1450	--	2134	473	922	739	3584
2019	1572	1502	70	2205	471	943	791	3777
2020	1800	1585	215	2354	468	994	892	4154
2021	2037	1660	377	2578	1488	--	1090	4615
2022	2174	1673	501	2743	1511	--	1232	4917

注：上市公司数量按上市日口径统计。
数据来源：上海证券交易所、深圳证券交易所
Source:SSE、SZSE

6-2 分行业沪深交易所上市公司数量

Number of Listed Companies by Industry in SSE and SZSE

单位：家 (unit)

行业 Industry	上交所 SSE		深交所 SZSE		合计 Total	
	2021	2022	2021	2022	2021	2022
农、林、牧、渔 Agriculture,Forestry,Animal Husbandry and Fishery	16	16	32	32	48	48
采矿业 Mining	50	52	29	28	79	80
制造业 Manufacturing	1259	1369	1734	1855	2993	3224
电力、热力、燃气及水生产和供应业 Production and Supply of Electricity,Gas and Water	81	80	47	51	128	131
建筑业 Construction	53	53	56	56	109	109
批发和零售业 Wholesale and Retail Trades	100	100	86	89	186	189
交通运输、仓储和邮政业 Transport,Storage and Post	73	75	36	36	109	111
住宿和餐饮业 Hotels and Catering Services	4	4	5	4	9	8
信息传输、软件和信息技术服务业 Information Transmission,Computer Services and Software	122	142	248	265	370	407
金融业 Financial Intermediation	88	87	39	41	127	128
房地产业 Real Estate	61	59	56	54	117	113
租赁和商务服务业 Leasing and Business Services	22	21	44	45	66	66
科学研究和技术服务业 Scientific Research,Technical Service	31	38	54	66	85	104
水利、环境和公共设施管理业 Management of Water Conservancy,Environment and Public Facilities	31	33	56	61	87	94
居民服务、修理和其他服务业 Resident Services,Repairing and Other Services	0	0	1	1	1	1
教育 Education	5	5	7	7	12	12
卫生和社会工作 Health and Social Works	3	2	11	14	14	16
文化、体育和娱乐业 Culture,Sports and Entertainment	31	31	31	32	62	63
综合 Others	7	7	6	6	13	13

注：上市公司数量按上市日口径统计。
数据来源：上海证券交易所、深圳证券交易所
Source:SSE、SZSE

6-3　分辖区沪深交易所上市公司数量

Number of Listed Companies by Jurisdiction in SSE and SZSE

单位：家　　(unit)

辖区	Jurisdiction	上交所 SSE		深交所 SZSE		合计 Total	
		2021	2022	2021	2022	2021	2022
北京	Beijing	207	223	204	217	411	440
天津	Tianjin	33	37	30	31	63	68
河北	Hebei	26	26	40	43	66	69
山西	Shanxi	21	21	19	17	40	38
内蒙古	Inner Mongolia	17	15	11	10	28	25
辽宁	Liaoning	21	24	29	30	50	54
吉林	Jilin	18	18	28	29	46	47
黑龙江	Heilongjiang	26	27	12	13	38	40
上海	Shanghai	285	304	100	109	385	413
江苏	Jiangsu	272	302	285	307	557	609
浙江	Zhejiang	233	246	263	285	496	531
安徽	Anhui	67	72	77	82	144	154
福建	Fujian	44	45	55	59	99	104
江西	Jiangxi	28	31	37	45	65	76
山东	Shandong	80	84	127	133	207	217
河南	Henan	34	35	61	63	95	98
湖北	Hubei	52	55	73	78	125	133
湖南	Hunan	43	45	87	89	130	134
广东	Guangdong	91	99	292	316	383	415
广西	Guangxi	17	17	21	22	38	39
海南	Hainan	13	10	21	18	34	28
重庆	Chongqing	31	34	30	32	61	66
四川	Sichuan	58	62	94	99	152	161
贵州	Guizhou	17	19	16	16	33	35
云南	Yunnan	17	16	23	24	40	40
西藏	Tibet	9	9	12	13	21	22
陕西	Shaanxi	33	37	31	35	64	72
甘肃	Gansu	15	16	18	20	33	36
青海	Qinghai	7	7	4	4	11	11
宁夏	Ningxia	6	5	9	9	15	14
新疆	Xinjiang	31	28	27	31	58	59
深圳	Shenzhen	52	63	317	333	369	396
大连	Dalian	15	16	14	13	29	29
宁波	Ningbo	63	67	43	45	106	112
厦门	Xiamen	24	23	38	41	62	64
青岛	Qingdao	26	28	30	32	56	60
其他	Others	5	8	0	0	5	8

注：1.上市公司数量按上市日口径统计。
　　2.所属辖区按上市公司注册地划分，注册地在境外的上市公司标记为其他，以注册地(其他)为口径统计IPO家数，以沪深交易所股东大会公告为准。

数据来源：上海证券交易所、深圳证券交易所

Source:SSE、SZSE

6-4 2022年分辖区沪深交易所上市公司数量按行业分布

Number of Listed Companies of SSE and SZSE by Jurisdiction and by Industry in 2022

单位：家 (unit)

辖区	Jurisdiction	农、林、牧、渔 Agriculture, Forestry, Animal Husbandry and Fishery	采矿业 Mining	制造业 Manufacturing	电力、热力、燃气及水生产和供应业 Production and Supply of Electricity, Gas and Water	建筑业 Construction	批发和零售业 Wholesale and Retail Trades	交通运输、仓储和邮政业 Transport, Storage and Post
北京	Beijing	2	13	162	14	23	17	5
天津	Tianjin	0	3	41	2	0	5	4
河北	Hebei	0	2	51	4	1	1	2
山西	Shanxi	0	6	22	4	0	2	2
内蒙古	Inner Mongolia	0	6	16	1	0	0	0
辽宁	Liaoning	0	1	39	3	0	3	1
吉林	Jilin	0	0	29	3	1	1	1
黑龙江	Heilongjiang	2	0	26	2	2	1	2
上海	Shanghai	2	3	222	3	14	25	21
江苏	Jiangsu	2	0	467	6	11	20	9
浙江	Zhejiang	0	2	402	8	8	13	1
安徽	Anhui	2	3	108	2	3	6	2
福建	Fujian	4	2	62	4	1	6	3
江西	Jiangxi	1	1	57	4	1	3	2
山东	Shandong	5	5	168	3	3	7	5
河南	Henan	2	4	75	4	1	0	3
湖北	Hubei	0	0	89	5	4	8	3
湖南	Hunan	4	2	88	3	1	10	2
广东	Guangdong	2	2	307	10	2	7	12
广西	Guangxi	1	0	20	3	0	3	2
海南	Hainan	3	3	13	0	0	0	3
重庆	Chongqing	0	1	37	5	2	3	3
四川	Sichuan	1	1	104	11	4	5	2
贵州	Guizhou	0	1	25	2	0	1	1
云南	Yunnan	3	1	23	2	0	3	0
西藏	Tibet	0	3	13	0	0	0	0
陕西	Shaanxi	0	3	50	2	1	1	0
甘肃	Gansu	3	4	22	1	0	2	0
青海	Qinghai	0	1	8	0	1	0	0
宁夏	Ningxia	1	0	9	2	0	1	1
新疆	Xinjiang	5	5	26	7	2	3	1
深圳	Shenzhen	0	0	250	6	17	18	7
大连	Dalian	1	0	14	3	0	4	3
宁波	Ningbo	1	0	90	2	5	3	4
厦门	Xiamen	0	1	41	0	0	5	2
青岛	Qingdao	1	0	42	0	1	2	2
其他	Others	0	1	6	0	0	0	0

注：1.上市公司数量按上市日口径统计。

2.所属辖区按上市公司注册地划分，注册地在境外的上市公司标记为其他，以注册地(其他)为口径统计IPO家数，以沪深交易所股东大会公告为准。

数据来源：上海证券交易所、深圳证券交易所

Source:SSE、SZSE

6-4　续表 1　continued

单位：家　　(unit)

辖区	Jurisdiction	住宿和餐饮业 Hotels and Catering Services	信息传输、软件和信息技术服务业 Information Transmission, Computer Services and Software	金融业 Financial Intermediation	房地产业 Real Estate	租赁和商务服务业 Leasing and Business Services	科学研究和技术服务业 Scientific Research, Technical Service
北京	Beijing	2	107	23	12	13	20
天津	Tianjin	0	2	0	5	1	2
河北	Hebei	0	3	2	2	0	0
山西	Shanxi	0	0	1	0	1	0
内蒙古	Inner Mongolia	0	0	0	0	0	0
辽宁	Liaoning	0	3	0	0	0	0
吉林	Jilin	0	7	1	2	0	0
黑龙江	Heilongjiang	0	1	3	0	0	0
上海	Shanghai	1	45	17	18	9	17
江苏	Jiangsu	1	29	15	8	2	18
浙江	Zhejiang	1	39	10	10	10	4
安徽	Anhui	1	6	3	1	0	3
福建	Fujian	0	14	2	4	1	1
江西	Jiangxi	0	3	1	0	0	0
山东	Shandong	0	10	3	3	0	0
河南	Henan	0	2	3	0	0	2
湖北	Hubei	0	7	3	4	2	1
湖南	Hunan	1	7	4	0	0	1
广东	Guangdong	0	33	4	7	8	9
广西	Guangxi	0	4	1	1	0	1
海南	Hainan	0	0	1	2	1	0
重庆	Chongqing	0	2	3	6	0	1
四川	Sichuan	0	16	4	1	1	4
贵州	Guizhou	0	2	1	1	0	1
云南	Yunnan	0	1	2	3	0	0
西藏	Tibet	0	2	1	1	0	1
陕西	Shaanxi	1	2	3	1	1	1
甘肃	Gansu	0	0	1	0	0	1
青海	Qinghai	0	1	0	0	0	0
宁夏	Ningxia	0	0	0	0	0	0
新疆	Xinjiang	0	3	2	0	1	1
深圳	Shenzhen	0	42	8	17	10	14
大连	Dalian	0	1	0	1	0	0
宁波	Ningbo	0	1	1	2	3	0
厦门	Xiamen	0	7	2	0	1	1
青岛	Qingdao	0	4	3	1	1	0
其他	Others	0	1	0	0	0	0

6-4 续表 2 continued

单位：家 (unit)

辖区	Jurisdiction	水利、环境和公共设施管理业 Management of Water Conservancy, Environment and Public Facilities	居民服务、修理和其他服务业 Resident Services, Repairing and Other Services	教育 Education	卫生和社会工作 Health and Social Works	文化、体育和娱乐业 Culture, Sports and Entertainment	综合 Others
北京	Beijing	11	1	3	0	11	1
天津	Tianjin	1	0	0	0	2	0
河北	Hebei	1	0	0	0	0	0
山西	Shanxi	0	0	0	0	0	0
内蒙古	Inner Mongolia	1	0	0	0	1	0
辽宁	Liaoning	1	0	0	1	2	0
吉林	Jilin	2	0	0	0	0	0
黑龙江	Heilongjiang	0	0	0	0	1	0
上海	Shanghai	6	0	2	1	6	1
江苏	Jiangsu	11	0	2	1	4	3
浙江	Zhejiang	8	0	0	3	12	0
安徽	Anhui	11	0	1	0	2	0
福建	Fujian	0	0	0	0	0	0
江西	Jiangxi	1	0	0	0	2	0
山东	Shandong	1	0	0	0	2	2
河南	Henan	1	0	0	0	1	0
湖北	Hubei	4	0	0	0	3	0
湖南	Hunan	6	0	1	1	3	0
广东	Guangdong	5	0	0	2	3	2
广西	Guangxi	2	0	0	0	0	1
海南	Hainan	0	0	0	0	1	1
重庆	Chongqing	2	0	0	0	1	0
四川	Sichuan	2	0	0	2	2	1
贵州	Guizhou	0	0	0	0	0	0
云南	Yunnan	2	0	0	0	0	0
西藏	Tibet	1	0	0	0	0	0
陕西	Shaanxi	3	0	1	1	1	0
甘肃	Gansu	0	0	0	1	1	0
青海	Qinghai	0	0	0	0	0	0
宁夏	Ningxia	0	0	0	0	0	0
新疆	Xinjiang	1	0	0	1	1	0
深圳	Shenzhen	6	0	0	0	0	1
大连	Dalian	1	0	1	0	0	0
宁波	Ningbo	0	0	0	0	0	0
厦门	Xiamen	2	0	1	1	0	0
青岛	Qingdao	1	0	0	1	1	0
其他	Others	0	0	0	0	0	0

6-5　分股份类型沪深交易所上市公司数量
Number of Listed Companies by Stock Type in SSE and SZSE

单位：家 (unit)

年份 Year	仅发A股 Only A-Shares	仅发B股 Only B-Shares	仅发A、B股 Only A&B Shares	仅发A、H股 Only A&H Shares	发A、B、H股 A,B&H Shares	仅发B、H股 Only B&H Shares	A股合计 Total of A-Shares	B股合计 Total of B-Shares	合计 Total
1994	227	4	54	6	0	0	287	58	291
1995	242	12	58	11	0	0	311	70	323
1996	431	16	69	14	0	0	514	85	530
1997	627	25	76	17	0	0	720	101	745
1998	728	26	80	18	0	0	826	106	852
1999	822	26	82	19	0	0	923	108	949
2000	955	28	86	19	0	0	1060	114	1088
2001	1025	24	88	23	0	0	1136	112	1160
2002	1085	24	87	28	0	0	1200	111	1224
2003	1146	24	87	30	0	0	1263	111	1287
2004	1236	24	86	31	0	0	1353	110	1377
2005	1240	23	86	32	0	0	1358	109	1381
2006	1287	23	86	38	0	0	1411	109	1434
2007	1389	23	86	52	0	0	1527	109	1550
2008	1459	23	85	57	1	0	1602	109	1625
2009	1549	22	85	61	1	0	1696	108	1718
2010	1892	22	85	63	1	0	2041	108	2063
2011	2162	22	85	72	1	0	2320	108	2342
2012	2306	21	84	81	1	1	2472	107	2494
2013	2300	20	84	83	1	1	2468	106	2489
2014	2424	20	82	85	1	1	2592	104	2613
2015	2640	18	81	86	1	1	2808	101	2827
2016	2861	17	81	91	1	1	3034	100	3052
2017	3288	17	81	97	1	1	3467	100	3485
2018	3379	16	81	106	1	1	3567	99	3584
2019	3560	16	79	120	1	1	3760	97	3777
2020	3921	13	77	137	5	1	4140	96	4154
2021	4386	11	77	139	1	1	4603	90	4615
2022	4682	11	73	149	1	1	4905	86	4917

注：1.上市公司数量按上市日口径统计。
　　2.本表H股上市公司指在香港上市、在内地注册的公司。
数据来源：上海证券交易所、深圳证券交易所
Source:SSE、SZSE

6-6 上海证券交易所分股份类型上市公司数量

Number of Listed Companies by Stock Type of SSE

单位：家 (unit)

年份 Year	仅发A股 Only A-Shares	仅发B股 Only B-Shares	仅发A、B股 Only A&B Shares	仅发A、H股 Only A&H Shares	发A、B、H股 A,B&H Shares	仅发B、H股 Only B&H Shares	A股合计 Total of A-Shares	B股合计 Total of B-Shares	合计 Total
1994	131	2	32	6	0	0	169	34	171
1995	142	4	32	10	0	0	184	36	188
1996	240	6	36	11	0	0	287	42	293
1997	321	11	39	12	0	0	372	50	383
1998	373	13	39	13	0	0	425	52	438
1999	417	13	41	13	0	0	471	54	484
2000	504	13	42	13	0	0	559	55	572
2001	573	10	44	19	0	0	636	54	646
2002	639	10	44	22	0	0	705	54	715
2003	702	10	44	24	0	0	770	54	780
2004	759	10	44	24	0	0	827	54	837
2005	755	10	44	25	0	0	824	54	834
2006	756	10	44	32	0	0	832	54	842
2007	761	10	44	45	0	0	850	54	860
2008	760	10	44	50	0	0	854	54	864
2009	762	10	44	54	0	0	860	54	870
2010	784	10	44	56	0	0	884	54	894
2011	816	10	44	61	0	0	921	54	931
2012	833	9	44	67	0	1	944	54	954
2013	832	8	44	68	0	1	944	53	953
2014	873	8	44	69	0	1	986	53	995
2015	959	7	44	70	0	1	1073	52	1081
2016	1056	6	44	75	0	1	1175	51	1182
2017	1265	6	44	80	0	1	1389	51	1396
2018	1312	6	44	87	0	1	1443	51	1450
2019	1425	6	43	97	0	1	1565	50	1572
2020	1642	4	43	110	0	1	1795	48	1800
2021	1878	4	42	112	0	1	2032	47	2037
2022	2012	4	39	118	0	1	2169	44	2174

注：1.上市公司数量按上市日口径统计。

2.本表H股上市公司指在香港上市、在内地注册的公司。

数据来源：上海证券交易所

Source：SSE

6-7 深圳证券交易所分股份类型上市公司数量
Number of Listed Companies by Stock Type of SZSE

单位：家 (unit)

年份 Year	仅发A股 Only A-Shares	仅发B股 Only B-Shares	仅发A、B股 Only A&B Shares	仅发A、H股 Only A&H Shares	发A、B、H股 A,B&H Shares	仅发B、H股 Only B&H Shares	A股合计 Total of A-Shares	B股合计 Total of B-Shares	合计 Total
1994	96	2	22	0	0	0	118	24	120
1995	100	8	26	1	0	0	127	34	135
1996	191	10	33	3	0	0	227	43	237
1997	306	14	37	5	0	0	348	51	362
1998	355	13	41	5	0	0	401	54	414
1999	405	13	41	6	0	0	452	54	465
2000	451	15	44	6	0	0	501	59	516
2001	452	14	44	4	0	0	500	58	514
2002	446	14	43	6	0	0	495	57	509
2003	444	14	43	6	0	0	493	57	507
2004	477	14	42	7	0	0	526	56	540
2005	485	13	42	7	0	0	534	55	547
2006	531	13	42	6	0	0	579	55	592
2007	628	13	42	7	0	0	677	55	690
2008	699	13	41	7	1	0	748	55	761
2009	787	12	41	7	1	0	836	54	848
2010	1108	12	41	7	1	0	1157	54	1169
2011	1346	12	41	11	1	0	1399	54	1411
2012	1473	12	40	14	1	0	1528	54	1540
2013	1468	12	40	15	1	0	1524	53	1536
2014	1551	12	38	16	1	0	1606	51	1618
2015	1681	11	37	16	1	0	1735	49	1746
2016	1805	11	37	16	1	0	1859	49	1870
2017	2023	11	37	17	1	0	2078	49	2089
2018	2067	10	37	19	1	0	2124	48	2134
2019	2135	10	36	23	1	0	2195	47	2205
2020	2284	9	35	25	1	0	2345	48	2354
2021	2508	7	35	27	1	0	2571	43	2578
2022	2670	7	34	31	1	0	2736	42	2743

注：1.上市公司数量按上市日口径统计。
2.本表H股上市公司指在香港上市、在内地注册的公司。
数据来源：深圳证券交易所
Source：SZSE

6-8 按股本规模划分沪深交易所上市公司数量
Number of Listed Companies by Equity Scale in SSE and SZSE

单位：家 (unit)

年份 Year	1亿股以下 Below 100 million shares			1亿-2亿股 100 million-200 million shares			2亿-3亿股 200 million-300 million shares		
	合计 Total	上交所 SSE	深交所 SZSE	合计 Total	上交所 SSE	深交所 SZSE	合计 Total	上交所 SSE	深交所 SZSE
2001	64	35	29	384	204	180	285	153	132
2002	75	50	25	394	224	170	280	152	128
2003	78	55	23	392	240	152	297	163	134
2004	102	51	51	399	250	149	306	181	125
2005	88	41	47	393	236	157	304	182	122
2006	80	29	51	385	211	174	296	174	122
2007	113	22	91	365	172	193	297	169	128
2008	91	17	74	346	136	210	308	152	156
2009	103	16	87	352	118	234	313	137	176
2010	191	11	180	459	109	350	332	115	217
2011	197	10	187	495	82	413	379	112	267
2012	148	8	140	513	70	443	410	107	303
2013	65	5	60	436	55	381	420	103	317
2014	80	12	68	342	61	281	419	97	322
2015	74	15	59	286	80	206	299	91	208
2016	120	24	96	290	80	210	303	106	197
2017	200	54	146	421	148	273	324	135	189
2018	122	40	82	458	163	295	344	136	208
2019	134	55	79	472	185	287	368	148	220
2020	207	109	98	557	217	340	424	184	240
2021	329	174	155	679	281	398	460	191	269
2022	371	195	176	784	319	465	485	200	285

注：1.上市公司数量按上市日口径统计。
2.上表分组遵循“上组限不在内”的原则，如“1亿-2亿股”包括1亿股，不包括2亿股。
数据来源：上海证券交易所、深圳证券交易所
Source:SSE、SZSE

6-8　续表　continued

单位：家　(unit)

年份 Year	3亿-5亿股 300 million-500 million shares			5亿-10亿股 500 million-1000 million shares			10亿股及以上 Above 1000 million shares		
	合计 Total	上交所 SSE	深交所 SZSE	合计 Total	上交所 SSE	深交所 SZSE	合计 Total	上交所 SSE	深交所 SZSE
2001	263	149	114	112	70	42	52	35	17
2002	285	167	118	128	78	50	62	44	18
2003	300	180	120	143	86	57	77	56	21
2004	309	191	118	169	98	71	92	66	26
2005	319	202	117	174	103	71	103	70	33
2006	344	221	123	195	113	82	134	94	40
2007	365	228	137	231	139	92	179	130	49
2008	379	232	147	269	164	105	232	163	69
2009	391	233	158	292	176	116	267	190	77
2010	425	229	196	333	203	130	323	227	96
2011	485	235	250	411	226	185	375	266	109
2012	515	220	295	479	247	232	429	302	127
2013	556	216	340	534	255	279	478	319	159
2014	604	210	394	628	267	361	540	348	192
2015	610	196	414	812	275	537	746	420	326
2016	597	202	395	834	285	549	908	485	423
2017	638	240	398	866	294	572	1036	525	511
2018	640	245	395	905	309	596	1115	557	558
2019	678	268	410	941	323	618	1184	593	591
2020	752	323	429	968	335	633	1246	632	614
2021	830	368	462	1002	355	647	1315	668	647
2022	879	396	483	1039	369	670	1359	695	664

6-9 按市值规模划分沪深交易所上市公司数量

Number of Listed Companies by Market Capitalization in SSE and SZSE

单位：家 (unit)

年份 Year	1亿元以下 Below 100 million yuan			1亿-5亿元 100 million-500 million yuan			5亿-10亿元 500 million-1000 million yuan		
	合计 Total	上交所 SSE	深交所 SZSE	合计 Total	上交所 SSE	深交所 SZSE	合计 Total	上交所 SSE	深交所 SZSE
2001	5	5	0	1	0	1	30	14	16
2002	4	4	0	13	5	8	75	35	40
2003	1	1	0	33	19	14	267	142	125
2004	1	0	1	96	48	48	399	237	162
2005	4	2	2	204	107	97	479	270	209
2006	8	7	1	113	57	56	339	174	165
2007	11	10	1	12	1	11	34	11	23
2008	9	8	1	70	33	37	350	151	199
2009	8	8	0	10	2	8	28	10	18
2010	11	11	0	9	2	7	19	7	12
2011	6	6	0	15	5	10	74	24	50
2012	3	3	0	11	3	8	89	23	66
2013	4	2	2	6	2	4	20	9	11
2014	5	1	4	6	2	4	8	4	4
2015	4	2	2	1	0	1	6	0	6
2016	5	2	3	1	0	1	5	1	4
2017	2	2	0	3	0	3	8	3	5
2018	2	2	0	11	2	9	9	4	5
2019	2	2	0	12	3	9	9	6	3
2020	6	6	0	9	4	5	37	15	22
2021	0	0	0	5	0	5	7	3	4
2022	0	0	0	6	2	4	10	5	5

注：1.暂停上市的上市公司市值记为0。
2.上市公司数量按上市日口径统计。
3.上表分组遵循“上组限不在内”的原则，如“10亿-20亿元”包括10亿元，不包括20亿元。

数据来源：上海证券交易所、深圳证券交易所

Source:SSE、SZSE

6-9 续表 continued

单位：家 (unit)

年份 Year	10亿-20亿元 1000 million-2000 million yuan			20亿-30亿元 2000 million-3000 million yuan			30亿-50亿元 3000 million-5000 million yuan			50亿元及以上 Above 5000 million yuan		
	合计 Total	上交所 SSE	深交所 SZSE	合计 Total	上交所 SSE	深交所 SZSE	合计 Total	上交所 SSE	深交所 SZSE	合计 Total	上交所 SSE	深交所 SZSE
2001	306	145	161	357	199	158	286	163	123	175	120	55
2002	536	307	229	290	166	124	177	106	71	129	92	37
2003	496	305	191	196	120	76	142	90	52	152	103	49
2004	486	300	186	149	94	55	123	74	49	123	84	39
2005	383	248	135	113	76	37	93	61	32	105	70	35
2006	423	258	165	173	98	75	156	96	60	222	152	70
2007	220	99	121	271	137	134	321	173	148	681	429	252
2008	498	241	257	225	127	98	180	100	80	293	204	89
2009	236	97	139	309	138	171	389	176	213	738	439	299
2010	192	79	113	339	111	228	541	198	343	952	486	466
2011	584	151	433	496	169	327	470	183	287	697	393	304
2012	650	135	515	503	172	331	496	199	297	742	419	323
2013	456	115	341	490	157	333	592	205	387	921	463	458
2014	135	45	90	380	97	283	693	201	492	1386	645	741
2015	12	5	7	63	32	31	666	203	463	2075	806	1269
2016	11	6	5	14	2	12	510	172	338	2506	999	1507
2017	40	14	26	419	149	270	857	301	556	2156	927	1229
2018	473	179	294	733	245	488	908	328	580	1448	690	758
2019	316	117	199	622	216	406	924	353	571	1892	875	1017
2020	318	132	186	614	225	389	916	336	580	2254	1082	1172
2021	246	104	142	572	212	360	1000	372	628	2785	1346	1439
2022	403	150	253	750	271	479	1137	441	696	2611	1305	1306

6-10　2022年主板上市公司分行业规模

Industry Scale of Main Board Listed Companies in 2022

行业 Industry	上市公司家数（家） Number of Listed Companies (unit)	上市公司股本（亿股） Share Capital of Listed Companies (100 million shares)	其中：流通股本（亿股） Thereinto: Negotiable Shares (100 million shares)	上市公司市值（亿元） Market Capitalization of Listed Companies (100 million yuan)	其中：流通市值（亿元） Thereinto: Negotiable Market Capitalization (100 million yuan)
农、林、牧、渔 Agriculture,Forestry,Animal Husbandry and Fishery	38	499.84	437.08	7267.23	5698.54
采矿业 Mining	75	4843.44	4750.16	35930.54	34901.79
制造业 Manufacturing	1966	27660.55	23617.42	450557.30	368278.42
电力、热力、燃气及水生产和供应业 Production and Supply of Electricity,Gas and Water	128	4256.79	3698.01	27450.96	22905.08
建筑业 Construction	97	2819.16	2416.19	15211.07	13249.90
批发和零售业 Wholesale and Retail Trades	163	2131.63	1892.73	16298.42	13914.02
交通运输、仓储和邮政业 Transport,Storage and Post	108	4119.22	3496.25	27471.45	23327.93
住宿和餐饮业 Hotels and Catering Services	7	48.61	44.23	1298.83	1145.39
信息传输、软件和信息技术服务业 Information Transmission,Computer Services and Software	156	3850.55	2909.51	41884.12	31936.98
金融业 Financial Intermediation	124	17469.56	15960.21	113610.44	103888.40
房地产业 Real Estate	112	2504.57	2403.20	15140.70	14704.68
租赁和商务服务业 Leasing and Business Services	50	887.02	784.39	9314.07	8637.88
科学研究和技术服务业 Scientific Research,Technical Service	32	415.35	301.84	9775.25	7231.23
水利、环境和公共设施管理业 Management of Water Conservancy,Environment and Public Facilities	49	652.53	525.97	4680.20	3676.72
居民服务、修理和其他服务业 Resident Services,Repairing and Other Services	0	1.30	1.28	20.56	20.27
教育 Education	10	105.98	85.50	641.75	494.25
卫生和社会工作 Health and Social Works	9	228.74	197.26	4717.68	3662.17
文化、体育和娱乐业 Culture,Sports and Entertainment	47	687.29	598.05	5626.82	4672.27
综合 Others	13	129.52	126.02	1108.51	1082.95

注：上市公司数量按上市日口径统计。
数据来源：上海证券交易所、深圳证券交易所
Source:SSE、SZSE

6-11 2022年科创板上市公司分行业规模

Industry Scale of STAR Market Listed Companies in 2022

行业 Industry	上市公司家数（家） Number of Listed Companies (unit)	上市公司股本（亿股） Share Capital of Listed Companies (100 million shares)	其中：流通股本（亿股） Thereinto: Negotiable Shares (100 million shares)	上市公司市值（亿元） Market Capitalization of Listed Companies (100 million yuan)	其中：流通市值（亿元） Thereinto: Negotiable Market Capitalization (100 million yuan)
农、林、牧、渔 Agriculture,Forestry,Animal Husbandry and Fishery	0	0.00	0.00	0.00	0.00
采矿业 Mining	0	0.00	0.00	0.00	0.00
制造业 Manufacturing	401	1550.42	632.43	48907.93	22168.38
电力、热力、燃气及水生产和供应业 Production and Supply of Electricity,Gas and Water	0	0.00	0.00	0.00	0.00
建筑业 Construction	0	0.00	0.00	0.00	0.00
批发和零售业 Wholesale and Retail Trades	0	0.00	0.00	0.00	0.00
交通运输、仓储和邮政业 Transport,Storage and Post	0	0.00	0.00	0.00	0.00
住宿和餐饮业 Hotels and Catering Services	0	0.00	0.00	0.00	0.00
信息传输、软件和信息技术服务业 Information Transmission,Computer Services and Software	72	133.28	70.03	7230.44	4625.97
金融业 Financial Intermediation	0	0.00	0.00	0.00	0.00
房地产业 Real Estate	0	0.00	0.00	0.00	0.00
租赁和商务服务业 Leasing and Business Services	0	0.00	0.00	0.00	0.00
科学研究和技术服务业 Scientific Research,Technical Service	18	46.41	16.99	1797.01	687.18
水利、环境和公共设施管理业 Management of Water Conservancy,Environment and Public Facilities	10	12.65	6.19	215.58	101.80
居民服务、修理和其他服务业 Resident Services,Repairing and Other Services	0	0.00	0.00	0.00	0.00
教育 Education	0	0.00	0.00	0.00	0.00
卫生和社会工作 Health and Social Works	0	0.00	0.00	0.00	0.00
文化、体育和娱乐业 Culture,Sports and Entertainment	0	0.00	0.00	0.00	0.00
综合 Others	0	0.00	0.00	0.00	0.00

注：上市公司数量按上市日口径统计。
数据来源：上海证券交易所
Source:SSE

6-12 2022年创业板上市公司分行业规模
Industry Scale of ChiNext Board Listed Companies in 2022

行业 Industry	上市公司家数(家) Number of Listed Companies (unit)	上市公司股本(亿股) Share Capital of Listed Companies (100 million shares)	其中：流通股本(亿股) Negotiable Shares (100 million shares)	上市公司市值(亿元) Market Capitalization of Listed Companies (100 million yuan)	其中：流通市值(亿元) Negotiable Market Capitalization (100 million yuan)
农、林、牧、渔 Agriculture,Forestry,Animal Husbandry and Fishery	10	102.02	83.19	1738.58	1398.77
采矿业 Mining	5	22.30	19.56	150.48	122.32
制造业 Manufacturing	857	3584.92	2689.80	83270.91	58280.24
电力、热力、燃气及水生产和供应业 Production and Supply of Electricity,Gas and Water	3	17.50	15.81	178.73	164.63
建筑业 Construction	12	66.77	57.81	530.28	404.94
批发和零售业 Wholesale and Retail Trades	26	99.64	63.39	1558.09	773.24
交通运输、仓储和邮政业 Transport,Storage and Post	3	10.47	9.15	112.18	78.16
住宿和餐饮业 Hotels and Catering Services	1	1.21	0.48	84.69	33.61
信息传输、软件和信息技术服务业 Information Transmission,Computer Services and Software	179	883.14	737.91	10680.37	7703.73
金融业 Financial Intermediation	4	150.45	126.08	3292.41	2614.74
房地产业 Real Estate	1	1.69	0.87	46.22	23.69
租赁和商务服务业 Leasing and Business Services	16	79.33	68.79	656.99	515.93
科学研究和技术服务业 Scientific Research,Technical Service	54	161.58	108.30	4075.39	2888.35
水利、环境和公共设施管理业 Management of Water Conservancy,Environment and Public Facilities	35	215.63	156.48	1313.47	820.25
居民服务、修理和其他服务业 Resident Services,Repairing and Other Services	1	1.30	1.28	20.56	20.27
教育 Education	2	7.16	5.11	40.89	28.69
卫生和社会工作 Health and Social Works	7	97.14	71.62	3095.99	2098.75
文化、体育和娱乐业 Culture,Sports and Entertainment	16	182.46	150.03	1875.11	1396.36
综合 Others	0	0.00	0.00	0.00	0.00

注：上市公司数量按上市日口径统计。
数据来源：深圳证券交易所
Source:SZSE

6-13　2022年分辖区沪深交易所上市公司市值

Market Capitalization of SSE and SZSE Listed Companies by Jurisdiction in 2022

辖区	Jurisdiction	主板 Main Board		科创板 STAR Market		创业板 ChiNext Board	
		上市公司市值(亿元) Market Capitalization of Listed Companies (100 million yuan)	其中：流通市值(亿元) Negotiable Market Capitalization (100 million yuan)	上市公司市值(亿元) Market Capitalization of Listed Companies (100 million yuan)	其中：流通市值(亿元) Negotiable Market Capitalization (100 million yuan)	上市公司市值(亿元) Market Capitalization of Listed Companies (100 million yuan)	其中：流通市值(亿元) Negotiable Market Capitalization (100 million yuan)
北京	Beijing	134205.20	118908.69	7203.16	4049.43	12241.85	8842.71
天津	Tianjin	8460.73	8012.32	1587.52	311.78	667.16	480.07
河北	Hebei	10551.77	9062.22	0.00	0.00	962.11	630.37
山西	Shanxi	9086.53	8794.96	0.00	0.00	140.98	137.89
内蒙古	Inner Mongolia	7139.99	6255.33	0.00	0.00	157.87	135.94
辽宁	Liaoning	3115.11	2987.88	837.06	342.23	626.24	450.68
吉林	Jilin	3357.74	2891.94	337.16	196.29	212.31	154.37
黑龙江	Heilongjiang	3000.24	2600.37	65.05	19.55	148.75	96.21
上海	Shanghai	46067.16	41279.36	11904.58	6058.99	8815.12	5104.90
江苏	Jiangsu	42674.57	38949.29	9779.41	4528.09	11139.53	7570.93
浙江	Zhejiang	45240.41	39860.94	3799.30	1675.25	8429.26	5900.80
安徽	Anhui	13089.60	11974.54	1049.12	534.27	3424.69	2488.89
福建	Fujian	14212.24	13746.04	198.03	103.16	10672.85	8469.82
江西	Jiangxi	5609.54	4710.12	1961.03	511.79	1226.20	834.52
山东	Shandong	21163.40	19073.07	1991.56	714.33	3284.45	2268.77
河南	Henan	11433.62	9880.05	244.97	131.21	1781.78	1010.93
湖北	Hubei	10734.12	9810.83	807.46	230.11	2225.13	1642.11
湖南	Hunan	8411.58	7685.69	1830.82	780.39	5579.39	4177.36
广东	Guangdong	39295.12	35592.13	2522.99	1154.43	11274.56	7947.53
广西	Guangxi	2636.45	2358.61	0.00	0.00	75.12	42.04
海南	Hainan	3340.08	2947.06	154.02	68.69	177.17	145.62
重庆	Chongqing	7481.64	6465.42	36.57	8.77	1789.57	1113.55
四川	Sichuan	25871.26	24519.01	1228.61	515.82	2331.87	1629.39
贵州	Guizhou	25154.23	24980.65	547.73	258.23	477.48	151.36
云南	Yunnan	7274.18	6225.49	0.00	0.00	1616.02	1222.49
西藏	Tibet	1977.07	1840.76	0.00	0.00	308.22	239.57
陕西	Shaanxi	11075.60	10356.86	1424.33	904.09	1260.83	823.16
甘肃	Gansu	2777.45	2348.15	0.00	0.00	174.95	164.81
青海	Qinghai	2263.68	2262.76	0.00	0.00	0.00	0.00
宁夏	Ningxia	1577.61	939.93	0.00	0.00	32.72	17.97
新疆	Xinjiang	7073.95	6078.81	1019.11	140.82	406.06	159.32
深圳	Shenzhen	56002.27	51100.66	3546.87	1870.50	16459.91	12323.72
大连	Dalian	3921.20	3889.86	176.10	69.04	84.57	79.96
宁波	Ningbo	11226.76	8797.65	516.36	268.32	2030.81	1414.56
厦门	Xiamen	4446.42	3926.14	411.20	170.90	1744.37	954.96
青岛	Qingdao	5119.69	4773.95	625.09	459.25	741.47	539.40
其他	Others	1065.38	591.35	2345.73	1507.62	0.00	0.00

注：所属辖区按上市公司注册地划分，注册地为境外的上市公司标记为“其他”。

数据来源：上海证券交易所、深圳证券交易所

Source:SSE、SZSE

6-14 2022年分行业新上市的沪深交易所上市公司数量

行业 Industry	上交所 SSE		
	新上市 公司家数 （家） Number of Newly Listed Companies (unit)	新上市 公司市值 （亿元） Market Capitalization of Newly Listed Companies (100 million yuan)	占上交所新上市公司 市值比重 （%） Proportion (%)
农、林、牧、渔 Agriculture,Forestry,Animal Husbandry and Fishery	0	0.00	0.00
采矿业 Mining	2	571.55	2.90
制造业 Manufacturing	118	15762.73	79.93
电力、热力、燃气及水生产和供应业 Production and Supply of Electricity,Gas and Water	0	0.00	0.00
建筑业 Construction	1	23.38	0.12
批发和零售业 Wholesale and Retail Trades	1	44.58	0.23
交通运输、仓储和邮政业 Transport,Storage and Post	2	249.31	1.26
住宿和餐饮业 Hotels and Catering Services	0	0.00	0.00
信息传输、软件和信息技术服务业 Information Transmission,Computer Services and Software	21	2051.44	10.40
金融业 Financial Intermediation	1	476.15	2.41
房地产业 Real Estate	0	0.00	0.00
租赁和商务服务业 Leasing and Business Services	0	0.00	0.00
科学研究和技术服务业 Scientific Research,Technical Service	7	482.08	2.44
水利、环境和公共设施管理业 Management of Water Conservancy,Environment and Public Facilities	2	58.57	0.30
居民服务、修理和其他服务业 Resident Services,Repairing and Other Services	0	0.00	0.00
教育 Education	0	0.00	0.00
卫生和社会工作 Health and Social Works	0	0.00	0.00
文化、体育和娱乐业 Culture,Sports and Entertainment	0	0.00	0.00
综合 Others	0	0.00	0.00

注：上市公司数量按上市日口径统计。
数据来源：上海证券交易所、深圳证券交易所
Source:SSE、SZSE

Number of Newly Listed Companies of SSE and SZSE by Industry in 2022

深交所 SZSE			合计 Total		
新上市公司家数（家）Number of Newly Listed Companies (unit)	新上市公司市值（亿元）Market Capitalization of Newly Listed Companies (100 million yuan)	占深交所新上市公司市值比重（%）Proportion (%)	新上市公司家数（家）Number of Newly Listed Companies (unit)	新上市公司市值（亿元）Market Capitalization of Newly Listed Companies (100 million yuan)	占新上市公司市值比重（%）Proportion (%)
0	0.00	0.00	0	0.00	0.00
0	0.00	0.00	2	571.55	1.79
134	7209.71	59.23	252	22972.44	72.03
4	1092.00	8.97	4	1092.00	3.42
0	0.00	0.00	1	23.38	0.07
3	142.04	1.17	4	186.62	0.59
0	0.00	0.00	2	249.31	0.78
0	0.00	0.00	0	0.00	0.00
23	1842.86	15.14	44	3894.31	12.21
2	317.45	2.61	3	793.59	2.49
0	0.00	0.00	0	0.00	0.00
2	124.92	1.03	2	124.92	0.39
12	466.17	3.83	19	948.25	2.97
5	230.91	1.90	7	289.48	0.91
0	0.00	0.00	0	0.00	0.00
0	0.00	0.00	0	0.00	0.00
3	564.86	4.64	3	564.86	1.77
2	182.37	1.50	2	182.37	0.57
0	0.00	0.00	0	0.00	0.00

6–15　2022年分辖区新上市的沪深交易所上市公司数量

单位：家

辖区	Jurisdiction	上交所 SSE		
		新上市公司家数（家） Number of Newly Listed Companies (unit)	新上市公司市值（亿元） Market Capitalization of Newly Listed Companies (100 million yuan)	占上交所新上市公司市值比例(%) Proportion (%)
北京	Beijing	18	2335.57	11.84
天津	Tianjin	4	1358.23	6.89
河北	Hebei	0	0.00	0.00
山西	Shanxi	0	0.00	0.00
内蒙古	Inner Mongolia	0	0.00	0.00
辽宁	Liaoning	3	560.08	2.84
吉林	Jilin	0	0.00	0.00
黑龙江	Heilongjiang	1	43.49	0.22
上海	Shanghai	23	3334.67	16.91
江苏	Jiangsu	30	2970.27	15.06
浙江	Zhejiang	13	1350.73	6.85
安徽	Anhui	5	184.79	0.94
福建	Fujian	2	99.20	0.50
江西	Jiangxi	2	1592.48	8.08
山东	Shandong	6	774.22	3.93
河南	Henan	1	70.88	0.36
湖北	Hubei	4	414.87	2.10
湖南	Hunan	2	111.29	0.56
广东	Guangdong	8	403.20	2.04
广西	Guangxi	0	0.00	0.00
海南	Hainan	0	0.00	0.00
重庆	Chongqing	2	110.60	0.56
四川	Sichuan	5	480.52	2.44
贵州	Guizhou	1	237.76	1.21
云南	Yunnan	0	0.00	0.00
西藏	Tibet	0	0.00	0.00
陕西	Shaanxi	4	481.55	2.44
甘肃	Gansu	1	117.07	0.59
青海	Qinghai	0	0.00	0.00
宁夏	Ningxia	0	0.00	0.00
新疆	Xinjiang	0	0.00	0.00
深圳	Shenzhen	11	1144.53	5.80
大连	Dalian	1	65.26	0.33
宁波	Ningbo	4	351.18	1.78
厦门	Xiamen	0	0.00	0.00
青岛	Qingdao	1	24.61	0.12
其他	Others	3	1102.72	5.59

注：1.上市公司数量按上市日口径统计。

2.所属辖区按上市公司注册地划分，注册地在境外的上市公司标记为其他，以注册地(其他)为口径统计IPO家数，以沪深交易所股东大会公告为准。

数据来源：上海证券交易所、深圳证券交易所

Source:SSE、SZSE

Number of Newly Listed Companies of SSE and SZSE by Jurisdiction in 2022

(unit)

深交所 SZSE			合计 Total		
新上市公司家数(家) Number of Newly Listed Companies (unit)	新上市公司市值(亿元) Market Capitalization of Newly Listed Companies (100 million yuan)	占深交所新上市公司市值比例(%) Proportion (%)	新上市公司家数(家) Number of Newly Listed Companies (unit)	新上市公司市值(亿元) Market Capitalization of Newly Listed Companies (100 million yuan)	占全部新上市公司市值比重(%) Proportion (%)
17	2394.19	19.67	35	4729.76	14.83
1	73.50	0.60	5	1431.73	4.49
3	200.31	1.65	3	200.31	0.63
0	0.00	0.00	0	0.00	0.00
1	136.38	1.12	1	136.38	0.43
2	124.92	1.03	5	685.00	2.15
1	23.33	0.19	1	23.33	0.07
1	29.15	0.24	2	72.64	0.23
9	245.05	2.01	32	3579.72	11.22
26	1255.30	10.31	56	4225.57	13.25
24	1086.47	8.93	37	2437.20	7.64
6	246.00	2.02	11	430.80	1.35
3	247.44	2.03	5	346.64	1.09
5	317.67	2.61	7	1910.15	5.99
6	251.08	2.06	12	1025.30	3.21
4	301.70	2.48	5	372.58	1.17
5	166.59	1.37	9	581.46	1.82
2	87.66	0.72	4	198.95	0.62
27	1340.69	11.01	35	1743.89	5.47
1	25.94	0.21	1	25.94	0.08
0	0.00	0.00	0	0.00	0.00
2	55.95	0.46	4	166.55	0.52
6	355.58	2.92	11	836.11	2.62
0	0.00	0.00	1	237.76	0.75
1	42.55	0.35	1	42.55	0.13
1	27.89	0.23	1	27.89	0.09
5	202.98	1.67	9	684.53	2.15
1	214.73	1.76	2	331.79	1.04
0	0.00	0.00	0	0.00	0.00
0	0.00	0.00	0	0.00	0.00
4	492.20	4.04	4	492.20	1.54
19	1604.10	13.18	30	2748.63	8.62
0	0.00	0.00	1	65.26	0.20
3	109.64	0.90	7	460.82	1.44
3	476.50	3.91	3	476.50	1.49
1	37.79	0.31	2	62.40	0.20
0	0.00	0.00	3	1102.72	3.46

6-16 沪深交易所上市公司现金分红情况
Summary of Cash Dividend of Listed Companies in SSE and SZSE

年份 Year	上市公司数量(家) Number of Listed Companies (unit)	其中：分红公司数量(家) Thereinto: Have Distributed Dividend (unit)	现金分红总额(亿元) Total Amount of Dividends Actually Distributed (100 million yuan)
2006	1434	643	784.50
2007	1550	726	1180.05
2008	1625	816	2524.51
2009	1718	855	2526.74
2010	2063	1031	3023.97
2011	2342	1347	3900.69
2012	2494	1688	4764.21
2013	2489	1831	5323.82
2014	2613	1887	7638.62
2015	2827	1977	7876.03
2016	3052	2054	8301.09
2017	3485	2451	9792.79
2018	3584	2832	9400.49
2019	3777	2626	10226.90
2020	4154	2737	13725.07
2021	4615	3086	15605.07
2022	4917	3295	20658.93

注：1.上市公司数量按上市日口径统计。
2.分红数据按除权除息日口径，基于上市公司境内总股本计算。
数据来源：中证数据
Source:CSDATA

6-17　分行业沪深交易所上市公司现金分红情况
Summary of Cash Dividend of Listed Companies by Industry in SSE and SZSE

行业 Industry	上市公司数量(家) Number of Listed Companies (unit)		其中：分红公司数量(家) Thereinto: Have stributed Dividend(ur		现金分红总额(亿元) Total Amount of Dividends Actually Distributed (100 million yuan)	
	2021	2022	2021	2022	2021	2022
农、林、牧、渔 Agriculture,Forestry,Animal Husbandry and Fishery	48	48	25	19	125.24	35.88
采矿业 Mining	79	80	48	54	1450.44	3050.99
制造业 Manufacturing	2993	3224	2049	2221	4960.36	6228.12
电力、热力、燃气及水生产和供应业 Production and Supply of Electricity,Gas and Water	128	131	96	84	627.62	546.65
建筑业 Construction	109	109	71	65	361.02	372.93
批发和零售业 Wholesale and Retail Trades	186	189	114	121	216.01	303.68
交通运输、仓储和邮政业 Transport,Storage and Post	109	111	75	85	373.93	951.94
住宿和餐饮业 Hotels and Catering Services	9	8	3	5	0.97	2.30
信息传输、软件和信息技术服务业 Information Transmission,Computer Services and Software	370	407	239	244	226.91	1393.90
金融业 Financial Intermediation	127	128	107	111	6344.49	7031.73
房地产业 Real Estate	117	112	78	64	635.51	388.66
租赁和商务服务业 Leasing and Business Services	66	66	34	36	104.16	109.80
科学研究和技术服务业 Scientific Research,Technical Service	85	104	54	77	45.30	71.20
水利、环境和公共设施管理业 Management of Water Conservancy,Environment and Public Facilities	87	94	51	59	44.41	46.10
居民服务、修理和其他服务业 Resident Services,Repairing and Other Services	1	1	0	0	0.00	0.00
教育 Education	12	12	5	3	2.20	1.38
卫生和社会工作 Health and Social Works	14	16	3	5	8.51	15.22
文化、体育和娱乐业 Culture,Sports and Entertainment	62	63	28	36	72.56	93.62
综合 Others	13	14	6	6	5.41	14.82

注：1.上市公司数量按上市日口径统计。
　　2.分红数据按除权除息日口径，基于上市公司境内总股本计算。
数据来源：中证数据
Source:CSDATA

6-18 分类别沪深交易所上市公司现金分红情况
Summary of Cash Dividend of Listed Companies by Category in SSE and SZSE

名 称 Item	2021	2022
分红上市公司数量(家)	3086	3295
Number of Listed Companies Have Distributed Dividend (unit)		
其中：主板	2159	2130
Main Board		
科创板	239	333
STAR Market		
创业板	688	832
ChiNext Board		
其中：上交所	1459	1568
SSE		
深交所	1627	1727
SZSE		
上市公司实际分红总额(亿元)	15605.07	20658.93
Total Amount of Dividends Actually Distributed (100 million yuan)		
其中：主板	14909.99	19662.57
Main Board		
科创板	174.68	289.53
STAR Market		
创业板	520.40	706.84
ChiNext Board		
其中：上交所	11885.43	16604.96
SSE		
深交所	3719.65	4053.97
SZSE		

注：1.上市公司数量按上市日口径统计。
2.分红数据按除权除息日口径，基于上市公司境内总股本计算。

数据来源：中证数据

Source:CSDATA

6-19　沪深交易所上市公司主要财务指标
Financial Indicators of Listed Companies in SSE and SZSE

年份 Year	资产规模 Asset Size				经营情况 Business Circumstance	
	总资产（亿元）Total Asset (100 million yuan)	其中：非金融上市公司总资产（亿元）Thereinto: Total Asset of Non-financial Listed Companies (100 million yuan)	归属母公司股东净资产（亿元）Net Asset Attributable to Parent Company Shareholders (100 million yuan)	其中：非金融上市公司归属母公司净资产（亿元）Thereinto:Net Asset Attributable to Parent Company Shareholders of Non-financial Listed Companies (100 million yuan)	营业收入（亿元）Revenue (100 million yuan)	利润总额（亿元）Total Profit (100 million yuan)
1995	4301.61	4024.03	1951.20	1914.24	2202.05	264.91
1996	6346.68	5962.19	2944.35	2895.20	3253.04	347.84
1997	9681.16	9202.94	4828.11	4725.17	5117.70	580.43
1998	12404.86	11836.01	6237.42	6120.51	6246.24	613.45
1999	16174.41	14485.64	7651.99	7458.82	7961.96	795.93
2000	21676.39	18778.83	10068.08	9798.93	10715.19	997.02
2001	30457.30	25862.66	12929.06	12663.01	15398.83	1000.46
2002	41539.86	30653.72	14603.34	14167.44	18908.60	1289.65
2003	53302.61	36167.56	16989.94	16307.99	24874.35	1844.36
2004	63277.29	42776.28	19078.26	18314.86	33885.96	2552.87
2005	72769.33	47907.48	20402.38	19546.93	40784.35	2535.22
2006	221069.33	61114.65	34120.86	24119.59	55555.63	5256.47
2007	414286.97	93475.93	63548.44	40477.95	91931.90	13446.40
2008	487007.21	114899.25	71131.38	46349.41	113233.89	10718.78
2009	617738.72	146061.96	85135.77	55180.06	121654.87	14553.27
2010	862290.24	185015.50	114091.20	69977.02	173389.61	22208.16
2011	1028873.51	228335.20	135847.32	83479.44	221275.29	26107.86
2012	1193598.71	266291.64	156762.70	94557.84	246104.25	26986.96
2013	1330017.51	300540.26	174511.40	108491.44	270556.52	30914.63
2014	1501082.96	339763.64	204689.62	118591.68	289130.24	33287.47
2015	1724649.05	394828.33	243815.18	138978.54	294081.84	34545.36
2016	2019170.62	464045.20	284311.36	163658.63	323793.93	37658.75
2017	2205062.02	540920.63	325028.73	189800.69	391171.88	44941.10
2018	2412856.04	609412.82	359922.26	207529.42	452680.62	46832.22
2019	2807826.22	926671.12	412953.37	262292.94	504793.39	51617.72
2020	3134275.88	760871.53	465259.15	257098.97	531266.93	53682.92
2021	3461538.93	864899.84	528681.38	295664.83	650005.24	65230.00
2022	3853355.07	968151.27	595741.22	344658.63	714104.44	68317.33

注：1.每股指标按境内股本数量计算。
2.每股指标采用整体法计算。
3.财务数据按截至2022年12月31日已上市且发布了2022年年报，共4905家上市公司为样本进行统计。

数据来源：中证数据

Source:CSDATA

6-19 续表 1 continued

年份 Year	归属母公司股东净利润（亿元） Net Profit Attributable to Parent Company Shareholders (100 million yuan)	其中：非金融上市公司归属母公司股东净利润(亿元) Thereinto:Net Profit Attributable to Parent Company Shareholders of Non-financial Listed Companies (100 million yuan)	经营活动产生的现金流量净额（亿元） Net Cash Flow from Operating Activities (100 million yuan)	资产负债率 (%) Asset-liability Ratio (%)	其中：非金融上市公司资产负债率(%) Thereinto:Asset-liability Ratio of Non-financial Listed Companies (%)
1995	210.99	204.24	--	52.20	49.82
1996	281.75	271.02	--	51.32	49.01
1997	469.86	453.62	--	48.06	46.49
1998	465.91	450.48	449.69	47.58	46.05
1999	617.94	601.50	793.72	50.51	46.08
2000	758.50	736.57	1180.28	51.18	45.09
2001	687.38	666.16	2266.94	54.50	47.45
2002	807.84	766.06	3337.57	61.56	49.33
2003	1221.10	1156.98	3376.18	65.03	50.35
2004	1649.80	1571.88	3808.47	66.69	52.53
2005	1584.55	1496.59	4625.05	68.88	54.55
2006	3469.29	2362.05	11737.86	83.21	56.22
2007	9332.14	5748.67	19916.13	83.60	52.48
2008	8178.61	4193.81	26207.73	84.14	54.70
2009	10666.19	5510.23	28406.09	85.02	57.55
2010	16455.95	8729.75	26158.81	85.74	57.66
2011	19116.22	9608.09	30092.22	85.72	59.06
2012	19652.78	8795.95	45527.09	85.77	60.05
2013	22494.88	9984.22	30509.23	85.75	60.87
2014	24189.85	10222.51	48693.60	85.25	60.69
2015	24719.78	9140.10	84691.48	84.66	60.16
2016	27319.72	12044.25	74060.11	84.64	60.01
2017	33266.58	16779.57	32742.70	83.87	60.07
2018	33644.69	16496.76	46308.72	83.54	60.76
2019	37536.39	20793.30	57069.92	83.69	67.11
2020	39530.81	18485.05	89557.65	83.47	60.34
2021	48461.62	24912.90	72332.47	83.01	59.96
2022	51793.50	27936.51	142639.04	84.54	64.40

6-19　续表 2　continued

年份 Year	总资产收益率(%) ROA (%)	其中：非金融上市公司总资产收益率(%) Thereinto:ROA of Non-financial Listed Companies (%)	平均净资产收益率(%) Average ROE (%)	其中：非金融上市公司平均净资产收益率(%) Thereinto:Average ROE of Non-financial Listed Companies (%)	每股指标 Share Index 每股净资产(元) BPS (yuan)	每股收益(元) EPS (yuan)	每股经营活动现金流量净额(元) Net Cash Flow from Operating Activities Per Share (yuan)
1995	4.90	5.08	11.26	11.11	2.29	0.25	--
1996	4.44	4.55	10.63	10.40	2.42	0.23	--
1997	4.85	4.93	11.31	11.15	2.47	0.24	--
1998	3.76	3.81	8.14	8.02	2.46	0.18	0.18
1999	3.82	4.15	8.62	8.59	2.47	0.20	0.26
2000	3.50	3.92	8.29	8.26	2.65	0.20	0.31
2001	2.26	2.58	5.53	5.47	2.48	0.13	0.43
2002	1.94	2.50	5.73	5.58	2.48	0.14	0.57
2003	2.29	3.20	7.61	7.49	2.64	0.19	0.52
2004	2.61	3.67	9.08	9.01	2.66	0.23	0.53
2005	2.18	3.12	7.99	7.87	2.67	0.21	0.61
2006	1.57	3.86	11.52	10.63	2.30	0.23	0.79
2007	2.25	6.15	16.73	15.98	2.85	0.42	0.89
2008	1.68	3.65	12.07	9.57	2.92	0.34	1.08
2009	1.73	3.77	13.60	10.81	3.25	0.41	1.08
2010	1.91	4.72	16.04	13.75	3.43	0.49	0.79
2011	1.86	4.21	15.19	12.39	3.75	0.53	0.83
2012	1.65	3.30	13.35	9.78	4.07	0.51	1.18
2013	1.78	3.52	13.58	10.06	4.29	0.55	0.75
2014	1.71	3.18	12.71	9.14	4.66	0.55	1.11
2015	1.43	2.31	9.47	6.10	4.87	0.49	1.69
2016	1.35	2.60	10.27	7.92	5.73	0.55	1.49
2017	1.51	3.10	10.84	9.40	5.98	0.61	0.60
2018	1.39	2.71	9.75	8.26	5.53	0.52	0.71
2019	1.34	2.25	9.59	8.29	5.93	0.54	0.82
2020	1.26	2.43	8.93	7.53	6.31	0.54	1.22
2021	1.60	3.49	9.65	8.87	6.68	0.63	0.94
2022	1.41	2.99	9.05	8.46	7.30	0.63	1.75

6-20 2022年沪深交易所上市公司分行业主要财务指标

行业 Industry	资产规模 Asset Size	
	总资产 (亿元) Total Asset (100 million yuan)	归属母公司股东净资产 (亿元) Net Asset Attributable to Parent Company Shareholders (100 million yuan)
农、林、牧、渔 Agriculture,Forestry,Animal Husbandry and Fishery	5544.65	2108.74
采矿业 Mining	93560.68	44007.82
制造业 Manufacturing	374905.17	167796.08
电力、热力、燃气及水生产和供应业 Production and Supply of Electricity,Gas and Water	66594.74	19269.51
建筑业 Construction	139801.76	22523.25
批发和零售业 Wholesale and Retail Trades	36988.25	10047.70
交通运输、仓储和邮政业 Transport,Storage and Post	50102.71	19507.68
住宿和餐饮业 Hotels and Catering Services	903.16	346.78
信息传输、软件和信息技术服务业 Information Transmission,Computer Services and Software	52549.83	30039.12
金融业 Financial Intermediation	2885203.80	251082.59
房地产业 Real Estate	115401.36	15314.55
租赁和商务服务业 Leasing and Business Services	10576.19	3485.36
科学研究和技术服务业 Scientific Research,Technical Service	4656.85	2914.24
水利、环境和公共设施管理业 Management of Water Conservancy,Environment and Public Facilities	7952.39	2996.51
居民服务、修理和其他服务业 Resident Services,Repairing and Other Services	1.94	1.25
教育 Education	322.57	116.30
卫生和社会工作 Health and Social Works	1311.11	637.26
文化、体育和娱乐业 Culture,Sports and Entertainment	5295.40	2990.59
综合 Others	1682.51	555.90

注：1.每股指标按境内股本数量计算。
2.每股指标采用整体法计算。
3.财务数据按截至2022年12月31日已上市且发布了2022年年报共4905家上市公司为样本进行统计。
数据来源：中证数据
Source:CSDATA

Financial Indicators of Listed Companies of SSE and SZSE by Industry in 2022

经营情况 Business Circumstance				每股指标 Share Index	
营业收入 (亿元) Revenue (100 million yuan)	归属母公司股东净利润 (亿元) Net Profit Attributable to Parent Company Shareholders (100 million yuan)	资产负债率 (%) Asset-liability Ratio (%)	平均净资产收益率 (%) Average ROE (%)	每股净资产 (元) BPS (yuan)	每股收益 (元) EPS (yuan)
3574.91	52.38	61.97	2.59	4.21	0.10
95453.66	6660.52	52.96	15.97	7.36	1.11
264679.26	15624.44	55.24	9.85	5.98	0.56
22124.10	1090.12	71.06	5.85	4.35	0.25
88222.54	1848.81	83.89	8.58	7.32	0.60
53061.93	373.05	72.84	3.76	4.94	0.18
20224.60	769.27	61.06	4.03	4.52	0.18
212.01	-11.13	61.60	-3.18	7.13	-0.23
27669.43	1701.44	42.84	5.83	7.09	0.40
98800.64	23856.99	91.30	9.85	10.73	1.02
22671.89	-712.71	86.73	-4.45	6.20	-0.29
9656.75	116.03	67.05	3.43	4.24	0.14
2017.75	259.99	37.42	9.62	6.93	0.62
2037.21	16.75	62.32	0.57	4.55	0.03
2.93	-0.33	35.71	-22.83	0.96	-0.25
117.76	-11.64	63.94	-9.47	1.10	-0.11
835.99	56.99	51.40	10.16	2.79	0.25
2065.49	57.19	43.52	1.91	4.49	0.09
675.60	45.33	66.96	8.42	3.85	0.31

6-21 2022年沪深交易所上市公司分辖区主要财务指标

辖区	Jurisdiction	资产规模 Asset Size			
		总资产（亿元）Total Asset (100 million yuan)	归属母公司股东净资产（亿元）Net Asset Attributable to Parent Company Shareholders (100 million yuan)	营业收入（亿元）Revenue (100 million yuan)	利润总额（亿元）Total Profit (100 million yuan)
北京	Beijing	2166725.14	240992.13	245772.10	27027.95
天津	Tianjin	15230.48	6998.40	9925.64	2226.53
河北	Hebei	22364.61	6187.19	10397.36	570.20
山西	Shanxi	11857.50	5094.83	6377.69	1145.98
内蒙古	Inner Mongolia	7794.13	3601.83	4899.51	669.62
辽宁	Liaoning	4949.49	2364.20	4563.28	-26.75
吉林	Jilin	5657.72	2165.63	1980.71	72.71
黑龙江	Heilongjiang	9039.01	1997.03	2061.32	102.69
上海	Shanghai	401206.80	57476.78	60421.16	4336.92
江苏	Jiangsu	132945.86	29139.38	31997.58	2722.08
浙江	Zhejiang	98061.58	25228.60	40485.19	2672.53
安徽	Anhui	20636.30	8922.43	13224.19	903.01
福建	Fujian	116699.03	13770.88	13867.99	1732.31
江西	Jiangxi	9682.18	4160.47	10877.16	404.38
山东	Shandong	39477.92	13748.63	21918.71	1598.17
河南	Henan	21859.75	6459.16	9720.51	838.85
湖北	Hubei	20530.74	7160.14	9800.15	591.54
湖南	Hunan	24740.94	7395.42	8506.07	600.18
广东	Guangdong	74471.42	22715.39	31942.80	2209.87
广西	Guangxi	5623.99	1761.30	3710.40	21.22
海南	Hainan	3613.23	913.86	1376.58	-245.01
重庆	Chongqing	34733.71	5657.46	7272.64	287.79
四川	Sichuan	31447.94	9679.47	12108.03	1978.31
贵州	Guizhou	13666.92	3810.69	3060.37	873.59
云南	Yunnan	7836.19	3509.36	5674.44	400.79
西藏	Tibet	1340.16	650.49	590.92	102.39
陕西	Shaanxi	18317.78	5391.42	7693.76	1019.81
甘肃	Gansu	7739.77	1834.24	2308.54	95.88
青海	Qinghai	1602.28	644.42	1124.73	322.01
宁夏	Ningxia	1280.92	685.24	566.41	86.17
新疆	Xinjiang	31821.21	6573.77	7912.37	956.40
深圳	Shenzhen	379556.71	52241.31	64549.46	6468.72
大连	Dalian	10392.96	2822.29	6880.54	200.08
宁波	Ningbo	34938.24	6424.69	7445.19	781.29
厦门	Xiamen	16498.55	3097.70	22958.17	497.47
青岛	Qingdao	16584.62	3831.94	5679.48	453.38
其他	Others	32429.29	20633.03	14453.25	3618.26

注：1.每股指标按境内股本数量计算。
2.每股指标采用整体法计算。
3.财务数据按截至2022年12月31日已上市且发布了2022年年报共4905家上市公司为样本进行统计。
4.所属辖区按上市公司注册地划分，注册地在境外的上市公司标记为其他，以注册地(其他)为口径统计IPO家数，以沪深交易所股东大会公告为准。

数据来源：中证数据
Source:CSDATA

Financial Indicators of Listed Companies of SSE and SZSE by Jurisdiction in 2022

经营情况 Business Circumstance				每股指标 Share Index		
归属母公司股东净利润(亿元) Net Profit Attributable to Parent Company Shareholders (100 million yuan)	经营活动产生的现金流量净额(亿元) Net Cash Flow from Operating Activities (100 million yuan)	资产负债率(%) Asset-liability Ratio (%)	平均净资产收益率(%) Average ROE (%)	每股净资产(元) BPS (yuan)	每股收益(元) EPS (yuan)	每股经营活动现金流量净额(元) Net Cash Flow from Operating Activities Per Share (yuan)
21213.32	68671.20	88.88	9.10	8.12	0.71	2.31
1558.23	2528.36	54.05	24.63	7.12	1.59	2.57
346.12	1015.30	72.33	5.71	5.29	0.30	0.87
744.59	1399.47	57.03	15.47	5.44	0.79	1.49
502.41	753.85	53.79	14.49	3.56	0.50	0.75
-47.29	191.52	52.23	-2.02	4.68	-0.09	0.38
55.67	165.27	61.72	2.60	4.21	0.11	0.32
46.44	354.58	77.91	2.38	4.42	0.10	0.78
3436.64	14156.90	85.67	6.16	8.49	0.51	2.09
2167.99	4442.46	78.08	7.87	6.21	0.46	0.95
2158.54	5058.48	74.27	8.94	5.70	0.49	1.14
704.87	1071.37	56.76	8.16	6.07	0.48	0.73
1362.01	-1931.40	88.20	10.51	9.47	0.94	-1.33
330.17	439.16	57.03	8.53	6.34	0.50	0.67
1141.60	2698.35	65.17	8.65	6.02	0.50	1.18
641.96	900.56	70.45	10.44	5.04	0.50	0.70
434.50	738.65	65.12	6.33	5.69	0.35	0.59
465.86	863.59	70.11	6.54	5.48	0.34	0.64
1611.07	3574.65	69.50	7.39	5.69	0.40	0.90
17.70	248.76	68.68	1.01	3.65	0.04	0.51
-190.83	-1.05	74.71	-20.43	1.10	-0.23	0.00
193.97	1348.97	83.71	3.48	5.38	0.18	1.28
1383.84	2074.94	69.22	15.53	6.26	0.90	1.34
619.26	436.30	72.12	16.67	10.67	1.73	1.22
305.03	846.94	55.22	9.32	4.72	0.41	1.14
79.89	115.37	51.46	12.78	4.36	0.54	0.77
655.85	1646.06	70.57	12.85	5.04	0.61	1.54
69.34	284.28	76.30	3.91	2.94	0.11	0.46
236.10	341.27	59.78	43.54	4.41	1.61	2.33
73.28	102.00	46.50	11.00	3.31	0.35	0.49
647.39	1909.06	79.34	10.46	6.08	0.60	1.77
4728.98	17672.45	86.24	9.42	10.54	0.95	3.57
91.07	789.30	72.84	3.22	3.74	0.12	1.05
658.59	1397.41	81.61	10.95	7.01	0.72	1.53
301.32	671.98	81.22	10.37	8.21	0.80	1.78
365.32	465.53	76.89	9.95	6.44	0.61	0.78
2682.70	5197.15	36.38	13.76	24.61	3.20	6.20

6-22　沪深交易所货币金融服务类上市公司与其他上市公司主要财务指标对比

Financial Indicator of Monetary Financial Listed Companies and Others in SSE and SZSE

年份 Year	总资产(亿元) Total Asset (100 million yuan)		归属母公司股东净利润(亿元) Net Profit Attributable to Parent Company Shareholders (100 million yuan)		平均净资产收益率(%) Average ROE (%)	
	货币金融服务类上市公司 Monetary Financial Listed Companies	其他上市公司 Others	货币金融服务类上市公司 Monetary Financial Listed Companies	其他上市公司 Others	货币金融服务类上市公司 Monetary Financial Listed Companies	其他上市公司 Others
2001	4327.16	26130.14	21.11	666.27	12.31	5.43
2002	10634.08	30905.79	43.43	764.40	15.79	5.53
2003	16756.94	36545.67	63.05	1158.04	14.03	7.43
2004	20123.09	43154.21	84.19	1565.61	14.76	8.89
2005	24438.87	48330.46	106.09	1478.46	15.77	7.72
2006	158639.16	62430.17	1076.63	2392.65	14.02	10.67
2007	298402.19	115884.78	2809.64	6522.50	16.99	16.62
2008	349114.31	137892.90	3734.00	4444.61	18.89	9.26
2009	439733.86	178004.86	4348.33	6317.86	19.20	11.32
2010	638362.13	223928.11	6773.89	9682.06	20.69	13.86
2011	744953.81	283919.70	8750.06	10366.15	21.35	12.21
2012	859022.11	334576.59	10269.28	9383.51	20.98	9.55
2013	951375.30	378642.22	11584.11	10910.76	20.28	10.05
2014	1057628.16	443454.80	12473.85	11716.00	18.59	9.51
2015	1188446.68	536951.56	12696.67	12075.64	14.77	7.42
2016	1393070.19	632689.64	13270.64	14354.96	14.16	10.49
2017	1480171.96	724890.06	13910.26	19356.31	13.32	9.56
2018	1591159.84	821696.20	14825.18	18819.50	12.70	8.24
2019	1881155.09	926671.12	16743.09	20793.30	11.91	8.29
2020	2076948.02	1057327.86	16874.65	22656.16	10.61	7.98
2021	2264015.69	1197523.24	19186.82	29274.80	10.75	9.04
2022	2525743.19	1327611.89	20669.47	31124.03	10.53	8.27

注：1.每股指标按境内股本数量计算。
　　2.每股指标采用整体法计算。
　　3.财务数据按截至2022年12月31日已上市且发布了2022年年报共4905家上市公司为样本进行统计。

数据来源：中证数据

Source:CSDATA

6-22　续表　continued

年份 Year	每股收益(元) EPS (yuan)		每股净资产(元) BPS (yuan)		每股经营活动现金流量净额(元) Net Cash Flow from Operating Activities Per Share (yuan)	
	货币金融服务类上市公司 Monetary Financial Listed Companies	其他上市公司 Others	货币金融服务类上市公司 Monetary Financial Listed Companies	其他上市公司 Others	货币金融服务类上市公司 Monetary Financial Listed Companies	其他上市公司 Others
2001	0.32	0.13	2.44	2.48	4.89	0.38
2002	0.31	0.13	2.44	2.49	5.85	0.44
2003	0.34	0.19	2.81	2.63	2.50	0.47
2004	0.38	0.23	2.79	2.66	0.91	0.52
2005	0.38	0.20	2.63	2.67	1.27	0.58
2006	0.17	0.28	1.56	2.83	0.95	0.68
2007	0.29	0.52	1.92	3.56	0.93	0.86
2008	0.38	0.30	2.16	3.42	1.66	0.69
2009	0.44	0.39	2.47	3.72	1.12	1.06
2010	0.47	0.51	2.61	4.04	0.77	0.80
2011	0.60	0.48	3.07	4.21	1.22	0.57
2012	0.70	0.39	3.62	4.35	1.75	0.83
2013	0.77	0.42	4.08	4.42	0.80	0.72
2014	0.82	0.41	4.82	4.57	1.63	0.83
2015	0.83	0.35	5.59	4.55	3.75	0.78
2016	0.84	0.66	6.26	4.64	0.30	0.67
2017	1.27	0.45	10.01	4.96	0.91	0.53
2018	0.89	0.39	7.38	4.89	0.52	0.78
2019	0.92	0.40	8.29	5.09	0.37	0.98
2020	0.92	0.41	9.14	5.38	1.94	0.97
2021	1.04	0.50	10.14	5.62	0.72	1.01
2022	1.11	0.49	10.94	6.22	3.54	1.22

6-23 2022年沪深交易所上市公司分行业每股收益

单位：家

行业 Industry	1.00元以上 Above 1.00 yuan	0.80-1.00元 0.80-1.00 yuan	0.50-0.80元 0.50-0.80 yuan
农、林、牧、渔业 Agriculture,Forestry,Animal Husbandry and Fishery	3	1	2
采矿业 Mining	27	3	10
制造业 Manufacturing	670	206	495
电力、热力、燃气及水生产和供应业 Production and Supply of Electricity,Gas and Water	10	3	21
建筑业 Construction	10	8	10
批发和零售业 Wholesale and Retail Trades	36	7	21
交通运输、仓储和邮政业 Transport,Storage and Post	12	5	20
住宿和餐饮业 Hotels and Catering Services	0	0	0
信息传输、软件和信息技术服务业 Information Transmission,Computer Services and Software	38	18	36
金融业 Financial Intermediation	35	10	21
房地产业 Real Estate	10	2	8
租赁和商务服务业 Leasing and Business Services	9	2	1
科学研究和技术服务业 Scientific Research,Technical Service	24	9	14
水利、环境和公共设施管理业 Management of Water Conservancy,Environment and Public Facilities	8	3	12
居民服务、修理和其他服务业 Resident Services,Repairing and Other Services	0	0	0
教育 Education	0	1	1
卫生和社会工作 Health and Social Works	4	1	0
文化、体育和娱乐业 Culture,Sports and Entertainment	5	4	9
综合 Others	1	0	0

注：1.每股指标按境内股本数量计算。
2.每股指标采用整体法计算。
3.财务数据按截至2022年12月31日已上市且发布了2022年年报共4905家上市公司为样本进行统计。
4.上表分组遵循“上组限不在内”的原则，如“0.80-1.00元”包括0.80元，不包括1.00元。

数据来源：中证数据
Source:CSDATA

EPS of Listed Companies of SSE and SZSE by Industry in 2022

(unit)

0.20−0.50元 0.20-0.50 yuan	0.10−0.20元 0.10-0.20 yuan	0.05−0.10元 0.05-0.10 yuan	0.00−0.05元 0.00-0.05 yuan	亏损 Deficit	合计 Total
12	3	4	8	15	48
18	8	3	4	6	79
673	287	141	161	586	3219
39	18	5	11	23	130
17	6	11	11	35	108
36	22	9	14	43	188
32	11	9	4	18	111
2	2	0	0	4	8
74	40	29	34	137	406
27	10	6	5	13	127
17	16	7	12	40	112
14	6	3	6	24	65
26	8	6	2	15	104
21	7	2	3	38	94
0	0	0	0	1	1
3	0	2	0	5	12
2	1	0	1	7	16
5	10	2	8	20	63
6	1	1	0	5	14

6-24　2022年沪深交易所上市公司分辖区每股收益

单位：家

辖区	Jurisdiction	1.00元以上 Above 1.00 yuan	0.80-1.00元 0.80-1.00 yuan	0.50-0.80元 0.50-0.80 yuan
北京	Beijing	80	20	55
天津	Tianjin	13	2	5
河北	Hebei	16	2	8
山西	Shanxi	9	0	6
内蒙古	Inner Mongolia	7	0	4
辽宁	Liaoning	7	3	4
吉林	Jilin	3	1	4
黑龙江	Heilongjiang	4	0	5
上海	Shanghai	80	26	56
江苏	Jiangsu	117	45	99
浙江	Zhejiang	107	38	97
安徽	Anhui	32	6	27
福建	Fujian	10	6	12
江西	Jiangxi	18	5	5
山东	Shandong	37	13	32
河南	Henan	22	8	11
湖北	Hubei	23	11	12
湖南	Hunan	21	8	24
广东	Guangdong	69	20	56
广西	Guangxi	3	0	3
海南	Hainan	1	1	3
重庆	Chongqing	7	5	8
四川	Sichuan	32	9	24
贵州	Guizhou	10	2	3
云南	Yunnan	8	4	4
西藏	Tibet	4	3	0
陕西	Shaanxi	17	3	8
甘肃	Gansu	2	1	2
青海	Qinghai	3	0	0
宁夏	Ningxia	1	1	1
新疆	Xinjiang	6	1	10
深圳	Shenzhen	73	19	52
大连	Dalian	3	1	3
宁波	Ningbo	25	10	19
厦门	Xiamen	13	6	10
青岛	Qingdao	14	3	9
其他	Others	5	0	0

注：1.每股指标按境内股本数量计算。
2.每股指标采用整体法计算。
3.财务数据按截至2022年12月31日已上市且发布了2022年年报共4905家上市公司为样本进行统计。
4.所属辖区按上市公司注册地划分，注册地在境外的上市公司标记为其他，以注册地(其他)为口径统计IPO家数，以沪深交易所股东大会公告为准。
5.上表分组遵循“上组限不在内”的原则，如“0.80-1.00元”包括0.80元，不包括1.00元。

数据来源：中证数据
Source:CSDATA

EPS of Listed Companies of SSE and SZSE by Jurisdiction in 2022

(unit)

0.20–0.50元 0.20-0.50 yuan	0.10–0.20元 0.10-0.20 yuan	0.05–0.10元 0.05-0.10 yuan	0.00–0.05元 0.00-0.05 yuan	亏损 Deficit	合计 Total
79	36	15	33	122	440
17	8	5	5	12	67
15	9	3	5	11	69
3	4	3	5	8	38
7	3	2	0	2	25
8	6	2	4	20	54
9	2	6	3	19	47
8	4	4	4	10	39
66	47	24	27	86	412
140	52	24	25	105	607
123	39	29	18	80	531
36	15	5	5	28	154
21	9	12	7	27	104
19	3	7	6	13	76
49	22	8	13	43	217
23	9	4	8	13	98
31	9	8	8	29	131
26	11	5	7	32	134
88	39	17	23	101	413
6	3	4	7	13	39
4	3	2	3	11	28
16	10	2	4	14	66
31	19	9	10	26	160
6	1	3	4	6	35
7	1	1	3	12	40
7	4	0	0	4	22
13	9	3	3	16	72
9	5	1	7	8	35
2	1	1	0	4	11
3	2	0	2	4	14
9	6	2	4	21	59
79	32	21	23	96	395
5	3	2	2	10	29
33	13	2	4	6	112
13	9	2	1	10	64
13	7	2	1	11	60
0	1	0	0	2	8

6-25 2022年沪深交易所上市公司分行业每股净资产

单位：家

行业 Industry	5.00元以上 Above 5.00 yuan	3.00-5.00元 3.00-5.00 yuan	2.00-3.00元 2.00-3.00 yuan
农、林、牧、渔业 Agriculture,Forestry,Animal Husbandry and Fishery	12	12	9
采矿业 Mining	43	18	9
制造业 Manufacturing	1834	732	328
电力、热力、燃气及水生产和供应业 Production and Supply of Electricity,Gas and Water	58	45	15
建筑业 Construction	46	26	8
批发和零售业 Wholesale and Retail Trades	95	42	23
交通运输、仓储和邮政业 Transport,Storage and Post	56	39	5
住宿和餐饮业 Hotels and Catering Services	4	1	1
信息传输、软件和信息技术服务业 Information Transmission,Computer Services and Software	213	79	42
金融业 Financial Intermediation	94	21	3
房地产业 Real Estate	46	27	14
租赁和商务服务业 Leasing and Business Services	23	15	10
科学研究和技术服务业 Scientific Research,Technical Service	70	22	6
水利、环境和公共设施管理业 Management of Water Conservancy,Environment and Public Facilities	53	17	9
居民服务、修理和其他服务业 Resident Services,Repairing and Other Services	0	0	0
教育 Education	1	5	2
卫生和社会工作 Health and Social Works	7	1	1
文化、体育和娱乐业 Culture,Sports and Entertainment	23	16	9
综合 Others	3	5	2

注：1.每股指标按境内股本数量计算。
2.每股指标采用整体法计算。
3.财务数据按截至2022年12月31日已上市且发布了2022年年报共4905家上市公司为样本进行统计。
4.上表分组遵循“上组限不在内”的原则，如“0.50-1.00元”包括0.50元，不包括1.00元。

数据来源：中证数据
Source:CSDATA

BPS of Listed Companies of SSE and SZSE by Industry in 2022

(unit)

1.00−2.00元 1.00-2.00 yuan	0.50−1.00元 0.50-1.00 yuan	0.00−0.50元 0.00-0.50 yuan	小于0.00元 Below 0.00 yuan	合计 Total
8	1	4	2	48
3	2	4	0	79
205	51	53	16	3219
4	3	3	2	130
12	6	5	5	108
11	7	8	2	188
6	2	2	1	111
1	1	0	0	8
37	15	15	5	406
4	1	2	2	127
10	6	4	5	112
8	2	6	1	65
2	1	2	1	104
12	2	1	0	94
0	1	0	0	1
1	1	2	0	12
3	2	1	1	16
9	2	3	1	63
1	0	3	0	14

6-26　2022年沪深交易所上市公司分辖区每股净资产

单位：家

辖区	Jurisdiction	5.00元以上 Above 5.00 yuan	3.00-5.00元 3.00-5.00 yuan	2.00-3.00元 2.00-3.00 yuan
北京	Beijing	248	95	47
天津	Tianjin	39	7	11
河北	Hebei	35	19	8
山西	Shanxi	17	8	8
内蒙古	Inner Mongolia	11	10	3
辽宁	Liaoning	22	17	5
吉林	Jilin	16	15	6
黑龙江	Heilongjiang	17	9	5
上海	Shanghai	249	79	42
江苏	Jiangsu	366	122	55
浙江	Zhejiang	313	126	48
安徽	Anhui	94	38	12
福建	Fujian	43	31	12
江西	Jiangxi	38	16	13
山东	Shandong	129	47	13
河南	Henan	55	19	15
湖北	Hubei	78	24	7
湖南	Hunan	67	26	11
广东	Guangdong	214	96	46
广西	Guangxi	12	11	6
海南	Hainan	6	5	3
重庆	Chongqing	32	19	10
四川	Sichuan	84	39	20
贵州	Guizhou	19	9	3
云南	Yunnan	21	7	3
西藏	Tibet	10	6	4
陕西	Shaanxi	36	19	9
甘肃	Gansu	9	8	11
青海	Qinghai	3	2	3
宁夏	Ningxia	4	5	2
新疆	Xinjiang	23	14	8
深圳	Shenzhen	209	106	28
大连	Dalian	11	7	3
宁波	Ningbo	69	30	8
厦门	Xiamen	38	16	5
青岛	Qingdao	38	14	3
其他	Others	6	2	0

注：1.每股指标按境内股本数量计算。
2.每股指标采用整体法计算。
3.财务数据按截至2022年12月31日已上市且发布了2022年年报共4905家上市公司为样本进行统计。
4.所属辖区按上市公司注册地划分，注册地在境外的上市公司标记为其他，以注册地(其他)为口径统计IPO家数，以沪深交易所股东大会公告为准。
5.上表分组遵循“上组限不在内”的原则，如“0.50-1.00元”包括0.50元，不包括1.00元。

数据来源：中证数据
Source:CSDATA

BPS of Listed Companies of SSE and SZSE by Jurisdiction in 2022

(unit)

1.00-2.00元 1.00-2.00 yuan	0.50-1.00元 0.50-1.00 yuan	0.00-0.50元 0.00-0.50 yuan	小于0.00元 Below 0.00 yuan	合计 Total
30	3	9	8	440
7	2	1	0	67
3	1	3	0	69
3	2	0	0	38
1	0	0	0	25
5	2	0	3	54
3	4	3	0	47
6	1	0	1	39
25	7	9	1	412
41	14	7	2	607
26	7	7	4	531
4	3	3	0	154
11	5	1	1	104
3	2	2	2	76
15	3	8	2	217
3	3	2	1	98
8	4	8	2	131
15	7	6	2	134
38	6	7	6	413
5	1	3	1	39
9	2	2	1	28
3	2	0	0	66
7	4	4	2	160
1	0	2	1	35
6	1	2	0	40
1	0	0	1	22
4	2	1	1	72
2	2	3	0	35
1	0	1	1	11
0	2	1	0	14
8	1	5	0	59
27	7	17	1	395
6	1	1	0	29
5	0	0	0	112
2	3	0	0	64
3	2	0	0	60
0	0	0	0	8

6-27 2022年沪深交易所上市公司分行业平均净资产收益率

单位：家

行业 Industry	100%以上 Above 100%	60%-100%	40%-60%
农、林、牧、渔业 Agriculture,Forestry,Animal Husbandry and Fishery	2	0	0
采矿业 Mining	1	1	2
制造业 Manufacturing	10	18	24
电力、热力、燃气及水生产和供应业 Production and Supply of Electricity,Gas and Water	2	0	0
建筑业 Construction	3	0	0
批发和零售业 Wholesale and Retail Trades	3	0	2
交通运输、仓储和邮政业 Transport,Storage and Post	1	1	0
住宿和餐饮业 Hotels and Catering Services	0	0	0
信息传输、软件和信息技术服务业 Information Transmission,Computer Services and Software	4	0	0
金融业 Financial Intermediation	0	1	0
房地产业 Real Estate	1	0	0
租赁和商务服务业 Leasing and Business Services	1	2	1
科学研究和技术服务业 Scientific Research,Technical Service	1	0	0
水利、环境和公共设施管理业 Management of Water Conservancy,Environment and Public Facilities	1	0	0
居民服务、修理和其他服务业 Resident Services,Repairing and Other Services	0	0	0
教育 Education	0	1	1
卫生和社会工作 Health and Social Works	0	1	0
文化、体育和娱乐业 Culture,Sports and Entertainment	1	0	0
综合 Others	0	0	0

注：1.每股指标按境内股本数量计算。
2.每股指标采用整体法计算。
3.财务数据按截至2022年12月31日已上市且发布了2022年年报共4905家上市公司为样本进行统计。
4.上表分组遵循“上组限不在内”的原则，如“0%-5%”包括0%，不包括5%。

数据来源：中证数据
Source:CSDATA

ROE of Listed Companies of SSE and SZSE by Industry in 2022

(unit)

30%-40%	20%-30%	10%-20%	5%-10%	0%-5%	小于0% Below 0%	合计 Total
0	2	8	7	16	13	48
5	17	19	16	12	6	79
44	177	818	876	676	576	3219
1	0	35	36	35	21	130
1	0	23	23	26	32	108
0	5	49	40	48	41	188
0	4	24	30	34	17	111
0	0	0	0	4	4	8
1	8	59	81	119	134	406
0	2	35	47	30	12	127
0	3	10	20	39	39	112
1	2	12	9	15	22	65
0	2	26	43	18	14	104
0	0	16	20	19	38	94
0	0	0	0	0	1	1
0	0	4	0	1	5	12
2	1	3	1	2	6	16
0	1	11	16	15	19	63
0	0	4	3	2	5	14

6-28 2022年沪深交易所上市公司分辖区平均净资产收益率

单位：家

辖区	Jurisdiction	100%以上 Above 100%	60%-100%	40%-60%
北京	Beijing	6	1	2
天津	Tianjin	1	1	0
河北	Hebei	0	0	0
山西	Shanxi	0	0	2
内蒙古	Inner Mongolia	0	0	0
辽宁	Liaoning	3	0	0
吉林	Jilin	2	0	0
黑龙江	Heilongjiang	0	0	0
上海	Shanghai	0	3	1
江苏	Jiangsu	2	3	3
浙江	Zhejiang	1	4	0
安徽	Anhui	0	0	0
福建	Fujian	1	0	0
江西	Jiangxi	2	2	0
山东	Shandong	2	0	2
河南	Henan	1	0	1
湖北	Hubei	1	3	0
湖南	Hunan	0	0	1
广东	Guangdong	5	2	4
广西	Guangxi	0	0	0
海南	Hainan	1	1	0
重庆	Chongqing	0	1	1
四川	Sichuan	1	2	2
贵州	Guizhou	0	0	0
云南	Yunnan	0	0	1
西藏	Tibet	0	0	0
陕西	Shaanxi	0	0	0
甘肃	Gansu	0	0	0
青海	Qinghai	1	1	1
宁夏	Ningxia	0	0	0
新疆	Xinjiang	0	1	2
深圳	Shenzhen	1	0	3
大连	Dalian	0	0	0
宁波	Ningbo	0	0	3
厦门	Xiamen	0	0	0
青岛	Qingdao	0	0	1
其他	Others	0	0	0

注：1.每股指标按境内股本数量计算。
2.每股指标采用整体法计算。
3.财务数据按截至2022年12月31日已上市且发布了2022年年报共4905家上市公司为样本进行统计。
4.上表分组遵循“上组限不在内”的原则，如“0%-5%”包括0%，不包括5%。
5.所属辖区按上市公司注册地划分，注册地在境外的上市公司标记为其他，以注册地(其他)为口径统计IPO家数，以沪深交易所股东大会公告为准。

数据来源：中证数据
Source:CSDATA

ROE of Listed Companies of SSE and SZSE by Jurisdiction in 2022

(unit)

30%-40%	20%-30%	10%-20%	5%-10%	0%-5%	小于0% Below 0%	合计 Total
1	13	88	116	97	116	440
0	3	11	16	23	12	67
4	6	12	16	20	11	69
2	3	9	2	12	8	38
1	3	9	5	5	2	25
0	1	9	10	14	17	54
0	1	2	13	12	17	47
0	2	8	5	14	10	39
3	18	86	101	115	85	412
5	28	156	173	133	104	607
5	27	163	157	94	80	531
0	11	46	40	29	28	154
1	4	19	29	24	26	104
1	2	22	16	20	11	76
1	15	52	55	49	41	217
1	7	24	30	22	12	98
1	4	26	31	37	28	131
1	8	38	28	26	32	134
4	17	84	114	88	95	413
1	1	6	6	13	12	39
0	0	5	4	7	10	28
1	0	15	18	16	14	66
4	10	44	34	38	25	160
2	2	11	5	9	6	35
0	5	8	11	3	12	40
2	0	5	7	4	4	22
3	3	15	23	12	16	72
0	1	2	12	12	8	35
0	1	1	1	1	4	11
0	0	2	3	5	4	14
2	2	8	14	9	21	59
4	13	90	99	90	95	395
1	0	2	8	8	10	29
1	9	31	36	26	6	112
2	2	24	13	13	10	64
0	1	21	15	11	11	60
0	1	3	2	0	2	8

6-29 2022年沪深交易所上市公司分行业每股经营活动产生的现金流量净额

单位：家

行业 Industry	3.00元以上 Above 3.00 yuan	2.50-3.00元 2.50-3.00 yuan	2.00-2.50元 2.00-2.50 yuan
农、林、牧、渔业 Agriculture,Forestry,Animal Husbandry and Fishery	2	0	0
采矿业 Mining	18	1	5
制造业 Manufacturing	163	45	98
电力、热力、燃气及水生产和供应业 Production and Supply of Electricity,Gas and Water	9	4	6
建筑业 Construction	3	2	4
批发和零售业 Wholesale and Retail Trades	17	0	10
交通运输、仓储和邮政业 Transport,Storage and Post	6	3	3
住宿和餐饮业 Hotels and Catering Services	0	0	1
信息传输、软件和信息技术服务业 Information Transmission,Computer Services and Software	10	3	3
金融业 Financial Intermediation	44	4	3
房地产业 Real Estate	10	1	1
租赁和商务服务业 Leasing and Business Services	1	4	1
科学研究和技术服务业 Scientific Research,Technical Service	1	1	3
水利、环境和公共设施管理业 Management of Water Conservancy,Environment and Public Facilities	1	1	2
居民服务、修理和其他服务业 Resident Services,Repairing and Other Services	0	0	0
教育 Education	0	0	0
卫生和社会工作 Health and Social Works	1	1	2
文化、体育和娱乐业 Culture,Sports and Entertainment	1	1	0
综合 Others	0	0	0

注：1.每股指标按境内股本数量计算。
2.每股指标采用整体法计算。
3.财务数据按截至2022年12月31日已上市且发布了2022年年报共4905家上市公司为样本进行统计。
4.上表分组遵循“上组限不在内”的原则，如“0.50-1.00元”包括0.50元，不包括1.00元。

数据来源：中证数据
Source:CSDATA

Net Cash Flow from Operating Activities Per Share of Listed Companies of SSE and SZSE by Industry in 2022

(unit)

1.50-2.00元 1.50-2.00 yuan	1.00-1.50元 1.00-1.50 yuan	0.50-1.00元 0.50-1.00 yuan	0.00-0.50元 0.00-0.50 yuan	小于0.00元 below 0.00 yuan	合计 Total
2	3	13	19	9	48
5	12	19	14	5	79
176	314	646	1107	670	3219
9	16	42	38	6	130
5	7	14	37	36	108
5	15	31	58	52	188
6	18	28	37	10	111
0	2	1	1	3	8
11	14	44	173	148	406
12	3	8	24	29	127
9	6	17	30	38	112
2	4	11	24	18	65
8	8	19	43	21	104
2	6	15	41	26	94
0	0	0	0	1	1
1	1	2	4	4	12
0	1	2	8	1	16
3	7	15	24	12	63
0	2	3	6	3	14

6-30　2022年沪深交易所上市公司分辖区每股经营活动产生的现金流量净额

单位：家

辖区	Jurisdiction	3.00元以上 Above 3.00 yuan	2.50-3.00元 2.50-3.00 yuan	2.00-2.50元 2.00-2.50 yuan	1.50-2.00元 1.50-2.00 yuan
北京	Beijing	33	5	14	19
天津	Tianjin	5	0	1	7
河北	Hebei	4	1	2	4
山西	Shanxi	8	0	0	1
内蒙古	Inner Mongolia	3	0	1	1
辽宁	Liaoning	2	0	1	2
吉林	Jilin	2	1	0	0
黑龙江	Heilongjiang	3	0	0	0
上海	Shanghai	28	9	9	19
江苏	Jiangsu	25	5	15	37
浙江	Zhejiang	22	12	20	37
安徽	Anhui	8	0	7	7
福建	Fujian	3	2	3	1
江西	Jiangxi	6	2	1	4
山东	Shandong	11	1	8	9
河南	Henan	7	2	5	3
湖北	Hubei	4	3	5	5
湖南	Hunan	12	1	2	9
广东	Guangdong	21	8	10	23
广西	Guangxi	0	1	0	3
海南	Hainan	0	0	0	0
重庆	Chongqing	5	0	1	4
四川	Sichuan	8	3	5	8
贵州	Guizhou	2	1	0	2
云南	Yunnan	6	0	1	4
西藏	Tibet	2	0	0	1
陕西	Shaanxi	5	0	1	5
甘肃	Gansu	1	0	1	1
青海	Qinghai	3	0	0	0
宁夏	Ningxia	1	0	0	0
新疆	Xinjiang	5	0	1	2
深圳	Shenzhen	22	8	15	22
大连	Dalian	2	0	3	1
宁波	Ningbo	6	2	3	4
厦门	Xiamen	6	3	2	7
青岛	Qingdao	2	1	4	3
其他	Others	4	0	1	0

注：1.每股指标按境内股本数量计算。
2.每股指标采用整体法计算。
3.财务数据按截至2022年12月31日已上市且发布了2022年年报共4905家上市公司为样本进行统计。
4.上表分组遵循“上组限不在内”的原则，如“0.50-1.00元”包括0.50元，不包括1.00元。
5.所属辖区按上市公司注册地划分，注册地在境外的上市公司标记为其他，以注册地(其他)为口径统计IPO家数，以沪深交易所股东大会公告为准。

数据来源：中证数据
Source:CSDATA

Net Cash Flow from Operating Activities Per Share of Listed Companies of SSE and SZSE by Jurisdiction in 2022

(unit)

1.00−1.50元 1.00-1.50 yuan	0.50−1.00元 0.50-1.00 yuan	0.00−0.50元 0.00-0.50 yuan	小于0.00元 below 0.00 yuan	合计 Total
36	69	139	125	440
5	15	19	15	67
8	13	29	8	69
4	8	12	5	38
2	7	9	2	25
3	8	24	14	54
3	3	28	10	47
1	10	16	9	39
30	70	143	104	412
65	108	200	152	607
49	121	171	99	531
16	34	50	32	154
8	27	38	22	104
8	13	28	14	76
24	43	76	45	217
11	19	30	21	98
15	24	42	33	131
12	20	49	29	134
33	76	164	78	413
3	8	15	9	39
2	5	8	13	28
10	15	25	6	66
16	29	61	30	160
1	7	15	7	35
1	8	9	11	40
2	5	6	6	22
4	14	26	17	72
2	6	20	4	35
0	0	4	4	11
1	3	6	3	14
6	11	26	8	59
36	68	125	99	395
1	8	7	7	29
14	29	33	21	112
5	11	20	10	64
3	15	14	18	60
0	0	1	2	8

6-31 北交所上市公司数量
Number of Listed Companies in BSE

单位：家

年份 Year	北交所 BSE
1991	--
1992	--
1993	--
1994	--
1995	--
1996	--
1997	--
1998	--
1999	--
2000	--
2001	--
2002	--
2003	--
2004	--
2005	--
2006	--
2007	--
2008	--
2009	--
2010	--
2011	--
2012	--
2013	--
2014	--
2015	--
2016	--
2017	--
2018	--
2019	--
2020	--
2021	82
2022	162

注：上市公司数量按上市日口径统计。
数据来源：北京证券交易所
Source:BSE

6-32　分行业北交所上市公司数量
Number of Listed Companies by Industry in BSE

单位：家　　(unit)

行业 Industry	北交所 BSE	
	2021	2022
农、林、牧、渔 Agriculture,Forestry,Animal Husbandry and Fishery	0	1
采矿业 Mining	0	0
制造业 Manufacturing	58	130
电力、热力、燃气及水生产和供应业 Production and Supply of Electricity,Gas and Water	1	1
建筑业 Construction	0	0
批发和零售业 Wholesale and Retail Trades	1	1
交通运输、仓储和邮政业 Transport,Storage and Post	0	2
住宿和餐饮业 Hotels and Catering Services	0	0
信息传输、软件和信息技术服务业 Information Transmission,Computer Services and Software	13	17
金融业 Financial Intermediation	0	0
房地产业 Real Estate	0	0
租赁和商务服务业 Leasing and Business Services	1	1
科学研究和技术服务业 Scientific Research,Technical Service	5	6
水利、环境和公共设施管理业 Management of Water Conservancy,Environment and Public Facilities	3	3
居民服务、修理和其他服务业 Resident Services,Repairing and Other Services	0	0
教育 Education	0	0
卫生和社会工作 Health and Social Works	0	0
文化、体育和娱乐业 Culture,Sports and Entertainment	0	0
综合 Others	0	0

注：上市公司数量按上市日口径统计。
数据来源：北京证券交易所
Source:BSE

6-33 分辖区北交所上市公司数量
Number of Listed Companies by Jurisdiction in BSE

单位：家 (unit)

辖区	Jurisdiction	北交所 BSE 2021	北交所 BSE 2022
北京	Beijing	11	15
天津	Tianjin	0	2
河北	Hebei	3	5
山西	Shanxi	1	2
内蒙古	Inner Mongolia	1	1
辽宁	Liaoning	0	1
吉林	Jilin	2	2
黑龙江	Heilongjiang	0	0
上海	Shanghai	3	7
江苏	Jiangsu	13	27
浙江	Zhejiang	2	12
安徽	Anhui	5	7
福建	Fujian	1	2
江西	Jiangxi	1	1
山东	Shandong	5	9
河南	Henan	3	9
湖北	Hubei	3	5
湖南	Hunan	2	4
广东	Guangdong	7	14
广西	Guangxi	1	1
海南	Hainan	0	0
重庆	Chongqing	2	4
四川	Sichuan	4	8
贵州	Guizhou	0	0
云南	Yunnan	1	2
西藏	Tibet	0	0
陕西	Shaanxi	2	3
甘肃	Gansu	0	0
青海	Qinghai	0	0
宁夏	Ningxia	1	1
新疆	Xinjiang	0	0
深圳	Shenzhen	3	9
大连	Dalian	2	2
宁波	Ningbo	1	2
厦门	Xiamen	0	0
青岛	Qingdao	2	5
其他	Others	0	0

注：1.上市公司数量按上市日口径统计。
2.所属辖区按上市公司注册地划分，注册地在境外的上市公司标记为其他，以注册地(其他)为口径统计IPO家数，以北交所股东大会公告为准。

数据来源：北京证券交易所

Source:BSE

6-34　2022年分辖区北交所上市公司数量按行业分布

Number of Listed Companies of BSE by Jurisdiction and by Industry in 2022

单位：家　　　　(unit)

辖区	Jurisdiction	农、林、牧、渔 Agriculture, Forestry, Animal Husbandry and Fishery	采矿业 Mining	制造业 Manufacturing	电力、热力、燃气及水生产和供应业 Production and Supply of Electricity, Gas and Water	建筑业 Construction
北京	Beijing	0	0	8	0	0
天津	Tianjin	0	0	1	0	0
河北	Hebei	0	0	4	0	0
山西	Shanxi	0	0	1	0	0
内蒙古	Inner Mongolia	0	0	1	0	0
辽宁	Liaoning	0	0	1	0	0
吉林	Jilin	0	0	2	0	0
黑龙江	Heilongjiang	0	0	0	0	0
上海	Shanghai	0	0	6	0	0
江苏	Jiangsu	0	0	25	0	0
浙江	Zhejiang	0	0	10	0	0
安徽	Anhui	0	0	7	0	0
福建	Fujian	0	0	1	0	0
江西	Jiangxi	0	0	0	0	0
山东	Shandong	0	0	7	0	0
河南	Henan	1	0	6	0	0
湖北	Hubei	0	0	5	0	0
湖南	Hunan	0	0	2	0	0
广东	Guangdong	0	0	12	0	0
广西	Guangxi	0	0	1	0	0
海南	Hainan	0	0	0	0	0
重庆	Chongqing	0	0	2	0	0
四川	Sichuan	0	0	8	0	0
贵州	Guizhou	0	0	0	0	0
云南	Yunnan	0	0	2	0	0
西藏	Tibet	0	0	0	0	0
陕西	Shaanxi	0	0	2	0	0
甘肃	Gansu	0	0	0	0	0
青海	Qinghai	0	0	0	0	0
宁夏	Ningxia	0	0	0	1	0
新疆	Xinjiang	0	0	0	0	0
深圳	Shenzhen	0	0	8	0	0
大连	Dalian	0	0	2	0	0
宁波	Ningbo	0	0	2	0	0
厦门	Xiamen	0	0	0	0	0
青岛	Qingdao	0	0	4	0	0
其他	Others	0	0	0	0	0

注：1.上市公司数量按上市日口径统计。

2.所属辖区按上市公司注册地划分，注册地在境外的上市公司标记为其他，以注册地(其他)为口径统计IPO家数，以北交所股东大会公告为准。

数据来源：北京证券交易所

Source:BSE

6-34 续表 1 continued

单位：家 (unit)

辖区	Jurisdiction	批发和零售业 Wholesale and Retail Trades	交通运输、仓储和邮政业 Transport, Storage and Post	住宿和餐饮业 Hotels and Catering Services	信息传输、软件和信息技术服务业 Information Transmission, Computer Services and Software	金融业 Financial Intermediation
北京	Beijing	0	0	0	4	0
天津	Tianjin	0	0	0	0	0
河北	Hebei	0	0	0	1	0
山西	Shanxi	0	0	0	1	0
内蒙古	Inner Mongolia	0	0	0	0	0
辽宁	Liaoning	0	0	0	0	0
吉林	Jilin	0	0	0	0	0
黑龙江	Heilongjiang	0	0	0	0	0
上海	Shanghai	0	0	0	1	0
江苏	Jiangsu	0	0	0	2	0
浙江	Zhejiang	0	0	0	2	0
安徽	Anhui	0	0	0	0	0
福建	Fujian	0	1	0	0	0
江西	Jiangxi	0	0	0	0	0
山东	Shandong	0	0	0	2	0
河南	Henan	0	0	0	2	0
湖北	Hubei	0	0	0	0	0
湖南	Hunan	1	1	0	0	0
广东	Guangdong	0	0	0	0	0
广西	Guangxi	0	0	0	0	0
海南	Hainan	0	0	0	0	0
重庆	Chongqing	0	0	0	0	0
四川	Sichuan	0	0	0	0	0
贵州	Guizhou	0	0	0	0	0
云南	Yunnan	0	0	0	0	0
西藏	Tibet	0	0	0	0	0
陕西	Shaanxi	0	0	0	1	0
甘肃	Gansu	0	0	0	0	0
青海	Qinghai	0	0	0	0	0
宁夏	Ningxia	0	0	0	0	0
新疆	Xinjiang	0	0	0	0	0
深圳	Shenzhen	0	0	0	1	0
大连	Dalian	0	0	0	0	0
宁波	Ningbo	0	0	0	0	0
厦门	Xiamen	0	0	0	0	0
青岛	Qingdao	0	0	0	0	0
其他	Others	0	0	0	0	0

6-34　续表 2　continued

单位：家　(unit)

辖区	Jurisdiction	房地产业 Real Estate	租赁和商务服务业 Leasing and Business Services	科学研究和技术服务业 Scientific Research, Technical Service	水利、环境和公共设施管理业 Management of Water Conservancy, Environment and Public Facilities
北京	Beijing	0	0	1	2
天津	Tianjin	0	0	1	0
河北	Hebei	0	0	0	0
山西	Shanxi	0	0	0	0
内蒙古	Inner Mongolia	0	0	0	0
辽宁	Liaoning	0	0	0	0
吉林	Jilin	0	0	0	0
黑龙江	Heilongjiang	0	0	0	0
上海	Shanghai	0	0	0	0
江苏	Jiangsu	0	0	0	0
浙江	Zhejiang	0	0	0	0
安徽	Anhui	0	0	0	0
福建	Fujian	0	0	0	0
江西	Jiangxi	0	0	1	0
山东	Shandong	0	0	0	0
河南	Henan	0	0	0	0
湖北	Hubei	0	0	0	0
湖南	Hunan	0	0	0	0
广东	Guangdong	0	0	2	0
广西	Guangxi	0	0	0	0
海南	Hainan	0	0	0	0
重庆	Chongqing	0	0	1	1
四川	Sichuan	0	0	0	0
贵州	Guizhou	0	0	0	0
云南	Yunnan	0	0	0	0
西藏	Tibet	0	0	0	0
陕西	Shaanxi	0	0	0	0
甘肃	Gansu	0	0	0	0
青海	Qinghai	0	0	0	0
宁夏	Ningxia	0	0	0	0
新疆	Xinjiang	0	0	0	0
深圳	Shenzhen	0	0	0	0
大连	Dalian	0	0	0	0
宁波	Ningbo	0	0	0	0
厦门	Xiamen	0	0	0	0
青岛	Qingdao	0	1	0	0
其他	Others	0	0	0	0

6-34 续表 3 continued

单位：家 (unit)

辖区	Jurisdiction	居民服务、修理和其他服务业 Resident Services, Repairing and Other Services	教育 Education	卫生和社会工作 Health and Social Works	文化、体育和娱乐业 Culture, Sports and Entertainment	综合 Others
北京	Beijing	0	0	0	0	0
天津	Tianjin	0	0	0	0	0
河北	Hebei	0	0	0	0	0
山西	Shanxi	0	0	0	0	0
内蒙古	Inner Mongolia	0	0	0	0	0
辽宁	Liaoning	0	0	0	0	0
吉林	Jilin	0	0	0	0	0
黑龙江	Heilongjiang	0	0	0	0	0
上海	Shanghai	0	0	0	0	0
江苏	Jiangsu	0	0	0	0	0
浙江	Zhejiang	0	0	0	0	0
安徽	Anhui	0	0	0	0	0
福建	Fujian	0	0	0	0	0
江西	Jiangxi	0	0	0	0	0
山东	Shandong	0	0	0	0	0
河南	Henan	0	0	0	0	0
湖北	Hubei	0	0	0	0	0
湖南	Hunan	0	0	0	0	0
广东	Guangdong	0	0	0	0	0
广西	Guangxi	0	0	0	0	0
海南	Hainan	0	0	0	0	0
重庆	Chongqing	0	0	0	0	0
四川	Sichuan	0	0	0	0	0
贵州	Guizhou	0	0	0	0	0
云南	Yunnan	0	0	0	0	0
西藏	Tibet	0	0	0	0	0
陕西	Shaanxi	0	0	0	0	0
甘肃	Gansu	0	0	0	0	0
青海	Qinghai	0	0	0	0	0
宁夏	Ningxia	0	0	0	0	0
新疆	Xinjiang	0	0	0	0	0
深圳	Shenzhen	0	0	0	0	0
大连	Dalian	0	0	0	0	0
宁波	Ningbo	0	0	0	0	0
厦门	Xiamen	0	0	0	0	0
青岛	Qingdao	0	0	0	0	0
其他	Others	0	0	0	0	0

6-35　按股本规模划分北交所上市公司数量
Number of Listed Companies by Equity Scale in BSE

单位：家

年份 Year	1亿股以下 Below 100 million shares	1亿-2亿股 100 million-200 million shares	2亿-3亿股 200 million-300 million shares
2001	--	--	--
2002	--	--	--
2003	--	--	--
2004	--	--	--
2005	--	--	--
2006	--	--	--
2007	--	--	--
2008	--	--	--
2009	--	--	--
2010	--	--	--
2011	--	--	--
2012	--	--	--
2013	--	--	--
2014	--	--	--
2015	--	--	--
2016	--	--	--
2017	--	--	--
2018	--	--	--
2019	--	--	--
2020	--	--	--
2021	34	34	7
2022	83	59	10

注：1.上市公司数量按上市日口径统计。

2.上表分组遵循“上组限不在内”的原则，如“1亿-2亿股”包括1亿股，不包括2亿股。

数据来源：北京证券交易所

Source:BSE

6-35　续表　continued

单位：家

年份 Year	1亿股以下 Below 100 million shares	3亿-5亿股 300 million-500 million shares	5亿-10亿股 500 million-1000 million shares	10亿股及以上 Above 1000 million shares
2001	--	--	--	--
2002	--	--	--	--
2003	--	--	--	--
2004	--	--	--	--
2005	--	--	--	--
2006	--	--	--	--
2007	--	--	--	--
2008	--	--	--	--
2009	--	--	--	--
2010	--	--	--	--
2011	--	--	--	--
2012	--	--	--	--
2013	--	--	--	--
2014	--	--	--	--
2015	--	--	--	--
2016	--	--	--	--
2017	--	--	--	--
2018	--	--	--	--
2019	--	--	--	--
2020	--	--	--	--
2021	34	6	0	1
2022	83	7	2	1

6-36　按市值规模划分北交所上市公司数量
Number of Listed Companies by Market Capitalization in BSE

单位：家

年份 Year	1亿元以下 Below 100 million yuan	1亿-5亿元 100 million-500 million yuan	5亿-10亿元 500 million-1000 million yuan	1亿元以下 Below 100 million yuan
2001	--	--	--	--
2002	--	--	--	--
2003	--	--	--	--
2004	--	--	--	--
2005	--	--	--	--
2006	--	--	--	--
2007	--	--	--	--
2008	--	--	--	--
2009	--	--	--	--
2010	--	--	--	--
2011	--	--	--	--
2012	--	--	--	--
2013	--	--	--	--
2014	--	--	--	--
2015	--	--	--	--
2016	--	--	--	--
2017	--	--	--	--
2018	--	--	--	--
2019	--	--	--	--
2020	--	--	--	--
2021	0	0	14	0
2022	0	32	84	0

注：1.暂停上市的上市公司市值记为0。
2.上市公司数量按上市日口径统计。
3.上表分组遵循“上组限不在内”的原则，如“10亿-20亿元”包括10亿元，不包括20亿元。

数据来源：北京证券交易所

Source:BSE

6-36　续表　continued

单位：家

年份 Year	10亿-20亿元 1000 million-2000 million yuan	20亿-30亿元 2000 million-3000 million yuan	30亿-50亿元 3000 million-5000 million yuan	50亿元及以上 Above 5000 million yuan
2001	--	--	--	--
2002	--	--	--	--
2003	--	--	--	--
2004	--	--	--	--
2005	--	--	--	--
2006	--	--	--	--
2007	--	--	--	--
2008	--	--	--	--
2009	--	--	--	--
2010	--	--	--	--
2011	--	--	--	--
2012	--	--	--	--
2013	--	--	--	--
2014	--	--	--	--
2015	--	--	--	--
2016	--	--	--	--
2017	--	--	--	--
2018	--	--	--	--
2019	--	--	--	--
2020	--	--	--	--
2021	42	13	5	8
2022	30	7	5	4

6-37　2022年北交所上市公司分行业规模
Industry Scale of Listed Companies of BSE in 2022

行业 Industry	上市公司股本(亿股) Share Capital of Listed Companies (100 million shares)	其中：流通股本(亿股) Thereinto: Negotiable Shares (100 million shares)	上市公司市值(亿元) Market Capitalization of Listed Companies (100 million yuan)	其中：流通市值(亿元) Negotiable Market Capitalization (100 million yuan)
农、林、牧、渔 Agriculture,Forestry,Animal Husbandry and Fishery	1.65	0.65	9.27	3.62
采矿业 Mining	0.00	0.00	0.00	0.00
制造业 Manufacturing	169.22	86.82	1871.73	1029.92
电力、热力、燃气及水生产和供应业 Production and Supply of Electricity,Gas and Water	2.35	1.61	8.86	6.09
建筑业 Construction	0.00	0.00	0.00	0.00
批发和零售业 Wholesale and Retail Trades	1.79	0.71	5.58	2.23
交通运输、仓储和邮政业 Transport,Storage and Post	6.47	2.24	28.60	9.99
住宿和餐饮业 Hotels and Catering Services	0.00	0.00	0.00	0.00
信息传输、软件和信息技术服务业 Information Transmission,Computer Services and Software	19.44	11.06	118.96	61.55
金融业 Financial Intermediation	0.00	0.00	0.00	0.00
房地产业 Real Estate	0.00	0.00	0.00	0.00
租赁和商务服务业 Leasing and Business Services	0.62	0.33	5.31	2.84
科学研究和技术服务业 Scientific Research,Technical Service	6.83	3.59	42.53	17.50
水利、环境和公共设施管理业 Management of Water Conservancy,Environment and Public Facilities	5.17	3.98	19.44	14.32
居民服务、修理和其他服务业 Resident Services,Repairing and Other Services	0.00	0.00	0.00	0.00
教育 Education	0.00	0.00	0.00	0.00
卫生和社会工作 Health and Social Works	0.00	0.00	0.00	0.00
文化、体育和娱乐业 Culture,Sports and Entertainment	0.00	0.00	0.00	0.00
综合 Others	0.00	0.00	0.00	0.00

数据来源：北京证券交易所
Source:BSE

6-38　北交所上市公司主要财务指标
Financial Indicators of Listed Companies in BSE

年份 Year	资产规模 Asset Size		经营情况 Business Circumstance			
	总资产 (亿元) Total Asset (100 million yuan)	归属母公司股东净资产 (亿元) Net Asset Attributable to Parent Company Shareholders (100 million yuan)	营业收入 (亿元) Revenue (100 million yuan)	利润总额 (亿元) Total Profit (100 million yuan)	归属母公司股东净利润 (亿元) Net Profit Attributable to Parent Company Shareholders (100 million yuan)	经营活动产生的现金流量净额 (亿元) Net Cash Flow from Operating Activities (100 million yuan)
2021	983.56	567.66	644.94	82.90	70.09	31.57
2022	1777.06	1000.76	1226.66	131.98	116.26	69.34

注：1.每股指标按境内股本数量计算。
　　2.每股指标采用整体法计算。
　　3.财务数据按2022年12月31日的上市公司为样本进行统计。
数据来源：北京证券交易所
Source:BSE

6-38　续表　continued

年份 Year	经营情况 Business Circumstance			每股指标 Share Index		
	资产负债率 (%) Asset-liability Ratio (%)	总资产收益率 (%) ROA (%)	平均净资产收益率 (%) Average ROE (%)	每股净资产 (元) BPS (yuan)	每股收益 (元) EPS (yuan)	每股经营活动现金流量净额 (元) Net Cash Flow from Operating Activities Per Share (yuan)
2021	41.16	8.01	13.47	4.72	0.57	0.26
2022	42.23	7.46	13.23	4.69	0.54	0.32

6-39　2022年北交所上市公司分行业主要财务指标

行业 Industry	资产规模 Asset Size	
	总资产 (亿元) Total Asset (100 million yuan)	归属母公司股东净资产 (亿元) Net Asset Attributable to Parent Company Shareholders (100 million yuan)
农、林、牧、渔 Agriculture,Forestry,Animal Husbandry and Fishery	7.13	4.89
采矿业 Mining	--	--
制造业 Manufacturing	1545.16	847.91
电力、热力、燃气及水生产和供应业 Production and Supply of Electricity,Gas and Water	9.81	6.27
建筑业 Construction	--	--
批发和零售业 Wholesale and Retail Trades	15.27	4.86
交通运输、仓储和邮政业 Transport,Storage and Post	34.47	18.75
住宿和餐饮业 Hotels and Catering Services	--	--
信息传输、软件和信息技术服务业 Information Transmission,Computer Services and Software	102.88	73.28
金融业 Financial Intermediation	--	--
房地产业 Real Estate	--	--
租赁和商务服务业 Leasing and Business Services	6.05	4.67
科学研究和技术服务业 Scientific Research,Technical Service	35.38	24.90
水利、环境和公共设施管理业 Management of Water Conservancy,Environment and Public Facilities	20.92	15.21
居民服务、修理和其他服务业 Resident Services,Repairing and Other Services	--	--
教育 Education	--	--
卫生和社会工作 Health and Social Works	--	--
文化、体育和娱乐业 Culture,Sports and Entertainment	--	--
综合 Others	--	--

注：1.每股指标按境内股本数量计算。
2.每股指标采用整体法计算。
3.财务数据按2022年12月31日的上市公司为样本进行统计。

数据来源：北京证券交易所

Source:BSE

Financial Indicators of Listed Companies of BSE by Industry in 2022

经营情况 Business Circumstance				每股指标 Share Index	
营业收入（亿元） Revenue (100 million yuan)	归属母公司股东净利润（亿元） Net Profit Attributable to Parent Company Shareholders (100 million yuan)	资产负债率（%） Asset-liability Ratio (%)	平均净资产收益率（%） Average ROE (%)	每股净资产（元） BPS (yuan)	每股收益（元） EPS (yuan)
4.38	0.62	31.46	16.45	2.96	0.37
--	--	--	--	--	--
1080.15	108.19	43.50	14.70	5.01	0.64
4.52	0.57	36.04	9.39	2.67	0.24
--	--	--	--	--	--
26.58	0.22	67.80	4.66	2.72	0.12
32.73	2.37	45.37	16.77	2.90	0.37
--	--	--	--	--	--
49.77	1.67	28.66	2.36	3.77	0.09
--	--	--	--	--	--
--	--	--	--	--	--
4.23	0.50	22.81	11.35	7.51	0.81
13.64	2.17	28.93	9.18	3.64	0.32
10.66	-0.04	26.54	-0.27	2.94	-0.01
--	--	--	--	--	--
--	--	--	--	--	--
--	--	--	--	--	--
--	--	--	--	--	--
--	--	--	--	--	--

6–40 2022年北交所上市公司分辖区主要财务指标

辖区	Jurisdiction	资产规模 Asset Size			
		总资产 (亿元) Total Asset (100 million yuan)	归属母公司股东净资产 (亿元) Net Asset Attributable to Parent Company Shareholders (100 million yuan)	营业收入 (亿元) Revenue (100 million yuan)	利润总额 (亿元) Total Profit (100 million yuan)
北京	Beijing	217.94	124.19	124.68	17.23
天津	Tianjin	6.59	5.93	2.60	0.55
河北	Hebei	63.74	33.05	80.06	2.73
山西	Shanxi	13.30	9.78	5.04	0.68
内蒙古	Inner Mongolia	6.46	4.83	1.58	0.18
辽宁	Liaoning	4.34	2.82	2.16	0.48
吉林	Jilin	40.92	19.46	23.88	7.35
黑龙江	Heilongjiang	--	--	--	--
上海	Shanghai	50.08	38.34	19.43	3.02
江苏	Jiangsu	185.05	127.78	126.10	14.48
浙江	Zhejiang	75.82	49.72	50.12	5.02
安徽	Anhui	52.83	34.04	33.48	3.66
福建	Fujian	30.88	18.06	15.03	2.71
江西	Jiangxi	5.02	3.59	1.45	0.36
山东	Shandong	53.49	39.81	33.35	3.74
河南	Henan	66.35	48.16	32.08	5.76
湖北	Hubei	25.89	20.92	8.20	0.80
湖南	Hunan	34.37	17.58	58.99	2.02
广东	Guangdong	100.68	76.32	52.61	7.38
广西	Guangxi	4.85	3.67	1.24	0.23
海南	Hainan	--	--	--	--
重庆	Chongqing	26.48	20.59	15.45	0.76
四川	Sichuan	94.21	44.53	61.93	5.99
贵州	Guizhou	--	--	--	--
云南	Yunnan	19.71	14.66	11.51	-0.12
西藏	Tibet	--	--	--	--
陕西	Shaanxi	75.73	30.95	62.33	7.67
甘肃	Gansu	--	--	--	--
青海	Qinghai	--	--	--	--
宁夏	Ningxia	9.81	6.27	4.52	0.69
新疆	Xinjiang	--	--	--	--
深圳	Shenzhen	353.75	128.71	288.31	28.71
大连	Dalian	92.15	34.97	41.36	4.97
宁波	Ningbo	24.95	15.61	28.46	1.75
厦门	Xiamen	--	--	--	--
青岛	Qingdao	41.68	26.42	40.71	3.21
其他	Others	--	--	--	--

注：1.每股指标按境内股本数量计算。
2.每股指标采用整体法计算。
3.财务数据按2022年12月31日的上市公司为样本进行统计。
4.所属辖区按上市公司注册地划分，注册地在境外的上市公司标记为其他，以注册地(其他)为口径统计IPO家数，以北交所股东大会公告为准。

数据来源：北京证券交易所
Source:BSE

Financial Indicators of Listed Companies of BSE by Jurisdiction in 2022

经营情况 Business Circumstance				每股指标 Share Index		
归属母公司股东净利润（亿元） Net Profit Attributable to Parent Company Shareholders (100 million yuan)	经营活动产生的现金流量净额（亿元） Net Cash Flow from Operating Activities (100 million yuan)	资产负债率 (%) Asset-liability Ratio (%)	平均净资产收益率 (%) Average ROE (%)	每股净资产（元） BPS (yuan)	每股收益（元） EPS (yuan)	每股经营活动现金流量净额（元） Net Cash Flow from Operating Activities Per Share (yuan)
13.13	21.72	42.41	11.47	3.92	0.41	0.68
0.50	0.62	8.29	10.33	3.67	0.31	0.38
2.32	1.94	47.63	8.09	3.71	0.26	0.22
0.75	-0.03	25.97	8.48	7.37	0.56	-0.02
0.15	1.02	25.31	2.92	1.85	0.06	0.39
0.41	0.48	35.03	21.64	4.12	0.60	0.71
6.94	3.63	52.45	42.89	4.62	1.65	0.86
--	--	--	--	--	--	--
2.91	4.52	22.42	8.77	4.00	0.30	0.47
12.90	10.27	30.14	11.44	4.51	0.46	0.36
4.60	2.69	34.34	11.23	4.45	0.41	0.24
3.35	2.27	35.02	11.34	5.36	0.53	0.36
2.31	4.44	41.51	15.96	2.57	0.33	0.63
0.33	0.04	28.58	9.11	3.48	0.32	0.04
3.56	2.65	25.19	9.69	4.44	0.40	0.30
5.03	0.73	27.28	13.05	4.13	0.43	0.06
0.79	-0.29	19.17	4.58	4.46	0.17	-0.06
1.69	1.39	48.47	10.83	4.16	0.40	0.33
6.63	8.27	23.87	9.88	4.24	0.37	0.46
0.23	-0.06	24.16	6.38	4.28	0.27	-0.07
--	--	--	--	--	--	--
0.54	0.94	21.60	2.89	3.30	0.09	0.15
5.32	4.21	49.89	13.69	5.11	0.61	0.48
--	--	--	--	--	--	--
-0.07	-1.23	25.61	-0.51	6.20	-0.03	-0.52
--	--	--	--	--	--	--
6.53	1.89	58.38	23.17	4.33	0.91	0.26
--	--	--	--	--	--	--
--	--	--	--	--	--	--
0.57	0.98	36.04	9.39	2.67	0.24	0.42
--	--	--	--	--	--	--
25.78	0.26	59.65	22.79	10.32	2.07	0.02
4.85	-3.86	58.70	15.61	10.55	1.46	-1.16
1.48	2.39	36.44	11.04	5.21	0.49	0.80
--	--	--	--	--	--	--
2.76	-2.53	36.45	12.32	5.31	0.56	-0.51
--	--	--	--	--	--	--

6-41　2022年北交所上市公司分行业每股收益

单位：家

行业 Industry	1.00元以上 Above 1.00 yuan	0.80–1.00元 0.80-1.00 yuan	0.50–0.80元 0.50-0.80 yuan
农、林、牧、渔业 Agriculture,Forestry,Animal Husbandry and Fishery	0	0	0
采矿业 Mining	0	0	0
制造业 Manufacturing	12	13	33
电力、热力、燃气及水生产和供应业 Production and Supply of Electricity,Gas and Water	0	0	0
建筑业 Construction	0	0	0
批发和零售业 Wholesale and Retail Trades	0	0	0
交通运输、仓储和邮政业 Transport,Storage and Post	0	0	1
住宿和餐饮业 Hotels and Catering Services	0	0	0
信息传输、软件和信息技术服务业 Information Transmission,Computer Services and Software	1	1	2
金融业 Financial Intermediation	0	0	0
房地产业 Real Estate	0	0	0
租赁和商务服务业 Leasing and Business Services	0	1	0
科学研究和技术服务业 Scientific Research,Technical Service	0	0	1
水利、环境和公共设施管理业 Management of Water Conservancy,Environment and Public Facilities	0	0	0
居民服务、修理和其他服务业 Resident Services,Repairing and Other Services	0	0	0
教育 Education	0	0	0
卫生和社会工作 Health and Social Works	0	0	0
文化、体育和娱乐业 Culture,Sports and Entertainment	0	0	0
综合 Others	0	0	0

注：1.每股指标按境内股本数量计算。
　　2.每股指标采用整体法计算。
　　3.财务数据按2022年12月31日的上市公司为样本进行统计。
　　4.上表分组遵循“上组限不在内”的原则，如“0.80–1.00元”包括0.80元，不包括1.00元。

数据来源：北京证券交易所
Source:BSE

EPS of Listed Companies of BSE by Industry in 2022

(unit)

0.20−0.50元 0.20-0.50 yuan	0.10−0.20元 0.10-0.20 yuan	0.05−0.10元 0.05-0.10 yuan	0.00−0.05元 0.00-0.05 yuan	亏损 Deficit	合计 Total
1	0	0	0	0	1
0	0	0	0	0	0
55	9	2	0	6	130
1	0	0	0	0	1
0	0	0	0	0	0
0	1	0	0	0	1
1	0	0	0	0	2
0	0	0	0	0	0
3	2	2	0	6	17
0	0	0	0	0	0
0	0	0	0	0	0
0	0	0	0	0	1
4	0	0	0	1	6
1	0	1	0	1	3
0	0	0	0	0	0
0	0	0	0	0	0
0	0	0	0	0	0
0	0	0	0	0	0
0	0	0	0	0	0

6-42　2022年北交所上市公司分辖区每股收益

单位：家

辖区	Jurisdiction	1.00元以上 Above 1.00 yuan	0.80-1.00元 0.80-1.00 yuan	0.50-0.80元 0.50-0.80 yuan
北京	Beijing	1	1	1
天津	Tianjin	0	0	0
河北	Hebei	0	0	0
山西	Shanxi	0	0	1
内蒙古	Inner Mongolia	0	0	0
辽宁	Liaoning	0	0	1
吉林	Jilin	1	0	1
黑龙江	Heilongjiang	0	0	0
上海	Shanghai	0	1	0
江苏	Jiangsu	2	4	8
浙江	Zhejiang	2	1	3
安徽	Anhui	0	1	2
福建	Fujian	0	0	0
江西	Jiangxi	0	0	0
山东	Shandong	0	0	4
河南	Henan	0	0	4
湖北	Hubei	0	1	1
湖南	Hunan	0	1	1
广东	Guangdong	1	1	2
广西	Guangxi	0	0	0
海南	Hainan	0	0	0
重庆	Chongqing	1	0	0
四川	Sichuan	1	2	1
贵州	Guizhou	0	0	0
云南	Yunnan	0	0	0
西藏	Tibet	0	0	0
陕西	Shaanxi	1	0	2
甘肃	Gansu	0	0	0
青海	Qinghai	0	0	0
宁夏	Ningxia	0	0	0
新疆	Xinjiang	0	0	0
深圳	Shenzhen	1	1	2
大连	Dalian	1	0	0
宁波	Ningbo	0	0	1
厦门	Xiamen	0	0	0
青岛	Qingdao	1	1	2
其他	Others	0	0	0

注：1.每股指标按境内股本数量计算。
2.每股指标采用整体法计算。
3.财务数据按2022年12月31日的上市公司为样本进行统计。
4.所属辖区按上市公司注册地划分，注册地在境外的上市公司标记为其他，以注册地(其他)为口径统计IPO家数，以北交所股东大会公告为准。
5.上表分组遵循“上组限不在内”的原则，如“0.80-1.00元”包括0.80元，不包括1.00元。

数据来源：北京证券交易所
Source:BSE

EPS of Listed Companies of BSE by Jurisdiction in 2022

(unit)

0.20−0.50元 0.20-0.50 yuan	0.10−0.20元 0.10-0.20 yuan	0.05−0.10元 0.05-0.10 yuan	0.00−0.05元 0.00-0.05 yuan	亏损 Deficit	合计 Total
5	2	2	0	3	15
2	0	0	0	0	2
3	1	0	0	1	5
1	0	0	0	0	2
0	0	1	0	0	1
0	0	0	0	0	1
0	0	0	0	0	2
0	0	0	0	0	0
5	1	0	0	0	7
9	1	0	0	3	27
4	1	1	0	0	12
4	0	0	0	0	7
2	0	0	0	0	2
1	0	0	0	0	1
3	0	0	0	2	9
2	2	1	0	0	9
1	0	0	0	2	5
1	1	0	0	0	4
8	2	0	0	0	14
1	0	0	0	0	1
0	0	0	0	0	0
1	0	0	0	2	4
4	0	0	0	0	8
0	0	0	0	0	0
1	0	0	0	1	2
0	0	0	0	0	0
0	0	0	0	0	3
0	0	0	0	0	0
0	0	0	0	0	0
1	0	0	0	0	1
0	0	0	0	0	0
5	0	0	0	0	9
1	0	0	0	0	2
1	0	0	0	0	2
0	0	0	0	0	0
0	1	0	0	0	5
0	0	0	0	0	0

6-43 2022年北交所上市公司分行业每股净资产

单位：家

行业 Industry	5.00元以上 Above 5.00 yuan	3.00-5.00元 3.00-5.00 yuan	2.00-3.00元 2.00-3.00 yuan
农、林、牧、渔业 Agriculture,Forestry,Animal Husbandry and Fishery	0	0	1
采矿业 Mining	0	0	0
制造业 Manufacturing	57	54	16
电力、热力、燃气及水生产和供应业 Production and Supply of Electricity,Gas and Water	0	0	1
建筑业 Construction	0	0	0
批发和零售业 Wholesale and Retail Trades	0	0	1
交通运输、仓储和邮政业 Transport,Storage and Post	0	1	1
住宿和餐饮业 Hotels and Catering Services	0	0	0
信息传输、软件和信息技术服务业 Information Transmission,Computer Services and Software	5	8	2
金融业 Financial Intermediation	0	0	0
房地产业 Real Estate	0	0	0
租赁和商务服务业 Leasing and Business Services	1	0	0
科学研究和技术服务业 Scientific Research,Technical Service	1	4	1
水利、环境和公共设施管理业 Management of Water Conservancy,Environment and Public Facilities	0	2	1
居民服务、修理和其他服务业 Resident Services,Repairing and Other Services	0	0	0
教育 Education	0	0	0
卫生和社会工作 Health and Social Works	0	0	0
文化、体育和娱乐业 Culture,Sports and Entertainment	0	0	0
综合 Others	0	0	0

注：1.每股指标按境内股本数量计算。
2.每股指标采用整体法计算。
3.财务数据按2022年12月31日的上市公司为样本进行统计。
4.上表分组遵循“上组限不在内”的原则，如“0.50-1.00元”包括0.50元，不包括1.00元。

数据来源：北京证券交易所

Source:BSE

BPS of Listed Companies of BSE by Industry in 2022

(unit)

1.00−2.00元 1.00-2.00 yuan	0.50−1.00元 0.50-1.00 yuan	0.00−0.50元 0.00-0.50 yuan	小于0.00元 Below 0.00 yuan	合计 Total
0	0	0	0	1
0	0	0	0	0
2	1	0	0	130
0	0	0	0	1
0	0	0	0	0
0	0	0	0	1
0	0	0	0	2
0	0	0	0	0
2	0	0	0	17
0	0	0	0	0
0	0	0	0	0
0	0	0	0	1
0	0	0	0	6
0	0	0	0	3
0	0	0	0	0
0	0	0	0	0
0	0	0	0	0
0	0	0	0	0
0	0	0	0	0

6-44　2022年北交所上市公司分辖区每股净资产

单位：家

辖区	Jurisdiction	5.00元以上 Above 5.00 yuan	3.00−5.00元 3.00-5.00 yuan	2.00−3.00元 2.00-3.00 yuan
北京	Beijing	3	8	2
天津	Tianjin	1	0	1
河北	Hebei	0	5	0
山西	Shanxi	2	0	0
内蒙古	Inner Mongolia	0	0	0
辽宁	Liaoning	0	1	0
吉林	Jilin	0	2	0
黑龙江	Heilongjiang	0	0	0
上海	Shanghai	3	3	0
江苏	Jiangsu	11	10	6
浙江	Zhejiang	5	6	1
安徽	Anhui	6	1	0
福建	Fujian	0	0	2
江西	Jiangxi	0	1	0
山东	Shandong	4	4	1
河南	Henan	2	5	2
湖北	Hubei	3	1	1
湖南	Hunan	1	2	1
广东	Guangdong	6	6	1
广西	Guangxi	0	1	0
海南	Hainan	0	0	0
重庆	Chongqing	1	1	2
四川	Sichuan	4	4	0
贵州	Guizhou	0	0	0
云南	Yunnan	1	1	0
西藏	Tibet	0	0	0
陕西	Shaanxi	0	3	0
甘肃	Gansu	0	0	0
青海	Qinghai	0	0	0
宁夏	Ningxia	0	0	1
新疆	Xinjiang	0	0	0
深圳	Shenzhen	6	2	1
大连	Dalian	1	1	0
宁波	Ningbo	1	1	0
厦门	Xiamen	0	0	0
青岛	Qingdao	3	0	2
其他	Others	0	0	0

注：1.每股指标按境内股本数量计算。
2.每股指标采用整体法计算。
3.财务数据按2022年12月31日的上市公司为样本进行统计。
4.所属辖区按上市公司注册地划分，注册地在境外的上市公司标记为其他，以注册地(其他)为口径统计IPO家数，以北交所股东大会公告为准。
5.上表分组遵循“上组限不在内”的原则，如“0.50−1.00元”包括0.50元，不包括1.00元。

数据来源：北京证券交易所

Source:BSE

BPS of Listed Companies of BSE by Jurisdiction in 2022

(unit)

1.00–2.00元 1.00-2.00 yuan	0.50–1.00元 0.50-1.00 yuan	0.00–0.50元 0.00-0.50 yuan	小于0.00元 Below 0.00 yuan	合计 Total
1	1	0	0	15
0	0	0	0	2
0	0	0	0	5
0	0	0	0	2
1	0	0	0	1
0	0	0	0	1
0	0	0	0	2
0	0	0	0	0
1	0	0	0	7
0	0	0	0	27
0	0	0	0	12
0	0	0	0	7
0	0	0	0	2
0	0	0	0	1
0	0	0	0	9
0	0	0	0	9
0	0	0	0	5
0	0	0	0	4
1	0	0	0	14
0	0	0	0	1
0	0	0	0	0
0	0	0	0	4
0	0	0	0	8
0	0	0	0	0
0	0	0	0	2
0	0	0	0	0
0	0	0	0	3
0	0	0	0	0
0	0	0	0	0
0	0	0	0	1
0	0	0	0	0
0	0	0	0	9
0	0	0	0	2
0	0	0	0	2
0	0	0	0	0
0	0	0	0	5
0	0	0	0	0

6-45　2022年北交所上市公司分行业平均净资产收益率

单位：家

行业 Industry	100%以上 Above 100%	60%-100% 60%-100%	40%-60% 40%-60%
农、林、牧、渔业 Agriculture,Forestry,Animal Husbandry and Fishery	0	0	0
采矿业 Mining	0	0	0
制造业 Manufacturing	0	0	1
电力、热力、燃气及水生产和供应业 Production and Supply of Electricity,Gas and Water	0	0	0
建筑业 Construction	0	0	0
批发和零售业 Wholesale and Retail Trades	0	0	0
交通运输、仓储和邮政业 Transport,Storage and Post	0	0	0
住宿和餐饮业 Hotels and Catering Services	0	0	0
信息传输、软件和信息技术服务业 Information Transmission,Computer Services and Software	0	0	0
金融业 Financial Intermediation	0	0	0
房地产业 Real Estate	0	0	0
租赁和商务服务业 Leasing and Business Services	0	0	0
科学研究和技术服务业 Scientific Research,Technical Service	0	0	0
水利、环境和公共设施管理业 Management of Water Conservancy,Environment and Public Facilities	0	0	0
居民服务、修理和其他服务业 Resident Services,Repairing and Other Services	0	0	0
教育 Education	0	0	0
卫生和社会工作 Health and Social Works	0	0	0
文化、体育和娱乐业 Culture,Sports and Entertainment	0	0	0
综合 Others	0	0	0

注：1.每股指标按境内股本数量计算。
　　2.每股指标采用整体法计算。
　　3.财务数据按2022年12月31日的上市公司为样本进行统计。
　　4.上表分组遵循“上组限不在内”的原则，如“0%-5%”包括0%，不包括5%。

数据来源：北京证券交易所

Source:BSE

ROE of Listed Companies of BSE by Industry in 2022

(unit)

30%-40% 30%-40%	20%-30% 20%-30%	10%-20% 10%-20%	5%-10% 5%-10%	0%-5% 0%-5%	小于0% Below 0%	合计 Total
0	0	1	0	0	0	1
0	0	0	0	0	0	0
2	13	70	34	4	6	130
0	0	0	1	0	0	1
0	0	0	0	0	0	0
0	0	0	0	1	0	1
0	0	2	0	0	0	2
0	0	0	0	0	0	0
0	0	4	4	3	6	17
0	0	0	0	0	0	0
0	0	0	0	0	0	0
0	0	1	0	0	0	1
0	1	2	2	0	1	6
0	0	0	1	1	1	3
0	0	0	0	0	0	0
0	0	0	0	0	0	0
0	0	0	0	0	0	0
0	0	0	0	0	0	0
0	0	0	0	0	0	0

6-46 2022年北交所上市公司分辖区平均净资产收益率

单位：家

辖区	Jurisdiction	100%以上 Above 100%	60%-100% 60%-100%	40%-60% 40%-60%	30%-40% 30%-40%
北京	Beijing	0	0	0	0
天津	Tianjin	0	0	0	0
河北	Hebei	0	0	0	0
山西	Shanxi	0	0	0	0
内蒙古	Inner Mongolia	0	0	0	0
辽宁	Liaoning	0	0	0	0
吉林	Jilin	0	0	1	0
黑龙江	Heilongjiang	0	0	0	0
上海	Shanghai	0	0	0	0
江苏	Jiangsu	0	0	0	2
浙江	Zhejiang	0	0	0	0
安徽	Anhui	0	0	0	0
福建	Fujian	0	0	0	0
江西	Jiangxi	0	0	0	0
山东	Shandong	0	0	0	0
河南	Henan	0	0	0	0
湖北	Hubei	0	0	0	0
湖南	Hunan	0	0	0	0
广东	Guangdong	0	0	0	0
广西	Guangxi	0	0	0	0
海南	Hainan	0	0	0	0
重庆	Chongqing	0	0	0	0
四川	Sichuan	0	0	0	0
贵州	Guizhou	0	0	0	0
云南	Yunnan	0	0	0	0
西藏	Tibet	0	0	0	0
陕西	Shaanxi	0	0	0	0
甘肃	Gansu	0	0	0	0
青海	Qinghai	0	0	0	0
宁夏	Ningxia	0	0	0	0
新疆	Xinjiang	0	0	0	0
深圳	Shenzhen	0	0	0	0
大连	Dalian	0	0	0	0
宁波	Ningbo	0	0	0	0
厦门	Xiamen	0	0	0	0
青岛	Qingdao	0	0	0	0
其他	Others	0	0	0	0

注：1.每股指标按境内股本数量计算。
2.每股指标采用整体法计算。
3.财务数据按2022年12月31日的上市公司为样本进行统计。
4.上表分组遵循“上组限不在内”的原则，如“0%-5%”包括0%，不包括5%。
5.所属辖区按上市公司注册地划分，注册地在境外的上市公司标记为其他，以注册地(其他)为口径统计IPO家数，以北交所股东大会公告为准。

数据来源：北京证券交易所

Source:BSE

ROE of Listed Companies of BSE by Jurisdiction in 2022

(unit)

20%-30% 20%-30%	10%-20% 10%-20%	5%-10% 5%-10%	0%-5% 0%-5%	小于0% Below 0%	合计 Total
1	4	4	3	3	15
0	1	1	0	0	2
0	3	1	0	1	5
0	0	2	0	0	2
0	0	0	1	0	1
1	0	0	0	0	1
0	1	0	0	0	2
0	0	0	0	0	0
0	3	3	1	0	7
1	15	6	0	3	27
1	6	4	1	0	12
1	3	3	0	0	7
0	2	0	0	0	2
0	0	1	0	0	1
1	5	1	0	2	9
0	5	3	1	0	9
1	0	2	0	2	5
0	3	0	1	0	4
1	7	5	1	0	14
0	0	1	0	0	1
0	0	0	0	0	0
1	1	0	0	2	4
1	7	0	0	0	8
0	0	0	0	0	0
0	1	0	0	1	2
0	0	0	0	0	0
2	1	0	0	0	3
0	0	0	0	0	0
0	0	0	0	0	0
0	0	1	0	0	1
0	0	0	0	0	0
1	5	3	0	0	9
0	2	0	0	0	2
0	2	0	0	0	2
0	0	0	0	0	0
1	3	1	0	0	5
0	0	0	0	0	0

6-47 2022年北交所上市公司分行业每股经营活动产生的现金流量净额

单位：家

行业 Industry	3.00元以上 Above 3.00 yuan	2.50–3.00元 2.50-3.00 yuan	2.00–2.50元 2.00-2.50 yuan
农、林、牧、渔业 Agriculture,Forestry,Animal Husbandry and Fishery	0	0	0
采矿业 Mining	0	0	0
制造业 Manufacturing	0	0	1
电力、热力、燃气及水生产和供应业 Production and Supply of Electricity,Gas and Water	0	0	0
建筑业 Construction	0	0	0
批发和零售业 Wholesale and Retail Trades	0	0	0
交通运输、仓储和邮政业 Transport,Storage and Post	0	0	0
住宿和餐饮业 Hotels and Catering Services	0	0	0
信息传输、软件和信息技术服务业 Information Transmission,Computer Services and Software	0	0	0
金融业 Financial Intermediation	0	0	0
房地产业 Real Estate	0	0	0
租赁和商务服务业 Leasing and Business Services	0	0	0
科学研究和技术服务业 Scientific Research,Technical Service	0	0	0
水利、环境和公共设施管理业 Management of Water Conservancy,Environment and Public Facilities	1	0	0
居民服务、修理和其他服务业 Resident Services,Repairing and Other Services	0	0	0
教育 Education	0	0	0
卫生和社会工作 Health and Social Works	0	0	0
文化、体育和娱乐业 Culture,Sports and Entertainment	0	0	0
综合 Others	0	0	0

注：1.每股指标按境内股本数量计算。
2.每股指标采用整体法计算。
3.财务数据按2022年12月31日的上市公司为样本进行统计。
4.上表分组遵循“上组限不在内”的原则，如“0.50–1.00元”包括0.50元，不包括1.00元。

数据来源：北京证券交易所

Source:BSE

Net Cash Flow from Operating Activities Per Share of Listed Companies of BSE by Industry in 2022

(unit)

1.50–2.00元 1.50-2.00 yuan	1.00–1.50元 1.00-1.50 yuan	0.50–1.00元 0.50-1.00 yuan	0.00–0.50元 0.00-0.50 yuan	小于0.00元 below 0.00 yuan	合计 Total
0	0	1	0	0	1
0	0	0	0	0	0
3	5	44	50	27	130
0	0	0	1	0	1
0	0	0	0	0	0
0	0	0	1	0	1
0	0	2	0	0	2
0	0	0	0	0	0
0	1	0	7	9	17
0	0	0	0	0	0
0	0	0	0	0	0
0	1	0	0	0	1
0	1	2	2	1	6
0	0	0	2	0	3
0	0	0	0	0	0
0	0	0	0	0	0
0	0	0	0	0	0
0	0	0	0	0	0
0	0	0	0	0	0

6-48　2022年北交所上市公司分辖区每股经营活动产生的现金流量净额

单位：家

辖区	Jurisdiction	3.00元以上 Above 3.00 yuan	2.50-3.00元 2.50-3.00 yuan	2.00-2.50元 2.00-2.50 yuan
北京	Beijing	1	0	0
天津	Tianjin	0	0	0
河北	Hebei	0	0	0
山西	Shanxi	0	0	0
内蒙古	Inner Mongolia	0	0	0
辽宁	Liaoning	0	0	0
吉林	Jilin	0	0	0
黑龙江	Heilongjiang	0	0	0
上海	Shanghai	0	0	0
江苏	Jiangsu	0	0	1
浙江	Zhejiang	0	0	0
安徽	Anhui	0	0	0
福建	Fujian	0	0	0
江西	Jiangxi	0	0	0
山东	Shandong	0	0	0
河南	Henan	0	0	0
湖北	Hubei	0	0	0
湖南	Hunan	0	0	0
广东	Guangdong	0	0	0
广西	Guangxi	0	0	0
海南	Hainan	0	0	0
重庆	Chongqing	0	0	0
四川	Sichuan	0	0	0
贵州	Guizhou	0	0	0
云南	Yunnan	0	0	0
西藏	Tibet	0	0	0
陕西	Shaanxi	0	0	0
甘肃	Gansu	0	0	0
青海	Qinghai	0	0	0
宁夏	Ningxia	0	0	0
新疆	Xinjiang	0	0	0
深圳	Shenzhen	0	0	0
大连	Dalian	0	0	0
宁波	Ningbo	0	0	0
厦门	Xiamen	0	0	0
青岛	Qingdao	0	0	0
其他	Others	0	0	0

注：1.每股指标按境内股本数量计算。
2.每股指标采用整体法计算。
3.财务数据按2022年12月31日的上市公司为样本进行统计。
4.上表分组遵循“上组限不在内”的原则，如“0.50-1.00元”包括0.50元，不包括1.00元。
5.所属辖区按上市公司注册地划分，注册地在境外的上市公司标记为其他，以注册地(其他)为口径统计IPO家数，以北交所股东大会公告为准。

数据来源：北京证券交易所
Source:BSE

Net Cash Flow from Operating Activities Per Share of Listed Companies of BSE by Jurisdiction in 2022

(unit)

1.50−2.00元 1.50-2.00 yuan	1.00−1.50元 1.00-1.50 yuan	0.50−1.00元 0.50-1.00 yuan	0.00−0.50元 0.00-0.50 yuan	小于0.00元 below 0.00 yuan	合计 Total
0	1	3	6	4	15
0	0	1	1	0	2
0	0	1	3	1	5
0	0	0	1	1	2
0	0	0	1	0	1
0	0	1	0	0	1
0	0	2	0	0	2
0	0	0	0	0	0
0	1	3	1	2	7
0	2	9	11	4	27
0	2	2	5	3	12
0	0	4	1	2	7
0	0	2	0	0	2
0	0	0	1	0	1
0	0	3	5	1	9
0	0	2	2	5	9
0	0	1	2	2	5
0	0	2	1	1	4
0	1	5	8	0	14
0	0	0	0	1	1
0	0	0	0	0	0
0	0	2	1	1	4
1	0	3	2	2	8
0	0	0	0	0	0
0	0	0	0	2	2
0	0	0	0	0	0
0	0	1	2	0	3
0	0	0	0	0	0
0	0	0	0	0	0
0	0	0	1	0	1
0	0	0	0	0	0
2	0	0	6	1	9
0	0	0	0	2	2
0	0	2	0	0	2
0	0	0	0	0	0
0	1	0	2	2	5
0	0	0	0	0	0

6-49 按股本规模划分全国股转系统挂牌公司数量
Number of Listed NEEQ Companies by Equity Scale

单位：家 (unit)

年份 Year	合计 Total	1000万股以下 Below 10 million	1000-5000万股 10-50 million	5000万-1亿股 50-100 million	1亿股以上 Above 100 million
2012	200	40	131	25	4
2013	356	68	237	42	9
2014	1572	215	944	324	89
2015	3565	624	1906	709	326
2016	10163	879	5948	2275	1061
2017	11630	922	6844	2627	1237
2018	10691	802	6185	2510	1194
2019	8953	640	5016	2203	1094
2020	8187	846	4200	2097	1044
2021	6932	424	3742	1841	925
2022	6580	375	3435	1852	918

注：上表分组遵循“上组限不在内”的原则，如“1000万-5000万股”包括1000万股，不包括5000万股。
数据来源：全国中小企业股份转让系统
Source:NEEQ

6-50　2022年分辖区全国股转系统挂牌公司数量按行业分布

Number of Listed NEEQ Companies by Jurisdiction and by Industry in 2022

单位：家　　　　(unit)

辖区	Jurisdiction	农、林、牧、渔业 Agriculture, Forestry, Animal Husbandry and Fishery	采矿业 Mining	制造业 Manufacturing	电力、热力、燃气及水生产和供应业 Production and Supply of Electricity, Gas and Water	建筑业 Construction	批发和零售业 Wholesale and Retail Trades
北京	Beijing	0	5	182	4	16	47
天津	Tianjin	0	1	61	3	6	4
河北	Hebei	4	0	97	4	6	2
山西	Shanxi	3	0	42	1	6	2
内蒙古	Inner Mongolia	6	1	22	1	2	0
辽宁	Liaoning	2	0	46	2	7	3
吉林	Jilin	1	0	22	1	4	3
黑龙江	Heilongjiang	3	0	24	1	1	4
上海	Shanghai	2	0	173	2	12	23
江苏	Jiangsu	10	1	548	3	35	18
浙江	Zhejiang	9	0	324	4	12	21
安徽	Anhui	7	1	155	7	11	7
福建	Fujian	4	0	71	4	7	5
江西	Jiangxi	1	0	59	3	2	7
山东	Shandong	9	1	204	7	9	9
河南	Henan	8	0	134	4	16	5
湖北	Hubei	5	0	128	3	9	8
湖南	Hunan	4	2	65	3	3	3
广东	Guangdong	11	0	338	8	9	33
广西	Guangxi	3	0	19	1	2	2
海南	Hainan	3	0	7	1	0	2
重庆	Chongqing	1	0	37	2	4	3
四川	Sichuan	6	2	83	3	2	7
贵州	Guizhou	1	0	11	1	3	3
云南	Yunnan	3	0	22	0	8	3
西藏	Tibet	0	2	0	1	0	1
陕西	Shaanxi	2	2	62	3	5	0
甘肃	Gansu	5	0	14	0	2	2
青海	Qinghai	0	0	1	0	0	0
宁夏	Ningxia	6	0	17	0	2	0
新疆	Xinjiang	2	6	13	1	4	3
深圳	Shenzhen	0	0	163	2	7	18
大连	Dalian	4	0	24	0	3	2
宁波	Ningbo	0	0	45	0	1	9
厦门	Xiamen	3	0	35	0	4	3
青岛	Qingdao	1	0	20	0	1	5
其他	Others	0	0	0	0	0	0

注：1.挂牌公司数量按挂牌日口径统计。

　　2.挂牌公司辖区按挂牌公司注册地划分，注册地为境外的标记为“其他”。

数据来源：全国中小企业股份转让系统

Source:NEEQ

6-50 续表 1 continued

单位：家 (unit)

辖区	Jurisdiction	交通运输、仓储和邮政业 Transport, Storage and Post	住宿和餐饮业 Hotels and Catering Services	信息传输、软件和信息技术服务业 Information Transmission, Computer Services and Software	金融业 Financial Intermediation	房地产业 Real Estate	租赁和商务服务业 Leasing and Business Services
北京	Beijing	8	1	333	8	3	81
天津	Tianjin	9	0	18	0	1	8
河北	Hebei	6	1	27	2	1	5
山西	Shanxi	1	0	12	0	0	3
内蒙古	Inner Mongolia	2	1	5	0	1	0
辽宁	Liaoning	2	0	13	0	0	1
吉林	Jilin	1	0	7	0	1	2
黑龙江	Heilongjiang	1	0	14	0	0	5
上海	Shanghai	11	2	141	7	2	46
江苏	Jiangsu	17	2	89	9	6	22
浙江	Zhejiang	1	2	73	9	2	20
安徽	Anhui	2	2	17	4	1	7
福建	Fujian	3	1	21	2	0	5
江西	Jiangxi	2	0	14	0	0	1
山东	Shandong	5	0	54	6	0	12
河南	Henan	1	1	35	0	1	7
湖北	Hubei	4	3	36	1	1	7
湖南	Hunan	3	1	16	1	0	6
广东	Guangdong	12	2	91	7	4	34
广西	Guangxi	0	0	8	0	1	3
海南	Hainan	0	0	4	3	1	4
重庆	Chongqing	3	0	12	1	0	7
四川	Sichuan	3	0	41	1	5	8
贵州	Guizhou	1	0	6	1	1	0
云南	Yunnan	3	0	5	0	0	2
西藏	Tibet	0	0	1	1	0	3
陕西	Shaanxi	1	1	22	3	4	9
甘肃	Gansu	0	0	0	1	0	0
青海	Qinghai	0	0	0	0	0	0
宁夏	Ningxia	1	0	6	0	1	1
新疆	Xinjiang	0	1	9	1	1	2
深圳	Shenzhen	7	1	72	10	3	18
大连	Dalian	0	0	13	1	0	3
宁波	Ningbo	6	0	11	1	1	4
厦门	Xiamen	3	0	34	1	1	2
青岛	Qingdao	9	0	15	0	2	3
其他	Others	0	0	0	0	0	0

6-50 续表 2 continued

单位：家 (unit)

辖区	Jurisdiction	科学研究和技术服务业 Scientific Research, Technical Service	水利、环境和公共设施管理业 Management of Water Conservancy, Environment and Public Facilities	居民服务、修理和其他服务业 Resident services, Repairing and other services	教育 Education	卫生和社会工作 Health and Social Works	文化、体育和娱乐业 Culture, Sports and Entertainment
北京	Beijing	57	20	2	25	6	46
天津	Tianjin	6	2	1	0	0	5
河北	Hebei	11	6	0	0	0	2
山西	Shanxi	7	3	0	2	1	0
内蒙古	Inner Mongolia	2	2	0	1	0	0
辽宁	Liaoning	3	2	0	0	1	1
吉林	Jilin	4	1	1	0	0	1
黑龙江	Heilongjiang	5	0	0	0	0	0
上海	Shanghai	28	4	3	5	3	13
江苏	Jiangsu	30	17	1	2	2	7
浙江	Zhejiang	21	11	0	2	1	11
安徽	Anhui	10	2	0	1	0	2
福建	Fujian	3	1	0	1	0	3
江西	Jiangxi	4	0	0	0	0	0
山东	Shandong	14	5	0	2	3	4
河南	Henan	9	5	0	0	0	4
湖北	Hubei	15	12	1	3	0	5
湖南	Hunan	7	6	0	0	2	3
广东	Guangdong	25	11	1	4	1	5
广西	Guangxi	5	1	0	0	1	1
海南	Hainan	1	1	0	1	0	1
重庆	Chongqing	1	5	0	1	1	1
四川	Sichuan	9	8	1	1	1	1
贵州	Guizhou	3	3	0	0	1	0
云南	Yunnan	6	1	0	2	0	3
西藏	Tibet	0	1	0	0	0	0
陕西	Shaanxi	6	2	0	0	0	2
甘肃	Gansu	1	0	0	0	1	1
青海	Qinghai	0	1	0	0	0	0
宁夏	Ningxia	3	1	0	0	1	1
新疆	Xinjiang	1	4	1	0	1	0
深圳	Shenzhen	14	3	0	2	2	7
大连	Dalian	3	0	0	0	0	0
宁波	Ningbo	4	1	0	0	0	2
厦门	Xiamen	0	0	1	1	0	1
青岛	Qingdao	5	0	0	1	2	0
其他	Others	0	0	0	0	0	0

6-51　2022年新挂牌的全国股转系统挂牌公司数量按行业分布
Dimensions of Newly Listed NEEQ Companies by Industry in 2022

行业 Industry	新挂牌公司家数 (家) Number of Newly Listed Companies (unit)	新挂牌公司总股本 (万股) Share Capital of Newly Listed Companies (10 thousand shares)
农、林、牧、渔业 Agriculture,Forestry,Animal Husbandry and Fishery	2	12212.00
采矿业 Mining	3	16400.00
制造业 Manufacturing	182	1226156.94
电力、热力、燃气及水生产和供应业 Production and Supply of Electricity,Gas and Water	2	16482.15
建筑业 Construction	6	39359.26
批发和零售业 Wholesale and Retail Trades	7	25857.00
交通运输、仓储和邮政业 Transport,Storage and Post	4	16650.00
住宿和餐饮业 Hotels and Catering Services	0	0.00
信息传输、软件和信息技术服务业 Information Transmission,Computer Services and Software	34	211824.36
金融业 Financial Intermediation	0	0.00
房地产业 Real Estate	1	6000.00
租赁和商务服务业 Leasing and Business Services	7	25215.00
科学研究和技术服务业 Scientific Research,Technical Service	12	71926.68
水利、环境和公共设施管理业 Management of Water Conservancy,Environment and Public Facilities	7	43767.19
居民服务、修理和其他服务业 Resident services，Repairing and other services	0	0.00
教育 Education	0	0.00
卫生和社会工作 Health and Social Works	2	15738.22
文化、体育和娱乐业 Culture,Sports and Entertainment	1	8160.00

注：挂牌公司数量按挂牌日口径统计。
数据来源：全国中小企业股份转让系统
Source: NEEQ

6-52　全国股转系统挂牌公司主要财务指标
Financial Indicators of NEEQ Companies

年份 Year	总资产（亿元） Total Asset (100 million yuan)	净资产（亿元） Net Asset (100 million yuan)	营业收入（亿元） Revenue (100 million yuan)	利润总额（亿元） Total Profit (100 million yuan)	净利润（亿元） Net Profit (100 million yuan)
2012	239.65	123.00	188.57	19.57	16.45
2013	345.13	185.67	253.54	25.56	21.09
2014	3232.85	1469.44	2174.10	191.84	160.20
2015	11608.91	4786.75	6392.54	648.85	523.93
2016	28266.63	12813.34	17428.80	1428.94	1160.66
2017	30805.51	13727.18	19819.02	1424.01	1154.84
2018	28220.69	12368.57	18527.26	1001.69	808.16
2019	26906.24	11280.42	17039.88	807.05	647.00
2020	22606.06	10098.82	14388.01	767.40	616.03
2021	21817.64	9157.56	14572.86	730.32	590.79
2022	23446.73	9339.80	14866.78	632.41	523.16

注：2022年财务数据按披露年报的6107家挂牌公司为样本进行统计。
数据来源：全国中小企业股份转让系统
Source:NEEQ

6-52　续表　continued

年份 Year	经营活动产生的现金流量净额（亿元） Net Cash Flow from Operating Activities (100 million yuan)	资产负债率（%） Asset-liability Ratio (%)	净资产收益率（%） ROE (%)	研发费用（亿元） R & D expense (100 million yuan)
2012	3.71	48.68	13.37	--
2013	6.78	46.00	11.36	--
2014	189.84	54.55	10.90	--
2015	631.40	57.79	13.02	--
2016	550.69	54.67	9.06	--
2017	540.58	55.44	8.41	--
2018	885.80	56.17	6.53	--
2019	1214.23	58.08	5.88	--
2020	1184.92	55.33	6.10	490.51
2021	1098.87	58.03	6.45	494.03
2022	916.05	58.93	5.60	524.03

6-53 2022年全国股转系统挂牌公司分行业主要财务指标

行业 Industry	总资产 (亿元) Total Asset (100 million yuan)	净资产 (亿元) Net Asset (100 million yuan)	营业收入 (亿元) Revenue (100 million yuan)
农、林、牧、渔业 Agriculture,Forestry,Animal Husbandry and Fishery	519.03	200.97	332.56
采矿业 Mining	109.11	48.86	99.75
制造业 Manufacturing	9121.23	4555.72	7226.59
电力、热力、燃气及水生产和供应业 Production and Supply of Electricity,Gas and Water	759.69	277.48	230.77
建筑业 Construction	1236.19	289.94	571.41
批发和零售业 Wholesale and Retail Trades	682.68	266.28	1485.48
交通运输、仓储和邮政业 Transport,Storage and Post	358.38	180.67	428.71
住宿和餐饮业 Hotels and Catering Services	43.16	10.33	30.49
信息传输、软件和信息技术服务业 Information Transmission,Computer Services and Software	2297.63	1100.67	2627.34
金融业 Financial Intermediation	5350.85	1141.69	466.04
房地产业 Real Estate	134.12	82.63	81.52
租赁和商务服务业 Leasing and Business Services	1151.54	381.65	527.60
科学研究和技术服务业 Scientific Research,Technical Service	592.50	323.43	339.01
水利、环境和公共设施管理业 Management of Water Conservancy,Environment and Public Facilities	512.16	227.30	186.43
居民服务、修理和其他服务业 Resident services，Repairing and other services	11.04	3.99	15.66
教育 Education	36.51	17.02	30.72
卫生和社会工作 Health and Social Works	85.66	33.13	54.71
文化、体育和娱乐业 Culture,Sports and Entertainment	445.24	198.04	132.01

注：财务数据按披露年报的6107家挂牌公司为样本进行统计。
数据来源：全国中小企业股份转让系统
Source:NEEQ

Financial Indicators of NEEQ Companies by Industry in 2022

利润总额 (亿元) Total Profit (100 million yuan)	净利润 (亿元) Net Profit (100 million yuan)	经营活动产生的现金流量净额 (亿元) Net Cash Flow from Operating Activities (100 million yuan)	资产负债率 (%) Assetliability Ratio (%)	净资产收益率 (%) ROE (%)	研发费用 (亿元) R & D expense (100 million yuan)
4.99	4.96	41.89	60.05	2.47	5.37
11.94	9.94	9.98	53.70	20.35	2.15
430.04	378.20	436.10	49.20	8.30	312.41
21.19	16.22	61.25	60.43	5.85	2.56
-19.71	-22.22	11.34	75.87	-7.66	14.04
27.32	19.23	36.35	59.35	7.22	5.72
28.61	22.82	28.58	47.57	12.63	2.27
-2.86	-2.84	4.35	75.66	-27.46	0.04
47.42	40.33	39.45	51.34	3.66	134.13
23.73	11.24	128.94	76.84	0.98	1.56
6.49	5.10	-0.50	37.81	6.17	0.33
26.52	21.09	48.04	65.64	5.53	6.50
22.84	18.33	20.62	44.35	5.67	21.69
7.28	6.53	19.97	53.96	2.87	7.28
0.42	0.23	1.47	63.83	5.66	0.13
0.19	0.08	1.41	54.83	0.49	1.58
1.65	1.02	9.29	60.36	3.07	0.67
-5.67	-7.10	17.51	53.56	-3.59	5.58

6-54　2022年全国股转系统挂牌公司分行业每股收益

单位：家

行业 Industry	1.00元及以上 Above 1.00 yuan	0.80-1.00元 0.80-1.00 yuan	0.50-0.80元 0.50-0.80 yuan
农、林、牧、渔业 Agriculture,Forestry,Animal Husbandry and Fishery	3	1	6
采矿业 Mining	1	0	3
制造业 Manufacturing	186	89	308
电力、热力、燃气及水生产和供应业 Production and Supply of Electricity,Gas and Water	2	0	5
建筑业 Construction	0	4	4
批发和零售业 Wholesale and Retail Trades	16	8	26
交通运输、仓储和邮政业 Transport,Storage and Post	8	6	11
住宿和餐饮业 Hotels and Catering Services	2	0	0
信息传输、软件和信息技术服务业 Information Transmission,Computer Services and Software	46	33	97
金融业 Financial Intermediation	3	0	2
房地产业 Real Estate	5	3	5
租赁和商务服务业 Leasing and Business Services	11	8	17
科学研究和技术服务业 Scientific Research,Technical Service	19	8	30
水利、环境和公共设施管理业 Management of Water Conservancy,Environment and Public Facilities	5	1	7
居民服务、修理和其他服务业 Resident services，Repairing and other services	1	0	2
教育 Education	1	1	2
卫生和社会工作 Health and Social Works	1	1	2
文化、体育和娱乐业 Culture,Sports and Entertainment	2	2	6

注：1.每股指标按境内股本数量计算。
　　2.每股指标采用整体法计算。
　　3.财务数据按披露年报的6107家挂牌公司为样本进行统计。
　　4.上表分组遵循“上组限不在内”的原则，如“0.80-1.00元”包括0.80元，不包括1.00元。

数据来源：全国中小企业股份转让系统
Source:NEEQ

EPS of Listed NEEQ Companies by Industry in 2022

(unit)

0.20–0.50元 0.20-0.50 yuan	0.10–0.20元 0.10-0.20 yuan	0.05–0.10元 0.05-0.10 yuan	0.00–0.05元 0.00-0.05 yuan	亏损 Deficit	合计 Total
20	8	13	17	38	106
7	4	1	1	5	22
735	380	233	258	882	3071
20	11	5	9	21	73
21	20	23	38	94	204
29	28	11	31	94	243
19	15	6	6	40	111
0	2	1	1	16	22
188	115	78	108	517	1182
9	18	10	12	25	79
10	5	2	3	10	43
47	37	20	40	129	309
61	27	21	26	106	298
20	21	9	12	58	133
1	0	0	1	6	11
6	5	1	7	28	51
7	2	0	2	13	28
10	5	8	6	82	121

6-55　2022年全国股转系统挂牌公司分行业每股净资产

单位：家

行业 Industry	5.00元及以上 Above 5.00 yuan	3.00-5.00元 3.00-5.00 yuan	2.00-3.00元 2.00-3.00 yuan
农、林、牧、渔业 Agriculture,Forestry,Animal Husbandry and Fishery	8	16	23
采矿业 Mining	3	7	2
制造业 Manufacturing	284	585	651
电力、热力、燃气及水生产和供应业 Production and Supply of Electricity,Gas and Water	6	11	14
建筑业 Construction	6	22	31
批发和零售业 Wholesale and Retail Trades	16	31	43
交通运输、仓储和邮政业 Transport,Storage and Post	13	16	22
住宿和餐饮业 Hotels and Catering Services	2	0	0
信息传输、软件和信息技术服务业 Information Transmission,Computer Services and Software	61	147	212
金融业 Financial Intermediation	7	5	11
房地产业 Real Estate	5	12	7
租赁和商务服务业 Leasing and Business Services	8	34	62
科学研究和技术服务业 Scientific Research,Technical Service	24	49	69
水利、环境和公共设施管理业 Management of Water Conservancy,Environment and Public Facilities	11	15	35
居民服务、修理和其他服务业 Resident services，Repairing and other services	0	2	1
教育 Education	2	2	3
卫生和社会工作 Health and Social Works	4	5	4
文化、体育和娱乐业 Culture,Sports and Entertainment	7	12	14

注：1.每股指标按境内股本数量计算。
2.每股指标采用整体法计算。
3.财务数据按披露年报的6107家挂牌公司为样本进行统计。
4.上表分组遵循“上组限不在内”的原则，如“0.50-1.00元”包括0.50元，不包括1.00元。

数据来源：全国中小企业股份转让系统

Source:NEEQ

BPS of Listed NEEQ Companies by Industry in 2022

(unit)

1.00–2.00元 1.00-2.00 yuan	0.50–1.00元 0.50-1.00 yuan	0.00–0.50元 0.00-0.50 yuan	小于0.00元 Below 0.00 yuan	合计 Total
38	12	7	2	106
7	1	1	1	22
1052	267	183	49	3071
29	9	4	0	73
97	23	14	11	204
80	28	38	7	243
39	13	7	1	111
8	6	3	3	22
366	165	181	50	1182
42	8	6	0	79
16	1	1	1	43
95	42	50	18	309
91	34	19	12	298
53	10	9	0	133
5	1	1	1	11
12	12	13	7	51
9	2	1	3	28
29	16	32	11	121

6-56 2022年全国股转系统挂牌公司分行业净资产收益率

单位：家

行业 Industry	100%及以上 Above 100%	60%-100%	40%-60%	30%-40%
农、林、牧、渔业 Agriculture,Forestry,Animal Husbandry and Fishery	0	0	1	2
采矿业 Mining	0	0	1	1
制造业 Manufacturing	9	11	50	97
电力、热力、燃气及水生产和供应业 Production and Supply of Electricity,Gas and Water	1	1	0	1
建筑业 Construction	1	2	0	0
批发和零售业 Wholesale and Retail Trades	5	2	3	7
交通运输、仓储和邮政业 Transport,Storage and Post	1	0	5	3
住宿和餐饮业 Hotels and Catering Services	1	0	0	0
信息传输、软件和信息技术服务业 Information Transmission,Computer Services and Software	15	10	27	39
金融业 Financial Intermediation	0	0	0	2
房地产业 Real Estate	0	0	0	2
租赁和商务服务业 Leasing and Business Services	3	4	5	13
科学研究和技术服务业 Scientific Research,Technical Service	0	1	3	16
水利、环境和公共设施管理业 Management of Water Conservancy,Environment and Public Facilities	1	0	1	1
居民服务、修理和其他服务业 Resident services，Repairing and other services	0	0	0	1
教育 Education	0	0	4	2
卫生和社会工作 Health and Social Works	0	0	0	0
文化、体育和娱乐业 Culture,Sports and Entertainment	1	0	2	3

注：1.财务数据按披露年报的6107家挂牌公司为样本进行统计。

2.上表分组遵循“上组限不在内”的原则，如“5%-10%”包括5%，不包括10%。

数据来源：全国中小企业股份转让系统

Source:NEEQ

ROE of Listed NEEQ Companies by Industry in 2022

(unit)

20%-30%	10%-20%	5%-10%	0%-5%	小于0% Below 0%	净资产为负 Negative Net Asset	合计 Total
2	19	16	27	37	2	106
1	7	3	4	4	1	22
263	757	522	480	833	49	3071
5	16	15	13	21	0	73
7	20	24	56	83	11	204
19	46	28	38	88	7	243
13	19	18	12	39	1	111
2	1	1	1	13	3	22
104	184	138	145	470	50	1182
0	10	21	21	25	0	79
8	11	4	8	9	1	43
27	44	34	48	113	18	309
20	65	41	44	96	12	298
9	18	20	25	58	0	133
2	1	0	1	5	1	11
3	3	5	6	21	7	51
5	3	4	3	10	3	28
4	8	13	7	72	11	121

6-57 2022年全国股转系统挂牌公司分行业每股经营活动产生的现金流量净额

单位：家

行业 Industry	3.00元及以上 Above 3.00 yuan	2.50-3.00元 2.50-3.00 yuan	2.00-2.50元 2.00-2.50 yuan
农、林、牧、渔业 Agriculture,Forestry,Animal Husbandry and Fishery	3	0	0
采矿业 Mining	0	0	0
制造业 Manufacturing	25	11	27
电力、热力、燃气及水生产和供应业 Production and Supply of Electricity,Gas and Water	1	1	2
建筑业 Construction	1	0	1
批发和零售业 Wholesale and Retail Trades	4	1	2
交通运输、仓储和邮政业 Transport,Storage and Post	4	3	2
住宿和餐饮业 Hotels and Catering Services	1	0	0
信息传输、软件和信息技术服务业 Information Transmission,Computer Services and Software	10	2	7
金融业 Financial Intermediation	1	2	2
房地产业 Real Estate	0	0	0
租赁和商务服务业 Leasing and Business Services	7	0	3
科学研究和技术服务业 Scientific Research,Technical Service	1	2	3
水利、环境和公共设施管理业 Management of Water Conservancy,Environment and Public Facilities	1	1	0
居民服务、修理和其他服务业 Resident services，Repairing and other services	0	0	0
教育 Education	0	1	0
卫生和社会工作 Health and Social Works	0	2	2
文化、体育和娱乐业 Culture,Sports and Entertainment	0	0	0

注：1.每股指标按境内股本数量计算。
2.每股指标采用整体法计算。
3.财务数据按披露年报的6107家挂牌公司为样本进行统计。
4.上表分组遵循“上组限不在内”的原则，如“0.50-1.00元”包括0.50元，不包括1.00元。

数据来源：全国中小企业股份转让系统
Source:NEEQ

Net Cash Flow from Operating Activities Per Share of Listed NEEQ Companies by Industry in 2022

(unit)

1.50−2.00元 1.50-2.00 yuan	1.00−1.50元 1.00-1.50 yuan	0.50−1.00元 0.50-1.00 yuan	0.00−0.50元 0.00-0.50 yuan	小于0.00元 below 0.00 yuan	合计 Total
5	7	13	46	32	106
0	0	2	15	5	22
79	154	447	1435	893	3071
0	3	16	37	13	73
0	6	15	87	94	204
6	16	33	97	84	243
6	7	16	48	25	111
0	3	5	8	5	22
13	27	92	451	580	1182
1	4	5	33	31	79
0	2	8	14	19	43
6	11	33	119	130	309
8	13	35	127	109	298
3	1	12	74	41	133
2	0	2	1	6	11
1	0	4	19	26	51
1	1	7	9	6	28
1	6	10	47	57	121

主要统计指标解释

Explanatory Notes on Main Statistical Indicators

上市公司家数　指在统计期末其发行的股票在交易所上市的股份有限公司的数量。以股票上市日进行统计，同时发行 A、B 股的上市公司，按一家计算。

挂牌公司家数　指统计期末其股票在全国股转公司挂牌的股份有限公司的数量。

上市公司股本　也称上市公司总股本，是指统计期末上市公司在境内发行的全部股份数量合计，包括 A 股股本、B 股股本和其他不流通的境内股本。

挂牌公司股本　也称挂牌公司总股本，是指统计期末挂牌公司全部股份数量合计。

非限售股本　非限售股本通常也称为流通股本。

计算公式为：非限售股本=上市公司股本-限售股本

股票市值　指统计期末根据上市公司股票价格和对应股票数量计算的股权价值合计。具体统计口径和计算方法如下：如当日无交易价格，采用最后交易日的收盘价；暂停上市股票的价格以零计算；未股改公司的非流通股以流通 A 股价格计算市值；仅发行 B 股的上市公司，其非流通股不进行股票市值计算；对当日除权股票进行市值计算时需要包含在途股份（已登记未上市）的市值。

上市公司市值　指统计期末根据上市公司股票价格和对应股本计算的股权价值合计。

计算公式为：上市公司市值=A 股价格 × A 股股本 +B 股价格 × B 股股本

上市公司流通市值　指上市公司 A 股流通市值和 B 股流通市值的合计

贰零贰叁

七. 证券期货经营机构

Securities and Futures Institutions

贰零贰叁

2022 年证券基金经营机构综述

2022 年，证券基金经营机构面对疫情冲击和复杂严峻的经济金融形势，坚持稳字当头、稳中求进，资产规模和资本实力稳步增长，服务实体经济和财富管理功能逐步增强，合规风控水平持续提升，行业生态进一步改善。一是高质量发展成效显著，个人养老金投资公募基金制度正式落地实施，第二批基金投顾业务试点平稳上线，14 家平台企业资本市场业务整改全面完成，首例“绿灯”投资案例顺利落地。二是对外开放步履坚定，截至 2022 年底，外资全资或控股证券和基金管理公司已达 15 家，5 家证券和基金管理公司在境外设立 9 家子公司，4 家证券公司对境外子公司增资，有序扩展海外业务，新增境外合格投资者 68 家，同比增长 10%。三是维稳防险功能凸显，证券基金经营机构 A 股全年净买入 6000 亿元，为期四年的证券公司子公司清改规范顺利收尾，各类子公司由 800 余家减少至 200 余家，新时代证券和国盛证券、国盛资管结束接管，网信证券破产重整顺利终结。

一、证券经营机构发展概况

截至 2022 年底，全国 140 家证券公司，总资产 11.06 万亿元，净资产 2.79 万亿元，负债 8.27 万亿元。本年营业收入 3950.07 亿元，净利润 1433.32 亿元。

二、基金经营机构发展概况

截至 2022 年底，全国基金管理公司 142 家（其中新设基金公司 5 家），总资产 3476 亿元、净资产 2473 亿元，2022 年营业收入 1647 亿元、净利润 453 亿元。管理资产中，公募基金 26 万亿元，社保基金、企职业年金、基本养老金等各类养老资产 4 万亿元，基金公司及基金子公司管理的基金专户规模 5 万亿元，新增个人养老金 19 亿元。

7-1　证券期货经营机构数量

Number of Securities and Futures Institutions

单位：家 (unit)

年份 Year	证券公司家数 Number of Securities Companies			证券分支机构家数 Number of Securities Branches	证券投资咨询机构家数 Number of Security Investment Consulting Institutions
	合计 Total	中资 China-funded	中外合资 Sino-foreign Joint Venture		
1994	91	--	--	2262	--
1995	97	--	--	--	--
1996	94	--	--	2420	--
1997	90	--	--	2412	--
1998	90	--	--	2412	--
1999	90	--	--	2412	--
2000	100	--	--	2680	--
2001	109	--	--	2700	
2002	127	--	--	2936	--
2003	133	--	--	3020	111
2004	133	--	--	3075	116
2005	116	--	--	3090	109
2006	104	--	--	3105	102
2007	106	--	--	3060	101
2008	107	--	--	3170	100
2009	106	--	--	3956	98
2010	106	97	9	4644	91
2011	109	97	12	5008	88
2012	114	101	13	5261	89
2013	115	102	13	5821	86
2014	121	110	11	6969	84
2015	125	114	11	7705	84
2016	129	116	13	9061	84
2017	131	118	13	10528	84
2018	131	118	13	11013	84
2019	133	118	15	11390	84
2020	138	123	15	11649	83
2021	140	123	17	11931	83
2022	140	123	17	12114	80

数据来源：中国证券监督管理委员会、中国证券投资基金业协会
Source: CSRC、AMAC

7-1 续表 1 continued

单位：家 (unit)

年份 Year	基金管理公司家数 Number of Fund Management Companies			基金管理公司专户子公司家数 Number of Subsidiaries of Fund Management Companies	私募基金管理人家数 Number of Private Fund Management Companies
	合计 Total	中资 China-funded	外资参股基金公司 Sino-foreign Joint Venture		
1994	--	--	--	--	--
1995	--	--	--	--	--
1996	--	--	--	--	--
1997	--	--	--	--	--
1998	6	3	3	--	--
1999	10	4	6	--	--
2000	10	4	6	--	--
2001	15	8	7	--	--
2002	21	10	11	--	--
2003	33	15	18	--	--
2004	44	20	24	--	--
2005	52	23	29	--	--
2006	57	23	34	--	--
2007	58	23	35	--	--
2008	60	23	37	4	--
2009	60	23	37	7	--
2010	63	24	39	12	--
2011	69	29	40	15	--
2012	77	34	43	33	--
2013	89	41	48	64	--
2014	95	49	46	73	5052
2015	101	56	45	79	25065
2016	109	64	45	79	17433
2017	113	69	44	79	22446
2018	120	76	44	79	24448
2019	128	84	44	79	24471
2020	133	89	44	79	24561
2021	137	92	45	80	24610
2022	142	95	47	80	23667

7-1　续表 2　continued

单位：家　　(unit)

年份 Year	期货公司家数 Number of Futures Companies				期货资管子公司家数 Number of Subsidiaries with Asset Management of Futures Company	期货风险管理公司家数 Number of Subsidiaries with Risk Management of Futures Company	期货分支机构家数 Number of Future Branches
	合计 Total	中资 China-funded	中外合资 Sino-foreign Joint Venture	外资 foreign-funded			
1994	--	--	--	--	--	--	--
1995	--	--	--	--	--	--	--
1996	329	--	--	--	--	--	--
1997	294	--	--	--	--	--	--
1998	278	--	--	--	--	--	--
1999	213	--	--	--	--	--	--
2000	178	--	--	--	--	--	--
2001	200	--	--	--	--	--	--
2002	179	--	--	--	--	--	--
2003	186	--	--	--	--	--	--
2004	188	--	--	--	--	--	--
2005	183	--	--	--	--	--	--
2006	183	--	--	--	--	--	--
2007	177	--	--	--	--	--	--
2008	171	--	--	--	--	--	--
2009	167	--	--	--	--	--	--
2010	163	--	--	--	--	--	--
2011	163	160	3	--	--	--	1186
2012	161	158	3	--	--	--	1330
2013	156	153	3	--	--	20	1469
2014	152	149	3	--	--	33	1547
2015	150	148	2	--	11	51	1618
2016	149	147	2	--	11	62	1603
2017	149	147	2	--	11	70	1725
2018	149	147	2	--	10	79	1909
2019	149	147	2	--	10	86	1957
2020	149	148	1	--	10	88	1939
2021	150	149	1	--	10	97	2092
2022	150	149	0	1	10	100	2128

7-2 2022年证券期货经营机构按监管辖区分布

Regulatory Jurisdiction Distribution of Securities and Futures Institutions in 2022

单位：家 (unit)

辖区	Jurisdiction	证券公司 Securities Companies	证券投资咨询机构 Securities Incestment Consulting Companies	基金管理公司 Fund Management Companies	已登记私募基金管理人 Registered Private Fund Manager	期货公司 Futures Companies	合计 Total
北京	Beijing	18	15	36	3970	20	4059
天津	Tianjin	1	1	1	398	6	407
河北	Hebei	1	1	0	102	1	105
山西	Shanxi	2	1	0	60	2	65
内蒙古	Inner Mongolia	2	0	0	52	0	54
辽宁	Liaoning	2	2	0	68	0	72
吉林	Jilin	2	0	0	58	2	62
黑龙江	Heilongjiang	1	1	0	51	2	55
上海	Shanghai	31	16	64	4410	36	4557
江苏	Jiangsu	6	3	0	1276	9	1294
浙江	Zhejiang	5	3	2	1921	11	1942
安徽	Anhui	2	2	1	235	3	243
福建	Fujian	3	2	0	245	3	253
江西	Jiangxi	2	0	0	270	1	273
山东	Shandong	1	2	0	426	4	433
河南	Henan	1	1	0	169	2	173
湖北	Hubei	2	1	0	411	2	416
湖南	Hunan	3	3	0	283	2	291
广东	Guangdong	6	5	5	1774	8	1798
广西	Guangxi	1	0	0	88	0	89
海南	Hainan	2	1	0	589	2	594
重庆	Chongqing	1	1	1	181	4	188
四川	Sichuan	4	3	0	429	3	439
贵州	Guizhou	2	0	0	73	0	75
云南	Yunnan	2	1	0	72	2	77
西藏	Tibet	2	0	0	168	0	170
陕西	Shaanxi	3	1	0	267	3	274
甘肃	Gansu	1	0	0	38	1	40
青海	Qinghai	1	0	0	12	1	14
宁夏	Ningxia	0	0	0	42	0	42
新疆	Xinjiang	2	0	0	96	2	100
深圳	Shenzhen	22	10	31	3871	14	3948
大连	Dalian	1	1	0	68	0	70
宁波	Ningbo	1	1	0	755	1	758
厦门	Xiamen	2	1	0	339	2	344
青岛	Qingdao	2	1	1	400	1	405
合计	Total	140	80	142	23667	150	24179

注：证券公司和期货公司按照公司注册地所在辖区统计，基金管理公司按照公司办公地所在辖区统计。

数据来源：中国证券监督管理委员会、中国证券投资基金业协会

Source: CSRC、AMAC

7-3　证券期货经营机构业务资格情况
Qualification of Securities and Futures Institutions

单位：家 (unit)

年份 Year	证券公司家数 Number of Securities Companies	其中具有: Which having: 资产管理业务资格 Qualification for Asset Management Business	保荐机构资格 Qualification for Sponsor Institution	基金代销业务资格 Qualification for Fund Sales Agency Business	全国中小企业股份转让系统主办券商业务资格 Qualification for Broker-dealer Business on NEEQ	融资融券业务资格 Qualification for Margin Financing and Securities Lending Business	转融通业务资格 Qualification for Refinancing Business
1995	97	--	--	--	--	--	--
1996	94	--	--	--	--	--	--
1997	90	--	--	--	--	--	--
1998	90	--	--	--	--	--	--
1999	90	--	--	--	--	--	--
2000	100	--	--	--	--	--	--
2001	109	--	--	6	--	--	--
2002	127	61	--	13	--	--	--
2003	133	70	--	17	--	--	--
2004	133	71	75	28	--	--	--
2005	116	62	76	10	--	--	--
2006	104	53	68	2	--	--	--
2007	106	54	67	2	--	--	--
2008	107	55	67	22	--	--	--
2009	106	69	71	17	--	--	--
2010	106	70	72	18	--	25	--
2011	109	76	74	18	--	25	--
2012	114	87	77	27	66	74	30
2013	115	89	79	98	80	84	74
2014	121	93	80	77	87	92	81
2015	125	95	86	77	95	95	80
2016	129	98	92	77	100	93	92
2017	131	99	96	96	101	94	92
2018	131	99	98	97	102	95	92
2019	133	99	99	99	102	94	91
2020	138	99	100	98	107	94	93
2021	140	100	103	98	110	94	93
2022	140	103	103	97	109	95	94

数据来源：中国证券监督管理委员会、全国中小企业股份转让系统、中国证券金融公司
Source: CSRC、NEEQ、CSF

7-3 续表 continued

单位：家 (unit)

年份 Year	基金管理公司家数 Number of Fund Management Companies	其中具有: Which having: 私募资产管理业务资格 Qualification for Private Futures A Management Business	QDII业务资格 QDII Qualification	期货公司家数 Number of Future Companies	其中具有: Which having: 金融期货经纪业务资格 Qualification for Financial Futures Brokerage Business	期货交易咨询资格 Qualification for Futures Trading Consulting	资产管理业务资格 Qualification for Futures Asset Management Business	风险管理业务试点备案 Qualification for Futures Risk Management Business
1995	--	--	--	--	--	--	--	--
1996	--	--	--	329	--	--	--	--
1997	--	--	--	294	--	--	--	--
1998	6	--	--	278	--	--	--	--
1999	10	--	--	213	--	--	--	--
2000	10	--	--	178	--	--	--	--
2001	15	--	--	200	--	--	--	--
2002	21	--	--	179	--	--	--	--
2003	33	--	--	186	--	--	--	--
2004	44	--	--	188	--	--	--	--
2005	52	--	--	183	--	--	--	--
2006	57	--	1	183	--	--	--	--
2007	58	--	15	177	--	--	--	--
2008	60	32	26	171	--	--	--	--
2009	60	35	31	167	--	--	--	--
2010	63	35	31	163	--	--	--	--
2011	69	63	32	163	--	--	--	--
2012	77	76	32	161	152	83	18	--
2013	89	88	32	156	149	88	29	20
2014	95	95	32	152	147	97	46	33
2015	101	101	38	150	148	103	123	50
2016	109	109	42	149	147	102	129	61
2017	113	93	45	149	147	113	129	68
2018	120	110	45	149	147	117	129	66
2019	128	112	48	149	147	120	129	84
2020	133	115	50	149	148	121	129	85
2021	137	127	51	150	148	124	128	92
2022	142	131	55	150	148	124	129	96

7-4　证券公司重要指标情况
Important Indicators of Securities Companies

单位：亿元　　(100 million yuan)

年份 Year	总资产 Total Assets	净资产 Net Assets	净资本 Net Capital	营业收入 Operating Revenue	营业利润 Operating Profit	利润总额 Total Profit	净利润 Net Profit	期末风险资本准备 Risk Capital Reserves at the End of This Period
2007	17313.39	3446.91	2976.83	2847.49	1909.42	1910.69	1320.46	--
2008	11912.23	3584.83	2916.62	1247.28	603.88	609.16	500.43	625.25
2009	20286.91	4840.38	3819.54	2052.95	1195.79	1209.43	933.87	975.60
2010	19686.13	5674.36	4338.22	1926.29	999.24	1010.29	783.05	1105.18
2011	15722.53	6298.25	4648.71	1359.32	482.85	503.37	389.06	1071.54
2012	17209.32	6946.15	4964.36	1301.21	401.76	422.88	331.40	604.02
2013	20803.46	7538.15	5193.74	1593.43	571.79	570.70	440.47	850.03
2014	40340.65	9046.75	6645.61	2553.80	1204.08	1238.24	948.50	1216.47
2015	64170.00	14515.42	12523.03	5751.55	3179.84	3189.87	2447.63	1767.00
2016	57934.47	16457.94	14753.54	3286.09	1514.69	1547.44	1232.31	5871.78
2017	61413.53	18482.25	15742.63	3127.65	1388.75	1407.16	1119.74	6473.05
2018	62592.58	18808.32	15704.31	2632.87	831.51	839.93	708.24	6233.45
2019	72586.78	20156.08	16176.61	3599.76	1491.51	1481.87	1194.51	6383.71
2020	89018.09	22962.41	18072.87	4475.69	1835.01	1817.48	1466.91	7221.78
2021	105981.39	25660.32	19924.37	4983.49	2300.07	2276.25	1881.01	7998.38
2022	110616.95	27888.57	20902.02	3950.07	1550.60	1573.32	1433.32	8097.81

数据来源：中国证券监督管理委员会
Source: CSRC

7-5 2022年证券公司资产负债表
Balance Sheet of Securities Companies in 2022

单位：亿元　　(100 million yuan)

资产	Assets	期初余额 Beginning Balance	期末余额 Ending Balance
资产	**Assets:**		
货币资金	Monetary Assets	19993.98	19892.35
其中：自有资金存款	Thereinto:Self-Owned Fund Deposit	4085.59	4350.34
自有信用资金存款	Self-Owned Credit Fund Deposit	125.55	131.36
客户资金存款	Clients' Capital Deposit	13718.83	13317.64
客户信用资金存款	Clients' Credit Fund Deposit	1827.52	1856.34
结算备付金	Transaction Settlement Funds	5285.27	5615.45
其中：自有备付金	Thereinto: Self-Owned Reserve for Settlement	1456.98	1863.35
客户备付金	Clients' Reserve for Settlement	3258.23	3324.96
信用备付金	Credit Reserve for Settlement	559.80	422.72
拆出资金	Inter-bank Lending Capital	23.45	23.45
融出资金	Capital Lending	17357.87	14767.29
交易性金融资产	Financial Assets Held for Trade	34600.36	36711.41
其中：流动受限证券	Thereinto: Flow Restricted Securities	3489.68	2479.03
衍生金融资产	Derivative Financial Assets	635.96	851.36
买入返售金融资产	Financial Assets Purchased under Agreements to Resell	4765.07	5045.19
其中：约定购回	Thereinto:Capital Lending of Pre-arranged Repo	27.27	35.00
股票质押回	Capital Lending of Pledge-style Repo	2279.03	2110.18
应收利息	Interests Receivable	12.47	11.26
存出保证金	Margin Paid	1153.05	1465.53
其中：交易保证金	Thereinto:Trading Margin	460.01	544.80
信用保证金	Credit Margin	93.41	85.19
履约保证金	Performance Bond Margin	529.56	707.11
长期股权投资	Long-term Equity Investment	5060.78	5482.24
投资性房地产	Investment Real Estate	51.10	52.73
固定资产	Fixed Assets	438.06	455.78
其中：在建工程	Thereinto:Construction in Progress	37.23	40.34
无形资产	Intangible Assets	192.42	206.63
商誉	Goodwill	191.93	42.83
递延所得税资产	Deferred Income Tax Assets	42.83	572.99
其他资产	Other Assets	1044.61	1267.43
其中：应收款项	Accounts Receivable	1396.96	926.15
应收股利	Dividends Receivable	42.02	46.62
抵债资产	Debt- expiated Assets	0.38	0.43
长期待摊费用	Proxy Cashing Bonds	45.74	47.85
资产总计	**Total Assets**	**105981.39**	**110616.95**

数据来源：中国证券监督管理委员会
Source: CSRC

7-5　续表　continued

单位：亿元　(100 million yuan)

资产	Assets	期初余额 Beginning Balance	期末余额 Ending Balance
负债	**Liabilities:**		
短期借款	Short-term Loan	10.01	0.51
其中：质押借款	Thereinto:Pledge Loan	0.01	0.00
信用借款	Credit Loan	10.00	0.51
拆入资金	Money Borrowing	3324.56	3501.26
其中：转融通融入资金	Thereinto:Money Borrowing from Refinancing Business	920.98	975.73
交易性金融负债	Financial Liabilities Held for Trade	1650.93	3099.41
衍生金融负债	Derivative Financial Liabilities	869.51	786.34
卖出回购金融资产款	Money from Selling Repo Financial Assets	20696.95	22907.44
其中：报价回购融入资金	Thereinto:Money Borrowing from Quotation-based Repo	1609.12	1939.33
代理买卖证券款	Money from Acting Securities Trading	16790.07	16617.71
信用交易代理买卖证券款	Money from Acting Securities Trading for Credit Transaction	2199.79	2160.02
代理承销证券款	Money from Acting to Underwrite Securities	144.06	165.63
应付职工薪酬	Employee Salary Payable	1385.37	1191.44
应交税费	Tax Payable	297.37	169.25
应付款项	Thereinto:Accounts Payable	4520.33	5.97
预计负债	Estimated Liabilities	52.73	35.97
长期借款	Long-term Equity Loan	210.28	13.83
应付债券	Bonds Payable	21402.42	20779.03
其中：应付公司债券	Corporate Bonds Payable	15411.98	15920.21
递延所得税负债	Deferred Income Tax Liabilities	85.46	47.13
其他负债	Other Liabilities	779.10	773.61
其中：应付利息	Interests Payable	7.49	4520.33
次级债	Subordinated Debt	4516.88	3672.72
其中：短期次级债	Thereinto:Short-term Subordinated Debt	22.02	28.66
长期次级债	Long-term Subordinated Debt	4494.86	3644.06
负债合计	**Total Liabilities**	**80321.07**	**82728.38**
所有者权益	Owners' Equity:		
实收资本(或股本)	Equity	5815.30	6059.09
资本公积	Capital Reserve	9022.89	9815.71
减：库存股	less:Treasury Stock	24.98	25.25
盈余公积	Surplus Reserve	1350.34	1466.06
一般风险准备	General Contingency Reserve	1631.71	1786.95
交易风险准备	Risk Reserves for Exchange	1547.17	1693.80
未分配利润	Undistributed Profits	4871.86	5049.12
所有者权益合计	**Owner's Equity-Total**	**25660.32**	**27888.57**
负债和所有者权益总计	**Total Liabilities and Owner's Equity**	**105981.39**	**110616.95**

7-6　2022年证券公司利润表
Income Statement of Securities Companies in 2022

单位：亿元　　(100 million yuan)

项目	Item	上期金额 Beginning Balance	本期金额 Ending Balance
一、营业收入	**Operating Revenue:**	**4983.49**	**3950.07**
手续费及佣金净收入	Net Income from Commissions	2657.06	2316.17
其中：证券经纪业务净收入	Thereinto:Net Income from Brokerage Business	1544.07	1286.74
其中：代理买卖证券业务净收入	Thereinto: Net Income from Acting Securities Trading	1084.19	908.26
交易单元席位租赁净收入	Net Income from Trading unit seat lease	251.38	222.74
代理销售金融产品净收入	Net Income from Financial Sales Agency Business	207.24	154.93
投资银行业务净收入	Net Income from Investment banking Business	705.77	662.82
其中：承销业务净收入	Thereinto: Net Income from Securities Underwriting Business	590.04	553.74
保荐业务净收入	Net Income from Sponsor Business	30.50	30.67
财务顾问业务净收入	Net Income from Financial Advisory Business	80.88	75.06
其中：并购重组财务顾问	Thereinto:Net Income from Merger and Reorganization	15.52	13.45
投资咨询服务净收入	Net Income from Investment Consulting Business	54.85	51.91
资产管理业务净收入	Net Income from Asset Management Business	297.78	271.00
其中：公募基金管理业务净收入(含大集合)	Thereinto:Net Income from Public Funds Management Business	116.97	95.03
集合资产管理业务净收入	Net Income from Aggregate Asset Management Business	94.88	95.01
定向资产管理业务净收入	Net Income from Directional Asset Management Business	94.84	69.19
专项资产管理业务净收入	Net Income from Specific Asset Management Business	10.99	11.06
利息净收入	Net Interests Income	633.30	631.58
其中：1.利息收入	Thereinto: Interests Income	2276.70	2223.74
其中：存放金融同业利息收入	Thereinto: Interests Income of Deposits in Financial Institutions	486.15	538.27
其中：自有资金存款利息收入	Thereinto:Interests Income of Self-Owned Fund Deposit	137.09	173.50
客户资金存款利息收入	Interests Income of Clients' Capital Deposit	349.42	364.61
融资业务利息收入	Interests Income of Financing Business	1317.34	1170.71
其中：融资融券业务利息收入	Thereinto:Interests Income of Margin Requirement	1150.28	1038.16
约定购回利息收入	Interests Income of Pre-arranged Repo	1.67	1.56
股票质押回购利息收入	Interests Income of Pledge-style Repo	163.78	130.76
2.利息支出(支出以“－”号填列)	Interests Expense	-1583.46	-1568.30
其中：卖出回购金融资产利息支出	Thereinto: Interests Expense of Repurchase of Financial Assets	-445.01	-435.04
其中：报价回购利息支出	Thereinto: Interests Expense of Price Repurchase	-36.31	-43.97
拆入资金利息支出	Interests Expense of Money Borrowing	-120.11	-121.54
其中：转融通利息支出	Thereinto: Interests Expense of Refinancing	-78.52	-62.24
债券利息支出	Interests Expense of Bonds	-867.23	-851.76

注：净损失以“－”号填列，冲回以“－”列示。
数据来源：中国证券监督管理委员会
Source: CSRC

7-6　续表　continued

单位：亿元　(100 million yuan)

项目	Item	上期金额 Beginning Balance	本期金额 Ending Balance
投资收益	Investment Income	1549.11	1292.28
其中：成本法核算的长期股权投资收益	Thereinto:Return of Investment on Joint Ownership Enterprises	141.82	103.08
权益法核算的长期股权投资收益	Return of Investment on Subsidiary Company	121.02	203.26
处置长期股权的投资收益	Return of Investment on Trading Financial Instrument	12.58	-287.54
股权类金融工具的投资收益	Return of Investment on Financial Assets Available for Sales	625.16	0.67
固定收益类的投资收益	Return of Investment on Held-to-Maturity Investment	823.59	918.99
衍生金融工具的投资收益	Return of Investment on Derivative Financial Instrument	-301.99	103.31
公允价值变动收益	Profit from Fair Value Change	87.30	103.31
其中：交易性金融工具公允价值变动收益	Thereinto:Fair Value Change of Trading Financial Instrument	114.93	110.61
衍生金融工具公允价值变动收益	Fair Value Change of Derivative Financial Instrument	-6.76	297.43
汇兑收益	Net Exchange Gain	0.80	12.19
其他业务收入	Other Business Income	12.96	15.98
二、营业支出	**Operating Cost:**	**2683.42**	**2399.47**
营业税金及附加	Business Tax and Surcharges	35.77	30.07
业务及管理费	General and Administrative Expenses	2582.48	2352.67
其中：折旧及摊销	Thereinto:Depreciation and Amortization	202.07	227.25
职工薪酬	Employee Salary	1817.61	1576.31
证券投资者保护基金	Securities Investor Protection Fund	38.89	19.75
资产减值损失	Asset Impairment Loss	82.60	4.62
其他业务成本	Cost of Other Businesses	2.35	3.54
三、营业利润	**Operating Profit:**	**2300.07**	**1550.60**
加：营业外收入	Add: Non-operating Income	12.09	39.03
减：营业外支出	Less: Non-operating Expenditure	35.96	16.31
四、利润总额	Total Profit:	2276.25	1573.32
减：所得税费用	Less: Income Tax	396.66	140.00
五、净利润	Net Profit	1881.01	1433.32

7-7　2022年证券公司净资本表
Net Capital Sheet of Securities Companies in 2022

单位：亿元　(100 million yuan)

项目	Item	期初余额 Beginning Balance	期末余额 Ending Balance
净资产	Net assets	25660.32	27888.57
减：优先股及永续次级债等	Less:Preferred stock perpetual subordinated debt etc.	1300.08	2023.52
减：资产项目的风险调整合计	Less: Risk Adjustment of Derivative Financial Assets	6971.64	7831.54
减：或有负债的风险调整合计	Less: Risk Adjustment of Contingent Liabilities	494.07	471.45
加：中国证监会认定或核准的其他调整项目合计	Add: Other Adjustment of CSRC	317.60	263.22
减：中国证监会认定或核准的其他调整项目合计	Less: Other Adjustment of CSRC	55.85	54.86
核心净资本	Core Net Capital	17060.26	17770.41
加：附属净资本	Add: Additional Net Capital	2768.09	3131.61
净资本	Net Capital	19924.37	20902.02

数据来源：中国证券监督管理委员会
Source: CSRC

7-8 2022年证券公司风险资本准备表
Risk Capital Reserve Sheet of Securities Companies in 2022

单位：亿元 (100 million yuan)

项目	Item	期初余额 Beginning Balance	期末余额 Ending Balance
1. 市场风险资本准备	Market Risk Capital Reserves	6355.33	7254.68
2. 信用风险资本准备	Credit Risk Capital Reserves	3916.21	3795.08
3. 操作风险资本准备	Operational Risk Capital Reserves	605.64	693.82
4. 特定风险资本准备	Specific Risk Capital Reserves	1135.80	1048.61
分类调整前的各项风险资本准备合计	Total Risk Capital Reserves(Before the adjustment)	12174.78	12733.66
分类调整后的各项风险资本准备合计	Total Risk Capital Reserves(After the adjustment)	7998.38	8097.81

数据来源：中国证券监督管理委员会
Source: CSRC

7-9 期货公司重要指标情况
Important Indicators of Futures Companies

单位：亿元 (100 million yuan)

年份 Year	总资产 Total Assets	净资产 Net Assets	净资本 Net Capital	营业收入 Operating Revenue	营业利润 Operating Profit	利润总额 Total Profit	净利润 Net Profit	期末风险资本准备 Risk Capital Reserves at the End of This Period
2013	2569.82	521.87	439.37	184.85	46.77	48.15	35.69	116.57
2014	3431.99	612.74	472.47	198.04	52.91	54.58	40.73	144.45
2015	4749.67	783.41	596.65	236.2	76.87	78.18	59.13	203.44
2016	5438.31	910.54	684.8	233.45	82.13	84.96	64.75	267.76
2017	5247.48	1060.11	750.51	275.47	103.31	104.57	80.79	145.15
2018	5142.50	1100.71	752.04	261.87	32.19	33.65	13.62	133.59
2019	6451.18	1210.16	717.46	272.67	74.70	75.23	56.57	171.63
2020	9845.13	1362.43	789.59	352.27	107.43	107.48	82.96	275.11
2021	13815.76	1614.46	1026.86	494.27	176.22	176.04	137.38	389.21
2022	16997.90	1841.33	1166.45	401.76	141.39	140.42	109.62	467.65

数据来源：中国证券监督管理委员会
Source: CSRC

7-10　2022年期货公司资产负债表
Balance Sheet of Futures Companies in 2022

单位：亿元　　(100 million yuan)

资产	Assets	期初余额 Beginning Balance	期末余额 Ending Balance
资产:	Assets:		
货币资金	Monetary Assets	7340.30	9399.15
其中：期货保证金存款	Thereinto:Futures Margin Deposit	7153.00	9174.93
应收货币保证金	Monetary Margin Receivable	4033.42	4649.25
应收质押保证金	Pledged Margin Receivable	1275.10	1601.78
存出保证金	Margin Paid	0.99	0.83
交易性金融资产	Financial Assets Held for Trade	578.12	670.70
应收结算担保金	Receivable Guaranty Money for Settlement	35.86	25.92
应收风险损失款	Receivable Money for Risk Loss	1.53	0.79
应收手续费及佣金	Fees and Commissions Receivable	0.57	1.40
其他应收款(合计)	Total of Other Receivables	25.66	28.75
应收股利	Dividends Receivable	3.70	4.60
应收利息	Interests Receivable	1.98	1.04
其他应收款	Other Receivable	19.98	23.12
可供出售金融资产	Financial Assets Available for Sales	--	--
持有至到期投资	Held-to-Maturity Investment	--	--
结算备付金	Deposit Reservation for Balance	--	1.67
债权投资	Debit Investment	20.14	20.48
其他权益工具投资	Investment in other equity instruments	1.05	0.95
其他债权投资	Other debit investment	14.33	10.86
买入返售金融资产	Finacial assets purchased under agreement to resell	28.52	26.78
长期股权投资	Long-term Equity Investment	358.64	447.66
期货会员资格投资	Futures Membership Investment	2.12	2.10
持有待售资产	Assets Held for Sale	--	--
固定资产	Fixed Assets	24.38	28.78
使用权资产	Right-of-Use Asset	20.56	20.43
无形资产	Intangible Assets	9.66	9.61
递延所得税资产	Deferred Income Tax Assets	8.27	10.91
其他资产	Other Assets	36.55	39.09
资产总计	Total Assets	13815.76	16997.90

注：因会计准则变更以及报表审计，期初数字可能出现不可比的情况。
数据来源：中国证监会
Source: CSRC

7-10 续表 continued

单位：亿元 (100 million yuan)

负债和所有者权益	Liabilities and Owner's Equity	期初余额 Beginning Balance	期末余额 Ending Balance
负债:	Liabilities:		
短期借款	Short-term Loan	--	--
应付货币保证金	Monetary Margin Payable	10568.96	13197.10
应付质押保证金	Pledged Margin Payable	1278.73	1609.20
交易性金融负债	Financial Liabilities Held for Trade	15.80	8.10
期货风险准备金	Capital Reserve for Futures	89.75	100.12
应付期货投资者保障基金	Futures Investors Protection Fund Payable	0.75	0.71
应付职工薪酬	Employee Salary Payable	61.04	54.35
应交税费	Tax Payable	18.92	11.62
其他应付款(合计)	Other Payables	35.95	26.74
其中：应付利息	Interests Payable	0.48	0.49
应付股利	Dividends Payables	6.12	2.44
其他应付款	Other Payable	29.35	23.82
应付手续费及佣金	Fees and Commission Payable	3.95	6.52
代理买卖证券款	Acting trading securities	--	2.95
预计负债	Estimated Liabilities	0.70	0.57
持有待售负债	Liabilities Held for Sale	--	--
应付债券合计	Total bonds payables	58.07	71.83
长期借款	Long-term Equity Loan	1.07	0.74
递延所得税负债	Deferred Income Tax Liabilities	4.76	3.24
租赁负债	Lease Liabilities	20.10	20.05
其他负债	Other Liabilities	42.45	42.72
负债合计	Total Liabilities	12201.00	15156.57
所有者权益(或股东权益):	Owners' Equity		
实收资本(或股本)	Equity	987.07	1123.09
其他权益工具	Total other equity instruments	1.09	1.09
资本公积	Capital Reserve	213.46	239.13
减：库存股	less:Treasury Stock	--	--
其他综合收益	Other comprehensive income	0.25	0.13
盈余公积	Surplus Reserve	71.29	82.59
一般风险准备	General Contingency Reserve	69.48	80.67
未分配利润	Undistributed Profits	272.12	314.62
所有者权益(或股东权益)合计	Owner's Equity-Total	1614.76	1841.33
负债和所有者权益总计	Total Liabilities and Owner's Equity	13815.76	16997.90

注：因会计准则变更以及报表审计，期初数字可能出现不可比的情况。
数据来源：中国证监会
Source: CSRC

7-11　2022年期货公司利润表
Income Statement of Futures Companies in 2022

单位：亿元　　(100 million yuan)

项目	Item	上期金额 Beginning Balance	本期金额 Ending Balance
营业收入：	**Operating Revenue:**	**494.27**	**401.76**
手续费及佣金净收入	Net Income from Fees and Commissions	314.46	246.11
利息净收入	Net Interests Income	133.29	138.73
投资收益	Investment Income	43.36	23.70
公允价值变动收益	Profit from Fair Value Change	-5.11	-16.28
汇兑净收益	Net Exchange Gain	-0.02	0.05
资产处置收益	Asset disposal Income	0.05	0.02
其他收益	Other Income	2.50	4.05
其他业务收入	**Other Business Income**	**5.74**	**5.39**
营业支出：	**Operating Cost:**	**318.05**	**260.37**
提取期货风险准备金	Reserve for Futures Risk	14.37	11.00
税金及附加	Tax and Surcharges	1.63	1.36
业务及管理费	General and Administrative Expenses	297.54	245.64
信用减值损失	**Credit Impairment Loss**	**0.99**	**-0.68**
资产减值损失	Asset Impairment Loss	0.52	0.09
其他业务成本	Cost of Other Businesses	2.99	2.95
营业利润：	**Operating Profit:**	**176.22**	**141.39**
加：营业外收入	**Add: Non-operating Income**	**1.26**	**0.61**
减：营业外支出	**Less: Non-operating Expenditure**	**1.44**	**1.58**
利润总额：	**Total Profit:**	**176.04**	**140.42**
减：所得税费用	Less: Income Tax	38.66	30.80
净利润	**Net Profit**	**137.38**	**109.62**

数据来源：中国证券监督管理委员会
Source: CSRC

7-12 2022年证券公司财务情况前20排名表
Top 20 Securities Companies Ranked by Pecuniary Condition in 2022

排名 Rank	总资产 Total Assets			排名 Rank	净利润 Net Profit		
	公司名称 Company Name	金额(亿元) Amount (100 million yuan)	占比(%) Proportion (%)		公司名称 Company Name	金额(亿元) Amount (100 million yuan)	占比(%) Proportion (%)
1	中信证券	9245.87	8.36	1	中信证券	159.46	11.13
2	华泰证券	6521.51	5.90	2	华泰证券	122.10	8.52
3	国泰君安	6405.01	5.79	3	海通证券	96.25	6.72
4	招商证券	5389.82	4.87	4	国泰君安	91.58	6.39
5	中国银河	5378.16	4.86	5	广发证券	78.48	5.48
6	广发证券	5283.36	4.78	6	中国银河	73.95	5.16
7	申万宏源	5028.76	4.55	7	招商证券	68.83	4.80
8	海通证券	4720.07	4.27	8	中信建投	65.71	4.58
9	中信建投	4677.99	4.23	9	国信证券	62.01	4.33
10	国信证券	3751.08	3.39	10	东方财富	52.78	3.68
11	中金公司	3399.89	3.07	11	中金公司	46.42	3.24
12	东方证券	2528.50	2.29	12	平安证券	44.13	3.08
13	平安证券	2448.26	2.21	13	申万宏源	34.09	2.38
14	光大证券	2154.36	1.95	14	东方证券	29.87	2.08
15	安信证券	1954.77	1.77	15	光大证券	29.38	2.05
16	兴业证券	1945.74	1.76	16	麦高证券	28.97	2.02
17	东方财富	1770.31	1.60	17	兴业证券	20.13	1.40
18	中泰证券	1604.25	1.45	18	安信证券	18.85	1.31
19	方正证券	1560.92	1.41	19	东吴证券	17.98	1.25
20	长江证券	1489.08	1.35	20	方正证券	17.51	1.22
合计		77257.72	69.84	合计		1158.48	80.82

注："占比"是指单个公司数据占全行业公司数据的比重。
数据来源：中国证券监督管理委员会
Source:CSRC

7-13　2022年证券公司股票成交金额前20排名表
Top 20 Securities Companies Ranked by Stock Trading Turnover in 2022

排名 Rank	A股 A-Shares			排名 Rank	B股 B-Shares		
	公司名称 Company Name	金额(亿元) Amount (100 million yuan)	占比(%) Proportion (%)		公司名称 Company Name	金额(亿元) Amount (100 million yuan)	占比(%) Proportion (%)
1	华泰证券	257314.73	6.83	1	申万宏源	107.79	8.51
2	中信证券	250428.34	6.65	2	华泰证券	86.18	6.80
3	招商证券	218088.19	5.79	3	招商证券	86.00	6.79
4	东方财富证券	175316.30	4.65	4	国泰君安	80.57	6.36
5	国泰君安	162703.04	4.32	5	海通证券	75.23	5.94
6	平安证券	158330.66	4.20	6	广发证券	70.81	5.59
7	银河证券	150723.42	4.00	7	银河证券	70.67	5.58
8	广发证券	149480.82	3.97	8	中信证券	57.26	4.52
9	中信建投	130858.81	3.47	9	国信证券	53.14	4.19
10	海通证券	123970.60	3.29	10	中信建投	37.14	2.93
11	中泰证券	112312.11	2.98	11	中金财富	31.57	2.49
12	国信证券	110769.38	2.94	12	东方证券	31.48	2.48
13	申万宏源	104091.90	2.76	13	光大证券	29.05	2.29
14	中金财富	94124.67	2.50	14	方正证券	28.89	2.28
15	安信证券	84156.27	2.23	15	安信证券	27.79	2.19
16	光大证券	69219.79	1.84	16	上海证券	27.02	2.13
17	方正证券	64949.42	1.72	17	中银国际	24.80	1.96
18	长江证券	62148.29	1.65	18	长江证券	23.76	1.88
19	中金公司	62026.78	1.65	19	中金公司	22.47	1.77
20	兴业证券	55375.91	1.47	20	华鑫证券	22.39	1.77
合计		2596389.44	68.92	合计		994.00	78.46

注：1. “占比”是指单个公司数据占全行业公司数据的比重。
　　2. 股票成交金额按双边计算。

数据来源：中国证券业协会

Source:SAC

7-14　2022年证券公司债券交易金额前20排名表
Top 20 Securities Companies Ranked by Bond Trading Turnover in 2022

排名 Rank	现货 Spot Transaction		
	公司名称 Company Name	金额(亿元) Amount(100 million yuan)	占比(%) Proportion(%)
1	华鑫证券	54790.25	10.89
2	华宝证券	42440.77	8.44
3	中信建投	39078.03	7.77
4	中信证券	31894.55	6.34
5	中泰证券	29791.66	5.92
6	华泰证券	23580.79	4.69
7	东方财富证券	22745.75	4.52
8	国泰君安	22174.70	4.41
9	招商证券	16045.47	3.19
10	广发证券	15478.81	3.08
11	东方证券	15428.42	3.07
12	银河证券	13412.55	2.67
13	平安证券	12122.60	2.41
14	光大证券	11672.80	2.32
15	财通证券	11128.94	2.21
16	国金证券	9282.01	1.85
17	安信证券	8484.28	1.69
18	湘财证券	7714.78	1.53
19	海通证券	6843.38	1.36
20	东莞证券	5948.65	1.18
合计		400059.20	79.54

注：1.本表仅统计交易所债券的交易情况。
2.“占比”是指单个公司数据占全行业公司数据的比重。
3.债券交易金额按双边口径计算。
数据来源：中国证券业协会
Source:SAC

7-14　续表　continued

排名 Rank	回购 Repo Transaction		
	公司名称 Company Name	金额(亿元) Amount(100 million yuan)	占比(%) Proportion(%)
1	中信证券	403667.54	14.64
2	中信建投	224333.17	8.14
3	华泰证券	160169.18	5.81
4	广发证券	154398.41	5.60
5	国信证券	120068.27	4.36
6	申万宏源	111241.17	4.03
7	国泰君安	100324.98	3.64
8	招商证券	96737.92	3.51
9	海通证券	79826.27	2.90
10	银河证券	76596.94	2.78
11	平安证券	71556.70	2.60
12	安信证券	65355.81	2.37
13	兴业证券	63279.04	2.30
14	东方证券	55300.96	2.01
15	长江证券	52097.68	1.89
16	中金财富	48698.40	1.77
17	光大证券	46432.89	1.68
18	中金公司	43115.00	1.56
19	东方财富证券	37536.34	1.36
20	中泰证券	36398.06	1.32
合计		2047134.73	74.25

7-15 2022年证券公司经纪业务前20排名表
Top 20 Securities Companies Ranked by Brokerage Business in 2022

排名 Rank	代理买卖证券业务净收入(含席位租赁) Net Income from Acting Securities Trading		
	公司名称 Company Name	金额(亿元) Amount(100 million yuan)	占比(%) Proportion(%)
1	国泰君安	58.96	5.21
2	中信证券	57.60	5.09
3	招商证券	52.90	4.68
4	华泰证券	52.78	4.67
5	广发证券	49.55	4.38
6	东方财富证券	45.55	4.03
7	银河证券	44.72	3.95
8	中信建投	43.50	3.85
9	国信证券	42.92	3.79
10	申万宏源	36.82	3.26
11	平安证券	36.63	3.24
12	海通证券	35.13	3.11
13	中泰证券	30.19	2.67
14	方正证券	27.55	2.44
15	长江证券	27.44	2.43
16	光大证券	23.12	2.04
17	安信证券	22.86	2.02
18	兴业证券	20.01	1.77
19	中金财富	19.22	1.70
20	中金公司	18.96	1.68
合计		746.41	66.00

注："占比"是指单个公司数据占全行业公司数据的比重。
数据来源：中国证券业协会
Source: SAC

7-16　2022年证券公司承销与保荐业务前20排名表

Top 20 Securities Companies Ranked by Underwriting Business in 2022

排名 Rank	承销与保荐业务净收入 Net Income of Underwritings and Sponsors			排名 Rank	并购重组财务顾问业务净收入 Net Income of Take Over Consultants		
	公司名称 Company Name	金额(亿元) Amount (100 million yuan)	占比(%) Proportion (%)		公司名称 Company Name	金额(亿元) Amount (100 million yuan)	占比(%) Proportion (%)
1	中信证券	73.78	12.62	1	中金公司	2.84	21.08
2	中信建投	53.59	9.17	2	中信证券	2.37	17.59
3	中金公司	47.31	8.10	3	华泰联合	2.18	16.20
4	国泰君安	38.95	6.66	4	中信建投	0.98	7.27
5	海通证券	35.28	6.04	5	国泰君安	0.58	4.30
6	华泰联合	28.51	4.88	6	招商证券	0.52	3.83
7	国信证券	17.20	2.94	7	摩根士丹利	0.36	2.71
8	国金证券	15.98	2.73	8	信达证券	0.35	2.60
9	安信证券	14.99	2.57	9	国元证券	0.32	2.35
10	民生证券	14.97	2.56	10	东方承销保荐	0.31	2.30
11	招商证券	12.47	2.13	11	国金证券	0.20	1.47
12	光大证券	12.17	2.08	12	平安证券	0.19	1.41
13	东方承销保荐	11.76	2.01	13	申万宏源承销保荐	0.18	1.32
14	东吴证券	10.02	1.72	14	长城证券	0.15	1.14
15	东兴证券	10.00	1.71	15	瑞银证券	0.15	1.13
16	申万宏源承销保荐	9.10	1.56	16	华安证券	0.14	1.05
17	兴业证券	8.65	1.48	17	中泰证券	0.12	0.90
18	中泰证券	8.31	1.42	18	浙商证券	0.12	0.88
19	天风证券	6.97	1.19	19	财通证券	0.10	0.74
20	申万宏源	6.94	1.19	20	国信证券	0.09	0.65
合计		436.95	74.77	合计		12.23	90.92

注：1."占比"是指单个公司数据占全行业公司数据的比重。
2.包含北交所或新三板精选层数据。

数据来源：中国证券业协会

Source: SAC

7-17 2022年证券公司资产管理业务前20排名表

Top 20 Securities Companies Ranked by Asset Management Business in 2022

排名 Rank	受托管理资金本金总额 Total Collocation Capital			排名 Rank	受托客户资产管理业务净收入 Net Income from Asset Management Business		
	公司名称 Company Name	金额(亿元) Amount (100 million yuan)	占比(%) Proportion (%)		公司名称 Company Name	金额(亿元) Amount (100 million yuan)	占比(%) Proportion (%)
1	中信证券	16421.41	16.92	1	中信证券	29.46	10.87
2	中金公司	7249.18	7.47	2	东证资管	26.24	9.68
3	中银国际	5784.02	5.96	3	华泰资管	15.50	5.72
4	中信建投	4774.50	4.92	4	财通资管	14.38	5.31
5	华泰资管	4638.50	4.78	5	国君资管	11.17	4.12
6	国君资管	4231.33	4.36	6	光证资管	10.29	3.80
7	平安证券	3603.81	3.71	7	中信建投	9.48	3.50
8	光证资管	3446.20	3.55	8	天风资管	9.44	3.48
9	招商资管	3205.37	3.30	9	招商资管	9.32	3.44
10	申万宏源	2736.49	2.82	10	中金公司	8.66	3.19
11	广发资管	2572.98	2.65	11	申万宏源	7.68	2.83
12	东证资管	2376.58	2.45	12	中银国际	7.42	2.74
13	财通资管	2340.40	2.41	13	广发资管	7.35	2.71
14	中泰资管	2103.20	2.17	14	首创证券	6.60	2.44
15	国金证券	1781.88	1.84	15	中泰资管	5.80	2.14
16	国信证券	1454.47	1.50	16	华安证券	5.59	2.06
17	安信资管	1361.26	1.40	17	浙商资管	4.41	1.63
18	天风资管	1175.47	1.21	18	海通资管	4.28	1.58
19	银河金汇	1148.18	1.18	19	银河金汇	4.23	1.56
20	首创证券	1053.84	1.09	20	中金财富	4.14	1.53
合计		73459.08	75.69	合计		201.45	74.34

注：“占比”是指单个公司数据占全行业公司数据的比重。

数据来源：中国证券业协会

Source: SAC

7-18　2022年证券公司客户交易结算资金余额前20排名表
Top 20 Securities Companies Ranked by Balance of Clients' Transaction Settlement Funds in 2022

排名 Rank	客户交易结算资金余额 Balance of Clients' Transaction Settlement Funds		
	公司名称 Company Name	金额(亿元) Amount(100 million yuan)	占比(%) Proportion(%)
1	中信证券	1072.53	6.58
2	广发证券	828.95	5.09
3	华泰证券	807.18	4.95
4	中信建投	783.95	4.81
5	国泰君安	731.36	4.49
6	银河证券	659.43	4.05
7	招商证券	615.35	3.78
8	海通证券	598.40	3.67
9	平安证券	554.25	3.40
10	国信证券	518.62	3.18
11	申万宏源	491.40	3.02
12	东方财富证券	437.62	2.69
13	中金财富	422.22	2.59
14	兴业证券	379.05	2.33
15	光大证券	336.53	2.06
16	中泰证券	333.58	2.05
17	长江证券	305.11	1.87
18	安信证券	302.97	1.86
19	方正证券	277.27	1.70
20	东方证券	245.68	1.51
合计		10701.45	65.66

注：1.“占比”是指单个公司数据占全行业公司数据的比重。
2.“证券交易结算资金”是指“证券市场交易结算资金监控系统”获取的有经纪业务的证券公司全部经纪业务客户(含部分采取证券公司结算模式的资产管理计划)从事证券交易等的人民币交易结算资金，不包括投资者从事B股交易、融资融券业务等的资金，也不包括证券公司自营、QFII以及采用托管人结算模式的证券公司资产管理计划和公开募集证券投资基金等从事证券交易的资金。

数据来源：中国证券投资者保护基金有限责任公司
Source: SIPF

7-19　2022年期货公司期货成交金额前20排名表

Top 20 Futures Companies Ranked by Futures Trading Turnover in 2022

排名 Rank	商品期货 Commodity Futures			排名 Rank	金融期货 Financial Futures		
	公司名称 Company Name	金额(亿元) Amount (100 million yuan)	占比(%) Proportion (%)		公司名称 Company Name	金额(亿元) Amount (100 million yuan)	占比(%) Proportion (%)
1	东证期货	723543.06	9.03	1	中信期货	394966.07	14.82
2	中信期货	666520.11	8.32	2	东证期货	335294.73	12.58
3	海通期货	469308.02	5.85	3	国泰君安	250798.79	9.41
4	华泰期货	462920.63	5.78	4	海通期货	140797.74	5.28
5	国泰君安	379105.46	4.73	5	华泰期货	92104.77	3.46
6	华闻期货	232337.68	2.90	6	华闻期货	79188.79	2.97
7	光大期货	201752.88	2.52	7	银河期货	77257.39	2.90
8	国投安信期货	199646.44	2.49	8	国信期货	63378.16	2.38
9	银河期货	192188.71	2.40	9	申银万国	52614.86	1.97
10	申银万国	177773.54	2.22	10	永安期货	48409.19	1.82
11	国富期货	164698.08	2.05	11	平安期货	42725.53	1.60
12	方正中期期货	160292.65	2.00	12	中信建投	42035.18	1.58
13	国信期货	144354.09	1.80	13	兴证期货	40599.11	1.52
14	中泰期货	139854.96	1.74	14	南华期货	40033.02	1.50
15	徽商期货	139027.58	1.73	15	国投安信期货	39147.06	1.47
16	新湖期货	131077.94	1.64	16	光大期货	37421.80	1.40
17	华西期货	114279.11	1.43	17	方正中期期货	36566.97	1.37
18	永安期货	112035.41	1.40	18	东兴期货	36191.67	1.36
19	中信建投	106570.60	1.33	19	中泰期货	35795.54	1.34
20	浙商期货	103062.27	1.29	20	广发期货	35353.50	1.33
合计		5020349.20	62.63	合计		1920679.84	72.07

注：1.“占比”是指单个公司数据占全行业公司数据的比重。

2.期货成交金额按双边口径计算。

数据来源:中国证券监督管理委员会

Source: CSRC

7-20　2022年期货公司期末客户权益总额前20排名表

Top 20 Futures Companies Ranked by Total Value of Customer Equity in 2022

排名 Rank	公司名称 Company Name	金额(亿元) Amount(100 million yuan)	占比(%) Proportion(%)
1	中信期货	1333.20	9.00
2	国泰君安	1064.83	7.19
3	东证期货	1008.60	6.81
4	华泰期货	702.41	4.74
5	银河期货	544.43	3.68
6	海通期货	541.41	3.66
7	国投安信期货	462.88	3.13
8	永安期货	455.48	3.08
9	广发期货	406.47	2.75
10	招商期货	333.78	2.25
11	兴证期货	329.26	2.22
12	浙商期货	319.87	2.16
13	申银万国	297.48	2.01
14	光大期货	284.11	1.92
15	中信建投	280.37	1.89
16	中泰期货	257.87	1.74
17	方正中期期货	237.56	1.60
18	中粮期货	212.21	1.43
19	南华期货	194.06	1.31
20	五矿期货	187.41	1.27
合计		9453.67	63.85

注："占比"是指单个公司数据占全行业公司数据的比重。
数据来源：中国期货业协会
Source: CFA

7-21 2022年期货公司财务情况前20排名表

Top 20 Futures Companies Ranked by Pecuniary Condition in 2022

排名 Rank	总资产 Total Assets			排名 Rank	净利润 Net Profit		
	公司名称 Company Name	金额(亿元) Amount (100 million yuan)	占比(%) Proportion (%)		公司名称 Company Name	金额(亿元) Amount (100 million yuan)	占比(%) Proportion (%)
1	中信期货	1467.04	8.63	1	中信期货	7.57	6.91
2	国泰君安	1166.00	6.86	2	银河期货	7.27	6.63
3	东证期货	1085.38	6.39	3	国泰君安	7.00	6.39
4	华泰期货	762.05	4.48	4	东证期货	6.52	5.95
5	银河期货	613.54	3.61	5	中信建投	5.74	5.24
6	海通期货	587.38	3.46	6	招商期货	3.59	3.27
7	永安期货	568.99	3.35	7	永安期货	3.45	3.15
8	国投安信期货	505.66	2.97	8	申银万国	3.31	3.02
9	广发期货	445.87	2.62	9	华泰期货	3.24	2.96
10	招商期货	388.16	2.28	10	瑞达期货	3.10	2.83
11	浙商期货	369.17	2.17	11	光大期货	3.10	2.83
12	申银万国	363.46	2.14	12	平安期货	2.95	2.69
13	兴证期货	354.17	2.08	13	国投安信期货	2.87	2.62
14	中信建投	324.00	1.91	14	海通期货	2.67	2.43
15	光大期货	314.66	1.85	15	广发期货	2.54	2.32
16	中泰期货	285.51	1.68	16	方正中期期货	2.54	2.31
17	方正中期期货	261.23	1.54	17	浙商期货	2.48	2.26
18	中粮期货	251.43	1.48	18	国信期货	2.22	2.02
19	南华期货	233.82	1.38	19	徽商期货	2.11	1.93
20	五矿期货	232.98	1.37	20	兴证期货	1.71	1.56
合计		10580.51	62.25	合计		75.98	69.31

注：“占比”是指单个公司数据占全行业公司数据的比重。
数据来源：中国期货业协会
Source: CFA

7-22　2022年期货公司经纪业务收入前20排名表

Top 20 Futures Companies Ranked by Brokerage Business Income in 2022

排名 Rank	期货公司经纪业务收入 Futures Companies Brokerage Business Income		
	公司名称 Company Name	金额(亿元) Amount(100 million yuan)	占比(%) Proportion(%)
1	国泰君安	10.12	4.44
2	东证期货	9.69	4.34
3	中信期货	7.34	4.16
4	中信建投	6.37	3.15
5	银河期货	6.34	2.74
6	华泰期货	6.09	2.72
7	方正中期期货	5.45	2.62
8	东方财富期货	5.09	2.34
9	徽商期货	4.92	2.18
10	永安期货	4.80	2.11
11	平安期货	4.69	2.06
12	瑞达期货	4.56	2.01
13	申银万国	4.46	1.96
14	光大期货	4.44	1.91
15	海通期货	4.43	1.90
16	招商期货	4.16	1.90
17	国投安信期货	4.11	1.79
18	广发期货	3.60	1.76
19	中泰期货	3.54	1.55
20	南华期货	3.30	1.52
合计		107.49	49.16

注：1."占比"是指单个公司数据占全行业公司数据的比重。

2.按合并口径统计。

数据来源：中国期货业协会

Source: CFA

7-23　2022年期货公司投资咨询业务收入前20排名表

Top 20 Futures Companies Ranked by Investment Consultant Business Income in 2022

排名 Rank	投资咨询业务收入 Investment Consultant Business Income		
	公司名称 Company Name	金额(亿元) Amount(100 million yuan)	占比(%) Proportion(%)
1	申银万国	0.35	29.85
2	招商期货	0.15	12.79
3	国信期货	0.11	9.75
4	瑞达期货	0.05	4.48
5	创元期货	0.05	4.41
6	民生期货	0.04	3.24
7	永安期货	0.04	3.21
8	银河期货	0.03	2.51
9	浙商期货	0.03	2.36
10	首创期货	0.02	2.11
11	华创期货	0.02	1.98
12	新世纪期货	0.02	1.95
13	国富期货	0.02	1.57
14	国联期货	0.02	1.50
15	紫金天风	0.02	1.48
16	上海东亚	0.02	1.33
17	云期货	0.01	1.03
18	混沌天成	0.01	0.99
19	平安期货	0.01	0.97
20	华闻期货	0.01	0.83
合计		1.02	88.35

注：1.“占比”是指单个公司数据占全行业公司数据的比重。
2.按合并口径统计。

数据来源：中国期货业协会

Source: CFA

7-24　2022年期货公司资产管理业务收入前20排名表

Top 20 Futures Companies Ranked by Asset Management Business Income in 2022

排名 Rank	资产管理业务收入 Asset Management Business Income		
	公司名称 Company Name	金额(亿元) Amount(100 million yuan)	占比(%) Proportion(%)
1	中信期货有限公司	1.51	14.03
2	中电投先融(上海)资产管理有限公司	0.72	6.71
3	瑞达期货股份有限公司	0.71	6.63
4	海通期货股份有限公司	0.64	5.95
5	广发期货有限公司	0.54	5.02
6	中融汇信期货有限公司	0.45	4.18
7	中信建投期货有限公司	0.37	3.42
8	国泰君安期货有限公司	0.36	3.34
9	先锋期货股份有限公司	0.35	3.21
10	永安期货股份有限公司	0.25	2.33
11	华闻期货有限公司	0.25	2.33
12	兴业期货有限公司	0.25	2.32
13	中原期货股份有限公司	0.25	2.32
14	信达期货有限公司	0.23	2.18
15	兴证期货有限公司	0.22	2.07
16	银河期货有限公司	0.18	1.66
17	创元期货股份有限公司	0.17	1.57
18	建信期货有限责任公司	0.16	1.52
19	上海东亚期货有限公司	0.15	1.39
20	申银万国期货有限公司	0.14	1.34
合计		7.91	73.53

注：1."占比"是指单个公司数据占全行业公司数据的比重。
　　2.按合并口径统计。
数据来源：中国期货业协会
Source: CFA

7-25　2022年期货公司风险管理业务收入前20排名表
Top 20 Futures Companies Ranked by Risk Management Business Income in 2022

排名 Rank	风险管理业务收入 Risk Management Business Income		
	公司名称 Company Name	金额(亿元) Amount(100 million yuan)	占比(%) Proportion(%)
1	浙江永安资本管理有限公司	327.60	13.57
2	银河德睿资本管理有限公司	158.47	6.57
3	浙江济海贸易发展有限公司	130.75	5.42
4	上期资本管理有限公司	128.60	5.33
5	浙江浙期实业有限公司	117.69	4.88
6	金瑞前海资本管理(深圳)有限公司	94.34	3.91
7	国泰君安风险管理有限公司	81.49	3.38
8	广期资本管理(上海)有限公司	78.31	3.24
9	上海夯石商贸有限公司	66.61	2.76
10	方顿物产(重庆)有限公司	66.47	2.75
11	东证润和资本管理有限公司	65.10	2.70
12	徽丰实业(上海)有限公司	64.53	2.67
13	建信商贸有限责任公司	63.54	2.63
14	国贸启润资本管理有限公司	59.87	2.48
15	浙江南华资本管理有限公司	59.42	2.46
16	上海海通资源管理有限公司	57.59	2.39
17	上海东吴玖盈投资管理有限公司	51.49	2.13
18	上海新湖瑞丰金融服务有限公司	50.87	2.11
19	苏州创元和赢资本管理有限公司	42.19	1.75
20	宏源恒利(上海)实业有限公司	40.72	1.69
合计		1805.65	74.81

注：1.“占比”是指单个公司数据占全行业公司数据的比重。
　　2.按合并口径统计。
　　3.本表中期货公司指期货公司风险管理子公司。

数据来源：中国期货业协会

Source: CFA

7-26　2022年全国股转系统主办券商推荐业务前20排名表

Top 20 Lead Brokers in the NEEQ System of IPO Recommendation in 2022

排名 Rank	推荐业务 IPO Recommendation		
	主办券商名称 Name of Lead Brokers	推荐家数 Number of IPO Recommendations	占比(%) Proportion(%)
1	民生证券股份有限公司	21	7.78
2	开源证券股份有限公司	20	7.41
3	东吴证券股份有限公司	14	5.19
4	申万宏源证券承销保荐有限责任公司	13	4.81
5	中信建投证券股份有限公司	13	4.81
6	国元证券股份有限公司	11	4.07
7	山西证券股份有限公司	11	4.07
8	安信证券股份有限公司	10	3.70
9	国融证券股份有限公司	10	3.70
10	东北证券股份有限公司	8	2.96
11	浙商证券股份有限公司	8	2.96
12	中泰证券股份有限公司	7	2.59
13	光大证券股份有限公司	6	2.22
14	兴业证券股份有限公司	6	2.22
15	长江证券股份有限公司	6	2.22
16	招商证券股份有限公司	6	2.22
17	财信证券股份有限公司	5	1.85
18	第一创业证券承销保荐有限责任公司	5	1.85
19	东莞证券股份有限公司	5	1.85
20	国金证券股份有限公司	5	1.85
21	国信证券股份有限公司	5	1.85
22	中信证券股份有限公司	5	1.85
合计		200	74.07

注：1.“占比”是指单个公司数据占全行业公司数据的比重。
2.以当年新增挂牌公司的推荐券商进行统计。
3.主办券商推荐业务前20排名中，第17名到第22名的主办券商推荐家数相同，故展示前22名。

数据来源：全国中小企业股份转让系统

Source:NEEQ

7-27　2022年全国股转系统主办券商做市业务前20排名表
Top 20 Lead Brokers in the NEEQ System of Market Making in 2022

排名 Rank	做市交易业务 Trading Market Making		
	主办券商名称 Name of Lead Brokers	做市交易金额(亿元) Trading Turnover of Market Making(100 Million Yuan)	占比(%) Proportion(%)
1	中泰证券股份有限公司	73.39	20.62
2	东北证券股份有限公司	53.39	15.00
3	开源证券股份有限公司	44.91	12.62
4	安信证券股份有限公司	37.20	10.45
5	九州证券股份有限公司	22.89	6.43
6	上海证券有限责任公司	13.60	3.82
7	万和证券股份有限公司	13.04	3.66
8	首创证券股份有限公司	12.08	3.39
9	联储证券有限责任公司	11.54	3.24
10	中山证券有限责任公司	7.13	2.00
11	粤开证券股份有限公司	6.88	1.93
12	长江证券股份有限公司	6.09	1.71
13	广发证券股份有限公司	5.82	1.64
14	海通证券股份有限公司	4.39	1.23
15	申万宏源证券有限公司	4.23	1.19
16	东吴证券股份有限公司	3.78	1.06
17	太平洋证券股份有限公司	3.58	1.01
18	财信证券股份有限公司	3.04	0.85
19	中国银河证券股份有限公司	2.92	0.82
20	东海证券股份有限公司	2.62	0.74
合计		332.53	93.42

注：1.“占比”是指单个公司数据占全行业公司数据的比重。
2.做市交易金额按双边口径计算。

数据来源：全国中小企业股份转让系统
Source:NEEQ

7-28　2022年全国股转系统主办券商经纪业务前20排名表

Top 20 Lead Brokers in the NEEQ System of Brokerage in 2022

排名 Rank	经纪业务 Brokerage		
	主办券商名称 Name of Lead Brokers	代理买卖证券交易金额(亿元) Amount of Acting Trading Securities (100 Million Yuan)	占比(%) Proportion(%)
1	华泰证券股份有限公司	64.48	5.19
2	国泰君安证券股份有限公司	60.89	4.91
3	招商证券股份有限公司	60.59	4.88
4	中信证券股份有限公司	59.99	4.83
5	申万宏源证券有限公司	53.04	4.27
6	中信建投证券股份有限公司	51.19	4.12
7	海通证券股份有限公司	50.54	4.07
8	广发证券股份有限公司	50.50	4.07
9	安信证券股份有限公司	47.17	3.80
10	中国银河证券股份有限公司	41.49	3.34
11	国信证券股份有限公司	37.04	2.98
12	中泰证券股份有限公司	33.69	2.71
13	平安证券股份有限公司	31.32	2.52
14	兴业证券股份有限公司	28.11	2.26
15	中国中金财富证券有限公司	27.74	2.24
16	光大证券股份有限公司	27.72	2.23
17	东方财富证券股份有限公司	26.49	2.13
18	方正证券股份有限公司	25.61	2.06
19	东方证券股份有限公司	25.55	2.06
20	长江证券股份有限公司	25.27	2.04
合计		828.43	66.74

注：1.“占比”是指单个公司数据占全行业公司数据的比重。
　　2.代理买卖证券交易金额按双边口径计算。

数据来源：全国中小企业股份转让系统

Source:NEEQ

7-29 2022年分辖区证券公司概况

辖区名称	Name of Jurisdictions	净资产（亿元）Net Assets (100 Million Yuan)	净利润（亿元）Net Profit (100 Million Yuan)	营业收入（亿元）Operating Revenue (100 Million Yuan)	证券经纪业务净收入（亿元）Net Income from Securities Brokerage Business (100 Million Yuan)
全国	National	27876.25	1423.01	3949.73	1286.75
北京	Beijing	3764.15	227.13	617.11	160.82
天津	Tianjin	218.05	4.53	11.26	3.65
河北	Hebei	111.03	2.93	15.19	5.72
山西	Shanxi	184.49	5.97	25.03	6.68
内蒙古	Inner Mongolia	117.04	-9.67	15.27	8.80
辽宁	Liaoning	48.14	29.11	4.15	1.57
吉林	Jilin	172.46	2.54	23.05	10.24
黑龙江	Heilongjiang	90.55	-7.98	-3.50	2.55
上海	Shanghai	6453.83	328.26	865.19	232.68
江苏	Jiangsu	2240.74	155.67	312.81	93.38
浙江	Zhejiang	558.42	26.09	87.11	31.32
安徽	Anhui	495.59	23.26	58.15	16.30
福建	Fujian	581.59	27.09	89.69	33.80
江西	Jiangxi	195.79	3.48	26.43	11.82
山东	Shandong	374.17	6.72	57.99	33.96
河南	Henan	141.91	2.29	16.40	5.18
湖北	Hubei	515.93	-3.68	55.31	39.50
湖南	Hunan	671.45	26.48	82.78	41.55
广东	Guangdong	1429.54	92.76	206.97	80.62
广西	Guangxi	174.43	1.12	16.71	6.31
海南	Hainan	119.90	-1.54	6.67	2.74
重庆	Chongqing	243.77	4.49	17.59	6.18
四川	Sichuan	560.57	16.45	90.31	34.64
贵州	Guizhou	191.60	-5.76	17.45	10.97
云南	Yunnan	318.94	-1.39	17.62	5.67
西藏	Tibet	591.12	56.01	93.97	52.78
陕西	Shaanxi	488.06	8.50	49.28	15.34
甘肃	Gansu	150.65	2.91	11.45	4.43
青海	Qinghai	33.84	-1.38	2.59	0.27
宁夏	Ningxia	0.00	0.00	0.00	0.00
新疆	Xinjiang	103.12	8.22	24.43	6.49
深圳	Shenzhen	6242.22	388.94	997.52	307.81
大连	Dalian	51.87	1.04	3.93	1.30
宁波	Ningbo	28.04	-2.15	2.06	0.72
厦门	Xiamen	54.89	-0.92	3.75	0.80
青岛	Qingdao	158.35	5.47	28.00	10.16

注：所属辖区按证券公司总部注册地划分。
数据来源：机构监管综合信息系统
Source:CISP

Overview of Securities Companies in Different Jurisdictions in 2022

投资银行业务净收入（亿元）Net Income from Investment Banking Business (100 Million Yuan)	投资咨询业务净收入（亿元）Net Income from Investment Consulting Business (100 Million Yuan)	资产管理业务净收入（亿元）Net Income from Asset Management Business (100 Million Yuan)	利息净收入（亿元）Net Interest Income (100 Million Yuan)	投资收益（亿元）Income from Investment (100 Million Yuan)
662.45	59.74	270.97	633.21	1277.47
149.13	10.76	29.66	72.79	234.45
1.52	0.12	0.00	-1.79	6.32
2.96	0.42	0.59	1.28	7.11
2.90	0.86	2.09	-0.84	11.77
2.15	0.67	0.92	3.51	2.80
0.17	0.06	0.01	1.09	1.80
3.30	0.82	0.00	2.46	8.63
0.93	0.07	0.09	-0.10	2.08
151.49	12.13	108.45	112.68	242.39
26.39	1.73	4.02	50.25	121.64
12.18	0.57	18.79	12.60	19.53
9.19	0.46	6.31	20.93	8.89
10.61	0.91	3.66	21.36	15.32
3.15	0.49	1.36	9.43	2.69
9.35	1.47	0.00	17.24	8.31
2.65	0.54	0.22	1.31	8.59
9.45	2.81	0.00	8.71	9.35
4.28	0.90	4.14	20.22	13.84
10.56	1.70	9.61	53.26	49.53
1.98	0.20	1.88	3.57	4.92
0.67	0.07	0.16	1.82	2.72
1.71	0.05	0.25	3.61	10.61
20.06	1.63	3.90	23.80	15.72
3.94	1.71	0.81	0.28	10.64
1.98	0.03	1.52	2.86	7.04
1.92	0.22	0.44	25.04	15.96
11.41	0.26	3.41	4.26	25.04
1.44	0.00	0.25	3.47	3.62
1.64	0.03	0.12	0.75	0.14
0.00	0.00	0.00	0.00	0.00
11.17	0.15	0.00	4.93	0.86
188.61	17.62	67.96	140.04	397.18
0.01	0.00	0.00	2.46	0.10
1.60	0.03	0.00	-0.14	0.91
0.51	0.01	0.12	1.47	0.23
1.44	0.22	0.21	8.65	6.71

7-30 2022年分辖区基金公司概况
Overview of Fund Companies in Different Jurisdictions in 2022

辖区名称	Name of Jurisdictions	净资产(亿元) Net Assets (100 Million Yuan)	净利润(亿元) Net Profit (100 Million Yuan)	管理费用收入(亿元) Management Fee Income (100 Million Yuan)
全国	National	2466.14	454.96	1520.08
北京	Beijing	616.02	90.31	318.98
天津	Tianjin	129.59	16.67	38.48
河北	Hebei	0.00	0.00	0.00
山西	Shanxi	0.00	0.00	0.00
内蒙古	Inner Mongolia	0.00	0.00	0.00
辽宁	Liaoning	0.00	0.00	0.00
吉林	Jilin	0.00	0.00	0.00
黑龙江	Heilongjiang	0.00	0.00	0.00
上海	Shanghai	930.24	179.76	583.36
江苏	Jiangsu	0.00	0.00	0.00
浙江	Zhejiang	1.89	0.61	2.80
安徽	Anhui	0.00	0.00	0.00
福建	Fujian	0.00	0.00	0.00
江西	Jiangxi	0.00	0.00	0.00
山东	Shandong	0.00	0.00	0.00
河南	Henan	0.00	0.00	0.00
湖北	Hubei	0.00	0.00	0.00
湖南	Hunan	0.00	0.00	0.00
广东	Guangdong	257.59	61.00	196.14
广西	Guangxi	0.00	0.00	0.00
海南	Hainan	0.00	0.00	0.00
重庆	Chongqing	6.12	-0.65	3.27
四川	Sichuan	0.00	0.00	0.00
贵州	Guizhou	0.00	0.00	0.00
云南	Yunnan	0.00	0.00	0.00
西藏	Tibet	0.00	0.00	0.00
陕西	Shaanxi	0.00	0.00	0.00
甘肃	Gansu	0.00	0.00	0.00
青海	Qinghai	0.00	0.00	0.00
宁夏	Ningxia	0.00	0.00	0.00
新疆	Xinjiang	0.00	0.00	0.00
深圳	Shenzhen	523.08	107.45	376.90
大连	Dalian	0.00	0.00	0.00
宁波	Ningbo	0.00	0.00	0.00
厦门	Xiamen	0.00	0.00	0.00
青岛	Qingdao	0.75	-0.12	0.14

注：所属辖区按基金公司办公地址划分。
数据来源：机构监管综合信息系统
Source:CISP

7-31　2022年分辖区期货公司概况

Overview of Forward Companies in Different Jurisdictions in 2022

辖区名称	Name of Jurisdictions	净资产(亿元) Net Assets (100 Million Yuan)	净资本(亿元) Net Capital (100 Million Yuan)	净利润(亿元) Net Profit (100 Million Yuan)	营业收入(亿元) Operating Revenue (100 Million Yuan)
全国	National	1841.65	1167.43	110.04	401.64
北京	Beijing	228.53	135.41	15.12	50.63
天津	Tianjin	39.19	23.54	0.69	6.43
河北	Hebei	3.24	3.71	0.08	1.45
山西	Shanxi	5.65	4.11	0.08	3.68
内蒙古	Inner Mongolia	0.00	0.00	0.00	0.00
辽宁	Liaoning	0.00	0.00	-0.02	0.17
吉林	Jilin	1.49	1.39	0.07	2.45
黑龙江	Heilongjiang	1.26	1.17	-0.05	0.08
上海	Shanghai	498.43	360.08	36.15	127.03
江苏	Jiangsu	73.06	45.94	2.21	14.05
浙江	Zhejiang	238.27	110.88	10.32	36.81
安徽	Anhui	26.97	18.81	3.68	12.82
福建	Fujian	28.58	22.43	1.77	5.71
江西	Jiangxi	6.35	4.73	0.13	0.95
山东	Shandong	31.29	21.40	1.64	8.55
河南	Henan	16.78	8.73	1.12	2.66
湖北	Hubei	14.79	10.81	1.23	5.33
湖南	Hunan	17.23	12.24	0.33	2.57
广东	Guangdong	126.56	82.65	6.69	25.14
广西	Guangxi	0.00	0.00	0.00	0.00
海南	Hainan	9.31	7.99	-0.05	1.06
重庆	Chongqing	58.46	35.73	6.17	14.03
四川	Sichuan	20.12	15.47	0.52	3.30
贵州	Guizhou	0.00	0.00	0.00	0.00
云南	Yunnan	14.87	7.29	-0.21	0.83
西藏	Tibet	0.00	0.00	0.00	0.00
陕西	Shaanxi	21.35	12.61	0.49	5.00
甘肃	Gansu	5.64	2.80	-0.07	0.27
青海	Qinghai	7.15	6.88	0.58	1.28
宁夏	Ningxia	0.00	0.00	0.00	0.00
新疆	Xinjiang	6.66	5.48	-0.47	0.49
深圳	Shenzhen	286.68	178.37	17.41	57.21
大连	Dalian	0.00	0.00	-0.06	0.33
宁波	Ningbo	6.91	5.95	0.62	1.99
厦门	Xiamen	36.75	15.84	3.81	8.95
青岛	Qingdao	10.09	5.00	0.04	0.42

注：期货公司及其营业部所属辖区按各自注册地进行划分。
数据来源：中国期货市场监控中心
Source:CFMMC

主要统计指标解释

Explanatory Notes on Main Statistical Indicators

证券公司家数 指统计期末已获得中国证监会颁发经营证券期货业务许可证的证券公司数量合计。证券公司家数以获得经营证券期货业务许可证为标准，已办理机构注销的证券公司从统计中剔除。

证券公司分公司家数 指统计期末经中国证监会批准，依法设立的从事证券业务的证券公司分公司数量合计。

证券公司营业部家数 指统计期末经中国证监会批准，依法设立的从事证券业务的营业网点数量合计。证券营业部家数以获得经营证券期货业务许可证为标准，已办理机构注销的证券营业部从统计中剔除。

期货公司家数 指统计期末经中国证监会批准，并获得中国证监会颁发经营期货业务许可证的期货公司数量合计。期货公司家数以获得经营期货业务许可证为标准，已办理机构注销的期货公司从统计中剔除。

期货公司营业部家数 指统计期末经中国证监会批准，依法设立的从事期货业务的营业网点数量合计。期货营业部家数以获得经营期货业务许可证为标准，已办理机构注销的期货营业部从统计中剔除。

基金管理公司家数 指统计期末经中国证监会批准，并获得经营证券期货业务许可证的基金管理公司的数量合计。基金管理公司家数以获得经营证券期货业务许可证为标准，已办理取消经营证券期货业务许可证的基金管理公司从统计中剔除。

基金管理公司子公司家数 指统计期末经中国证监会批准，依法设立的从事基金管理业务的基金管理公司子公司数量合计。

证券投资咨询机构家数 指统计期末取得经营证券期货业务许可证的证券投资咨询机构的数量合计。指为证券投资人或者客户提供证券投资分析、预测或者建议等直接或者间接有偿咨询服务的机构的数量合计。

总资产 指统计期末证券期货经营机构全部资产总额合计。

净资产 指统计期末证券期货经营机构净资产合计。

净资本 指统计期末证券公司和期货公司净资本金额的合计。

营业收入 指统计期内证券期货经营机构营业收入金额合计。包括手续费及佣金净收入、利息净收入、投资收益、公允价值变动收益、汇兑净收益及其他业务收入等。

利润总额 指统计期内证券期货经营机构利润总额的合计。

净利润 指统计期内证券期货经营机构净利润的合计。

风险资本准备总额 指统计期末全部证券公司风险资本准备的合计。

代理买卖证券业务总额 指统计期内证券公司代理投资者进行证券买卖的金额合计。代理买卖证券总额包含证券公司出租交易单元上所发生的证券买卖金额。

资产管理业务规模 指统计期末证券公司、基金管理公司和期货公司提供专业资产管理服务的资产金额合计，一般按公允价值计算。

期货公司客户权益总额 指统计期末由期货公司带来进行期货交易的客户的资产总额合计，包括被合约占用的保证金以及未被合约占用的可用资金。

就业人员数量 指统计期末在证券公司、基金管理公司和期货公司工作的人员数量合计。

证券交易结算资金 指有经纪业务的证券公司全部经纪业务客户（含部分采取证券公司结算模式的资产管理计划）从事证券交易等的人民币交易结算资金。

期货公司资产管理业务 是指期货公司可以接受客户委托，根据《期货公司监督管理办法》《私募投资基金监督管理暂行办法》规定和合同约定，运用客户资产进行投资，并按照合同约定收取费用或者报酬的业务活动。

期货公司风险管理公司 是指由一家期货公司控股 50%以上的子公司，根据《公司法》设立的以开展风险管理服务为主要业务的有限责任公司或股份有限公司。

期货风险资本准备 是指期货公司在开展各项业务过程中，为应对可能发生的风险损失所需要的资本。

期货经纪业务 是指代理客户进行期货交易并收取交易佣金的业务。

期货投资咨询业务 是指期货公司基于客户委托，期货公司及其从业人员向客户提供风险管理顾问、研究分析、交易咨询等服务并获得合理报酬。

主办券商推荐业务 是指证券公司在全国中小企业股份转让系统推荐申请挂牌公司挂牌，持续督导挂牌公司，为挂牌公司股票发行、并购重组提供的相关服务。

主办券商做市业务 是指证券公司在全国中小企业股份转让系统发布买卖双向报价，并在其报价数量范围内按其报价履行与投资者成交义务的相关业务。

主办券商经纪业务 是指证券公司在全国中小企业股份转让系统代理开立证券账户、代理买卖股票等业务。

贰零贰叁

附　录

Appendix

贰零贰叁

附录1-1 2022年世界主要国家(地区)的证券化率
Securitisation Ratio of the World's Major Countries (Regions) in 2022

中文名称 Chinese Name	英文名称 English Name	2021			2022		
		市值 (十亿美元) Market Capitalization (In Billions)	GDP (十亿美元) GDP (In Billions)	证券化率 (%) Securitisation Ratio (%)	市值 (十亿美元) Market Capitalization (In Billions)	GDP (十亿美元) GDP (In Billions)	证券化率 (%) Securitisation Ratio (%)
中国内地	China Mainland	14374.52	17734.06	81.06	11425.34	17963.17	63.60
美国	United States	52244.00	22996.10	227.19	40297.98	25462.70	158.26
日本	Japan	6544.30	4937.42	132.54	5380.48	4231.14	127.16
英国	Britain	3799.46	3186.86	119.22	3095.98	3070.67	100.82
法国	France	7333.65	2937.47	249.66	6064.47	2782.91	217.92
德国	Germany	2503.05	4223.12	59.27	1889.66	4072.19	46.40
俄罗斯	Russia	841.85	1775.80	47.41	530.10	2240.42	23.66
印度	India	3548.02	3173.40	111.81	3387.37	3385.09	100.07
巴西	Brazil	0.00	1608.98	0.00	794.42	1920.10	41.37
南非	South Africa	1143.00	419.95	272.18	1171.75	405.87	288.70
韩国	Korea	2218.66	1798.53	123.36	1644.51	1665.25	98.75

注：计算证券化率所使用各国(地区)股市市值数据来自世界交易所联合会。
数据来源：世界交易所联合会、世界银行。
Source: WFE、IBRD

附录1-2　2022年世界主要交易所业务量排名表

Ranking of the World's Major Exchanges by Volume of Business in 2022

中文名称 Chinese Name	英文名称 English Name	2021			
		市值 Market Capitalization		成交金额 Trading Turnover	
		交易所市值（十亿美元）Market Capitalization of Exchange(In Billions)	排名 Ranking	成交金额（十亿美元）Trading Turnover (In Billions)	排名 Ranking
纽约证券交易所	NYSE Euronext(US)	27686.92	1	29266.36	2
纳斯达克证券交易所	NASDAQ OMX	24557.07	2	73280.57	1
上海证券交易所	Shanghai Stock Exchange	8154.69	3	17498.93	4
泛欧证券交易所	NYSE Euronext(Europe)	5443.95	6	2947.85	10
日本交易所集团	Japan Exchange Group	6544.30	4	7482.03	5
深圳证券交易所	Shenzhen Stock Exchange	6219.83	5	22109.00	3
香港证券交易所	Hong Kong Exchanges and Clearing	5434.18	7	4378.85	8
印度国家证券交易所	National Stock Exchange of India Limited	3548.02	9	2325.89	11
伦敦证券交易所	London SE Group	3799.46	8	4415.39	7
多伦多证券交易所集团	TMX Group	3264.14	10	2227.19	12
沙特证券交易所	Saudi Exchange (Tadawul)	2671.33	11	599.15	18
法兰克福证券交易所	Deutsche Börse	2284.11	13	2046.01	13
纳斯达克(北欧)证券交易所	Nasdaq Nordic Exchanges	2110.44	15	1222.74	16
瑞士证券交易所	SIX Swiss Exchange	2327.71	12	982.21	17
澳大利亚证券交易所	Australian Securities Exchange	1887.40	17	1247.77	15
韩国证券交易所	Korea Exchange	2218.66	14	5828.11	6
台湾证券交易所	Taiwan Stock Exchange	2029.13	16	3282.31	9
德黑兰证券交易所	Tehran Stock Exchange	1260.73	18	252.99	20
约翰内斯堡证券交易所	Johannesburg Stock Exchange	1143.00	19	397.11	19
巴西证券交易所	B3 - Brasil Bolsa Balcão	815.88	20	1565.48	14

注：此表样本选用2021年末股票市值全球排名前20位的交易所。
数据来源：世界交易所联合会
Source: WFE

附录1-2　续表　continued

中文名称 Chinese Name	英文名称 English Name	2022 市值 Market Capitalization 交易所市值（十亿美元）Market Capitalization of Exchange(In Billions)	排名 Ranking	成交金额 Trading Turnover 成交金额（十亿美元）Trading Turnover (In Billions)	排名 Ranking
纽约证券交易所	NYSE Euronext(US)	24060.39	1	30288.70	2
纳斯达克证券交易所	NASDAQ OMX	16237.59	2	75242.31	1
上海证券交易所	Shanghai Stock Exchange	6724.47	3	14325.22	4
泛欧证券交易所	NYSE Euronext(Europe)	6064.47	4	2928.31	9
日本交易所集团	Japan Exchange Group	5380.48	5	6650.11	5
深圳证券交易所	Shenzhen Stock Exchange	4700.87	6	19085.06	3
香港证券交易所	Hong Kong Exchanges and Clearing	4566.81	7	3017.51	8
印度国家证券交易所	National Stock Exchange of India Limited	3387.37	8	1775.35	12
伦敦证券交易所	London SE Group	3095.98	9	4726.59	6
多伦多证券交易所集团	TMX Group	2744.72	10	2360.18	10
沙特证券交易所	Saudi Exchange (Tadawul)	2744.72	11	458.60	18
法兰克福证券交易所	Deutsche Börse	1889.66	12	1591.08	13
纳斯达克(北欧)证券交易所	Nasdaq Nordic Exchanges	1856.73	13	969.33	16
瑞士证券交易所	SIX Swiss Exchange	1830.52	14	943.24	17
澳大利亚证券交易所	Australian Securities Exchange	1679.17	15	1266.34	15
韩国证券交易所	Korea Exchange	1644.51	16	3048.40	7
台湾证券交易所	Taiwan Stock Exchange	1447.69	17	1890.98	11
德黑兰证券交易所	Tehran Stock Exchange	1347.58	18	192.65	20
约翰内斯堡证券交易所	Johannesburg Stock Exchange	1171.75	19	360.44	19
巴西证券交易所	B3 - Brasil Bolsa Balcão	794.42	20	1365.04	14

附录1-3　2022年全球主要经济体资本市场业务量排名表

Ranking of the World's Major Economies by Volume of Business in Capital Markets in 2022

中文名称 Chinese Name	英文名称 English Name	2021 市值 Market Capitalization		2021 成交金额 Trading Turnover		2022 市值 Market Capitalization		2022 成交金额 Trading Turnover	
		市值（十亿美元）Market Capitalization (In Billions)	排名 Ranking	成交金额（十亿美元）Trading Turnover (In Billions)	排名 Ranking	市值（十亿美元）Market Capitalization (In Billions)	排名 Ranking	成交金额（十亿美元）Trading Turnover (In Billions)	排名 Ranking
美国	America	52244.00	1	102546.94	1	40297.98	1	105531.01	1
中国内地	China Mainland	14374.52	2	39607.92	2	11425.34	2	33410.27	2
法国	French	7333.65	3	2947.85	8	6064.47	3	2928.31	7
日本	Japan	6544.30	4	7482.03	3	5380.48	4	6650.11	3
中国香港	Hong Kong, China	5434.18	5	4378.85	6	4566.81	5	3017.51	6
英国	Britain	3799.46	6	4415.39	5	3095.98	6	4726.59	4
加拿大	Cananda	3264.14	7	2227.19	9	2744.72	7	2360.18	9
德国	Germany	2503.05	9	2046.01	10	1889.66	8	1591.08	10
瑞典	Sweden	2557.38	8	1222.74	13	1856.73	9	969.33	13
瑞士	Switzerland	2327.71	10	982.21	14	1830.52	10	943.24	14
澳大利亚	Australia	1887.40	13	1247.77	12	1679.17	11	1266.34	12
韩国	Korea	2218.66	11	5828.11	4	1644.51	12	3048.40	5
台湾	Taiwan, China	2029.13	12	3282.31	7	1592.38	13	2390.84	8
南非	South Africa	1143.00	14	397.11	18	1171.75	14	360.44	17
巴西	Brazil	815.88	16	1565.48	11	794.42	15	1365.04	11
西班牙	Spain	775.65	17	434.10	17	665.50	16	384.58	16
新加坡	Singapore	663.39	18	243.65	19	619.36	17	224.05	19
泰国	Thailand	598.91	19	633.00	15	604.36	18	482.76	15
俄罗斯	Russia	841.85	15	449.36	16	530.10	19	260.95	18
马来西亚	Malaysia	414.29	20	212.40	20	381.21	20	117.44	20

注：1.各主要经济体市值为所在地在各经济体的会员交易所国内市值合计。
2.此表样本选用2021年末股票市值全球排名前20位的经济体。
3.法国市值为泛欧交易所市值，包含法国、荷兰、比利时、葡萄牙四个国家的市值，因为无法单独提取，所以使用泛欧交易所市值作为法国市值进行计算，法国实际市值应为泛欧交易所市值60%左右。
4.因WFE提供的成交金额不全，个别数据存在缺失情况。

数据来源：世界交易所联合会
Source: WFE

附录1-4 2022年全球期货及期权市场前30大交易所排名表
Ranking of Top 30 Exchanges in Global Futures and Options Markets in 2022

中文名称 Chinese Name	英文名称 English Name	2021		2022	
		期货和期权成交量(百万手) Futures and Option Trading Volume (in millions)	排名 Ranking	期货和期权成交量(百万手) Futures and Option Trading Volume (in millions)	排名 Ranking
印度国家证券交易所	National Stock Exchange of India	17255.33	1	19219.53	1
巴西期货交易所	B3 - Brasil Bolsa Balcão	8755.77	2	8313.79	2
芝加哥商业交易所集团	CME Group	4942.74	3	5846.33	3
芝加哥期权交易所集团	CBOE Holdings	3095.69	6	3476.17	4
洲际交易所	Intercontinental Exchange	3317.89	4	3435.07	5
纳斯达克证券交易所	Nasdaq	3292.84	5	3147.54	6
伊斯坦布尔证券交易所	Borsa Istanbul	2081.04	12	2726.89	7
郑州商品交易所	Zhengzhou Commodity Exchange	2582.23	7	2397.60	8
大连商品交易所	Dalian Commodity Exchange	2364.42	9	2275.20	9
韩国交易所	Korea Exchange	2281.74	10	2058.22	10
欧洲期权与期货交易所	Eurex	1703.29	13	1955.73	11
上海期货交易所	Shanghai Futures Exchange	2445.77	8	1943.44	12
孟买证券交易所	BSE	1607.78	14	1618.41	13
迈阿密洲际证券交易所	Miami International Holdings1	1338.18	15	1299.35	14
莫斯科交易所	Moscow Exchange	2101.59	11	1268.39	15
加拿大TMX集团	TMX Group	613.03	16	760.91	16
香港交易所	Hong Kong Exchanges and Clearing	433.09	17	454.67	17
日本交易所集团	Japan Exchange	333.64	19	392.16	18
台湾期货交易所	Taiwan Futures Exchange	392.20	18	384.47	19
阿根廷布宜诺斯艾利斯罗萨里奥交易所	MATba ROFEX	129.54	26	299.73	20
新加坡交易所	Singapore Exchange	232.10	20	260.18	21
印度多种商品交易所	Multi Commodity Exchange of India	176.88	22	218.22	22
约翰内斯堡证券交易所	JSE Securities Exchange	175.57	23	204.86	23
澳大利亚证券交易所	ASX	199.24	21	201.68	24
中国金融期货交易所	China Financial Futures Exchange	122.03	27	151.86	25
泛欧衍生品市场	Euronext	164.05	24	151.56	26
泰国期货交易所	Thailand Futures Exchange	135.12	25	136.45	27
东京金融交易所	Tokyo Financial Exchange	67.77	28	105.44	28
特拉维夫证券交易所	Tel-Aviv Stock Exchange	38.87	29	39.05	29
西班牙金融期货交易所	MEFF	33.16	30	33.08	30

注：1.排名不包括未向FIA报告交易数据的交易所。

2.此表样本选用2021年期货和期权成交量全球排名前30位的交易所。

3.东京证券交易所与大阪证券交易所合并为日本交易所集团，洲际交易所集团收购纽约泛欧交易所，阿根廷阿根廷布宜诺斯艾利斯交易所和罗萨里奥交易所与2019年8月合并。

数据来源：美国期货业协会

Source: FIA

附录1-5　历年退市公司名录

序号 No.	股票代码 Stock Code	退市公司全称 Delisting Company Name	股票简称 Stock Abbreviation	所在板块 Board	退市日期 Delisting Date
1	600361.SH	北京华联综合超市股份有限公司	华联综超		2022-10-13
2	600995.SH	南方文山电力股份有限公司	文山电力		2022-08-11
3	600861.SH	北京城乡商业(集团)股份有限公司	北京城乡		2022-07-27
4	300312.SZ	邦讯技术股份有限公司	邦讯退		2022-07-04
5	000673.SZ	当代东方投资股份有限公司	当代退		2022-07-04
6	300202.SZ	聚龙股份有限公司	聚龙退		2022-07-04
7	300038.SZ	北京数知科技股份有限公司	数知退		2022-06-30
8	300367.SZ	东方网力科技股份有限公司	网力退		2022-06-30
9	300023.SZ	西安宝德自动化股份有限公司	宝德退		2022-06-29
10	000613.SZ	海南大东海旅游中心股份有限公司	东海A退		2022-06-29
11	200613.SZ	海南大东海旅游中心股份有限公司	东海B退		2022-06-29
12	000611.SZ	内蒙古天首科技发展股份有限公司	天首退		2022-06-28
13	002464.SZ	众应互联科技股份有限公司	众应退		2022-06-28
14	300325.SZ	江苏德威新材料股份有限公司	德威退		2022-06-28
15	002447.SZ	大连晨鑫网络科技股份有限公司	晨鑫退		2022-06-27
16	300064.SZ	郑州华晶金刚石股份有限公司	金刚退		2022-06-27
17	002684.SZ	猛狮新能源科技(河南)股份有限公司	猛狮退		2022-06-27
18	000502.SZ	绿景控股股份有限公司	绿景退		2022-06-27
19	002147.SZ	新光圆成股份有限公司	新光退		2022-06-23

注：1.同时发A、B股公司所用股票代码、简称、股价和净资产数据均为其A股对应数据。

2.从2019年开始，退市公司在原有范围基础上增加重组退市-重组上市和重组退市-出清式资产置换。出清式资产置换是指在上市公司实际控制人未发生变更的前提下，上市公司将原有主要业务置出，同时置入新业务。

数据来源：中国证监会、上海证券交易所、深圳证券交易所

Source:CSRC、SSE、SZSE

List of Delisting Companies

退市时股价 Delisting Share Price	退市时每股净资产 Delisting Book Value Per Share	退市原因 Delisting Reason
6.17	2.7195	重组退市-重组上市
18.33	4.6700	重组退市-出清式资产置换
21.07	6.6712	重组退市-出清式资产置换
0.30	-0.8614	被实施财务类退市风险警示后，首个会计年度未在法定期限内披露年报
0.25	-0.0030	被实施财务类退市风险警示后，首个会计年度财务报告被出具无法表示意见的审计报告
0.50	2.1606	被实施财务类退市风险警示后，首个会计年度财务报告被出具无法表示意见的审计报告
0.30	1.1658	被实施财务类退市风险警示后，首个会计年度财务报告被出具无法表示意见的审计报告
0.29	-1.3506	被实施财务类退市风险警示后，首个会计年度经审计期末净资产为负、财务报告被出具无法表示意见的审计报告
1.09	1.8440	被实施财务类退市风险警示后，首个会计年度经审计净利润为负值且营业收入低于1亿元
0.58	0.1934	被实施财务类退市风险警示后，首个会计年度经审计净利润为负值且营业收入低于1亿元、财务报告被出具无法表示意见的审计报告
0.30	0.1934	被实施财务类退市风险警示后，首个会计年度经审计净利润为负值且营业收入低于1亿元、财务报告被出具无法表示意见的审计报告
1.39	1.0320	被实施财务类退市风险警示后，首个会计年度经审计净利润为负值且营业收入低于1亿元、财务报告被出具无法表示意见的审计报告
0.26	0.0517	被实施财务类退市风险警示后，首个会计年度财务报告被出具无法表示意见的审计报告
0.25	-0.5162	被实施财务类退市风险警示后，首个会计年度经审计期末净资产为负、财务报告被出具无法表示意见的审计报告
0.19	0.1598	被实施财务类退市风险警示后，首个会计年度经审计净利润为负值且营业收入低于1亿元
1.32	-0.7678	被实施财务类退市风险警示后，首个会计年度经审计期末净资产为负、财务报告被出具无法表示意见的审计报告
0.69	-0.0230	被实施财务类退市风险警示后，首个会计年度财务报告被出具无法表示意见的审计报告
0.59	0.8306	被实施财务类退市风险警示后，首个会计年度经审计净利润为负值且营业收入低于1亿元、财务报告被出具无法表示意见的审计报告
0.37	0.0251	被实施财务类退市风险警示后，年度财务报告被出具保留意见的审计报告

附录1-5 续表 1

序号 No.	股票代码 Stock Code	退市公司全称 Delisting Company Name	股票简称 Stock Abbreviation	所在板块 Board	退市日期 Delisting Date
20	002770.SZ	河南科迪乳业股份有限公司	科迪退		2022-06-23
21	300178.SZ	腾邦国际商业服务集团股份有限公司	腾邦退		2022-06-22
22	002618.SZ	深圳丹邦科技股份有限公司	丹邦退		2022-06-22
23	002473.SZ	宁波圣莱达电器股份有限公司	圣莱退		2022-06-22
24	600896.SH	览海医疗产业投资股份有限公司	*ST海医		2022-06-20
25	002260.SZ	德奥通用航空股份有限公司	德奥退		2022-06-17
26	000687.SZ	华讯方舟股份有限公司	华讯退		2022-06-17
27	600555.SH	海航创新股份有限公司	*ST海创		2022-06-08
28	600385.SH	山东金泰集团股份有限公司	*ST金泰		2022-06-01
29	600090.SH	新疆同济堂健康产业股份有限公司	*ST济堂		2022-06-01
30	600870.SH	世稀泰宇节科技股份有限公司	*ST厦华		2022-05-25
31	600146.SH	商赢环球股份有限公司	*ST环球		2022-05-25
32	000585.SZ	东北电气发展股份有限公司	东电退		2022-05-24
33	000835.SZ	长城国际动漫游戏股份有限公司	长动退		2022-05-23
34	600093.SH	易见供应链管理股份有限公司	*ST易见		2022-05-18
35	600091.SH	包头明天科技股份有限公司	*ST明科		2022-05-17
36	600890.SH	中房置业股份有限公司	*ST中房		2022-05-17
37	600652.SH	上海域潇稀土股份有限公司	*ST游久		2022-05-17
38	600275.SH	湖北武昌鱼股份有限公司	*ST昌鱼		2022-05-17
39	600856.SH	中兴天恒能源科技(北京)股份公司	*ST中天		2022-05-17
40	600209.SH	罗顿发展股份有限公司	*ST罗顿		2022-05-17
41	600695.SH	上海绿庭投资控股集团股份有限公司	*ST绿庭		2022-05-09
42	600291.SH	内蒙古西水创业股份有限公司	*ST西水		2022-05-09
43	002619.SZ	艾格拉斯股份有限公司	*ST艾格		2022-04-28
44	603157.SH	新疆拉夏贝尔服饰股份有限公司	*ST拉夏		2022-04-14
45	603996.SH	中新科技集团股份有限公司	*ST中新		2022-04-14
46	600145.SH	新疆亿路万源实业控股股份有限公司	*ST新亿		2022-03-22

continued

退市时股价 Delisting Share Price	退市时每股净资产 Delisting Book Value Per Share	退市原因 Delisting Reason
0.60	0.1207	连续2年财务会计报告被出具无法表示意见的审计报告
0.20	-2.1025	被实施财务类退市风险警示后，首个会计年度经审计期末净资产为负、财务报告被出具无法表示意见的审计报告
1.26	1.6105	被实施财务类退市风险警示后，首个会计年度财务报告被出具无法表示意见的审计报告
0.79	0.1116	被实施财务类退市风险警示后，首个会计年度经审计净利润为负值且营业收入低于1亿元、经审计期末净资产为负
1.74	1.8708	强制退市-财务类
0.53	0.2505	暂停上市后恢复上市申请未被审核同意
0.29	-2.8154	被实施财务类退市风险警示后，首个会计年度经审计净利润为负值且营业收入低于1亿元、经审计期末净资产为负、财务报告被出具无法表示意见的审计报告
1.22	0.4695	强制退市-财务类
3.33	0.1429	强制退市-财务类
0.96	2.6326	强制退市-财务类
3.55	0.0172	强制退市-财务类
1.19	0.8168	强制退市-财务类
0.35	-0.2183	被实施财务类退市风险警示后，首个会计年度经审计净利润为负值且营业收入低于1亿元、经审计期末净资产为负
0.35	-3.2774	被实施财务类退市风险警示后，首个会计年度经审计净利润为负值且营业收入低于1亿元、经审计期末净资产为负、财务报告被出具无法表示意见的审计报告
0.78	-4.5305	强制退市-财务类
0.85	1.8919	强制退市-财务类
0.83	0.3655	强制退市-财务类
1.02	1.9951	强制退市-财务类
0.97	0.0079	强制退市-财务类
0.83	-5.4019	强制退市-财务类
2.08	0.7397	强制退市-财务类
1.70	0.9134	强制退市-财务类
1.73	1.7794	强制退市-财务类
0.56	1.1473	连续20个交易日的每日股票收盘价均低于1元
1.05	-2.7740	强制退市-财务类
0.96	-8.1745	强制退市-财务类
1.03	0.3638	强制退市-重大违法

附录1-5　续表 2

序号 No.	股票代码 Stock Code	退市公司全称 Delisting Company Name	股票简称 Stock Abbreviation	所在板块 Board	退市日期 Delisting Date
47	900933.SH	华新水泥股份有限公司	华新B股		2022-03-17
48	600382.SH	广东明珠集团股份有限公司	*ST广珠		2022-02-12
49	603031.SH	安徽安德利百货股份有限公司	安德利		2022-01-28
50	000780.SZ	内蒙古平庄能源股份有限公司	ST平能		2022-01-24
51	600723.SH	北京首商集团股份有限公司	首商股份		2021-10-22
52	000737.SZ	南风化工集团股份有限公司	南风化工		2021/10/15
53	300362.SZ	成都天翔环境股份有限公司	天翔退		2021-08-30
54	600068.SH	中国葛洲坝集团股份有限公司	葛洲坝		2021-08-25
55	000760.SZ	斯太尔动力股份有限公司	斯太退		2021-07-23
56	002359.SZ	北讯集团股份有限公司	北讯退		2021-07-23
57	200986.SZ	佛山华新包装股份有限公司	粤华包B		2021-07-21
58	002711.SZ	欧浦智网股份有限公司	欧浦退		2021-07-15
59	600662.SH	上海强生控股股份有限公司	强生控股		2021-06-04
60	002450.SZ	康得新复合材料集团股份有限公司	康得退		2021-05-31
61	200168.SZ	广东舜喆(集团)股份有限公司	*ST舜喆B		2021-05-26
62	600485.SH	北京信威科技集团股份有限公司	*ST信威		2021-05-25
63	600614.SH	鹏起科技发展股份有限公司	*ST鹏起		2021-05-25
64	600634.SH	上海富控互动娱乐股份有限公司	*ST富控		2021-05-25
65	002071.SZ	长城影视股份有限公司	*ST长城		2021-05-07
66	000662.SZ	天夏智慧城市科技股份有限公司	*ST天夏		2021-04-12
67	600247.SH	吉林成城集团股份有限公司	*ST成城		2021-03-15
68	600978.SH	宜华生活科技股份有限公司	*ST宜生		2021-03-15

continued

退市时股价 Delisting Share Price	退市时每股净资产 Delisting Book Value Per Share	退市原因 Delisting Reason
1.88	12.7492	主动退市
5.87	5.2498	重组退市-出清式资产置换
49.50	5.0176	重组退市-出清式资产置换
10.95	2.6942	被吸收合并
9.42	6.0785	重组退市-吸收合并
7.9	0.9229	重组退市-出清式资产置换
1.34	0.4069	暂停上市后恢复上市申请未被审核同意
9.30	7.4596	重组退市-吸收合并
0.26	-0.0349	连续3年净利润为负值，第4年未在法定期限内披露年报(同时存在重大违法强制退市情形)
0.35	0.8410	连续2年财务会计报告被出具无法表示意见，第3年未在法定期限内披露年报
5.51	4.3139	重组退市-吸收合并
0.32	-2.3656	连续2年财务会计报告被出具无法表示意见且净资产为负值，第3年净利润、扣非净利润、净资产为负值且财务会计报告被出具无法表示意见
9.13	3.0611	重组退市-出清式资产置换
0.2	-2.7237	连续2年财务会计报告被出具无法表示意见，第3年净利润、扣非净利润、净资产为负值且财务会计报告被出具无法表示意见(同时存在重大违法强制退市情形)
0.7	0.9185	连续20个交易日收盘价低于1元
1.39	-5.1497	暂停上市后终止上市(适用退市老规)
0.74	0.0048	暂停上市后终止上市(适用退市老规)
0.82	-7.6193	暂停上市后终止上市(适用退市老规)
0.31	-2.0048	连续20个交易日收盘价低于1元
0.25	0.5951	连续20个交易日收盘价低于1元
0.65	-0.3277	连续20个交易日收盘价低于1元
0.52	4.8182	连续20个交易日收盘价低于1元

附录1-5　续表 3

序号 No.	股票代码 Stock Code	退市公司全称 Delisting Company Name	股票简称 Stock Abbreviation	所在板块 Board	退市日期 Delisting Date
69	600677.SH	航天通信控股集团股份有限公司	*ST航通		2021-03-11
70	600891.SH	哈尔滨秋林集团股份有限公司	*ST秋林		2021-03-11
71	600701.SH	哈尔滨工大高新技术产业开发股份有限公司	*ST工新		2021-03-05
72	600687.SH	甘肃刚泰控股(集团)股份有限公司	*ST刚泰		2021/3/3
73	600228.SH	江西昌九生物化工股份有限公司	ST昌九		2021-02-24
74	000727.SZ	南京华东电子信息科技股份有限公司	*ST东科		2021-01-14
75	600086.SH	东方金钰股份有限公司	*ST金钰		2021-01-13
76	600317.SH	营口港务股份有限公司	营口港		2021-01-06
77	000939.SZ	凯迪生态环境科技股份有限公司	凯迪退		2020/12/17
78	600817.SH	郑州德恒宏盛科技发展股份有限公司	ST宏盛		2020/12/15
79	900956.SH	黄石东贝电器股份有限公司	东贝B股		2020/11/23
80	300431.SZ	暴风集团股份有限公司	暴风退		2020/11/10
81	000927.SZ	天津一汽夏利汽车股份有限公司	*ST夏利		2020/10/10
82	300216.SZ	湖南千山制药机械股份有限公司	千山退		2020/09/16
83	300156.SZ	神雾环保技术股份有限公司	神雾退		2020/08/25
84	300090.SZ	安徽盛运环保(集团)股份有限公司	盛运退		2020/08/25
85	002220.SZ	大连天宝绿色食品股份有限公司	天宝退		2020/08/11
86	300028.SZ	金亚科技股份有限公司	金亚退		2020/08/03
87	300104.SZ	乐视网信息技术(北京)股份有限公司	乐视退		2020/07/21
88	200160.SZ	东沣科技集团股份有限公司	东沣B退		2020/07/21
89	002509.SZ	天广中茂股份有限公司	天茂退		2020/07/20
90	002604.SZ	山东龙力生物科技股份有限公司	龙力退		2020/07/15
91	900951.SH	大化集团大连化工股份有限公司	退市大化B		2020/07/02
92	600069.SH	河南银鸽实业投资股份有限公司	退市银鸽		2020/07/02
93	000691.SZ	海南亚太实业发展股份有限公司	亚太实业		2020/06/30
94	002758.SZ	浙江华通医药股份有限公司	华通医药		2020/06/26
95	600175.SH	美都能源股份有限公司	退市美都		2020/06/17
96	002532.SZ	新界泵业集团股份有限公司	新界泵业		2020/06/11
97	600821.SH	天津劝业场(集团)股份有限公司	*ST劝业		2020/06/05
98	601558.SH	华锐风电科技(集团)股份有限公司	退市锐电		2020/04/30

continued

退市时股价 Delisting Share Price	退市时每股净资产 Delisting Book Value Per Share	退市原因 Delisting Reason
3.01	-0.4090	主动退市
1.19	-3.5853	暂停上市后终止上市(适用退市老规)
1.17	-5.7762	暂停上市后终止上市(适用退市老规)
0.5	0.5944	连续20个交易日收盘价低于1元
11.12	0.1102	重组退市-出清式资产置换
2.44	0.3335	重组退市-出清式资产置换
0.86	-0.2400	连续20个交易日收盘价低于1元
2.58	2.0031	重组退市-吸收合并
0.15	-0.9175	连续3年亏损，第4年净利润、净资产为负，被出具无法表示意见审计报告
14.88	0.6120	重组退市-重组上市
3.07	6.0859	重组退市-吸收合并
0.28	-1.9223	未在法定期限内披露年度报告
3.82	1.3134	重组退市-出清式资产置换
0.19	-7.6393	2年净资产为负，第2年净利润、扣非净利润、净资产均为负，且审计意见类型为无法表示意见。
0.12	-0.3100	连续20个交易日收盘价低于1元
0.12	-2.8014	连续20个交易日收盘价低于1元
0.26	0.5425	连续20个交易日收盘价低于1元
0.3	0.3175	连续3年亏损，第4年净利润、扣非净利润、净资产均为 负。
0.18	-3.6343	2年净资产为负，第2年净利润、扣非净利润、净资产均为负，且审计意见类型为保留意见。
0.18	0.3572	连续20个交易日收盘价低于1元
0.15	0.6060	连续20个交易日收盘价低于1元
0.25	-6.9159	连续三年亏损，且审计意见类型为无法表示意见
0.074	-0.7692	强制退市-交易类
0.92	0.8092	强制退市-交易类
5.09	0.2327	重组退市-出清式资产置换
11.07	12.5424	重组退市-重组上市
0.41	2.5717	强制退市-交易类
7.18	3.6993	重组退市-重组上市
3.96	-0.0436	重组退市-出清式资产置换
0.65	0.2495	强制退市-交易类

附录1-5　续表 4

序号 No.	股票代码 Stock Code	退市公司全称 Delisting Company Name	股票简称 Stock Abbreviation	所在板块 Board	退市日期 Delisting Date
99	600074.SH	江苏保千里视像科技集团股份有限公司	退市保千		2020/04/01
100	000800.SZ	一汽轿车股份有限公司	一汽轿车		2020/02/28
101	002082.SZ	万邦德新材股份有限公司	万邦德		2020/01/16
102	000018.SZ	神州长城股份有限公司	神城A退		2020/01/07
103	200018.SZ	神州长城股份有限公司	神城B退		2020/01/07
104	002793.SZ	浙江东音泵业股份有限公司	东音股份		2019/12/31
105	300111.SZ	浙江向日葵光能科技股份有限公司	向日葵		2019/12/31
106	000953.SZ	广西河池化工股份有限公司	*ST河化		2019/12/24
107	002761.SZ	多喜爱集团股份有限公司	多喜爱		2019/12/17
108	600747.SH	大连大福控股股份有限公司	退市大控		2019/12/12
109	600240.SH	北京华业资本控股股份有限公司	退市华业		2019/12/04
110	002143.SZ	印纪娱乐传媒股份有限公司	印纪退		2019/11/29
111	002680.SZ	长生生物科技股份有限公司	长生退		2019/11/27
112	000785.SZ	武汉中商集团股份有限公司	武汉中商		2019/11/26
113	600131.SH	四川岷江水利电力股份有限公司	岷江水电		2019/11/01
114	002018.SZ	安徽华信国际控股股份有限公司	华信退		2019/11/01
115	002459.SZ	秦皇岛天业通联重工股份有限公司	天业通联		2019/10/28
116	002477.SZ	雏鹰农牧集团股份有限公司	雏鹰退		2019/10/16
117	600732.SH	上海新梅置业股份有限公司	ST新梅		2019/09/06
118	600556.SH	广西慧金科技股份有限公司	ST慧球		2019/09/06
119	600401.SH	海润光伏科技股份有限公司	退市海润		2019/07/12
120	000693.SZ	成都华泽钴镍材料股份有限公司	华泽退		2019/07/09
121	002070.SZ	福建众和股份有限公司	众和退		2019/07/09
122	000418.SZ	无锡小天鹅股份有限公司	小天鹅A		2019/06/21
123	200418.SZ	无锡小天鹅股份有限公司	小天鹅B		2019/05/27
124	600680.SH	上海普天邮通科技股份有限公司	*ST上普		2019/05/23
125	900930.SH	上海普天邮通科技股份有限公司	*ST沪普B		2019/05/23
126	002015.SZ	江苏霞客环保色纺股份有限公司	霞客环保		2019/04/25
127	002059.SZ	云南旅游股份有限公司	云南旅游		2019/03/29
128	002053.SZ	云南能源投资股份有限公司	云南能投		2019/02/27
129	600877.SH	中国嘉陵工业股份有限公司(集团)	*ST嘉陵		2019/01/30
130	600270.SH	中外运空运发展股份有限公司	外运发展		2018/12/28
131	000979.SZ	中弘控股股份有限公司	中弘退		2018/12/28
132	000511.SZ	银基烯碳新材料集团股份有限公司	烯碳退		2018/07/18
133	600806.SH	沈机集团昆明机床股份有限公司	退市昆机		2018/07/13
134	600432.SH	吉林吉恩镍业股份有限公司	退市吉恩		2018/07/13
135	200053.SZ	深圳赤湾石油基地股份有限公司	深基地Ｂ		2018/06/15
136	000916.SZ	华北高速公路股份有限公司	华北高速(退市)		2017/12/25
137	300372.SZ	丹东欣泰电气股份有限公司	欣泰退(退市)		2017/08/28
138	000033.SZ	深圳新都酒店股份有限公司	新都退(退市)		2017/07/07
139	600005.SH	武汉钢铁股份有限公司	武钢股份(退市)		2017/02/14
140	000748.SZ	长城信息产业股份有限公司	长城信息(退市)		2017/01/18
141	900935.SH	上海阳晨投资股份有限公司	阳晨B股(退市)		2016/12/16
142	600656.SH	珠海市博元投资股份有限公司	退市博元(退市)		2016/05/13
143	000024.SZ	招商局地产控股股份有限公司	招商地产(退市)		2015/12/30
144	200024.SZ	招商局地产控股股份有限公司	招商局B(退市)		2015/12/11
145	900950.SH	江苏新城地产股份有限公司	新城B股(退市)		2015/11/23
146	300186.SZ	广东大华农动物保健品股份有限公司	大华农(退市)		2015/11/02
147	200770.SZ	武汉锅炉股份有限公司	武锅B(退市)		2015/07/13
148	000594.SZ	天津国恒铁路控股股份有限公司	国恒(退市)		2015/07/13
149	601268.SH	国机重型装备集团股份有限公司	*ST二重(退市)		2015/05/21
150	600832.SH	上海东方明珠(集团)股份有限公司	东方明珠(退市)		2015/05/20

continued

退市时股价 Delisting Share Price	退市时每股净资产 Delisting Book Value Per Share	退市原因 Delisting Reason
1.04	-2.4525	强制退市-财务类
9	4.9468	重组退市-出清式资产置换
9.87	6.2726	重组退市-重组上市
0.27	-0.7640	连续20个交易日收盘价低于1元
0.17	-0.7640	连续20个交易日收盘价低于1元
13.5	2.7765	重组退市-重组上市
2.34	0.3416	重组退市-出清式资产置换
4.1	-0.8495	重组退市-出清式资产置换
11.56	5.5798	重组退市-重组上市
0.26	0.2848	其它不符合挂牌的情形
0.86	-3.3844	强制退市-交易类
0.25	0.6090	连续20个交易日收盘价低于1元
0.77	3.8467	重大违法强制退市
9.97	1.9727	重组退市-重组上市
21.65	2.6000	重组退市-出清式资产置换
0.26	-0.5249	连续20个交易日收盘价低于1元
11.63	5.5925	重组退市-重组上市
0.17	-0.1420	连续20个交易日收盘价低于1元
8.68	1.0299	重组退市-重组上市
7.92	-0.0119	重组退市-重组上市
0.15	-0.8366	连续三年亏损
0.37	-2.9437	暂停上市后未披露定期报告
0.71	-1.9063	连续三年亏损
57.39	14.1189	重组退市-吸收合并
51.65	14.1189	重组退市-吸收合并
7.69	0.3704	其它不符合挂牌的情形
0.402	0.3704	其它不符合挂牌的情形
6.33	1.3204	重组退市-重组上市
6.93	2.7159	重组退市-重组上市
7.62	4.3348	重组退市-重组上市
4.48	-0.2804	重组退市-出清式资产置换
20.99	9.0350	重组退市-吸收合并
0.22	0.8731	连续20个交易日收盘价低于1元
0.61	0.8440	连续三年亏损
1.47	-0.0720	连续三年亏损
1.38	-0.1237	连续三年亏损
22.75	7.3792	重组退市-吸收合并
8.82	4.4121	重组退市-吸收合并
1.48	2.8728	其它不符合挂牌的情形
1.7	0.0448	连续三年亏损
3.71	2.8247	重组退市-吸收合并
20.31	5.1469	重组退市-吸收合并
2.922	2.6470	重组退市-吸收合并
4.49	2.3633	其它不符合挂牌的情形
40.5	12.7608	重组退市-吸收合并
35.3	12.7608	重组退市-吸收合并
2.216	5.3324	重组退市-吸收合并
45.72	3.9355	重组退市-吸收合并
2.05	-4.8625	连续四年亏损
1.29	1.7278	连续四年亏损
2.35	-2.7793	连续四年亏损
23.18	3.1361	重组退市-吸收合并

附录1-5 续表 5

序号 No.	股票代码 Stock Code	退市公司全称 Delisting Company Name	股票简称 Stock Abbreviation	所在板块 Board	退市日期 Delisting Date
151	601299.SH	中国北车股份有限公司	中国北车(退市)		2015/05/20
152	000562.SZ	宏源证券股份有限公司	宏源证券(退市)		2015/01/26
153	200002.SZ	万科企业股份有限公司	万科B(退市)		2014/06/19
154	600087.SH	中国长江航运集团南京油运股份有限公司	长油(退市)		2014/06/05
155	200513.SZ	丽珠医药集团股份有限公司	丽珠B(退市)		2014/01/10
156	900949.SH	浙江东南发电股份有限公司	东电B股(退市)		2013/11/07
157	000527.SZ	广东美的电器股份有限公司	美的电器(退市)		2013/09/18
158	000602.SZ	广东金马旅游集团股份有限公司	金马集团(退市)		2013/08/14
159	600253.SH	河南天方药业股份有限公司	天方药业(退市)		2013/07/15
160	000522.SZ	广州白云山制药股份有限公司	白云山A(退市)		2013/04/26
161	000805.SZ	江苏高能时代在线股份有限公司	*ST炎黄(退市)		2013/03/27
162	000787.SZ	创智信息科技股份有限公司	*ST创智(退市)		2013/02/08
163	200039.SZ	中国国际海运集装箱(集团)股份有限公司	中集B(退市)		2012/12/14
164	600991.SH	广汽长丰汽车股份有限公司	广汽长丰(退市)		2012/03/20
165	600263.SH	路桥集团国际建设股份有限公司	路桥建设(退市)		2012/03/01
166	600102.SH	莱芜钢铁股份有限公司	莱钢股份(退市)		2012/02/28
167	600631.SH	上海百联集团股份有限公司(原)	百联股份(退市)		2011/08/23
168	000578.SZ	青海盐湖工业集团股份有限公司	盐湖集团(退市)		2011/03/22
169	600553.SH	河北太行水泥股份有限公司	太行水泥(退市)		2011/02/18
170	600003.SH	东北高速公路股份有限公司	ST东北高(退市)		2010/02/26
171	600607.SH	上海实业医药投资股份有限公司	上实医药(退市)		2010/02/12
172	600842.SH	上海中西药业股份有限公司	中西药业(退市)		2010/02/12
173	600591.SH	上海航空股份有限公司	*ST上航(退市)		2010/01/25
174	600001.SH	邯郸钢铁股份有限公司	邯郸钢铁(退市)		2009/12/29
175	600357.SH	承德新新钒钛股份有限公司	承德钒钛(退市)		2009/12/29
176	200041.SZ	深圳本鲁克斯实业股份有限公司	*ST本实B(退市)		2009/12/04
177	600840.SH	浙江新湖创业投资股份有限公司	新湖创业(退市)		2009/08/27
178	000515.SZ	攀钢集团重庆钛业股份有限公司	攀渝钛业(退市)		2009/05/06
179	000569.SZ	攀钢集团四川长城特殊钢股份有限公司	长城股份(退市)		2009/05/06
180	600627.SH	上海输配电股份有限公司	上电股份(退市)		2008/11/26
181	600786.SH	东方电气集团东方锅炉股份有限公司	东方锅炉(退市)		2008/03/18
182	600472.SH	包头铝业股份有限公司	包头铝业(退市)		2007/12/26
183	600065.SH	大庆联谊石化股份有限公司	*ST联谊(退市)		2007/12/13
184	600762.SH	衡阳市金荔科技农业股份有限公司	S*ST金荔(退市)		2007/11/20
185	600181.SH	云大科技股份有限公司	*ST云大(退市)		2007/06/01
186	600286.SH	湖南国光瓷业集团股份有限公司	S*ST国瓷(退市)		2007/05/31
187	000583.SZ	四川托普软件投资股份有限公司	S*ST托普(退市)		2007/05/21
188	600205.SH	山东铝业股份有限公司	S山东铝(退市)		2007/04/30
189	600296.SH	兰州铝业股份有限公司	S兰铝(退市)		2007/04/30
190	000549.SZ	湘火炬汽车集团股份有限公司	S湘火炬(退市)		2007/04/27
191	000699.SZ	佳木斯金地造纸股份有限公司	S*ST佳纸(退市)		2007/04/04
192	600772.SH	中油龙昌股份有限公司	S*ST龙昌(退市)		2006/11/30
193	600092.SH	陕西精密合金股份有限公司	S*ST精密(退市)		2006/11/30
194	600018.SH	上海港集装箱股份有限公司	上港集箱(退市)		2006/10/20
195	000832.SZ	黑龙江龙涤股份有限公司	*ST龙涤(退市)		2006/06/29
196	600002.SH	中国石化齐鲁股份有限公司	齐鲁石化(退市)		2006/04/24
197	000406.SZ	中国石化胜利油田大明(集团)股份有限公司	石油大明(退市)		2006/04/21
198	000866.SZ	中国石化扬子石油化工股份有限公司	扬子石化(退市)		2006/04/21
199	000956.SZ	中国石化中原油气高新股份有限公司	中原油气(退市)		2006/04/21
200	600659.SH	辽宁闽越花雕股份有限公司	*ST花雕(退市)		2006/03/23
201	000618.SZ	吉林化学工业股份有限公司	吉林化工(退市)		2006/02/20
202	000763.SZ	锦州石化股份有限公司	锦州石化(退市)		2006/01/04

continued

退市时股价 Delisting Share Price	退市时每股净资产 Delisting Book Value Per Share	退市原因 Delisting Reason
29.98	4.0638	重组退市-吸收合并
30.5	3.9770	重组退市-吸收合并
12.41	6.6800	转板上市
0.83	-0.7026	连续三年亏损
37.92	11.3100	转板上市
0.825	5.1473	重组退市-吸收合并
14.02	6.6685	重组退市-吸收合并
13.41	3.5977	私有化
6.26	2.1200	重组退市-吸收合并
23.27	3.5533	重组退市-吸收合并
1.88	0.2365	连续三年亏损
4.68	0.0389	连续三年亏损
9.7	7.1644	转板上市
17.82	4.4700	重组退市-吸收合并
16.43	5.2700	重组退市-吸收合并
7.13	6.7000	重组退市-吸收合并
15.68	6.1100	重组退市-吸收合并
24.44	2.9223	重组退市-吸收合并
14.98	2.4900	重组退市-吸收合并
3.87	3.1100	证券置换
23.52	6.2826	重组退市-吸收合并
13.96	1.7120	重组退市-吸收合并
7.27	0.8360	重组退市-吸收合并
5.29	4.4100	重组退市-吸收合并
7.4	3.5500	重组退市-吸收合并
1.16	-6.4500	暂停上市后未披露定期报告
23.8	2.8000	重组退市-吸收合并
15.29	1.3400	重组退市-吸收合并
7.05	0.0460	重组退市-吸收合并
28.73	5.4000	重组退市-吸收合并
82.2	6.4400	私有化
51.82	4.9747	重组退市-吸收合并
1.7	0.6133	连续三年亏损
0.77	-3.4300	连续三年亏损
1.02	-0.6700	连续四年亏损
0.67	-4.2000	连续三年亏损
0.76	-6.0800	连续三年亏损
25.41	6.0300	重组退市-吸收合并
14.61	5.8520	重组退市-吸收合并
8.9	2.1700	重组退市-吸收合并
0.81	-3.1355	连续三年亏损
1.3	1.8200	暂停上市后未披露定期报告
0.96	-2.0008	暂停上市后未披露定期报告
16.37	4.0637	重组退市-吸收合并
1.45	-1.8569	连续三年亏损
10.09	3.9200	私有化
10.12	5.2000	私有化
13.84	6.1300	私有化
11.91	6.2534	私有化
1.41	0.8800	暂停上市后未披露定期报告
5.24	1.6000	私有化
4.22	1.0070	私有化

附录1-5 续表 6

序号 No.	股票代码 Stock Code	退市公司全称 Delisting Company Name	股票简称 Stock Abbreviation	所在板块 Board	退市日期 Delisting Date
203	600799.SH	黑龙江省科利华网络股份有限公司	*ST龙科(退市)		2006/01/04
204	000817.SZ	辽河金马油田股份有限公司	辽河油田(退市)		2006/01/04
205	600752.SH	哈慈股份有限公司	*ST哈慈(退市)		2005/09/22
206	000827.SZ	大连长兴实业股份有限公司	*ST长兴(退市)		2005/09/21
207	000769.SZ	沈阳菲菲澳家现代农业股份有限公司	*ST大菲(退市)		2005/09/21
208	600899.SH	浙江信联股份有限公司	*ST信联(退市)		2005/09/21
209	200057.SZ	深圳大洋海运股份有限公司	*ST大洋B(退市)		2005/09/21
210	000535.SZ	猴王股份有限公司	*ST猴王(退市)		2005/09/21
211	600700.SH	陕西煤航数码测绘(集团)股份有限公司	*ST数码(退市)		2005/09/20
212	600852.SH	中国四川国际合作股份有限公司	*ST中川(退市)		2005/09/16
213	600672.SH	广东华圣科技投资股份有限公司	*ST华圣(退市)		2005/08/05
214	000765.SZ	汇绿生态科技集团股份有限公司	*ST华信(退市)		2005/07/04
215	600788.SH	西安达尔曼实业股份有限公司	*ST达曼(退市)		2005/03/25
216	600632.SH	上海华联商厦股份有限公司	华联商厦(退市)		2004/11/18
217	000621.SZ	比特科技控股股份有限公司	*ST比特(退市)		2004/09/27
218	600670.SH	长春高斯达生物科技集团股份有限公司	*ST斯达(退市)		2004/09/24
219	000730.SZ	沈阳天创信息科技股份有限公司	*ST环保(退市)		2004/09/24
220	000013.SZ	深圳石化工业集团股份有限公司	*ST石化A(退市)		2004/09/20
221	000765.SZ	汇绿生态科技集团股份有限公司	*ST华信(退市)		2005/07/04
222	600788.SH	西安达尔曼实业股份有限公司	*ST达曼(退市)		2005/03/25
223	600632.SH	上海华联商厦股份有限公司	华联商厦(退市)		2004/11/18
224	000621.SZ	比特科技控股股份有限公司	*ST比特(退市)		2004/09/27
225	600670.SH	长春高斯达生物科技集团股份有限公司	*ST斯达(退市)		2004/09/24
226	000730.SZ	沈阳天创信息科技股份有限公司	*ST环保(退市)		2004/09/24
227	000013.SZ	深圳石化工业集团股份有限公司	*ST石化A(退市)		2004/09/20
228	200013.SZ	深圳石化工业集团股份有限公司	*ST石化B(退市)		2004/09/20
229	600878.SH	大连北大科技(集团)股份有限公司	*ST北科(退市)		2004/09/15
230	600669.SH	鞍山合成(集团)股份有限公司	*ST鞍成(退市)		2004/09/15
231	000660.SZ	广州大通资源开发股份有限公司	*ST南华(退市)		2004/09/13
232	000405.SZ	珠海金马控股股份有限公司	ST鑫光(退市)		2004/03/19
233	000542.SZ	TCL通讯设备股份有限公司	TCL通讯(退市)		2004/01/13
234	600646.SH	上海国嘉实业股份有限公司	ST国嘉(退市)		2003/09/22
235	000412.SZ	长春北方五环实业股份有限公司	ST五环(退市)		2003/09/19
236	000047.SZ	深圳市中侨发展股份有限公司	ST中侨(退市)		2003/05/30
237	600709.SH	湖北洪湖生态农业股份有限公司	ST生态(退市)		2003/05/23
238	000658.SZ	厦门海洋实业(集团)股份有限公司	ST海洋(退市)		2002/09/20
239	600813.SH	辽宁华夏大地生态技术股份有限公司	ST鞍一工(退市)		2002/09/16
240	000653.SZ	福建九州集团股份有限公司	ST九州(退市)		2002/09/13
241	000689.SZ	汕头宏业(集团)股份有限公司	ST宏业(退市)		2002/09/05
242	000675.SZ	四川银山化工(集团)股份有限公司	ST银山(退市)		2002/08/20
243	200003.SZ	金田实业(集团)股份有限公司	PT金田B(退市)		2002/06/14
244	000003.SZ	金田实业(集团)股份有限公司	PT金田A(退市)		2002/06/14
245	000556.SZ	南洋航运集团股份有限公司	PT南洋(退市)		2002/05/29
246	200015.SZ	深圳中浩(集团)股份有限公司	PT中浩B(退市)		2001/10/22
247	000015.SZ	深圳中浩(集团)股份有限公司	PT中浩A(退市)		2001/10/22
248	000588.SZ	广东金曼集团股份有限公司	PT粤金曼(退市)		2001/06/15
249	600625.SH	上海水仙电器股份有限公司	PT水仙(退市)		2001/04/23
250	900931.SH	上海水仙电器股份有限公司	PT水仙B(退市)		2001/04/23
251	000508.SZ	海南民源现代农业发展股份有限公司	琼民源A(退市)		1999/07/12

continued

退市时股价 Delisting Share Price	退市时每股净资产 Delisting Book Value Per Share	退市原因 Delisting Reason
0.54	-1.1960	连续三年亏损
8.75	2.9500	私有化
0.84	0.2700	连续三年亏损
1.16	0.1890	连续三年亏损
0.9	0.2870	连续三年亏损
1.13	-1.1370	连续三年亏损
0.27	-1.2100	连续三年亏损
0.5	-2.2300	连续三年亏损
0.64	-1.7600	连续三年亏损
0.72	-3.1800	连续三年亏损
0.7	-1.0900	连续三年亏损
2.36	-1.1500	连续三年亏损
0.91	-3.0700	连续三年亏损
9.53	4.0000	重组退市-吸收合并
2.66	-1.4200	连续三年亏损
2.87	-0.8830	连续三年亏损
2.6	0.1045	连续三年亏损
2.47	-8.8000	连续三年亏损
2.36	-1.1500	连续三年亏损
0.91	-3.0700	连续三年亏损
9.53	4.0000	重组退市-吸收合并
2.66	-1.4200	连续三年亏损
2.87	-0.8830	连续三年亏损
2.6	0.1045	连续三年亏损
2.47	-8.8000	连续三年亏损
1.47	-8.8000	连续三年亏损
2.64	-1.7800	连续三年亏损
2.19	-2.2000	连续三年亏损
2.38	-5.3200	连续三年亏损
2.86	-0.3100	连续三年亏损
27.34	3.2940	重组退市-吸收合并
5.82	-2.7431	连续三年亏损
2.89	-0.1597	连续三年亏损
8.03	-4.1297	连续三年亏损
3.02	-0.2270	连续三年亏损
4.24	-3.2160	连续三年亏损
3.83	-3.5020	连续三年亏损
2.51	-4.4500	连续三年亏损
4.88	-4.1540	连续三年亏损
7.94	-1.5400	连续三年亏损
1.6	-2.9935	连续三年亏损
2.71	-2.9935	连续三年亏损
1.5	0.7262	连续三年亏损
1.95	-6.5000	连续三年亏损
6.85	-6.5000	连续三年亏损
4.37	1.0753	连续三年亏损
4.8	-0.2500	连续三年亏损
0.176	-0.2500	连续三年亏损
23.5	4.0300	证券置换

附录1-6　2022年境外上市公司名录
List of Overseas Listed Company in 2022

序号 No.	股票代码 Stock Code	上市场所 Listed Exchange	公司全称 Company Name	对应A股代码 Corresponding A Stock Code
1	0168.HK	香港联交所主板	青岛啤酒股份有限公司	600600.SH
2	0338.HK	香港联交所主板	中国石化上海石油化工股份有限公司	600688.SH
3	0187.HK	香港联交所主板	北京京城机电股份有限公司	600860.SH
4	0317.HK	香港联交所主板	中船海洋与防务装备股份有限公司	600685.SH
5	0323.HK	香港联交所主板	马鞍山钢铁股份有限公司	600808.SH
6	1033.HK	香港联交所主板	中石化石油工程技术服务股份有限公司	600871.SH
7	1065.HK	香港联交所主板	天津创业环保集团股份有限公司	600874.SH
8	1072.HK	香港联交所主板	东方电气股份有限公司	600875.SH
9	1108.HK	香港联交所主板	凯盛新能源股份有限公司	600876.SH
10	1138.HK	香港联交所主板	中远海运能源运输股份有限公司	600026.SH
11	0042.HK	香港联交所主板	东北电气发展股份有限公司	000585.SZ
12	0553.HK	香港联交所主板	南京熊猫电子股份有限公司	600775.SH
13	0525.HK	香港联交所主板	广深铁路股份有限公司	601333.SH
14	0921.HK	香港联交所主板	海信家电集团股份有限公司	000921.SZ
15	0995.HK	香港联交所主板	安徽皖通高速公路股份有限公司	600012.SH
16	0719.HK	香港联交所主板	山东新华制药股份有限公司	000756.SZ
17	0670.HK	香港联交所主板	中国东方航空股份有限公司	600115.SH
18	0548.HK	香港联交所主板	深圳高速公路集团股份有限公司	600548.SH
19	0991.HK	香港联交所主板	大唐国际发电股份有限公司	601991.SH
20	0588.HK	香港联交所主板	北京北辰实业股份有限公司	601588.SH
21	0358.HK	香港联交所主板	江西铜业股份有限公司	600362.SH
22	0038.HK	香港联交所主板	第一拖拉机股份有限公司	601038.SH
23	0177.HK	香港联交所主板	江苏宁沪高速公路股份有限公司	600377.SH
24	0347.HK	香港联交所主板	鞍钢股份有限公司	000898.SZ
25	1055.HK	香港联交所主板	中国南方航空股份有限公司	600029.SH
26	0107.HK	香港联交所主板	四川成渝高速公路股份有限公司	601107.SH
27	1053.HK	香港联交所主板	重庆钢铁股份有限公司	601005.SH
28	0914.HK	香港联交所主板	安徽海螺水泥股份有限公司	600585.SH
29	0874.HK	香港联交所主板	广州白云山医药集团股份有限公司	600332.SH
30	0902.HK	香港联交所主板	华能国际电力股份有限公司	600011.SH
31	1171.HK	香港联交所主板	兖矿能源集团股份有限公司	600188.SH
32	1071.HK	香港联交所主板	华电国际电力股份有限公司	600027.SH
33	0857.HK	香港联交所主板	中国石油天然气股份有限公司	601857.SH
34	1385.HK	香港联交所主板	上海复旦微电子集团股份有限公司	688385.SH
35	0386.HK	香港联交所主板	中国石油化工股份有限公司	600028.SH
36	2600.HK	香港联交所主板	中国铝业股份有限公司	601600.SH
37	1211.HK	香港联交所主板	比亚迪股份有限公司	002594.SZ
38	1349.HK	香港联交所主板	上海复旦张江生物医药股份有限公司	688505.SH
39	0728.HK	香港联交所主板	中国电信股份有限公司	601728.SH
40	2883.HK	香港联交所主板	中海油田服务股份有限公司	601808.SH
41	0895.HK	香港联交所主板	东江环保股份有限公司	002672.SZ
42	0598.HK	香港联交所主板	中国外运股份有限公司	601598.SH
43	2218.HK	香港联交所主板	烟台北方安德利果汁股份有限公司	605198.SH
44	2333.HK	香港联交所主板	长城汽车股份有限公司	601633.SH
45	2628.HK	香港联交所主板	中国人寿保险股份有限公司	601628.SH

数据来源：中国证监会
Source: CSRC

附录1-6 续表 1 continued

序号 No.	股票代码 Stock Code	上市场所 Listed Exchange	公司全称 Company Name	对应A股代码 Corresponding A Stock Code
46	2899.HK	香港联交所主板	紫金矿业集团股份有限公司	601899.SH
47	2338.HK	香港联交所主板	潍柴动力股份有限公司	000338.SZ
48	0568.HK	香港联交所主板	山东墨龙石油机械股份有限公司	002490.SZ
49	2866.HK	香港联交所主板	中远海运发展股份有限公司	601866.SH
50	2318.HK	香港联交所主板	中国平安保险(集团)股份有限公司	601318.SH
51	0763.HK	香港联交所主板	中兴通讯股份有限公司	000063.SZ
52	0753.HK	香港联交所主板	中国国际航空股份有限公司	601111.SH
53	2727.HK	香港联交所主板	上海电气集团股份有限公司	601727.SH
54	1088.HK	香港联交所主板	中国神华能源股份有限公司	601088.SH
55	3328.HK	香港联交所主板	交通银行股份有限公司	601328.SH
56	1919.HK	香港联交所主板	中远海运控股股份有限公司	601919.SH
57	0939.HK	香港联交所主板	中国建设银行股份有限公司	601939.SH
58	2880.HK	香港联交所主板	辽宁港口股份有限公司	601880.SH
59	1057.HK	香港联交所主板	浙江世宝股份有限公司	002703.SZ
60	3988.HK	香港联交所主板	中国银行股份有限公司	601988.SH
61	3968.HK	香港联交所主板	招商银行股份有限公司	600036.SH
62	1398.HK	香港联交所主板	中国工商银行股份有限公司	601398.SH
63	1800.HK	香港联交所主板	中国交通建设股份有限公司	601800.SH
64	1898.HK	香港联交所主板	中国中煤能源股份有限公司	601898.SH
65	3898.HK	香港联交所主板	株洲中车时代电气股份有限公司	688187.SH
66	3993.HK	香港联交所主板	洛阳栾川钼业集团股份有限公司	603993.SH
67	0998.HK	香港联交所主板	中信银行股份有限公司	601998.SH
68	0811.HK	香港联交所主板	新华文轩出版传媒股份有限公司	601811.SH
69	0390.HK	香港联交所主板	中国中铁股份有限公司	601390.SH
70	1186.HK	香港联交所主板	中国铁建股份有限公司	601186.SH
71	1812.HK	香港联交所主板	山东晨鸣纸业集团股份有限公司	000488.SZ
72	1766.HK	香港联交所主板	中国中车股份有限公司	601766.SH
73	2009.HK	香港联交所主板	北京金隅集团股份有限公司	601992.SH
74	1618.HK	香港联交所主板	中国冶金科工股份有限公司	601618.SH
75	1988.HK	香港联交所主板	中国民生银行股份有限公司	600016.SH
76	0916.HK	香港联交所主板	龙源电力集团股份有限公司	001289.SZ
77	2601.HK	香港联交所主板	中国太平洋保险(集团)股份有限公司	601601.SH
78	1288.HK	香港联交所主板	中国农业银行股份有限公司	601288.SH
79	2238.HK	香港联交所主板	广州汽车集团股份有限公司	601238.SH
80	2208.HK	香港联交所主板	金风科技股份有限公司	002202.SZ
81	0956.HK	香港联交所主板	新天绿色能源股份有限公司	600956.SH
82	3618.HK	香港联交所主板	重庆农村商业银行股份有限公司	601077.SH
83	1157.HK	香港联交所主板	中联重科股份有限公司	000157.SZ
84	2607.HK	香港联交所主板	上海医药集团股份有限公司	601607.SH
85	6030.HK	香港联交所主板	中信证券股份有限公司	600030.SH
86	1336.HK	香港联交所主板	新华人寿保险股份有限公司	601336.SH
87	6837.HK	香港联交所主板	海通证券股份有限公司	600837.SH
88	2068.HK	香港联交所主板	中铝国际工程股份有限公司	601068.SH
89	2196.HK	香港联交所主板	上海复星医药(集团)股份有限公司	600196.SH
90	0564.HK	香港联交所主板	郑州煤矿机械集团股份有限公司	601717.SH

附录1-6 续表 2 continued

序号 No.	股票代码 Stock Code	上市场所 Listed Exchange	公司全称 Company Name	对应A股代码 Corresponding A Stock Code
91	1339.HK	香港联交所主板	中国人民保险集团股份有限公司	601319.SH
92	2039.HK	香港联交所主板	中国国际海运集装箱(集团)股份有限公司	000039.SZ
93	6881.HK	香港联交所主板	中国银河证券股份有限公司	601881.SH
94	1963.HK	香港联交所主板	重庆银行股份有限公司	601963.SH
95	3369.HK	香港联交所主板	秦皇岛港股份有限公司	601326.SH
96	6818.HK	香港联交所主板	中国光大银行股份有限公司	601818.SH
97	1513.HK	香港联交所主板	丽珠医药集团股份有限公司	000513.SZ
98	6198.HK	香港联交所主板	青岛港国际股份有限公司	601298.SH
99	1330.HK	香港联交所主板	绿色动力环保集团股份有限公司	601330.SH
100	1375.HK	香港联交所主板	中原证券股份有限公司	601375.SH
101	2202.HK	香港联交所主板	万科企业股份有限公司	000002.SZ
102	6116.HK	香港联交所主板	新疆拉夏贝尔服饰股份有限公司	603157.SH
103	1816.HK	香港联交所主板	中国广核电力股份有限公司	003816.SZ
104	6869.HK	香港联交所主板	长飞光纤光缆股份有限公司	601869.SH
105	1858.HK	香港联交所主板	北京市春立正达医疗器械股份有限公司	688236.SH
106	3606.HK	香港联交所主板	福耀玻璃工业集团股份有限公司	600660.SH
107	1776.HK	香港联交所主板	广发证券股份有限公司	000776.SZ
108	6826.HK	香港联交所主板	上海昊海生物科技股份有限公司	688366.SH
109	6886.HK	香港联交所主板	华泰证券股份有限公司	601688.SH
110	1528.HK	香港联交所主板	红星美凯龙家居集团股份有限公司	601828.SH
111	1456.HK	香港联交所主板	国联证券股份有限公司	601456.SH
112	3969.HK	香港联交所主板	中国铁路通信信号股份有限公司	688009.SH
113	3908.HK	香港联交所主板	中国国际金融股份有限公司	601995.SH
114	6865.HK	香港联交所主板	福莱特玻璃集团股份有限公司	601865.SH
115	3866.HK	香港联交所主板	青岛银行股份有限公司	002948.SZ
116	3996.HK	香港联交所主板	中国能源建设股份有限公司	601868.SH
117	6196.HK	香港联交所主板	郑州银行股份有限公司	002936.SZ
118	3678.HK	香港联交所主板	弘业期货股份有限公司	001236.SZ
119	2016.HK	香港联交所主板	浙商银行股份有限公司	601916.SH
120	3958.HK	香港联交所主板	东方证券股份有限公司	600958.SH
121	6178.HK	香港联交所主板	光大证券股份有限公司	601788.SH
122	1658.HK	香港联交所主板	中国邮政储蓄银行股份有限公司	601658.SH
123	6099.HK	香港联交所主板	招商证券股份有限公司	600999.SH
124	1635.HK	香港联交所主板	上海大众公用事业(集团)股份有限公司	600635.SH
125	6066.HK	香港联交所主板	中信建投证券股份有限公司	601066.SH
126	2611.HK	香港联交所主板	国泰君安证券股份有限公司	601211.SH
127	1787.HK	香港联交所主板	山东黄金矿业股份有限公司	600547.SH
128	1772.HK	香港联交所主板	江西赣锋锂业集团股份有限公司	002460.SZ
129	2359.HK	香港联交所主板	无锡药明康德新药开发股份有限公司	603259.SH
130	1877.HK	香港联交所主板	上海君实生物医药科技股份有限公司	688180.SH
131	6185.HK	香港联交所主板	康希诺生物股份公司	688185.SH
132	6806.HK	香港联交所主板	申万宏源集团股份有限公司	000166.SZ
133	1839.HK	香港联交所主板	中集车辆(集团)股份有限公司	301039.SZ

附录1-6　续表 3　continued

序号 No.	股票代码 Stock Code	上市场所 Listed Exchange	公司全称 Company Name	对应A股代码 Corresponding A Stock Code
134	3759.HK	香港联交所主板	康龙化成(北京)新药技术股份有限公司	300759.SZ
135	9989.HK	香港联交所主板	深圳市海普瑞药业集团股份有限公司	002399.SZ
136	3347.HK	香港联交所主板	杭州泰格医药科技股份有限公司	300347.SZ
137	9995.HK	香港联交所主板	荣昌生物制药(烟台)股份有限公司	688331.SH
138	6690.HK	香港联交所主板	海尔智家股份有限公司	600690.SH
139	6127.HK	香港联交所主板	北京昭衍新药研究中心股份有限公司	603127.SH
140	6821.HK	香港联交所主板	凯莱英医药集团(天津)股份有限公司	002821.SZ
141	6680.HK	香港联交所主板	江西金力永磁科技股份有限公司	300748.SZ
142	6655.HK	香港联交所主板	华新水泥股份有限公司	600801.SH
143	9696.HK	香港联交所主板	天齐锂业股份有限公司	002466.SZ
144	1880.HK	香港联交所主板	中国旅游集团中免股份有限公司	601888.SH
145	1122.HK	香港联交所主板	庆铃汽车股份有限公司	
146	1202.HK	香港联交所主板	成都四威科技股份有限公司	
147	1133.HK	香港联交所主板	哈尔滨电气股份有限公司	
148	0576.HK	香港联交所主板	浙江沪杭甬高速公路股份有限公司	
149	0747.HK	香港联交所主板	沈阳公用发展股份有限公司	
150	0694.HK	香港联交所主板	北京首都国际机场股份有限公司	
151	8095.HK	香港联交所创业板	北京北大青鸟环宇科技股份有限公司	
152	1666.HK	香港联交所主板	北京同仁堂科技发展股份有限公司	
153	0696.HK	香港联交所主板	中国民航信息网络股份有限公司	
154	8045.HK	香港联交所创业板	江苏南大苏富特科技股份有限公司	
155	8049.HK	香港联交所创业板	吉林省辉南长龙生化药业股份有限公司	
156	1075.HK	香港联交所主板	首都信息发展股份有限公司	
157	8106.HK	香港联交所创业板	浙江升华兰德科技股份有限公司	
158	8189.HK	香港联交所创业板	天津泰达生物医学工程股份有限公司	
159	0954.HK	香港联交所主板	常茂生物化学工程股份有限公司	
160	8205.HK	香港联交所创业板	上海交大慧谷信息产业股份有限公司	
161	2488.HK	香港联交所主板	深圳市元征科技股份有限公司	
162	8211.HK	香港联交所创业板	浙江永安融通控股股份有限公司	
163	0357.HK	香港联交所主板	海南美兰国际空港股份有限公司	
164	2176.HK	香港联交所主板	赛迪顾问股份有限公司	
165	0980.HK	香港联交所主板	联华超市股份有限公司	
166	2355.HK	香港联交所主板	宝业集团股份有限公司	
167	2698.HK	香港联交所主板	魏桥纺织股份有限公司	
168	2357.HK	香港联交所主板	中国航空科技工业股份有限公司	
169	8227.HK	香港联交所创业板	西安海天天线科技股份有限公司	
170	2328.HK	香港联交所主板	中国人民财产保险股份有限公司	
171	8249.HK	香港联交所创业板	浙江瑞远智控科技股份有限公司	
172	1265.HK	香港联交所主板	天津津燃公用事业股份有限公司	
173	1066.HK	香港联交所主板	山东威高集团医用高分子制品股份有限公司	
174	8286.HK	香港联交所创业板	山西长城微光器材股份有限公司	
175	1708.HK	香港联交所主板	南京三宝科技股份有限公司	
176	8115.HK	香港联交所创业板	上海青浦消防器材股份有限公司	
177	0438.HK	香港联交所主板	彩虹集团新能源股份有限公司	
178	1000.HK	香港联交所主板	北青传媒股份有限公司	
179	1103.HK	香港联交所主板	上海大生农业金融科技股份有限公司	

附录1-6 续表 4 continued

序号 No.	股票代码 Stock Code	上市场所 Listed Exchange	公司全称 Company Name	对应A股代码 Corresponding A Stock Code
180	2777.HK	香港联交所主板	广州富力地产股份有限公司	
181	8329.HK	香港联交所创业板	深圳市海王英特龙生物技术股份有限公司	
182	3399.HK	香港联交所主板	广东粤运交通股份有限公司	
183	0489.HK	香港联交所主板	东风汽车集团股份有限公司	
184	3330.HK	香港联交所主板	灵宝黄金集团股份有限公司	
185	1292.HK	香港联交所主板	重庆长安民生物流股份有限公司	
186	8247.HK	香港联交所创业板	中生北控生物科技股份有限公司	
187	0840.HK	香港联交所主板	新疆天业节水灌溉股份有限公司	
188	3323.HK	香港联交所主板	中国建材股份有限公司	
189	0814.HK	香港联交所主板	北京京客隆商业集团股份有限公司	
190	3983.HK	香港联交所主板	中海石油化学股份有限公司	
191	0552.HK	香港联交所主板	中国通信服务股份有限公司	
192	1818.HK	香港联交所主板	招金矿业股份有限公司	
193	3833.HK	香港联交所主板	新疆新鑫矿业股份有限公司	
194	8348.HK	香港联交所创业板	天津滨海泰达物流集团股份有限公司	
195	2722.HK	香港联交所主板	重庆机电股份有限公司	
196	1099.HK	香港联交所主板	国药控股股份有限公司	
197	1798.HK	香港联交所主板	中国大唐集团新能源股份有限公司	
198	0579.HK	香港联交所主板	北京京能清洁能源电力股份有限公司	
199	2386.HK	香港联交所主板	中石化炼化工程(集团)股份有限公司	
200	3698.HK	香港联交所主板	徽商银行股份有限公司	
201	1359.HK	香港联交所主板	中国信达资产管理股份有限公司	
202	3332.HK	香港联交所主板	南京中生联合股份有限公司	
203	3636.HK	香港联交所主板	保利文化集团股份有限公司	
204	6138.HK	香港联交所主板	哈尔滨银行股份有限公司	
205	3903.HK	香港联交所主板	瀚华金控股份有限公司	
206	1588.HK	香港联交所主板	畅捷通信息技术股份有限公司	
207	1599.HK	香港联交所主板	北京城建设计发展集团股份有限公司	
208	6188.HK	香港联交所主板	北京迪信通商贸股份有限公司	
209	1289.HK	香港联交所主板	无锡盛力达科技股份有限公司	
210	1958.HK	香港联交所主板	北京汽车股份有限公司	
211	2066.HK	香港联交所主板	盛京银行股份有限公司	
212	6866.HK	香港联交所主板	佐力科创小额贷款股份有限公司	
213	8139.HK	香港联交所创业板	浙江长安仁恒科技股份有限公司	
214	6839.HK	香港联交所主板	云南水务投资股份有限公司	
215	3396.HK	香港联交所主板	联想控股股份有限公司	
216	1461.HK	香港联交所主板	中泰期货股份有限公司	
217	1527.HK	香港联交所主板	浙江天洁环境科技股份有限公司	
218	1476.HK	香港联交所主板	恒泰证券股份有限公司	
219	1508.HK	香港联交所主板	中国再保险(集团)股份有限公司	
220	2799.HK	香港联交所主板	中国华融资产管理股份有限公司	
221	2120.HK	香港联交所主板	温州康宁医院股份有限公司	
222	0416.HK	香港联交所主板	锦州银行股份有限公司	

附录1-6 续表 5 continued

序号 No.	股票代码 Stock Code	上市场所 Listed Exchange	公司全称 Company Name	对应A股代码 Corresponding A Stock Code
223	2289.HK	香港联交所主板	创美药业股份有限公司	
224	1786.HK	香港联交所主板	中国铁建高新装备股份有限公司	
225	1543.HK	香港联交所主板	广东中盈盛达融资担保投资股份有限公司	
226	1558.HK	香港联交所主板	宜昌东阳光长江药业股份有限公司	
227	1799.HK	香港联交所主板	新特能源股份有限公司	
228	1459.HK	香港联交所主板	巨匠建设集团股份有限公司	
229	1578.HK	香港联交所主板	天津银行股份有限公司	
230	1606.HK	香港联交所主板	国银金融租赁股份有限公司	
231	1577.HK	香港联交所主板	泉州汇鑫小额贷款股份有限公司	
232	3689.HK	香港联交所主板	广东康华医疗股份有限公司	
233	1272.HK	香港联交所主板	大唐环境产业集团股份有限公司	
234	6189.HK	香港联交所主板	广东爱得威建设(集团)股份有限公司	
235	1596.HK	香港联交所主板	河北翼辰实业集团股份有限公司	
236	6122.HK	香港联交所主板	吉林九台农村商业银行股份有限公司	
237	2281.HK	香港联交所主板	泸州市兴泸水务(集团)股份有限公司	
238	3768.HK	香港联交所主板	昆明滇池水务股份有限公司	
239	1915.HK	香港联交所主板	扬州市广陵区泰和农村小额贷款股份有限公司	
240	8452.HK	香港联交所创业板	富银融资租赁(深圳)股份有限公司	
241	1551.HK	香港联交所主板	广州农村商业银行股份有限公司	
242	1216.HK	香港联交所主板	中原银行股份有限公司	
243	6060.HK	香港联交所主板	众安在线财产保险股份有限公司	
244	6885.HK	香港联交所主板	河南金马能源股份有限公司	
245	1697.HK	香港联交所主板	山东省国际信托股份有限公司	
246	1727.HK	香港联交所主板	河北建设集团股份有限公司	
247	2139.HK	香港联交所主板	甘肃银行股份有限公司	
248	3319.HK	香港联交所主板	雅生活智慧城市服务股份有限公司	
249	1671.HK	香港联交所主板	天津天保能源股份有限公司	
250	1916.HK	香港联交所主板	江西银行股份有限公司	
251	1749.HK	香港联交所主板	杉杉品牌运营股份有限公司	
252	1763.HK	香港联交所主板	中国同辐股份有限公司	
253	6190.HK	香港联交所主板	九江银行股份有限公司	
254	1576.HK	香港联交所主板	齐鲁高速公路股份有限公司	
255	0788.HK	香港联交所主板	中国铁塔股份有限公司	
256	1835.HK	香港联交所主板	上海瑞威资产管理股份有限公司	
257	1983.HK	香港联交所主板	泸州银行股份有限公司	
258	1713.HK	香港联交所主板	四川能投发展股份有限公司	
259	1785.HK	香港联交所主板	成都高速公路股份有限公司	
260	2718.HK	香港联交所主板	上海东正汽车金融股份有限公司	
261	1905.HK	香港联交所主板	海通恒信国际融资租赁股份有限公司	
262	6117.HK	香港联交所主板	日照港裕廊股份有限公司	
263	2558.HK	香港联交所主板	晋商银行股份有限公司	
264	2696.HK	香港联交所主板	上海复宏汉霖生物技术股份有限公司	
265	1853.HK	香港联交所主板	吉林省春城热力股份有限公司	
266	1847.HK	香港联交所主板	云南建投绿色高性能混凝土股份有限公司	

附录1-6　续表 6　continued

序号 No.	股票代码 Stock Code	上市场所 Listed Exchange	公司全称 Company Name	对应A股代码 Corresponding A Stock Code
267	2163.HK	香港联交所主板	长沙远大住宅工业集团股份有限公司	
268	1501.HK	香港联交所主板	上海康德莱医疗器械股份有限公司	
269	2500.HK	香港联交所主板	杭州启明医疗器械股份有限公司	
270	6049.HK	香港联交所主板	保利物业服务股份有限公司	
271	6199.HK	香港联交所主板	贵州银行股份有限公司	
272	1542.HK	香港联交所主板	台州市水务集团股份有限公司	
273	1601.HK	香港联交所主板	中关村科技租赁股份有限公司	
274	1502.HK	香港联交所主板	金融街物业股份有限公司	
275	9668.HK	香港联交所主板	渤海银行股份有限公司	
276	9908.HK	香港联交所主板	嘉兴市燃气集团股份有限公司	
277	9977.HK	香港联交所主板	山东凤祥股份有限公司	
278	9633.HK	香港联交所主板	农夫山泉股份有限公司	
279	9677.HK	香港联交所主板	威海市商业银行股份有限公司	
280	9666.HK	香港联交所主板	金科智慧服务集团股份有限公司	
281	1379.HK	香港联交所主板	温岭浙江工量刃具交易中心股份有限公司	
282	2146.HK	香港联交所主板	荣万家生活服务股份有限公司	
283	2170.HK	香港联交所主板	苏州贝康医疗股份有限公司	
284	2190.HK	香港联交所主板	归创通桥医疗科技股份有限公司	
285	6609.HK	香港联交所主板	上海心玮医疗科技股份有限公司	
286	9889.HK	香港联交所主板	东莞农村商业银行股份有限公司	
287	2235.HK	香港联交所主板	微泰医疗器械(杭州)股份有限公司	
288	2252.HK	香港联交所主板	上海微创医疗机器人(集团)股份有限公司	
289	2251.HK	香港联交所主板	北京鹰瞳科技发展股份有限公司	
290	2210.HK	香港联交所主板	北京京城佳业物业股份有限公司	
291	9699.HK	香港联交所主板	杭州顺丰同城实业股份有限公司	
292	2276.HK	香港联交所主板	上海康耐特光学科技集团股份有限公司	
293	2185.HK	香港联交所主板	上海百心安生物技术股份有限公司	
294	2121.HK	香港联交所主板	青岛创新奇智科技集团股份有限公司	
295	9878.HK	香港联交所主板	汇通达网络股份有限公司	
296	2157.HK	香港联交所主板	乐普生物科技股份有限公司	
297	2179.HK	香港联交所主板	江苏瑞科生物技术股份有限公司	
298	2352.HK	香港联交所主板	东原仁知城市运营服务集团股份有限公司	
299	2376.HK	香港联交所主板	鲁商生活服务股份有限公司	

附录1-6 续表 7 continued

序号 No.	股票代码 Stock Code	上市场所 Listed Exchange	公司全称 Company Name	对应A股代码 Corresponding A Stock Code
300	6661.HK	香港联交所主板	湖州燃气股份有限公司	
301	2418.HK	香港联交所主板	德银天下股份有限公司	
302	2152.HK	香港联交所主板	苏新美好生活服务股份有限公司	
303	2315.HK	香港联交所主板	百奥赛图(北京)医药科技股份有限公司	
304	6689.HK	香港联交所主板	重庆洪九果品股份有限公司	
305	2602.HK	香港联交所主板	万物云空间科技服务股份有限公司	
306	9863.HK	香港联交所主板	浙江零跑科技股份有限公司	
307	3931.HK	香港联交所主板	中创新航科技集团股份有限公司	
308	6660.HK	香港联交所主板	艾美疫苗股份有限公司	
309	9877.HK	香港联交所主板	宁波健世科技股份有限公司	
310	2291.HK	香港联交所主板	乐普心泰医疗科技(上海)股份有限公司	
311	2245.HK	香港联交所主板	宁波力勤资源科技股份有限公司	
312	6963.HK	香港联交所主板	阳光保险集团股份有限公司	
313	2145.HK	香港联交所主板	上海上美化妆品股份有限公司	
314	6922.HK	香港联交所主板	康沣生物科技(上海)股份有限公司	
315	6955.HK	香港联交所主板	山东博安生物技术股份有限公司	
316	DFSH.SIX	SIX瑞士证券交易所主板	江苏东方盛虹股份有限公司	000301.SZ
317	GSI.SIX	SIX瑞士证券交易所主板	杭州巨星科技股份有限公司	002444.SZ
318	SWD.SIX	SIX瑞士证券交易所主板	欣旺达电子股份有限公司	300207.SZ
319	JCARE.SIX	SIX瑞士证券交易所主板	健康元药业集团股份有限公司	600380.SH
320	LEPU.SIX	SIX瑞士证券交易所主板	乐普(北京)医疗器械股份有限公司	300003.SZ
321	SSNE.SIX	SIX瑞士证券交易所主板	宁波杉杉股份有限公司	600884.SH
322	KEDA.SIX	SIX瑞士证券交易所主板	科达制造股份有限公司	600499.SH
323	GEM.SIX	SIX瑞士证券交易所主板	格林美股份有限公司	002340.SZ
324	GOTION.SIX	SIX瑞士证券交易所主板	国轩高科股份有限公司	002074.SZ
325	MYSE.L	伦敦证券交易所主板	明阳智慧能源集团股份公司	601615.SH
326	SDIC.L	伦敦证券交易所主板	国投电力控股股份有限公司	600886.SH
327	CYPC.L	伦敦证券交易所主板	中国长江电力股份有限公司	600900.SH
328	CPIC.L	伦敦证券交易所主板	中国太平洋保险(集团)股份有限公司	601601.SH
329	HTSC.L	伦敦证券交易所主板	华泰证券股份有限公司	601688.SH
330	690D.DF	法兰克福证券交易所主板	海尔智家股份有限公司	600690.SH
331	T14.SG	新加坡证券交易所主板	津药达仁堂集团股份有限公司	600329.SH

附录1-7　2022年境内公司境外发行股票情况表

序号 No.	股票代码 Stock Code	公司名称 Company Name	上市地点 Listing Place	上市时间 Listing Date
1	6690.HK	海尔智家	香港主板	2022-01-11
2	6680.HK	金力永磁	香港主板	2022-01-14
3	1216.HK	中原银行	香港主板	2022-01-26
4	1216.HK	中原银行	香港主板	2022-01-26
5	2121.HK	创新奇智	香港主板	2022-01-27
6	9878.HK	汇通达网络	香港主板	2022-02-18
7	2157.HK	乐普生物-B	香港主板	2022-02-23
8	6655.HK	华新水泥	香港主板	2022-03-28
9	2179.HK	瑞科生物-B	香港主板	2022-03-31
10	3958.HK	东方证券	香港主板	2022-04-18
11	2352.HK	东原仁知服务	香港主板	2022-04-29
12	8189.HK	泰达生物	香港创业板	2022-06-21
13	2376.HK	鲁商服务	香港主板	2022-07-08
14	6661.HK	湖州燃气	香港主板	2022-07-13
15	9696.HK	天齐锂业	香港主板	2022-07-13
16	2418.HK	德银天下	香港主板	2022-07-15
17	0042.HK	东北电气	香港主板	2022-07-27
18	2152.HK	苏新服务	香港主板	2022-08-24
19	1880.HK	中国中免	香港主板	2022-08-25
20	2315.HK	百奥赛图-B	香港主板	2022-09-01
21	6689.HK	洪九果品	香港主板	2022-09-05
22	9863.HK	零跑汽车	香港主板	2022-09-29
23	2602.HK	万物云	香港主板	2022-09-29
24	6660.HK	艾美疫苗	香港主板	2022-10-06
25	3931.HK	中创新航	香港主板	2022-10-06
26	9877.HK	健世科技-B	香港主板	2022-10-10
27	2291.HK	心泰医疗	香港主板	2022-11-08
28	2245.HK	力勤资源	香港主板	2022-12-01
29	6963.HK	阳光保险	香港主板	2022-12-09
30	6190.HK	九江银行	香港主板	2022-12-12
31	2145.HK	上美股份	香港主板	2022-12-22
32	1133.HK	哈尔滨电气	香港主板	2022-12-28
33	6922.HK	康沣生物-B	香港主板	2022-12-30
34	6955.HK	博安生物	香港主板	2022-12-30
35	MYSE.L	明阳智能(GDR)	伦敦主板	2022-07-13
36	SSNE.SIX	杉杉股份(GDR)	瑞士主板	2022-07-28
37	KEDA.SIX	科达制造(GDR)	瑞士主板	2022-07-28
38	GEM.SIX	格林美(GDR)	瑞士主板	2022-07-28
39	GOTION.SIX	国轩高科(GDR)	瑞士主板	2022-07-28
40	LEPU.SIX	乐普医疗(GDR)	瑞士主板	2022-09-21
41	JCARE.SIX	健康元(GDR)	瑞士主板	2022-09-26
42	SWD.SIX	欣旺达(GDR)	瑞士主板	2022-11-14
43	GSI.SIX	巨星科技(GDR)	瑞士主板	2022-11-15
44	DFSH.SIX	东方盛虹(GDR)	瑞士主板	2022-12-28

数据来源：中国证券监督管理委员会
Source:CSRC

List of Domestic Companies Issued Overseas in 2022

发行价格 Issue Price	发行数量（百万股） The Number of Issued (million shares)	筹资金额 Proceeds Raised through Offering of Shares	发行方式 Issue Mode
28港元	41.41	11.6亿港元	增发(配售)
33.8港元	125.47	40.45亿港元	IPO
1.8港元	3150.00	56.7亿港元	增发(配售)
2.5639港元	13324.82	341.64亿港元	增发(代价发行)
26.3港元	44.74	10.7亿港元	IPO
43港元	56.22	21.96亿港元	IPO
7.13港元	128.67	8.1亿港元	IPO
--	--	--	B转H
24.8港元	38.57	7.64亿港元	IPO
10.38港元	0.08	0.01亿港元	增发(供股)
11.9港元	17.32	1.4亿港元	IPO
0.15港元	--	0.3亿港元	增发(配售)
5.92港元	33.34	1.38亿港元	IPO
6.08港元	55.43	2.76亿港元	IPO
82港元	164.12	130.62亿港元	IPO
1.8港元	671.09	10.07亿港元	IPO
1.158港元	--	1.04亿港元	增发(配售)
8.6港元	27.09	1.76亿港元	IPO
158港元	130.01	180.12亿港元	IPO
25.22港元	27.18	5.37亿港元	IPO
40港元	14.58	5.08亿港元	IPO
48港元	130.82	60.57亿港元	IPO
49.35港元	139.38	61.55亿港元	IPO
16.16港元	12.41	0.92亿港元	IPO
38港元	265.85	98.64亿港元	IPO
27.8港元	8.08	1.55亿港元	IPO
29.15港元	22.46	5.67亿港元	IPO
15.8港元	243.78	36.01亿港元	IPO
5.83港元	1150.15	64.2亿港元	IPO
9.79港元	75.00	7.34亿港元	增发(配售)
25.2港元	38.96	8.6亿港元	IPO
3.6港元	--	19.1亿港元	增发(配售)
18.9港元	11.11	1.4亿港元	IPO
19.8港元	10.69	1.53亿港元	IPO
21美元	31.28	6.07亿美元	IPO
20.64美元	15.44	3.19亿美元	IPO
14.43美元	12.00	1.73亿美元	IPO
12.28美元	28.18	3.46亿美元	IPO
30美元	22.83	6.85亿美元	IPO
12.68美元	17.68	2.24亿美元	IPO
14.42美元	6.38	0.92亿美元	IPO
15.3美元	28.76	4.4亿美元	IPO
13.08美元	11.81	1.55亿美元	IPO
18.05美元	39.79	7.18亿美元	IPO

附录1-8　2022年证券公司名录
List of Securities Companies in 2022

序号 No.	公司名称 Company Name	注册资本 (亿元) Registered Capital (100 million yuan)	注册地 Place of Registration	从业人员数量 (个) Number of Practitioner (unit)	是否具有以下业务资格 Business Qualification Available			
					融资融券 Margin Requirement Business	转融通 Refinancing Business	全国中小企业股份转让系统主办券商 Broker-dealer Business on NEEQ	股票质押式回购 Pledge-style Repo Business
1	爱建证券有限责任公司	14.00	上海	908	是	是	是	是
2	安信证券股份有限公司	100.00	深圳	7853	是	是	是	是
3	安信证券资产管理有限公司	10.00	深圳	123	否	否	否	否
4	北京高华证券有限责任公司	8.04	北京	315	否	否	否	否
5	渤海汇金证券资产管理有限公司	11.00	深圳	127	否	否	否	否
6	渤海证券股份有限公司	80.37	天津	1705	是	是	是	是
7	财达证券股份有限公司	32.45	河北	2774	是	是	是	是
8	财通证券股份有限公司	46.44	浙江	4026	是	是	是	是
9	财通证券资产管理有限公司	2.00	浙江	339	否	否	否	否
10	财信证券股份有限公司	66.98	湖南	2691	是	是	是	是
11	长城国瑞证券有限公司	33.50	厦门	567	是	是	是	是
12	长城证券股份有限公司	40.34	深圳	3696	是	是	是	是
13	长江证券承销保荐有限公司	3.00	上海	365	否	否	否	否
14	长江证券股份有限公司	55.30	湖北	7430	是	是	是	是
15	长江证券(上海)资产管理有限公司	23.00	上海	159	否	否	否	否
16	诚通证券股份有限公司	29.10	北京	1468	是	是	是	是
17	川财证券有限责任公司	10.00	四川	491	是	是	是	是
18	大和证券(中国)有限责任公司	10.00	北京	95	否	否	是	否
19	大通证券股份有限公司	33.00	大连	984	是	是	是	是
20	大同证券有限责任公司	8.24	山西	1179	是	是	是	是
21	德邦证券股份有限公司	39.67	上海	1507	是	是	是	是
22	德邦证券资产管理有限公司	10.00	上海	101	否	否	否	否
23	第一创业证券承销保荐有限责任公司	4.00	北京	194	否	否	是	否
24	第一创业证券股份有限公司	42.02	深圳	2776	是	是	是	是
25	东北证券股份有限公司	23.40	吉林	3201	是	是	是	是
26	东方财富证券股份有限公司	121.00	西藏	2974	是	是	是	是
27	东方证券承销保荐有限公司	8.00	上海	837	否	否	否	否
28	东方证券股份有限公司	84.97	上海	5413	是	是	是	是
29	东莞证券股份有限公司	15.00	广东	3440	是	是	是	是
30	东海证券股份有限公司	18.56	江苏	2411	是	是	是	是
31	东吴证券股份有限公司	50.08	江苏	3471	是	是	是	是
32	东兴证券股份有限公司	32.32	北京	2879	是	是	是	是

注：1.全国中小企业股份转让系统主办券商资格指可开展推荐业务、经纪业务或做市业务的任意一项业务。
2.转融通业务资格指可开展转融资、转融券、代理转融资或代理转融券的任意一项业务。

数据来源：中国证监会、中国证券业协会、全国中小企业股份转让系统、中国证券金融公司

Source: CSRC、SAC 、NEEQ、CSF

附录1-8 续表 1 continued

序号 No.	公司名称 Company Name	注册资本（亿元） Registered Capital (100 million yuan)	注册地 Place of Registration	从业人员数量（个） Number of Practitioner (unit)	是否具有以下业务资格 Business Qualification Available			
					融资融券 Margin Requirement Business	转融通 Refinancing Business	全国中小企业股份转让系统主办券商 Broker-dealer Business on NEEQ	股票质押式回购 Pledge-style Repo Business
33	东亚前海证券有限责任公司	15.00	深圳	492	是	否	是	否
34	东证融汇证券资产管理有限公司	7.00	上海	108	否	否	否	否
35	方正证券承销保荐有限责任公司	14.00	北京	350	否	否	是	是
36	方正证券股份有限公司	82.32	湖南	8671	是	是	是	是
37	高盛(中国)证券有限责任公司	27.86	北京	131	否	否	否	否
38	光大证券股份有限公司	46.11	上海	6529	是	是	是	是
39	广发证券股份有限公司	76.21	广东	11748	是	是	是	是
40	广发证券资产管理(广东)有限公司	10.00	广东	162	否	否	否	否
41	国盛证券有限责任公司	46.95	江西	2529	是	是	是	是
42	国盛证券资产管理有限公司	4.00	深圳	65	否	否	否	否
43	国都证券股份有限公司	58.30	北京	1152	是	是	是	是
44	国海证券股份有限公司	54.45	广西	3387	是	是	是	是
45	国金证券股份有限公司	37.24	四川	4890	是	是	是	是
46	国开证券股份有限公司	95.00	北京	471	是	是	是	是
47	国联证券股份有限公司	28.32	江苏	2369	是	是	是	是
48	国融证券股份有限公司	17.83	内蒙古	1978	是	是	是	是
49	国泰君安证券股份有限公司	89.07	上海	11353	是	是	是	是
50	国新证券股份有限公司	58.41	北京	2169	是	是	是	是
51	国信证券股份有限公司	96.12	深圳	11414	是	是	是	是
52	国元证券股份有限公司	43.64	安徽	4309	是	是	是	是
53	海通证券股份有限公司	130.64	上海	8392	是	是	是	是
54	恒泰长财证券有限责任公司	2.00	吉林	157	否	否	是	否
55	恒泰证券股份有限公司	26.05	内蒙古	3043	是	是	是	是
56	宏信证券有限责任公司	10.00	四川	961	是	是	是	是
57	红塔证券股份有限公司	47.17	云南	1253	是	是	是	是
58	华安证券股份有限公司	46.98	安徽	3412	是	是	是	是
59	华宝证券股份有限公司	40.00	上海	1094	是	是	是	是
60	华创证券有限责任公司	113.39	贵州	2678	是	是	是	是
61	华福证券有限责任公司	33.00	福建	4821	是	是	是	是
62	华金证券股份有限公司	34.50	上海	1278	是	是	是	是
63	华林证券股份有限公司	27.00	西藏	2022	是	是	是	是
64	华龙证券股份有限公司	63.35	甘肃	1779	是	是	是	是
65	华泰联合证券有限责任公司	9.97	深圳	1240	否	否	是	否
66	华泰证券股份有限公司	90.76	江苏	9147	是	是	是	是
67	华泰证券(上海)资产管理有限公司	26.00	上海	316	否	否	否	否
68	华西证券股份有限公司	26.25	四川	4105	是	是	是	是
69	华鑫证券有限责任公司	36.00	深圳	2137	是	是	是	是

附录1-8 续表 2 continued

序号 No.	公司名称 Company Name	注册资本（亿元）Registered Capital (100 million yuan)	注册地 Place of Registration	从业人员数量（个）Number of Practitioner (unit)	是否具有以下业务资格 Business Qualification Available			
					融资融券 Margin Requirement Business	转融通 Refinancing Business	全国中小企业股份转让系统主办券商 Broker-dealer Business on NEEQ	股票质押式回购 Pledge-style Repo Business
70	华兴证券有限公司	30.24	上海	298	否	否	是	否
71	华英证券有限责任公司	2.00	江苏	442	否	否	是	否
72	汇丰前海证券有限责任公司	18.00	深圳	256	否	否	否	否
73	江海证券有限公司	67.67	黑龙江	2056	是	是	是	是
74	金通证券有限责任公司	1.35	浙江	6	否	否	否	否
75	金元证券股份有限公司	40.31	海南	1518	是	是	是	是
76	金圆统一证券有限公司	15.00	厦门	204	否	否	是	否
77	九州证券股份有限公司	33.70	青海	2328	是	是	是	是
78	开源证券股份有限公司	46.14	陕西	3191	是	是	是	是
79	联储证券股份有限公司	0.00	青岛	1861	是	是	是	是
80	麦高证券有限责任公司	10.00	辽宁	485	否	否	是	是
81	民生证券股份有限公司	114.56	上海	3026	是	是	是	是
82	摩根大通证券(中国)有限公司	19.99	上海	197	否	否	否	否
83	摩根士丹利证券(中国)有限公司	17.18	上海	154	否	否	否	否
84	南京证券股份有限公司	36.86	江苏	2305	是	是	是	是
85	平安证券股份有限公司	138.00	深圳	4123	是	是	是	是
86	瑞信证券(中国)有限公司	10.89	北京	222	否	否	否	否
87	瑞银证券有限责任公司	14.90	北京	349	是	是	是	否
88	山西证券股份有限公司	35.90	山西	2270	是	是	是	是
89	上海东方证券资产管理有限公司	3.00	上海	358	否	否	否	否
90	上海光大证券资产管理有限公司	2.00	上海	200	否	否	否	否
91	上海国泰君安证券资产管理有限公司	20.00	上海	301	否	否	否	否
92	上海海通证券资产管理有限公司	22.00	上海	182	否	否	否	否
93	上海甬兴证券资产管理有限公司	4.00	上海	41	否	否	否	否
94	上海证券有限责任公司	53.27	上海	1851	是	是	是	是
95	申港证券股份有限公司	4.32	上海	1074	是	否	是	是
96	申万宏源西部证券有限公司	57.00	新疆	904	是	是	是	是
97	申万宏源证券承销保荐有限责任公司	10.00	新疆	822	否	否	是	否
98	申万宏源证券有限公司	535.00	上海	7668	是	是	是	是
99	世纪证券有限责任公司	40.00	深圳	1716	是	是	是	是
100	首创证券股份有限公司	27.33	北京	1691	是	是	是	是
101	太平洋证券股份有限公司	68.16	云南	2106	是	是	是	是
102	天风(上海)证券资产管理有限公司	10.00	上海	185	否	否	否	否
103	天风证券股份有限公司	86.66	湖北	3920	是	是	是	是
104	万和证券股份有限公司	22.73	海南	1475	是	是	是	是
105	万联证券股份有限公司	59.54	广东	2279	是	是	是	是
106	五矿证券有限公司	97.98	深圳	1843	是	是	是	是

附录1-8 续表 3 continued

序号 No.	公司名称 Company Name	注册资本（亿元）Registered Capital (100 million yuan)	注册地 Place of Regis-tration	从业人员数量（个）Number of Practi-tioner (unit)	是否具有以下业务资格 Business Qualification Available			
					融资融券 Margin Require-ment Business	转融通 Refinan-cing Business	全国中小企业股份转让系统主办券商 Broker-dealer Business on NEEQ	股票质押式回购 Pledge-style Repo Business
107	西部证券股份有限公司	44.70	陕西	2640	是	是	是	是
108	西南证券股份有限公司	66.45	重庆	2437	是	是	是	是
109	湘财证券股份有限公司	45.91	湖南	1999	是	是	是	是
110	信达证券股份有限公司	29.19	北京	2643	是	是	是	是
111	兴业证券股份有限公司	66.97	福建	8935	是	是	是	是
112	兴证证券资产管理有限公司	8.00	福建	152	否	否	否	否
113	星展证券(中国)有限公司	15.00	上海	110	否	否	是	否
114	野村东方国际证券有限公司	20.00	上海	221	否	否	否	否
115	银河金汇证券资产管理有限公司	10.00	深圳	130	否	否	否	否
116	银泰证券有限责任公司	14.00	深圳	1172	是	是	是	是
117	英大证券有限责任公司	43.36	深圳	1041	是	是	是	是
118	甬兴证券有限公司	30.00	宁波	597	否	否	是	是
119	粤开证券股份有限公司	31.26	广东	1798	是	是	是	是
120	招商证券股份有限公司	86.97	深圳	9302	是	是	是	是
121	招商证券资产管理有限公司	10.00	深圳	147	否	否	否	否
122	浙江浙商证券资产管理有限公司	12.00	浙江	160	否	否	否	否
123	浙商证券股份有限公司	38.78	浙江	4111	是	是	是	是
124	中德证券有限责任公司	10.00	北京	294	否	否	否	否
125	中国国际金融股份有限公司	48.27	北京	5829	是	是	是	是
126	中国银河证券股份有限公司	101.37	北京	10170	是	是	是	是
127	中国中金财富证券有限公司	80.00	深圳	6472	是	是	是	是
128	中航证券有限公司	73.28	江西	2269	是	是	是	是
129	中山证券有限责任公司	17.80	深圳	1860	是	是	是	是
130	中泰证券股份有限公司	69.69	山东	8972	是	是	是	是
131	中泰证券(上海)资产管理有限公司	1.67	上海	154	否	否	否	否
132	中天国富证券有限公司	32.80	贵州	551	否	否	是	否
133	中天证券股份有限公司	22.25	辽宁	907	是	是	是	是
134	中信建投证券股份有限公司	77.57	北京	12332	是	是	是	是
135	中信证券股份有限公司	148.21	深圳	14725	是	是	是	是
136	中信证券华南股份有限公司	50.91	广东	912	是	是	是	是
137	中信证券(山东)有限责任公司	24.94	青岛	2840	是	是	是	否
138	中银国际证券股份有限公司	27.78	上海	3662	是	是	是	是
139	中邮证券有限责任公司	50.60	陕西	1429	是	是	是	是
140	中原证券股份有限公司	46.43	河南	2568	是	是	是	是

附录1-9　2022年具有外资股业务资格的境外证券经营机构名录

List of Overseas Securities Institutions with Foreign Business Qualification in 2022

序号 No.	公司名称 Company Name	注册地 Place of Registration	资格种类 Qualification Type
1	星展唯高达香港有限公司	香港	外资股经纪、外资股主承销
2	麦格理资本股份有限公司	香港	外资股经纪、外资股主承销
3	百德能证券有限公司	香港	外资股经纪、外资股主承销
4	宝来证券(香港)有限公司	香港	外资股经纪、外资股主承销
5	倍利证券(香港)有限公司	香港	外资股主承销
6	大福证券有限公司	香港	外资股经纪、外资股主承销
7	大和证券住银资本市场(香港)有限公司	香港	外资股经纪、外资股主承销
8	德意志证券亚洲有限公司	香港	外资股经纪、外资股主承销
9	帝杰亚洲有限公司	香港	外资股经纪、外资股主承销
10	东方惠嘉证券有限公司	香港	外资股经纪、外资股主承销
11	东亚证券有限公司	香港	外资股经纪
12	东洋证券亚洲有限公司	香港	外资股经纪
13	东洋证券株式会社	香港	外资股经纪、外资股主承销
14	发展证券香港有限公司	香港	外资股经纪
15	法国巴黎融资(亚太)有限公司	香港	外资股主承销
16	法国巴黎证券(亚洲)有限公司	香港	外资股经纪、外资股主承销
17	法国兴业证券(香港)有限公司	香港	外资股经纪、外资股主承销
18	高盛(亚洲)有限责任公司	香港	外资股经纪、外资股主承销
19	东盛证券(经纪)有限公司	香港	外资股经纪、外资股主承销
20	广利证券有限公司	香港	外资股经纪
21	联昌国际(香港)有限公司	香港	外资股经纪
22	和升国际有限公司	香港	外资股经纪、外资股主承销
23	荷银融资亚洲有限公司	香港	外资股主承销
24	荷银证券亚洲有限公司	香港	外资股经纪
25	亨泰证券有限公司	香港	外资股经纪
26	恒生证券有限公司	香港	外资股经纪
27	汇富证券有限公司	香港	外资股经纪、外资股主承销
28	极讯亚太有限公司	香港	外资股经纪
29	加拿大怡东融资有限公司	香港	外资股主承销
30	加怡证券经纪有限公司	香港	外资股经纪
31	嘉诚亚洲有限公司	香港	外资股经纪、外资股主承销
32	嘉佳证券有限公司	香港	外资股经纪
33	永丰金证券(亚洲)有限公司	香港	外资股经纪、外资股主承销
34	京华山-国际(香港)有限公司	香港	外资股经纪、外资股主承销
35	京华证券国际有限公司	香港	外资股经纪、外资股主承销
36	凯基证券亚洲有限公司	香港	外资股经纪、外资股主承销

数据来源：中国证券监督管理委员会
Source: CSRC

附录1-9 续表 continued

序号 No.	公司名称 Company Name	注册地 Place of Registration	资格种类 Qualification Type
37	乐金投资证券公司	香港	外资股经纪、外资股主承销
38	里昂证券有限公司	香港	外资股经纪、外资股主承销
39	摩根士丹利亚洲有限公司	香港	外资股经纪
40	内藤证券株式会社	香港	外资股经纪
41	培基证券有限公司	香港	外资股主承销
42	群益证券(香港)有限公司	香港	外资股经纪、外资股主承销
43	软库金汇投资服务有限公司	香港	外资股经纪、外资股主承销
44	瑞士信贷(香港)有限公司	香港	外资股经纪、外资股主承销
45	三星证券株式会社	香港	外资股经纪、外资股主承销
46	顺隆证券行有限公司	香港	外资股经纪
47	所罗门美邦香港有限公司	香港	外资股经纪
48	万信证券有限公司	香港	外资股经纪
49	联昌国际(香港)有限公司	香港	外资股经纪
50	光大证券投资服务(香港)有限公司	香港	外资股经纪、外资股主承销
51	新加坡大华亚洲(香港)有限公司	香港	外资股主承销
52	新加坡发展亚洲融资有限公司	香港	外资股主承销
53	新日本证券国际(香港)有限公司	香港	外资股经纪、外资股主承销
54	信诚证券有限公司	香港	外资股经纪
55	野村国际(香港)有限公司	香港	外资股经纪、外资股主承销
56	怡富证券有限公司	香港	外资股经纪、外资股主承销
57	英明证券有限公司	香港	外资股经纪
58	元富证券(香港)有限公司	香港	外资股经纪、外资股主承销
59	中银国际证券有限公司	香港	外资股经纪
60	周生生证券有限公司	香港	外资股经纪
61	大华继显(香港)有限公司	香港	外资股经纪
62	东海东京证券公司	香港	外资股经纪
63	中国国际金融香港有限公司	香港	外资股经纪
64	美林远东有限公司	香港	外资股经纪
65	敦沛证券有限公司	香港	外资股经纪
66	瑞银证券亚洲有限公司	香港	外资股经纪
67	日本日联飞翼证券股份有限公司	香港	外资股经纪
68	香港上海汇丰银行有限公司	香港	外资股经纪
69	国泰君安证券(香港)有限公司	香港	外资股经纪
70	致富证券有限公司	香港	外资股经纪
71	申万宏源证券(香港)有限公司	香港	外资股经纪
72	国信证券(香港)经纪有限公司	香港	外资股经纪
73	万赢证券有限公司	香港	外资股经纪

附录1-10 2022年公募基金管理人名录

序号 No.	公募基金管理人 Public Fund Management Company	注册资本（亿元） Registered Capital (100 million yuan)	注册地 Place of Registration
1	华夏基金管理有限公司	7.55	北京
2	博时基金管理有限公司	4.69	深圳
3	广发基金管理有限公司	5.61	广东
4	南方基金管理股份有限公司	6.58	深圳
5	易方达基金管理有限公司	5.92	广东
6	嘉实基金管理有限公司	7.87	上海
7	鹏华基金管理有限公司	1.50	深圳
8	富国基金管理有限公司	6.49	上海
9	汇添富基金管理股份有限公司	4.83	上海
10	招商基金管理有限公司	13.50	深圳
11	国泰基金管理有限公司	1.93	上海
12	华安基金管理有限公司	2.42	上海
13	工银瑞信基金管理有限公司	4.10	北京
14	平安基金管理有限公司	13.00	深圳
15	银华基金管理股份有限公司	3.04	深圳
16	天弘基金管理有限公司	5.14	天津
17	景顺长城基金管理有限公司	1.30	深圳
18	大成基金管理有限公司	3.12	深圳
19	中银基金管理有限公司	1.00	上海
20	建信基金管理有限责任公司	3.00	北京
21	中欧基金管理有限公司	3.40	上海
22	华宝基金管理有限公司	1.92	上海
23	华泰柏瑞基金管理有限公司	2.00	上海
24	万家基金管理有限公司	3.00	上海
25	交银施罗德基金管理有限公司	2.36	上海
26	永赢基金管理有限公司	9.27	浙江
27	浦银安盛基金管理有限公司	12.00	上海
28	前海开源基金管理有限公司	2.00	深圳
29	民生加银基金管理有限公司	3.00	深圳
30	海富通基金管理有限公司	3.00	上海
31	创金合信基金管理有限公司	2.83	深圳
32	国寿安保基金管理有限公司	12.88	上海
33	长城基金管理有限公司	1.50	深圳
34	国投瑞银基金管理有限公司	1.00	上海
35	上投摩根基金管理有限公司	3.00	上海
36	长信基金管理有限责任公司	1.65	上海
37	兴业基金管理有限公司	12.00	福建

数据来源：中国证券监督管理委员会
Source: CSRC

List of Public Fund Management Companies in 2022

成立时间 Established Time	员工数量 Number of Employees (unit)	管理基金只数（只） Number of Funds (unit)	管理基金份额（亿份） Fund units (100 million units)	管理基金资产规模（亿元） Fund Asset Value (100 million yuan)
1998年3月	851	353	10568.98	11374.64
1998年7月	794	340	9244.42	9667.33
2003年7月	791	330	11674.40	12497.14
1998年3月	900	317	9795.87	10584.94
2001年4月	1079	308	13726.27	15727.77
1999年3月	0	298	7401.44	8012.26
1998年12月	481	292	8226.74	8483.13
1999年4月	715	287	7572.92	8537.33
2005年1月	3	270	7937.89	8521.34
2002年12月	568	264	7359.32	7720.36
1998年3月	362	239	5478.09	5674.48
1998年5月	433	231	4784.04	5522.88
2005年6月	681	230	7334.81	7849.72
2011年1月	352	182	4775.47	5080.18
2001年5月	606	182	3675.33	5140.17
2004年10月	687	172	10808.44	10949.52
2003年6月	353	165	4602.52	5256.87
1999年4月	334	162	2084.85	2316.37
2004年6月	409	160	3766.98	3963.47
2005年9月	596	159	7333.04	7815.45
2006年7月	92	140	3925.13	4690.93
2003年2月	331	134	3568.41	3454.34
2004年11月	204	128	2353.03	3091.66
2002年8月	295	120	3280.33	3489.14
2005年7月	346	118	4516.97	5283.14
2013年11月	336	114	2661.77	2712.52
2007年7月	285	103	2887.83	2936.19
2013年1月	223	97	891.62	1182.02
2008年10月	248	96	1224.00	1235.87
2003年4月	318	94	1149.04	1409.82
2014年7月	378	94	865.74	940.89
2013年10月	260	93	2535.99	2303.40
2001年12月	230	91	2377.56	2522.51
2002年6月	256	89	2167.50	2370.21
2004年4月	389	86	1225.00	1313.35
2003年4月	244	85	1207.57	1153.48
2013年4月	248	84	2780.55	2830.06

附录1-10　续表 1

序号 No.	公募基金管理人 Public Fund Management Company	注册资本（亿元） Registered Capital (100 million yuan)	注册地 Place of Registration
38	安信基金管理有限责任公司	5.06	深圳
39	中融基金管理有限公司	9.50	北京
40	银河基金管理有限公司	2.00	上海
41	华商基金管理有限公司	1.00	北京
42	申万菱信基金管理有限公司	1.50	上海
43	融通基金管理有限公司	1.54	深圳
44	中加基金管理有限公司	5.13	北京
45	中信保诚基金管理有限公司	2.00	上海
46	光大保德信基金管理有限公司	1.60	上海
47	国联安基金管理有限公司	1.50	上海
48	农银汇理基金管理有限公司	17.50	上海
49	泰康基金管理有限公司	1.20	北京
50	长盛基金管理有限公司	2.30	深圳
51	鹏扬基金管理有限公司	1.18	上海
52	汇安基金管理有限责任公司	1.00	上海
53	西部利得基金管理有限公司	3.70	上海
54	泰达宏利基金管理有限公司	1.80	北京
55	东方基金管理股份有限公司	3.33	北京
56	诺安基金管理有限公司	1.66	深圳
57	宝盈基金管理有限公司	1.00	深圳
58	金鹰基金管理有限公司	5.10	广州
59	鑫元基金管理有限公司	17.00	上海
60	华富基金管理有限公司	2.50	上海
61	中邮创业基金管理股份有限公司	3.54	北京
62	兴证全球基金管理有限公司	1.50	上海
63	信达澳亚基金管理有限公司	1.00	深圳
64	新华基金管理股份有限公司	2.18	重庆
65	上银基金管理有限公司	3.00	上海
66	中信建投基金管理有限公司	3.00	北京
67	兴银基金管理有限责任公司	1.43	福建
68	中金基金管理有限公司	5.00	北京
69	财通基金管理有限公司	2.00	上海
70	浙商基金管理有限公司	3.00	浙江
71	方正富邦基金管理有限公司	6.60	北京
72	国海富兰克林基金管理有限公司	2.20	广西
73	东吴基金管理有限公司	1.00	上海
74	诺德基金管理有限公司	1.00	上海
75	泓德基金管理有限公司	1.43	西藏
76	摩根士丹利华鑫基金管理有限公司	2.50	深圳
77	汇丰晋信基金管理有限公司	2.00	上海

continued

成立时间 Established Time	员工数量 Number of Employees (unit)	管理基金只数（只） Number of Funds (unit)	管理基金份额（亿份） Fund units (100 million units)	管理基金资产规模（亿元） Fund Asset Value (100 million yuan)
2011年12月	229	83	1043.80	1235.46
2013年5月	209	82	1067.00	1104.56
2002年5月	162	82	825.49	1030.51
2005年9月	197	81	709.97	971.72
2003年12月	213	78	692.07	737.41
2001年5月	250	78	1083.60	1222.41
2013年3月	191	75	1181.37	1219.10
2005年8月	200	75	984.32	1099.33
2004年4月	182	75	791.06	818.53
2003年3月	160	74	923.26	926.61
2008年2月	203	73	1485.38	1718.81
2021年9月	0	71	822.61	909.71
1999年3月	171	69	563.75	598.86
2016年7月	238	68	917.54	928.61
2016年4月	136	63	384.20	393.50
2010年7月	196	62	846.74	889.27
2002年6月	147	62	569.07	645.14
2004年6月	222	62	530.33	694.53
2003年12月	208	61	1372.14	1550.35
2001年5月	168	60	615.33	664.77
2002年12月	167	60	559.75	633.00
2013年8月	179	60	1063.32	1091.03
2004年3月	147	59	794.34	855.01
2006年2月	199	57	491.16	535.19
2003年9月	304	55	5477.41	5862.98
2006年4月	141	51	792.39	894.57
2004年12月	206	49	513.80	575.80
2013年8月	130	48	1294.58	1319.61
2013年9月	197	48	542.46	564.57
2013年10月	147	47	710.17	716.03
2014年2月	156	45	848.07	1009.88
2011年6月	205	45	541.10	594.97
2010年10月	138	43	469.41	526.06
2011年7月	135	42	509.18	499.83
2004年9月	136	41	706.31	820.14
2004年8月	120	38	203.93	236.27
2006年5月	121	38	337.75	382.90
2015年3月	130	35	607.27	669.75
2003年3月	160	35	201.70	238.21
2005年10月	181	35	335.70	476.64

附录1-10　续表 2

序号 No.	公募基金管理人 Public Fund Management Company	注册资本 (亿元) Registered Capital (100 million yuan)	注册地 Place of Registration
78	德邦基金管理有限公司	5.90	上海
79	中海基金管理有限公司	1.47	上海
80	圆信永丰基金管理有限公司	2.00	福建
81	泰信基金管理有限公司	2.00	上海
82	太平基金管理有限公司	6.50	上海
83	西藏东财基金管理有限公司	8.00	西藏
84	新疆前海联合基金管理有限公司	2.00	新疆
85	国金基金管理有限公司	3.80	北京
86	嘉合基金管理有限公司	3.00	上海
87	惠升基金管理有限责任公司	1.20	西藏
88	九泰基金管理有限公司	3.20	北京
89	长安基金管理有限公司	2.70	上海
90	淳厚基金管理有限公司	1.00	上海
91	格林基金管理有限公司	2.00	北京
92	博道基金管理有限公司	1.00	上海
93	华泰保兴基金管理有限公司	2.40	上海
94	同泰基金管理有限公司	1.00	深圳
95	英大基金管理有限公司	11.46	北京
96	蜂巢基金管理有限公司	1.00	上海
97	富荣基金管理有限公司	2.00	广东
98	富安达基金管理有限公司	8.18	上海
99	红土创新基金管理有限公司	4.00	深圳
100	东兴基金管理有限公司	2.00	北京
101	恒生前海基金管理有限公司	5.00	深圳
102	北信瑞丰基金管理有限公司	1.70	北京
103	红塔红土基金管理有限公司	4.96	深圳
104	金元顺安基金管理有限公司	3.40	上海
105	华润元大基金管理有限公司	6.00	深圳
106	中航基金管理有限公司	3.00	北京
107	金信基金管理有限公司	1.00	深圳
108	天治基金管理有限公司	1.60	上海
109	南华基金管理有限公司	2.00	浙江
110	恒越基金管理有限公司	2.00	上海
111	东海基金管理有限责任公司	1.65	上海
112	湘财基金管理有限公司	2.00	上海
113	国新国证基金管理有限公司	2.00	河北
114	先锋基金管理有限公司	1.55	深圳
115	江信基金管理有限公司	1.80	北京
116	博远基金管理有限公司	1.00	深圳
117	朱雀基金管理有限公司	1.50	陕西

continued

成立时间 Established Time	员工数量 Number of Employees (unit)	管理基金只数（只） Number of Funds (unit)	管理基金份额（亿份） Fund units (100 million units)	管理基金资产规模（亿元） Fund Asset Value (100 million yuan)
2012年3月	136	34	250.08	261.21
2004年3月	139	33	151.68	149.72
2014年1月	101	32	279.95	327.88
2003年5月	106	32	334.77	357.01
2013年1月	129	30	585.25	570.74
2018年10月	74	30	62.51	55.69
2015年8月	109	29	171.26	189.19
2011年11月	133	26	379.98	432.65
2014年7月	97	25	296.19	301.10
2018年9月	71	24	354.64	350.15
2014年7月	142	24	24.05	24.95
2011年9月	91	24	140.29	131.08
2018年11月	71	24	301.53	313.27
2016年11月	90	23	193.61	197.36
2017年6月	92	23	148.24	169.83
2016年7月	96	23	268.69	294.82
2018年10月	49	22	30.69	28.97
2012年8月	99	22	474.17	487.52
2018年5月	56	22	408.65	417.57
2016年1月	4	20	185.91	200.21
2011年4月	93	20	71.32	76.64
2014年6月	64	19	131.34	156.00
2020年9月	69	19	218.12	223.75
2016年7月	68	18	70.35	71.14
2014年3月	82	18	27.02	28.76
2012年6月	61	18	58.10	58.58
2006年11月	105	18	222.13	242.54
2013年1月	69	18	117.90	125.44
2016年6月	93	15	217.22	236.01
2015年7月	41	15	58.47	77.91
2003年5月	74	14	56.76	55.38
2016年11月	62	14	112.71	117.65
2017年9月	82	14	78.31	88.03
2013年2月	83	12	108.53	113.02
2018年7月	64	11	31.87	29.31
2019年3月	62	10	56.21	58.02
2016年5月	0	9	36.52	31.55
2013年1月	70	9	25.47	30.38
2018年12月	36	9	100.07	99.18
2018年10月	104	8	185.40	200.40

附录1-10 续表 3

序号 No.	公募基金管理人 Public Fund Management Company	注册资本（亿元） Registered Capital (100 million yuan)	注册地 Place of Registration
118	弘毅远方基金管理有限公司	2.95	上海
119	国融基金管理有限公司	2.00	上海
120	兴华基金管理有限公司	1.00	青岛
121	东方阿尔法基金管理有限公司	1.00	深圳
122	中科沃土基金管理有限公司	2.42	广东
123	新沃基金管理有限公司	1.40	青岛
124	益民基金管理有限公司	1.00	重庆
125	达诚基金管理有限公司	1.00	上海
126	中庚基金管理有限公司	2.00	上海
127	汇泉基金管理有限公司	1.00	北京
128	百嘉基金管理有限公司	1.00	广州
129	尚正基金管理有限公司	1.20	深圳
130	贝莱德基金管理有限公司	7.00	上海
131	合煦智远基金管理有限公司	1.05	深圳
132	凯石基金管理有限公司	2.05	上海
133	瑞达基金管理有限公司	1.70	厦门
134	华宸未来基金管理有限公司	2.00	上海
135	易米基金管理有限公司	1.30	上海
136	睿远基金管理有限公司	1.26	上海
137	北京京管泰富基金管理有限责任公司	3.60	北京
138	泉果基金管理有限公司	1.00	上海
139	明亚基金管理有限责任公司	1.00	深圳
140	兴合基金管理有限公司	1.00	安徽
141	中国人保资产管理有限公司	12.98	上海
142	上海东方证券资产管理有限公司	3.00	上海
143	财通证券资产管理有限公司	2.00	浙江
144	中银国际证券股份有限公司	27.78	上海
145	长江证券(上海)资产管理有限公司	23.00	上海
146	华泰证券(上海)资产管理有限公司	26.00	上海
147	上海国泰君安证券资产管理有限公司	20.00	上海
148	浙江浙商证券资产管理有限公司	12.00	浙江
149	中泰证券(上海)资产管理有限公司	1.67	上海
150	山西证券股份有限公司	35.90	山西
151	渤海汇金证券资产管理有限公司	11.00	深圳
152	国都证券股份有限公司	58.30	北京
153	北京高华证券有限责任公司	8.04	北京
154	路博迈基金管理(中国)有限公司	3.00	上海
155	富达基金管理(中国)有限公司	1.30	上海

continued

成立时间 Established Time	员工数量 Number of Employees (unit)	管理基金只数（只） Number of Funds (unit)	管理基金份额（亿份） Fund units (100 million units)	管理基金资产规模（亿元） Fund Asset Value (100 million yuan)
2018年1月	44	8	14.92	14.62
2017年6月	51	8	5.18	4.34
2020年9月	49	7	49.97	50.09
2017年7月	36	7	83.04	93.78
2015年9月	76	7	17.87	20.53
2015年8月	43	6	52.92	52.96
2005年12月	50	6	10.53	10.42
2020年4月	30	6	4.60	3.55
2015年11月	82	5	210.10	363.29
2020年6月	48	5	37.19	26.19
2021年3月	39	5	30.00	48.46
2021年5月	32	5	20.60	20.36
2021年6月	110	4	65.87	53.97
2017年8月	32	3	1.29	1.57
2017年5月	55	3	2.82	2.11
2020年3月	28	3	1.41	1.04
2012年6月	53	3	1.30	1.49
2021年7月	50	3	4.99	5.15
2018年10月	7	3	406.49	524.78
2013年7月	40	1	50.10	50.11
2022年7月	81	1	99.07	98.48
2019年2月	37	1	0.37	0.39
2021年2月	35	1	7.47	7.40
2018年11月	269	24	90.51	93.80
2010年6月	358	87	1637.00	2071.35
2014年12月	331	55	996.99	1064.04
2002年2月	211	45	1165.48	1246.12
2014年9月	160	34	161.92	162.76
2014年10月	319	33	899.82	929.68
2010年8月	304	30	407.76	444.14
2013年4月	161	27	236.62	280.35
2014年8月	152	23	322.06	401.45
2008年2月	124	16	168.92	176.46
2016年5月	130	12	130.44	130.87
2001年12月	15	4	1.30	1.08
2004年10月	0	0	0.00	0.00
2021年7月	0	0	0.00	0.00
2021年5月	114	0	0.00	0.00

附录1-11　2022年证券投资基金托管人名录
List of Securities Investment Fund Custodians in 2022

序号 No.	托管人名称 Fund Custodian	注册地 Place of Registration	取得托管资格时间 Custody Qualification-obtaining Time	托管基金只数(只) Number of Funds under Custody (unit)	托管基金份额(亿份) Fund Units under Custody (100 million units)	托管基金资产规模(亿元) Fund Asset Value under Custody (100 million yuan)
1	中国工商银行股份有限公司	北京	1998年2月	1400	29049.98	35305.60
2	中国农业银行股份有限公司	北京	1998年5月	787	13338.80	15188.81
3	中国银行股份有限公司	北京	1998年7月	1030	18924.62	21285.82
4	中国建设银行股份有限公司	北京	1998年3月	1270	29033.72	33244.91
5	交通银行股份有限公司	上海	1998年7月	723	17301.50	18061.34
6	华夏银行股份有限公司	北京	2005年2月	136	2551.81	2557.84
7	中国光大银行股份有限公司	北京	2002年10月	297	5458.07	5783.82
8	招商银行股份有限公司	深圳	2002年11月	1105	18080.66	19760.09
9	中信银行股份有限公司	北京	2004年8月	340	19440.48	19889.38
10	中国民生银行股份有限公司	北京	2004年7月	337	10827.77	11023.10
11	平安银行股份有限公司	深圳	2008年8月	260	6733.46	6871.58
12	兴业银行股份有限公司	福建	2005年4月	645	21886.69	22520.65
13	上海浦东发展银行股份有限公司	上海	2003年9月	391	11870.39	12394.75
14	上海银行股份有限公司	上海	2009年8月	139	2433.22	2474.58
15	北京银行股份有限公司	北京	2008年6月	75	1091.58	1233.01
16	广发银行股份有限公司	广东	2009年5月	65	3633.81	3453.18
17	宁波银行股份有限公司	浙江	2012年11月	110	1605.08	1731.05
18	中国邮政储蓄银行股份有限公司	北京	2009年7月	341	6322.22	6714.62
19	渤海银行股份有限公司	天津	2010年6月	29	899.08	927.98
20	光大证券股份有限公司	上海	2020年6月	13	31.73	24.84
21	浙商银行股份有限公司	浙江	2013年11月	230	3240.31	3277.96
22	徽商银行股份有限公司	安徽	2014年1月	29	715.76	726.77
23	海通证券股份有限公司	上海	2013年12月	21	61.21	58.81
24	恒丰银行股份有限公司	山东	2014年2月	43	593.17	597.31
25	广州农村商业银行股份有限公司	广东	2014年1月	21	232.20	252.17
26	杭州银行股份有限公司	浙江	2014年3月	85	1841.50	2008.25
27	中国证券登记结算有限责任公司	北京	2014年3月	42	2877.79	2877.79
28	南京银行股份有限公司	江苏	2014年4月	65	1004.00	1044.43
29	国泰君安证券股份有限公司	上海	2014年5月	54	1967.37	1989.09

数据来源：中国证券监督管理委员会
Source:　CSRC

附录1-11 续表 continued

序号 No.	托管人名称 Fund Custodian	注册地 Place of Registration	取得托管资格时间 Custody Qualification-obtaining Time	托管基金只数(只) Number of Funds under Custody (unit)	托管基金份额(亿份) Fund Units under Custody (100 million units)	托管基金资产规模(亿元) Fund Asset Value under Custody (100 million yuan)
30	招商证券股份有限公司	深圳	2014年1月	53	872.54	970.79
31	广发证券股份有限公司	广东	2014年5月	43	252.98	321.16
32	国信证券股份有限公司	深圳	2013年12月	22	146.55	125.44
33	江苏银行股份有限公司	江苏	2014年5月	114	3568.17	3667.38
34	华泰证券股份有限公司	江苏	2014年9月	34	198.69	254.52
35	中国银河证券股份有限公司	北京	2014年6月	33	156.30	144.04
36	中信证券股份有限公司	深圳	2014年10月	58	406.36	428.22
37	兴业证券股份有限公司	福建	2014年11月	8	112.38	125.61
38	中国国际金融股份有限公司	北京	2015年6月	11	16.48	15.62
39	中信建投证券股份有限公司	北京	2015年2月	72	712.70	719.24
40	中国证券金融股份有限公司	北京	2015年6月	0	0.00	0.00
41	恒泰证券股份有限公司	内蒙古	2015年8月	3	10.46	8.52
42	中泰证券股份有限公司	山东	2015年12月	5	6.41	6.87
43	安信证券股份有限公司	深圳	2018年9月	2	3.22	2.60
44	国金证券股份有限公司	四川	2017年6月	4	29.98	29.73
45	长江证券股份有限公司	湖北	2020年12月	1	0.47	0.47
46	东方证券股份有限公司	上海	2018年10月	6	96.66	98.47
47	申万宏源证券有限公司	上海	2019年7月	13	71.54	48.00
48	万联证券股份有限公司	广东	2020年6月	0	0.00	0.00
49	华鑫证券有限责任公司	深圳	2020年6月	0	0.00	0.00
50	国元证券股份有限公司	安徽	2020年9月	0	0.00	0.00
51	华安证券股份有限公司	安徽	2020年7月	0	0.00	0.00
52	渣打银行(中国)有限公司	上海	2018年10月	2	2.38	2.15
53	财通证券股份有限公司	浙江	2020年10月	3	6.32	6.27
54	长城证券股份有限公司	深圳	2020年9月	1	0.22	0.22
55	华福证券有限责任公司	福建	2020年7月	4	82.32	82.00
56	花旗银行(中国)有限公司	上海	2020年8月	0	0	0
57	德意志银行(中国)有限公司	北京	2020年12月	0	0	0
58	浙商证券股份有限公司	浙江	2021年9月	0	0	0
59	苏州银行股份有限公司	江苏	2022年3月	0	0	0

附录1-12　2022年公开募集证券投资基金销售机构名录
List of Public Securities Investment Fund Sales Institutions in 2022

序号 No.	销售机构名称 Sales Institution Name	销售机构类型 Sales Institution Type	取得销售资格时间 Sales Qualification-Obtaining Time	注册地 Place of Registration
1	中国建设银行股份有限公司	商业银行	2001年7月	北京市
2	交通银行股份有限公司	商业银行	2001年7月	上海市
3	中国工商银行股份有限公司	商业银行	2001年8月	北京市
4	中国银行股份有限公司	商业银行	2001年12月	北京市
5	中国农业银行股份有限公司	商业银行	2001年12月	北京市
6	招商银行股份有限公司	商业银行	2001年12月	广东省深圳市
7	中信银行股份有限公司	商业银行	2002年1月	北京市
8	上海浦东发展银行股份有限公司	商业银行	2002年5月	上海市
9	平安银行股份有限公司	商业银行	2002年5月	广东省深圳市
10	兴业银行股份有限公司	商业银行	2002年8月	福建省福州市
11	中国民生银行股份有限公司	商业银行	2002年9月	北京市
12	中国光大银行股份有限公司	商业银行	2003年1月	北京市
13	华夏银行股份有限公司	商业银行	2004年11月	北京市
14	广发银行股份有限公司	商业银行	2005年7月	广东省广州市
15	中国邮政储蓄银行股份有限公司	商业银行	2007年6月	北京市
16	浙商银行股份有限公司	商业银行	2008年8月	浙江省杭州市
17	渤海银行股份有限公司	商业银行	2009年10月	天津市
18	恒丰银行股份有限公司	商业银行	2014年1月	山东省济南市
19	北京银行股份有限公司	商业银行	2004年10月	北京市
20	上海银行股份有限公司	商业银行	2005年1月	上海市
21	宁波银行股份有限公司	商业银行	2008年2月	浙江省宁波市
22	青岛银行股份有限公司	商业银行	2008年5月	山东省青岛市
23	徽商银行股份有限公司	商业银行	2008年7月	安徽省合肥市
24	东莞银行股份有限公司	商业银行	2008年10月	广东省东莞市
25	南京银行股份有限公司	商业银行	2008年10月	江苏省南京市
26	杭州银行股份有限公司	商业银行	2009年1月	浙江省杭州市
27	临商银行股份有限公司	商业银行	2009年2月	山东省临沂市
28	温州银行股份有限公司	商业银行	2009年5月	浙江省温州市
29	汉口银行股份有限公司	商业银行	2009年6月	湖北省武汉市
30	江苏银行股份有限公司	商业银行	2009年9月	江苏省南京市
31	洛阳银行股份有限公司	商业银行	2010年1月	河南省洛阳市
32	乌鲁木齐银行股份有限公司	商业银行	2010年2月	新疆维吾尔自治区乌鲁木齐市
33	烟台银行股份有限公司	商业银行	2010年6月	山东省烟台市
34	齐商银行股份有限公司	商业银行	2010年9月	山东省淄博市
35	大连银行股份有限公司	商业银行	2010年10月	辽宁省大连市
36	浙江民泰商业银行股份有限公司	商业银行	2010年10月	浙江省台州市
37	哈尔滨银行股份有限公司	商业银行	2010年10月	黑龙江省哈尔滨市
38	浙江稠州商业银行股份有限公司	商业银行	2010年11月	浙江省义乌市
39	重庆银行股份有限公司	商业银行	2010年11月	重庆市
40	天津银行股份有限公司	商业银行	2011年2月	天津市
41	河北银行股份有限公司	商业银行	2011年5月	河北省石家庄市
42	嘉兴银行股份有限公司	商业银行	2011年6月	浙江省嘉兴市
43	广州银行股份有限公司	商业银行	2011年7月	广东省广州市
44	长沙银行股份有限公司	商业银行	2011年9月	湖南省长沙市

数据来源：中国证券监督管理委员会
Source: CSRC

附录1-12 续表 1 continued

序号 No.	销售机构名称 Sales Institution Name	销售机构类型 Sales Institution Type	取得销售资格时间 Sales Qualification-Obtaining Time	注册地 Place of Registration
45	西安银行股份有限公司	商业银行	2011年9月	陕西省西安
46	金华银行股份有限公司	商业银行	2011年9月	浙江省金华市
47	郑州银行股份有限公司	商业银行	2012年4月	河南省郑州市
48	厦门银行股份有限公司	商业银行	2012年5月	福建省厦门市
49	吉林银行股份有限公司	商业银行	2012年10月	吉林省长春市
50	珠海华润银行股份有限公司	商业银行	2012年12月	广东省珠海市
51	苏州银行股份有限公司	商业银行	2012年12月	江苏省苏州市
52	威海市商业银行股份有限公司	商业银行	2013年2月	山东省威海市
53	四川天府银行股份有限公司	商业银行	2013年2月	四川省南充市
54	长安银行股份有限公司	商业银行	2013年6月	陕西省西安
55	晋商银行股份有限公司	商业银行	2013年8月	山西省太原市
56	富滇银行股份有限公司	商业银行	2013年8月	云南省昆明市
57	昆仑银行股份有限公司	商业银行	2013年9月	新疆维吾尔自治区克拉玛依市
58	日照银行股份有限公司	商业银行	2013年11月	山东省日照市
59	福建海峡银行股份有限公司	商业银行	2013年12月	福建省福州市
60	潍坊银行股份有限公司	商业银行	2013年12月	山东省潍坊市
61	江西银行股份有限公司	商业银行	2013年12月	江西省南昌市
62	绍兴银行股份有限公司	商业银行	2013年12月	浙江省绍兴市
63	广东华兴银行股份有限公司	商业银行	2014年4月	广东省广州市
64	成都银行股份有限公司	商业银行	2014年7月	四川省成都市
65	泉州银行股份有限公司	商业银行	2014年8月	福建省泉州市
66	龙江银行股份有限公司	商业银行	2014年8月	黑龙江省哈尔滨市
67	浙江泰隆商业银行股份有限公司	商业银行	2014年10月	浙江省台州市
68	兰州银行股份有限公司	商业银行	2014年11月	甘肃省兰州市
69	锦州银行股份有限公司	商业银行	2015年1月	辽宁省锦州市
70	长城华西银行股份有限公司	商业银行	2015年3月	四川省德阳市
71	华融湘江银行股份有限公司	商业银行	2015年4月	湖南省长沙市
72	盛京银行股份有限公司	商业银行	2015年5月	辽宁省沈阳市
73	贵阳银行股份有限公司	商业银行	2015年5月	贵州省贵阳市
74	深圳前海微众银行股份有限公司	商业银行	2015年7月	广东省深圳市
75	广东南粤银行股份有限公司	商业银行	2015年8月	广东省湛江市
76	晋城银行股份有限公司	商业银行	2015年8月	山西省晋城市
77	桂林银行股份有限公司	商业银行	2015年8月	广西壮族自治区桂林市
78	德州银行股份有限公司	商业银行	2015年10月	山东省德州市
79	中原银行股份有限公司	商业银行	2015年10月	河南省郑州市
80	浙江网商银行股份有限公司	商业银行	2015年11月	浙江省杭州市
81	焦作中旅银行股份有限公司	商业银行	2016年1月	河南省焦作市
82	云南红塔银行股份有限公司	商业银行	2016年1月	云南省玉溪市
83	宁夏银行股份有限公司	商业银行	2016年3月	宁夏回族自治区银川市
84	青海银行股份有限公司	商业银行	2019年5月	青海省西宁市
85	湖北银行股份有限公司	商业银行	2016年5月	湖北省武汉市
86	厦门国际银行股份有限公司	商业银行	2016年6月	福建省厦门市
87	营口银行股份有限公司	商业银行	2016年7月	辽宁省营口市
88	内蒙古银行股份有限公司	商业银行	2016年7月	内蒙古自治区呼和浩特市
89	贵州银行股份有限公司	商业银行	2016年8月	贵州省贵阳市
90	阜新银行股份有限公司	商业银行	2016年9月	辽宁省阜新市
91	九江银行股份有限公司	商业银行	2016年10月	江西省九江市

附录1-12 续表 2 continued

序号 No.	销售机构名称 Sales Institution Name	销售机构类型 Sales Institution Type	取得销售资格时间 Sales Qualification-Obtaining Time	注册地 Place of Registration
92	晋中银行股份有限公司	商业银行	2016年12月	山西省晋中市
93	唐山银行股份有限公司	商业银行	2016年12月	河北省唐山市
94	赣州银行股份有限公司	商业银行	2017年11月	江西省赣州市
95	上饶银行股份有限公司	商业银行	2017年12月	江西省上饶市
96	海南银行股份有限公司	商业银行	2020年4月	海南省海口市
97	中信百信银行股份有限公司	商业银行	2020年6月	北京市
98	蒙商银行股份有限公司	商业银行	2021年5月	内蒙古自治区包头市
99	上海农村商业银行股份有限公司	商业银行	2008年2月	上海市
100	北京农村商业银行股份有限公司	商业银行	2008年4月	北京市
101	江苏张家港农村商业银行股份有限公司	商业银行	2009年12月	江苏省苏州市
102	深圳农村商业银行股份有限公司	商业银行	2010年1月	广东省深圳市
103	东莞农村商业银行股份有限公司	商业银行	2011年2月	广东省东莞市
104	江苏常熟农村商业银行股份有限公司	商业银行	2011年7月	江苏省苏州市
105	广东顺德农村商业银行股份有限公司	商业银行	2011年8月	广东省佛山市
106	重庆农村商业银行股份有限公司	商业银行	2011年8月	重庆市
107	江苏江南农村商业银行股份有限公司	商业银行	2011年9月	江苏省常州市
108	江苏江阴农村商业银行股份有限公司	商业银行	2011年9月	江苏省无锡市
109	江苏苏州农村商业银行股份有限公司	商业银行	2011年9月	江苏省苏州市
110	江苏昆山农村商业银行股份有限公司	商业银行	2011年10月	江苏省苏州市
111	广州农村商业银行股份有限公司	商业银行	2012年7月	广东省广州市
112	成都农村商业银行股份有限公司	商业银行	2012年9月	四川省成都市
113	杭州联合农村商业银行股份有限公司	商业银行	2013年2月	浙江省杭州市
114	无锡农村商业银行股份有限公司	商业银行	2013年11月	江苏省无锡市
115	浙江绍兴瑞丰农村商业银行股份有限公司	商业银行	2014年1月	浙江省绍兴市
116	浙江温州龙湾农村商业银行股份有限公司	商业银行	2014年2月	浙江省温州市
117	广东南海农村商业银行股份有限公司	商业银行	2014年3月	广东省佛山市
118	天津农村商业银行股份有限公司	商业银行	2014年7月	天津市
119	长春农村商业银行股份有限公司	商业银行	2014年10月	吉林省长春市
120	浙江温州鹿城农村商业银行股份有限公司	商业银行	2015年1月	浙江省温州市
121	浙江乐清农村商业银行股份有限公司	商业银行	2015年5月	浙江省乐清市
122	宁波慈溪农村商业银行股份有限公司	商业银行	2015年6月	浙江省宁波市
123	浙江临海农村商业银行股份有限公司	商业银行	2015年7月	浙江省临海市
124	天津滨海农村商业银行股份有限公司	商业银行	2015年7月	天津市
125	佛山农村商业银行股份有限公司	商业银行	2015年9月	广东省佛山市
126	青岛农村商业银行股份有限公司	商业银行	2015年9月	山东省青岛市
127	吉林九台农村商业银行股份有限公司	商业银行	2015年10月	吉林省长春市
128	江苏紫金农村商业银行股份有限公司	商业银行	2015年11月	江苏省南京市
129	浙江义乌农村商业银行股份有限公司	商业银行	2015年11月	浙江省义乌市
130	浙江新昌农村商业银行股份有限公司	商业银行	2015年11月	浙江省新昌县
131	浙江杭州余杭农村商业银行股份有限公司	商业银行	2016年2月	浙江省杭州市
132	浙江瑞安农村商业银行股份有限公司	商业银行	2016年2月	浙江省瑞安市
133	武汉农村商业银行股份有限公司	商业银行	2016年5月	湖北省武汉市
134	浙江德清农村商业银行股份有限公司	商业银行	2016年6月	浙江省德清县
135	浙江富阳农村商业银行股份有限公司	商业银行	2016年7月	浙江省杭州市
136	浙江温州瓯海农村商业银行股份有限公司	商业银行	2016年8月	浙江省温州市
137	福建漳州农村商业银行股份有限公司	商业银行	2016年9月	福建省漳州市

附录1-12 续表 3 continued

序号 No.	销售机构名称 Sales Institution Name	销售机构类型 Sales Institution Type	取得销售资格时间 Sales Qualification-Obtaining Time	注册地 Place of Registration
138	浙江萧山农村商业银行股份有限公司	商业银行	2016年9月	浙江省杭州市
139	福建石狮农村商业银行股份有限公司	商业银行	2017年1月	福建省泉州市
140	宁波鄞州农村商业银行股份有限公司	商业银行	2017年4月	浙江省宁波市
141	渣打银行(中国)有限公司	在华外资法人银行	2013年6月	上海市
142	大华银行(中国)有限公司	在华外资法人银行	2013年6月	上海市
143	花旗银行(中国)有限公司	在华外资法人银行	2013年6月	上海市
144	东亚银行(中国)有限公司	在华外资法人银行	2013年6月	上海市
145	星展银行(中国)有限公司	在华外资法人银行	2013年6月	上海市
146	汇丰银行(中国)有限公司	在华外资法人银行	2013年6月	上海市
147	南洋商业银行(中国)有限公司	在华外资法人银行	2013年6月	上海市
148	恒生银行(中国)有限公司	在华外资法人银行	2013年7月	上海市
149	摩根大通银行(中国)有限公司	在华外资法人银行	2013年9月	北京市
150	华侨永亨银行(中国)有限公司	在华外资法人银行	2013年10月	上海市
151	华商银行	在华外资法人银行	2016年9月	广东省深圳市
152	瑞士银行(中国)有限公司	在华外资法人银行	2018年1月	北京市
153	国泰君安证券股份有限公司	证券公司	2002年7月	上海市
154	广发证券股份有限公司	证券公司	2002年8月	广东省广州市
155	国信证券股份有限公司	证券公司	2002年8月	广东省深圳市
156	招商证券股份有限公司	证券公司	2002年8月	广东省深圳市
157	中信证券股份有限公司	证券公司	2002年8月	广东省深圳市
158	海通证券股份有限公司	证券公司	2002年10月	上海市
159	民生证券股份有限公司	证券公司	2003年1月	上海市
160	华龙证券股份有限公司	证券公司	2003年1月	甘肃省兰州市
161	西南证券股份有限公司	证券公司	2003年1月	重庆市
162	大同证券有限责任公司	证券公司	2003年1月	山西省太原市
163	山西证券股份有限公司	证券公司	2003年1月	山西省太原市
164	国元证券股份有限公司	证券公司	2003年2月	安徽省合肥市
165	兴业证券股份有限公司	证券公司	2003年2月	福建省福州市
166	万联证券股份有限公司	证券公司	2003年2月	广东省广州市
167	华泰证券股份有限公司	证券公司	2003年2月	江苏省苏州市
168	长江证券股份有限公司	证券公司	2003年2月	湖北省武汉市
169	渤海证券股份有限公司	证券公司	2003年2月	天津市
170	中信证券(山东)有限责任公司	证券公司	2003年2月	山东省青岛市
171	中信证券华南股份有限公司	证券公司	2003年2月	广东省广州市
172	湘财证券股份有限公司	证券公司	2003年3月	湖南省长沙市
173	东吴证券股份有限公司	证券公司	2003年12月	江苏省苏州市
174	东方证券股份有限公司	证券公司	2004年4月	上海市
175	光大证券股份有限公司	证券公司	2004年4月	上海市
176	上海证券有限责任公司	证券公司	2004年5月	上海市
177	国联证券股份有限公司	证券公司	2004年6月	江苏省无锡市
178	浙商证券股份有限公司	证券公司	2004年6月	浙江省杭州市
179	东北证券股份有限公司	证券公司	2004年7月	吉林省长春市
180	华安证券股份有限公司	证券公司	2004年8月	安徽省合肥市
181	南京证券股份有限公司	证券公司	2004年8月	江苏省南京市
182	平安证券股份有限公司	证券公司	2004年8月	广东省深圳市
183	长城证券股份有限公司	证券公司	2004年8月	广东省深圳市

附录1-12 续表 4 continued

序号 No.	销售机构名称 Sales Institution Name	销售机构类型 Sales Institution Type	取得销售资格时间 Sales Qualification-Obtaining Time	注册地 Place of Registration
184	东莞证券股份有限公司	证券公司	2004年9月	广东省东莞市
185	财信证券有限责任公司	证券公司	2004年9月	湖南省长沙市
186	东海证券股份有限公司	证券公司	2004年9月	江苏省常州市
187	国海证券股份有限公司	证券公司	2004年9月	广西壮族自治区桂林市
188	中原证券股份有限公司	证券公司	2004年10月	河南省郑州市
189	中银国际证券股份有限公司	证券公司	2004年11月	上海市
190	国都证券股份有限公司	证券公司	2004年11月	北京市
191	新时代证券股份有限公司	证券公司	2004年11月	北京市
192	中泰证券股份有限公司	证券公司	2004年11月	山东省济南市
193	恒泰证券股份有限公司	证券公司	2004年11月	内蒙古自治区呼和浩特市
194	华西证券股份有限公司	证券公司	2004年11月	四川省成都市
195	国盛证券有限责任公司	证券公司	2004年11月	江西省南昌市
196	中国国际金融股份有限公司	证券公司	2004年12月	北京市
197	华福证券有限责任公司	证券公司	2005年1月	福建省福州市
198	德邦证券股份有限公司	证券公司	2005年2月	上海市
199	世纪证券有限责任公司	证券公司	2005年2月	广东省深圳市
200	第一创业证券股份有限公司	证券公司	2005年3月	广东省深圳市
201	中航证券有限公司	证券公司	2005年4月	江西省南昌市
202	西部证券股份有限公司	证券公司	2005年4月	陕西省西安
203	金元证券股份有限公司	证券公司	2005年4月	海南省海口市
204	中信建投证券股份有限公司	证券公司	2005年12月	北京市
205	财通证券股份有限公司	证券公司	2006年7月	浙江省杭州市
206	安信证券股份有限公司	证券公司	2007年4月	广东省深圳市
207	中国银河证券股份有限公司	证券公司	2007年5月	北京市
208	华鑫证券有限责任公司	证券公司	2008年1月	广东省深圳市
209	瑞银证券有限责任公司	证券公司	2008年2月	北京市
210	国金证券股份有限公司	证券公司	2008年3月	四川省成都市
211	中国中金财富证券有限公司	证券公司	2008年3月	广东省深圳市
212	中山证券有限责任公司	证券公司	2008年3月	广东省深圳市
213	红塔证券股份有限公司	证券公司	2008年3月	云南省昆明市
214	国融证券股份有限公司	证券公司	2008年5月	内蒙古自治区呼和浩特市
215	东方财富证券股份有限公司	证券公司	2008年5月	西藏自治区拉萨市
216	粤开证券股份有限公司	证券公司	2008年6月	广东省广州市
217	方正证券股份有限公司	证券公司	2008年6月	湖南省长沙市
218	江海证券有限公司	证券公司	2008年8月	黑龙江省哈尔滨市
219	银泰证券有限责任公司	证券公司	2008年12月	广东省深圳市
220	华宝证券股份有限公司	证券公司	2009年1月	上海市
221	爱建证券有限责任公司	证券公司	2009年1月	上海市
222	长城国瑞证券有限公司	证券公司	2009年1月	福建省厦门市
223	英大证券有限责任公司	证券公司	2009年3月	广东省深圳市
224	信达证券股份有限公司	证券公司	2009年7月	北京市
225	东兴证券股份有限公司	证券公司	2009年7月	北京市
226	华融证券股份有限公司	证券公司	2009年9月	北京市
227	大通证券股份有限公司	证券公司	2009年12月	辽宁省大连市
228	财达证券股份有限公司	证券公司	2009年12月	河北省石家庄市
229	中天证券股份有限公司	证券公司	2010年1月	辽宁省沈阳市

附录1-12 续表 5 continued

序号 No.	销售机构名称 Sales Institution Name	销售机构类型 Sales Institution Type	取得销售资格时间 Sales Qualification-Obtaining Time	注册地 Place of Registration
230	五矿证券有限公司	证券公司	2010年4月	广东省深圳市
231	北京高华证券有限责任公司	证券公司	2010年5月	北京市
232	华创证券有限责任公司	证券公司	2010年6月	贵州省贵阳市
233	万和证券股份有限公司	证券公司	2010年9月	海南省海口市
234	中邮证券有限责任公司	证券公司	2010年11月	陕西省西安
235	首创证券股份有限公司	证券公司	2011年2月	北京市
236	国开证券股份有限公司	证券公司	2011年5月	北京市
237	太平洋证券股份有限公司	证券公司	2012年11月	云南省昆明市
238	开源证券股份有限公司	证券公司	2012年12月	陕西省西安
239	网信证券有限责任公司	证券公司	2013年2月	辽宁省辽阳市
240	天风证券股份有限公司	证券公司	2013年4月	湖北省武汉市
241	宏信证券有限责任公司	证券公司	2013年6月	四川省成都市
242	川财证券有限责任公司	证券公司	2014年1月	四川省成都市
243	申万宏源西部证券有限公司	证券公司	2015年1月	新疆维吾尔自治区乌鲁木齐市
244	申万宏源证券有限公司	证券公司	2002年10月	上海市
245	华金证券股份有限公司	证券公司	2013年8月	上海市
246	华林证券股份有限公司	证券公司	2004年11月	西藏自治区拉萨市
247	九州证券股份有限公司	证券公司	2008年8月	青海省西宁市
248	联储证券有限责任公司	证券公司	2015年11月	山东省青岛市
249	甬兴证券股份有限公司	证券公司	2020年1月	浙江省宁波市
250	中信建投期货有限公司	期货公司	2013年9月	重庆市
251	中国国际期货股份有限公司	期货公司	2013年11月	北京市
252	兴证期货有限公司	期货公司	2014年7月	福建省福州市
253	海通期货股份有限公司	期货公司	2014年8月	上海市
254	中州期货有限公司	期货公司	2014年11月	山东省烟台市
255	中信期货有限公司	期货公司	2014年11月	广东省深圳市
256	安粮期货股份有限公司	期货公司	2015年1月	安徽省合肥市
257	物产中大期货有限公司	期货公司	2015年1月	浙江省杭州市
258	申银万国期货有限公司	期货公司	2015年2月	上海市
259	广发期货有限公司	期货公司	2015年2月	广东省广州市
260	徽商期货有限责任公司	期货公司	2015年3月	安徽省合肥市
261	上海东证期货有限公司	期货公司	2015年5月	上海市
262	东海期货有限责任公司	期货公司	2015年7月	江苏省常州市
263	中投天琪期货有限公司	期货公司	2015年8月	广东省深圳市
264	银河期货有限公司	期货公司	2015年10月	北京市
265	南华期货股份有限公司	期货公司	2016年2月	浙江省杭州市
266	永安期货股份有限公司	期货公司	2016年3月	浙江省杭州市
267	弘业期货股份有限公司	期货公司	2016年4月	江苏省南京市
268	华泰期货有限公司	期货公司	2016年8月	广东省广州市
269	大有期货有限公司	期货公司	2016年8月	湖南省长沙市
270	华融融达期货股份有限公司	期货公司	2016年8月	河南省郑州市
271	长江期货股份有限公司	期货公司	2016年9月	湖北省武汉市
272	中衍期货有限公司	期货公司	2016年11月	北京市
273	和合期货有限公司	期货公司	2016年12月	山西省太原市
274	光大期货有限公司	期货公司	2017年1月	上海市
275	新纪元期货股份有限公司	期货公司	2017年1月	江苏省徐州市

附录1-12 续表 6 continued

序号 No.	销售机构名称 Sales Institution Name	销售机构类型 Sales Institution Type	取得销售资格时间 Sales Qualification-Obtaining Time	注册地 Place of Registration
276	西部期货有限公司	期货公司	2017年3月	陕西省西安市
277	宏源期货有限公司	期货公司	2019年11月	北京市
278	方正中期期货有限公司	期货公司	2019年11月	北京市
279	阳光人寿保险股份有限公司	保险公司	2014年6月	海南省三亚市
280	中国平安人寿保险股份有限公司	保险公司	2014年7月	广东省深圳市
281	中宏人寿保险有限公司	保险公司	2014年12月	上海市
282	中国人寿保股份有限公司	保险公司	2015年3月	北京市
283	华瑞保险销售有限公司	保险代理公司和保险经纪公司	2014年11月	上海市
284	玄元保险代理有限公司	保险代理公司和保险经纪公司	2014年12月	上海市
285	和谐保险销售有限公司	保险代理公司和保险经纪公司	2015年9月	北京市
286	永鑫保险销售服务有限公司	保险代理公司和保险经纪公司	2015年10月	上海市
287	方德保险代理有限公司	保险代理公司和保险经纪公司	2016年2月	北京市
288	天相投资顾问有限公司	证券投资咨询机构	2004年7月	北京市
289	鼎信汇金(北京)投资管理有限公司	证券投资咨询机构	2012年5月	北京市
290	江苏金百临投资咨询股份有限公司	证券投资咨询机构	2012年5月	江苏省无锡市
291	和讯信息科技有限公司	证券投资咨询机构	2012年6月	北京市
292	深圳市新兰德证券投资咨询有限公司	证券投资咨询机构	2012年9月	广东省深圳市
293	厦门市鑫鼎盛控股有限公司	证券投资咨询机构	2013年2月	福建省厦门市
294	江苏天鼎证券投资咨询有限公司	证券投资咨询机构	2016年6月	江苏省南京市
295	和信证券投资咨询股份有限公司	证券投资咨询机构	2016年8月	河南省郑州市
296	财咨道信息技术有限公司	证券投资咨询机构	2016年9月	辽宁省沈阳市
297	诺亚正行基金销售有限公司	独立基金销售机构	2012年2月	上海市
298	上海天天基金销售有限公司	独立基金销售机构	2012年2月	上海市
299	深圳众禄基金销售股份有限公司	独立基金销售机构	2012年2月	广东省深圳市
300	上海好买基金销售有限公司	独立基金销售机构	2012年2月	上海市
301	上海长量基金销售有限公司	独立基金销售机构	2012年4月	上海市
302	蚂蚁(杭州)基金销售有限公司	独立基金销售机构	2012年4月	浙江省杭州市
303	浙江同花顺基金销售有限公司	独立基金销售机构	2012年4月	浙江省杭州市
304	北京展恒基金销售股份有限公司	独立基金销售机构	2012年6月	北京市
305	上海利得基金销售有限公司	独立基金销售机构	2012年8月	上海市
306	天津市润泽基金销售有限公司	独立基金销售机构	2012年10月	天津市
307	北京中期时代基金销售有限公司	独立基金销售机构	2012年11月	北京市
308	北京创金启富基金销售有限公司	独立基金销售机构	2012年12月	北京市
309	浙江金观诚基金销售有限公司	独立基金销售机构	2012年12月	浙江省杭州市
310	浦领基金销售有限公司	独立基金销售机构	2013年2月	北京市
311	北京中天嘉华基金销售有限公司	独立基金销售机构	2013年2月	北京市
312	北京增财基金销售有限公司	独立基金销售机构	2013年2月	北京市
313	宜信普泽(北京)基金销售有限公司	独立基金销售机构	2013年2月	北京市
314	泛华普益基金销售有限公司	独立基金销售机构	2013年2月	四川省成都市
315	深圳腾元基金销售有限公司	独立基金销售机构	2013年3月	广东省深圳市
316	通华财富(上海)基金销售有限公司	独立基金销售机构	2013年6月	上海市
317	北京中植基金销售有限公司	独立基金销售机构	2013年8月	北京市
318	深圳宜投基金销售有限公司	独立基金销售机构	2013年9月	广东省深圳市
319	深圳前海汇联基金销售有限公司	独立基金销售机构	2013年9月	广东省深圳市
320	北京钱景基金销售有限公司	独立基金销售机构	2013年11月	北京市
321	一路财富(北京)基金销售有限公司	独立基金销售机构	2013年12月	北京市

附录1-12 续表 7 continued

序号 No.	销售机构名称 Sales Institution Name	销售机构类型 Sales Institution Type	取得销售资格时间 Sales Qualification-Obtaining Time	注册地 Place of Registration
322	海银基金销售有限公司	独立基金销售机构	2014年1月	上海市
323	成都华羿恒信基金销售有限公司	独立基金销售机构	2014年1月	四川省成都市
324	上海财咖啡基金销售有限公司	独立基金销售机构	2014年3月	上海市
325	上海大智慧基金销售有限公司	独立基金销售机构	2014年3月	上海市
326	北京新浪仓石基金销售有限公司	独立基金销售机构	2014年3月	北京市
327	北京加和基金销售有限公司	独立基金销售机构	2014年4月	北京市
328	北京辉腾汇富基金销售有限公司	独立基金销售机构	2014年4月	北京市
329	济安财富(北京)基金销售有限公司	独立基金销售机构	2014年5月	北京市
330	福克斯(北京)基金销售有限公司	独立基金销售机构	2014年8月	北京市
331	扬州国信嘉利基金销售有限公司	独立基金销售机构	2014年9月	江苏省扬州市
332	深圳市锦安基金销售有限公司	独立基金销售机构	2014年9月	广东省深圳市
333	上海联泰基金销售有限公司	独立基金销售机构	2014年10月	上海市
334	上海钜派钰茂基金销售有限公司	独立基金销售机构	2014年11月	上海市
335	上海汇付基金销售有限公司	独立基金销售机构	2014年12月	上海市
336	北京坤元基金销售有限公司	独立基金销售机构	2014年12月	北京市
337	泰信财富基金销售有限公司	独立基金销售机构	2014年12月	北京市
338	江西正融基金销售有限公司	独立基金销售机构	2014年12月	江西省南昌市
339	深圳市金海九州基金销售有限公司	独立基金销售机构	2014年12月	广东省深圳市
340	北京富国大通基金销售有限公司	独立基金销售机构	2015年1月	北京市
341	北京微动利基金销售有限公司	独立基金销售机构	2015年2月	北京市
342	上海基煜基金销售有限公司	独立基金销售机构	2015年3月	上海市
343	利和财富(上海)基金销售有限公司	独立基金销售机构	2015年4月	上海市
344	上海景谷基金销售有限公司	独立基金销售机构	2015年5月	上海市
345	上海尚善基金销售有限公司	独立基金销售机构	2015年6月	上海市
346	上海凯石财富基金销售有限公司	独立基金销售机构	2015年7月	上海市
347	上海中正达广基金销售有限公司	独立基金销售机构	2015年7月	上海市
348	上海攀赢基金销售有限公司	独立基金销售机构	2015年7月	上海市
349	北京恒宇天泽基金销售有限公司	独立基金销售机构	2015年7月	北京市
350	北京虹点基金销售有限公司	独立基金销售机构	2015年7月	北京市
351	上海陆金所基金销售有限公司	独立基金销售机构	2015年8月	上海市
352	珠海盈米基金销售有限公司	独立基金销售机构	2015年8月	广东省珠海市
353	和耕传承基金销售有限公司	独立基金销售机构	2015年8月	河南省郑州市
354	深圳安见基金销售有限公司	独立基金销售机构	2015年8月	广东省深圳市
355	深圳新华信通基金销售有限公司	独立基金销售机构	2015年8月	广东省深圳市
356	武汉市伯嘉基金销售有限公司	独立基金销售机构	2015年8月	湖北省武汉市
357	深圳富济基金销售有限公司	独立基金销售机构	2015年9月	广东省深圳市
358	成都万华源基金销售有限责任公司	独立基金销售机构	2015年9月	四川省成都市
359	中证金牛(北京)基金销售有限公司	独立基金销售机构	2015年10月	北京市
360	北京懒猫基金销售有限公司	独立基金销售机构	2015年10月	北京市
361	南京途牛基金销售有限公司	独立基金销售机构	2015年10月	江苏省南京市
362	上海爱建基金销售有限公司	独立基金销售机构	2015年11月	上海市
363	北京电盈基金销售有限公司	独立基金销售机构	2015年11月	北京市
364	大连网金基金销售有限公司	独立基金销售机构	2015年12月	辽宁省大连市
365	尚智逢源(北京)基金销售有限公司	独立基金销售机构	2015年12月	北京市
366	京东肯特瑞基金销售有限公司	独立基金销售机构	2015年12月	北京市
367	深圳秋实惠智基金销售有限公司	独立基金销售机构	2015年12月	广东省深圳市

附录1-12 续表 8 continued

序号 No.	销售机构名称 Sales Institution Name	销售机构类型 Sales Institution Type	取得销售资格时间 Sales Qualification-Obtaining Time	注册地 Place of Registration
368	深圳市小牛基金销售有限公司	独立基金销售机构	2015年12月	广东省深圳市
369	中民财富基金销售(上海)有限公司	独立基金销售机构	2016年1月	上海市
370	北京雪球基金销售有限公司	独立基金销售机构	2016年1月	北京市
371	奕丰基金销售有限公司	独立基金销售机构	2016年1月	广东省深圳市
372	上海云湾基金销售有限公司	独立基金销售机构	2016年2月	上海市
373	乾道基金销售有限公司	独立基金销售机构	2016年3月	北京市
374	北京格上富信基金销售有限公司	独立基金销售机构	2016年2月	北京市
375	深圳市金斧子基金销售有限公司	独立基金销售机构	2016年2月	广东省深圳市
376	深圳市前海排排网基金销售有限责任公司	独立基金销售机构	2016年2月	广东省深圳市
377	深圳前海财厚基金销售有限公司	独立基金销售机构	2016年2月	广东省深圳市
378	深圳前海凯恩斯基金销售有限公司	独立基金销售机构	2016年2月	广东省深圳市
379	深圳市华融基金销售有限公司	独立基金销售机构	2016年2月	广东省深圳市
380	北京汇成基金销售有限公司	独立基金销售机构	2016年3月	北京市
381	北京广源达信基金销售有限公司	独立基金销售机构	2016年3月	北京市
382	南京苏宁基金销售有限公司	独立基金销售机构	2016年3月	江苏省南京市
383	深圳信诚基金销售有限公司	独立基金销售机构	2016年3月	广东省深圳市
384	深圳盈信基金销售有限公司	独立基金销售机构	2016年4月	广东省深圳市
385	上海万得基金销售有限公司	独立基金销售机构	2016年5月	上海市
386	天津国美基金销售有限公司	独立基金销售机构	2016年6月	天津市
387	众惠基金销售有限公司	独立基金销售机构	2016年7月	贵州省贵阳市
388	上海有鱼基金销售有限公司	独立基金销售机构	2016年8月	上海市
389	上海挖财基金销售有限公司	独立基金销售机构	2016年8月	上海市
390	凤凰金信(海口)基金销售有限公司	独立基金销售机构	2016年8月	海南省海口市
391	江苏汇林保大基金销售有限公司	独立基金销售机构	2016年9月	江苏省南京市
392	大河财富基金销售有限公司	独立基金销售机构	2016年10月	贵州省贵阳市
393	嘉晟瑞信(天津)基金销售有限公司	独立基金销售机构	2016年10月	天津市
394	喜鹊财富基金销售有限公司	独立基金销售机构	2016年12月	西藏自治区拉萨市
395	贵州省贵文文化基金销售有限公司	独立基金销售机构	2016年12月	贵州省贵阳市
396	资舟基金销售有限公司	独立基金销售机构	2017年1月	辽宁省大连市
397	洪泰财富(青岛)基金销售有限责任公司	独立基金销售机构	2017年1月	山东省青岛市
398	青岛乐弘基金销售有限公司	独立基金销售机构	2017年1月	山东省青岛市
399	上海陆享基金销售有限公司	独立基金销售机构	2017年4月	上海市
400	民商基金销售(上海)有限公司	独立基金销售机构	2017年10月	上海市
401	腾安基金销售(深圳)有限公司	独立基金销售机构	2018年1月	广东省深圳市
402	北京度小满基金销售有限公司	独立基金销售机构	2018年8月	北京市
403	青岛意才基金销售有限公司	独立基金销售机构	2019年10月	山东省青岛市
404	瑞银基金销售(深圳)有限公司	独立基金销售机构	2021年9月	广东省深圳市
405	嘉实财富管理有限公司	基金公司销售子公司	2012年12月	上海市
406	上海国金理益财富基金销售有限公司	基金公司销售子公司	2013年11月	上海市
407	上海中欧财富基金销售有限公司	基金公司销售子公司	2015年7月	上海市
408	九泰基金销售(北京)有限公司	基金公司销售子公司	2015年8月	北京市
409	上海华夏财富投资管理有限公司	基金公司销售子公司	2015年11月	上海市
410	万家财富基金销售(天津)有限公司	基金公司销售子公司	2015年12月	天津市
411	博时财富基金销售有限公司	基金公司销售子公司	2021年8月	深圳市

附录1-13 2022年合格境外投资者(QFII、RQFII)名录
List of QFII、RQFII in 2022

序号 No.	QFII、RQFII名称 Name	取得资格时间 Qualification-obtaining Time
1	瑞士银行	2003年5月23日
2	野村证券株式会社	2003年5月23日
3	摩根士丹利国际股份有限公司	2003年6月5日
4	花旗环球金融有限公司	2003年6月5日
5	高盛公司	2003年7月4日
6	德意志银行	2003年7月30日
7	香港上海汇丰银行有限公司	2003年8月4日
8	摩根大通银行	2003年9月30日
9	瑞士信贷(香港)有限公司	2003年10月24日
10	渣打银行(香港)有限公司	2003年12月11日
11	日兴资产管理有限公司	2003年12月11日
12	美林国际	2004年4月30日
13	恒生银行有限公司	2004年5月10日
14	大和证券株式会社	2004年5月10日
15	比尔及梅林达盖茨信托基金会	2004年7月19日
16	景顺资产管理有限公司	2004年8月4日
17	法国兴业银行	2004年9月2日
18	巴克莱银行	2004年9月15日
19	德国商业银行	2004年9月27日
20	法国巴黎银行	2004年9月29日
21	加拿大鲍尔公司	2004年10月15日
22	东方汇理银行	2004年10月15日
23	高盛国际资产管理公司	2005年5月9日
24	马丁可利投资管理有限公司	2005年10月25日
25	新加坡政府投资有限公司	2005年10月25日
26	柏瑞投资有限责任公司	2005年11月14日
27	淡马锡富敦投资有限公司	2005年11月15日
28	JF资产管理有限公司	2005年12月28日
29	日本第一生命保险株式会社	2005年12月28日
30	星展银行有限公司	2006年2月13日
31	安保资本投资有限公司	2006年4月10日
32	加拿大丰业银行	2006年4月10日
33	比联金融产品英国有限公司	2006年4月10日
34	爱德蒙得洛希尔(法国)	2006年4月10日
35	耶鲁大学	2006年4月14日
36	摩根士丹利投资管理公司	2006年7月7日
37	瀚亚投资(香港)有限公司	2006年7月7日
38	斯坦福大学	2006年8月5日
39	大华银行有限公司	2006年8月5日
40	施罗德投资管理有限公司	2006年8月29日
41	汇丰环球投资管理(香港)有限公司	2006年9月5日
42	瑞穗证券株式会社	2006年9月5日
43	三井住友德思资产管理株式会社	2006年9月25日
44	瑞银资产管理(新加坡)有限公司	2006年9月25日
45	挪威中央银行	2006年10月24日
46	百达资产管理有限公司	2006年10月25日
47	哥伦比亚大学	2008年3月12日

数据来源：中国证券监督管理委员会
Source: CSRC

附录1-13 续表 1 continued

序号 No.	QFII、RQFII名称 Name	取得资格时间 Qualification-obtaining Time
48	荷宝基金管理公司	2008年5月5日
49	道富环球投资管理亚洲有限公司	2008年5月16日
50	比利时联合资产管理有限公司	2008年6月2日
51	铂金投资管理有限公司	2008年6月2日
52	未来资产基金管理公司	2008年7月25日
53	安达国际控股有限公司	2008年8月5日
54	魁北克储蓄投资集团	2008年8月22日
55	哈佛大学	2008年8月22日
56	三星资产运用株式会社	2008年8月25日
57	联博有限公司	2008年8月28日
58	华侨银行有限公司	2008年8月28日
59	首源投资(英国)有限公司	2008年9月11日
60	大和资产管理株式会社	2008年9月11日
61	普徕仕投资公司	2008年9月12日
62	壳牌资产管理有限公司	2008年9月12日
63	瑞士信贷银行股份有限公司	2008年10月14日
64	大华资产管理有限公司	2008年11月28日
65	阿布达比投资局	2008年12月3日
66	安联环球投资有限公司	2008年12月16日
67	资本国际公司	2008年12月18日
68	三菱日联摩根士丹利证券股份有限公司	2008年12月29日
69	韩华资产运用株式会社	2009年2月5日
70	韩国产业银行	2009年4月23日
71	韩国友利银行股份有限公司	2009年5月4日
72	马来西亚国家银行	2009年5月19日
73	邓普顿投资顾问有限公司	2009年6月5日
74	东亚联丰投资管理有限公司	2009年6月18日
75	三井住友信托银行股份有限公司	2009年6月26日
76	韩国投资信托运用株式会社	2009年7月21日
77	霸菱资产管理有限公司	2009年8月6日
78	安石投资管理有限公司	2009年9月14日
79	纽约梅隆资产管理国际有限公司	2009年11月6日
80	宏利投资管理(香港)有限公司	2009年11月20日
81	野村资产管理株式会社	2009年11月23日
82	友利资产运用株式会社	2009年12月11日
83	加拿大皇家银行	2009年12月23日
84	英杰华投资集团全球服务有限公司	2009年12月28日
85	顶峰资产管理有限公司	2010年4月20日
86	法国欧非资产管理公司	2010年5月21日
87	安本亚洲有限公司	2010年7月6日
88	KB资产运用	2010年8月9日
89	富达基金(香港)有限公司	2010年9月1日
90	香港金融管理局	2010年10月27日
91	富邦证券投资信托股份有限公司	2010年10月29日
92	群益证券投资信托股份有限公司	2010年10月29日
93	蒙特利尔银行投资公司	2010年12月6日
94	瑞士宝盛银行	2010年12月14日
95	科提比资产运用株式会社	2010年12月28日
96	领先资产管理	2011年2月16日
97	元大证券投资信托股份有限公司	2011年3月4日

附录1-13　续表 2　continued

序号 No.	QFII、RQFII名称 Name	取得资格时间 Qualification-obtaining Time
98	忠利保险有限公司	2011年3月18日
99	西班牙对外银行有限公司	2011年5月6日
100	国泰证券投资信托股份有限公司	2011年6月9日
101	复华证券投资信托股份有限公司	2011年6月9日
102	亢简资产管理公司	2011年6月24日
103	贝莱德机构信托公司	2011年7月14日
104	东方汇理资产管理香港有限公司	2011年7月14日
105	GMO有限责任公司	2011年8月9日
106	新加坡金融管理局	2011年10月8日
107	中国人寿保险股份有限公司(台湾)	2011年10月26日
108	新光人寿保险股份有限公司	2011年10月26日
109	普林斯顿大学	2011年11月25日
110	泛达公司	2011年12月9日
111	加拿大年金计划投资委员会	2011年12月9日
112	瀚博环球投资公司	2011年12月13日
113	安耐德合伙人有限公司	2011年12月13日
114	泰国银行	2011年12月16日
115	博时基金(国际)有限公司	2011年12月21日
116	大成国际资产管理有限公司	2011年12月21日
117	华安资产管理(香港)有限公司	2011年12月21日
118	科威特政府投资局	2011年12月21日
119	北美信托环球投资公司	2011年12月21日
120	台湾人寿保险股份有限公司	2011年12月21日
121	韩国银行	2011年12月21日
122	海富通资产管理(香港)有限公司	2011年12月21日
123	华夏基金(香港)有限公司	2011年12月21日
124	汇添富资产管理(香港)有限公司	2011年12月21日
125	嘉实国际资产管理有限公司	2011年12月21日
126	南方东英资产管理有限公司	2011年12月21日
127	易方达资产管理(香港)有限公司	2011年12月21日
128	中国国际金融(香港)有限公司	2011年12月22日
129	国信证券(香港)金融控股有限公司	2011年12月22日
130	光大证券金融控股有限公司	2011年12月22日
131	华泰金融控股(香港)有限公司	2011年12月22日
132	国泰君安金融控股有限公司	2011年12月22日
133	海通国际控股有限公司	2011年12月22日
134	广发控股(香港)有限公司	2011年12月22日
135	招商证券国际有限公司	2011年12月22日
136	申万宏源(国际)集团有限公司	2011年12月22日
137	中信证券国际有限公司	2011年12月22日
138	安信国际金融控股有限公司	2011年12月22日
139	国元国际控股有限公司	2011年12月22日
140	安大略省教师养老金计划委员会	2011年12月22日
141	罗素投资爱尔兰有限公司	2011年12月28日
142	韩国投资公司	2011年12月28日
143	迈世勒资产管理有限责任公司	2011年12月31日
144	华宜资产运用有限公司	2011年12月31日
145	国民年金公团(韩国)	2012年1月5日
146	新韩资产运用株式会社	2012年1月5日
147	三商美邦人寿保险股份有限公司	2012年1月30日

附录1-13　续表 3　continued

序号 No.	QFII、RQFII名称 Name	取得资格时间 Qualification-obtaining Time
148	保德信证券投资信托股份有限公司	2012年1月31日
149	信安环球投资有限公司	2012年1月31日
150	全球人寿保险股份有限公司	2012年2月3日
151	大众信托基金有限公司	2012年2月3日
152	明治安田资产管理有限公司	2012年2月27日
153	国泰人寿保险股份有限公司	2012年2月28日
154	三井住友银行株式会社	2012年2月28日
155	富邦人寿保险股份有限公司	2012年3月1日
156	友邦保险有限公司	2012年3月5日
157	纽伯格伯曼欧洲有限公司	2012年3月5日
158	马来西亚国库控股公司	2012年3月7日
159	资本研究与管理公司	2012年3月9日
160	日本东京海上资产管理株式会社	2012年3月14日
161	韩亚金融投资株式会社	2012年3月29日
162	兴元资产管理有限公司	2012年3月30日
163	伦敦市投资管理有限公司	2012年3月30日
164	摩根资产管理(英国)有限公司	2012年3月30日
165	冈三资产管理股份有限公司	2012年3月30日
166	预知投资管理公司	2012年4月18日
167	东部资产运用株式会社	2012年4月20日
168	骏利亨德森投资英国有限公司	2012年4月28日
169	欧利盛资产管理有限公司	2012年5月2日
170	中银国际英国保诚资产管理有限公司	2012年5月3日
171	富敦资金管理有限公司	2012年5月4日
172	利安资金管理公司	2012年5月7日
173	忠利银行基金管理卢森堡有限责任公司	2012年5月23日
174	威廉博莱公司	2012年5月24日
175	晋达英国有限公司	2012年5月28日
176	安智投资管理亚太(香港)有限公司	2012年6月4日
177	三菱日联国际资产管理公司	2012年6月4日
178	中银集团人寿保险有限公司	2012年7月12日
179	霍尔资本有限公司	2012年8月6日
180	得克萨斯大学体系董事会	2012年8月6日
181	南山人寿保险股份有限公司	2012年8月6日
182	工银瑞信资产管理(国际)有限公司	2012年8月7日
183	广发国际资产管理有限公司	2012年8月7日
184	SUVA瑞士国家工伤保险机构	2012年8月13日
185	不列颠哥伦比亚省投资管理公司	2012年8月17日
186	惠理基金管理香港有限公司	2012年8月21日
187	安大略退休金管理委员会	2012年8月29日
188	教会养老基金	2012年8月31日
189	麦格理银行有限公司	2012年9月4日
190	海通国际资产管理(香港)有限公司	2012年9月20日
191	IDG资本管理(香港)有限公司	2012年9月20日
192	瑞典第二国家养老金	2012年9月20日
193	杜克大学	2012年9月24日
194	卡塔尔控股有限责任公司	2012年9月25日
195	瑞士盈丰银行股份有限公司	2012年9月26日
196	贝莱德资产管理北亚有限公司	2012年10月26日
197	海拓投资管理公司	2012年10月26日

附录1-13 续表 4 continued

序号 No.	QFII、RQFII名称 Name	取得资格时间 Qualification-obtaining Time
198	奥博医疗顾问有限公司	2012年10月26日
199	上投摩根资产管理(香港)有限公司	2012年10月26日
200	新思路投资有限公司	2012年10月26日
201	摩根证券投资信托股份有限公司	2012年11月5日
202	全球保险集团美国投资管理有限公司	2012年11月5日
203	鼎晖投资咨询新加坡有限公司	2012年11月7日
204	瑞典北欧斯安银行有限公司	2012年11月12日
205	道明资产管理公司	2012年11月21日
206	统一证券投资信托股份有限公司	2012年11月21日
207	毕盛资产管理有限公司	2012年11月27日
208	中信里昂资产管理有限公司	2012年12月11日
209	太平洋投资策略有限公司	2012年12月11日
210	HHLR管理有限公司	2012年12月11日
211	永丰证券投资信托股份有限公司	2012年12月13日
212	富国资产管理(香港)有限公司	2012年12月17日
213	宜思投资管理有限责任公司	2013年1月7日
214	第一金证券投资信托股份有限公司	2013年1月24日
215	瑞银资产管理(香港)有限公司	2013年1月24日
216	太平洋投资管理公司亚洲私营有限公司	2013年1月24日
217	EJS投资管理有限公司	2013年1月31日
218	国泰君安资产管理(亚洲)有限公司	2013年2月21日
219	诺安基金(香港)有限公司	2013年2月22日
220	招商证券资产管理(香港)有限公司	2013年2月22日
221	泰康资产管理(香港)有限公司	2013年2月22日
222	国民证券株式会社	2013年3月22日
223	工银资管(全球)有限公司	2013年3月25日
224	建银国际资产管理有限公司	2013年3月25日
225	Azimut投资股份有限公司	2013年4月11日
226	亚洲资本再保险集团私人有限公司	2013年4月11日
227	兴证(香港)金融控股有限公司	2013年4月25日
228	台新证券投资信托股份有限公司	2013年4月27日
229	汇丰证券投资信托股份有限公司	2013年5月10日
230	农银国际资产管理有限公司	2013年5月15日
231	太平资产管理(香港)有限公司	2013年5月15日
232	东吴证券(国际)金融控股有限公司	2013年5月16日
233	中国国际金融香港资产管理有限公司	2013年5月16日
234	东方金融控股(香港)有限公司	2013年5月23日
235	中国光大资产管理有限公司	2013年5月30日
236	恒生投资管理有限公司	2013年6月4日
237	兆丰国际证券投资信托股份有限公司	2013年6月4日
238	法国巴黎投资管理亚洲有限公司	2013年6月19日
239	圣母大学	2013年6月19日
240	横华国际资产管理有限公司	2013年7月15日
241	长江证券国际金融集团有限公司	2013年7月15日
242	纽堡亚洲	2013年7月15日
243	华南永昌证券投资信托股份有限公司	2013年7月15日
244	景林资产管理香港有限公司	2013年7月15日
245	中银香港资产管理有限公司	2013年7月15日
246	中国平安资产管理(香港)有限公司	2013年7月19日
247	信达国际资产管理有限公司	2013年7月19日

附录1-13 续表 5 continued

序号 No.	QFII、RQFII名称 Name	取得资格时间 Qualification-obtaining Time
248	弘收投资管理(香港)有限公司	2013年7月19日
249	东亚银行有限公司	2013年8月15日
250	永丰金资产管理(亚洲)有限公司	2013年8月15日
251	交银国际资产管理有限公司	2013年8月20日
252	中国东方国际资产管理有限公司	2013年8月20日
253	中国信托人寿保险股份有限公司	2013年8月20日
254	凯思博投资管理(香港)有限公司	2013年8月20日
255	富邦产物保险股份有限公司	2013年8月26日
256	欧特咨询有限公司	2013年8月26日
257	盛树投资管理有限公司	2013年8月26日
258	柏瑞投资香港有限公司	2013年9月26日
259	创兴银行有限公司	2013年9月26日
260	梅奥诊所	2013年9月29日
261	国信证券(香港)资产管理有限公司	2013年9月29日
262	政府养老基金(泰国)	2013年10月24日
263	CSAM资产管理有限公司	2013年10月30日
264	摩根资产管理(亚太)有限公司	2013年10月30日
265	未来资产环球投资(香港)有限公司	2013年10月30日
266	香港沪光国际投资管理有限公司	2013年10月30日
267	中信建投(国际)金融控股有限公司	2013年10月30日
268	狮诚控股国际私人有限公司	2013年10月30日
269	中国人寿富兰克林资产管理有限公司	2013年10月30日
270	瑞银韩亚资产运用株式会社	2013年10月31日
271	国泰世华商业银行股份有限公司	2013年11月7日
272	立陶宛银行	2013年11月23日
273	富兰克林华美证券投资信托股份有限公司	2013年11月23日
274	中国信托商业银行股份有限公司	2013年11月23日
275	国金证券(香港)有限公司	2013年12月6日
276	中国银河国际金融控股有限公司	2013年12月11日
277	永隆资产管理有限公司	2013年12月30日
278	华宝资产管理(香港)有限公司	2014年1月20日
279	易亚投资管理有限公司	2014年1月20日
280	华盛顿大学	2014年1月23日
281	澳门金融管理局	2014年1月27日
282	史帝夫尼可洛司股份有限公司	2014年1月27日
283	职总英康保险合作社有限公司	2014年1月27日
284	Invesco PowerShares资产管理有限公司	2014年1月27日
285	瑞士再保险私人有限公司	2014年1月27日
286	Nordea投资管理公司	2014年1月27日
287	嘉理资产管理有限公司	2014年3月6日
288	施罗德投资管理(香港)有限公司	2014年3月6日
289	街口证券投资信托股份有限公司	2014年3月11日
290	喀斯喀特有限责任公司	2014年3月11日
291	铭基国际投资公司	2014年3月12日
292	奥本海默基金公司	2014年3月19日
293	越秀资产管理有限公司	2014年3月26日
294	润晖投资管理香港有限公司	2014年3月27日
295	高观投资有限公司	2014年4月8日
296	赤子之心资本亚洲有限公司	2014年4月15日
297	招商资产(香港)有限公司	2014年5月21日

附录1-13 续表 6 continued

序号 No.	QFII、RQFII名称 Name	取得资格时间 Qualification-obtaining Time
298	日兴资产管理亚洲有限公司	2014年5月21日
299	辉立资本管理(香港)有限公司	2014年6月3日
300	台新国际商业银行股份有限公司	2014年6月3日
301	长盛基金(香港)有限公司	2014年6月12日
302	贝莱德顾问(英国)有限公司	2014年6月13日
303	汇丰环球资产管理(英国)有限公司	2014年6月16日
304	花旗集团基金管理有限公司	2014年6月16日
305	中泰金融国际有限公司	2014年6月27日
306	三星资产运用(香港)有限公司	2014年6月30日
307	爱斯普乐基金管理公司	2014年7月24日
308	新华资产管理(香港)有限公司	2014年7月24日
309	彭博家族基金会	2014年7月25日
310	元富证券(香港)有限公司	2014年7月28日
311	石溪集团	2014年7月28日
312	国泰君安基金管理有限公司	2014年8月11日
313	财通国际资产管理有限公司	2014年8月12日
314	联博香港有限公司	2014年8月12日
315	元大宝来证券(香港)有限公司	2014年8月15日
316	安本亚洲有限公司	2014年8月15日
317	法国巴黎资产管理(法国)	2014年8月27日
318	晋达英国有限公司	2014年8月28日
319	凯敏雅克资产管理公司	2014年9月19日
320	麻省理工学院	2014年9月19日
321	万金全球香港有限公司	2014年9月22日
322	高盛国际	2014年9月22日
323	安盛基金管理有限公司	2014年10月8日
324	融通国际资产管理有限公司	2014年10月8日
325	上海商业银行有限公司	2014年10月13日
326	中诚国际资本有限公司	2014年10月31日
327	亨茂资产管理有限公司	2014年11月19日
328	赛德堡资本(英国)有限公司	2014年11月19日
329	霸菱资产管理(亚洲)有限公司	2014年11月25日
330	信安环球投资(香港)有限公司	2014年11月25日
331	施罗德投资管理(新加坡)有限公司	2014年12月1日
332	未来资产环球投资有限公司	2014年12月4日
333	威灵顿投资管理国际有限公司	2014年12月10日
334	加拿大丰业亚洲有限公司	2014年12月12日
335	摩根资产管理(新加坡)有限公司	2014年12月24日
336	NH-AMUNDI资产管理有限公司	2014年12月26日
337	加百利投资管理(香港)有限公司	2014年12月26日
338	申万宏源投资管理(亚洲)有限公司	2014年12月30日
339	宾夕法尼亚大学校董会	2015年1月5日
340	广发资产管理(香港)有限公司	2015年1月7日
341	路伯迈新加坡有限公司	2015年1月22日
342	TRUSTON资产管理有限公司	2015年1月22日
343	大信资产运用株式会社	2015年1月22日
344	麦盛资产管理(亚洲)有限公司	2015年1月22日
345	景顺投资管理有限公司	2015年2月6日
346	MY Asset投资管理有限公司	2015年2月6日
347	新韩金融投资公司	2015年2月16日

附录1-13 续表 7 continued

序号 No.	QFII、RQFII名称 Name	取得资格时间 Qualification-obtaining Time
348	兴国资产管理公司	2015年2月16日
349	英杰华投资亚洲私人有限公司	2015年2月17日
350	中国建设银行(伦敦)有限公司	2015年2月17日
351	达杰资金管理有限公司	2015年2月27日
352	玉山商业银行股份有限公司	2015年2月27日
353	KKR新加坡有限公司	2015年3月2日
354	领航投资澳洲有限公司	2015年3月2日
355	兴元投资管理有限公司	2015年3月6日
356	未来资产证券 株式会社	2015年3月25日
357	加利福尼亚大学校董会	2015年3月25日
358	信诚资产管理(新加坡)有限公司	2015年3月31日
359	三星生命保险(株)	2015年3月31日
360	教保安盛资产运用(株)	2015年4月2日
361	迈睿思资产管理有限公司	2015年4月8日
362	安联环球投资新加坡有限公司	2015年4月8日
363	方圆基金管理(香港)有限公司	2015年4月8日
364	三星证券株式会社	2015年4月17日
365	GAM国际管理有限公司	2015年4月17日
366	华宜资产运用株式会社	2015年5月6日
367	嘉实国际资产管理(英国)有限公司	2015年5月6日
368	文莱投资局	2015年5月7日
369	台湾银行股份有限公司	2015年5月20日
370	淡水泉(香港)投资管理有限公司	2015年5月20日
371	安联证券投资信托股份有限公司	2015年5月21日
372	瑞士再保险股份有限公司	2015年6月2日
373	安信资产管理(香港)有限公司	2015年6月2日
374	日盛证券投资信托股份有限公司	2015年6月2日
375	蓝海资产管理公司	2015年6月26日
376	KB资产运用有限公司	2015年6月29日
377	CI投资管理公司	2015年6月29日
378	泛亚投资管理有限公司	2015年6月29日
379	元大证券株式会社	2015年7月28日
380	大信证券(株)	2015年7月28日
381	UBI资产管理公司	2015年7月28日
382	韩国投资证券株式会社	2015年8月10日
383	IBK投资证券株式会社	2015年8月10日
384	三星火灾海上保险公司	2015年8月31日
385	东方汇理资产管理新加坡有限公司	2015年8月31日
386	Multi Asset基金管理公司	2015年8月31日
387	忠诚保险有限公司	2015年8月31日
388	东方汇理资产管理	2015年9月17日
389	Kiwoom投资资产管理有限公司	2015年9月23日
390	现代投资公司(株)	2015年10月9日
391	摯信投资顾问(香港)有限公司	2015年10月12日
392	中国工商银行(欧洲)有限公司	2015年11月2日
393	瀚亚证券投资信托股份有限公司	2015年11月2日
394	中国银行(欧洲)有限公司	2015年11月3日
395	柏瑞证券投资信托股份有限公司	2015年11月24日
396	保宁资产有限公司	2016年1月13日
397	贝莱德(新加坡)有限公司	2016年1月25日

附录1-13　续表 8　continued

序号 No.	QFII、RQFII名称 Name	取得资格时间 Qualification-obtaining Time
398	野村资产管理欧洲有限公司	2016年2月1日
399	法国工商信贷银行有限公司	2016年2月22日
400	忠利投资卢森堡有限公司	2016年2月22日
401	OCTO资产管理公司	2016年2月26日
402	Avanda投资管理私人有限公司	2016年3月15日
403	瀚亚投资(新加坡)有限公司	2016年3月17日
404	国泰全球投资管理有限公司	2016年3月17日
405	广发金融交易(英国)有限公司	2016年4月1日
406	安盛投资管理有限公司(巴黎)	2016年4月1日
407	辉立资金管理有限公司	2016年4月26日
408	第一商业银行股份有限公司	2016年5月3日
409	迈达思基金管理有限公司	2016年5月6日
410	富达投资管理(新加坡)有限公司	2016年6月6日
411	爱德蒙得洛希尔资产管理(法国)有限公司	2016年6月8日
412	荷宝卢森堡股份有限公司	2016年6月8日
413	海汇通资产管理有限公司	2016年7月19日
414	元大证券股份有限公司	2016年7月19日
415	工银国际资产管理有限公司	2016年7月19日
416	有进投资证券公司	2016年8月12日
417	中国光大证券资产管理有限公司	2016年8月12日
418	株式会社新韩银行	2016年8月22日
419	领航集团有限公司	2016年9月1日
420	开泰基金管理有限公司	2016年9月9日
421	中邮创业国际资产管理有限公司	2016年9月9日
422	摩根大通证券股份有限公司	2016年9月28日
423	罗素投资管理(澳大利亚)有限公司	2016年10月27日
424	贝莱德基金顾问公司	2016年11月25日
425	Lemanik资产管理股份有限公司	2016年11月25日
426	东方汇理资产管理(卢森堡)公司	2016年12月20日
427	招银国际资产管理有限公司	2017年1月5日
428	中加国际资产管理有限公司	2017年1月10日
429	信安资产管理有限公司	2017年1月18日
430	Aware养老金私人有限公司	2017年1月18日
431	海通银行	2017年2月13日
432	范达投资有限公司	2017年2月23日
433	兴证国际资产管理有限公司	2017年6月19日
434	申万宏源新加坡私人有限公司	2017年7月27日
435	Acadian资产管理有限责任公司	2017年7月27日
436	山证国际资产管理有限公司	2017年8月14日
437	新加坡联盟投资管理有限公司	2017年8月18日
438	WisdomTree资产管理公司	2017年10月16日
439	荷兰汇盈资产管理公司	2017年11月28日
440	海克利尔国际投资有限责任公司	2018年1月8日
441	美国桥水投资公司	2018年5月25日
442	道富环球投资爱尔兰有限公司	2018年5月31日
443	道富环球投资信托公司	2018年5月31日
444	道富环球投资资产管理有限公司	2018年5月31日
445	道富环球投资有限公司	2018年5月31日
446	富善国际资产管理(香港)有限公司	2018年7月16日
447	WisdomTree管理有限公司	2018年8月15日

附录1-13 续表 9 continued

序号 No.	QFII、RQFII名称 Name	取得资格时间 Qualification-obtaining Time
448	中泰国际资产管理有限公司	2018年8月15日
449	耀之国际资产管理有限公司	2018年9月6日
450	三井住友银行股份有限公司	2018年9月30日
451	银华国际资本管理公司	2018年10月8日
452	中国人保香港资产管理有限公司	2018年10月12日
453	中邮国际(英国)有限公司	2018年10月23日
454	瑞士嘉盛银行有限公司	2018年11月20日
455	东吴中新资产管理(亚洲)有限公司	2018年12月3日
456	雪湖资本(香港)有限公司	2018年12月14日
457	富达管理及研究公司有限责任公司	2018年12月18日
458	盘谷资产管理有限公司	2019年2月15日
459	柏瑞投资爱尔兰有限公司	2019年2月26日
460	思达资本(香港)有限公司	2019年2月27日
461	国际货币基金组织	2019年3月5日
462	野村新加坡有限公司	2019年3月12日
463	乐瑞资产管理(香港)有限公司	2019年4月17日
464	时和资产管理有限公司	2019年4月17日
465	三菱日联银行股份有限公司	2019年4月23日
466	新分享资产管理有限公司	2019年4月28日
467	国际金融公司	2019年7月1日
468	泰京资产管理股份有限公司	2019年7月3日
469	远信资本投资管理有限公司	2019年7月17日
470	方正资产管理(香港)有限公司	2019年8月19日
471	新永安国际资产管理有限公司	2019年8月22日
472	马歇尔·伟世有限责任公司	2019年8月22日
473	熵一资产管理有限公司	2019年11月8日
474	思佰益资产管理株式会社	2019年11月14日
475	同方证券有限公司	2019年11月26日
476	范德堡大学	2019年11月26日
477	高都管理有限责任公司	2019年12月17日
478	复星恒利证券有限公司	2019年12月31日
479	喜马拉雅资本管理公司	2020年2月12日
480	易亚阿尔法投资管理有限公司	2020年2月25日
481	绿洲管理(香港)	2020年3月25日
482	金涌资本管理有限公司	2020年4月1日
483	Join Asset国际资产运用株式会社	2020年4月1日
484	三井住友信托资产管理股份有限公司	2020年4月1日
485	华德国际资产管理有限公司	2020年4月7日
486	基斯克威尔资产管理公司	2020年4月13日
487	WT资产管理有限公司	2020年5月7日
488	Baillie Gifford Overseas Limited	2020年5月11日
489	首源投资(香港)有限公司	2020年5月13日
490	亚升资本私人有限公司	2020年5月13日
491	C.M. 资本顾问公司	2020年5月13日
492	建行证券有限公司	2020年6月2日
493	简街香港有限公司	2020年6月2日
494	九天管理(香港)有限公司	2020年8月13日
495	浦银国际投资管理有限公司	2020年8月27日
496	AHL有限责任合伙	2020年8月27日
497	格盛投资管理有限责任公司	2020年8月27日

附录1-13　续表 10　continued

序号 No.	QFII、RQFII名称 Name	取得资格时间 Qualification-obtaining Time
498	普徕仕国际有限公司	2020年9月7日
499	晋达北美公司	2020年9月10日
500	弘业国际资产管理有限公司	2020年9月27日
501	立方科研资产管理有限公司	2020年9月28日
502	析理资本有限公司	2020年10月10日
503	琅润资本管理有限公司	2020年10月10日
504	元盛资产管理有限公司	2020年10月15日
505	HardingLoevner有限合伙	2020年11月16日
506	瑞达国际资产管理(香港)有限公司	2020年11月16日
507	昊青咨询管理有限公司	2020年11月16日
508	LAV环球管理有限公司	2020年11月16日
509	三星风险投资株式会社	2020年11月16日
510	澳帝桦澳大利亚有限公司	2020年11月16日
511	克而瑞证券有限公司	2020年11月16日
512	开域资本(新加坡)有限公司	2020年11月16日
513	博裕资本投资管理有限公司	2020年11月16日
514	ArtisanPartners有限合伙	2020年11月16日
515	西北投资管理(香港)有限公司	2020年11月16日
516	璞林资本(香港)有限公司	2020年11月16日
517	布洛德峰投资顾问有限公司	2020年11月16日
518	金信期盈证券(香港)有限公司	2020年11月17日
519	联威投资有限公司	2020年11月17日
520	瑞士经纬投资有限公司	2020年11月17日
521	嘉谟证券有限公司	2020年11月23日
522	瑞明资本有限公司	2020年11月23日
523	智睿投资顾问有限公司	2020年11月25日
524	未来资产证券(香港)有限公司	2020年12月3日
525	中国银行(新西兰)有限公司	2020年12月3日
526	民银资产管理有限公司	2020年12月7日
527	美国华平有限公司	2020年12月7日
528	平证资产管理(香港)有限公司	2020年12月7日
529	维世资产管理(香港)有限公司	2020年12月10日
530	巨柏资产管理(香港)有限公司	2020年12月15日
531	雅典娜私人有限公司	2020年12月15日
532	建信资产管理(香港)有限公司	2020年12月15日
533	中信信惠国际资本(香港)有限公司	2020年12月15日
534	德弘美元基金管理公司	2020年12月14日
535	彬元资本有限公司	2020年12月14日
536	中欧基金国际有限公司	2020年12月14日
537	凯雷毛里求斯CIS投资管理公司	2020年12月14日
538	BFAM合伙(香港)有限公司	2020年12月14日
539	幻方资本管理(香港)有限公司	2020年12月14日
540	红杉中国投资管理有限公司	2020年12月14日
541	伟华电子有限公司	2020年12月14日
542	山河资本管理香港咨询有限公司	2020年12月14日
543	Systematica投资有限公司	2020年12月14日
544	太盟亚洲资本有限公司	2020年12月14日
545	华乐资本有限公司	2020年12月14日
546	淘金者证券(香港)有限公司	2020年12月14日

附录1-13 续表 11 continued

序号 No.	QFII、RQFII名称 Name	取得资格时间 Qualification-obtaining Time
547	美国金瑞基金管理有限公司	2020年12月14日
548	隆奥资产管理(欧洲)有限公司	2020年12月25日
549	高谛安资本新加坡私人有限公司	2020年12月25日
550	裕丰资产管理有限公司	2021年1月5日
551	Bradesco资产管理有限公司	2021年1月5日
552	光银国际资产管理有限公司	2021年1月5日
553	香港资产管理有限公司	2021年1月15日
554	富德资产管理(香港)有限公司	2021年1月15日
555	保德信投资管理定量解决方案有限责任公司	2021年1月26日
556	东兴证券(香港)资产管理公司	2021年1月26日
557	永安国富资产管理(香港)有限公司	2021年2月3日
558	泓策投资管理有限公司	2021年2月9日
559	海纳亚太有限公司	2021年2月9日
560	新光证券投资信托股份有限公司	2021年2月10日
561	HRTC有限公司	2021年2月10日
562	瀚诺有限公司	2021年2月10日
563	才华资本管理有限公司	2021年2月10日
564	德骥资本管理公司	2021年2月10日
565	泰仁资本有限公司	2021年2月10日
566	锐联资产管理有限公司	2021年2月10日
567	千禧新加坡资产管理有限公司	2021年2月25日
568	建峖实业投资	2021年3月4日
569	皮尔亨特公司	2021年3月4日
570	阶乘管理有限公司	2021年3月16日
571	金锝资产管理(香港)有限公司	2021年3月16日
572	迈普斯资本管理有限公司	2021年3月16日
573	长龙投资管理有限公司	2021年3月16日
574	睿亚资产管理有限公司	2021年3月16日
575	Oberweis资产管理公司	2021年3月16日
576	中泰国际资产管理(新加坡)有限公司	2021年3月18日
577	长廊资产管理有限公司	2021年3月18日
578	凯华投资香港有限公司	2021年3月17日
579	胜利证券有限公司	2021年3月22日
580	AROHI 资产管理有限公司	2021年3月26日
581	晨曦投资管理有限公司	2021年3月31日
582	时富资产管理有限公司	2021年4月2日
583	方瀛研究与投资(香港)有限公司	2021年4月12日
584	云栖资本有限公司	2021年4月20日
585	中环资产投资有限公司	2021年4月20日
586	永丰金证券股份有限公司	2021年4月20日
587	腾新投资有限公司	2021年4月20日
588	衍盛中国(香港)有限公司	2021年4月20日
589	柏基公司	2021年4月30日
590	鸿昇证券有限公司	2021年4月30日
591	黑石另类投资方案有限责任公司	2021年5月14日
592	DNCA金融	2021年5月14日
593	中国通海资产管理有限公司	2021年5月19日
594	Eclipse 期货(香港)有限公司	2021年5月19日
595	上信(香港)控股有限公司	2021年5月21日

附录1-13　续表 12　continued

序号 No.	QFII、RQFII名称 Name	取得资格时间 Qualification-obtaining Time
596	BPC有限公司	2021年5月26日
597	汇讯家族资产管理公司	2021年5月28日
598	GLP Capital Investment 4 (HK) Limited	2021年5月6日
599	尚川实业有限公司	2021年6月28日
600	东英投资管理有限公司	2021年6月17日
601	保银资产管理有限公司	2021年6月16日
602	WCM投资管理有限责任公司	2021年6月17日
603	迈凯希金融公司	2021年6月11日
604	安联环球投资亚太有限公司	2021年6月10日
605	Al Mehwar商业投资有限责任公司	2021年6月16日
606	元库证券有限公司	2021年6月17日
607	Quaero资本有限责任合伙	2021年6月18日
608	沛达投资管理有限公司	2021年6月24日
609	鲍尔可持续发展投资管理有限公司	2021年6月28日
610	De Tiger资本有限公司	2021年6月24日
611	大岩资本香港有限公司	2021年6月24日
612	磊业投资顾问有限公司	2021年6月4日
613	DTL量化投资管理有限公司	2021年7月5日
614	佰利资产管理有限合伙	2021年7月5日
615	台中银证券投资信托股份有限公司	2021年7月5日
616	源峰基金管理有限公司	2021年7月5日
617	清池资本(香港)有限公司	2021年7月5日
618	鼎亚资本(新加坡)私人有限公司	2021年7月5日
619	涛合研究资本新加坡有限公司	2021年7月19日
620	天元资本有限公司	2021年7月21日
621	KENSHO控股有限公司	2021年7月22日
622	邮政银行资产管理公司	2021年7月26日
623	凯基国际(香港)有限公司	2021年7月28日
624	赛格资产管理有限公司	2021年7月28日
625	中国银河国际资产管理(香港)有限公司	2021年8月11日
626	社会保险总局	2021年8月19日
627	科威特投资办公室	2021年8月24日
628	淡明资本私人有限公司	2021年8月25日
629	Timefolio资产管理新加坡私人投资有限公司	2021年9月17日
630	启行资本管理新加坡私人有限公司	2021年9月2日
631	贝恩资本(新加坡)有限公司	2021年9月2日
632	无极资本管理有限公司	2021年9月17日
633	立格资本投资有限公司	2021年9月2日
634	腾跃基金	2021年9月17日
635	海德资产管理有限公司	2021年9月3日
636	中达资产管理有限公司	2021年9月2日
637	文渊资本管理有限公司	2021年9月17日
638	LMR Partners有限公司	2021年9月2日
639	贝克兄弟顾问有限合伙	2021年9月3日
640	天风国际资产管理有限公司	2021年9月17日
641	路博迈投资顾问有限责任公司	2021年9月17日
642	法拉龙资本投资有限责任公司	2021年9月15日
643	威廉欧奈尔全球投资顾问公司	2021年9月24日
644	丰晟资本管理有限公司	2021年9月24日

附录1-13 续表 13 continued

序号 No.	QFII、RQFII名称 Name	取得资格时间 Qualification-obtaining Time
645	弘源资本有限公司	2021年10月14日
646	国联证券国际资产管理有限公司	2021年10月28日
647	中信证券国际资本管理有限公司	2021年10月15日
648	元库资产管理有限公司	2021年10月28日
649	黑石另类资产管理有限合伙	2021年10月25日
650	首源投资(新加坡)	2021年10月26日
651	塔菲石资本管理有限公司	2021年11月1日
652	好买香港有限公司	2021年11月1日
653	华普资本有限公司	2021年11月1日
654	第一上海证券有限公司	2021年11月1日
655	公共投资基金	2021年11月5日
656	Weiss 资产管理有限合伙	2021年11月11日
657	南华资产管理(新加坡)有限公司	2021年11月9日
658	信银(香港)资本有限公司	2021年11月26日
659	橡树资本管理有限公司	2021年11月26日
660	扬帆资本(新加坡)私人有限公司	2021年11月29日
661	六福资产管理(香港)有限公司	2021年12月14日
662	迈德瑞资产管理有限公司	2021年12月14日
663	中国信托证券投资信托股份有限公司	2021年12月21日
664	信安证券投资股份有限公司	2021年12月1日
665	中国资本投资管理有限公司	2021年12月6日
666	加皇环球资产管理(亚洲)有限公司	2021年12月2日
667	盛富德战略顾问(新加坡)有限公司	2021年12月14日
668	安本香港有限公司	2021年12月23日
669	亿度资本合伙人有限公司	2022年1月12日
670	SPB银行股份公司	2022年1月14日
671	拓可资本(香港)有限公司	2022年1月21日
672	融石资本有限公司 (新加坡)	2022年1月28日
673	东方汇理意大利有限公司	2022年1月29日
674	首源投资Realindex私人有限公司	2022年2月18日
675	首源投资(澳大利亚)IM有限公司	2022年2月18日
676	首源投资(澳大利亚)RE有限公司	2022年2月18日
677	灯塔投资合伙有限公司	2022年2月17日
678	瑞橡资本管理有限公司	2022年2月28日
679	首程控股有限公司	2022年3月1日
680	东方资产管理(香港)有限公司	2022年3月15日
681	禾瑞添资本管理有限公司	2022年3月18日
682	Origin资产管理有限责任合伙	2022年3月25日
683	瀚嘉资产管理有限公司	2022年4月6日
684	中国太保投资管理(香港)有限公司	2022年4月6日
685	博领资产管理有限公司	2022年4月19日
686	摩根大通基石有限公司	2022年4月22日
687	美国富港银行	2022年4月25日
688	胜利资本管理公司	2022年4月27日
689	Wasatch顾问公司	2022年5月6日
690	阿托斯资本有限公司	2022年5月13日
691	盛诺金基金管理有限公司	2022年5月13日
692	南方东英资产管理有限公司(新加坡)	2022年5月16日
693	璟裕资本管理有限公司	2022年5月17日

附录1-13 续表 14 continued

序号 No.	QFII、RQFII名称 Name	取得资格时间 Qualification-obtaining Time
694	澎睿投资管理有限公司	2022年5月20日
695	大道环球(香港)有限公司	2022年5月23日
696	福途新加坡私人有限公司	2022年5月29日
697	博石资本有限公司	2022年5月29日
698	盛诺投资有限合伙	2022年5月30日
699	高腾国际资产管理有限公司	2022年6月7日
700	瀚涛基金有限公司	2022年6月13日
701	Numeric投资者有限责任公司	2022年6月13日
702	林顿顾问(香港)有限公司	2022年7月18日
703	欧力士亚洲资本有限公司	2022年7月18日
704	Investmath有限公司	2022年7月19日
705	BlueCrest资本管理泽西有限公司	2022年7月22日
706	Connor, Clark & Lunn 投资管理有限公司	2022年8月12日
707	联丰亨保险有限公司	2022年8月18日
708	联丰亨人寿保险股份有限公司	2022年8月18日
709	Alpha Oryx有限公司	2022年8月18日
710	澳门国际银行股份有限公司	2022年8月18日
711	志投顾问有限公司	2022年8月24日
712	自由金融全球有限公司	2022年9月5日
713	富盈交易亚洲有限公司	2022年9月15日
714	德劭(亚太)有限公司	2022年9月15日
715	ASL证券股份有限公司	2022年9月22日
716	ALT投资管理有限公司	2022年9月22日
717	信庭投资国际有限公司	2022年9月26日
718	盈为资本有限责任公司	2022年9月26日
719	英卓投资管理有限公司	2022年9月26日
720	拔萃国际资产管理有限公司	2022年9月27日
721	阿通联有限责任公司	2022年9月28日
722	百润资本管理公司	2022年9月28日
723	BAMCO公司	2022年9月28日
724	焦点视野DMCC公司	2022年10月11日
725	亚狮资本(香港)有限公司	2022年10月24日
726	梅萨投资合伙公司	2022年10月26日
727	领升基金管理公司	2022年11月1日
728	圣彼得堡银行	2022年11月4日
729	兴隆国际金业交易有限公司	2022年11月7日
730	约翰街资本有限公司	2022年11月7日
731	亮点资本有限公司	2022年11月15日
732	威灵顿管理香港有限公司	2022年11月17日
733	复瑞渤商贸新加坡有限公司	2022年11月17日
734	XTX市场有限公司	2022年11月21日
735	古塔资本(新加坡)有限公司	2022年11月29日
736	格林兰特投资管理	2022年11月30日
737	宽立资本有限公司	2022年12月4日
738	部门基金服务股份公司	2022年12月7日
739	伊藤忠塑胶私人有限公司	2022年12月30日
740	传译趋势私人有限公司	2022年12月30日

附录1-14　2022年期货公司名录

序号 No.	公司名称 Company Name	注册资本 (亿元) Registered Capital (100 million yuan)	注册地 Place of Registration	成立时间 Established Time
1	安粮期货股份有限公司	5.00	安徽	1996-07-09
2	宝城期货有限责任公司	6.00	浙江	1993-03-27
3	北京首创期货有限责任公司	2.00	北京	1996-01-12
4	倍特期货有限公司	3.20	四川	1993-02-08
5	渤海期货股份有限公司	5.00	上海	1996-01-12
6	财达期货有限公司	5.00	天津	1996-03-01
7	财信期货有限公司	7.50	湖南	2005-08-01
8	晟鑫期货经纪有限公司	1.42	北京	1995-11-22
9	创元期货股份有限公司	9.00	江苏	1995-02-25
10	大地期货有限公司	9.98	浙江	1995-09-05
11	大通期货经纪有限公司	1.12	黑龙江	1996-03-01
12	大有期货有限公司	8.30	湖南	2003-12-19
13	大越期货股份有限公司	1.20	浙江	1995-09-14
14	道通期货经纪有限公司	3.00	江苏	1995-09-10
15	第一创业期货有限责任公司	1.70	北京	1993-03-31
16	东方汇金期货有限公司	1.53	吉林	2004-12-28
17	东海期货有限责任公司	6.67	江苏	1995-02-25
18	东航期货有限责任公司	4.50	上海	1995-02-11
19	东吴期货有限公司	10.32	上海	1993-03-18
20	东兴期货有限责任公司	5.18	上海	1995-10-23
21	方正中期期货有限公司	10.05	北京	2005-08-09
22	佛山金控期货有限公司	1.20	广东	1996-01-18
23	福能期货股份有限公司	3.00	福建	1995-05-18
24	格林大华期货有限公司	13.00	北京	1993-02-28
25	冠通期货股份有限公司	1.90	北京	1996-12-03
26	光大期货有限公司	15.00	上海	1993-04-08
27	广发期货有限公司	19.00	广东	1993-03-23
28	广州金控期货有限公司	8.00	广东	2003-06-13
29	广州期货股份有限公司	16.50	广东	2003-08-22
30	国都期货有限公司	2.00	北京	1992-09-24
31	国富期货有限公司	3.65	上海	1992-12-16
32	国海良时期货有限公司	6.00	浙江	1996-05-22
33	国金期货有限责任公司	3.00	四川	1993-07-28
34	国联期货股份有限公司	4.50	江苏	1993-04-30
35	国贸期货有限公司	5.30	厦门	1995-12-07
36	国盛期货有限责任公司	2.23	上海	1995-07-01

数据来源：中国证券监督管理委员会
Source: CSRC

List of Futures Companies in 2022

员工数量(个) Number of Practitioner (unit)	2021年分类评级 Category Rating for 2021	是否具有以下业务资格 Business Qualification Available			
		金融期货经纪业务资格 Qualification for Financial Futures Brokerage Business	期货交易咨询资格 Qualification for Futures Trading Consulting	资产管理业务资格 Qualification for Asset Management Business	风险管理业务试点备案 Qualification for Futures Risk Management Business
314	BBB	是	是	是	是
193	A	是	是	是	是
231	BB	是	是	是	否
122	BBB	是	是	是	是
172	A	是	是	是	是
175	BB	是	是	是	是
202	BBB	是	是	是	是
73	BB	是	否	否	否
395	A	是	是	是	是
254	A	是	是	是	是
28	C	是	否	是	否
203	BBB	是	是	是	是
143	BBB	是	是	是	否
92	BB	是	是	是	是
39	BB	是	是	是	否
166	CCC	是	否	是	否
332	A	是	是	是	是
129	A	是	是	是	是
354	A	是	是	是	是
151	BBB	是	是	是	是
651	A	是	是	是	是
116	B	是	是	是	否
220	BB	是	是	是	是
351	A	是	是	是	是
195	BBB	是	是	是	否
651	AA	是	是	是	是
543	AA	是	是	是	是
178	BBB	是	是	是	是
256	A	是	是	是	是
78	B	是	是	是	否
101	A	是	是	是	是
328	A	是	是	是	是
214	BBB	是	是	是	否
369	A	是	是	是	是
350	A	是	是	是	是
94	B	是	否	否	否

附录1-14　续表 1

序号 No.	公司名称 Company Name	注册资本 (亿元) Registered Capital (100 million yuan)	注册地 Place of Registration	成立时间 Established Time
37	国泰君安期货有限公司	50.00	上海	2000-04-06
38	国投安信期货有限公司	18.86	上海	1993-04-23
39	国新国证期货有限责任公司	3.20	海南	1993-09-22
40	国信期货有限责任公司	20.00	上海	1995-05-04
41	国元期货有限公司	8.02	北京	1996-04-17
42	海航期货股份有限公司	5.00	深圳	1993-02-22
43	海通期货股份有限公司	13.02	上海	1993-03-18
44	海证期货有限公司	10.00	上海	1995-12-14
45	和合期货有限公司	3.90	山西	1993-04-22
46	和融期货有限责任公司	5.00	天津	2001-04-24
47	恒力期货有限公司	6.00	上海	1996-03-21
48	恒泰期货股份有限公司	1.25	上海	1992-12-20
49	恒银期货有限公司	2.47	河北	1995-09-21
50	弘业期货股份有限公司	10.08	江苏	1995-07-31
51	红塔期货有限责任公司	10.00	云南	1993-04-13
52	宏源期货有限公司	10.00	北京	1995-05-02
53	华安期货有限责任公司	6.00	安徽	1995-05-15
54	华创期货有限责任公司	1.00	重庆	1995-08-23
55	华金期货有限公司	10.00	天津	1995-06-26
56	华联期货有限公司	3.76	广东	1993-04-10
57	华龙期货股份有限公司	5.00	甘肃	1992-11-12
58	华融融达期货股份有限公司	18.30	河南	1993-04-08
59	华泰期货有限公司	39.39	广东	1994-03-28
60	华闻期货有限公司	4.20	上海	1995-07-31
61	华西期货有限责任公司	6.00	四川	1993-03-20
62	华鑫期货有限公司	2.90	上海	1992-12-23
63	徽商期货有限责任公司	4.10	安徽	1996-02-14
64	混沌天成期货股份有限公司	8.10	深圳	1995-01-03
65	建信期货有限责任公司	9.36	上海	1993-04-26
66	江海汇鑫期货有限公司	2.80	山东	1995-05-02
67	江苏东华期货有限公司	0.50	江苏	1993-10-19
68	江西瑞奇期货有限公司	6.00	江西	1993-04-10
69	金鹏期货经纪有限公司	1.01	北京	1991-05-15
70	金瑞期货股份有限公司	9.33	深圳	1996-03-18
71	金石期货有限公司	2.40	新疆	1995-03-31
72	金信期货有限公司	1.80	上海	1995-10-23
73	金元期货股份有限公司	2.86	海南	1991-12-03
74	津投期货经纪有限公司	2.00	天津	2004-05-31
75	锦泰期货有限公司	5.07	江苏	1995-09-28

continued

员工数量（个）Number of Practitioner (unit)	2021年分类评级 Category Rating for 2021	是否具有以下业务资格 Business Qualification Available			
		金融期货经纪业务资格 Qualification for Financial Futures Brokerage Business	期货交易咨询资格 Qualification for Futures Trading Consulting	资产管理业务资格 Qualification for Asset Management Business	风险管理业务试点备案 Qualification for Futures Risk Management Business
931	AA	是	是	是	是
448	AA	是	是	是	是
86	BB	是	否	是	是
331	A	是	是	是	是
309	A	是	是	是	是
86	CCC	是	是	是	否
709	AA	是	是	是	是
244	BBB	是	是	是	是
298	BB	是	是	是	是
55	BB	是	否	否	是
142	BBB	是	是	是	是
101	BB	是	是	是	否
182	C	是	是	否	否
596	A	是	是	是	是
185	BBB	是	是	是	是
427	A	是	是	是	是
319	A	是	是	是	是
134	BB	是	是	是	否
143	BB	是	是	是	是
174	BBB	是	是	是	是
99	CC	是	是	是	是
271	A	是	是	是	是
754	AA	是	是	是	是
390	BB	是	是	是	是
108	BBB	是	是	是	是
129	BB	是	是	是	否
516	A	是	是	是	是
161	BBB	是	是	是	是
293	A	是	是	是	是
122	BB	是	是	是	否
114	B	是	否	是	否
199	BBB	是	否	否	是
52	BBB	是	是	是	否
224	A	是	是	是	是
139	BB	是	是	是	否
112	CCC	是	是	是	否
119	BB	是	是	是	否
66	CCC	是	是	否	否
138	BBB	是	是	是	是

附录1-14 续表 2

序号 No.	公司名称 Company Name	注册资本 (亿元) Registered Capital (100 million yuan)	注册地 Place of Registration	成立时间 Established Time
76	九州期货有限公司	3.76	北京	1993-04-18
77	迈科期货股份有限公司	3.28	陕西	1993-12-20
78	美尔雅期货有限公司	3.00	湖北	1995-05-15
79	民生期货有限公司	3.61	北京	1996-01-29
80	摩根大通期货有限公司	7.75	广东	1996-05-27
81	南华期货股份有限公司	6.10	浙江	1996-05-28
82	宁证期货有限责任公司	5.00	江苏	1995-05-18
83	平安期货有限公司	7.22	深圳	1996-04-10
84	前海期货有限公司	1.50	深圳	1995-07-07
85	乾坤期货有限公司	2.11	深圳	1993-11-05
86	瑞达期货股份有限公司	4.45	厦门	1993-03-24
87	瑞银期货有限责任公司	4.20	上海	1995-07-10
88	山东港信期货有限公司	10.00	青岛	2021-02-22
89	山东齐盛期货有限公司	1.05	山东	1993-04-09
90	山金期货有限公司	6.00	天津	1992-11-24
91	山西三立期货经纪有限公司	1.00	山西	1993-12-20
92	上海大陆期货有限公司	1.50	上海	1993-04-21
93	上海东方财富期货有限公司	3.60	上海	1995-05-15
94	上海东方期货经纪有限责任公司	0.45	上海	1993-04-14
95	上海东亚期货有限公司	1.40	上海	1993-04-17
96	上海东证期货有限公司	43.00	上海	1995-12-08
97	上海浙石期货经纪有限公司	7.00	上海	1995-05-19
98	上海中期期货股份有限公司	12.00	上海	1995-09-19
99	申银万国期货有限公司	14.42	上海	1993-01-07
100	深圳市中金岭南期货有限公司	5.60	深圳	1993-03-19
101	神华期货有限公司	3.00	深圳	1995-01-06
102	盛达期货有限公司	3.00	浙江	2003-07-07
103	首创京都期货有限公司	6.00	北京	1993-03-06
104	天富期货有限公司	1.50	吉林	1996-04-17
105	天鸿期货经纪有限公司	1.80	上海	1996-06-13
106	通惠期货有限公司	1.25	上海	1995-10-30
107	铜冠金源期货有限公司	3.00	上海	1992-11-30
108	五矿期货有限公司	27.15	深圳	1993-04-21
109	物产中大期货有限公司	6.00	浙江	1993-09-18
110	西部期货有限公司	8.00	陕西	1993-03-29
111	西南期货有限公司	8.50	重庆	1995-06-26
112	先锋期货股份有限公司	1.50	深圳	1993-03-26
113	新湖期货股份有限公司	3.60	上海	1995-10-23
114	新纪元期货股份有限公司	3.75	江苏	1995-03-15

continued

员工数量（个） Number of Practitioner (unit)	2021年分类评级 Category Rating for 2021	是否具有以下业务资格 Business Qualification Available			
		金融期货经纪业务资格 Qualification for Financial Futures Brokerage Business	期货交易咨询资格 Qualification for Futures Trading Consulting	资产管理业务资格 Qualification for Asset Management Business	风险管理业务试点备案 Qualification for Futures Risk Management Business
107	CCC	是	是	是	否
203	CCC	是	是	是	是
367	BBB	是	是	是	是
248	BBB	是	是	是	是
37	BBB	是	否	否	否
668	AA	是	是	是	是
156	BBB	是	是	是	是
106	A	是	是	是	是
280	D	是	是	否	否
34	BBB	是	否	否	否
653	A	是	是	是	是
27	BBB	是	否	否	否
64	BBB	否	否	否	否
176	BB	是	是	是	否
151	BBB	是	是	是	是
129	CCC	是	否	否	否
142	CCC	是	是	是	否
158	A	是	否	否	否
22	D	否	否	否	否
235	BB	是	是	是	否
832	AA	是	是	是	是
48	BB	是	否	是	是
264	B	是	是	是	是
519	AA	是	是	是	是
66	BB	是	否	是	是
100	BB	是	是	否	否
93	CCC	是	否	是	否
70	BBB	是	否	是	否
80	CCC	是	是	是	否
34	CCC	是	否	否	否
32	B	是	是	是	否
85	BB	是	是	是	否
396	A	是	是	是	是
308	A	是	是	是	是
211	BBB	是	是	是	是
161	BBB	是	是	是	是
219	B	是	是	是	否
425	AA	是	是	是	是
146	D	是	是	是	是

附录1-14 续表 3

序号 No.	公司名称 Company Name	注册资本（亿元） Registered Capital (100 million yuan)	注册地 Place of Registration	成立时间 Established Time
115	鑫鼎盛期货有限公司	1.80	福建	1995-10-04
116	信达期货有限公司	6.00	浙江	1995-10-05
117	兴业期货有限公司	5.00	宁波	1993-03-22
118	兴证期货有限公司	16.00	福建	1995-12-14
119	一德期货有限公司	5.50	天津	1995-07-10
120	银河期货有限公司	45.00	北京	2006-12-25
121	英大期货有限公司	6.58	北京	1996-04-17
122	永安期货股份有限公司	14.56	浙江	1992-09-07
123	永商期货有限公司	0.70	黑龙江	1996-02-12
124	云财富期货有限公司	4.50	新疆	1993-05-29
125	云晨期货有限责任公司	3.00	云南	2002-03-07
126	长安期货有限公司	4.93	陕西	1993-04-06
127	长城期货股份有限公司	1.47	广东	1996-04-10
128	长江期货股份有限公司	5.88	湖北	1996-07-24
129	招商期货有限公司	35.98	深圳	1993-01-04
130	浙江新世纪期货有限公司	2.50	浙江	1993-09-18
131	浙商期货有限公司	13.71	浙江	1995-09-07
132	中财期货有限公司	1.90	上海	1995-02-25
133	中电投先融期货股份有限公司	10.10	重庆	1995-08-23
134	中钢期货有限公司	2.80	北京	1996-07-10
135	中国国际期货股份有限公司	10.00	北京	1995-10-30
136	中航期货有限公司	2.80	深圳	1993-04-07
137	中辉期货有限公司	1.43	上海	1993-12-04
138	中金财富期货有限公司	7.00	深圳	2009-11-12
139	中金期货有限公司	3.50	青海	2004-07-22
140	中粮期货有限公司	8.46	北京	1996-03-01
141	中融汇信期货有限公司	5.00	上海	1995-12-14
142	中泰期货股份有限公司	10.02	山东	1995-06-05
143	中天期货有限责任公司	1.86	北京	1997-01-16
144	中信建投期货有限公司	14.00	重庆	1993-03-16
145	中信期货有限公司	76.00	深圳	1993-03-30
146	中衍期货有限公司	2.50	北京	1996-03-29
147	中银国际期货有限责任公司	3.50	上海	2008-01-21
148	中原期货股份有限公司	3.30	河南	1993-04-18
149	中州期货有限公司	2.90	山东	1995-09-21
150	紫金天风期货股份有限公司	5.24	上海	1996-03-29

continued

员工数量（个） Number of Practitioner (unit)	2021年分类评级 Category Rating for 2021	是否具有以下业务资格 Business Qualification Available			
		金融期货经纪业务资格 Qualification for Financial Futures Brokerage Business	期货交易咨询资格 Qualification for Futures Trading Consulting	资产管理业务资格 Qualification for Asset Management Business	风险管理业务试点备案 Qualification for Futures Risk Management Business
114	BB	是	否	是	否
272	A	是	是	是	否
160	A	是	是	是	是
292	A	是	否	是	是
342	A	是	是	是	是
724	AA	是	是	是	是
156	BB	是	是	是	是
887	AA	是	是	是	是
23	CCC	是	否	否	否
100	BB	是	是	否	是
68	BB	是	否	否	是
204	BBB	是	是	是	是
75	BB	是	否	否	否
292	A	是	是	是	是
186	AA	是	是	是	是
232	BBB	是	是	是	是
517	AA	是	是	是	是
317	BBB	是	是	是	是
105	BBB	是	是	是	是
104	BBB	是	是	是	否
245	BBB	是	是	是	是
113	BB	是	是	是	否
407	CCC	是	是	是	否
111	A	是	是	是	是
61	A	是	否	是	否
417	AA	是	是	是	是
214	BBB	是	是	是	是
626	AA	是	是	是	是
119	BB	是	是	否	否
664	AA	是	是	是	是
1930	AA	是	是	是	是
146	BB	是	是	是	是
134	BBB	是	是	是	否
204	BB	是	是	是	是
204	C	是	是	是	否
224	A	是	是	是	是

附录1-15　2022年证券投资咨询机构名录

List of Securities Investment Consulting Institutions in 2022

序号 No.	机构名称 Company Name	注册地 Place of Registration
1	鼎信汇金(北京)投资管理有限公司	北京
2	和讯信息科技有限公司	北京
3	北京指南针科技发展股份有限公司	北京
4	北京中富金石咨询有限公司	北京
5	盈亚证券投资咨询有限公司	湖南
6	北京博星证券投资顾问有限公司	北京
7	北京东方高圣投资顾问有限公司	北京
8	北京海问咨询有限公司	北京
9	北京金美林投资顾问有限公司	北京
10	北京股商证券投资咨询有限公司	北京
11	上海益学投资咨询有限公司	上海
12	北京中方信富投资管理咨询有限公司	北京
13	上海中和应泰财务顾问有限公司	上海
14	北京中资北方投资顾问有限公司	北京
15	北京首证投资顾问有限公司	北京
16	北京和众汇富科技股份有限公司	北京
17	北京天相财富管理顾问有限公司	北京
18	辽宁弘历投资咨询有限公司	辽宁
19	财咨道信息技术有限公司	辽宁
20	四川省钱坤证券投资咨询有限公司	四川
21	成都汇阳投资顾问有限公司	四川
22	四川大决策证券投资顾问有限公司	四川
23	杭州顶点财经网络传媒有限公司	浙江
24	浙江同花顺云软件有限公司	浙江
25	广州市万隆证券咨询顾问有限公司	广东
26	上海汇正财经顾问有限公司	上海
27	广州越声理财咨询有限公司	广东
28	广东科德投资顾问有限公司	广东
29	广东博众智能科技投资有限公司	广东
30	湖南金证投资咨询顾问有限公司	湖南
31	湖南爱赢证券投资顾问有限公司	湖南
32	广州经传多赢投资咨询有限公司	广东
33	深圳市国诚投资咨询有限公司	深圳
34	深圳市珞珈投资咨询有限公司	深圳
35	深圳市启富证券投资顾问有限公司	深圳
36	深圳市中证投资资讯有限公司	深圳
37	深圳市尊悦证券资讯有限公司	深圳
38	深圳德讯证券顾问有限公司	深圳
39	深圳怀新企业投资顾问股份有限公司	深圳
40	中广云信息科技(深圳)有限公司	深圳

数据来源：中国证券监督管理委员会
Source: CSRC

附录1-15 续表 continued

序号 No.	机构名称 Company Name	注册地 Place of Registration
41	民众证券投资咨询有限公司	山西
42	深圳市新兰德证券投资咨询有限公司	深圳
43	上海东方财富证券投资咨询有限公司	上海
44	上海海能证券投资顾问有限公司	上海
45	深圳市优品投资顾问有限公司	深圳
46	上海凯石证券投资咨询有限公司	上海
47	利多星(上海)投资管理有限公司	上海
48	上海荣正投资咨询股份有限公司	上海
49	上海证券之星综合研究有限公司	上海
50	上海申银万国证券研究所有限公司	上海
51	上海世基投资顾问有限公司	上海
52	江苏百瑞赢证券咨询有限公司	江苏
53	上海亚商投资顾问有限公司	上海
54	益盟股份有限公司	上海
55	上海智蚁理财顾问有限公司	上海
56	上海证券通投资资讯科技有限公司	上海
57	陕西巨丰投资资讯有限责任公司	陕西
58	联合信用投资咨询有限公司	天津
59	北部资产经营股份有限公司	北京
60	大连华讯投资股份有限公司	大连
61	海南港澳资讯产业股份有限公司	海南
62	海顺证券投资咨询有限公司	宁波
63	重庆东金投资顾问有限公司	重庆
64	和信证券投资咨询股份有限公司	河南
65	云南约牛证券投资咨询有限公司	云南
66	安徽华安新兴证券投资咨询有限责任公司	安徽
67	安徽大时代证券投资咨询有限公司	安徽
68	青岛大摩证券投资有限公司	青岛
69	河北源达信息技术股份有限公司	河北
70	山东神光咨询服务有限责任公司	山东
71	山东阿牛智投资本管理有限公司	山东
72	江苏金百临投资咨询股份有限公司	江苏
73	江苏天鼎证券投资咨询有限公司	江苏
74	厦门市鑫鼎盛控股有限公司	厦门
75	上海九方云智能科技有限公司	上海
76	杭州高能投资咨询有限公司	浙江
77	武汉云掌数字科技有限公司	湖北
78	福建天信投资咨询顾问股份有限公司	福建
79	福建中讯证券研究有限责任公司	福建
80	黑龙江省容维证券数据程序化有限公司	黑龙江

附录1-16　2022年区域性股权市场运营机构名录

Participants of Regional Stock Market in 2022

序号 No.	名称 Company Name	注册地 Place of Registration	注册资本(亿元) Registered Capital (100 million yuan)	营业收入(亿元) Revenue (100 million yuan)
1	北京股权交易中心	北京	4.00	0.15
2	上海股权托管交易中心	上海	2.68	0.68
3	天津滨海柜台交易市场	天津	2.20	0.07
4	重庆股份转让中心	重庆	1.56	0.96
5	浙江股权交易中心	浙江	1.00	0.26
6	宁波股权交易中心	宁波	0.80	0.13
7	广东股权交易中心	广东	3.11	0.43
8	前海股权交易中心	深圳	5.00	0.45
9	齐鲁股权交易中心	山东	2.25	0.46
10	青岛蓝海股权交易中心	青岛	1.00	0.21
11	武汉股权托管交易中心	湖北	1.00	0.18
12	湖南股权交易所	湖南	1.00	0.24
13	安徽省股权托管交易中心	安徽	2.00	0.49
14	辽宁股权交易中心	辽宁	1.00	0.17
15	大连股权交易中心	大连	0.50	0.01
16	天府(四川)联合股权交易中心	四川	1.00	0.15
17	广西北部湾股权交易所	广西	2.20	0.19
18	甘肃股权交易中心	甘肃	4.38	0.16
19	青海股权交易中心	青海	2.36	0.35
20	新疆股权交易中心	新疆	1.10	0.05
21	石家庄股权交易所	河北	0.45	0.40
22	山西股权交易中心	山西	1.00	0.31
23	陕西股权交易中心	陕西	1.20	0.04
24	海峡股权交易中心	福建	2.10	0.58
25	厦门两岸股权交易中心	厦门	0.90	0.04
26	吉林股权交易所	吉林	1.00	0.01
27	内蒙古股权交易中心	内蒙古	1.94	0.14
28	贵州股权金融资产交易中心	贵州	1.00	1.00
29	江苏股权交易中心	江苏	2.00	1.09
30	海南股权交易中心	海南	0.50	0.07
31	宁夏股权托管交易中心	宁夏	0.60	0.07
32	哈尔滨股权交易中心	黑龙江	1.00	0.03
33	中原股权交易中心	河南	3.50	-0.25
34	江西联合股权交易中心	江西	2.21	0.51
35	云南省股权交易中心	云南	1.00	0.05

数据来源：中国证券监督管理委员会
Source: CSRC

附录1-17 2022年外资证券经营机构驻华代表处名录
List of Chinese Representative Offices of Foreign Securities Institutions in 2022

序号 No.	机构名称 Company Name	所在地 Location
1	日本盛华日兴证券株式会社北京代表处	北京
2	韩国投资证券株式会社北京代表处	北京
3	加拿大迈凯希金融公司北京代表处	北京
4	美国富瑞金融集团北京代表处	北京
5	韩国三星证券公司北京代表处	北京
6	香港致富证券有限公司北京代表处	北京
7	美国桥水投资公司北京代表处	北京
8	新加坡摩根士丹利投资管理公司北京代表处	北京
9	法国法盛投资管理公司北京代表处	北京
10	日本摩乃科斯证券股份有限公司 北京代表处	北京
11	富达基金(香港)有限公司北京代表处	北京
12	交银国际控股有限公司北京代表处	北京
13	韩国未来资产证券股份有限公司北京代表处	北京
14	日本三井住友信托银行股份有限公司(证券业务)北京代表处	北京
15	香港摩根资产管理(亚太)有限公司北京代表处	北京
16	蒙特利尔银行利时证券公司北京代表处	北京
17	香港第一上海融资有限公司北京代表处	北京
18	日本瑞穗证券股份有限公司北京代表处	北京
19	德意志银行股份有限公司(证券业务)北京代表处	北京
20	香港摩根大通证券(亚太)有限公司北京代表处	北京
21	台湾元大证券股份有限公司北京代表处	北京
22	香港上海汇丰银行有限公司(证券业务)北京代表处	北京
23	京华山一国际(香港)有限公司北京代表处	北京
24	信安环球投资有限公司北京代表处	北京
25	邓普顿国际股份有限公司北京代表处	北京
26	中银国际控股有限公司北京代表处	北京
27	法国巴黎资本(亚洲)有限公司北京代表处	北京
28	摩根士丹利亚洲有限公司北京代表处	北京
29	花旗环球金融中国有限公司北京代表处	北京
30	美林国际有限公司北京代表处	北京
31	高盛(中国)有限责任公司北京代表处	北京
32	瑞士信贷(香港)有限公司北京代表处	北京
33	日本大和证券株式会社北京代表处	北京
34	日本野村证券株式会社北京代表处	北京
35	香港富盈交易香港有限公司上海代表处	上海

数据来源：中国证券监督管理委员会
Source: CSRC

附录1-17 续表 continued

序号 No.	机构名称 Company Name	所在地 Location
36	新加坡萨默塞特资本管理有限公司上海代表处	上海
37	台湾美好证券股份有限公司上海代表处	上海
38	富兰克林华美证券投资信托股份有限公司上海代表处	上海
39	坤信国际证券有限公司上海代表处	上海
40	韩国投资信托运用株式会社上海代表处	上海
41	韩国未来资产证券股份有限公司上海代表处	上海
42	华南永昌综合证券股份有限公司上海代表处	上海
43	蓝泽证券股份有限公司上海代表处	上海
44	韩国新韩投资证券股份有限公司上海代表处	上海
45	东洋证券股份有限公司上海代表处	上海
46	致富证券有限公司上海代表处	上海
47	麦格理证券(澳大利亚)股份有限公司上海代表处	上海
48	冈三证券股份有限公司上海代表处	上海
49	日本瑞穗证券股份有限公司上海代表处	上海
50	瑞士信贷(香港)有限公司上海代表处	上海
51	台湾元大证券股份有限公司上海代表处	上海
52	法国兴业证券(香港)有限公司上海代表处	上海
53	内藤证券公司上海代表处	上海
54	中国香港上海汇丰银行有限公司(证券业务)上海代表处	上海
55	海通国际证券有限公司上海代表处	上海
56	凯基证券亚洲有限公司上海代表处	上海
57	日盛嘉富证券国际有限公司上海代表处	上海
58	永丰金证券(亚洲)有限公司上海代表处	上海
59	韩国国民证券公司上海代表处	上海
60	群益国际控股有限公司上海代表处	上海
61	韩国农协投资证券公司上海代表处	上海
62	高盛(中国)有限责任公司上海代表处	上海
63	中信里昂证券有限公司上海代表处	上海
64	美国美林国际有限公司上海代表处	上海
65	法国巴黎资本(亚洲)有限公司上海代表处	上海
66	野村证券株式会社上海代表处	上海
67	韩国韩亚证券株式会社深圳代表处	深圳
68	元大证券(香港)有限公司深圳代表处	深圳
69	香港致富证券有限公司深圳代表处	深圳
70	香港中国通海证券有限公司沈阳代表处	沈阳

附录1-18　2022年境外证券交易所驻华代表处名录
List of Chinese Representative Offices of Foreign Exchanges in 2022

序号 No.	中文名称 Chinese Name	英文名称 English Name	代表处名称 Office Name	代表处所在地 Location
1	香港交易及结算所有限公司北京代表处	Hong Kong Exchanges and Clearing Limited Beijing Representative Office	香港交易及结算所有限公司北京代表处	北京
2	美国纽约证券交易所有限责任公司北京代表处	New York Stock Exchange LLC Beijing Representative Office	美国纽约证券交易所有限责任公司北京代表处	北京
3	美国纳斯达克股票市场有限责任公司北京代表处	Nasdaq Stock Market, LLC. Beijing Representative Office	美国纳斯达克股票市场有限责任公司北京代表处	北京
4	日本东京证券交易所株式会社北京代表处	Tokyo Stock Exchange, Inc. Beijing Representative Office	日本东京证券交易所株式会社北京代表处	北京
5	韩国交易所北京代表处	KOREAEXCHANGE, INC. BEIJING REPRESENTATIVE OFFICE	韩国交易所北京代表处	北京
6	新加坡交易所有限公司北京代表处	Singapore Exchange Limited Beijing Representative Office	新加坡交易所有限公司北京代表处	北京
7	伦敦证券交易所有限责任公司北京代表处	London Stock Exchange Plc Beijing Representative Office	伦敦证券交易所有限责任公司北京代表处	北京
8	德国德意志交易所股份有限公司北京代表处	Deutsche Boerse AG Beijing Representative Office	德国德意志交易所股份有限公司北京代表处	北京
9	巴西证券期货交易所上海代表处	B3 S.A.Shanghai Representative Office	巴西证券期货交易所上海代表处	上海
10	美国纽约商品交易所股份有限公司北京代表处	New York Mercantile Exchange Co.,Ltd. Beijing Representative Office	美国纽约商品交易所股份有限公司北京代表处	北京
11	美国芝加哥期货交易所股份有限公司北京代表处	Chicago board of Trade Co.,Ltd. Beijing Representative Office	美国芝加哥期货交易所股份有限公司北京代表处	北京
12	美国纽约商业交易所股份有限公司北京代表处	COMEX Co.,Ltd. Beijing Representative Office	美国纽约商业交易所股份有限公司北京代表处	北京
13	美国芝加哥商业交易所股份有限公司北京代表处	Chicago Mercantile Exchange Co.,Ltd. Beijing Representative Office	美国芝加哥商业交易所股份有限公司北京代表处	北京

数据来源：中国证券监督管理委员会
Source: CSRC

附录1-19 沪深交易所市场证券登记存管情况
Depository Securities Statistics of Shanghai & Shenzhen Stock Exchange Market

年份 Year	登记存管证券只数(只) Number of Securities in Deposit (unit)				
	股票 Stock	权证 Warrants	债券现货(不含资产证券化产品) Bond(Asset Backed Securities Not Included)	基金 Fund	资产证券化产品 Asset Backed Securities
2005	1468	7	162	68	4
2006	1532	27	179	79	27
2007	1637	14	179	71	20
2008	1713	17	200	71	17
2009	1775	12	352	91	10
2010	2160	4	462	146	4
2011	2432	0	640	226	6
2012	2579	0	1170	330	15
2013	2575	0	2034	436	26
2014	2697	0	3007	516	119
2015	2911	0	4088	750	795
2016	3150	0	6995	778	2132
2017	3570	0	8288	804	2787
2018	3669	0	9351	917	3407
2019	3861	0	11257	1014	4653
2020	4239	0	14739	1016	5998
2021	4696	0	18099	1169	6431
2022	4992	0	20196	1297	6240

注：1.登记存管证券包括A股、B股、权证、国债、地方债、政策性金融债、企业债、公司债、可转债、分离式可转债、中小企业私募债、封闭式基金、ETF、LOF、实时申赎货币基金、公募基础设施基金(REITs)和资产证券化产品，不包括开放式基金和债券回购。

2.登记存管证券只数中，包括已在中国结算办理发行登记但尚未在交易所上市的证券和已从交易所退市但尚未在中国结算办理退市登记的证券；总市值计算中,纯B股上市公司的非流通股暂未纳入计算。

3.非限售市值按期末收盘价计算。

4.B股市值以国家外汇管理局上周五公布的汇率中间价换算成人民币。

5.表中数据为沪深两市合计数。

6.登记存管证券只数不包括存管面值为零的证券。

数据来源：中国证券登记结算公司

Source: CSDC

附录1-19 续表 1 continued

年份 Year	登记存管证券总市值(亿元) Market Capitalization of Depository Securities(100 million yuan)				
	股票 Stock	权证 Warrants	债券现货 (不含资产 证券化产品) Bond(Asset Backed Securities Not Included)	基金 Fund	资产证券化产品 Asset Backed Securities
2005	32448.52	60.62	4796.24	608.64	58.08
2006	90294.17	329.37	3499.79	1424.70	163.63
2007	327970.22	494.10	3169.92	4356.91	109.39
2008	121778.98	174.50	4365.83	816.80	82.10
2009	244783.34	209.27	4698.97	1784.06	42.24
2010	266492.22	14.51	6300.53	1965.20	10.68
2011	215223.68	0.00	8252.59	1821.49	8.72
2012	230554.55	0.00	11882.23	2662.00	32.33
2013	239584.89	0.00	19542.91	2873.61	64.52
2014	374481.66	0.00	26667.00	4381.27	307.12
2015	532001.64	0.00	40016.03	7027.27	1423.98
2016	508759.22	0.00	70984.64	5804.87	4226.04
2017	568204.05	0.00	83035.95	4616.80	7482.43
2018	435066.16	0.00	91066.07	6014.39	11627.46
2019	593341.27	0.00	107604.49	8229.29	15331.21
2020	797385.72	0.00	137749.42	12089.67	20248.59
2021	915847.44	0.00	161365.95	15345.79	21404.37
2022	787621.96	0.00	169672.86	17413.69	18351.68

附录1-19 续表 2 continued

年份 Year	登记存管证券非限售市值(亿元) Negotiable Market Capitalization of Depository Securities(100 million yuan)			
	股票 Stock	权证 Warrants	基金 Fund	资产证券化产品 Asset Backed Securities
2005	14702.47	60.61	603.99	58.08
2006	87034.97	281.19	1413.46	162.58
2007	325326.79	477.73	4330.98	108.40
2008	121115.56	171.86	812.62	81.17
2009	151879.52	2537.70	1777.42	41.32
2010	196097.02	2342.79	1958.95	9.75
2011	166975.06	0.00	1817.36	8.00
2012	184256.53	0.00	2657.84	32.33
2013	206303.34	0.00	2870.00	64.52
2014	326384.35	0.00	4380.25	307.12
2015	439028.12	0.00	7025.96	1423.98
2016	410049.21	0.00	5804.06	4226.04
2017	465444.49	0.00	4616.80	7482.43
2018	366374.18	0.00	6014.39	11627.46
2019	500768.51	0.00	8229.29	15331.21
2020	669915.04	0.00	12089.67	20248.59
2021	781864.80	0.00	15054.12	21404.37
2022	687040.31	0.00	16998.34	18351.68

附录1-20　2022年上海证券交易所收费标准
Shanghai Stock Exchange Charging Standard in 2022

业务类别		收费项目	收费标准	收费对象	阶段性调整情况	备注
上市	主板人民币普通股票（A股）、人民币特种股票（B股）、存托凭证	上市初费	普通股总股本（总份数）≤2亿的，7万元	上市公司交上交所	暂免	优先股收费标准按表中标准的80%确定，并适用同板块免收规定。 免收湖北省上市公司上市初费和上市年费至2022年12月31日（含）。
			2亿＜总股本（总份数）≤4亿的，10万元		暂免	
			4亿＜总股本（总份数）≤6亿的，12.5万元		自2022年1月1日起至2022年12月31日暂免	
			6亿＜总股本（总份数）≤8亿的，15万元		自2022年1月1日起至2022年12月31日暂免	
			总股本（总份数）＞8亿的，17.5万元		自2022年1月1日起至2022年12月31日暂免	
		上市年费	上年末普通股总股本（总份数）≤2亿的，2.5万元/年	上市公司交上交所	暂免	
			2亿＜总股本（总份数）≤4亿的，4万元/年		暂免	
			4亿＜总股本（总份数）≤6亿的，5万元/年		自2022年1月1日起至2022年12月31日暂免	
			6亿＜总股本（总份数）≤8亿的，6万元/年		自2022年1月1日起至2022年12月31日暂免	
			总股本（总份数）＞8亿的，7.5万元/年		自2022年1月1日起至2022年12月31日暂免	
			上市不足1年的，按实际上市月份计算，上市当月为1个月			
	科创板人民币普通股票、存托凭证	上市初费	普通股总股本（总份数）≤2亿的，3.5万元	上市公司交上交所	暂免	优先股收费标准按表中标准的80%确定，并适用同板块免收规定。 免收湖北省上市公司上市初费和上市年费至2022年12月31日（含）。
			2亿＜总股本（总份数）≤4亿的，5万元		暂免	

注：1.本表根据《上海证券交易所收费管理规则适用指引第1号——收费项目及标准》编制。
　　2.本表收费标准为价税合计数。
　　3.本表所称“股票”包括主板股票、科创板股票。
数据来源：上海证券交易所
Source:SSE

附录1-20 续表 1 continued

业务类别		收费项目	收费标准	收费对象	阶段性调整情况	备注
上市	科创板人民币普通股票、存托凭证	上市初费	4亿＜总股本（总份数）≤6亿的，6.25万元		暂免	
			6亿＜总股本（总份数）≤8亿的，7.5万元		暂免	
			总股本（总份数）＞8亿的，8.75万元		暂免	
		上市年费	上年末普通股总股本（总份数）≤2亿的，1.25万元/年	上市公司交上交所	暂免	
			2亿＜总股本（总份数）≤4亿的，2万元/年		暂免	
			4亿＜总股本（总份数）≤6亿的，2.5万元/年		暂免	
			6亿＜总股本（总份数）≤8亿的，3万元/年		暂免	
			总股本（总份数）＞8亿的，3.75万元/年		暂免	
			上市不足1年的，按实际上市月份计算，上市当月为1个月			
	基金（封闭式基金、ETF、LOF）	上市初费	3万元	基金管理人交上交所	普通LOF暂免，ETF暂免	
		上市年费	6万元/年	基金管理人交上交所	普通LOF暂免，ETF暂免	
	基础设施公募REITs	上市初费	3万元，同一REITs代码扩募不再收取上市初费	基金管理人交上交所	暂免	
		上市年费	6万元/年，同一REITs代码，扩募前与扩募后每年合并收取一次上市年费	基金管理人交上交所	暂免	
	债券及资产支持证券	上市初费	上市（挂牌）总额的0.01%，最低收取5000元，最高不超过2万元，发行人已有股票或债券在本所上市的免收	发行人交上交所	暂免	
		上市年费	上市总额的0.0005%，最低收取1000元，单个发行人不超过1万元，发行人为本所上市公司的免收	发行人交上交所	暂免	
			上市不足1年的，按实际上市月份计算，上市当月为1个月			

附录1-20 续表 2 continued

业务类别		收费项目	收费标准	收费对象	阶段性调整情况	备注
交易	人民币普通股票（A股）竞价交易	经手费	成交金额的 0.00487%（双向）	会员等交上交所		含科创板股票盘后固定价格交易
	人民币特种股票（B股）竞价交易	经手费	成交金额的 0.00487%（双向）	会员等交上交所		
	存托凭证竞价交易	经手费	成交金额的 0.00487%（双向）	会员等交上交所		含科创板存托凭证盘后固定价格交易
	可交换公司债券换股交易	经手费	成交金额的 0.00487%（双向）	会员等交上交所		
	股份协议转让	经手费	同二级市场竞价交易经手费，双向收取，单向每笔最低50元、最高10万元	协议双方交上交所		含科创板上市公司股东非公开转让、配售方式转让首发前股份
	优先股竞价交易	经手费	成交金额的0.0001%（双向）	会员等交上交所		
	债券现券及资产支持证券竞价、报价、询价、回售和协议交易	经手费	成交金额的0.0001%（双向），单笔最高不超过100元	会员等交上交所	自2022年7月1日起至2025年6月30日暂免	债券现券包括国债、地方政府债、政策性金融债、公司债、企业债、可交换债及其他债券
	可转换公司债券竞价、报价、询价、回售和协议交易	经手费	成交金额的0.004%（双向）	会员等交上交所	1.除上市公司可转换公司债券以外，自2022年7月1日起至2025年6月30日暂免； 2、上市公司可转换公司债券回售交易经手费自2022年7月1日起至2025年6月30日暂免。	自2022年8月1日起，可转换公司债券竞价、报价、询价、回售和协议交易的收费标准由成交金额的0.0001%双向收取、单笔最高不超过100元，调整为按成交金额的0.004%双向收取。
	国债预发行	经手费	参照国债现券交易的收费标准执行	会员等交上交所	试点期间暂免	
	信用保护工具	经手费	按成交名义本金金额的0.00015%收取（双向），单笔最高不超过200元	会员等交上交所	试点期间暂免	含信用保护合约业务和信用保护凭证业务
	资产管理计划份额转让	经手费	按转让金额的0.00009%向转让双方收取转让经手费，单笔最高不超过100元	会员等交上交所	自2022年1月1日起至2022年12月31日暂免	

附录1-20 续表 3 continued

业务类别		收费项目	收费标准	收费对象	阶段性调整情况	备注
交易	基金（封闭式基金、ETF、LOF）竞价交易	经手费	成交金额的 0.004%（双向）	会员等交上交所	货币ETF、债券ETF暂免	
	基础设施公募REITs竞价	经手费	成交金额的 0.0045%（双向）	基金管理人交上交所	试点期间暂免	含非限售份额要约收购
	基础设施公募REITs报价、询价、指定对手方和协议交易	经手费	相对于竞价市场同品种费率下浮 50%（双向）	基金管理人交上交所	试点期间暂免	
	期权	经手费	合约标的为股票的，每张3元；合约标的为交易所交易基金的，每张1.3元	期权经营机构等交上交所	暂免收取卖出开仓交易经手费	
	债券质押式三方回购	经手费	一天期按成交金额的0.00005%收取（双向），其他期限按成交金额的0.00015%收取（双向），单笔最高不超过200元	会员等交上交所	试点期间暂免	
	债券通用质押式回购	经手费	一天期按成交金额的0.00005%收取（双向），其他期限按成交金额的0.00015%收取（双向），单笔最高不超过100元	会员等交上交所	试点期间暂免	
	债券质押式协议回购	经手费	一天期按成交金额的0.00005%收取（双向），其他期限按成交金额的0.00015%收取（双向），单笔最高不超过200元	会员等交上交所	试点期间暂免	
	质押式报价回购	经手费	一天期按成交金额的0.00005%向证券公司单向收取，其他期限按成交金额的0.00015%向证券公司单向收取，单笔单向最高不超过200元	会员等交上交所	试点期间暂免	
	股票质押式回购	经手费	按每笔初始交易金额的0.001%向融入方单向收取，起点5元人民币，最高不超过100元人民币	会员等交上交所		
	约定购回式证券交易	经手费	按现有股票、基金或债券现券交易收费标准在初始交易及购回交易中收取	会员等交上交所	除上市公司可转换公司债券约定购回式以外的债券约定购回式交易经手费自2022年7月1日起至2025年6月30日暂免	

附录1-20 续表 4 continued

业务类别			收费项目	收费标准	收费对象	阶段性调整情况	备注
交易	大宗交易（含大宗专场）	人民币普通股票（A股）、人民币特种股票（B股）	经手费	相对于竞价市场同品种费率下浮30%	会员等交上交所		
		存托凭证	经手费	相对于竞价市场同品种费率下浮30%	会员等交上交所		
		优先股	经手费	成交金额的0.0001%的90%，最高不超过100元/笔(双向）	会员等交上交所		
		基金（封闭式基金、ETF、LOF）	经手费	相对于竞价市场同品种费率下浮 50%（双向）	会员等交上交所	货币ETF、债券ETF暂免	
		基础设施公募REITs	经手费	相对于竞价市场同品种费率下浮 50%（双向）	基金管理人交上交所	试点期间暂免	
交易单元			使用费	会员等机构拥有的每个席位可抵免一个交易单元的使用费；对超出其席位数量的部分，本所收取每个交易单元每年4.5万元的交易单元使用费	会员等交上交所	暂免收取债券现券及回购交易专用的交易单元使用费；自2022年7月1日起至2023年6月30日，交易单元使用费下调至每个交易单元每年3万元。	计费期间为上年12月1日至当年11月30日
其他业务			收费项目、标准、收取方式等按照相关业务规定执行。				

附录1-20 续表 5 continued

业务类别		收费项目	收费标准	收费对象	阶段性调整情况	备注
竞价交易	A股	证管费	成交金额的0.002%（双向）	会员等交中国证监会（上交所代收）		
		印花税	成交金额的0.1%（出让方单向）	投资者交税务机关（中国结算代收）		2022年7月1日起，证券交易印花税扣缴义务人由上交所调整为中国结算。
	B股	证管费	成交金额的0.002%（双向）	会员等交中国证监会（上交所代收）		
	优先股	证管费	成交金额的0.002%（双向）	会员等交中国证监会（上交所代收）		
		印花税	成交金额的0.1%（出让方单向）	投资者交税务机关（中国结算代收）		2022年7月1日起，证券交易印花税扣缴义务人由上交所调整为中国结算。
大宗交易	A股	证管费	同同品种竞价交易	会员等交中国证监会（上交所代收）		
		印花税	成交金额的0.1%（出让方单向）	投资者交税务机关（中国结算代收）		2022年7月1日起，证券交易印花税扣缴义务人由上交所调整为中国结算。
	B股	证管费	同同品种竞价交易	会员等交中国证监会（上交所代收）		
	优先股	证管费	同同品种竞价交易	会员等交中国证监会（上交所代收）		
		印花税	成交金额的0.1%（出让方单向）	投资者交税务机关（中国结算代收）		2022年7月1日起，证券交易印花税扣缴义务人由上交所调整为中国结算。

附录1-21　2022年深圳证券交易所收费标准

Shenzhen Stock Exchange Charging Standard in 2022

<table>
<tr><th>收费对象
Charge Members</th><th>收费项目
Charging Item</th><th>收费标的
Charging Object</th><th>收费标准
Fee Standard</th><th>备注
Remarks</th></tr>
<tr><td rowspan="18">投资者</td><td rowspan="15">证券交易经手费</td><td>A股</td><td rowspan="2">按成交额双边收取0.0487‰</td><td rowspan="13">1.大宗交易收费：A股大宗交易按标准费率下浮30%收取；B股、基金大宗交易按标准费率下浮50%收取。2.约定购回式证券交易参照相应品种大宗交易收费标准执行。3.债券ETF、货币ETF暂免收取证券交易经手费。4.资产管理计划份额转让暂免收取转让经手费。5.自2022年7月1日起至2025年6月30日免收债券（不含可转债）及资产支持证券的交易经手费。</td></tr>
<tr><td>B股</td></tr>
<tr><td>基金</td><td>按成交额双边收取0.04‰</td></tr>
<tr><td>优先股</td><td>试点期间按普通股标准的80%收取</td></tr>
<tr><td>权证</td><td>按成交额双边收取0.045‰</td></tr>
<tr><td>国债现货/地方债</td><td rowspan="4">成交金额在100万元以下（含）每笔收0.1元；成交金额在100万元以上每笔收10元。</td></tr>
<tr><td>企业债/公司债现货</td></tr>
<tr><td>资产支持证券</td></tr>
<tr><td>政策性金融债/铁道债</td></tr>
<tr><td>债券通用质押式回购/债券质押式协议回购/</td><td rowspan="2">暂免收取</td></tr>
<tr><td>债券质押式三方回购</td></tr>
<tr><td>股票质押式回购</td><td>按每笔初始交易质押标的证券面值1‰收取，最高不超过100元。</td></tr>
<tr><td>可转换公司债/可交换公司债</td><td>按成交金额双边收取0.04‰</td></tr>
<tr><td>质押式报价回购</td><td>暂免收取</td><td></td></tr>
<tr><td>股票期权合约</td><td>每张股票期权合约收取交易经手费1.3元</td><td>股票期权试点初期暂免收取卖出开仓交易（含备兑开仓）的相应交易经手费</td></tr>
<tr><td rowspan="3">证券交易监管费</td><td>A股</td><td rowspan="3">按成交额双边收取0.02‰</td><td rowspan="3">代中国证监会收取</td></tr>
<tr><td>B股</td></tr>
<tr><td>优先股</td></tr>
<tr><td rowspan="2">发行人</td><td rowspan="2">上市初费</td><td>A股/B股</td><td>总股本2亿以下（含），30万元；总股本2亿至4亿（含），45万元；总股本4亿至6亿（含），55万元；总股本6亿至8亿（含），60万元；总股本8亿以上，65万元。</td><td>1.自2021年6月1日起，本所暂免收取总股本8亿股（含）以下的上市公司上市初费；总股本8亿股以上的上市公司上市初费，本所在此标准上减半取整后再减半收取，即17.5万元；创业板再减半收取，即8.75万元。总股本为A、B股合计。
2.免收深市上市公司2022年度、2023年度上市初费。</td></tr>
<tr><td>优先股</td><td>试点期间按普通股标准的80%收取</td><td></td></tr>
</table>

注：深交所收费及代收税费标准为2022年12月版本。
数据来源：深圳证券交易所
Source:SZSE

附录1-21　续表 1　continued

<table>
<tr><th>收费对象
Charge Members</th><th>收费项目
Charging Item</th><th>收费标的
Charging Object</th><th>收费标准
Fee Standard</th><th>备注
Remarks</th></tr>
<tr><td rowspan="15">发行人</td><td rowspan="15">上市年费</td><td rowspan="2">基金</td><td rowspan="2">3万元</td><td>1.暂免收取ETF上市初费。</td></tr>
<tr><td>2.免收2022年度、2023年度基金上市初费。</td></tr>
<tr><td>权证</td><td>20万元</td><td></td></tr>
<tr><td>企业债/公司债</td><td>暂免收取</td><td></td></tr>
<tr><td>可转换公司债/可交换公司债</td><td>暂免收取</td><td></td></tr>
<tr><td>资产支持证券</td><td>暂免收取</td><td></td></tr>
<tr><td rowspan="2">A股/B股</td><td rowspan="2">总股本2亿以下（含），5万元；总股本2亿至4亿（含），8万元；总股本4亿至6亿（含），10万元；总股本6亿至8亿（含），12万元；总股本8亿以上，15万元。</td><td>1.自2021年6月1日起，本所暂免收取总股本8亿股（含）以下的上市公司上市年费；总股本8亿股以上的上市公司上市年费，本所在此标准上减半收取，即7.5万元；创业板再减半收取，即3.75万元。总股本为A、B股合计。</td></tr>
<tr><td>2.免收深市上市公司2022年度、2023年度上市年费。</td></tr>
<tr><td>优先股</td><td>试点期间按普通股标准的80%收取</td><td></td></tr>
<tr><td rowspan="2">基金</td><td rowspan="2">6万元</td><td>1.自2020年1月1日起，暂免收取ETF上市年费。</td></tr>
<tr><td>2.免收2022年度、2023年度基金上市年费。</td></tr>
<tr><td>企业债/公司债</td><td>暂免收取</td><td></td></tr>
<tr><td>可转换公司债/可交换公司债</td><td>暂免收取</td><td></td></tr>
<tr><td>资产支持证券</td><td>暂免收取</td><td></td></tr>
</table>

附录1-21 续表 2 continued

收费对象 Charge Members	收费项目 Charging Item	收费标的 Charging Object	收费标准 Fee Standard	备注 Remarks
会员	席位费	席位	普通60万元/个，特别席位20万元/个。	
	会员管理费用	交易单元	1. 交易单元使用费：对会员使用超出交费席位（指已交席位初费的席位）数量以外的交易单元，每年收取30000元/个的交易单元使用费。	
			2. 流速费：对会员使用超出交费席位（指已交席位初费的席位）数量以外的流速，每年收取9600元/份的流速费。每份流速为50笔/秒。	2014年7月1日起，由深圳证券通信公司收取。
			3. 流量费：每笔交易类申报（指买入、卖出、撤单申报）收取0.1元，每笔非交易类申报（指除买入、卖出、撤单以外的申报）收取0.01元。	1.2014年7月1日起，本所与深圳证券通信公司按6:4比例分别收取；2.会员每个席位每年享有的交易类、非交易类免费申报笔数均为3万笔；3.债券ETF、货币ETF免收交易单元流量费；4.暂免收取流动性服务商为上市基金提供流动性服务产生的交易单元流量费；5.暂免收取期权业务相关的交易单元流量费；6.自2022年7月1日起至2025年6月30日免收债券（不含可转债）及资产支持证券流量费；7. 免收深市基金2023年的交易单元流量费。

附录1-22　2022年北京证券交易所收费标准

Beijing Stock Exchange Charging Standard in 2022

<table>
<tr><th>收费对象
Charge Members</th><th>收费项目
Charging Item</th><th>收费标的
Charging Object</th><th>收费标准
Fee Standard</th><th>备注
Remarks</th></tr>
<tr><td rowspan="12">上市公司</td><td rowspan="6">上市初费</td><td rowspan="4">普通股</td><td>总股本2000万股（含）以下，3万元;</td><td rowspan="5">暂免收取2022年上市初费。</td></tr>
<tr><td>总股本2000万-5000万股（含），5万元;</td></tr>
<tr><td>总股本5000万-1亿股（含），8万元;</td></tr>
<tr><td>总股本1亿股以上，10万元。</td></tr>
<tr><td>优先股</td><td>按普通股标准收取。</td></tr>
<tr><td>可转换公司债券</td><td>暂免收取。</td><td></td></tr>
<tr><td rowspan="6">上市年费</td><td rowspan="4">普通股</td><td>总股本2000万股（含）以下，2万元;</td><td rowspan="5">暂免收取2022年上市年费。</td></tr>
<tr><td>总股本2000万-5000万股（含），3万元;</td></tr>
<tr><td>总股本5000万-1亿股（含），4万元;</td></tr>
<tr><td>总股本1亿股以上，5万元。</td></tr>
<tr><td>优先股</td><td>按普通股标准收取。</td></tr>
<tr><td>可转换公司债券</td><td>暂免收取。</td><td></td></tr>
<tr><td rowspan="4">投资者</td><td rowspan="4">交易经手费</td><td>普通股</td><td rowspan="2">按成交金额的0.25‰双边收取。</td><td></td></tr>
<tr><td>优先股</td><td></td></tr>
<tr><td>股份协议转让</td><td>按成交金额的0.25‰双边收取，单向每笔最高10万元。无成交金额或者每股成交金额低于每股面值的，以转让股份总面值计算收取。</td><td></td></tr>
<tr><td>可转换公司债券</td><td>按普通股经手费标准减半收取。</td><td></td></tr>
<tr><td rowspan="4">会员</td><td rowspan="4">交易单元费</td><td rowspan="4">交易单元</td><td>交易单元开设初费：50万元，在首次申请开通交易单元时收取，以后增设交易单元不再收取。</td><td rowspan="4">1.北交所和全国股转系统共用交易单元，已在全国股转系统开通首个交易单元的交易参与人无需交纳交易单元开设初费。新开设首个交易单元的，交易单元开设初费由北交所和全国股转公司各收取25万元；仅申请北交所首个交易单元或全国股转系统首个交易单元的，交易单元开设初费由北交所或全国股转公司按标准单独收取。
2.交易单元使用费、流速费、流量费由北交所和全国股转公司按交易类申报笔数比例收取。</td></tr>
<tr><td>1.交易单元使用费：每个交易单元每年3万元。</td></tr>
<tr><td>2.流速费：总流速超出其享有的免费标准流速之和的部分，按每个标准流速每年5000元收取。</td></tr>
<tr><td>3.流量费：每年流量费总额=（交易参与人所属各交易单元的年交易类申报笔数总和-该交易参与人享有的年交易类免费申报笔数）×0.15元/笔+（交易参与人所属各交易单元的年非交易类申报笔数总和-该交易参与人享有的年非交易类免费申报笔数）×0.01元/笔。其中：1.交易类申报包括买申报、卖申报和撤销申报；非交易类申报指除交易类申报外的其他申报，包括新股申购申报、可转债转股和回售申报等。2.每个交易单元享有的年免费申报笔数为交易类、非交易类申报各5000笔。3.计算的流量费总额不足2000元的，按2000元收取。</td></tr>
</table>

数据来源：北京证券交易所

Source:BJSE

附录1-23 2022年全国中小企业股份转让系统收费标准

NEEQ Charging Standard in 2022

收费对象 Charge Members	收费项目 Charging Item	收费标准 Fee Standard	备注 Remarks
挂牌公司	挂牌初费	总股本2000万股（含）以下，30000元;	1.自2015年1月1日起暂免征收注册地在内蒙古、广西、西藏、宁夏和新疆5个民族自治地区的挂牌公司挂牌初费。 2.自2017年1月1日起暂免征收注册在贫困地区的挂牌公司的挂牌初费。 3.两网公司及退市公司股票暂免征收。 4.暂免收取2020年至2022年注册地在湖北省的挂牌公司挂牌初费。 5.暂免收取2022年注册地在深圳市、内蒙古自治区、山东省、吉林省、上海市、四川省的挂牌公司挂牌初费。
		总股本2000万-5000万股（含），50000元;	
		总股本5000万-1亿股（含），80000元;	
		总股本1亿股以上，100000元。	
	挂牌年费	总股本2000万股（含）以下，20000元;	1.自2015年1月1日起暂免征收注册地在内蒙古、广西、西藏、宁夏和新疆5个民族自治地区的挂牌公司挂牌年费。 2.两网公司及退市公司股票暂免征收。 3.暂免收取2020年至2022年注册地在湖北省的挂牌公司挂牌年费。 4.暂免收取2022年注册地在深圳市、内蒙古自治区、山东省、吉林省、上海市、四川省的挂牌公司挂牌年费。
		总股本2000万-5000万股（含），30000元;	
		总股本5000万-1亿股（含），40000元;	
		总股本1亿股以上，50000元。	
投资者	转让经手费	挂牌公司股票，成交金额的0.5‰双边收取;	
		两网及退市公司A股，成交金额的0.6‰双边收取;	
		两网及退市公司B股，成交金额的0.8‰双边收取。	
主办券商	交易单元费	1、交易单元开设初费：50万元，在首次申请开通交易单元时收取，以后增设交易单元不再收取;	1.北交所和全国股转系统共用交易单元，已在全国股转系统开通首个交易单元的交易参与人无需交纳交易单元开设初费。新开设首个交易单元的，交易单元开设初费由北交所和全国股转公司各收取25万元；仅申请北交所首个交易单元或全国股转系统首个交易单元的，交易单元开设初费由北交所或全国股转公司按标准单独收取。 2.交易单元使用费、流速费、流量费由北交所和全国股转公司按交易类申报笔数比例收取。
		2、交易单元使用费：每个交易单元每年3万元;	
		3、流速费：总流速超出其享有的免费标准流速之和的部分，按每个标准流速每年人民币5000元交纳;	
		4、流量费：转让参与人每年流量费总额=（转让参与人所属各交易单元的年交易类申报笔数总和-该转让参与人享受的年交易类免费申报笔数）×每笔交易类申报收费单价+（转让参与人所属各交易单元的年非交易类申报笔数总和-该转让参与人享有的年非交易类免费申报笔数）×每笔非交易类申报收费单价。其中：每个交易单元享受的年免费申报笔数为交易类申报、非交易类申报各5000笔；每笔交易类申报收费单价为 0.15元，每笔非交易类申报收费单价为0.01元。计算的流量费每年不足2000元的，按2000元计。	

数据来源：全国中小企业股份转让系统

Source:NEEQ

附录1-24 2022年从事证券服务业务的会计师事务所名录

序号 No	名称 Name	所在辖区 Jurisdiction	分所数量 Number of Branch	合伙人人数 Number of Partners
1	安徽华明会计师事务所(普通合伙)	安徽证监局	0	2
2	安永华明会计师事务所(特殊普通合伙)	北京证监局	23	193
3	北京澄宇会计师事务所(特殊普通合伙)	北京证监局	6	17
4	北京大地泰华会计师事务所(特殊普通合伙)	北京证监局	2	20
5	北京大华国际会计师事务所(普通合伙)	北京证监局	0	2
6	北京东审会计师事务所(特殊普通合伙)	北京证监局	0	17
7	北京国府嘉盈会计师事务所(普通合伙)	北京证监局	0	2
8	北京国富会计师事务所(特殊普通合伙)	北京证监局	21	18
9	北京精勤会计师事务所(普通合伙)	北京证监局	0	2
10	北京天玺源会计师事务所(普通合伙)	北京证监局	0	2
11	北京兴昌华会计师事务所(普通合伙)	北京证监局	0	2
12	北京兴华会计师事务所(特殊普通合伙)	北京证监局	29	108
13	北京兴荣华会计师事务所(普通合伙)	北京证监局	0	2
14	北京炎黄会计师事务所(普通合伙)	北京证监局	0	2
15	北京中名国成会计师事务所(特殊普通合伙)	北京证监局	20	17
16	北京中天恒会计师事务所(特殊普通合伙)	北京证监局	16	18
17	北京中天华茂会计师事务所(普通合伙)	北京证监局	0	2
18	毕马威华振会计师事务所(特殊普通合伙)	北京证监局	20	160
19	大华会计师事务所(特殊普通合伙)	北京证监局	30	221
20	大信会计师事务所(特殊普通合伙)	北京证监局	33	143
21	德赢(福建)会计师事务所(普通合伙)	福建证监局	0	2
22	德勤华永会计师事务所(特殊普通合伙)	上海证监局	15	224
23	赣州联信会计师事务所(普通合伙)	江西证监局	0	2
24	公证天业会计师事务所(特殊普通合伙)	江苏证监局	14	44
25	广东诚安信会计师事务所(特殊普通合伙)	广东证监局	5	20
26	广东亨安会计师事务所(普通合伙)	广东证监局	0	3
27	广东立信会计师事务所(普通合伙)	广东证监局	0	2
28	广东岭南智华会计师事务所(特殊普通合伙)	广东证监局	0	16
29	广东司农会计师事务所(特殊普通合伙)	广东证监局	0	18
30	广东中天粤会计师事务所(特殊普通合伙)	广东证监局	4	18
31	广东中职信会计师事务所(特殊普通合伙)	广东证监局	6	16
32	和信会计师事务所(特殊普通合伙)	山东证监局	11	38
33	河南守正创新会计师事务所(普通合伙)	河南证监局	0	2

数据来源：中国证监会
Source: CSRC

List of Accounting Firms Engaged in Securities Services in 2022

注册会计师人数 Number of Certified Public Accountants	年末净资产 (万元) Year-end Net Asset (10 thousand yuan)	收入总额 (万元) Total Income (10 thousand yuan)	审计业务收入 (万元) Income from Engagement (10 thousand yuan)	证券业务收入 (万元) Securities Revenue (10 thousand yuan)	上市公司客户家数 Number of Customers of Listed Companies
12	255.15	663.37	663.37	10.85	0
1818	54563.08	590594.18	566947.88	249650.85	138
86	519.53	2011.50	1642.99	0.00	1
104	5437.54	30425.57	6339.40	31.00	0
6	238.97	2003.77	1722.59	0.00	0
67	197.60	3721.61	1466.05	159.54	0
8	146.36	2347.07	522.98	0.00	0
223	2210.89	22481.94	11902.77	955.42	0
3	27.35	98.77	98.28	0.00	0
5	110.04	301.78	20.42	0.00	0
45	677.18	3673.27	3598.74	1705.91	0
415	9290.96	82051.76	59243.50	4466.88	21
4	3.67	333.10	157.51	52.00	0
8	45.29	24.46	22.10	19.42	0
182	1935.00	13468.65	10136.59	1433.90	0
169	10001.46	29356.58	29356.75	16.00	0
7	433.42	1195.32	738.87	141.51	1
1088	25405.31	411391.62	393768.55	91759.09	80
1603	39870.84	332731.85	307355.09	138862.04	487
948	18317.94	157819.69	136525.23	51029.19	195
5	12.49	227.32	47.22	10.00	0
1149	59735.66	419232.70	319096.83	77608.75	60
7	142.01	420.39	327.38	165.05	0
304	7070.51	32825.19	26925.68	15369.97	62
126	1951.53	15114.84	8432.23	185.13	1
7	273.25	403.45	279.58	165.38	2
7	-354.24	159.93	75.88	0.00	0
75	753.01	7550.80	4760.02	0.00	0
127	466.04	10254.10	7303.21	4624.67	28
126	2370.04	13957.59	5738.30	0.00	0
116	4317.46	17016.87	8737.05	553.30	2
262	3190.27	31595.02	23341.93	14124.24	53
10	120.00	805.07	484.53	179.25	0

附录1-24 续表 1

序号 No	名称 Name	所在辖区 Jurisdiction	分所数量 Number of Branch	合伙人人数 Number of Partners
34	湖南楚才会计师事务所(普通合伙)	湖南证监局	0	5
35	湖南和泉正会计师事务所(普通合伙)	湖南证监局	0	2
36	湖南建业会计师事务所(特殊普通合伙)	湖南证监局	2	20
37	湖南容信会计师事务所(普通合伙)	湖南证监局	0	3
38	华兴会计师事务所(特殊普通合伙)	福建证监局	10	45
39	嘉兴知联中佳会计师事务所(普通合伙)	浙江证监局	0	2
40	江苏苏港会计师事务所(特殊普通合伙)	江苏证监局	7	21
41	立信会计师事务所(特殊普通合伙)	上海证监局	31	255
42	立信中联会计师事务所(特殊普通合伙)	天津证监局	15	37
43	利安达会计师事务所(特殊普通合伙)	北京证监局	28	51
44	辽宁录永会计师事务所(普通合伙)	辽宁证监局	0	2
45	南通万隆会计师事务所(普通合伙)	江苏证监局	0	2
46	鹏盛会计师事务所(特殊普通合伙)	深圳证监局	41	43
47	普华永道中天会计师事务所(特殊普通合伙)	上海证监局	23	242
48	容诚会计师事务所(特殊普通合伙)	北京证监局	16	125
49	山东健诚会计师事务所(特殊普通合伙)	山东证监局	0	15
50	山东帕拉蒙德会计师事务所(普通合伙)	山东证监局	0	2
51	山东舜天信诚会计师事务所(特殊普通合伙)	山东证监局	14	20
52	上海浦江会计师事务所(普通合伙)	上海证监局	0	6
53	上海友道会计师事务所(普通合伙)	上海证监局	0	2
54	上海孜荣会计师事务所(普通合伙)	上海证监局	0	2
55	上会会计师事务所(特殊普通合伙)	上海证监局	26	72
56	绍兴鉴湖联合会计师事务所(普通合伙)	浙江证监局	0	2
57	深圳大华国际会计师事务所(普通合伙)	深圳证监局	0	2
58	深圳广深会计师事务所(普通合伙)	深圳证监局	0	3
59	深圳皇嘉会计师事务所(普通合伙)	深圳证监局	0	2
60	深圳久安会计师事务所(特殊普通合伙)	深圳证监局	0	5
61	深圳联创立信会计师事务所(普通合伙)	深圳证监局	0	2
62	深圳堂堂会计师事务所(普通合伙)	深圳证监局	0	2
63	深圳旭泰会计师事务所(普通合伙)	深圳证监局	0	4
64	深圳宣达会计师事务所(普通合伙)	深圳证监局	0	2
65	深圳永信瑞和会计师事务所(特殊普通合伙)	深圳证监局	8	17
66	深圳长江会计师事务所(普通合伙)	深圳证监局	0	4
67	深圳振兴会计师事务所(普通合伙)	深圳证监局	0	2
68	深圳正一会计师事务所(特殊普通合伙)	深圳证监局	0	7
69	四川德文会计师事务所(特殊普通合伙)	四川证监局	0	17

continued

注册会计师人数 Number of Certified Public Accountants	年末净资产（万元）Year-end Net Asset (10 thousand yuan)	收入总额（万元）Total Income (10 thousand yuan)	审计业务收入（万元）Income from Engagement (10 thousand yuan)	证券业务收入（万元）Securities Revenue (10 thousand yuan)	上市公司客户家数 Number of Customers of Listed Companies
17	109.74	1248.66	1106.78	6.00	0
3	-21.46	26.18	18.83	0.00	0
65	1055.94	5059.95	3295.24	183.73	0
4	119.69	652.77	557.59	186.21	1
326	4450.60	42044.78	33447.64	21407.03	82
16	255.82	1438.40	1368.19	57.73	0
97	1199.68	7184.55	4091.83	0.00	0
2273	16046.92	461423.30	389283.17	151582.93	671
256	8326.85	33448.40	27442.53	13939.46	27
360	4175.71	44877.15	34241.93	12198.68	30
12	200.00	566.36	551.80	14.56	0
18	60.00	1323.80	1106.65	79.98	0
383	1967.46	30049.39	13596.71	1511.05	2
1645	162854.71	742070.58	685421.20	328401.50	109
1267	12144.18	266287.74	254019.07	135168.13	366
67	148.41	2090.95	1047.83	293.40	0
7	761.12	342.57	107.35	1.88	0
122	-92.19	4635.21	3199.12	133.00	0
26	602.56	2001.44	1580.00	0.00	0
4	260.23	457.43	387.05	0.00	0
9	37.37	200.95	133.16	72.73	0
472	5217.76	73999.98	46016.94	18518.31	68
6	226.92	240.40	215.40	25.00	0
4	20.00	2026.11	9.36	0.00	0
15	296.53	1256.02	440.05	136.79	1
28	-1287.07	2980.65	2470.49	125.47	0
32	376.43	2137.96	2137.96	560.42	1
12	424.21	1821.69	607.43	56.60	0
6	-123.62	97.66	75.07	18.87	0
18	268.31	1630.42	1156.15	700.00	1
4	103.73	542.26	219.42	26.70	0
117	971.20	6621.07	4812.49	380.19	1
11	214.18	387.84	337.34	8.00	0
4	-140.50	184.43	159.04	0.00	1
9	-117.83	348.70	296.27	0.00	1
60	472.47	2458.68	1034.28	31.65	0

附录1-24 续表 2

序号 No	名称 Name	所在辖区 Jurisdiction	分所数量 Number of Branch	合伙人人数 Number of Partners
70	四川华信(集团)会计师事务所(特殊普通合伙)	四川证监局	4	49
71	苏亚金诚会计师事务所(特殊普通合伙)	江苏证监局	10	48
72	唐山市新正会计师事务所(普通合伙)	河北证监局	0	2
73	天衡会计师事务所(特殊普通合伙)	江苏证监局	18	80
74	天健会计师事务所(特殊普通合伙)	浙江证监局	14	224
75	天津丞明会计师事务所(普通合伙)	天津证监局	0	2
76	天圆全会计师事务所(特殊普通合伙)	北京证监局	9	37
77	天职国际会计师事务所(特殊普通合伙)	北京证监局	25	64
78	希格玛会计师事务所(特殊普通合伙)	陕西证监局	11	60
79	新联谊会计师事务所(特殊普通合伙)	山东证监局	9	30
80	信永中和会计师事务所(特殊普通合伙)	北京证监局	28	240
81	亚太(集团)会计师事务所(特殊普通合伙)	北京证监局	34	104
82	永拓会计师事务所(特殊普通合伙)	北京证监局	24	106
83	尤尼泰振青会计师事务所(特殊普通合伙)	青岛证监局	22	40
84	浙江科信会计师事务所(特殊普通合伙)	宁波证监局	0	20
85	浙江天平会计师事务所(特殊普通合伙)	浙江证监局	6	30
86	浙江至诚会计师事务所(特殊普通合伙)	浙江证监局	2	25
87	致同会计师事务所(特殊普通合伙)	北京证监局	26	206
88	中汇会计师事务所(特殊普通合伙)	浙江证监局	11	75
89	中京国瑞(武汉)会计师事务所(普通合伙)	湖北证监局	0	2
90	中勤万信会计师事务所(特殊普通合伙)	北京证监局	16	72
91	中瑞诚会计师事务所(特殊普通合伙)	北京证监局	24	19
92	中审华会计师事务所(特殊普通合伙)	天津证监局	21	98
93	中审亚太会计师事务所(特殊普通合伙)	北京证监局	27	40
94	中审众环会计师事务所(特殊普通合伙)	湖北证监局	35	161
95	中天运会计师事务所(特殊普通合伙)	北京证监局	22	79
96	中喜会计师事务所(特殊普通合伙)	北京证监局	26	75
97	中兴财光华会计师事务所(特殊普通合伙)	北京证监局	35	137
98	中兴华会计师事务所(特殊普通合伙)	北京证监局	35	149
99	中证天通会计师事务所(特殊普通合伙)	北京证监局	18	38
100	中准会计师事务所(特殊普通合伙)	北京证监局	15	54
101	众华会计师事务所(特殊普通合伙)	上海证监局	10	49
102	重庆康华会计师事务所(特殊普通合伙)	重庆证监局	5	17

continued

注册会计师人数 Number of Certified Public Accountants	年末净资产（万元） Year-end Net Asset (10 thousand yuan)	收入总额（万元） Total Income (10 thousand yuan)	审计业务收入（万元） Income from Engagement (10 thousand yuan)	证券业务收入（万元） Securities Revenue (10 thousand yuan)	上市公司客户家数 Number of Customers of Listed Companies
133	1300.00	16535.71	16535.71	13516.07	43
326	8868.78	42526.43	35106.04	10720.31	37
11	153.63	208.40	112.67	0.00	0
407	5536.75	59235.55	53832.61	15911.85	91
2072	46131.52	386320.52	360961.04	211538.20	677
20	632.65	1775.03	1176.32	0.00	0
172	1942.48	14268.06	10410.13	2271.71	6
1061	52551.68	312240.03	251824.90	120335.75	248
264	11679.72	45825.96	36990.04	12762.62	34
132	5343.37	24990.61	11310.18	6.60	0
1495	14895.08	393474.30	293372.34	88891.95	366
507	2296.95	81614.75	68061.02	41195.98	52
333	3586.78	35820.76	30996.10	15163.77	34
187	-176.04	10304.23	6852.36	865.28	3
63	650.00	5002.06	2530.32	0.00	0
105	848.36	10244.51	7013.98	177.36	1
77	960.73	7487.26	5662.40	176.41	0
1229	16831.99	264910.14	198955.63	57418.56	239
624	12128.53	102895.64	94452.67	52115.02	159
5	0.94	428.92	143.08	6.80	0
353	2992.53	45348.26	37388.66	9582.40	31
205	1485.27	28405.86	18415.08	160.08	1
516	17927.14	83656.40	60815.41	10499.10	25
412	3711.73	71385.74	62937.29	24225.19	41
1265	11492.25	213165.06	181343.80	57267.54	195
415	9713.46	68273.53	45735.76	13450.33	49
348	4117.80	31604.77	27348.82	10321.94	39
804	17408.80	100960.44	88394.39	41145.89	91
839	41522.06	184514.90	135088.59	32011.50	115
228	3183.39	38882.53	21937.07	3783.25	13
229	1913.68	20991.09	14975.02	3274.28	15
316	4374.61	54763.86	44075.25	17476.38	70
88	614.52	7753.45	7724.34	245.05	3

附录1-25 2022年从事证券服务业务的资产评估机构名录

序号 No	名称 Name	所在辖区 Jurisdiction	分支机构数量 Number of Branch
1	安徽华安资产评估事务所有限公司	安徽证监局	0
2	安徽中立公鉴房地产资产造价评估有限公司	安徽证监局	0
3	安徽中联国信资产评估有限责任公司	安徽证监局	0
4	安徽中信房地产土地资产价格评估有限公司	安徽证监局	5
5	安永资产评估(上海)有限公司	上海证监局	3
6	北京百汇方兴资产评估有限公司	北京证监局	0
7	北京北方亚事资产评估事务所(特殊普通合伙)	北京证监局	37
8	北京晟明资产评估有限公司	北京证监局	2
9	北京大地资产评估事务所有限公司	北京证监局	1
10	北京戴德梁行房地产土地资产评估有限公司	北京证监局	3
11	北京德祥资产评估有限责任公司	北京证监局	5
12	北京东审资产评估有限责任公司	北京证监局	0
13	北京富川房地产土地资产评估有限公司	北京证监局	0
14	北京高力国际土地房地产资产评估有限公司	北京证监局	0
15	北京公信评估有限公司	北京证监局	1
16	北京国融兴华资产评估有限责任公司	北京证监局	17
17	北京国曦英泰资产评估有限公司	北京证监局	0
18	北京国友大正资产评估有限公司	北京证监局	0
19	北京合佳资产评估有限公司	北京证监局	0
20	北京华鉴资产评估有限公司	北京证监局	0
21	北京华亚正信资产评估有限公司	北京证监局	20
22	北京华源龙泰房地产土地资产评估有限公司	北京证监局	2
23	北京金开房地产土地资产评估有限公司	北京证监局	2
24	北京坤元至诚资产评估有限公司	北京证监局	9
25	北京芊海房地产土地资产评估有限公司	北京证监局	1
26	北京仁达房地产土地资产评估有限公司	北京证监局	11
27	北京市金利安房地产咨询评估有限责任公司	北京证监局	0
28	北京天健兴业资产评估有限公司	北京证监局	10
29	北京天圆开资产评估有限公司	北京证监局	2
30	北京同仁和资产评估有限责任公司	北京证监局	0
31	北京信诚资产评估有限责任公司	北京证监局	0
32	北京兴华资产评估有限公司	北京证监局	0
33	北京亚超资产评估有限公司	北京证监局	10
34	北京亚太联华资产评估有限公司	北京证监局	11
35	北京志海资产评估有限公司	北京证监局	0
36	北京中锋资产评估有限责任公司	北京证监局	4
37	北京中和谊资产评估有限公司	北京证监局	3
38	北京中泓信诚资产评估有限公司	北京证监局	0
39	北京中汇信永资产评估有限公司	北京证监局	0
40	北京中金浩资产评估有限责任公司	北京证监局	1
41	北京中科华资产评估有限公司	北京证监局	0
42	北京中林资产评估有限公司	北京证监局	3
43	北京中评正信资产评估有限公司	北京证监局	3
44	北京中企华资产评估有限责任公司	北京证监局	23

数据来源：中国证监会
Source: CSRC

List of Appraisal Agency in Securities Service Business in 2022

资产评估师人数 Number of Asset Appraisers	年末净资产（万元） Year-end Net Asset (10 thousand yuan)	收入总额（万元） Total Income (10 thousand yuan)	资产评估业务收入（万元） Income from Asset Appraisal Business (10 thousand yuan)	证券业务收入（万元） Securities Revenue (10 thousand yuan)
20	127.85	727.76	727.76	15.98
15	492.85	1322.32	45.68	3.00
33	397.66	1846.77	1813.56	499.39
13	1158.60	2170.84	184.72	5.00
43	1273.10	7776.58	1895.67	194.46
11	138.25	1450.42	1450.42	0.00
221	11497.88	26851.45	26851.45	3023.21
31	1184.67	5212.49	2852.49	859.40
32	1269.03	3051.25	2997.85	16.26
19	-538.07	1065.63	1065.63	12.80
21	461.68	283.42	283.42	19.80
16	681.19	2079.26	754.52	11.32
12	182.17	997.37	997.37	0.00
10	2312.15	3276.28	390.07	0.00
26	1027.27	3912.43	3912.43	73.52
167	4483.52	23490.94	23490.94	2223.83
9	-46.22	453.27	105.14	0.00
30	2707.02	5903.81	5635.47	186.70
17	214.67	809.90	662.73	56.60
10	113.07	295.25	290.35	51.63
135	2572.82	14236.50	13384.31	2203.68
18	384.24	11450.39	809.10	194.38
29	858.21	1702.54	1702.54	192.01
95	941.80	10314.64	9592.92	1844.71
4	555.18	615.99	220.30	125.62
38	4720.44	14937.06	834.40	16.70
9	2102.26	8459.86	490.35	0.00
189	13566.71	23903.82	21008.89	3440.23
52	308.44	2402.38	1958.31	467.53
15	531.15	477.39	404.67	0.00
11	415.26	656.39	635.86	31.70
16	128.52	345.62	208.09	129.97
99	1161.68	5082.00	4821.26	1588.67
55	418.80	7286.03	4779.19	770.14
10	12.18	242.69	242.69	119.30
51	225.75	2702.66	2702.66	763.34
38	219.32	2087.51	1800.83	286.68
9	342.67	484.43	440.74	6.94
9	-84.64	150.98	14.43	9.43
24	1735.84	5171.23	5171.23	230.19
26	200.99	411.87	411.87	223.11
42	316.00	12929.21	9615.06	1062.45
14	457.41	1404.48	1229.29	196.20
325	15597.35	36310.56	36310.56	9150.30

附录1-25　续表 1

序号 No	名称 Name	所在辖区 Jurisdiction	分支机构数量 Number of Branch
45	北京中盛行房地产土地评估有限公司	北京证监局	0
46	北京中天创意资产评估有限公司	北京证监局	1
47	北京中天和资产评估有限公司	北京证监局	3
48	北京中天衡平国际资产评估有限公司	北京证监局	1
49	北京中天华资产评估有限责任公司	北京证监局	7
50	北京中同华资产评估有限公司	北京证监局	21
51	北京中曦评估咨询有限公司	北京证监局	0
52	北京中泽建信资产评估有限责任公司	北京证监局	0
53	北京中致成国际资产评估有限公司	北京证监局	3
54	北京卓信大华资产评估有限公司	北京证监局	12
55	毕马威资产评估(上海)有限公司	上海证监局	1
56	成都和为本资产评估事务所(普通合伙)	四川证监局	3
57	大连永通资产评估有限责任公司	大连证监局	0
58	大连友信资产评估有限公司	大连证监局	0
59	德永致信(上海)资产评估有限责任公司	上海证监局	0
60	福建和道资产评估土地房地产估价有限公司	福建证监局	0
61	福建华成房地产土地资产评估有限公司	福建证监局	4
62	福建建友资产评估土地房地产估价有限责任公司	福建证监局	5
63	福建金诺土地房地产资产评估有限公司	福建证监局	0
64	福建明鉴资产评估房地产土地估价有限公司	福建证监局	0
65	福建中兴资产评估房地产土地估价有限责任公司	福建证监局	4
66	格律(上海)资产评估有限公司	上海证监局	6
67	广东财兴资产评估土地房地产估价有限公司	广东证监局	0
68	广东谷值资产评估有限公司	广东证监局	0
69	广东惠正资产评估与房地产土地估价有限公司	广东证监局	11
70	广东均正房地产土地资产评估咨询有限公司	广东证监局	1
71	广东开泰资产评估与土地房地产估价有限公司	广东证监局	0
72	广东联信资产评估土地房地产估价有限公司	广东证监局	0
73	广东千福田资产土地房地产评估规划测绘有限公司	广东证监局	2
74	广东省大周行房地产土地资产评估有限公司	深圳证监局	0
75	广东信德资产评估与房地产土地估价有限公司	广东证监局	0
76	广东中广信资产评估有限公司	广东证监局	1
77	广东中企华正诚资产房地产土地评估造价咨询有限公司	广东证监局	4
78	广东卓越土地房地产评估咨询有限公司	广东证监局	0
79	广西科正房地产土地资产评估咨询有限公司	广西证监局	0
80	广州安城信房地产土地资产评估与规划测绘有限公司	广东证监局	0
81	广州合富房地产土地资产评估咨询有限公司	广东证监局	2
82	广州集佳资产评估有限公司	广东证监局	0
83	广州业勤资产评估土地房地产估价有限公司	广东证监局	5
84	贵州黔元房地产资产评估事务所有限公司	贵州证监局	0
85	国宏信价格评估集团有限公司	北京证监局	0
86	国众联资产评估土地房地产估价有限公司	深圳证监局	24
87	国专正华(北京)资产评估有限责任公司	北京证监局	0
88	海南瑞衡资产评估土地房地产估价有限公司	海南证监局	0
89	杭州禄诚资产评估有限公司	浙江证监局	0
90	和汛资产评估有限公司	安徽证监局	0

continued

资产评估师人数 Number of Asset Appraisers	年末净资产（万元） Year-end Net Asset (10 thousand yuan)	收入总额（万元） Total Income (10 thousand yuan)	资产评估业务收入（万元） Income from Asset Appraisal Business (10 thousand yuan)	证券业务收入（万元） Securities Revenue (10 thousand yuan)
5	443.32	1373.03	36.77	0.00
8	88.20	406.53	406.53	157.62
58	2859.57	7888.47	7888.47	1372.05
21	957.91	593.47	593.47	44.00
87	737.17	12291.05	12291.05	154.00
168	1556.12	20153.94	19302.71	5765.88
10	196.90	260.17	260.17	0.00
12	68.24	244.72	242.92	1.80
31	1693.99	5489.66	5489.66	656.00
95	3297.84	14876.44	13030.92	2178.57
22	917.22	2868.11	802.65	19.05
6	-14.72	49.07	49.07	0.00
9	329.93	636.16	636.16	0.00
10	54.40	258.76	258.76	0.00
8	232.64	510.96	330.96	24.53
6	-6.63	164.24	139.66	65.77
21	85.66	2008.94	680.82	278.80
30	486.39	2880.81	2528.69	10.30
9	1233.79	380.13	257.62	0.00
14	121.53	408.33	184.04	1.94
49	1085.04	5092.84	4238.12	708.30
18	255.97	1239.96	905.88	258.35
17	1123.22	3134.23	2502.00	289.10
11	197.12	362.85	104.18	0.00
40	1072.33	4798.13	2106.69	30.00
14	138.16	1299.69	125.00	0.00
31	187.33	964.96	842.80	0.00
56	852.68	3735.20	3002.36	1061.08
13	470.10	1204.65	317.22	4.30
8	102.77	489.11	219.48	87.00
62	3791.90	11835.70	4004.83	191.85
26	531.22	1410.77	1410.77	467.60
32	817.75	2536.87	1152.68	31.00
19	1357.73	4429.14	476.45	75.47
10	420.21	1777.16	412.21	1.21
6	18.36	685.29	266.13	21.50
12	868.98	870.91	308.71	22.42
8	139.19	293.09	293.09	0.00
50	714.61	4631.38	3338.26	25.80
9	304.31	253.71	253.71	39.73
10	721.15	909.66	44.98	0.00
164	6607.00	24945.00	21607.00	3338.00
7	27.34	277.64	96.94	55.44
10	471.27	883.12	419.96	47.33
9	208.40	420.56	345.17	112.26
16	400.93	1681.76	1681.76	166.03

附录1-25 续表 2

序号 No	名称 Name	所在辖区 Jurisdiction	分支机构数量 Number of Branch
91	河北立千资产评估有限责任公司	河北证监局	0
92	河南正信联合资产评估事务所(普通合伙)	河南证监局	0
93	湖北华审资产评估土地房地产估价有限公司	湖北证监局	1
94	湖北华盛资产评估土地房地产估价有限公司	湖北证监局	2
95	湖北玖誉房地产评估有限公司	湖北证监局	19
96	湖北众联资产评估有限公司	湖北证监局	0
97	华夏资产评估(北京)有限公司	北京证监局	0
98	汇誉中证资产评估(北京)有限公司	北京证监局	0
99	吉林仲谋资产评估有限责任公司	吉林证监局	0
100	佳信拓投房地产资产评估有限公司	江西证监局	16
101	嘉瑞国际资产评估有限公司	北京证监局	6
102	嘉兴求真房地产资产评估有限公司	浙江证监局	0
103	江苏大正房地产土地造价资产咨询评估有限公司	江苏证监局	7
104	江苏国衡中测土地房地产资产评估咨询有限公司	江苏证监局	9
105	江苏华盛资产评估有限公司	江苏证监局	0
106	江苏华信资产评估有限公司	江苏证监局	0
107	江苏经纬资产土地房地产评估测绘工程咨询有限公司	江苏证监局	0
108	江苏普信资产评估房地产土地估价有限公司	江苏证监局	0
109	江苏天地恒安房地产土地资产评估有限公司	江苏证监局	0
110	江苏天健华辰资产评估有限公司	江苏证监局	0
111	江苏天圣房地产土地资产评估测绘有限公司	江苏证监局	3
112	江苏五星资产评估有限责任公司	江苏证监局	0
113	江苏象仁土地房地产资产评估有限公司	江苏证监局	4
114	江苏鑫洋土地房地产评估有限公司	江苏证监局	0
115	江苏永诚土地房地产资产评估咨询有限公司	江苏证监局	0
116	江苏中恒土地房地产资产评估咨询有限公司	江苏证监局	0
117	江苏中企华中天资产评估有限公司	江苏证监局	4
118	金证(上海)资产评估有限公司	上海证监局	2
119	坤信国际资产评估集团有限公司	山东证监局	11
120	坤元资产评估有限公司	浙江证监局	8
121	昆明正序房地产土地资产评估有限公司	云南证监局	0
122	蓝策亚洲(北京)资产评估有限公司	北京证监局	1
123	丽水经济资产评估有限公司	浙江证监局	0
124	连城资产评估有限公司	北京证监局	0
125	联合中和土地房地产资产评估有限公司	福建证监局	7
126	辽宁房信房地产土地资产评估有限公司	辽宁证监局	0
127	辽宁隆丰土地房地产与资产评估有限公司	辽宁证监局	0
128	辽宁元正资产评估有限公司	大连证监局	1
129	辽宁中恒信土地房地产资产评估有限公司	大连证监局	1
130	辽宁中联资产评估有限责任公司	辽宁证监局	1
131	辽宁众华资产评估有限公司	大连证监局	1
132	洛阳敬业资产评估事务所有限公司	河南证监局	0
133	南京长城土地房地产资产评估造价咨询有限公司	江苏证监局	5
134	内蒙古兴鼎资产评估有限责任公司	内蒙古证监局	0
135	鹏翔房地产土地资产评估有限公司	深圳证监局	7
136	朴谷(北京)资产评估有限公司	北京证监局	0

continued

资产评估师人数 Number of Asset Appraisers	年末净资产（万元） Year-end Net Asset (10 thousand yuan)	收入总额（万元） Total Income (10 thousand yuan)	资产评估业务收入（万元） Income from Asset Appraisal Business (10 thousand yuan)	证券业务收入（万元） Securities Revenue (10 thousand yuan)
15	508.33	519.45	484.55	336.60
7	393.60	188.85	188.85	0.00
12	96.06	769.29	769.29	31.95
12	62.62	1265.50	1265.50	0.50
16	1027.29	7055.01	7055.01	5.00
46	646.34	2649.95	2619.76	1036.16
8	-180.33	21.77	21.77	13.37
8	93.73	568.99	250.16	90.18
14	182.71	732.40	732.40	0.00
9	315.18	288.47	231.33	15.00
38	673.89	2988.42	1570.67	515.38
11	407.53	771.39	771.39	5.19
5	289.75	278.84	4.89	2.50
37	915.84	2829.86	652.72	2.20
9	254.21	296.76	296.76	0.00
92	2587.26	9138.57	9138.57	1290.55
8	426.00	1011.95	528.70	0.00
11	446.84	1654.39	444.22	131.23
16	924.61	1766.62	748.94	0.00
32	1000.05	4119.30	4119.30	2016.06
8	599.13	1238.87	75.70	6.00
18	426.06	801.16	801.16	0.00
16	945.86	3520.60	230.28	0.00
6	484.08	2278.60	384.47	0.00
8	660.92	680.50	205.34	0.90
5	131.90	497.67	140.09	0.00
77	2987.13	6563.00	6563.00	1667.04
31	2623.73	7161.08	2594.07	2092.24
32	-90.93	1602.83	874.52	209.44
140	3811.71	11860.59	11860.59	5978.81
13	3941.58	2989.54	244.68	0.00
8	505.51	622.40	219.38	49.07
16	262.86	1017.93	1017.93	0.00
13	1340.77	2216.98	1995.30	0.00
56	1007.58	6047.12	4205.47	961.34
17	253.68	296.96	26.04	0.74
13	454.95	862.12	376.29	18.70
44	424.44	1026.41	1026.41	17.39
17	973.99	2597.28	700.72	18.00
31	1701.73	6100.19	6100.19	3.00
32	823.00	2431.00	1250.00	410.00
8	14.66	91.26	91.26	8.00
32	1561.45	7234.54	1539.05	5.00
10	344.13	1686.80	713.38	15.00
34	-27.11	1725.21	382.38	68.00
8	60.18	660.30	455.00	136.00

附录1-25 续表 3

序号 No	名称 Name	所在辖区 Jurisdiction	分支机构数量 Number of Branch
137	青岛德铭资产评估有限公司	青岛证监局	1
138	青岛天和资产评估有限责任公司	青岛证监局	2
139	青岛仲勋资产评估事务所(普通合伙)	青岛证监局	1
140	日照正和环宇资产评估事务所(普通合伙)	山东证监局	0
141	厦门大成方华资产评估土地房地产估价有限公司	厦门证监局	0
142	厦门嘉学资产评估房地产估价有限公司	厦门证监局	8
143	厦门均和房地产土地评估咨询有限公司	厦门证监局	1
144	厦门明正资产评估土地房地产估价有限公司	厦门证监局	0
145	厦门乾元资产评估与房地产估价有限责任公司	厦门证监局	1
146	厦门银兴资产评估土地房地产评估有限公司	厦门证监局	1
147	山东华永资产评估有限公司	山东证监局	0
148	山东久丰土地房地产资产评估咨询有限公司	山东证监局	0
149	山东瑞华资产评估有限公司	山东证监局	0
150	山东上和土地房地产资产评估测绘有限公司	青岛证监局	19
151	山东正源和信资产评估有限公司	山东证监局	4
152	山东智帮资产评估有限公司	山东证监局	0
153	山东中评恒信资产评估有限公司	山东证监局	0
154	山东中新土地房地产资产评估有限公司	山东证监局	1
155	山西中新资产评估有限公司	山西证监局	0
156	陕西正德信资产评估有限公司	陕西证监局	1
157	上海财瑞资产评估有限公司	上海证监局	0
158	上海城乡资产评估有限责任公司	上海证监局	2
159	上海德勤资产评估有限公司	上海证监局	3
160	上海东洲资产评估有限公司	上海证监局	15
161	上海富申国有资产评估有限公司	上海证监局	0
162	上海集联资产评估有限公司	上海证监局	2
163	上海加策资产评估有限公司	上海证监局	0
164	上海科东资产评估有限公司	上海证监局	0
165	上海坤元沪华资产评估有限公司	上海证监局	0
166	上海立信资产评估有限公司	上海证监局	7
167	上海美评资产评估有限公司	上海证监局	0
168	上海申威资产评估有限公司	上海证监局	10
169	上海众华资产评估有限公司	上海证监局	2
170	深圳道衡美评国际资产评估有限公司	深圳证监局	2
171	深圳国艺珠宝艺术品资产评估有限公司	深圳证监局	0
172	深圳君瑞资产评估所(特殊普通合伙)	深圳证监局	0
173	深圳立信资产评估房地产估价有限公司	深圳证监局	0
174	深圳市国策房地产土地资产评估有限公司	深圳证监局	2
175	深圳市国策资产评估有限公司	深圳证监局	0
176	深圳市国房土地房地产资产评估咨询有限公司	深圳证监局	2
177	深圳市国潼联土地房地产资产评估顾问有限公司	深圳证监局	0
178	深圳市国誉资产评估房地产土地估价顾问有限公司	深圳证监局	0
179	深圳市鹏晨房地产土地资产评估有限公司	深圳证监局	0
180	深圳市鹏信资产评估土地房地产估价有限公司	深圳证监局	25
181	深圳市融泽源资产评估土地房地产估价有限公司	深圳证监局	0
182	深圳市世联资产房地产土地评估有限公司	深圳证监局	1

continued

资产评估师人数 Number of Asset Appraisers	年末净资产（万元） Year-end Net Asset (10 thousand yuan)	收入总额（万元） Total Income (10 thousand yuan)	资产评估业务收入（万元） Income from Asset Appraisal Business (10 thousand yuan)	证券业务收入（万元） Securities Revenue (10 thousand yuan)
12	160.24	489.59	489.59	46.26
38	452.86	1553.71	1201.66	195.73
10	-50.39	110.43	110.43	60.44
6	42.52	35.38	33.22	2.16
11	750.57	1775.54	61.29	2.00
73	1501.64	8062.40	5089.85	1479.88
14	745.35	1697.32	242.15	0.30
18	15.35	353.66	249.79	134.24
21	-40.83	2333.34	613.73	37.36
17	412.24	1084.33	330.63	32.62
13	204.03	260.10	260.10	1.00
21	692.14	2774.62	162.67	0.00
19	292.17	2754.96	2754.96	71.50
7	406.36	467.86	131.00	0.00
38	315.59	3184.97	3184.97	829.28
9	234.34	1228.38	1228.38	2.50
9	1200.11	3218.39	3218.39	79.68
43	474.26	3165.85	2380.60	39.90
16	209.24	608.60	608.60	51.90
22	414.77	2041.91	1893.76	131.60
38	1184.76	3672.35	2661.37	516.87
21	107.59	560.98	560.98	12.00
37	8585.13	14939.94	1967.23	320.07
120	3120.00	35708.00	35614.00	7840.00
9	630.93	311.18	288.44	30.00
22	1162.18	2994.32	2567.51	84.20
20	363.00	1451.00	1451.00	338.30
14	141.93	1118.81	1118.81	381.63
8	69.75	87.96	87.96	2.91
85	4495.29	28060.13	8489.33	1616.90
9	-5.82	505.61	402.82	202.12
48	3060.00	5723.58	4574.38	623.87
41	314.31	6108.00	6108.00	1756.62
34	1050.75	399.15	399.15	75.44
9	3508.75	453.46	449.69	314.15
7	325.80	1365.56	585.94	779.62
7	169.56	251.96	60.08	32.36
39	19559.33	7045.14	612.43	3.00
14	199.93	1050.80	1050.80	3.50
25	1421.68	7607.94	1631.50	18.00
9	1203.90	646.09	13.42	0.00
18	5016.30	5052.55	156.09	50.20
11	1018.01	224.71	224.71	0.00
164	3077.41	37620.49	3396.34	1432.72
14	552.76	1356.91	395.81	19.80
38	1955.66	4101.28	1257.15	167.56

附录1-25 续表 4

序号 No	名称 Name	所在辖区 Jurisdiction	分支机构数量 Number of Branch
183	深圳市同致诚德明资产评估有限公司	深圳证监局	0
184	深圳市中诚达资产房地产土地评估有限公司	深圳证监局	0
185	深圳市中项资产评估房地产土地估价有限公司	深圳证监局	0
186	深圳亿通资产评估房地产土地估价有限公司	深圳证监局	3
187	深圳长基资产评估房地产土地估价有限公司	深圳证监局	0
188	深圳中科华资产评估有限公司	深圳证监局	0
189	深圳中联资产评估有限公司	深圳证监局	2
190	深圳中企华土地房地产资产评估有限公司	深圳证监局	1
191	深圳中为资产评估房地产土地估价事务所(有限合伙)	深圳证监局	0
192	深圳中洲资产评估有限公司	深圳证监局	0
193	四川大友房地产土地资产评估有限公司	四川证监局	0
194	四川华坤房地产土地资产评估有限公司	四川证监局	0
195	四川金利房地产土地资产评估有限公司	四川证监局	0
196	四川蓉域资产评估有限公司	四川证监局	1
197	四川山河资产评估有限责任公司	四川证监局	6
198	四川天健华衡资产评估有限公司	四川证监局	0
199	四川维诚资产评估事务所	四川证监局	0
200	四川中天华成房地产土地资产评估有限公司	四川证监局	0
201	四川中天华资产评估有限公司	四川证监局	0
202	天道亨嘉资产评估有限公司	上海证监局	1
203	天昊国际房地产土地资产评估集团有限公司	山东证监局	4
204	天津广誉资产评估有限公司	天津证监局	0
205	天津华夏金信资产评估有限公司	天津证监局	2
206	天津中联资产评估有限责任公司	天津证监局	0
207	天源资产评估有限公司	浙江证监局	4
208	同致信德(北京)资产评估有限公司	北京证监局	11
209	桐乡市方联资产评估事务所	浙江证监局	0
210	万邦资产评估有限公司	宁波证监局	1
211	万隆(上海)资产评估有限公司	上海证监局	13
212	沃克森(北京)国际资产评估有限公司	北京证监局	13
213	无锡桥一资产评估事务所(有限合伙)	江苏证监局	0
214	新疆天合资产评估有限责任公司	新疆证监局	0
215	新兰特房地产资产评估有限公司	陕西证监局	3
216	信阳誉华宏大联合资产评估事务所(普通合伙)	河南证监局	0
217	亚泰兴华(北京)资产评估有限公司	北京证监局	0
218	银信(宁波)资产评估有限公司	宁波证监局	0
219	银信资产评估有限公司	上海证监局	18
220	宇威国际资产评估(深圳)有限公司	深圳证监局	1
221	云南中联房地产土地资产评估有限公司	云南证监局	0
222	浙江中衡房地产土地资产评估咨询有限公司	浙江证监局	4
223	浙江中企华资产评估有限公司	浙江证监局	1
224	正衡房地产资产评估(吉林)有限公司	吉林证监局	0
225	正衡房地产资产评估有限公司	陕西证监局	23
226	智和财信房地产资产评估有限公司	四川证监局	0
227	中达致远房地产资产评估(武汉)有限公司	湖北证监局	9
228	中都国脉(北京)资产评估有限公司	北京证监局	0

continued

资产评估师人数 Number of Asset Appraisers	年末净资产（万元） Year-end Net Asset (10 thousand yuan)	收入总额（万元） Total Income (10 thousand yuan)	资产评估业务收入（万元） Income from Asset Appraisal Business (10 thousand yuan)	证券业务收入（万元） Securities Revenue (10 thousand yuan)
11	408.65	1024.21	1024.21	111.43
11	-214.85	723.83	347.72	38.00
11	1688.46	1775.01	476.39	12.80
23	348.43	1335.40	854.27	384.53
7	304.67	1414.61	1414.61	9.90
13	335.35	617.11	617.11	204.08
30	69.96	3734.28	3734.28	840.90
18	90.51	670.86	670.86	122.00
8	-345.00	531.62	332.11	199.51
8	9.08	1014.03	1014.03	297.00
11	669.83	3360.86	638.22	2.50
11	295.23	1237.26	268.96	75.47
15	269.80	612.84	61.25	0.00
9	74.25	467.36	467.36	227.36
7	1029.41	915.34	213.05	0.00
55	1609.83	3207.89	3207.89	470.47
21	86.11	572.51	572.51	11.89
9	311.79	510.74	264.98	1.01
18	495.09	610.13	610.13	0.00
12	204.77	477.60	477.60	43.90
41	3858.16	4796.76	3694.44	277.00
18	965.54	989.46	563.75	16.31
71	782.05	3512.04	2816.35	1018.86
45	446.20	3016.95	3016.95	695.00
65	2477.19	6979.14	5388.51	1805.54
64	608.27	4665.09	4665.09	863.53
8	285.47	375.57	375.57	7.50
41	1281.01	3267.69	3267.69	1057.65
73	1298.99	9049.79	7736.81	2749.94
156	948.89	25635.38	23279.29	5200.31
4	60.47	252.08	252.08	10.00
24	2558.98	3005.23	1390.94	0.00
29	3986.66	4050.25	2445.90	48.87
7	45.07	237.52	237.52	0.00
14	54.60	632.55	632.55	235.51
21	782.53	2200.38	2200.38	157.56
245	6464.86	34171.41	34171.41	8583.99
12	78.83	640.54	621.67	222.61
11	132.29	521.92	281.07	2.99
14	515.95	1644.07	169.62	5.20
26	405.00	2601.00	2601.00	581.00
13	209.36	1046.38	1046.38	0.00
53	3087.65	8668.03	8668.03	771.17
27	319.81	2383.19	1870.10	12.00
9	850.89	1705.40	846.81	2.00
12	554.00	2853.00	2853.00	0.00

附录1-25 续表 5

序号 No	名称 Name	所在辖区 Jurisdiction	分支机构数量 Number of Branch
229	中发国际资产评估有限公司	北京证监局	0
230	中和资产评估有限公司	北京证监局	13
231	中恒誉资产评估有限公司	北京证监局	0
232	中环松德(北京)资产评估有限公司	北京证监局	0
233	中京民信(北京)资产评估有限公司	北京证监局	2
234	中立资产评估(北京)有限公司	北京证监局	0
235	中联(福建)资产评估土地房地产估价有限责任公司	福建证监局	0
236	中联国际评估咨询有限公司	广东证监局	3
237	中联资产评估集团(湖北)有限公司	湖北证监局	0
238	中联资产评估集团(青岛)有限公司	青岛证监局	0
239	中联资产评估集团(陕西)有限公司	陕西证监局	0
240	中联资产评估集团(浙江)有限公司	浙江证监局	1
241	中联资产评估集团广西有限公司	广西证监局	0
242	中联资产评估集团河南有限公司	河南证监局	0
243	中联资产评估集团山东有限公司	山东证监局	0
244	中联资产评估集团四川有限公司	四川证监局	0
245	中联资产评估集团有限公司	北京证监局	26
246	中联资产评估新疆有限公司	新疆证监局	1
247	中铭国际资产评估(北京)有限责任公司	北京证监局	14
248	中勤资产评估有限公司	北京证监局	0
249	中全资产评估(北京)有限公司	北京证监局	2
250	中瑞国际房地产土地资产评估有限公司	北京证监局	7
251	中瑞世联资产评估集团有限公司	北京证监局	17
252	中盛华资产评估有限公司	新疆证监局	1
253	中盛评估咨询有限公司	江苏证监局	2
254	中水致远资产评估有限公司	北京证监局	17
255	中天成土地房地产资产评估(北京)有限公司	北京证监局	6
256	中通诚(天津)房地产土地资产评估有限公司	天津证监局	1
257	中通诚资产评估有限公司	北京证监局	10
258	中同华(广州)资产评估有限公司	广东证监局	0
259	中同华资产评估(上海)有限公司	上海证监局	0
260	中威正信(北京)资产评估有限公司	北京证监局	16
261	中兴华咨(北京)房地产评估工程咨询有限公司	北京证监局	0
262	中资资产评估有限公司	北京证监局	2
263	洲蓝(上海)资产评估有限公司	上海证监局	0
264	重庆铂码房地产土地资产评估有限公司	重庆证监局	0
265	重庆道尔敦资产评估土地房地产估价有限公司	重庆证监局	0
266	重庆华康资产评估土地房地产估价有限责任公司	重庆证监局	0
267	重庆汇丰房地产土地资产评估有限责任公司	重庆证监局	0
268	重庆金地房地产土地资产评估有限公司	重庆证监局	0
269	重庆金汇房地产土地资产评估事务所有限责任公司	重庆证监局	0
270	重庆坤元资产评估有限公司	重庆证监局	1
271	重庆中鼎资产评估土地房地产估价有限责任公司	重庆证监局	0
272	重庆中瑞资产评估土地房地产估价有限公司	重庆证监局	0

continued

资产评估师人数 Number of Asset Appraisers	年末净资产 （万元） Year-end Net Asset (10 thousand yuan)	收入总额 （万元） Total Income (10 thousand yuan)	资产评估业务收入 （万元） Income from Asset Appraisal Business (10 thousand yuan)	证券业务收入 （万元） Securities Revenue (10 thousand yuan)
28	808.86	1668.58	1668.58	57.50
124	11136.06	26368.57	17020.94	1712.08
13	748.22	273.11	273.11	216.98
11	703.56	1492.95	1492.95	0.00
57	1722.75	4989.68	4989.68	1409.72
8	-123.28	120.77	80.46	26.70
11	298.96	601.05	210.56	0.00
48	274.33	5226.53	5029.53	1368.00
10	238.72	957.73	957.73	42.45
22	343.72	1022.35	428.41	37.80
28	1119.82	3339.20	3284.01	221.30
31	759.97	5625.58	5625.58	1096.35
31	390.53	1350.87	1312.69	56.98
19	324.52	2056.37	1578.52	17.92
37	514.04	4456.87	4456.87	326.89
19	81.61	363.79	363.79	17.53
207	15372.70	55605.27	55605.27	10487.85
8	126.19	550.65	550.65	57.90
115	486.87	8326.88	8326.88	2605.68
8	182.60	307.21	307.21	0.00
9	4.72	313.03	313.03	70.40
56	449.66	7977.54	686.13	20.75
136	1861.18	14478.18	8455.54	1972.56
42	1299.05	2263.71	2225.91	467.38
16	362.42	1001.25	811.60	330.94
176	1446.15	18961.38	18961.38	4008.34
11	689.66	917.45	520.70	0.00
22	920.55	1427.42	1142.00	18.60
93	6570.59	11790.60	8667.86	493.41
8	2.00	366.00	366.00	146.60
14	160.93	1744.12	1054.46	417.24
79	562.10	5273.63	5273.63	1580.45
21	533.15	3398.95	604.04	51.89
38	664.37	3927.91	3924.09	514.43
7	97.07	162.80	35.05	7.55
19	515.70	677.09	668.98	8.11
6	-95.77	517.44	269.75	1.40
53	925.36	5197.31	5197.31	1107.06
17	1252.75	2025.10	1115.60	7.68
7	251.65	1011.02	155.79	4.00
13	880.06	1042.31	1042.31	0.00
31	524.90	2701.16	1388.12	98.07
18	246.40	400.90	192.33	1.90
8	352.03	503.80	498.63	15.71

后　记

Postscript

在年鉴的编写过程中，我们得到了中国证监会领导的关心和指导，得到了会内外有关单位的大力支持和配合。他们是：中国证监会发行监管部、非上市公众公司监管部、市场监管二部、证券基金机构监管部、上市公司监管部、期货监管部、会计部、国际合作部、债券监管部、中国人民银行调查统计司、上海证券交易所、深圳证券交易所、全国中小企业股份转让系统有限责任公司（北京证券交易所）、上海期货交易所、郑州商品交易所、大连商品交易所、中国金融期货交易所、中国证券登记结算公司、中国证券投资者保护基金有限责任公司、中国证券金融股份有限公司、中国期货市场监控中心有限责任公司、中国证券业协会、中国期货业协会、中国基金业协会、中证指数有限责任公司。中国统计出版社在年鉴的编辑、出版及发行过程中给予了大力的支持。在此，我们对上述单位表示衷心的感谢！

参与年鉴数据提供及核对的人员有：

魏淑清　谢作为　王　尚　刘洪波　李乐芸　潘明阳　聂怡然　常　嵘　张　凡
巫伟斐　许　鑫　郑　远　郁文涛　王晓刚　邢必力　黄建山　董　田　杨　枫
朱鋐瑛　张　乐　邱显宏　梁宇星　陈　笑　杨　珂　鲍佳毅　吴　辉　张如意
宋　娜　王　亮　郭群敬　于延超　唐　兵　叶凌云　和冲宇　武　杨　彭思阳
肖　蕊　戴秀红　王　澍　侯开元　张　倩　阳　洪　徐仕达　舒　圆　贾　燕
贾昆鹏　师　潭　关婉怡　曹逸玮　胡玉婕

《中国证券期货统计年鉴》编委会
2023 年 9 月